Brandenburg

Bigalke | Köhler

Mathematik

Gymnasiale Oberstufe

Qualifikationsphase

Grundkurs **11**

Herausgegeben von

Dr. Anton Bigalke Dr. Norbert Köhler

Erarbeitet von

Dr. Anton Bigalke
Dr. Norbert Köhler
Dr. Gabriele Ledworuski
Dr. Horst Kuschnerow

unter Mitarbeit der Verlagsredaktion
und Beratung von

Viola Adam, Luckenwalde

Cornelsen

Bigalke | Köhler

Mathematik

Redaktion: Dr. Ulf Rothkirch
Layout: Klein und Halm Grafikdesign, Berlin
Bildrecherche: Kai Mehnert

Grafik: Dr. Anton Bigalke, Waldmichelbach
Illustration: Detlev Schüler †, Berlin (18, 26, 83, 88, 97-2, 97-3, 102, 161, 165, 172, 176, 177, 187, 188, 221, 222, 294, 321, 322, 365, 390, 391, 436, 442, 448, 449, 451, 452, 478, 483, 484, 489, 503); Gudrun Lenz, Berlin (55-2, 55-4, 80, 488, 516); Dr. Anton Bigalke, Waldmichelbach (alle weiteren)
Umschlaggestaltung: Klein und Halm Grafikdesign, Hans Herschelmann, Berlin
Technische Umsetzung: CMS – Cross Media Solutions GmbH, Würzburg

Bilder aus dem Land Brandenburg

Umschlag: Potsdam, Alter Markt
Seite 13: Schloss Babelsberg
Seite 41: Werder/Havel
Seite 75: Potsdam, Chinesisches Haus
Seite 127: Luckau, Markt
Seite 201: Templin, Pulverturm
Seite 251: Cottbusser Weihnachtsmarkt
Seite 281: Schloss Fürstlich Drehna
Seite 311: Spreewaldkahn
Seite 357: Rheinsberg, Hafen
Seite 389: Kloster Chorin
Seite 421: Frankfurt(Oder), Brunnenplatz
Seite 459: Bad Saarow, Bahnhof
Seite 493: Brandenburg/Havel

www.cornelsen.de

Dieses Werk enthält Vorschläge und Anleitungen für Untersuchungen und Experimente. Vor jedem Experiment sind mögliche Gefahrenquellen zu besprechen. Beim Experimentieren sind die Richtlinien zur Sicherheit im Unterricht einzuhalten.

1. Auflage, 2. Druck 2019

Alle Drucke dieser Auflage sind inhaltlich unverändert und können im Unterricht nebeneinander verwendet werden.

Druck und Bindung: Livonia Print, Riga

ISBN 978-3-06-040666-1 (Schülerbuch)
ISBN 978-3-06-040970-9 (E-Book)

PEFC zertifiziert
Dieses Produkt stammt aus nachhaltig bewirtschafteten Wäldern und kontrollierten Quellen.
www.pefc.de
PEFC/12-31-006

Inhalt

- ☐ Wiederholung
- ■ Basis
- ◩ Basis/Erweiterung
- □ Vertiefung

Vorwort

Kernlehrplan

In diesem Buch wird der Rahmenplan Mathematik des Landes Brandenburg für das erste Kursjahr konsequent umgesetzt.

In erheblichem Umfang sind Anwendungsaufgaben und Modellierungen berücksichtigt, auch perspektivisch im Hinblick auf das Zentralabitur. Allerdings muss man die ohnehin knappe Zeit gut einteilen, da Anwendungen und Modellierungen erfahrungsgemäß zeitaufwendig sind.

Druckformat

Das Buch besitzt ein weitgehend zweispaltiges Druckformat, was die Übersichtlichkeit deutlich erhöht und die Lesbarkeit erleichtert.
Lehrtexte und Lösungsstrukturen sind auf der linken Seitenhälfte angeordnet, während Beweisdetails, Rechnungen und Skizzen in der Regel rechts platziert sind.

Beispiele

Wichtige Methoden und Begriffe werden auf der Basis anwendungsnaher, vollständig durchgerechneter Beispiele eingeführt, die das Verständnis des klar strukturierten Lehrtextes unterstützen. Diese Beispiele können auf vielfältige Weise als Grundlage des Unterrichtsgesprächs eingesetzt werden. Im Folgenden werden einige Möglichkeiten skizziert:

- Die Aufgabenstellung eines Beispiels wird problemorientiert vorgetragen. Die Lösung wird im Unterrichtsgespräch oder in Stillarbeit entwickelt, wobei die Schülerbücher geschlossen bleiben. Im Anschluss kann die erarbeitete Lösung mit der im Buch dargestellten Lösung verglichen werden.
- Die Schüler lesen ein Beispiel und die zugehörige Musterlösung. Anschließend bearbeiten sie eine an das Beispiel anschließende Übung in Einzel- oder Partnerarbeit. Diese Vorgehensweise ist auch für Hausaufgaben gut geeignet.
- Ein Schüler wird beauftragt, ein Beispiel zu Hause durchzuarbeiten und als Kurzreferat zur Einführung eines neuen Begriffs oder Rechenverfahrens im Unterricht vorzutragen.

Übungen

Im Anschluss an die durchgerechneten Beispiele werden exakt passende Übungen angeboten.

- Diese Übungsaufgaben können mit Vorrang in Stillarbeitsphasen als Kontrolle eingesetzt werden. Dabei können die Schüler sich am vorangegangenen Unterrichtsgespräch orientieren.
- Eine weitere Möglichkeit: Die Schüler erhalten den Auftrag, eine Übung zu lösen, wobei sie mit dem Lehrbuch arbeiten sollen, indem sie sich am Lehrtext oder an den Musterlösungen der Beispiele orientieren, die vor der Übung angeordnet sind.
- Weitere Übungsaufgaben auf zusammenfassenden Übungsseiten finden sich am Ende der meisten Abschnitte. Sie sind für Hausaufgaben, Wiederholungen und Vertiefungen geeignet. Rot markierte Übungen haben einen erhöhten Schwierigkeitsgrad.
- In erheblichem Umfang sind die Formate des Zentralabiturs berücksichtigt, vor allem auch solche mit einfachen Anwendungsbezügen und mitModellierungen. Allerdings muss man sich die ohnehin knappe Zeit gut einteilen, da Anwendungsaufgaben zeitaufwendig sind.

Überblick, Test, mathematische Streifzüge und Knobelaufgaben

Am Ende eines jeden Kapitels sind in einem Überblick die wichtigsten mathematischen Regeln, Formeln und Verfahren in knapper Form zusammengefasst.

Auf der letzten Seite eines Kapitels findet man einen Test zum Standardstoff, der auch zur Selbstkontrolle dienen kann.

Mehrere Kapitel enthalten einen mathematischen Streifzug, der besonders interessierten Schülern Vertiefungsmöglichkeiten bietet.

An zahlreichen Stellen findet man als Zusatzoption Knobelaufgaben, die unabhängig vom aktuellen Stoff sind und Problemlösefähigkeiten verstärkt ansprechen.

Verwendung von Taschenrechnern
Die zugrunde gelegten Taschenrechnermodelle CASIO FX 87 DE X und TI 30 X Plus MathPrint entsprechen in ihrer Funktionalität den in Brandenburg genehmigten Modellen.

Sie beherrschen die Binomial- und die Normalverteilung. Außerdem können Sie Wertetabellen von Funktionen erstellen und sind zusätzlich um eine Tabellenkalkulation erweitert.

Entsprechend den Vorschriften sind sie weder graphikfähig noch beherrschen sie die numerische Differentiation bzw. die numerische Integration. Die Schüler sollen diese grundlegenden Techniken sinnvollerweise manuell sicher beherrschen.

Für Schulen, die CAS-Systeme verwenden, sind über die Kapitel verteilt einige exemplarische CAS-Anwendungen enthalten.

Operatoren

Die Aufgabenstellungen in Übungen wurden – auch und vor allem im Hinblick auf das Abitur – verstärkt mit Hilfe von Operatoren formuliert.
Es wurden aber auch offener formulierte Fragestellungen einbezogen, um die erforderliche Flexibilität der Schüler im Umgang mit der Fachsprache zu erhalten und zu fördern und sie nicht völlig abhängig zu machen von operationalisierten Formulierungen, da solche Hilfestellungen nicht nur Vorteile bieten, sondern Selbständigkeit und Kreativität beeinträchtigen können, weshalb sie in anschließenden Ausbildungsgängen und im Studium kaum noch vorkommen.

Gesamtkonzeption und Hinweise zu den Kapiteln

Das Buch ist – dem Rahmenplan entsprechend – in dreizehn Kapitel untergliedert. Die durch den Rahmenplan vorgesehenen Inhalte werden dabei abgedeckt. Es wurde versucht, die verschiedenen Aspekte aller benötigten Verfahren abzudecken. Aufgrund des sehr anspruchsvollen Rahmenplans ist die Stofffülle jedoch ohnehin relativ hoch, so dass der Lehrer strikt Schwerpunkte setzen und entscheiden muss, welche Aspekte aus Zeitgründen nicht behandelt werden sollen und ausgelassen werden können. Hinweise und Vorschläge hierzu werden in jedem der folgenden Kapitel gegeben.

I. Lineare Gleichungssysteme

Dieser erste Themenbereich wird in den ersten beiden Kurshalbjahren nur in begrenztem Maße benötigt, dafür eher im dritten Kurshalbjahr im Rahmen der Analytichen Geometrie. Daher halten die Autoren es für gerechtfertigt, hier in anbetracht des ohnehin knappen Zeitvolumens die Behandlung auf ganz wesentliche Aspekte und die wichtigsten Beispiele zu beschränken.

In Abschnitt 1 werden die grundlegenden Schreibweisen eingeführt und die Grundlagen anhand von linearen Gleichungssystemen mit nur zwei Variablen wiederholt. Sind die entsprechenden Kenntnisse aus der Sekundarstufe I schon vorhanden, so dient dieser Abschnitt nur zum Nachlesen. Genutzt werden könnte die graphische Darstellung von (2;2)-LGS durch zwei Geraden in der Ebene, um die Frage der Lösbarkeit und die Frage der Größe der Lösungsmenge (keine Lösung, eine Lösung, unendlich viele Lösungen) zu veranschaulichen.

In Abschnitt 2 wird der Gaußsche Algorithmus behandelt. Seine beiden Grundideen (Erzeugung einer Dreiecksform, dann Rückwärtseinsetzung) sollten klar herausgestellt werden.
Zunächst sollten eindeutig lösbare Gleichungssysteme angesprochen werden.

In Abschnitt 3 werden Lösbarkeitsuntersuchungen mit den Fällen „unlösbar" (leere Lösungsmenge) und „nicht eindeutig lösbar" (unendliche Lösungsmenge) behandelt.
Außerdem werden überbestimmte und unterbestimmte Gleichungssysteme angesprochen.

In Abschnitt 4 werden interessante Anwendungen vorgestellt. Diese Aufgabenstellungen können sehr motivierend sein, sollten aber aus Zeitgründen eher exemplarisch eingesetzt werden.

II. Potenzfunktionen und ganzrationale Funktionen

In Abschnitt 1 – der normalerweise ausgelassen werden kann – werden für den Bedarfsfall die Grundlagen über reelle Funktionen wiederholt.

Abschnitt 2 über Potenzfunktionen der Form $f(x) = a x^n$ bzw. $f(x) = a x^{-n}$ – dürfte zu einem erheblichen Teil ebenfalls Wiederholungsstoff darstellen. Allerdings werden auch der Symmetriebegriff für Funktionen und das Steigungsverhalten von Funktionen behandelt.

Daher dürfte der Schwerpunkt auf Abschnitt 3 über Ganzrationale Funktionen liegen, der daher auch einen alternativen und zeitsparenden Einstieg in das Kapitel darstellen könnte, unter Auslassung der Wiederholungsabschnitte 1 und 2.

Wichtig sind vor allem Kenntnisse über den Verlauf der Graphen ganzrationaler Funktionen. Dabei spielt insbesondere die Berechnung von Nullstellen dieser Funktionsklasse eine große Rolle, auch in den Folgekapiteln. Dabei ist auch das Verfahren der Polynomdivision essentiell und muss hier unbedingt intensiv geübt werden.

Weitere wichtige Aspekte sind das Symmetrieverhalten und das Grenzwertverhalten von Polynomen.

Hoch- und Tiefpunkte werden nur der Begrifflichkeit halber angesprochen. Berechnungen hierzu werden aufgrund der noch fehlenden Methoden der Differentialrechnung noch nicht angestellt.

III. Einführung des Ableitungsbegriffs

In Abschnitt 1 werden Grenzwertprozesse behandelt. Laut Rahmenplan ist ein propädeutischer Grenzwertbegriff vorgesehen. Will man jedoch später Ableitungsregeln auch nur im Ansatz beweisen, so benötigt man neben der Grenzwertbestimmung durch Testeinsetzungen auch exakte Grenzwertberechnungen durch Termumformung oder mit der h-Methode. Deshalb empfehlen die Autoren, wenigstens die h-Methode hier zu behandeln und sicher einzuüben.

Abschnitt 2 dient der Behandlung der mittleren Steigung einer Kurve über einem Intervall sowie als Anwendung der Berechnung mittlerer Änderungsraten und der mittleren Geschwindigkeit.
Diesen Abschnitt kann man aber auch auslassen und gleich mit Abschnitt 3 über die lokale Steigung einer Kurve beginnen. Mittlere Steigungen und Änderunsgraten kann man dann später exemplarisch im Rahmen von Anwendugen der Differentialrechnung einführen und behandeln.

Abschnitt 3 enthält den klassischen geometrischen Zugang zur Differentialrechnung über die lokale Steigung als Grenzwert von Sekantensteigungen (von der Sekante zur Tangente).
Dieser Abschnitt und die folgenden Abschnitte 4 (Ableitunsfunktion) und Abschnitt 5 (Ableitungsregeln) enthalten zentrale Gedanken, Ideen und Techniken, die gut durchdrungen werden sollten, da sie das theoretische Gebäude der Analysis bilden.

Man könnte nun direkt zur Untersuchung von Funktionen mit Hilfe der Differentialrechnung im Folgekapitel IV übergehen. Allerdings erscheint es didaktisch günstiger, in Abschnitt 6 erste praktischen Anwendungen des Ableitungsbegriffs vorzunehmen.
Hier werden in knapper Form – jeweils nur auf einer Seite – Steigungsproblem, Steigungswinkelproblem, Tangentenproblem, Normalenproblem und Schnittwinkelproblem angesprochen.
Dadurch können ähnliche Probleme nun schlagwortartig angesprochen und eingeordnet werden, was die Findung der Lösungsstrategie erheblich erleichtert und routinisiert.

IV. Anwendungen des Ableitungsbegriffs

In Abschnitt 1 bis Abschnitt 5 werden die klassischen Zusammenhänge zwischen Monotonie und Ableitung sowie zwischen Krümmung und zweiter Ableitung, das Monotoniekriterium, das Krümmungskriterium und die notwendigen und hinreichenden Kriterien für Extrema und Wendepunkte behandelt. Das ist absolutes Pflichtprogramm und praktische Arbeitsbasis für den gesamten Kursverlauf. Hier ist eine sehr intensive Unterrichtung erforderlich.

In Abschnitt 6 werden Funktionsuntersuchungen durchgeführt. Im Zentrum stehen die ganzrationalen Funktionen. Untersucht werden Nullstellen, Extrema, Wendepunkte und Winkel.
Es gibt hier einen Exkurs über Tangenten und Normalen, der eine Vertiefungsmöglichkeit bietet.

Eine weitere Vertiefung bieten die nicht-ganzrationalen Funktionen, die exemplarisch durch eine Hyperbel- und eine Wurzelfunktion vertreten sind.

Schließlich gibt es den optionalen Abschnitt 7 über Kurvenuntersuchungen bei realen Prozessen, wo besonders anwendungsbezogen modelliert wird und verstärkt Änderungsraten einbezogen werden. Diese Abschnitt kann bei Zeitmangel ausgelassen werden.

Der wichtige Abschnitt 8 über Extremalprobleme gehört zum klassischen Repertoire. Hier findet man eine große Auswahl interessanter, anwendungsbezogener Extremalprobleme, wovon man einige wenige auswählen sollte.

Abschnitt 9 über Rekonstruktionen und Modellierungen ist ebenfalls wichtig, anwendungsbezogen und interessant wie Abschnitt 8, aber auch hier gilt es, aus der Fülle des Angebots einen eng begrnzten, zeitrealistischen Kurs zu dieser Thematik zusammenzustellen.

V. Exponentialfunktionen

In Abschnitt 1 werden die Grundlagen exponentiellen Wachstums und der Quotiententest wiederholend dargestellt. Der Abschnitt ist nur zum Nachlesen gedacht. Der Quotiententest und das logarithmische Lösen von Exponentialgleichungen sollten aber jedenfalls bekannt sein.

In Abschnitt 2 geht es um die vertiefte Untersuchung exponentieller Prozesse, insbesondere um die Berechnung und die Formeln der Halbwertszeit bzw. der Verdopplungszeit, wobei Zehnerlogarithmen verwendet werden. Diese Formeln/Rechnungen sind essentiell.
Außerdem werden zwei gut funktionierende und sehr motivierende Experimente zu exponentiellen Prozesses vorgeschlagen (Superballexperiment und Bierschaumexperiment).

In Abschnitt 3 werden die natürliche Exponentialfunktion $f(x) = e^x$ und ihre Ableitungsfunktion $f'(x) = e^x$ hergeleitet und eingeführt.
Die natürliche Logarithmusfunktion $f(x) = \ln x$ wird als Umkehrfunktion von $f(x) = e^x$ gewonnen. Auch ihre Ableitung $f(x) = \frac{1}{x}$ wird eingeführt. Diese Funktionen werden nicht vertieft untersucht.

Abschnitt 4 ist sehr wichtig, da hier als Vertiefung und Erweiterung der Differentialrechnung die Produktregel und die Kettenregel eingeführt werden, die beide beherrscht werden sollen.

In Abschnitt 5 werden intensive und umfassende Kurvenuntersuchungen mit Exponentialfunktionen durchgeführt. Dabei werden zahlreiche Aspekte angesprochen. Auch wenn eine Auswahl getroffen werden muss, ist dieser Funktionsklasse von hoher Bedeutung für das Abitur.
Ein ganz knapper zweiseitiger Exkurs über Logarithmusfunktionen gibt die Möglichkeit, auch diese Funktionsklasse elementar mit Hilfe der Diffrentialrechnung zu untersuchen.

VI. Trigonometrische Funktionen

In Abschnitt 1 werden die Grundlagen der Trigonometrie zum Wiederholen und Nachlesen zusammengestellt, also die trigonometrischen Grundformeln sowie $f(x) = \sin x$ und $f(x) = \cos x$ als reelle Funktionen. Dieser Abschnitt hat reinen Wiederholungscharakter.

Abschnitt 2 über Modifikationen von $\sin x$ und $\cos x$ ist der zentrale Abschnitt des Kapitels.
Hier wird auf die Beherrschung der trigonometrischen Funktionstypen $f(x) = a \cdot \sin(b(x + c)) + d$ und $f(x) = a \cdot \cos(b(x + c)) + d$ mit elementaren Mitteln ohne Zuhilfenahme der Differentialrechnung angestrebt. Es wir mit Verschiebungen, Streckungen und Spiegelungen gearbeitet.

Um tiefere Aufgabenstellungen sinnvoll bearbeiten zu können, muss man eigentlich trigonometrische Gleichungen lösen können. Ein exakter, manueller rechnerischer Weg hierzu wird im Buch im Abschnitt 3 als Option angeboten.

Wer darauf verzichten möchte, weil das Curriculum dies nicht fordert, der kann auf eine zeichnerische Lösung zurückgreifen oder die Lösungen vorgeben und den Nachweis verlangen, dass es sich bei der Vorgabe tatsächlich um Lösungen handelt.

In Abschnitt 4 werden die Ableitungsregeln für $\sin x$ und $\cos x$ aufgrund graphischen Ableitens entwickelt und auf einfache Fälle (Extrempunkte, Wendepunkte, Tangente) angewandt.

In Abschnitt 5 werden einfache Kurvenuntersuchungen und Modellierungen in kurzer Form und auch nur exemplarisch angesprochen, wobei auch einige Anwendungen zur Sprache kommen.

Insgesamt muss der Lehrer eine sinnvoll gekürzte Auswahl treffen, da die Zeit knapp ist und die Funktionsklasse nicht ganz die Wichtigkeit der Polynome und der Exponentialfunktionen hat.

VII. Einführung in die Integralrechnung

In Abschnitt 1 erfolgt der Zugang zur Integralrechnung klassisch über die Frage nach dem Inhalt der Fläche, die von einer Kurve begrenzt wird. Die Streifenmethode des Archimedes stellt den Zugang dar und liefert über den Grenzwertbegriff die Verbindung zur modernen Mathematik.
Für umfangreiche praktische Streifensummenberechnungen fehlt jedoch die Zeit.

Daher wird man in Abschnitt 2 schnell zur Flächeninhaltsfunktion zur unteren Grenze 0 übergehen, womit erste einfache Flächenberechnungen möglich sind.

In Abschnitt 3 werden die Begriffe Stammfunktion und unbestimmtes Integral eingeführt. Hier steht als Motivation der Gedanke des Integrierens durch Umkehrung des Differenzierens am Anfang und liefert aus den Diffrentiationsregeln die entsprechenden Integrationsregeln.

In Abschnitt 4 wird das bestimmte Integral eingeführt und als Flächenbilanz interpretiert. Die Theorie überwiegt hier. Man sollte den Abschnitt daher eher knapp halten, da die Rechenregeln für bestimmte Integrale im Folgekapitel zur Genüge praktisch angewendet werden.

VIII. Anwendungen der Integralrechnung

Dies ist ein besonders wichtiges Kapitel, auch für das Abitur, denn hier werden die praktische Berechnungen und Anwendungen der Integralrechnung behandelt.
In Abschnitt 1 wird der Zusammenhang zwischen bestimmten Integralen und Flächeninhalten für die drei Hauptfälle (positive Funktion, negative Funktion, Funktion mit wechselndem Vorzeichen) kompakt zusammengestellt, um ein jederzeitiges Nachlesen zu ermöglichen. Man kann den Abschnitt aber auch auslassen und gleich Probleme aus den Abschnitten 2 und 3 behandeln.

In Abschnitt 2 werden Flächen unter Funktionsgraphen in diversen Konstellationen systematisch bestimmt. Dabei werden zunächst rein innermathematische Aufgabenstellungen behandelt.

In Abschnitt 3 werden Flächen zwischen Funktionsgraphen behandelt, wobei die Rolle der Differenzfunktion intensiv besprochen werden sollte.
In beiden Abschnitten werden auch Parameteraufgaben, Rekonstruktionsaufgaben und zahlreiche Anwendungsmodellierungen behandelt, die nur exemplarisch einbezogen werden können.

In Abschnitt 4 werden die Integrationsmethoden auf nicht-ganzrationale Funktionsklassen (Exponentialfunktonen, Wurzelfunktionen, einfachste gebrochen-rationale Funktionen) übertragen, wobei vor allem die Exponentialfunktionen von großer Bedeutung sind.

In Abschnitt 5 wird das wichtige, aber schwierige Thema der Rekonstruktion von Beständen systematisch angesprochen, wobei man sich auf eine enge exemplarische Auswahl beschränken muss, die sich auch an den Erfordenissen der aktuellen Abiturprüfungen orientieren kann.

IX. Vertiefung der Differential- und Integralrechnung

Dieses Kapitel ist insbesondere in Bezug auf das Abitur wichtig. Es enthält keine neuen inhaltlichen Aspekte, aber hier erfolgt die vertiefte Behandlung der Differential- und Integralrechnung, indem die Methoden dieser beiden Gebiete im Zusammenhang behandelt werden und auf alle relevanten Funktionsklassen angewandt werden. Man sollte aus jedem Abschnitt eine Auswahl von geeigneten Aufgaben behandeln. Weitere Aufgaben können die Schüler selbständig zu Hause bearbeiten.
Gegliedert ist das Kapitel in drei Abschnitte: 1. Kurvenuntersuchungen, 2. Randkurvenprobleme und 3. Beschreibung von Prozessen.

X. Beschreibende Statistik

Dieses Kapitel ist in erheblichem Maße Wiederholungsstoff aus der Sekundarstufe I und kann entsprechend knapp und exemplarisch abgehandelt werden. Es hat vier Absschnitte:
1. Darstellung von Daten (Diverse Diagrammdaten, Klassierung von Daten mit Säulendiagrammen)
2. Mittelwerte (Arithmetische Mittel, Median und Modus), 3. Streuungsmaße (Empirische Standardabweicheng), 4. Boxplots.

XI. Grundlegende Begriffe der Stochastik

In Abschnitt 1, Zufallsversuche und Ereignisse, werden die begrifflichen Grundlagen der Wahrscheinlichkeitsrechnung vermittelt (Zufallsversuch, Ergebnis, Ergebnismenge, Ereignis, Vereinigung und Schnitt von Ereignissen, Gegenereignis).

In Abschnitt 2 wird der Übergang von relativen Häufigkeiten zu Wahrscheinlichkeiten vermittelt (Empirisches Gesetz der großen Zahlen). Der Begriff der Wahrscheinlichkeit wird als Stabilisierungswert definiert. Man sollte verdeutlichen, dass es sich nicht um einen Grenzwert handelt. Der Begriff der Wahrscheinlichkeitsverteilung wird anhand der Axiome von Kolmogorow eingeführt. Es folgen Laplace-Experimente und die Berechnung von Laplace-Wahrscheinlichkeiten .

In Abschnitt 3 werden mehrstufige Zufallsversuche und Baumdiagramme behandelt.

In Abschnitt 4 geht es um Simulationen, eine Thematik von hohem Motivationspotential.
Aus Zeitgründen können nur einige wenige Beispiele exemplarisch behandelt werden. Es gibt A. Simulationen mit Hilfe von realen Zufallsgeräten (Würfel, Münzen), B. Simulationen mit taschenrechnergenerierten Zufallszahlen, C. Simulationen mit der Zufallszifferntabelle.

Diese Thematik muss nicht unbedingt eigenständig behandelt werden, sondern kann in Teile zergliedert in andere Zusammenhänge eingebracht werden, was Zeit sparen kann.

XII. Berechnung von Wahrscheinlichkeiten

In diesem Kapitel werden die weiterführenden Berechnungsverfahren für Wahrscheinlichkeiten behandelt, welche über die einfachen Laplace-Wahrscheinlichkeiten des Kapitels XI hinausgehen.

In Abschnitt 1 über Kombinatorische Abzählverfahren werden die Produktregel sowie geordnete und ungeordnete Stichproben beim Ziehen mit und ohne Zurücklegen behandelt sowie das Lottomodell.

In Abschnitt 2 wird der Begriff der bedingten Wahrscheinlichkeit eingeführt. Dieser Begriff lässt sich gut in zweistufigen Baumdiagrammen veranschaulichen.
In diesem Themengebiet ist auf richtige Schreibweisen und sehr klare Sprechweisen zu achten, sonst kann es leicht zur Verwechslung von bedingten Wahrscheinlichkeiten und Schnittwahrscheinlichkeiten kommen (Daher stets die ausführliche Sprechweise verwenden: … unter der Bedingung, dass …).

Wichtig ist außerdem der Begriff der stochastischen Unabhängigkeit von Ereignissen.
Totale Wahrscheinlichkeiten werden ebenfalls berechnet. Hier kann man Formeln anwenden, aber besser noch auf die anschauliche Ermittlung durch Baumdiagramme zurückgreifen, wobei das Zusammenwirken von Baumdiagramm und inversem Baumdiagramm bei dieser Thematik wichtig ist.

In Abschnitt 3 werden Vierfeldertafeln für absolute und für relative Häufigkeiten behandelt. Diese stellen eine Alternative dar zur Verwendung von Baumdiagrammen.

XIII. Die Binomialverteilung

In diesem abschließenden Kapitel wird das Arbeiten mit Wahrscheinlichkeitsverteilungen unterrichtet, und zwar am Beispiel der Binomialverteilung.

In Abschnitt 1 wird der Begriff der Zufallsgröße behandelt und im Zusammenhang damit der Erwartungswert, die Varianz und die Standardabweichung einer Zufallsgröße.

In Abschnitt 2 geht es um Bernoulliketten und die Bernoulliformel. Erste typische Problemstellungen werden manuell gelöst.

Abschnitt 3 ist ein reiner Theorieabschnitt über Eigenschaften der Binomialverteilung und Verteilungsdiagramme. Hier muss der Lehrer entscheiden, in welchem Unfang dies gelehrt werden soll.

Abschnitt 4 (Praxis der Binomialverteilung) ist besonders wichtig – auch im Hinblick auf das Abitur – und er ist recht umfangreich. Zunächst wir die einfache Binomialverteilung behandelt, anschließend auch die kumulierte Binomialverteilung. Dabei werden die Berechnungen sowohl mit den Binomialverteilungstabellen als auch alternativ mit Hilfe der Tabellenfunktionen der Taschenrechner dargestellt.

In Abschnitt 5 (Zusammengesetzte Aufgaben) werden abschließend zahlreiche Aspekte der Wahrscheinlichkeitsrechnung in einigen komplexen Aufgabenstellungen gebündelt.

I. Lineare Gleichungssysteme

1. Grundlagen

A. Der Begriff des linearen Gleichungssystems

Lineare Gleichungssysteme besitzen in vielen Bereichen der Mathematik und bei der Lösung naturwissenschaftlicher, technischer und wirtschaftlicher Problemstellungen eine große Bedeutung.
Das wichtigste Lösungsverfahren für lineare Gleichungssysteme ist sehr systematisch aufgebaut, so dass es mit Hilfe von Computern und Taschenrechnern automatisiert werden kann.

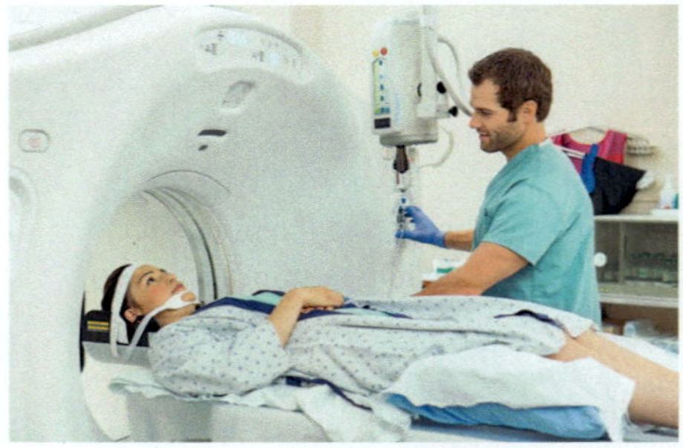

Computertomographie
Im Computertomographen wird die Abschwächung von Röntgenstrahlen beim Durchdringen des Körpers gemessen. Daraus gewinnt man lineare Gleichungssysteme, deren Lösungen die Gewebedichten im Körperinnern liefern. Aus diesen lässt sich ein dreidimensionales Bild des Körperinnern errechnen und darstellen.

In diesem ersten Abschnitt wiederholen wir die bereits bekannten Grundlagen beim Lösen linearer Gleichungssysteme, wobei die Beispiele auf den folgenden Seiten sich auf zwei Gleichungen mit zwei Variablen beschränken.

Ein lineares Gleichungssystem (***LGS***) besteht aus einer Anzahl linearer Gleichungen. Nebenstehend ist ein lineares Gleichungssystem mit vier Gleichungen und drei Variablen x, y, z dargestellt. Man spricht hier von einem (4; 3)-LGS.
Die Darstellung ist in der sogenannten ***Normalform*** gegeben: Die variablen Terme stehen auf der linken Seite, die konstanten Terme bilden die rechte Seite.

Ein (4; 3)-LGS in Normalform:

$$\begin{array}{rcrcrcr} 3x & + & 2y & - & 2z & = & 1 \\ 2x & + & 3y & + & 2z & = & 14 \\ 4x & - & 2y & + & 3z & = & -9 \\ 5x & + & 4y & - & 4z & = & 1 \end{array}$$

Koeffizienten der linken Seite — Koeffizienten der rechten Seite

Rechts ist die Normalform eines allgemeinen (m; n)-LGS dargestellt.
Die n Variablen lauten $x_1, x_2, \ldots, x_n$.
Die konstanten Terme auf der rechten Seite der Gleichungen lauten $b_1, b_2, \ldots, b_m$.
a_{ij} bezeichnet den Koeffizienten auf der linken Seite des LGS, der in der i-ten Gleichung als Faktor vor der Variablen x_j steht.
Eine Lösung des LGS gibt man oft als geordnete Kombination an, d. h. als ***n-Tupel*** $(x_1; x_2; \ldots; x_n)$, z.B. (3; 1) wie im Beispiel auf der folgenden Seite.

Die Normalform eines (m; n)-LGS:

$$\begin{array}{ccccccccc} a_{11}x_1 & + & a_{12}x_2 & + & \ldots & + & a_{1n}x_n & = & b_1 \\ a_{21}x_1 & + & a_{22}x_2 & + & \ldots & + & a_{2n}x_n & = & b_2 \\ \vdots & & & & & & & & \vdots \\ a_{m1}x_1 & + & a_{m2}x_2 & + & \ldots & + & a_{mn}x_n & = & b_m \end{array}$$

B. Das Additionsverfahren bei Gleichungssystemen mit zwei Variablen

Zunächst bringen wir uns ein elementares Verfahren zur Lösung linearer Gleichungssysteme anhand eines einfachen Beispiels (2 Gleichungen, 2 Variable) in Erinnerung.

Beispiel: Gleichungssystem
Lösen Sie das nebenstehende lineare Gleichungssystem.

$$\begin{array}{ll} \text{I} & 2x - 4y = 2 \\ \text{II} & 5x + 3y = 18 \end{array}$$

Lösung:
Wir verwenden das sogenannte Additionsverfahren. Zunächst multiplizieren wir Gleichung I mit −5 und Gleichung II mit 2, sodass die Koeffizienten der Variablen x den gleichen Betrag, aber verschiedene Vorzeichen erhalten.

$$\begin{array}{lll} \text{I} & 2x - 4y = 2 & \rightarrow (-5)\cdot \text{I} \\ \text{II} & 5x + 3y = 18 & \rightarrow 2\cdot \text{II} \end{array}$$

So entsteht ein neues Gleichungssystem. Es ist zum Ursprungssystem äquivalent, d.h. lösungsgleich.

$$\begin{array}{lll} \text{I} & -10x + 20y = -10 & \\ \text{II} & 10x + 6y = 36 & \rightarrow \text{I} + \text{II} \end{array}$$

Nun addieren wir Gleichung I zu Gleichung II. Bei diesem Additionsvorgang wird die Variable x eliminiert. Das entstehende Gleichungssystem ist wiederum äquivalent zum vorhergehenden.

$$\begin{array}{ll} \text{I} & -10x + 20y = -10 \\ \text{II} & 26y = 26 \end{array}$$

Gleichung II enthält nun nur noch eine Variable, nämlich y. Auflösen der Gleichung nach y liefert y = 1 als Lösungswert.

Aus II folgt $y = 1$.

Setzen wir dieses Teilresultat in Gleichung I ein, so folgt x = 3.

Einsetzen in I liefert: $x = 3$
Lösungsmenge: $L = \{(3;1)\}$

Die Lösungsverfahren für lineare Gleichungssysteme beruhen darauf, dass die Anzahl der Variablen pro Gleichung durch Umformungen schrittweise reduziert wird, bis nur noch eine Variable übrig bleibt.
Die verwendeten Umformungen dürfen die Lösungsmenge des Gleichungssystems nicht verändern. Umformungen mit dieser Eigenschaft werden als ***Äquivalenzumformungen*** bezeichnet.
Die drei wesentlichen Äquivalenzumformungen sind nebenstehend aufgeführt.

Äquivalenzumformungen eines Gleichungssystems

Die Lösungsmenge eines linearen Gleichungssystems ändert sich nicht, wenn

(1) 2 Gleichungen vertauscht werden,

(2) eine Gleichung mit einer reellen Zahl $k \neq 0$ multipliziert wird,

(3) eine Gleichung zu einer anderen Gleichung addiert wird.

Zur Pfeilschreibweise: A → B bedeutet: A wird durch B ersetzt.

Übung 1 Rechnerische Lösung

Lösen Sie die linearen Gleichungssysteme rechnerisch.

a) $2x - 3y = 5$, $3x + 4y = 16$

b) $6x - 4y = -2$, $4x + 3y = 10$

c) $\frac{1}{2}x - 2y = 1$, $3x + 4y = 14$

d) $5x = y - 3$, $2y = 7 + 9x$

Übung 2 Zeichnerische Lösung

Lösen Sie das LGS zeichnerisch, indem Sie die Gleichungen nach y auflösen und als Geraden darstellen.

a) $3x + 2y = 12$, $4x - 2y = 2$

b) $2x - 3y = -9$, $4x + 6y = -6$

c) $2x + 3y = 7$, $6x + 9y = 14$

d) $4x + y = -6$, $7x + 2y = -11$

C. Die Anzahl der Lösungen eines Gleichungssystems mit zwei Variablen

Die Gesamtheit der Lösungen (x; y) jeder einzelnen Gleichung eines (2; 2)-LGS bildet eine Gerade im $\mathbb{R}^2$. Damit kann die Frage nach der Anzahl der Lösungen eines (2; 2)-LGS in sehr anschaulicher Weise beantwortet werden.
Die Lösungen eines solchen Gleichungssystems sind die Koordinaten der gemeinsamen Punkte der den Gleichungen zugeordneten Geraden. Geraden haben entweder keine gemeinsamen Punkte oder sie haben genau einen gemeinsamen Punkt oder sie haben unendlich viele gemeinsame Punkte. Die Zeichnungen unten veranschaulichen den Sachverhalt.
Entsprechend ist ein lineares Gleichungssystem entweder ***unlösbar*** oder es ist ***eindeutig lösbar*** oder es hat ***unendlich viele Lösungen***, ist also ***nicht eindeutig lösbar***.
Dies gilt nicht nur für Gleichungssysteme mit zwei Variablen, sondern für alle LGS.

I $2x - 2y = -2$ II $-3x + 3y = 6$	I $2x - y = 2$ II $3x + 3y = 12$	I $8x + 4y = 16$ II $-6x - 3y = -12$
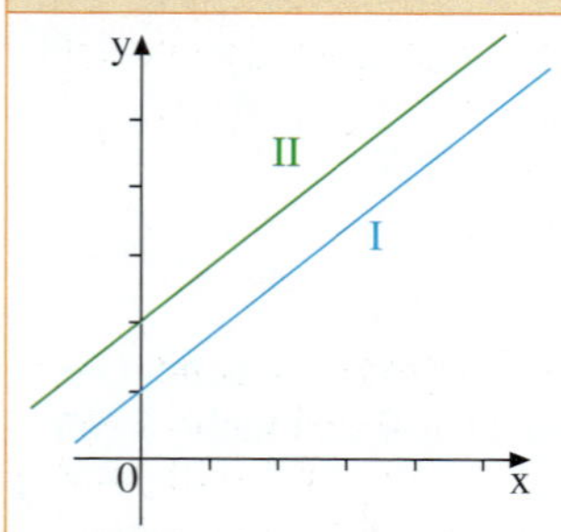	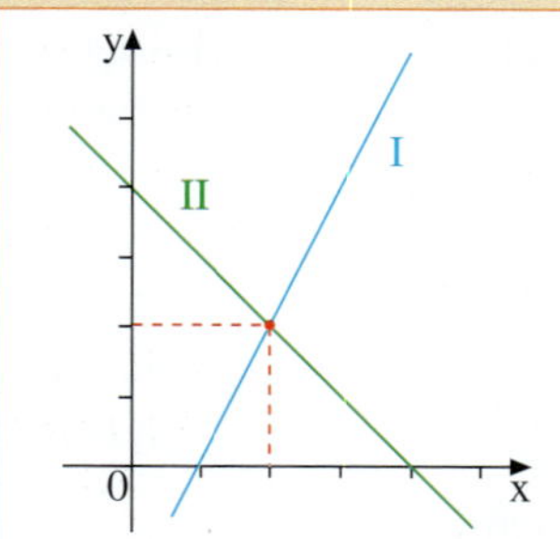	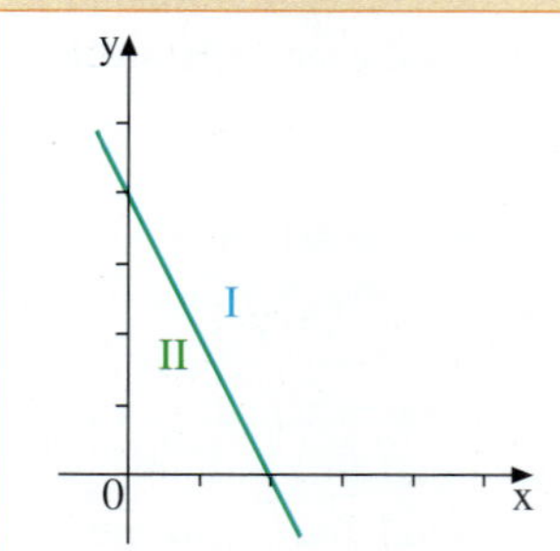
Die Geraden sind parallel. Sie haben keine gemeinsamen Punkte. **Das Gleichungssystem ist unlösbar.**	Die Geraden schneiden sich in einem Punkt. **Das Gleichungssystem hat genau eine Lösung.**	Die Geraden sind identisch. Sie haben unendlich viele gemeinsame Punkte. **Das Gleichungssystem hat unendlich viele Lösungen.**

Auch mit Hilfe des Additionsverfahrens kann man erkennen, welcher der drei bezüglich der Lösbarkeit möglichen Fälle vorliegt. Den Fall der eindeutigen Lösbarkeit haben wir bereits geübt (vgl. Abschnitt B). Die restlichen Fälle behandeln wir nun exemplarisch.

Beispiel: Lösbarkeit

Untersuchen Sie die Gleichungssysteme mit Hilfe des Additionsverfahrens auf Lösbarkeit.

a) $2x - 2y = -3$
$-3x + 3y = 9$

b) $8x + 4y = 16$
$-6x - 3y = -12$

Lösung zu a:

I $2x - 2y = -3$ → $3 \cdot$ I
II $-3x + 3y = 9$ → $2 \cdot$ II

I $6x - 6y = -9$
II $-6x + 6y = 18$ → I + II

I $6x - 6y = -9$
II $0x + 0y = 9$

Die Äquivalenzumformungen führen auf ein Gleichungssystem, dessen Gleichung II für kein Paar x, y lösbar ist, da sie $0 = 9$ lautet.
Sie stellt einen Widerspruch in sich dar.

Da eine Gleichung des Systems keine Lösung besitzt, hat das Gleichungssystem als Ganzes erst recht keine Lösungen.
Man spricht von einem unlösbaren Gleichungssystem. Die Lösungsmenge des Systems ist die leere Menge:
$L = \{ \}$.

Lösung zu b:

I $8x + 4y = 16$ → $3 \cdot$ I
II $-6x - 3y = -12$ → $4 \cdot$ II

I $24x + 12y = 48$
II $-24x - 12y = -48$ → I + II

I $24x + 12y = 48$
II $0x + 0y = 0$

Die Umformungen führen auf ein äquivalentes System, dessen Gleichung II für alle Paare x, y trivialerweise erfüllt ist, da sie $0 = 0$ lautet. Sie kann also auch weggelassen werden.

In der verbleibenden Gleichung I kann eine der Variablen frei gewählt werden. Sei etwa $x = c$ ($c \in \mathbb{R}$).
Dann folgt $y = -2c + 4$. Für jeden Wert des Parameters c ergibt sich eine Lösung. Man spricht von einer einparametrigen unendlichen Lösungsmenge:
$L = \{(c; -2c + 4); c \in \mathbb{R}\}$.

Übung 3 Lösbarkeit

Untersuchen Sie das Gleichungssystem auf Lösbarkeit. Geben Sie die Lösungsmenge an.

a) $8x - 3y = 11$
$5x + 2y = 34$

b) $3x + 2y = 13$
$2x - 5y = -4$

c) $8x - 6y = 2$
$2x + 3y = 2$

d) $-4x + 14y = 6$
$6x - 21y = 8$

e) $12x + 16y = 28$
$15x + 20y = 35$

f) $3x - 4y = 14$
$2x + 3y = -2$
$x + 10y = -18$

g) $4x - 2y = 8$
$3x + y = 11$
$6x - 8y = 1$

h) $3x - 6y = 9$
$-2x + 4y = -6$
$x - 2y = 3$

Übung 4 LGS mit Parameter

Für welche Werte des Parameters $a \in \mathbb{R}$ liegt eindeutige Lösbarkeit vor?

a) $2x - 5y = 9$
$4x + ay = 5$

b) $3x + 4y = 7$
$2x - 6y = a + 12$

c) $ax + 2y = 5$
$8x + ay = 10$

d) $ax - 2y = a$
$2x - ay = 2$

Übungen

5. Lösen Sie das lineare Gleichungssystem mit Hilfe des Additionsverfahrens.

a) $\begin{aligned} 2x - 3y &= 5 \\ 3x + 2y &= 1 \end{aligned}$ b) $\begin{aligned} -3x + 4y &= -1 \\ 4x - 2y &= 8 \end{aligned}$ c) $\begin{aligned} 1{,}2x - 0{,}5y &= 5 \\ 3{,}4x - 1{,}5y &= 14 \end{aligned}$

d) $\begin{aligned} 2 - 2x &= 2y - 4 \\ 6x - 4 &= 6y + 2 \end{aligned}$ e) $\begin{aligned} y - 3x - 3 &= 2y \\ 4 - 4x + y &= 8 - 3y \end{aligned}$ f) $\begin{aligned} 13 - x + 4y &= 0 \\ 24 - 2(x - y) &= 10 \end{aligned}$

6. Untersuchen Sie das LGS auf Lösbarkeit. Bestimmen Sie die Lösungsmenge.

a) $\begin{aligned} x - \tfrac{1}{3}y &= 3 \\ x + 2y &= -4 \end{aligned}$ b) $\begin{aligned} 2x + 4y &= -4 \\ -0{,}5x - y &= 1 \end{aligned}$ c) $\begin{aligned} -6x + 3y &= 3 \\ 4x - 2y &= 2 \end{aligned}$

d) $\begin{aligned} -2x + 6y &= -2 \\ x - 3y &= 1 \end{aligned}$ e) $\begin{aligned} 2x + 4y &= 10 \\ 4x - 4y &= 8 \\ 3x - 2y &= 7 \end{aligned}$ f) $\begin{aligned} x + 6y &= 21 \\ -x + y &= 0 \\ x - y &= -5 \end{aligned}$

7. Bestimmen Sie die Werte des Parameters $a \in \mathbb{R}$, für die die LGS eindeutig lösbar sind.

a) $\begin{aligned} 3x - 5y &= 4 \\ ax + 10y &= 5 \end{aligned}$ b) $\begin{aligned} 4x - 2y &= a \\ 3x + 4y &= 7 \end{aligned}$ c) $\begin{aligned} ax + 3y &= 8 \\ 3x + ay &= 4 \end{aligned}$

8. Eine zweistellige Zahl ist siebenmal so groß wie ihre Quersumme. Vertauscht man die beiden Ziffern, so erhält man eine um 27 kleinere Zahl. Wie heißt diese zweistellige Zahl?

9. (3; 2)-LGS wie in 6e) und f) beschreiben die Lage von drei Geraden in $\mathbb{R}^2$ zueinander. Erstellen Sie zu folgenden Situationen eine Skizze und geben Sie dazu ein Beispiel für ein (3; 2)-LGS an.

a) Drei Geraden sind nicht paarweise parallel zueinander. Es gibt keinen Punkt, in dem sich alle drei Geraden schneiden.
b) Drei Geraden sind nicht paarweise parallel zueinander. Es gibt einen Punkt, in dem sich alle drei Geraden schneiden.
c) Zwei Geraden sind parallel zueinander. Eine dritte Gerade schneidet die beiden Parallelen.
d) Drei Geraden sind parallel zueinander, aber nicht identisch.

10. Wie alt sind Max und Moritz jetzt?

2. Das Lösungsverfahren von Gauß

Carl Friedrich Gauß (1777–1855) war ein deutscher Mathematiker und Astronom, der sich bereits in frühester Jugend durch überragende Intelligenz auszeichnete. Fast 50 Jahre lang war er als Mathematikprofessor an der Uni Göttingen tätig. Neben der Mathematik beschäftigte er sich vor allem mit der Astronomie. Durch eine neue Berechnung der Umlaufbahnen von Himmelskörpern konnte der 1801 entdeckte und gleich wieder aus dem Blick verlorene Planet Ceres wieder aufgefunden werden. Hierbei entwickelte er auch das nach ihm benannte Lösungsverfahren für Gleichungssysteme, das er 1809 in seinem Buch „Theoria motus corporum coelestium" (Theorie der Bewegung der Himmelskörper) veröffentlichte.

A. Dreieckssysteme

Beispiel: Dreieckssystem

Das gegebene Gleichungssystem hat eine besondere Gestalt, denn die von null verschiedenen Koeffizienten sind in Gestalt eines Dreiecks angeordnet.
Lösen Sie dieses Dreieckssystem.

Ein Dreieckssystem

$$\begin{array}{lrcl} \text{I} & 3x - 2y + 4z & = & 11 \\ \text{II} & 4y + 2z & = & 14 \\ \text{III} & 5z & = & 15 \end{array}$$

Lösung:
Dreieckssysteme sind wegen ihrer besonderen Gestalt sehr einfach zu lösen:

1. Wir lösen Gleichung III nach z auf und erhalten $z = 3$.
2. Dieses Ergebnis setzen wir in Gleichung II ein, die sodann nach y aufgelöst werden kann. Wir erhalten $y = 2$.
3. Nun setzen wir $z = 3$ und $y = 2$ in Gleichung I ein, die anschließend nach x aufgelöst werden kann: $x = 1$.

Resultat: Das gegebene Dreieckssystem ist ***eindeutig lösbar***.
Die Lösung ist (1; 2; 3).

Lösen eines Dreieckssystems durch ***Rückeinsetzung***:

Auflösen von III nach z:
$$\begin{aligned} 5z &= 15 \\ z &= 3 \end{aligned}$$

Einsetzen in II: / Auflösen nach y:
$$\begin{aligned} 4y + 2z &= 14 \\ 4y + 6 &= 14 \\ 4y &= 8 \\ y &= 2 \end{aligned}$$

Einsetzen in I: / Auflösen nach x:
$$\begin{aligned} 3x - 2y + 4z &= 11 \\ 3x - 4 + 12 &= 11 \\ 3x &= 3 \\ x &= 1 \end{aligned}$$

Lösungsmenge: $L = \{(1; 2; 3)\}$

B. Der Gaußsche Algorithmus

Im Folgenden zeigen wir das besonders systematische Verfahren zur Lösung linearer Gleichungssysteme von Gauß, das als Gaußscher Algorithmus oder als Gaußsches Eliminationsverfahren bezeichnet wird. Wegen seiner algorithmischen Struktur ist es hervorragend für die numerische Bearbeitung mittels Computer geeignet.

Die Grundidee von Gauß war sehr einfach: Mit Hilfe von Äquivalenzumformungen (vgl. Abschnitt 1. B) wird das lineare Gleichungssystem in ein Dreieckssystem umgewandelt. Dieses wird anschließend durch „Rückeinsetzung" gelöst.

Beispiel: Dreieckssystem/ Rückeinsetzung

Formen Sie das lineare Gleichungssystem (LGS) in ein Dreieckssystem um und lösen Sie dieses.

$$\begin{array}{ll} \text{I} & 3x + 3y + 2z = 5 \\ \text{II} & 2x + 4y + 3z = 4 \\ \text{III} & -5x + 2y + 4z = -9 \end{array}$$

Lösung:

Die außerhalb des blauen Dreiecks stehenden Terme stören auf dem Weg zum Dreieckssystem. Sie sollen durch Äquivalenzumformungen schrittweise eliminiert werden.

Als Darstellungsmittel verwenden wir den Umformungspfeil, der angibt, wodurch die Gleichung ersetzt wird, von welcher dieser Pfeil ausgeht.

1. Wir eliminieren die Variable x aus den Gleichungen II und III.
   Wir erreichen dies, indem wir zu geeigneten Vielfachen dieser Gleichung geeignete Vielfache von Gleichung I addieren oder subtrahieren.
2. Wir eliminieren die Variable y aus der Gleichung III des neu entstandenen Systems in entsprechender Weise.
3. Es ist nun wieder ein Dreieckssystem entstanden, das wir leicht durch „Rückeinsetzung" lösen können.

Umformen des LGS:

1. Elimination von x

$$\begin{array}{lll} \text{I} & 3x + 3y + 2z = 5 & \\ \text{II} & 2x + 4y + 3z = 4 & \rightarrow 3 \cdot \text{II} - 2 \cdot \text{I} \\ \text{III} & -5x + 2y + 4z = -9 & \rightarrow 3 \cdot \text{III} + 5 \cdot \text{I} \end{array}$$

2. Elimination von y

$$\begin{array}{lll} \text{I} & 3x + 3y + 2z = 5 & \\ \text{II} & 6y + 5z = 2 & \\ \text{III} & 21y + 22z = -2 & \rightarrow 2 \cdot \text{III} - 7 \cdot \text{II} \end{array}$$

Dreieckssystem

$$\begin{array}{ll} \text{I} & 3x + 3y + 2z = 5 \\ \text{II} & 6y + 5z = 2 \\ \text{III} & 9z = -18 \end{array}$$

3. Lösen durch Rückeinsetzung

Auflösen von III nach z:

$$9z = -18$$
$$z = -2$$

Einsetzen in II, Auflösen nach y:

$$6y + 5z = 2$$
$$6y - 10 = 2$$
$$y = 2$$

Einsetzen in I, Auflösen nach x:

$$3x + 3y + 2z = 5$$
$$3x + 6 - 4 = 5$$
$$x = 1$$

Resultat: $L = \{(1; 2; -2)\}$

In entsprechender Weise lassen sich auch lineare Gleichungssysteme mit größerer Anzahl von Gleichungen und Variablen lösen. Es kommt darauf an, die störenden Terme in systematischer Weise, z. B. spaltenweise, zu eliminieren, sodass eine ***Dreiecksform*** bzw. ***Stufenform*** entsteht.

Übungen

1. Dreiecksform
Lösen Sie das LGS. Formen Sie das LGS ggf. zunächst in ein Dreieckssystem um.

a) $\begin{aligned} 2x + 4y - z &= -13 \\ 2y - 2z &= -12 \\ 3z &= 9 \end{aligned}$

b) $\begin{aligned} 2x + 4y - 3z &= 3 \\ -6y + 5z &= 7 \\ 2z &= 4 \end{aligned}$

c) $\begin{aligned} 3x - 2y + 2z &= 6 \\ 2x \quad - z &= 2 \\ -3x &= -6 \end{aligned}$

d) $\begin{aligned} x - 3y + 5z &= -2 \\ y + 2z &= 8 \\ y + z &= 6 \end{aligned}$

e) $\begin{aligned} x + y + 4z &= 10 \\ 2y - 5z &= -14 \\ y + 3z &= 4 \end{aligned}$

f) $\begin{aligned} 2x + 2y - z &= 8 \\ -2x + y + 2z &= 3 \\ 4z &= 8 \end{aligned}$

2. Gaußscher Algorithmus
Lösen Sie das LGS mit Hilfe des Gaußschen Algorithmus.

a) $\begin{aligned} 4x - 2y + 2z &= 2 \\ -2x + 3y - 2z &= 0 \\ 3x - 5y + z &= -7 \end{aligned}$

b) $\begin{aligned} x + 2y - 2z &= -4 \\ 2x + y + z &= 3 \\ 3x + 2y + z &= 4 \end{aligned}$

c) $\begin{aligned} 2x + 2y - 3z &= -7 \\ -x - 2y - 2z &= 3 \\ 4x + y - 2z &= -1 \end{aligned}$

d) $\begin{aligned} 2x + y - z &= 6 \\ 5x - 5y + 2z &= 6 \\ 3x + 2y - 3z &= 0 \end{aligned}$

e) $\begin{aligned} x - 2y + z &= 0 \\ 3y + z &= 9 \\ 2x + y \quad &= 4 \end{aligned}$

f) $\begin{aligned} 2x + 2y + 3z &= -2 \\ x \quad + z &= -1 \\ y + 2z &= -3 \end{aligned}$

3. Gaußscher Algorithmus
Lösen Sie das LGS mit Hilfe des Gaußschen Algorithmus. Bringen Sie das LGS zunächst auf Normalform. (Erzeugen Sie zweckmäßigerweise auch ganzzahlige Koeffizienten.)

a) $\begin{aligned} 2y &= 4 - z \\ 3z &= x - 10 \\ 9 + z &= x + y \end{aligned}$

b) $\begin{aligned} 2y - 5 &= z + 2x \\ -2z &= x - 2y \\ 4x &= y - 10 \end{aligned}$

c) $\begin{aligned} 3z &= 2y + 7 \\ x - 4 &= y + z \\ 2x + 2y &= x - 1 \end{aligned}$

d) $\begin{aligned} \tfrac{1}{4}x - \tfrac{1}{2}y + \tfrac{3}{4}z &= 4 \\ \tfrac{3}{2}x - \tfrac{2}{3}y - \tfrac{1}{2}z &= -2 \\ y - \tfrac{1}{2}z &= 2 \end{aligned}$

e) $\begin{aligned} -0{,}2x + 1{,}5y + 0{,}4z &= -9 \\ 1{,}1x \quad + 2{,}2z &= 8{,}8 \\ 0{,}8x - 0{,}2y \quad &= 4{,}4 \end{aligned}$

f) $\begin{aligned} \tfrac{1}{2}x + \tfrac{1}{5}y + \tfrac{2}{3}z &= 7 \\ \tfrac{3}{8}x + \tfrac{1}{10}y + \tfrac{1}{12}z &= \tfrac{5}{2} \\ 4{,}5x - 0{,}5y + \tfrac{1}{3}z &= 17{,}5 \end{aligned}$

4. Zahlenrätsel
Eine dreistellige natürliche Zahl hat die Quersumme 14. Liest man die Zahl von hinten nach vorn und subtrahiert 22, so erhält man eine doppelt so große Zahl. Die mittlere Ziffer ist die Summe der beiden äußeren Ziffern. Berechnen Sie die gesuchte Zahl.

5. Modellierung einer Parabel
Eine Parabel zweiten Grades besitzt bei $x = 1$ eine Nullstelle und im Punkt $P(2|6)$ die Steigung 8. Bestimmen Sie die Gleichung der Parabel.

6. Nichtlineares Gleichungssystem
Neben den linearen Gleichungssystemen gibt es auch nichtlineare Gleichungssysteme. Bei solchen Systemen funktioniert der Gaußsche Algorithmus nicht. Man verwendet das Einsetzungsverfahren oder Näherungsverfahren. Lösen Sie das nichtlineare System.

a) $\begin{aligned} 2x + 3y &= 16 \\ x^2 + y^2 &= 29 \end{aligned}$

b) $\begin{aligned} x^2 + y^2 + z^2 &= 14 \\ x + y &= 3 \\ x^2 + z^2 &= 10 \end{aligned}$

C. Lösung eines LGS mit einem Computerprogramm

Ein Taschenrechner mit erweiterter Funktionalität beherrscht nur lineare Gleichungssysteme mit der Ordnung 3 oder kleiner. Für größere LGS verwendet man ein Computerprogramm (Applet), einen graphischen Taschenrechner (GTR) oder ein Computeralgebrasystem (CAS).
Wir behandeln als Beispiel die Verwendung eines Programms in Gestalt eines Applets.

Beispiel: Lösung von LGS mit einem Computerprogramm

Lösen Sie die folgenden linearen Gleichungssysteme mit einem Computerprogramm.

a) $\begin{aligned} 2x + 3y - 2z &= 2 \\ 3x + 2y + z &= 10 \\ 4x + y - z &= 3 \end{aligned}$

b) $\begin{aligned} 2x + y + 3z + t &= 6 \\ 4x + 2y + 2z + 2t &= 8 \\ 2x + 2y + 2z + 2t &= 6 \end{aligned}$

Lösung:

Wir rufen das Applet auf der Internetseite* auf und wählen Gleichungssystem. Es erscheint eine rechteckige Maske zur Eingabe der Koeffizienten des LGS. Die Größe der Maske entspricht der Ordnung des LGS und kann eingegeben werden. In unserem Fall kann die Maske mit dem Feld [+] vergrößert und dem Feld [−] verkleinert werden.
Nicht benötigte Zeilen/Spalten bleiben einfach leer (siehe Teil b).
Die Berechnung der Lösung wird durch Anklicken des Feldes [Lösen] gestartet. Mit dem Feld [Löschen] alles gelöscht.

1. Appletoberfläche im Fall a:

Matrix calculator

$\begin{cases} [2]\,x_1 + [3]\,x_2 + [-2]\,x_3 = [2] \\ [3]\,x_1 + [2]\,x_2 + [1]\,x_3 = [10] \\ [4]\,x_1 + [1]\,x_2 + [-1]\,x_3 = [3] \end{cases}$

[Zellen] [Löschen] [+] [−]

[Mit dem Gauß-Verfahren lösen] [Löschen]

Ergebnis: ○ $x_1 = 1$
○ $x_2 = 2$
○ $x_3 = 3$

Lösung zu a:
Wir erhalten eine eindeutige Lösung:
$x = 1, y = 2, z = 3.$

2. Appletoberfläche im Fall b:

Matrix calculator

$\begin{cases} [2]\,x_1 + [1]\,x_2 + [3]\,x_3 + [1]\,x_4 = [6] \\ [4]\,x_1 + [2]\,x_2 + [2]\,x_3 + [2]\,x_4 = [8] \\ [2]\,x_1 + [2]\,x_2 + [2]\,x_3 + [2]\,x_4 = [6] \\ [\;]\,x_1 + [\;]\,x_2 + [\;]\,x_3 + [\;]\,x_4 = [\;] \end{cases}$

[Zellen] [Löschen] [+] [−]

[Mit dem Gauß-Verfahren lösen] [Löschen]

Ergebnis: ○ $x_1 = 1$
○ $x_2 = 1 - x_4$
○ $x_3 = 1$
○ $x_4 = x_4$

Lösung zu b:
Dieses unterbestimmte LGS hat unendlich viele Lösungen, die vom Applet in parametrisierter Form angezeigt werden.
$L = \{(x; y; z; t) : x = 1, y = 1 - c, z = 1, t = c; c \in \mathbb{R}\}$

Übung 7 LGS mit einem Computerprogramm lösen

Lösen Sie das Gleichungssystem mit einem Computerprogramm, einem GTR oder einem CAS.

a) $\begin{aligned} 2x + 3y - z &= 9 \\ 3x + y - 2z &= 8 \\ -x + 2y + 3z &= 9 \\ 2x - y - 2z &= 1 \end{aligned}$

b) $\begin{aligned} 2x + y + z - 3t &= 4 \\ 4x - y + 4z - 6t &= 8 \\ 3x + 2y - z + 2t &= 6 \end{aligned}$

c) $\begin{aligned} 2x + 3y - z &= 6 \\ x + y + 2z &= 12 \\ -x + 3y - z &= 2 \\ x + 2y - 3z &= 2 \end{aligned}$

* Den **Matrix-Calculator** findet man auf: https://matrixcalc.org

3. Lösbarkeitsuntersuchungen

A. Unlösbare und nicht eindeutig lösbare LGS

Wir untersuchen nun mit dem Gaußschen Algorithmus lineare Gleichungssysteme, die keine Lösung besitzen bzw. die unendlich viele Lösungen haben.

Beispiel: Untersuchen Sie das LGS mit Hilfe des Gaußschen Algorithmus auf Lösbarkeit.

a) $x + 2y - z = 3$
$2x - y + 2z = 8$
$3x + 11y - 7z = 6$

b) $2x + y - 4z = 1$
$3x + 2y - 7z = 1$
$4x - 3y + 2z = 7$

Lösung zu a:

I	$x + 2y - z = 3$	
II	$2x - y + 2z = 8$	$\to$ II − 2 · I
III	$3x + 11y - 7z = 6$	$\to$ III − 3 · I
I	$x + 2y - z = 3$	
II	$-5y + 4z = 2$	
III	$5y - 4z = -3$	$\to$ III + II
I	$x + 2y - z = 3$	
II	$5y - 4z = -2$	
III	$0 = -1$	

↑ Widerspruchszeile

Gleichung III des Dreieckssystems wird als ***Widerspruchszeile*** bezeichnet. Sie ist unlösbar ($0x + 0y + 0z = -1$ ist für **kein** Tripel (x; y; z) erfüllt).

Damit ist das Dreieckssystem als Ganzes unlösbar.
Es folgt: Das ursprüngliche LGS ist ebenfalls ***unlösbar***, die Lösungsmenge ist daher leer: $L = \{\}$.

Die Unlösbarkeit eines LGS wird nach Anwendung des Gaußschen Algorithmus stets auf diese Weise offenbar:

Wenigstens in einer Gleichung des resultierenden Dreieckssystems tritt ein offensichtlicher Widerspruch auf.

Lösung zu b:

I	$2x + y - 4z = 1$	
II	$3x + 2y - 7z = 1$	$\to$ 2 · II − 3 · I
III	$4x - 3y + 2z = 7$	$\to$ III − 2 · I
I	$2x + y - 4z = 1$	
II	$y - 2z = -1$	
III	$-5y + 10z = 5$	$\to$ III + 5 · II
I	$2x + y - 4z = 1$	
II	$y - 2z = -1$	
III	$0 = 0$	

↑ Nullzeile

Gleichung III des Gleichungssystems wird als ***Nullzeile*** bezeichnet. Sie ist für jedes Tripel (x; y; z) erfüllt, stellt keine Einschränkung dar und kann daher auch weggelassen werden.

Es verbleiben 2 Gleichungen mit 3 Variablen, von denen daher eine Variable frei wählbar ist. Wir setzen für diese „überzählige" Variable einen Parameter ein.

Wählen wir $z = c \quad (c \in \mathbb{R})$,
so folgt aus II $y = 2c - 1$
und dann aus I $x = c + 1$.

Wir erhalten für jeden Wert des freien Parameters c genau ein Lösungstripel (x; y; z). Das Gleichungssystem hat eine ***einparametrige unendliche Lösungsmenge***:
$L = \{(c + 1; 2c - 1; c); c \in \mathbb{R}\}$.

Übung 1 Lösbarkeitsuntersuchung

Untersuchen Sie das LGS auf Lösbarkeit. Bestimmen Sie die Lösungsmenge.

a) $\begin{aligned} 2x + 2y + 2z &= 6 \\ 2x + y - z &= 2 \\ 4x + 3y + z &= 8 \end{aligned}$

b) $\begin{aligned} 3x + 5y - 2z &= 10 \\ 2x + 8y - 5z &= 6 \\ 4x + 2y + z &= 8 \end{aligned}$

c) $\begin{aligned} 4x - 3y - 5z &= 9 \\ 2x + 5y - 9z &= 11 \\ 6x - 11y - z &= 7 \end{aligned}$

B. Unter- und überbestimmte LGS

Alle bisher durchgeführten Überlegungen zur Lösbarkeit bezogen sich auf den Sonderfall, dass die Anzahl der Gleichungen mit der Anzahl der Variablen übereinstimmt. Im Folgenden zeigen wir exemplarisch, dass sie jedoch sinngemäß für jedes beliebige LGS gelten.

Enthält ein LGS weniger Gleichungen als Variablen, so reichen die Informationen für eine eindeutige Lösung nicht aus, d.h., es ist ***unterbestimmt***. Enthält ein LGS hingegen mehr Gleichungen als Variablen, so würden für eine eindeutige Lösung bereits weniger Gleichungen genügen. In diesem Fall ist das LGS ***überbestimmt***. Wir zeigen die Vorgehensweisen bei derartigen LGS an zwei Beispielen.

Beispiel: Untersuchen Sie das LGS auf Lösbarkeit und bestimmen Sie die Lösungsmenge.

a) $\begin{aligned} \text{I}\quad x + 2y + 3z &= 8 \\ \text{II}\quad 2x + 3y + 2z &= 9 \end{aligned}$

b) $\begin{aligned} x + y &= 1 \\ 2x - y &= 8 \\ x - 2y &= 5 \end{aligned}$

Lösung zu a:

$\begin{aligned} \text{I}\quad x + 2y + 3z &= 8 \\ \text{II}\quad 2x + 3y + 2z &= 9 \quad \to 2 \cdot \text{I} - \text{II} \end{aligned}$

$\begin{aligned} \text{I}\quad x + 2y + 3z &= 8 \\ \text{II}\quad y + 4z &= 7 \end{aligned}$

Das LGS ist unterbestimmt. Da die Anwendung des Gaußschen Algorithmus auf keinen Widerspruch führt, besitzt das Gleichungssystem unendlich viele Lösungen.

Da das LGS in Stufenform nur zwei Gleichungen enthält, aber drei Variable vorhanden sind, ersetzen wir die überzählige Variable z durch den Parameter c: $z = c$.

Aus II folgt dann: $y + 4c = 7$, $y = 7 - 4c$

Durch Einsetzen in I erhalten wir nun $x + 2(7 - 4c) + 3c = 8$, d. h. $x = -6 + 5c$.

Das LGS hat also die einparametrige unendliche Lösungsmenge:

$L = \{(-6 + 5c;\ 7 - 4c;\ c);\ c \in \mathbb{R}\}$

Lösung zu b:

$\begin{aligned} \text{I}\quad x + y &= 1 \\ \text{II}\quad 2x - y &= 8 \quad \to (-2) \cdot \text{I} + \text{II} \\ \text{III}\quad x - 2y &= 5 \quad \to \text{I} - \text{III} \end{aligned}$

$\begin{aligned} \text{I}\quad x + y &= 1 \\ \text{II}\quad -3y &= 6 \\ \text{III}\quad 3y &= -4 \quad \to \text{II} + \text{III} \end{aligned}$

$\begin{aligned} \text{I}\quad x + y &= 1 \\ \text{II}\quad -3y &= 6 \\ \text{III}\quad 0 &= 2 \end{aligned}$ Widerspruch

Wendet man den Gaußschen Algorithmus an, erhält man die obige ***Stufenform***. Da die Gleichung III einen Widerspruch enthält, ist das gesamte LGS unlösbar, obwohl das Teilsystem aus den ersten beiden Gleichungen eine eindeutige Lösung ($x = 3$; $y = -2$) besitzt. Diese erfüllt jedoch die Gleichung III nicht. Somit erhalten wir als Resultat: $L = \{\ \}$.

Übung 2 Lösbarkeitsuntersuchung/Lösungsmenge

Untersuchen Sie das LGS auf Lösbarkeit. Bestimmen Sie die Lösungsmenge.

a) $\begin{array}{rcr} 3x - 3y &=& 0 \\ 6x + 3y &=& 18 \\ -2x + 4y &=& 4 \end{array}$

b) $\begin{array}{rcr} -2x + y &=& -1 \\ 4x + 2y &=& -10 \\ -6x + 3y &=& -2 \end{array}$

c) $\begin{array}{rcr} 2x - 2y &=& 14 \\ 3x + 6y &=& 3 \\ 4x - 12y &=& 44 \end{array}$

d) $\begin{array}{rcr} 3x - 4y + z &=& 5 \\ 2x - y - z &=& 0 \\ 4x - 2y - z &=& 12 \\ x - y + z &=& 10 \end{array}$

e) $\begin{array}{rcr} x + z &=& -1 \\ y + z &=& 4 \\ x + y &=& 5 \\ x + y + z &=& 4 \end{array}$

f) $\begin{array}{rcr} 4x + y - 2z + t &=& 1 \\ 2x + y + 3z - 2t &=& 3 \end{array}$

g) $\begin{array}{rcr} 3x + 2y + z &=& 5 \\ -6x - 4y - 2z &=& 8 \end{array}$

h) $\begin{array}{rcr} 2x + 3z + 2t &=& 4 \\ y + 3z + 2t &=& 4 \end{array}$

i) $\begin{array}{rcr} 2x - 4y + 2z &=& 6 \\ x - 8y + 4z &=& 12 \\ -x + 2y - z &=& -3 \end{array}$

Die Lösbarkeitsuntersuchungen haben gezeigt, dass Nullzeilen (triviale Zeilen) noch nichts über die Lösbarkeit des gesamten LGS aussagen, während aus einer Widerspruchszeile sofort die Unlösbarkeit des gesamten LGS folgt. Wir können zusammenfassend folgendes Lösungsschema zum Gaußschen Algorithmus angeben:

<table>
<tr><th colspan="4">Lösungsschema des Gaußschen Algorithmus</th></tr>
<tr><td>1.</td><td colspan="3">LGS in die Normalform überführen,
ganzzahlige Koeffizienten erzeugen, sofern möglich.</td></tr>
<tr><td>2.</td><td colspan="3">Gaußschen Algorithmus auf das LGS anwenden. Es entsteht eine Dreiecks- bzw. Stufenform.</td></tr>
<tr><td rowspan="3">3.</td><td colspan="3">Prüfen, welche der folgenden Eigenschaften das aus 2. resultierende LGS besitzt.</td></tr>
<tr><td rowspan="2">Widerspruch

Wenigstens eine Gleichung stellt einen offensichtlichen Widerspruch dar.</td><td colspan="2">Es existiert kein Widerspruch.</td></tr>
<tr><td>Die Anzahl der Variablen ist gleich der Anzahl der nichttrivialen Zeilen.</td><td>Es gibt mehr Variable als nichttriviale Zeilen.</td></tr>
<tr><td rowspan="2">4.</td><td>Das LGS ist
unlösbar.</td><td>Das LGS ist
eindeutig lösbar.</td><td>Das LGS hat
unendlich viele Lösungen.</td></tr>
<tr><td></td><td>Die einzige Lösung wird durch „Rückeinsetzung“ aus dem Stufenform-LGS bestimmt.</td><td>Die freien Parameter werden festgelegt.
Die Parameterdarstellung der Lösungsmenge wird bestimmt.</td></tr>
</table>

Übungen

3. Lösen Sie das LGS. Geben Sie die Lösungsmenge an.

a) $$\begin{aligned} 2x - y + 6z &= 5 \\ 2y - 3z &= 10 \\ 4z &= 8 \end{aligned}$$

b) $$\begin{aligned} 3x + y + 7z &= 2 \\ y + 2z &= 1 \\ 3y + 5z &= 4 \end{aligned}$$

c) $$\begin{aligned} 3x - y + z &= 3 \\ 2y - 2z &= 0 \\ -5x + z &= -2 \end{aligned}$$

d) $$\begin{aligned} x + 2y - z &= -3 \\ 2x + 4y - 2z &= -1 \\ 3x + y + 5z &= 6 \end{aligned}$$

e) $$\begin{aligned} -2x + 2y - 4z &= -2 \\ x + 3z &= 0 \\ x - y + 2z &= 1 \end{aligned}$$

f) $$\begin{aligned} x + y + z &= 5 \\ x - y + z &= 1 \\ -2x - 3z &= -3 \end{aligned}$$

4. Untersuchen Sie das LGS auf Lösbarkeit. Bestimmen Sie die Lösungsmenge.

a) $$\begin{aligned} 3x - 8y - 5z &= 0 \\ 2x - 2y + z &= -1 \\ x + 4y + 7z &= 2 \end{aligned}$$

b) $$\begin{aligned} 2x - 2y - 3z &= -1 \\ -2y + z &= -3 \\ -x + y - 3z &= -4 \end{aligned}$$

c) $$\begin{aligned} 4x - y + 2z &= 6 \\ x + 2y - z &= 6 \\ 6x + 3y &= 18 \end{aligned}$$

d) $$\begin{aligned} 2x - 3y - 8z &= 8 \\ 6y + 4z &= -8 \\ 6x + 8y - 8z &= 6 \end{aligned}$$

e) $$\begin{aligned} 3x - y + 2z &= 4 \\ 4x - 6y + 4z &= 10 \\ -x - 2y &= 1 \end{aligned}$$

f) $$\begin{aligned} 3x - 4y + z &= 5 \\ 2x - y - z &= 0 \\ 4x - 2y - 2z &= 12 \end{aligned}$$

5. Untersuchen Sie das LGS auf Lösbarkeit. Bestimmen Sie die Lösungsmenge.

a) $$\begin{aligned} x_1 + x_4 &= 2 \\ x_2 + x_3 &= -3 \\ x_4 - x_1 &= x_3 \\ x_4 - x_2 &= 1 \end{aligned}$$

b) $$\begin{aligned} x_1 + x_3 &= 1 \\ x_2 - x_3 &= 0 \\ x_1 + x_2 + x_3 - x_4 &= 1 \\ x_2 - x_4 &= 0 \end{aligned}$$

c) $$\begin{aligned} x_1 + x_3 &= x_2 \\ x_2 + x_5 &= x_4 \\ x_5 - x_3 &= 0 \\ x_4 - x_2 &= x_3 \\ x_4 - x_1 &= x_3 + x_5 \end{aligned}$$

6. Robert, Alfons und Edel finden einen Sack voller Münzen. Es sind 3 große, 16 mittlere und 40 kleine Münzen im Gesamtwert von 30 €. Die Münzen werden gerecht aufgeteilt. Robert erhält 2 große und 30 kleine Münzen, Alfons erhält 8 mittlere und 10 kleine Münzen. Den Rest erhält Edel. Wie groß sind die einzelnen Münzwerte?

7. Im Garten sitzen Schnecken, Raben und Katzen. Großvater zählt die Köpfe und die Füße der Tiere. Er kommt auf insgesamt 39 Köpfe und 57 Füße. Die Raben haben zusammen 6 Füße mehr als die Katzen. Wie viele Katzen sind es?

4. Anwendungen

A. Modellierung von Funktionen

Häufig werden Funktionen mit bestimmten Eigenschaften gesucht, z. B. bezüglich der Nullstellen, Extrema oder Wendepunkte. Man spricht hier von ***Steckbriefaufgaben***, im Anwendungszusammenhang auch von ***Modellierungsaufgaben***. Man benötigt stets einen plausiblen Funktionsansatz. Die Koeffizienten im Ansatz können mit linearen Gleichungssystemen bestimmt werden.

Beispiel: Wasserrutsche

Eine neue Wasserrutsche soll nach dem abgebildeten Plan gebaut werden.
Die Profilkurve f der Rutsche soll Parabelform besitzen.
Bestimmen Sie die Parabelgleichung, bezogen auf das eingezeichnete Koordinatensystem.

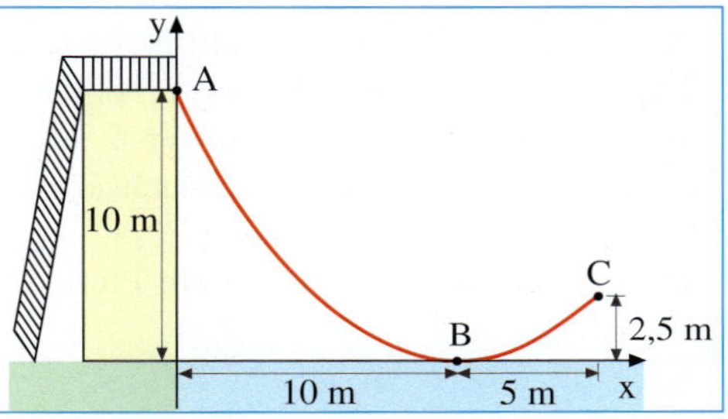

Lösung:
Der Ansatz lautet $f(x) = ax^2 + bx + c$.
Aus der Zeichnung können wir laut Bemaßung drei Punkte ablesen:
A(0|10), B(10|0) und C(15|2,5).

Durch Einsetzen der Koordinaten von A, B und C in die Ansatzgleichung ergibt sich ein (3; 3)-Lineares Gleichungssystem.

Wir lösen das lineare Gleichungssystem in der üblichen Weise.

Die Lösungen lauten $a = \frac{1}{10}$, $b = -2$, $c = 10$, so dass sich für die gesuchte Profilkurve die folgende Gleichung ergibt:
$f(x) = \frac{1}{10}x^2 - 2x + 10$

1. Ansatz

$f(x) = ax^2 + bx + c$

2. Lineares Gleichungssystem

A(0|10): I: $c = 10$
B(10|0): II: $100a + 10b + c = 0$
C(15|2,5): III: $225a + 15b + c = 2{,}5$

Vereinfacht: II: $100a + 10b = -10$
III: $225a + 15b = -7{,}5$

3. Lösung des Gleichungssystems

aus I: $c = 10$
$2{,}5 \cdot \text{II} - \text{III}$: $7{,}5b = -15 \Rightarrow b = -2$
in II: $100a - 20 = -10 \Rightarrow a = \frac{1}{10}$

$\Rightarrow f(x) = \frac{1}{10}x^2 - 2x + 10$

Übung 1 Funktionsgleichung

Der Bremsweg s eines neuen Sportwagenmodells wird vom Hersteller einem Test unterzogen (siehe Messwerttabelle rechts).

v in m/s	10	20	40
s in m	2,5	10	40

Es wird vermutet, dass der Bremsweg s eine quadratische Funktion der Geschwindigkeit v ist. Ermitteln Sie die Gleichung der quadratischen Funktion s(v).

B. Rätselaufgaben

Rätselaufgaben dienen in der Regel zur mathematischen Unterhaltung. Sie können durch intelligentes Probieren gelöst werden, oft aber auch systematisch, z. B. mit Gleichungssystemen.

Beispiel: Viehmarkt

Ein Bauer handelt auf dem Viehmarkt mit Pferden, Kühen und Schafen.
In der ersten Woche verkauft er 2 Pferde und 4 Schafe und kauft 5 Kühe. Er verdient so 1000 €.
In der zweiten Woche verkauft er 1 Pferd, 2 Kühe und 2 Schafe und hat einen Erlös von 5000 €.
In der dritten Woche verkauft er 6 Schafe, kauft aber 2 Pferde und 5 Kühe. Diesmal macht er einen Verlust von 6000 €.
Welchen Handelswert haben ein Pferd, eine Kuh bzw. ein Schaf?

Lösung:
x sei der Wert eines Pferdes, y der Wert einer Kuh und z der Wert eines Schafes.
Wenn er 2 Pferde verkauft, 5 Kühe kauft und 4 Schafe verkauft und er 1000 € verdient, so lautet die zugehörige Gleichung $2x - 5y + 4z = 1000$. Analog ergeben sich zwei weitere Gleichungen.

Das lineare Gleichungssystem lösen wir nun mit dem Gaußschen Algorithmus manuell oder mit dem Rechner.
Wir erhalten im Ergebnis als Handelswert für ein Pferd 2000 €, für eine Kuh 1000 € und schließlich für ein Schaf 500 €.

1. Festlegung der Variablen
x: Handelswert eines Pferdes
y: Handelswert einer Kuh
z: Handelswert eines Schafes

2. Lineares Gleichungssystem

$$\begin{aligned} &\text{1. Woche:} & 2x - 5y + 4z &= 1000 \\ &\text{2. Woche:} & x + 2y + 2z &= 5000 \\ &\text{3. Woche:} & -2x - 5y + 6z &= -6000 \end{aligned}$$

3. Lösung des Gleichungssystems
$x = 2000,\ y = 1000,\ z = 500$

Übung 2 Altersrätsel
Das Alter von Max plus das doppelte Alter von Moritz ergeben 50.
Das Alter von Moritz plus das doppelte Alter von Max ergeben 49.
Wer ist der Ältere? Wie alt sind die beiden?

Übung 3 Sparen
David, Tina und Georg haben zusammen 160 € gespart. David hat am meisten. Er besitzt 24 € mehr als Georg. Tina hat am wenigsten. Sie besitzt 14 € weniger als Georg. Wie groß sind die Ersparnisse von Tina?

Übung 4 Bewegung/Geschwindigkeit
Anja wohnt in Friedberg und Laura in Bad Nauheim. Sie wollen sich am Nachmittag treffen. Der Radweg zwischen ihren Wohnungen ist 6 km lang. Anja fährt mit einer Geschwindigkeit von 10 km/h. Laura schafft sogar 15 km/h. Beide fahren um 15 Uhr los. Wann und wo treffen sie sich?

Hinweis: Man kann die Formel für die Geschwindigkeit v verwenden:
$v = \frac{s}{t}$ (s: Weg; t: Zeit)

Übungen

5. Kinokarten

Ein Kino verkauft Karten zum vollen Preis zu 9 € sowie ermäßigte Karten an Rentner zu 6 € und an Studenten zu 5 €. In einer Vorstellung werden 400 Karten zu 3300 € verkauft. Die Anzahl der Karten für Studenten war dreimal so groß wie die Anzahl der Rentnerkarten.
Wie viele Karten wurden ohne Ermäßigung verkauft?

6. Geldanlagen

Nikolai hat 30 000 € investiert. Für einen Teil des Geldes hat er in Schatzbriefe gekauft, die 3 % Jahreszinsen abwerfen. Einen weiteren Teil hat er in Immobilienfonds investiert, die 5 % Rendite pro Jahr bringen sollen. Den Rest des Geldes hat er in Aktien angelegt, für die sein Anlageberater mit einer Wertsteigerung von 8 % rechnet. In die Aktien hat er doppelt so viel investiert wie in die Schatzbriefe. Der Anlageberater hat ausgerechnet, dass er pro Jahr voraussichtlich 1820 € Profit erzielen wird. Wie viel Geld hat Nikolai in die Aktien investiert?

7. Schulweg

Sebastian macht sich morgens auf den Weg zur Schule. Er geht mit einer Geschwindigkeit von 5 km/h. Sein Freund Oskar wohnt im gleichen Haus. Er fährt 15 Minuten später mit dem Fahrrad los. Damit schafft er 30 km/h. Sie kommen gleichzeitig um 7:55 in der Schule an. Wann ist Sebastian losgegangen? Wie lang ist der Schulweg?

8. Dreistellige Zahl

Die Hunderterziffer einer dreistelligen Zahl ist doppelt so groß wie ihre Zehnerziffer. Liest man die dreistellige Zahl von hinten nach vorne, so ist die neue Zahl um 99 größer als die Ausgangszahl. Die Summe der Ziffern der Zahl ist 11. Wie heißt die Zahl?

9. Sparschwein

Hans hat in seinem Sparschwein 102 Münzen. Es sind nur 1 ct-, 2 ct-, 5 ct-, und 10 ct-Münzen. Die Anzahl der 2 ct-Münzen ist genauso groß wie die Anzahl der restlichen Münzen. Von den 10 ct-Münzen hat Hans eine mehr als von den 1 ct-Münzen. Der Wert aller Münzen beträgt 3,82 €. Wie viele 5 ct-Münzen besitzt Hans?

10. Rätselhaft

Emma kauft für ihre Familie im Obstgeschäft ein. Für ihre Mutter kauft sie 1 Pfund Bananen und 2 Pfund Orangen für 4 €. Für ihre Tante kauft sie 1 Pfund Bananen und 4 Pfund Kirschen für 6 €. Für ihre Oma kauft sie 1 Pfund Bananen, 1 Pfund Kirschen und 3 Pfund Trauben für 3 €. Am nächsten Tag kauft Emma von jeder der 4 Sorten genau ein Pfund ein. Was muss sie für diesen Einkauf bezahlen?
Hinweis: Für die Einzelpreise der vier Produkte gibt es mehrere Lösungen. Es geht aber um den *Gesamtpreis* des Einkaufs von Emma.

11. Zahlenmauern

Zahlenmauern kennt man aus der Grundschule. Sie werden normalerweise von unten nach oben ausgefüllt, um die Addition zu üben.

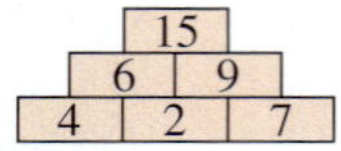

Bei unserer Zahlenmauer dagegen ist die *untere Zeile* gesucht. Welche Möglichkeiten gibt es, sie so auszufüllen, dass links und rechts die gleiche Zahl x steht? In der Zahlenmauer sind nur natürliche Zahlen zugelassen.

a)

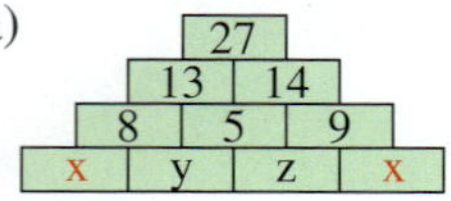

b)

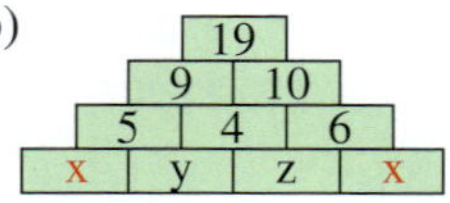

c)

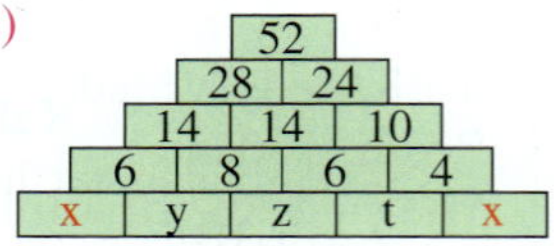

12. Funktionsgleichung

Die Funktion $h(t) = a\,t^2 + b\,t + c$ beschreibt die Höhe eines Wurfes. (t in s, h in m).

Ein Volleyball wird aus einer Höhe von 1 m zurückgeschlagen. Nach 0,5 s ist er in 2,75 m Höhe und nach 1 s in nur noch 2 m Höhe.

a) Bestimmen Sie die Koeffizienten a, b und c.

b) Wie lange dauert es, bis der Ball den Boden berührt, sofern er vom Gegner nicht abgefangen wird?

13. Arithmagon

Ein Arithmagon ist ein Polygon (Dreieck, Viereck, …), mit Kreisen in den Ecken und Quadraten auf den Strecken. In den Kreisen und Quadraten stehen natürliche Zahlen. Jede „Quadratzahl“ ist die Summe der beiden anliegenden „Kreiszahlen“, wie im Beispiel rechts.

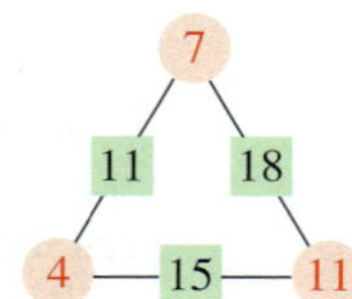

Bei den folgenden Arithmagons sind die passenden Kreiszahlen gesucht. Bestimmen Sie diese.

Hinweis: Bei b) und c) gibt es mehrere Lösungen.

a)

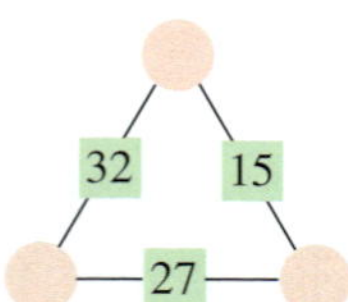

b)

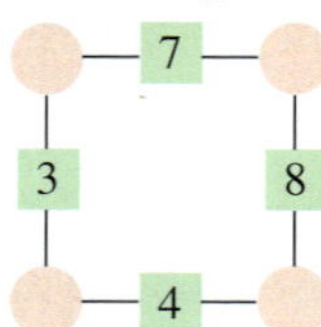

c)

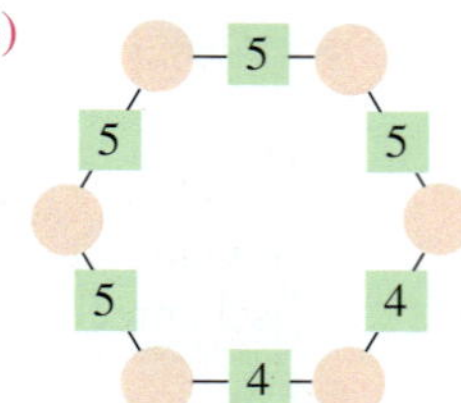

14. Erlebnispark

Emma, Lisa und Karl verbringen einen Tag im Erlebnispark. Die Tabelle zeigt, wie oft sie die drei größten Attraktionen in Anspruch genommem haben und was sie gezahlt haben.

	Achterbahn	Wildwasser	Schwebetunnel	Preis
Emma	2	4	2	14 €
Lisa	3	3	2	15 €
Karl	5	1	3	20 €

Was kostet eine Fahrt mit der Achterbahn?

C. Mischungsprobleme

In technischen und wirtschaftlichen Prozessen werden manchmal aus mehreren vorhandenen Rohstoffmixturen durch Mischung neue Mixturen zusammengestellt. Dabei geht es oft um Kosteneinsparungen. Solche Mischungsprobleme können in der Regel mit Hilfe linearer Gleichungssysteme gelöst werden. Die Hauptschwierigkeit besteht im Aufstellen der Gleichungssysteme.

Beispiel: Eine neue Kaffeesorte

Ein Kaffeegroßhändler hat zwei Kaffeesorten Brazil (B) zum Preis von 6 €/Pfund und Kuba (K) zu 3 €/Pfund im Sortiment. Ein Kunde bestellt 120 Pfund Kaffee, der aber nur 5 €/Pfund kosten darf.
Kann der Händler durch Mischung seiner beiden Sorten den Auftrag erfüllen?

Lösung:
x sei die für den Auftrag benötigte Menge von Sorte B, y sei die benötigte Menge von Sorte K, gewogen in Pfund.
Da aus den beiden Sorten B und K insgesamt 120 Pfund Kaffee hergestellt werden sollen, muss gelten: I: $x + y = 120$.
x Pfund von Sorte B kosten 6 x Euro.
y Pfund von Sorte K kosten 3 y Euro.
Also betragen die Gesamtkosten der neuen Mischung $6x + 3y$. Da ein Pfund der neuen Mischung 5 € kosten soll und 120 Pfund geordert werden, sind dies 600 €.
Also gilt die Gleichung II: $6x + 3y = 600$

Wir erhalten ein (2; 2)-LGS, das wir manuell mit dem Gaußschen Algorithmus oder mit dem Taschenrechner lösen.

Das Resultat lautet $x = 80$, $y = 40$.
Der Großhändler kann also 80 Pfund Brazil und 40 Pfund Kuba zu 120 Pfund einer neuen Sorte Karibik mischen, die 5 €/Pfund kostet.

Festlegung der Variablen:
x = Menge von Sorte B
y = Menge von Sorte K

Aufstellung eines Gleichungssystems:
Mengenbilanz: I $x + y = 120$
Kostenbilanz: II $6x + 3y = 600$

Lösung des LGS mittels Gauß-Verfahren:

$$\begin{array}{ll} \text{I} & x + y = 120 \\ \text{II} & 6x + 3y = 600 \rightarrow \text{II} - 6 \cdot \text{I} \end{array}$$

$$\begin{array}{ll} \text{I} & x + y = 120 \\ \text{II} & -3y = -120 \end{array}$$

aus II: $\Rightarrow y = 40$
in I: $x + 40 = 120 \Rightarrow x = 80$

Resultat:
$x = 80$, $y = 40$

Übung 19 **Theater**

Ein Theater hat 20 Reihen mit je 18 Plätzen. Die Karten für die ersten 8 Reihen kosten 48 €, Karten ab der 9. Reihe kosten 32 €. Für eine Vorstellung werden 260 Karten verkauft und damit 8800 € Einnahmen erzielt. Berechnen Sie, wie viele Besucher der Vorstellung eine Karte für die ersten 8 Reihen gekauft haben.

Beispiel: Parfümherstellung

In einer Parfümerie kann man aus drei verschiedenen Duftwässern A, B und C sein eigenes Parfüm herstellen. Die drei Duftwässer enthalten die Duftstoffe L (Lavendel) und R (Rose) in verschiedenen Konzentrationen.
Berechnen Sie, welche Menge a, b bzw. c von jeder Sorte Duftwasser benötigt wird, um 50 ml eines Parfüms herzustellen, dass 4 ml des Duftstoffes Lavendel und 6 ml des Duftstoffes Rose enthält.

	A	B	C
L	4%	10%	15%
R	8%	20%	10%

Lösung:
a sei die Menge des Duftwassers A, die für die Mischung benötigt wird. b und c seien entsprechend die Mengen der Duftwässer B und C, die benötigt werden.
Da insgesamt 50 mg Parfüm hergestellt werden sollen, muss gelten: I: $a + b + c = 50$.

Da 4 ml des Duftstoffes Lavendel im Endprodukt sein sollen, müssen 4% von A, 10% von B und 15% von C zusammen 4 ml ergeben. Dies führt auf folgende Gleichung:
II: $0{,}04\,a + 0{,}10\,b + 0{,}15\,c = 4$

Für den Duftstoff Rose müssen 8% von A, 20% von B und 10% von C 6 ml ergeben.
III: $0{,}08\,a + 0{,}20\,b + 0{,}10\,c = 6$

Wir erhalten ein (3; 3)-LGS, das wir manuell mit dem Gaußschen Algorithmus oder alternativ mit dem Taschenrechner lösen.

Die Lösung lautet a = 25, b = 15, c = 10.
Man wird also 25 ml von Duftwasser A, 10 ml von Duftwasser B und 10 ml von Duftwasser C mischen, um 50 ml des gewünschten Parfüms zu erhalten.

Aufstellung eines Gleichungssystems:

$$\begin{array}{ll} \text{I} & a + b + c = 50 \\ \text{II} & 0{,}04\,a + 0{,}10\,b + 0{,}15\,c = 4 \\ \text{III} & 0{,}08\,a + 0{,}20\,b + 0{,}10\,c = 6 \end{array}$$

Lösung des LGS mittels Gauß-Verfahren:

$$\begin{array}{lll} \text{I} & a + b + c = 50 & \\ \text{II} & 4a + 10b + 15c = 400 & \rightarrow \text{II} - 4 \cdot \text{I} \\ \text{III} & 8a + 20b + 10c = 600 & \rightarrow \text{III} - 8 \cdot \text{I} \end{array}$$

$$\begin{array}{lll} \text{I}' & a + b + c = 50 & \\ \text{II}' & 6b + 11c = 200 & \\ \text{III}' & 12b + 2c = 200 & \rightarrow \text{III}' - 2 \cdot \text{II}' \end{array}$$

$$\begin{array}{ll} \text{I}'' & a + b + c = 50 \\ \text{II}'' & 6b + 11c = 200 \\ \text{III}'' & -20c = -200 \end{array}$$

$$\begin{array}{lll} \text{aus III}'': & & \Rightarrow c = 10 \\ \text{in II}'': & 6b + 110 = 200 & \Rightarrow b = 15 \\ \text{in I}': & a + 15 + 10 = 50 & \Rightarrow a = 25 \end{array}$$

Lösung des LGS:
a = 25, b = 15, c = 10

Übung 20 Parfüm herstellen

Ermitteln Sie, welche Mengen der Duftwässer A, B und C aus obigem Beispiel genommen werden müssen, um 100 ml eines Parfüms herzustellen, das 11 ml des Duftstoffes Lavendel und 12 ml des Duftstoffes Rose enthält.

Im folgenden Mischungsproblem sind unendlich viele Lösungen möglich. Darüber hinaus müssen nach dem Lösen des Gleichungssystems zusätzliche Überlegungen erfolgen, welche der theoretisch möglichen Lösungen wirklich praktisch umsetzbar sind.

Beispiel: Linolsäurekonzentration

Für einen Versuch werden 100 ml 60-prozentige Linolsäure benötigt. Der Laborant hat aber nur Linolsäure in Konzentrationen von 30 %, 50 % und 80 % vorrätig. Welche Möglichkeiten hat der Laborant, die 100 ml Linolsäure in der gewünschten 60 %-Konzentration herzustellen.

Lösung:
Wir benennen zunächst die Variablen.
x: Menge der 30 %igen Lösung
y: Menge der 50 %igen Lösung
z: Menge der 80 %igen Lösung.

Da 100 ml benötigt werden, muss gelten:

$$x + y + z = 100$$

Weiter müssen 30 % von x, 50 % von y und 80 % von z zusammen 60 ml ergeben, also:

$$0{,}3\,x + 0{,}5\,y + 0{,}8\,z = 60$$

So entsteht ein (2; 3)-LGS, das wir manuell oder mit dem Rechner lösen. Es hat unendlich viele Lösungen folgender Form:
$x = -50 + 1{,}5\,c,\ y = 150 - 2{,}5\,c,\ z = c\ (c \in \mathbb{R})$

Da die Lösungen x, y und z nicht negativ sein dürfen, da es sich um Mengen handelt, erhalten wir folgende Einschränkung:

$$\frac{100}{3} \le c \le 60$$

Mögliche Lösungen wären also z. B.:
Für c = 40: x = 10, y = 50, z = 40
Für c = 60: x = 40, y = 0, z = 60

1. Aufstellen des Gleichungssystems:

I: $x + y + z = 100$
II: $0{,}3\,x + 0{,}5\,y + 0{,}8\,z = 60$

2. Lösung des Gleichungssystems:

I: $x + y + z = 100$
II: $3\,x + 5\,y + 8\,z = 600 \rightarrow \text{II} - 3 \cdot \text{I}$

I: $x + y + z = 100$
II: $2\,y + 5\,z = 300$

Das System ist unterbestimmt.
Es hat unendlich viele Lösungen.
Eine Variable kann frei gewählt werden.

$z = c \quad (c \in \mathbb{R}$, frei gewählt)
in II: $2\,y + 5\,c = 300 \Rightarrow y = 150 - 2{,}5\,c$
in I: $x + 150 - 2{,}5\,c + c = 100 \Rightarrow x = -50 + 1{,}5\,c$

3. Einschränkungen der Lösung:

$x \ge 0 \Rightarrow -50 + 1{,}5\,c \ge 0 \Rightarrow c \ge \frac{100}{3}$
$y \ge 0 \Rightarrow 150 - 2{,}5\,c \ge 0 \Rightarrow c \le 60$
$z \ge 0 \Rightarrow c \ge 0$
$\Rightarrow \frac{100}{3} \le c \le 60$

Übung 21 Geldanlage

Ein Bankkunde möchte 20 000 € anlegen. Er möchte im Anlagejahr 1000 € Profit erzielen. Die Bank bietet Aktien an, die 8 % Rendite abwerfen, Fonds mit 6 % und Schatzbriefe mit 2 %.

a) Wie kann er seinen Anlagebetrag auf diese drei Papiere aufteilen?
b) Wie sollte er den Anlagebetrag aufteilen, wenn er ein hohes Risiko scheut und möglichst viele Schatzbriefe kaufen will?

Übungen

22. Milch

Eine Molkerei verfügt über drei Milchsorten A, B und C mit 3%, 5% und 6% Fettanteil. Durch Mischung dieser Sorten sollen 10 Hektoliter Milch mit 4% Fettanteil erzeugt werden.

Die Menge der für die Mischung verwendeten Milch mit 5% Fettanteil soll genauso groß sein wie die Menge der Milch mit 6% Fettanteil. Welche Mengen müssen gemischt werden?

23. Rotwein

Ein Winzer erntet 30 Hektoliter Merlot und 29 Hektoliter Cabernet Sauvignon. Er mischt daraus einen Rotwein guter Qualität, der 25% Merlot und 75% Cabernet Sauvignon enthält. Sein Rotwein mittlerer Qualität enthält 75% Merlot und 25% Cabernet Sauvignon. Berechnen Sie, welche Mengen an Rotwein guter bzw. mittlerer Qualität der Winzer herstellt.

24. Geldanlage

Sebastian hat 20000 € geerbt, die er anlegen will. Davon möchte er 45% in Aktien und 40% in Rentenpapieren anlegen. Seine Bank bietet ihm drei Fonds mit unterschiedlichen Anlagestrategien an. Berechnen Sie, welche Beträge er in die drei Fonds investieren sollte, um sein Anlageziel zu erreichen.

Fonds	A	B	C
Aktien	30%	50%	60%
Renten	50%	40%	10%

25. Kaminholz

Ein Händler bietet drei Sorten Kaminholz an, die unterschiedliche Anteile an Eichen- bzw. Birkenholz enthalten. Ein Kunde bestellt 1000 kg Kaminholz, worunter 400 kg Eichenholz und 350 kg Birkenholz sein sollen. Welche Mengen seiner drei Sorten muss der Händler zusammenstellen?

Sorte	A	B	C
Eiche	20%	30%	70%
Birke	60%	40%	10%

26. Müsli

Ein Hobbyläufer möchte ein neues Frühstücksmüsli bestellen. Der Händler bietet drei verschiedene Sorten an, welche 10%, 50% bzw. 60% Cornflakes enthalten. Man kann diese Sorten auf Bestellung frei zu 200 g-Packungen mischen lassen. Welche Möglichkeiten hat der Hobbyläufer, 200 g-Packungen zu bestellen, die 40% Cornflakes enthalten?

Übungen

Die folgenden Übungen sollen ohne Hilfsmittel gelöst werden.

1. Graphik

Die einzelnen Gleichungen eines linearen Gleichungssystems mit zwei Variablen können graphisch als Geraden im zweidimensionalen Koordinatensystem gedeutet werden. Entscheiden Sie, welche der vier Zeichnungen das gegebene lineare Gleichungssystem graphisch darstellen. Begründen Sie Ihre Entscheidung.

I: $x + 2y = 4$
II: $y + 3 = 2x$

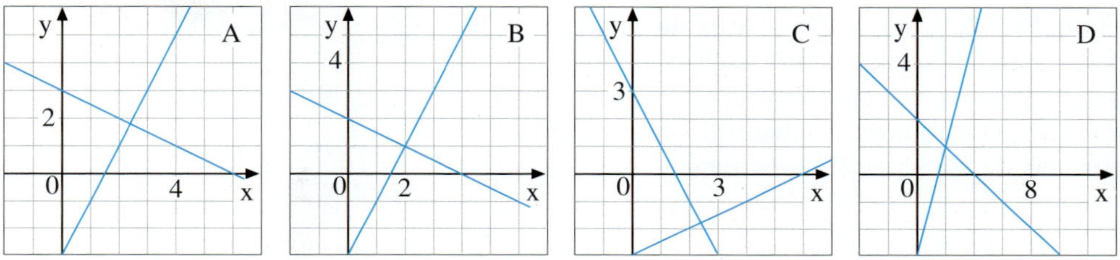

2. Schnelle Lösung

Lösen Sie das lineare Gleichungssystem auf einem möglichst einfachen und schnellen Weg. Notieren Sie Ihre Lösungsschritte sorgfältig.

I: $x + y = 3 + z$
II: $2y + 1 = 5$
III: $y + z = 5$

3. Unlösbar

Gegeben sind zwei lineare Gleichungssysteme. Genau eines davon ist unlösbar. Entscheiden Sie, welches System unlösbar ist. Begründen Sie Ihre Entscheidung stichhaltig.

System A

I: $2x + 2y + z = 6$
II: $-2y + x = 1$
III: $z + 3x = 6$

System B

I: $2x + 2y + z = 10$
II: $-2y + x = 0$
III: $z + 3x = 10$

4. Gauß-Algorithmus

a) Formen Sie das LGS so um, dass es Dreiecksform besitzt.

$x - 4y + 3z = 3$
$2x - 6y + 4z = 4$
$3x - 10y + 8z = 9$

b) Lösen Sie das lineare Gleichungssystem.

$3x + z - 10 = -2y$
$4y - 2 = 2z$
$3z - 12 = -3z$

5. Unlösbar

Gegeben ist ein lineares Gleichungssystem.
Ermitteln Sie denjenigen Wert des Parameters a, für den das Gleichungssystem keine Lösung hat.

I: $2x - y = 2$
II: $4x - ay = 6$

Chemische Reaktionsgleichungen

Dem italienischen Chemiker SOBRERO gelang im Jahre 1846 die Herstellung der hochexplosiven Flüssigkeit *Nitroglycerin* ($C_3H_5N_3O_9$). Schon durch kleine mechanische Erschütterungen wurde die Explosion ausgelöst, was die praktische Anwendbarkeit als Sprengstoff stark einschränkte.

Alfred NOBEL (1833–1896) hatte die Idee, dieses Sprengöl in porösem Kieselgut aufzusaugen, sodass ein erschütterungsfester, transportabler, kontrolliert zündbarer Sprengstoff entstand, der den Namen *Dynamit* erhielt.

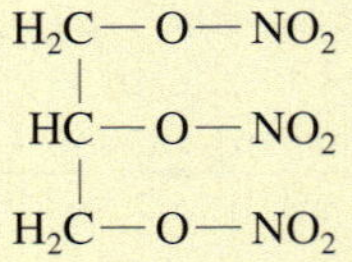

Nitroglycerin

Chemische Reaktionen lassen sich durch ***Reaktionsgleichungen*** beschreiben. Dabei muss berücksichtigt werden, dass bei allen chemischen Reaktionen die Gesamtmasse aller Stoffe unverändert bleibt. Vor und nach der Reaktion müssen also gleich viele Atome desselben Elements vorhanden sein. Beim Aufstellen chemischer Reaktionsgleichungen müssen die Koeffizienten vor den an der Reaktion beteiligten Stoffen (Molekülen) bestimmt werden. Wir zeigen dies im folgenden Beispiel.

Bestimmung einer chemischen Reaktionsgleichung

Bei der Explosion von *Nitroglycerin* ($C_3H_5N_3O_9$) entstehen unter Hitzeentwicklung die Gase Kohlendioxid (CO_2), Wasserdampf (H_2O), Stickstoff (N_2) und Sauerstoff (O_2). Bestimmen Sie die chemische Reaktionsgleichung für den Explosionsvorgang.

Lösung:
Wir verwenden den nebenstehenden Ansatz für die Reaktionsgleichung. Die Koeffizienten $x_1, \dots, x_5$ geben die Anzahl der Moleküle an. Man verwendet in der chemischen Reaktionsgleichung möglichst kleine natürliche Zahlen $x_1, \dots, x_5$, für die die chemische Reaktion möglich ist.
Da vor und nach der Reaktion von jedem Element gleich viele Atome vorhanden sein müssen, erhalten wir für jedes Element eine Gleichung.

Ansatz:

$$x_1 \cdot C_3H_5N_3O_9 \rightarrow x_2 \cdot CO_2 + x_3 \cdot H_2O + x_4 \cdot N_2 + x_5 \cdot O_2$$

Für C: $3x_1 = x_2$

Für H: $5x_1 = 2x_3$

Für N: $3x_1 = 2x_4$

Für O: $9x_1 = 2x_2 + x_3 + 2x_5$

Somit ergibt sich ein LGS aus 4 Gleichungen mit 5 Variablen, das wir zunächst in Normalform umstellen und dann mit Hilfe des Gaußschen Algorithmus auf Stufenform bringen.

$$\begin{array}{l|l}
\text{I} & 3x_1 - x_2 = 0 \\
\text{II} & 5x_1 - 2x_3 = 0 \\
\text{III} & 3x_1 - 2x_4 = 0 \\
\text{IV} & 9x_1 - 2x_2 - x_3 - 2x_5 = 0 \\
\hline
\text{I} & 3x_1 - x_2 = 0 \\
\text{II} & 5x_2 - 6x_3 = 0 \\
\text{III} & -6x_3 + 10x_4 = 0 \\
\text{IV} & -2x_4 + 12x_5 = 0
\end{array}$$

Das LGS besitzt unendlich viele Lösungen, eine Variable ist frei wählbar.

Wir wählen $x_5 = c \in \mathbb{R}$.
Nun bestimmen wir durch Rückeinsetzung die Lösungsmenge.

$$L = \{(4c;\ 12c;\ 10c;\ 6c;\ c);\ c \in \mathbb{R}\}$$

Für die chemische Reaktionsgleichung ist nun die kleinste positive Zahl c gesucht, für die sich eine Lösung ergibt, die nur aus natürlichen Zahlen besteht. Diese erhalten wir in diesem Fall für c = 1.

Für c = 1: (4; 12; 10; 6; 1)

Reaktionsgleichung:
$4\,C_3H_5N_3O_9 \rightarrow 12\,CO_2 + 10\,H_2O + 6\,N_2 + O_2$

Übungen

Übung 1

Ermitteln Sie für die folgenden chemischen Reaktionen die Koeffizienten.

a) $x_1 CuO + x_2 C \rightarrow x_3 Cu + x_4 CO_2$ (Gewinnung von Kupfer aus Kupferoxid)

b) $x_1 FeS_2 + x_2 O_2 \rightarrow x_3 SO_2 + x_4 Fe_2O_3$ (Entstehung von Schwefeldioxid aus Pyrit)

c) $x_1 P_4O_{10} + x_2 H_2O \rightarrow x_3 H_3PO_4$ (Entstehung von Phosphorsäure)

d) $x_1 C_6H_{12}O_6 \rightarrow x_2 C_2H_5OH + x_3 CO_2$ (alkoholische Gärung)

e) $x_1 KMnO_4 + x_2 HCl \rightarrow x_3 MnCl_2 + x_4 Cl_2 + x_5 H_2O + x_6 KCl$ (Herstellung von Chlorgas)

Übung 2

Die Bildung von *Tropfsteinhöhlen* lässt sich im Wesentlichen auf folgende chemische Reaktionen zurückführen:
Wasser (H_2O) und Kohlendioxid (CO_2) haben im Verlaufe von Jahrtausenden den Kalkstein ($CaCO_3$ Calciumcarbonat) gelöst. Bei der chemischen Reaktion entstehen zunächst Ca- und HCO_3-Ionen, die sich dann zu wasserlöslichem Calciumhydrogencarbonat ($Ca(HCO_3)_2$) verbinden. Die Rückreaktion (Entzug von CO_2) führt wieder zu unlöslichem $CaCO_3$ und damit zur Tropfsteinbildung.
Bestimmen Sie die Reaktionsgleichung für die Anfangsreaktion.

Überblick

Darstellung eines LGS:

Ein (m; n)-LGS besteht aus m linearen Gleichungen mit n Variablen. In der Normalform stehen links die variablen Terme und rechts die konstanten Terme.

Normalform:

I: $x + 2y + z = 8$
II: $2x + y - 2z = -2$
III: $3x - 2y + 3z = 8$

Lösungsmenge eines LGS:

Die Lösungsmenge eines (m; n)-LGS wird mit Hilfe eines n-Tupels dargestellt: $L = \{(x_1; x_2; \ldots, x_n)\}$. Beispiel: $L = \{(1; 2; 3)\}$

Äquivalenzumformungen eines LGS:

Umformungen eines LGS, welche die Lösungsmenge nicht ändern, werden als **Äquivalenzumformungen** bezeichnet. Dies sind:
(1) Vertauschung von zwei Gleichungen.
(2) Multiplikation einer Gleichung mit einer reellen Zahl $k \neq 0$.
(3) Addition einer Gleichung zu einer anderen Gleichung.

Anzahl der Lösungen eines LGS:

Es gibt drei Lösbarkeitsfälle:
1. Das LGS hat **keine** Lösung. Es ist unlösbar.
2. Das LGS hat **genau** eine Lösung. Es ist eindeutig lösbar.
3. Das LGS hat **unendlich viele** Lösungen.

Der Gaußsche Algorithmus:

Man bringt das LGS mit Äquivalenzumformungen auf *Dreiecksform* oder in eine *Reihenstufenform*. Dann löst man es durch eine Rückwärtseinsetzung.

Fall 1: Die Dreiecksform enthält *mindestens eine* Widerspruchszeile. Dann ist das LGS **unlösbar**.

Fall 2: Die Dreiecksform enthält *keine Widerspruchszeile*. Die Anzahl der Variablen ist gleich der Anzahl der nichttrivialen Zeilen, die keine Allgemeingültigkeit darstellen. Dann ist das LGS **eindeutig lösbar**.

Fall 3: Die Dreiecksform enthält *keine Widerspruchszeile*. Die Anzahl der Variablen ist größer als die Anzahl der nichttrivialen Zeilen. Dann hat das LGS **unendlich viele Lösungen**.

Unterbestimmtes LGS: Das LGS hat weniger Gleichungen als Variable $(m < n)$.

Überbestimmtes LGS: Das LGS hat mehr Gleichungen als Variable $(m > n)$.

CAS-Anwendungen

Der solve-Befehl leistet bei der Lösung von Gleichungen gute Dienste.
Er kann ebenso bei der Lösung von Gleichungssystemen angewendet werden.

Beispiel: Lösung von Gleichungssystemen

a) Lösen Sie die 2 × 2-Gleichungssysteme von den Seiten 15 und 17 mit dem CAS.
b) Bearbeiten Sie die 3 × 3-Gleichungssysteme aus den Beispielen der Seiten 20 und 23.
c) Lösen Sie das 3 × 3 Gleichungssystem von S. 20 mit dem simult- und dem rref-Befehl.

Lösung zu a):
Zu berechnen ist die Lösung (x; y) des LGS $2x - 4y = 2$ und $5x + 3y = 18$. Der Befehl solve(2·x–4·y=2 and 5· x+3·y=18x, y) liefert die Lösung x = 3 und y = 1.
Die weiteren Zeilen im nebenstehenden Screenshot zeigen die Ermittlung der Anzahl der Lösungen der Gleichungssysteme von Seite 17 unten.

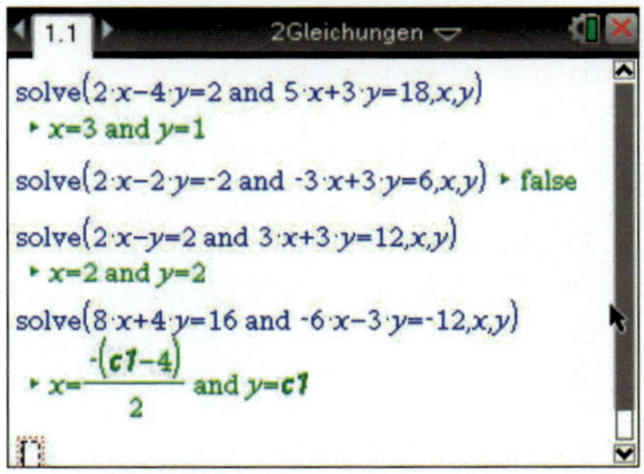

Lösung zu b):
Ausgewählt wurden drei 3 × 3-LGS mit verschiedenen Lösungseigenschaften.
Das Beispiel von Seite 20 besitzt eine eindeutige Lösung.
Das erste LGS aus dem Beispiel von Seite 23 hat keine Lösung, das zweite LGS besitzt eine einparametrige unendliche Lösungsmenge (Parameter *c1*).

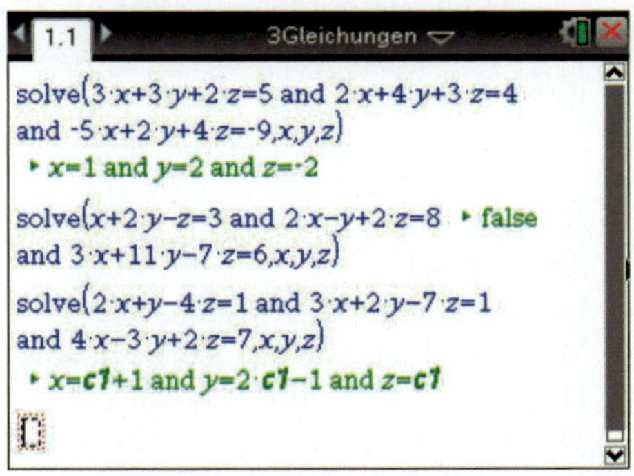

Lösung zu c):
Die Koeffizientenmatrix des LGS wird durch [3, 3, 2; 2, 4, 3; 5, 2, 4] wiedergegeben, die rechte Seite durch [5; 4; 9].
Mit simult ([3, 3, 2; 2, 4, 3; −5, 2, 4], [5; 4; −9]) wird die Lösung [1; 2; −2] geliefert.

Mit rref ([3, 3, 2, 5; 2, 4, 3, 4; −5, 2, 4, −9]), also der Eingabe der erweiterten Matrix, erhält man ein äquivalentes System mit der Lösung in der letzten Spalte.

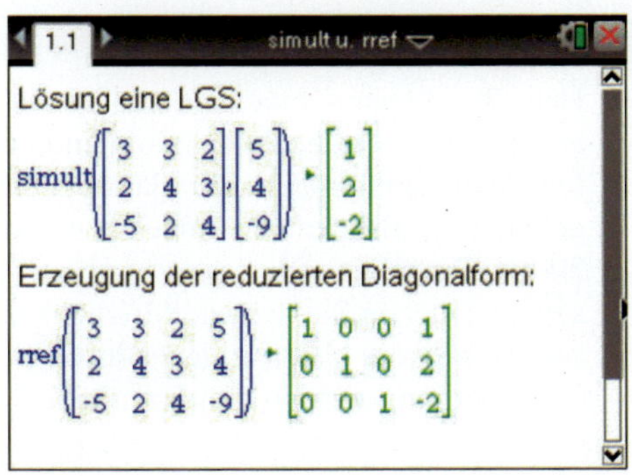

Test

Lineare Gleichungssysteme

1. Manuelle Lösung eines LGS

Lösen Sie das lineare Gleichungssystem manuell.

a) I: $4x - 5y = -4$
II: $5x + 3y = 32$

b) I: $x + 2y + z = 1$
II: $2x + 3y + 3z = 6$
III: $3x - 4y - 3z = 1$

2. Lösbarkeit

Untersuchen Sie das LGS auf Lösbarkeit.

a) I: $x + y - 2z = 4$
II: $2x + 3y - 3z = 8$
III: $x + 2y - z = 5$

b) I: $2x + 3y + 2z = 3$
II: $4x + 5y - 2z = 1$
III: $4x + 4y - 8z = -4$

3. Flachdach-Modellierung

Das Flachdach eines Hochhauses weist eine Krümmung auf, damit der Regen abfließen kann. Der gekrümmte Bereich ist aus Asphalt hergestellt.
Bestimmen Sie mit Hilfe eines linearen Gleichungssystems eine Funktion f, die den Oberflächenverlauf beschreibt. Verwenden Sie die roten Messpunkte.

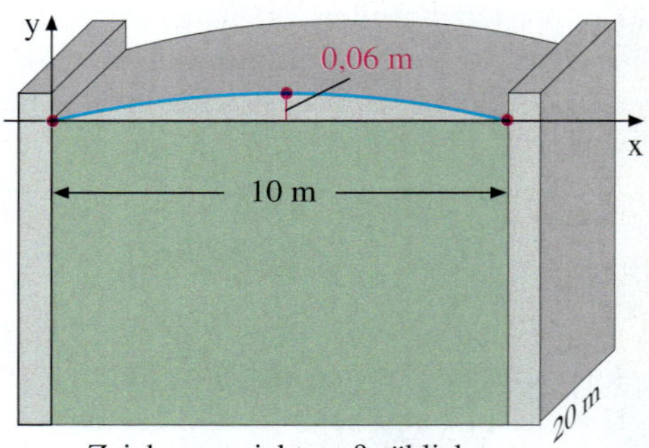

Zeichnung nicht maßstäblich

4. Altersrätsel

Die Schwestern Maria, Emma und Julia sind heute zusammen 30 Jahre alt.
Vor vier Jahren war Maria doppelt so alt wie Emma und Julia zusammen.
Damals war Julia doppelt so alt wie Emma.
Wie alt sind die drei Schwestern heute?

5. Anlagestrategie

Herr Brockmanns möchte 30 000 € für ein Jahr anlegen. Er möchte Aktien, Gold und Fonds kaufen. Seine Bank macht ihm das abgebildete Angebot. Herr Brockmanns möchte im Anlagejahr 2000 € Profit erzielen.

Anlageform	Aktien	Fonds	Gold
Erwartete Rendite	7%	6%	5%

a) Untersuchen Sie, welche Möglichkeiten der Anlage er insgesamt hat.

b) Wie muss er das anzulegende Geld auf Aktien, Fonds und Gold aufteilen, wenn er aus Sicherheitsgründen möglichst viel Gold in sein Depot nehmen will?

Lösungen: S. 555

II. Potenzfunktionen und ganzrationale Funktionen

1. Reelle Funktionen (Wiederholung)

A. Der Funktionsbegriff

Die beiden folgenden Beispiele bereiten die exakte Definition des Begriffs der ***Funktion*** vor.

Beispiel: Zensurenspiegel
Die Tabelle zeigt das Resultat einer Klassenarbeit als Zensurenspiegel. Jeder Zensur ist eine Anzahl zugeordnet.

Zensur	1	2	3	4	5	6
Anzahl	1	7	9	3	2	2

Die Abbildung zeigt das Pfeildiagramm dieser Zuordnung.

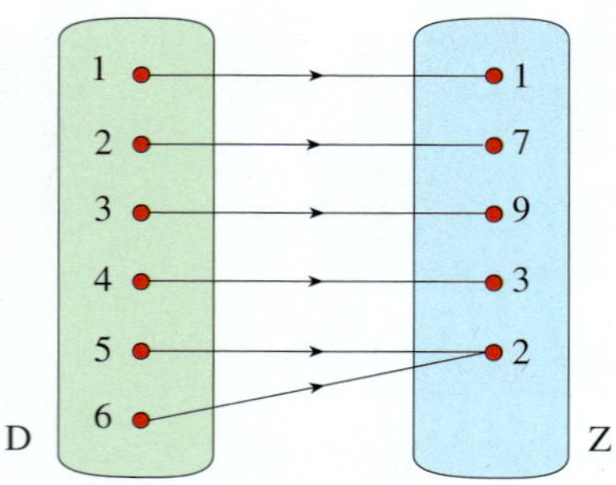

Jeder Zahl aus der Menge D ist genau eine Zahl aus der Menge Z zugeordnet.

Eine solche eindeutige Zuordnung nennt man eine ***Funktion***.

Erlaubte Situationen	
$x_1 \to y_1$ $x_2 \to y_2$	$x_1 \searrow$ $x_2 \nearrow$ y

Beispiel: Teilerzahl
Jeder Zahl aus der Menge {2; 15; 23} werden ihre von 1 verschiedenen positiven Teiler zugeordnet.

Zahl	2	15	23
Teiler	2	3 ; 5 ; 15	23

Auch diese Zuordnung lässt sich in einem Pfeildiagramm anschaulich darstellen.

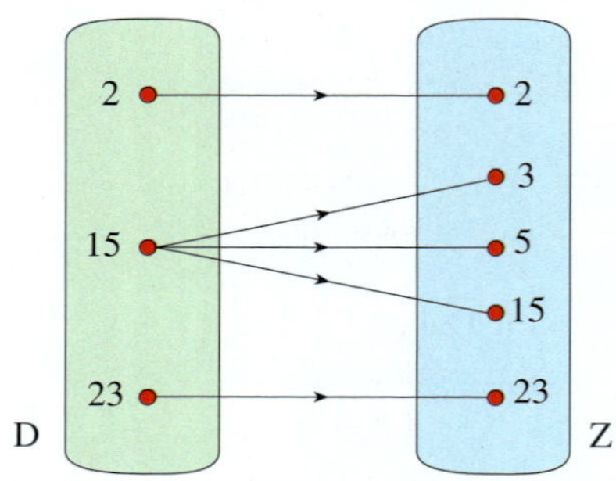

Es gibt eine Zahl aus der Menge D, der mehrere Zahlen aus der Menge Z zugeordnet sind.
Die Zuordnung ist nicht eindeutig. Sie ist keine Funktion.

Verbotene Situation
$x \nearrow y_1$ $x \searrow y_2$

Übung 1
Prüfen Sie, ob die gegebene Zuordnung eine Funktion ist.

a) Es sei D = {2; 4; 6; 7; 10; 12}. Jedem $x \in D$ werden die geraden Zahlen aus $\{x - 1; x; x + 1\}$ zugeordnet.

b) Es sei $D = \mathbb{N}$. Jedem $x \in D$ werden diejenigen der drei auf x folgenden Zahlen zugeordnet, die durch 3 teilbar sind.

Die Abbildung rechts dient zur Veranschaulichung der Begriffe, die wir nun noch einführen.

Definition II.1: Eine Zuordnung f, die jedem x einer Menge D (Definitionsmenge) genau ein Element f(x) einer Menge Z (Zielmenge) zuordnet, heißt ***Funktion***.

Jeder Zahl $x \in \{1; 2; 3\}$ wird die Zahl $2x$ zugeordnet.

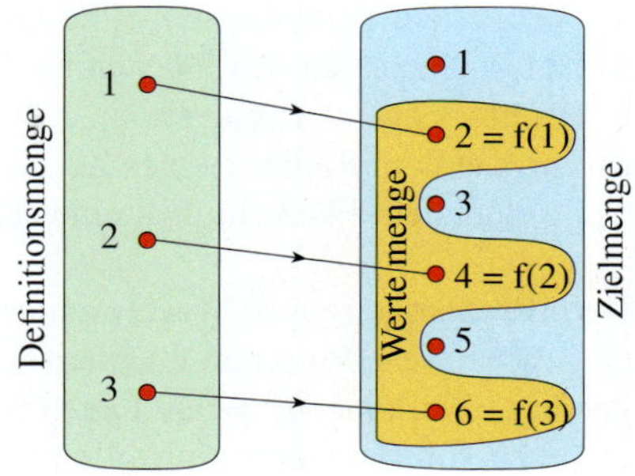

f(x) heißt ***Funktionswert*** von x. Die Menge aller Funktionswerte heißt ***Wertemenge*** der Funktion. Die Wertemenge ist eine Teilmenge der Zielmenge.
Eine Funktion, deren Definitionsmenge und deren Wertemenge Teilmengen von $\mathbb{R}$ sind, heißt ***reelle Funktion***.

Im Folgenden werden nur reelle Funktionen betrachtet. Auf die Angabe der Definitionsmenge wird meistens verzichtet, insbesondere wenn $D = \mathbb{R}$ ist.

B. Zuordnungsvorschrift und Funktionsgraph

Jede Funktion besitzt eine ***Zuordnungsvorschrift***. Gemeint ist damit das Gesetz, mit dem man zu jedem x-Wert den zugehörigen Funktionswert finden kann.

Zuordnungsvorschrift:
Jeder Zahl $x \in \mathbb{R}$ wird die Zahl $0{,}5\,x$ zugeordnet.

Häufig ist die Darstellung des Gesetzes mit Hilfe einer ***Funktionsgleichung*** möglich, z. B. $f(x) = 0{,}5\,x,\ x \in \mathbb{R}$.

Funktionsgleichung:
$f(x) = 0{,}5\,x,\ x \in \mathbb{R}$

Neben der Darstellung durch eine Funktionsgleichung benutzt man gelegentlich die ***Pfeilschreibweise*** $f\colon x \mapsto 0{,}5\,x,\ x \in \mathbb{R}$.

Pfeilschreibweise:
$f\colon x \to 0{,}5\,x,\ x \in \mathbb{R}$

Man kann die Funktion in einer ***Wertetabelle*** darstellen. Zu einigen x-Werten bestimmt man dann die zugehörigen y-Werte.

Wertetabelle:

x	−1	0	1	2	3	5	10
f(x)	−0,5	0	0,5	1	1,5	2,5	5

Man kann eine Funktion f auch als Punktmenge in einem kartesischen Koordinatensystem darstellen. Erfasst werden alle ***Zahlenpaare*** (x|y), die aus einem x-Wert sowie dem zugehörigen Funktionswert $y = f(x)$ bestehen. So entsteht der ***Graph der Funktion***.
Am Graphen kann man oft schon Eigenschaften der Funktion erkennen.
Symbol für den Graphen: f oder G_f.

Funktionsgraph:

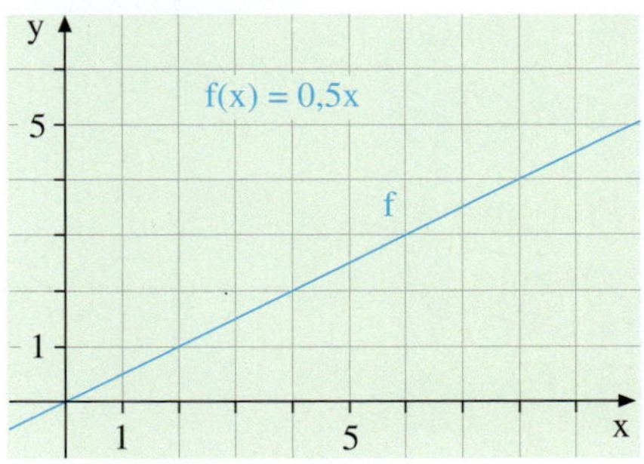

Übungen

2. Funktionsgleichungen

Geben Sie jeweils die Gleichung der Funktion f an sowie die Definitions- und Wertemenge.

a) f ordnet der Seitenlänge x eines Quadrates seinen Flächeninhalt zu.

b) Ein Rechteck hat den Flächeninhalt 10. Seine Länge sei die Zahl x. f ordnet der Länge des Rechtecks seine Breite zu.

c) f ordnet dem Radius r eines Kreises seinen Umfang zu.

d) f ordnet dem Flächeninhalt eines Kreises seinen Radius zu.

3. Definitionsmenge und Wertemenge

Gegeben sei die Funktion f. Geben Sie die größtmögliche Definitionsmenge D sowie die zugehörige Wertemenge W an. Legen Sie außerdem eine Wertetabelle an und zeichnen Sie den Graphen von f in einem sinnvollen Bereich.

a) $f(x) = 2x - 4$ b) $f(x) = x^2 - 2x$ c) $f(x) = \frac{1}{x}$ d) $f(x) = \sqrt{x}$

e) $f(x) = \frac{1}{x-2}$ f) $f(x) = \frac{1}{x^2}$ g) $f(x) = \sqrt{\frac{1}{2}x - 2}$ h) $f(x) = |x|$

4. Gebirgszug

Abgebildet ist die Profilkurve f eines Gebirges.

a) Wie lang ist das gesamte Gebirge?

b) Wie viele Höhenmeter sind beim Aufstieg von der westlichen Ebene auf Gipfel A zu überwinden?

c) Welche Höhendifferenz weisen die beiden Gipfel A und B auf? Wie groß ist ihre direkte Entfernung (Luftlinie)?

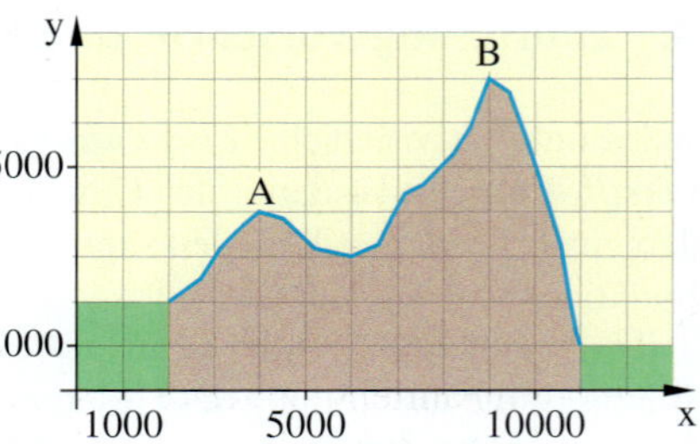

d) Wie lautet die Wertemenge von f, wenn das Intervall [2000; 11 000] die Definitionsmenge ist?

e) Wie groß ist die mittlere Steigung in Prozent beim Aufstieg von A auf den Gipfel B?

5. Gleichung und Graph

Entscheiden Sie argumentativ, welche Gleichung zu welchem Graphen gehört. Ein Kästchen entspricht einer Einheit. Kontrollieren Sie ihr Ergebnis durch Zeichnen mit dem TR/Computer:

I: $f(x) = x^2$

II: $f(x) = \frac{1}{x^2}$

III: $f(x) = \frac{1}{x}$

IV: $f(x) = \sqrt{x}$

V: $f(x) = x^3$

VI: $f(x) = x^4$

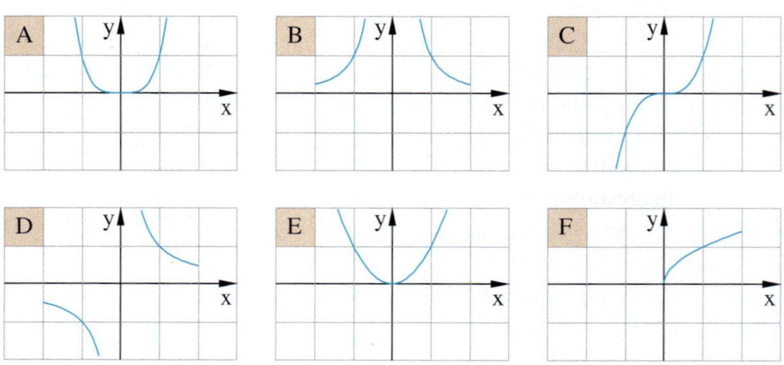

6. Der Linientest

Mit dem ***Linientest*** kann man feststellen, ob ein Graph eindeutig ist und daher eine Funktion darstellt.

Schneidet jede senkrechte Linie den Graphen stets maximal einmal, so liegt eine Funktion vor, sonst nicht.

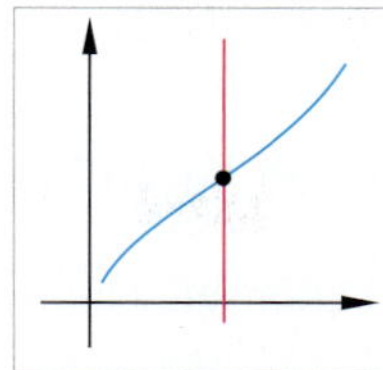

Funktion

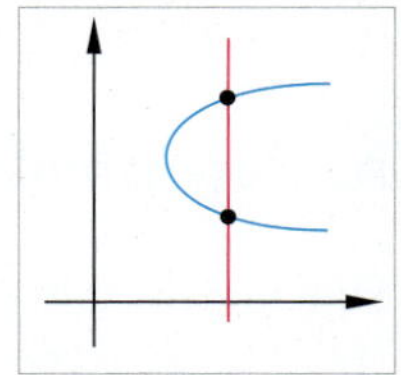

keine Funktion

Prüfen Sie mit dem Linientest, ob die folgenden Graphen Funktionen darstellen.

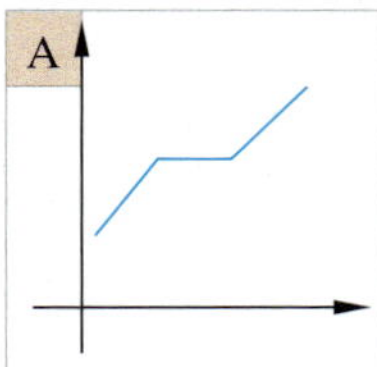

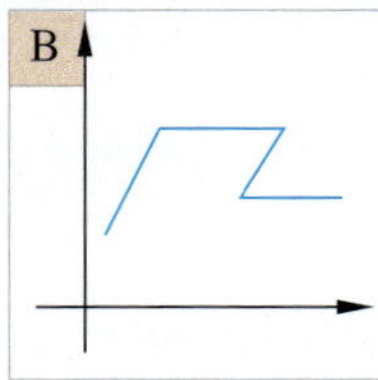

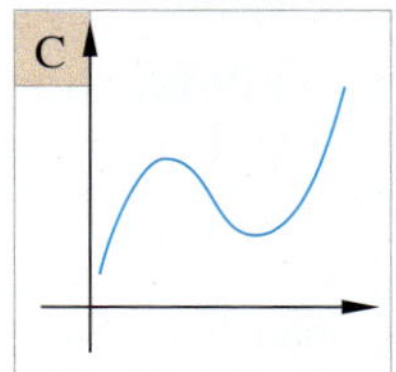

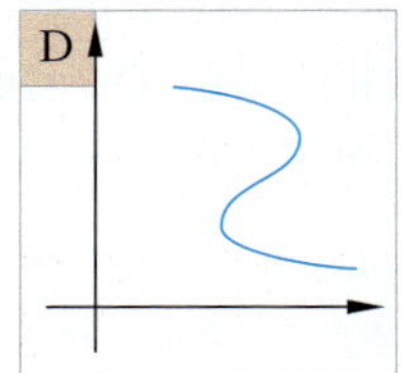

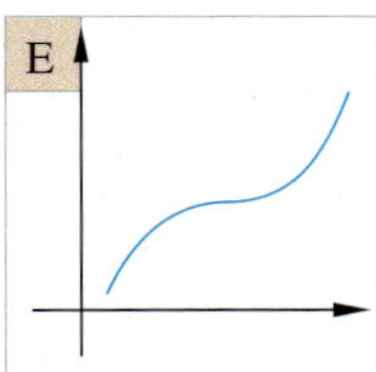

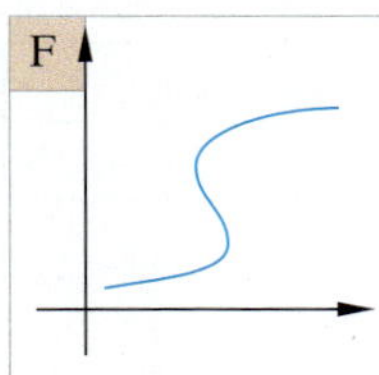

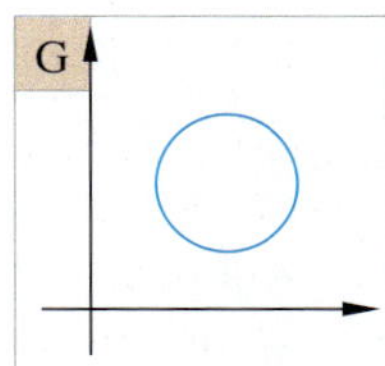

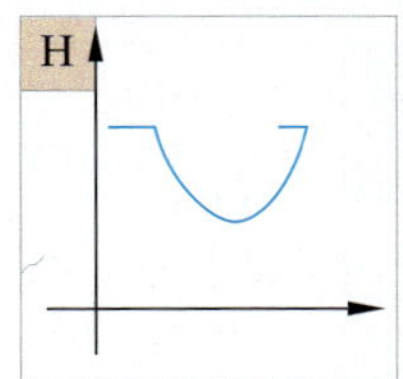

7. Der Fahrtenschreiber

Mit dem Fahrtenschreiber wurde die Geschwindigkeit eines Schwertransporters in Abhängigkeit von der Zeit aufgezeichnet. Die Fahrt soll nun ausgewertet werden.

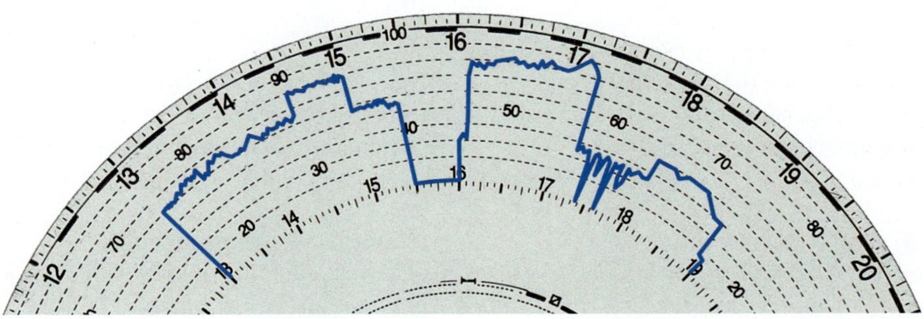

a) Wann begann die Fahrt? Wie lange dauerte sie insgesamt? Welche Höchstgeschwindigkeit wurde erreicht? Wie lang war die Pause, die der Fahrer einlegte?

b) In welchem Zeitraum durchquerte das Fahrzeug eine Großstadt? Wurde dabei die zulässige Höchstgeschwindigkeit von 50 km/h überschritten?

c) Bestimmen Sie die Länge der zwischen 13 Uhr und 15 Uhr zurückgelegten Strecke angenähert. Schätzen Sie grob ab, welche Durchschnittsgeschwindigkeit das Fahrzeug zwischen 14 Uhr und 17.30 Uhr erzielte.

2. Potenzfunktionen

A. Potenzfunktionen der Form $f(x) = a \cdot x^n$ ($n \in \mathbb{N}$)

Funktionen mit der Funktionsgleichung $f(x) = a \cdot x^n$ werden als ***Potenzfunktionen*** bezeichnet.
Es handelt sich also um die Funktionen $f(x) = ax$, $f(x) = ax^2$, $f(x) = ax^3$ usw.

Definition II.2: Potenzfunktionen
Die Funktion
$f(x) = a \cdot x^n$ ($n \in \mathbb{N}$, $a \in \mathbb{R}$, $a \neq 0$)
heißt Potenzfunktion vom Grad n.

Beispiel: Die Graphen von Potenzfunktionen
Skizzieren Sie die Graphen der Potenzfunktionen $f(x) = \frac{1}{2}x^2$ und $g(x) = \frac{1}{4}x^3$ für $-2 \leq x \leq 2$.

Lösung:
Wir zeichnen die Graphen unter Verwendung einer Wertetabelle.

Graph von $f(x) = \frac{1}{2}x^2$:

x	−2	−1	−0,5	0	0,5	1	2
y	2	0,5	0,125	0	0,125	0,5	2

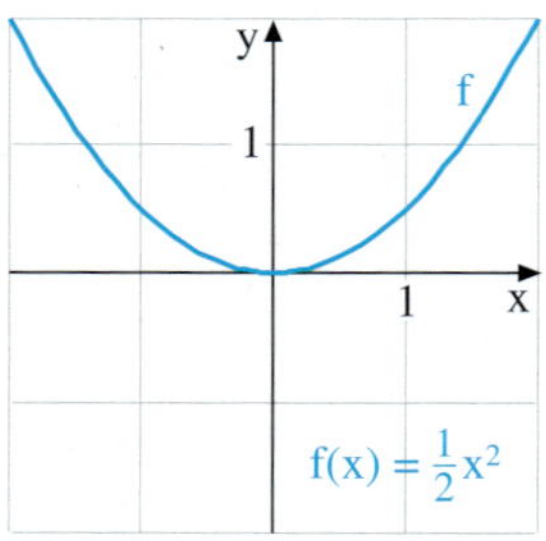

Der Graph fällt bis x = 0. Dann steigt er an. Er verläuft durchgehend linksgekrümmt. Er ist symmetrisch zur y-Achse.

Graph von $g(x) = \frac{1}{4}x^3$:

x	−2	−1	−0,5	0	0,5	1	2
y	−2	−0,25	−0,03	0	0,03	0,25	2

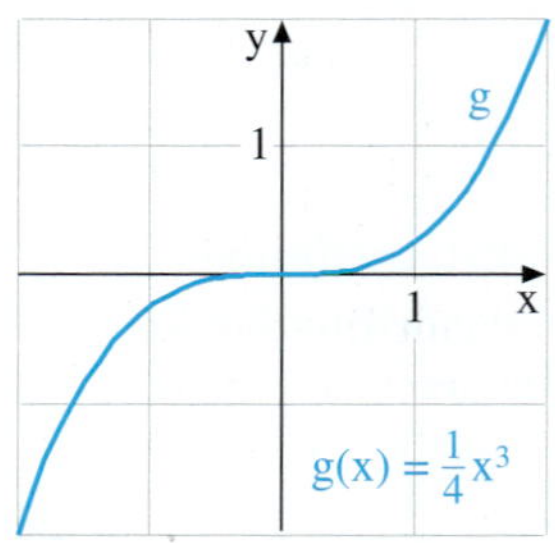

Der Graph steigt durchgehend. Er verläuft rechtsgekrümmt bis x = 0 und danach linksgekrümmt. Er ist symmetrisch zum Ursprung.

Übung 1 Graph skizzieren
Skizzieren Sie die Graphen von $f(x) = \frac{1}{4}x^4$ und $g(x) = \frac{1}{8}x^5$ für $-2 \leq x \leq 2$.
Vergleichen Sie die Graphen mit den beiden Graphen aus dem obigen Beispiel.
Welche Gemeinsamkeiten bestehen?
Welche Unterschiede gibt es?

Übung 2 Gemeinsamkeiten
Gegeben sind die Funktionen $f(x) = x^2$, $g(x) = x^3$, $h(x) = x^4$ und $k(x) = x^5$.
a) Welche Gemeinsamkeiten haben f und h?
b) Welche Gemeinsamkeiten haben g und k?
c) Wie verhalten sich die Graphen für stark positive Werte von x ($x \to \infty$) bzw. stark negative Werte von x ($x \to -\infty$)?

Übung 3 Punktprobe
Untersuchen Sie, wie man den Exponenten n wählen muss, wenn die Funktion $f(x) = \frac{1}{8} \cdot x^n$ durch den Punkt $P(-2|-4)$ geht.

Übung 4 $f(x) = a \cdot x^n$ mit $a < 0$
Zeichnen Sie die Graphen von $f(x) = -\frac{1}{2}x^2$ und $g(x) = -\frac{1}{4}x^3$ für $-2 \leq x \leq 2$.

Kennt man zwei Punkte einer Potenzfunktion, so kann man ihre Gleichung bestimmen.

Beispiel: Gleichung einer Potenzfunktion aufstellen

Die Potenzfunktion $f(x) = a \cdot x^n$ geht durch die Punkte $P(2|4)$ und $Q(4|32)$.
Bestimmen Sie die Parameter a und n.

Lösung:

Wir setzen die Koordinaten von P und Q in die Ansatzgleichung $f(x) = a \cdot x^n$ ein.

Wir erhalten zwei Gleichungen $a \cdot 2^n = 4$ und $a \cdot 4^n = 32$, die wir beide nach a auflösen.

Die Terme für a müssen gleich sein. Durch Gleichsetzen und Umformen erhalten wir $2^n = 8$, woraus wir $n = 3$ schließen.

Durch Rückeinsetzen von $n = 3$ erhalten wir $a = \frac{1}{2}$. Also gilt $f(x) = \frac{1}{2}x^3$.

Bestimmung von n und von a

$P(2|4)$: $\Rightarrow f(2) = 4 \Rightarrow$ I: $a \cdot 2^n = 4$

$Q(4|32) \Rightarrow f(4) = 32 \Rightarrow$ II: $a \cdot 4^n = 32$

Aus I: $a = \frac{4}{2^n}$ Aus II: $a = \frac{32}{4^n}$

$\Rightarrow \frac{4}{2^n} = \frac{32}{4^n} \Rightarrow \frac{4^n}{2^n} = \frac{32}{4}$

$\Rightarrow 2^n = 8 \Rightarrow n = 3$

In I: $a \cdot 2^3 = 4 \Rightarrow 8a = 4 \Rightarrow a = \frac{1}{2}$

$\Rightarrow$ Resultat: $f(x) = \frac{1}{2}x^3$

Übung 5 Gleichung einer Potenzfunktion durch zwei Punkte

Bestimmen Sie die Gleichung der Potenzfunktion $f(x) = a \cdot x^n$, welche durch P und Q verläuft.

a) $P(2|2)$, $Q\left(-1\middle|-\frac{1}{4}\right)$ b) $P\left(1\middle|\frac{1}{2}\right)$, $Q(2|32)$ c) $P\left(1\middle|\frac{1}{5}\right)$, $Q\left(-1\middle|-\frac{1}{5}\right)$ d) $P(2|16)$, $Q(3|81)$

Übung 6 Koordinaten ergänzen

Der Punkt P liegt auf dem Graphen von f. Bestimmen Sie die fehlende Koordinate.

a) $f(x) = \frac{1}{2}x^3$, $P(3|y)$ b) $f(x) = \frac{1}{2}x^3$, $P(x|13{,}5)$ c) $f(x) = \frac{1}{5}x^2$, $P(4|y)$

d) $f(x) = \frac{1}{4}x^3$, $P(x|16)$ e) $f(x) = \frac{1}{3}x^4$, $P(3|y)$ f) $f(x) = -\frac{1}{4}x^2$, $P(x|-4)$

Übung 7 Graph einer Potenzfunktion

Skizzieren Sie den Graphen von f im angegebenen Intervall.

a) $f(x) = \frac{1}{3}x^2$, $-3 \le x \le 3$ b) $f(x) = -2x^2$, $-2 \le x \le 4$ c) $f(x) = \frac{1}{8}x^4$, $-2 \le x \le 4$

d) $f(x) = x^6$, $-2 \le x \le 2$ e) $f(x) = -x^5$, $-2 \le x \le 2$ f) $f(x) = -x^3$, $-2 \le x \le 2$

Übung 8 Zuordnen

Entscheiden Sie, welche Funktionsgleichung zu welchem Graph gehört.

I $f(x) = \frac{1}{4}x^2$

II $f(x) = \frac{1}{8}x^3$

III $f(x) = x^6$

IV $f(x) = x^5$

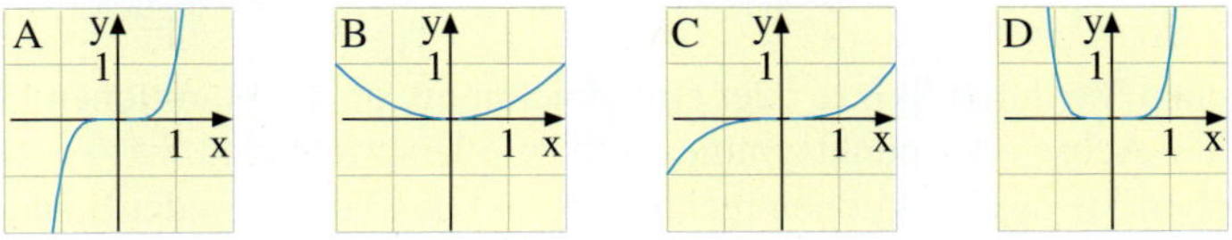

B. Symmetrie von Funktionen

Eine wichtige Rolle bei der Beschreibung der Potenzfunktionen $f(x) = x^n$ ($n \in \mathbb{N}$) spielt das ***Symmetrieverhalten***. Diese Eigenschaft kann man am Graphen gut ablesen, aber man benötigt natürlich auch exakte und allgemeine Nachweismethoden. Die folgenden beiden Kriterien gelten für beliebige Funktionen. Sie betreffen die sog. Standardsymmetrien zum Ursprung des Koordinatensystems und zur y-Achse.

Definition II.3: Achsensymmetrie
Eine Funktion f heißt achsensymmetrisch zur y-Achse, wenn für alle $x \in D$ gilt: $\mathbf{f(-x) = f(x)}$.

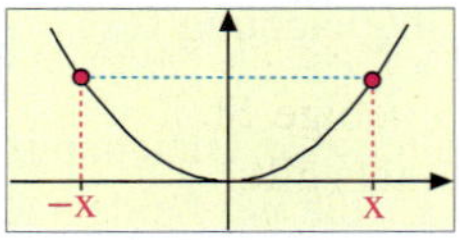

Definition II.4: Punktsymmetrie
Eine Funktion f heißt punktymmetrisch zum Ursprung, wenn für alle $x \in D$ gilt: $\mathbf{f(-x) = -f(x)}$.

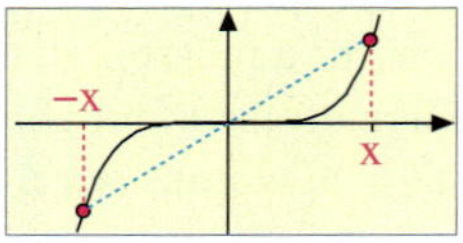

Beispiel: Rechnerische Symmetrieuntersuchung
Untersuchen Sie $f(x) = x^2$, $g(x) = x^3$ und $h(x) = \frac{1}{2}x^3 + \frac{3}{2}x^2$ auf Achsensymmetrie zur y-Achse bzw. auf Punktsymmetrie zum Ursprung. Führen Sie den exakten Nachweis.

Lösung:
Die Parabel $f(x) = x^2$ ist achsensymmetrisch zur y-Achse, denn es gilt nach nebenstehender Rechnung $f(-x) = f(x)$.

$g(x) = x^3$ ist punktsymmetrisch zum Ursprung, denn es gilt $g(-x) = -g(x)$.

$h(x) = \frac{1}{2}x^3 + \frac{3}{2}x^2$ weist keine der beiden Standardsymmetrien auf, da weder $h(-x) = h(x)$ noch $h(-x) = -h(x)$ generell gilt.

Dennoch ist die Funktion h zu einem Punkt P punktsymmetrisch, was wir am Graphen sehen können. Es ist der Punkt $P(-1|1)$.

Symmetrie von $f(x) = x^2$:
$f(-x) = (-x)^2 = x^2 = f(x)$

Symmetrie von $g(x) = x^3$:
$g(-x) = (-x)^3 = -x^3 = -g(x)$

Symmetrie von $h(x) = \frac{1}{2}x^3 + \frac{3}{2}x^2$:
$h(-x) = \frac{1}{2}(-x)^3 + \frac{3}{2}(-x)^2 = -\frac{1}{2}x^3 + \frac{3}{2}x^2$
$h(x) = \frac{1}{2}x^3 + \frac{3}{2}x^2$
$-h(x) = -\frac{1}{2}x^3 - \frac{3}{2}x^2$
$\Rightarrow$ keine Übereinstimmung

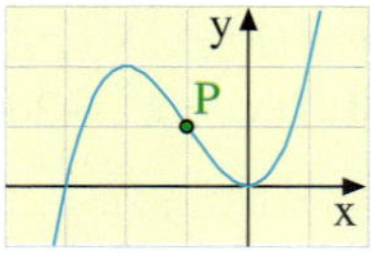

Übung 9

a) Untersuchen Sie durch Skizze oder eine Zeichnung, ob die Funktionen I–VIII achsensymmetrisch zur y-Achse oder punktsymmetrisch zum Ursprung sind.
b) Untersuchen Sie die Funktionen rechnerisch auf das Vorliegen der Standardsymmetrien.

I $f(x) = x$	II $f(x) = x^4$	III $f(x) = x^5$	IV $f(x) = x^6$
V $f(x) = 3x^2$	VI $f(x) = x + x^3$	VII $f(x) = x^2 + x^4$	VIII $f(x) = x + x^4$

c) Finden Sie durch Skizzieren des Graphen heraus, zu welchem Punkt bzw. zu welcher Achse $f(x) = x^3 - 3x^2$ bzw. $g(x) = x^2 - 4x$ symmetrisch sind.

C. Das Steigungsverhalten von Funktionen

Das Steigungsverhalten ist ebenfalls eine charakteristische Eigenschaft von Funktionen. In der Mathematik bezeichnet man das Steigungsverhalten als ***Monotonieverhalten*** und spricht von monotonem Steigen und Fallen. Wir werden dies erst in Kapitel III intensiver benötigen.

Definition II.5: Monotones Steigen

Eine Funktion heißt monoton steigend auf dem Intervall $I = [a; b]$, wenn für je zwei beliebige Stellen x_1, x_2 aus I mit $x_1 < x_2$ stets gilt:

$$f(x_1) \leq f(x_2).$$

Sie heißt streng monoton steigend, wenn sogar $f(x_1) < f(x_2)$ gilt.

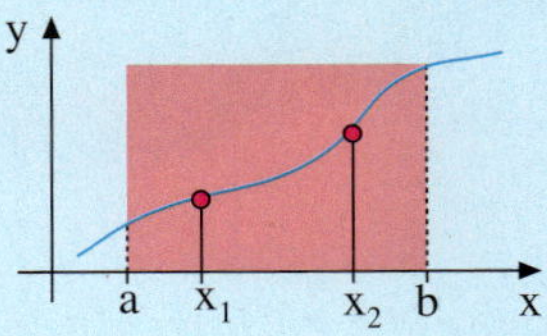

Definition II.6: Monotones Fallen

Eine Funktion heißt monoton fallend auf dem Intervall $I = [a; b]$, wenn für je zwei beliebige Stellen x_1, x_2 aus I mit $x_1 < x_2$ stets gilt:

$$f(x_1) \geq f(x_2).$$

Sie heißt streng monoton fallend, wenn sogar $f(x_1) > f(x_2)$ gilt.

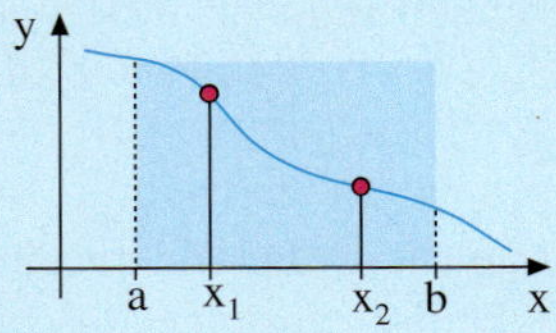

Steigungsverhalten der Potenzfunktionen

Die Potenzfunktionen $f(x) = x^n$ ($n \in \mathbb{N}$) sind für ungerades n streng monoton steigend. Für gerades n sind sie dagegen streng monoton fallend für $x \leq 0$ und streng monoton steigend für $x \geq 0$.

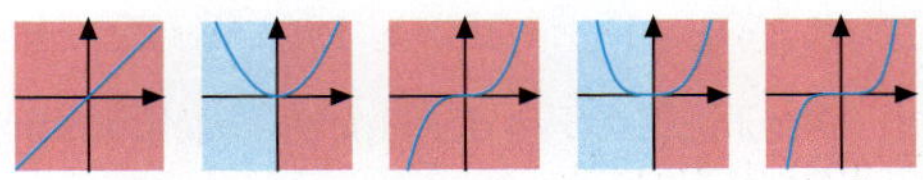

Beispiel: Steigen und Fallen

Gegeben sind die Funktionen $f(x) = \frac{1}{2}x^2 + 1$ und $g(x) = -x^3$ aufgrund einer Zeichnung des Graphen. Bestimmen Sie die Bereiche des Steigens und Fallens.

Lösung:

$f(x) = \frac{1}{2}x^2 + 1$ hat zwei Monotoniebereiche. f fällt für $x \leq 0$ und steigt für $x \geq 0$. Bei $x = 0$ liegt ein Tiefpunkt T, der die beiden Bereiche trennt.

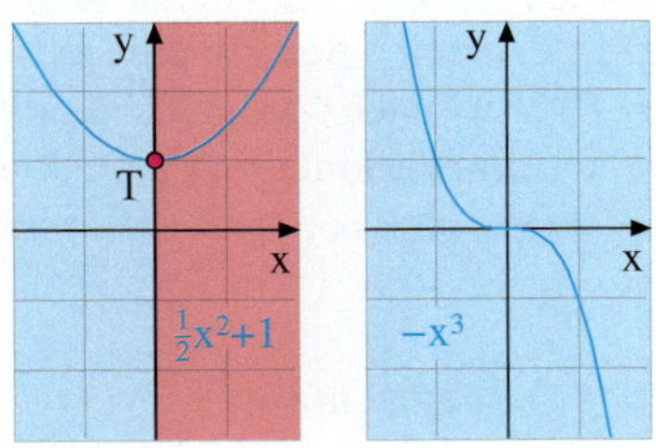

$g(x) = -x^3$ verläuft durchgehend fallend.

Übung 10 Steigungsverhalten

Untersuchen Sie f auf Steigen und Fallen.

a) $f(x) = x^5$
b) $f(x) = x^2 - 4x$
c) $f(x) = 1 - x^3$
d) $f(x) = x^3 - 4x$
e) $f(x) = 1$
f) $f(x) = \frac{1}{x}$
g)

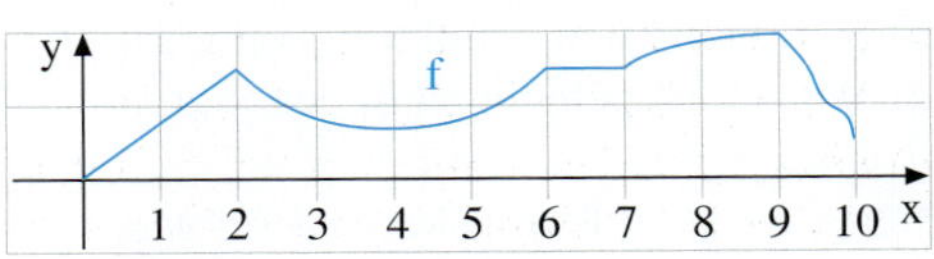

D. Exkurs: Anwendungen

Potenzfunktionen haben zahlreiche Anwendungen, z. B. in technischen Zusammenhängen.

Beispiel: Höchstgeschwindigkeit eines Autos

Die Geschwindigkeit eines Autos hängt von der Motorleistung und vom Luftwiderstand ab, der mit zunehmender Geschwindigkeit steigt und dazu führt, dass das Fahrzeug dann nicht weiter beschleunigt. Die Formel $P(v) = 10^{-5} \cdot v^3$ gibt an, welche Leistung P in kW ein normales Auto aufbringen muss, um die Höchstgeschwindigkeit v (in km/h) zu erreichen.

a) Zeichnen Sie P für $0 \leq v \leq 400$ km/h.
b) Wie viel kW bzw. PS benötigt man für 250 km/h?
c) Vergleichen Sie: Ein VW-Käfer (1959) mit 30 PS schaffte eine Spitze von ca. 115 km/h.
d) Wie schnell kann ein 100 PS starkes Auto fahren?

1 kW = 1,36 PS

Lösung:

a) Der Graph zeigt den mit zunehmender Geschwindigkeit kubisch ansteigenden Leistungsbedarf.

Leistung und Höchstgeschwindigkeit:

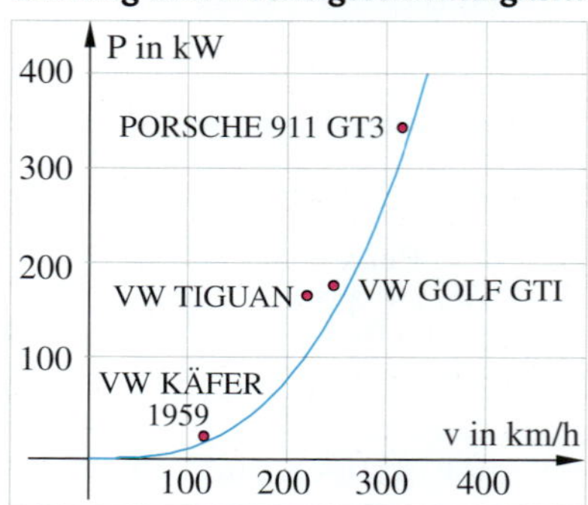

b) Aus der Zeichnung lässt sich die Frage nur ungenau beantworten, also vielleicht ca. 150 kW.
Durch Einsetzen in die Formel erhält man:
$P(250) = 10^{-5} \cdot 250^3 \approx 156\,\text{kW} \approx 212\,\text{PS}$

c) Durch Einsetzen der Höchstgeschwindigkeit in die Formel erhält man:
$P(115) = 10^{-5} \cdot 115^3 \approx 15{,}21\,\text{kW} \approx 20{,}68\,\text{PS}$
Damals waren Motoren und Windschnittigkeit noch nicht optimal, weshalb man für 115 km/h mehr Leistung brauchte, als die Formel ansagt.

d) 100 PS entsprechen ca. 74 kW. Der Zeichnung entnehmen wir, dass man damit unter 200 km/h liegt. Zum exakten Berechnen muss die Formel $P = 10^{-5} \cdot v^3$ nach v aufgelöst werden. Wir erhalten so die „Umkehrfunktion" $v(P) = \sqrt[3]{10^5 \cdot P}$.
Einsetzen von P = 74 kW liefert ca. 195 km/h.*

Auflösen der Formel nach v:

$P = 10^{-5} \cdot v^3 \quad | \cdot 10^5$

$10^5 \cdot P = v^3 \quad | \sqrt[3]{}$

$\sqrt[3]{10^5 \cdot P} = v$

$v(P) = \sqrt[3]{10^5 \cdot P}$

Übung 11 Schlittenfahrt

Ein Schlitten erreicht bei der Abfahrt von einem Hügel der Höhe h die Geschwindigkeit $v(h) = \sqrt{20h}$, wenn man von Reibungsverlusten absieht (h in m, v in m/s).

a) Welche Geschwindigkeit erreicht man bei der Abfahrt von einem 20 m hohen Hügel?
b) Stellen Sie h als Funktion von v dar und zeichnen Sie den Graphen von h.
c) Welche Hügelhöhe wird benötigt, um auf 100 km/h Geschwindigkeit zu kommen?

* Zum Vergleich: Tragen Sie Daten von aktuellen Autos in die Graphik als Punkte ein.

E. Potenzfunktionen der Form $f(x) = \frac{a}{x^n} = a \cdot x^{-n}$ $(n \in \mathbb{N})$

In manchen Anwendungen der Mathematik kommen Potenzfunktionen mit negativen Exponenten vor, d. h. Funktionen der Form $f(x) = a \cdot x^{-n}$ bzw. $f(x) = \frac{a}{x^n}$ $(n \in \mathbb{N})$.

Beispiel: Potenzfunktionen mit negativen Exponenten
Zeichnen Sie mittels Wertetabelle die Graphen von $f(x) = \frac{1}{x^2}$ und $g(x) = \frac{1}{x^3}$ $(-4 \le x \le 4)$.
Beschreiben Sie den Verlauf des Graphen von f.

Lösung:

Graph von $f(x) = \frac{1}{x^2}$:

x	−4	−2	−1	0	1	2	4
y	0,06	0,25	1		1	0,25	0,06

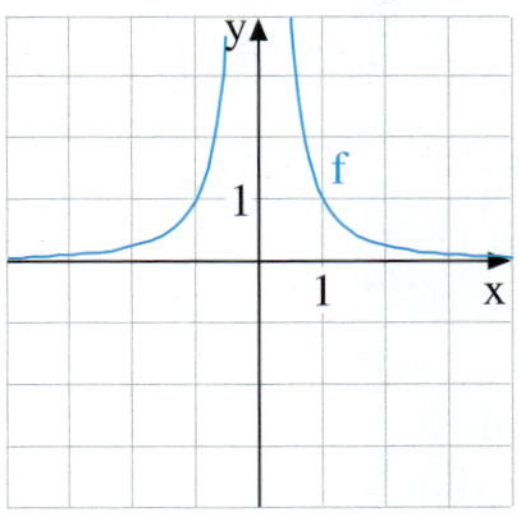

Der Graph von f steigt für $x < 0$ linksgekrümmt. Bei $x = 0$ ist f nicht definiert. Anschließend fällt der Graph linksgekrümmt.
Für $x \to \pm\infty$ und für $x \to 0$ schmiegt er sich an die Koordinatenachsen an.

Graph von $g(x) = \frac{1}{x^3}$:

x	−4	−2	−1	0	1	2	4
y	−0,02	−0,13	−1		1	0,13	0,02

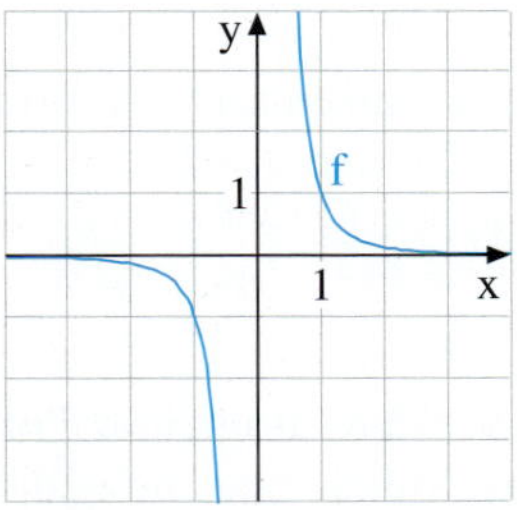

Der Graph von g fällt für $x < 0$ rechtsgekrümmt. Bei $x = 0$ ist g nicht definiert. Anschließend fällt der Graph linksgekrümmt.
Für $x \to \pm\infty$ und für $x \to 0$ schmiegt er sich an die Koordinatenachsen an.

Übung 12 Graphen
Skizzieren Sie den Graphen von f mit Hilfe einer Wertetabelle.

a) $f(x) = -\frac{1}{x^2}$, $-4 \le x \le 4$

b) $f(x) = \frac{2}{x}$, $-4 \le x \le 4$

c) $f(x) = -0{,}5 \cdot \frac{1}{x}$, $-4 \le x \le 4$

d) $f(x) = -4 \cdot x^{-3}$, $-4 \le x \le 4$

Übung 13 Funktionsgleichung
Die Funktion $f(x) = \frac{a}{x^n}$ geht durch die Punkte P und Q. Bestimmen Sie a und n.

a) $P\left(\frac{1}{2}\middle|16\right)$, $Q\left(2\middle|\frac{1}{4}\right)$

b) $P(1|-1)$; $Q\left(-2\middle|\frac{1}{2}\right)$

c) $P(1|4)$; $Q\left(2\middle|\frac{1}{8}\right)$

d) $P\left(\frac{1}{2}\middle|2\right)$, $Q\left(2\middle|\frac{1}{8}\right)$

Übung 14 Gemeinsame Eigenschaften
Nennen Sie die gemeinsamen Eigenschaften der Funktionen f, g und k.

a) $f(x) = \frac{1}{x^2}$, $g(x) = \frac{1}{x^4}$, $k(x) = \frac{1}{x^6}$

b) $f(x) = \frac{1}{x}$, $g(x) = \frac{1}{x^3}$, $k(x) = \frac{1}{x^5}$

Kennt man zwei Punkte P und Q der Potenzfunktion $f(x) = \frac{a}{x^n}$, so kann man die Parameter a und n bestimmen.

Beispiel: Gleichung einer Potenzfunktion aufstellen
Die Potenzfunktion $f(x) = \frac{a}{x^n}$ geht durch die Punkte $P(0{,}5\,|\,2)$ und $Q\left(2\,\middle|\,\frac{1}{8}\right)$.
Bestimmen Sie die Parameter a und n.

Lösung:
Wir setzen die Koordinaten von P und Q in die Ansatzgleichung $f(x) = \frac{a}{x^n}$ ein.

Wir erhalten zwei Gleichungen $\frac{a}{0{,}5^n} = 2$ und $\frac{a}{2^n} = \frac{1}{8}$, die wir beide nach a auflösen.

Durch Gleichsetzen und Umformen erhalten wir a = 0,5 und n = 2.

Resultat: $f(x) = \frac{0{,}5}{x^2}$

Bestimmung von n und von a

$f(x) = \frac{a}{x^n}$ (Ansatz)

$P(0{,}5\,|\,2)$: $f(0{,}5) = 2 \Rightarrow$ I: $\frac{a}{0{,}5^n} = 2$

$Q\left(2\,\middle|\,\frac{1}{8}\right)$: $f(2) = \frac{1}{8} \Rightarrow$ II: $\frac{a}{2^n} = \frac{1}{8}$

Aus I: $a = 2 \cdot 0{,}5^n$ Aus II: $a = \frac{1}{8} \cdot 0{,}5^n$

$\Rightarrow 2 \cdot 0{,}5^n = \frac{1}{8} \cdot 2^n$

$\Rightarrow \frac{2^n}{0{,}5^n} = 16 \Rightarrow 4^n = 16 \Rightarrow n = 2$

In I: $\frac{a}{0{,}5^2} = 2 \Rightarrow a = 2 \cdot 0{,}5^2 \Rightarrow a = 0{,}5$

$\Rightarrow f(x) = \frac{0{,}5}{x^2}$

Übung 15 Gleichung einer Potenzfunktion durch zwei Punkte
Bestimmen Sie die Gleichung der Potenzfunktion $f(x) = \frac{a}{x^n}$, die durch die Punkte P und Q geht.

a) $P(-2\,|\,-0{,}5)$, $Q\left(\frac{1}{2}\,\middle|\,32\right)$
b) $P\left(\frac{1}{2}\,\middle|\,-16\right)$, $Q(1\,|\,-1)$
c) $P\left(\frac{1}{2}\,\middle|\,1\right)$, $Q\left(2\,\middle|\,\frac{1}{16}\right)$

Die folgenden Übungen beziehen sich auf die Eigenschaften von Potenzfunktionen.

Übung 16 Koordinaten ergänzen
Der Punkt P liegt auf dem Graphen von f. Bestimmen Sie die fehlende Koordinate.

a) $f(x) = \frac{-1}{x^2}$, $P(x\,|\,-4)$
b) $f(x) = \frac{10}{x^3}$, $P(5\,|\,y)$
c) $f(x) = \frac{0{,}1}{x^4}$, $P(x\,|\,8{,}1)$
d) $f(x) = \frac{-2}{x^3}$, $P(4\,|\,y)$
e) $f(x) = \frac{16}{x^2}$, $P\left(x\,\middle|\,\frac{4}{9}\right)$
f) $f(x) = \frac{9}{x^3}$, $P(-3\,|\,y)$

Übung 17 Graph einer Potenzfunktion
Skizzieren Sie den Graphen von f im angegebenen Intervall.

a) $f(x) = \frac{-8}{x^3}$, $-4 \le x \le 4$
b) $f(x) = \frac{4}{x^2}$, $-4 \le x \le 4$
c) $f(x) = \frac{-3}{x}$, $-4 \le x \le 4$
d) $f(x) = \frac{2}{x^4}$, $-2 \le x \le 2$
e) $f(x) = \frac{-0{,}1}{x^3}$, $-2 \le x \le 2$
f) $f(x) = \frac{5}{x^3}$, $-2 \le x \le 2$

Übung 18 Zuordnen
Entscheiden Sie, welche Funktionsgleichung zu welchem Graphen gehört.

I $f(x) = \frac{-1}{x^2}$
II $f(x) = \frac{2}{x^3}$
III $f(x) = \frac{-4}{x}$
IV $f(x) = \frac{8}{x^4}$

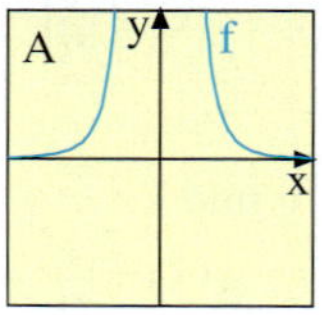

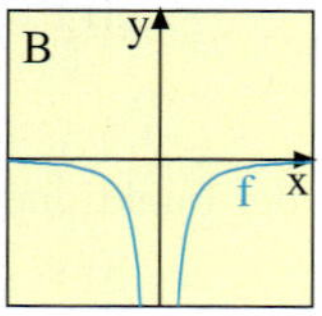

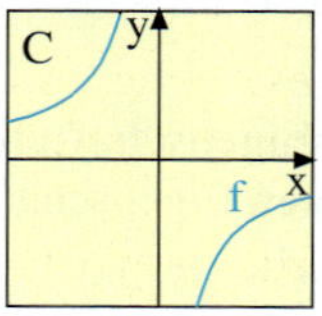

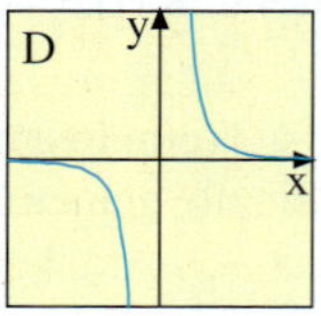

Übungen

19. Milchkühe

Ein Bauer besitzt 60 ha (Hektar) Land, auf dem er Milchkühe züchten möchte.

Die Funktion $A(x) = \frac{60}{x}$ (x: Zahl der Kühe) gibt an, wie viel Hektar Weideland pro Kuh zur Verfügung stehen.

a) Zeichnen Sie den Graphen von A.

b) Wie viel Weideland pro Kuh ergibt sich bei 20 Kühen?

c) Die biologische Nutzung des Landes ist nur gewährleistet, wenn man mit einem Bedarf von 1,5–2,5 ha pro Kuh rechnet. Wie viele Kühe kann der Bauer halten?

20. Vulkane

Das Profil des rechten Hangs eines Vulkankegels kann grob durch die Funktion $f(x) = \frac{25}{x^2}$ beschrieben werden. $(2 \le x \le 6,\ 1\,\text{LE} = 100\,\text{m})$

a) Der Krater ist 400 m breit. Wie hoch ist der Vulkanberg?

b) In welcher Höhe hat der Vulkanberg einen Durchmesser von 1 km?

c) Ein weiterer Vulkan hat das Profil $g(x) = \frac{100}{x^3}$ $(3 \le x \le 9)$. Der Kraterdurchmesser ist 600 m. Welcher Vulkan ist höher? In welcher Höhe haben beide Vulkane den gleichen Durchmesser?

d) Zeichnen Sie beide Berge im Schnitt.

21. Känguru

Die Känguruherde auf Mr. Johns Tierfarm wird durch $K(t) = \frac{2000t}{t+1}$ beschrieben.

t: Zeit in Monaten; K(t): Zahl der Kängurus

a) Zeichnung des Graphen K $(0 \le t \le 12)$.

b) Zeigen Sie: $K(t) = -\frac{2000}{t+1} + 2000$

c) Wie viele Kängurus gab es Anfang Mai?

d) Wann werden es 1800 Kängurus sein?

e) Welche Zahl von Kängurus kann auch langfristig nicht überschritten werden?

F. Zusammenfasung der Eigenschaften von Potenzfunktionen

Eigenschaften von $f(x) = x^n$

n gerade

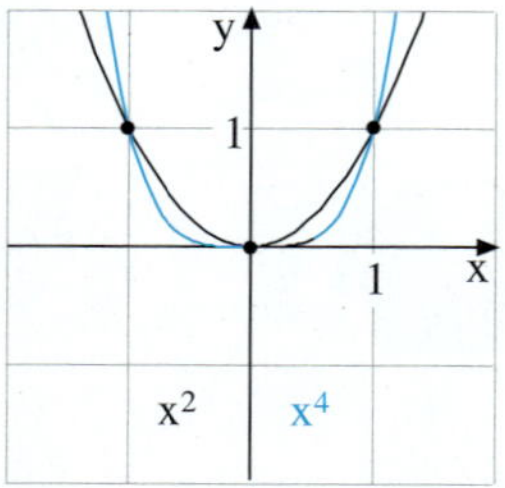

1. f verläuft im 1. und 2. Quadranten.
2. f ist achsensymmetrisch zur y-Achse.
3. f fällt für $x < 0$ und steigt für $x > 0$.
4. f ist linksgekrümmt.
5. $P(-1|1)$, $Q(0|0)$ und $R(1|1)$ liegen auf f.
6. f strebt gegen $+\infty$ für $x \to \pm\infty$.

n ungerade

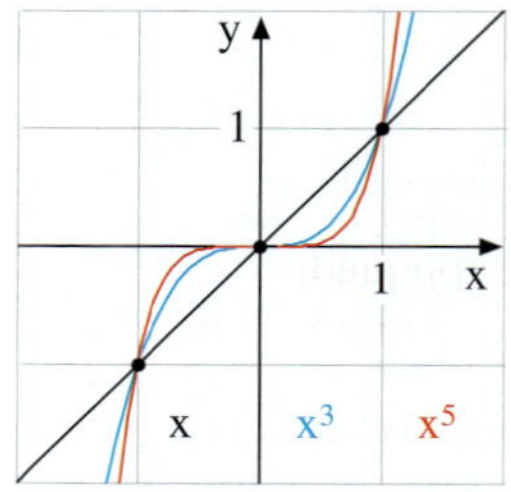

1. f verläuft im 1. und 3. Quadranten.
2. f ist punktsymmetrisch zum Ursprung.
3. f ist steigend.
4. f ist rechtsgekrümmt für $x < 0$ und linksgekrümmt für $x > 0$ $(n > 1)$.
5. $P(-1|-1)$, $Q(0|0)$ und $R(1|1)$ liegen auf f.
6. f strebt gegen $+\infty$ für $x \to +\infty$ und gegen $-\infty$ für $x \to -\infty$.

Eigenschaften von $f(x) = x^{-n}$

n gerade

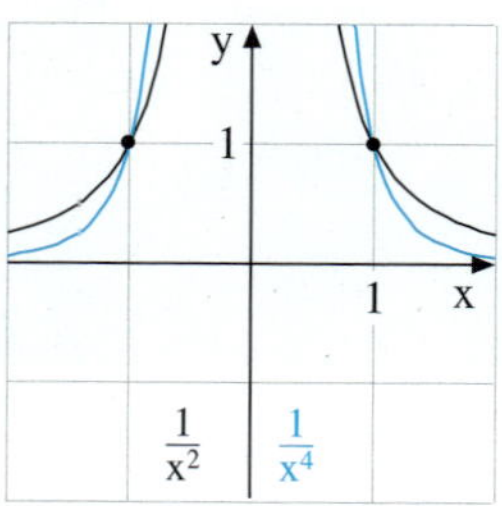

1. f verläuft im 1. und 2. Quadranten.
2. f ist achsensymmetrisch zur y-Achse.
3. f steigt für $x < 0$ und fällt für $x > 0$.
4. f ist linksgekrümmt für $x < 0$ und $x > 0$.
5. $P(-1|1)$, $Q(1|1)$ liegen auf f.
6. f strebt gegen 0 für $x \to \pm\infty$.
7. f ist für $x = 0$ nicht definiert.

n ungerade

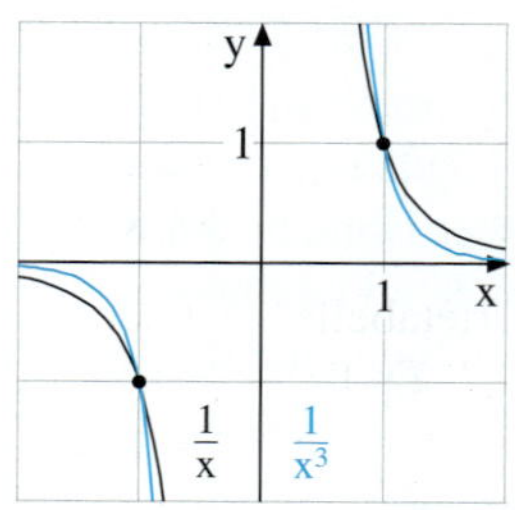

1. f verläuft im 1. und 3. Quadranten.
2. f ist punktsymmetrisch zum Ursprung.
3. f ist fallend für $x < 0$ und für $x > 0$.
4. f ist rechtsgekrümmt für $x < 0$ und linksgekrümmt für $x > 0$.
5. $P(-1|-1)$ und $Q(1|1)$ liegen auf f.
6. f strebt gegen 0 für $x \to \pm\infty$.
7. f ist für $x = 0$ nicht definiert.

3. Ganzrationale Funktionen

A. Einstiegsbeispiel

Im Folgenden untersuchen wir Polynomfunktionen, die sich aus Potenzfunktionen zusammensetzen lassen. Mit diesen Funktionen lassen sich viele Anwendungsprozesse beschreiben.

Beispiel: Kuschelkasten

Anja möchte aus einem 30 cm × 30 cm großen Pappquadrat durch Abschneiden von vier quadratischen Eckstücken und Hochbiegen der Seiten einen Kuschelkasten für ihr Zwergkaninchen bauen.
Welche Seitenlänge x müssen die abgeschnittenen Eckquadrate haben, wenn das Volumen des Kastens maximal sein soll?

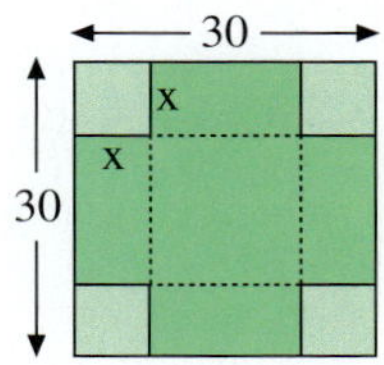

Lösung:
Man kann das Problem durch den Bau einiger Kästen aus Pappe veranschaulichen, z. B. für x = 2, x = 6 und x = 10, deren Inhalt man durch Befüllen direkt vergleicht.

Bastellösung:

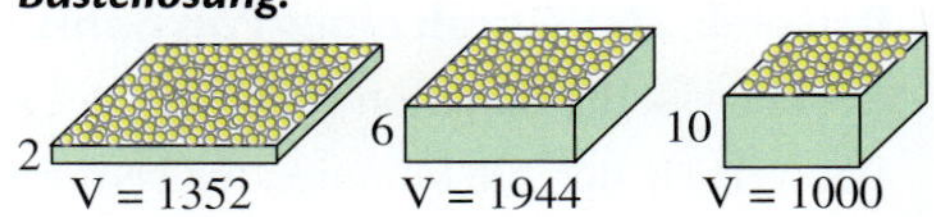

Eine systematische Lösung wird möglich, wenn man das Volumen V des Kastens als Funktion der Größe x darstellt.
Die Höhe des Kastens sei also x. Seine Länge ist dann $30 - 2x$ und die Breite ist ebenfalls $30 - 2x$, wobei $0 \leq x \leq 15$ gilt.
Dann lautet die Funktion für das Volumen:
$V(x) = (30 - 2x) \cdot (30 - 2x) \cdot x$ bzw.
$V(x) = 4x^3 - 120x^2 + 900x$

Mittels Wertetabelle zeichnen wir den Graphen von V. Er lässt vermuten, dass das Maximum von V bei x = 5 liegt und den Wert V(5) = 2000 hat, was richtig ist.
Anja sollte also Eckquadrate der Größe 5 cm × 5 cm abschneiden.

Wertetabelle und Graph:

x	0	2	4	6	8
V	0	1352	1936	1944	1568

x	10	12	14	15
V	1000	432	56	0

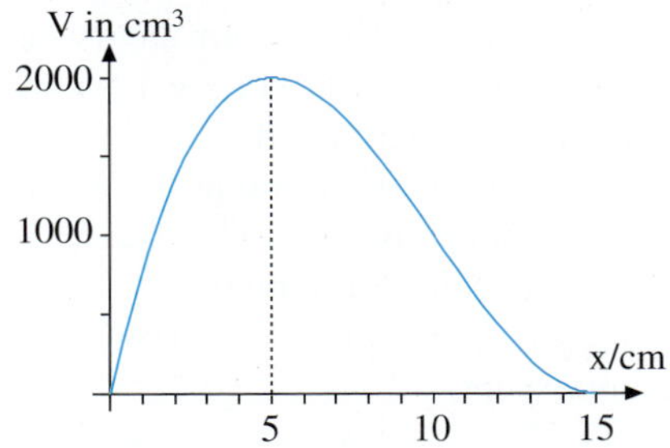

Übung 1 Achterbahn

Wo liegt der höchste Bahnpunkt einer Achterbahn mit der Profilkurve f?

$f(x) = -\frac{1}{8}x^4 - \frac{1}{3}x^3 + \frac{1}{4}x^2 + x + 2$

$(1\,\text{LE} = 10\,\text{m}, -3 \leq x \leq 2)$

Lösen Sie das Problem mit Hilfe einer Wertetabelle und des Graphen.

B. Der Begriff der ganzrationalen Funktion

Die ganzrationalen Funktionen ergeben sich durch Vervielfachung und Addition von Potenzfunktionen. Sie werden auch als Polynome bezeichnet.

Definition II.7
Eine Funktion mit der Gleichung
$\mathbf{f(x) = a_n x^n + a_{n-1} x^{n-1} + \ldots a_1 x + a_0}$
heißt ***ganzrationale Funktion*** oder ***Polynom*** vom Grad n.
Die reellen Zahlen a_i heißen Koeffizienten von f. Es gilt $a_n \neq 0$.
a_0 heißt absolutes Glied.

Beispiele:

$f(x) = x^3 + 2x: n = 3; a_3 = 1, a_2 = 0, a_1 = 2, a_0 = 0$

$f(x) = 2x^2 + 4: n = 2; a_2 = 2, a_1 = 0, a_0 = 4$

$f(x) = -3 \quad : n = 0; a_0 = -3$

Ganzrationale Funktionen verhalten sich in der Regel wesentlich komplexer als Potenzfunktionen. Im Folgenden werden sie mit unterschiedlichen Methoden untersucht, wobei die graphische Darstellung zunächst im Vordergrund steht.

Beispiel: Der Graph eines Polynoms
Gegeben ist die Funktion $f(x) = \frac{1}{3}x^3 + \frac{1}{2}x^2 - 2x$. Zeichnen Sie den Graphen für $-4 \leq x \leq 3$.
Wie verhält sich die Funktion für betragsgroße Werte von x, d. h. für $x \to \infty$ und $x \to -\infty$?*

Lösung: Wir zeichnen den Graphen mit Hilfe einer Wertetabelle oder gleich automatisiert mit dem TR/Computer.

x	−4	−3	−2	−1	0	1	2	3
y	−5,3	1,5	3,3	2,2	0	−1,2	0,7	7,5

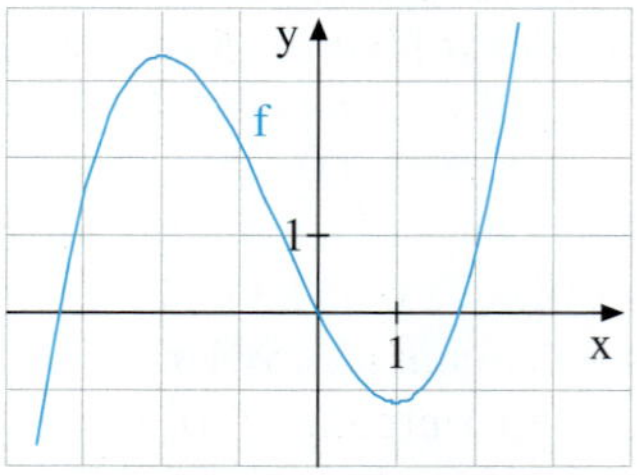

Der Graph steigt zunächst an. Er erreicht eine Nullstelle bei $x = -3{,}3$ und dann einen Hochpunkt bei $H(-2|3{,}3)$. Nun fällt er unter Durchlaufen einer Nullstelle bei $x = 0$ bis zum Tiefpunkt $T(1|-1{,}2)$, um dann weiter anzusteigen, wobei er bei $x = 1{,}8$ eine weitere Nullstelle durchläuft.
Er ist zunächst rechtsgekrümmt bis zu einem sog. Wendepunkt $W(-0{,}5|1)$, danach verläuft er mit Linkskrümmung.
Alle diese Eigenschaften werden später genauer untersucht.
Für große Werte von x, für $x \to \infty$*, wie man sagt, steigt er ins Unendliche, er strebt gegen ∞. Für kleine Werte von x, für $x \to -\infty$, strebt er gegen $-\infty$.

x	1	2	3	5	10	$\to \infty$
y	−1,2	0,7	7,5	44	363	$\to \infty$

x	−1	−2	−3	−5	−10	$\to \infty$
y	2,2	3,3	1,5	−19	−263	$\to -\infty$

Übung 2 Graphen von Polynomen
Zeichnen Sie den Graphen von f. Beschreiben Sie anschließend seine Eigenschaften.
a) $f(x) = x^2 + 2x - 2$ b) $f(x) = x^3 - 3x$ c) $f(x) = 2x^2 - x^4$ d) $f(x) = x^3 + 3x^2$

* $x \to \infty$: *Gelesen:* „x strebt gegen Unendlich". *Gemeint:* Die Werte für x werden unbegrenzt größer.

C. Hoch- und Tiefpunkte ganzrationaler Funktionen

Die Graphen ganzrationaler Funktionen zeigen je nach Komplexität des Funktionsterms oft abenteuerliche Schwankungen mit Hoch- und Tiefpunkten.
Im späteren Kursverlauf können wir Letztere mit neuen Methoden exakt berechnen. Zum jetztigen Stand können wie sie nur angenähert aus Zeichnungen bestimmen.

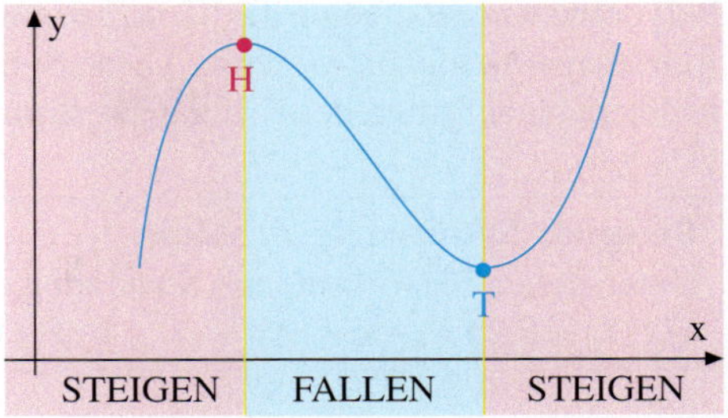

Beispiel: Hochpunkt
Bestimmen Sie den lokalen Hochpunkt von $f(x) = -\frac{1}{3}x^3 + 1{,}05\,x^2$ angenähert durch Zeichnen des Graphen.

Lösung:
Wir fertigen eine Wertetabelle an und zeichnen den Graphen von f, aus der wir die Lage des lokalen Hochpunktes ablesen. Er scheint ca. bei H(2|1,5) zu liegen.

Wertetabelle:

x	−3	−2	−1	0	1	2	3	4
y	18,5	6,9	1,4	0	0,7	1,5	0,5	−4,5

Durch Verfeinern der Wertetabelle in der Nähe des Hochpunktes oder durch Zeichnen des Graphen mit einem Rechner.
Auf diese Weise erhalten wir als Resultat den Hochpunkt H(2,1|1,54).

Graph:

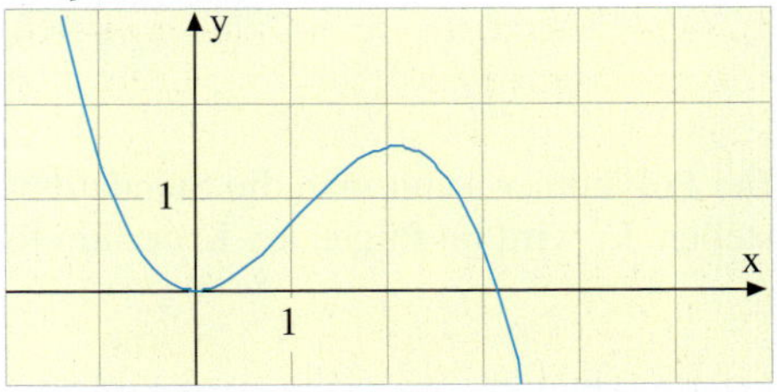

f kommt aus dem positiv Unendlichen und fällt bis zum Tiefpunkt T(0|0), steigt dann bis zum Hochpunkt H(2,1|1,54), um dann ins negativ Unendliche zu fallen.

Verfeinerte Wertetabelle:

x	1,9	2,0	2,1	2,2
y	1,50	1,53	1,54	1,53

Übung 3
Zeichnen Sie den Graphen von f, bestimmen Sie die Lage der Hoch- und Tiefpunkte angenähert und beschreiben Sie das Monotonieverhalten von f.

a) $f(x) = \frac{1}{6}x^3 - 0{,}025\,x^2 - 1{,}9\,x$ b) $f(x) = \frac{1}{4}x^4 - 2x^2 + 2$ c) $f(x) = -\frac{1}{3}x^3 - 0{,}1\,x^2 + 2{,}2\,x$

Übung 4
Zeichnen Sie den Graphen von f. Bestimmen Sie Hoch- und Tiefpunkte angenähert.

a) $f(x) = x^2 + 1{,}2\,x - 5{,}4$ b) $f(x) = x^4 - 2x^2$ c) $f(x) = \frac{1}{100}(x^5 - 5x^4)$

D. Das Symmetrieverhalten ganzrationaler Funktionen

Polynome weisen oft eine der Standardsymmetrien auf, d. h. Punktsymmetrie zum Ursprung oder Achsensymmetrie zur y-Achse. Diese Symmetrien kann man am Graphen erkennen, aber auch rechnerisch aufgrund der Kriterien bestimmen, die auf Seite 47 zusammengestellt sind.

Beispiel: Symmetrieverhalten

Untersuchen Sie, ob eine der Standardsymmetrien vorliegt.

a) $f(x) = 0{,}25\,x^4 - x^2$ b) $f(x) = x^3 - 2x$ c) $f(x) = x^2 - 2x$

Lösung zu a)

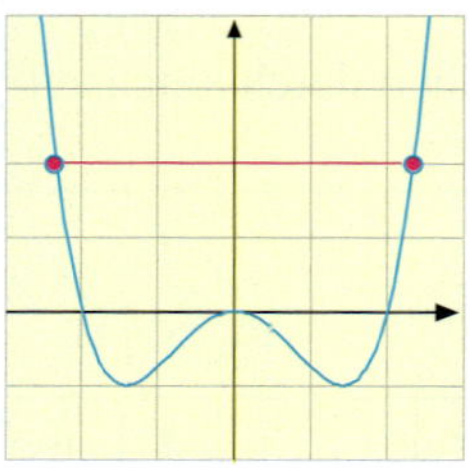

$f(-x) = 0{,}25(-x)^4 - (-x)^2$
$= 0{,}25\,x^4 - x^2$
$= f(x)$
$\Rightarrow$ *Symmetrie zur y-Achse*

Lösung zu b)

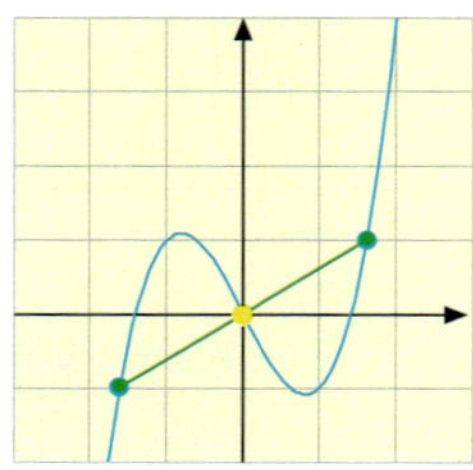

$f(-x) = (-x)^3 - 2(-x)$
$= -x^3 + 2x$
$= -f(x)$
$\Rightarrow$ *Symmetrie zum Ursprung*

Lösung zu c)

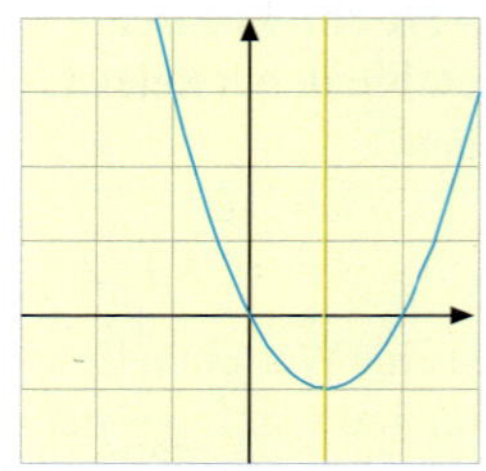

$f(-x) = (-x)^2 - 2(-x)$
$= x^2 + 2x$
$\neq f(x)$ und $\neq -f(x)$
$\Rightarrow$ keine Standardsymmetrie

Bei Polynomen kann man die Standardsymmetrien durch einen besonders einfachen Test feststellen. Er wird im folgenden Kriterium formuliert und in Beispielen demonstriert.

Symmetrietest für Polynome

Haben alle Summanden eines Polynoms gerade Exponenten, so ist es *achsensymmetrisch* zur y-Achse.
Haben alle Summanden ungerade Exponenten, so ist es *punktsymmetrisch* zum Ursprung.
Besitzt es Summanden mit geraden und mit ungeraden Exponenten, so liegt *keine der beiden Standardsymmetrien* vor.

Beispiele:

$f(x) = 0{,}25\,x^4 - x^2$
Achsensymmetrisch zur y-Achse

$f(x) = x^3 - 2x = x^3 - 2x^1$
Punktsymmetrisch zum Ursprung

$f(x) = x^2 - 2x + 1 = x^2 - 2x^1 + 1x^0$
Keine der beiden Standardsymmetrien

Übung 5 Symmetrien

Die Funktion f soll auf Symmetrien untersucht werden.

I: $f(x) = x^4 - 2x^2$ II: $f(x) = \frac{1}{3}x^3 - 4x$ III: $f(x) = x^2 - 4x$ IV: $f(x) = \frac{1}{10}(x^5 - 2x)$

a) Führen Sie den allgemeinen rechnerischen Nachweis zu den Standardsymmetrien.
b) Wenden Sie den obigen Symmetrietest für Polynome an.
c) Kontrollieren Sie ihre Ergebnisse durch eine Skizze.

E. Nullstellen ganzrationaler Funktionen

Ein wichtiges Kennzeichen ganzrationaler Funktionen neben Globalverlauf, Monotonieverhalten und Symmetrien sind ihre Nullstellen. Diese kann man z.T. rechnerisch exakt bestimmen, aber oft ist man auf eine Näherung durch Ablesen am Graphen oder dem TR/Computer angewiesen.

Beispiel: Lineare und quadratische Funktionen

Bestimmen Sie die Nullstellen von $f(x) = \frac{1}{2}x - 3$ und $g(x) = \frac{1}{2}x^2 + \frac{1}{2}x - 3$ rechnerisch.

Lösung:

Die Nullstelle der linearen Funktion berechnen wir durch Nullsetzen ihres Funktionsterms.

$$\begin{aligned} f(x) &= 0 \\ \tfrac{1}{2}x - 3 &= 0 \quad | \cdot 2 \\ x - 6 &= 0 \quad +6 \\ x &= 6 \end{aligned}$$

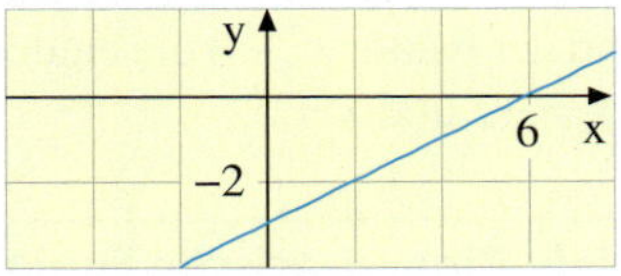

$f(x) = \frac{1}{2}x - 3$

Die Nullstellen der quadratischen Funktion berechnen wir mit der p-q-Formel.

$$\begin{aligned} f(x) &= 0 \\ \tfrac{1}{2}x^2 + \tfrac{1}{2}x - 3 &= 0 \quad | \cdot 2 \\ x^2 + x - 6 &= 0 \quad | \text{ p-q-Formel} \\ x &= -\tfrac{1}{2} \pm \sqrt{\tfrac{1}{4} + 6} \\ x &= -\tfrac{1}{2} \pm \tfrac{5}{2} \\ x &= -3, \quad x = 2 \end{aligned}$$

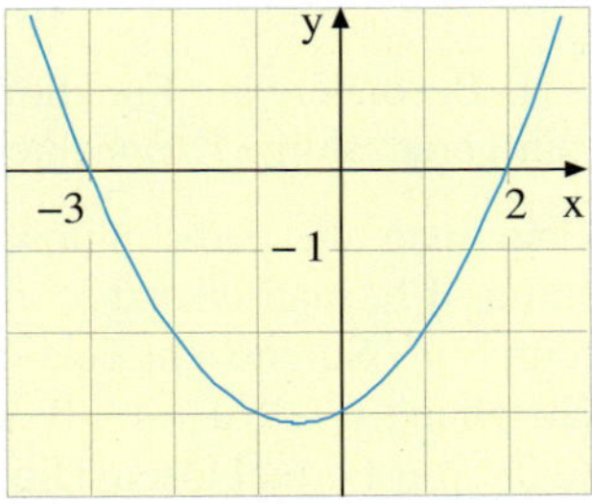

$g(x) = \frac{1}{2}x^2 + \frac{1}{2}x - 3$

Die Nullstellen von Polynomen vom Grad 3 oder höher lassen sich mit unseren Mitteln nur noch in Sonderfällen rechnerisch exakt bestimmen. Hierzu geben wir nun einige Beispiele.

Beispiel: Kubische Funktion

Gesucht sind die Nullstellen der kubischen Funktion $f(x) = \frac{1}{4}x^3 - \frac{1}{2}x^2 - 2x$.

Lösung:

Das Besondere am Funktionsterm ist hier, dass jeder Summand den Faktor x enthält. Daher können wir x ausklammern, so dass eine Produktgleichung entsteht:

$$x \cdot \left(\tfrac{1}{4}x^2 - \tfrac{1}{2}x - 2\right) = 0$$

Da ein Produkt genau dann null ist, wenn einer der Faktoren null ist, führt der erste Faktor auf die Nullstelle x = 0, während der zweite Faktor über die p-q-Formel die Nullstellen x = −2 und x = 4 liefert.

Berechnung der Nullstellen:

$$\begin{aligned} f(x) &= 0 \\ \tfrac{1}{4}x^3 - \tfrac{1}{2}x^2 - 2x &= 0 \quad | \text{ x ausklammern} \\ x \cdot \left(\tfrac{1}{4}x^2 - \tfrac{1}{2}x - 2\right) &= 0 \quad | \text{ Produktsatz} \end{aligned}$$

$x = 0$ oder $\frac{1}{4}x^2 - \frac{1}{2}x - 2 = 0 \quad | \cdot 4$

$x = 0 \qquad x^2 - 2x - 8 = 0 \quad | \text{ p-q-Formel}$

$$\begin{aligned} x &= 1 \pm \sqrt{9} \\ x &= -2, \quad x = 4 \end{aligned}$$

Beispiel: Kubische Funktion (Faktorisierung vorgegeben)

Gegeben ist die Funktion $f(x) = x^3 - x^2 - 4x + 4$. Berechnen Sie die Nullstellen von f. Zeigen Sie zunächst, dass $f(x) = (x - 1) \cdot (x^2 - 4)$ gilt.

Lösung:
Wir zeigen durch Ausmultiplikation des Produktes $(x - 1) \cdot (x^2 - 4)$, dass dies den Funktionsterm von f darstellt.
Nun berechnen wir die Nullstellen von f, indem wir die Produktterme null setzen. Dann liefert der Faktor $x - 1$ die Nullstelle $x = 1$ und der Faktor $x^2 - 4$ die beiden Nullstellen $x = -2$ und $x = 2$.

Nachweis der Termengleichheit:

$$(x-1) \cdot (x^2-4) = x^3 - 4x - x^2 + 4 = x^3 - x^2 - 4x + 4 = f(x)$$

Berechnung der Nullstelle:

$$f(x) = 0$$
$$(x-1) \cdot (x^2-4) = 0$$
$$x - 1 = 0 \quad \text{oder} \quad x^2 - 4 = 0$$
$$x = 1 \qquad x^2 = 4$$
$$x = 2, x = -2$$

Beispiel: Biquadratische Funktion (Substitution)

Bestimmen Sie die Nullstellen von $f(x) = x^4 - 5x^2 + 4$ und zeichnen Sie den Graphen von f.

Lösung:
Hier ist das Besondere am Funktionsterm, dass er nur geradzahlige Exponenten hat.

Dann kann man die Substitution $x^2 = u$ durchführen, d. h. man ersetzt x^2 durch u und x^4 durch u^2. So entsteht eine quadratische Gleichung $u^2 - 5u + 4 = 0$, die wir mit Hilfe der p-q-Formel lösen. Die beiden Lösungen sind $u = 1$ und $u = 4$. Nun resubstituieren wir $u = x^2$ und erhalten $x^2 = 1$ und $x^2 = 4$.
Hieraus folgen die vier Nullstellen $x = -1$, $x = 1$, $x = -2$ und $x = 2$.

Den Graphen von f erhalten wir durch Einzeichnen der Nullstellen und mit einer ergänzenden Wertetabelle.

Nullstellen:

$$f(x) = 0$$
$$x^4 - 5x^2 + 4 = 0 \quad | \; x^2 = 0 \text{ Substitution}$$
$$u^2 - 5u + 4 = 0 \quad | \text{ p-q-Formel}$$
$$u = 2{,}5 \pm \sqrt{6{,}25 - 4}$$
$$u = 2{,}5 \pm 1{,}5$$
$$u = 1 \text{ oder } u = 4 \quad | \text{ Resubstitution } u = x^2$$
$$x^2 = 1 \text{ oder } x^2 = 4$$
$$x = 1, x = -1, x = 2, x = -2$$

Graph:

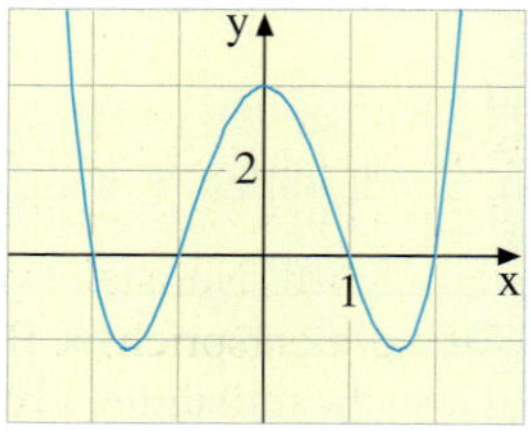

Übung 6 Lineare und quadratische Funktionen

Berechnen Sie die Nullstellen der Funktion f und skizzieren Sie den Graphen von f.

a) $f(x) = 4x - 2$ b) $f(x) = \frac{1}{2}x^2 - 2x - \frac{5}{2}$ c) $f(x) = \frac{1}{2}x^2 - 2x + 2$
d) $f(x) = (x - 2)(x + 4)$ e) $f(x) = x(x - 1)(x + 2)$ f) $f(x) = x^2(x^2 - 4)$

Übung 7 Faktorisieren

Gesucht sind die Nullstellen von f. Zeichnen Sie den Graphen von f.

a) $f(x) = x^3 - x^2 - 2x$ b) $f(x) = x^4 - 3x^3$ c) $f(x) = (x - 2) \cdot (x^2 - 3x - 10)$

Übung 8 Biquadratische Funktion (Substitution)

Gesucht sind die Nullstellen von f. Zeichnen Sie den Graphen von f.

a) $f(x) = x^4 - 3x^2 - 4$ b) $f(x) = \frac{1}{8}x^4 + \frac{10}{8}x^2 + 3$ c) $f(x) = \frac{1}{4}x^4 - \frac{5}{4}x^2 + 1$

F. Polynomdivision

Im Beispiel auf Seite 59 unten lieferte das Abspalten des Faktors x die Nullstelle $x = 0$. Analog liefert das Abspalten des Faktors $x - a$ die Nullstelle $x = a$.
Geht man umgekehrt vor, so liefert die Multiplikation solcher Linearfaktoren* ein Polynom mit den entsprechenden Nullstellen.

Beispiel: Polynom mit vorgegebenen Nullstellen
Bestimmen Sie ein Polynom mit den Nullstellen $x = -1$, $x = 2$ und $x = 3$.

Lösung:
Die Linearfaktoren $(x + 1)$, $(x - 2)$ und $(x - 3)$ liefern die geforderten Nullstellen.

Nullstellenfaktoren:
$(x + 1)$, $(x - 2)$, $(x - 3)$

Bildet man das Produkt der Linearfaktoren und löst die Klammern auf, so erhält man ein Polynom mit den gewünschten Nullstellen.

Funktionsterm:

$$\begin{aligned} f(x) &= (x + 1) \cdot (x - 2) \cdot (x - 3) \\ &= (x^2 - x - 2) \cdot (x - 3) \\ &= x^3 - 4x^2 + x + 6 \end{aligned}$$

Resultat: $f(x) = x^3 - 4x^2 + x + 6$

Jeder der drei ***Linearfaktoren*** lieferte eine Nullstelle. Nun stellt sich die Frage: Wie kann man umgekehrt bei einer gegebenen Polynomfunktion die zu dessen Nullstellen gehörigen Linearfaktoren finden und wie kann man sie als Faktor aus dem Funktionsterm abspalten?

Beispiel: Raten und Polynomdivision
Gesucht sind die Nullstellen von $f(x) = x^3 - 2x^2 - x + 2$. Versuchen Sie zuerst, eine Nullstelle durch Raten/Probieren zu bestimmen.

Lösung:
Wir versuchen es mit Probieren und haben gleich Glück, was nicht immer so ist. $x = 1$ stellt sich als Nullstelle von f heraus. Dieser Nullstelle entspricht der Linearfakor $(x - 1)$ in der Faktorisierung von f. Diese müsste dann lauten:

$$f(x) = (x - 1) \cdot p_2(x)$$

Dabei muss p_2 ein Polynom 2. Grades sein. Wir bestimmen p_2 mit der Methode der Polynomdivision, indem wir $f(x)$ durch $x - 1$ teilen. Die Methode ähnelt der schriftlichen Division von Zahlen.

Wir erhalten $p_2(x) = x^2 - x - 2$ und berechnen mit der p-q-Formel die beiden weiteren Nullstellen $x = 2$ und $x = -1$.

Raten einer Nullstelle:
$x = 3$: $27 - 18 - 3 + 2 = 8$ keine Nullstelle
$x = 1$: $1 - 2 - 1 + 2 = 0$ Nullstelle

Polynomdivision:

$$f(x) = (x - 1) \cdot p_2(x) \Rightarrow p_2(x) = \frac{f(x)}{x - 1}$$

$$\begin{aligned} p_2(x) = (x^3 - 2x^2 - x + 2) &: (x - 1) = x^2 - x - 2 \\ -\underline{(x^3 - x^2)} & \\ -x^2 - x & \\ -\underline{(-x^2 + x)} & \\ -2x + 2 & \\ -\underline{(-2x + 2)} & \\ 0 & \end{aligned}$$

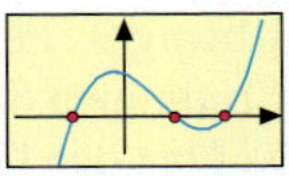

Nullstellen von p_2:
$x^2 - x - 2 = 0$
$x = 0{,}5 \pm \sqrt{2{,}25}$, $x = 2$, $x = -1$

* Faktoren der Form $(x - a)$ heißen Linearfaktoren, weil sie Funktionsterme linearer Funktionen sind.

Der folgende Satz zeigt, dass die Division eines Polynoms durch einen Linearfaktor, der einer Nullstelle entspricht, stets aufgeht.

Satz II.1: Satz vom Linearfaktor
x_0 sei eine Nullstelle der ganzrationalen Funktion f. Dann gilt:

$$f(x) = (x - x_0) \cdot g(x).$$

Dabei ist g eine ganzrationale Funktion, deren Grad um 1 niedriger ist als der Grad von f.

Beweis:
Die Polynomdivision $f(x) : (x - x_0)$ lässt sich so weit fortführen, bis als Rest nur noch eine Konstante r übrig bleibt:

$$f(x) = (x - x_0) \cdot g(x) + r.$$

Setzen wir nun in dieser Gleichung $x = x_0$, folgt wegen $f(x_0) = 0$ sofort $r = 0$.

Eine lineare Funktion hat höchstens eine Nullstelle, eine quadratische Funktion höchstens zwei. Dieser Sachverhalt lässt sich auf beliebige ganzrationale Funktionen verallgemeinern.

Satz II.2: Nullstellenanzahl
Eine ganzrationale Funktion vom Grad $n \geq 1$ besitzt höchstens n Nullstellen.

Beweis: f habe r Nullstellen $x_1; x_2; \ldots; x_r$. Dann ist f(x) ohne Rest durch die Linearfaktoren $(x - x_1), \ldots, (x - x_r)$ teilbar, also auch durch $p(x) = (x - x_1) \cdot (x - x_2) \cdot \ldots \cdot (x - x_r)$. Dies ist nur möglich, wenn Grad p ≤ Grad f gilt, d. h. $r \leq n$.

Beispiel: Polynomdivision
Zeigen Sie, dass die Funktion f mit $f(x) = x^4 + x^3 - 2x^2 + 4x - 24$ nur die beiden Nullstellen $x = 2$ und $x = -3$ hat.

Lösung:
Die beiden nebenstehenden Polynomdivisionen ergeben:

$$f(x) = (x - 2) \cdot (x + 3) \cdot (x^2 + 4).$$

Da die Gleichung $x^2 + 4 = 0$ keine reellen Lösungen hat, liefern lediglich die beiden Linearfaktoren je eine Nullstelle.

Rechnung:

$$\begin{array}{l}
(x^4 + x^3 - 2x^2 + 4x - 24) : (x - 2) = x^3 + 3x^2 + 4x + 12 \\
\underline{-(x^4 - 2x^3)} \\
\quad 3x^3 - 2x^2 \\
\quad \underline{-(3x^3 - 6x^2)} \\
\qquad 4x^2 + 4x \\
\qquad \underline{-(4x^2 - 8x)} \\
\qquad\quad 12x - 24 \\
\qquad\quad \underline{-(12x - 24)} \\
\qquad\qquad 0
\end{array}$$

$$\begin{array}{l}
(x^3 + 3x^2 + 4x + 12) : (x + 3) = x^2 + 4 \\
\underline{-(x^3 + 3x^2)} \\
\qquad 4x + 12 \\
\qquad \underline{-(4x + 12)} \\
\qquad\quad 0
\end{array}$$

Daher gilt: $f(x) = (x - 2)(x + 3)(x^2 + 4)$.
f hat die Nullstellen $x = 2$ und $x = 3$.

Übung 9 Polynome mit gegebenen Nullstellen
Bestimmen Sie die Gleichung des beschriebenen Polynoms f.
a) f hat den Grad 2 und Nullstellen bei $x = 2$ und $x = -1$. Es gilt $f(0) = -1$.
b) f hat den Grad 3 und Nullstellen bei $x = 1$, $x = 3$ und $x = -3$. Es gilt $f(2) = -5$.

Übung 10 Raten und Polynomdivision
Bestimmen Sie die Nullstellen der ganzrationalen Funktion f. Raten Sie zunächst eine Nullstelle (a, c, d) oder klammern Sie x aus (b).
a) $f(x) = x^3 + x^2 - x - 1$ b) $f(x) = x^3 - 4x^2 - 5x$ c) $f(x) = x^3 + x + 2$ d) $f(x) = x^4 + 3x^2 - 4$

Bei der Bestimmung von Nullstellen ganzrationaler Funktionen mittels Polynomdivision ist man auf Raten und Probieren angewiesen. Dabei ist der folgende Satz über die ganzzahligen Nullstellen ganzrationaler Funktionen oft eine große Hilfe.

Satz II.3: Ganzzahlige Nullstellen
f sei eine ganzrationale Funktion mit
$$f(x) = a_n x^n + \ldots + a_0.$$
Sind alle a_i ganzzahlig und $a_0 \neq 0$, so sind die ganzzahligen Nullstellen von f stets Teiler von a_0.

Beweis:
x_0 sei eine ganzzahlige Nullstelle von f.
Dann gilt: $a_n x_0^n + \ldots + a_1 x_0 + a_0 = 0$,
$$x_0 \cdot (a_n x_0^{n-1} + \ldots + a_1) = -a_0.$$
Da hier x_0 und auch der Klammerterm ganzzahlig sind, ist x_0 ein Teiler von a_0.

Beispiel: Ganzzahlige Nullstellen
Berechnen Sie die Nullstellen von $f(x) = x^3 - 4{,}5\,x^2 + 6\,x - 2$.

Lösung:
Zu lösen ist die Gleichung $x^3 - 4{,}5\,x^2 + 6\,x - 2 = 0$. Um Satz II.3 anwenden zu können, multiplizieren wir mit 2, damit alle Koeffizienten ganzzahlig sind. Es folgt also $2\,x^3 - 9\,x^2 + 12\,x - 4 = 0$.
Als ganzzahlige Lösungen kommen nur die Teiler von 4 in Frage, also $\pm 1, \pm 2, \pm 4$.
Nur $x = 2$ besteht den Test und ist die einzige ganzzahlige Lösung.
Polynomdivision von $2\,x^3 - 9\,x^2 + 12\,x - 4$ durch den Linearfaktor $x - 2$ ergibt den Restfaktor $2\,x^2 - 5\,x + 2$, dessen Nullstellen wir nun mit Hilfe der p-q-Formel berechnen.
Es sind $x = 2$ und $x = 0{,}5$.
Also hat f(x) eine doppelte ganzzahlige Nullstelle bei $x = 2$ und eine nichtganzzahlige Nullstelle bei $x = 0{,}5$.

Rechnung
$$f(x) = x^3 - 4{,}5\,x^2 + 6\,x - 2 = 0$$
$$2\,x^3 - 9\,x^2 + 12\,x - 4 = 0$$
Testen von $\pm 1, \pm 2, \pm 4$ ergibt:
Nur $x = 2$ ist ganzzahlige Nullstelle.

Polynomdivision
$$\begin{array}{l}
(2x^3-9x^2+12x-4):(x-2)=2x^2-5x+2 \\
\underline{-(2x^3-4x^2)} \\
\quad -5x^2+12x \\
\quad \underline{-(-5x^2+10x)} \\
\qquad 2x-4 \\
\qquad \underline{-(2x-4)} \\
\qquad\quad 0
\end{array}$$

p-q-Formel
$$2\,x^2 - 5\,x + 2 = 0 \qquad x = 1{,}25 \pm \sqrt{0{,}5625}$$
$$x^2 - 2{,}5\,x + 1 = 0 \qquad x = 1{,}25 \pm 0{,}75$$
$$x = 2, \quad x = 0{,}5$$

Übung 11 Ganzzahlige Nullstellen
Bestimmen Sie die ganzzahligen Nullstellen von f. Wenden Sie Satz II.3 an.

a) $f(x) = 3\,x^3 + 5\,x^2 - 3\,x - 2$
b) $f(x) = x^3 + 3\,x^2 - x - 3$
c) $f(x) = x^4 - 4\,x^3 + x - 4$
d) $f(x) = x^3 + 2\,x^2 - x - \frac{2}{3}$

Übung 12 Nullstellenbestimmung
Berechnen Sie die Nullstellen von f. Skizzieren Sie dann den Graphen.

a) $f(x) = x^3 - 2\,x - 4$
b) $f(x) = x^3 + 2\,x^2 - x - 2$
c) $f(x) = 2\,x^3 - x^2 - 8\,x + 4$
d) $f(x) = x^4 + 2\,x^3 - 3\,x^2 - 8\,x - 4$
e) $f(x) = x^3 - 2{,}5\,x^2 - 5{,}5\,x - 2$
f) $f(x) = x^3 - 5\,x^2 + 2\,x - 10$

Übungen

Der Begriff der ganzrationalen Funktion

13. Die ganzrationale Funktion $g(x) = \frac{1}{2}x^3 - 2x$ hat den Grad 3 und die Koeffizienten $a_3 = \frac{1}{2}$, $a_2 = 0$, $a_1 = -2$ und $a_0 = 0$. Geben Sie analog Grad und Koeffizienten von f an.

a) $f(x) = 2x^4 - x^2 + x$ b) $f(x) = 4 - x^3 + x^2$ c) $f(x) = 2$
d) $f(x) = 2(x-1)^2$ e) $f(x) = (2-x) \cdot (2+x^4)$ f) $f(x) = (x-1)^3$

14. Welche Terme sind nicht ganzrational?
Welche Definitionsmenge hat der jeweilige Term?

$x^2 + 2x - 1$ $(\sqrt{x})^2$ $x^2 + 1$ 2 $\frac{x^3 + x^2}{x}$ $(x^2 + 1)^2$

15. Gesucht ist eine ganzrationale Funktion mit folgenden Eigenschaften.

a) f hat den Grad 2, ist symmetrisch zur y-Achse, hat bei $x = -2$ eine Nullstelle und bei $x = 0$ den Funktionswert -2.
b) f hat den Grad 3, ist symmetrisch zum Ursprung und geht durch $P(1|-3)$ und $Q(2|0)$.

Nullstellen ganzrationaler Funktionen

16. Bestimmen Sie die Nullstellen von f.

a) $f(x) = 4 - x$ b) $f(x) = ax + b$ c) $f(x) = 2x^2 - 2x$ d) $f(x) = x^2 + 2x - 3$

17. Gesucht sind die Nullstellen von f. Klammern Sie zunächst x aus.

a) $f(x) = x^2 - 4x$ b) $f(x) = x^3 - 3x^2$ c) $f(x) = x^4 - 4x^2$
d) $f(x) = 2x^3 - 4x$ e) $f(x) = \frac{1}{4}x^4 - 2x$ f) $f(x) = x^3 - 2x^2 + x$

18. Bestimmen Sie die Nullstellen der faktorisierten Funktion.

a) $f(x) = (x-2) \cdot (2x+6)$ b) $f(x) = (x+1) \cdot (2x-1) \cdot x$ c) $f(x) = (x^2 - 3x + 2) \cdot (x-2)$

19. Gesucht sind die Nullstellen der biquadratischen Funktion. Substituieren Sie $u = x^2$.

a) $f(x) = x^4 - 5x^2 + 4$ b) $f(x) = x^4 - 3x^2 - 4$ c) $f(x) = x^4 + 5x^2 + 4$

Kontrollergebnisse:

a) $\pm 1, \pm 2$ b) ± 2 c) keine Lösungen

20. Berechnen Sie die Schnittpunkte von f und g sowie die Nullstellen der Funktionen.

a) $f(x) = x^2,\ g(x) = 2x^3 - x$ b) $f(x) = \frac{1}{2}x^2 - 2x + 3,\ g(x) = 3 - \frac{1}{2}x^2$

Graphen ganzrationaler Funktionen

21. Skizzieren Sie den Graphen von f mit Hilfe einer Wertetabelle.
Prüfen Sie das Verhalten von f für $x \to \pm\infty$ (Wertetabelle oder Argumentation).

a) $f(x) = -\frac{1}{2}x^2 + 2x$, $-2 \le x \le 6$
b) $f(x) = (2 - x) \cdot \left(\frac{1}{2}x^2 - 2\right)$, $-2 \le x \le 3$
c) $f(x) = \frac{1}{2}x^4 - 2x^2$, $-2{,}5 \le x \le 2{,}5$

22. Welche Gleichung gehört zu welchem Graphen? (1 Kästchen entspricht 1 Einheit.)

I $f(x) = -\frac{1}{2}x^2 + \frac{5}{2}x - 2$
II $f(x) = \frac{1}{2}x^3 - \frac{5}{2}x^2 + 2x + 1$
III $f(x) = \frac{1}{2}(x^3 - 4x)$
IV $f(x) = -x^3 + 2x^2$
V $f(x) = -x^3 + 2x$
VI $f(x) = x^4 - 2x^2$

A
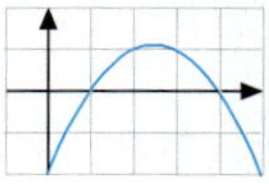
B
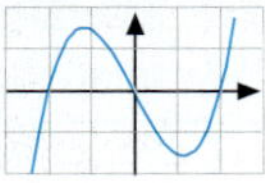
C
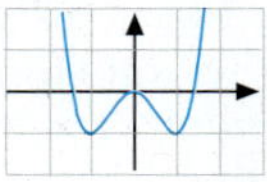
D
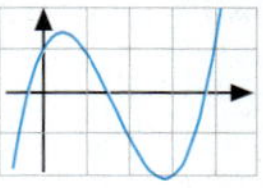
E
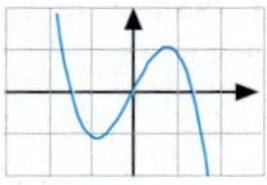
F
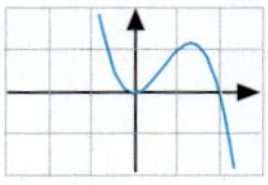

23. Konstruieren Sie eine Funktionsgleichung, die dem Graphen vom Typ grob entspricht.
(1 Kästchen entspricht 1 Einheit.)

a)
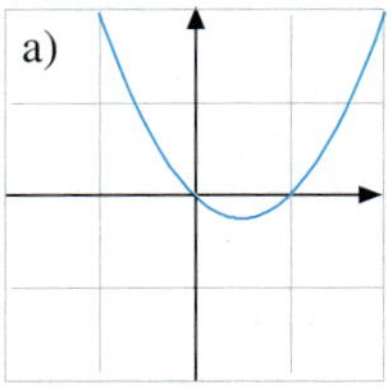
b)
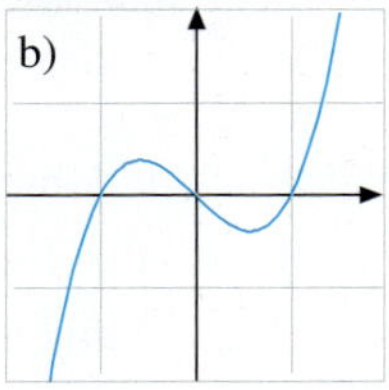
c)
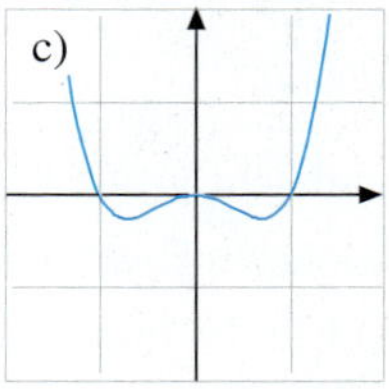
d)
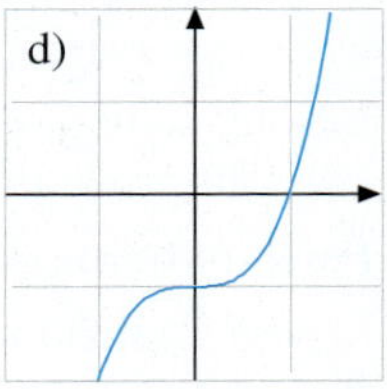

Symmetrie von Funktionen

24. Untersuchen Sie die Funktion f auf Symmetrie zur y-Achse bzw. zum Ursprung.

a) $f(x) = x^3 - 2x$
b) $f(x) = 1 - x^2 + x^4$
c) $f(x) = (x^2 - 1) \cdot 2x$
d) $f(x) = (x^2 - 4) \cdot (x^2 + 1) + 3$

Steigungsverhalten, Hoch- und Tiefpunkte

25. Gegeben ist die Funktion f. Skizzieren Sie den Graphen von f anhand einer Wertetabelle. Lesen Sie die ungefähre Lage der Hoch- und Tiefpunkte ab und beschreiben Sie, wo f steigt und fällt. Kontrollieren Sie Ihre Ergebnisse.

a) $f(x) = x^3 - 4x$
b) $f(x) = \frac{1}{6}x^2 \cdot (x - 5)$
c) $f(x) = x^4 - 2x^3$

Knobelaufgabe

Felix geht eine Rolltreppe hoch. Geht er 1 Stufe pro Sekunde, ist er nach 20 Stufen oben. Geht er 2 Stufen pro Sekunde, so ist er nach 32 Stufen oben.

Wie viele Stufen hat die Rolltreppe im Stillstand?

Verhalten von Polynomen für $x \to \pm\infty$

Ganzrationale Funktionen zeigen für sehr große positive Werte von x ($x \to \infty$) und für sehr große negative Werte von x ($x \to -\infty$) ein typisches Verhalten, welches sich leicht mit Hilfe von Wertetabellen oder durch logische Überlegungen feststellen lässt.

Beispiel: Verhalten für $x \to \pm\infty$

Gegeben ist die Funktion $f(x) = \frac{1}{4}x^3 - x + 2$. Wie verhält sich f für $x \to -\infty$ bzw. für $x \to \infty$?
Lösen Sie diese Fragestellungen
a) mit Hilfe von Wertetabellen
b) durch eine logische Überlegung.

Lösung zu a:
Wir legen eine Wertetabelle für große negative und große positive Werte von x an.

x	0	−1	−5	−10	−100	$\to -\infty$
y	2	2,75	−24,25	−238	−249 898	$\to -\infty$

Die Funktion strebt mit immer größer werdenden negativen x-Werten gegen $-\infty$.
Schreibweise: $\lim\limits_{x \to -\infty} \left(\frac{1}{4}x^3 - x + 2\right) = -\infty$

x	0	1	5	10	100	$\to \infty$
y	2	1,25	28,25	242	249 902	$\to \infty$

Die Funktion strebt mit immer größer werdenden positiven x-Werten gegen ∞.
Schreibweise: $\lim\limits_{x \to \infty} \left(\frac{1}{4}x^3 - x + 2\right) = \infty$

Lösung zu b:
Für sehr große positive und sehr große negative Werte von x dominiert derjenige Summand im Funktionsterm, der den höchsten Exponenten aufweist, also der Term $a_n \cdot x^n = \frac{1}{4}x^3$.
Er verhält sich im Prinzip wie die Funktion $x^n = x^3$, da $a_n > 0$ gilt.
Er strebt also gegen $-\infty$ für $x \to -\infty$ und gegen ∞ für $x \to \infty$.

$$\lim_{x \to -\infty} \left(\frac{1}{4}x^3 - x + 2\right) = -\infty \qquad \lim_{x \to \infty} \left(\frac{1}{4}x^3 - x + 2\right) = \infty$$

Man kann dies am Graphen der Funktion f gut erkennen, wenn man diesen in Vergleich mit dem Graphen von $g(x) = \frac{1}{4}x^3$ setzt. Beide verhalten sich für $x \to -\infty$ bzw. für $x \to \infty$, also in den Außenbereichen ganz ähnlich, während im Innenbereich, also der Umgebung von $x = 0$, erhebliche qualitative Unterschiede bestehen, welche durch den Term $-x + 2$ verursacht werden.

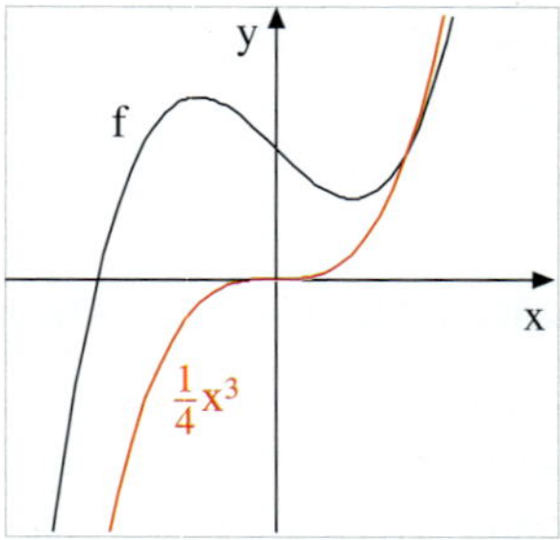

Übung 26 Verhalten für $x \to \pm\infty$

Untersuchen Sie das Verhalten der Polynomfunktion f für $x \to -\infty$ und für $x \to \infty$ sowohl mittels Wertetabelle als auch durch eine logische Überlegung.

a) $f(x) = \frac{1}{2}x^2 - x$
b) $f(x) = -\frac{1}{2}x^2 - x$
c) $f(x) = 2 + x - x^3$
d) $f(x) = \frac{1}{5}x^3 - x + 3$
e) $f(x) = \frac{1}{10}x^4 - x - 10$
f) $f(x) = x^4 - x^3$

Wir fassen unsere Beobachtungen im folgenden Satz zusammen.

Verhalten eines Polynoms für $x \to \pm\infty$

Die Funktion $f(x) = a_n \cdot x^n + a_{n-1} \cdot x^{n-1} + \ldots + a_1 x + a_0$ verhält sich für $x \to \pm\infty$ im Prinzip so, wie die Potenzfunktion $g(x) = a_n \cdot x^n$, die den führenden Term der Funktion darstellt.
Genauer gilt:

(1) $a_n > 0$, n gerade $\Rightarrow \lim\limits_{x \to -\infty} f(x) = \infty, \quad \lim\limits_{x \to \infty} f(x) = \infty$

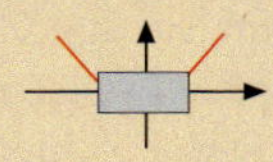

(2) $a_n > 0$, n ungerade $\Rightarrow \lim\limits_{x \to -\infty} f(x) = -\infty, \quad \lim\limits_{x \to \infty} f(x) = \infty$

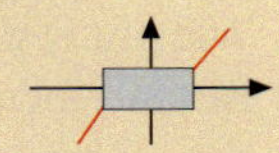

(3) $a_n < 0$, n gerade $\Rightarrow \lim\limits_{x \to -\infty} f(x) = -\infty, \quad \lim\limits_{x \to \infty} f(x) = -\infty$

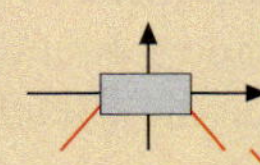

(4) $a_n < 0$, n ungerade $\Rightarrow \lim\limits_{x \to -\infty} f(x) = \infty, \quad \lim\limits_{x \to \infty} f(x) = -\infty$

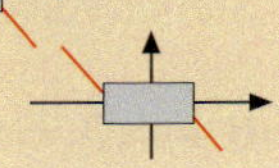

Übung 27 Potenzfunktion

Geben Sie eine Potenzfunktion $g(x) = a_n \cdot x^n$ an, welche das Verhalten von f für $x \to \pm\infty$ angenähert beschreibt.

a) $f(x) = \frac{1}{2}x - x^2$ b) $f(x) = 2 - \frac{1}{2}x^3 + 3x^2$ c) $f(x) = x - \frac{1}{4}x^4 - x^3$

Übung 28 Zuordnung

Ordnen Sie der Funktionsgleichung den passenden Graphen zu. Orientieren Sie sich dazu am Verhalten von f für $x \to \pm\infty$. Begründen Sie Ihre Zuordnung.

A: $f(x) = \frac{1}{2}x^2 - 3$ B: $f(x) = -\frac{1}{8}x^3 + x$ C: $f(x) = \frac{1}{3}x^3 + x - 1$ D: $f(x) = -\frac{1}{16}x^4 + x^2$

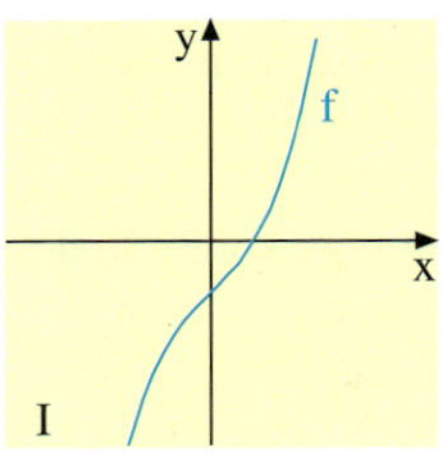

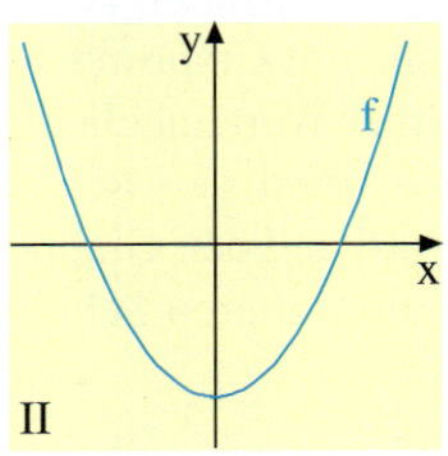

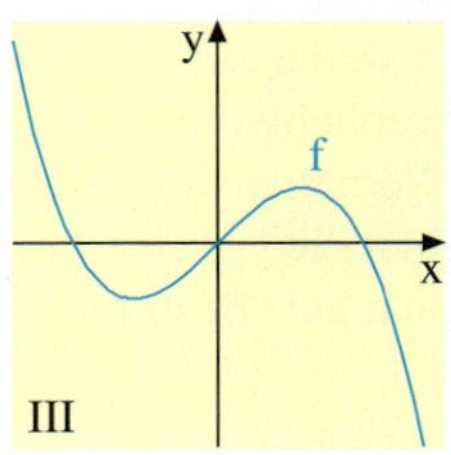

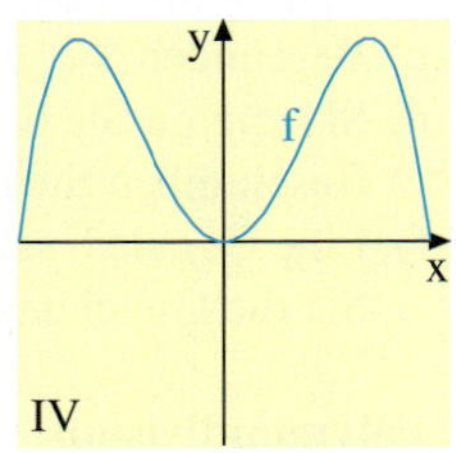

Übung 29 Verhaltensänderung

Gegeben ist die Funktion $f(x) = \frac{1}{2}x^3 - 2x^2$.

a) Untersuchen Sie das Verhalten von f für $x \to \infty$ bzw. $x \to -\infty$?

b) Ändern Sie einen der beiden Koeffizienten oder beide Koeffizienten von f so ab, dass die veränderte Funktion g das folgende Verhalten aufweist.

I: $\lim\limits_{x \to -\infty} g(x) = \infty$ II: $\lim\limits_{x \to \pm\infty} g(x) = -\infty$ III: $\lim\limits_{x \to \pm\infty} g(x) = \infty$

Übung 30 Untersuchung der Funktion für $x \to -\infty$ und $x \to \infty$

Untersuchen Sie das Verhalten von f für $x \to -\infty$ und $x \to \infty$.

a) $f(x) = x^2 - x$ b) $f(x) = -x^3 + x$ c) $f(x) = 4 - x$ d) $f(x) = x^2 - \frac{1}{2}x^3 + 2x$

Übungen

31. Quadratische Funktionen

Gegeben ist die Funktion $f(x) = x^2 + 2x - 8$.

a) Bestimmen Sie die Nullstellen von f.
b) Skizzieren Sie den Graphen von f für $-4{,}5 \leq x \leq 2{,}5$.
c) Der Graph von f ist zu der senkrechten Geraden x = a symmetrisch. Wie lautet der Zahlenwert von a?
d) Beschreiben Sie das Monotonieverhalten von f.
e) Eine Gerade g geht durch die Punkte $P(-1|-5)$ und $Q(1|1)$. Stellen Sie die Gleichung von g auf und berechnen Sie die Schnittpunkte von f und g.

32. Polynom 3. Grades ohne konstantes Glied

Gegeben ist die Funktion $f(x) = x^3 + 3x^2 + 2{,}25x$.

a) Bestimmen Sie die Nullstellen von f.
b) Liegen die Punkte $P(2|24{,}5)$ und $Q(-2|0{,}5)$ auf dem Graphen von f?
c) Untersuchen Sie f auf Symmetrie zum Ursprung bzw. zur y-Achse.
d) Skizzieren Sie den Graphen von f für $-3 \leq x \leq 1$.
e) Bestimmen Sie den Schnittpunkt von f mit der Geraden $g(x) = 2{,}25x$.
f) Beschreiben Sie das Verhalten von f für $x \to -\infty$ und $x \to \infty$.

33. Polynom 3. Grades mit konstantem Glied

Gegeben ist die Funktion $f(x) = x^3 - 9x^2 + 24x - 16$.

a) Zeigen Sie, dass f bei x = 1 eine Nullstelle mit Vorzeichenwechsel und bei x = 4 eine Nullstelle ohne Vorzeichenwechsel besitzt.
b) Zeigen Sie: f hat außer den in a) beschriebenen Nullstellen keine weitere Nullstelllen.
c) Begründen Sie, dass f weder zur y-Achse noch zum Ursprung symmetrisch sein kann.
d) Skizzieren Sie den Graphen von f mit Hilfe einer Wertetabelle für $0{,}5 \leq x \leq 5$.
e) Beschreiben Sie das Verhalten von f für $x \to -\infty$ und $x \to \infty$.
f) Eine Gerade h schneidet die y-Achse bei $y = -16$ und den Graphen von f bei x = 3. Stellen Sie die Gleichung von h auf. Bestimmen Sie die weiteren Schnittpunkte von f und h.

34. Polynomdivision

Gegeben ist die Funktion $f(x) = \frac{1}{16}(2x^3 - 5x^2 - 14x + 8)$.

a) Bestimmen Sie die beiden ganzzahligen Nullstellen von f.
b) Berechnen Sie die einzige nicht ganzzahlige Nullstelle von f mittels Polynomdivision.
c) Stellen Sie das Verhalten von f für $x \to -\infty$ und $x \to \infty$ fest.
d) Skizzieren Sie den Graphen von f für $-2{,}5 \leq x \leq 4{,}5$.

35. Biquadratische Funktion

Gegeben ist das biquadratische Polynom $f(x) = x^4 - 5x^2 + 4$.

a) Untersuchen Sie f auf Symmetrie zur y-Achse bzw. zum Ursprung.
b) Beschreiben Sie das Verhalten von f für $x \to -\infty$ bzw. $x \to \infty$.
c) Untersuchen Sie f auf Nullstellen (Hinweis: Substitution $x^2 = u$).
d) Skizzieren Sie den Graphen von f für $-2{,}25 \leq x \leq 2{,}25$.
e) Wie viele Punkte von f gibt es, welche den Funktionswert y = 4 besitzen?

Übungen

Die folgenden Übungen können ohne die Verwendung von Hilfsmitteln bearbeitet werden.

1. Begriffserläuterungen

Erklären Sie die folgenden Begriffe.

a) Potenzfunktion vom Grad n
b) Polynom vom Grad n
c) Grad eines Polynoms
d) Achsensymmetrie zur y-Achse
e) Punktsymmetrie zum Ursprung
f) Polynomdivision

2. Richtig oder falsch?

a) Ein Polynom dritten Grades kann drei Nullstellen haben.
b) Eine quadratische Funktion hat stets zwei Nullstellen.
c) Es gibt ein Polynom dritten Grades ohne Nullstellen.
d) Es gibt eine quadatische Funktion ohne Nullstellen.
e) Es gibt eine quadratische Funktion mit genau einer Nullstelle.

3. Zuordnen

Ordnen Sie jedem Graph die passende Funktionsgleichung zu. (1 Kästchen = 1 Einheit)

A: $f(x) = -x^3 + x$
B: $f(x) = \frac{1}{2}x^2 - 2$
C: $f(x) = (x-1)^2$
D: $f(x) = x^2 - 2x$

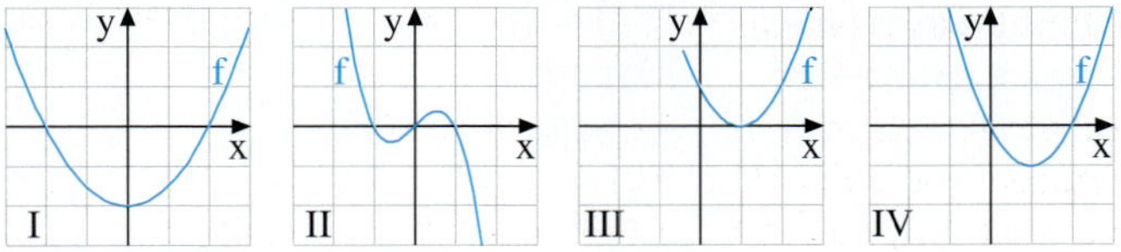

4. Polynom dritten Grades

Gegeben ist die Funktion $f(x) = x^3 - 4x$.

a) Berechnen Sie die Nullstellen von f.
b) Untersuchen Sie f auf Symmetrie zum Ursprung bzw. zur y-Achse.
c) Geben Sie an, wie sich f für $x \to -\infty$ bzw. $x \to \infty$ verhält. Begründen Sie Ihre Aussagen stichhaltig.
d) Vervollständigen Sie die folgende Wertetabelle. Skizzieren Sie den Graphen von f.

x	−3	−2	−1	0	1	2	3
y							

5. Polynom mit gegebenen Nullstellen

Gesucht ist ein Polynom dritten Grades mit den Nullstellen $x = -1$, $x = 2$ und $x = 3$, welches außerdem durch den Punkt $P(1\,|\,2)$ geht.

6. Nullstellen

Bestimmen Sie die Nullstellen des folgenden Polynoms.

a) $f(x) = 2x^2 + 4x - 16$ (p-q-Formel)
b) $f(x) = x^3 - 2x^2 - 3x$ (Ausklammern)
c) $f(x) = x^3 - x^2 - 4x + 4$ (Pol.-Division)
d) $f(x) = (x-2)^3 - 8$
e) $f(x) = x^4 - 8x^2 - 9$ (Ansatz: $x^2 = u$)
f) $f(x) = x^2 - ax$ (Parameterlösung)
g) $f(x) = (x^3 - 4x) \cdot (x^2 - 1)$ (Produkt)
h) $f(x) = x^2 + ax - 2a^2$ (Parameter)

Überblick

Lineare Funktion

$f(x) = mx + n$
m: Steigung
n: y-Achsenabschnitt
$m = \frac{\Delta y}{\Delta x}$

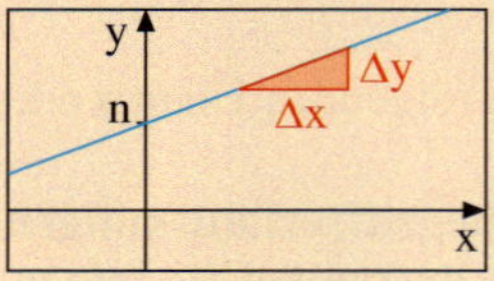

Quadratische Funktion

$f(x) = ax^2 + bx + c,\ a \neq 0$
Normalparabel: $f(x) = x^2$

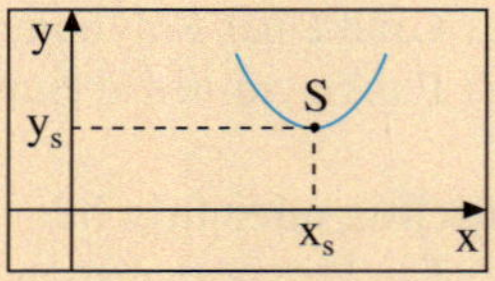

Scheitelpunktsform

$f(x) = a(x - x_s)^2 + y_s$
Scheitelpunkt: $S(x_s \mid y_s)$

Potenzfunktionen mit natürlichen Exponenten

$f(x) = a \cdot x^n,\ n \in \mathbb{N},\ a \neq 0$
Parabeln

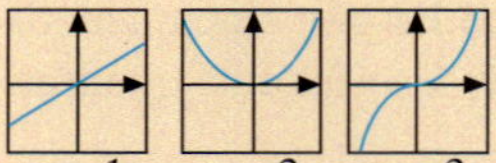

n = 1 n = 2 n = 3

Potenzfunktionen mit negativen Exponenten

$f(x) = a \cdot \frac{1}{x^n} = a \cdot x^{-n}\ (n \in \mathbb{N})$
Hyperbeln

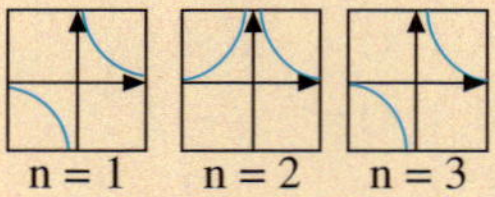

n = 1 n = 2 n = 3

Symmetrien von Funktionen

Symmetrie zur y-Achse
$f(-x) = f(x)$
Symmetrie zum Ursprung
$f(-x) = -f(x)$

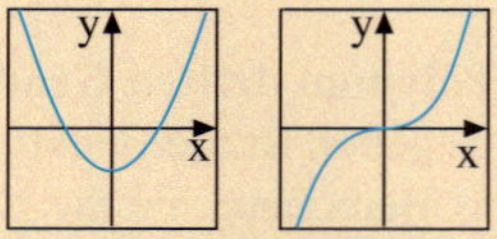

Symmetrie zur y-Achse Symmetrie zum Ursprung

Steigungsverhalten von Funktionen

Monotones Steigen
Streng monotones Steigen
Monotones Fallen
Streng monotones Fallen

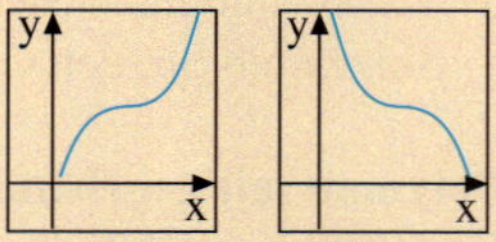

steigend fallend

Verhalten von Polynomen im Unendlichen

Verhalten von $f(x) = a_n \cdot x^n + a_{n-1} \cdot x^{n-1} + \ldots + a_1 x + a_0$ für $x \to \pm\infty$
Der Term $a_n \cdot x^n$ bestimmt das Verhalten im Unendlichen.

Ist $a_n > 0$ und n gerade, so gilt $\lim\limits_{x \to \pm\infty} f(x) = \infty$

Ist $a_n < 0$ und n gerade, so gilt $\lim\limits_{x \to \pm\infty} f(x) = -\infty$

Ist $a_n > 0$ und n ungerade, so gilt $\lim\limits_{x \to -\infty} f(x) = -\infty,\ \lim\limits_{x \to \infty} f(x) = \infty$

Ist $a_n < 0$ und n ungerade, so gilt $\lim\limits_{x \to -\infty} f(x) = \infty,\ \lim\limits_{x \to \infty} f(x) = -\infty$

Nullstellen linearer Funktionen

$f(x) = mx + n$ $(m \neq 0)$ hat genau eine Nullstelle.
Sie liegt bei $x = -\frac{n}{m}$.

Nullstellen quadratischer Funktionen

$f(x) = ax^2 + bx + c$ hat 0 bis 2 Nullstellen.
Diese können mit der p-q-Formel berechnet werden.

p-q-Formel

$$x^2 + px + q = 0 \Leftrightarrow x_{1/2} = -\frac{p}{2} \pm \sqrt{\frac{p^2}{4} - q}$$

Nullstellen biquadratischer Funktionen

$x^4 + px^2 + q = 0$
Substitution: $x^2 = u$
$u^2 + pu + q = 0$
Berechnung mit der p-q-Formel
Resubstitution: $u = x^2$
Wurzel ziehen, falls möglich

Ganzzahlige Nullstellen eines Polynoms

Satz von den ganzzahligen Nullstellen eines Polynoms:
$f(x) = a_n x^n + a_{n-1} x^{n-1} + \ldots + a_1 x + a_0$ sei ein Polynom mit ganzzahligen Koeffizienten $a_0, a_1, \ldots, a_n$.
Dann sind die *ganzzahligen* Nullstellen von f stets Teiler des konstanten Gliedes a_0.

Hinweis: Sind nicht alle Koeffizienten des Polynoms ganzzahlig, so muss es gegebenenfalls durch Multiplikation mit einem geeigneten Faktor in ein Polynom mit ganzzahligen Koeffizienten umgewandelt werden, bevor der obige Satz angewandt werden kann.

Polynomdivision, Linearfaktoren

x_0 sei eine Nullstelle von $f(x) = a_n x^n + a_{n-1} x^{n-1} + \ldots + a_1 x + a_0$.
Dann kann f in folgender Form dargestellt werden:
$f(x) = (x - x_0) \cdot (b_{n-1} x^{n-1} + \ldots + b_0)$
Das Polynom $g(x) = b_{n-1} x^{n-1} + \ldots + b_0$ liefert dann alle weiteren Nullstellen von f.
Das Polynom g(x) wird mit Hilfe der Polynomdivision $f(x) : (x - x_0)$ bestimmt. Der Faktor $(x - x_0)$ heißt Linearfaktor des Polynoms f(x).

Die praktische Durchführung von Polynomdivisionen ist auf den Seiten 61–62 dargestellt.

Das Intervallhalbierungsverfahren

Bisher können wir – abgesehen von ganz speziellen Fällen – nur solche Gleichungen lösen, die sich auf lineare und quadratische Gleichungen zurückführen lassen. Im Folgenden entwickeln wir ein Verfahren, mit dem wir für eine Funktion f, die gewisse Voraussetzungen erfüllt, die Gleichung $f(x) = 0$ näherungsweise lösen können. Wir betrachten zunächst ein Beispiel, bei dem eine wichtige Voraussetzung nicht erfüllt ist.

Beispiel

Untersuchen Sie $\begin{cases} -x^2 - 1 \text{ für } -1 \le x < 0 \\ x^2 + 1 \text{ für } 0 \le x \le 1 \end{cases}$ auf Nullstellen.

Lösung:

Man könnte annehmen, dass eine Funktion, die am linken Rand ihrer Definitionsmenge einen negativen Wert annimmt und am rechten Rand einen positiven Wert, dazwischen mindestens eine Nullstelle besitzt.
Aber der nebenstehende Graph der auf dem Intervall $[-1;1]$ durch

$$f(x) = \begin{cases} -x^2 - 1 \text{ für } -1 \le x < 0 \\ x^2 + 1 \text{ für } 0 \le x \le 1 \end{cases}$$

definierten Funktion f zeigt, dass f **keine Nullstelle** besitzt.

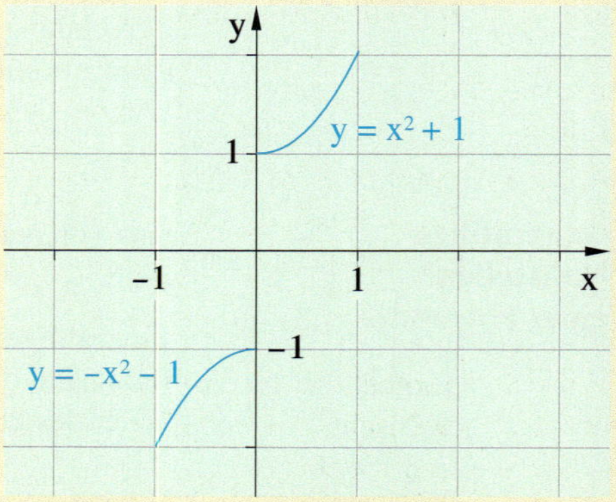

Die Funktion f ist nicht in einem Rutsch durchzeichenbar. Man muss den Stift beim Zeichnen einmal absetzen und neu ansetzen, da der Graph eine ***Sprungstelle*** hat. Dies ist der Grund, weshalb man ohne Achsenschnittpunkt vom negativen in den positiven Bereich gelangen kann.
Für durchzeichenbare Funktionen (allgemein für sogenannte ***stetige*** Funktionen) ist das nicht möglich. Für solche Funktionen gilt der sogenannte Nullstellensatz.

Nullstellensatz
Ist die Funktion f durchzeichenbar (*stetig*) über dem Intervall $[a;b]$ und gilt $f(a) < 0$ sowie $f(b) > 0$, so existiert eine reelle Zahl $x_0 \in [a,b]$ mit $f(x_0) = 0$.

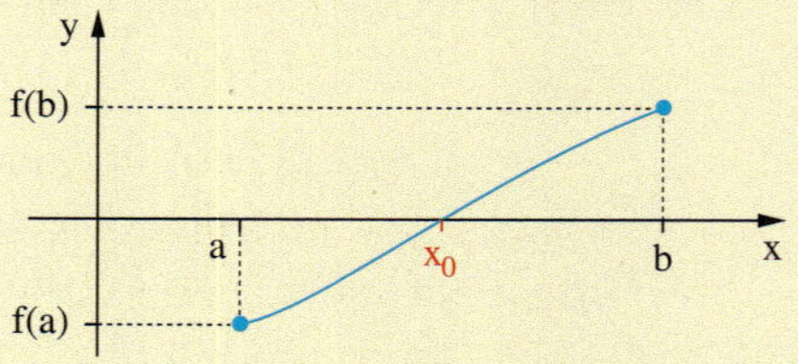

Der Nullstellensatz bildet die theoretische Grundlage für ein Näherungsverfahren zur Berechnung der Nullstellen beliebiger durchzeichenbarer Funktionen. Es handelt sich um das so genannte ***Intervallhalbierungsverfahren*** oder ***Bisektionsverfahren***.

Das Intervallhalbierungsverfahren

Die Lösung der Gleichung $\frac{1}{2}x^3 = 1 + x$ soll durch ein Verfahren der schrittweisen Näherung auf eine Nachkommastelle genau berechnet werden.

Lösung:

Gleichwertig zur Aufgabenstellung ist die Bestimmung der Nullstelle der Funktion $f(x) = \frac{1}{2}x^3 - x - 1$.

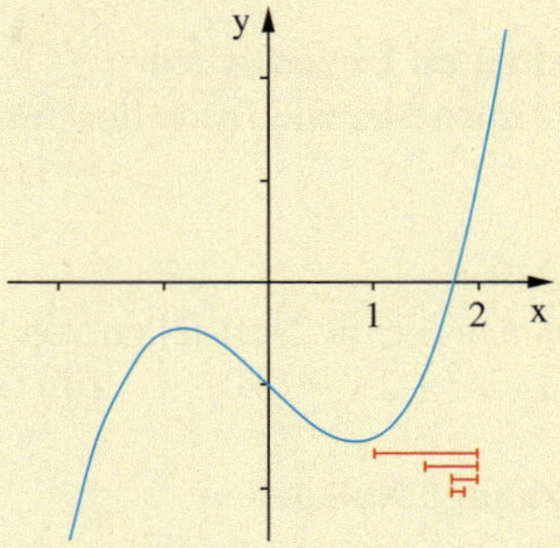

Das Startintervall:

Durch Einsetzen einiger Werte oder anhand einer Skizze des Graphen erkennen wir, dass $f(1) = -1{,}5$ und $f(2) = 1$ gilt. Nach dem Nullstellensatz gibt es also eine Nullstelle x_0 im Intervall $[1;2]$.

Intervallhalbierung:

Wir überprüfen durch Einsetzen das Vorzeichen von f in der Intervallmitte. Weil $f(1{,}5) = -0{,}81 < 0$ ist und $f(2) > 0$ galt, wissen wir, dass die Nullstelle x_0 im kleineren Intervall $[1{,}5;2]$ liegt.

Wiederholung:

Wir wiederholen die Intervallhalbierung so lange, bis die gewünschte Genauigkeit erreicht ist. Die Schritte sind rechts dargestellt. Wir erhalten $x_0 = \frac{1{,}75 + 1{,}78125}{2} \approx 1{,}765$, wobei die erste Nachkommastelle sicher ist.

Zum Vergleich das genaue Ergebnis:
$x_0 = 1{,}769292354\ldots$

a f(a) < 0	b f(b) > 0
1	2
1,5	2
1,75	2
1,75	1,875
1,75	1,8125
1,75	1,78125

$\Rightarrow x_0 \in [1{,}75;1{,}78125]$

$\Rightarrow x_0 \approx 1{,}765$

Oft führt man das Intervallhalbierungsverfahren abgewandelt durch. Ist z. B. $f(1) = -1{,}5$ und $f(2) = 1$, so wird man nicht in der Intervallmitte, sondern näher bei 2, also z. B. bei $x = 1{,}7$ testen. Auf diese Weise kommt man schneller voran, da man die Funktionswerte gezielt berücksichtigt.

Übungen

Begründen Sie mit Hilfe des Nullstellensatzes, dass die Funktion f mindestens eine Nullstelle besitzt. Geben Sie ein Intervall an, welches die Nullstelle enthält.

a) $f(x) = x^3$ b) $f(x) = 5 - x^2$ c) $f(x) = \sqrt{x} - 2x + 100$
d) $f(x) = 2^x - 100$ e) $f(x) = \log x - 5$ f) $f(x) = x + ax^3 + a,\ a > 0$

Bestimmen Sie die einzige Nullstelle der Funktion f bzw. die einzige Lösung der gegebenen Gleichung mit dem Intervallhalbierungsverfahren.

a) $f(x) = x^3 - 2$ b) $f(x) = x^3 + x - 5$ c) $2^x = 4 - x$
d) $f(x) = x^2 - \frac{1}{x} - 4,\ x > 0$ e) $\log x = 5 - x$ f) $x^x = 2$

Test

1. Symmetrie
Untersuchen Sie f auf Symmetrie zum Ursprung bzw. zur y-Achse.
a) $f(x) = x^3 - x$ b) $f(x) = (x + 2) \cdot (x - 2)$ c) $f(x) = x \cdot (x - 1) \cdot (x + 2)$

2. Verhalten im Unendlichen
Untersuchen Sie, wie f sich für $x \to -\infty$ bzw. $x \to \infty$ verhält.
a) $f(x) = x^3 - x$ b) $f(x) = 4x - x^2$ c) $f(x) = x + \frac{1}{x^2}$

3. Nullstellen
Bestimmen Sie die Nullstellen von f.
a) $f(x) = x^2 + 2x - 15$ b) $f(x) = x^3 + 1{,}5x^2 - x$ c) $f(x) = 2x^3 - 4x^2 + 2x$

4. Ganzzahlige Nullstellen
Bestimmen Sie die ganzzahligen Nullstellen von f.
Untersuchen Sie hierzu den Koeffizienten a_0.
a) $f(x) = x^3 + x - 2$ b) $f(x) = x^3 + 3x^2 - x - 3$

5. Polynom mit vorgegebenen Nullstellen
Geben Sie, falls möglich, ein Polynom f mit folgenden Eigenschaften an.
a) f hat den Grad 3 und besitzt die drei Nullstellen $x = 1$, $x = -2$ und $x = 5$.
b) f hat den Grad 3 und besitzt genau eine Nullstelle $x = 2$.
c) f hat den Grad 3 und f besitzt keine Nullstellen.

6. Steckbriefaufgabe
a) f sei eine ganzrationale Funktion 3. Grades. Der Graph von f hat Nullstellen bei $x = 1$, $x = -1$ und $x = 5$. Geben Sie eine mögliche Gleichung von f an.
b) Wie muss a gewählt werden, damit der Graph der Funktion $g(x) = a \cdot f(x)$ durch den Punkt $P(0|6)$ geht? Hierbei ist f die Funktion aus Aufgabenteil a.

7. Funktionsuntersuchung
Gegeben sei die ganzrationale Funktion $f(x) = x^3 - 3x^2$.
a) Bestimmen Sie die Nullstellen von f.
b) Untersuchen Sie f auf Symmetrie zum Ursprung bzw. zur y-Achse.
c) Skizzieren Sie den Graphen von f für $-1 \le x \le 3{,}5$.
d) Untersuchen Sie das Verhalten von f für $x \to -\infty$ und $x \to \infty$.

8. Biquadratische Gleichung/Polynomdivision
Bestimmen Sie die Nullstellen von f.
a) $f(x) = x^4 - 5x^2 + 4$ (biquadratisch) b) $f(x) = x^3 - 2x^2 - 2x + 4$ (Pol.-Div.)

Lösungen: S. 556

III. Einführung des Ableitungsbegriffs

1. Grenzwerte von Funktionen

Bei der Untersuchung von Funktionen an den Grenzen ihrer Definitionsmenge oder an bestimmten kritischen Stellen werden oft Grenzwertbetrachtungen erforderlich. Dabei kommt es zu zwei unterschiedlichen Arten von Grenzprozessen, zum einen $x \to \infty$ bzw. $x \to -\infty$ und zum anderen $x \to x_0$.

A. Grenzwerte von Funktionen für $x \to \infty$ und $x \to -\infty$

Beispiel: Grenzwertbestimmung mit Testeinsetzungen

Die Funktion $f(x) = \frac{2x+1}{x}$, $x > 0$, soll an ihrer rechten Definitionsgrenze untersucht werden.

a) Wie entwickeln sich die Funktionswerte von f, wenn x beliebig groß wird?

b) Zeichnen und kommentieren Sie den Graphen von f.

Lösung zu a:

Wir fertigen eine Wertetabelle an mit zunehmend größer werdenden x-Werten. Wir lassen die x-Werte in Gedanken gegen unendlich streben. Wir erkennen, dass die zugehörigen Funktionswerte sich immer mehr der Zahl 2 annähern, die man als Grenzwert bezeichnet.

x	1	10	100	1000	$\to \infty$
y	3	2,1	2,01	2,001	$\to 2$

Die Funktion $f(x) = \frac{2x+1}{x}$ strebt für x gegen unendlich gegen den ***Grenzwert*** 2.

Zur Beschreibung dieses Verhaltens verwendet man die rechts dargestellte symbolische ***Limesschreibweise***.

$$\lim_{x \to \infty} \frac{2x+1}{x} = 2$$

Gelesen: Der Limes von $\frac{2x+1}{x}$ für $x \to \infty$ ist gleich 2.

Lösung zu b:

Graphisch ist dieses Grenzwertverhalten daran zu erkennen, dass sich der Graph von f für $x \to \infty$ von oben an die horizontale Gerade $y = 2$ anschmiegt. Man bezeichnet diese Schmiegegerade auch als ***Asymptote*** von f für $x \to \infty$.

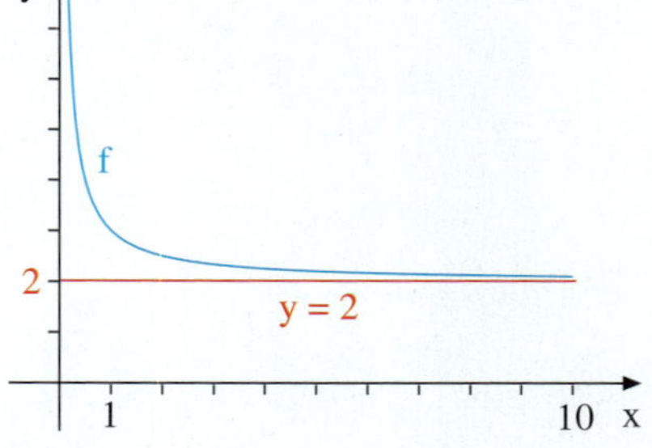

Übung 1 Grenzwerte (Testeinsetzungen)

Untersuchen Sie das Verhalten der Funktion f, wenn der angegebene Grenzprozess durchgeführt wird. Verwenden Sie als Methode Testeinsetzungen. Skizzieren Sie den Graphen von f.

a) $f(x) = \frac{2x+1}{x}$, $x < 0$, Grenzprozess: $x \to -\infty$

b) $f(x) = \frac{x+1}{x^2}$, $x > 0$, Grenzprozess: $x \to \infty$

Das Arbeiten mit Testeinsetzungen ist zwar sehr praktisch und wird daher häufig verwendet, aber es ist nicht ganz sicher. Möglicherweise hätte sich im letzten Beispiel als Grenzwert auch 2,000007 ergeben können anstelle von 2. Unsere dort verwendeten Testeinsetzungen hätten dies nicht erkennen lassen. Will man also sichergehen, so muss man allgemeiner argumentieren.

Beispiel: Grenzwertbestimmung mittels Termvereinfachung

Beweisen Sie durch eine allgemeingültige Argumentation: $\lim\limits_{x \to \infty} \frac{2x+1}{x} = 2$. Vereinfachen Sie hierzu den zu untersuchenden Term so, dass einfacher zu beurteilende Teilterme entstehen.

Lösung:
Wir bringen den Term $\frac{2x+1}{x}$ durch Division in die Gestalt $2 + \frac{1}{x}$.
Die beiden summativen Teilterme sind einfacher zu beurteilen, was ihr Verhalten für $x \to \infty$ angeht.
Der erste Summand 2 verändert seinen Wert bei diesem Grenzprozess nicht.
Der zweite Summand $\frac{1}{x}$ strebt gegen 0, da der Zähler sich nicht verändert, während sein Nenner über alle Grenzen wächst.
Die Summe der beiden Terme strebt also gegen $2 + 0 = 2$.

Grenzwertrechnung:

$\lim\limits_{x \to \infty} \frac{2x+1}{x}$

$= \lim\limits_{x \to \infty} \left(2 + \frac{1}{x}\right)$ Termvereinfachung durch Division

$= \lim\limits_{x \to \infty} 2 + \lim\limits_{x \to \infty} \frac{1}{x}$ Aufteilung in zwei Grenzwerte

$= 2 + 0 = 2$ Bestimmung der Einzelgrenzwerte

Übung 2 Grenzwerte (Termumformung)

Untersuchen Sie das Verhalten von f für $x \to \infty$ und $x \to -\infty$ mit Hilfe der Methode der Termvereinfachung. Kontrollieren Sie das Resultat durch einige Testeinsetzungen.

a) $f(x) = \frac{4x-1}{x}$ b) $f(x) = \frac{3x^2-4}{x^2}$ c) $f(x) = \frac{2x+x^2}{x^2}$

d) $f(x) = \frac{x^2-x}{3x^2}$ e) $f(x) = \frac{3-x^3}{x^3}$ f) $f(x) = \frac{x^2-1}{x(x-1)}$

Übung 3 Klimaanlage

Im Intercity-Express ist die Klimaanlage ausgefallen.
Die ansteigende Temperatur wird durch
$T(t) = \frac{200}{4 + \frac{6}{0{,}1t+1}}$
erfasst (t: Minuten, T: °C).

a) Welche Temperatur herrscht zu Beginn?
b) Welche Temperatur herrscht nach einer Stunde?
c) Welche Grenztemperatur stellt sich ein?

B. Grenzwerte von Funktionen für $x \to x_0$

Gelegentlich kommt es vor, dass eine Funktion f an einer bestimmten Stelle x_0 nicht definiert ist, wohl aber in der Umgebung der Stelle x_0. Man untersucht dann, wie sich die Funktionswerte f(x) verhalten, wenn man die Variable x gegen den Wert x_0 streben lässt. Kurz: Man interessiert sich für den Grenzwert $\lim\limits_{x \to x_0} f(x)$. Es gibt mehrere Methoden zur Grenzwertbestimmung.

Beispiel: Grenzwertbestimmung mit Testeinsetzungen

Die Funktion $f(x) = \frac{x^2-4}{x-2}$ ist an der Stelle $x_0 = 2$ nicht definiert. Bestimmen Sie den Grenzwert $\lim\limits_{x \to 2} \frac{x^2-4}{x-2}$, sofern dieser Grenzwert existiert. Arbeiten Sie mit Testeinsetzungen.

Lösung

Wir nähern uns der kritischen Stelle $x_0 = 2$ einmal von links und ein zweites mal von rechts. Wir erhalten in beiden Fällen das gleiche Ergebnis 4.

x	1,5	1,9	1,99	1,999	→ 2
y	3,5	3,9	3,99	3,999	→ 4

Linksseitiger Grenzwert: $\lim\limits_{\substack{x \to 2 \\ x < 2}} \frac{x^2-4}{x-2} = 4$

Da links- und rechtsseitiger Grenzwert übereinstimmen, billigt man der Funktion insgesamt den Grenzwert 4 zu:

x	2,5	2,1	2,01	2,001	→ 2
y	4,5	4,1	4,01	4,001	→ 4

Rechtsssseitiger Grenzwert: $\lim\limits_{\substack{x \to 2 \\ x > 2}} \frac{x^2-4}{x-2} = 4$

$\lim\limits_{x \to 2} \frac{x^2-4}{x-2} = 4.$

Die Methode der Testeinsetzungen ist praktisch, aber mit einer gewissen Unsicherheit behaftet. Daher behandeln wir zwei weitere Methoden, die Grenzwertbestimmung durch Termumformung und die Grenzwertbestimmung mit der sogenannten h-Methode.

Beispiel: Grenzwertberechnung mittels Termumformung

Berechnen Sie den Grenzwert $\lim\limits_{x \to 2} \frac{x^2-4}{x-2}$. Vereinfachen Sie hierzu den Term $\frac{x^2-4}{x-2}$.

Lösung:

Wir vereinfachen den Term $\frac{x^2-4}{x-2}$ mit der dritten binomischen Formel und einem anschließenden Kürzungsvorgang.

Es verbleibt der Term x + 2, dessen Grenzwert sich auf die elementaren Grenzwerte der Summanden x und 2 zurückführen lässt. Insgesamt gilt:

$$\lim\limits_{x \to 2} \frac{x^2-4}{x-2} = 4$$

Grenzwertrechnung:

$$\lim\limits_{x \to 2} \frac{x^2-4}{x-2}$$

$$= \lim\limits_{x \to 2} \frac{(x-2)\cdot(x+2)}{x-2}$$

$$= \lim\limits_{x \to 2} (x+2)$$

$$= \lim\limits_{x \to 2} x + \lim\limits_{x \to 2} 2$$

$$= 2 + 2 = 4$$

Beispiel: Grenzwertberechnung mit der h-Methode

Es soll festgestellt werden, ob der Grenzwert $\lim\limits_{x \to 2} \frac{x^2 - 4}{x - 2}$ existiert. Setzen Sie hierzu $x = 2 + h$ und führen Sie den Grenzübergang $h \to 0$ durch.

Lösung:

Der Term $\frac{x^2 - 4}{x - 2}$ ist an der Stelle $x = 2$ nicht definiert. Um sein Verhalten für $x \to 2$ zu untersuchen, setzen wir $x = 2 + h$ mit einer kleinen Größe $h \neq 0$.
Dadurch entsteht ein Term, der sich mithilfe der ersten binomischen Formel stark vereinfachen lässt.
Anschließend wird der Grenzübergang $h \to 0$ durchgeführt, der zum Resultat 4 für den gesuchten Grenzwert führt.

Grenzwertrechnung:

$$\lim_{x \to 2} \frac{x^2 - 4}{x - 2}$$
$$= \lim_{h \to 0} \frac{(2 + h)^2 - 4}{(2 + h) - 2}$$
$$= \lim_{h \to 0} \frac{(4 + 4h + h^2) - 4}{h}$$
$$= \lim_{h \to 0} \frac{4h + h^2}{h}$$
$$= \lim_{h \to 0} (4 + h) = 4$$

Ein komplizierteres Beispiel macht den Vorteil der h-Methode noch wesentlich deutlicher.

$$\lim_{x \to 1} \frac{x^3 - 2x + 1}{x - 1} = \lim_{h \to 0} \frac{(1 + h)^3 - 2(1 + h) + 1}{(1 + h) - 1} = \lim_{h \to 0} \frac{1 + 3h + 3h^2 + h^3 - 2 - 2h + 1}{h}$$
$$= \lim_{h \to 0} \frac{h^3 + 3h^2 + h}{h} = \lim_{h \to 0} (h^2 + 3h + 1) = 0 + 0 + 1 = 1$$

4. Bestimmen Sie den Grenzwert mit Hilfe von Testeinsetzungen.

a) $\lim\limits_{x \to 5} \frac{x^2 - 25}{x - 5}$ b) $\lim\limits_{x \to 3} \frac{3x^2 - 27}{x - 3}$

c) $\lim\limits_{x \to 1} \frac{x^3 - x}{x - 1}$ d) $\lim\limits_{x \to -2} \frac{x^4 - 16}{x + 2}$

Binomische Formeln:

$$(x + a)^2 = x^2 + 2ax + a^2$$
$$(x + a)^3 = x^3 + 3ax^2 + 3a^2x + a^3$$
$$(x - a) \cdot (x + a) = x^2 - a^2$$

5. Die Funktion f hat an der Stelle x_0 eine Definitionslücke. Untersuchen Sie mit Testeinsetzungen, wie sich die Funktion verhält, wenn man sich dieser Stelle von links bzw. von rechts nähert.

a) $f(x) = \frac{x^2 - 9}{2x - 6}$, $x_0 = 3$ b) $f(x) = \frac{x + 1}{x}$, $x_0 = 0$ c) $f(x) = \frac{x + 1}{x^2}$, $x_0 = 0$

6. Berechnen Sie den Grenzwert durch Termumformung.

a) $\lim\limits_{x \to 4} \frac{x^2 - 16}{x - 4}$ b) $\lim\limits_{x \to -1} \frac{x^3 - x}{x + 1}$ c) $\lim\limits_{x \to 3} \frac{3 - x}{2x^2 - 6x}$ d) $\lim\limits_{x \to 2} \frac{x^4 - 16}{x - 2}$

7. Berechnen Sie den Grenzwert mit Hilfe der h-Methode. Faktorisieren Sie dazu den Zähler.

a) $\lim\limits_{x \to -3} \frac{2x^2 - 18}{x + 3}$ b) $\lim\limits_{x \to 5} \frac{x^2 - 7x + 10}{x - 5}$ c) $\lim\limits_{x \to 1} \frac{x^2 - x}{x - 1}$ d) $\lim\limits_{x \to x_0} \frac{x^2 - x_0^2}{x - x_0}$

C. Exkurs: Anwendungen

Grenzwerte werden in der Regel innermathematisch oder im technischen Bereich angewendet. Sie kommen aber beispielsweise auch bei Abkühlungsprozessen vor.

Beispiel: Grenztemperatur

Familie Stein ist im Ferienhaus eingeschneit. In der Nacht fällt auch noch die Heizung aus. Als die Steins um 8.00 Uhr aufwachen, ist es nur noch 20 °C warm statt der üblichen 24 °C. Herr Stein kalkuliert, dass die Temperatur durch $T(t) = \frac{52}{t+2} - 6$ beschrieben werden kann (t: Zeit in Stunden seit 8.00 Uhr, T: °C).

a) Wie tief könnte die Temperatur fallen?
b) Wann wird der Gefrierpunkt erreicht?
c) Wann fiel die Heizung aus?

Lösung zu a:
Wir verwenden eine Wertetabelle mit Testeinsetzungen mit wachsenden Werten für t. Es zeigt sich, dass die Temperatur langfristig gegen −6 °C strebt, keine sehr angenehme Aussicht.

Testeinsetzungen:

t	0	1	10	100	$t \to \infty$
T(t)	20	11,33	−1,67	−5,49	$\to -6$

$$\lim_{t \to \infty} \left(\frac{52}{t+2} - 6 \right) = -6$$

Lösung zu b:
Der Ansatz $T(t) = 0$ führt nach nebenstehender Rechnung auf $t = 6\frac{2}{3}$ Stunden d. h. 6 Stunden und 40 Minuten. Addiert man dies zu 8.00 Uhr, so erhält man 14.40 Uhr als Beginn der Eiszeit.

Gefrierpunkt:

$$T(t) = 0 \quad \text{(Ansatz)}$$
$$\frac{52}{t+2} - 6 = 0 \quad | \cdot (t+2)$$
$$52 - 6t - 12 = 0$$
$$t = 6\tfrac{2}{3}\,\text{h} = 6\,\text{h}\ 40\,\text{min}$$

Lösung zu c:
Der Ansatz $T(t) = 24$ führt nach einer zur Lösung zu b analogen Rechnung auf $t = -\frac{4}{15}$ d. h. −16 min. Es war also 7.44 Uhr, als die Heizung ausfiel.

Heizungsausfall:

$$T(t) = 24 \quad \text{(Ansatz)}$$
$$\frac{52}{t+2} - 6 = 24 \quad | \cdot (t+2)$$
$$t = -\tfrac{4}{15}\,\text{h} = -16\,\text{min}$$

Übung 8 Bambus

Die Höhe eines schnell wachsenden Bambusrohres wird durch die Funktion $h(t) = \frac{360t + 90}{2t + 3}$ beschrieben (t in Wochen, h(t) in cm).

a) Wie hoch war das Rohr am Beginn der Messung?
b) Welcher maximalen Höhe nähert sich das Bambusrohr langfristig an?
c) Wann erreicht der Bambus eine Höhe von 150 cm?

Übungen

9. Testeinsetzungen

Berechnen Sie den Grenzwert durch Testeinsetzungen.

a) $\lim\limits_{x \to \infty} \frac{2x+1}{x}$ b) $\lim\limits_{x \to \infty} \frac{1-2x}{x+1}$ c) $\lim\limits_{x \to -\infty} \frac{x^2-x}{1-x^2}$

10. Termumformung/h-Methode

Berechnen Sie den Grenzwert aus Übung 9 mit Hilfe von Termumformungen bzw. mit der h-Methode. Kontrollieren Sie durch Testeinsetzungen.

11. Einseitige Grenzwertuntersuchungen

Untersuchen Sie, ob der Grenzwert existiert, indem Sie sich der kritischen Stelle x_0 einmal von links und einmal von rechts annähern.
Skizzieren Sie zur Kontrolle den Graphen von f mit einem TR/Computer.

a) $f(x) = \frac{1}{x},\ x_0 = 0$ b) $f(x) = \begin{cases} x-1, & x \leq 0 \\ x^2, & x > 0 \end{cases},\ x_0 = 0$ c) $f(x) = \begin{cases} x^2+1, & x \leq 1 \\ 3-x, & x > 1 \end{cases},\ x_0 = 1$

12. Zuordnung

Ordnen Sie jedem Grenzwertterm den zugehörigen Grenzwert zu.

$\lim\limits_{x \to \infty} \frac{2x}{x-2}$ $\lim\limits_{x \to 0} \frac{x^2-x}{x}$ $\lim\limits_{x \to \infty} \frac{3x}{x-x^2}$

$\lim\limits_{x \to 2} \frac{2x^2-8}{x-2}$ $\lim\limits_{x \to 2} \left(x^2+\frac{1}{x}\right)$ $\lim\limits_{x \to \infty} \frac{x^2+1}{x}$

−1 0 4,5 2 8 ∞

13. Wärmepack

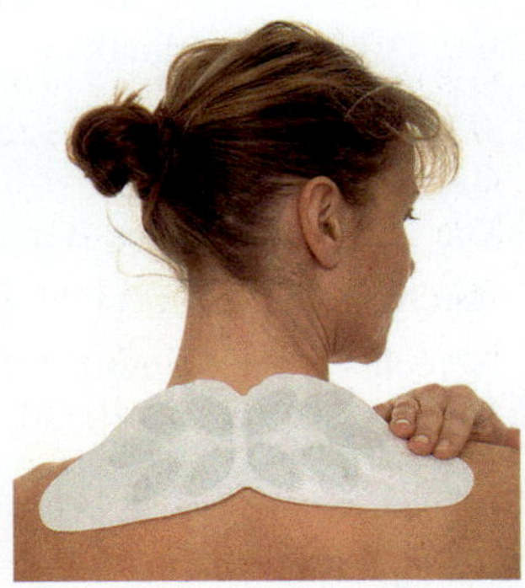

Ein Thermopack enthält eine Flüssigkeit, die bei Erschütterung zu Kristallen erstarrt und dabei die zuvor beim Erhitzen gespeicherte Schmelzwärme wieder freigibt.
Die Temperatur steigt dann nach der Funktion $T(t) = \frac{40t+20}{t+1}$ (t in min).

a) Welche Temperatur liegt zu Beginn vor?
b) Welche Temperatur liegt nach vier Minuten vor?
c) Welche Temperatur wird langfristig erreicht?
d) Wann erreicht die Temperatur 35 °C?

Knobelaufgabe

In einem Regal steht eine Anzahl von Uhren, darunter genau zwei Kuckucksuhren. Zwischen den beiden Kuckucksuhren stehen genau drei normale Uhren. Die sechste Uhr von links ist eine Kuckucksuhr und ebenfalls die achte Uhr von rechts.
Wie viele Uhren stehen mindestens im Regal?

2. Die mittlere Steigung einer Funktion

A. Die mittlere Steigung einer Funktion in einem Intervall

Steigt man einen Hang hinauf, so wird dieser zunehmend steiler. Die Hangsteigung verändert sich laufend. Sie kann daher nur schwer kalkuliert werden. Da man den gleichen Höhenunterschied überwindet, wenn man anstelle des Hangs auf der Sekanten emporsteigt, welche Startpunkt P und Zielpunkt Q verbindet, bezeichnet man deren konstante Steigung als ***mittlere Steigung von f*** zwischen den Punkten P und Q.

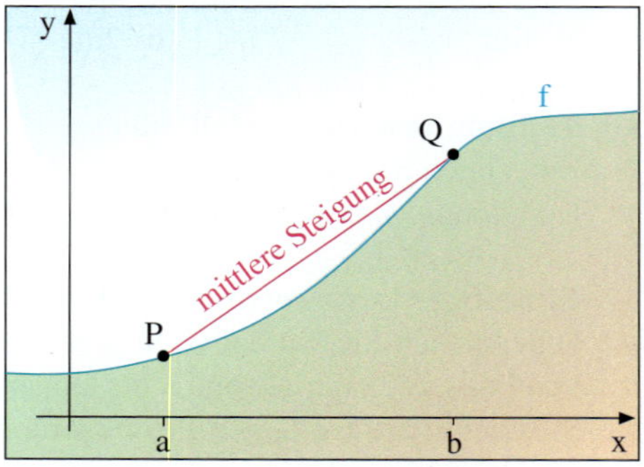

Definition III.1: Mittlere Steigung/mittlere Änderungsrate

Für eine auf dem Intervall [a; b] definierte Funktion f bezeichnet man den Quotienten

$$\frac{\Delta f}{\Delta x} = \frac{f(b) - f(a)}{b - a}$$

als **Differenzenquotienten** von f auf [a; b]. Er wird auch als **mittlere Steigung** von f im Intervall [a; b] bezeichnet.

Anschaulich stellt $\frac{\Delta f}{\Delta x}$ die Steigung der Sekante dar, welche die Punkte $P(a|f(a))$ und $Q(b|f(b))$ verbindet.

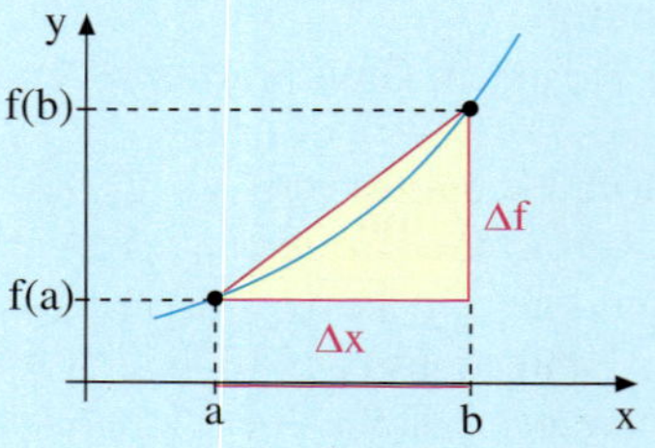

Beispiel: Berghang

Die Profilkurve eines Berghanges wird durch die Funktion $f(x) = \frac{1}{50}x^2$ erfasst.

Berechnen Sie die mittlere Steigung des Hanges im Intervall [10; 30]. Interpretieren Sie Ihr Resultat.

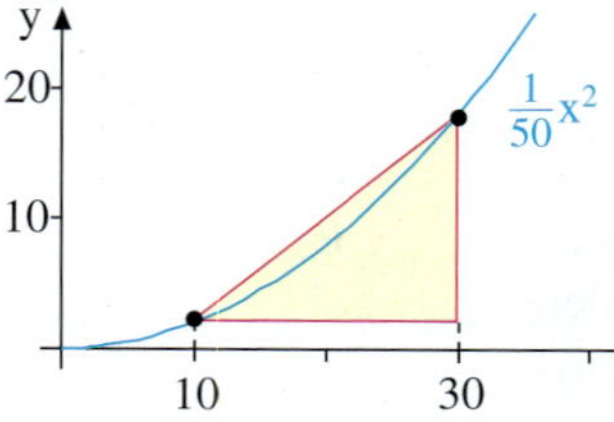

Lösung:

Wir berechnen – wie rechts dargestellt – den Differenzenquotienten von f über dem Intervall [10; 30]. Er hat den Wert 0,8.

Das bedeutet: Bewegt man sich um eine Einheit nach rechts, so geht es im Durchschnitt um 0,8 Einheiten nach oben.

Berechnung des Differenzenquotienten:

$$\frac{\Delta f}{\Delta x} = \frac{f(b) - f(a)}{b - a} = \frac{f(30) - f(10)}{30 - 10} = \frac{18 - 2}{30 - 10} = \frac{16}{20} = 0{,}8$$

Übung 1 Mittlere Steigung

Berechnen Sie die mittlere Steigung der Funktion f über dem Intervall I.
Fertigen Sie dazu eine passende Skizze an.

a) $f(x) = \frac{1}{2}x^2 + 1, \quad I = [1; 3]$

b) $f(x) = \frac{4}{x}, \quad I = [2; 8]$

c) $f(x) = 2x, \quad I = [0; 1]$

d) $f(x) = 2^x, \quad I = [1; 3]$

Wir betrachten ein weiteres Beispiel zur mittleren Steigung einer Kurve, bei welchem statt einer Funktionsgleichung nur graphische Daten gegeben sind.

Beispiel: Tour de France
Rechts ist das Höhenprofil einer Bergetappe der Tour de France abgebildet. Bestimmen Sie die mittlere Steigung für jeden der vier dargestellten Streckenabschnitte.
Beurteilen Sie die Bedeutung der Ergebnisse für den Fahrer.

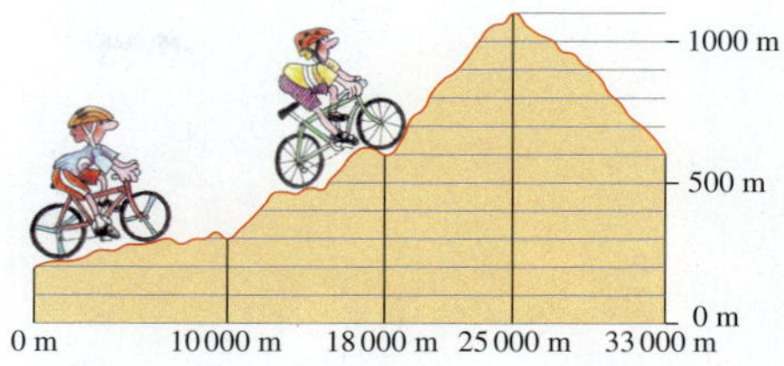

Lösung:
Im ersten Streckenabschnitt werden in der Horizontalen 10000 m zurückgelegt. Also ist $\Delta x = 10000$.
In der Vertikalen werden 100 Höhenmeter gewonnen. Daher ist $\Delta y = 100$.
Der Differenzenquotient $\frac{\Delta x}{\Delta y} = 0{,}01$ ist die Steigung der Sekante, welche Anfangs- und Endpunkt des Abschnittes verbindet. Diese beträgt 1 %. Das ist gleichzeitig die mittlere Steigung der Bergstrecke in diesem Abschnitt. Der Fahrer muss auf 100 m in der Horizontalen nur 1 m Höhe überwinden.

Beurteilung: Im ersten, dritten und vierten Streckenabschnitt verläuft die Kurve ziemlich geradlinig. Hier trifft die mittlere Steigung die realen Verhältnisse gut und ist daher eine wichtige Information für den Fahrer. Im zweiten Streckenabschnitt ist das anders. Hier muss der Fahrer teilweise wesentlich steilere Anstiege bewältigen, als die mittlere Steigung vermuten lässt.

Mittlere Steigungen in den Abschnitten:

1. Abschnitt:
$\frac{\Delta y}{\Delta x} = \frac{100}{10000} = 0{,}01 = 1\,\%$

2. Abschnitt:
$\frac{\Delta y}{\Delta x} = \frac{300}{8000} = 0{,}0375 = 3{,}75\,\%$

3. Abschnitt:
$\frac{\Delta y}{\Delta x} = \frac{500}{7000} \approx 0{,}0714 = 7{,}14\,\%$

4. Abschnitt:
$\frac{\Delta y}{\Delta x} = \frac{-500}{8000} = -0{,}0625 = -6{,}25\,\%$

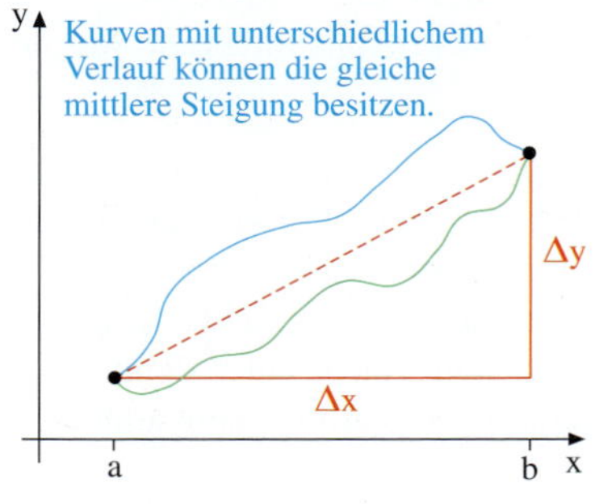

Übung 2 Mittlere Steigung bei gegebener Funktionsgleichung
Gegeben sei die Funktion $f(x) = x^2 - 2x$.
a) Zeichnen Sie den Graphen von f für $-2 \le x \le 4$.
b) Berechnen Sie die mittlere Steigung von f in den Intervallen $[-2; 0]$ und $[0; 3]$.
c) Wie groß ist die mittlere Steigung im Intervall $[-1; 3]$? Erläutern Sie das Resultat.
d) Geben Sie zwei Intervalle an, in denen die mittlere Steigung von f 1 bzw. 2 beträgt.

B. Mittlere Änderungsrate und mittlere Geschwindigkeit in einem Intervall

Im Anwendungszusammenhang – z. B. bei einem physikalischen Vorgang – wird die mittlere Steigung meistens als ***mittlere Änderungsrate*** bezeichnet.

Zur Analyse eines Wettlaufs kann man die mittlere Änderungsrate des Weges – die man auch als ***mittlere Geschwindigkeit*** bezeichnet – in verschiedenen Phasen des Laufs bestimmen und auswerten. Die mittlere Geschwindigkeit $\overline{v}$ ist der Quotient aus dem zurückgelegten Weg Δs und der benötigten Zeit Δt : $\overline{v} = \frac{\Delta s}{\Delta t}$.

Beispiel: Die mittlere Geschwindigkeit

Der Rekordlauf über 100 m des jamaikanischen Sprinters Usain Bolt bei der Weltmeisterschaft 2009 in Deutschland wurde zur Analyse in fünf Zeitintervalle aufgeteilt. Die jeweils erreichte Wegstrecke s wurde per Videoaufzeichnung registriert.

Zeit t in sec	0	1	3	6	8	9,58
Weg s in m	0	5,4	21	56	81	100

a) Skizzieren Sie den Graphen der Weg-Zeit-Funktion s (t) angenähert.

b) Bestimmen Sie die mittlere Geschwindigkeit in jedem der fünf Beobachtungsintervalle. In welchem der fünf Intervalle war der Sprinter am schnellsten?

Lösung zu a:

Wir kennen nur sechs Punkte des Graphen von s. Wenn wir sie durch Strecken verbinden, erhalten wir zwar nicht den exakten Graphen von s, aber dennoch eine ungefähre Vorstellung von seinem Verlauf.

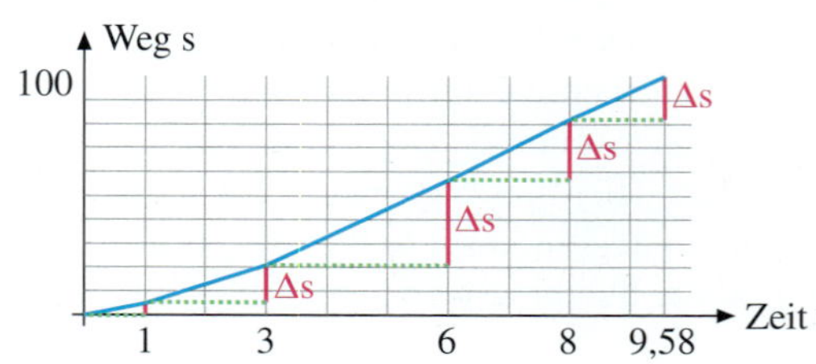

Lösung zu b:

Die ***Änderung*** des Weges bezeichnen wir mit dem Symbol Δs. Dieses Symbol steht für eine Differenz, denn eine Änderung ist mathematisch eine Differenz. Als Beispiel betrachten wir das Zeitintervall [3; 6]. Für die Änderung von s in diesem Intervall gilt:

$\Delta s = s(6) - s(3) = 56\,m - 21\,m = 35\,m$.

Die Änderung Δs in den Einzelintervallen:

[0; 1]: $\Delta s = s(1) - s(0) = 5{,}4 - 0 = 5{,}4\,m$

[1; 3]: $\Delta s = s(3) - s(1) = 21 - 5{,}4 = 15{,}6\,m$

[3; 6]: $\Delta s = s(6) - s(3) = 56 - 21 = 35\,m$

[6; 8]: $\Delta s = s(8) - s(6) = 81 - 56 = 25\,m$

[8; 9,58]: $\Delta s = s(9{,}58) - s(8) = 100 - 81 = 19\,m$

Um beurteilen zu können, wie schnell sich die Funktion s in einem Intervall ändert, muss man die Wegänderung errechnen, die in diesem Intervall pro Sekunde erzielt wird. Man muss also die gesamte Wegänderung Δs im Intervall durch die Intervalllänge Δt dividieren.

Dazu wird der ***Differenzenquotient*** $\frac{\Delta s}{\Delta t}$ berechnet. Für das Intervall [3; 6] ergibt sich:

$\frac{\Delta s}{\Delta t} = \frac{s(6) - s(3)}{6 - 3} = \frac{56 - 21}{3} = \frac{35}{3} \approx 11{,}67\,\frac{m}{s}$.

Das Resultat dieser Rechnung bezeichnet man als ***mittlere Änderungsrate*** der Funktion s im Intervall [3; 6].

Man spricht hier auch von der ***mittleren Geschwindigkeit*** im Intervall [3; 6].

Rechts sind alle fünf Änderungsraten aufgeführt. Die höchste Änderungsrate liegt im Intervall [6; 8] vor. Dort läuft der Sprinter am schnellsten, nämlich mit $12{,}5\,\frac{m}{s}$ oder mit $45{,}5\,\frac{km}{h}$. (1 m/s = 3,6 km/h)

Die Änderungsrate $\frac{\Delta s}{\Delta t}$ des Weges s:

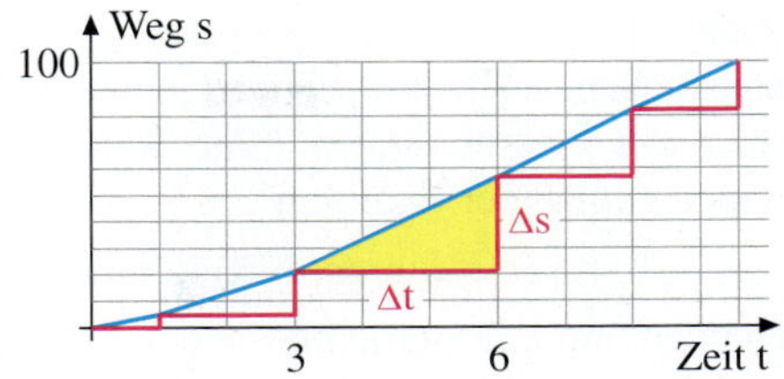

$[0; 1]\colon \frac{\Delta s}{\Delta t} = \frac{s(1) - s(0)}{1 - 0} = \frac{5{,}4 - 0}{1} = 5{,}4\,\frac{m}{s}$

$[1; 3]\colon \frac{\Delta s}{\Delta t} = \frac{s(3) - s(1)}{3 - 1} = \frac{21 - 5{,}4}{2} = \frac{15{,}6}{2} = 7{,}8\,\frac{m}{s}$

$[3; 6]\colon \frac{\Delta s}{\Delta t} = \frac{s(6) - s(3)}{6 - 3} = \frac{56 - 21}{3} = \frac{35}{3} \approx 11{,}67\,\frac{m}{s}$

$[6; 8]\colon \frac{\Delta s}{\Delta t} = \frac{s(8) - s(6)}{8 - 6} = \frac{81 - 56}{2} = \frac{25}{2} = 12{,}5\,\frac{m}{s}$

$[8; 9{,}58]\colon \frac{\Delta s}{\Delta t} = \frac{s(9{,}58) - s(8)}{9{,}58 - 8} = \frac{100 - 81}{1{,}58} \approx 12{,}02\,\frac{m}{s}$

Den Begriff der mittleren Änderungsrate kann man auf beliebige Funktionen verallgemeinern. Sie ist ein Maß dafür, wie schnell sich die Funktion in einem Intervall im Mittel ändert.

Definition III.2: Differenzenquotient und mittlere Änderungsrate

Die Funktion f(x) sei auf dem Intervall [a; b] definiert. Dann bezeichnet man den Quotienten

$$\frac{\Delta f}{\Delta x} = \frac{f(b) - f(a)}{b - a}$$

als ***Differenzenquotienten*** von f im Intervall [a; b] bzw. als ***mittlere Änderungsrate*** von f im Intervall [a; b].
Die mittlere Änderungsrate entspricht der Steigung der Sekante durch $P(a|f(a))$ und $Q(b|f(b))$.

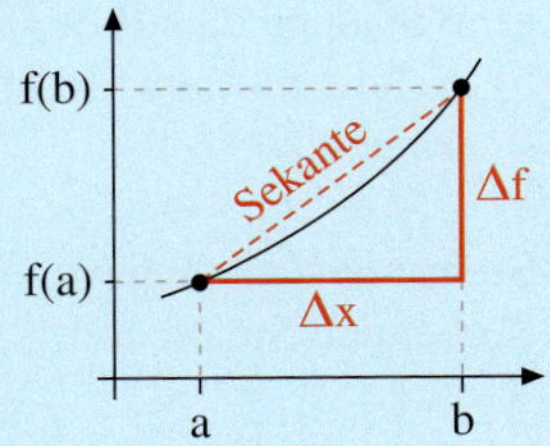

Übung 3 Mittlere Steigung bei gegebener Wertetabelle

Die Tabelle gibt die Bevölkerungsentwicklung eines Landes wieder. Zeichnen Sie die zugehörige Kurve und berechnen Sie für alle sieben Messabschnitte die mittlere Wachstumsrate.

Jahr	1870	1890	1920	1930	1950	1990	2000	2015
Einwohnerzahl in Mio.	10	20	55	65	70	65	70	81

Übungen

4. Jesusechsen

Helmbasilisken, auch Jesusechsen genannt, können über das Wasser rennen. Eine Kolonie vermehrt sich gemäß der Funktion

$N(t) = \frac{8}{1 + 3 \cdot 2^{-0,4t}}$ (t in Jahren, N(t) in Hundert).

a) Zeichnen und interpretieren Sie den Graphen.

b) Vergleichen Sie die mittlere Wachstumsrate in den ersten beiden Jahren mit der im 3. Jahr, im 4. Jahr und im 10. Jahr.

5. Berechnung mittlerer Steigungen

Berechnen Sie die mittlere Steigung von f im angegebenen Intervall.

a) $f(x) = \frac{1}{2}x$, $I = [0; 1]$ b) $f(x) = \frac{1}{2}x^3$, $I = [1; 3]$ c) $f(x) = x^2 - 4x$, $I = [0; 2]$

6. Berechnung mittlerer Steigungen

Gegeben ist die Funktion $f(x) = x^2$.

a) Berechnen Sie die mittlere Steigung der Funktion auf dem Intervall [2; a] für a > 2.

b) Wie muss der Parameter a > 2 gewählt werden, wenn die mittlere Änderungsrate der Funktion auf dem Intervall [2; a] den Wert 6 annehmen soll?

7. Bogenschießen

Die Sehne eines Bogens beschleunigt den Pfeil auf einer Strecke von 0,6 m angenähert nach dem Weg-Zeit-Gesetz $s(t) = 1500\,t^2$. (t: Zeit in s; s: Strecke in m)

a) Wie lange dauert der Vorgang?

b) Welche mittlere Geschwindigkeit erreicht der Pfeil? Die Endgeschwindigkeit ist übrigens doppelt so groß.

8. Steigung einer Kurve

Berechnen Sie die mittlere Steigung der Funktion f in jedem der drei Intervalle.

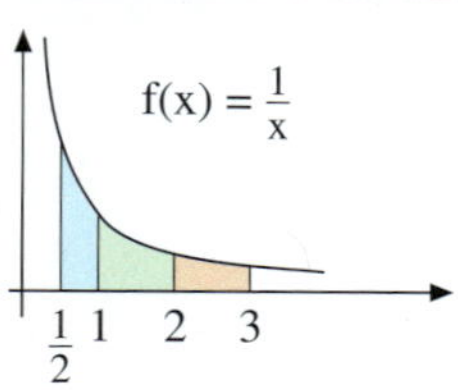

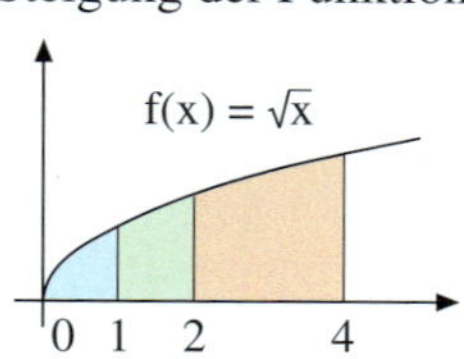

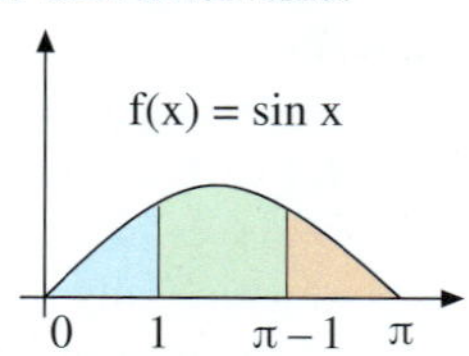

9. Sprungschanze

Das Profil einer Skischanze wird durch $f(x) = \frac{1}{120}x^2 - x + 60$ $(0 \le x \le 30)$ beschrieben.

a) Wie groß ist die mittlere Steigung der Schanze?

b) Wie groß ist die mittlere Steigung auf dem ersten bzw. auf dem letzten Meter der Schanze?

10. Auswertung von Streckenprotokollen

Eine Gruppe von Paddlern zeichnet die Fahrt mit Hilfe eines Navigationsgerätes auf. Sie erhalten folgendes Streckenprotokoll:

Zeit in Std.	0	1	2	3	4	5	6	7	8
Weg in km	0	10	18	24	24	32	38	46	56

Eine zweite Paddlergruppe erhält auf der gleichen Strecke folgendes Protokoll:

Zeit in Std.	0	1	2	3	4	5	6	7	8
Weg in km	0	5	9	15	30	35	40	45	56

a) Zeichnen Sie jeweils das Weg-Zeit-Diagramm (1 Std. = 1 cm, 10 km = 1 cm).
b) Berechnen Sie jeweils die Durchschnittsgeschwindigkeit für die Gesamtstrecke.
c) Welche Gruppe hatte die schnelleren Paddler?
d) Interpretieren Sie Besonderheiten der beiden Routen.

11. Geschwindigkeitskontrolle

Ein LKW-Fahrer wird von der Polizei beschuldigt, auf einer 5 km langen Strecke die Geschwindigkeitsbegrenzung von 80 km/h überschritten zu haben.
Der Fahrer bestreitet dies und verweist auf ein Computerprotokoll seiner Fahrt, aus dem hervorgeht, dass er die 5 km in 4 Minuten durchfahren hat, was nur einer Geschwindigkeit von 75 km/h entspreche.
Bestätigt das Diagramm die Polizei oder den Fahrer?

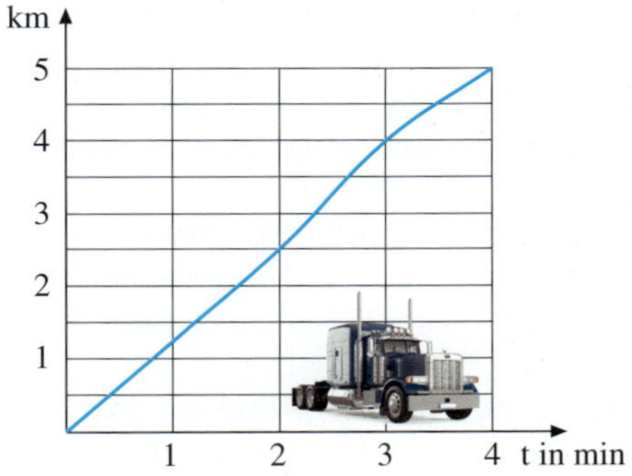

12. ICE

Ein ICE hat starke Elektromotoren. In der ersten Phase der Beschleunigung gilt angenähert das Weg-Zeit-Gesetz $s(t) = 0{,}7\,t^2$ (t in Sekunden; s in Meter).

a) Welchen Weg legt der Zug in den ersten 20 s zurück? Wie groß ist seine mittlere Geschwindigkeit in dieser ersten Beschleunigungsphase?
b) Wie groß ist die mittlere Geschwindigkeit in der 20. Sekunde, also in Intervall [19; 20]?
c) Berechnen Sie die mittlere Geschwindigkeit im Intervall [19,99; 20].
d) Untersuchen Sie folgende Frage: Nach welcher Zeit würde der ICE bei gleichbleibendem Weg-Zeit-Gesetz eine Geschwindigkeit von 300 km/h erreichen ?

3. Die lokale Steigung einer Funktion

A. Die Steigung einer Kurve in einem Punkt

Beispiel: Ein Raupenfahrzeug mit einer Steigfähigkeit von 78 %* fährt einen Hang mit parabelförmigem Profil hinauf. Die Profilkurve lässt sich näherungsweise durch die Funktion $f(x) = \frac{1}{50}x^2$ beschreiben.
Kann das Fahrzeug die Markierungsstange erreichen?

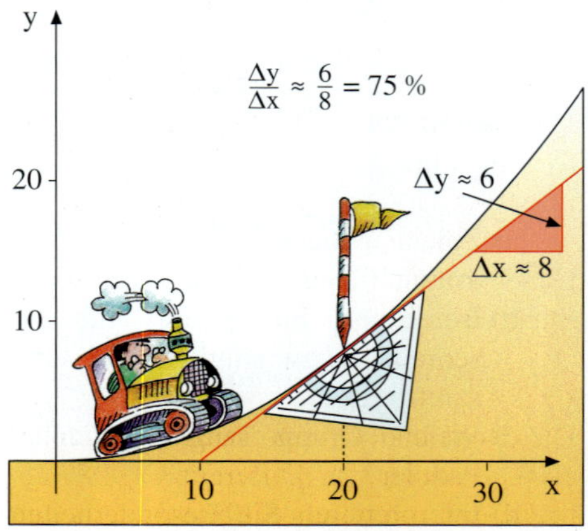

Lösung:
Um festzustellen, wie steil der Hang bei der Markierungsstange ist, legen wir dort das Geodreieck – so gut es geht – tangential an die Kurve an.
Wir erhalten auf diese Weise eine Tangente an die Profilkurve, deren Steigung wir nun mithilfe eines Steigungsdreiecks ablesen können.
Sie beträgt ungefähr 75 %. Etwa die gleiche Steigung hat der Hang in der Nähe der Stange. Danach dürfte die Raupe also bis zu der Markierungsstange kommen. Allerdings können wir nicht ganz sicher sein, denn die zur Steigungsmessung verwendete Tangente haben wir durch Anlegen des Geodreiecks nach „Augenmaß“ gewonnen.

Es ist jedoch möglich, ein Verfahren zu entwickeln, das die exakte rechnerische Bestimmung der Tangente an eine Kurve in einem beliebigen Kurvenpunkt gestattet.
Wir erläutern das Verfahren zunächst allgemein, wobei wir uns an der Abbildung orientieren.

$P(x_0|y_0)$ sei ein fester Punkt auf dem Graphen einer gegebenen Funktion f.
$Q(x|y)$ sei ein weiterer, von P verschiedener Punkt des Graphen. Die durch P und Q eindeutig festgelegte Gerade bezeichnet man als ***Sekante***. Lassen wir nun den Punkt $Q(x|y)$ auf der Kurve zum Punkt $P(x_0|y_0)$ „hinwandern“, so dreht sich die zugehörige Sekante um den Punkt P. Je näher Q an P heranrückt, umso mehr nähert sich die zugehörige Sekante einer bestimmten „Grenzgeraden“, die mit dem Graphen nur den Punkt $P(x_0|y_0)$ gemeinsam hat. Diese Grenzgerade nennen wir ***Tangente*** an die Kurve im Punkt $P(x_0|y_0)$.

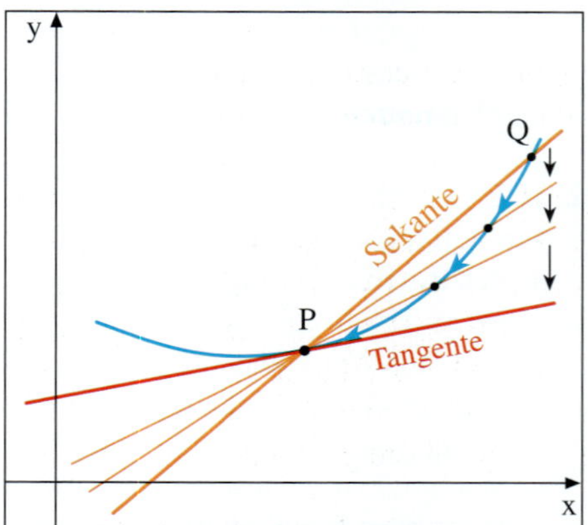

Von der Sekante zur Tangente

* 78 %: 78 m Höhenunterschied auf 100 m in der Horizontalen

Es ist nun naheliegend, unter der Steigung einer Funktion in einem Punkt $P(x_0|y_0)$ ihres Graphen die Steigung der Tangente t zu verstehen, die den Graphen in P berührt. Uns interessiert daher vor allem die Berechnung der Tangentensteigung.

Da sich die Tangente t als Grenzgerade von Sekanten ergibt, ist ihre Steigung der Grenzwert der zugehörigen Sekantensteigungen.

Das abgebildete Steigungsdreieck zeigt: Die Sekante durch $P(x_0|y_0)$ und $Q(x|y)$ hat die Steigung

$\frac{f(x)-f(x_0)}{x-x_0}$ ***(Differenzenquotient)***.

Daher hat die Tangente durch $P(x_0|y_0)$ die Steigung

$\lim\limits_{x \to x_0} \frac{f(x)-f(x_0)}{x-x_0}$ ***(Differentialquotient)***.

Die Bestimmung der Tangentensteigung als Grenzwert des Differenzenquotienten bezeichnet man als ***Differenzieren*** der Funktion.

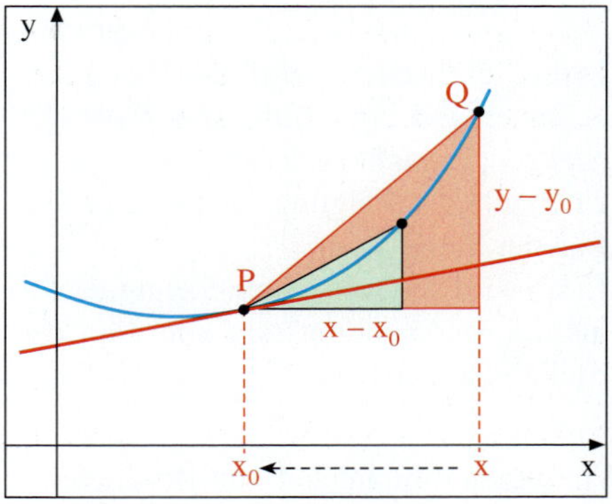

Wir wenden das Verfahren nun auf unser Einstiegsbeispiel an.

In diesem Beispiel gilt $f(x) = \frac{1}{50}x^2$.

Zur rechnerischen Bestimmung der Steigung der Tangente durch den Punkt $P(20|f(20))$ müssen wir den Grenzwert

$\lim\limits_{x \to 20} \frac{f(x)-f(20)}{x-20}$ untersuchen.

Direktes Einsetzen von $x = 20$ liefert nur den ***unbestimmten Ausdruck*** $\frac{0}{0}$.

Durch Ausklammern von $\frac{1}{50}$ und Anwenden der dritten binomischen Formel gelingt es, den störenden Nennerterm $x - 20$ zu kürzen. Anschließend ist die Grenzwertbildung problemlos möglich.

Wir erhalten so den Wert 0,8 bzw. 80% für die Tangentensteigung bei $x = 20$.

Das bedeutet: Das Raupenfahrzeug erreicht die Markierungsstange nicht ganz.

Berechnung der Tangentensteigung:

$$\begin{aligned}\lim_{x \to 20} \frac{f(x)-f(20)}{x-20} &= \lim_{x \to 20} \frac{\frac{1}{50}x^2 - 8}{x-20}\\ &= \lim_{x \to 20} \frac{\frac{1}{50}(x^2-400)}{x-20}\\ &= \lim_{x \to 20} \frac{\frac{1}{50}(x-20)(x+20)}{x-20}\\ &= \lim_{x \to 20} \frac{1}{50}(x+20)\\ &= \frac{40}{50}\\ &= 0{,}8\end{aligned}$$

Resultat:

Die Steigung des Hanges an der Stelle $x_0 = 20$ beträgt 80%.

Die Raupe schafft aber nur 78%.

Wir fassen nun unsere Überlegung in der folgenden Definition zusammen.

Definition III.3: Differenzierbarkeit
Die Funktion f heißt ***differenzierbar*** an der Stelle $x_0 \in D$, wenn der Grenzwert

$$\lim_{x \to x_0} \frac{f(x) - f(x_0)}{x - x_0} \text{ existiert:}$$

Dieser Grenzwert wird mit $f'(x_0)$ bezeichnet und ***Ableitung von f an der Stelle x_0*** genannt (gelesen: f-Strich).
$f'(x_0)$ gibt die Steigung der Tangente von f an der Stelle x_0 an.
$f'(x_0)$ wird auch als lokale Steigung oder als lokale Änderungsrate von f an der Stelle x_0 bezeichnet.

Formeln zur Berechnung von $f'(x_0)$

Methode I: $x \to x_0$

(I) $$f'(x_0) = \lim_{x \to x_0} \frac{f(x) - f(x_0)}{x - x_0}$$

Methode II: $h \to 0$

(II) $$f'(x_0) = \lim_{h \to 0} \frac{f(x_0 + h) - f(x_0)}{h}$$

Bemerkung: Setzt man in der ersten Formel $x = x_0 + h$, so erhält man die zweite Formel.

Wir zeigen nun anhand von Beispielen, wie die obigen beiden Formeln im konkreten Fall zur exakten Steigungsberechnung eingesetzt werden.

Beispiel: Exakte Steigungsberechnung
Berechnen Sie die Steigung der Funktion $f(x) = x^2$ an der Stelle $x_0 = 2$.
Verwenden Sie einmal Formel I ($x \to x_0$) und zum Vergleich auch Formel II ($h \to 0$).

Lösung mit Formel I:
Bei Verwendung von Formel I muss der störende Nennerterm $x - x_0$ gekürzt werden. Um das zu ermöglichen, muss zuvor der Zählerterm mit der dritten binomischen Formel umgeformt werden.

Lösung mit Formel II:
Bei Verwendung von Formel II muss der störende Nennerterm h gekürzt werden. Dies erfordert die vorherige Umformung des Zählerterms mit der ersten binomischen Formel.

Formel I		Formel II
$f'(2) = \lim\limits_{x \to 2} \frac{f(x) - f(2)}{x - 2}$	***Aufstellen des Differenzenquotienten***	$f'(2) = \lim\limits_{h \to 0} \frac{f(2+h) - f(2)}{h}$
$= \lim\limits_{x \to 2} \frac{x^2 - 4}{x - 2}$	***Umformen des Differenzenquotienten***	$= \lim\limits_{h \to 0} \frac{(2+h)^2 - 4}{h}$
$= \lim\limits_{x \to 2} \frac{(x+2) \cdot (x-2)}{x - 2}$		$= \lim\limits_{h \to 0} \frac{4 + 4h + h^2 - 4}{h}$
$= \lim\limits_{x \to 2} (x + 2)$	***Kürzen von $x - x_0$ bzw. h***	$= \lim\limits_{h \to 0} \frac{4h + h^2}{h}$
$= 2 + 2$	***Bestimmen des Grenzwertes***	$= \lim\limits_{h \to 0} (4 + h)$
$= 4$		$= 4$

Übung 1 Steigung
Berechnen Sie die Steigung der Funktion f an der Stelle x_0.
a) $f(x) = x^2$, $x_0 = -1$ b) $f(x) = 0{,}5\,x^2$, $x_0 = 2$ c) $f(x) = a\,x^2$, $x_0 = 1$

Leider funktioniert die Bestimmung der Ableitung von f an einer Stelle x_0 mit Hilfe der Formeln I und II nur bei quadratischen Funktionen so einfach wie im vorigen Beispiel. Schon bei Polynomen dritten Grades wird die Technik deutlich komplizierter.

Beispiel: h-Methode bei kubischer Funktion

Berechnen Sie die Steigung von $f(x) = x^3$ an der Stelle $x_0 = 1$ mit der h-Methode (Formel II).

Lösung:
Wir benötigen die binomische Formel der Ordnung 3, um den Differenzenquotienten so umzuformen, dass der Faktor h gekürzt werden kann:
$(a + b)^3 = a^3 + 3a^2b + 3ab^2 + b^3$
Für a = 1 und b = h folgt:
$(1 + h)^3 = 1 + 3h + 3h^2 + h^3$
Damit können wir die h-Methode – wie rechts dargestellt – anwenden.
Resultat: $f'(1) = 3$

Ableitung bei $x_0 = 1$:

$$
\begin{aligned}
f'(1) &= \lim_{h \to 0} \frac{f(1+h) - f(1)}{h} \\
&= \lim_{h \to 0} \frac{(1+h)^3 - 1^3}{h} \\
&= \lim_{h \to 0} \frac{1 + 3h + 3h^2 + h^3 - 1}{h} \\
&= \lim_{h \to 0} \frac{3h + 3h^2 + h^3}{h} \\
&= \lim_{h \to 0} (3 + 3h + h^2) \\
&= 3
\end{aligned}
$$

Beispiel: $(x - x_0)$-Methode bei kubischer Funktion

Berechnen Sie die Steigung von $f(x) = x^3$ bei $x_0 = 1$ mit der $(x - x_0)$-Methode (Formel I).
Hilfestellung: Zeigen Sie zunächst, dass die Darstellung $x^3 - 1 = (x^2 + x + 1) \cdot (x - 1)$ gilt.

Lösung:
Wir weisen zunächst die Gültigkeit der als Hilfe vorgegebenen Faktorisierung nach:

$$
\begin{aligned}
&(x^2 + x + 1) \cdot (x - 1) \\
&= x^3 + x^2 + x - x^2 - x - 1 \\
&= x^3 - 1
\end{aligned}
$$

Damit können wir die nebenstehende Rechnung durchführen und erhalten $f'(1) = 3$. Ohne die vorgegebene Faktorisierung wäre es allerdings schwierig geworden*.

Ableitung bei $x_0 = 1$:

$$
\begin{aligned}
f'(1) &= \lim_{x \to 1} \frac{f(x) - f(1)}{x - 1} \\
&= \lim_{x \to 1} \frac{x^3 - 1}{x - 1} \\
&= \lim_{x \to 1} \frac{(x^2 + x + 1) \cdot (x - 1)}{x - 1} \\
&= \lim_{x \to 1} (x^2 + x + 1) \\
&= 3
\end{aligned}
$$

Übung 2 Steigung/h-Methode

Berechnen Sie die Steigung von f an der Stelle x_0 mithilfe der h-Methode.

a) $f(x) = x^2, x_0 = 1$ b) $f(x) = 2x^2, x_0 = -1$ c) $f(x) = x^3, x_0 = 2$ d) $f(x) = 2x, x_0 = 1$

Übung 3 Ableitung/h-Methode

Gegeben ist $f(x) = x^4$. Berechnen Sie die Ableitung von f bei $x_0 = 2$ mit der h-Methode.
Hilfe: Verwenden Sie die Binomische Formel $(a + b)^4 = a^4 + 4a^3b + 6a^2b^2 + 4ab^3 + b^4$.

---

* Man kann eine solche Faktorisierung durch ***Polynomdivision*** gewinnen (hier nicht behandelt).

Auch bei zusammengesetzten Funktionstermen kann man die h-Methode anwenden.

Beispiel: Zusammengesetzter Funktionsterm
Gesucht ist die Steigung von $f(x) = x^2 + 2x$ an der Stelle $x_0 = 3$.

Lösung:
Wegen des Vorkommens eines quadratischen Summanden im Funktionsterm von f wird wie im Beispiel auf Seite 86 (rechts) die erste binomische Formel benötigt.

Die Rechnung – rechts dargestellt – verläuft dann routinemäßig.

Resultat: $f'(3) = 8$

Ableitung bei $x_0 = 1$:

$$\begin{aligned} f'(3) &= \lim_{h \to 0} \frac{f(3+h) - f(3)}{h} \\ &= \lim_{h \to 0} \frac{(3+h)^2 + 2 \cdot (3+h) - 15}{h} \\ &= \lim_{h \to 0} \frac{9 + 6h + h^2 + 6 + 2h - 15}{h} \\ &= \lim_{h \to 0} \frac{h^2 + 8h}{h} \\ &= \lim_{h \to 0} (h + 8) \\ &= 8 \end{aligned}$$

Übung 4 Steigung/h-Methode
Berechnen Sie die Steigung von f an der Stelle x_0 mit Hilfe der h-Methode.
a) $f(x) = x^2 - x$, $x_0 = 1$ b) $f(x) = 2x^2 + 1$, $x_0 = -2$ c) $f(x) = 3x + 2$, $x_0 = 2$

B. Exkurs: Nicht differenzierbare Funktionen

Eine Funktion ist ***differenzierbar*** an der Stelle x_0, wenn sie an dieser Stelle eine eindeutig bestimmte Tangente besitzt (Bild 1).
In der näheren Umgebung von x_0 stimmen Funktion und Tangente nahezu überein (Vergrößerungslupe). Man sagt auch, dass differenzierbare Funktionen im lokalen Mikrobereich ***linear approximierbar*** sind.

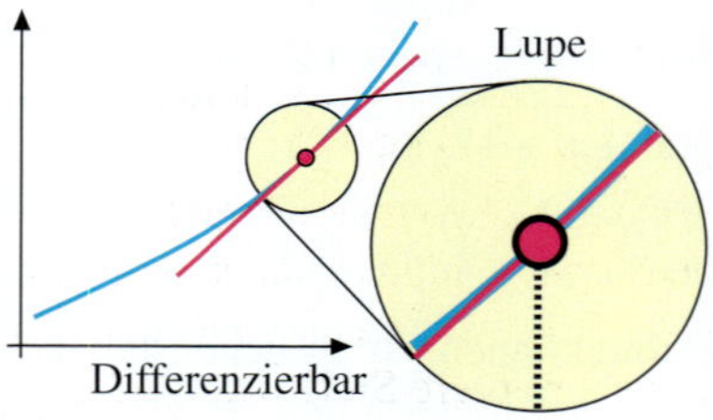

Eine Funktion ist in x_0 ***nicht differenzierbar***, wenn sie dort keine eindeutige Tangente besitzt oder nur eine einseitige Tangente bzw. wenn sie in der unmittelbaren Nähe von x_0 nicht nahezu linear verläuft.

Dies ist der Fall, wenn f bei x_0 einen ***Knick*** (Bild 2) oder sogar einen ***Sprung*** (Bild 3) besitzt.

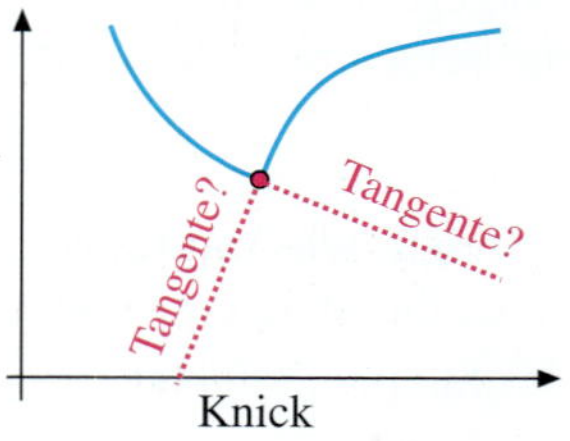

Übung 5 Nicht differenzierbar
Zeichnen Sie den Graphen von f. An welcher Stelle ist f nicht differenzierbar? Begründen Sie.
a) $f(x) = |x|$ b) $f(x) = \frac{|x|}{x}$ c) $f(x) = \sqrt{x}$

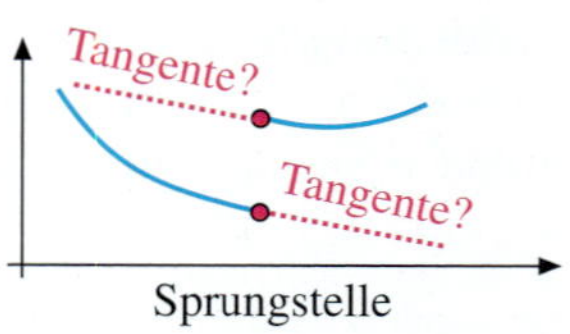

C. Näherungsweise Bestimmung der lokalen Steigung $f'(x_0)$

Im Verlauf des Kurses werden an späterer Stelle Methoden entwickelt, mit denen sich die lokale Steigung einer Funktion sehr einfach berechnen lässt. Manchmal jedoch ist dies nicht möglich. Dann muss man die lokale Steigung angenähert bestimmen. Hierfür gibt es zwei Möglichkeiten, die nun in knapper Form angesprochen werden.

Beispiel: Graphische Bestimmung der lokalen Steigung
Bestimmen Sie die lokale Steigung von $f(x) = 1 - x^2$ an der Stelle $x_0 = 1$ näherungsweise. Zeichnen Sie dazu den Graphen von f.

Lösung:
Wir zeichnen den Graphen von f auf Karopapier oder besser auf mm-Papier. Dann zeichnen wir im Punkt P(1|0) mittels Geodreieck die Tangente von f ein.
Diese versehen wir mit einem Steigungsdreieck und messen dessen Seiten Δy und Δx, sodass wir den Quotienten $m = \frac{\Delta y}{\Delta x}$ bestimmen können.
Wir erhalten als Resultat $f'(1) = \frac{\Delta y}{\Delta x} \approx -2$.

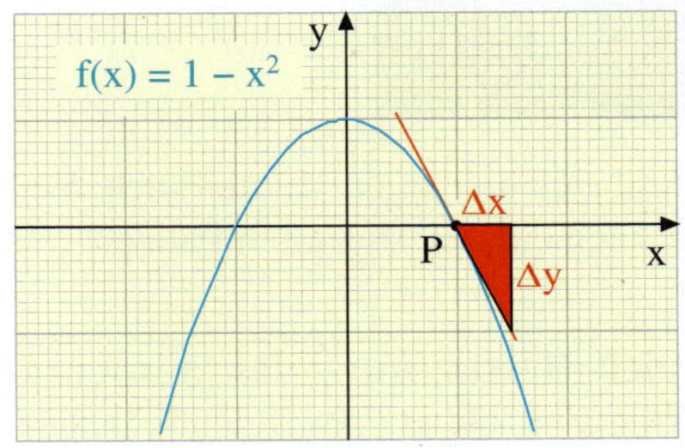

$f'(1) = \frac{\Delta y}{\Delta x} \approx \frac{-1}{0,5} -2$

Beispiel: Rechnerische Bestimmung der lokalen Steigung
Bestimmen Sie die Steigung von $f(x) = 1 - x^2$ an der Stelle $x_0 = 1$ näherungsweise. Verwenden Sie dazu eine Näherungstabelle.

Lösung:
Wir berechnen die mittlere Steigung von f auf dem Intervall [1;x].
Wir beginnen mit dem Wert x = 2 und schieben dann x immer näher an 1 heran. Für jedes Intervall, das so entsteht, berechnen wir die mittlere Steigung von f.
So entsteht ein Grenzprozess, der angenähert die lokale Steigung $f'(1) = -2$ liefert.

x	Mittlere Steigung von f in [1;x]
2	$\frac{f(2)-f(1)}{2-1} = \frac{-3-0}{2-1} = \frac{-3}{1} = -3$
1,1	$\frac{f(1{,}1)-f(1)}{1{,}1-1} = \frac{-0{,}21-0}{1{,}1-1} = \frac{-0{,}21}{0{,}1} = -2{,}1$
1,01	$\frac{f(1{,}01)-f(1)}{1{,}01-1} = \frac{-0{,}0201-0}{1{,}01-1} = \frac{-0{,}0201}{0{,}01} = -2{,}01$
↓	↓
1	−2

$$f'(1) = \lim_{x \to 1} = \frac{f(x) - f(1)}{x - 1} = -2$$

Übung 6 Steigung (graphisch)
Bestimmen Sie graphisch die Steigung von f an den dargestellten Punkten.

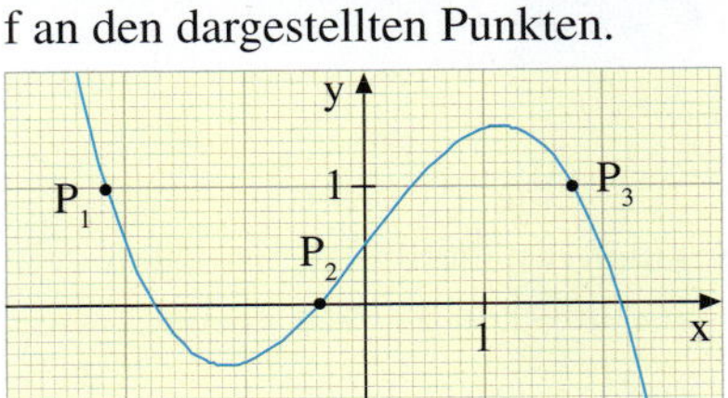

Übung 7 Steigung (tabellarisch)
Bestimmen Sie angenähert durch Anlegen einer Näherungstabelle die Steigung von f an der Stelle x_0.

a) $f(x) = x^2$, $x_0 = 1$
b) $f(x) = \frac{1}{4}x^3$, $x_0 = 2$
c) $f(x) = \frac{1}{x}$, $x_0 = 2$
d) $f(x) = \sqrt{x}$, $x_0 = 1$

D. Die Momentangeschwindigkeit

$t = 0 \quad s = 0$
$t = 1 \quad s = 5$
$t = 2 \quad s = 20$
$t = 3 \quad s = 45$

Der italienische Mathematiker Galileo Galilei (1564–1642) untersuchte die ***Gesetze des freien Falls***. Er führte seine Versuche an einer schiefen Ebene durch. Am schiefen Turm von Pisa soll er ebenfalls Fallversuche unternommen haben, aber das ist nicht belegt.
Seine Versuche haben gezeigt, dass der Fallweg s quadratisch mit der Fallzeit t zunimmt.
Das Weg-Zeit-Gesetz des freien Falls lautet angenähert $s(t) = 5t^2$. Dabei ist t die Fallzeit in Sekunden und s der Fallweg in Metern.

Nun stellt sich eine interessante Frage: Welche ***Momentangeschwindigkeit*** $v(t_0)$ hat der fallende Körper nach einer bestimmten Fallzeit t_0?

Beispiel: Bestimmung der Momentangeschwindigkeit beim freien Fall
Das Weg-Zeit-Gesetz des freien Falls lautet angenähert $s(t) = 5t^2$. Bestimmen Sie die Momentangeschwindigkeit eines frei fallenden Körpers zur Zeit $t_0 = 2$.

Lösung:
Wir errechnen die mittlere Geschwindigkeit für mehrere Intervalle der Gestalt [2; t]. Beginnend mit t = 3 nähern wir uns über t = 2,1 und t = 2,01 immer mehr dem Zeitpunkt $t_0 = 2$.
Die berechneten mittleren Geschwindigkeiten nähern sich zunehmend einem Grenzwert. Dieser ist die gesuchte Momentangeschwindigkeit zur Zeit $t_0 = 2$.
Sie beträgt ca. $20\,\frac{m}{s}$, also etwa $72\,\frac{km}{h}$.

Zeit t > 2	Mittlere Geschwindigkeit im Intervall [2; t]
3	$\frac{s(3) - s(2)}{3 - 2} = 25$
2,1	$\frac{s(2,1) - s(2)}{2,1 - 2} = 20,5$
2,01	$\frac{s(2,01) - s(2)}{2,01 - 2} = 20,05$
2,001	$\frac{s(2,001) - s(2)}{2,001 - 2} = 20,005$
↓	↓
2	20

Eine weitere Möglichkeit zur Lösung der Aufgabe besteht darin, anstelle der Näherungstabelle eine exakte Grenzwertrechnung durchzuführen.
Diese Rechnung ist rechts dargestellt. Sie führt auf elegantem Weg zum Endergebnis.

Exakte Grenzwertrechnung:

$$v(2) = \lim_{t \to 2} \frac{s(t) - s(2)}{t - 2} = \lim_{t \to 2} \frac{5t^2 - 5 \cdot 2^2}{t - 2}$$
$$= \lim_{t \to 2} \frac{5(t-2)(t+2)}{t-2} = \lim_{t \to 2} 5(t+2)$$
$$= 5 \cdot 4 = 20$$

Übung 8 Momentangeschwindigkeit
Ein anfahrendes Fahrzeug bewegt sich in den ersten drei Sekunden näherungsweise nach dem Weg-Zeit-Gesetz $s = 4t^2$. Berechnen Sie die Momentangeschwindigkeit zu den Zeiten t = 1 s, t = 2 s und t = 3 s.
a) Näherungslösung durch Testeinsetzungen
b) Lösung mit der h-Methode oder der $(x - x_0)$-Methode

Übungen

9. Lokale Änderungsrate
Skizzieren Sie den Graphen von f und bestimmen Sie die lokale Änderungsrate von f an der Stelle x_0 graphisch oder mit Hilfe einer Näherungstabelle.
a) $f(x) = 0{,}5\,x^2,\ x_0 = 2$ b) $f(x) = 1 - x^2,\ x_0 = 2$ c) $f(x) = \frac{1}{x},\ x_0 = 1$

10. Lokale Änderungsrate
Berechnen Sie die lokale Änderungsrate von f an der Stelle x_0 mit Hilfe der h-Methode oder der $(x - x_0)$-Methode.
a) $f(x) = 0{,}5\,x^2,\ x_0 = 2$ b) $f(x) = 1 - x^2,\ x_0 = 2$
c) $f(x) = 2x + 1;\ x_0 = 3$

11. Momentangeschwindigkeit
Ein Snowboarder gleitet einen relativ flachen, aber spiegelglatten Hang hinab.
Das Weg-Zeit-Gesetz der Bewegung wird durch die Formel $s(t) = 1{,}5\,t^2$ beschrieben.
Dabei ist t die Zeit in Sekunden und s der zurückgelegte Weg im Metern.
a) Welchen Weg hat das Snowboard nach 1 Sekunde bzw. nach 5 Sekunden zurückgelegt?
b) Wie groß ist die mittlere Geschwindigkeit in den ersten fünf Sekunden der Fahrt?
c) Wie groß ist die Momentangeschwindigkeit exakt fünf Sekunden nach Fahrtbeginn? Verwenden Sie eine Näherungstabelle, die h-Methode oder die $(x - x_0)$-Methode.

12. Lokale Steigung
Schätzen Sie die lokale Steigung in den eingezeichneten Punkten P und Q aus der Zeichnung ab. Bestimmen Sie anschließend zur Überprüfung die lokale Steigung angenähert
a) mit Hilfe einer Tabelle.
b) mit der h-Methode oder der $(x - x_0)$-Methode.

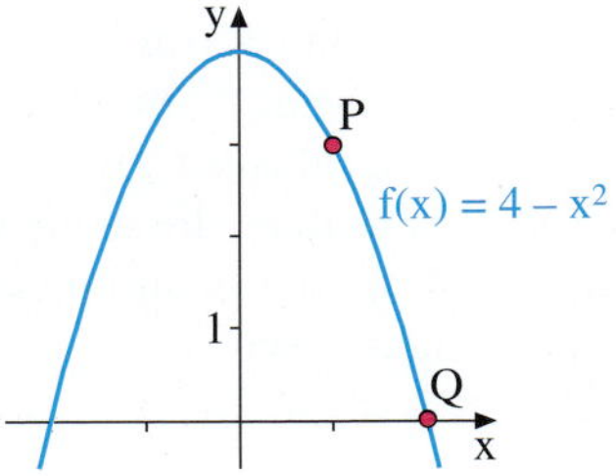

13. Freier Fall auf dem Mond
Auf dem Mond lautet das Weg-Zeit-Gesetz des freien Falles $s(t) = 0{,}8\,t^2$.

a) Welche Fallstrecke durchläuft ein fallender Körper dort in der ersten Fallsekunde? Wie groß ist die Durchschnittsgeschwindigkeit des Körpers in der ersten Fallsekunde?
b) Welche Momentangeschwindigkeit erreicht der Körper nach einer Sekunde im freien Fall? Verwenden Sie eine Näherungstabelle.
c) Wie groß ist die Momentangeschwindigkeit nach 10 Sekunden im freien Fall? Verwenden Sie die h-Methode oder die $(x - x_0)$-Methode.
d) Mit welcher Geschwindigkeit würde ein Astronaut auf den Boden treffen, wenn er von der ca. 4 m hohen Mondfähre abstürzen würde?

14. Meeresboden

Ein Forschungs-U-Boot hat mit einem Echolot den Meeresboden abgetastet.
Die Funktion
$f(x) = -0{,}05\,(3x^4 - 28x^3 + 84x^2 - 96x)$
beschreibt die Profilkurve des Bodens.
(1 LE = 100 m)

a) Zeichnen Sie den Graphen von f für $0 \le x \le 5$.
b) Lesen Sie die Koordinaten der Gipfelpunkte und des Talpunktes ab.
c) Begründen Sie, dass der Talpunkt bei $P(2|1{,}6)$ liegt, indem Sie mit einer Näherungstabelle nachweisen, dass die lokale Steigung dort 0 beträgt.
d) Das U-Boot möchte auf Grund gehen. Der Boden am Landepunkt darf aber nicht steiler als 45° geneigt sein. Ist dies im Punkt $L(3|2{,}25)$ der Fall? Verwenden Sie auch hier eine Näherungstabelle, um die lokale Steigung bei $x = 3$ zu bestimmen.

15. Explosion

Bei der Explosion eines Öltanks betrug die Hitze im Zentrum über 1000 °C. Die weglaufenden Menschen wurden von der Strahlungshitze erfasst und erlitten z.T. schwere Verbrennungen, wenn sie nicht schnell genug Deckung fanden. Die Temperatur kann angenähert erfasst werden durch die Funktion $T(x) = 10x^3 - 90x^2 + 1100$, $0 < x < 6$, wobei x die Entfernung vom Zentrum in 100 m und T die Temperatur in °C ist.

a) Zeichnen Sie den Graphen von T.
b) Welche Temperatur herrschte in 300 m Entfernung vom Zentrum?
c) Wie groß ist die mittlere Temperaturänderung auf den ersten 300 m?
(Angabe in °C/m oder in °C/100 m)
Wie groß ist sie zwischen 400 m und 500 m?
d) Wie groß ist die momentane Temperaturänderung 300 m vom Zentrum entfernt? Ermitteln Sie diese zeichnerisch.

16. Wetterballon

Ein Wetterballon funkt beim Aufsteigen unter anderem seine Positionsdaten.
Seine Steighöhe wird durch die Funktion $h(t) = -2t^2 + 16t$ erfasst (t: Std., h: km)

a) Zeichnen Sie den Graphen von h für $0 \le t \le 3$ und interpretieren Sie ihn.
b) Wie groß ist die mittlere Steiggeschwindigkeit des Ballons in den ersten 30 Minuten?
c) Wie groß ist momentane Steiggeschwindigkeit beim Start? (Verwenden Sie eine Näherungstab.)
d) Wie groß ist die momentane Steiggeschwindigkeit in 24 km Höhe? (Berechnen Sie zunächst die Zeit t für 24 km Aufstieg).

Test

Grenzwerte und Änderungsraten

1. Grenzwertbestimmung

a) Bestimmen Sie den Grenzwert von $f(x) = \frac{1-2x}{x+2}$ für $x \to \infty$ und $x \to -\infty$ durch Testeinsetzungen.

b) Bestimmen Sie den Grenzwert $\lim\limits_{x \to 4} \frac{2x^2-32}{x-4}$ durch Termumformung oder mit der h-Methode.

2. Grenzwerte zuordnen

Ordnen Sie jedem Term seinen Grenzwert für $x \to \infty$ zu.

$\frac{1+x-x^2}{1-x+x^2}$ $\frac{2x+1}{x^2}$ $\frac{2x+1}{2+4x}$ $\frac{x^2+1}{x+2}$

3. Tulpenwachstum

Das Höhenwachstum einer Tulpe wurde protokolliert.

a) Skizzieren Sie den Graphen der Höhenfunktion h(t).

b) Wie groß ist die mittlere Zuwachsrate der Höhe der Blume während des Beobachtungszeitraums?

c) In welchem der vier Zeitintervalle wuchs die Tulpe am schnellsten?

Zeit t (Tage)	0	3	5	9	14
Höhe h (cm)	0	1	3	6	7

4. Änderungsraten

Gegeben ist die Funktion $f(x) = \frac{1}{2}x^2$.

a) Bestimmen Sie die mittlere Änderungsrate von f auf dem Intervall [0; 2].

b) Bestimmen Sie die lokale Änderungsrate von f bei $x_0 = -1$ zeichnerisch.

c) Bestimmen Sie die lokale Änderungsrate von f bei $x_0 = 2$ mit Hilfe von Testeinsetzungen.

5. Bremsvorgang

Ein Auto bremst ab. Der zur Zeit t zurückgelegte Weg ist $s(t) = 40t - 4t^2$ (Zeit t in s, Weg s in m).

a) Skizzieren Sie den Graphen von s für $0 \le t \le 5$.

b) Wann steht das Auto?

c) Wie groß ist die mittlere Geschwindigkeit des Autos?

d) Bestimmen Sie die Momentangeschwindigkeit des Autos zu Beginn des Bremsmanövers (t = 0) angenähert.

Lösungen: S. 557

4. Die Ableitungsfunktion

A. Die zeichnerische Bestimmung der Ableitungsfunktion

Unten ist eine Funktion f abgebildet. Sie besitzt in jedem Punkt ihres Graphen eine Steigung, die man mit Hilfe eines kleinen tangentialen Steigungsdreiecks angenähert bestimmen kann. Ordnet man *jeder* Stelle x die dort vorliegende Steigung $f'(x)$ zu, so erhält man eine neue Funktion f', die man als ***Ableitungsfunktion von f*** bezeichnet.

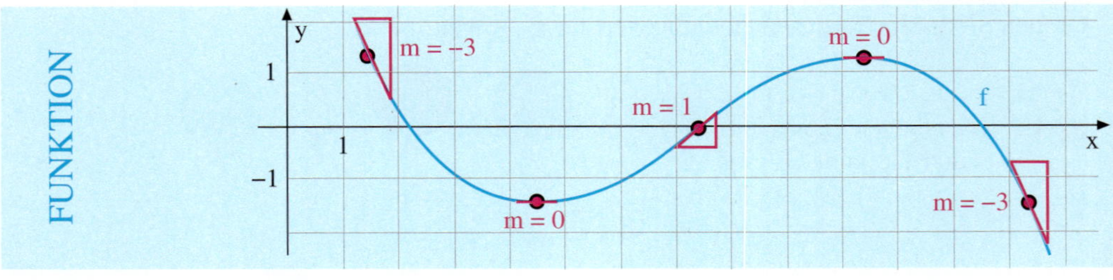

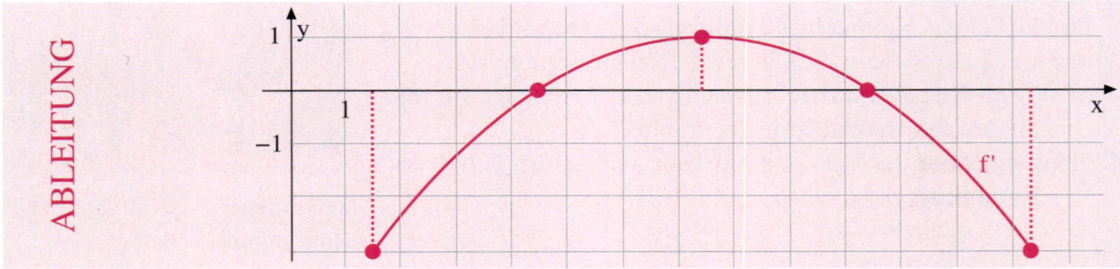

An der Ableitungsfunktion f' kann man erkennen, in welchen Bereichen die Funktion f ***steigt*** bzw. ***fällt***. Ist f' positiv, so steigt f, und ist f negativ, so fällt f.
Außerdem kann man sehen, wo ***Hochpunkte*** und ***Tiefpunkte*** liegen, denn in diesen ist die Steigung f' gleich null.

Übung 1 Graphisches Ableiten
Gegeben ist der Graph der Funktion f. Lesen sie an einigen Stellen die Steigung von f näherungsweise ab und skizzieren Sie damit den Graphen von f' in einem geeigneten Koordinatensystem.

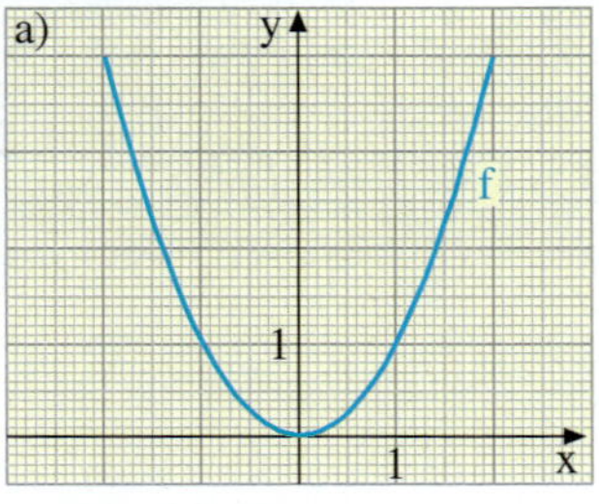

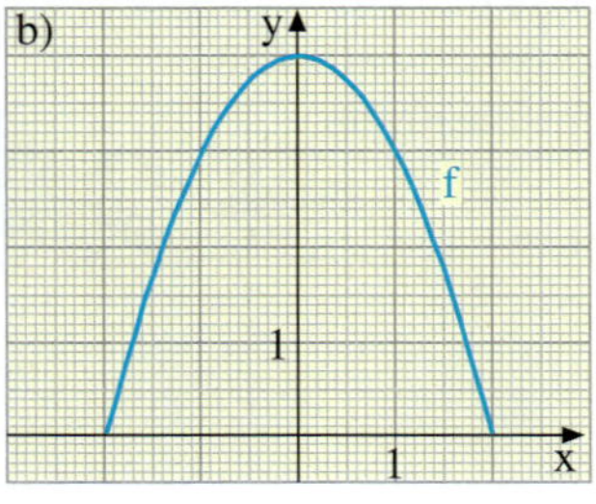

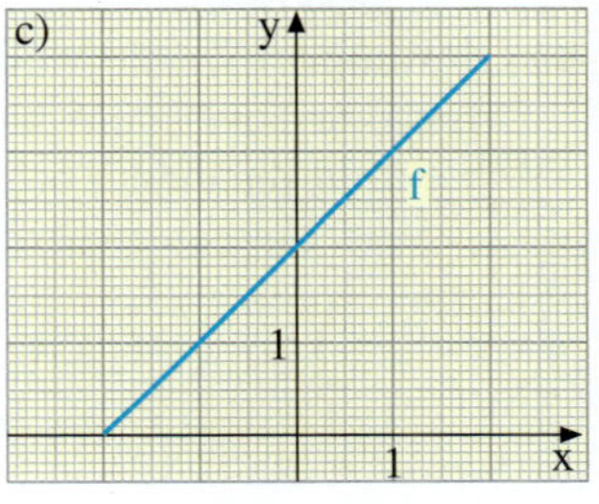

Übungen

2. Schluss von f auf f′
Gegeben ist der Graph der Funktion f. Skizzieren Sie den Graphen von f′. Stellen Sie zunächst fest, wo die Nullstellen und Extrempunkte der Ableitung f′ liegen müssen.

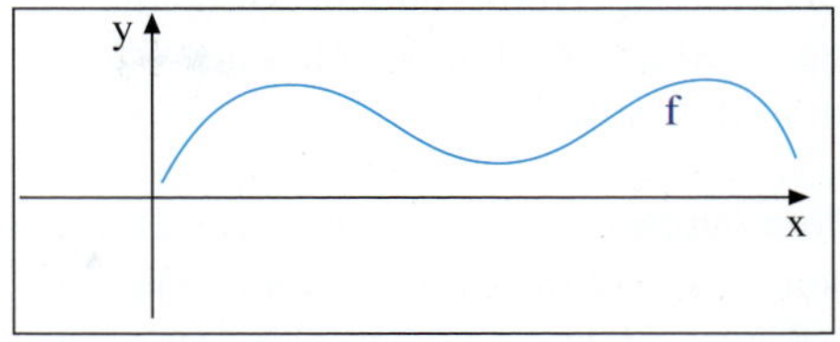

3. Schluss von f′ auf f
Gegeben ist der Graph einer Ableitungsfunktion f′ (s. Bild I bzw. II).

a) In welchen Bereichen verläuft f steigend, in welchen fallend?
b) An welchen Stellen liegen Hochpunkte und Tiefpunkte von f?
c) Skizzieren Sie einen möglichen Verlauf des Graphen von f, wenn angenommen wird, dass f durch den Ursprung geht.

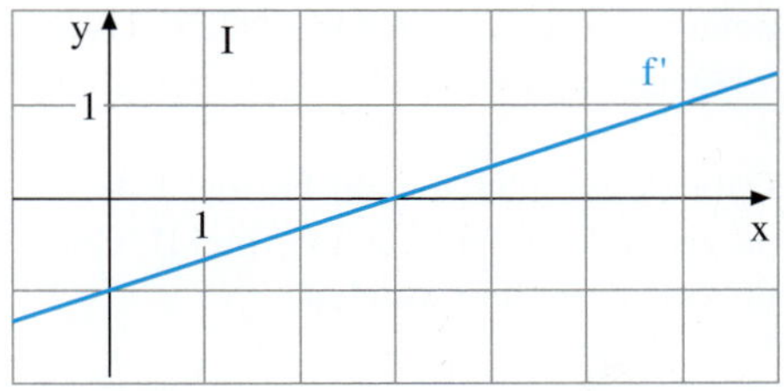

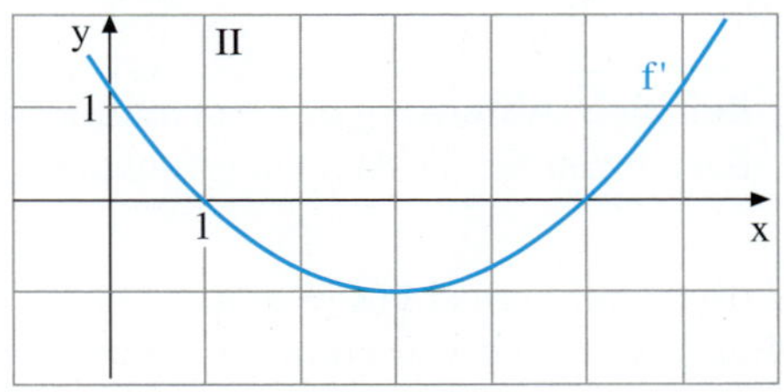

4. Drachenflieger
Die Graphik zeigt die Höhe h eines Drachenfliegers als Funktion der Zeit t. (t in min, h in Metern).

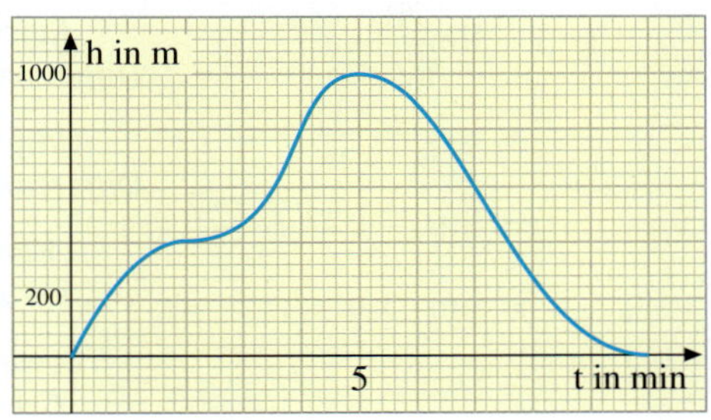

a) Beschreiben Sie den Flugverlauf. Wie lange dauerte der Flug? Welche Gipfelhöhe wurde erreicht?
b) Skizzieren Sie den Graphen der Ableitungsfunktion h′. Welche Bedeutung hat h′ in diesem Anwendungszusammenhang?
c) Wie groß war die mittlere Steiggeschwindigkeit während des Aufstiegs, wie groß die mittlere Fallgeschwindigkeit während des Abstiegs? Bestimmen Sie angenähert, wann der Drachen am schnellsten sank. Welche Sinkgeschwindigkeit lag zu diesem Zeitpunkt vor?

5. Zuordnen
Ordnen Sie jeder der drei Funktionen im linken Bild die zugehörige Ableitungsfunktion f′ im rechten Bild zu.

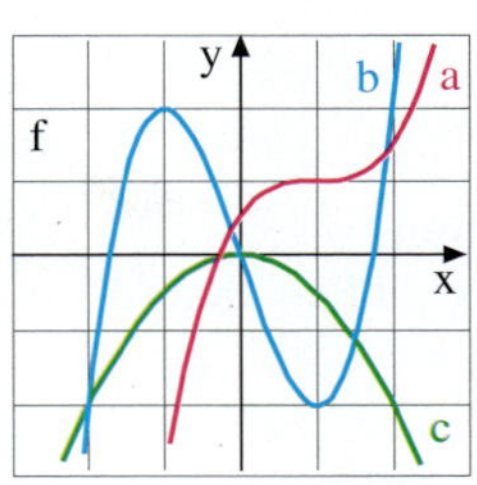

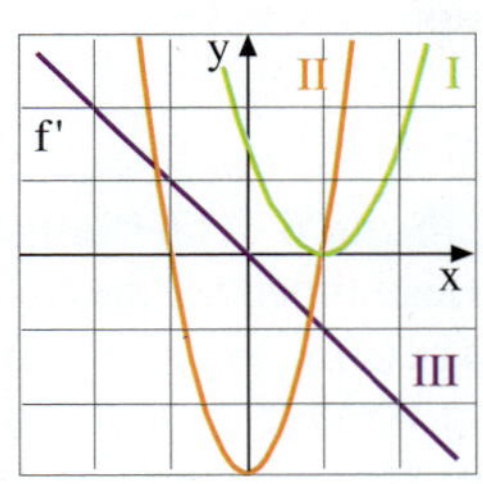

B. Die rechnerische Bestimmung der Ableitungsfunktion

In den vorigen Abschnitten wurde die Ableitungsfunktion f' einer Funktion f zeichnerisch bestimmt.

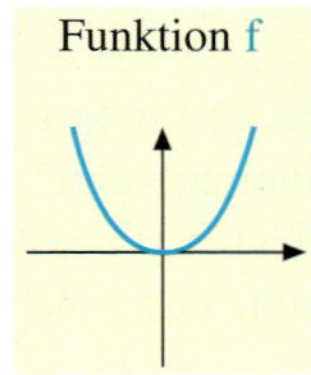

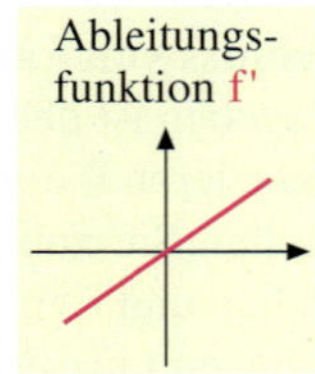

Nun geht es um die rechnerische Bestimmung der Ableitungsfunktion f'. Diese erhält man, indem man den Differentialquotienten für eine beliebige, nicht konkret festgelegte Stelle x_0 allgemein berechnet.

Dabei kann man sowohl Formel I (Grenzprozess $x \to x_0$) als auch Formel II (Grenzprozess $h \to 0$) anwenden.

Differentialquotient

I: $f'(x_0) = \lim\limits_{x \to x_0} \frac{f(x) - f(x_0)}{x - x_0}$

II: $f'(x_0) = \lim\limits_{h \to 0} \frac{f(x_0 + h) - f(x_0)}{h}$

Beispiel: Ableitung der Normalparabel

Bestimmen Sie die Ableitungsfunktion von $f(x) = x^2$ rechnerisch.

Lösung mit Formel I ($x \to x_0$):
Bei Anwendung von Formel I kommt die 3. binomischen Formel zum Einsatz:

$$\begin{aligned} f'(x_0) &= \lim_{x \to x_0} \frac{f(x) - f(x_0)}{x - x_0} \\ &= \lim_{x \to x_0} \frac{x^2 - x_0^2}{x - x_0} \\ &= \lim_{x \to x_0} \frac{(x + x_0) \cdot (x - x_0)}{x - x_0} \\ &= \lim_{x \to x_0} (x + x_0) \\ &= 2x_0 \end{aligned}$$

Aufstellen des Differenzenquotienten

Umformen des Differenzenquotienten

Kürzen von $x - x_0$ bzw. h

Bestimmen des Grenzwertes

Lösung mit Formel II ($h \to 0$):
Bei Anwendung von Formel II muss die 1. binomischen Formel verwendet werden:

$$\begin{aligned} f'(x_0) &= \lim_{h \to 0} \frac{f(x_0 + h) - f(x_0)}{h} \\ &= \lim_{h \to 0} \frac{(x_0 + h)^2 - x_0^2}{h} \\ &= \lim_{h \to 0} \frac{x_0^2 + 2x_0h + h^2 - x_0^2}{h} \\ &= \lim_{h \to 0} \frac{2x_0h + h^2}{h} \\ &= \lim_{h \to 0} (2x_0 + h) \\ &= 2x_0 \end{aligned}$$

Also ist $f'(x_0) = 2x_0$ für beliebiges x_0.
Daher gilt: $f(x) = x^2$ hat die Ableitungsfunktion $f'(x) = 2x$.

$f(x) = x^2$	$f'(x) = 2x$
Kurzschreibweise:	$(x^2)' = 2x$

Übung 6 Ableitungsfunktion

Bestimmen Sie die Ableitung der Funktion f.

a) $f(x) = 2x^2$ b) $f(x) = 2x$
c) $f(x) = 5$ d) $f(x) = -x^2$
e) $f(x) = 2x + 3$ f) $f(x) = ax^2$

Übung 7 Ableitung von $\frac{1}{x}$

Bestimmen Sie die Ableitung von $f(x) = \frac{1}{x}$.
Hinweis: Durch Hauptnennerbildung kann die erforderliche Termvereinfachung erreicht werden.

Wir behandeln nun noch ein etwas komplizierteres Beispiel.
Dabei verwenden wir den Grenzprozess $h \to 0$, also Formel II, die sogenannte ***h-Methode***.

Beispiel: Bestimmung der Ableitung mit der h-Methode.
Bestimmen Sie die Ableitung von $f(x) = x^3$.

Lösung:
Wir erhalten nach der rechts aufgeführten Rechnung $f'(x_0) = 3x_0^2$.

Also ist $f'(x) = 3x^2$ die Ableitung von $f(x) = x^3$. Kurzschreibweise: $(x^3)' = 3x^2$.

Hierbei haben wir die binomische Formel $(a+b)^3 = a^3 + 3a^2b + 3ab^2 + b^3$ angewendet mit $a = x_0$ und $b = h$.

$$\begin{aligned} f'(x_0) &= \lim_{h \to 0} \frac{f(x_0+h) - f(x_0)}{h} \\ &= \lim_{h \to 0} \frac{(x_0+h)^3 - x_0^3}{h} \quad \text{Binom. Formel} \\ &= \lim_{h \to 0} \frac{x_0^3 + 3x_0^2h + 3x_0h^2 + h^3 - x_0^3}{h} \\ &= \lim_{h \to 0} \frac{3x_0^2h + 3x_0h^2 + h^3}{h} \quad \text{Kürzen} \\ &= \lim_{h \to 0} (3x_0^2 + 3x_0h + h^2) \\ &= 3x_0^2 \end{aligned}$$

Auch Funktionsterme, die komplexer als $f(x) = x^2$ bzw. $f(x) = x^3$ aufgebaut sind, können mit der h-Methode ***abgeleitet*** oder ***differenziert*** werden, wie man die Tätigkeit der rechnerischen Bestimmung der Ableitungsfunktion bezeichnet.

Beispiel: Ableitung einer zusammengesetzten Funktion
Bestimmen Sie die Ableitung von $f(x) = x^2 + 2x$.

Lösung:
Wir erhalten nach der rechts aufgeführten Rechnung:

$$f'(x_0) = 2x_0 + 2$$

Also ist $f'(x) = 2x + 2$ die Ableitung von $f(x) = x^2 + 2x$.
Kurzschreibweise: $(x^2 + 2x)' = 2x + 2$

Die Terme wurden zwar etwas umfangreicher als oben, aber das Prinzip des Vorgehens blieb gleich.

$$\begin{aligned} f'(x_0) &= \lim_{h \to 0} \frac{f(x_0+h) - f(x_0)}{h} \\ &= \lim_{h \to 0} \frac{(x_0+h)^2 + 2(x_0+h) - (x_0^2 + 2x_0)}{h} \\ &= \lim_{h \to 0} \frac{x_0^2 + 2x_0h + h^2 + 2x_0 + 2h - x_0^2 - 2x_0}{h} \\ &= \lim_{h \to 0} \frac{2x_0h + h^2 + 2h}{h} \\ &= \lim_{h \to 0} (2x_0 + h + 2) \\ &= 2x_0 + 2 \end{aligned}$$

Übung 8 Ableitungsfunktion
Bestimmen Sie die Ableitung der Funktion f rechnerisch.

a) $f(x) = 2x + 1$ b) $f(x) = x^2 - x$
c) $f(x) = x - 2x^2$ d) $f(x) = (x-1)^2$
e) $f(x) = ax + b$ f) $f(x) = ax^2 + bx + c$
g) $f(x) = x^3 + x$ h) $f(x) = ax^3$

Übung 9 Ableitung von x^4
Bestimmen Sie die Ableitung von $f(x) = x^4$. Verwenden Sie die binomische Formel $(a+b)^4 = a^4 + 4a^3b + 6a^2b^2 + 4ab^3 + b^4$, um den auftretenden Term $(x_0 + h)^4$ aufzulösen.

5. Elementare Ableitungsregeln

A. Die Ableitung von $f(x) = x^n$ (Potenzregel)

Wenn man rechnerisch die Ableitungen der Potenzfunktionen $f(x) = x^2$, $f(x) = x^3$ und $f(x) = x^4$ bildet, so erhält man die rechts dargestellten Resultate.

Welche Vermutung ergibt sich hieraus für die Ableitung der allgemeinen Potenzfunktion $f(x) = x^n$?

Satz III.1 Die Potenzregel
Für jede natürliche Zahl $n \in \mathbb{N}$ gilt:
$$(x^n)' = n \cdot x^{n-1}$$

Man differenziert eine Potenz, indem man den Exponenten der Potenz um 1 verringert und die Potenz mit dem alten Exponenten multipliziert.

Beweis:
Wir führen den Beweis exemplarisch für $f(x) = x^4$, d. h. für $n = 4$. Er lässt sich wörtlich auf beliebiges n übertragen.

Entwickelt man den Term $(x+h)^4$ nach der binomischen Formel, so ergibt sich $(x+h)^4 = x^4 + 4hx^3 + h^2 \cdot P$
Dabei ist P ein Polynom, welches die Variablen x und h enthält. Wir müssen P nicht ausrechnen.

$$\begin{aligned}(x+h)^4 &= x^4 + 4x^3h + 6x^2h^2 + 4xh^3 + h^4\\ &= x^4 + 4x^3h + h^2 \cdot (6x^2 + 4xh + h^2)\\ &= x^4 + 4x^3h + h^2 \cdot \text{Polynom}\end{aligned}$$

Nun wenden wir die h-Methode an, um die Ableitung f′ zu berechnen (vgl. rechts). Wir erhalten $f'(x) = 4x^3$.

$$\begin{aligned}f'(x) &= \lim_{h\to 0} \frac{f(x+h) - f(x)}{h} = \lim_{h\to 0} \frac{(x+h)^4 - x^4}{h}\\ &= \lim_{h\to 0} \frac{x^4 + 4x^3h + h^2 \cdot P - x^4}{h} = \lim_{h\to 0} \frac{4x^3h + h^2 \cdot P}{h}\\ &= \lim_{h\to 0} (4x^3 + h \cdot P)\\ &= 4x^3\end{aligned}$$

Übung 1 Potenzregel
Bilden Sie die Ableitungsfunktion von f.

a) $f(x) = x^3$ b) $f(x) = x^5$
c) $f(x) = x^{2n}$ d) $f(x) = x$
e) $f(x) = x^{n+4}$ f) $f(x) = x^{2016}$

Übung 2 Beweis der Potenzregel
a) Beweisen Sie die Potenzregel für $n = 5$.
b) Beweisen Sie die Potenzregel für beliebiges $n \in \mathbb{N}$.
Verallgemeinern Sie hierzu den oben für $n = 4$ geführten Beweis.

Übung 3 Wahr oder falsch?
Zwei der folgenden vier Aussagen sind falsch. Welche sind es?

(1) $f(x) = x^3 \Rightarrow f'(x) = 3 \cdot x^2$
(2) $f(x) = x^x \Rightarrow f'(x) = x \cdot x^{x-1}$
(3) $f(x) = x^{2a} \Rightarrow f'(x) = 2 \cdot x^a$
(4) $f(x) = x^{a+1} \Rightarrow f'(x) = (a+1) \cdot x^a$

B. Die Ableitung von f(x) = C (Konstantenregel)

Eine konstante Funktion $f(x) = C$ hat überall die Steigung null. Folglich ist ihre Ableitungsfunktion $f'(x) = 0$.

Satz III.2: Die Konstantenregel
Für jede reelle Konstante C gilt:
$$(C)' = 0.$$

Beweis:
$$f'(x) = \lim_{h \to 0} \frac{f(x+h) - f(x)}{h} = \lim_{h \to 0} \frac{C - C}{h} = \lim_{h \to 0} 0 = 0$$

C. Die Ableitung von f(x) + g(x) (Summenregel)

Berechnet man die Ableitungsfunktion von $s(x) = x^2 + x^3$ mit Hilfe der Definition der Ableitung, also z. B. mit der h-Methode, so wird das Ganze aufwendig (s. rechts). Das Ergebnis zeigt, dass man sich die ganze Mühe sparen kann, wenn man die Summanden einzeln nach der Potenzregel differenziert.

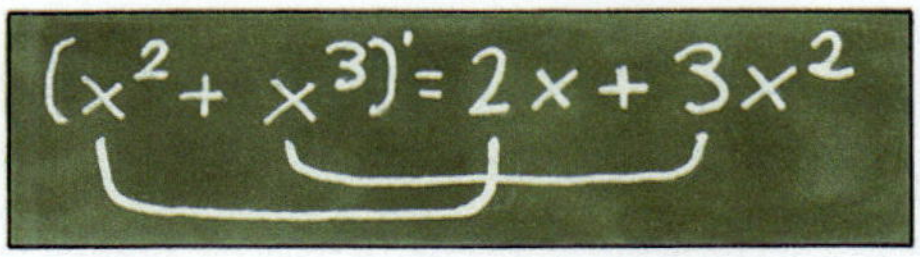

Berechnung der Ableitung einer Summe

$$s(x) = x^2 + x^3$$
$$s'(x) = \lim_{h \to 0} \frac{s(x+h) - s(x)}{h}$$
$$= \lim_{h \to 0} \frac{[(x+h)^2 + (x+h)^3] - [x^2 + x^3]}{h}$$
$$= \lim_{h \to 0} \frac{x^2 + 2xh + h^2 + x^3 + 3x^2h + 3xh^2 + h^3 - x^2 - x^3}{h}$$
$$= \lim_{h \to 0} \frac{2xh + h^2 + 3x^2h + 3xh^2 + h^3}{h}$$
$$= \lim_{h \to 0} (2x + h + 3x^2 + 3xh + h^2)$$
$$= 2x + 3x^2$$

Satz III.3: Die Summenregel
Wenn die Funktionen f und g auf dem Intervall I differenzierbar sind, so ist auch ihre Summenfunktion f + g dort differenzierbar und es gilt
$$(f(x) + g(x))' = f'(x) + g'(x).$$

Beweis der Summenregel

$$s(x) = f(x) + g(x)$$
$$s'(x) = \lim_{h \to 0} \frac{s(x+h) - s(x)}{h}$$
$$= \lim_{h \to 0} \frac{[f(x+h) + g(x+h)] - [f(x) + g(x)]}{h}$$
$$= \lim_{h \to 0} \frac{f(x+h) - f(x) + g(x+h) - g(x)}{h}$$
$$= \lim_{h \to 0} \frac{f(x+h) - f(x)}{h} + \lim_{h \to 0} \frac{g(x+h) - g(x)}{h}$$
$$= f'(x) + g'(x)$$

Übung 4 Ableitungsfunktion
Bilden Sie die Ableitungsfunktion von f.
a) $f(x) = x^3 + x^2$
b) $f(x) = 1 - x^4$
c) $f(x) = x^3 + x^5 + x + 2$

D. Die Faktorregel

Eine weitere Erleichterung beim Differenzieren bringt die folgende Regel:

Satz III.4: Die Faktorregel
Wenn f auf einem Intervall I differenzierbar ist, so ist auch die Vervielfachung $a \cdot f$ mit einer beliebigen Konstante a dort differenzierbar. Dann gilt:

$$(a \cdot f(x))' = a \cdot f'(x).$$

In Worten: Konstante Faktoren bleiben beim Differenzieren erhalten.

Beispiele zur Faktorregel:

$(3 \cdot x^2)' = 3 \cdot (x^2)' = 3 \cdot 2x = 6x$

$(8 \cdot x^5)' = 8 \cdot (x^5)' = 8 \cdot 5x^4 = 40x^4$

$\left(\frac{1}{2}x^6\right)' = \frac{1}{2}(x^6)' = \frac{1}{2} \cdot 6x^5 = 3x^5$

Beweis:
Sei $g(x) = a \cdot f(x)$. Dann gilt:
$g'(x) = \lim\limits_{h \to 0} \frac{g(x+h) - g(x)}{h} = \lim\limits_{h \to 0} \frac{a \cdot f(x+h) - a \cdot f(x)}{h} = a \cdot \lim\limits_{h \to 0} \frac{f(x+h) - f(x)}{h} = a \cdot f'(x)$

E. Die Ableitung von Polynomen

Mit der Summen-, der Konstanten-, der Potenz- und der Faktorregel sind wir nun in der Lage, jede beliebige Polynomfunktion abzuleiten und ihre Steigung zu untersuchen.

Beispiel: Ableitung eines Polynoms
Berechnen Sie die Ableitung von f.

a) $f(x) = 4x^2 + \frac{1}{3}x^6$　　b) $f(x) = ax^n + bx^3,\ n \in \mathbb{N}$

Lösung zu a:

$$f'(x) = \left(4x^2 + \tfrac{1}{3}x^6\right)' = \underbrace{(4x^2)' + \left(\tfrac{1}{3}x^6\right)'}_{\text{Summenregel}} = \underbrace{4 \cdot (x^2)' + \tfrac{1}{3} \cdot (x^6)'}_{\text{Faktorregel}} = \underbrace{4 \cdot 2x + \tfrac{1}{3} \cdot 6x^5}_{\text{Potenzregel}} = 8x + 2x^5$$

Lösung zu b:
$f'(x) = (ax^n + bx^3)' = a \cdot nx^{n-1} + b \cdot 3x^2 = anx^{n-1} + 3bx^2$

Übung 5 Ableitung von Polynomen
Bestimmen Sie die Ableitungsfunktion von f.

a) $f(x) = 2x + x^3$　b) $f(x) = 5x$　c) $f(x) = ax^2$　d) $f(x) = ax^n$
e) $f(x) = 2x^2 + 4x$　f) $f(x) = \frac{1}{2}x^2 + 5$　g) $f(x) = 2x^3 - 3x^2 + 2$　h) $f(x) = ax^3 + bx + c$

Übung 6 Graphen von f und f′
Bestimmen Sie f′ und zeichnen Sie die Graphen von f und f′.

a) $f(x) = \frac{1}{2}x^2 - 2x + 2$　b) $f(x) = 4 - x^2$　c) $f(x) = \frac{1}{2}x^3 - 2x$　d) $f(x) = 3x - \frac{1}{3}x^3$

F. Die Potenzregel für rationale Exponenten

Die Potenzregel $(x^n)' = n \cdot x^{n-1}$ gilt für natürliche Exponenten $n \in \mathbb{N}$ $(n \geq 1)$. Der Geltungsbereich lässt sich auf rationale Exponenten $r \neq 0$ erweitern.

Satz III.5: Die verallgemeinerte Potenzregel*
Die Funktion $f(x) = x^r$ ist für jedes $x \neq 0$ differenzierbar.
Es gilt für jedes $x \neq 0$ und jedes $r \neq 0$: $(x^r)' = r \cdot x^{r-1}$

Man wendet die verallgemeinerte Potenzregel für negative Exponenten und für rationale Exponenten wie rechts dargestellt an.

Anwendungsbeispiel zu Satz III.5:

$$\left(\frac{1}{x^3}\right)' = (x^{-3})' = -3 \cdot x^{-4} = -\frac{3}{x^4}$$

$$\left(x^{\frac{1}{2}}\right)' = \frac{1}{2} \cdot x^{-\frac{1}{2}} = \frac{1}{2\sqrt{x}}$$

Für die Spezialfälle $r = -1$ (Reziprokenregel) und $r = \frac{1}{2}$ (Quadratwurzelregel) führen wir im Folgenden den Nachweis mit Hilfe der h-Methode.

Satz III.6: Die Reziprokenregel
Für $x \neq 0$ gilt die Ableitungsregel: $\left(\frac{1}{x}\right)' = -\frac{1}{x^2}$ bzw. $(x^{-1})' = -x^{-2}$

Beweis:
Wir wenden die h-Methode an. Zur Vereinfachung des Bruchterms wird dieser zunächst mit $x \cdot (x + h)$ erweitert. Im nächsten Schritt kann dann die Variable x aus dem Zähler eliminiert werden.

$$\begin{aligned} f'(x) &= \lim_{h \to 0} \frac{f(x+h) - f(x)}{h} = \lim_{h \to 0} \frac{\frac{1}{(x+h)} - \frac{1}{x}}{h} \\ &= \lim_{h \to 0} \frac{x - (x+h)}{x \cdot (x+h) \cdot h} = \lim_{h \to 0} \frac{-h}{x \cdot (x+h) \cdot h} \\ &= \lim_{h \to 0} \frac{-1}{x \cdot (x+h)} \\ &= -\frac{1}{x^2} \end{aligned}$$

Übung 7 Potenzregel für negative Exponenten
Bestimmen Sie die Ableitung der Funktion f .

a) $f(x) = \frac{1}{x^5}$ b) $f(x) = \frac{3}{x^4}$ c) $f(x) = -\frac{1}{3x^6}$ d) $f(x) = \frac{x^4 - x + 1}{x^3}$

Übung 8 Steigung
Untersuchen Sie, an welcher Stelle die Funktion f die Steigung m hat.

a) $f(x) = \frac{2}{x^2}$, $m = 0{,}5$ b) $f(x) = \frac{4}{x}$, $m = -\frac{1}{9}$ c) $f(x) = \frac{4}{x^3}$, $m = -0{,}75$

* Die Potenzregel gilt sogar für beliebige *reelle* Exponenten $r \neq 0$: $(x^r)' = r \cdot x^{r-1}$

Im Folgenden wird die Regel* zum Ableiten der Quadratwurzelfunktion $f(x) = \sqrt{x}$ hergeleitet und angewandt.

Satz III.7: Die Quadratwurzelregel

Für $x > 0$ ist die Funktion $f(x) = \sqrt{x}$ differenzierbar.

Ihre Ableitung ist $f'(x) = \frac{1}{2\sqrt{x}}$.

Kurzform:
$(\sqrt{x})' = \frac{1}{2\sqrt{x}}$.

Beweis:
Wir verwenden die Formel für den Differentialquotienten, wobei wir die h-Methode einsetzen.
Um eine Termvereinfachung zu erreichen, erweitern wir mit dem Term $\sqrt{x+h} + \sqrt{x}$.
Die Anwendung der 3. Binomischen Formel $(a + b) \cdot (a - b) = a^2 - b^2$ führt dann zum Verschwinden der Wurzelterme im Zähler. Anschließend kann der störende Term h in Zähler und Nenner gekürzt werden. Strebt h im verbleibenden Term gegen 0, so entsteht das Resultat $f'(x) = \frac{1}{2\sqrt{x}}$.

$$
\begin{aligned}
f'(x) &= \lim_{h \to 0} \frac{f(x+h) - f(x)}{h} \\
&= \lim_{h \to 0} \frac{\sqrt{x+h} - \sqrt{x}}{h} \\
&= \lim_{h \to 0} \frac{(\sqrt{x+h} - \sqrt{x}) \cdot (\sqrt{x+h} + \sqrt{x})}{h \cdot (\sqrt{x+h} + \sqrt{x})} \\
&= \lim_{h \to 0} \frac{(\sqrt{x+h})^2 - (\sqrt{x})^2}{h \cdot (\sqrt{x+h} + \sqrt{x})} \\
&= \lim_{h \to 0} \frac{(x+h) - x}{h \cdot (\sqrt{x+h} + \sqrt{x})} \\
&= \lim_{h \to 0} \frac{1}{\sqrt{x+h} + \sqrt{x}} \\
&= \frac{1}{\sqrt{x} + \sqrt{x}} = \frac{1}{2\sqrt{x}}
\end{aligned}
$$

Wir zeigen in einer Anwendung, wie die Quadratwurzelregel praktisch verwendet werden kann.

Beispiel: Hangprofil

Das Profil eines Hangs kann durch die Funktion $f(x) = \sqrt{x}$ modelliert werden. Er soll links vom Punkt $P(4|2)$ so aufgeschüttet werden, dass eine gerade, tangential anschließende Abfahrt entsteht. In welcher Entfernung vom Hangende beginnt die Aufschüttung?

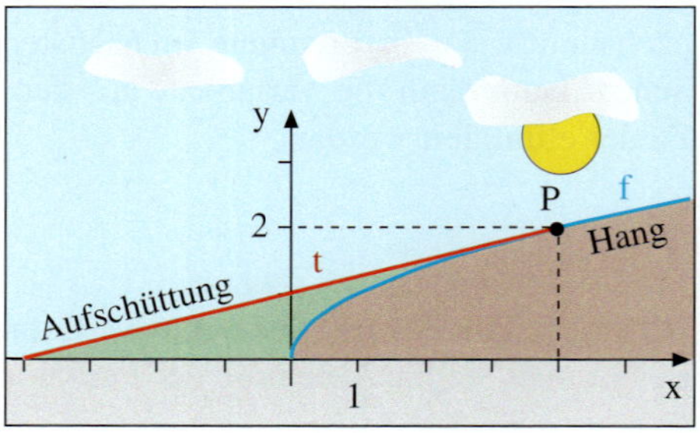

Lösung:
Wir bestimmen die Gleichung der Tangente t an den Graphen von f im Punkt $P(4|2)$. Die Funktion f besitzt dort die Steigung $m = f'(4) = \frac{1}{2\sqrt{4}} = \frac{1}{4}$, da $f'(x) = \frac{1}{2\sqrt{x}}$ ist. Damit ergibt sich die Tangentengleichung $t(x) = \frac{1}{4}x + 1$.

Tangentengleichung:
$t(x) = m \cdot (x - x_0) + y_0$

$f'(4) = \frac{1}{4}$ $\quad P(4|2)$

$t(x) = \frac{1}{4} \cdot (x - 4) + 2 = \frac{1}{4}x + 1$

Diese schneidet die x-Achse bei $x = -4$. Dort also beginnt die Aufschüttung.

Nullstelle der Tangente:
$x = -4$

* Die Quadratwurzelregel $(\sqrt{x})' = \frac{1}{2\sqrt{x}}$ ergibt sich aus der Potenzregel $(x^r)' = r \cdot x^{r-1}$ für $r = \frac{1}{2}$.

Übungen

9. Graphisch ableiten
Zeichnen Sie den Graphen der Funktion $f(x) = \frac{1}{4}x^3 - x$, $-2{,}5 \leq x \leq 2{,}5$.
Bestimmen Sie die Steigungen in den eingezeichneten Punkten graphisch. Skizzieren Sie mithilfe der Ergebnisse den Graphen von f′.

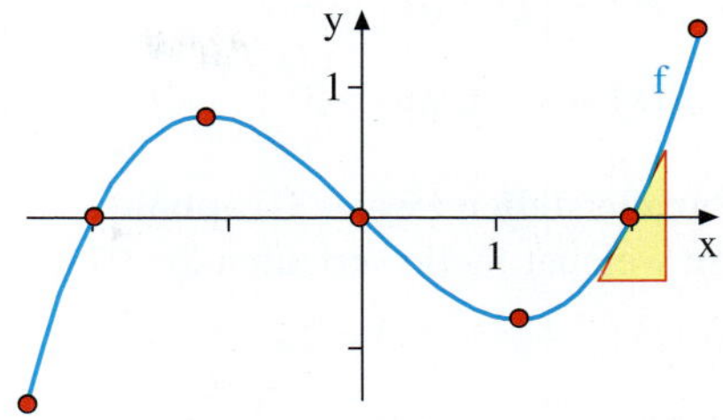

10. Funktion und Ableitung
Ordnen Sie jeder Funktion f die richtige Ableitungsfunktion f′ zu.

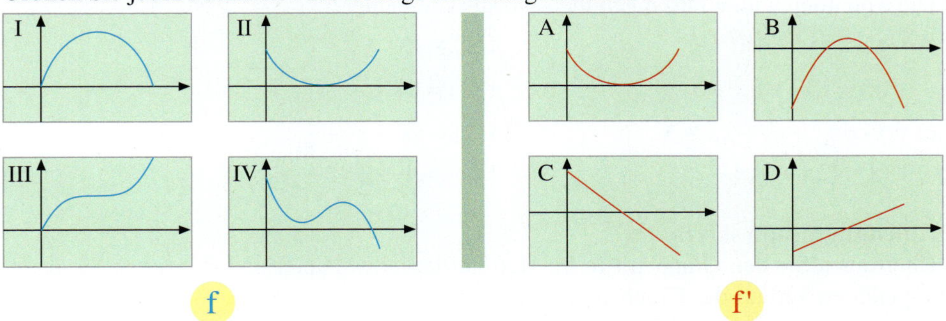

11. Ableitungsfunktion als Grenzwert des Differenzenquotienten
Bestimmen Sie die Ableitungsfunktion f′ von f durch Anwendung der Formel

$f'(x) = \lim\limits_{h \to 0} \frac{f(x+h) - f(x)}{h}$.

a) $f(x) = \frac{1}{2}x^2$ b) $f(x) = 2x - 1$ c) $f(x) = x - x^2$

12. Ableitungsregeln anwenden
Bestimmen Sie die Ableitungsfunktion f′ von f mit Hilfe der Ableitungsregeln.

a) $f(x) = \frac{1}{4}x^4 - 2x^2$ b) $f(x) = -3x^2 + 4$ c) $f(x) = 3(x-2)^2 + x$
d) $f(x) = ax^3 + bx^2 + cx + d$ e) $f(x) = 2\sqrt{x}$ f) $f(x) = \frac{4}{x} + 1$

13. Lokale Steigungen
Welche Steigung hat der Graph von f an der Stelle x_0?

a) $f(x) = \frac{1}{2}x^2 - 2$, $x_0 = 2$ b) $f(x) = 4 - 2x$, $x_0 = 3$ c) $f(x) = 2x^2 - 2x$, $x_0 = 0$
d) $f(x) = \sqrt{x} + 1$, $x_0 = 4$ e) $f(x) = 2(\sqrt{x} + 1)^2$, $x_0 = 1$ f) $f(x) = x + \frac{1}{x}$, $x_0 = 1$

14. Lokale und mittlere Steigungen
Gegeben sind die Funktionen $f(x) = x - 1$ und $g(x) = -\frac{1}{4}x^2 + x$.

a) Skizzieren Sie die Graphen von f und g für $-2 \leq x \leq 6$.
b) Wie groß sind die lokalen Steigungen von f und g an der Stelle $x = 0$?
c) Wie groß sind die mittleren Steigungen von f und g im Intervall $-2 \leq x \leq 2$?

15. Stellen mit bestimmter Steigung

An welchen Stellen hat f die Steigung m?

a) $f(x) = \frac{1}{4}x^4 - 6x,\ m = 2$
b) $f(x) = -\frac{1}{6}x^3 + x^2,\ m = -2{,}5$
c) $f(x) = \frac{2}{x} - x,\ m = -3$
d) $f(x) = 3\sqrt{x},\ m = 3$

16. Parallelstellen zweier Graphen

An welcher Stelle verlaufen die Graphen von f und g parallel?

a) $f(x) = \frac{1}{2}x^2,\ \ g(x) = 2x$
b) $f(x) = 2x^3 - 1,\ \ g(x) = 3 + 6x$
c) $f(x) = \frac{3}{x} + 1,\ \ g(x) = -\frac{1}{3}x$
d) $f(x) = \frac{1}{2}\sqrt{x},\ \ g(x) = \frac{1}{8}x + 2$

17. Wo steckt der Fehler?

Die Ableitung wurde falsch gebildet. Wo stecken Fehler?

a) $f(x) = 2x^3 - 4x^2 + 5$
$f'(x) = 6x^2 + 8x + 5$

b) $f(x) = 4x^2 + \frac{1}{x} + 2$
$f'(x) = 8x + \frac{1}{x^2}$

c) $f(x) = x^2 + c^3 + 2x + 3$
$f'(x) = 2x + 3c^2 + 2$

d) $f(x) = \sqrt{x} + x^3 + \frac{1}{x}$
$f'(x) = \frac{1}{\sqrt{x}} + 3x^2 + \frac{1}{x^2}$

18. Ableitungsgraph skizzieren

Übertragen Sie den Graphen f in Ihr Heft auf kariertes Papier und skizzieren Sie dann den ungefähren Verlauf des Graphen von f′.

a)
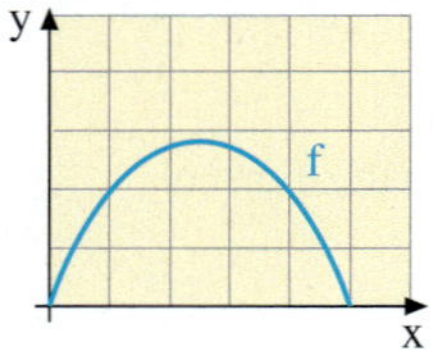

b)
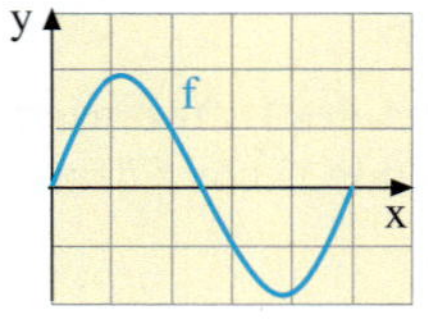

c)
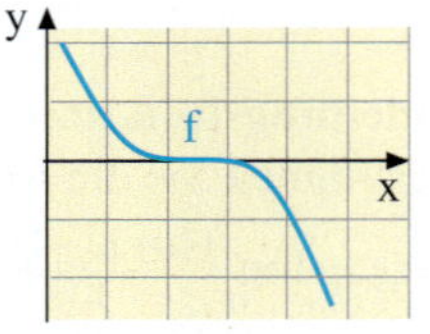

d)
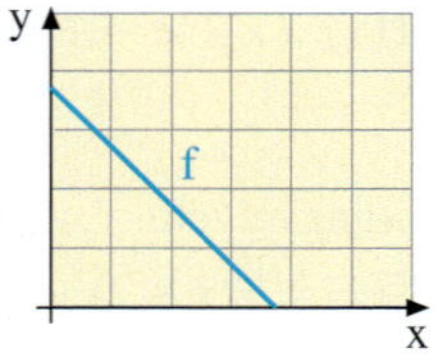

e)
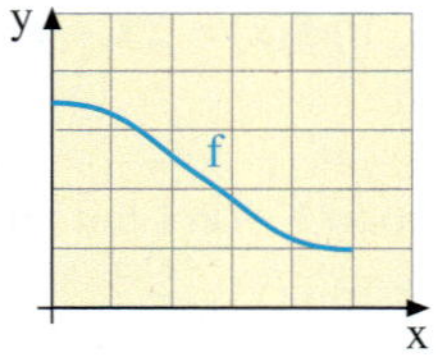

f)
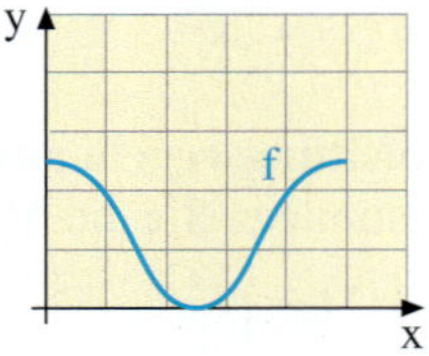

19. Stellen mit gegebenem Steigungswinkel α

An welcher Stelle hat f den Steigungswinkel α?

a) $f(x) = \frac{1}{2}x^2,\ \alpha = 45°$
b) $f(x) = 2\sqrt{x},\ \alpha = 30°$
c) $f(x) = 6\sqrt{x},\ \alpha = 60°$
d) $f(x) = \frac{4}{x},\ \alpha = -45°$

Knobelaufgabe III

James gibt zu, dass er in einer Stunde die Hälfte seines Geldes ausgegeben hat. Nun hat er noch genauso viele Cent, wie er vorher Euro hatte, und genauso viele Euro, wie er vorher Cent hatte.
Welchen Betrag hat er ausgegeben?

6. Erste Anwendungen der Ableitung

A. Übersicht

In den vorhergehenden Abschnitten wurde behandelt, wie man die Ableitung f' einer Funktion f bestimmt. Nun geht es um die Frage, wozu man die Ableitung praktisch verwenden kann. Wir behandeln einige typische Anwendungsprobleme, die auch in den folgenden Kapiteln eine wichtige Rolle spielen. Hierzu stellen wir zunächst eine tabellarische Übersicht auf.

Das Steigungsproblem
Welche Steigung hat die Funktion f an der Stelle x_0?
An welcher Stelle x_0 hat die Funktion f die vorgegebene Steigung m?

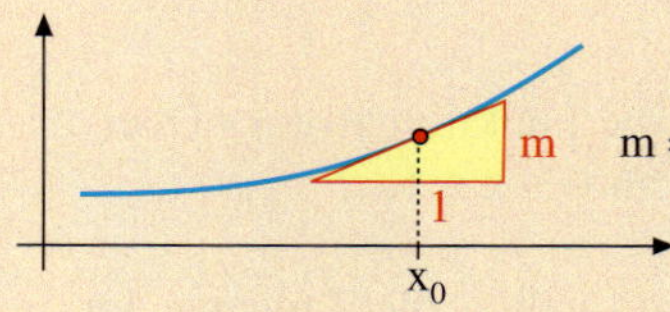

$m = f'(x_0)$

Das Steigungswinkelproblem
Wie groß ist der Steigungswinkel α einer Funktion f an der Stelle x_0?

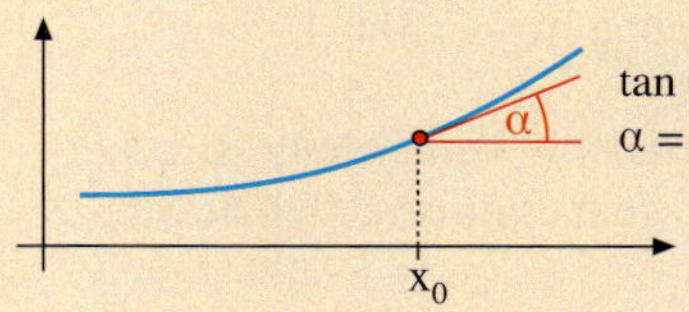

$\tan \alpha = f'(x_0)$
$\alpha = \tan^{-1} (f'(x_0))$

Das Tangentenproblem
Wie lautet die Gleichung der Tangente der Funktion f an der Stelle x_0?

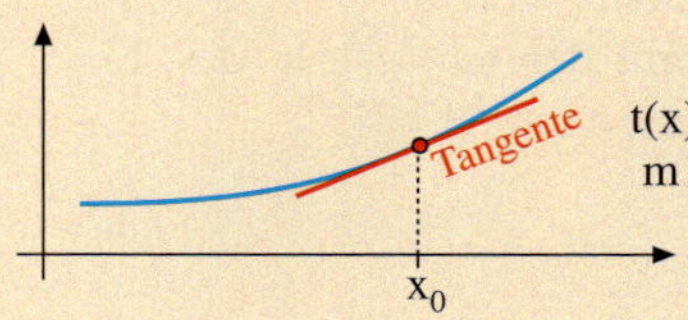

$t(x) = mx + n$
$m = f'(x_0)$

Das Normalenproblem
Wie lautet die Gleichung der Normalen der Funktion f an der Stelle x_0?

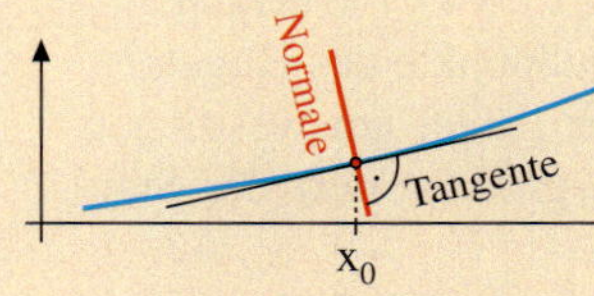

$q(x) = mx + n$
$m = -\frac{1}{f'(x_0)}$

Das Schnittwinkelproblem
Wie groß ist der Schnittwinkel γ der Funktionen f und g?

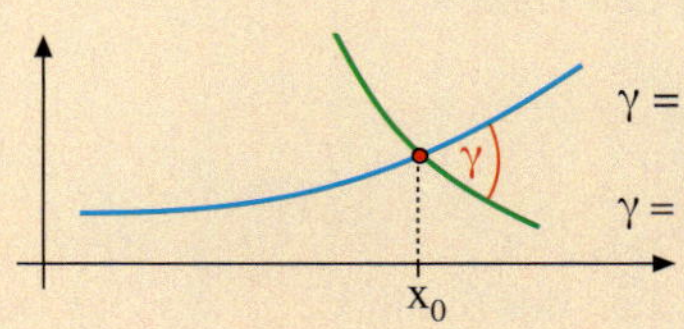

$\gamma = |\alpha - \beta|$
oder
$\gamma = 180° - |\alpha - \beta|$

B. Das Steigungsproblem

Die Ableitung $f'(x)$ gibt die Steigung der Tangente von f an der Stelle x an. Mit ihrer Hilfe kann man also berechnen, wie steil die Funktion f an der Stelle x verläuft, wie groß ihr Steigungswinkel dort ist. Auch Gipfel und Täler kann man identifizieren, denn dort ist die Ableitung null.

Beispiel: Steigung und Steigungswinkel
Berechnen Sie die Steigung sowie den Steigungswinkel α von $f(x) = \frac{1}{2}x^2 - 2x$ an der Stelle $x = 3$.

Lösung:
Wir skizzieren die Funktion zwecks Überblick zunächst für $0 \le x \le 5$.

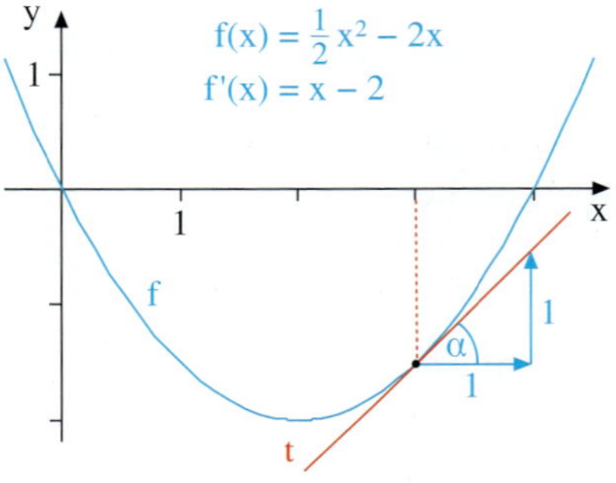

Wir zeichnen zusätzlich die Tangente im Punkt $P(3|-1{,}5)$ ein. Die Funktion hat die Ableitung $f'(x) = x - 2$. Die Tangente hat daher die Steigung $m = f'(3) = 1$.

Geht man also bei $x = 3$ eine kleine Strecke nach rechts, so geht es um die gleiche Strecke nach oben.

Für den Steigungswinkel der Tangente gilt $\tan\alpha = m$, d.h. $\tan\alpha = 1$.
Daraus folgt mit der $\tan^{-1}$-Taste des Taschenrechners: $\alpha = \tan^{-1} 1 = 45°$.

Tangentensteigung bei x = 3:
$m = f'(3) = 1$

Steigungswinkel bei x = 3:
$\tan\alpha = f'(3) = 1$
$\alpha = \tan^{-1} 1$
$\alpha = 45°$

Übung 1 Profilkurve eines Hügels
Die Profilkurve eines Hügels wird durch die Funktion $f(x) = -\frac{1}{2}x^2 + 4x - 6$ erfasst.
a) Wo liegen die Fußpunkte des Hügels?
b) Wie steil ist der Hügel am westlichen Fußpunkt? Wie groß ist dort der Steigungswinkel?
c) Die Seilbahn startet an der Bodenstation $B(1|0)$. Ihre Steigung beträgt 75%. Wo trifft sie auf den Hang?

Zusammenfassung: Steigung und Steigungswinkel
Steigung von f an der Stelle x_0: $f'(x_0)$
Steigungswinkel von f an der Stelle x_0: $\alpha = \tan^{-1}(f'(x_0))$

Beispiel: Vulkanberg

Ein Vulkanberg wird für $\frac{1}{2} \leq x \leq 2$ durch die Funktion $f(x) = \frac{1}{x}$ modelliert, wobei 1 LE einem Kilometer entspricht.

a) Wie hoch erhebt sich der Vulkan über die Ebene am Fuß des Berges?

b) Wie steil ist sein Hang am unteren Hangende, wie steil ist er am Gipfel?

c) Ein Tourist möchte 1 km über die Ebene aufsteigen. Touristen dürfen nur mit Bergführer Steigungen über 60° begehen. Wird ein Führer benötigt?

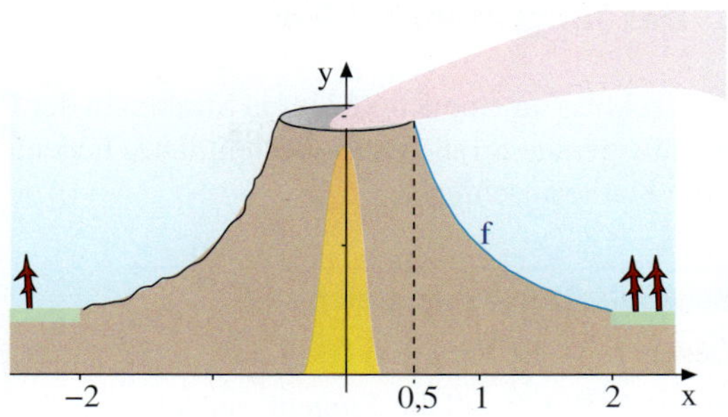

Lösung zu a:

Bei x = 2 beginnt der Hang in 0,5 km Höhe. Bei x = 0,5 endet der Hang in 2 km Höhe. Die Höhe des Vulkans ist die Differenz dieser beiden Werte, also 1,5 km.

Höhe des Berges:

$$\left.\begin{aligned} f\left(\tfrac{1}{2}\right) &= 2 \\ f(2) &= \tfrac{1}{2} \end{aligned}\right\} \Rightarrow \text{Höhe} = 1{,}5\,\text{km}$$

Lösung zu b:

Die Hangkurve $f(x) = \frac{1}{x}$ hat die Ableitung $f'(x) = -\frac{1}{x^2}$. Am Fuß des Hanges, also bei x = 2, beträgt die Steigung $f'(2) = -\frac{1}{4}$.

Für den Steigungswinkel α am Hangfuß gilt also $\tan\alpha = -\frac{1}{4}$.

Hieraus folgt $\alpha = \arctan\left(-\frac{1}{4}\right) \approx -14{,}04°$.

Analog erhalten wir am oberen Ende des Hanges $\alpha \approx -75{,}96°$.

Steilheit am unteren Hangende:

$$f'(x) = -\frac{1}{x^2}$$
$$f'(2) = -\frac{1}{4}$$
$$\tan\alpha = -\frac{1}{4}$$
$$\alpha = \arctan\left(-\frac{1}{4}\right)$$
$$\alpha \approx -14{,}04°$$

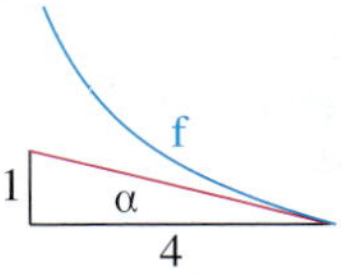

Lösung zu c:

Der Tourist möchte eine Höhe von 1 km über dem Fuß des Hanges erreichen. Dies entspricht dem Funktionswert $f(x) = 1{,}5$ km. Diese Höhe liegt nach nebenstehender Rechnung bei $x \approx 0{,}67$ km. Dort ist die Steigung f′ gleich −2,25, was einem Winkel von ca. −66,04° entspricht. Also ist ein Führer erforderlich.

Steigung in 1 km Höhe:

$$\text{Höhe} = f(x) - 0{,}5$$
$$1 = f(x) - 0{,}5$$
$$f(x) = 1{,}5$$
$$x \approx 0{,}67$$
$$f'(0{,}67) = -\frac{1}{0{,}67^2} = -2{,}25$$
$$\tan\alpha = -2{,}25$$
$$\alpha = \arctan(-2{,}25) \approx -66{,}04°$$

Übung 2 Ableitungen

Differenzieren Sie die Funktionen.

$f(x) = \frac{2}{x}$, $g(x) = -\frac{3}{x}$, $h(x) = 2\sqrt{x}$, $k(x) = \frac{\sqrt{x}}{2}$, $m(x) = \frac{2}{3x} + \frac{1}{2}\sqrt{x}$

Übung 3 Steigung vorgegeben

Berechnen Sie, wo f die Steigung m hat.

a) $f(x) = \frac{2}{x}$, $m = -0{,}5$ b) $f(x) = 2\sqrt{x}$, $m = 0{,}5$ c) $f(x) = x - \frac{1}{x}$, $m = 3$

C. Das Tangentenproblem

Im Anschluss an eine Kurve laufen Straßen in der Regel so aus, dass ein glatter Übergang an das folgende gerade Straßenstück besteht. Dies bedeutet, dass das gerade Straßenstück als ***Tangente*** an die Kurve anschließt.

Beispiel: Tangentengleichung

Gegeben ist die Funktion $f(x) = \frac{1}{2}x^2$.
Im Punkt $P\left(1\middle|\frac{1}{2}\right)$ soll die Tangente an den Graphen von f gelegt werden. Wie lautet die Gleichung der Tangente?

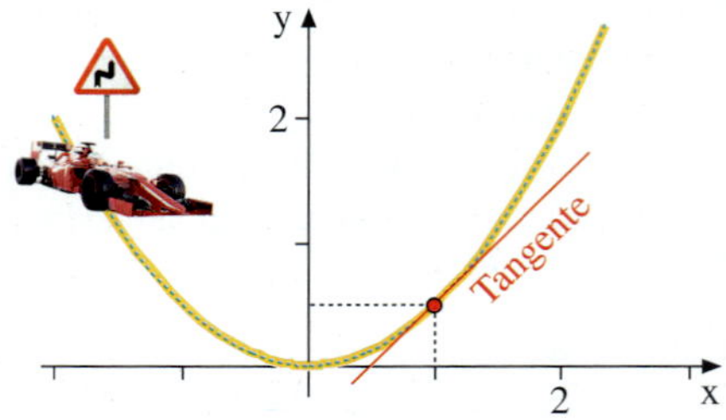

Lösung:
Wir verwenden für die Gleichung der Tangente den Ansatz $t(x) = mx + n$.

Außerdem berechnen wir die Ableitung von f: $f'(x) = x$.

Wir wissen, dass die Steigung m der Tangente gleich der Kurvensteigung im Punkt P ist, also $m = f'(1) = 1$.

Außerdem geht die Tangente t durch den Punkt $P\left(1\middle|\frac{1}{2}\right)$.
Daher gilt $t(1) = \frac{1}{2}$, d. h. $m + n = \frac{1}{2}$.
Hieraus folgt wegen $m = 1$ sofort $n = -\frac{1}{2}$.

Resultat: $t(x) = x - \frac{1}{2}$.

Ansatz für die Tangente:
$t(x) = mx + n$

Bestimmung von m und n:

I: $m = f'(1)$
II: $t(1) = f(1)$

I: $m = 1$
II: $m + n = \frac{1}{2}$

I in II: $1 + n = \frac{1}{2}$
$n = -\frac{1}{2}$

Resultat:
$t(x) = x - \frac{1}{2}$

Übung 4 Kletterhügel
Ein kleiner Hund hat sich auf den Kletterhügel verirrt und kommt nicht mehr herunter. Helfer wollen bei P(4|4) eine Leiter tangential anlegen. (1 LE = 1 m)
a) Wie hoch ist der Hügel?
b) Wie lang ist die Leiter?

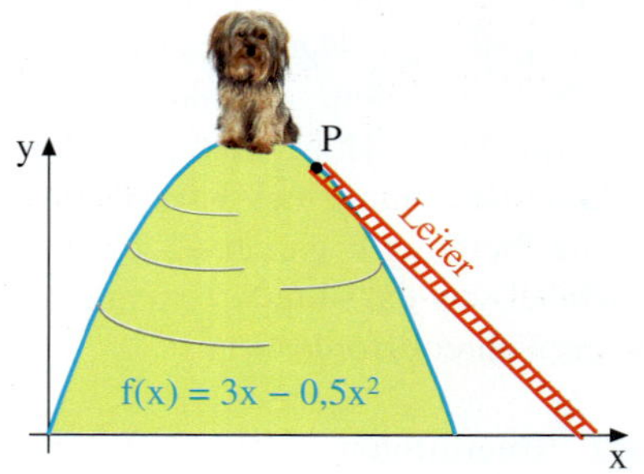

Zusammenfassung: Gleichung der Tangente an eine Kurve

Die Gleichung der Tangente $t(x) = mx + n$ an die Funktion f an der Stelle x_0 kann mit Hilfe der Bedingungen I und II ermittelt werden.

Ansatz: $t(x) = mx + n$

I: $m = f'(x_0)$ gleiche Steigungen
II: $t(x_0) = f(x_0)$ gleiche Funktionswerte

D. Das Schnittwinkelproblem

Schneiden sich die Graphen von f und g an der Stelle x_0, so bilden ihre Tangenten dort zwei Winkel γ und γ' miteinander.

Den kleineren dieser beiden Winkel bezeichnet man als ***Schnittwinkel*** γ von f und g an der Stelle x_0 $(0 \leq \gamma \leq 90°)$.

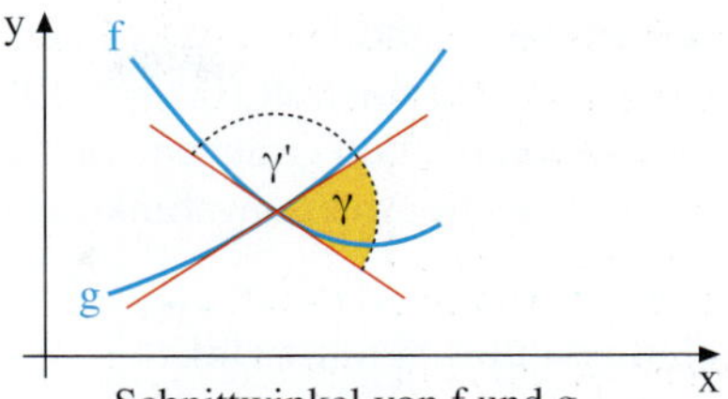

Schnittwinkel von f und g

Beispiel: Schnittwinkel von f und g
$f(x) = x^2$ und $g(x) = 2 - x$ schneiden sich bei $x_0 = -2$ und bei $x_0 = 1$.
Berechnen Sie den Schnittwinkel von f und g an der Stelle $x = 1$.

Lösung:
Rechts ist eine Skizze der Situation zu sehen. Man erkennt, dass der Schnittwinkel sich aus den beiden Steigungswinkeln α und β von f und g an der Stelle $x_0 = 1$ bestimmen lässt.

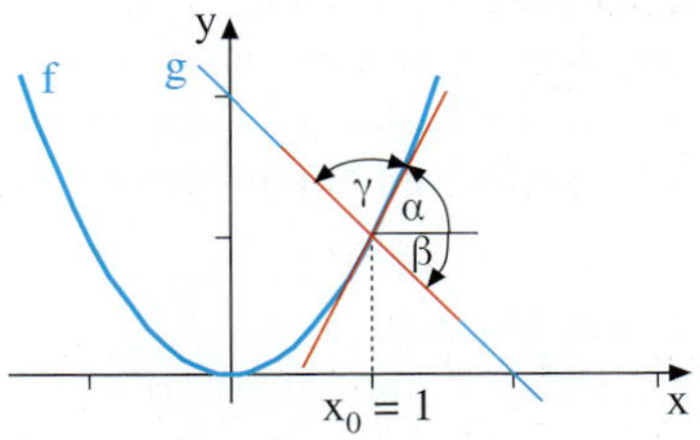

Die Berechnung ergibt $\alpha \approx 63{,}43°$ und $\beta = -45°$.

Steigungswinkel α von f bei $x_0 = 1$:
$\tan\alpha = f'(1) = 2$
$\alpha = \tan^{-1}(2) \approx 63{,}43°$
Steigungswinkel β von g bei $x_0 = 1$:
$\tan\beta = g'(1) = -1$
$\beta = \tan^{-1}(-1) = -45°$

Die Winkel zwischen den beiden Kurventangenten betragen daher $108{,}43°$ und $71{,}57°$.
Der Schnittwinkel beträgt also $\gamma \approx 71{,}57°$.

Übung 5 Motorboot
Ein Motorboot rast längs der Kurve $f(x) = \frac{1}{4}x^2 - x + 2$ auf die Kaimauer zu, die durch die Gerade $g(x) = 2x - 6$ beschrieben wird.
a) Kommt es zur Kollision?
b) Wie groß ist der Kollisionswinkel?

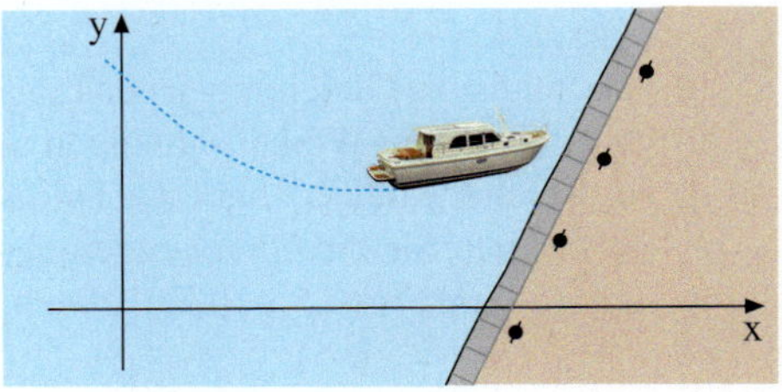

Zusammenfassung: Der Schnittwinkel von zwei Kurven

Der Schnittwinkel γ zweier Funktionen f und g an der Schnittstelle x_0 lässt sich aus den Steigungswinkeln α und β der Funktionen f und g an der Stelle x_0 berechnen.
Es gilt: $\alpha = \tan^{-1}(f'(x_0))$, $\beta = \tan^{-1}(g'(x_0))$.
γ ist dann der kleinere der beiden Werte $|\alpha - \beta|$ und $180° - |\alpha - \beta|$.

Übungen

6. Graphen von f und f′

Gegeben ist die Funktion $f(x) = x^2 \cdot (x - 3)$.

a) Skizzieren Sie den Graphen von f mit Hilfe einer Wertetabelle für $-1 \leq x \leq 3$.

b) Bilden Sie die Ableitungsfunktion f′ und skizzieren Sie deren Graphen.

7. Steigungs- und Schnittwinkel

Gegeben ist die Funktion $f(x) = x^2 - 3x$.

a) Skizzieren Sie den Graphen von f für $-1 \leq x \leq 4$.

b) Wie groß ist die Steigung von f bei $x_0 = 2$?

c) Wie groß ist der Steigungswinkel von f bei $x_0 = 2$?

d) Unter welchem Winkel schneidet der Graph von f die y-Achse?

8. Schnittwinkel

Gegeben sind die Funktionen $f(x) = -x^2 + 8x - 11$ und $g(x) = x - 1$.

a) In welchen Punkten schneiden sich f und g?

b) Wie groß sind die Schnittwinkel von f und g in den beiden Schnittpunkten?

9. Nullstellen, Winkel

Gegeben ist die Funktion $f(x) = -\frac{1}{2}x^2 + 2x + 2$.

a) Wo liegen die Nullstellen von f?

b) Unter welchem Winkel schneidet der Graph von f die y-Achse?

c) Eine Gerade g geht durch den Punkt $P(-1|0)$ und schneidet den Graphen von f bei $x = 0$.
Wie lautet die Gleichung von g?
Wie groß ist der Schnittwinkel von f und g?

10. Tangenten, Normalen

Gegeben sind die Funktionen $f(x) = \sqrt{x}$ und $g(x) = \frac{1}{x}$.

a) Skizzieren Sie die Graphen von f und g in ein gemeinsames Koordinatensystem für $0 \leq x \leq 4$.

b) Wie lauten die Gleichungen der Tangenten von f und g im Schnittpunkt der beiden Graphen?

c) Unter welchem Winkel schneiden sich f und g?

d) An welcher Stelle x_0 hat f die Steigung 1?

e) Bestimmen Sie die Gleichungen der Normalen im Punkt $P(2|f(2))$ an den Graphen von f und im Punkt $Q(0{,}5|g(0{,}5))$ an den Graphen von g.

11. Steigung und Steigungswinkel

Gegeben ist die Funktion $f(x) = x + \frac{4}{x}$.

a) Zeichnen Sie den Graphen von f für $x > 0$.

b) An welcher Stelle hat f die Steigung 0,5?

c) Begründen Sie: Der Steigungswinkel von f ist überall kleiner als 45°.

12. Marsmission

Während einer Marsmission soll ein Raupenfahrzeug auf dem Grund eines Kraters abgesetzt werden, der 800 m breit und 200 m tief ist.

a) Modellieren Sie die Profilkurve des Kraters durch eine quadratische Funktion im abgebildeten Koordinatensystem.

b) Die Steigfähigkeit des Fahrzeugs beträgt 30°. Kann der Kraterrand erreicht werden?

c) Das Fahrzeug muss in einem Bereich des Kraters landen, in welchem der Steigungswinkel des Hanges maximal 5° beträgt. Wie groß ist der Durchmesser dieses Bereichs?

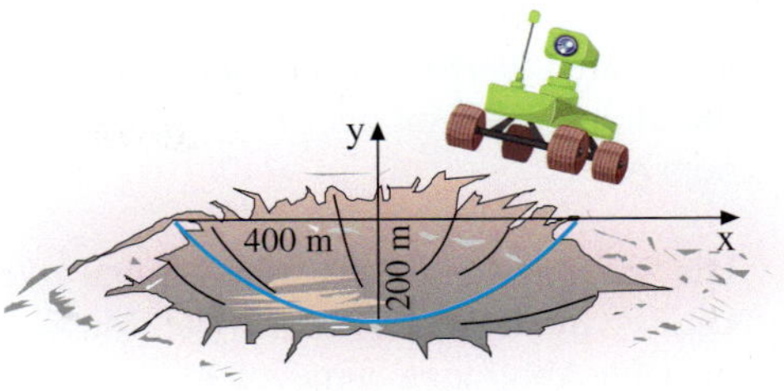

Vulkankrater auf dem Mars

13. Verkehrswege

Eine Straße s kreuzt den Fluss f und die Bahnlinie b. Für $x > 0$ können diese Verkehrswege durch die Funktionen $s(x) = 2 - \frac{1}{4}x^2$, $f(x) = \frac{1}{4}x^2$ und $b(x) = 0$ beschrieben werden.

a) Wo und unter welchem Winkel kreuzt die Straße die Bahnlinie?

b) Wie lauten die Koordinaten der Straßenbrücke über den Fluss?

c) An welchen Koordinaten bewegt sich ein Schiff auf dem Fluss genau nach Nordosten?

d) Der Fluss soll zwischen $P(0|0)$ und $Q(4|4)$ begradigt werden. Wo kreuzt der entstehende Kanal die Straße?

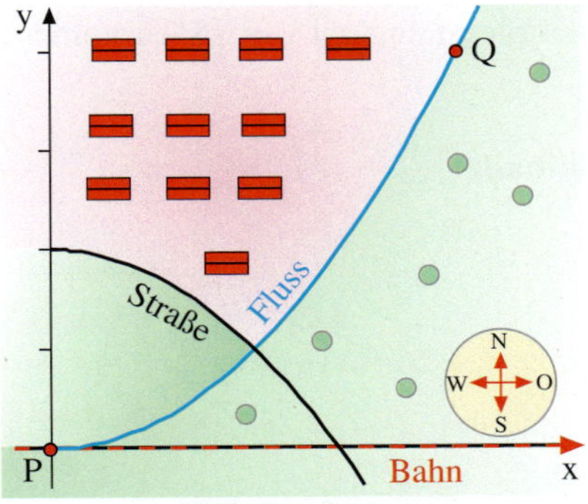

Verkehrsplanung

14. Bahnstrecke

Eine neue Bahnstrecke verläuft längs der Geraden $f(x) = \frac{1}{2}x + 2$.

Vom Reparaturwerk $P(0|0)$ ausgehend soll das Anschlussgleis $g(x) = a\sqrt{x}$ tangential an die Strecke angeschlossen werden.

a) Wie muss a gewählt werden? Wo liegt der Anschlusspunkt B?

b) In welchem Punkt verläuft das Anschlussgleis exakt in Richtung Nordosten?

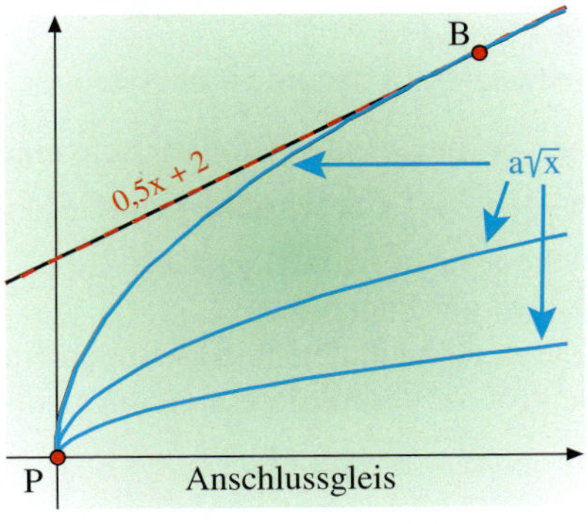

15. Himmelfahrt

1980 baute AUDI das erste Serienfahrzeug der Welt mit Allradantrieb, den Audi quattro. In einem legendären Werbespot fuhr der Audi quattro die Sprungschanze von Kaipola in Finnland hinauf, die Steigungen von über 80 % besitzt. 2005 wiederholte Audi das spektakuläre Experiment mit dem A6.

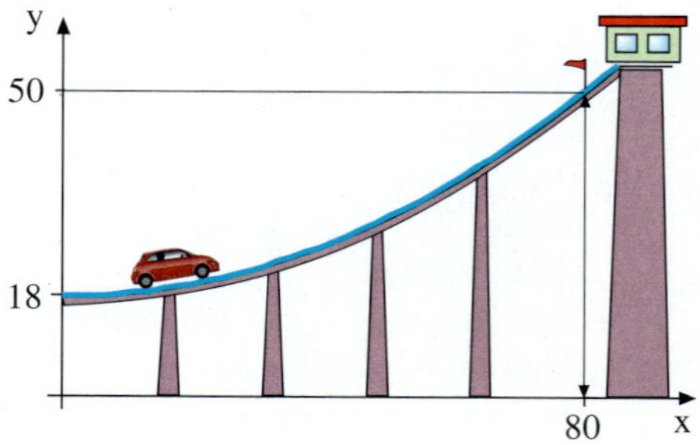

Die Schanze kann durch eine Parabel zweiten Grades modelliert werden. Die Maße kann man der Abbildung entnehmen.
Wichtig: Der Schanzentisch läuft am Absprung horizontal aus.

a) Bestimmen Sie die Gleichung der Parabel.
b) Wie groß ist die mittlere Steigung der Schanze im Intervall [0; 80]?
c) Das Fahrzeug schafft maximal einen Anstieg von $\alpha = 40°$.
Schafft es das Auto bis zur Markierungsfahne?
d) Wie hoch würde ein normales Fahrzeug mit einer Steigfähigkeit von 25 % kommen?

16. Skihalle

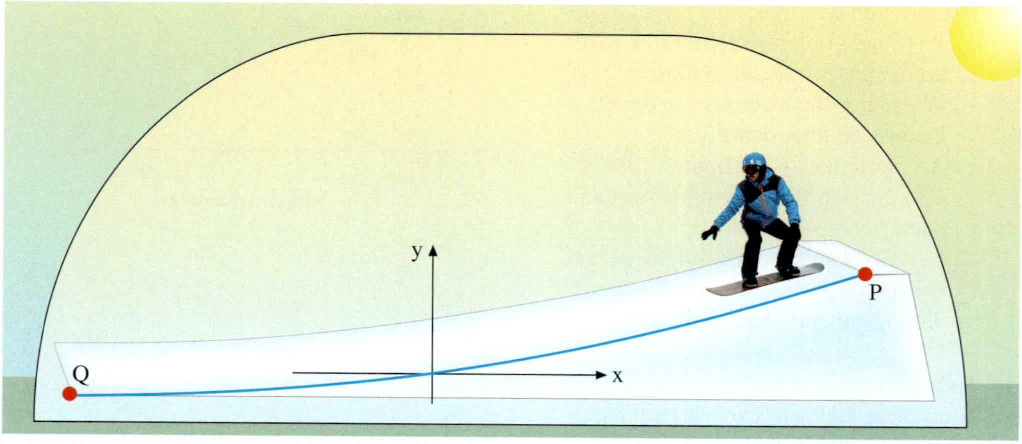

In einer großen Halle befindet sich eine Skipiste, deren Abfahrtsprofil durch die Funktion $f(x) = \frac{1}{1200}x^2 + \frac{1}{6}x$ beschrieben wird. Sie verbindet den Punkt $P(120 \mid f(120))$ mit dem Punkt Q, in welchem sie horizontal ausläuft.

a) Wo liegt der Punkt Q?
b) Welcher Höhenunterschied wird bei einer Abfahrt durchfahren?
c) Wie groß ist der mittlere Steigungswinkel, wie groß ist der maximale Steigungswinkel?

Übungen

Die folgenden Aufgaben sollen ohne die Verwendung von Hilfsmitteln gelöst werden.

1. Mittlere Steigung
Gegeben ist die Funktion $f(x) = \frac{1}{2}x^2$.
a) Bestimmen Sie die mittlere Steigung von f auf dem Intervall [2; 4].
b) Für welchen Wert von b hat f auf dem Intervall [1; b] die mittlere Steigung $m = 2$?

2. Durchschnittsgeschwindigkeit
Ein Läufer stellt sich für 10000 m folgenden Laufplan auf (siehe Tabelle).

Entfernung (km)	3	6	7,5	10
Zeit (min)	12	20	26	40

a) Ermitteln Sie die geplante Durchschnittsgeschwindigkeit (in km/h) für die Gesamtstrecke.
b) Geben Sie ein Zeitintervall an, in dem der Läufer überdurchschnittlich schnell sein möchte.

3. Grenzwertbestimmung mittels Termumformung oder h-Methode
Bestimmen Sie den Grenzwert durch Termumformung oder mit der h-Methode.

a) $\lim\limits_{x \to 4} \frac{3x^2 - 48}{x - 4}$ b) $\lim\limits_{x \to -3} \frac{2x^2 - 18}{x + 3}$ c) $\lim\limits_{x \to 1} \frac{x^3 - x}{1 - x^2}$

4. Ableitungsfunktion
Bestimmen Sie die Ableitungsfunktion f′ von f.

a) $f(x) = 2x^5 - 4x^3$ b) $f(x) = \frac{1}{3}x^3 + 2x - 1$ c) $f(x) = (1 - x)(x - 2)$
d) $f(x) = \frac{2}{x}$ e) $f(x) = 2\sqrt{x}$ f) $f(x) = \frac{3}{2x} + x$
g) $f(x) = \frac{1}{\sqrt{2x}}$ h) $f(x) = \sqrt{\frac{1}{x}}$ i) $f(x) = \frac{x^3 - x^2 + 1}{2x}$

5. Funktion und Ableitung
Ordnen Sie jeder Funktion f die richtige Ableitungsfunktion f′ zu.

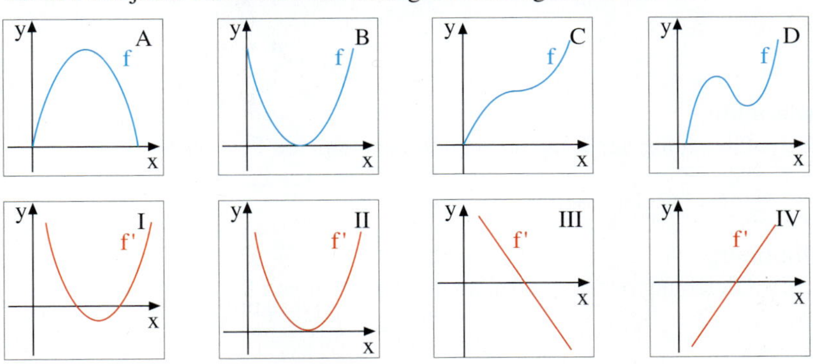

6. Die Ableitungsfunktion als Grenzwert des Differenzenquotienten
Bestimmen Sie die Ableitungsfunktion f′ durch Anwendung der Formel $f'(x) = \lim\limits_{h \to 0} \frac{f(x + h) - f(x)}{h}$.

a) $f(x) = \frac{1}{3}x^2$ b) $f(x) = x^2 + x$ c) $f(x) = \sqrt{x}$

7. Lokale Steigungen

Untersuchen Sie, an welchen Stellen f die Steigung m hat.

a) $f(x) = \frac{1}{3}x^3 - 3x, \quad m = 1$

b) $f(x) = \sqrt{x}, \quad m = 2{,}5$

c) $f(x) = \frac{1}{x} - 2x, \quad m = -3$

d) $f(x) = \frac{3}{2x} + x, \quad m = \frac{1}{3}$

8. Parallelstellen zweier Graphen

Ermitteln Sie, an welcher Stelle die Graphen von f und g die gleiche lokale Steigung haben.

a) $f(x) = \frac{1}{4}x^2, \quad g(x) = 2x$

b) $f(x) = 2x^3 + 3, \quad g(x) = 24x$

c) $f(x) = \sqrt{x}, \quad g(x) = 1 + x$

d) $f(x) = \frac{1}{2x}, \quad g(x) = -\frac{1}{8}x + 3$

9. Wo steckt der Fehler?

Die Ableitung wurde falsch gebildet. Wo stecken Fehler?

a) $f(x) = 2x^5 - 3x^3 + 2x$

$f'(x) = 10x - 6x^2 + 2$

b) $f(x) = \frac{3}{x} + x^2 - 2$

$f'(x) = \frac{3}{x^2} + 2x - 2$

c) $f(x) = \sqrt{2x} - \frac{3}{2}x$

$f'(x) = \frac{1}{\sqrt{x}} - 3x$

d) $f(x) = \frac{1}{x} + \frac{1}{x^2}$

$f'(x) = \frac{1}{x^2} - \frac{1}{x^3}$

10. Ableitungsgraphen skizzieren

Übertragen Sie den Graphen der Funktion f vergrößert in ihr Heft (kariertes Papier) und skizzieren Sie dann den ungefähren Verlauf des Graphen der Ableitungsfunktion f'.

a)
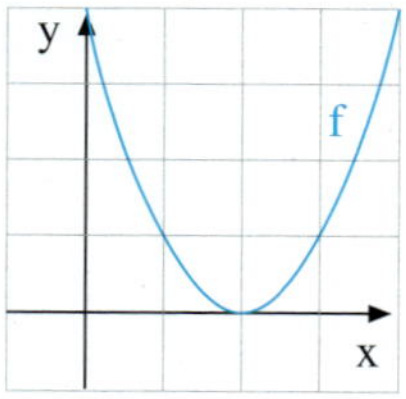

b)
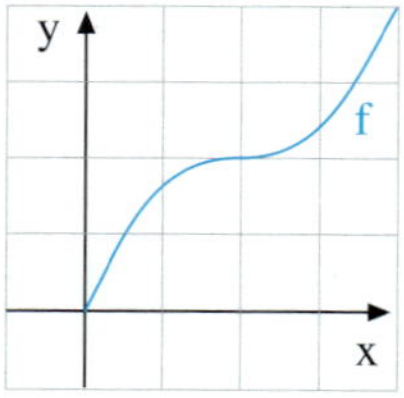

c)
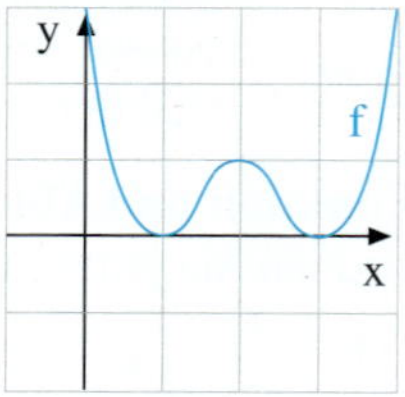

11. Tangentenbestimmung

Bestimmen Sie die Gleichung der Tangente an den Graphen von f an der Stelle x_0.

a) $f(x) = \frac{1}{2}x^2 + 1, \quad x_0 = 2$

b) $f(x) = \sqrt{x} + 2, \quad x_0 = 4$

12. Normalenbestimmung

Bestimmen Sie die Gleichung der Normalen an den Graphen von f an der Stelle x_0.

a) $f(x) = x^2 - 4, \quad x_0 = 2$

b) $f(x) = \frac{1}{2x} - 1, \quad x_0 = 0{,}5$

13. Stellen mit waagerechter Tangente

Untersuchen Sie, an welchen Stellen der Graph von f waagerechte Tangenten hat.

a) $f(x) = 2(x-1)^2$

b) $f(x) = x^3 - \frac{3}{2}x^2 + 2$

c) $f(x) = \frac{1}{x} - \frac{1}{x^2}$

CAS-Anwendung

Änderungsraten

Im folgenden Beispiel wird gezeigt, wie die mittlere und die lokale Änderungsrate einer Funktion bei bekannter Funktionsgleichung mit dem CAS berechnet wird. Auf einer Notes-Seite kann man Texte notieren und für jede Formel mit [menu] Einfügen ▸ MathBox (kurz: [ctrl] M) ein Feld einfügen, in welchem Zahlenwerte und Funktionen definiert und berechnet werden.

Durch neue Eingaben in einem Feld werden alle Werte neu berechnet, die Seite kann also für andere Funktionen oder Zahlen verwendet werden. Daher empfiehlt sich das Speichern des Dokumentes unter einem sinnvollen Namen.

Beispiel: Mittlere und lokale Änderungsrate

Gegeben ist die $f(x) = x^2 \cdot \sin x$.

a) Berechnen Sie die mittlere Änderungsrate auf dem Intervall [1; 2].

b) Berechnen Sie die lokale Änderungsrate an der Stelle 1.

Lösung zu a:
Zunächst wird für die Funktion f eine MathBox eingerichtet und der Funktionsterm festgelegt.
Die untere Intervallgrenze wird mit a bezeichnet und in einer weiteren MathBox definiert. Ebenso verfährt man mit der oberen Intervallgrenze b.
Schließlich wird in einer vierten MathBox die mittlere Änderungsrate $\frac{f(b) - f(a)}{b - a}$ berechnet.

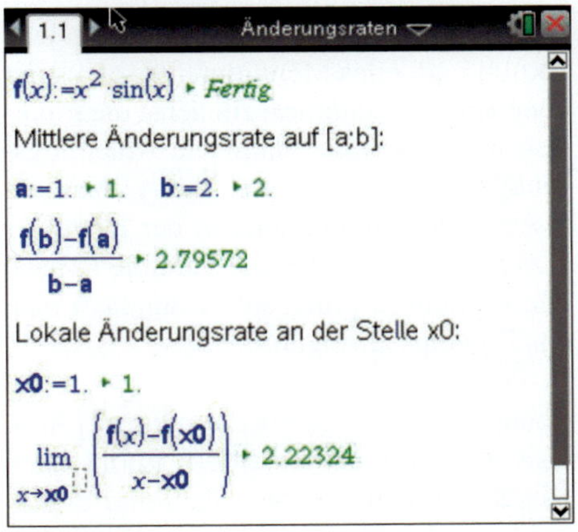

Lösung zu b:
Wir definieren die gegebene Stelle 1, die wir allgemein mit x0 bezeichnen.
Dann wird für die lokale Änderungsrate $\lim\limits_{x \to x_0} \frac{f(x) - f(x_0)}{x - x_0}$ berechnet.

Übung 1
Verwenden Sie die Notes-Seite des obigen Beispiels für Änderungsraten anderer Funktionen.

Übung 2
Berechnen sie eine Folge von mittleren Änderungsraten, wobei Sie die beiden Intervallgrenzen a und b immer weiter an ein x0 zwischen a und b annähern.

Übung 3
Berechnen Sie für die Funktion $f(x) = x \cdot (1 - x)$ die mittlere Änderungsrate im Intervall $I = [0; 2]$ sowie die lokale Änderungsrate in der Mitte des Intervalls I. Experimentieren Sie mit anderen Intervallgrenzen und finden Sie eine Begründung für Ihre Ergebnisse.

Beispiel: Ableitung einer Funktion an einer Stelle

Berechnen Sie für verschiedene Funktionen die Ableitung der Funktion an einer Stelle x_0.
Verwenden Sie zunächst $f(x) = \frac{1}{4}x^2$ und $x_0 = 6$.

Lösung:

Auf einer **Notes-Seite** verwendet man menu Einfügen ▸ MathBox (kurz: ctrl M) und gibt in den ersten beiden Zeilen die Funktionsgleichung und die Stelle x0 ein. Dann wählt man im Katalog Analysis ▸ Ableitung an einem Punkt, Variable x, Wert x0, 1. Ableitung, OK, dann ergänzt man in der Klammer f(x).

Zwischen den Math-Boxen kann man erläuternde Kommentare schreiben und anschließend das Dokument speichern.

Jetzt kann man die Stellenangabe oder die Funktion ändern und die Berechnungen werden automatisch aktualisiert.

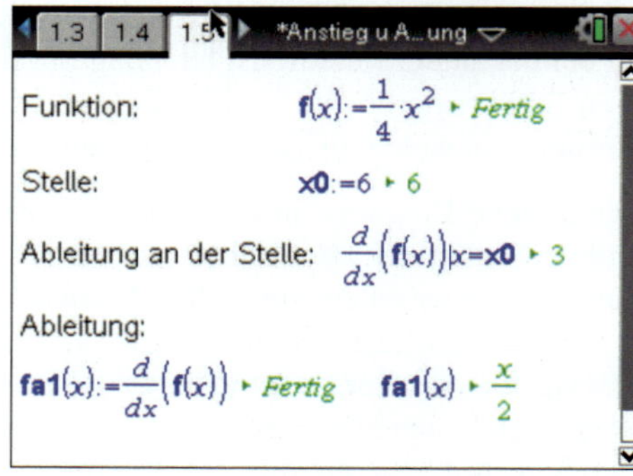

Mögliche Eingabe für die Ableitung:
derivative (f(x)x, x0)

Auf einer **Calculator-Seite** kann man jede Aktion und jedes Menu durch esc wieder beenden. Man definiert zunächst die Funktion und die Stelle, dann die Ableitungsfunktion fa1 mithilfe von menu Analysis ▸ Ableitung und ergänzt in der Klammer f(x) sowie im Nenner die Variable x, nach der abgeleitet werden soll. Dann lässt man das Ergebnis anzeigen.

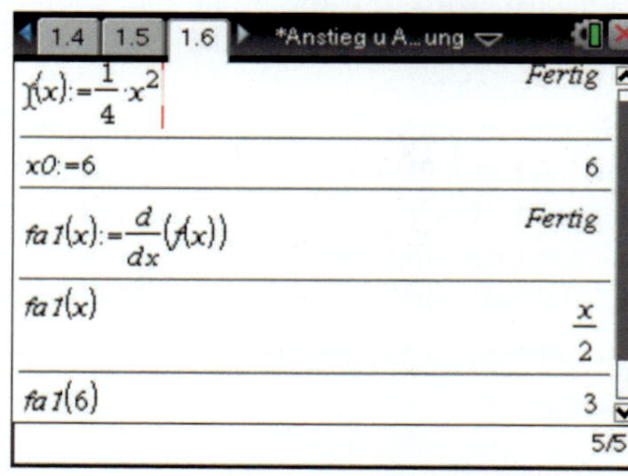

Mögliche Eingabe für die Ableitung:
derivative (f(x), x)

Ebenso lässt sich mithilfe von menu Analysis ▸ Ableitung an einem Punkt nach Angabe der gewünschten Zahl und Ergänzung von f(x) in der Klammer die Ableitung an einer konkreten Stelle bestimmen. Ableitungsregeln werden dabei automatisch verwendet.

Übung 4

Berechnen Sie mithilfe einer Calculator-Seite die Ableitung von $f(x) = \frac{1}{x^3}$ an den Stellen 3, 2, 1, −1 und −0,1. Verwenden Sie eine Notes-Seite, um diese Rechnungen anschließend auch für $f(x) = \frac{1}{x^2}$ durchzuführen.

Beispiel: Differenzen- und Differentialquotient

Bestimmen Sie zunächst für $f(x) = \frac{1}{4}x^2$ und $x_0 = 2$ sowie für $x_1 = 4$ bzw. für $h = 2$ den Differenzenquotienten.

Lösung:

Gibt man auf einer **Notes-Seite** die Funktion und die Stelle x0 ein sowie eine Stelle x1 bzw. eine Differenz h und definiert den Differenzenquotienten, so wird der Wert auch für jede neue Eingabe von x1 bzw. h aktuell berechnet.

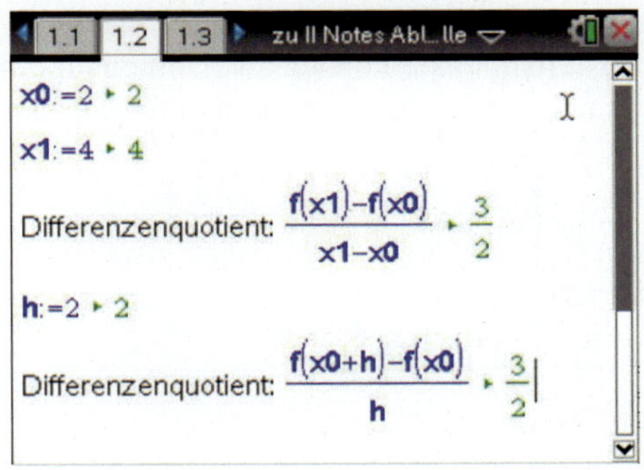

Im Katalog 📖 findet man bei Analysis ▸ Limes auch den Grenzwert, damit kann man den Differentialquotienten berechnen.

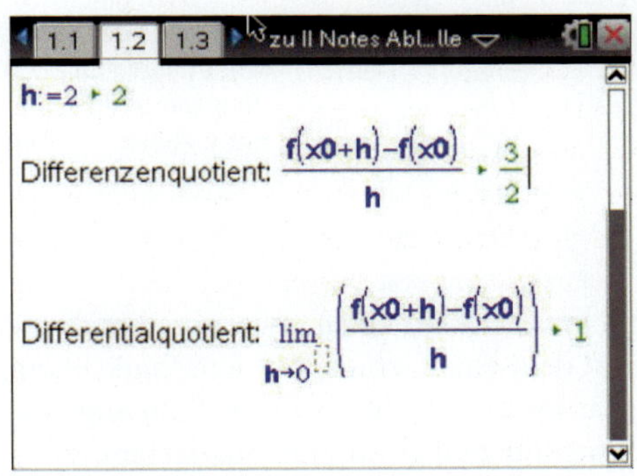

Übung 5

Berechnen Sie auf einer Notes-Seite für die Funktion $f(x) = 3x^3 - 4x^2 + 6x - 1$ den Differenzenquotienten an der Stelle $x_0 = 1{,}5$ mit $x_1 = 0{,}8$ sowie den Differentialquotienten an der Stelle $x_0 = 1{,}5$. Veranschaulichen Sie dies anschließend auf einer Grafik-Seite.

Übung 6

Gibt es für die Funktion $f(x) = 5x^2 - 4x + 1$ eine Stelle x_0, an der der Differentialquotient den Wert null hat?

Geometrische Bestimmung von Extrempunkten und von Steigungen

In diesem Streifzug wird gezeigt, wie man besondere Punkte des Graphen einer Funktion, z. B. Extrempunkte, Punkte mit der steilsten Steigung oder Tangenten und Normalen mit einfachen Hilfsmitteln wie dem Geodreieck, einem Taschenspiegel oder einer OH-Folie konstruieren kann.

1. Bestimmung der Extrema mit dem Geodreieck

Extremalpunkte können auch ohne Hilfsmittel gut abgelesen werden. Mit dem Geodreieck geht es noch etwas genauer. Orientieren Sie sich an der Bildfolge.

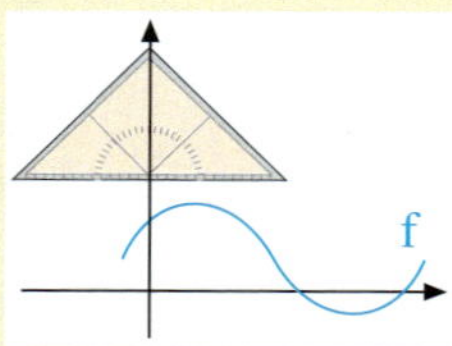

Das Geodreieck orthogonal an die y-Achse legen.

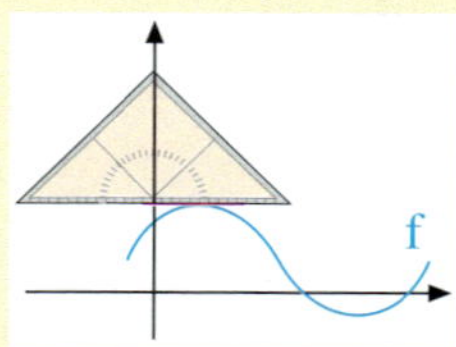

Das Geodreieck senkrecht nach unten schieben, bis es den Graphen von f tangential berührt. Tangente zeichnen bis zur y-Achse.

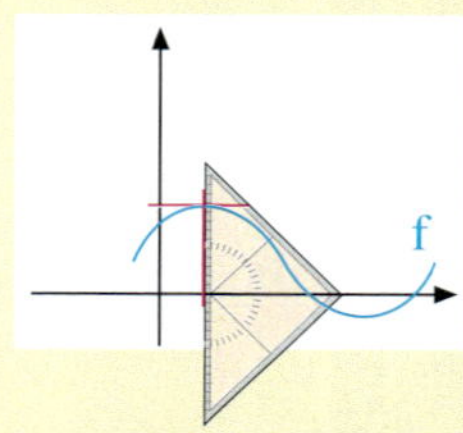

Das Geodreieck orthogonal an der x-Achse anlegen und verschieben bis es durch den Extrempunkt geht. Normale bis zur x-Achse zeichnen.

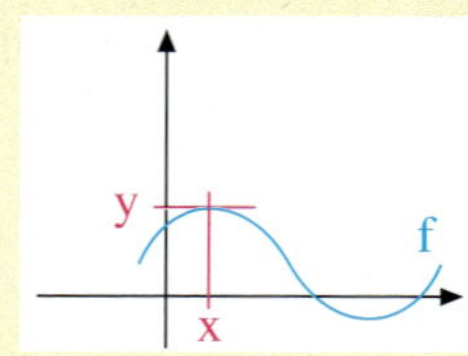

Koordinaten des Extrempunktes an den Achsen ablesen.

2. Bestimmung des Punktes mit der steilsten Steigung mittels OH-Folie

Man verwendet einen etwa 1 cm breiten Streifen aus OH-Folie, auf dem eine Gerade mit dem Punkt P eingezeichnet ist. P soll den Punkt mit der steilsten Steigung und die Gerade soll die Tangente in diesem Punkt darstellen.
Dann geht man folgendermaßen vor:

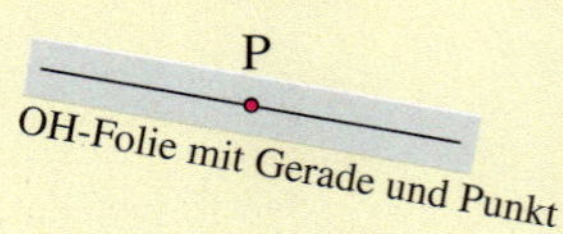

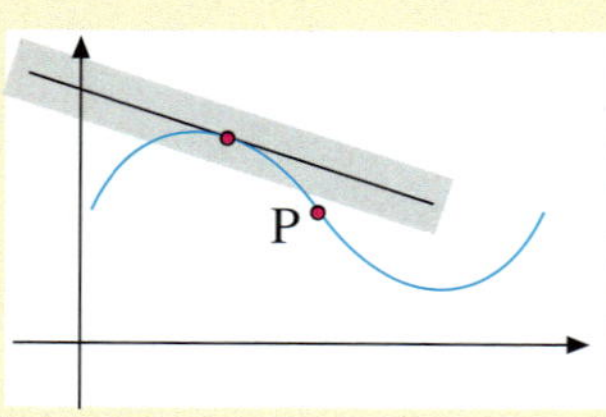

Folie mit dem aufgezeichneten Punkt auf der Kurve tangential anlegen.

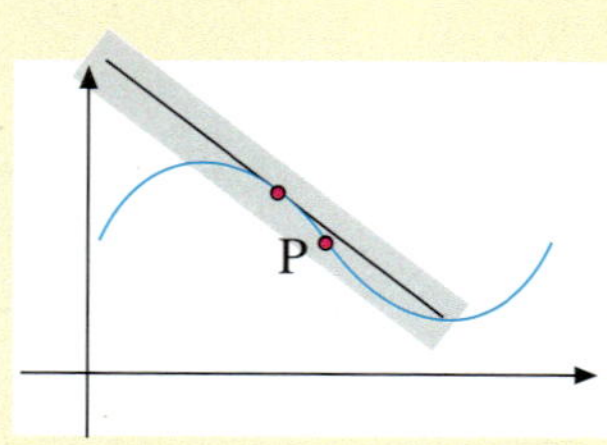

Den aufgezeichneten Punkt P auf der Kurve in Richtung des vermuteten steilsten Kurvenpunktes verschieben.

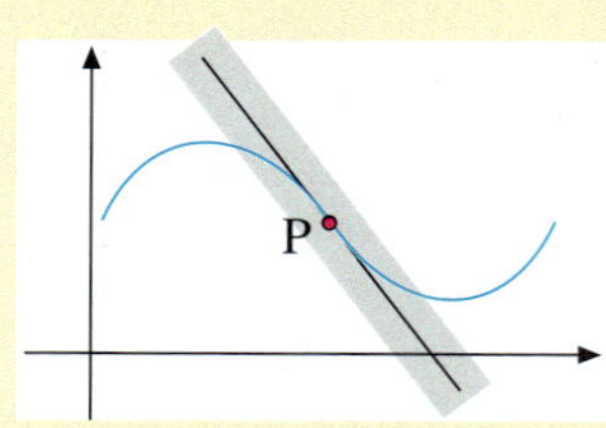

Der steilste Kurvenpunkt ist gefunden, wenn die Tangente die Kurve im aufgezeichneten Punkt P durchdringt und hier die Seiten wechselt.

3. Bestimmung der Steigung in einem Punkt mit Hilfe eines Spiegels

Man kann die Steigung einer Kurve in einem Punkt P mit Hilfe der OH-Folien-Tangente aus dem vorigen Abschnitt oder durch eine mit dem Geodreieck gewonnene Tangente bestimmen. Wesentlich genauer ist die folgende Methode mit Hilfe eines kleinen Taschenspiegels, die unten fotographisch dargestellt ist und darunter schrittweise beschrieben wird.

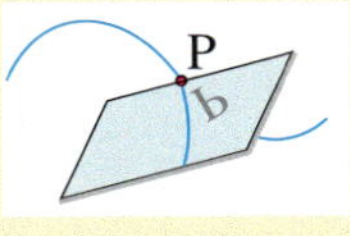

Spiegel in vertikaler Position im Punkt P auf die Kurve stellen, ungefähr senkrecht zur Kurve.

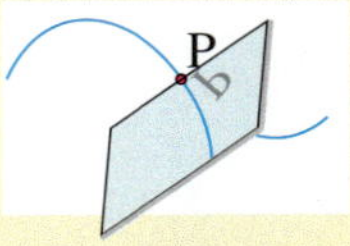

Den Spiegel durch Drehen so ausrichten, dass das originale Kurvenstück und sein Spiegelbild eine Linie bilden.

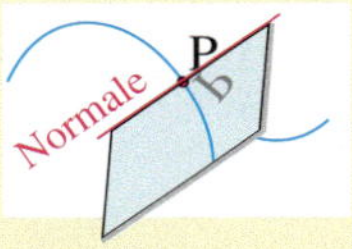

Am Spiegel entlang die Kurvennormale einzeichnen.

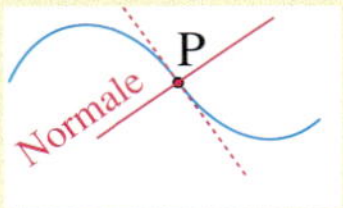

Spiegel entfernen. Mit dem Geodreieck Senkrechte zur Normalen durch P zeichnen. Dies ist die Tangente.

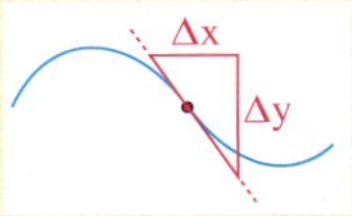

An die Tangente ein Steigungsdreieck zeichnen und daraus $f'(x_0) = \frac{\Delta y}{\Delta x}$ berechnen.

Übung

Gegeben ist der abgebildete Graph einer Funktion f.

a) Bestimmen Sie die Lage der Extrempunkte.

b) Bestimmen Sie Lage des Punktes mit dem steilsten Abfall mit Hilfe der OH-Folienmethode. Zeichnen Sie die zugehörige Tangente ein. Wie lautet die Gleichung dieser Tangente?

c) Bestimmen Sie die Steigung von f an der Stelle x = 1 (2, 3, 4, 5) mit Hilfe der Spiegelmethode.

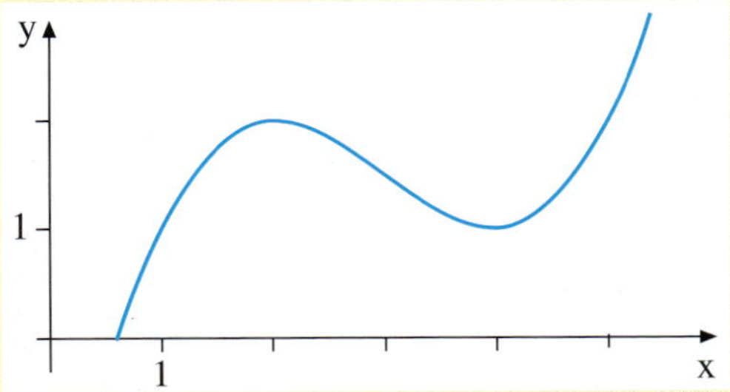

Überblick

Funktionsgrenzwert für $x \to x_0$

Zahlenwert g, dem sich die Funktionswerte von f für $x \to x_0$ beliebig dicht nähern.
Symbolische Schreibweise:

$$\lim_{x \to x_0} f(x) = g$$

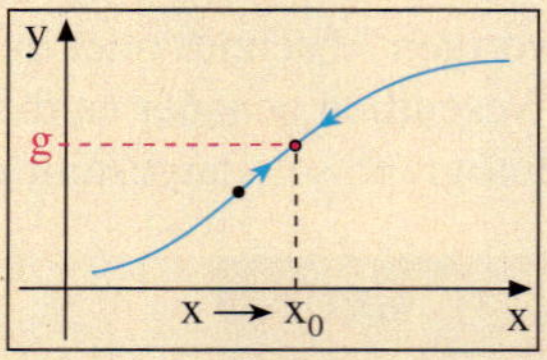

Funktionsgrenzwert für $x \to \pm\infty$

Zahlenwert g, dem sich die Funktionswerte von f für $x \to \infty$ bzw. $x \to -\infty$ beliebig dicht nähern.
Symbolische Schreibweise:

$$\lim_{x \to \infty} f(x) = g, \quad \lim_{x \to -\infty} f(x) = g$$

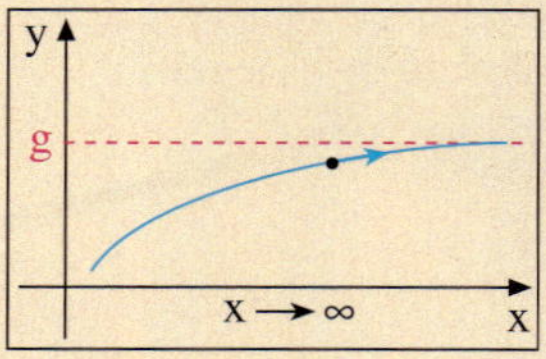

Mittlere Steigung von f im Intervall [a; b]
Mittlere Änderungsrate im Intervall [a; b]

Steigung der Sekante, welche durch die Punkte $P(a|f(a))$ und $Q(b|f(b))$ geht.

$$\frac{\Delta f}{\Delta x} = \frac{f(b) - f(a)}{b - a}$$

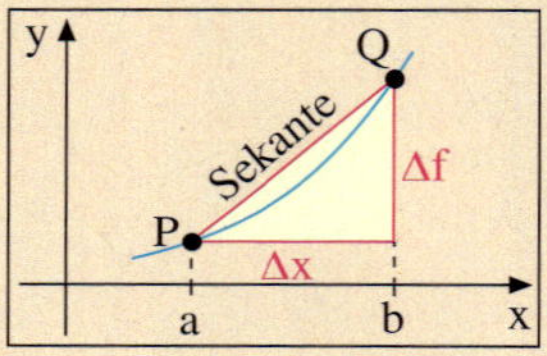

Lokale Steigung von f an der Stelle x_0
Lokale Änderungsrate von f an der Stelle x_0
Ableitung von f an der Stelle x_0.

Steigung der Tangente von f im Punkt $P(x_0|f(x_0))$.

$$\text{I:}\quad f'(x_0) = \lim_{x \to x_0} \frac{f(x) - f(x_0)}{x - x_0}$$

$$\text{II:}\quad f'(x_0) = \lim_{h \to 0} \frac{f(x_0 + h) - f(x_0)}{h}$$

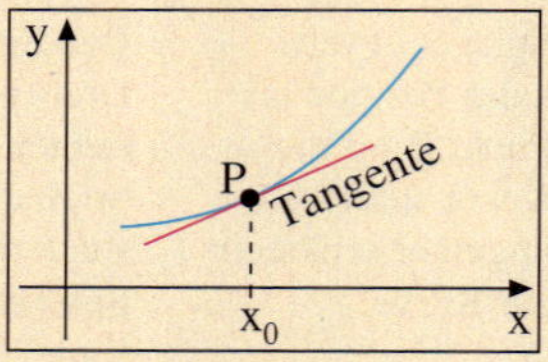

Methoden zur Bestimmung von $f'(x_0)$

Exakte Berechnung:
Berechnung von $f'(x_0)$ mit Hilfe von Formel I oder Formel II unter Verwendung von Termumformungen (siehe S. 90).

Näherungsrechnung:
Anfertigen einer Näherungstabelle unter Verwendung von Testeinsetzungen (siehe S. 93).

Mittlere Geschwindigkeit $\overline{v}$ im Intervall [a; b]

$$\overline{v} = \frac{\Delta s}{\Delta t} = \frac{s(b) - s(a)}{b - a}$$

s(t) ist hier die Weg-Zeit-Funktion des Bewegungsvorgangs.

Momentangeschwindigkeit v zur Zeit t_0

$$v(t_0) = s'(t_0) = \lim_{t \to t_0} \frac{s(t) - s(t_0)}{t - t_0}$$

Ableitung einer Funktion an der Stelle x_0 (Differentialquotient)

$(x - x_0)$-Form des Differentialquotienten	h-Form des Differentialquotienten
$f'(x_0) = \lim\limits_{x \to x_0} \frac{f(x) - f(x_0)}{x - x_0}$	$f'(x_0) = \lim\limits_{h \to 0} \frac{f(x_0 + h) - f(x_0)}{h}$

Allgemeine Ableitungsregeln

u und v seien differenzierbare Funktionen.

Name der Regel	Kurzform der Regel
Summenregel	$(u + v)' = u' + v'$
Faktorregel	$(c \cdot u)' = c \cdot u'$ (c konstant)

Wichtige spezielle Ableitungsregeln

Name der Regel	Kurzform der Regel
Konstantenregel	$(C)' = 0$ (C konstant)
Potenzregel	$(x^n)' = n\,x^{n-1}$ $n \in \mathbb{N}, n \geq 1$
verallgemeinerte Potenzregel	$(x^r)' = r\,x^{r-1}$ $r \in \mathbb{R}, r \neq 0, (x > 0)$
Reziprokenregel	$\left(\frac{1}{x}\right)' = -\frac{1}{x^2}$ $(x \neq 0)$
Wurzelregel	$(\sqrt{x})' = \frac{1}{2\sqrt{x}}$ bzw. $\left(x^{\frac{1}{2}}\right)' = \frac{1}{2} \cdot x^{-\frac{1}{2}}$ $(x > 0)$

Anwendungen des Ableitungsbegiffs

Anwendungsproblem	Berechnungsformel
Steigung m der Funktion f an der Stelle x_0	$m = f'(x_0)$
Steigungswinkel α der Funktion f an der Stelle x_0	$\tan\alpha = f'(x_0)$ $\alpha = \arctan f'(x_0) = \tan^{-1} f'(x_0)$
Gleichung der Tangente t von f an der Stelle x_0	$t(x) = f'(x_0)(x - x_0) + f(x_0)$
Gleichung der Normalen q von f an der Stelle x_0	$q(x) = -\frac{1}{f'(x_0)}(x - x_0) + f(x_0)$

Test

Steigung und Ableitung

1. Graphisches Ableiten

Gegeben ist der Graph der Funktion f.

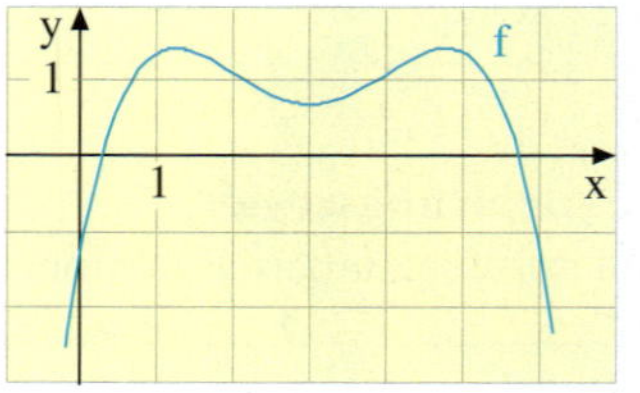

a) Zeichnen Sie die Nullstellen der Ableitungsfunktion f′ ein.

b) Skizzieren Sie anschließend auf dieser Basis den Graphen von f′ angenähert.

2. Steigung und Steigungswinkel

Gegeben ist die Funktion $f(x) = \frac{3}{2}x - \frac{1}{2}x^2$, deren Graph abgebildet ist.

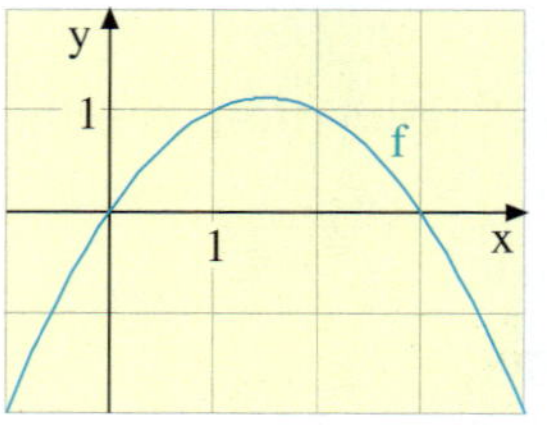

a) Berechnen Sie die Steigung von f bei $x_0 = 1$.

b) Stellen Sie die Gleichung der Tangente von f an der Stelle $x_0 = 1$ auf.

c) Berechnen Sie den Winkel γ, unter welchem der Graph von f die y-Achse schneidet.

d) Berechnen Sie die Stelle x_1, an welcher der Graph von f den Steigungswinkel 60° hat.

3. Ableitungsregeln

Bestimmen Sie die Ableitungsfunktion f′ der gegebenen Funktion f.
Erläutern Sie, welche Ableitungsregeln verwendet werden.

a) $f(x) = 2x^3 + 3x^2$ b) $f(x) = 3x^4 + 5$ c) $f(x) = 6 - x^{2n}$

d) $f(x) = (2x - 1)^2$ e) $f(x) = x^2 + \frac{2}{x}$ f) $f(x) = x + 2\sqrt{x}$

4. Schnitt von Graphen

Gegeben sind die Funktionen $f(x) = 4x - x^2$ und $g(x) = x$.

a) Bestimmen Sie Nullstellen und Schnittpunkte von f und g. Skizzieren Sie die Graphen.

b) Berechnen Sie den Schnittwinkel von f und g an der Stelle $x_0 = 0$.

c) Zeigen Sie, dass die Gerade $y(x) = 2x + 1$ eine Tangente an den Graphen von f ist.

5. Marsmission

Bei einer Marsmission landet eine Versorgungskapsel am Fallschirm. Einige Meter über dem Boden wird der Schirm abgesprengt. Die gepolsterte Kapsel stürzt nun im freien Fall zu Boden. Ihre Höhe wird dabei durch $h(t) = -0{,}4t^2 - 5t + 44{,}4$ erfasst (t: Sek., h: Meter)

a) Aus welcher Höhe stürzt die Kapsel herunter?

b) Wie lange dauert der Sturz?

c) Welche Geschwindigkeit hat die Kapsel beim Absprengen des Fallschirms?

d) Die Kapsel kann beschädigt werden, wenn die Aufprallgeschwindigkeit mehr als 51,4 km/h beträgt. Ist die Kapsel in Gefahr?

e) Aus welcher Maximalhöhe darf die Kapsel fallen, ohne dass eine Beschädigung auftritt?

Lösungen: S. 558

IV. Anwendungen des Ableitungsbegriffs

Überblick

Viele technische und wirtschaftliche Prozesse können durch Funktionen beschrieben werden. Diese kann man durch Gleichungen und durch Graphen darstellen. Bei der Untersuchung solcher Funktionen spielen diejenigen Punkte des Graphen eine besondere Rolle, in denen eine Eigenschaft der Funktion ihre Ausprägung wechselt.
Beispiele sind die Achsenschnittpunkte (Vorzeichenwechsel), die lokalen Hochpunkte und Tiefpunkte (Wechsel vom Steigen zum Fallen bzw. vom Fallen zum Steigen) und die Wendepunkte, die den Wechsel des Graphen von Rechts- zu Linkskrümmung bzw. den umgekehrten Wechsel markieren. Die Wendepunkte sind gleichzeitig die Punkte mit lokal maximaler bzw. minimaler Steigung.
Kennt man die Lage dieser charakteristischen Punkte, kann man den Verlauf des Graphen und damit die wichtigsten Eigenschaften einer Funktion gut beurteilen.
Mithilfe der Differentialrechnung gelingt die rechnerische Bestimmung der charakteristischen Punkte in den meisten Fällen. Im Folgenden wird eine geeignete Untersuchungssystematik Schritt für Schritt entwickelt.

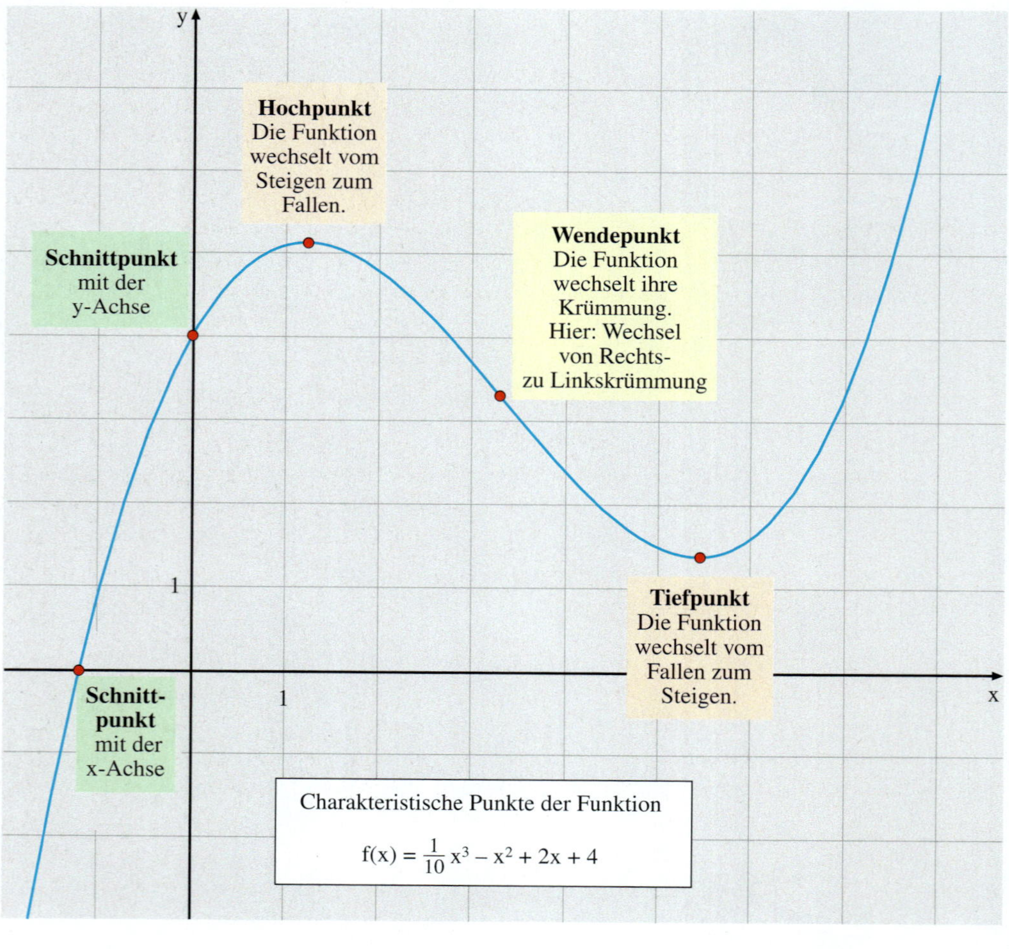

Charakteristische Punkte der Funktion

$$f(x) = \frac{1}{10}x^3 - x^2 + 2x + 4$$

Im folgenden Beispiel wird angedeutet, welchen praktischen Bezug Nullstellen, Extrema und Wendepunkte besitzen, wenn sie bei der funktionalen Erfassung von Anwendungsproblemen vorkommen.

Beispiel: Stückgewinn bei der Motorradproduktion

Der Stückgewinn G bei der Produktion von Motorrädern eines Herstellers kann als Funktion der täglich produzierten Stückzahl erfasst werden. Die Graphik zeigt den Zusammenhang. Beschreiben und interpretieren Sie die dargestellte Stückgewinnfunktion.

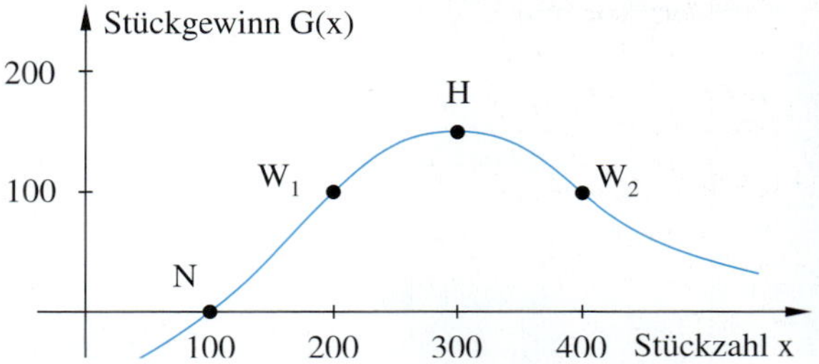

Lösung:

Vorzeichenverhalten: Zunächst verläuft G im negativen Bereich. Die Produktion verursacht Verluste. Vermutlich ist die Produktion zu gering ausgelastet, so dass die Grundkosten die Einnahmen aufzehren. Im Punkt $N(100|0)$ ändert sich das Vorzeichenverhalten.
G wird positiv. Der Stückgewinn erreicht nun die Gewinnzone.

Steigungsverhalten: Der Stückgewinn G steigt nun kontinuierlich an, bis er im Hochpunkt H ein Maximum erreicht. Nun sind die Maschinen optimal ausgelastet. Anschließend fällt der Stückgewinn wieder. Die Produktionsmaschinen könnten nun überlastet sein und Wartungskosten verursachen und die Personalkosten könnten durch Überstunden steigen, wodurch der Stückgewinn zunehmend geschmälert wird.

Krümmungsverhalten: Zunächst verläuft der Graph von G ansteigend und linksgekrümmt. Der Stückgewinn wächst also immer schneller. Im Wendepunkt W_1 ist der Anstieg am steilsten. Hier wächst der Stückgewinn $G(x)$ maximal, wenn man die Stückzahl x steigert. Danach steigt G mit Rechtskrümmung weiter bis zum Hochpunkt H. In diesem Bereich verlangsamt sich das Wachstum des Stückgewinns bis auf null. Nach dem Hochpunkt geht es mit Rechtskrümmung weiter bis zum zweiten Wendepunkt W_2, wobei der Stückgewinn immer schneller fällt. Im Wendepunkt W_2 kommt es zur Trendwende. Es erfolgt der Übergang zur Linkskrümmung, d. h., die Stückgewinne fallen nun zunehmend langsamer.

Fazit:

Im Folgenden werden wir uns vertieft mit dem Steigungsverhalten und dem Krümmungsverhalten beschäftigen sowie mit den Punkten, in denen das Steigungs- bzw. das Krümmungsverhalten wechselt, den Extrempunkten und den Wendepunkten. Man kann Steigung und Krümmung einer Funktion mit den Ableitungen der Funktion erfassen, was wir nun ausarbeiten.

1. Steigung und erste Ableitung

Das Steigungsverhalten einer Funktion, in der Fachsprache als ***Monotonieverhalten*** bezeichnet, prägt den Kurvenverlauf besonders. Man unterscheidet zwei Arten des Steigens und Fallens.

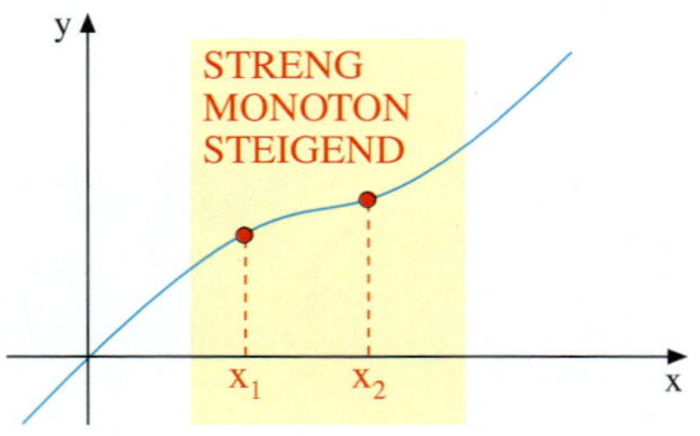

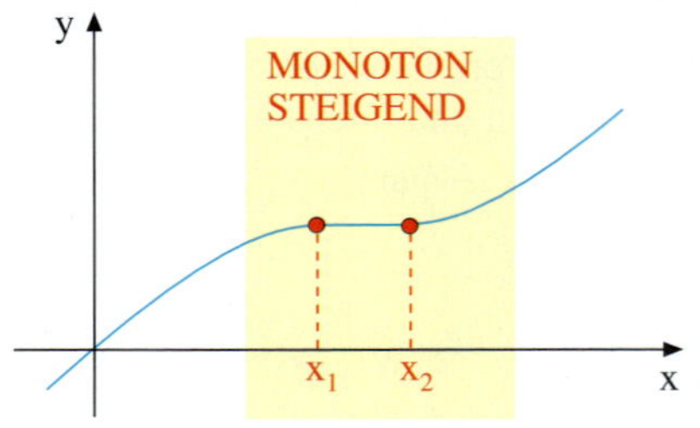

Definition: Strenge Monotonie

Gilt für zwei beliebige Stellen x_1 und x_2 des Intervalls I mit $x_1 < x_2$ stets $f(x_1) < f(x_2)$, so wird die Funktion f als ***streng monoton steigend*** auf dem Intervall I bezeichnet.

Gilt für zwei beliebige Stellen x_1 und x_2 des Intervalls I mit $x_1 < x_2$ stets $f(x_1) > f(x_2)$, so wird die Funktion f als ***streng monoton fallend*** auf dem Intervall I bezeichnet.

Definition: Monotonie

Gilt für zwei beliebige Stellen x_1 und x_2 des Intervalls I mit $x_1 < x_2$ stets $f(x_1) \leq f(x_2)$, so wird die Funktion f als ***monoton steigend*** auf dem Intervall I bezeichnet.

Gilt für zwei beliebige Stellen x_1 und x_2 des Intervalls I mit $x_1 < x_2$ stets $f(x_1) \geq f(x_2)$, so wird die Funktion f als ***monoton fallend*** auf dem Intervall I bezeichnet.

Mit Hilfe dieser Definitionen lassen sich Monotonieuntersuchungen nur schwer direkt vornehmen. Man verwendet daher meistens das graphische Verfahren des folgenden Beispiels oder das so genannte Monotoniekriterium, welches auf der folgenden Seite steht.

Beispiel: Graphische Monotonieuntersuchung

Untersuchen Sie das Monotonieverhalten von $f(x) = x^2 - 2x$ und $g(x) = x^2(x - 3)$.

Lösung:

Wir zeichnen den Graphen (Tabelle oder TR/Computer) und lesen die Monotoniebereiche direkt ab.

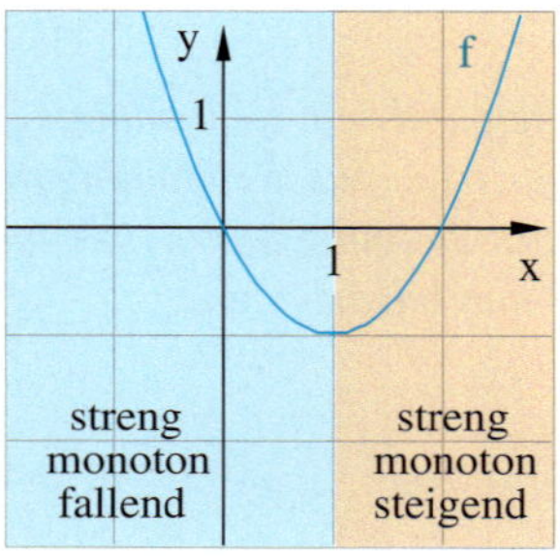

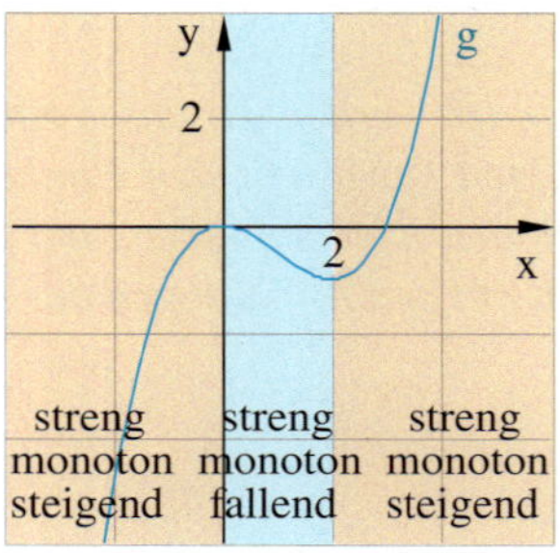

Exakte Monotonieuntersuchungen können besonders leicht an differenzierbaren Funktionen mit Hilfe der Ableitung durchgeführt werden, wie im Folgenden dargestellt.

Beispiel: Monotoniebereiche einer Funktion
Wie lauten die Bereiche monotonen Steigens und Fallens für die Funktion $f(x) = \frac{1}{2}x^2 - x$?

Monotoniebereiche von f

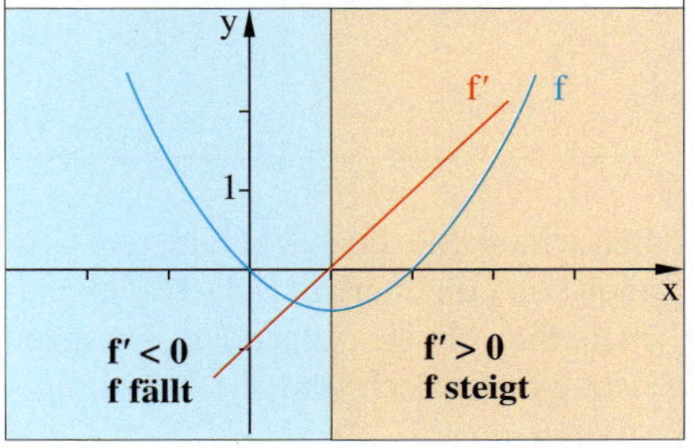

Lösung:
Die Funktion besitzt die Ableitung $f'(x) = x - 1$.

f' hat bei $x = 1$ eine Nullstelle mit Vorzeichenwechsel von Minus nach Plus.

Für $x < 1$ ist $f'(x) < 0$: f fällt dort streng monoton.
Für $x > 1$ ist $f'(x) > 0$: f steigt dort streng monoton.

Die genauen Zusammenhänge zwischen Monotonie und Ableitung stellen wir im folgenden anschaulich klaren Monotoniekriterium zusammen. Der Beweis dieses hinreichenden Kriteriums für Monotonie ist allerdings recht theoretisch, sodass wir hier auf ihn verzichten.

Das Monotoniekriterium

Die Funktion f sei auf dem Intervall I differenzierbar. Dann gelten folgende Aussagen:
Ist $\mathbf{f'(x) > 0}$ für alle $x \in I$, so ist **f(x) streng monoton steigend** auf I.
Ist $\mathbf{f'(x) < 0}$ für alle $x \in I$, so ist **f(x) streng monoton fallend** auf I.
Ist $\mathbf{f'(x) \geq 0}$ für alle $x \in I$, so ist **f(x) monoton steigend** auf I.
Ist $\mathbf{f'(x) \leq 0}$ für alle $x \in I$, so ist **f(x) monoton fallend** auf I.

Beispiel: Untersuchen Sie die Funktion $f(x) = \frac{1}{3}x^3 - x^2 + 4$ mit Hilfe des Monotoniekriteriums auf strenge Monotonie.

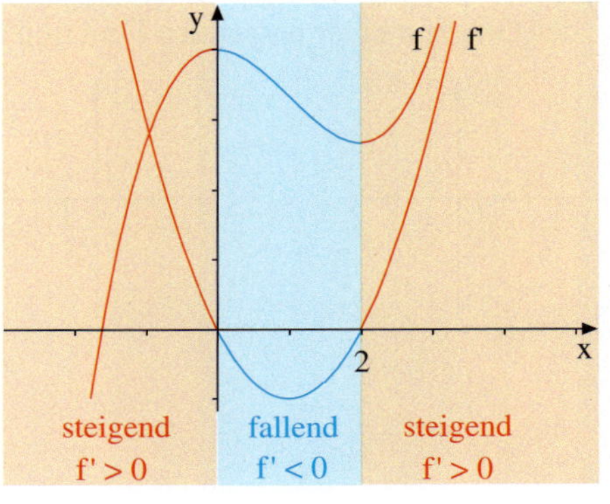

Lösung:
$f(x) = \frac{1}{3}x^3 - x^2 + 4$ besitzt die Ableitung
$f'(x) = x^2 - 2x$.
f' hat Nullstellen bei $x = 0$ und $x = 2$.
Für $x < 0$ ist $f'(x) > 0$, also ist f nach dem Monotoniekriterium in diesem Bereich streng monoton steigend.
Für $0 < x < 2$ ist $f'(x) < 0$. f ist dort streng monoton fallend.
Für $x > 2$ ist $f'(x) > 0$. f ist dort also streng monoton steigend.

Übungen

1. Entscheiden Sie für jeden der abgebildeten Graphen, welche der folgenden Monotonieeigenschaften auf dem farbig gekennzeichneten, offenen Intervall vorliegt.
A: streng monotones Fallen/Steigen, B: monotones Fallen/Steigen, C: keine Monotonie

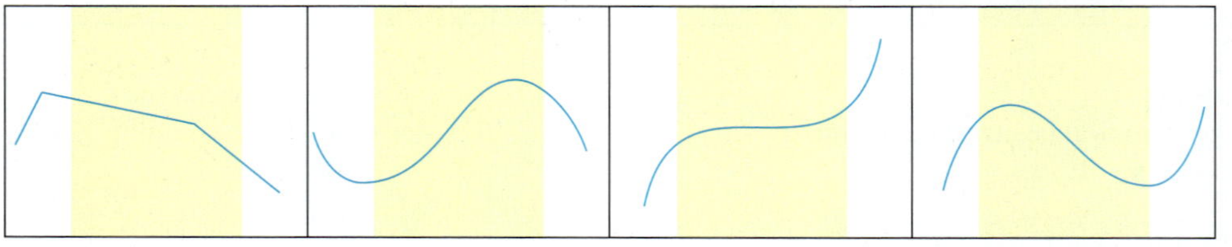

2. Betrachten Sie den abgebildeten Graphen von f im Intervall $[-5; 5]$. Untersuchen Sie, ob die folgenden Aussagen richtig oder falsch sind.

a) $f'(x) > 0$ für $x < -3$.

b) $f'(x) < 0$ für $[-1; 3]$.

c) $f'(x)$ ist für $-3 < x < 2$ negativ.

d) Für $x > 3$ ist f streng monoton steigend.

e) $f'(2) = 0$

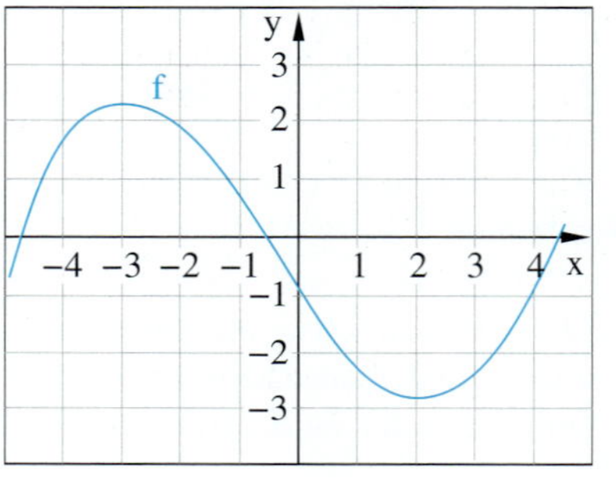

3. Erstellen Sie, falls erforderlich, eine Wertetabelle und skizzieren Sie den Graphen von f. Geben Sie die Monotoniebereiche von f angenähert an.

a) $f(x) = x^2 - 4x - 3$ b) $f(x) = -x^2 + 6x$ c) $f(x) = x^4 - 4x$

d) $f(x) = \frac{1}{3}x^3 - 2x^2 + 2$ e) $f(x) = \frac{1}{8}x^4 - x^2$ f) $f(x) = \frac{1}{3}x^3 - \frac{7}{2}x^2 + 8x$

4. Untersuchen Sie rechnerisch mit Hilfe der ersten Ableitung f′, wo die Funktion f streng monoton fällt bzw. streng monoton steigt.

a) $f(x) = x^2 - 5x + 1$ b) $f(x) = \frac{1}{9}x^3 - 3x$ c) $f(x) = \frac{1}{4}x^4 - 2x^2$

d) $f(x) = x + \frac{4}{x}$ e) $f(x) = x^2 - 2a^2x$ f) $f(x) = \frac{1}{2}x^4 - a^2x^2$

5. Die Abbildungen zeigen den Graphen der Ableitungsfunktion f′. Skizzieren Sie den Verlauf des Graphen einer passenden Funktion f, die durch den Ursprung gehen soll.

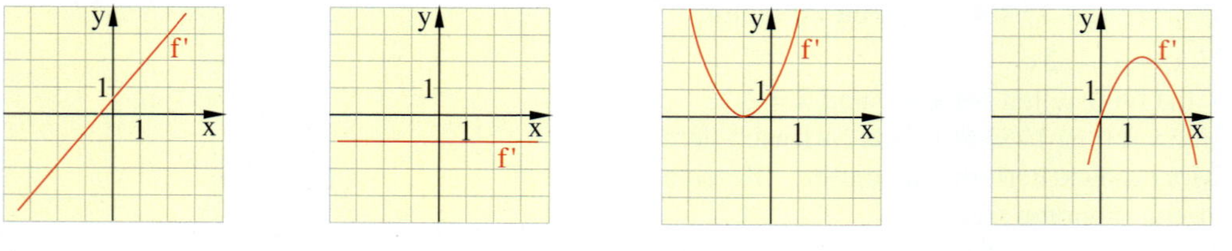

Höhere Ableitungen

Im vorigen Kapitel wurden die Ableitung f′ einer Funktion f und die Ableitungsregeln behandelt. Nun kommen weitere Ableitungen höherer Ordnung hinzu.

Die ***Ableitungsfunktion f′*** wird kurz als erste Ableitung oder als Ableitung von f bezeichnet.
Differenziert man die Ableitung f′, so erhält man die ***zweite Ableitung f″*** von f.
Die Sprechweisen lauten:
f′: f-Strich; f″: f-zwei-Strich.
Für die dritte Ableitung schreibt man: f‴.
Ab der vierten Ableitung verwendet man zur Darstellung keine hochgestellten Striche mehr, sondern hochgestellte eingeklammerte Ziffern: $f^{(4)}$, $f^{(5)}$, usw.

Beispiel:

$f(x) = x^6 + 2x^4$

$f'(x) = 6x^5 + 8x^3$ (1. Ableitung)

$f''(x) = 30x^4 + 24x^2$ (2. Ableitung)

$f'''(x) = 120x^3 + 48x$ (3. Ableitung)

$f^{(4)}(x) = 360x^2 + 48$ (4. Ableitung)

$f^{(5)}(x) = 720x$ (5. Ableitung)

Beispiel: Höhere Ableitungen

Berechnen Sie die dritte Ableitung von $f(x) = x^4 - 8x^3 + x$ sowie die zweite Ableitung von $g(x) = \frac{1}{5}x^5 - ax^4$.

Lösung:
Unter Verwendung der Ableitungsregeln berechnen wir der Reihe nach f′, f″ und f‴.
Resultat: $f'''(x) = 24x - 48$.
Analog erhalten wir: $g''(x) = 4x^3 - 12ax^2$.

Rechnung:

$f(x) = x^4 - 8x^3 + x$
$f'(x) = 4x^3 - 24x^2 + 1$
$f''(x) = 12x^2 - 48x$
$f'''(x) = 24x - 48$

$g(x) = \frac{1}{5}x^5 - ax^4$
$g'(x) = x^4 - 4ax^3$
$g''(x) = 4x^3 - 12ax^2$

Übung 1

Berechnen Sie die höhere Ableitung.

a) $f(x) = x^4 + x^2$, $f''(x) = ?$
b) $f(x) = x^n + 2x^3$, $f''(x) = ?$
c) $f(x) = 0{,}25(x^4 - x)$, $f^{(4)}(x) = ?$
d) $f(x) = \frac{4}{x}$, $f''(x) = ?$

Übung 2

Geben Sie eine Funktion f an, die die gegebene höhere Ableitung besitzt.

a) $f''(x) = x^2$
b) $f'''(x) = 6$
c) $f''(x) = 6ax + 2$
d) $f^{(4)}(x) = 1$
e) $f'''(x) = x^2 + 1$
f) $f''(x) = 6$
g) $f''(x) = 1 + \frac{4}{x^3}$
h) $f''(x) = x^{-3}$

Übung 3

a) Welchen Wert hat die zweite Ableitung von $f(x) = x^2 - \frac{1}{6}x^3$ an der Stelle $x = -1$?

b) Welchen Wert hat die dritte Ableitung von $f(x) = x^2 - \frac{1}{6}x^3$ an der Stelle $x = -1$?

c) An welcher Stelle hat die dritte Ableitung von $f(x) = -x^3 + 0{,}25x^4$ den Wert 3?

d) Zeigen Sie, dass die zweite Ableitung von $f(x) = \frac{1}{12}x^4 + \frac{1}{6}x^3 + \frac{1}{2}x^2$ keine Nullstellen hat.

e) Zeigen Sie mit der Potenzregel für ganzzahlige Exponenten, dass $f(x) = \frac{1}{x}$ die dritte Ableitung $f'''(x) = -\frac{6}{x^4}$ besitzt.

2. Krümmung und zweite Ableitung

Ein weiteres wichtiges Merkmal eines Funktionsgraphen ist sein Krümmungsverhalten. Bewegt man sich auf dem unten abgebildeten Graphen in Richtung der positiven x-Achse, so durchfährt man zunächst eine Rechtskurve, dann eine Linkskurve. Denjenigen Punkt, in dem sich die Krümmungsart ändert, nennt man ***Wendepunkt***.

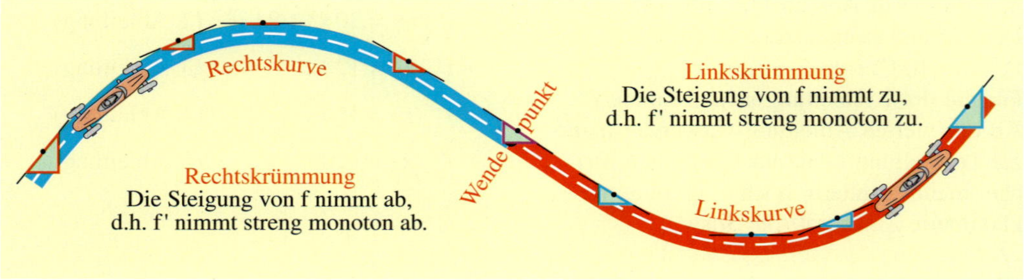

Der Abbildung kann man entnehmen, dass die Steigung von f, also f′, im Bereich der Rechtskrümmung abnimmt, beim Wendepunkt minimal ist und im Bereich der Linkskrümmung zunimmt. Diese Beobachtungen führen zur exakten Definition des Krümmungsbegriffs.

Definition: Die Funktion f sei auf dem Intervall I differenzierbar.

f heißt ***rechtsgekrümmt*** auf I genau dann, wenn f′ auf I streng monoton fällt.

f heißt ***linksgekrümmt*** auf I genau dann, wenn f′ auf I streng monoton steigt.

Beispiel: Untersuchen Sie das Krümmungsverhalten von $f(x) = \frac{1}{6}x^3 - \frac{1}{2}x^2 + 3$. Skizzieren Sie dazu die Graphen von f, f′ und f″ in einem gemeinsamen Koordinatensystem.
Welcher Zusammenhang besteht zwischen Krümmungsverhalten und zweiter Ableitung?

Lösung:
Man erkennt, dass für $x < 1$ die zweite Ableitung $f''(x) = x - 1$ negativ ist.
Daher ist nach dem Monotoniekriterium die erste Ableitung f′ in diesem Bereich streng monoton fallend.
Nach der obigen Definition folgt daraus eine Rechtskrümmung von f für $x < 1$.
Analog ergibt sich, dass f für $x > 1$ linksgekrümmt ist.
Die zweite Ableitung bestimmt also das Krümmungsverhalten einer Funktion.

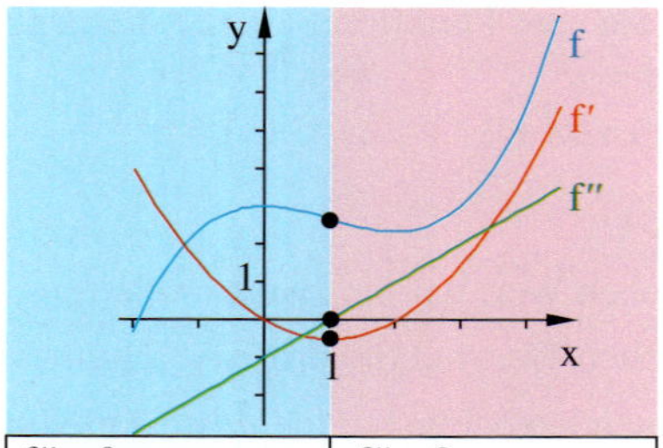

$f'' < 0$	$f'' > 0$
f′ fallend	f′ steigend
f rechtsgekrümmt	f linksgekrümmt

Die auf dem Monotoniekriterium beruhende Überlegung aus dem vorhergehenden Beispiel liefert das folgende hinreichende Kriterium für das Krümmungsverhalten von Funktionen.

Das Krümmungskriterium

Die Funktion f sei auf dem Intervall I zweimal differenzierbar. Dann gilt:

Gilt $\mathbf{f''(x) < 0}$ für alle $x \in I$, so ist f auf I **rechtsgekrümmt**.

Gilt $\mathbf{f''(x) > 0}$ für alle $x \in I$, so ist f auf I **linksgekrümmt**.

Die Art der Krümmung einer Funktion f wird also durch das Vorzeichen der zweiten Ableitung f″ bestimmt. Wir zeigen nun, wie man das Kriterium rechnerisch anwendet.

Beispiel: Untersuchen Sie das Krümmungsverhalten der Funktion $f(x) = -\frac{1}{12}x^3 + \frac{1}{2}x^2$ rechnerisch. Kontrollieren Sie Ihr Resultat anschließend durch Skizzen von f und f″.

Lösung:
Wir suchen zunächst die Nullstellen der zweiten Ableitung $f''(x) = -\frac{1}{2}x + 1$.
Es gibt nur eine einzige, die bei $x = 2$ liegt. Dort wechselt das Vorzeichen von f″ von Plus nach Minus.
Folglich verläuft der Graph von f für $x < 2$ linksgekrümmt und anschließend für $x > 2$ rechtsgekrümmt.
Im Punkt $W\left(2\middle|\frac{4}{3}\right)$ wechselt die Krümmungsart von f. W ist der Wendepunkt des Graphen von f.
Die Zeichnung bestätigt diese Resultate.

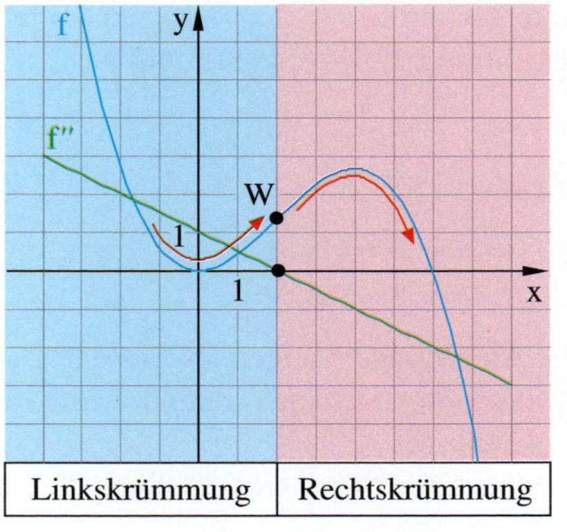

Übung 1

Wo ändert sich das *Steigungsverhalten* von f? Gibt es einen Punkt, in dem sich das *Krümmungsverhalten* von f ändert?

a) $f(x) = x^2 - 4x$ b) $f(x) = \frac{1}{6}x^3 - 2x$ c) $f(x) = -\frac{1}{6}x^3 + \frac{3}{4}x^2$

Übung 2

Untersuchen Sie wie im letzten Beispiel rechnerisch das *Krümmungsverhalten* von f. Geben Sie an, in welchen Punkten sich das Krümmungsverhalten ändert.

a) $f(x) = x^3 + 3x^2 + 2$ b) $f(x) = \frac{1}{2}x^3 - \frac{3}{2}x$ c) $f(x) = 1 - x^2$ d) $f(x) = \frac{1}{8}x^4 - \frac{1}{4}x^3$

Übungen

3. Betrachten Sie den abgebildeten Graphen von f′, im Intervall [−1; 4].

a) In welchem Bereich ist der Graph von f rechtsgekrümmt?

b) Wo ist der Graph f linksgekrümmt?

c) In welchem Punkt ändert sich das Krümmungsverhalten von f″?

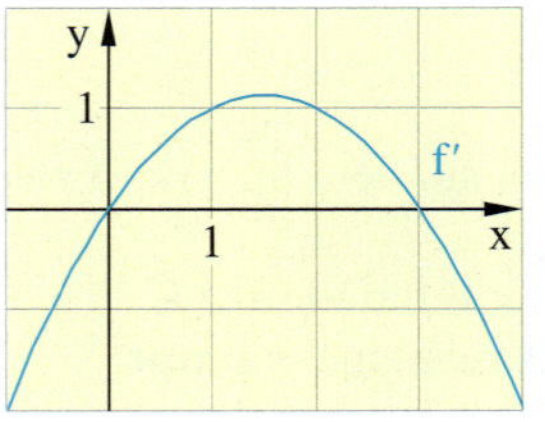

4. Zeichnen Sie den Graphen von f mit dem Computer oder einem graphischen Taschenrechner und geben Sie die verschiedenen Krümmungsbereiche von f angenähert an.

a) $f(x) = \frac{1}{3}x^3 - 2x^2 + 2x - 1$

b) $f(x) = x^3 - 12x - 2$

c) $f(x) = \frac{1}{4}x^4 - \frac{1}{3}x^3 + 1$

d) $f(x) = -x^3 + 3x$

e) $f(x) = \frac{1}{4}x^4 - \frac{1}{2}x^2$

f) $f(x) = \frac{1}{4}x^4 - \frac{2}{3}x^3 + \frac{1}{2}x^2$

5. Untersuchen Sie rechnerisch mit Hilfe der zweiten Ableitung f″, wo die Funktion f rechtsgekrümmt bzw. linksgekrümmt ist.

a) $f(x) = x^2 - 2x - 3$

b) $f(x) = \frac{1}{3}x^3 - 3x^2 + 2$

c) $f(x) = \frac{1}{3}x^3 + x^2 + 1$

d) $f(x) = \frac{1}{6}x^3 + x$

e) $f(x) = x^3 + 6x^2 - 2$

f) $f(x) = 0{,}5x^4 - 3x^2 + 6x - 1$

6. Die Abbildungen zeigen jeweils den Graphen der zweiten Ableitungsfunktion f″.

a) Skizzieren Sie den Verlauf des Graphen einer passenden Funktion f′, die durch den Ursprung gehen soll.

b) Skizzieren Sie anschließend auch den Verlauf des Graphen einer passenden Funktion f, die durch den Ursprung geht.

I

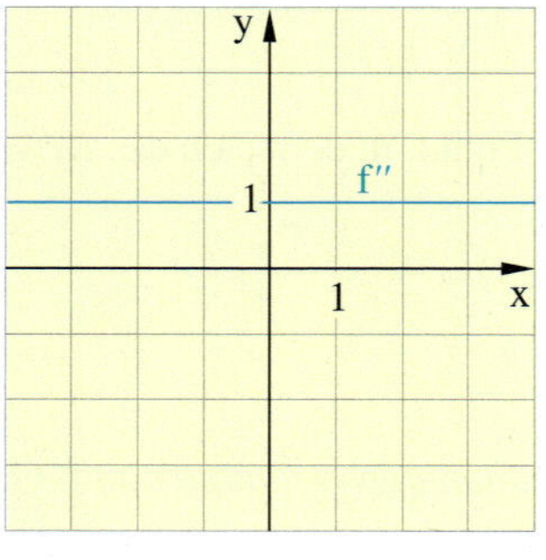

II

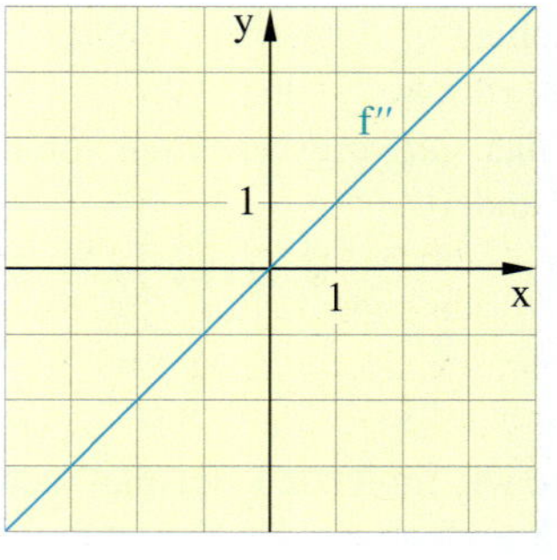

3. Extrempunkte

A. Hinführung

Kennt man charakteristische Punkte einer Funktion wie ihre Nullstellen, den Schnittpunkt mit der y-Achse und ihre Extrempunkte, so ist es relativ einfach, den Graphen zu skizzieren. Im Folgenden zeigen wir, wie Hoch- und Tiefpunkte systematisch und exakt ermittelt werden.

Beispiel: Hochpunkt

Ein Fluss verläuft durch ein Steppengebiet. Dabei durchfließt er ein undurchdringliches Waldstück.

Sein Verlauf wird grob durch die Funktion $f(x) = \frac{1}{3}x^3 - 2x^2 + 3x + 1$ erfasst.

Welches ist der nördlichste Punkt innerhalb des Waldstücks, der auf dem Wasserweg erreicht werden kann.

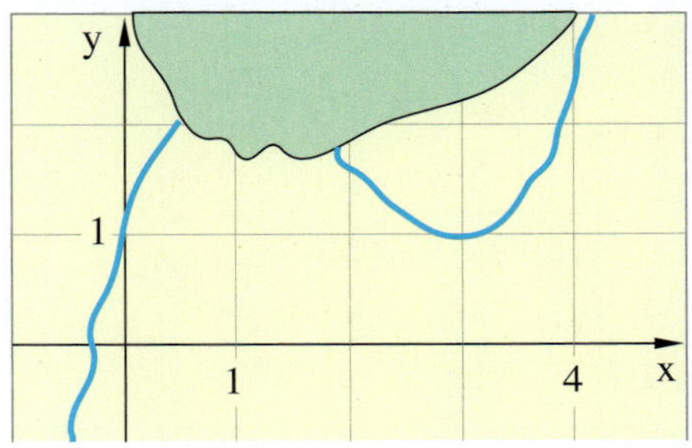

Lösung:

Der nördlichste Punkt im Wald ist der Hochpunkt $H(x_E|y_E)$ von f. f hat dort eine waagerechte Tangente. Die Steigung ist also dort null.

Es gilt daher $f'(x_E) = 0$

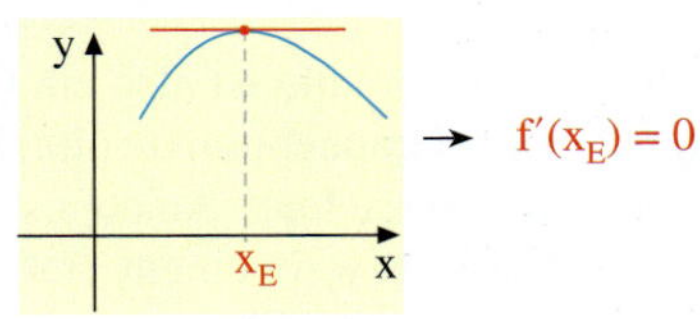

Wegen $f'(x) = x^2 - 4x + 3$ führt dies auf die Gleichung $x^2 - 4x + 3 = 0$, die nach nebenstehender Rechnung die beiden Lösungen $x = 1$ und $x = 3$ besitzt. Das sind die einzigen Stellen mit waagerechten Tangenten. Betrachten wir die verbliebenen Reste des Graphen, so kommen wir zu dem Schluss, dass der nördlichste Punkt im Wald bei $x = 1$ liegt: $H\left(1\middle|\frac{7}{3}\right)$.

Berechnung der Ableitung:

$f(x) = \frac{1}{3}x^3 - 2x^2 + 3x + 1$

$f'(x) = x^2 - 4x + 3$

Berechnung der Stellen mit f'(x) = 0:

$f'(x) = 0$

$x^2 - 4x + 3 = 0$

$x = 2 \pm \sqrt{1}$

$x_1 = 1 \quad x_2 = 3$

Die zweite Stelle mit waagerechter Tangente bei $x = 3$ muss dann der x-Wert des in der Zeichnung ebenfalls zu erkennenden Tiefpunkts sein: $T(3|1)$.

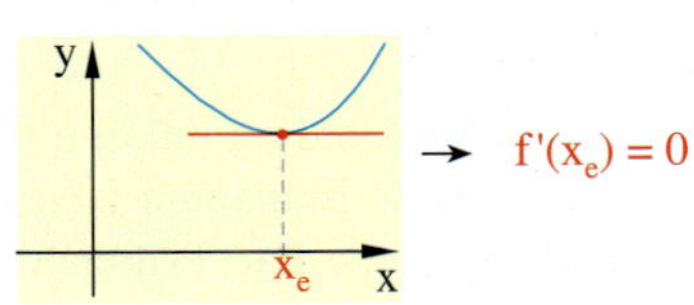

Das Beispiel zeigt, dass man lokale Hoch- und Tiefpunkte mit Hilfe der ersten Ableitung berechnen kann, da diese Punkte ein besonderes Kennzeichen haben, nämlich eine waagerechte Tangente bzw. die Steigung 0 ($f'(x) = 0$).

B. Notwendiges Kriterium für lokale Extrema

Nach der anschaulichen Hinführung werden wir nun die Begriffe mathematisch präzisieren.

Definition: Lokale Extremalpunkte

Ein Graphenpunkt $H(x_H|f(x_H))$ heißt ***Hochpunkt*** von f, wenn es eine Umgebung U von x_H gibt, sodass für alle $x \in U$ gilt: $f(x) \leq f(x_H)$.

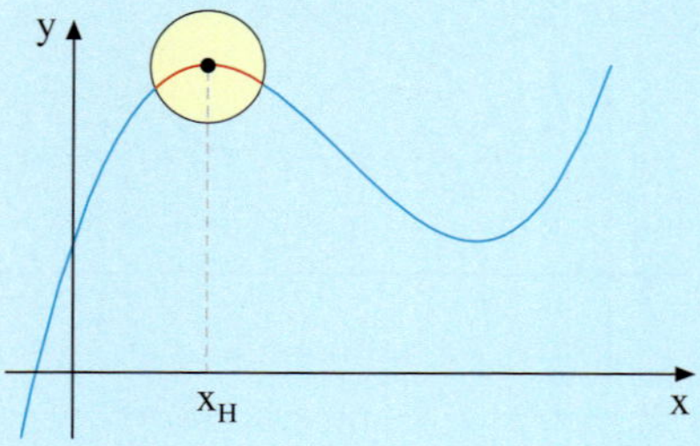

Ein Graphenpunkt $T(x_T|f(x_T))$ heißt ***Tiefpunkt*** von f, wenn es eine Umgebung U von x_T gibt, sodass für alle $x \in U$ gilt: $f(x) \geq f(x_T)$.

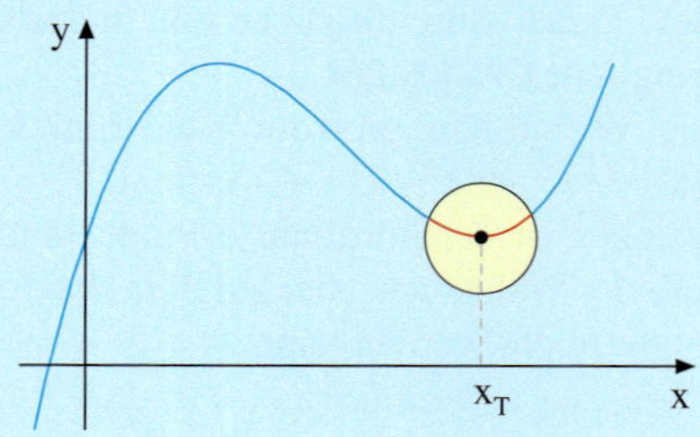

Ein lokaler Hochpunkt ist also ein Graphenpunkt, in dessen unmittelbarer Nachbarschaft es nur tiefer liegende Graphenpunkte gibt. Der Funktionswert im Hochpunkt wird als ***lokales Maximum*** der Funktion bezeichnet. Analoges gilt für Tiefpunkte.

In einem Hoch- bzw. in einem Tiefpunkt einer ***differenzierbaren*** Funktion verläuft die Tangente an den Funktionsgraphen waagerecht. Die Steigung der Funktion dort ist daher notwendigerweise null. Diese Tatsache wird als notwendige Bedingung für Extrema bezeichnet.

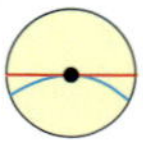

Notwendige Bedingung für lokale Extrema

Die Funktion f sei an der Stelle x_E differenzierbar. Dann gilt:
Wenn bei x_E ein lokales Extremum von f liegt, dann ist $f'(x_E) = 0$.

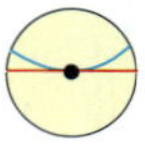

Die Punkte mit $f'(x) = 0$ sind die einzigen Kandidaten für lokale Hoch- und Tiefpunkte. Manchmal werden sie auch als ***potentielle Extrema*** bezeichnet.

Übung 1

Untersuchen Sie, ob die Funktion f Stellen mit waagerechten Tangenten besitzt, d. h. potentielle Extrempunkte. Prüfen Sie durch Zeichnen des Graphen, ob es sich tatsächlich um Extrempunkte handelt.

a) $f(x) = x^2 - 4x + 2$ $\quad -3 \leq x \leq 3$

b) $f(x) = \frac{1}{4}(x-2)^2 + x$ $\quad -3 \leq x \leq 5$

c) $f(x) = x^3 - 3x$ $\quad -2 \leq x \leq 2$

Übung 2

Die Funktion f hat zwei Stellen mit waagerechten Tangenten. Erläutern Sie den Unterschied. Wie verhält sich das Vorzeichen der Ableitung f′ beim Passieren dieser Stellen?

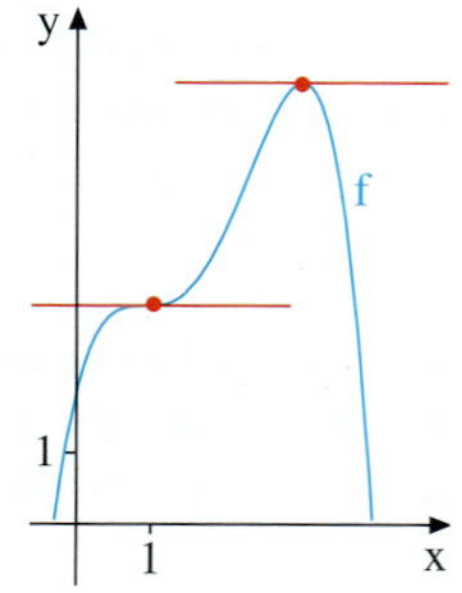

C. Hinreichende Kriterien für lokale Extrema

Liegt ein Punkt mit waagerechter Tangente vor, d. h. $f'(x) = 0$, so kann mit Hilfe der Krümmung in diesem Punkt, also mit Hilfe der zweiten Ableitung, festgestellt werden, ob es sich um ein Maximum, ein Minimum oder einen Sattelpunkt handelt. Im Hochpunkt verläuft f rechtsgekrümmt, im Tiefpunkt linksgekrümmt und im Sattelpunkt kommt es zu einem Krümmungswechsel.

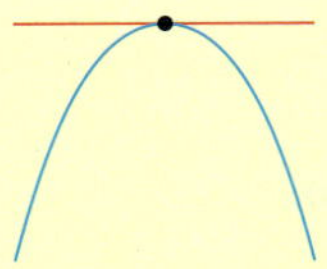

waagerechte Tangente
UND
Rechtskrümmung
⇓
Hochpunkt

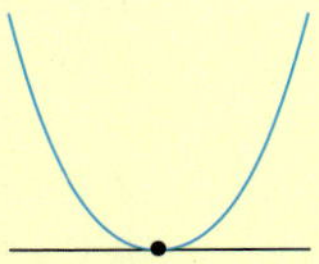

waagerechte Tangente
UND
Linkskrümmung
⇓
Tiefpunkt

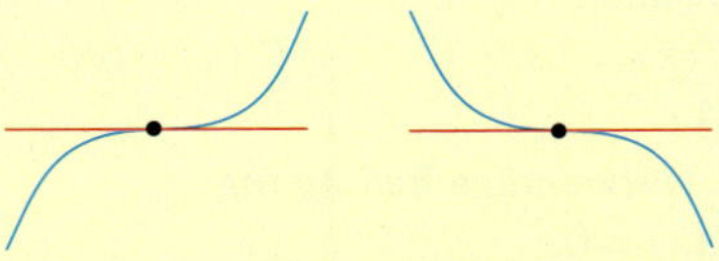

waagerechte Tangente
UND
Krümmungswechsel
⇓
Sattelpunkt

Da man die Krümmungsart mit Hilfe des Vorzeichens von f″ feststellen kann, erhalten wir folgendes Ergebnis, das sehr oft gebraucht wird.

Hinreichendes Kriterium für lokale Extrema (f″-Kriterium)

Die Funktion f sei in einer Umgebung von x zweimal differenzierbar. Dann gilt:

Gilt **$f'(x_E) = 0$ und $f''(x_E) < 0$,** so liegt an der Stelle x_E ein **lokales Maximum** von f.
Gilt **$f'(x_E) = 0$ und $f''(x_E) > 0$,** so liegt an der Stelle x_E ein **lokales Minimum** von f.
Gilt **$f'(x_E) = 0$ und wechselt in x_E die Krümmungsart**, so liegt dort ein **Sattelpunkt**.

Das folgende Beispiel zeigt, wie notwendiges und hinreichendes Kriterium im Verbund zur Berechnung der Extremalpunkte von Funktionen eingesetzt werden können.

Beispiel: Untersuchen Sie die Funktion $f(x) = \frac{1}{3}x^3 + \frac{1}{2}x^2$ auf Extrema.

Lösung:
Mit dem notwendigen Kriterium $f'(x) = 0$ bestimmen wir die Stellen mit waagerechten Tangenten. Es sind $x = -1$ und $x = 0$.

Diese untersuchen wir weiter mit Hilfe des hinreichenden f″-Kriteriums:

Bei $x = -1$ gilt $f''(-1) = -1 < 0$. Hier ist f also rechtsgekrümmt. Es liegt ein Maximum vor.

Bei $x = 0$ gilt $f''(0) = 1 > 0$. Daher ist f hier linksgekrümmt. Es liegt ein Minimum vor.

1. Ableitungen
$f'(x) = x^2 + x$ $\quad f''(x) = 2x + 1$

2. Notwendiges Kriterium f′(x) = 0
$f'(x) = 0$
$x^2 + x = 0$
$x = -1$ und $x = 0$

3. Überprüfungs mittels f″-Kriterium
$x = -1$: $f''(-1) = -1 < 0 \Rightarrow$ Maximum
$x = 0$: $f''(0) = 1 > 0 \Rightarrow$ Minimum

Hochpunkt $H\left(-1\middle|\frac{1}{6}\right)$, Tiefpunkt $T(0|0)$

Das hinreichende f''-Kriterium für Extrema ist manchmal in seiner Anwendbarkeit begrenzt. Dann sind Zusatzuntersuchungen erforderlich, um eine Entscheidung zu erhalten.

Beispiel: Untersuchen Sie $f(x) = x^3$ und $g(x) = x^4$ auf Extrema.

Lösung für $f(x) = x^3$:

1. Ableitungen:

$f''(x) = 3x^2$ $\qquad$ $f''(x) = 6x$

2. Notwendige Bedingung:

$f'(x) = 0$
$3x^2 = 0$
$x = 0$

3. Überprüfungs mittels f''-Kriterium:

$x = 0$: $f''(0) = 0 \Rightarrow$ keine Entscheidung
Das f''-Kriterium versagt also hier.

Wir zeichnen daher den Graphen von f:

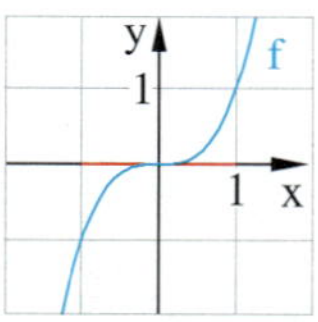

Es zeigt sich, dass bei $x = 0$ weder ein Maximum noch ein Minimum liegt, sondern ein sog. Sattelpunkt, d. h. ein Wendepunkt mit waagerechter Tangente.

Lösung für $g(x) = x^4$:

1. Ableitungen:

$g'(x) = 4x^3$ $\qquad$ $g''(x) = 12x^2$

2. Notwendige Bedingung:

$g'(x) = 0$
$4x^3 = 0$
$x = 0$

3. Überprüfungs mittels f''-Kriterium:

$x = 0$: $g''(0) = 0 \Rightarrow$ keine Entscheidung
Das f''-Kriterium versagt auch hier.

Zeichnung des Graphen von g:

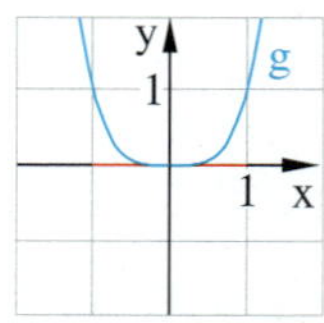

Eine Zeichnung des Graphen von g zeigt jedoch, dass bei $x = 0$ tatsächlich ein Extremum von g liegt, nämlich ein Minimum.

Im Folgenden lernen wir ein zweites hinreichendes Kriterium kennen – das sog. ***Vorzeichenwechselkriterium für Extrema***. Dieses kann eingesetzt werden, wenn das f''-Kriterium für Extrema wie im obigen Beispiel versagt. Es ist allerdings etwas umständlicher zu handhaben.

Hinreichendes Kriterium für lokale Extrema (Vorzeichenwechsel-Kriterium)

f sei in einer Umgebung von x_E zweimal differenzierbar und es gelte $f'(x_E) = 0$.

Wenn dann die Ableitung f' an der Stelle x_E
einen **Vorzeichenwechsel** hat von + **nach** –, so liegt bei x_E ein **lokales Maximum** von f,
einen **Vorzeichenwechsel** hat von – **nach** +, so liegt bei x_E ein **lokales Minimum** von f.

Wenn die Ableitung f' bei x_E **keinen Vorzeichenwechsel** hat, so liegt bei x_E **kein Extremum** von f. Für jede ganzrationale Funktion f liegt in diesem Fall bei x_E ein **Sattelpunkt** von f.

Wir demonstrieren die Funktionsweise des Vorzeichenwechsel-Kriteriums am letzten Beispiel, das mittels f''-Kriterium nicht direkt lösbar war.

Beispiel: Untersuchen Sie $f(x) = x^3$ und $g(x) = x^4$ mit dem Vorzeichenwechselkriterium auf lokale Extrema.

Lösung für $f(x) = x^3$:

1. Ableitung von f:

$f'(x) = 3x^2$

2. Notwendige Bedingung:

$f'(x) = 3x^2 = 0$

$x = 0$

3. Überprüfung mit dem VZW-Kriterium:

Wir prüfen, ob f' bei $x = 0$ einen Vorzeichenwechsel hat, indem wir Teststellen bei $x = -1$ und bei $x = 1$ verwenden.

$f'(-1) = +3 > 0$

$f'(+1) = +3 > 0$

f' wechselt bei $x = 0$ das Vorzeichen nicht. Es bleibt positiv. f steigt also vorher und nachher. Daher hat f bei $x = 0$ kein lokales Extremum, sondern einen Sattelpunkt.

Lösung für $g(x) = x^4$:

1. Ableitung von g:

$g'(x) = 4x^3$

2. Notwendige Bedingung:

$g'(x) = 4x^3 = 0$

$x = 0$

3. Überprüfung mit dem VZW-Kriterium:

Wir prüfen, ob g' bei $x = 0$ einen Vorzeichenwechsel hat, indem wir Teststellen bei $x = -1$ und bei $x = 1$ verwenden.

$g'(-1) = -4 < 0$

$g'(+1) = +4 > 0$

g' wechselt bei $x = 0$ das Vorzeichen von Minus auf Plus. g wechselt also von Fallen auf Steigen. g hat daher bei $x = 0$ ein lokales Minimum.

Insgesamt ergibt sich also folgende Handlungsanweisung zur Extremstellenbestimmung:

Zunächst wird mit der notwendigen Bedingung für Extrema $f'(x) = 0$ berechnet, an welchen Stellen waagerechte Tangenten vorliegen, also potentielle Extremstellen. Dann überprüft man diese Stellen mit dem hinreichenden f''-Kriterium. Wenn dieses versagt, überprüft man die Stellen mit dem Vorzeichenwechselkriterium, das stets eine Aussage liefert.

Übung 3

Untersuchen Sie die Funktion f auf lokale Extremstellen.
Verwenden Sie als hinreichende Bedingung das f''-Kriterium.

a) $f(x) = \frac{1}{4}x^2 - x + 1$

b) $f(x) = x^3 - 3x^2$

c) $f(x) = \frac{1}{3}ax^3 - a^3x,\ a > 0$

d) $f(x) = 2x + \frac{1}{x^2}$

Übung 4

Untersuchen Sie die Funktion f auf lokale Extremstellen.
Verwenden Sie als hinreichende Bedingung das Vorzeichenwechsel-Kriterium.

a) $f(x) = x - \frac{1}{4}x^4$

b) $f(x) = ax^2 - 4a^2x,\ a > 0$

c) $f(x) = x + \frac{4}{x}$

d) $f(x) = 4\sqrt{x} - x,\ x \geq 0$

Im folgenden Beispiel kommen Extrempunkte und Sattelpunkte vor. Beide hinreichende Kriterien für Extrema müssen eingesetzt werden, um diese nachzuweisen.

Beispiel: Kurve mit Sattelpunkt
Untersuchen Sie die Funktion $f(x) = -\frac{1}{20}x^4 + \frac{4}{15}x^3$ auf Extrema und zeichnen Sie den Graphen der Funktion für $-2 \leq x \leq 6$.

Lösung:
Die notwendige Bedingung für Extrema $f'(x) = 0$ liefert zwei potentielle Extrema bei $x = 0$ und $x = 4$.

Wir überprüfen diese Stellen mit Hilfe der hinreichenden Kriterien.

Die Untersuchung der Stelle $x = 4$ erfolgt problemlos mit dem f''-Kriterium:
Wegen $f''(4) < 0$ liegt dort ein Maximum.
$H\left(4\middle|\frac{64}{15}\right)$ ist also ein Hochpunkt.

An der Stelle $x = 0$ ist wegen $f''(0) = 0$ eine Entscheidung mit dem f''-Kriterium nicht ohne weiteres möglich.

Wir wenden daher das Vorzeichenwechsel-Kriterium für Extrema an und überprüfen das Vorzeichen von f' sowohl links als auch rechts von der kritischen Stelle $x = 0$.

Dazu wählen wir eine Teststelle $x = -1$ links von $x = 0$ und eine weitere Teststelle $x = +1$ rechts von $x = 0$.

An den beiden gewählten Teststellen $x = -1$ und $x = 1$ ist f' jeweils positiv.

Daher besitzt f' bei $x = 0$ keinen Vorzeichenwechsel. Es liegt daher ein Sattelpunkt vor, der monoton wachsend durchlaufen wird.

1. Ableitungen

$f'(x) = -\frac{1}{5}x^3 + \frac{4}{5}x^2$

$f''(x) = -\frac{3}{5}x^2 + \frac{8}{5}x$

2. Notwendige Bedingung für Extrema:

$f'(x) = -\frac{1}{5}x^3 + \frac{4}{5}x^2 = 0$

$-\frac{1}{5}x^2(x-4) = 0$

$x = 0$ oder $x = 4$

3. Hinreichende Bedingung für Extrema:

x = 4: $f''(4) = -\frac{16}{5} < 0 \Rightarrow$ Maximum

x = 0: Vorzeichen von f' links von $x = 0$
Teststelle $x = -1$: $f'(-1) = 1 > 0$

Vorzeichen von f' rechts von $x = 0$
Teststelle $x = +1$: $f'(1) = \frac{3}{5} > 0$

$\Rightarrow$ kein Vorzeichenwechsel bei $x = 0$
$\Rightarrow$ Sattelpunkt $S(0|0)$

4. Graph:

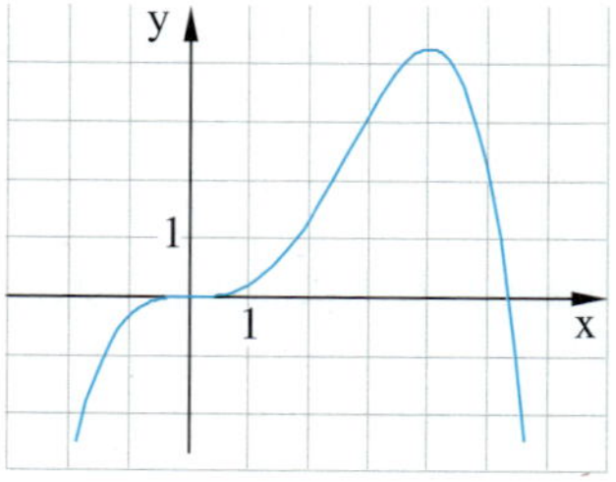

Übung 5 Extrema/Sattelpunkte
Untersuchen Sie die Funktion f auf Extrema und Sattelpunkte. Skizzieren Sie den Graphen von f.

a) $f(x) = -\frac{1}{3}x^3 - x^2 + 3x$
b) $f(x) = -\frac{1}{4}x^4 - 2x^2 + 2$
c) $f(x) = 3 - \frac{1}{3}x^3$
d) $f(x) = \frac{1}{6}x^3 - 1{,}5x + 1$
e) $f(x) = \frac{1}{10}x^4 + x^2 - 2$
f) $f(x) = \frac{1}{10}x^4 - x^2 - 2$

4. Wendepunkte

A. Notwendiges Kriterium für Wendepunkte

In einem lokalen Extrempunkt von f ändert sich das Steigungsverhalten von Steigen auf Fallen oder umgekehrt.
Der Extrempunkt selbst ist ein Punkt „ohne“ Steigung, d. h. ein Punkt mit einer waagerechten Tangente, in dem $f'(x) = 0$ gilt.

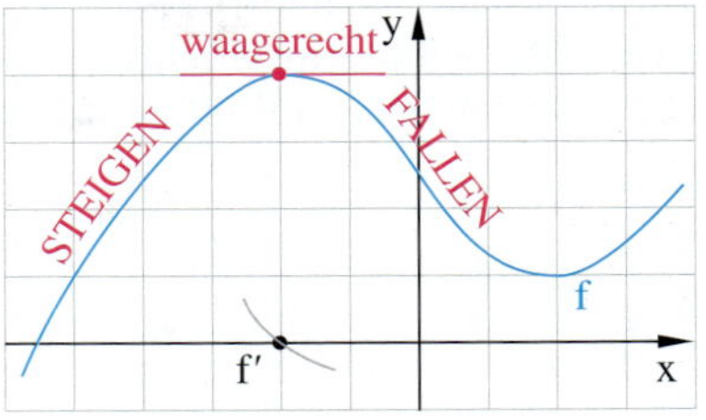

Analog hierzu ändert sich in einem lokalen ***Wendepunkt*** von f das Krümmungsverhalten der Kurve von Rechts- auf Linkskrümmung oder umgekehrt.
Der Wendepunkt selbst ist ein Punkt „ohne“ Krümmung, d. h., dort verläuft der Graph punktuell gerade. Es gilt also $f''(x) = 0$.

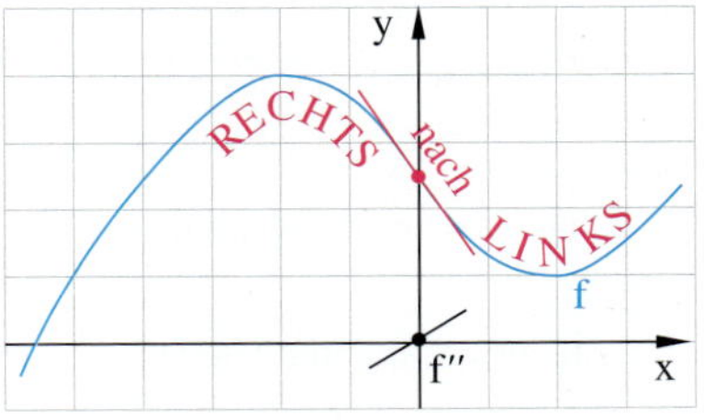

Zwei unterschiedliche Betrachtungsperspektiven für Wendepunkte

Stellt man sich die rechts abgebildete Kurve als Straße vor, die aus der Vogelperspektive betrachtet wird, so würde ein darauf von West nach Ost fahrendes Fahrrad zunächst einen Lenkereinschlag nach links und später einen Lenkereinschlag nach rechts aufweisen. Genau dazwischen durchquert das Fahrrad einen Punkt, in dem sein Lenker exakt gerade sein muss. Das ist der Wendepunkt.
Im Wendepunkt ändert sich das ***Krümmungsverhalten der Kurve.***

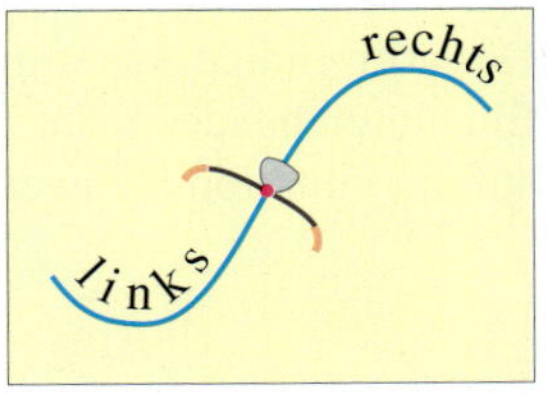

Stellt man sich die Kurve als Ausschnitt aus einer Berg- und Talbahn vor, so ist der Wendepunkt ein Punkt mit einer extremalen Steigung, im Bild rechts mit einer lokal maximalen Steigung.
Wäre umgekehrt zum Bild erst ein Berg und dann ein Tal zu durchfahren, so wäre der Wendepunkt ein Punkt minimaler Steigung.
Ein Wendepunkt ist also auch ein ***Extremum der Steigung f'***.

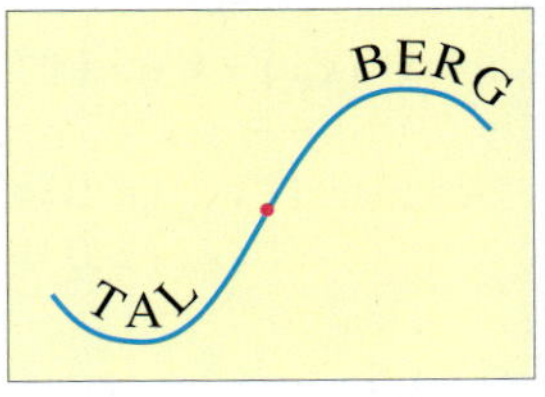

Aus dem letzten Grund ergibt sich, dass die Wendestellen der notwendigen Bedingung für lokale Extremstellen der ersten Ableitung f' unterliegen, d. h. es gilt $f''(x) = 0$.

Notwendige Bedingung für Wendepunkte

Die Funktion f sei mindestens zweimal differenzierbar. Dann gilt:
Wenn bei x_W eine Wendestelle von f liegt, dann ist $f''(x_W) = 0$.

B. Hinreichende Kriterien für Wendepunkte

Es gibt zwei Arten von lokalen Extrema einer Kurve f, lokale Maxima und lokale Minima. Bei den Wendepunkten gibt es ebenfalls zwei Arten, ***Links-Rechts-Wendepunkte***, die ein Maximum der Ableitung f′ darstellen, und ***Rechts-Links-Wendepunkte***, die ein Minimum von f′ darstellen. Allerdings gibt es insgesamt vier „Wendesituationen“, da jede der beiden Wendepunktarten in zwei verschiedenen Konfigurationen auftritt.

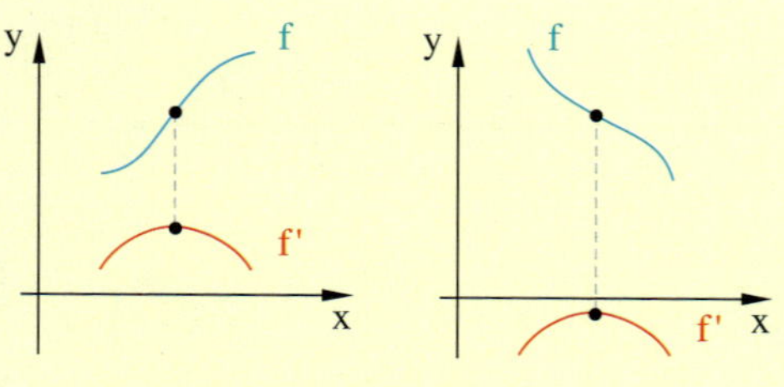

Links-Rechts-Wendepunkt:
⇓
lokales Maximum von f'

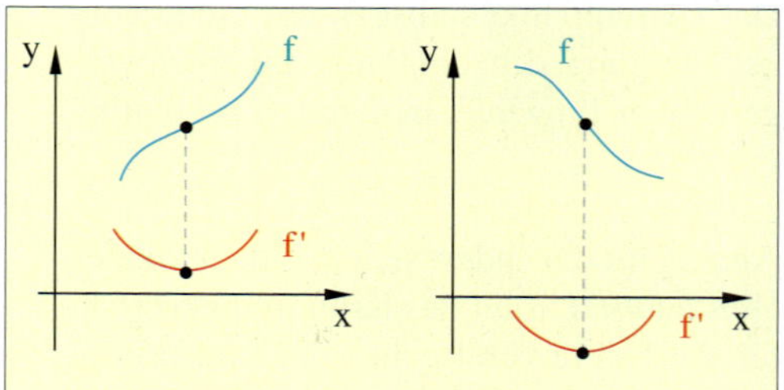

Rechts-Links-Wendepunkt:
⇓
lokales Minimum von f'

Wendepunkte von f zu suchen bedeutet also nichts anderes, als die Extremwerte von f′ zu suchen. Wir erhalten daher Wendepunktkriterien für f, indem wir die Extremwertkriterien auf die Funktion f′ anwenden.
Das notwendige Kriterium für Wendepunkte ($f''(x) = 0$) haben wir oben schon formuliert.
Ein hinreichendes Kriterium gewinnen wir, indem wir das hinreichende Kriterium von Seite 139 auf die Funktion f′ anwenden.

Hinreichendes Kriterium für Wendepunkte (f‴-Kriterium)

Die Funktion f sei in einer Umgebung von x_W dreimal differenzierbar.

Gilt $\mathbf{f''(x_W) = 0}$ **und** $\mathbf{f'''(x_W) \neq 0}$, so liegt an der Stelle x_W ein Wendepunkt von f.

Genauer: $f'''(x_W) < 0 \Rightarrow$ Links-Rechts-Wendepunkt
$f'''(x_W) > 0 \Rightarrow$ Rechts-Links-Wendepunkt

Beispiel: Wendepunkt
Gesucht ist der Wendepunkt von $f(x) = \frac{1}{2}x^3 - \frac{3}{2}x^2$.

Lösung.
Wir berechnen zunächst der Reihe nach die benötigten Ableitungen f′, f″ und f‴ der gegebenen Polynomfunktion f.

1. Ableitungen
$f'(x) = \frac{3}{2}x^2 - 3x$
$f''(x) = 3x - 3$
$f'''(x) = 3$

Nun bestimmen wir mit der notwendigen Bedingung die Lage des potentiellen Wendepunktes. Er liegt bei $x = 1$ und $y = -1$.

Anschließend überprüfen wir diese Stelle mit dem hinreichenden f'''-Kriterium.

Es gilt $f'''(1) = 3 > 0$. Daher liegt tatsächlich eine Wendepunkt vor.
Es handelt sich um einen Rechts-Links-Wendepunkt bei $W(1|-1)$.

Der Graph von f, den wir mit einer Wertetabelle oder mit dem TR/Computer zeichnen, bestätigt dieses rechnerische Ergebnis.

2. Notw. Bedingung für Wendepunkte
$f''(x) = 0$
$3x - 3 = 0$
$x = 1,\ y = -1$

3. Überprüfung von x = 1 mittels f'''
$f'''(1) = 3 > 0 \Rightarrow$ R-L-Wendepunkt

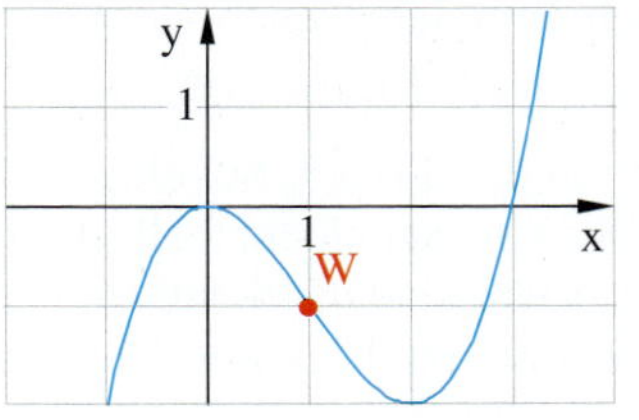

Übung 1
Untersuchen Sie die folgenden Funktionen auf das Vorliegen von Wendepunkten. Skizzieren Sie den Graphen von f.

a) $f(x) = x^3 - 3x^2$
b) $f(x) = \frac{1}{30}x^4 - \frac{4}{5}x^2$
c) $f(x) = \frac{1}{2}x^2 - \frac{4}{x}$
d) $f(x) = x^2 + \frac{1}{x}$

Übung 2
Die Einwohnerzahl von Sim City wird durch $e(t) = 0{,}04t^3 - 0{,}12t^2 + 0{,}2t + 0{,}3$ beschrieben (t: Zeit seit 2000 in Jahrzehnten, e(t): Einwohnerzahl in Tausend).

a) Zeigen Sie, dass die Einwohnerzahl im Zeitraum $0 \le t \le 6$ stets ansteigt.
b) Wann ist der Anstieg der Einwohnerzahl am schwächsten ?

Manchmal versagt das hinreichende f'''-Kriterium, nämlich dann, wenn sich bei der Überprüfung einer potentiellen Wendestelle x der Wert $f'''(x) = 0$ ergibt. Dann ist mit dem f'''-Kriterium keine Aussage möglich. In solchen Fällen kann man als Alternative das folgende hinreichende Vorzeichenwechselkriterium für Wendepunkte verwenden.

Hinreichendes Kriterium für Wendepunkte (Vorzeichenwechsel-Kriterium)

f sei in einer Umgebung von x_W zweimal differenzierbar und es gelte $\mathbf{f''(x_W) = 0}$.

Wenn dann die zweite Ableitung f'' an der Stelle x_W einen **Vorzeichenwechsel** hat, so liegt dort eine Wendestelle.

Genauer: **Vorzeichenwechsel** von + nach – $\Rightarrow$ **Links-Rechts-Wendepunkt**
Vorzeichenwechsel von – nach + $\Rightarrow$ **Rechts-Links-Wendepunkt**

Beispielsweise hat die Funktion $f(x) = x^5$ wegen $f''(x) = 20x^3$ nur bei $x = 0$ einen potentiellen Wendepunkt. Da aber $f'''(x) = 60x^2$ dort ebenfalls 0 ist, ist keine Aussage möglich.
Mit den Vorzeichenwechselkriterium und den Teststellen $x = -1$ und $x = +1$ kann aber ein Vorzeichenwechsel von f'' an der Stelle $x = 0$ von Minus nach Plus festgestellt werden, so dass dort ein Rechts-Links-Wendepunkt liegt.

C. Ein Anwendungsproblem

Nun untersuchen wir Wendepunkte im Anwendungszusammenhang. Dabei ist der Aspekt des *Wendepunktes als Punkt mit maximaler oder minimaler Steigung* besonders wichtig.

Beispiel: Verschuldung einer Stadt

Der Haushalt einer Stadt ist nicht ausgeglichen.
Die Schulden zum Jahresende werden durch die Funktion $f(t) = \frac{1}{100}(-t^3 + 12t^2 + 60t + 200)$ erfasst.
t: Zeit in Jahren seit 2010, f: Schuldenstand in Mio. €.

a) Erstellen Sie eine Schuldentabelle der Jahre 2010 bis 2022.
b) In welchem Jahr sind die Schulden maximal?
c) Zu welchem Zeitpunkt ist der Schuldenantieg maximal?

Lösung zu a:

t in Jahren	0	2	4	6	8	10	12
f(t) in Mio. €	2	3,60	5,68	7,76	9,36	10	9,20

Lösung zu b:
Gesucht ist nun der lokale Hochpunkt der Schuldenfunktion f. Dessen Lage wird mit dem notwendigen Bedingung für Extrema $f'(t) = 0$ bestimmt. Er liegt bei $H(10|10)$. Die Schulden überschreiten also 10 Mio. Euro nicht.
Das Maximum wird durch Überprüfung mit dem hinreichenden f″-Kriterium bestätigt.

Hochpunkt von f: Maximale Schulden

$f'(t) = 0$

$\frac{1}{100}(-3t^2 + 24t + 60) = 0$

$t^2 - 8t - 20 = 0$

$t = 4 \pm 6$

$t = -2$ (irrelevant)

$t = 10 \quad f(10) = 10$

Überprüfung mittels f″

$f''(10) = -0{,}36 < 0 \Rightarrow$ Maximum

Lösung zu c:
Der stärkste Schuldenanstieg wird erreicht, wenn die Steigung der Schuldenfunktion maximal ist. Das ist bei ihrer Wendestelle der Fall. Deren Lage bestimmen wir mit der notwendigen Bedingung für Wendestellen $f''(t) = 0$. Sie liegt bei $x = 4$.
Am Ende des vierten Jahres steigen die Schulden also besonders rasant. Die Anstiegsgeschwindigkeit beträgt zu diesem Zeitpunkt $f'(4) = 1{,}08$ Mio. €/Jahr.

Wendestelle von f: Maximaler Anstieg

$f''(t) = 0$

$\frac{1}{100}(-6t + 24) =$

$-6t + 24 = 0$

$t = 4 \quad f(4) = 5{,}68$ Mio.

$\quad\quad f'(4) = 1{,}08$ Mio./Jahr

Überprüfung mittels f‴

$f'''(4) = -0{,}06 < 0 \Rightarrow$ L-R-Wp

Übung 3 Hochwasser

Der Wasserstand im Fluss während eines Unwetters kann durch $f(t) = -\frac{1}{9}t^3 + \frac{2}{3}t^2 + 3$ beschrieben werden (t: Zeit in Std. f: Wasserstand in m). Legen Sie eine Wertetabelle an. Skizzieren Sie den Graphen von f. Nach wie vielen Minuten wird der maximale Wasserstand erreicht? Wie hoch ist er? Wann steigt das Wasser am schnellsten? Wie schnell steigt es zu diesem Zeitpunkt? Wann wird der Wasserstand, der zu Beobachtungsbeginn vorlag, wieder erreicht?

Übungen

4. Nachweis besonderer Punkte

Untersuchen Sie, ob an der Stelle x ein Hoch-, Tief-, Wende- oder Sattelpunkt vorliegt.

a) $f(x) = x^2$
$x = 0$

b) $f(x) = x^3$
$x = 0$

c) $f(x) = x^4$
$x = 0$

d) $f(x) = 2x^3 - 6x^2$
$x = 1,\ x = 2$

e) $f(x) = 12x - x^3$
$x = 0,\ x = \pm 2$

f) $f(x) = \frac{1}{12}x^4 - 2x^2$
$x = 0,\ x = 2,\ x = \pm\sqrt{12}$

5. Extrema

Bestimmen Sie die Extrema von f.

a) $f(x) = \frac{1}{4}x + \frac{1}{x},\ x \neq 0$

b) $f(x) = \sqrt{x} - \frac{1}{6}x,\ x \geq 0$

c) $f(x) = \frac{4}{x} + \sqrt{x},\ x \geq 0$

6. Funktion f und Ableitung f′

Jede der folgenden Abbildungen zeigt die Graphen einer Funktion f und ihrer Ableitung f′. Begründen Sie, welcher Graph zu f bzw. f′ gehört.

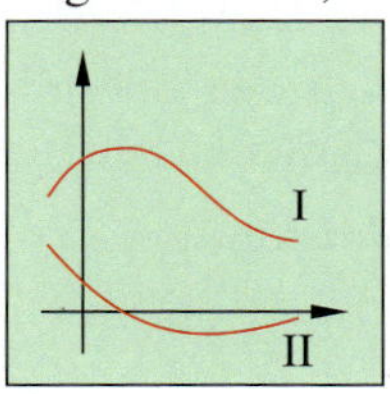

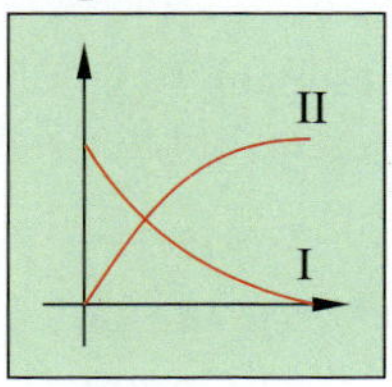

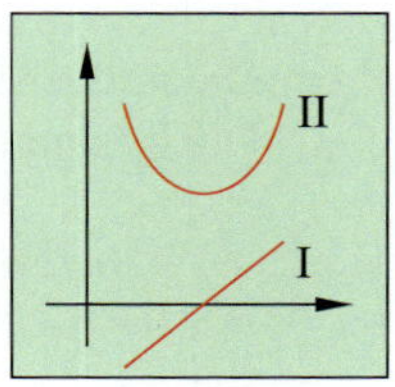

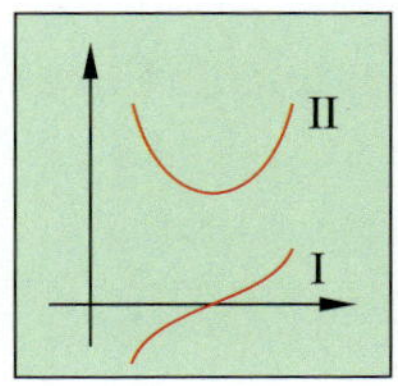

7. Rekonstruktion einer Funktion

Skizzieren Sie den Graphen einer Funktion f, welche die dargestellten Ableitungen f′ und f″ besitzt. Der Graph von f soll durch den Ursprung gehen. Beginnen Sie mit der Skizze dort.

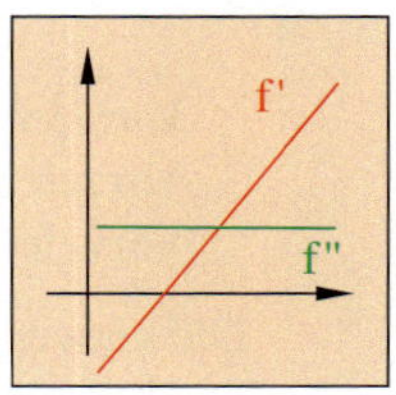

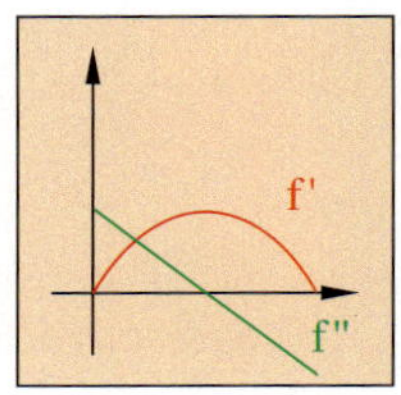

8. Rationale Funktionen

a) Untersuchen Sie die Funktionen $f(x) = \frac{1}{4}x + \frac{1}{x},\ x \neq 0$ und $g(x) = x^4 - 2x^2$ auf Nullstellen, Extrema, Wendepunkte und das Verhalten im Unendlichen. Skizzieren Sie f und g.

b) Zeigen Sie: Jede Polynomfunktion dritten Grades der Form $f(x) = ax^3 + bx^2 + cx + d$, $a \neq 0$, besitzt einen Wendepunkt.

9. Motorroller

Die Verkaufszahlen eines neuen Rollermodells in den ersten Wochen nach der Markteinführung werden durch die Funktion $r(t) = 15t^2 - t^3$ modelliert.

t: Zeit inWochen; r(t): Anzahl der zur Zeit t pro Woche verkauften Roller

a) Zu welchem Zeitpunkt erreicht der Absatz der Roller ein Maximum?

b) Wann steigen die Absatzzahlen am stärksten?

c) Welche mittlere Absatzsteigerung pro Woche wurde in den ersten 10 Wochen erzielt?

5. Funktionsuntersuchung

Bei einer Funktionsuntersuchung werden charakteristische Eigenschaften der gegebenen Funktion betrachtet. In der folgenden Tabelle sind die Standarduntersuchungen aufgelistet. Aus diesen Untersuchungen kann man das Monotonie- und Krümmungsverhalten ableiten.

1. Symmetrie	Der Term f(−x) wird berechnet und mit f(x) bzw. −f(x) verglichen: **f(−x) = +f(x) ⇒ Achsensymmetrie zur y-Achse** **f(−x) = −f(x) ⇒ Punktsymmetrie zum Ursprung**
2. Nullstellen 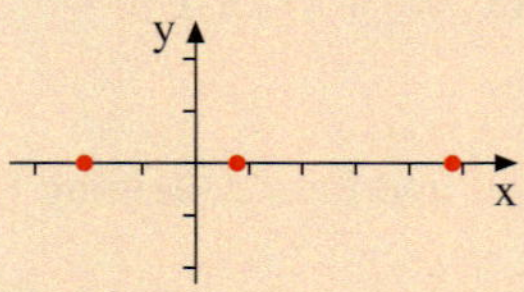 	Die Gleichung **f(x) = 0** wird nach x aufgelöst. Ihre Lösungen sind die Nullstellen der Funktion f. Lösungsmethoden: p-q-Formel Faktorisierung, ggf. Polynomdivision
3. Lokale Extremalpunkte 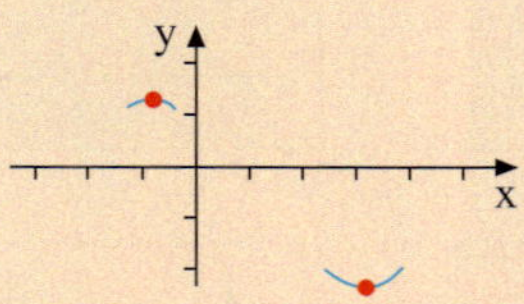 	Die notwendige Bedingung **f′(x) = 0** wird nach x aufgelöst. Die Lösungen x_E werden mit hinreichenden Kriterien getestet. ***f″-Kriterium*** **f″(x_E) < 0 ⇒ Maximum** **f″(x_E) > 0 ⇒ Minimum** **f″(x_E) = 0 ⇒ keine Aussage** ***Vorzeichenwechsel-Kriterium*** **Vorzeichenwechsel von f′ bei x_E: +/− ⇒ Maximum** **Vorzeichenwechsel von f′ bei x_E: −/+ ⇒ Minimum**
4. Wendepunkte 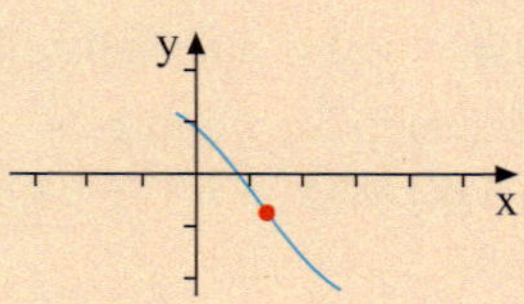 	Die notwendige Bedingung **f″(x) = 0** wird nach x aufgelöst. Die Lösungen x_W werden mit hinreichenden Kriterien getestet. ***f‴-Kriterium*** **f‴(x_W) < 0 ⇒ Wendepunkt (L-R)** **f‴(x_W) > 0 ⇒ Wendepunkt (R-L)** **f‴(x_W) = 0 ⇒ keine Aussage** ***Vorzeichenwechsel-Kriterium*** **Vorzeichenwechsel von f″ bei x_W: +/− ⇒ L-R-Wp** **Vorzeichenwechsel von f″ bei x_W: −/+ ⇒ R-L-Wp**
5. Graph 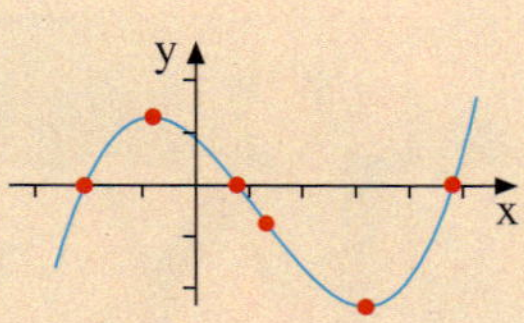 	Das Koordinatenkreuz wird gezeichnet und beschriftet. In manchen Fällen erhalten die Achsen unterschiedliche Maßstäbe. Die charakteristischen Punkte aus 2. bis 4. werden eingezeichnet. Falls erforderlich, wird eine zusätzliche Wertetabelle erstellt. Der Graph wird auf dieser Grundlage skizziert.

A. Ganzrationale Funktionen

Beispiel: Kugelstoßen

Die Bahnkurve eines Kugelstoßes wird durch $h(x) = -0{,}04\,x^2 + 0{,}7\,x + 2{,}25$ beschrieben (x: Weite in m, h: Höhe in m). Untersuchen Sie den Kurvenverlauf und stellen Sie die maximale Stoßweite und die maximale Steighöhe fest. In welcher Höhe und unter welchem Winkel wurde die Kugel abgestoßen?

Lösung:
Wir berechnen zunächst die Nullstellen von h mit Hilfe der p-q-Formel. Sie liegen bei 20,27 m und –2,77 m. Die Stoßweite beträgt also 20,27 m.

Nullstellen:
$h(x) = -0{,}04\,x^2 + 0{,}07\,x + 2{,}25 = 0$
$x^2 - 17{,}5\,x - 56{,}25 = 0$
$x = 8{,}75\,x \pm \sqrt{76{,}56 + 56{,}25}$
$x \approx 8{,}75 \pm 11{,}52$
$x \approx 20{,}27$ bzw. $x \approx -2{,}77$

Nun bestimmen wir die ersten beiden Ableitungen von h: $h'(x) = -0{,}08\,x + 0{,}7$ und $h''(x) = -0{,}08$. Die notwendige Bedingung für lokale Extrema $h'(x) = 0$ liefert uns einen Extrempunkt $H(8{,}75|5{,}31)$. Durch Überprüfung mit der zweiten Ableitung bestätigen wir, dass dies ein Hochpunkt ist. Die maximale Steighöhe beträgt 5,31 m.

Extremum:
$h'(x) = -0{,}08\,x + 0{,}7 = 0$ (notw. Bed.)
$0{,}08x = 0{,}7$
$x = 8{,}75 \quad y \approx 5{,}31$
Überprüfung mittels f'':
$f''(8{,}75) = -0{,}08$
$f''(8{,}75) = -0{,}08 < 0 \Rightarrow$ Maximum

Abgestoßen wurde die Kugel in der Höhe $h(0) = 2{,}25$ m.
Der Abstoßwinkel α ist der Steigungswinkel beim Abwurf, also bei $x = 0$. Dieser ergibt sich aus der Formel $\tan\alpha = h'(0)$, d. h. $\tan\alpha = 0{,}7$.
Hieraus folgt $\alpha = \arctan 0{,}7 \approx 35°$.

Abwurfhöhe und Abwurfwinkel:
$h(0) = 2{,}25$

$\tan\alpha = h'(0)$
$\tan\alpha = 0{,}7$
$\alpha = \arctan 0{,}7 = \tan^{-1} 0{,}7 \approx 35°$

Übung 1

Eine Silvesterrakete wird senkrecht nach oben abgeschossen.
Die erreichte Flughöhe in Metern nach t Sekunden wird durch $h(t) = -5\,t^2 + 80\,t$ erfasst.

a) Wann erreicht die Rakete ihren höchsten Punkt? Welche Höhe hat sie dann erreicht?
b) Wie schnell ist sie beim Start bzw. auf halber Gipfelhöhe?

Übung 2

Untersuchen Sie die Funktion f auf lokale Extremstellen. Verwenden Sie als hinreichende Bedingung das f''-Kriterium, sofern dies anwendbar ist.

a) $f(x) = 2\,x - \frac{1}{6}x^3$
b) $f(x) = \frac{2}{3}x - 3\sqrt{x}$
c) $f(x) = 3\,a^2x^3 - \frac{1}{5}x^5, \quad a > 0$

Das folgende Beispiel bezieht sich auf ein Polynom dritten Grades. Außerdem wird die Funktionsuntersuchung durch Zusatzuntersuchungen (Symmetrie, Schnittwinkel) erweitert.

Beispiel: Polynomfunktion dritten Grades

Untersuchen Sie die Funktion $f(x) = \frac{1}{3}x^3 - 3x$ und zeichnen Sie den Graphen von f für $-3{,}5 \leq x \leq 3{,}5$. Ist f achsensymmetrisch zur y-Achse oder punktsymmetrisch zum Ursprung? Geben Sie das Monotonie- und Krümmungsverhalten von f an.

Lösung:

1. Ableitungen

$f(x) = \frac{1}{3}x^3 - 3x$
$f'(x) = x^2 - 3$
$f''(x) = 2x$
$f'''(x) = 2$

2. Nullstellen

$f(x) = 0$
$\frac{1}{3}x^3 - 3x = 0$
$x\left(\frac{1}{3}x^2 - 3\right) = 0$
$x = 0$ bzw. $\frac{1}{3}x^2 - 3 = 0$
$x = 0$ bzw. $x = 3,\ x = -3$

3. Extrema

$f'(x) = 0$
$x^2 - 3 = 0$
$x = \sqrt{3},\ y = -2\sqrt{3}$
$x = -\sqrt{3},\ y = 2\sqrt{3}$
$f''(\sqrt{3}) = 2\sqrt{3} > 0 \Rightarrow$ Minimum
$f''(-\sqrt{3}) = -2\sqrt{3} < 0 \Rightarrow$ Maximum
Tiefpunkt $T(\sqrt{3}\,|\,-2\sqrt{3}) \approx T(1{,}73\,|\,-3{,}46)$
Hochpunkt $H(-\sqrt{3}\,|\,2\sqrt{3}) \approx H(-1{,}73\,|\,3{,}46)$

4. Wendepunkte

$f''(x) = 0$
$2x = 0 \Rightarrow x = 0,\ y = 0$
$f'''(0) = 2 > 0 \Rightarrow \begin{cases} W(0|0) \text{ ist ein Rechts-} \\ \text{Links-Wendepunkt} \end{cases}$

5. Graph

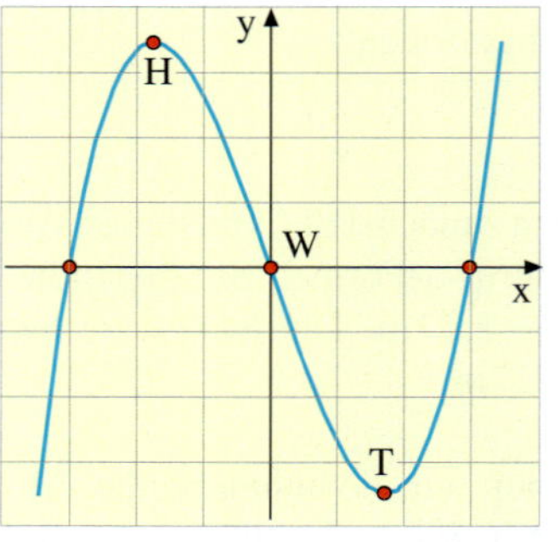

6. Symmetrie

Die Symmetrieuntersuchung besteht aus einem Vergleich von $f(-x)$ mit $f(x)$.

$f(x) = \frac{1}{3}x^3 - 3x$

$f(-x) = \frac{1}{3}(-x)^3 - 3(-x) = -\frac{1}{3}x^3 + 3x$

Man erkennt, dass $f(-x) = -f(x)$ gilt. Dies bedeutet Punktsymmetrie zum Ursprung.

7. Monotonie- und Krümmungsverhalten

Am Graphen kann man ablesen: Links vom Hochpunkt ($x \leq -\sqrt{3}$) steigt f streng monoton. Zwischen Hoch- und Tiefpunkt ($-\sqrt{3} \leq x \leq \sqrt{3}$) fällt f streng monoton. Rechts vom Tiefpunkt steigt f wieder streng monoton. Links vom Wendepunkt ($x \leq 0$) ist f rechtsgekrümmt, rechts vom Wendepunkt ($x \geq 0$) ist f linksgekrümmt.

Übung 3

Untersuchen Sie die quadratische Funktion $f(x) = -\frac{1}{2}x^2 + 3x - \frac{5}{2}$ (Symmetrie, Nullstellen, Extrema, Wendepunkte, Graph für $-1 \leq x \leq 8$).

Übung 4

Untersuchen Sie die Funktion $f(x) = \frac{1}{4}x^4 - x^2$. Zeichnen Sie ihren Graphen für $-2{,}5 \leq x \leq 2{,}5$. Unter welchem Winkel schneidet f die Gerade $x = 3$? Ist f symmetrisch zur y-Achse oder zum Ursprung? Wie groß ist die mittlere Steigung von f zwischen linkem Minimum und Hochpunkt?

Beispiel: Vulkanausbruch

Beim Ausbruch eines Vulkans wird durch Messungen festgestellt, dass die Auswurfleistung durch die Funktion $a(t) = 12{,}5 \cdot (6t^2 - t^3)$ erfasst werden kann.
t: Zeit in min seit Beginn; a(t): Auswurfleistung zur Zeit t in Tonnen/min.
Untersuchen Sie die Funktion a. Zeichnen Sie die Graphen von a und a′ für $0 \le t \le 6$. Interpretieren Sie die Ergebnisse unter Bezug auf den realen Prozess.

Lösung:

Nullstellen:

$a(t) = 12{,}5 \cdot (6t^2 - t^3) = 0$
$12{,}5t^2 \cdot (6 - t) = 0$
$t = 0, t = 6$

Extrema:

$a'(t) = 12{,}5 \cdot (12t - 3t^2) = 0$
$37{,}5t \cdot (4 - t) = 0$
$t = 0, a = 0$ Minimum
$t = 4, a = 400$ Maximum

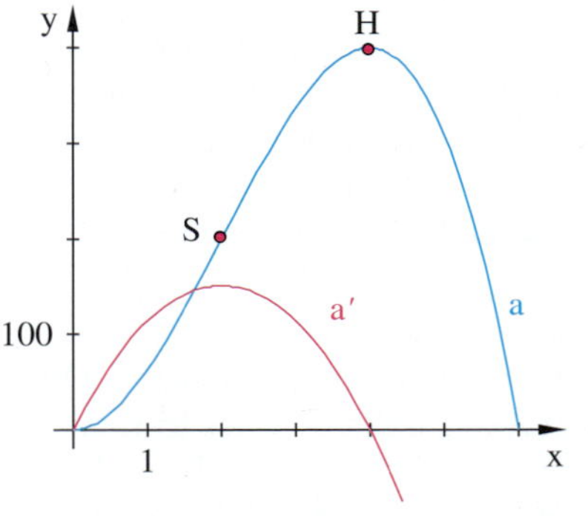

Punkte mit maximaler Steigung:

Der Punkt S der Funktion a mit dem steilsten Anstieg liegt ca. bei x = 2. Dort hat a′ ein Maximum. Dessen Lage können wir bestimmen, indem wir die Ableitung von a′, d. h. a″, gleich null setzen.
Wir erhalten den Punkt S(2|200).

Maximum von a′:

$a''(t) = 12{,}5 \cdot (12 - 6t) = 0$
$75 \cdot (2 - t) = 0$
$t = 2, a = 200$
$S(2|200)$

Interpretation:

Die Auswurfleistung a(t) des Vulkans steigt nach langsamem Beginn zunehmend schneller an. Im Wendepunkt S, d. h. nach nur zwei Minuten, ist die Zunahmerate a′ am größten. Danach sinkt die Zunahmerate wieder. Die Auswurfleistung steigt nun also langsamer und hat nach vier Minuten ihr Maximum erreicht. Danach bricht der Ausbruch schnell zusammen. Die Zunahmerate a′ wird negativ. Nach 6 Minuten ist der Ausbruch zu Ende.

Übung 5

In einem afrikanischen Land kommt es zum Ausbruch von Ebola. Die ersten Monate legen nahe, dass die Anzahl der Erkrankten durch $e(t) = -\frac{1}{400}t^2(t - 48)$ erfasst werden kann (t: Zeit in Monaten, e(t): Erkrankte in Tausend).
Nach welcher Zeit hat die Anzahl e der Kranken ein Maximum erreicht? Wann steigt e am schnellsten? Wie groß ist die Erkrankungsrate zu diesem Zeitpunkt? Wann ist mit dem Erlöschen der Epidemie zu rechnen? Zeichnen Sie e.

Übungen

6. Kurvenuntersuchung

Untersuchen Sie f auf Nullstellen, Extrema, Wendepunkte, Monotonie und Krümmung.

a) $f(x) = \frac{1}{2}x^3 - \frac{3}{2}x^2$ b) $f(x) = -\frac{1}{2}x^3 + \frac{1}{8}x$ c) $f(x) = \frac{1}{2}x^4 + x^3$

7. Funktionsuntersuchung

Gegeben ist die Funktion $f(x) = \frac{1}{20}x^5 - \frac{2}{3}x^3 + 3x$.

a) Bestätigen Sie, dass die Funktion an der Stelle $x = \sqrt{2}$ ein Maximum annimmt.
b) An welchen Stellen nimmt f ein Minimum an? (Hinweis: Biquadratische Gleichung)
c) Geben Sie ohne weitere Rechnung alle vier Extremstellen von f an.
d) Ermitteln Sie die Wendepunkte von f.
e) Skizzieren Sie den Graphen von f für $-3 \le x \le 3$.
f) Wie verhält sich f für $x \to -\infty$ und $x \to \infty$.
g) Geben Sie das Monotonie- und das Krümmungsverhalten von f an.

8. Höhenmesser

Der Höhenmesser zeigt gemäß der Funktion $h(t) = 0{,}6\,t^3 - 9\,t^2 + 400$ die Flughöhe eines Heißluftballons während einer 15-minütigen Flugphase an (t in min, h in m), $0 \le t \le 15$.

a) Wie hoch fliegt der Ballon 3 Minuten nach Beginn der Messung?
b) Wann erreicht der Ballon seine geringste Flughöhe?
c) Zu welchem Zeitpunkt verringert sich die Flughöhe am stärksten? Wann steigt sie am stärksten an? Wie groß ist die Änderung zu diesen Zeitpunkten, gemessen in m/s?

9. Kosten und Gewinn

Der Hersteller gibt die Produktionskosten bei der Herstellung einer innovativen Uhr an für $0 \le x \le 800$ mit
$K(x) = 0{,}001\,x^3 - 0{,}9\,x^2 + 150\,x + 72\,000$
(x: Anzahl der produzierten Uhren pro Tag;
K(x): Produktionskosten pro Tag).

a) Zeichnen Sie den Graphen der Funktion K.
b) Wie hoch sind die Kosten für eine Uhr bei einer Produktion von 500 Uhren pro Tag?
c) Untersuchen Sie die Funktion K auf Extrema.
d) Bestimmen Sie den Wendepunkt von K.
e) Der Verkaufspreis der Uhr wird auf 150 Euro festgelegt. Die mittleren täglichen Einnahmen der Firma betragen somit $E(x) = 150\,x$. Ermitteln Sie graphisch, ab welcher Tagesstückzahl x der Hersteller einen Gewinn erwirtschaftet.
f) Bei welcher Tagesstückzahl x ist der Gewinn am größten?

Knobelaufgabe III

Man denke sich alle natürlichen Zahlen von 1 bis 1000000 fortlaufend hintereinander geschrieben. Dann entsteht die Zahl mit der Ziffernfolge 123456789101112131415 …
Welche Ziffer steht an der 300003. Stelle?
Hinweis: Überlegen Sie, wie viele 1-stellige, 2-stellige, 3-stellige, usw. Zahlen es gibt.

10. Funktionsuntersuchung

Gegeben ist die Funktion $f(x) = (x^2 + 3) \cdot (x^2 - 1)$.

a) Begründen Sie, dass der Graph der Funktion f symmetrisch zur y-Achse ist.
b) Bestimmen Sie die Nullstellen von f.
c) In welchen Bereichen ist die Funktion monoton wachsend bzw. monoton fallend?
d) Bestimmen Sie die Gleichung der Tangente an den Graphen von f bei $x = 1$.
e) Eine quadratische Parabel $p(x) = ax^2 + c$ hat ihren Scheitelpunkt in $S(0|-4)$ und besitzt die gleichen Nullstellen wie die Funktion f. Wie lautet die Funktionsgleichung von p?

11. Ski-Cross-Parcours

Das Höhenprofil des ersten Abschnitts eines Ski-Cross-Parcours wird durch die ganzrationale Funktion $f(x) = -\frac{1}{100}x^3 + \frac{3}{4}x$ $(-10 \le x \le 0)$ beschrieben (1 LE = 10 m).

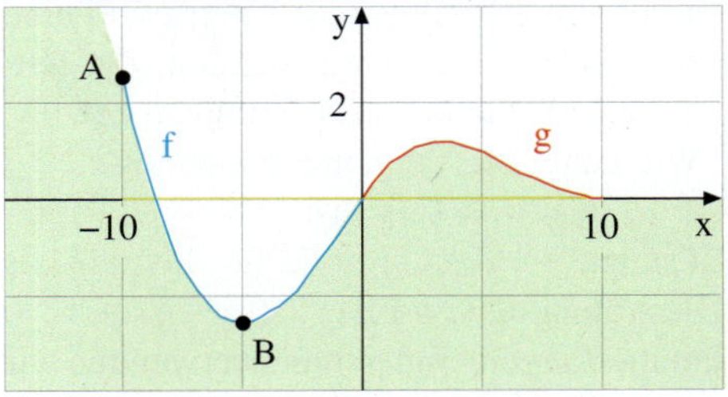

a) Ermitteln Sie den Höhenunterschied zwischen dem Punkt $A(-10|y)$ und dem tiefsten Punkt B des ersten Abschnitts.
b) Wie groß ist das durchschnittliche Gefälle zwischen den Punkten A und B?
c) Wie groß ist der Winkel α, unter dem der Fahrer im Ursprung fährt?
d) Das Profil wird auf dem zweiten Abschnitt $0 \le x \le 10$ fortgesetzt durch die Funktion $g(x) = \frac{3}{400}x^3 - \frac{3}{20}x^2 + \frac{3}{4}x$.
Zeigen Sie, dass f und g ohne Knick ineinander übergehen und dass g im Punkt $C(10|0)$ in die Waagerechte übergeht.
e) Wo ist die Steigung von g maximal?
f) Ermitteln Sie den Wendepunkt von g.
g) Beschreiben Sie das Krümmungsverhalten der gesamten Bahn.

12. Funktionsuntersuchung

Gegeben sei die Funktion $f(x) = \frac{1}{8}(x^4 - 8x^2 - 9)$.

a) Zeigen Sie, dass f zwei Nullstellen bei $x = 3$ und $x = -3$ hat.
b) Untersuchen Sie f auf Extrema.
c) Errechnen Sie die Lage der beiden Wendepunkte von f.
d) Zeichnen Sie den Graphen von f für $-3{,}5 \le x \le 3{,}5$.
e) Wie groß ist die Steigung von f in den beiden Nullstellen?
f) An welcher Stelle des Intervalls $[-2; 2]$ hat f die größte Steigung?

13. Quadratische und kubische Polynome

a) Zeigen Sie, dass jedes Polynom dritten Grades genau einen Wendepunkt hat.
b) Zeigen Sie, dass jedes Polynom zweiten Grades genau ein Extremum hat.
c) Begründen Sie, dass jedes Polynom dritten Grades mindestens eine Nullstelle hat.
d) Kann eine Funktion dritten Grades keinen, einen oder zwei Extremwerte besitzen?

B. Exkurs: Tangenten und Normalen

Kurvenuntersuchungen enthalten oft Tangenten- und Normalenprobleme. Tangenten und Normalen besitzen im Berührpunkt P den gleichen Funktionswert wie die Kurve. Die Tangente t hat dort die gleiche Steigung wie f. Die Normale, die in P senkrecht auf f steht, hat dort die negativ reziproke Steigung wie f.

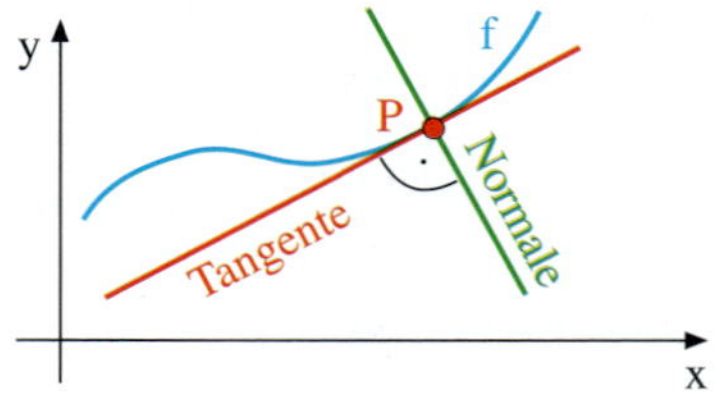

Wir erhalten also:

Tangentenbedingung
Ansatz: $t(x) = mx + n$
I. $m = f'(x_0)$
II. $mx_0 + n = f(x_0)$

Normalenbedingung
Ansatz: $q(x) = mx + n$
I. $m = -\frac{1}{f'(x_0)}$, $f'(x_0) \neq 0$
II. $mx_0 + n = f(x_0)$

Beispiel: Tangentengleichung

Die Funktion $f(x) = -\frac{1}{8}x^2 + x$ beschreibt das Randprofil einer Sanddüne am Nordseestrand. Für eine neue Treppe soll eine Aufschüttung angelegt werden, die tangential im Punkt $P(2|1{,}5)$ enden soll. Wie lautet die Tangentengleichung?

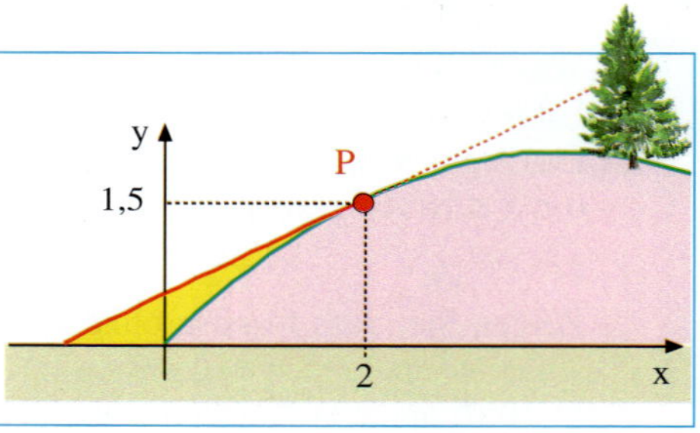

Lösung:
Die Ableitung von f ist $f'(x) = -\frac{1}{4}x + 1$.
Für die Tangentengleichung verwenden wir den Ansatz $y(x) = mx + n$.
Es gilt $m = f'(2) = 0{,}5$. Dies führt zum Zwischenergebnis $y(x) = 0{,}5x + n$.
Im Übergangspunkt P stimmen die Funktionswerte von f und von y überein. Es gilt also $f(2) = y(2)$, d.h. $1{,}5 = 1 + n$ bzw. $n = 0{,}5$.
Resultat: $y(x) = 0{,}5x + 0{,}5$.

Ableitung von f:
$f'(x) = -\frac{1}{4}x + 1$

Gleichung der Tangente in P:
$y(x) = mx + n$ (Ansatz)
$m = f'(2) \Rightarrow m = 0{,}5$
$\Rightarrow y(x) = 0{,}5x + n$ (Zwischenergebnis)
$y(2) = f(2)$
$1 + n = 1{,}5 \Rightarrow n = 0{,}5$
$\Rightarrow y(x) = 0{,}5x + 0{,}5$ (Endergebnis)

Übung 14 Fortsetzung des Beispiels
a) Ermitteln Sie den Schnittpunkt Q der im Beispiel berechneten Tangente mit der x-Achse.
b) Bestimmen Sie nun die Länge der im Beispiel beschriebenen Treppe.

Übung 15 Normale
Gegeben ist die Funktion $f(x) = \frac{1}{2}x^2 - 2$. g sei die Tangente von f an der Stelle $x = 2$ und h sei die Normale von f an der Stelle $x = -2$.
a) Bestimmen Sie die Gleichungen von g und h. Zeichnen Sie f, g und h im Koordinatensystem.
b) Welchen Flächeninhalt hat das Dreieck, das von g und h und der x-Achse berandet wird?

Man kann die ***Gleichungen von Tangente und Normale*** in einem Kurvenpunkt auch durch jeweils eine allgemeine Formel darstellen, in die man nur noch einzusetzen braucht. Das spart gegenüber der eher „manuellen" Berechnung mit dem Ansatz $y(x) = mx + n$ Zeit. Die manuellen Ansätze fördern jedoch das Verständnis und die Rechenfertigkeiten stärker.

Eine Gerade durch den Punkt $P(x_0|y_0)$ hat bekanntlich ganz allgemein die Gleichung

$$y(x) = m(x - x_0) + y_0.$$

Setzen wir nun im Fall der Tangente hier $m = f'(x_0)$ und $y_0 = f(x_0)$ ein, so erhalten wir die rechts aufgeführte allgemeine Tangentengleichung.

Gleichung der Tangente

Die Gleichung der Tangente an den Graphen von f im Punkt $P(x_0|f(x_0))$ lautet:

$$\mathbf{y(x) = f'(x_0)(x - x_0) + f(x_0)}$$

Setzen wir analog im Fall der Normalen $m = -\frac{1}{f'(x_0)}$ und $y_0 = f(x_0)$ ein, so erhalten wir die rechts aufgeführte allgemeine Normalengleichung.

Gleichung der Normalen

Die Gleichung der Normalen an den Graphen von f im Punkt $P(x_0|f(x_0))$. lautet:

$$\mathbf{y(x) = -\frac{1}{f'(x_0)} \cdot (x - x_0) + f(x_0)}$$

Beispiel: Gleichungen von Tangente und Normale

Gegeben ist die Funktion $f(x) = x^2 - x$ sowie der Punkt $P(1|0)$. Wie lautet

a) die Gleichung der Tangente von f in P?
b) die Gleichung der Normalen von f in P?

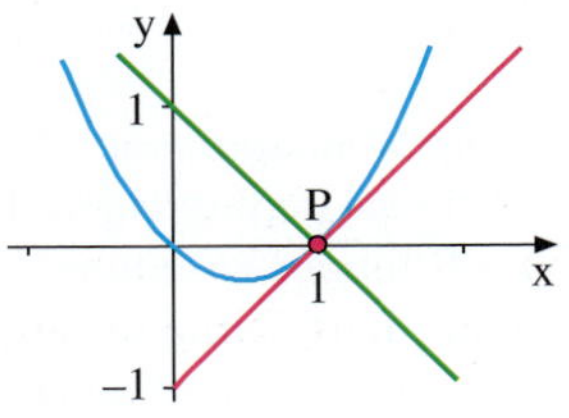

Lösung zu a:

Ableitung von f:
$f'(x) = 2x - 1$

Gleichung der Tangente:

$$\begin{aligned} y(x) &= f'(x_0) \cdot (x - x_0) + f(x_0) \\ &= f'(1) \cdot (x - 1) + f(1) \\ &= 1 \cdot (x - 1) + 0 \\ &= x - 1 \end{aligned}$$

Lösung zu b:

Ableitung von f:
$f'(x) = 2x - 1$

Gleichung der Normalen:

$$\begin{aligned} y(x) &= -\frac{1}{f'(x_0)} \cdot (x - x_0) + f(x_0) \\ &= -\frac{1}{f'(1)} \cdot (x - 1) + f(1) \\ &= -\frac{1}{1} \cdot (x - 1) + 0 \\ &= -x + 1 \end{aligned}$$

Übung 16

Gegeben sind die Funktion $f(x) = 1 - x^2$ sowie die Punkte $P(1|0)$ und $Q(-1|0)$.
Wie lautet die Gleichung

a) der Tangente von f in P?
b) der Normalen von f in Q?
c) Wo schneiden sich die Tangente in P und die Normale in Q? Wie groß ist der Schnittwinkel?

Übung 17

$y = 4x + 2$ ist Tangente der Funktion $f(x) = ax^3 + bx^2$ bei $x = 1$.

a) Wie lautet die Gleichung der Normalen von f bei $x = 1$?
b) Bestimmen Sie die Gleichung von f.
c) Wie groß ist der Flächeninhalt des Dreiecks, das von Tangente, Normale und y-Achse umschlossen ist.

Beispiel: Minigolf

Bei einer Minigolfbahn verläuft der Rand eines Hindernisses zwischen den Punkten $P(-1|f(-1))$ und Q wie die Funktion $f(x) = \frac{1}{4}x^3 - \frac{3}{4}x^2 + 5$.
Q ist dabei der Wendepunkt von f (1 LE = 1 m).
Wie müssen der Abschlagspunkt $A(a|0)$ und der Einlochpunkt $L(b|0)$ festgelegt werden, damit die beste Chance besteht, die Bahn zu bewältigen? Wo liegt der Hochpunkt der Bahn?

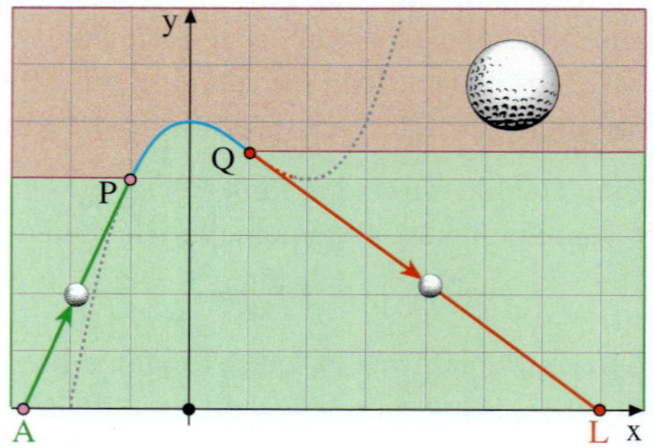

Lösung:

1. Ableitungen:

$f(x) = \frac{1}{4}x^3 - \frac{3}{4}x^2 + 5$

$f'(x) = \frac{3}{4}x^2 - \frac{3}{2}x$

$f''(x) = \frac{3}{2}x - \frac{3}{2}$

$f'''(x) = \frac{3}{2}$

2. Extrema und Wendepunkte:

Die notwendigen Bedingungen $f'(x) = 0$ bzw. $f''(x) = 0$ führen zusammen mit den hinreichenden Bedingungen auf einen Hochpunkt bei $H(0|5)$ und einen Rechts-Links-Wendepunkt bei $Q(1|4{,}5)$.

3. Tangenten in P und Q:

Die beste Chance, die Bahn zu bewältigen, ergibt sich, wenn der Punkt $P(-1|f(-1))$ durch den Ball exakt tangential zur Kurve f angesteuert wird.
Die Kurventangente in P hat die Gleichung $t(x) = \frac{9}{4}x + \frac{25}{4}$. Der günstigste Abschlagpunkt ist die Nullstelle der Tangente. Diese liegt im Punkt $A\left(-\frac{25}{9}\middle|0\right)$.
Analog errechnet man die Gleichung der Tangente im Wendepunkt $Q(1|4{,}5)$. Sie lautet $s(x) = -\frac{3}{4}x + \frac{21}{4}$. Ihre Nullstelle liegt im Punkt $L(7|0)$. Das ist der gesuchte optimale Einlochpunkt.

2a. Extrema:

$f'(x) = \frac{3}{4}x^2 - \frac{3}{2}x = 0$

$x \cdot \left(\frac{3}{4}x - \frac{3}{2}\right) = 0$

$x = 0,\ y = 5$ (Hochpunkt)
$x = 2,\ y = 4$ (Tiefpunkt)

2b. Wendepunkte:

$f''(x) = \frac{3}{2}x - \frac{3}{2} = 0$

$x = 1,\ y = \frac{9}{2} = 4{,}5$ (Wendepunkt)

3a. Tangente in P:

Ansatz: $t(x) = mx + n$
I: $m = f'(-1) = \frac{9}{4}$
II: $-m + n = f(-1) = 4$
I in II: $-\frac{9}{4} + n = 4 \Rightarrow n = \frac{25}{4}$
$t(x) = \frac{9}{4}x + \frac{25}{4}$
Nullstelle von t: $x = -\frac{25}{9} \approx -2{,}78$

3b. Tangente in Q:

Ansatz: $s(x) = mx + n$
I: $m = f'(1) = -\frac{3}{4}$
II: $m + n = f(1) = \frac{9}{2}$
I in II: $-\frac{3}{4} + n = \frac{9}{2} \Rightarrow n = \frac{21}{4}$
$s(x) = -\frac{3}{4}x + \frac{21}{4}$
Nullstelle von s: $x = \frac{21}{3} = 7$

Übung 18

Untersuchen Sie die Funktion $f(x) = x^3 - 6x^2 + 9x$. Zeichnen Sie ihren Graphen für $0 \le x \le 4$. Bei $x = 0$ und $x = 4$ soll der Graph tangential fortgeführt werden. Zeigen Sie, dass diese Tangenten parallel verlaufen. Welchen Abstand haben sie zueinander?

Beispiel: Polynomfunktion dritten Grades

Gegeben ist $f(x) = \frac{1}{8}x^3 - \frac{3}{4}x^2$. Führen Sie eine Funktionsuntersuchung durch. Wie lautet die Gleichung der Wendenormalen q von f? Zeichnen Sie den Graphen von f für $-2 \leq x \leq 6{,}5$.

Lösung:
Die Ableitungen von f lauten:

$f(x) = \frac{1}{8}x^3 - \frac{3}{4}x^2$

$f'(x) = \frac{3}{8}x^2 - \frac{3}{2}x$

$f''(x) = \frac{3}{4}x - \frac{3}{2}$

$f'''(x) = \frac{3}{4}$

Nun bestimmen wir die Nullstellen. Wir erhalten eine Nullstelle ohne Vorzeichenwechsel bei $x = 0$. Diese stellt zugleich ein Extremum dar. Eine weitere Nullstelle liegt bei $x = 6$.

Die Berechnung der Extremstellen liefert einen Hochpunkt $H(0|0)$ und einen Tiefpunkt $T(4|-4)$.

Die Berechnung der Wendepunkte führt auf einen Rechts-Links-Wendepunkt bei $W(2|-2)$.

Die Bestimmung der Wendenormale ergibt $q(x) = \frac{1}{3}x - \frac{8}{3}$ (vgl. rechts unten).

5. Graph von f:

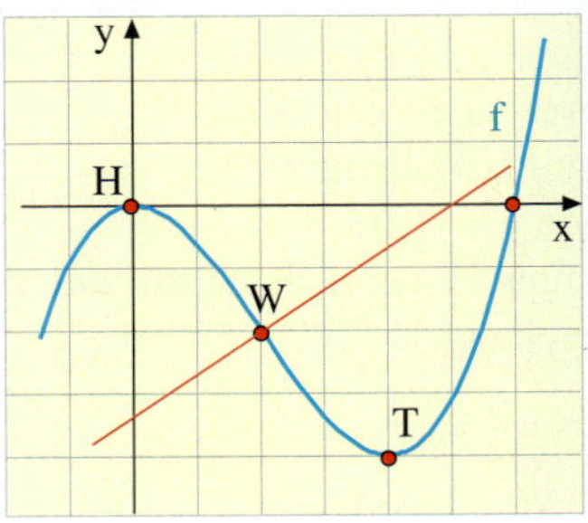

x	y
−2	−4
0	0
1	−0,63
3	−3,38
5	−3,13
6,5	2,64

1. Nullstellen:

$f(x) = 0$

$\frac{1}{8}x^3 - \frac{3}{4}x^2 = 0$

$x^2\left(\frac{1}{8}x - \frac{3}{4}\right) = 0$

$x^2 = 0$ bzw. $\frac{1}{8}x - \frac{3}{4} = 0$

$x \cdot x = 0 \quad x = 6$

doppelte Nullstelle, einfache Nullstelle

2. Extrema:

$f'(x) = 0$

$\frac{3}{8}x^2 - \frac{3}{2}x = 0$

$x\left(\frac{3}{8}x - \frac{3}{2}\right) = 0$

$x = 0$ bzw. $\frac{3}{8}x - \frac{3}{2} = 0$

$x = 0,\ y = 0; \quad x = 4,\ y = -4$

$f''(0) = -\frac{3}{2} < 0 \Rightarrow$ Maximum

$f''(4) = \frac{3}{2} > 0 \Rightarrow$ Minimum

3. Wendepunkte:

$f''(x) = 0,\ \frac{3}{4}x - \frac{3}{2} = 0$

$x = 2,\ y = -2$

$f'''(2) = \frac{3}{4} > 0 \Rightarrow$ R-L-Wendepunkt

4. Wendenormale:

Ansatz: $q(x) = mx + n$

I: $m = -\frac{1}{f'(2)} = \frac{2}{3}$

II: $2m + n = f(2) = -2$

I in II: $\frac{2}{3} + n = -2 \Rightarrow n = -\frac{10}{3}$

$q(x) = \frac{2}{3}x - \frac{10}{3}$

Übung 19

Untersuchen Sie die Funktion $f(x) = x^3 - 3x^2 + 2x$. Zeichnen Sie ihren Graphen für $-1 \leq x \leq 3$. Unter welchem Winkel schneidet die Wendetangente von f die y-Achse? Wie groß ist der Inhalt des Dreiecks, das von Wendetangente, Wendenormale und y-Achse begrenzt wird?

Übungen

20. Gegeben ist die Funktion $f(x) = \frac{2}{3}x^3 - \frac{8}{3}x$.

a) Untersuchen Sie f auf Symmetrie, Nullstellen, Extrema und Wendepunkte. Zeichnen Sie den Graphen von f für $-2{,}5 \leq x \leq 2{,}5$.

b) Zeigen Sie, dass die Tangenten in den äußeren beiden Nullstellen parallel verlaufen.

c) Wie lautet die Gleichung der Wendetangente? Wie groß ist ihr Steigungswinkel?

21. Gegeben ist die Funktion $f(x) = \frac{1}{4}x^4 - 2x^2$.

a) Untersuchen Sie f auf Symmetrie, Nullstellen, Extrema und Wendepunkte. Zeichnen Sie den Graphen von f für $-3{,}5 \leq x \leq 3{,}5$.

b) Die drei Extrema von f bilden ein Dreieck. Bestimmen Sie seine Innenwinkel.

c) Liegen die Wendepunkte von f innerhalb des Dreiecks aus b?

d) Geben Sie das Monotonie- und Krümmungsverhalten von f an.

22. Gegeben ist die Funktion $f(x) = x^3 + 3x^2$.

a) Untersuchen Sie f auf Symmetrie, Nullstellen, Extrema und Wendepunkte. Zeichnen Sie den Graphen von f für $-3{,}5 \leq x \leq 1$.

b) Zeigen Sie, dass die Extrema und der Wendepunkt von f auf einer Geraden liegen.

c) Welchen Schnittwinkel bildet die Wendetangente mit der Geraden aus b?

d) Wie verhält sich f für $x \to -\infty$ und $x \to \infty$?

23. Gegeben ist die Funktion $f(x) = -\frac{1}{2}x^4 + 2x^2$.

a) Untersuchen Sie f auf Symmetrie, Nullstellen, Extrema und Wendepunkte. Zeichnen Sie den Graphen von f für $-2{,}5 \leq x \leq 2{,}5$.

b) Unter welchem Winkel schneiden sich die Tangenten der beiden äußeren Nullstellen?

c) Die Parabel $g(x) = a - bx^2$ $(a, b > 0)$ soll den Graphen von f in den beiden äußeren Nullstellen berühren. Bestimmen Sie a und b.

d) Untersuchen Sie das Verhalten von f für $x \to -\infty$ und $x \to \infty$.

24. Gegeben ist die Funktion $f(x) = \frac{1}{2}x^4 - 2x^2 + 4$.

a) Untersuchen Sie f auf Symmetrie, Nullstellen, Extrema und Wendepunkte. Zeichnen Sie den Graphen von f für $-2 \leq x \leq 2$. Geben Sie zusätzlich das Monotonie- und das Krümmungsverhalten von f an.

b) An welchen Stellen stimmen die Funktionswerte von f(x) mit f(0) überein?

c) Unter welchem Winkel schneidet der Graph von f die Gerade $y = f(0)$?

d) Eine nach unten geöffnete Parabel, deren Scheitel im Hochpunkt von f liegt, soll durch die beiden Tiefpunkte von f gehen. Bestimmen Sie ihre Gleichung.

25. Gegeben ist die Funktion $f(x) = \frac{1}{3}x^3 - x^2$.

a) Untersuchen Sie f auf Symmetrie, Nullstellen, Extrema und Wendepunkte. Zeichnen Sie den Graphen von f für $-1 \leq x \leq 4$.

b) Bestimmen Sie die Gleichung der Tangente g der rechten Nullstelle.

c) Bestimmen Sie die Gleichung der Wendenormalen q.

d) Bestimmen Sie den Schnittpunkt der Wendenormalen q aus c mit der Tangente g aus b. Bestimmen Sie den Schnittwinkel von q und g.

e) Geben Sie das Monotonie- und Krümmungsverhalten von f an.

C. Nicht-ganzrationale Funktionen

Wir untersuchen nun einige Funktionen, die Wurzelterme oder Bruchterme enthalten.

Beispiel: Eine zusammengesetzte Funktion
Diskutieren Sie die Funktion $f(x) = x + 5 - 4\sqrt{x}$ (Nullstellen, Extrema, Wendepunkte). Zeichnen Sie den Graphen für $0 \le x \le 8$.

Lösung:

1. Ableitungen
Die Ableitungen können mit der Wurzelregel oder der allgemeinen Potenzregel gebildet werden, wie rechts dargestellt.

2. Nullstellen
Die Gleichung $f(x) = 0$ enthält eine Wurzel, die durch Umformen isoliert wird und dann durch Quadrieren wegfällt. Es ergibt sich eine quadratische Gleichung, auf welche die p-q-Formel angewandt wird. Es zeigt sich: f hat keine Nullstellen.

4. Extrema
Die notwendige Bedingung für Extrema lautet $f'(x) = 0$. Diese führt auf $x = 4$.
Wegen $f''(4) = \frac{1}{8} > 0$ liegt dort ein Tiefpunkt $T(4\,|\,1)$.

5. Wendepunkte
f hat keine Wendepunkte, da die zweite Ableitung konstant positiv ist. Der Graph von f ist also beständig linksgekrümmt.

6. Graph

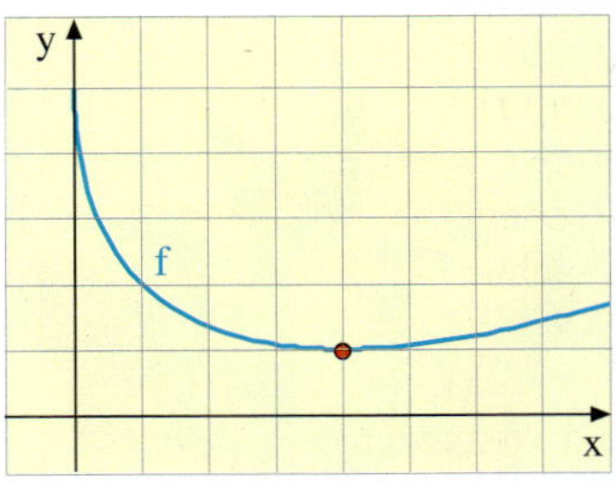

Ableitungen:

$f(x) = x + 5 - 4\sqrt{x} = x + 5 - 4 \cdot x^{\frac{1}{2}}$

$f'(x) = 1 - 2 \cdot x^{-\frac{1}{2}} = 1 - \frac{2}{\sqrt{x}}$

$f''(x) = x^{-\frac{3}{2}} = \frac{1}{\sqrt{x^3}},\ f'''(x) = -\frac{3}{2}x^{-\frac{5}{2}} = \frac{-3}{2\sqrt{x^5}}$

Nullstellen:

$$f(x) = 0$$
$$x + 5 - 4\sqrt{x} = 0$$
$$x + 5 = 4\sqrt{x}$$
$$(x + 5)^2 = 16x$$
$$x^2 - 6x + 25 = 0$$
$$x = 3 \pm \sqrt{-16}$$

$\Rightarrow$ Es gibt keine Nullstellen.

Extrema:

$$f'(x) = 0$$
$$1 - \frac{2}{\sqrt{x}} = 0$$
$$\sqrt{x} - 2 = 0$$
$$x = 4,\ y = 1$$

$f''(4) = \frac{1}{8} > 0 \Rightarrow$ Minimum

Wendepunkte:

$f'''(x) = \frac{1}{\sqrt{x^3}} > 0$

$\Rightarrow$ Es gibt keine Wendepunkte.
f ist linksgekrümmt.

Übung 26 Kurvendiskussionen
Untersuchen Sie die Funktion f auf Nullstellen, Extrema und Wendepunkte. Zeichnen Sie den Graphen von f im angegebenen Bereich.

a) $f(x) = 2\sqrt{x} - x,\ 0 \le x \le 9$

b) $f(x) = x + \frac{2}{\sqrt{x}},\ 0 \le x \le 4$

Übungen

Hinweis: Verwenden Sie zum Differenzieren ggf. die allgemeine Potenzregel.

27. Gegeben ist die Funktion $f(x) = x - \frac{1}{x}$, $x > 0$.
a) Untersuchen Sie f auf Extrema.
b) Zeichnen Sie den Graphen von f für $0 < x \leq 5$.
c) Bestimmen Sie die Gleichung der Tangente von f, die durch den Punkt $P(0|-1)$ geht.
Kontrollergebnis: $t(x) = \frac{5}{4}x - 1$
d) Welchen Schnittwinkel hat diese Tangente mit der y-Achse?

28. Gegeben ist die Funktion $f(x) = 2\sqrt{x} - x$.
a) Bestimmen Sie die Definitionsmenge von f.
b) Bestimmen Sie die Nullstellen sowie das einzige Extremum von f.
Zeigen Sie, dass f keine Wendepunkte besitzt.
c) Welchen Schnittwinkel bildet der Graph von f mit der y-Achse?
d) Zeichnen Sie den Graphen von f für $0 \leq x \leq 9$.
e) Legen Sie vom Punkt $P(0|2)$ zeichnerisch eine Tangente an f.
Bestimmen Sie die Tangentengleichung anschließend rechnerisch.

29. Gegeben ist die Funktion $f(x) = \frac{1}{x^2} - \frac{2}{x}$.
a) Bestimmen Sie die Definitionsmenge von f.
b) Untersuchen Sie f auf Nullstellen, Extrema und Wendepunkte.
c) Zeichnen Sie den Graphen von f für $0 < x \leq 6$.
d) Wie lautet die Gleichung der Wendetangente?

30. Gegeben ist die Funktion $f(x) = \sqrt{x}(x - 3)$, $x \geq 0$.
a) Untersuchen Sie f auf Nullstellen und Extrema.
Zeigen Sie, dass f keine Wendepunkte besitzt.
b) Zeigen Sie, dass der Graph von f die x-Achse unter genau 60° schneidet.
c) Zeichnen Sie den Graphen von f für $0 \leq x \leq 4$.
d) An welcher Stelle hat f die Steigung $m = 4$?
Hinweis: Substituieren Sie $\sqrt{x} = u$.

31. Die Zahl der Abonnenten eines neuen Magazins wird durch die Funktion A erfasst:

$$A(t) = \begin{cases} 5t, & 0 \leq t \leq 1 \\ \sqrt{t} + \frac{4}{t}, & 1 < t \leq 16 \end{cases} \quad \begin{matrix} t\text{: Zeit in Wochen} \\ A\text{: Anzahl in Tausend} \end{matrix}$$

a) Skizzieren und interpretieren Sie den Graphen von A.
b) Wann erreicht die Abozahl einen Tiefstand?
c) Zu welchem Zeitpunkt fällt die Abozahl am stärksten?
d) Welche mittlere Zuwachsrate wird in der Woche nach dem Tiefstand erreicht?
e) Wann steigt die Abozahl um 100 Abos/Woche an?
Lösen Sie die Aufgabe näherungsweise.

6. Kurvenuntersuchungen bei realen Prozessen

Reale Problemstellungen technischer und wirtschaftlicher Art können in vielen Fällen durch Funktionen erfasst werden. Man spricht dann von einer mathematischen Modellierung. Die Modellfunktion wird dabei mathematisch-theoretisch untersucht, wobei auch die Differentialrechnung eingesetzt wird. Die theoretischen Ergebnisse werden schließlich auf das reale Problem zurücktransformiert, welches auf diese Weise gelöst werden kann.

Beispiel: Das Entleeren einer Regentonne

Eine 100 cm hohe und 60 cm breite Regentonne wird durch eine Ablassöffnung entleert. Die Höhe h des Wasserstandes kann durch die Funktion $h(t) = \frac{1}{16}t^2 - 5t + 100$ modelliert werden (t ist die Zeit in Minuten und h die Höhe in cm).

a) In welchem Bereich ist die Modellierung sinnvoll?

b) Nach welcher Zeit steht das Wasser nur noch 50 cm hoch, wann ist es ganz abgelaufen?

Lösung zu a:

Der Graph von h zeigt, dass die Modellierung nur für den Zeitraum $0 \le t \le 40$ sinnvoll ist, denn danach würde der Wasserstand entgegen der Realität wieder steigen.

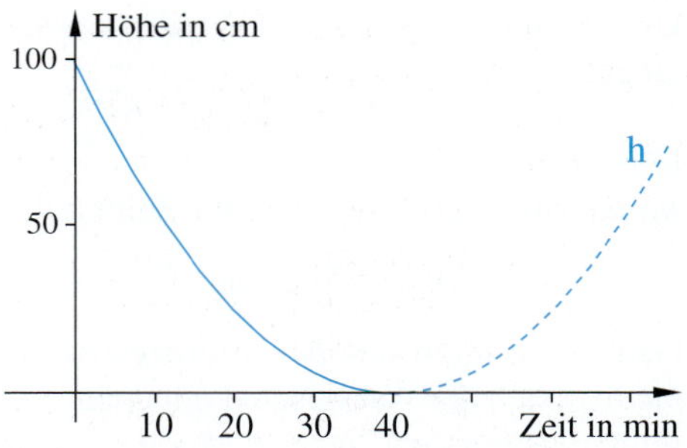

Lösung zu b:

Man kann dem Graphen ziemlich genau entnehmen, dass die Tonne nach 40 Minuten leergelaufen ist. Nur ungenau ist zu entnehmen, wann der Wasserstand auf 50 cm gesunken ist.

Daher führen wir für diese Fragestellung eine Rechnung durch. Diese ist rechts dargestellt und liefert das Ergebnis: 11,7 Minuten.

Hierbei tritt die Scheinlösung t = 68,3 auf, die aber nicht im sinnvollen Bereich der Modellfunktion liegt.

$$h(t) = 50 \text{ (Ansatz)}$$
$$\frac{1}{16}t^2 - 5t + 100 = 50$$
$$t^2 - 80t + 800 = 0$$
$$t = 40 \pm \sqrt{800}$$
$$t \approx 11{,}72\,\text{min}$$
$$t \approx 68{,}28\,\text{min (Scheinlsg.)}$$

Übung 1

a) Wie hoch ist der Wasserstand in der Regentonne aus dem obigen Beispiel 10 Minuten nach Ablaufbeginn?

b) Wie viel Wasser läuft in den ersten 10 Minuten ab, wie viel in den letzten 10 Minuten?

c) Wie lange muss das Wasser bei voller Tonne laufen, um einen 10-Liter-Eimer zu füllen?

Wir führen das Beispiel des Ablaufprozesses einer Regentonne fort, indem wir nun Fragen aufnehmen, welche die Differentialrechnung ansprechen, z. B. Änderungsraten.

Beispiel: Änderungsraten beim Entleeren einer Regentonne

Untersucht werden soll die Geschwindigkeit, mit der sich der Wasserstand in der Regentonne ändert, d. h. die momentane Änderungsrate der Wasserstandshöhe $h(t) = \frac{1}{16}t^2 - 5t + 100$.

a) Welche Funktion beschreibt die momentane Änderungsrate der Wasserstandshöhe h? Interpretieren Sie den Funktionsgraphen dieser Funktion.

b) Wie schnell ändert sich der Wasserstand zur Zeit $t = 0$ bzw. zur Zeit $t = 10$?

Lösung zu a:

Die momentane Änderungsrate der Funktion h kann mit der Ableitungsfunktion $h'(t) = \frac{1}{8}t - 5$ berechnet werden. Sie wird in der Einheit cm/min gemessen und gibt die ***Geschwindigkeit*** wieder, mit welcher sich der Wasserstand ändert.

Die Werte von h′ sind im betrachteten Bereich negativ. Das bedeutet: Der Wasserstand h sinkt. Der absolute Zahlenwert von h′ wird allerdings mit fortschreitender Zeit kleiner, der Wasserstand sinkt also immer langsamer.

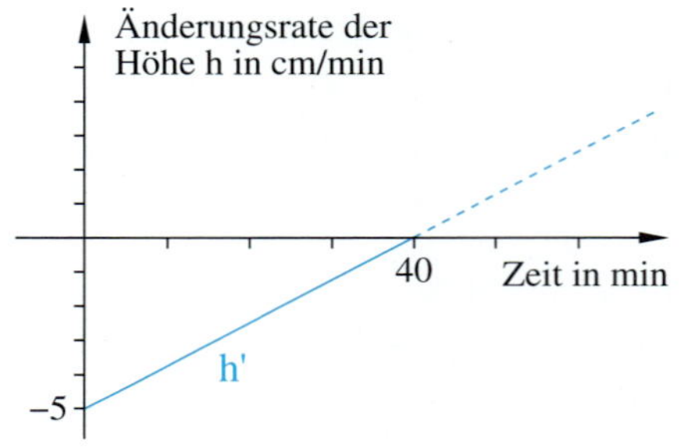

Lösung zu b:

Momentane Änderungsrate zur Zeit $t = 0$:

$$h'(0) = -5\,\text{cm/min}$$

Ganz zu Beginn des Ablaufprozesses erniedrigt sich der Wasserstand mit einer Geschwindigkeit von 5 cm pro Minute.

Momentane Änderungsrate zur Zeit $t = 10$:

$$h'(10) = -3{,}75\,\text{cm/min}$$

Der Wasserstand sinkt nun mit einer geringeren Rate, da der Wasserdruck auf die Ablassöffnung schon nachgelassen hat.

Übung 2

Der abgebildete Wasserbehälter wird mit Wasser gefüllt. Der Wasserstand steigt nach der Formel $h(t) = 20 \cdot t^{\frac{1}{3}}$ (t: Zeit in min, h: Wasserstandshöhe in cm; zur Kontrolle: $h'(t) = \frac{20}{3} \cdot t^{-\frac{2}{3}}$).

a) Wie hoch steht das Wasser 10 Minuten nach Füllbeginn?

b) Wann ist der Behälter voll?

c) Wie schnell steigt der Wasserstand 10 Minuten nach Füllbeginn?

d) Wann steigt das Wasser mit einer Geschwindigkeit von 1 cm/min?

e) Wie groß ist die mittlere Steiggeschwindigkeit des Wasserstands bezogen auf den gesamten Füllvorgang?

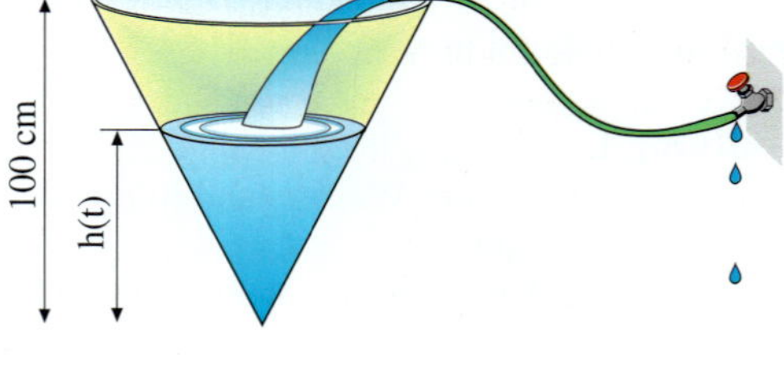

Beispiel: Umsatzfunktion, Kostenfunktion und Gewinnfunktion

Ein Unternehmen produziert Bohrhämmer, die zu einem Stückpreis von 120 € verkauft werden. x sei die Stückzahl der pro Tag hergestellten Maschinen. Der Tagesumsatz wird durch die Funktion $U(x) = 120x$ erfasst. Die täglichen Kosten können durch die Funktion $K(x)$ angenähert beschrieben werden:

$K(x) = 0{,}0001\,x^3 - 0{,}15\,x^2 + 105\,x + 15\,000 \quad (0 \le x \le 1500)$.

a) Skizzieren Sie die Graphen der Kosten-, der Umsatz- und der Gewinnfunktion in einem gemeinsamen Koordinatensystem für $0 \le x \le 1500$.

b) In welchem Stückzahlbereich werden Gewinne gemacht? Für welche tägliche Stückzahl x wird der Gewinn maximal? Wie groß ist der maximale Gewinn?

Lösung zu a:

Umsatzfunktion und Kostenfunktion sind gegeben. Der Gewinn ist die Differenz von Umsatz und Kosten. Daher ist die Gewinnfunktion $G(x) = U(x) - K(x)$, d. h.:

$G(x) = -0{,}0001\,x^3 + 0{,}15\,x^2 + 15\,x - 15\,000$

Wir skizzieren die Graphen mit Hilfe einer Wertetabelle mit der Schrittweite 200.

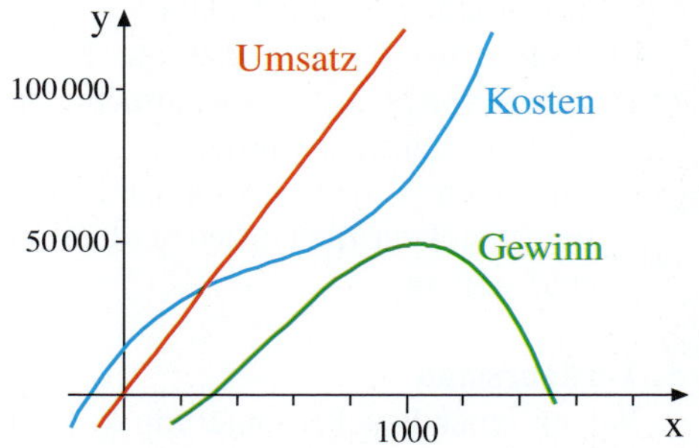

Lösung zu b:

Der Gewinnbereich:

Gewinn wird in dem Bereich gemacht, in welchem die Umsatzfunktion U über der Kostenfunktion K liegt bzw. in welchem die Gewinnfunktion G positiv ist.

Durch Ablesen aus dem Graphen erhalten wir den Gewinnbereich $300 \le x \le 1500$.

Der maximale Gewinn:

Der Gewinn wird für ca. 1050 Stück maximal. Er beträgt dann ca. 50 000 €.

Die Rechnung hierzu lautet:

$G'(x) = -0{,}0003\,x^2 + 0{,}3\,x + 15 = 0$

$x^2 - 1000\,x - 50\,000 = 0$

$x \approx 1047{,}72$ (bzw. $x \approx -47{,}72$)

Übung 3

Eine Abteilung produziert Fernseher. Die Kosten können durch die Funktion $K(x) = 0{,}01\,x^3 - 1{,}8\,x^2 + 165\,x$ beschrieben werden, wobei x die tägliche Stückzahl ist. Die Maximalkapazität beträgt 160 Geräte pro Tag. Verkauft wird das Produkt für 120 € pro Gerät.

a) Gesucht ist die Gleichung der Gewinnfunktion G.

b) Zeichnen Sie mit Hilfe einer Wertetabelle den Graphen von G ($0 \le x \le 160$, Schrittweite 20).

c) Wie viele Geräte müssen produziert werden, um einen Gewinn zu erzielen?

d) Welches Produktionsniveau maximiert den Gewinn?

e) Wie groß müsste der Verkaufspreis sein, damit bei Vollauslastung kein Verlust entsteht?

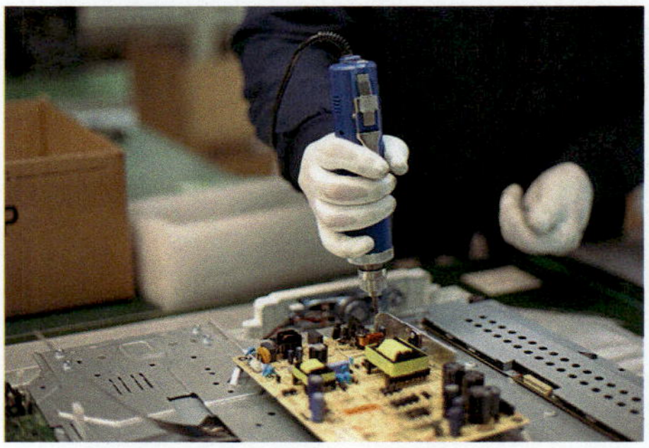

Übungen

4. Feinstaub

Die Feinstaubmessungen in zwei Städten ergaben an einem Sommertag eine Staubbelastung, welche durch die Funktionen f und g beschrieben wird.
(t: Zeit in Stunden seit 6 Uhr morgens, f(t), g(t): Staublast in $\mu g/m^3$).

a) Erläutern Sie an den Graphen den Belastungsverlauf in beiden Städten.
b) Wie hoch ist die Feinstaubbelastung um 10 Uhr bzw. um 17 Uhr?
c) Prüfen Sie, ob die zulässige Obergrenze von $50\,\mu g/m^3$ am betrachteten Tag überschritten wurde.
d) Zu welchen Zeitpunkten nahm die Feinstaubbelastung in den Städten am stärksten zu?

Stadt 1: $f(t) = 0{,}01(0{,}25t^4 - 10t^3 + 100t^2) + 20$
Stadt 2: $g(t) = 0{,}01(0{,}25t^4 - 11t^3 + 125t^2) + 10$

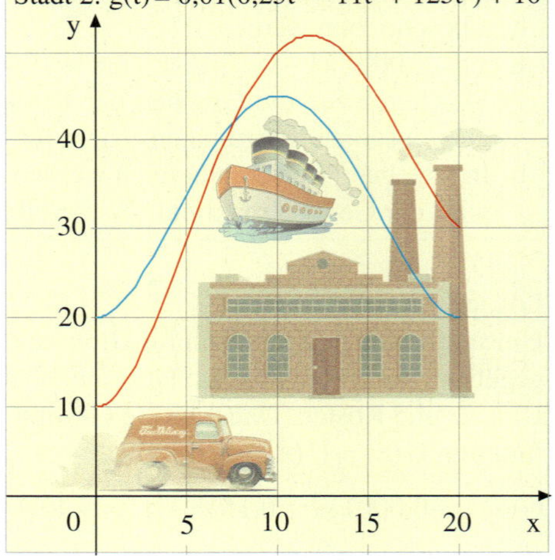

5. Verkehrsstau

Wegen einer Brückensanierung kommt es im Berufsverkehr ab 7 Uhr morgens (t = 0) regelmäßig zu einem Stau.
Die Änderungsrate der Länge des Staus wird durch die ganzrationale Funktion $f(t) = \frac{1}{4}(t^3 - 9t^2 + 18t)$ beschrieben.
(t in Stunden, f(t) in km/h).

a) Zeichnen Sie den Graphen von f mit Hilfe einer Wertetabelle ($0 \leq t \leq 6$).
b) Berechnen Sie die Nullstellen von f und erläutern Sie, welche Bedeutung positive bzw. negative Funktionswerte von f haben.
c) Bestimmen Sie die Zeitpunkte, an denen die Staulänge am stärksten zu- bzw. abnimmt.
d) Weisen Sie nach, dass $F(t) = \frac{1}{16}t^4 - \frac{3}{4}t^3 + \frac{9}{4}t^2$ ($0 \leq t \leq 6$) die Länge des Staus zum Zeitpunkt t beschreibt. Hinweis: Zu zeigen ist, dass $F'(t) = f(t)$ gilt.
e) Wie stark wächst die Staulänge zwischen 8 Uhr und 9 Uhr? Zu welchem Zeitpunkt ist die Staulänge maximal? Wie lang ist der Stau dann? Wann hat sich der Stau aufgelöst?

6. Druckabfall

Aufgrund eines technischen Fehlers schwankt der Druck p in der Pilotenkanzel nach der angegebenen Formel.
t: Zeit in min, p: Druck in mbar.

$p(t) = 40t^3 - 180t^2 + 1000, \quad 0 \leq t \leq 4{,}5$

a) Zeichnen Sie den Graphen von f.
b) Wann ist der Druck am niedrigsten?
c) Wann fällt der Druck am schnellsten?
d) Liegt der Druck länger als eine Minute unter 750 mbar?

Wir untersuchen nun eine physikalische Bewegungsaufgabe. Diese wird durch Weg und Geschwindigkeit beschrieben, die beide von der Zeit abhängig sind. Da die Geschwindigkeit v die zeitliche Änderungsrate des Weges darstellt, ist die Geschwindigkeit-Zeit-Funktion v(t) eines Bewegungsprozesses die Ableitung der Weg-Zeit-Funktion s(t). Für die Lösung von Bewegungsaufgaben benötigt man daher die rechts aufgeführten Formeln:

Die mittlere Geschwindigkeit im Zeitintervall [a; b]:

$$\overline{v} = \frac{\Delta s}{\Delta x} = \frac{s(b) - s(a)}{b - a}$$

Die Momentangeschwindigkeit zum Zeitpunkt t_0:

$$v(t_0) = s'(t_0) = \lim_{t \to t_0} \frac{s(t) - s(t_0)}{t - t_0}$$

Beispiel: Der senkrechte Wurf

Ein Pfeil wird mit einer Anfangsgeschwindigkeit $v_0 = 30\,\frac{m}{s}$ senkrecht abgeschossen. Unter dem Einfluss der Schwerkraft lässt sich die Flughöhe des Pfeils durch die Weg-Zeit-Funktion $s(t) = 30t - 5t^2$ beschreiben. Die Körpergröße des Schützen kann vernachlässigt werden.

a) Zeichnen Sie die Weg-Zeit-Funktion s und die Geschwindigkeit-Zeit-Funktion v.
b) Wie hoch ist der Pfeil nach einer Flugzeit von 4 s? Fällt er oder steigt er?
c) Wann hat er seine maximale Flughöhe erreicht? Wie groß ist diese?
d) Nach welcher Zeit und mit welcher Geschwindigkeit schlägt der Pfeil auf dem Boden auf?

Lösung:

a) Die Funktion $s(t) = 30t - 5t^2$ hat die Ableitung $v(t) = s'(t) = 30 - 10t$.
Rechts sind beide Funktionen graphisch dargestellt.
Man erkennt, dass die Flughöhe s zunächst ansteigt, dann ein Maximum erreicht und schließlich auf 0 fällt. Die Geschwindigkeit ist zunächst positiv, fällt dann und wird negativ.
Das Modell ist nur gültig für $0 \le t \le 6$.

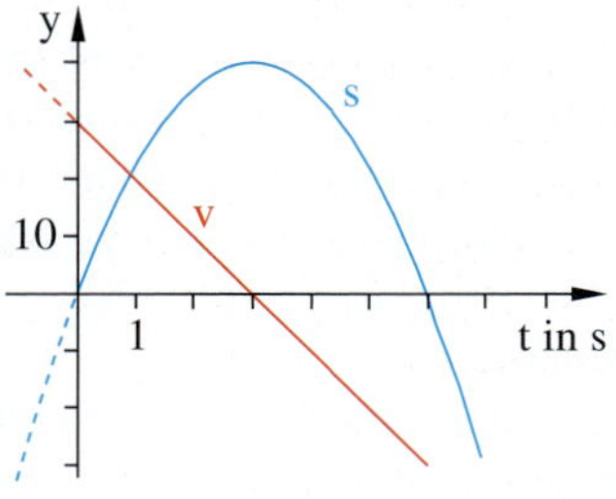

b) Höhe und Geschwindigkeit nach 4 s:
$s(4) = 40\,m$, $v(4) = -10\,m/s$
Am negativen Vorzeichen der Geschwindigkeit erkennt man, dass der Pfeil fällt.

c) Maximale Flughöhe:
$v(t) = s'(t) = 0 \Rightarrow 30 - 10t = 0 \Rightarrow t = 3\,s$
$s(3) = 45\,m$
Nach 3 s Flugzeit ist die Maximalhöhe von 45 m erreicht.

d) Aufschlag am Boden:
$s(t) = 0 \quad \Rightarrow 30t - 5t^2 = 0$
$\Rightarrow t = 0$ bzw. $t = 6$
Nach 6 s schlägt der Pfeil auf dem Boden auf.

$v(6) = -30\,m/s$
Die Aufschlaggeschwindigkeit beträgt $-30\,m/s$.

Übungen

7. Komet

Die Raumsonde Rosetta hat sich in einer Simulation dem Kometen 67P/Tschurjumow-Gerasimenko bis auf 11 000 m genähert, als eine letzte Zündung der Bremstriebwerke einsetzt. Der Abstand s zum Kometen wird durch die Funktion

$s(t) = 0{,}12\,t^2 - 72\,t + 11\,000$

beschrieben (t: Sekunden; s(t): Meter).

a) Skizzieren Sie den Graphen von s für $0 \le t \le 600$. Legen Sie hierzu eine Wertetabelle an mit der Schrittweite 50.
b) Bestimmen Sie die Gleichung der Funktion v(t) für die Geschwindigkeit der Sonde.
c) Welche Geschwindigkeit hatte die Sonde zu Beginn des Bremsmanövers?
d) Wie groß sind Geschwindigkeit und Abstand nach vier Minuten?
e) Die Bremstriebwerke sollen im Augenblick der größten Annäherung abgestellt werden. Wann ist dies der Fall? Wie hoch steht die Sonde dann über dem Kometen?

8. Fahrradproduktion

Ein Hersteller produziert Fahrräder, welche zu einem Stückpreis von 120 € verkauft werden. Die täglichen Kosten können durch die Funktion $K(x) = 0{,}02\,x^3 - 3\,x^2 + 172\,x + 2400$ beschrieben werden, wobei x die Anzahl der täglich produzierten Fahrräder ist. Pro Tag können maximal 130 Fahrräder hergestellt werden.

a) Die Funktion U(x) beschreibt den täglichen Umsatz, die Funktion G(x) beschreibt den täglichen Gewinn. Stellen Sie die Gleichungen der Umsatz- und Gewinnfunktion auf.
b) Skizzieren Sie den Graphen von G(x) mit Hilfe einer Wertetabelle für $0 \le x \le 130$. Wählen Sie für die Wertetabelle die Schrittweite 20.
c) Lesen Sie aus dem Graphen von G ab, welche Tagesstückzahlen zu Gewinnen führen.
d) Welche Zahl von Fahrrädern würde den Tagesgewinn maximieren?
e) Die volle Produktionskapazität von 130 Fahrrädern soll ausgeschöpft werden. Wie hoch ist der Verkaufspreis nun zu wählen, wenn kein Verlust entstehen soll?

9. Blutspiegel

Nach der Einnahme eines Schmerzmittels steigt die Wirkstoffkonzentration im Blut zunächst auf ein Maximum an und wird dann durch den Stoffwechsel wieder abgebaut. Der Prozess wird durch die Funktion $c(t) = t^3 - 18\,t^2 + 81\,t$ beschrieben
(t: Zeit in h; c: Konzentration im Blut in µg/ml).

a) Zeichnen Sie den Graphen von c für $0 \le t \le 10$.
b) Wie hoch ist die Konzentration 45 Minuten nach der Einnahme?
c) Wann ist das Medikament völlig abgebaut?
d) Wann wird die maximale Konzentration erreicht? Wie hoch ist diese?
e) In welchem Zeitraum steigt die Konzentration an, wann fällt sie ab?
f) Zu welchem Zeitpunkt nimmt die Konzentration am schnellsten ab?
g) Der Schmerz ist bei Konzentrationen ab 80 µg/ml völlig ausgeschaltet. Bestimmen Sie *angenähert*, wie lange dieser Zustand anhält. Ist der Patient vier Stunden schmerzfrei?

10. Erdöl und Erdgas

Ein Barrel Erdöl bzw. eine äquivalente Menge Erdgas kostet ca. 70–100 $. In einem Zeitraum von 12 Monaten kann der Ölpreis durch eine quadratische Funktion $f(x) = a x^2 + b x + c$ und der Gaspreis durch die kubische Funktion $g(x) = 0{,}01 x^3 - 0{,}94 x + 90$ beschrieben werden.

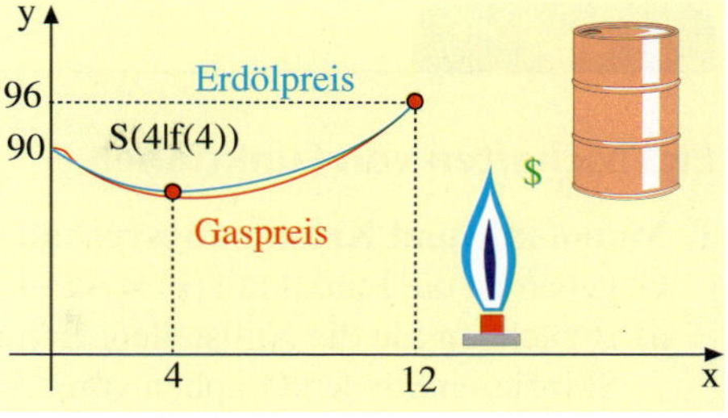

a) Bestimmen Sie den Funktionsterm des Erdölpreises aus den Angaben in der Skizze.
b) In welchem Monat überholt der Öl- den Gaspreis? In welchen Zeitintervallen fallen die Preise, wann steigen sie?
c) Wie hoch waren die minimalen Preise jeweils im Jahresvergleich?
d) Wie hoch war die mittlere jährliche Preissteigerungsrate jeweils?
e) Wann war die momentane Preissteigerungsrate beim Erdgas maximal, wie hoch war sie?
f) Zu welchem Zeitpunkt war die Preisdifferenz Öl/Gas am größten?

11. Stabhochsprung

Die Höhe des Schwerpunktes eines Stabhochspringers kann angenähert durch die Funktion $h(t) = -5t^2 + 9t + 1$ erfasst werden (t in Sekunden, h in Metern). Die Matte ist 50 cm hoch.

a) Wie lange dauert der Flug?
b) Der Schwerpunkt muss mindestens 30 cm über die Latte geliftet werden, um deren Reißen zu vermeiden. Wie geht der beschriebene Sprung aus, wenn die Latte in 5 m Höhe liegt?
c) Mit welcher Geschwindigkeit prallt der Springer auf die Matte?
d) Wie lange befindet sich der Schwerpunkt des Springers über der Latte?

12. Wasserstand

Der Wasserstand eines Stausees kann während einer 100-tägigen Trockenperiode durch die quadratische Funktion $h(t) = \frac{1}{120}t^2 - 2t + 120$ $(0 \le t \le 100)$ beschrieben werden (t in Tagen, h in Metern).

a) Fertigen Sie die Skizze des Graphen an.
b) Mit welcher Geschwindigkeit ändert sich der Wasserstand im Tagesmittel?
c) Mit welcher Momentangeschwindigkeit ändert sich der Wasserstand zu Beginn bzw. in der Mitte der Trockenperiode?
d) Wann fällt der Wasserstand nur noch um 1 m/Tag?
e) Wann fällt der Wasserstand unter die kritische Marke von 7,5 m?
f) Wann würde der See bei anhaltender Trockenheit völlig leer sein?

Test

Eigenschaften von Funktionen

1. Monotonie und Krümmungsverhalten

Gegeben ist die Funktion $f(x) = -x^3 + 3x^2$.

a) Berechnen Sie die Nullstellen, Extrema und Wendepunkte von f. Skizzieren Sie den Graphen von f für $-1 \leq x \leq 3{,}5$.

b) In welchen Bereichen ist f streng monoton steigend bzw. streng monoton fallend?

c) In welchem Bereich ist f linksgekrümmt?

2. Funktionsuntersuchung

Gegeben ist die Funktion $f(x) = \frac{1}{2}x^3 - 3x^2 + \frac{9}{2}x$.

a) Untersuchen Sie f auf Symmetrie, Nullstellen, Extrema und Wendepunkte. Zeichnen Sie auf der Basis dieser Ergebnisse den Graphen von f für $-0{,}5 \leq x \leq 4$.

b) Welche Steigung hat f an der Stelle $x = 0$. Wie groß ist der Schnittwinkel des Graphen von f mit der x-Achse an dieser Stelle?

c) Wie verhält sich f für $x \to -\infty$ bzw. $x \to \infty$?

d) Geben Sie das Monotonie- und Krümmungsverhalten von f an.

3. Durchflussrate

Die Durchflussrate d eines Flusses wird in den ersten 16 Minuten nach Beginn eines Unwetters erfasst durch $d(t) = -\frac{2}{5}t^3 + 6t^2 + 200$ (t: Zeit in min; d(t): Durchflussrate in m^3/min).

a) Skizzieren Sie den Graphen anhand einer Wertetabelle für $0 \leq t \leq 16$, Schrittweite 2.

b) Wann ist die Durchflussrate maximal? Wie groß ist sie zu diesem Zeitpunkt?

c) Wann ändert sich die Durchflussrate am stärksten?

d) Wann erreicht die Durchflussrate die Alarmgröße $250\,m^3/min$? Zu welcher Zeit beginnt der Alarm? Wie lange dauert der Alarm? Lösen Sie dies angenähert mit Hilfe von Testeinsetzungen.

4. Funktionsuntersuchung

Gegeben ist die Funktion $f(x) = \frac{x}{2} + \frac{2}{x}$.

a) Zeichnen Sie den Graphen von f für $-6 \leq x \leq 6$. Bestimmen Sie die Extrempunkte von f.

b) Wie lautet die Gleichung der Tangente an den Graphen von f im Punkt $P(1|2{,}5)$? Wo schneidet diese Tangente die Koordinatenachsen?

Lösungen: S. 559

7. Extremalprobleme

A. Einführungsbeispiele

Die phönizische Prinzessin Dido wurde auf der Flucht vor ihrem Bruder Pygmalion an die nordafrikanische Küste verschlagen. Ihr Wunsch nach einem Stück Land für sich und ihre Getreuen wurde von den Einheimischen folgendermaßen beschieden: „Nur so viel Land, wie eine Ochsenhaut umfasst!"

Aber Dido war listig, sie schnitt die Haut in schmale Streifen, die sie zu einem etwa achthundert Meter langen Band zusammenknotete, womit sie sodann ein großes Stück Land abgrenzte.
So entstand die Festung Byrsa, aus der sich später die mächtige phönizische Handelsstadt Karthago entwickelte.

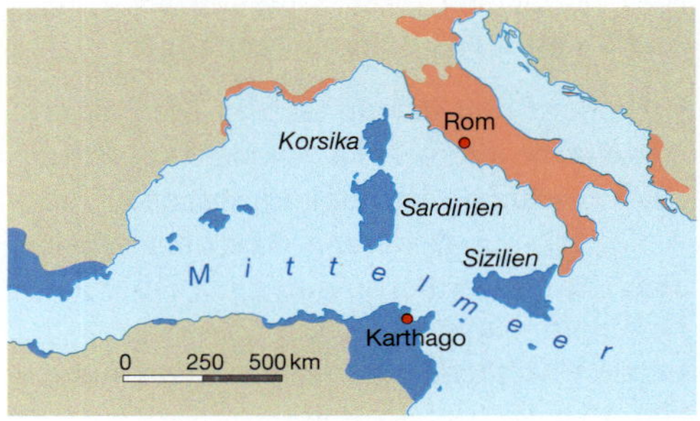

Beispiel: Es ist nicht genau bekannt, welche Form Dido dem Landstück gab, das sie mit dem ca. 800 m langen Ochsenhautband abgrenzte. Nehmen wir einmal an, dass sie die Form eines Rechtecks am Meerufer wählte. Welche Länge und welche Breite hätte Dido dem Rechteck wohl geben müssen, wenn sie dessen Flächeninhalt möglichst groß gestalten wollte?

Lösung:
Es handelt sich hier um ein Optimierungs- oder ***Extremalproblem***. Die Zielgröße – der Flächeninhalt A des Rechtecks – soll ein Optimum annehmen, d. h., diese Größe soll maximal werden.

Unsere ***Zielgröße*** A hängt von zwei Variablen ab, von der Länge x und der Breite y des Rechtecks: $A = x \cdot y$.
Diese funktionale Darstellung der zu optimierenden Größe bezeichnet man als ***Hauptbedingung*** des Extremalproblems.

Die Variablen x und y sind nicht unabhängig voneinander. Sie stehen durch die Bedingung, dass die Gesamtlänge der drei abgegrenzten Seiten 800 m beträgt, miteinander in Beziehung: $x + 2y = 800$.
Man bezeichnet diese Bedingungsgleichung als ***Nebenbedingung*** des Extremalproblems.

Bezeichnungen/Skizze:

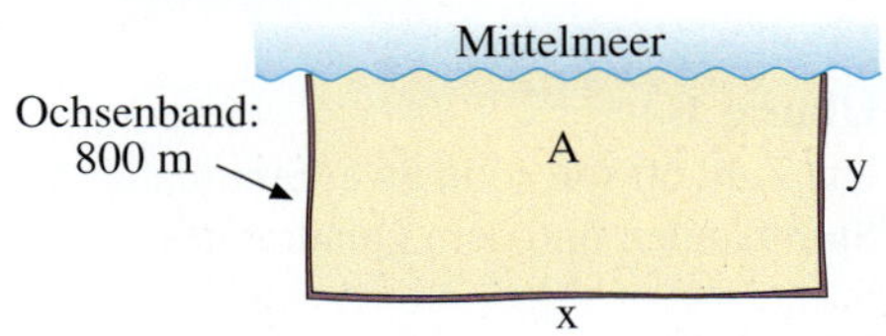

Hauptbedingung:

A = Fläche des Rechtecks

(1) $A(x, y) = x \cdot y$

Nebenbedingung:

Länge des Bandes = 800 m

(2) $x + 2y = 800$

Wir lösen nun die Nebenbedingung (2) nach einer der Variablen auf, z. B. nach y. Das Ergebnis $y = 400 - \frac{1}{2}x$ setzen wir in die Hauptbedingung (1) ein. Diese Kombination liefert uns eine Darstellung der zu optimierenden Zielgröße A in Abhängigkeit von nur noch einer verbleibenden Variablen (Gleichung (3)). Hier ist A eine Funktion von x.
Man bezeichnet diese Funktion auch als ***Zielfunktion*** des Extremalproblems.

Zielfunktion:

Auflösen von (2) nach y:
$y = 400 - \frac{1}{2}x$

Einsetzen in (1):
$A = x \cdot \left(400 - \frac{1}{2}x\right)$

(3) $A(x) = -\frac{1}{2}x^2 + 400x$

Es kommt nun darauf an, das Maximum von A zu bestimmen. Dies könnte mit Hilfe einer Zeichnung des Funktionsgraphen von A bewerkstelligt werden oder aber durch eine Extremwertbestimmung mit Hilfe der Differentialrechnung.
Letztere Methode liefert uns ein Maximum von A an der Stelle x = 400.

Extremalrechnung:

Lage des Extremums:
$A'(x) = -x + 400 = 0$
$x = 400$

Art des Extremums:
$A''(x) = -1$
$A''(400) = -1 < 0 \Rightarrow$ Maximum

Durch Einsetzen dieses Resultats in (2) erhalten wir y = 200.

Durch Einsetzen in (3) erhalten wir den Maximalwert der Fläche $A_{max} = 80\,000$.

Fazit: Dido wird ein rechteckiges Landstück mit den Maßen 400 m × 200 m abgegrenzt haben.

Ergebnisse:

$x = 400\,m$
$y = 200\,m$
$A_{max} = 80\,000\,m^2$

Übung 1

Die Zahl 60 soll so in zwei Summanden a und b zerlegt werden, dass das Produkt aus dem ersten Summanden und dem Quadrat des zweiten Summanden maximal wird.

Übung 2

Der Eckpunkt P(x|y) des abgebildeten achsenparallelen Rechtecks liegt auf der Geraden $f(x) = 3 - \frac{x}{2}$.
Wie muss x gewählt werden, damit die Rechtecksfläche maximal wird?

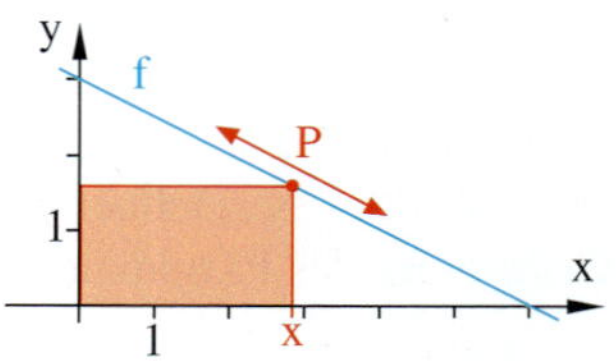

Übung 3

Ein Tunnel soll die Form eines Rechtecks mit aufgesetztem Halbkreis erhalten. Wie groß ist die Querschnittsfläche maximal, wenn der Umfang des Tunnels 20 m betragen soll?

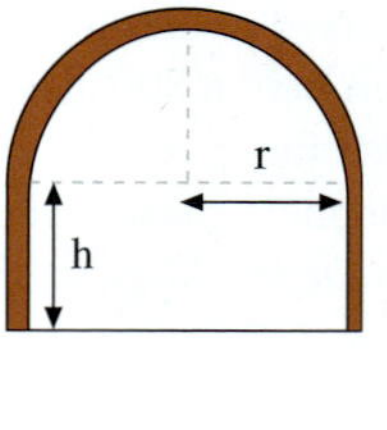

In innermathematischen Zusammenhängen kommen Extremalprobleme auch im Zusammenhang mit Funktionsgraphen vor. Die Funktionsgleichung ist dann die Nebenbedingung.

Beispiel: Das eingesperrte Rechteck

Unter dem Graphen von $f(x) = 3 - x^2$ liegt wie abgebildet ein achsenparalleles Rechteck der Breite x und der Höhe y. Seine linke untere Ecke liegt im Ursprung, die rechte obere Ecke bewegt sich auf dem Funktionsgraphen. Wie muss P gewählt werden, wenn die Fläche des Rechtecks maximal werden soll?

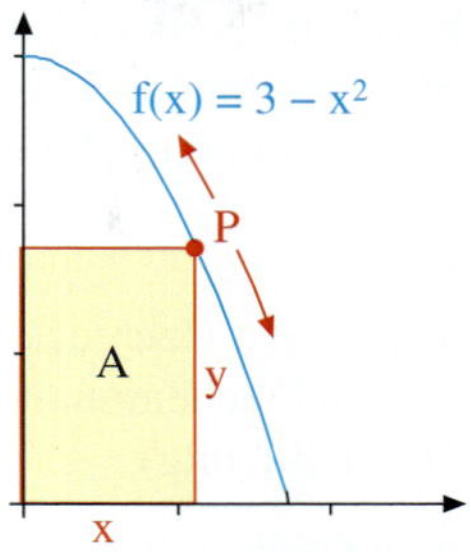

Lösung:

Wir stellen die Hauptbedingung für die gesuchte Größe auf, den Flächeninhalt A des Rechtecks. Sie lautet $A = x \cdot y$.

Hauptbedingung:
A = Fläche des Rechtecks
A = Breite × Höhe
(1) $A(x, y) = x \cdot y$

Die Variablen y und x in der Hauptbedingung sind über die Funktionsgleichung miteinander verbunden. Es gilt $y = f(x)$, d. h. $y = 3 - x^2$. Dieser Zusammenhang stellt die Nebenbedingung dar.

Nebenbedingung:
$y = f(x)$
(2) $y = 3 - x^2$

Setzen wir die Nebenbedingung in die Hauptbedingung ein, so erhalten wir die Zielfunktion $A(x) = -x^3 + 3x$.

Zielfunktion:
$A = x \cdot f(x)$
$A = x \cdot (3 - x^2)$
(3) $A(x) = -x^3 + 3x$

Die rechts aufgeführte Extremalrechnung ergibt, dass A für x = 1 maximal wird.

Extremalrechnung:
$A'(x) = -3x^2 + 3 = 0$
$3x^2 = 3$
$x^2 = 1$
$x = 1$ oder $x = -1$ (irrelevant)
$A''(x) = -6x$
$A''(1) = -6 < 0 \rightarrow$ Maximum

Das eingesperrte Rechteck nimmt also den maximalen Flächeninhalt A an, wenn seine obere rechte Ecke der Punkt P(1|2) ist. Es gilt $A_{max} = 2$.

Übung 4

Zwischen Flugplatz, Wald und nördlichem Flussrand, der für $0 \le x \le 12$ durch die Funktion $f(x) = \frac{1}{12}x^2 - x + 5$ beschrieben wird, soll ein achsenparalleles, dreieckiges Gelände A für die Flughafenfeuerwehr angelegt werden.
Wie muß der Anschlusspunkt P(x|f(x)) am Fluss gewählt werden, damit der Platz A möglichst groß wird?

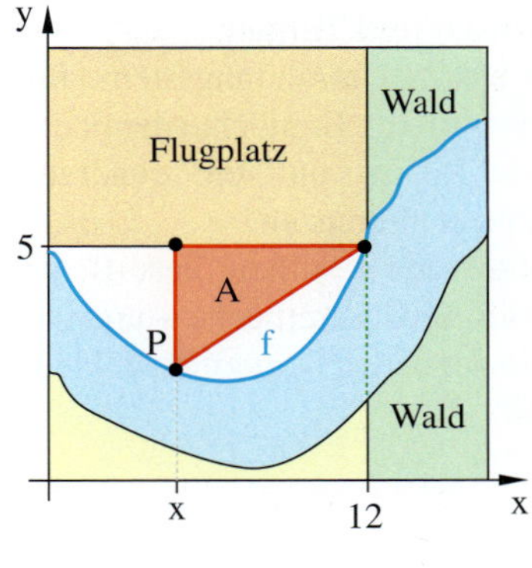

Beispiel: Fußballfeld

Ein Sportplatz besteht aus der rechteckigen Spielfläche mit zwei angesetzten Halbkreisen. Der Gesamtumfang der Anlage beträgt 400 m. Wie müssen die Länge x und die Breite y des eigentlichen Spielfeldes gewählt werden, damit dessen Fläche maximal wird?

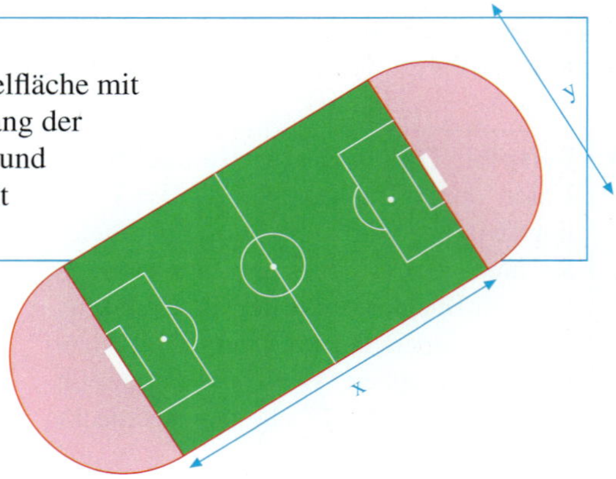

Lösung:

Das eigentliche Spielfeld ist ein Rechteck mit den Maßen x und y. Sein Flächeninhalt ist daher $A = x \cdot y$ (Hauptbedingung).

Der Umfang des gesamten Stadions besteht aus den beiden geradlinigen Laufstrecken (Länge $2 \cdot x$) sowie dem Umfang eines Kreises mit dem Durchmesser y (Länge $\pi \cdot y$).

Da für den Umfang des Stadions 400 m vorgegeben sind, gilt $2x + \pi \cdot y = 400$ (Nebenbedingung).

Wir lösen die Nebenbedingung (2) nach x auf und setzen das Resultat in die Hauptbedingung (1) ein.

Auf diese Weise erhalten wir die Zielfunktion $A(y) = 200y - \frac{\pi}{2} \cdot y^2$. Sie stellt den Flächeninhalt des Spielfelds als Funktion dar.

Mit Hilfe der Differentialrechnung können wir errechnen, dass die Spielfeldfläche A bei einer Breite $y \approx 63{,}66$ m ihr Maximum annimmt. Einsetzen in (2) liefert x = 100 m für die Länge des Spielfeldes.

Zum Vergleich: Die Normmaße eines Stadions betragen 68 m × 105 m bei einem Umfang von ca. 425 m.

Hauptbedingung:

Fläche des Spielfeldes $= x \cdot y$

(1) $A(x, y) = x \cdot y$

Nebenbedingung:

Umfang des Stadions = 400

(2) $2x + \pi \cdot y = 400$

Zielfunktion:

Auflösen von (2) nach x:

$x = 200 - \frac{\pi}{2} \cdot y$

Einsetzen in (1):

(3) $A(y) = 200y - \frac{\pi}{2} \cdot y^2$

Extremalrechnung:

$A'(y) = 200 - \pi \cdot y = 0$

$y = \frac{200}{\pi} \approx 63{,}66$ m

$x = 100$

$A_{max} \approx 6366$ m^2

Übung 5 Rosen und Tulpen

Ein Gärtner besitzt Umrandungssteine für eine Strecke von 10 m. Er möchte damit ein kreisförmiges Rosen- und ein quadratisches Tulpenbeet abgrenzen.

Welche Maße r und x sollten diese Beete erhalten, wenn die Gesamtfläche – und damit der Pflanzenbedarf – möglichst klein ausfallen soll?

Bei Getränkedosen und anderen Verbrauchsgütern haben die Verpackungskosten eine großen Anteil am Artikelpreis. Die Hersteller sind daher sehr bemüht, nicht nur das Aussehen der Verpackungen zu optimieren, sondern auch den Materialverbrauch möglichst klein zu halten.

Beispiel: Die optimale Dose

Ein Erfrischungsgetränk wird in zylindrischen Dosen aus Weißblech angeboten. Das Volumen der Dose soll 330 ml betragen. Aus Kostengründen soll der Materialbedarf pro Dose durch eine günstige Formgebung minimiert werden.
Berechnen Sie den Radius r und die Höhe h einer so optimierten Dose.

Lösung:

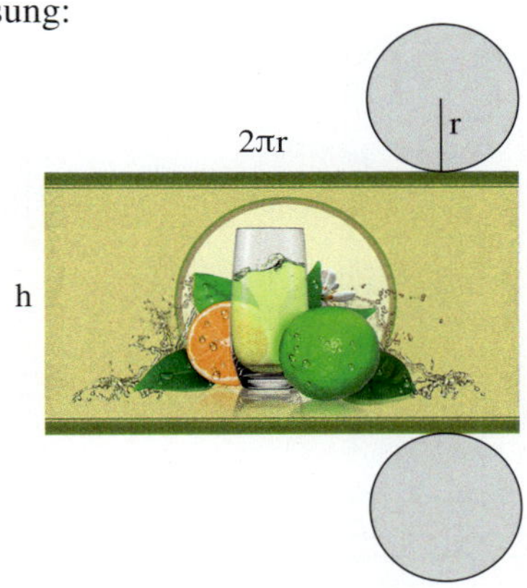

Herstellung einer Weißblechdose
Aus Eisenerz wird in einem sehr komplizierten Verfahren Stahl hergestellt, der zu Feinblech gewalzt wird. Dieses wird elektrolytisch verzinnt und dann lackiert. Anschließend werden der Dosenmantel, Boden und Deckel ausgestanzt, zur Dose geformt und verpresst.

Aus dem Netz der Dose (Abb.) ergibt sich für die Oberfläche der Dose die Hauptbedingung (1) $A(r, h) = 2\pi r h + 2\pi r^2$.

Aus der Volumenvorgabe $V = 330$ und der Formel für das Zylindervolumen ergibt sich die Nebenbedingung (2) $\pi r^2 h = 330$.

Durch Einsetzen von (2) in (1) erhalten wir die Zielfunktion (3) $A(r) = 660 \cdot \frac{1}{r} + 2\pi r^2$.

Diese Funktion A hat ein Minimum bei $r \approx 3{,}74$ und $h \approx 7{,}51$.

Die optimale Dose hat also einen quadratischen Querschnitt: Durchmesser und Höhe sind gleich groß.

Zielfunktion:

(1) $A(r, h) = 2\pi r h + 2\pi r^2$ (HB)

(2) $\pi r^2 h = 330$ (NB)

$$h = \frac{330}{\pi r^2}$$

(3) $A(r) = 660 \cdot \frac{1}{r} + 2\pi r^2$ (ZF)

Extremalrechnung:

$$A'(r) = -660 \cdot \frac{1}{r^2} + 4\pi r = 0$$

Auflösen: $r = \sqrt[3]{\frac{660}{4\pi}} \approx 3{,}745$

Einsetzen: $h \approx 7{,}51$

Nachbetrachtung:

Nun kann man die Frage stellen, weshalb die bekannte Cola-Dose in der Praxis etwas schmaler (Radius ca. 3,3 cm) gebaut wird.

Betrachtet man den Graphen der Zielfunktion, so löst sich das Rätsel:

Die Kurve verläuft in der Nähe des optimalen Wertes r = 3,74 sehr flach.

Für r = 3,2 bzw. für r = 4,3 ist der Materialverbrauch gegenüber dem optimalen Verbrauch $A_{min} = 264{,}36\,cm^2$ nur geringfügig erhöht, nämlich um ca. 2 %.

Diese Tatsache eröffnet den Designern Spielraum, besonders handliche Dosen zu schaffen, ohne wesentlich vom Optimum abzuweichen.

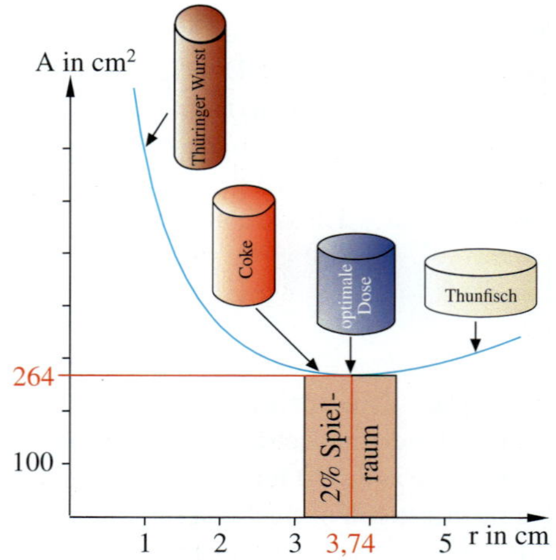

Übung 6

Aus drei Blechplatten soll eine 2 m lange Regenrinne geformt werden (Abb.).

Die Rinne soll eine Querschnittsfläche von $250\,cm^2$ besitzen.

Wie müssen die Höhe h und die Breite b gewählt werden, wenn der Materialverbrauch möglichst niedrig sein soll?

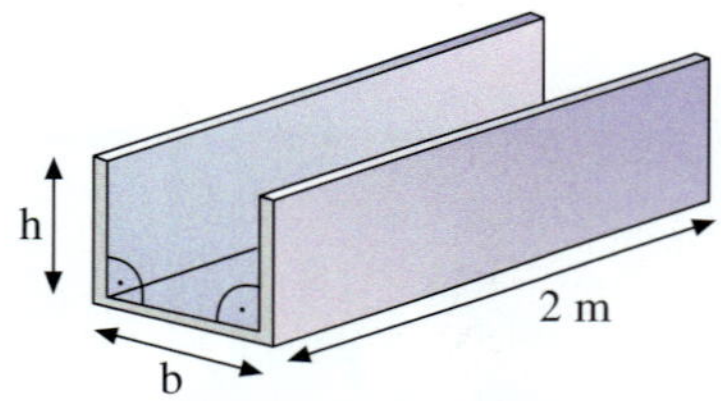

Übung 7

In einer Fabrikhalle soll ein in zwei Kammern unterteilter Lüftungskanal eingebaut werden. Der Gesamtquerschnitt soll $3\,m^2$ betragen.

Wie müssen die Maße x und y gewählt werden, wenn der Blechverbrauch minimiert werden soll?

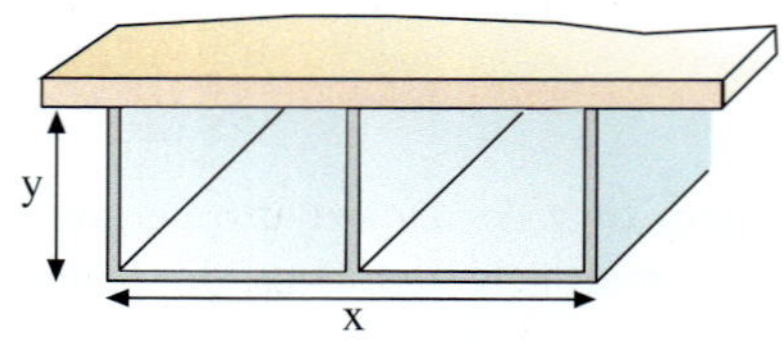

Übung 8

Ein zylindrischer Behälter für $1000\,cm^3$ Schmierfett hat einen Mantel aus Pappe, während Deckel und Boden aus Metall sind. Das Metall ist pro cm^2 viermal so teuer wie die Pappe.

Welche Maße muss der Behälter erhalten, wenn die Materialkosten minimiert werden sollen?

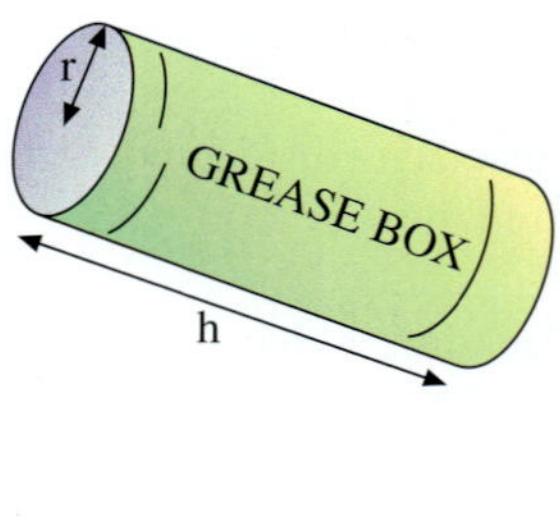

B. Geometrische Nebenbedingungen

Der wichtigste Schritt bei der Lösung eines Extremalproblems ist das Aufstellen des Lösungsansatzes, d. h. der beschreibenden Hauptbedingung. Aber auch das Erschließen der Nebenbedingung bereitet oft Mühe, da es kein allgemein gültiges Schema gibt.

Beispiel: Aus einem Stamm mit nahezu kreisförmigem Querschnitt soll ein rechteckiger Balken geschnitten werden. Die Tragfähigkeit eines Balkens ist proportional zur Breite sowie zum Quadrat der Höhe des Balkens.
Die von der Holzart abhängige Proportionalitätskonstante sei C. Der Durchmesser des Stamms betrage 40 cm.
Welche Höhe h und welche Breite b muss der Balken erhalten, damit seine Tragfähigkeit maximal wird?

Lösung:
Optimiert werden soll die Tragfähigkeit T, deren Abhängigkeit von Höhe h und Breite b des Balkens laut Aufgabenstellung durch Formel (1) gegeben ist.

Hauptbedingung:

(1) $T(b, h) = C \cdot b \cdot h^2$ (HB)

Die Nebenbedingung (2), der Zusammenhang zwischen b und h, ergibt sich aus dem gegebenen Durchmesser des Stammes von 40 cm nach dem Satz des Pythagoras mittels obiger Skizze.

Nebenbedingung:

(2) $h^2 + b^2 = 40^2$ (NB)

Auflösen der Nebenbedingung (2) nach h^2 und Einsetzen des Ergebnisses

$$h^2 = 1600 - b^2$$

in (1) liefert die Zielfunktion (3).

Zielfunktion:

(3) $T(b) = -C \cdot b^3 + 1600\,C \cdot b$ (ZF)

$$0 \le b \le 40$$

Die Zielfunktion besitzt – wie die Extremalrechnung zeigt – zwei relative Extrema bei $b \approx -23{,}1$ (Min.) und bei $b \approx 23{,}1$ (Max.). Nur das Maximum liegt im zulässigen Bereich $0 \le b \le 40$. Die zugehörige Höhe ergibt sich durch Einsetzen in die Nebenbedingung: $h \approx 32{,}7$.

Extremalrechnung:

$$T'(b) = -3\,C \cdot b^2 + 1600\,C \overset{!}{=} 0$$

$$b = \pm\sqrt{\frac{1600}{3}} \approx \pm 23{,}1\text{ cm}$$

$$h = \pm\sqrt{1600 - b^2} \approx 32{,}7\text{ cm}$$

Die maximale Tragfähigkeit ergibt sich also unabhängig von der Holzart, wenn der rechteckige Balkenquerschnitt die Maße 23,1 cm × 32,7 cm erhält.

Resultat:

Balkenbreite: 23,1 cm
Balkenhöhe: 32,7 cm

Im letzten Beispiel wurde die Beziehung zwischen den unabhängigen Variablen, d. h. die Nebenbedingung, mit Hilfe des Satzes von Pythagoras gewonnen.
Oft kommen auch Formeln für das Volumen, für den Umfang, die Mantelfläche, die Oberfläche von Figuren und Körpern oder weitere geometrische Sätze wie der Strahlensatz, der Höhensatz usw. zur Anwendung.
Bei manchen Extremalproblemen benutzt man sogar mehrere dieser Formeln um Hauptbedingung oder Nebenbedingungen aufstellen zu können.

Übung 9 Oberflächenformel

Eine Firma stellt oben offene Regentonnen für Hobbygärtner her. Diese sollen bei gegebenem Materialbedarf maximales Volumen besitzen.

a) Wie sind die Abmessungen zu wählen, wenn 2 m^2 Material je Regentonne zur Verfügung stehen?

b) Lösen Sie die Aufgabe allgemein.

Übung 10 Umfangsformel

Daniela besitzt einen goldfarbenen Pappstreifen, der 50 cm lang und 10 cm breit ist. Sie möchte damit einen Geschenkkarton basteln, der die abgebildete Gestalt hat.
Seine Querschnittsfläche stellt ein Rechteck mit aufgesetzten gleichschenklig-rechtwinkligen Dreiecken dar.
Welche Maße muss sie wählen, wenn das Volumen des Kartons ein Maximum annehmen soll?
Deckel und Boden können vernachlässigt werden, da sie aus durchsichtigem Zellophanpapier gebildet werden.

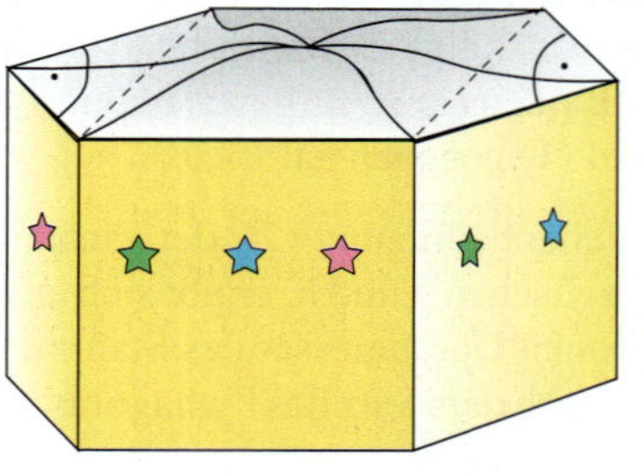

Übung 11 Strahlensatz

Ein Stück Spiegelglas hat die Form eines rechtwinkligen Dreiecks, dessen Katheten 50 cm bzw. 80 cm lang sind. Durch zwei Schnitte mit einem Glasschneider soll ein rechteckiger Spiegel entstehen.
Wie lang sind die Schnittkanten x und y zu wählen, damit die Spiegelfläche maximal wird?
Hinweis: Die Beziehung zwischen x und y (Nebenbedingung) erhält man mit Hilfe des Strahlensatzes.

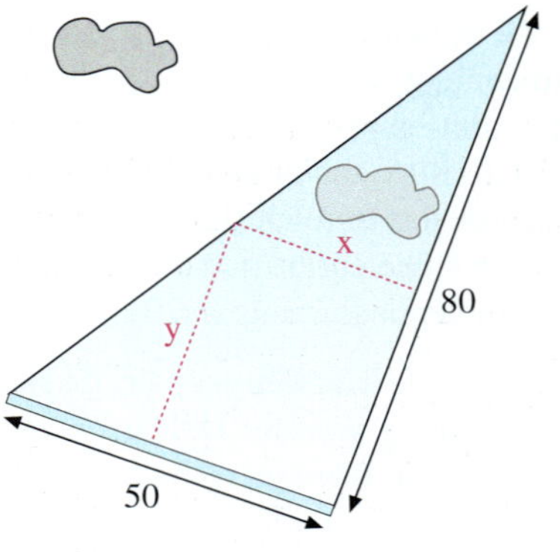

C. Randwerte

Beispiel: Ein Farmer besitzt eine Rolle mit 100 m Maschendraht, mit dem er ein rechteckiges Areal abstecken will. Dabei will er eine vorhandene Mauer von 40 m Länge als Abgrenzung mit benutzen. Welche Abmessungen muss er wählen, damit die eingegrenzte Fläche maximal wird?

Lösung:
Für den Flächeninhalt des eingegrenzten Rechtecks erhalten wir die nebenstehende quadratische Funktion, wobei x die Verlängerung der vorhandenen Mauerbegrenzung darstellt.

Breite: $40 + x$; Länge: l
$x + (40 + x) + 2l = 100 \Rightarrow l = 30 - x$

Zielfunktion:

$$A(x) = (40 + x) \cdot (30 - x) = -x^2 - 10x + 1200$$

Die Extremalrechnung zeigt, dass A ein Maximum bei $x = -5$ besitzt.

Extremalrechnung:

$A'(x) = -2x - 10 = 0 \quad \Rightarrow \quad x = -5$
$A''(x) = -2 < 0 \quad \Rightarrow \quad$ Maximum

Dieses Ergebnis bedeutet aber, dass die vorhandene Begrenzung um 5 m abgerissen und diese 5 m an einer anderen Stelle wieder aufgebaut werden müssten. Da es sich um eine feste Mauer handelt, ist dies nicht sinnvoll. Es gilt nun, diesem Optimum möglichst nahe zu kommen unter Berücksichtigung, dass $x \geq 0$ sein muss. Am abgebildeten Graphen der Zielfunktion erkennt man, dass der Flächeninhalt nun für den ***Randwert*** $x = 0$ am größten ist. Der Farmer kann mit den Seitenlängen 40 m bzw. 30 m ein Areal mit dem Flächeninhalt $A = 1200\,m^2$ eingrenzen.

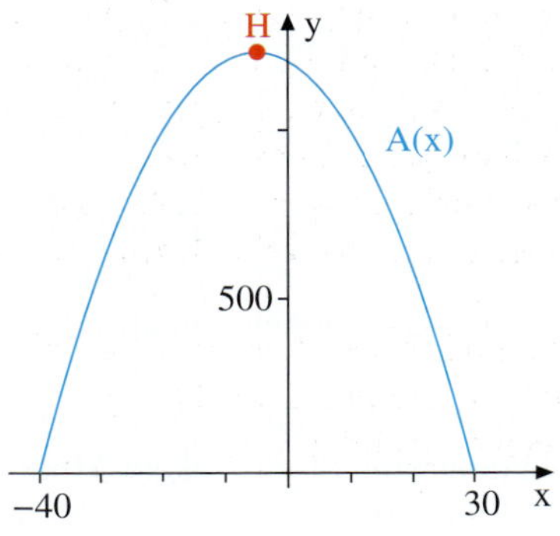

Übung 12

Ein Marktforschungsinstitut hat festgestellt, dass der oberste zu realisierende Eintrittspreis für ein Erlebnis-Schwimmbad bei 12 € liegt. Eine Preissenkung um jeweils 1 € würde (in gewissen Grenzen) zu einer Zunahme von jeweils 10 Besuchern pro Tag führen.
Ein Erlebnisbad-Besitzer, der derzeit durchschnittlich 100 Besucher bei 12 € pro Karte hat, denkt über eine Preissenkung nach.

a) Bei welchem Eintrittspreis wäre sein Umsatz am größten?
b) Bei welchem Eintrittspreis wäre sein Gewinn am größten, wenn sich die Kosten pro Tag aus einem festen Betrag von 300 € (z. B. für Miete) und den variablen Kosten von 4 € pro Karte (z. B. für Wasserverbrauch) zusammensetzen?
Hinweis: Der Gewinn errechnet sich als Differenz aus Umsatz und Kosten.

Beispiel: Die optimale Streichholzschachtel

Eine neue Streichholzschachtel soll 5 cm lang werden und ein Volumen von $20\,\text{cm}^3$ besitzen. Breite x und Höhe y sollen so bestimmt werden, das die Herstellungskosten minimmal werden.

Die ***Schachtel*** wird aus einer rechteckigen Pappe gefertigt. In den Ecken werden quadratische Stücke abgeschnitten und als Abfall weggeworfen. Der Rest wird zur Schachtel gefaltet.

Die ***Hülle*** wird aus einer zweiten rechteckigen Pappe hergestellt. Die beiden Seitenflächen werden als Reibeflächen beschichtet, was die Materialkosten dieser Teile vervierfacht.

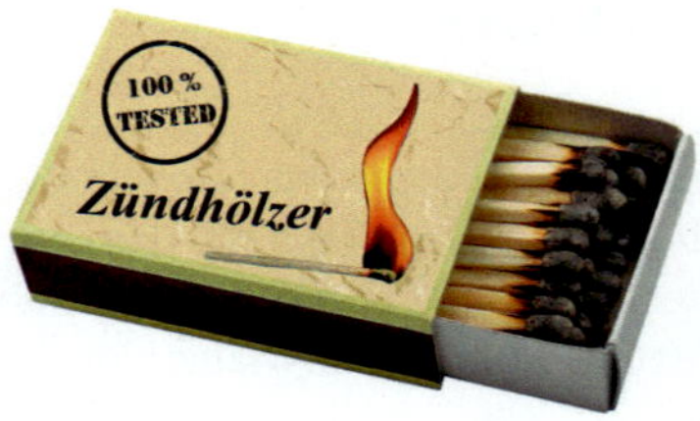

Netz der Schachtel

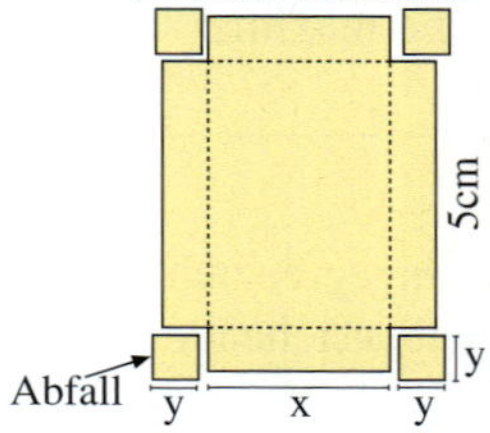

Netz der Hülle

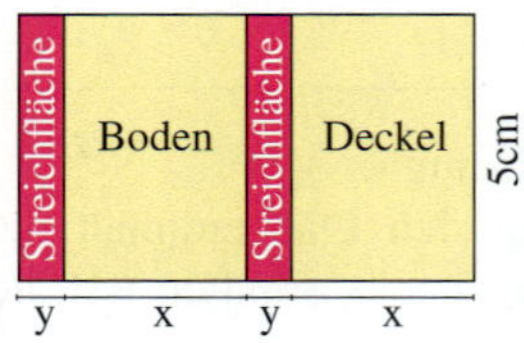

Lösung:

Optimiert werden soll der Materialaufwand, also die Summe der Oberflächen von Schachtel (samt Abfall) und Hülle (mit um 4 gewichteten Reibeflächen).

1. *Hauptbedingung*

$$M = \underbrace{(x + 2y) \cdot (5 + 2y)}_{\text{Schachtel}} + \underbrace{(2x + 2y \cdot 4) \cdot 5}_{\text{Hülle}}$$

$$M = 4y^2 + 2xy + 50y + 15x$$

Durch das geforderte Volumen ist die Nebenbedingung $V = 20\,\text{cm}^3$ gegeben, was einen Zusammenhang von x und y herstellt.

2. *Nebenbedingung*

$$V = 5 \cdot x \cdot y = 20 \Rightarrow y = \frac{4}{x}$$

Einsetzen der Nebenbedingung in die Hauptbedingung ergibt die Zielfunktion, eine gebrochen-rationale Funktion.

3. *Zielfunktion*

$$M(x) = \frac{64}{x^2} + 8 + \frac{200}{x} + 15x$$

Nun ermitteln wir durch Nullsetzen der 1. Ableitung von M das lokale Minimum der Zielfunktion.

4. *Extremalrechnung*

$$M'(x) = -\frac{128}{x^3} - \frac{200}{x^2} + 15 = 0$$

Da die Gleichung $M'(x) = 0$ zu kompliziert ist, um sie aufzulösen, ermitteln wir ihre Lösung durch Probieren und Einschachteln angenähert (Tabelle). Alternativ zeichnen wir den Graphen von M mit dem TR/Computer und bestimmen daraus das Minimum von M.

5. *Näherungslösung*

Tabelle anlegen mit TR/Computer

x	M′(x)
3	$-11{,}96 < 0$
4	$0{,}50 > 0$
3,9	$-0{,}31 < 0$
3,95	$0{,}10 > 0$
3,94	$0{,}02 \approx 0$

Die optimale Schachtel hat angenähert die Maße $5\,\text{cm} \times 4\,\text{cm} \times 1\,\text{cm}$.

6. *Resultat*

$x \approx 3{,}94$, $y \approx 1{,}02$

Übungen

Übung 13 Zelt

Ein Pfadfinder baut aus einer Zeltplane mit den Maßen $2\,m \times 2\,m$ einen einfachen zeltartigen Wetterschutz auf, der auf der Vorder- und der Rückseite offen ist.
Wie hoch muss er das Zelt bauen, wenn dessen Volumen möglichst groß sein soll?

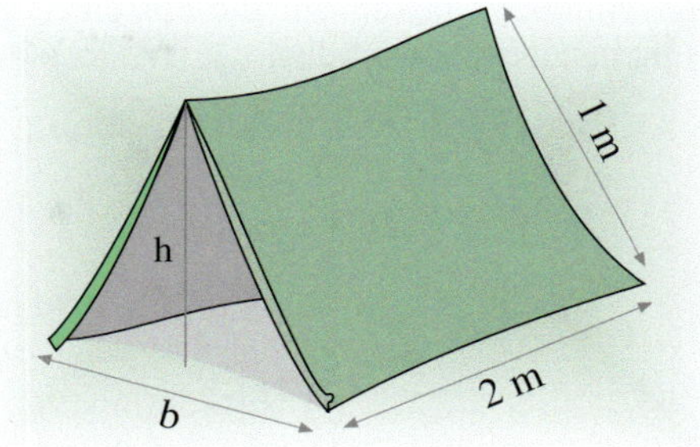

Übung 14 Rühraufsatz

Für eine Bohrmaschine soll ein Rühraufsatz entworfen werden, der aus einem rechteckigen Metallrahmen mit 30 cm Umfang besteht. Wie müssen Länge x und Breite y des Rechtecks gewählt werden, wenn beim Rühren ein maximales Volumen umschlossen werden soll?

Übung 15 Filter

Ein Filter soll die Form eines Zylinders mit aufgesetztem Kegel besitzen. Der Zylinder soll 2 cm hoch sein. Die Mantellinie des Kegels soll $\sqrt{5}$ cm betragen.
Der Zylinderradius r und die Kegelhöhe h können variiert werden. Wie müssen r und h gewählt werden, damit das Volumen des Filters maximal wird?

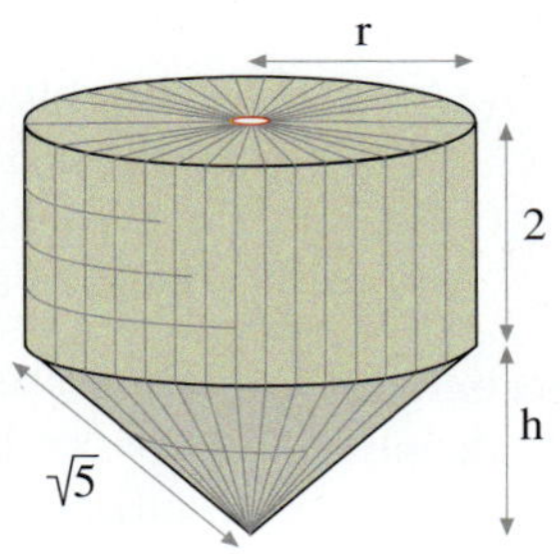

Übung 16 Rechteck im Kreis

In einen Kreis mit Radius R wird wie abgebildet ein Rechteck einbeschrieben.
Wie müssen Breite 2r und Höhe h des Rechtecks gewählt werden, wenn sein Flächeninhalt maximal werden soll? Tipp: Statt der Zielfunktion kann man auch ihr Quadrat maximieren.
Lösen Sie auch die dreidimensionale Version der Aufgabe: In eine Kugel mit dem Radius R soll ein Zylinder mit maximaler Mantelfläche einbeschrieben werden. Welche Maße erhält der Zylinder (Radius r, Höhe h)?

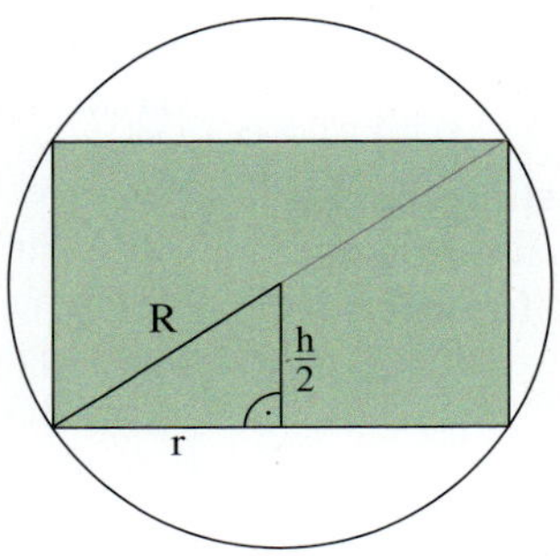

E. Zusammenfassung des Lösungsprinzips

Abschließend fassen wir die einzelnen Schritte beim Lösen eines Extremalproblems in einer Tabelle zusammen, wobei wir sie an einem Beispiel konkretisieren.

Arbeitsschritt	Beschreibung	Beispiel
1. Problemstellung	Verstehen der Problemstellung. Anfertigung einer Planskizze. Einführung von Bezeichnungen für die Variablen.	Mit einem 20 m langen Seil soll an einer bestehenden Mauer ein rechteckiges Areal mit maximaler Fläche abgegrenzt werden. 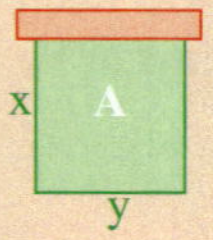
2. Aufstellen der Hauptbedingung	Die zu optimierende Größe A wird in Abhängigkeit von einer oder mehreren Variablen dargestellt. Meistens sind es zwei Variable, z. B. x und y: $A = A(x, y)$	***Hauptbedingung:*** Fläche = Länge × Breite $A = A(x, y) = x \cdot y$
3. Aufstellen der Nebenbedingung	Zwischen den Variablen x und y, die in der Hauptbedingung vorkommen, wird eine Beziehung, d. h. eine Gleichung hergestellt. Hilfsmittel hierbei sind: Planskizzen, Flächenformeln, Volumenformeln, geometrische Sätze wie Pythagoras und Strahlensatz usw.	***Nebenbedingung:*** Seillänge = 20 m $y + 2x = 20$
4. Aufstellen der Zielfunktion	Die Nebenbedingung wird nach einer der beiden Variablen x und y aufgelöst. Das Ergebnis wird in die Hauptbedingung eingesetzt. So erreicht man, dass die Zielgröße A als Funktion nur noch von einer Variablen abhängt, z. B. $A = A(x)$.	***Zielfunktion:*** $y + 2x = 20$ $y = 20 - 2x$ $A = x \cdot (20 - 2x)$ $A = -2x^2 + 20x$
5. Bestimmen des Optimums der Zielfunktion	Nun errechnet man das Extremum von A durch Nullsetzen der ersten Ableitung $A'(x)$. Die Funktionswerte an den Randstellen des zulässigen Bereichs werden mit dem Extremum verglichen.	***Extremalrechnung:*** $A'(x) = -4x + 20 = 0$ Auflösen: $x = 5$ Einsetzen: $y = 10$ Einsetzen: $A_{MAX} = 50$
6. Formulierung des Resultats	Die Ergebnisse werden zusammengefasst. x, y und A_{OPT} werden angegeben und interpretiert.	Das optimale Rechteck mit maximaler Fläche hat die Maße $x = 5\,m$ und $y = 10\,m$. Sein Flächeninhalt ist $50\,m^2$.

Übungen

Einfache Extremalprobleme

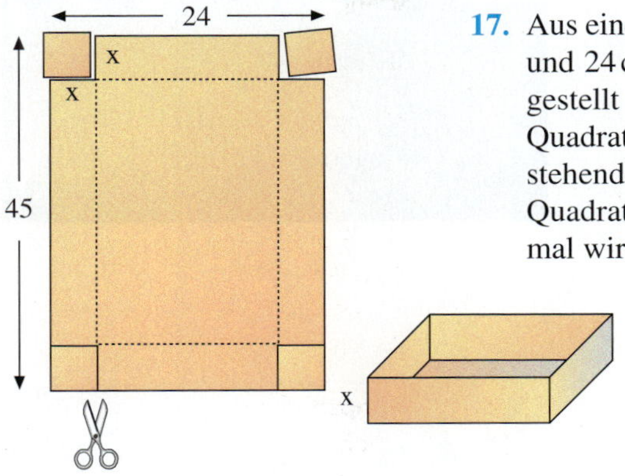

17. Aus einem rechteckigen Stück Pappe von 45 cm Länge und 24 cm Breite soll eine oben offene Schachtel hergestellt werden. Dazu wird an jeder der vier Ecken ein Quadrat abgeschnitten. Anschließend werden die überstehenden Streifen hochgeklappt. Wie groß müssen die Quadrate sein, damit das Volumen der Schachtel maximal wird?

18. Ein Gärtner plant den Bau eines Gewächshauses nach nebenstehendem Plan.

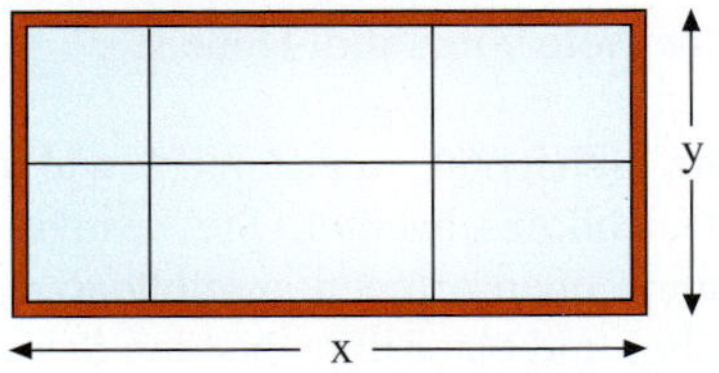

1 Meter Außenwand kostet 900 €, 1 Meter Innenwand dagegen nur 200 €. Der Gärtner hat 160 000 € für Wände zur Verfügung. Die Wandhöhe, die Wandstärke sowie das Dach bleiben unberücksichtigt. Welche Länge x und welche Breite y sollte das Gewächshaus erhalten, damit dessen Gesamtfläche maximal wird?

19. Die Summe zweier natürlicher Zahlen, deren Produkt 100 ist, soll so klein wie möglich sein. Wie heißen diese Zahlen?

$x \cdot y = 100$
$x + y \rightarrow \min$

20. Zwischen Autobahn, Stadtwald und Fluss soll, wie aus der Planungszeichnung ersichtlich, ein neues Gewerbegebiet erschlossen werden, dessen südwestliche Ecke exakt am Fluss $f(x) = \frac{1}{x}$ liegt und dessen Grundstücksgrenzen achsenparallel verlaufen.
Welche Maße erhält das Gebiet, wenn
a) die Grundstücksfläche maximal sein soll,
b) die südliche und östliche Begrenzung eine möglichst lange Werbefläche bilden soll?

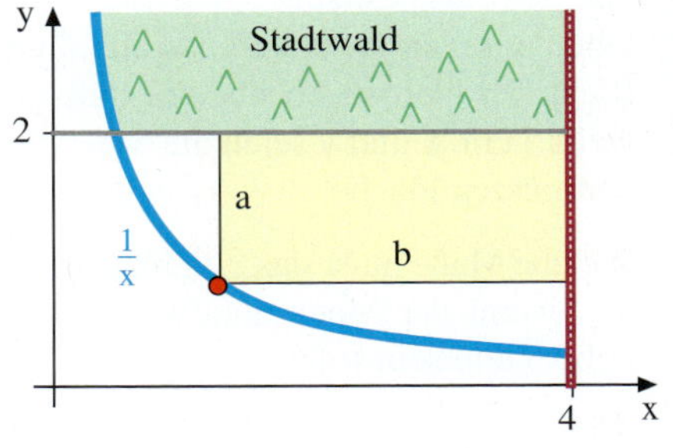

21. Aquarium

Zoodirektor Dr. Brinkmann plant ein neues Aquarium. Es soll doppelt so lang wie breit werden. Oben ist es offen. Das Glas für die Bodenplatte kostet 300 €/m², das Glas für die Seitenscheiben ist mit nur 250 €/m² etwas preiswerter. Das Aquarium soll ein Fassungsvermögen von 200 m³ erhalten. Welche Maße muss Dr. Brinkmann wählen, damit sein neues Aquarium möglichst billig wird? Wie hoch ist der Preis?

22. Medikamentenschachtel

Für ein Vitaminpräparat soll eine neue Schachtel entworfen werden. Sie soll für die bunten Vitaminperlen 48 cm³ Raum bereithalten. Ihre Breite sei x, ihre Tiefe y und ihre Höhe $\frac{x}{4}$.

Die Schachtel funktioniert wie eine Streichholzschachtel. Sie besteht aus einem oben offenen ausziehbaren Behälter und einer umgebenden Schiebehülle.

Das Netz dieser beiden Teile ist rechts abgebildet. Wie müssen die Maße der Schachtel gewählt werden, damit der Materialverbrauch minimal wird?

Netz der Schachtel Netz der Hülle

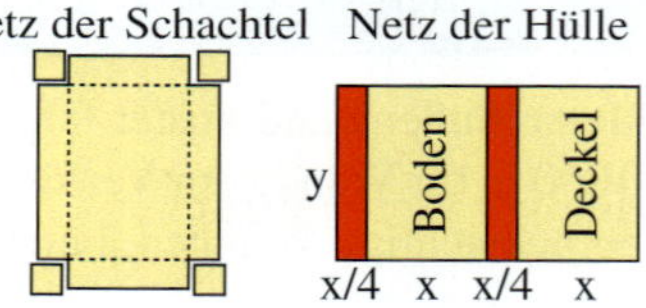

23. Optimales Flugblatt

Ein Flugblatt soll eine bedruckte Fläche von 288 cm² besitzen.

Oben und unten sollen jeweils 2 cm Rand frei bleiben, rechts und links jeweils 1 cm. x und y seien die Maße der bedruckten Fläche.

Welche Maße muss das Flugblatt erhalten, wenn der Materialaufwand möglichst klein sein soll?

Wie verändern sich die Ergebnisse, wenn alle Ränder 1 cm breit sein sollen?

24. Pferdekoppel
Ein Farmer besitzt direkt am Fluss ein Landhaus. Durch einen dreiseitigen Zaun möchte er eine Pferdekoppel abgrenzen. Er hat 100 m Gitter zum Abzäunen erworben sowie ein 2 m breites Tor. Wie lang muss er die drei Zaunseiten wählen, um eine maximale Auslauffläche für sein Pferd zu erhalten?

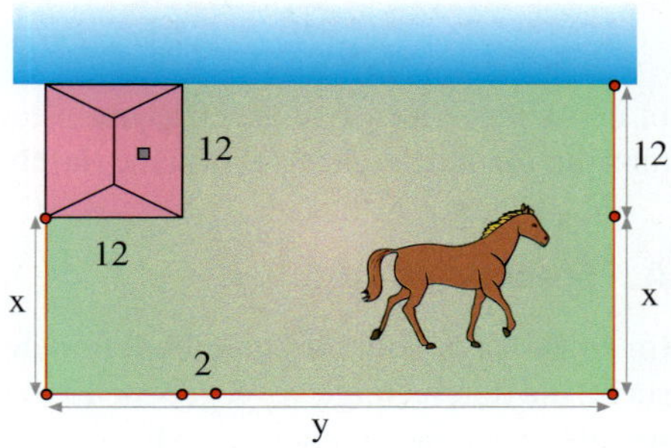

25. Optimaler Briefkasten
Fred möchte sich einen Zeitungskasten nach der abgebildeten Vorlage bauen. Er soll ein Volumen von $80\,\text{dm}^3$ erhalten und aus Aluminium hergestellt werden. Das Material für die Seitenwände kostet $1\,€/\text{dm}^2$. Die quadratische Rückwand ist aus dickerem Material und kostet $2\,€/\text{dm}^2$. Der vordere quadratische, aufklappbare Deckel verursacht Kosten in Höhe von $3\,€/\text{dm}^2$.
Welche Maße x und y sollten gewählt werden, um die Materialkosten zu minimieren?

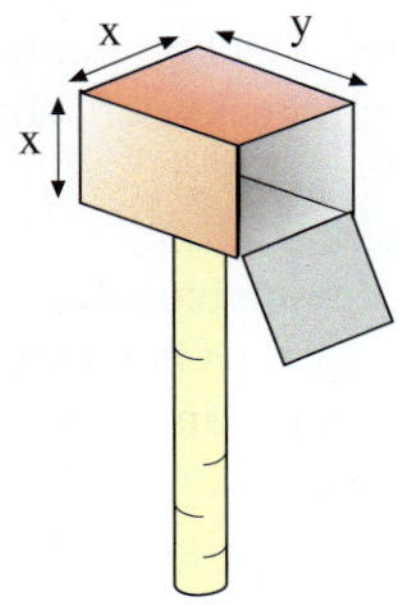

26. Quadrat im Quadrat
In ein Quadrat mit dem Maßen 20×20 soll wie abgebildet ein weiteres Quadrat eingepasst werden. Wie muss x gewählt werden, damit das innere Quadrat einen minimalen Flächeninhalt hat?

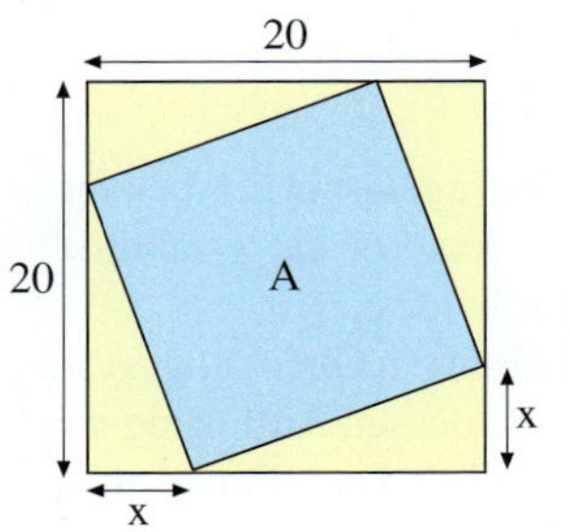

27. Parkplatz am Fluss
Vom Parkplatz an der Position $P\left(0\middle|\frac{1}{2}\right)$ soll ein möglichst kurzer Zugangsweg zum Flussufer gebaut werden (1 LE = 100 m). Der Fluss kann beschrieben werden durch die Funktion $f(x) = 2 - \frac{1}{2}x^2$.
Wie lang wird der Weg mindestens?

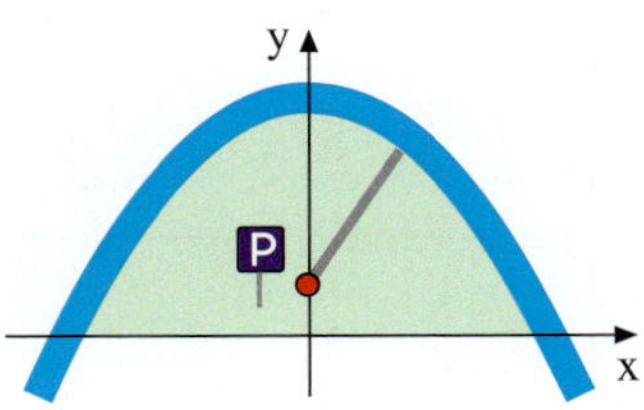

8. Rekonstruktionen von Funktionen

In den naturwissenschaftlichen Disziplinen und auch bei ökonomischen Fragestellungen strebt man an, die auftretenden Probleme durch berechenbare Funktionen zu erfassen.

A. Steckbriefaufgaben

Im einfachsten Fall wird eine Funktion gesucht, die durch einige vorgegebene Eigenschaften gekennzeichnet ist. Man spricht dann von einer Rekonstruktionsaufgabe oder von einer Steckbriefaufgabe. Rechts ist ein solcher „Steckbrief" abgebildet.

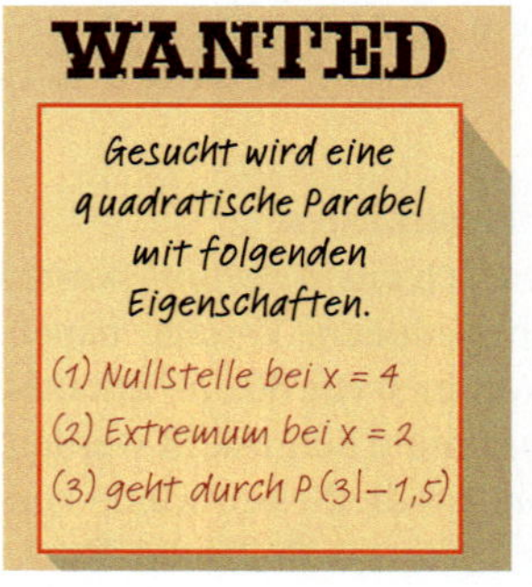

Beispiel: Rekonstruktion
Bestimmen Sie die Gleichung der Funktion f, die rechts im „Steckbrief" beschrieben wird.

Lösung:
Es ist vorgegeben, dass es sich um eine Polynomfunktion zweiten Grades handelt: Wir verwenden daher die Ansatzgleichungen
$f(x) = ax^2 + bx + c$
$f'(x) = 2ax + b$

Nun übertragen wir die bekannten Eigenschaften von f in die symbolische Funktionsschreibweise.
Wir erhalten ein Gleichungssystem mit drei Variablen, dessen Auflösung $a = \frac{1}{2}$, $b = -2$, $c = 0$ ergibt. Die Funktion lautet also $f(x) = \frac{1}{2}x^2 - 2x$.

Skizze:

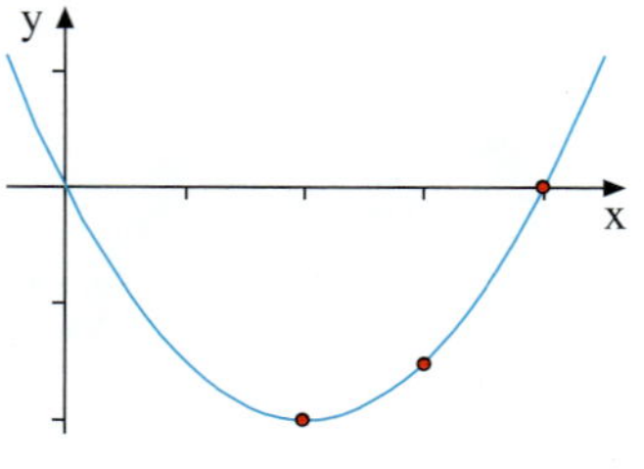

1. Ansatz für die Gleichung von f

$f(x) = ax^2 + bx + c$
$f'(x) = 2ax + b$

2. Eigenschaften von f

(1) Nullstelle bei x = 4
(2) Extremum bei x = 2
(3) Geht durch P(3|−1,5)

3. Aufstellen eines Gleichungssystems

(1) $f(4) = 0 \Rightarrow$ I $16a + 4b + c = 0$
(2) $f'(2) = 0 \Rightarrow$ II $4a + b = 0$
(3) $f(3) = -1{,}5 \Rightarrow$ III $9a + 3b + c = -1{,}5$

4. Lösung des Gleichungssystems

IV = I − III: $7a + b = 1{,}5$
V = II − IV: $-3a = -1{,}5$

aus V: $a = \frac{1}{2}$
in IV: $b = -2$
in I: $c = 0$

5. Resultat:

$f(x) = \frac{1}{2}x^2 - 2x$

Beispiel: Diagramm

Ein wichtiges Diagramm wurde fotographisch gesichert. Leider stellt sich später heraus, dass das Foto beschädigt ist. Zum Glück sind charakteristische Teile der dargestellten Funktion noch erhalten. Auch der Typ des Funktionsterms ist noch erkennbar.
Wie lautet die Funktionsgleichung?

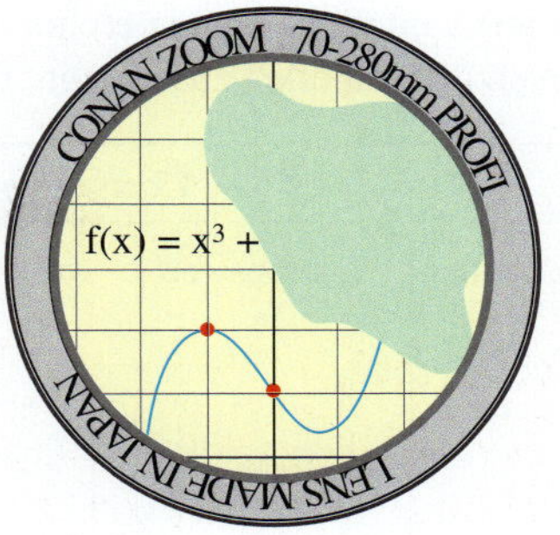

Lösung:
Es ist zu erkennen, dass es sich um eine Polynomfunktion dritten Grades handelt, deren Funktionsterm mit x^3 beginnt.
Wir verwenden daher für die Funktionsgleichung den Ansatz
$f(x) = ax^3 + bx^2 + cx + d$ mit $a = 1$.
Wir bestimmen zusätzlich f′, um auch Steigungseigenschaften von f erfassen zu können.
Aus dem Diagramm können wir einige charakteristische Eigenschaften der Funktion f ablesen (vgl. rechts).

(1) *Ansatz für die Funktionsgleichung*

$f(x) = x^3 + bx^2 + cx + d$
$f'(x) = 3x^2 + 2bx + c$

(2) *Eigenschaften der Funktion f*

1. f hat ein Extremum bei $x = -1$.
2. $P(-1|2)$ liegt auf dem Graphen von f.
3. $P(0|1)$ liegt auf dem Graphen von f.

Diese Eigenschaften können wir mittels f und f′ in Gleichungsform darstellen. So liefert der Graphenpunkt $P(-1|2)$ z.B. die Gleichung $f(-1) = 2$. Setzen wir dies in die Ansatzgleichung aus (1) ein, so erhalten wir ein lineares Gleichungssystem mit den Variablen b, c und d.

(3) *Umsetzen der Eigenschaften in Gleichungen*

1. $f'(-1) = 0$	⇒	$3 - 2b + c = 0$
2. $f(-1) = 2$	⇒	$-1 + b - c + d = 2$
3. $f(0) = 1$	⇒	$d = 1$

Lösen wir dieses System mit den üblichen Methoden oder mit Hilfe des TR/Computer, so erhalten wir
$d = 1,\ c = -1,\ b = 1$.

(4) *Lösen des Gleichungssystems*

$-2b + c = -3$	⇒	$b = 1$
$b - c = 2$	⇒	$c = -1$
$d = 1$	⇒	$d = 1$

Durch Einsetzen in den Ansatz ergibt sich als Resultat:
$f(x) = x^3 + x^2 - x + 1$.

(5) *Resultat*

$f(x) = x^3 + x^2 - x + 1$

Übung 1

a) Gesucht ist eine Polynomfunktion zweiten Grades, welche die y-Achse bei $y = -2{,}5$ schneidet und einen Hochpunkt bei $H(3|2)$ besitzt.
b) Gesucht ist eine ganzrationale Funktion dritten Grades mit dem Wendepunkt $W(-2|6)$, die an der Stelle $x = -4$ ein Maximum hat. Die Steigung der Wendetangente ist gleich -12.

Bevor wir weitere Beispiele rechnen, stellen wir oft auftretende Funktionseigenschaften in einer „Übersetzungstabelle“ zusammen, die beim Lösen von Aufgaben hilft.

Übersetzungstabelle für Rekonstruktionsaufgaben						
Eigenschaften von f bei x_0	Funktionswert y_0	Nullstelle	Extremalstelle	Wendestelle	Sattelpunkt	Berührungspunkt mit g
↓	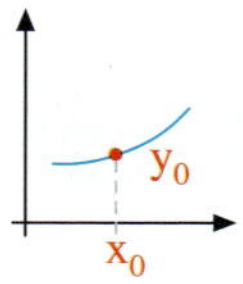	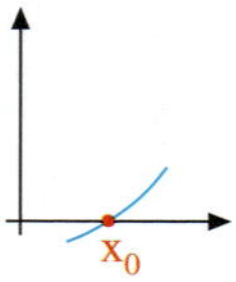	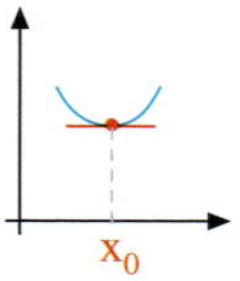	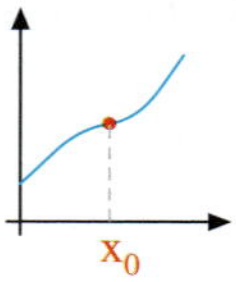	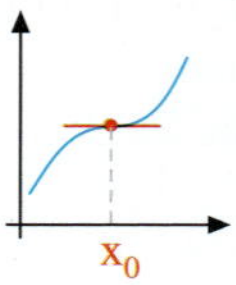	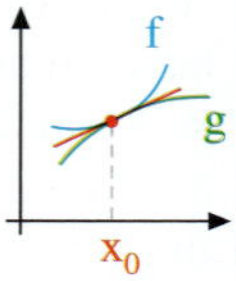
notwendige Bedingung	$f(x_0) = y_0$	$f(x_0) = 0$	$f'(x_0) = 0$	$f''(x_0) = 0$	$f'(x_0) = 0$ $f''(x_0) = 0$	$f(x_0) = g(x_0)$ $f'(x_0) = g'(x_0)$

▶ **Beispiel:** Der Graph einer ganzrationalen Funktion dritten Grades berührt die Winkelhalbierende des ersten Quadranten bei x = 1 und ändert sein Krümmungsverhalten in P(0|0,5). Wie lautet die Funktionsgleichung?

Lösung:

(1) Ansatz für die Funktionsgleichung

Wir setzen die ganzrationale Funktion dritten Grades unter Verwendung der Parameter a, b, c und d allgemein an. Außerdem notieren wir die Funktionsterme von f′ und f″, da das Krümmungsverhalten mit im Spiel ist.

$$f(x) = ax^3 + bx^2 + cx + d$$
$$f'(x) = 3ax^2 + 2bx + c$$
$$f''(x) = 6ax + 2b$$

(2) Eigenschaften der Funktion f

1. Wendepunkt W(0|0,5)
   (Wendestelle x = 0, Funktionswert y = 0,5)
2. Punkt P(1|1)
3. Steigung bei x = 1: 1

(3) Umsetzen der Eigenschaften in Gleichungen

$$\begin{aligned} &1.\ f''(0) = 0 \\ &\quad\ f(0) = 0{,}5 \\ &2.\ f(1) = 1 \\ &3.\ f'(1) = 1 \end{aligned} \quad \Rightarrow \quad \begin{aligned} &b = 0 \\ &d = 0{,}5 \\ &a + b + c + d = 1 \\ &3a + 2b + c = 1 \end{aligned}$$

(4) Lösen des Gleichungssystems

$$\begin{aligned} a + c &= 0{,}5 \\ 3a + c &= 1 \end{aligned} \quad \Rightarrow c = 0{,}5 - a \quad \Rightarrow \quad 3a + 0{,}5 - a = 1 \quad \Rightarrow \quad 2a = 0{,}5 \quad \Rightarrow \quad \begin{aligned} a &= 1/4 \\ c &= 1/4 \end{aligned}$$

(5) Resultat

$f(x) = \frac{1}{4}x^3 + \frac{1}{4}x + 0{,}5$ hat die geforderten Eigenschaften, was man leicht überprüfen kann. ▶

Übungen

2. Bestimmen Sie die Gleichung der abgebildeten Profilkurve.

Hinweis: Es handelt sich um eine ganzrationale Funktion dritten Grades.

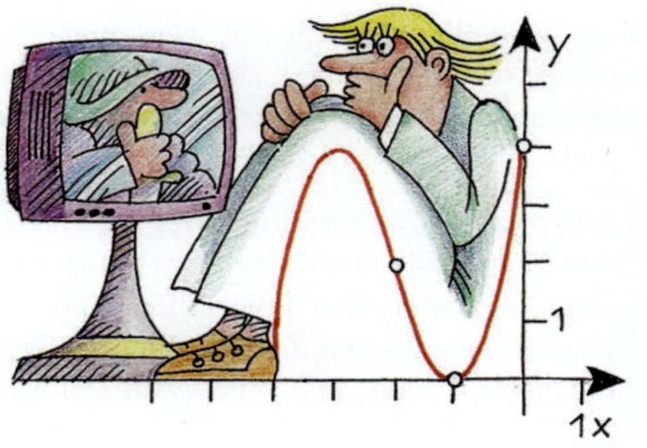

3. Eine ganzrationale Funktion 2. Grades $f(x) = ax^2 + bx + c$ hat ein Extremum bei $x = 1$ und schneidet die x-Achse bei $x = 4$ mit der Steigung 3. Wie lautet die Funktionsgleichung?

4. Der Graph einer ganzrationalen Funktion dritten Grades ist punktsymmetrisch zum Ursprung und schneidet den Graphen von $g(x) = \frac{1}{2}(4x^3 + x)$ im Ursprung senkrecht. Ein zweiter Schnittpunkt mit g liegt bei $x = 1$. Wie lautet die Funktionsgleichung?

5. Bestimmen Sie die Gleichung der Funktion f mit den beschriebenen Eigenschaften.
Der zur y-Achse symmetrische Graph einer ganzrationalen Funktion vierten Grades geht durch $P(0|2)$ und hat bei $x = 2$ ein Extremum. Er berührt dort die x-Achse.

6. Der Graph einer ganzrationalen Funktion dritten Grades hat im Ursprung und im Punkt $P(2|4)$ jeweils ein Extremum. Wie lautet die Funktionsgleichung?

7. Bestimmen Sie die ganzrationale Funktion f mit den angegebenen Eigenschaften.
a) Grad 2, Extremum bei $x = 1$, Achsenschnittpunkte bei $P(0|-3)$ und $Q(5|0)$
b) Grad 4, Sattelpunkt im Ursprung, Tiefpunkt $P(-2|-6)$

8. Gegeben ist der Graph einer ganzrationalen Funktion f. Bestimmen Sie eine mögliche Funktionsgleichung.

a)

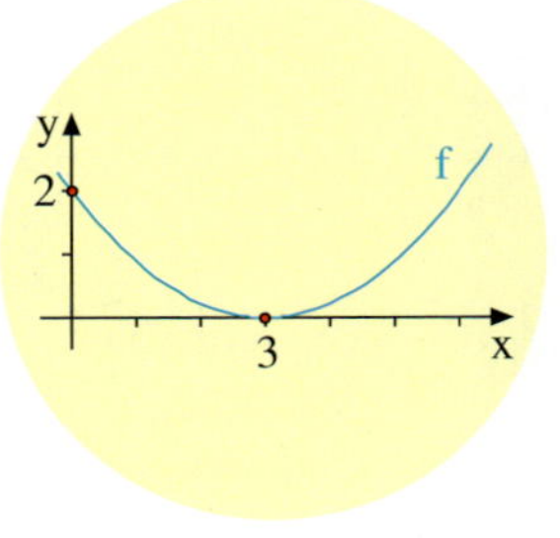

b)

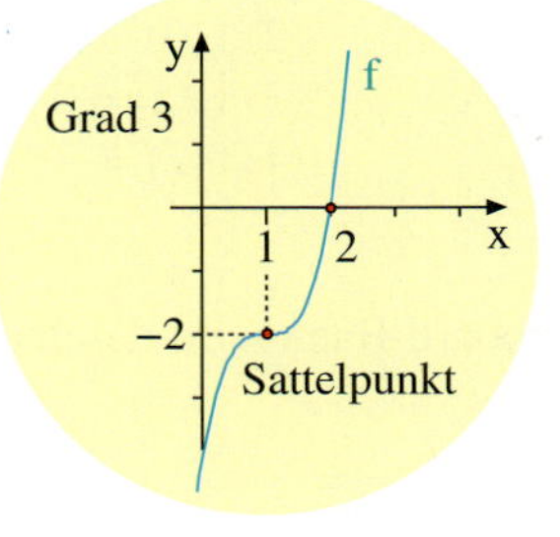

B. Modellierungsprobleme

Eine Modellierung liegt vor, wenn man einen realen *Prozess* mathematisch beschreibt, um ihn rechnerisch kontrollieren zu können, oder wenn man die *Form* eines realen Objektes durch eine mathematische Kurve erfasst wie im folgenden Beispiel.

▶ **Beispiel: Modellierung einer Skaterbahn**
Aus Beton soll eine Skateboard-Bahn für den Park so gebaut werden, wie es die Abbildung zeigt. Die gebogenen Teile sollen ohne Knick an die geraden Teile anschließen. Ermitteln Sie für die Konstruktion die Gleichung einer zum Ursprung punktsymmetrischen Polynomfunktion, deren Graph dem gebogenen Teil nahe kommt. Entnehmen Sie die Maße der Skizze.

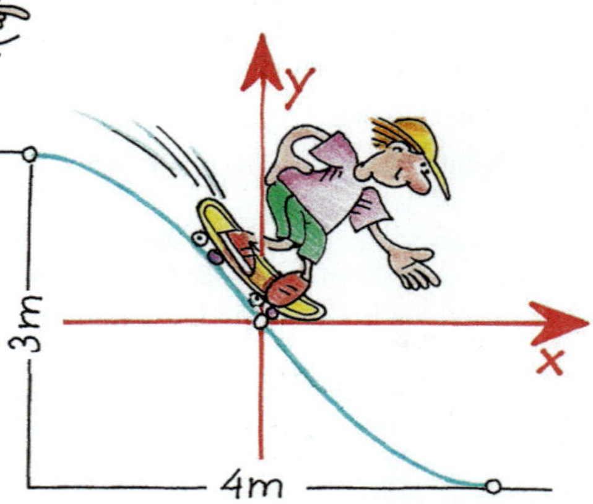

Lösung:
Der Skizze können wir entnehmen, dass die gesuchte Polynomfunktion dritten Grades ist, die die folgenden Bedingungen erfüllen muss:
Ihr Graph ist punktsymmetrisch zum Ursprung des eingezeichneten Koordinatensystems und geht durch den Punkt P(0|0). Ein Tiefpunkt der Polynomfunktion liegt bei T(2|−1,5). Somit ergibt sich folgende Rechnung:

Ansatz für f:	***Eigenschaften von f:***		***Gleichungssystem:***		***Lösung:***
$f(x) = ax^3 + bx^2 + cx + d$	(1) symmetrisch zu O		$b = 0$		$b = 0$
	(2) $f(0) = 0$	→	$d = 0$	→	$d = 0$
$f'(x) = 3ax^2 + 2bx + c$	(3) $f'(2) = 0$		$12a + 4b + c = 0$		$a = 3/32$
	(4) $f(2) = -1{,}5$		$8a + 4b + 2c + d = -1{,}5$		$c = -9/8$

Resultat:
▶ Das Profil der Skateboard-Bahn wird durch die Funktion $f(x) = \frac{3}{32}x^3 - \frac{9}{8}x$ beschrieben.

Übung 9

a) Gesucht ist eine ganzrationale Funktion dritten Grades mit dem Tiefpunkt P(1|−2), deren Wendepunkt im Koordinatenursprung liegt.

b) Der Graph einer ganzrationalen Funktion dritten Grades hat im Ursprung und im Punkt P(2|4) jeweils ein Extremum.

Beispiel: Flugbahn beim Landeanflug

Ein Flugzeug nähert sich im horizontalen Flug dem Punkt $P(-4|1)$. Dort beginnt der Pilot mit dem Sinkflug, der auf der Landebahn an den Koordinaten $Q(0|0)$ endet (Angaben in km).

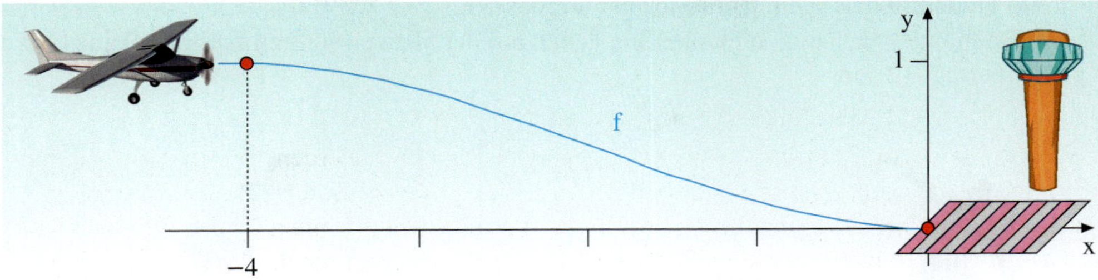

Seine Horizontalgeschwindigkeit beträgt durchgehend konstant 50 m/s.

a) Modellieren Sie die Sinkflugphase durch ein Polynom dritten Grades.

b) An welcher Stelle fällt die Flugbahn am steilsten ab? Wie groß ist dort der Abstiegswinkel α? Wie groß ist dort die vertikale Sinkgeschwindigkeit?

Lösung zu a:

1. Ansatz für f

$f(x) = ax^3 + bx^2 + cx + d,$

$f'(x) = 3ax^2 + 2bx + c,$

$f''(x) = 6ax + 2b$

2. Eigenschaften von f

(1) $Q(0|0)$ liegt auf f

(2) Extremum bei $x = 0$

(3) $P(-4|1)$ liegt auf f

(4) Extremum bei $x = -4$

3. Gleichungssystem

(1) $f(0) = 0 \Rightarrow$ I $\quad d = 0$

(2) $f'(0) = 0 \Rightarrow$ II $\quad c = 0$

(3) $f(-4) = 1 \Rightarrow$ III $\quad -64a + 16b = 1$

(4) $f'(-4) = 0 \Rightarrow$ IV $\quad 48a - 8b = 0$

4. Lösung des Gleichungssystems und Gleichung von f

$a = \frac{1}{32}, b = \frac{6}{32}, c = 0, d = 0$

$f(x) = \frac{1}{32}(x^3 + 6x^2)$

Lösung zu b:

Die Flugbahn fällt im Wendepunkt von f am steilsten ab. Dieser liegt nach der rechts aufgeführten Rechnung bei $W(-2|0{,}5)$. Dort beträgt die Steigung $f'(-2) = -0{,}375$. Also gilt $\tan\alpha = -0{,}375$, wir erhalten $\alpha = \arctan(-0{,}375) = -20{,}56°$.

Die vertikale Sinkgeschwindigkeit v_y ergibt sich (siehe Abb. unten) aus der Horizontalgeschwindigkeit $v_x = 50\,\text{m/s}$ durch Multiplikation mit der Steigung $f'(-2) = -0{,}375$. v_y beträgt 18,75 m/s.

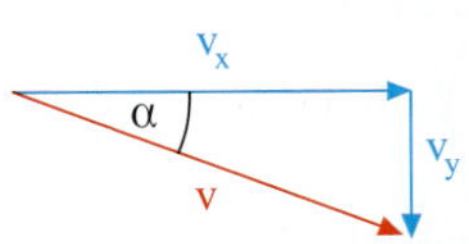

Berechnung des Wendepunktes:

$f''(x) = \frac{1}{32}(6x + 12) = 0$

$x = -2, y = 0{,}5 \quad W(-2|0{,}5)$

Berechnung des Abstiegswinkels:

$f'(x) = \frac{1}{32}(3x^2 + 12x)$

$f'(-2) = \frac{-12}{32} = -0{,}375$

$\alpha = \arctan(-0{,}375) \approx -20{,}56°$

Berechnung der Sinkgeschwindigkeit:

$\frac{v_y}{v_x} = \tan\alpha \Rightarrow v_y = v_x \cdot \tan\alpha$

$v_y = 50 \cdot (-0{,}375) = -18{,}75\,\text{m/s}$

Das Minuszeichen gibt die Richtung an.

Übungen

10. Torschuss

Beim Hallenfußball schießt ein Stürmer auf das Tor.
Der Ball landet nach einem Parabelflug genau auf der 50 m entfernten Torlinie. Seine Gipfelhöhe beträgt 12,5 m.

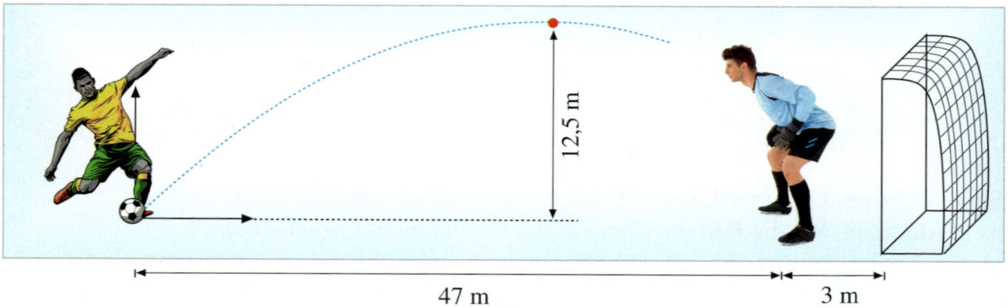

a) Wie lautet die Gleichung der Flugparabel?
b) Hat der 3 m vor dem Tor stehende Torwart eine Abwehrchance? Er kommt mit der Hand 2,70 m hoch.
c) Unter welchem Winkel α wurde der Ball abgeschossen?
d) Der Abschusswinkel soll vergrößert werden. Welches ist der maximal mögliche Wert für α? Der Ball soll wieder auf der Torlinie landen (Hallenhöhe 15 m).

11. Autobahnkurve

Die Autobahn E52 wurde in zwei geraden Teilstücken bei Eichet an den Chiemsee herangeführt. Diese Teile sollen durch eine Kurve glatt miteinander verbunden werden.
Modellieren Sie das neue Teil durch eine kubische Parabel.

a) Wo liegt der südlichste Kurvenpunkt?
b) Wäre auch die Verwendung einer quadratischen Parabel möglich?

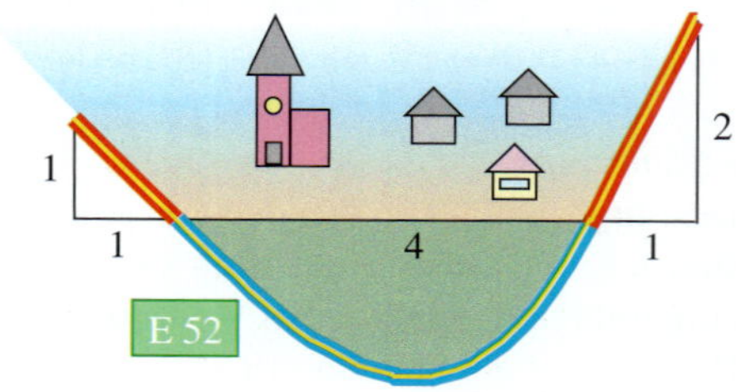

12. Berg- und Talbahn

Eine Berg- und Talbahn hat einen geradlinigen Anstieg von 50% und einen geradlinigen Abstieg von −100%. Dazwischen liegt ein parabelförmiges Verbindungsprofil $f(x) = ax^2 + bx + c$.

a) Bestimmen Sie a, b und c so, dass bei A und B glatte Übergänge entstehen.
b) Wie groß ist der Höhenunterschied zwischen A und B?
c) Wo liegt der höchste Punkt der Bahn? Wie hoch liegt er über dem Punkt A?

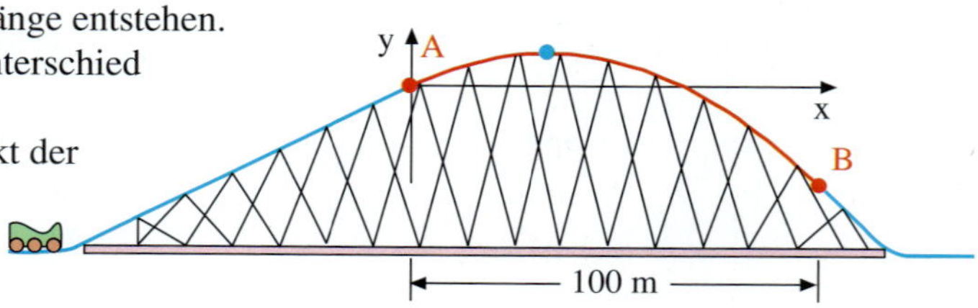

13. Benzinverbrauch

Der Benzinverbrauch B eines Autos hängt von der Fahrgeschwindigkeit v ab. Für ein Testfahrzeug wurden die in der Tabelle dargestellten Messdaten gewonnen.

v = Geschwindigkeit in km/h	10	30	100
B = Benzinverbrauch in Litern/100 km	9,1	7,9	10

a) Bestimmen Sie eine quadratische Funktion $B(v) = a v^2 + b v + c$, welche den Benzinverbrauch beschreibt.
b) Für welche Geschwindigkeit ist der Verbrauch minimal?
c) Ab welcher Geschwindigkeit steigt der Verbrauch auf 12,4 Liter an?
Kontrollergebnis: $B(v) = \frac{1}{1000}v^2 - \frac{1}{10}v + 10$

14. Abhänge

200 m über der Talsohle liegen sowohl im Westen als auch im Osten Hochebenen mit den Abhängen f und g. f ist eine kubische Funktion, die ohne Knick horizontal von der Hochebene abfällt und auch horizontal ins Tal ausläuft. g ist eine quadratische Parabel, die ebenfalls horizontal von der Hochebene abfällt.

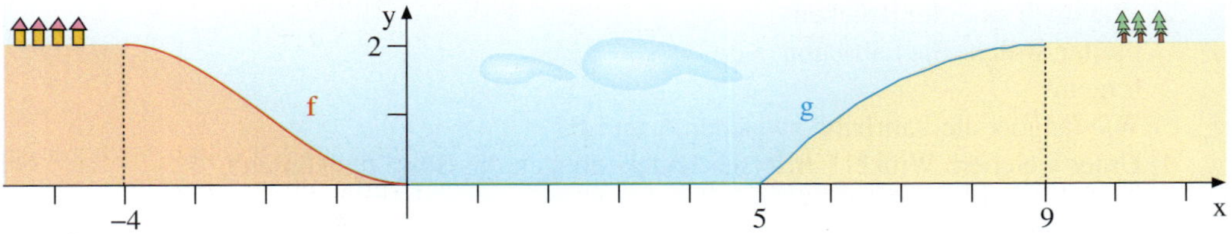

a) Stellen Sie die Gleichungen von f und g auf.
b) Wie steil ist der Abhang f maximal? Wo ist der Hang g am steilsten?
Kontrollergebnis: $f(x) = \frac{1}{16}x^3 + \frac{3}{8}x^2$, $g(x) = -\frac{1}{8}x^2 + \frac{18}{8}x - \frac{65}{8}$

15. Bambus

Das Höhenwachstum einer Bambuspflanze kann durch eine kubische Funktion der Form $h(t) = a t^3 + b t^2 + c t + d$ beschrieben werden (t: Zeit in Wochen, h(t): Höhe in Metern). Die Tabelle enthält Messdaten zur Höhe h und zur Wachstumsgeschwindigkeit h′.

t = Zeit in Wochen	0	4
h = Höhe in m	0	2
h′ = Wachstumsgeschwindigkeit in m/Woche	0	0,75

a) Wie lautet die Gleichung von h? Skizzieren Sie den Graphen von h für $0 \leq t \leq 8$.
b) Wann erreicht die Pflanze ihre maximale Höhe?
c) Wann ist die Wachstumsgeschwindigkeit maximal?
Kontrollergebnis: $h(t) = \frac{1}{64}(-t^3 + 12t^2)$

16. Konzerthalle

Die dargestellte Konzerthalle soll ein Dach erhalten, dessen Profilkurve durch eine kubische Funktion f und eine quadratische Funktion g modelliert werden kann. Die quadratische Funktion endet an der Dachspitze horizontal.

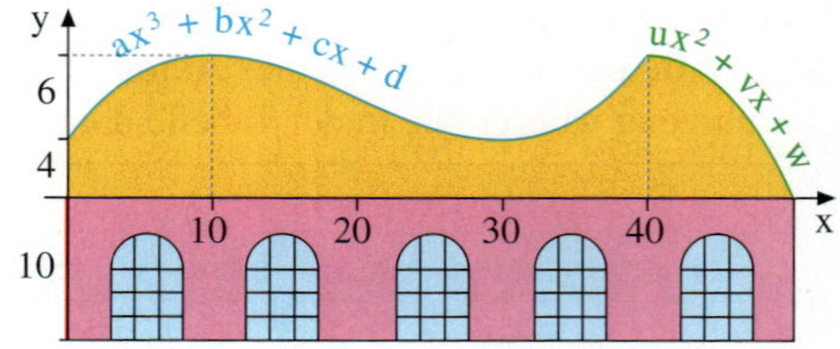

a) Wie lautet die Gleichung der kubischen Funktion?
b) Wie lautet die Gleichung der quadratischen Parabel?
c) Wie hoch ist der tiefste Punkt des Daches im Bereich der kubischen Dachhaut?
d) Wie steil ist das Dach am linken Rand, am rechten Rand und an der Dachspitze?
e) Ein Dach ist nur noch schwer begehbar, wenn der Neigungswinkel 40° oder mehr beträgt. Welche Bereiche des Daches sind schwer begehbar?

17. Brücke

Die Eisenbahnbrücke wird von einem Parabelbogen getragen, der auf Hängen mit 45° Neigung steht.

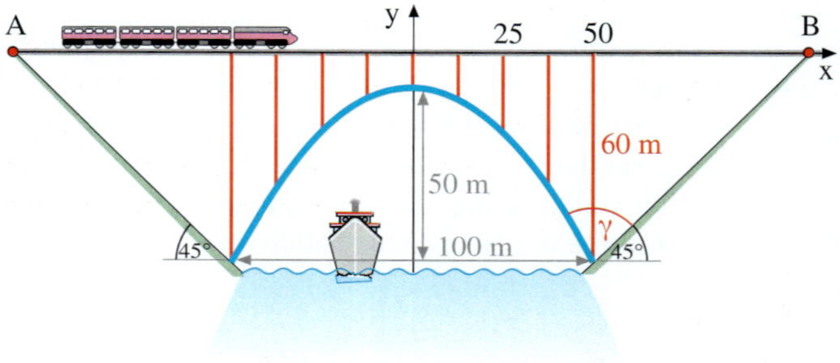

a) Wie lautet die Gleichung der quadratischen Parabel?
b) Wie hoch sind die Brückenpfeiler, welche die Fahrbahn tragen?
c) Wie lang ist die Fahrbahn zwischen A und B?
d) Unter welchem Winkel γ trifft der Brückenbogen die Böschungslinien?

18. Kugelstoßen

Einem Kugelstoßer gelang der dargestellte Wurf über 20 m. Der Abstoß erfolgte in 2 m Höhe. Das Maximum der Flugbahn lag bei x = 9 m. Die Flugbahn kann durch eine quadratische Parabel beschrieben werden.

a) Wie lautet die Gleichung der Parabel?
b) Wie groß war der Abwurfwinkel? Wie groß war der Aufschlagwinkel?
c) Bei seinem nächsten Versuch wirft der Athlet unter einem Winkel von 45° ab. Die Abwurfhöhe beträgt wieder 2 m, und das Maximum der Flugkurve liegt ebenfalls wieder bei x = 9 m.
Wie groß ist die Wurfweite nun?
Wie groß ist der Aufschlagwinkel?
Welche Maximalhöhe erreicht die Kugel?

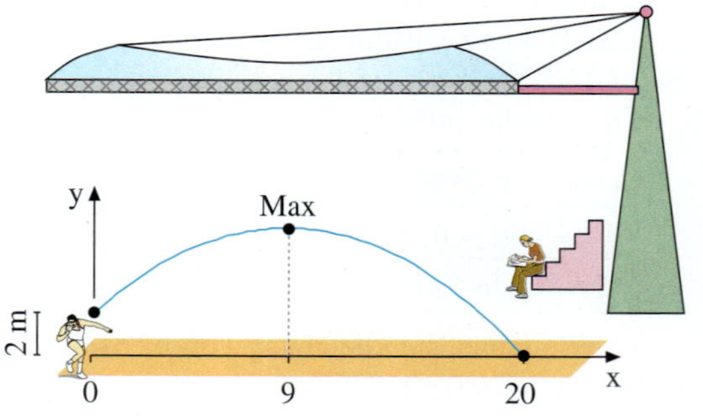

Übungen

Die folgenden Aufgaben sollen ohne Verwendung von Hilfsmitteln gelöst werden.

1. Rekonstruktionen

a) Der Graph einer quadratischen Funktion f geht durch den Ursprung und hat bei $x = 1$ die Tangente $t(x) = 2x - 0{,}5$. Bestimmen Sie die Funktionsgleichung von f.

b) Eine Parabel schneidet die Koordinatenachsen bei $x = 1$, $x = 3$ und $y = -6$. Stellen Sie die Funktionsgleichung der Parabel auf.

c) Eine Parabel hat die Nullstellen $x = 1$ und $x = 5$. Die Nullstellentangenten schneiden sich im Punkt $S(3|-2)$. Stellen Sie die Funktionsgleichung der Parabel auf.

2. Monotonie und Krümmung

Gegeben ist der abgabildete Graph f′, auf dem Intervall $I = [0; 6]$.

a) Beschreiben Sie das Monotonieverhalten von f auf dem Intervall I.

b) Wo ist f rechts- bzw. linksgekrümmt?

c) Wo ändert sich das Krümmungsverhalten von f?

d) Welche Steigung hat f im Wendepunkt?

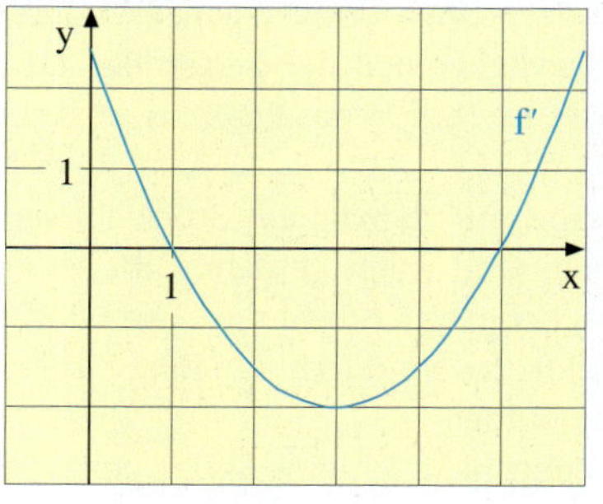

3. Krümmungsverhalten

Untersuchen Sie rechnerisch, wo die Funktion f rechts- bzw. linksgekrümmt ist. Wo ändert sich das Krümmungsverhalten von f?

a) $f(x) = x^2 - 4x + 2$ b) $f(x) = \frac{1}{2}x^3 + 3x^2$ c) $f(x) = -\frac{1}{3}x^3 + x^2 - 1$

d) $f(x) = x^3 - 3x^2$ e) $f(x) = \frac{1}{4}x^4 - 6x^2 + 1$ f) $f(x) = 2x^4 - 3x^2$

4. Waagerechte Tangenten

Begründen Sie zunächst, dass f an den angegebenen Stellen waagerechte Tangenten besitzt. Untersuchen Sie dann, ob es sich dabei um einen Hoch-, Tief- oder Sattelpunkt handelt.

a) $f(x) = 2x^3 - 1$, $x = 0$ b) $f(x) = \frac{1}{2}x^4 + 4$, $x = 0$

c) $f(x) = \frac{1}{3}x^3 - x$, $x = -1$, $x = 1$ d) $f(x) = \frac{1}{4}x^4 - \frac{2}{3}x^3 + \frac{1}{2}x^2$, $x = 0$, $x = 1$

5. Extremalprobleme

Ein achsenparalleles Rechteck mit einer Ecke im Ursprung und der gegenüberliegenden Ecke P auf dem Graphen von f im 1. Quadranten soll maximalen Inhalt haben. Bestimmen Sie die x-Koordinate von P.

a) $f(x) = -x^2 + 4x$ b) $f(x) = 1{,}5 - \sqrt{x}$

6. Tangenten und Normalen

Bestimmen Sie die Gleichungen von Tangente und Normale in den angegebenen Stellen.

a) $f(x) = -x^2 + 4x$, Tangente bei $x = 4$, Normale bei $x = 0$

b) $f(x) = x^4 - x^2$, Tangente bei $x = 1$, Normale bei $x = 1$

Angewandte Theorie

Die Wochenzeitung DIE ZEIT veröffentlichte 2004 einen Bericht über Holger Geschwindner, den Berater und Trainer von Dirk Nowitzki, Deutschlands bestem Basketballspieler. Es wird berichtet, wie Holger Geschwindner seine Mathematikkenntnisse einsetzte, um die Wurftechnik von Dirk Nowitzki zu verbessern. Und das scheint ihm ja zweifellos gelungen zu sein.

Vor acht Jahren startete der Mathematiker und ehemalige Basketballer Holger Geschwindner einen Feldversuch: Er wollte aus Dirk Nowitzki einen der besten Basketballer der Welt machen – das Ergebnis ist fast perfekt.
„Ich habe mir damals ein Stück Papier genommen und mich gefragt: Gibt es einen Schuss, bei dem ich Fehler machen darf und der Ball trotzdem durch den Ring fällt?", sagt Geschwindner.
„Und dann habe ich eine Skizze gezeichnet: Der Ball muss mindestens einen Einfallswinkel von 32 Grad haben, Dirk ist 2,13 m groß, seine Arme haben eine bestimmte Länge, und wenn man dann noch die Gesetze der Physik kennt, kommt man schnell zu einer Problemlösung."

Deutschlands Basketball-Superstar Dirk Nowitzki wirft am Freitag (28.07.2006) in der Colorline-Arena in Hamburg bei einem Länderspiel gegen Kanada einen Freiwurf.

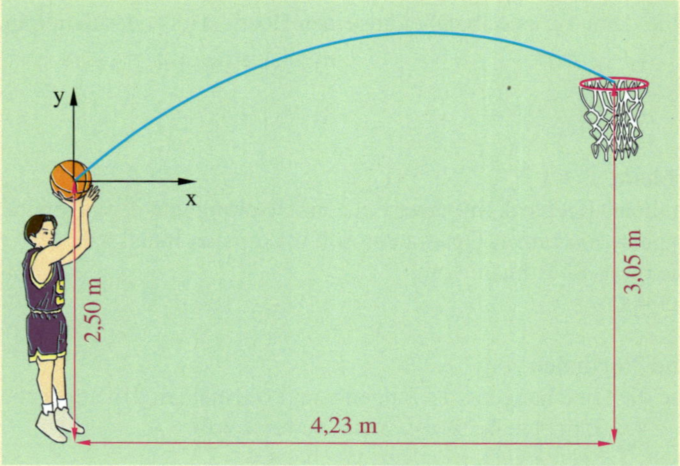

Wir benötigen zur Analyse einige Daten. Der Freiwurfpunkt ist 4,23 m Bodenlinie vom Korb entfernt. Die obere Korbmitte liegt in 3,05 m Höhe. Der Korb hat einen Durchmesser von 45 cm, der Ball von 24 cm. Dirk Nowitzki ist 2,13 m groß. Er wirft aus ca. 2,50 m Höhe ab.
Auf folgende Fragen fand Geschwindner auf der Basis dieser Daten die Antworten:

Wie groß ist der minimale Einschlagswinkel β des Balles am Korb?

Der Einflugkanal des Balles in den Korb muss mindestens so breit sein wie der Ball, also 24 cm. Rechts ist die Situation als Ganzes geometrisch dargestellt. Mit Hilfe der Sinusdefinition erhalten wir im rechtwinkligen Dreieck das Resultat: $\beta = 32{,}23°$.

$$\sin\beta = \frac{GK}{HYP} = \frac{24}{45} \approx 0{,}5333$$

$$\beta \approx 32{,}23°$$

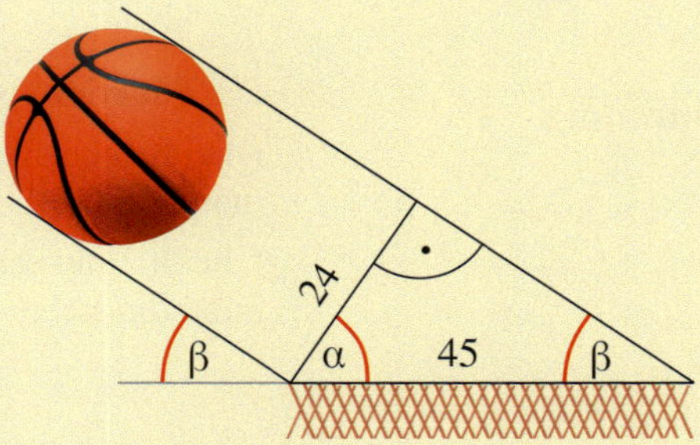

Wie lautet die niedrigste Flugbahn des Balles?

Wir besitzen drei Informationen:
I: Abwurf im Punkt $P(0|0)$
II: Korbmitte im Punkt $K(4{,}23|0{,}55)$
III: Mindestwinkel $\beta = 32{,}23°$ bei $x = 4{,}23$.

Außerdem wissen wir, dass Flugbahnen quadratische Parabeln sind. Daher verwenden wir den Ansatz $f(x) = ax^2 + bx + c$.

Dies führt auf ein Gleichungssystem mit den Variablen a, b und c. Dieses lösen wir und erhalten $a \approx -0{,}1796$, $b \approx 0{,}8894$ und $c = 0$.
Die Flugbahn lautet also:
$f(x) = -0{,}1796x^2 + 0{,}8894x$

Ansatz:
$f(x) = ax^2 + bx + c$

Gleichungen:
I: $f(0) = 0$
II: $f(4{,}23) = 0{,}55$
III: $f'(4{,}23) = \tan(147{,}77°) = -0{,}63$

I: $c = 0$
II: $17{,}89a + 4{,}23b = 0{,}55$
III: $8{,}46a + b = -0{,}63$

Lösung:
$a \approx -0{,}1796, \quad b \approx 0{,}8894, \quad c = 0$

Wie groß ist der kleinste mögliche Abwurfwinkel ?

Den kleinsten Abwurfwinkel α erhalten wir aus der Steigung von f im Abwurfpunkt. Es gilt $\tan\alpha = f'(0)$, woraus $\alpha = 41°$ folgt. Flacher darf nicht abgeworfen werden, sonst prallt der Ball auf den vorderen oder hinteren Korbrand.

Minimaler Abwurfwinkel:
$\tan\alpha = f'(0)$
$\alpha = 0{,}869$
$\alpha = 41°$

Fazit:
Dirk Nowitzki sollte etwas steiler als 41° abwerfen. Dann wird der Korb auch bei kleinen Fehlern in der Abwurfgeschwindigkeit noch getroffen.

Überblick

Monotonie

Folgt aus $x_1 < x_2$ stets $f(x_1) \leq f(x_2)$: monoton steigend
Folgt aus $x_1 < x_2$ stets $f(x_1) < f(x_2)$: streng monoton steigend
Folgt aus $x_1 < x_2$ stets $f(x_1) \geq f(x_2)$: monoton fallend
Folgt aus $x_1 < x_2$ stets $f(x_1) > f(x_2)$: streng monoton fallend

Krümmung

Die Funktion f sei auf dem Intervall I differenzierbar.

f heißt rechtsgekrümmt auf I genau dann, wenn f′ auf I streng monoton fällt.

f heißt linksgekrümmt auf I genau dann, wenn f′ auf I streng monoton steigt.

Monotoniekriterium

Die Funktion f sei auf dem Intervall I einmal differenzierbar. Dann besteht der folgende Zusammenhang zwischen der Steigung von f und dem Vorzeichen der ersten Ableitung f′:

$f'(x) < 0$ ⇓ f ist streng monoton fallend	$f'(x) > 0$ ⇓ f ist streng monoton steigend	$f'(x) \leq 0$ ⇓ f ist monoton fallend	$f'(x) \geq 0$ ⇓ f ist monoton steigend
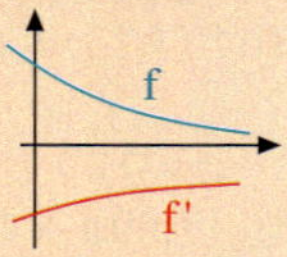	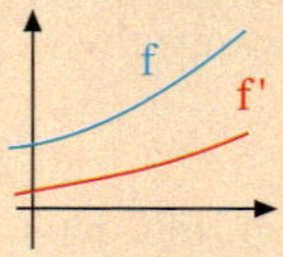	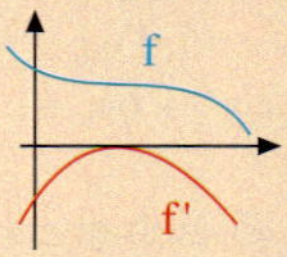	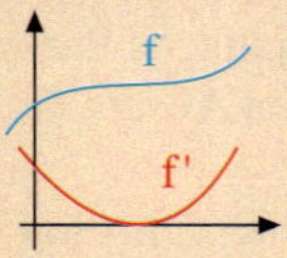

Krümmungskriterium

Die Funktion f sei auf dem Intervall I zweimal differenzierbar. Dann besteht der folgende Zusammenhang zwischen der Krümmung von f und dem Vorzeichen der zweiten Ableitung f″:

$f''(x) < 0$	$f''(x) > 0$
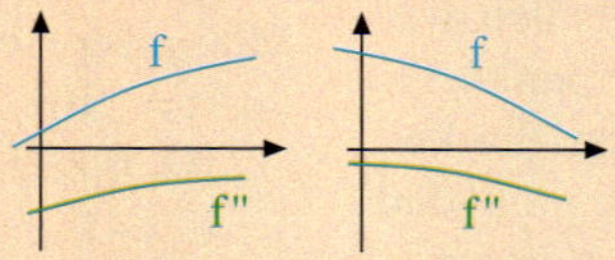	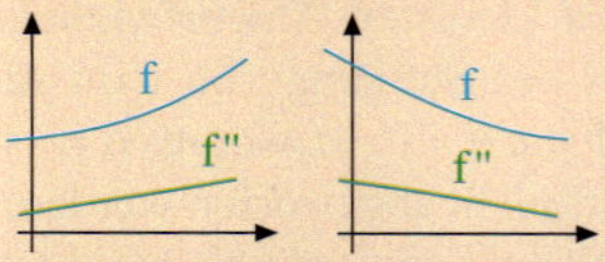
f ist rechtsgekrümmt	f ist linksgekrümmt

Notwendige Bedingung für lokale Extrema	f sei an der Stelle x_E differenzierbar. Dann gilt: Ist x_E eine lokale Extremstelle von f, so gilt $f'(x_E) = 0$.
Hinreichendes Kriterium für lokale Extrema: f''-Kriterium	f sei in einer Umgebung von x_E zweimal differenzierbar. Dann gilt: Ist $f'(x_E) = 0$ und $f''(x_E) \neq 0$, so hat f bei x_E eine lokale Extremstelle. Genauer: $f'(x_E) = 0$ und $f''(x_E) < 0 \Rightarrow$ lokales Maximum bei x_E $f'(x_E) = 0$ und $f''(x_E) > 0 \Rightarrow$ lokales Minimum bei x_E
Hinreichendes Kriterium für lokale Extrema: Vorzeichenwechsel-Kriterium	f sei in einer Umgebung von x_E differenzierbar und $f'(x_E) = 0$. Wechselt f' bei x_E das Vorzeichen, so ist x_E lokale Extremstelle. Genauer: f' wechselt von + nach – $\Rightarrow$ lokales Maximum bei x_E f' wechselt von – nach + $\Rightarrow$ lokales Minimum bei x_E

Notwendige Bedingung für Wendepunkte	f sei an der Stelle x_E zweimal differenzierbar. Dann gilt: Wenn x_W eine Wendestelle von f ist, so gilt $f''(x_W) = 0$.
Hinreichendes Kriterium für Wendepunkte: f'''-Kriterium	f sei in einer Umgebung von x_W dreimal differenzierbar. Dann gilt: Ist $f''(x_W) = 0$ und $f'''(x_W) \neq 0$, so hat f bei x_W eine Wendestelle. Genauer: $f''(x_W) = 0$ und $f'''(x_W) < 0 \Rightarrow$ Links-Rechts-WP $f''(x_W) = 0$ und $f'''(x_W) > 0 \Rightarrow$ Rechts-Links-WP
Hinreichendes Kriterium für Wendepunkte: Vorzeichenwechsel-Kriterium	f sei in einer Umgebung von x_W zweimal differenzierbar und es sei $f''(x_W) = 0$. Wechselt f'' bei x_W das Vorzeichen, so ist x_W eine Wendestelle. Genauer: f'' wechselt von + nach – $\Rightarrow$ Links-Rechts-WP f'' wechselt von – nach + $\Rightarrow$ Rechts-Links-WP

Gleichung der Sekante von f durch die Punkte $P(x_0 \mid f(x_0))$ und $Q(x_1 \mid f(x_1))$	$s(x) = \frac{f(x_1) - f(x_0)}{x_1 - x_0} \cdot (x - x_0) + f(x_0)$
Gleichung der Tangente an f im Punkt $P(x_0 \mid f(x_0))$	$t(x) = f'(x_0) \cdot (x - x_0) + f(x_0)$
Gleichung der Normalen an f im Punkt $P(x_0 \mid f(x_0))$	$n(x) = -\frac{1}{f'(x_0)} \cdot (x - x_0) + f(x_0)$

Extremalprobleme

Aufgabe: Eine Zielgöße A soll optimiert werden. Sie soll maximal oder minimal werden.

1. Schritt: Hauptbedingung

Die Zielgröße wird durch eine Funktion A erfasst. Oft ist es eine Funktion von zwei Variablen x und y. (1) $A = A(x, y)$

2. Schritt: Nebenbedingung

Es wird eine Beziehung zwischen den Variablen x und y gesucht. Es handelt sich in der Regel um eine Gleichung. (2) $G(x, y) = 0$

3. Schritt: Zielfunktion

Die Nebenbedingung (2) wird nach x oder nach y aufgelöst. Das Ergebnis wird in die Hauptbedingung (1) eingesetzt. Dies führt auf eine Darstellung der Zielgröße A, die nur noch von einer Variablen abhängt, z. B. von x. Man bezeichnet dann A als Zielfunktion. (3) $A = A(x)$

4. Schritt: Extremalrechnung

Man bestimmt das lokale Extremum der Zielfunktion A mithilfe der Differentialrechnung, indem man die Ableitung A′ gleich null setzt. Die so gewonnene Lösung wird evtl. noch mit den Funktionswerten am Rand des Untersuchungsintervalls verglichen. (4) $A'(x) = 0$

Nun erfolgt die Überprüfung mit Hilfe der hinreichenden Bedingung.

Rekonstruktion Modellierungen

Aufgabe: Von einer gesuchten Funktion A sind lediglich einige Eigenschaften bekannt. Gesucht ist der Funktionsterm.

1. Allgemeiner Ansatz:

Die gesuchte Funktion wird in einer allgemeinen Form angesetzt, die noch unbekannte Koeffizienten enthält.

2. Eigenschaften der Funktion

Die laut Aufgabenstellung geforderten Eigenschaften werden in Funktionsschreibweise mithilfe des allgemeinen Funktionsansatzes aus 1. dargestellt. Auf diese Weise ergibt sich ein Gleichungssystem für die Koeffizienten des Funktionsansatzes.

3. Lösen des Gleichungssystems

Das entstandene lineare Gleichungssystem wird gelöst. Seine Lösungen sind die gesuchten Koeffizienten. Sie werden in den Funktionsansatz eingesetzt.

CAS-Anwendung

Es kann vorkommen, dass wir bei Extremalproblemen die Zielfunktion aufgrund eines zu komplizierten Funktionstyps mit unseren bisherigen Mitteln nicht differenzieren können. Dann können wir die Extremalrechnung dennoch durchführen, nämlich mit dem CAS-Rechner.

Beispiel: Fahrtroute

Ein Schiff S bewegt sich längs der Kurve $f(x) = \frac{1}{\sqrt{2} \cdot x^2}$ (s. Abb.).
An welcher Position ist der Abstand des Schiffes zum Leuchtturm, der im Ursprung des Radarkoordinatensystems steht, am geringsten?

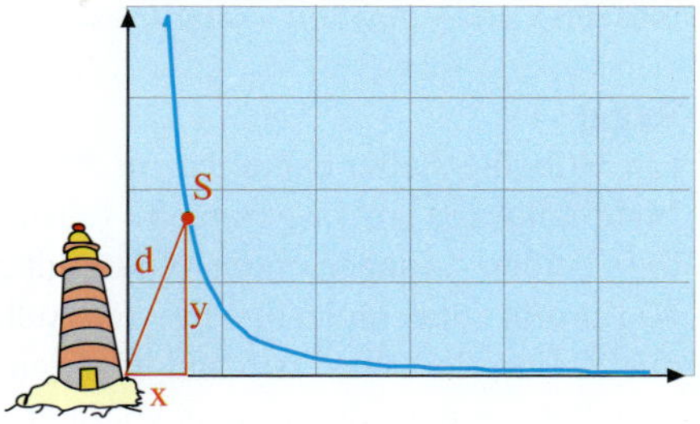

Lösung:

1. Hauptbedingung

x und y seien die Koordinaten des Schiffes. Nach dem Satz des Pythagoras gilt für den Abstand d die Formel:
$d = \sqrt{x^2 + y^2}$

Hauptbedingung:

(1) $d = d(x, y) = \sqrt{x^2 + y^2}$

2. Nebenbedingung

Der Zusammenhang zwischen den Variablen x und y liefert die Funktionsgleichung: $y = f(x)$, d. h., es gilt die Formel $y = \frac{1}{\sqrt{2} \cdot x^2}$ bzw. $y^2 = \frac{1}{2x^4}$.

Nebenbedingung:

$y = f(x)$

$y = \frac{1}{\sqrt{2} \cdot x^2}$

(2) $y^2 = \frac{1}{2x^4}$

3. Zielfunktion

Einsetzen von (2) in (1) liefert die Zielfunktion $d(x) = \sqrt{x^2 + \frac{1}{2x^4}}$.

Zielfunktion:

$d = \sqrt{x^2 + y^2}$

(3) $d = \sqrt{x^2 + \frac{1}{2 \cdot x^4}}$

4. Extremalrechnung

Da wir den komplexen Wurzelterm der Zielfunktion d mit unseren Mitteln nicht differenzieren können, ermitteln wir das Minimum der Zielfunktion durch Zeichnen des Graphen von d mit einem Rechner. Wir können dann die Option des Rechners zur Bestimmung des Minimums aufrufen oder das Minimum angenähert aus der Zeichnung ablesen.

Resultat: Das Minimum liegt bei x = 1. Der Punkt $S\left(1 \middle| \frac{1}{\sqrt{2}}\right)$ hat den geringsten Abstand vom Ursprung. Er beträgt 1,22.

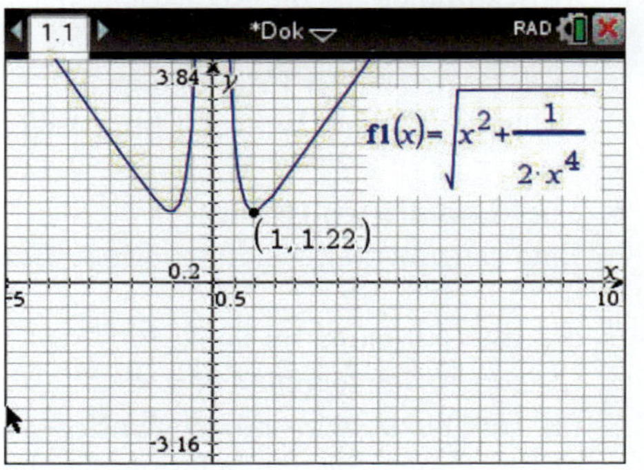

Test

Anwendungen der Differentialrechnung

1. Minimale Summe

x und y sind zwei natürliche Zahlen. Ihr Produkt soll 225 betragen. Wie müssen x und y gewählt werden, wenn ihre Summe möglichst klein sein soll?

2. Regal

Ein Möbelhersteller kalkuliert für das abgebildete Regal Materialkosten von insgesamt 30 Euro. Das Material für die beiden waagerechten Glaseinlegeböden kostet 40 Euro/m^2, das Holz für die vier Außenbretter kostet nur 20 Euro/m^2. Wie hoch und wie breit muss das Regal gestaltet werden, damit sein Volumen maximal wird? Die Stärke der Bretter wird bei der Lösung des Extremalproblems nicht berücksichtigt.

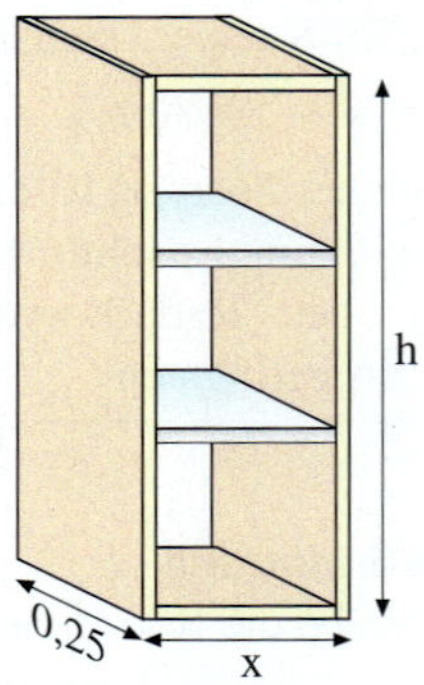

3. Eingesperrtes Rechteck

Unter dem Graphen von $f(x) = 4 - \frac{4}{3}x^2$ liegt ein achsenparalleles Rechteck. Wie muss dessen Eckpunkt P auf dem Graphen von f gewählt werden, damit sein Flächeninhalt maximal wird?

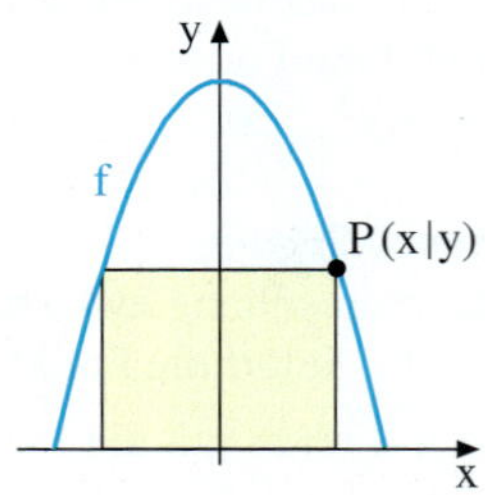

4. Brücke

Eine Brücke hat einen Tragebogen mit dem Profil einer quadratischen Funktion $f(x) = ax^2 + bx + c$.
In 10 m Entfernung vom Brückenanfang ist der Bogen 7,5 m hoch. Er verläuft dort mit einem Winkel von ca. 26,6°, d. h. die Steigung ist dort 0,5.

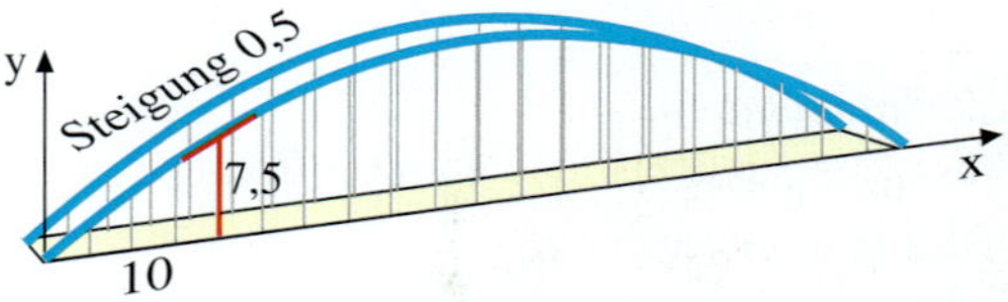

a) Bestimmen Sie die Koeffizienten a, b und c, bezogen auf das eingezeichnete Koordinatensystem.
b) Wie hoch ist der Brückenbogen?
c) Unter welchem Winkel α trifft der Tragebogen auf den Erdboden?

5. Funktion dritten Grades

Eine ganzrationale Funktion dritten Grades hat folgende Eigenschaften:

$f(x) = ax^3 + bx^2 + cx + d$

(1) Ein Extremum im Punkt P(1|6),
(2) Einen Wendepunkt bei $x = 4$,
(3) Den Funktionswert 2 an der Stelle $x = -1$.

a) Bestimmen Sie die Funktionsgleichung von f.
b) Wie lautet die Gleichung der Tangente an den Graphen von f im Wendepunkt.

Lösungen: S. 560

V. Exponentialfunktionen

1. Funktionen der Form $f(x) = c \cdot a^x$ (Wiederholung)

A. Wachstums- und Zerfallsprozesse

Euglena gracilis

In grün verfärbten Tümpeln lebt ein erstaunliches Wesen, nur 50 µm groß, halb Tier und halb Pflanze. Das sogenannte Augentierchen, lat. Euglena, ernährt sich von Bakterien, aber auch durch Fotosynthese. Mit Hilfe einer Geißel peitscht es sich nach dem Propellerprinzip voran, wobei es sich um seine Längsachse dreht. Obwohl es keinerlei Denkorgan besitzt, kann es fototaktisch reagieren. Es erkennt Lichteinfall mit Hilfe eines Fotorezeptors, der aus den lichtempfindlichen Zellen einer Geißelverdickung besteht, die im Geißelsäckchen liegt. Der rote Augenfleck – der der Mikrobe ihren Namen gab – verschattet den Fotorezeptor bei jeder Drehung, wodurch Euglena sich zum Licht hin orientieren kann.

Euglena ist ein Einzeller, der sich durch Teilung vermehrt. Wenn es eine gewisse Größe erreicht hat, schnüren Zellkern und Zelle sich ab. Zwei Tochterzellen entstehen auf diese Weise. Diese teilen sich nach etwa der gleichen Zeit wiederum, sodass ein starkes Populationswachstum entsteht, das erst endet, wenn Licht, Nahrung oder Raum ausgehen.

Beispiel: Das Wachstum einer Euglena-Kolonie

Im Labor wurde eine Euglena-Kolonie angelegt. Deren Populationswachstum wurde durch Auszählen unter dem Mikroskop über einen Zeitraum von 5 Tagen beobachtet und in einer Tabelle protokolliert. Modellieren Sie mit diesen Daten das Wachstum der Kolonie durch eine geeignete Funktion N. Skizzieren Sie den Graphen von N.

+1

t:	Zeit seit Beobachtungsbeginn in Tagen	0	1	2	3	4	5
N:	Bestand der Augentierchen (Anzahl)	300	388	510	670	870	1125

· 1,3

Lösung:

Es liegt exponentielles Wachstum vor. Dies erkennt man durch ***Quotientenbildung***:*

$\frac{N(1)}{N(0)} \approx 1{,}29 \quad \frac{N(2)}{N(1)} \approx 1{,}31 \quad \frac{N(3)}{N(2)} \approx 1{,}31$ usw.

Die Quotienten aufeinander folgender Funktionswerte bleiben relativ konstant gleich 1,3. Jeder Funktionswert entsteht daher aus dem Vorhergehenden durch Multiplikation mit dem Faktor 1,3.

Der Bestand N kann daher durch die Exponentialfunktion $N(t) = 300 \cdot 1{,}3^t$ erfasst werden.

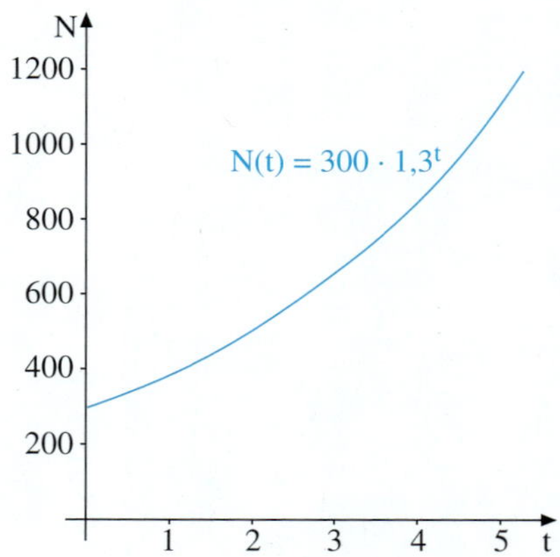

* Das hier angewendete Verfahren nennt man Quotiententest.

Viele Wachstumsprozesse und Zerfallsprozesse besitzen die Eigenschaft, dass die *Quotienten aufeinanderfolgender Bestände** konstant sind. Man spricht dann von ***exponentiellem Wachstum*** bzw. ***Zerfall*** und kann eine ***Exponentialfunktion*** zur Modellierung des Prozesses verwenden.

Definition V.1 Exponentialfunktion
c und a seien reelle Zahlen, $a > 0$.
Dann bezeichnet man die Funktion

$$f(x) = c \cdot a^x$$

als Exponentialfunktion zur Basis a.

Wachstum	Zerfall
$a > 1$	$a < 1$
$f(x) = 2^x$	$f(x) = 0{,}7^x$
$f(x) = 3 \cdot 1{,}5^x$	$f(x) = 4 \cdot 0{,}5^x$

Beispiel: Radioaktiver Zerfall
In einem Experiment zerfallen minütlich 30% der noch vorhandenen Stoffmenge eines radioaktiven Elementes. Zu Beobachtungsbeginn sind 3 mg des Stoffes vorhanden. Stellen Sie die noch nicht zerfallene Stoffmenge als Funktion der Zeit x in Minuten dar. Zeichnen Sie den Graphen von f anhand einer Wertetabelle für $0 \le x \le 7$ und beschreiben Sie seinen Verlauf.

Lösung:
Wir verwenden den Ansatz $f(x) = c \cdot a^x$, $a < 1$. In einer Zeiteinheit zerfallen 30% der gerade vorhandenen Stoffmenge, 70% bleiben erhalten.
Daher ist der Abnahmefaktor $a = 0{,}70$. Für die Zerfalls- oder Abnahmefunktion ergibt sich die Gleichung $f(x) = 3 \cdot 0{,}7^x$.

Die Wertetabelle für $0 \le x \le 7$ ermöglicht uns das Zeichnen des Graphen von f. Alternativ kann er mit dem Rechner dargestellt werden. Er verläuft, vom Anfangsbestand $N(0) = 3$ ausgehend, streng monoton fallend und linksgekrümmt. Für $x \to \infty$ nähert er sich der x-Achse an.

Bestimmung der Zerfallsfunktion:

$f(x) = c \cdot a^x, \quad a < 1$ (Ansatz)

$f(0) = 3 \quad \Rightarrow \quad c = 3 \quad \Rightarrow \quad f(x) = 3 \cdot a^x$

$$\left.\begin{array}{l} f(1) = 3 \cdot 0{,}7 \\ f(1) = 3 \cdot a^1 \end{array}\right\} \Rightarrow \quad a = 0{,}7$$

$\Rightarrow \ f(x) = 3 \cdot 0{,}7^x$

Wertetabelle:
Graph:

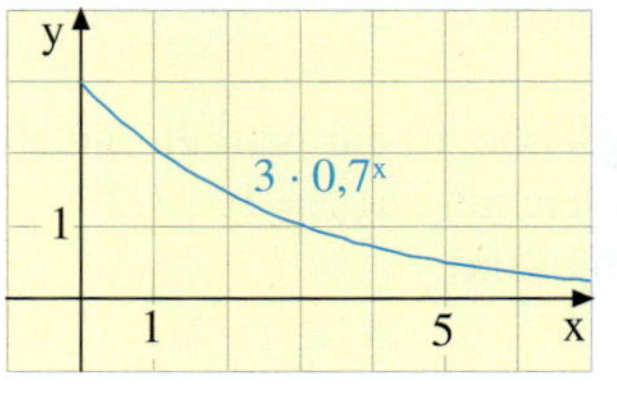

x	y
0	3
1	2,1
2	1,47
3	1,03
4	0,72
5	0,50
6	0,35
7	0,25

Übung 1 Zinsgewinn
Billy legt einen Geldbetrag von 20 000 € zu jährlichen Zinsen von 5% an, Jonas erhält bei seiner Bank nur 4% auf den gleichen Betrag. Wie lauten die Funktionen f und g, welche die Kontostände beschreiben? Zeichnen Sie deren Graphen. Welcher Unterschied ergibt sich nach 10 bzw. 50 Jahren?

Übung 2 Wertverlust
Ein neues Auto der Marke A kostet 20 000 € und hat einen jährlichen Wertverlust von 16%. Das Modell B kostet 24 000 € bei 20% Wertverlust. Wie lauten die Gleichungen der Abnahmefunktionen f und g, die den Wert der Autos darstellen? Zeichnen Sie die Graphen. Welchen Wert haben die Autos nach 10 Jahren? Wann sind sie etwa gleich viel wert?

---
* Unter aufeinanderfolgenden Beständen verstehen wir z. B. $f(x), f(x+1), f(x+2), \ldots$.

B. Tabellarische Prozesse

Häufig kann man einen Prozess nur durch Messungen erfassen. Anhand der Messwertetabelle kann man feststellen, ob ein exponentieller Prozess vorliegt, welcher Zuwachsfaktor sich ergibt und welche Funktionsgleichung zur Modellierung geeignet ist.

Beispiel: Sonnenblume

Das Wachstum einer Sonnenblume wird wöchentlich tabelliert. Zu Messbeginn ist sie 10 cm hoch.

a) Liegt exponentielles Wachstum vor? Wie groß ist der wöchentliche Wachstumsfaktor? Wie lautet die Gleichung der Funktion h, welche die Höhe beschreibt?

b) Wann ist die Blume 100 cm hoch?

Zeit in Wochen	Höhe in cm
0	10
1	12
2	14,5
3	17,3
4	20,7

Wachstum einer Sonnenblume

Lösung zu a):

Wir führen den sog. ***Quotiententest*** durch. Dieser besteht darin, jede Messhöhe durch die *vorhergehende* Messhöhe zu dividieren. Kommt stets annähernd das Gleiche heraus, liegt ein exponentieller Prozess vor. Der Quotient ergibt den Wachstumsfaktor des Prozesses. Wir erhalten hier stets etwa die Zahl 1,2 als Quotienten. Der Prozess ist also exponentiell. Der wöchentliche Wachstumsfaktor beträgt $a = 1{,}2$.

Quotiententest:

$$\frac{h(1)}{h(0)} = \frac{12}{10} = 1{,}20$$

$$\frac{h(2)}{h(1)} = \frac{14{,}5}{12} \approx 1{,}21$$

$$\frac{h(3)}{h(2)} = \frac{17{,}3}{14{,}5} \approx 1{,}19$$

$$\frac{h(4)}{h(3)} = \frac{20{,}7}{17{,}3} \approx 1{,}20$$

Da die Anfangshöhe 10 cm beträgt, lautet die Funktionsgleichung $h(t) = 10 \cdot 1{,}2^t$ (t in Wochen, h in cm).

Funktionsgleichung:

$h(t) = 10 \cdot 1{,}2^t$

Lösung zu b):

Der Ansatz $h(t) = 100$ führt auf das Resultat $t = 12{,}63$ Wochen.

Berechnung der Zeit:

$$h(t) = 100$$
$$10 \cdot 1{,}2^t = 100$$
$$t \approx 12{,}63$$

Übung 3

In einem Experiment steigt nach Einnahme einer Schmerztablette der Plasmaspiegel auf ca. 200 µg/ml an. Anschließend geht er zurück.

Zeit in Stunden	0	1	2	3	4
Konzentration in µg/ml	200	156	120	95	75

Ist der Abnahmeprozess exponentiell? Wie lautet die Funktionsgleichung für die Plasmakonzentration? Welche Halbwertszeit liegt vor? Die schmerzstillende Wirkung erfordert einen Plasmaspiegel über 30 µg/ml. Nach welcher Zeit endet die Schmerzstillung bei der Versuchsperson?

C. Das Lösen von Exponentialgleichungen

Im Folgenden werden häufig Exponentialgleichungen auftreten. Diese werden in der Regel mit Hilfe von logarithmischen Rechnungen gelöst. Dabei können die folgenden Rechengesetze für Logarithmen (Zehnerlogarithmus, später auch natürlicher Logarithmus) angewendet werden.

Logarithmische Rechengesetze

a und b seien positive reelle Zahlen; r sei eine beliebige reelle Zahl.
Dann gelten folgende Gesetze.

(1) $\log(a \cdot b) = \log a + \log b$

(2) $\log\left(\frac{a}{b}\right) = \log a - \log b$

(3) $\log a^r = r \cdot \log a$

(4) $\log 10^x = x$

(5) $10^{\log x} = x$

(6) $\log 10 = 1, \quad \log 1 = 0$

Beispiel: Exponentialgleichungen

Lösen Sie die Exponentialgleichung durch Anwendung des Logarithmus.

$$3^x = 17$$

Lösung:

Um x zu berechnen, wenden wir den Logarithmus auf beiden Seiten der Gleichung an. Man sagt auch, dass man *die Gleichung logarithmiert.*

Durch Anwendung des dritten logarithmischen Gesetzes wird die Unbekannte x aus dem Exponenten herausgelöst.

Es entsteht eine lineare Gleichung, die sich leicht nach x auflösen lässt.

$$\begin{aligned} 3^x &= 17 && \mid \text{Logarithmieren} \\ \log(3^x) &= \log 17 && \mid \text{3. log. Gesetz} \\ x \cdot \log 3 &= \log 17 && \mid :\log 3 \\ x &= \frac{\log 17}{\log 3} \approx 2{,}5789 \end{aligned}$$

Resultat: $x \approx 2{,}5789$

Übung 4 Exponentialgleichungen

Lösen Sie die Exponentialgleichung.

a) $8^x = 2$ b) $3 \cdot 4^x = 96$

c) $1000 \cdot 5^{x+2} = 8$ d) $3^{4^x} = 6561$

Übung 5 Kapitalverdopplung

Nancy legt 4000 € Kapital zu dem unglaublichen Jahreszinssatz von 8,5 % an. Wie lange benötigt sie, um ihr Kapital auf 8000 € zu verdoppeln?

Übung 6 Bevölkerungsentwicklung

Die Bevölkerung eines Landes wächst jährlich um 1,4 %. Der Anfangsbestand beträgt 20 Millionen.

a) Begründen Sie, dass die Bevölkerungszahl durch die Exponentialfunktion $N(t) = 20 \cdot 1{,}014^t$ erfasst wird.
(t: Jahre, N: Millionen)

b) Nach welcher Zeit werden 30 Millionen Einwohner erreicht?

Übung 7 Fischpopulation

Die Zahl der Fische im Lake Hurst wird durch $N(t) = \frac{20}{1 + 10 \cdot 2^{-0{,}5t}}$ beschrieben.
(t: Jahre, N: Fischanzahl in Tausend)

a) Wie viele Fische gab es zu Beobachtungsbeginn bzw. nach 5 Jahren?

b) Wann werden 5000 Fische erreicht?

c) Welche Zahl an Fischen stellt sich langfristig ein, d. h. für $t \to \infty$?

2. Untersuchung exponentieller Prozesse

In diesem Abschnitt werden wir exponentielle Prozesse vertieft untersuchen. Die Verdoppelungszeit und die Halbwertszeit solcher Prozesse werden angesprochen und es werden Experimente dargestellt, die solche Prozesse betreffen.

A. Halbwerts- und Verdoppelungszeit

Beispiel: Radioiod I-131
Bei einer vergrößerten Schilddrüse werden Patienten mit dem radioaktiven Iodisotop I-131 behandelt. Sie geben Strahlung ab und müssen für einige Zeit abgeschirmt werden. In einem speziellen Fall klingt die Aktivität nach der Formel $f(t) = 100 \cdot 0{,}917^t$ ab (t in Tagen).
In welcher Zeit sinkt sie auf die Hälfte des Ausgangswertes von 100 MBq?

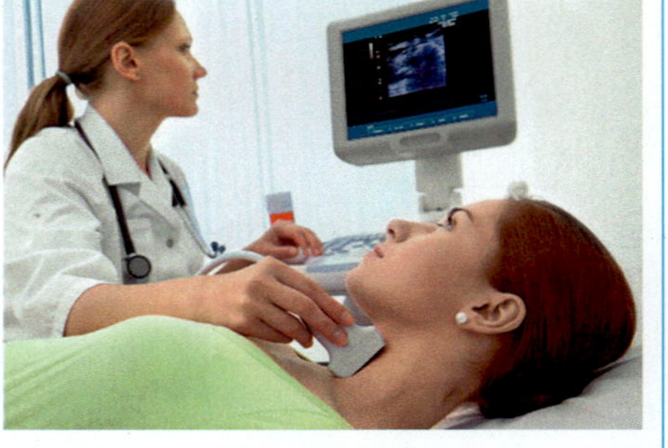

Lösung:
Der Ansatz $f(t) = \frac{1}{2} f(0)$ liefert nach einer logarithmischen Rechnung die Zeit, nach der die Aktivität auf die Hälfte des Ausgangswertes gesunken ist, also auf 50 MBq. Diese Zeit beträgt für Iod-131 ca. 8 Tage. Man bezeichnet Sie als ***Halbwertszeit*** des Prozesses. Ist die Halbwertszeit bekannt, so kann man den Verlauf des Prozesses auch ohne Rechnung gut abschätzen.

Berechnung der Halbwertszeit:

$$f(t) = \frac{1}{2} f(0)$$
$$100 \cdot 0{,}917^t = 50$$
$$0{,}917^t = 0{,}5$$
$$t \cdot \log 0{,}917 = \log 0{,}5$$
$$t = \frac{\log 0{,}5}{\log 0{,}917}$$
$$t \approx 8 \text{ Tage}$$

Man kann für die Halbwertszeit eine allgemeine Formel entwickeln (vgl. rechts).

Beweis der Formel:

$$f(t) = \frac{1}{2} f(0)$$
$$c \cdot a^t = \frac{c}{2}$$
$$a^t = \frac{1}{2}$$
$$t \cdot \log a = \log \frac{1}{2}$$
$$t = \frac{\log \frac{1}{2}}{\log a}$$

Satz V.1: Halbwertszeit
Der exponentielle Abnahme- bzw. Zerfallsprozess $\mathbf{f(t) = c \cdot a^t}$ $(0 < a < 1)$ hat die Halbwertszeit

$$\mathbf{T_{\frac{1}{2}} = \frac{\log \frac{1}{2}}{\log a}}.$$

Übung 1
Die Temperatur einer Flüssigkeit nimmt in einem Experiment nach dem Gesetz $f(t) = 80 \cdot 0{,}96^t$ ab (t in min, f(t) in °C). Nach welcher Zeit hat sich die Temperatur halbiert bzw. geviertelt?

Beispiel: Bevölkerungswachstum

Im Jahr 2006 erreichten die Vereinigten Staaten eine Einwohnerzahl von 300 Millionen. Die jährliche Zunahmerate betrug ca. 1 %, sodass die Funktion $f(t) = 300 \cdot 1{,}01^t$ das Wachstum erfasst. (t in Jahren seit 2006, f(t) in Millionen) Wann wird sich die Einwohnerzahl der USA verdoppelt haben? Wann erreichen die USA nach diesem Modell 1 Milliarde Einwohner?

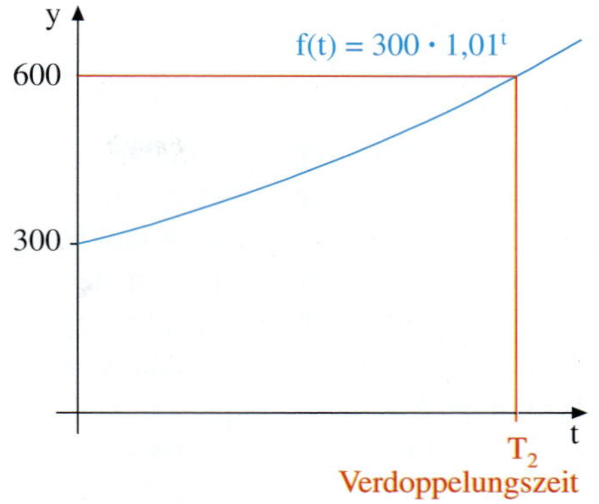

Lösung:
Der Ansatz $f(t) = 2 \cdot f(0)$ liefert nach einer logarithmischen Rechnung die Zeit, nach der die Einwohnerzahl sich von 300 auf 600 Millionen verdoppelt hat.
Diese Zeit – die als ***Verdoppelungszeit*** bezeichnet wird – beträgt nach nebenstehender Rechnung ca. 70 Jahre.
Die USA werden also – gleichbleibendes Wachstum vorausgesetzt – im Jahre 2076 ca. 600 Millionen Einwohner besitzen.

Berechnung der Verdoppelungszeit:

$$f(t) = 2 \cdot f(0)$$
$$300 \cdot 1{,}01^t = 600$$
$$1{,}01^t = 2$$
$$t \cdot \log 1{,}01 = \log 2$$
$$t = \frac{\log 2}{\log 1{,}01}$$
$$t \approx 69{,}66 \text{ Jahre}$$

Nach zwei Verdoppelungszeiten, also nach 140 Jahren, d.h. im Jahre 2146, wäre die Bevölkerungszahl der USA bei 1200 Millionen (300-600-1200) angelangt. Eine Milliarde würden also nach ca. 120 Jahren erreicht. Aber es ist nicht anzunehmen, dass die Entwicklung über eine derart lange Zeit gleichmäßig verläuft (Grenzen des Modells).

Auch für die Verdoppelungszeit gibt es eine allgemeine Formel.
Der Beweis verläuft in Analogie zum Beweis der Formel für die Halbwertszeit.

Satz V.2: Verdoppelungszeit

Der exponentielle Wachstumsprozess $\mathbf{f(t) = c \cdot a^t}$ mit $a > 1$ besitzt die Verdoppelungszeit

$$\mathbf{T_2 = \frac{\log 2}{\log a}}.$$

Übung 2

Die Tabelle gibt die Wachstumsraten einiger Länder aus dem Jahr 2000 an. Lettland hatte 2000 eine Einwohnerzahl von 2,4 Millionen, der Gazastreifen hatte ca. 1,2 Millionen Einwohner.

a) Bestimmen Sie die Wachstumsfunktionen für Lettland und Gaza. Fertigen Sie eine Skizze der Graphen an.
Wann haben diese Gebiete gleich viele Einwohner?

b) Wie lauten die Verdoppelungszeiten von Togo und Gaza?

Hohe Zunahme in %	
1. Gazastreifen	3,5
2. Togo	2,7

Hohe Abnahme in %	
1. Lettland	−0,6
2. Deutschland	−0,1

Übungen

3. Influenza

Die gefürchtete *Influenza* unterscheidet sich vom relativ harmlosen grippalen Infekt durch schlagartigen Beginn mit 40 °C Fieber und schwerem Krankheitsgefühl. Der Influenzaerreger kann sich nämlich in den Atemwegen aufgrund einer raffinierten Strategie explosionsartig verbreiten. Innerhalb von 6 Stunden entwickeln sich aus einem Virus 1500 neue Viren.

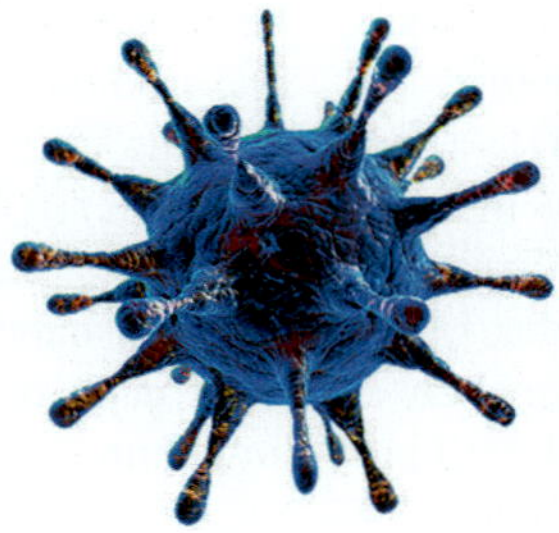

a) Wie lautet das Wachstumsgesetz, wenn die Infektion durch 100 Erreger verursacht wird?

b) Wann übersteigt die Anzahl der Erreger die Millionen- bzw. die Milliardengrenze?

c) Wie groß ist die Verdoppelungszeit des Prozesses?

4. Luftdruck

Der Luftdruck nimmt mit steigender Höhe über dem Meeresspiegel exponentiell um etwa 12 % pro Kilometer ab. In Meereshöhe herrscht ein Luftdruck von ca. 1013 hPa.

a) Geben Sie eine Funktion an, die die Druckabnahme modelliert. Zeichnen Sie den Graphen.

b) Berechnen Sie den Luftdruck auf der Zugspitze (3000 m) und dem Mount Everest (8900 m).

c) Wie viele Meter muss man steigen, bis sich der Luftdruck halbiert hat?

d) Der Mensch kann einen Luftdruck bis hinunter zu 400 mbar aushalten. Bis zu welcher Höhe kann ein Mensch ohne Atemmaske aufsteigen?

5. Alkoholgehalt

Ein Autofahrer fährt in den Graben. Er entfernt sich von der Unfallstelle. Fünf Stunden später wird eine Blutprobe genommen. Der Alkoholgehalt beträgt 0,7 Promille. Eine weitere Stunde später ist er auf 0,6 Promille gefallen. Wie viele Promille hatte der Mann zur Unfallzeit, wenn man exponentielle Abnahme unterstellt? Wie viele Promille wären es bei linearer Abnahme?

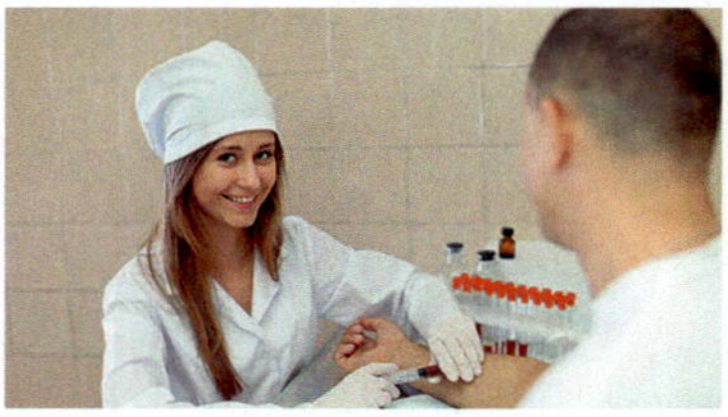

6. Helligkeit unter Wasser

Die Helligkeit nimmt mit zunehmender Wassertiefe dramatisch ab, nämlich exponentiell. In 16 Metern Tiefe sind nur noch 15 % der Lichtmenge übrig.

a) Geben Sie eine Funktion an, welche den Prozentsatz der Lichtes in Abhängigkeit von der Tauchtiefe beschreibt (Oberfläche: 100 %).

b) In welcher Tiefe ist ein Taucher, dessen Belichtungsmesser nur 0,1 % des Tageslichtes misst?

Experimente

1. Das Superballexperiment

Man lässt einen Superball aus 2 m Höhe senkrecht nach unten fallen. Er prallt auf den Boden und steigt ein erstes Mal nach oben, wobei er eine Sprunghöhe erreicht, die knapp unter 2 m liegt. Er beginnt erneut zu fallen, prallt ein zweites Mal auf und steigt ein zweites Mal nach oben usw. Die Sprunghöhe wird von Mal zu Mal kleiner. Mit einem senkrecht gehaltenen Zollstock lässt sie sich relativ gut abschätzen. Tipp: Das Ablesen geht besonders gut, wenn der Ball nach Erreichen des ersten Gipfels abgefangen wird und für die Bestimmung der zweiten Gipfelhöhe neu fallen gelassen wird aus der Höhe des ersten Gipfels usw. Zeitbedarf ohne Auswertung: ca. 10 Minuten.

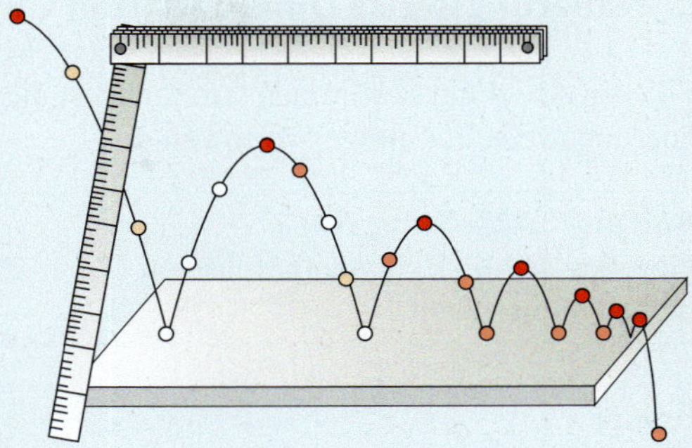

Auswertung:

a) Sammeln Sie die Daten zur Sprunghöhe des Superballs in einer Tabelle, die jeder Sprungnummer die zugehörige Gipfelhöhe zuordnet.
b) Stellen Sie die gesammelten Daten in einem Koordinatensystem graphisch dar.
c) Überprüfen Sie durch den Quotiententest, ob ein exponentieller Prozess vorliegt.
d) Stellen Sie die Abnahmefunktion auf. Ansatz: $f(x) = c \cdot a^x$
e) Bestimmen Sie die Sprunghöhe nach dem fünften Aufprall rechnerisch.
f) Bei welcher Sprungnummer erreicht der Ball zum ersten Mal eine Gipfelhöhe, die unter 0,3 m liegt?
g) Welche Sprunghöhe erreicht der Ball nach dem 1. Aufprall, wenn die anfängliche Höhe 1,7 m beträgt? Überprüfen Sie Ihr rechnerisches Ergebnis experimentell.

2. Das Bierschaumexperiment

In einen Messzylinder (V = 1000 ml) wird zügig Bier gegossen, sodass sich eine kräftige Schaumsäule bildet. Die Stoppuhr wird sofort in Gang gesetzt und die absolute Schaumhöhe wird im 30-Sekunden-Takt gemessen, insgesamt über ca. 5 Minuten. Der günstigste Zeittakt hängt von der Biersorte ab. Zeitbedarf ohne Auswertung: ca. 10 Minuten.

Auswertung:

a) Messdaten in einer Tabelle festhalten.
b) Daten graphisch darstellen.
c) Exponentiellen Zerfall durch Quotientenbildung überprüfen.
d) Zerfallsfunktion aufstellen.
e) Halbwertszeit bestimmen.
f) Vergleichsmessung mit einer anderen Biersorte.
g) Wiederholen Sie das gesamte Experiment. Messen Sie diesmal die Höhe der Flüssigkeitssäule unter dem Schaum.

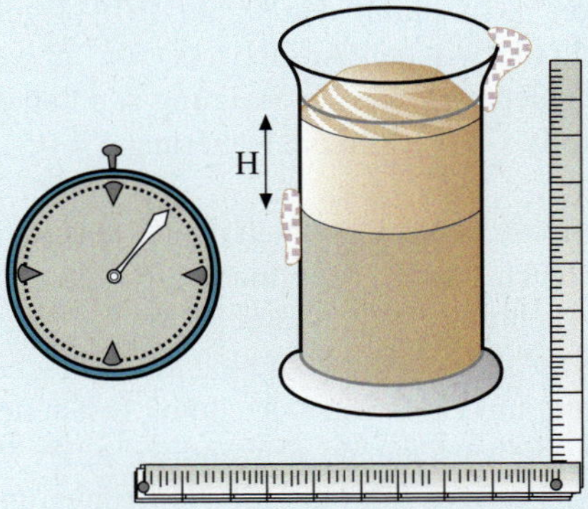

Hinweis: Beide Experimente sind problemlos. Sie können in Gruppenarbeit durchgeführt werden. Beim Superballexperiment kann man mehrere Bälle mit unterschiedlicher Sprungkraft verwenden (Superball, Tennisball, Softball), beim Bierschaumexperiment mehrere Biersorten (z. B. auch Weizenbier).

3. Die natürliche Exponentialfunktion $f(x) = e^x$

A. Näherungsweise Differentiation von $f(x) = 2^x$

In diesen Abschnitt bestimmen wir zunächst die Ableitungen von Funktionen der Form $f(x) = a^x$ näherungsweise für einige Werte von a.

Beispiel: Ableitung von 2^x
Gegeben sei die Exponentialfunktion $f(x) = 2^x$. Bestimmen Sie zeichnerisch und rechnerisch die Ableitung von f.

Lösung:
Graphisches Differenzieren:
Wir zeichnen den Graphen von f mittels einer Wertetabelle und lesen näherungsweise die Steigungen des Graphen an einigen Stellen ab, indem wir dort die Tangenten einzeichnen.

x	−1	0	1	2
m	0,4	0,7	1,4	2,8

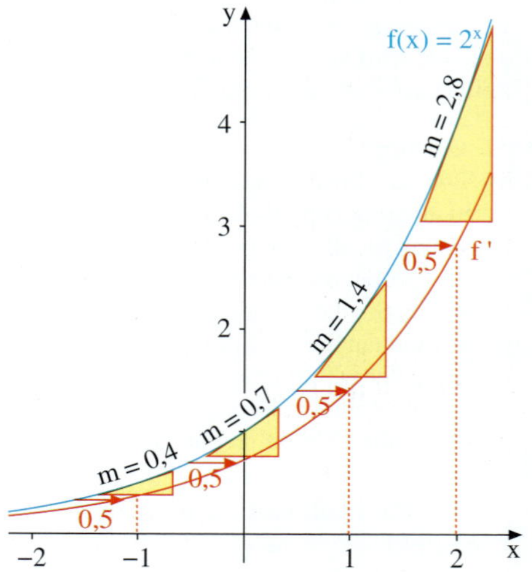

Auf dieser Grundlage skizzieren wir die Ableitungsfunktion f′, deren Funktionswerte die Steigungen von f sind. Aufgrund des Verlaufs der skizzierten Ableitungsfunktion f′ liegt die Vermutung nahe, dass es sich ebenfalls um eine Exponentialfunktion handelt. Da die Ableitungsfunktion nicht durch den Punkt $P(0|1)$ geht, müssen wir den Ansatz $f'(x) = c \cdot a^x$ verwenden. Ablesen der Steigung von f an der Stelle $x = 0$ ergibt die Näherung $c \approx 0{,}7$.

Vermutung: $f'(x) = c \cdot a^x$

$f'(0) \approx 0{,}7 \quad \Rightarrow \quad c \approx 0{,}7$

Offensichtlich kann man den Graphen von f′ auch durch Verschiebung* von f in x-Richtung erhalten (durch Pfeile angedeutet). Am Graphen lässt sich eine Verschiebung um ca. 0,5 in x-Richtung feststellen. Die nebenstehende Anwendung eines Potenzgesetzes führt auf die Näherungsfunktion $f'(x) \approx 0{,}7 \cdot 2^x$.

Verschiebung des Graphen von f um ca. 0,5 in x-Richtung:

$f'(x) = 2^{x-0,5} = 2^x \cdot 2^{-0,5} \approx 0{,}7 \cdot 2^x$

Vermutung: $(2^x)' \approx 0{,}7 \cdot 2^x$

* Diese Verschiebung lässt sich durch Verwendung zweier übereinander liegender OH-Folien gut zeigen.

Rechnerisches Differenzieren:

Um unsere Vermutung zu bestätigen und eine bessere Näherung zu erhalten, bestimmen wir die Ableitung von f rechnerisch mit Hilfe des Differentialquotienten.

Hierbei tritt der Grenzwert $\lim\limits_{h \to 0} \frac{2^h - 1}{h}$ auf.

Diesen können wir allerdings mit unseren Mitteln nur näherungsweise ermitteln.*
Wir nähern uns dem Grenzwert mit Hilfe eines Taschenrechners. Dazu setzen wir für h kleine Testwerte ein, die wir an null heranrücken lassen.

h	0,1	0,01	0,001	0,0001
$\frac{2^h-1}{h}$	0,718	0,696	0,6934	0,6932

Die nebenstehende Rechnung bestätigt die graphisch gewonnene Vermutung und liefert das Resultat: $(2^x)' \approx 0{,}693 \cdot 2^x$.

$$\begin{aligned} f'(x) &= \lim_{h \to 0} \frac{f(x+h) - f(x)}{h} \\ &= \lim_{h \to 0} \frac{2^{x+h} - 2^x}{h} \\ &= \lim_{h \to 0} \left(\frac{2^h - 1}{h} \cdot 2^x\right) \\ &= \left(\lim_{h \to 0} \frac{2^h - 1}{h}\right) \cdot 2^x \\ &\approx 0{,}693 \cdot 2^x \end{aligned}$$

Resultat:

$(2^x)' \approx 0{,}693 \cdot 2^x$

Übung 1 Ableitung von 3^x

Gegeben sei die Funktion $f(x) = 3^x$.
Bestimmen Sie die Ableitung f′ der Funktion rechnerisch angenähert, indem Sie so vorgehen wie im Beispiel oben.

Übung 2 Ableitung von $1{,}5^x$

Gegeben sei die Funktion $f(x) = 1{,}5^x$.
Bestimmen Sie die Ableitung f′ der Funktion rechnerisch angenähert, indem Sie so vorgehen wie im Beispiel oben.

Übung 3 Kontrollrechnung

Gegeben ist die Funktion $f(x) = 2^x$ mit der Ableitung $f'(x) \approx 0{,}693 \cdot 2^x$.
Berechnen Sie f′ an den Stellen $x = -1, 0, 1, 2$ und vergleichen Sie die Werte mit den Resultaten des graphischen Ableitens (siehe Tabelle auf der vorigen Seite).

Knobelaufgabe II

In der Zahl 52x2y sollen die Platzhalter durch passende Ziffern so ersetzt werden, dass eine durch 36 teilbare fünfstellige Zahl entsteht. Ermitteln Sie, durch welche Ziffern die Platzhalter ersetzt werden müssen. Prüfen Sie, ob es mehrere Lösungen gibt. (Nach Möglichkeit ohne Taschenrechner lösen.)

* Man kann zeigen, dass $\lim\limits_{h \to 0} \frac{2^h - 1}{h} = \ln 2$ gilt ($\ln 2 \approx 0{,}693$). Allgemein gilt: $\lim\limits_{h \to 0} \frac{a^h - 1}{h} = \ln a$.

B. Die natürliche Exponentialfunktion $f(x) = e^x$

Oben berechneten wir angenähert die Ableitung von $f(x) = 2^x$.
Für $f(x) = 1{,}5\,x$ und $f(x) = 3^x$ erhalten wir auf die gleiche Weise die rechts dargestellten Ergebnisse.

$$(1{,}5^x)' = \left(\lim_{h \to 0} \frac{1{,}5^h - 1}{h}\right) \cdot 1{,}5^x \approx 0{,}405 \cdot 1{,}5^x$$

$$(2^x)' = \left(\lim_{h \to 0} \frac{2^h - 1}{h}\right) \cdot 2^x \approx 0{,}693 \cdot 2^x$$

$$(3^x)' = \left(\lim_{h \to 0} \frac{3^h - 1}{h}\right) \cdot 3^x \approx 1{,}099 \cdot 3^x$$

Sie lassen vermuten, dass es eine Zahl e gibt, für die der auftretende Grenzwert 1 ist, so dass $(e^x)' = 1 \cdot e^x$ gilt.

$$(e^x)' = \left(\lim_{h \to 0} \frac{e^h - 1}{h}\right) \cdot e^x \approx 1 \cdot e^x$$

Dies ist der Fall. Die Zahl e wird als die ***Eulersche Zahl*** bezeichnet. Es gilt $e \approx 2{,}718\ldots$.

Eulersche Zahl: $e = 2{,}718\ldots$

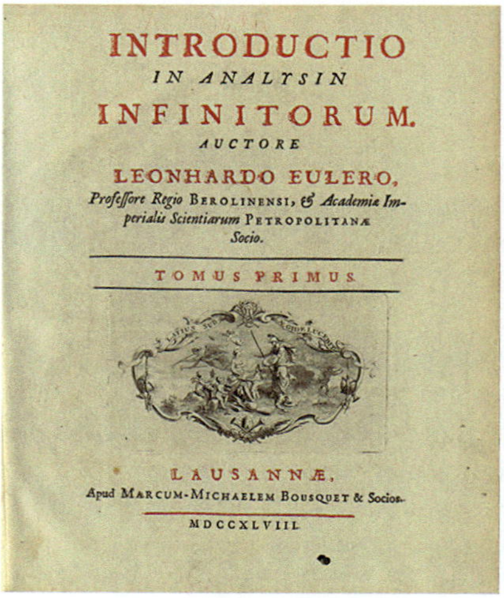
INTRODUCTIO
IN ANALYSIN
INFINITORUM.
AUCTORE
LEONHARDO EULERO,
Professore Regio Berolinensi, & Academiæ Imperialis Scientiarum Petropolitanæ Socio.
TOMUS PRIMUS.
LAUSANNÆ,
Apud Marcum-Michaelem Bousquet & Socios.
MDCCXLVIII.

Leonhard Euler (1707–1783) führte in seinem Werk „Introductio in Analysin Infinitorum", das 1748 in lateinischer Sprache erschien, die Abkürzung e für eine von ihm untersuchte Reihe ein, die sich dem Zahlenwert $e = 2{,}718\ldots$ beliebig dicht annäherte.

Die Eulersche Zahl e ist deshalb interessant, weil die Exponentialfunktion $f(x) = e^x$ mit der Basis e ihre eigene Ableitung ist, d. h. es gilt $(e^x)' = e^x$.
Die Funktion $f(x) = e^x$ heißt ***natürliche Exponentialfunktion*** (zur Basis e).

Die natürliche Exponentialfunktion und ihre Ableitung

Die Funktion $f(x) = e^x$ mit $e = 2{,}718\ldots$ wird als natürliche Exponentialfunktion bezeichnet. Ihre Ableitung stimmt mit der Funktion selbst überein, d. h. es gilt:

$$f'(x) = e^x.$$

Wissenswertes über die Zahl e

Die Zahl e ist eine Dezimalzahl, deren Dezimalentwicklung weder abbricht noch irgendwann periodisch wird: $e = 2{,}71828\ldots$.

Die Zahl e kann durch folgende Grenzwerte definiert werden.

(1) $\left(\lim_{h \to 0} \frac{e^h - 1}{h}\right) = 1$ (implizit)

(2) $e = \lim_{n \to \infty} \left(1 + \frac{1}{n}\right)^n$ (explizit)

Mit Formel (2) kann man e mittels Taschenrechner sehr leicht angenähert mit hoher Genauigkeit berechnen.

Übung 4 Die Zahl e

a) Zeigen Sie durch Einsetzen kleiner Werte von h: $\lim_{h \to 0} \frac{2{,}718^h - 1}{h} \approx 1$.

b) Berechnen Sie die Zahl e mit Formel (2) aus dem Kasten rechts durch Einsetzen von großen Werten von n angenähert.

Die Werte der natürlichen Exponentialfunktion $f(x) = e^x$ können mit Hilfe des Taschenrechners berechnet werden. Dieser besitzt eine entsprechende e^x-Taste.

Beispiel: Der Graph von $f(x) = e^x$
Legen Sie mittels Taschenrechner eine Wertetabelle der Funktion $f(x) = e^x$ für $-2 \leq x \leq 2$ an, Schrittweite 0,5. Zeichnen Sie anschließend den Graphen von f.

Lösung:
Wir verwenden die Funktionstaste e^x.

x	−2	−1,5	−1	−0,5	0	0,5	1	1,5	2
e^x	0,14	0,22	0,37	0,61	1	1,65	2,72	4,48	7,39

Der Graph von f ist rechts abgebildet.

Beispiel: Eigenschaften von $f(x) = e^x$
Beschreiben Sie das Monotonie- und das Krümmungsverhalten von f sowie das Verhalten von f im Unendlichen.

Lösung:
f ist streng monoton steigend.
Außerdem ist er beständig linksgekrümmt.

Für $x \to \infty$ wächst der Funktionswert von f wegen $e \approx 2{,}718 > 1$ über alle Grenzen.

$$\lim_{x \to \infty} e^x = \infty$$

Für $x \to -\infty$ schmiegt sich der Graph von f von oben immer dichter an die x-Achse an.

$$\lim_{x \to -\infty} e^x = 0$$

Übung 5 Funktionswerte von $f(x) = e^x$
a) Berechnen Sie $f(-5)$, $f(3)$, $f(5)$, $f(10)$, $f(100)$.
b) Für welchen Wert x gilt $f(x) = 10$?

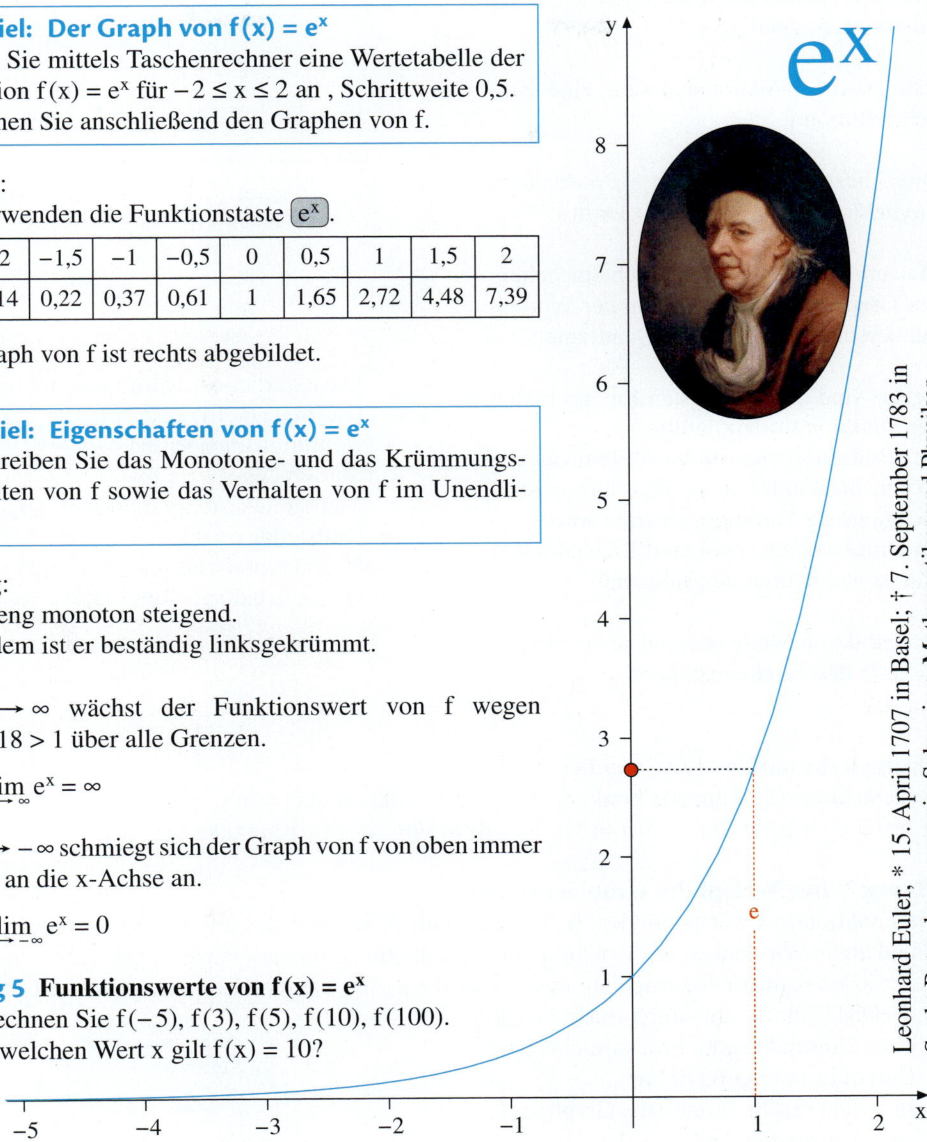

Leonhard Euler, * 15. April 1707 in Basel; † 7. September 1783 in Sankt Petersburg, war ein Schweizer Mathematiker und Physiker

C. Die natürliche Logarithmusfunktion f(x) = ln x

Die Exponentialfunktion $f(x) = e^x$ ist streng monoton steigend.

Eine solche Funktion hat stets eine Umkehrfunktion f^{-1}.

Diese bezeichnet man hier als ***natürliche Logarithmusfunktion**** $f^{-1}(x) = \ln x$.

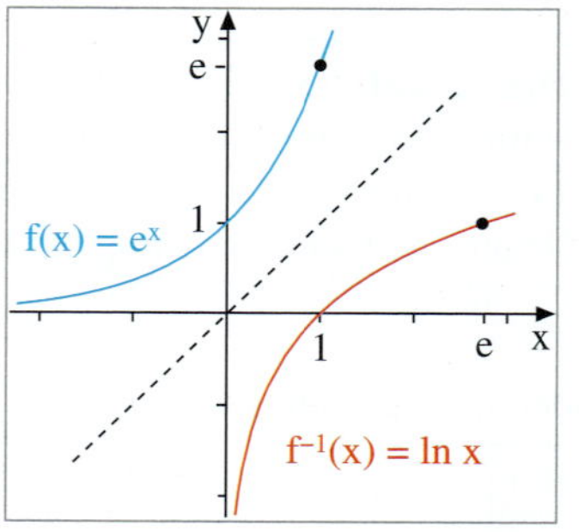

Man erhält ihren Graphen durch Spiegelung des Graphen von $f(x) = e^x$ an der Winkelhalbierenden des 1. und 3. Quadranten.

Rechts sind die wichtigsten Eigenschaften der Funktion ln x aufgeführt.
Ihre Definitiomenge ist die Wertemenge der Exponentialfunktion e^x und ihre Wertemenge ist die Definitionsmenge von e^x.
Ihr Graph verläuft im 4. und 1. Quadranten und ist streng monoton steigend.

Ihre Funktionswerte berechnet man mit der ln-Taste des Taschenrechners.

Eigenschaften von ln x
Die natürliche Logarithmusfunktion ln x hat folgende Eigenschaften:
Definitionsmenge: $\mathbb{R}^+$
Wertemenge: $\mathbb{R}$
Monotonie: Streng monoton steigend
Nullstelle: x = 1
Charakteristischer Punkt: P(e|1)
Grenzverhalten: $\lim\limits_{x \to 0} \ln x = -\infty$
$\lim\limits_{x \to \infty} \ln x = \infty$

Übung 6 Funktionswerte von ln x
Berechnen Sie die folgende Funktionswerte der Funktion $g(x) = \ln x$.
a) $\ln 0{,}5$ b) $\ln 10$ c) $\ln e^2$ d) $\ln 100$ e) $\ln 1\,000\,000$

Übung 7 Der Verlauf des Graphen von ln x
Die Funktion ln x wächst unglaublich langsam an. Man kann das durch einen Vergleich veranschaulichen. Wir denken uns den Graphen der Funktion auf einen Papierbogen aufgetragen, der die Erde am Äquator so umspannt, dass dieser die x-Achse bildet. Eine Längeneinheit sei 1 cm.

a) Welche Höhe hat der Graph von ln x nach einer Umrundung der Erde erreicht? Der Erdradius beträgt 6370 km.
b) In welcher Höhe verläuft der Graph nach zwei Umrundungen?
c) Welcher Höhengewinn wird bei der elften Umrundung erzielt ?
d) Nach wie vielen Umrundungen ist der Graph höher als 30 cm?

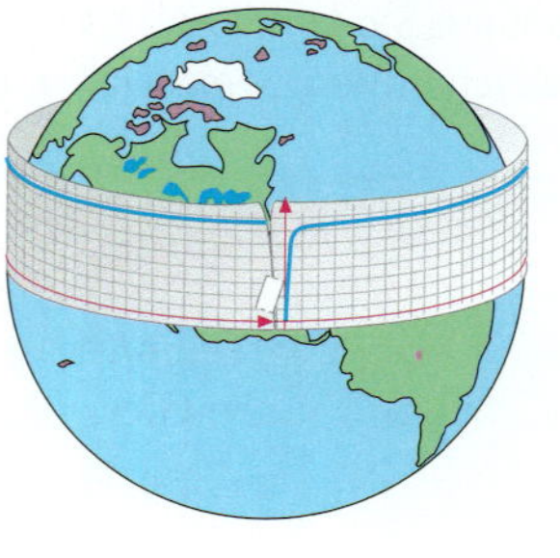

* Das Funktionssymbol **ln** steht für **l**ogarithmus **n**aturalis.

D. Die Rechengesetze für natürliche Logarithmen

Für natürliche Logarithmen ln x gelten im Prinzip die gleichen Rechengesetze wie für die Zehnerlogarithmen log x (s. S. 205).

Rechts sind die Gesetze aufgeführt. Sie beruhen auf den Potenzrechengesetzen.

Man benötigt sie zur Durchführung von logarithmischen Rechnungen und zur Auflösung von Exponentialgleichungen.

Rechengesetze für natürliche Logarithmen

(1) $\ln(a \cdot b) = \ln a + \ln b$

(2) $\ln\left(\frac{a}{b}\right) = \ln a - \ln b$

(3) $\ln(a^b) = b \cdot \ln a$

(4) $\ln(e^x) = x$

(5) $e^{\ln x} = x$

(6) $\ln 1 = 0$

E. Das Lösen von Exponentialgleichungen

Im Folgenden sind häufig Exponentialgleichungen zu lösen. Dabei verwenden wir die oben aufgeführten Rechengesetze für natürliche Logarithmen.

Beispiel: Exponentialgleichungen

Lösen Sie die folgenden Exponentialgleichungen.

a) $2e^{2x-1} = 4$ b) $2e^{-x} = e^{0,5x}$

Lösung zu a:

$2e^{2x-1} = 4$ | : 2

$e^{2x-1} = 2$ | Logarithmieren

$\ln(e^{2x-1}) = \ln 2$ | Gesetz (4)

$2x - 1 = \ln 2$ | + 1

$2x = \ln 2 + 1$ | : 2

$x = \frac{\ln 2}{2} + 0,5$ | Taschenrechner

$x \approx 0,85$

Lösung zu b:

$2e^{-x} = e^{0,5x}$ | $\cdot e^x$

$2e^{-x} \cdot e^x = e^{0,5x} \cdot e^x$ | Potenzgesetz

$2e^0 = e^{1,5x}$ | $e^0 = 1$

$2 = e^{1,5x}$ | Logarithmieren

$\ln 2 = \ln(e^{1,5x})$ | Gesetz (4)

$\ln 2 = 1,5x$ | : 1,5

$x = \frac{\ln 2}{1,5}$ | Taschenrechner

$x \approx 0,46$

Übung 8 Termvereinfachung

Vereinfachen Sie die gegebenen Terme mit Hilfe der Rechengesetze für den natürlichen Logarithmus.

a) $\ln(x^4)$ b) $\ln 2 + 2\ln 2$ c) $\ln(\sqrt{x})$ d) $\ln(3e^{2x})$

e) $e^{2\ln x}$ f) $\ln 2 + \ln 0,5$ g) $\ln(8e^{3\ln 0,5})$ h) $\ln(e \cdot 3e^2)$

Übung 9 Lösen von Exponentialgleichungen

Lösen Sie die folgenden Gleichungen.

a) $e^{-x} = 0,1$ b) $2e^x + 1 = 9$ c) $2e^x = 4e^{-x}$ d) $e^{-0,5x+1} = 0,25$

e) $e^{2x+2} = 8$ f) $e^x = e^{-x}$ g) $\ln x = 5$ h) $\ln(x^2) = \ln x - 1$

F. Die Ableitung von f(x) = ln x

Die Ableitung der natürlichen Logarithmusfunktion kann nicht ohne Weiteres rechnerisch mit Hilfe des Differentialquotienten bestimmt werden, wie es z. B. für Potenzfunktionen und Polynome möglich war. Es ist aber möglich, sie zeichnerisch zu konstruieren.

1. Zeichnerische Konstruktion des Graphen der Ableitung von f(x) = ln x

Beispiel: Die Ableitung von ln x

Zeichnen Sie den Graphen von $f(x) = \ln x$ für $0 < x \leq 4$. Lesen Sie an einigen geeigneten Stellen die Steigung ab und skizzieren Sie dann auf dieser Basis den Graphen von f′.
Welche Vermutung ergibt sich aufgrund der Skizze für die Funktionsgleichung von f′?

Lösung:
Zum Ablesen der Steigung von f tragen wir an den Stellen $x = 0{,}5$, $x = 1$, $x = 2$, $x = 3$ und $x = 4$ kleine Tangentenstücke mit jeweils einem Steigungsdreieck ein.
Wir erhalten so die folgenden Steigungen:

x	0,5	1	2	3	4
f′(x)	2	1	0,5	0,3	0,25

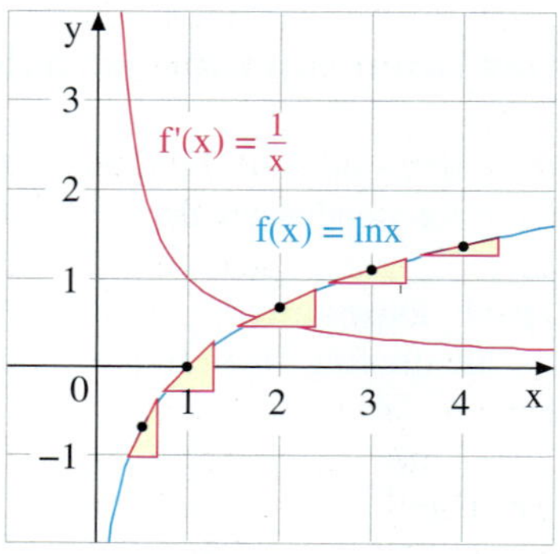

Durch Eintragen dieser Punkte in die Zeichnung und anschließendes Verbinden erhalten wir den Graphen der Ableitung f′.

Anhand seines Ausssehen liegt die Vermutung nahe, dass es sich um die Hyperbel $\frac{1}{x}$ handelt. Dies ist tatsächlich richtig.*
Also gilt: $f'(x) = (\ln x)' = \frac{1}{x}$

Die Ableitung von ln x

Die natürliche Logarithmusfunktion $f(x) = \ln x$ ist für $x > 0$ differenzierbar.
Ihre Ableitung lautet:

$$(\ln x)' = \frac{1}{x}$$

Übung 10 Anwendung der logarithmischen Differentiation

Gegeben ist die Funktion $f(x) = \ln x$.
a) Berechnen Sie die Steigung von f bei $x = 0{,}1$, $x = 1$, $x = e$ und $x = 1000$.
b) Geben Sie die Stelle x an, bei der f die Steigung $m = 0{,}5$ hat.
c) Bestimmen Sie die Gleichung der Tangente und der Normalen von f an der Stelle $x = 2$.
d) Berechnen Sie den Steigungswinkel von f im Punkt $P(e|1)$.

Übung 11 Monotonie und Krümmung von f(x) = ln x

a) Zeigen Sie mit Hilfe von f′: $f(x) = \ln x$ ist streng monoton steigend.
b) Zeigen Sie mit Hilfe von f″: $f(x) = \ln x$ ist rechtsgekrümmt und besitzt keinen Wendepunkt.

* Dies kann hier aber leider nicht rechnerisch bewiesen werden.

4. Produkt- und Kettenregel

In den vorhergehenden Kapiteln wurden mehrere Funktionsklassen untersucht, z. B. Polynome, einige nicht-ganzrationale Funktionen wie Hyperbel und Wurzelfunktion, die Eulersche Exponentialfunktion e^x und die natürliche Logarithmusfunktion $\ln x$. Im Folgenden sollen Zusammensetzungen solcher Funktionen untersucht werden, insbesondere geht es auch um weitere Ableitungsregeln.

A. Zusammengesetzte Funktionen

Die einfachsten Zusammensetzungen bestehen aus ***Summen*** und ***Differenzen bzw. aus Produkten und Quotienten*** elementarer Funktionen. Rechts sind einige Beispiele für solch einfache Zusammensetzungen aufgeführt.
Zur Untersuchung solcher Funktionen benötigt man weitere Regeln der Differentialrechnung, die in den folgenden Abschnitten entwickelt werden.

Additive Zusammensetzungen

Polynome: $f(x) = x^2 + 2x$
Exponentialfunktionen: $f(x) = e^x + 2e^{-x}$
Trigonom. Funktionen: $f(x) = \sin x + \cos x$

Multiplikative Zusammensetzungen

Polynom/Polynom: $f(x) = (x-1)(x^2+1)$
Polynom/Expo-Fkt: $f(x) = (x+1) \cdot e^x$
Expo-Fkt/Expo-Fkt: $f(x) = (e^x - 2) \cdot e^x$

Eine weitere Zusammensetzung wird durch die sogenannte Verkettung von Funktionen erreicht. Hierbei wird im Funktionsterm einer Funktion f die Variable x durch einen Funktionsterm g(x) ersetzt. Man erhält so eine neue Funktion h mit der Funktionsgleichung $h(x) = f(g(x))$.
h heißt ***Verkettung*** von f und g.
f wird als ***äußere Funktion*** und g als ***innere Funktion*** der Verkettung bezeichnet.

Verkettung von Funktionen

Beispiel 1: $h(x) = e^{0,5x}$
Äußere Funktion: $f(x) = e^x$
Innere Funktion: $g(x) = 0,5x$
Verkettung: $h(x) = f(g(x)) = e^{g(x)} = e^{0,5x}$

Beispiel 2: $h(x) = (e^x)^2$
Äußere Funktion: $f(x) = x^2$
Innere Funktion: $g(x) = e^x$
Verkettung: $h(x) = f(g(x)) = (g(x))^2 = (e^x)^2$

Durch Kombination aller Zusammensetzungsarten kann man beliebig komplexe Funktionen aufbauen, mit denen man viele Anwendungsprozesse modellieren kann.

Komplexere Zusammensetzungen

$h(x) = x \cdot e^{-0.5x} - \sqrt{x}$
$h(x) = 0,5 \cdot \sin(2x+1) + 1$

Übung 1 Verkettete Funktion
Verketten Sie die Funktionen f und g auf zwei Arten: $f(g(x))$ und $g(f(x))$
a) $f(x) = e^{-x}$, $g(x) = -2x + 1$
b) $f(x) = \sqrt{x+1}$, $g(x) = x^2$

Übung 2 Äußere und innere Funktion
Gegeben ist die verkettete Funktion h.
Wie lauten äußere und innere Funktion?
a) $h(x) = 3e^{2x} + 1$
b) $h(x) = (\sin x)^2 - 2$

B. Die Produktregel

Die Summenregel der Differentialrechnung lautet: Ist $f(x) = u(x) + v(x)$, so gilt für die Ableitung $f'(x) = u'(x) + v'(x)$. Summen können gliedweise differenziert werden.

Es stellt sich die Frage, ob in Analogie hierzu ein Produkt faktorweise differenziert werden kann, ob also $f(x) = u(x) \cdot v(x)$ die Ableitung $f'(x) = u'(x) \cdot v'(x)$ besitzt.

Beispiel: Richtig oder falsch

Untersuchen Sie anhand der Funktion $f(x) = x^2 \cdot x^3 = u(x) \cdot v(x)$, ob die Ableitung von Produkten durch faktorweises Differenzieren gewonnen werden kann.

Lösung:
Faktorweises Differenzieren führt auf das Ergebnis $f'(x) = 2x \cdot 3x^2 = 6x^3$.
Dieses Resultat kann nicht richtig sein, denn $f(x) = x^2 \cdot x^3 = x^5$ besitzt nach der Potenzregel die Ableitung $f'(x) = 5x^4$.

Gegebene Funktion f:
$f(x) = x^2 \cdot x^3 = u(x) \cdot v(x)$

Vermutete Regel:
$f'(x) = u'(x) \cdot v'(x)$
$f'(x) = 2x \cdot 3x^2 = 6x^3$

Kontrollrechnung mit der Potenzregel:
$f(x) = x^2 \cdot x^3 = x^5 \Rightarrow f'(x) = 5x^4$

Folgerung:
$f'(x) \neq u'(x) \cdot v'(x)$

Beispiel: Ableitung eines Produkts

Gegeben sei wiederum die Funktion $f(x) = x^2 \cdot x^3 = u(x) \cdot v(x)$.
Versuchen Sie nun, das richtige Ableitungsergebnis $f'(x) = 5x^4$ aus den Termen u, u′, v und v′ zu kombinieren. Stellen Sie eine Regel für das Ableiten von Produkten auf.

Lösung:
$f(x) = x^2 \cdot x^3 = x^5$ hat nach der Potenzregel die Ableitung $f'(x) = 5x^4$. Aus den Termen u, u′, v und v′ lassen sich Potenzen vierten Grades, die wir benötigen, nur durch Multiplikation erzielen. Die Produkte $u'v$ und uv' führen auf solche Potenzen. Man erkennt, dass die Addition dieser Terme den Zielterm $5x^4$ liefert. Dies legt die Regel $(u \cdot v)' = u' \cdot v + u \cdot v'$ nahe.

Zielterm:
$f(x) = x^2 \cdot x^3 = x^5 \Rightarrow f'(x) = 5x^4$

Faktoren und ihre Ableitungen:

$u = x^2$	$v = x^3$
$u' = 2x$	$v' = 3x^2$

Kombination zu Potenzen 4. Grades:

$u' \cdot v = 2x \cdot x^3 = 2x^4$
$u \cdot v' = x^2 \cdot 3x^2 = 3x^4$

$u' \cdot v + u \cdot v' = 5x^4$

Regel:

$$(u \cdot v)' = u' \cdot v + u \cdot v'$$

Wir formulieren nun die oben vermutete ***Produktregel*** in mathematisch exakter Form:

Satz V.3: Die Produktregel

Die Funktion f sei das Produkt der beiden differenzierbaren Faktoren u und v.

$$\mathbf{f(x) = u(x) \cdot v(x)}$$

Dann ist auch die Funktion f differenzierbar und für ihre Ableitung f′ gilt die Formel:

$$\mathbf{f'(x) = u'(x) \cdot v(x) + u(x) \cdot v'(x).}$$

Produktregel
$(u \cdot v)' = u' \cdot v + u \cdot v'$

Beweis der Produktregel:
Wir versuchen, im Differenzenquotienten von f die Differenzenquotienten von u und v durch Umformungen zu erzeugen. Das gelingt durch die künstliche Hinzufügung geeigneter Terme, was aber im Gegenzug durch deren Gegenterme wieder ausgeglichen werden muss.

$$f'(x) = \lim_{h\to 0} \frac{f(x+h)-f(x)}{h} = \lim_{h\to 0} \frac{u(x+h)\cdot v(x+h) - u(x)\cdot v(x)}{h}$$

Definition der Ableitung f′

$$= \lim_{h\to 0} \frac{u(x+h)\cdot v(x+h) - u(x)\cdot v(x+h) + u(x)\cdot v(x+h) - u(x)\cdot v(x)}{h}$$

Ergänzung von Term und Gegenterm

$$= \lim_{h\to 0} \frac{[u(x+h)-u(x)]\cdot v(x+h) + u(x)\cdot [v(x+h)-v(x)]}{h}$$

Ausklammern, Grenzwertsätze für Funktionen

$$= \underbrace{\lim_{h\to 0} \frac{u(x+h)-u(x)}{h}}_{u'(x)} \cdot \underbrace{\lim_{h\to 0} v(x+h)}_{v(x)} + \underbrace{\lim_{h\to 0} u(x)}_{u(x)} \cdot \underbrace{\lim_{h\to 0} \frac{v(x+h)-v(x)}{h}}_{v'(x)}$$

Definitionen von u′ und v′

$$= u'(x)\cdot v(x) + u(x)\cdot v'(x)$$

Hinweis: Die hier aufgeführten Beispiele und Übungen könnten durch Termzusammenfassungen auch ohne die Produktregel gelöst werden. Die Regel wird erst beim Auftreten von trigonometrischen Termen und Exponentialtermen unverzichtbar.

Übung 3 Produktregel
Berechnen Sie f′ mit Hilfe der Produktregel. Berechnen Sie anschließend f′ auf eine zweite Art ohne Anwendung der Produktregel. Formen Sie hierzu den Funktionsterm jeweils um.

a) $f(x) = x^4 \cdot x^5$
b) $f(x) = (2x^2)\cdot(3x^4)$
c) $f(x) = (x^3 + x^2)\cdot(x^2 + x)$
d) $f(x) = x^3 \cdot \frac{1}{x},\ x \neq 0$
e) $f(x) = (ax^3 + bx^2)\cdot \frac{1}{x^2},\ x \neq 0$
f) $f(x) = \sqrt{x}\cdot\sqrt{x},\ x > 0$

Übung 4 Produkt- und Faktorregel
Erklären Sie den Unterschied zwischen der Produktregel und der Faktorregel. Leiten Sie die Faktorregel durch Anwendung der Produktregel her.

Übung 5 Produktregel für drei Faktoren
Die Produktregel lässt sich auch auf Produkte aus drei und mehr Faktoren ausweiten.
Beispielsweise gilt bei drei Faktoren: $(u\cdot v\cdot w)' = u'\cdot v\cdot w + u\cdot v'\cdot w + u\cdot v\cdot w'$
Überprüfen Sie dies an der Funktion $f(x) = x^2 \cdot x^3 \cdot x^4$.

Wir wenden nun die Produktregel auf die bereits bekannten Funktionsklassen an.

Beispiel: Produktregel
Differenzieren Sie die Funktion f. a) $f(x) = (x-2) \cdot e^x$ b) $f(x) = x^2 \cdot \ln x$

Lösung zu a:

$$\begin{aligned} f'(x) &= (x-2)'\, e^x + (x-2)\,(e^x)' \\ &= 1 \cdot e^x + (x-2) \cdot e^x \\ &= (x-1) \cdot e^x \end{aligned}$$

Lösung zu b:

$$\begin{aligned} f'(x) &= (x^2)' \cdot \ln x + x^2 \cdot (\ln x)' \\ &= 2x \cdot \ln x + x^2 \cdot \tfrac{1}{x} \\ &= x(2\ln x + 1) \end{aligned}$$

Übung 6 Produktregel
Differenzieren Sie die Funktion f mit Hilfe der Produktregel.

a) $f(x) = x \cdot e^x$ b) $f(x) = \frac{1}{x} \cdot e^x$ c) $f(x) = x^2 \cdot e^x$ d) $f(x) = e^x \cdot \ln x$
e) $f(x) = (x+3) \cdot \frac{1}{x}$ f) $f(x) = \sqrt{x} \cdot e^x$ g) $f(x) = \frac{1}{x^2} \cdot (x+1)$ h) $f(x) = x^2 \cdot \sqrt{x}$

Übung 7 Paare bilden
Bilden Sie Paare aus Funktionsterm (A–F) und zugehörigem Ableitungsterm (I–VI).

A $(x^3+2) \cdot x^3$
B $(x+3) \cdot \frac{1}{x}$
C $(2x+1) \cdot e^x$
D $(e^x-1)(e^x-1)$
E $(e^x+1)(e^x-1)$
F $e^x \cdot \frac{1}{x}$

I $2(e^x)^2$
II $2e^x(e^x-1)$
III $(2x+3) \cdot e^x$
IV $6x^2 \cdot (x^3+1)$
V $e^x \cdot (\frac{1}{x} - \frac{1}{x^2})$
VI $-\frac{3}{x^2}$

Übung 8 Steigung und Tangente
Welche Steigung hat die Funktion $f(x) = 2x\ln x + 1$ an der Stelle $x_0 = 1$? Wie lautet die Gleichung der Tangente an den Graphen von f an dieser Stelle? Wo schneidet diese Tangente die x-Achse?

Übung 9 Achtung, Fehler
Welcher Fehler wurde beim Differenzieren der Funktion f gemacht?

a) $f(x) = \ln x \cdot \frac{1}{x}$

$$\begin{aligned} f'(x) &= \tfrac{1}{x} \cdot \tfrac{1}{x} + \ln x \cdot \tfrac{1}{x^2} \\ &= \tfrac{1}{x^2} + \ln x \cdot \tfrac{1}{x^2} \end{aligned}$$

b) $f(x) = x^2 \cdot e^x$
$f'(x) = 2x\,e^x + x^2 e$

c) $f(x) = e^x \cdot e^x$
$f'(x) = (e^x)' \cdot (e^x)' = e^x \cdot e^x$

Knobelaufgabe II

Die beiden Zeiger einer Turmuhr stehen um 12:00 Uhr genau übereinander. Wie viel Zeit muss verstreichen, bis die Zeiger erneut genau übereinander stehen?

C. Die Kettenregel

Das Problem auf der Tafel scheint eine einfache Lösung zu haben. Die Ableitung von $k(x) = (2x + 1)^{40}$ dürfte doch nach Potenzregel $k'(x) = 40(2x + 1)^{39}$ sein, oder?
Darf man die Potenzregel wirklich auf eine Klammer anwenden? Um dies überprüfen zu können, betrachten wir zunächst die einfacheren Funktionen $k(x) = (2x + 1)^3$ und $k(x) = (5x + 1)^3$.

Hier liegen ***verkettete Funktionen*** vor. Beispielsweise lässt sich die betrachtete Funktion $k(x) = (2x + 1)^3$ als Verkettung der beiden einfacheren Funktionen $f(x) = x^3$ und $g(x) = 2x + 1$ darstellen.
Mit diesen Bezeichnungen gilt nämlich $k(x) = f(g(x))$. f heißt *äußere* Funktion und g *innere* Funktion der Verkettung k.

Die Verkettung von f und g

$f(x) = x^3$ ***äußere Funktion***
$g(x) = 2x + 1$ ***innere Funktion***

$$\begin{aligned} k(x) &= f(g(x)) \\ &= f(2x + 1) \\ &= (2x + 1)^3 \end{aligned}$$ ***Verkettung***

Beispiel: Die Ableitung einer verketteten Funktion
Die Funktion $k(x) = (2x + 1)^3$ ist die Verkettung von $f(x) = x^3$ und $g(x) = 2x + 1$.
Gesucht ist die Ableitung von k. Versuchen Sie, k auf zwei unterschiedliche Arten zu differenzieren. Wiederholen Sie anschließend das Vorgehen am Beispiel $k(x) = (5x + 1)^3$.

Lösung für $(2x + 1)^3$:

Weg 1:
Wir wenden die Potenzregel direkt an, denn der Funktionsterm ist die dritte Potenz einer Klammer.

$$k(x) = (2x + 1)^3$$
$$k'(x) = 3 \cdot (2x + 1)^2$$

Um den Vergleich zum Resultat von Weg 2 ziehen zu können, lösen wir die Klammern auf.

$$k'(x) = 3 \cdot (4x^2 + 4x + 1)$$
$$k'(x) = 12x^2 + 12x + 3$$

Weg 2:
Wir gehen strikt nach bereits bekannten Regeln vor. Da wir keine Regel für das Differenzieren einer Klammerpotenz kennen, lösen wir zunächst die Klammer auf.

$$\begin{aligned} k(x) &= (2x + 1)^3 \\ &= (2x)^3 + 3 \cdot (2x)^2 + 3 \cdot (2x) + 1^3 \\ &= 8x^3 + 12x^2 + 6x + 1 \end{aligned}$$

Nun differenzieren wir das Polynom und erhalten

$$k'(x) = 24x^2 + 24x + 6.$$

Lösung für $(5x + 1)^3$:

Weg 1:
$$k'(x) = 75x^2 + 30x + 3$$

Weg 2:
$$k'(x) = 375x^2 + 150x + 15$$

Für $k(x) = (2x + 1)^3$ erhalten wir zwei unterschiedliche Ergebnisse. Eines der beiden Ergebnisse muss falsch sein. Da wir uns bei Weg 2 strikt an bekannte Regeln gehalten haben, muss Weg 1 falsch sein. Er ist aber nicht völlig falsch, da das Ergebnis ja nur mit dem Faktor 2 multipliziert werden muss, um das korrekte Resultat zu ergeben.

Wiederholt man das Experiment mit $k(x) = (5x + 1)^3$, so fehlt der Faktor 5. Offenbar stellt der fehlende Faktor in beiden Fällen die Ableitung der linearen inneren Funktion g dar.

Die richtigen Ergebnisse liefert also das rechts dargestellte korrigierte Vorgehen:

$k(x) = (2x + 1)^3 \Rightarrow k'(x) = 3 \cdot (2x + 1)^2 \cdot 2$
$k(x) = (5x + 1)^3 \Rightarrow k'(x) = 3 \cdot (5x + 1)^2 \cdot 5$

Wir können also wie vermutet mit der Potenzregel vorgehen, müssen allerdings zusätzlich im Nachgang mit der Ableitung der inneren Funktion multiplizieren. Man bezeichnet das auch als ***Nachdifferenzieren***.

Nun können wir auch unser Einstiegsproblem lösen. Ohne die neue Regel – also mit Hilfe von Weg 2 – wäre dies wahrlich ein mühseliger Prozess geworden, denn wer möchte schon $(2x + 1)^{40}$ freiwillig ausmultiplizieren?

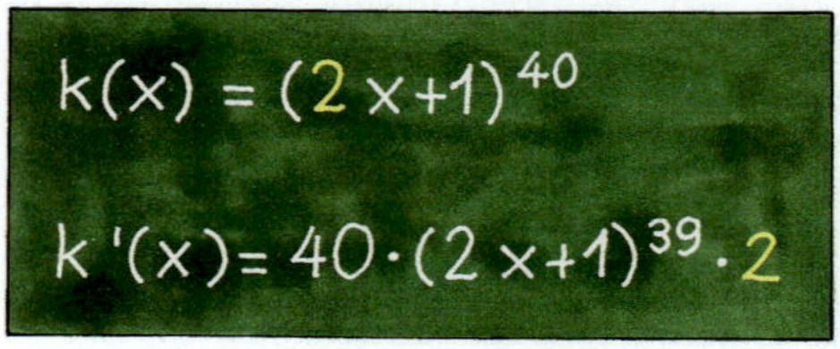

Die lineare Kettenregel

Wir fassen nun die gefundene Regel in einem Satz zusammen:

Satz V.4: Die lineare Kettenregel
Ist f eine differenzierbare Funktion, so hat die Funktion $k(x) = f(ax + b)$ die Ableitung $k'(x) = f'(ax + b) \cdot a$

Lineare Kettenregel
$[f(ax + b)]' = f'(ax + b) \cdot a$

Beispiel: Lineare Kettenregel
Differenzieren Sie die Funktion f. a) $f(x) = e^{-2x+1}$ b) $f(x) = \sqrt{3x-4}$ c) $f(x) = \ln(5x-6)$

Lösung zu a:
$f(x) = e^{-2x+1}$
$f'(x) = e^{-2x+1} \cdot (-2)$
$= -2e^{-2x+1}$

Lösung zu b:
$f(x) = \sqrt{3x-4} = (3x-4)^{\frac{1}{2}}$
$f'(x) = \frac{1}{2}(3x-4)^{-\frac{1}{2}} \cdot 3$
$= \frac{3}{2} \cdot \frac{1}{\sqrt{3x-4}}$

Lösung zu c:
$f(x) = \ln(5x-6)$
$f'(x) = \frac{1}{5x-6} \cdot 5$
$= \frac{5}{5x-6}$

Übung 10 Lineare Verkettung
Differenzieren Sie die verkettete Funktion f.

a) $f(x) = (3x + 1)^2$ b) $f(x) = 4 \cdot e^{1-0,5x}$ c) $f(x) = 3 \cdot \sqrt{2-x}$ d) $f(x) = -2e^{3+2x}$
e) $f(x) = (ax + b)^2$ f) $f(x) = e^{ax+b}$ g) $f(x) = \frac{1}{2x-1}$ h) $f(x) = 2\ln(4-2x)$

Die allgemeine Kettenregel

Die lineare Kettenregel lässt sich verallgemeinern, wenn man für die innere Funktion der Verkettung nicht nur lineare Terme, sondern beliebige Terme zulässt. Auf diese Weise erhält man die ***allgemeine Kettenregel***, die in der Mathematik eine sehr wirkungsvolle Regel darstellt. Auf ihren exakten Beweis mit den Methoden der Differentialrechung müssen wir hier aber verzichten.

Satz V.5: Die Kettenregel

f und g seien differenzierbare Funktionen.
Dann ist auch ihre Verkettung $k(x) = f(g(x))$ differenzierbar.
Die Ableitung von k lautet:
$k'(x) = f'(g(x)) \cdot g'(x)$

Kettenregel
$[f(g(x))]' = f'(g(x)) \cdot g'(x)$

Ableitung der Verkettung k an der Stelle x	=	Ableitung der äußeren Funktion f an der Stelle g (x)	·	Ableitung der inneren Funktion g an der Stelle x

Beispiel: Kettenregel

Differenzieren Sie die Funktion f mit Hilfe der Kettenregel.

a) $f(x) = e^{x^2+1}$
b) $g(x) = \ln(x^2 - 1)$
c) $h(x) = \sqrt{x^2 + 4x}$
d) $k(x) = \frac{1}{x^2+4}$

Lösung zu a:

$$f'(x) = \underbrace{(e^{x^2+1})}_{\text{äußere Ableitung}} \cdot \underbrace{2x}_{\text{innere Ableitung}} = 2x \cdot (e^{x^2+1})$$

Lösung zu b:

$$f'(x) = \underbrace{\frac{1}{x^2-1}}_{\text{äußere Ableitung}} \cdot \underbrace{2x}_{\text{innere Ableitung}} = \frac{2x}{x^2-1}$$

Lösung zu c:

$$h'(x) = \frac{1}{2\sqrt{x^2+4x}} \cdot (2x + 4) = \frac{x+2}{\sqrt{x^2+4x}}$$

Lösung zu d:

$$k'(x) = \frac{1}{(x^2+4)^2} \cdot 2x = -\frac{2x}{(x^2+4)^2}$$

Übung 11 Ableitungsübungen

Bestimmen Sie die Ableitung der Funktion f mit Hilfe der allgemeinen Kettenregel.

a) $f(x) = (1 - 3x^4)^2$
b) $f(x) = e^{x^2}$
c) $f(x) = \ln(1 - e^x)$
d) $f(x) = e^{\frac{1}{x}}$
e) $f(x) = \sqrt{x^2 + x}$
f) $f(x) = \frac{1}{x^2+1}$
g) $f(x) = e^{2x^2+3x}$
h) $f(x) = e^{e^x}$

Übung 12 Innermathematische Anwendungen

a) Welche Steigung hat die Funktion $f(x) = e^{-0,5x^2}$ an der Stelle $x_0 = 1$?

b) Wie lautet die Gleichung der Tangente von $f(x) = \sqrt{2x + 2}$ an der Stelle $x_0 = 1$?

c) An welchen beiden Stellen hat die Funktion $f(x) = \frac{1}{2x+1}$ die Steigung -2?

d) Wie lautet die Gleichung der Normalen von $f(x) = \ln(x^2 + 1)$ an der Stelle $x_0 = 1$?

Übungen

13. Produktregel
Differenzieren Sie die Funktion f durch Anwendung der Produktregel.

a) $f(x) = x^2 \cdot e^x$ b) $f(x) = \frac{1}{x} \cdot e^x$ c) $f(x) = (2x + 1) \cdot e^x$
d) $f(x) = x \cdot \ln x$ e) $f(x) = \frac{1}{x} \cdot x^2$ f) $f(x) = \sqrt{x} \cdot e^x$

14. Kettenregel
Differenzieren Sie die Funktion f unter Verwendung der Kettenregel.

a) $f(x) = e^{2-3x}$ b) $f(x) = e^{-\frac{x^2}{2}}$ c) $f(x) = \ln(2x - 4)$
d) $f(x) = \sqrt{3x + 6}$ e) $f(x) = (e^x + 1)^2$ f) $f(x) = \frac{1}{e^x + 1}$

15. Produkt- und Kettenregel
Ermitteln Sie die Ableitung von f mit Hilfe von Produkt- *und* Kettenregel.

a) $f(x) = x \cdot e^{-4x}$ b) $f(x) = \frac{e^{2x-1}}{x}$ c) $f(x) = x^2 \cdot \ln(2x)$
d) $f(x) = x \cdot (4x - 4)^{-\frac{1}{2}}$ e) $f(x) = x^2 \cdot e^{-2x}$ f) $f(x) = x \cdot e^{\frac{1}{x}}$

16. Fehlersuche
Suchen Sie den Fehler in den folgenden Rechnungen. Wie lauten die richtigen Resultate?

a) $[(x^2 + 2) \cdot e^{4x}]' = 2x \cdot e^{4x} + (x^2 + 2) \cdot e^{4x} = (x^2 + 2x + 2) \cdot e^{4x}$

b) $[(e^x - 1)^2]' = [(e^x)^2 - 2e^x + 1]' = 2e^x - 2e^x = 0$

c) $[(2e^x + 4)^2]' = 2(2e^{2x} + 4) = 4e^{2x} + 8$

17. Maximaler Inhalt
Ein Reststück Spiegelglas hat auf einer Seite eine krumme Berandung, die angenähert durch den Graphen der Funktion $f(x) = 2 \cdot e^{-x}$ erfasst werden kann. Aus der Spiegelscherbe soll wie abgebildet ein rechteckiges Teil A ausgeschnitten werden.
Welche Breite x und welche Länge y muss dieses Teil erhalten, damit seine Fläche maximal wird?

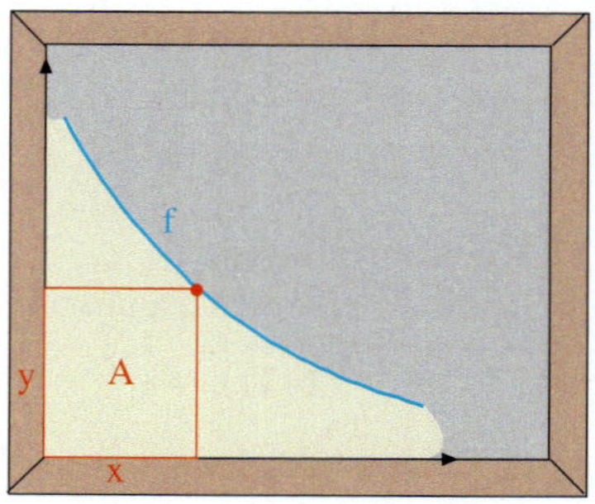

Knobelaufgabe II

Zwei zweistellige natürliche Zahlen wurden multipliziert.
Alle Ziffern des Produkts sind Fünfen.
Wie heißen die beiden Zahlen?
Zeigen Sie, dass es nur eine Lösung gibt.

18. Zuordnung

Die Funktion F hat die Ableitung f, d. h. $F' = f$. Ordnen Sie jeder Funktion F die zugehörige Funktion f zu.

a) $f(x) = x \cdot e^x + 6e^{2x}$

b) $f(x) = 3x^2 + e^{2x}$

c) $f(x) = x^2 \cdot e^{2x}$

d) $f(x) = -2x \cdot e^{2x}$

I $F(x) = x^3 + \frac{1}{2}e^{2x} + 1$

II $F(x) = \left(\frac{1}{2}x^2 - \frac{1}{2}x + \frac{1}{4}\right) \cdot e^{2x} + 2$

III $F(x) = (0{,}5 - x) \cdot e^{2x}$

IV $F(x) = (x - 1 + 3 \cdot e^x) \cdot e^x$

19. Steigung und Steigungswinkel

Welche Steigung hat die Funktion f an der Stelle x_0? Wie groß ist der Steigungswinkel?

a) $f(x) = (x+2) \cdot e^{-x}$, $x_0 = 0$ b) $f(x) = \sqrt{2x}$, $x_0 = 1$

20. Tangente

Die Tangente von $f(x) = 4x \cdot e^{-x}$ an der Stelle $x_0 = 2$ schneidet die x-Achse in P und die y-Achse in Q. Welchen Flächeninhalt hat das Dreieck PQR, wenn R der Ursprung ist?

21. Überprüfung

Prüfen Sie, ob die Ableitung $f'(x)$ korrekt berechnet wurde. Beschreiben Sie die ggf. auftretenden Fehler und korrigieren Sie diese.

a) $f(x) = (x+2)e^x$
$f'(x) = (x+3)e^x$

b) $f(x) = x \cdot e^{2x}$
$f'(x) = (x+1)e^{2x}$

c) $f(x) = x^2 e^{-x}$
$f'(x) = (x - x^2)e^{-x}$

d) $f(x) = -2e^{-x}$
$f'(x) = 2e^{-x}$

e) $f(x) = 2e^{0{,}5x}$
$f'(x) = e^{0{,}5x}$

f) $f(x) = -2e^{-0{,}5x}$
$f'(x) = -e^{-0{,}5x}$

g) $f(x) = (-x-2)e^{-x}$
$f'(x) = (-x-3)e^{-x}$

h) $f(x) = 2e^{2x-2}$
$f'(x) = 4 \cdot e^{2x-2}$

i) $f(x) = \frac{a}{b}e^{bx}$
$f'(x) = a \cdot e^{bx}$

22. Kurvenuntersuchung

Untersuchen Sie die Funktion $f(x) = (2x+2)\,e^{-0{,}25x}$ bezüglich folgender Merkmale.

a) Nullstellen b) Extrema c) Wendepunkte

23. Pulsmessung

Während des Trainings absolviert eine Sportlerin ein festes Laufprogramm. Dabei wird die Pulsfrequenz gemessen. Sie kann durch $p(t) = 80 + 120t \cdot e^{-0{,}5t}$ beschrieben werden, wobei t die Zeit in Minuten ist.

a) Welchen Puls hat der Läufer nach einer Minute?

b) Berechnen Sie die Ableitung von p.
Kontrollergebnis: $p'(t) = (120 - 60t)e^{-0{,}5t}$

c) Wann erreicht der Puls seinen höchsten Wert? Wie hoch ist der maximale Puls?

d) Wie groß ist die Änderungsrate des Pulses zum Zeitpunkt $t = 3$?

e) Wann verringert sich der Puls am stärksten?

5. Funktionsuntersuchungen

In diesem Abschnitt werden unterschiedliche Problemstellungen aus der Differentialrechnung der Exponentialfunktionen exemplarisch angesprochen, um Lösungsprinzipien zu wiederholen und zu sammeln, die auch im Rahmen umfassender Kurvenuntersuchungen gezielt angewendet werden können.

A. Funktionswerte und Graphen

Beispiel: Funktionswerte/Graph

Gegeben sei die Funktion $f(x) = 2 \cdot e^{-0,5\,x} + 1$.

a) Skizzieren Sie den Graphen von f für $-1 \leq x \leq 4$ mit Hilfe einer Wertetabelle.

b) Berechnen Sie, an welcher Stelle die Funktion den Wert 2 annimmt.

c) Untersuchen Sie das Verhalten der Funktion f für $x \to \infty$.

Lösung zu a:
Mit dem Taschenrechner erstellen wir eine Wertetabelle.
Durch Einzeichnen und kurviges Verbinden der so gewonnenen Punkte ergibt sich der rechts dargestellte Graph von f.

Wertetabelle:

x	−1	0	1	2	3	4
y	4,30	3,00	2,21	1,74	1,45	1,27

Graph:

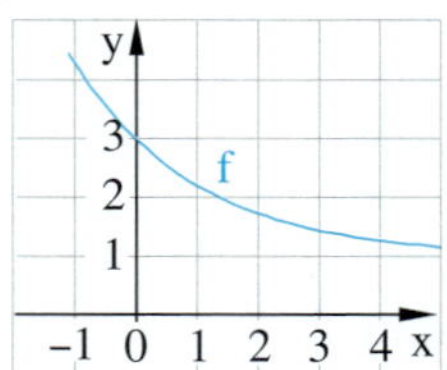

Lösung zu b:
Der Funktionswert $y = 2$ wird etwa bei $x = 1{,}3$ angenommen, was wir der Zeichnung entnehmen können. Genauer ist das rechnerische Resultat, das sich aus dem Ansatz $f(x) = 2$ durch Logarithmieren ergibt: $x \approx 1{,}39$.

Berechnung des x-Wertes zu f(x) = 2:

$$\begin{aligned} f(x) &= 2 \\ 2 \cdot e^{-0,5\,x} + 1 &= 2 \\ e^{-0,5\,x} &= 0{,}5 \\ -0{,}5\,x &= \ln 0{,}5 \\ x &= \frac{\ln 0{,}5}{-0{,}5} \approx 1{,}39 \end{aligned}$$

Lösung zu c:
Mit zunehmendem x-Wert verläuft der Graph von f zusehends flacher.
Er schmiegt sich der horizontalen Geraden $y = 1$ von oben immer dichter an. Dies liegt daran, dass sich der Exponentialterm $e^{-0,5\,x}$ mit wachsendem x dem Grenzwert 0 *asymptotisch* nähert.

Berechnung des Grenzwertes für x → ∞:

$$\lim_{x \to \infty} (2 \cdot e^{-0,5\,x} + 1) = 1$$

Übung 1 Funktionsuntersuchung

Gegeben ist die Funktion $f(x) = e^{2x} + 1$.

a) Skizzieren Sie den Graphen von f für $-3 \leq x \leq 0{,}5$.

b) Welche Wertemenge hat f? Untersuchen Sie das Verhalten der Funktion für $x \to -\infty$.

c) In welchem Bereich sind die Funktionswerte von f kleiner als 1,1?

d) Für welches x gilt $f(x) \approx 1000$?

B. Schnittpunkte von Graphen

Beispiel: Schnittpunkte von Graphen

Gegeben seien die Funktionen $f(x) = e^x$ und $g(x) = 3 \cdot e^{-x}$.
Berechnen Sie, in welchem Punkt sich die Graphen von f und g schneiden.

Lösung:
Wir verwenden den Ansatz $f(x) = g(x)$.
Durch Umformung und Logarithmieren können wir die Gleichung nach x auflösen.

Die Schnittstelle liegt bei $x \approx 0{,}55$.
Der zugehörige y-Wert beträgt $y \approx 1{,}73$.

Die kleine Skizze rechts verdeutlicht die Lage des Schnittpunktes $S(0{,}55|1{,}73)$ anschaulich.

Rechnung:

$$f(x) = g(x)$$
$$e^x = 3 \cdot e^{-x}$$
$$e^{2x} = 3$$
$$2x = \ln 3$$
$$x = \frac{\ln 3}{2} \approx \frac{1{,}099}{2} \approx 0{,}55$$
$$y = f(0{,}55) \approx 1{,}73$$

Graph:

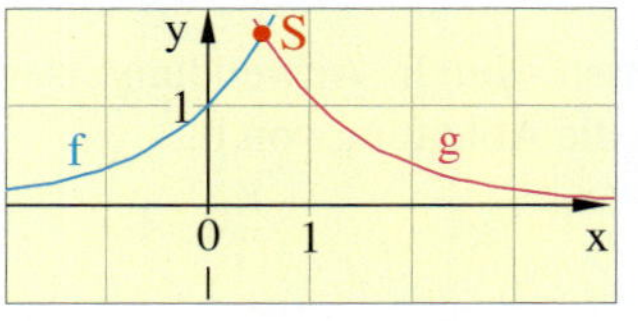

Manchmal ist die rechnerische Bestimmung von Schnittstellen nicht möglich.
Dann geht man zeichnerisch oder durch Probieren vor.

Beispiel: Zeichnerische Bestimmung des Schnittpunktes

Ermitteln Sie den Schnittpunkt der Funktionen $f(x) = e^{\frac{1}{4}x}$ und $g(x) = 3 - \frac{1}{3}x$.

Lösung:
Die beiden Funktionen werden sorgfältig gezeichnet.
Nun kann der Schnittpunkt näherungsweise abgelesen werden.
Durch Testeinsetzungen kann die Genauigkeit noch verbessert werden.
Resultat: Die Funktionen schneiden sich angenähert im Punkt $S(2{,}86|2{,}05)$.

Graphische Lösung

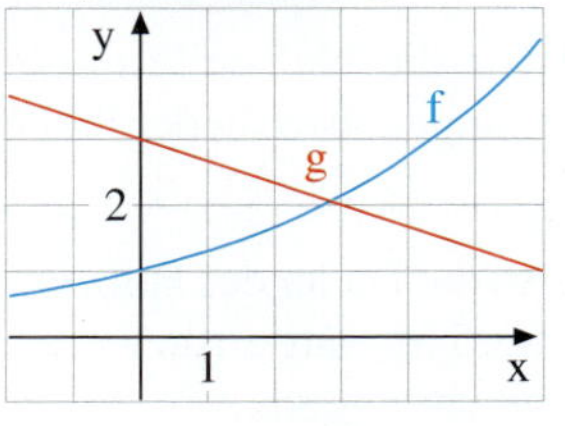

Übung 2 Schnittpunkt

Gesucht ist der Schnittpunkt S der Funktionen $f(x) = 2{,}5 \cdot e^x$ und $g(x) = e^{2x}$.
Berechnen Sie S.

Übung 3 Schnittstelle (zeichnerisch)

Bestimmen Sie die kleinste positive Schnittstelle von $f(x) = e^x$ und $g(x) = 2x^2$.
Gehen Sie zeichnerisch vor.

Übung 4

Der Bestand zweier Ameisenkolonien wird erfasst durch $a(x) = 1 + e^{0{,}1x}$ und $b(x) = 1 + 0{,}3x$.
Zeichnen Sie die Graphen von f und g und bestimmen Sie, wann Bestand a größer ist als Bestand b.

C. Tangenten

In diesem Abschnitt werden Tangentenprobleme bei Exponentialfunktionen untersucht.

Beispiel: Holzproduktion

Der abgebildete Graph der Funktion $h(t) = \frac{1}{10}(50 - t) \cdot e^{\frac{1}{20}t}$ zeigt die Planung des monatlichen Holzeinschlags in einem Urwaldgebiet, $0 \leq t \leq 50$.

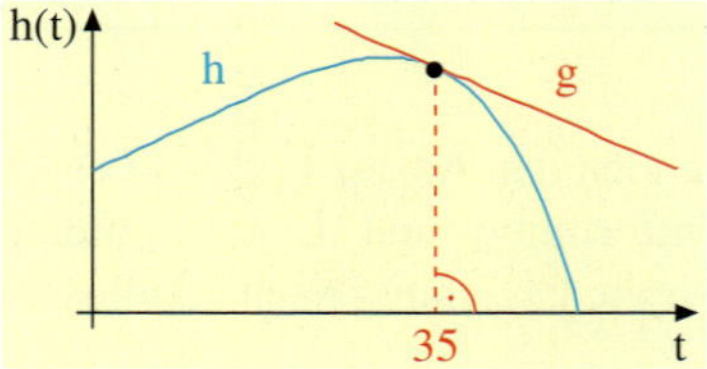

t: Zeit in Monaten; h(t): Holzeinschlag in Kubikmeter pro Hektar.

Nach 35 Monaten wird der Plan geändert: Der Holzeinschlag soll von nun an linear als Tangente von h zurückgeführt werden (Funktion g). Wie lange wird die Zeitdauer des Holzeinschlags durch diese Maßnahme verlängert?

Lösung:

Wir bestimmen durch Anwendung der Produktregel die Ableitung von h.

Ableitung der Funktion h:

$h(t) = (5 - 0{,}1\,t) \cdot e^{0{,}05\,t}$

$h'(t) = (-0{,}1) \cdot e^{0{,}05\,t} + (5 - 0{,}1\,t) \cdot (0{,}05 \cdot e^{0{,}05\,t})$

$= (0{,}15 - 0{,}005\,t) \cdot e^{0{,}05\,t}$

Anschließend ermitteln wir die Gleichung der Tangente g bei $t_0 = 35$.

Dazu wenden wir die allgemeine Formel für die Tangente an. Sie lautet:

$g(t) = h'(t_0) \cdot (t - t_0) + h(t_0)$.

Wir erhalten angenähert das Resultat:

$g(t) \approx -0{,}144\,t + 13{,}672$

Gleichung der Tangente g bei $t_0 = 35$:

$g(t) = h'(t_0) \cdot (t - t_0) + h(t_0)$ (Ansatz)

$g(t) = h'(35) \cdot (t - 35) + h(35)$

$g(t) \approx -0{,}144 \cdot (t - 35) + 8{,}632$

$g(t) \approx -0{,}144\,t + 13{,}672$

Nun bestimmen wir die Nullstelle dieser Tangente. Sie liegt angenähert an der Stelle $t = 95$.

Nullstelle der Tangente g:

$g(t) = 0$

$-0{,}144\,t + 13{,}672 = 0$

$t \approx 95$

Insgesamt wird also die Dauer des Holzeinschlags von 50 auf 95 Monate ausgeweitet, d. h. um 45 Monate verlängert.

Übung 5 Tangente

Bei einem Motorradrennen stürzt ein Fahrer unglücklich im Wendepunkt W der Kurve. Das Motorrad rutscht tangential weiter. Landet er in der Auffangbarriere aus Stroh, die zwischen den Positionen A(2|1) und B(2|2) aufgebaut ist?

Der Kurvenverlauf wird durch die Funktion $f(x) = (1 - x) \cdot e^x$ beschrieben.

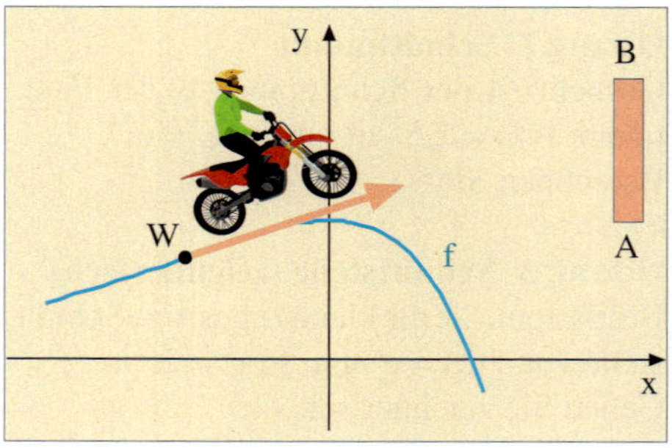

D. Extrema und Wendepunkte

Mit Hilfe der bekannten notwendigen und hinreichenden Bedingungen untersuchen wir nun exemplarisch einfache Exponentialfunktionen auf Extrema und Wendepunkte.

Beispiel: Extremum

Skizzieren Sie den Graphen der Funktion $f(x) = e^x - 2x$ und errechnen Sie anschließend die genaue Lage des Extremums der Funktion.

Lösung:

Der mit einer Wertetabelle oder durch Überlagerung von e^x und $-2x$ erstellte Graph zeigt ein Minimum bei $x \approx 0{,}5$.

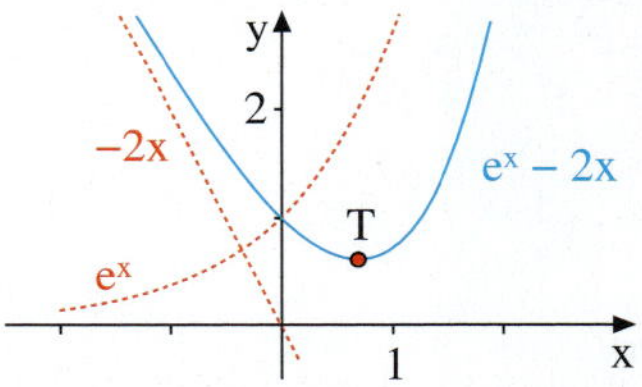

Notwendige Bedingung:

$$f'(x) = 0$$
$$e^x - 2 = 0$$
$$e^x = 2$$
$$x = \ln 2 \approx 0{,}69$$

Zugehöriger Funktionswert:

$$y = e^{\ln 2} - 2 \cdot \ln 2 \approx 0{,}61$$

Überprüfung mit f'':

$f''(\ln 2) = e^{\ln 2} = 2 > 0 \Rightarrow$ Minimum

Resultat:

Tiefpunkt bei $T(0{,}69|0{,}61)$

Beispiel: Wendepunkt

Skizzieren Sie den Graphen der Funktion $f(x) = x \cdot e^x$ für $-3 \le x \le 1$.
Berechnen Sie die genaue Lage des Wendepunktes der Funktion.

Lösung:

Mit einer Wertetabelle erhalten wir den Graphen, der im 3. Quadranten einen Rechts-Links-Wendepunkt aufweist.

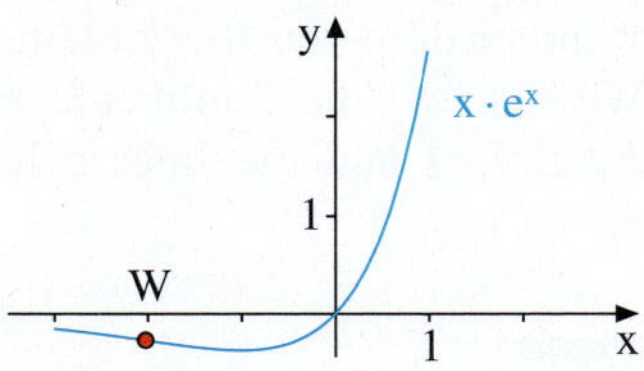

Notwendige Bedingung:

$$f''(x) = 0$$
$$(x + 2) \cdot e^x = 0$$
$$(x + 2) = 0, \text{ da } e^x > 0$$
$$x = -2$$

Zugehöriger Funktionswert:

$$y = -2 \cdot e^{-2} \approx -0{,}27$$

Überprüfung mit f''':

$f'''(-2) = 1 \cdot e^{-2} > 0 \Rightarrow$ Rechts-Links-WP

Resultat:

Wendepunkt bei $W(-2|-0{,}27)$

Übung 6 Lokale Extrema

Untersuchen Sie die Funktion f auf lokale Extrempunkte.

a) $f(x) = x - 2 + e^{-x}$

b) $f(x) = x^2 \cdot e^{x+1}$

Übung 7 Wendepunkte

Untersuchen Sie die Funktion f auf Wendepunkte.

a) $f(x) = 2 \cdot e^x - e^{-x}$

b) $f(x) = (x^2 - 1) \cdot e^{-0{,}5x}$

E. Kurvenuntersuchungen

Im Folgenden werden zusammengesetzte Kurven untersucht, deren Funktionsterme Summanden und Faktoren mehrerer Funktionsklassen enthalten, z. B. Exponentialterme und Potenzterme.

Beispiel: Kurvenuntersuchung

Gegeben ist die Funktion $f(x) = e^{2-x} + x - 2$. f soll untersucht werden.

a) Bestimmen Sie die Ableitungen f′, f″ und f‴.

b) Untersuchen Sie f auf Extrema und Wendepunkte.

c) Zeichnen Sie den Graphen von f für $0 \leq x \leq 6$.

$e^{2-x} + x - 2$

d) Beschreiben Sie das Monotonieverhalten von f.

e) Begründen Sie, dass f keine Nullstelle besitzen kann.

f) Wie groß ist der Steigungswinkel von f bei x = 4. An welcher Stelle hat f die Steigung −1?

Lösung:

a. Ableitungen

Wir bestimmen die ersten drei Ableitungen. Dabei wenden wir die Summenregel, die Exponentialregel und die lineare Kettenregel an.

Ableitungen:

$f(x) = e^{2-x} + x - 2$

$f'(x) = -e^{2-x} + 1$

$f''(x) = e^{2-x}$

$f'''(x) = -e^{2-x}$

b1. Extrema

Die notwendige Bedingung für ein Extremum lautet $f'(x) = 0$. Sie führt auf ein mögliches Extremum an der Stelle $x = 2$.

Dieses potentielle Extremum überprüfen wir mit der hinreichenden Bedingung für Extrema ($f'(x) = 0$, $f(x) \neq 0$).
Wie erhalten einen Tiefpunkt bei T(2|1).

Extrema:

$f'(x) = 0$ (notw. Bed.)

$-e^{2-x} + 1 = 0$

$e^{2-x} = 1$

$2 - x = \ln 1 = 0$

$x = 2, y = 1$

$f''(2) = e^0 = 1 > 0 \Rightarrow$ Minimum
Resultat: Tiefpunkt T(2|1)

b2. Wendepunkte

Die notwendige Bedingung für einen Wendepunkt lautet $f''(x) = 0$.
Sie ist unerfüllbar, wie die Rechnung rechts zeigt. Es gibt also keine Wendepunkte.

Wendepunkte:

$f''(x) = 0$ (notw. Bed.)

$e^{2-x} = 0$

unerfüllbar, da $e^a > 0$ für alle a
$\Rightarrow$ f hat keinen Wendepunkt.

c. Graph

Den Graphen von f zeichnen wir mit Hilfe einer Wertetabelle, die wir mit dem Taschenrechner erstellen.

x	0	1	2	3	4	5	6
y	5,38	1,72	1	1,37	2,14	3,05	4,02

Graph:

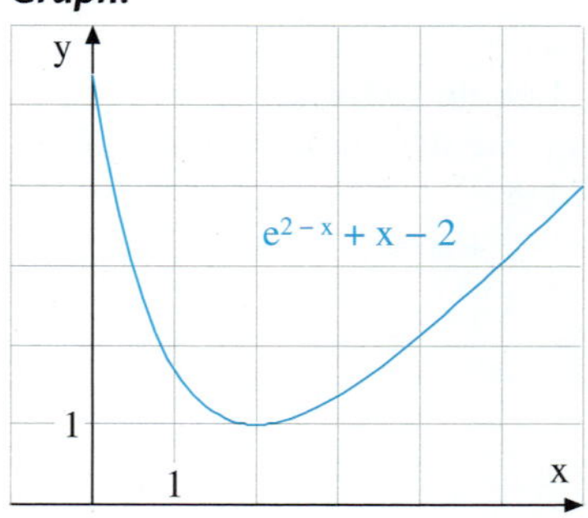

d. Das Monotonieverhalten von f

f hat nur einen Tiefpunkt T, aber keinen Hochpunkt. Also ist f streng monoton fallend bis zum Tiefpunkt T und danach streng monoton steigend.

Monotonie:

$x \leq 2 \Rightarrow$ f fällt streng monoton
$x \geq 2 \Rightarrow$ f steigt streng monoton

e. Nullstellen

Der Tiefpunkt von f hat einen positiven y-Wert, nämlich $y = 1$.
Da f für $x < 2$ streng monoton fallend und für $x > 2$ streng monoton steigend ist, gilt stets $f(x) > 0$ und folglich kann f keine Nullstellen besitzen .

Nullstellen:

T(2|1) ist Tiefpunkt von f
$\Rightarrow f(x) \geq 1$ für alle $x \in \mathbb{R}$
$\Rightarrow f(x) > 0$ für alle $x \in \mathbb{R}$
$\Rightarrow$ f hat keine Nullstellen

f1. Steigungswinkel

Wir berechnen zunächst die Steigung an der vorgegebenen Stelle $x = 4$.
Sie beträgt $m = f'(4) \approx 0{,}8647$.
Da $m = \tan\alpha$ gilt, gilt umgekehrt die Gleichung $\alpha = \arctan m = \arctan 0{,}8647$, woraus der Steigungswinkel $\alpha \approx 40{,}85°$ folgt.

Steigungswinkel:

$f'(x) = -e^{2-x} + 1$
$m = f'(4) = -e^{-2} + 1 \approx 0{,}8647$
$\tan\alpha \approx 0{,}8647$
$\alpha \approx \arctan 0{,}8647$
$\alpha \approx 40{,}85°$

f2. Stelle mit der Steigung −1

Der Ansatz $f'(x) = -1$ führt auf die Gleichung $-e^{2-x} + 1 = -1$, d. h. $e^{2-x} = 2$.
Durch Logarithmieren erhalten wir hieraus $x = 2 - \ln 2 \approx 1{,}31$.
▶ An der Stelle $x \approx 1{,}31$ ist die Steigung −1.

Stelle mit der Steigung −1:

$f'(x) = -1$ (Ansatz)
$-e^{2-x} + 1 = -1$
$e^{2-x} = 2$
$2 - x = \ln 2$
$x = 2 - \ln 2 \approx 1{,}31$

Übung 8 Kurvenuntersuchung

Gegeben ist die Funktion $f(x) = 4x \cdot e^{-0{,}5x}$.

a) Untersuchen Sie f auf Nullstellen. Wie verhält sich f für $x \to \pm\infty$?
b) Bestimmen Sie den Extremalpunkt und den Wendepunkt von f. Beschreiben Sie das Monotonieverhalten und das Krümmungsverhalten von f.
c) Bestimmen Sie die Gleichung der Wendetangente t von f. $\left(\text{Kontrolle: } t(x) = -\frac{4}{e^2}x + \frac{32}{e^2}\right)$
d) Zeichnen Sie die Graphen von f und t für $-1 \leq x \leq 8$.

Übung 9 Kurvenuntersuchung

Gegeben ist die Funktion $f(x) = \frac{1}{5} \cdot (e^x - e^{-x})$

a) Bestimmen Sie die Ableitungen f′, f″ und f‴.
b) Untersuchen Sie f auf Nullstellen, Extrema und Wendepunkte.
c) Zeigen Sie: f ist punktsymmetrisch zum Ursprung.
d) Skizzieren Sie den Graphen von f für $-3 \leq x \leq 3$.
e) Wie lautet die Gleichung der Kurvennormale von f im Ursprung?

Beispiel: Kurvendiskussion

Gegeben ist die Funktion $f(x) = x \cdot e^{2-x}$. Untersuchen Sie f auf Nullstellen, Extrema, Monotonie und Wendepunkte. Prüfen Sie, wie sich die Funktionswerte für $x \to \infty$ bzw. $x \to -\infty$ verhalten. Zeichnen Sie den Graphen von f für $-0{,}5 \le x \le 4$.

Lösung:

1. Ableitungen:

Wir bestimmen die ersten drei Ableitungen, die wir zur Untersuchung auf Nullstellen, Extrema und Wendepunkte benötigen. Dabei wenden wir die Produktregel und die Kettenregel an.

Ableitungen:

$$f(x) = x \cdot e^{2-x}$$
$$f'(x) = 1 \cdot e^{2-x} - x \cdot e^{2-x} = (1-x) \cdot e^{2-x}$$
$$f''(x) = -1 \cdot e^{2-x} + (1-x) \cdot (-e^{2-x}) = (x-2) \cdot e^{2-x}$$
$$f'''(x) = 1 \cdot e^{2-x} + (x-2) \cdot (-e^{2-x}) = (3-x) \cdot e^{2-x}$$

2. Nullstellen:

Die notwendige und hinreichende Bedingung für Nullstellen lautet $f(x) = 0$. Wir finden die Nullstelle bei $x = 0$.

Nullstellen:

$$f(x) = 0$$
$$x \cdot e^{2-x} = 0$$
$$x = 0, \text{ da } e^{2-x} > 0$$

3. Extrema:

Die notwendige Bedingung lautet $f'(x) = 0$. Dies führt auf ein mögliches Extremum bei $x = 1$ mit dem y-Wert $y = e$. Die Überprüfung mit Hilfe der zweiten Ableitung zeigt, dass es sich um ein Maximum handelt: Hochpunkt $H(1|e)$.

Extrema:

$$f'(x) = 0$$
$$(1-x) \cdot e^{2-x} = 0$$
$$1 - x = 0, \text{ da } e^{2-x} > 0$$
$$x = 1,\ y = e$$

Überprüfung mit f'':

$f''(1) = -e < 0 \Rightarrow$ Maximum

4. Monotonie:

Die Funktion hat genau einen Hochpunkt $H(1|e)$. Daher steigt sie für $x \le 1$ und fällt für $x \ge 1$.

Monotonie:

$x \le 1$: f steigt monoton.
$x \ge 1$: f fällt monoton.

5. Wendepunkte:

Die notwendige Bedingung lautet $f''(x) = 0$. Damit ergibt sich ein möglicher Wendepunkt bei $x = 2$, $y = 2$. Die Überprüfung mit Hilfe der dritten Ableitung ergibt, dass es sich um einen Rechts-Links-Wendepunkt handelt: $W(2|2)$.

Wendepunkte:

$$f''(x) = 0$$
$$(x-2) \cdot e^{2-x} = 0$$
$$x - 2 = 0, \text{ da } e^{2-x} > 0$$
$$x = 2,\ y = 2$$

$f'''(2) = 1 > 0 \Rightarrow$ Rechts-Links-WP

6. ***Verhalten für $x \to \pm\infty$:***
Wir verwenden Wertetabellen, um das Verhalten von f für $x \to \infty$ bzw. $x \to -\infty$ zu untersuchen. Wir erhalten folgende Resultate:

$\lim\limits_{x \to \infty} x \cdot e^{2-x} = 0$

$\lim\limits_{x \to -\infty} x \cdot e^{2-x} = -\infty$

Verhalten für $x \to \pm\infty$:

x	1	5	10	$\to \infty$
y	2,72	0,25	0,003	$\to 0$

x	−1	−5	−10	$\to -\infty$
y	−20,09	$-5 \cdot 10^3$	$-2 \cdot 10^6$	$\to -\infty$

7. Graph von f:
Der Graph von f verläuft rechtsgekrümmt durch den Ursprung bis zum Hochpunkt H(1|e). Dann fällt er weiterhin rechtsgekrümmt bis zum Wendepunkt W(2|2). Anschließend fällt er linksgekrümmt weiter und schmiegt sich dabei von oben an die x-Achse, der er beliebig nahe kommt.

Graph:

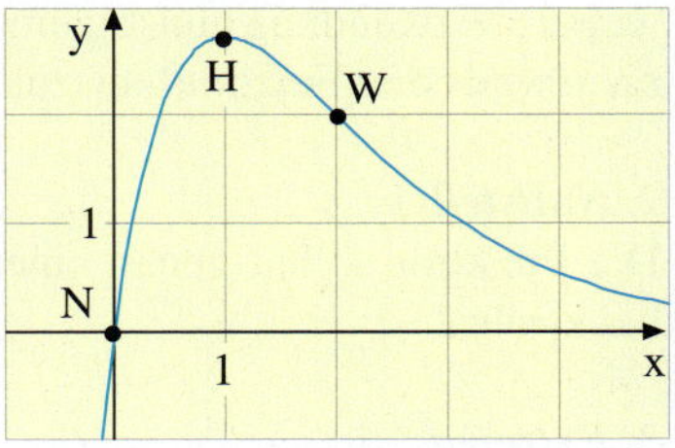

Übung 10 Kurvenuntersuchung
Gegeben ist die Funktion $f(x) = (1 - x) \cdot e^{-x}$.
a) Untersuchen Sie f auf Nullstellen, Extrema und Wendepunkte.
b) Wie verhält sich f für $x \to \pm\infty$? Verwenden Sie hierzu Wertetabellen.
c) Zeichnen Sie den Graphen von f für $-4 \leq x \leq 2$.
d) Bestimmen Sie die Gleichung der Wendetangente von f.

Übung 11 Kurvendiskussion
Gegeben ist die Funktion $f(x) = 2x \cdot e^{-x}$.
a) Untersuchen Sie die Funktion auf Symmetrie zum Ursprung bzw. zur y-Achse.
b) Untersuchen Sie f auf Nullstellen, Extrema und Wendepunkte.
c) Wie verhält sich der Graph von f für $x \to \infty$ bzw. $x \to -\infty$?
d) Zeichnen Sie den Graphen von f für $-0{,}5 \leq x \leq 3$.
e) Wie lautet die Gleichung der Kurvennormalen im Ursprung?
f) Der Punkt $P(x\,|\,f(x))$ und der Ursprung sind diagonal gegenüberliegende Eckpunkte eines achsenparallelen Rechtecks R.
Wie muss P gewählt werden, damit der Flächeninhalt des Rechtecks maximal wird?

Übung 12 Abkühlung von Tee
Ein Glas Tee kühlt ab. Die Temperatur wird durch die Funktion $f(t) = 20 + 75 \cdot e^{-0{,}1t}$ beschrieben.
(t: Zeit in min; T: Temperatur in °C)
a) Skizzieren Sie die Temperaturkurve.
b) Welche Temperatur hat der Tee zu Beginn, welche Temperatur hat er nach 5 Minuten?
c) Wann ist der Tee auf 50 °C abgekühlt? Welche Temperatur wird nicht unterschritten?
d) Ein weiteres Glas Tee ist besser isoliert, wurde aber nicht ganz so heiß gefüllt.
Die Temperatur wird durch $g(t) = 20 + 65 \cdot e^{-0{,}08 \cdot t}$ beschrieben.
Wann hat der Tee in beiden Gläsern die gleiche Temperatur?

Beispiel: Funktionsuntersuchung

Gegeben ist die Funktion $f(x) = e^{2x} - 2 \cdot e^x$.

Untersuchen Sie f auf Nullstellen, Extrema, Wendepunkte und das Verhalten für $x \to \pm\infty$.

Zeichen Sie den Graphen von f für $-3 \le x \le 2$.

Lösung:

1. Ableitungen:

Die Ableitungen sind mit der Kettenregel relativ einfach zu gewinnen. Es ist für die weitere Verwendung günstig, im Endergebnis jeweils den Faktor e^x auszuklammern.

Ableitungen:

$$f(x) = e^{2x} - 2 \cdot e^x = e^x \cdot (e^x - 2)$$
$$f'(x) = 2e^{2x} - 2 \cdot e^x = e^x \cdot (2e^x - 2)$$
$$f''(x) = 4e^{2x} - 2 \cdot e^x = e^x \cdot (4e^x - 2)$$
$$f'''(x) = 8e^{2x} - 2 \cdot e^x = e^x \cdot (8e^x - 2)$$

2. Nullstellen:

Die Funktion f hat genau eine Nullstelle bei $x = \ln 2$.

Nullstellen: $f(x) = e^x \cdot (e^x - 2) = 0$

$$e^x = 2$$
$$x = \ln 2 \approx 0,69$$

3. Extrema:

Bei $x = 0$ liegt eine Nullstelle von f′, d. h. eine Stelle mit waagerechter Tangente.

Der y-Wert beträgt $y = -1$. Die Überprüfung mittels f″ ergibt ein Minimum.

Resultat: Tiefpunkt $T(0|-1)$

Extrema: $f'(x) = e^x \cdot (2e^x - 2) = 0$

$$e^x = 1$$
$$x = \ln 1 = 0, \quad y = -1$$
$$f''(0) = 2 > 0 \Rightarrow \text{Minimum}$$

4. Wendepunkte:

Mit Hilfe der notwendigen Bedingung für Wendepunkte $f'' = 0$ errechnen wir eine Wendestelle bei $x \approx -0{,}69$. Die Überprüfung mittels f‴ zeigt, dass es sich um einen Rechts-Links-Wendepunkt handelt.

Resultat: $W(-0{,}69|-0{,}75)$

Wendep.: $f''(x) = e^x \cdot (4e^x - 2) = 0$

$$e^x = 0{,}5$$
$$x = \ln 0{,}5 \approx -0{,}69, \; y = -0{,}75$$
$$f'(0) = 1{,}5 > 0 \Rightarrow \text{R-L-WP}$$

Graph:

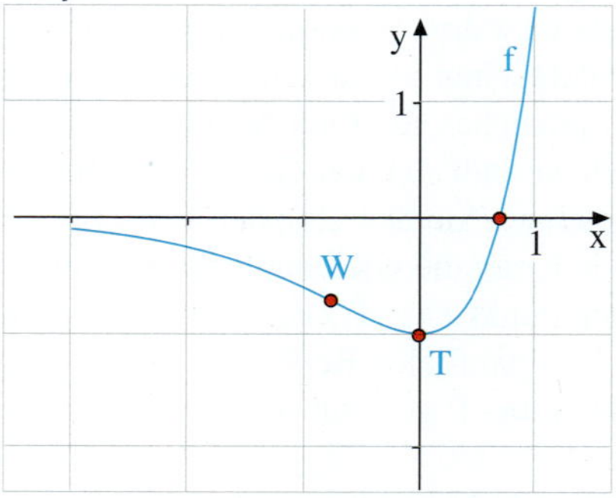

5. Verhalten für $x \to \pm\infty$:

Für $x \to \infty$ überwiegt der Teilterm e^{2x} des Funktionsterms. Er strebt gegen unendlich und damit auch der Gesamtterm von f.

Für $x \to -\infty$ streben beide Teilterme e^{2x} und e^x gegen null und damit auch der Gesamtterm von f.

Übung 13

Gegeben ist die Funktion $f(x) = e^{2x} - 2 \cdot e^x$ aus dem obigen Beispiel.

a) Bestimmen Sie die Gleichung der Wendetangente von f.

b) An welcher Stelle hat die f den Funktionswert $y = 8$?

Die beiden folgenden Beispiele behandeln Zusatzprobleme einer Kurvenuntersuchung. Ein ähnlicher Funktionsterm wurde auf S. 232 untersucht.

Beispiel: Tangente

Die Funktion $f(x) = x \cdot e^{1-x}$ stellt eine Straße dar. Im Punkt $P\left(2 \middle| \frac{2}{e}\right)$ soll tangential eine gerade Ausfahrt abgehen.
Wie lautet die Gleichung der Ausfahrt?
Wo überquert die Ausfahrt den Fluss?

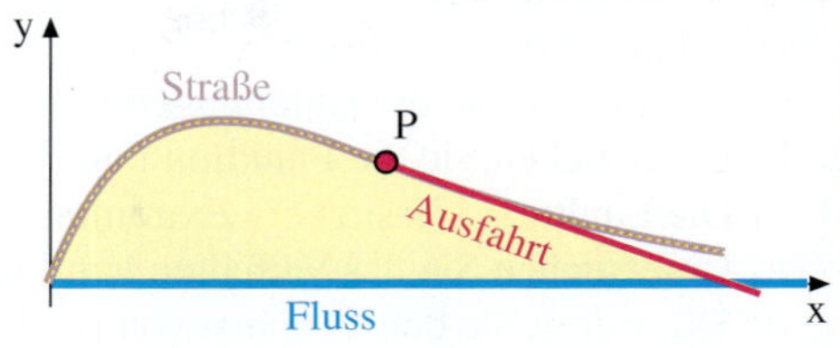

Lösung:
Wir verwenden als Ansatz die allgemeine Gleichung der Tangente von f im Punkt $P(x_0|f(x_0))$.
Wir kennen $x_0 = 2$ und $f(x_0) = f(2) = \frac{2}{e}$.
Mithilfe der Produkt- und der Kettenregel berechnen wir $f'(x) = (1-x) \cdot e^{1-x}$.
Daher gilt $f'(x_0) = f'(2) = -\frac{1}{e}$.
Durch Einsetzen dieser Daten in die allgemeine Tangentengleichung erhalten wir die Gleichung der Tangente (Ausfahrt).
$t(x) = -\frac{1}{e}x + \frac{4}{e}$.
Sie schneidet die x-Achse, d. h. den Fluss an der Stelle $x = 4$.

Allgemeine Tangentengleichung
$t(x) = f'(x_0) \cdot (x - x_0) + f(x_0)$

Steigung der Tangente
$f(x) = x \cdot e^{1-x}$
$f'(x) = (1-x) \cdot e^{1-x}$
$f'(2) = -\frac{1}{e}$

Gleichung der Tangente
$t(x) = -\frac{1}{e}(x-2) + \frac{2}{e}$
$t(x) = -\frac{1}{e}x + \frac{4}{e}$

Schnittpunkt mit der x-Achse
$t(x) = -\frac{1}{e}x + \frac{4}{e} = 0,\ x = 4$

Beispiel: Extremalproblem

Der Punkt $P(x|y)$ mit $x > 0$ liegt im ersten Quadranten auf dem Graphen von $f(x) = x \cdot e^{1-x}$ und ist die rechte obere Ecke eines achsenparallelen Rechtecks, dessen linke untere Ecke der Ursprung ist. Wie muss die Punktabszisse x gewählt werden, wenn der Flächeninhalt A des Rechtecks maximal werden soll?

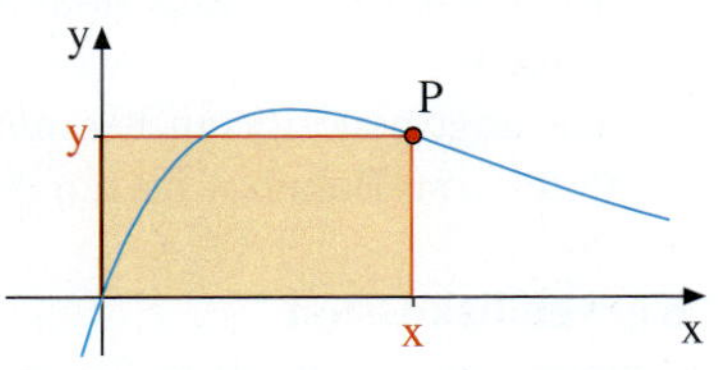

Lösung:
Wir stellen zunächst den Inhalt A als Funktion von x dar: $A(x) = x^2 \cdot e^{1-x}$.
Dann bilden wir die Ableitung A′ von A und setzen diese null. Wir erhalten zwei Nullstellen von A′ bei $x = 0$ und $x = 2$. Die erste kommt nicht in Frage, die zweite ist die gesuchte Maximalstelle, was man durch Überprüfen mittels A″ bestätigen könnte.
Resultat: Der Punkt $P\left(2 \middle| \frac{2}{e}\right)$ führt zum Rechteck mit der Maximalfläche $\frac{4}{e} \approx 1{,}47$.

$A = x \cdot y = x \cdot f(x) = x \cdot x e^{1-x} = x^2 \cdot e^{1-x}$

$A'(x) = 2x e^{1-x} + x^2 \cdot (-e^{1-x})$
$\quad = (2x - x^2) \cdot e^{1-x}$

$A' = 0: \quad (2x - x^2) \cdot e^{1-x} = 0$
$2x - x^2 = 0$
$x = 0$ (Min), $x = 2$ (Max)

$y = f(2) = \frac{2}{e} \approx 0{,}74$

$A_{Max} = \frac{4}{e} \approx 1{,}47$

Übungen

14. Kurvendiskussion

Gegeben ist die Funktion $f(x) = (x - 1) \cdot e^x$.

a) Bestimmen Sie die Ableitungen f', f'' und f'''.
b) Untersuchen Sie die Funktion f auf Nullstellen.
c) Die Funktion f besitzt ein Extremum und einen Wendepunkt. Wo liegen diese Punkte?
d) Untersuchen Sie das Verhalten von f für $x \to -\infty$ bzw. $x \to \infty$ mit einer Tabelle.
e) Skizzieren Sie den Graphen von $f(-3 \le x \le 2)$.

15. Kurvenuntersuchung

Gegeben ist die Funktion $f(x) = x \cdot e^{x+2}$.

a) Untersuchen Sie f auf Nullstellen, Extrem- und Wendepunkte.
b) Zeichnen Sie den Graphen von f für $-3 \le x \le 0{,}5$.
c) Beschreiben Sie das Verhalten von f für $x \to \pm\infty$.
d) Bestimmen Sie die Gleichung der Wendetangente t von f.
e) Die Wendetangente t schließt mit den Koordinatenachsen eine Dreiecksfläche A ein. Berechnen Sie den Inhalt dieser Fläche.

16. Tangenten

Gegeben ist die Funktion $f(x) = e^x - x$. Sie beschreibt den Verlauf einer Autobahn. (1 LE = 1 km)

a) Besitzt f Extrem- und Wendepunkte?
b) Schließen Sie aus den Ergebnissen, dass f keine Nullstellen besitzt.
c) Vom Bahnhof B (0|0) führt ein Zubringer zum Punkt P(1|f(1)) der Autobahn. Zeigen Sie, dass dieser Zubringer tangential in die Autobahn mündet.
Wie lange benötigt ein 30 km/h schneller Transporter vom Bahnhof bis zur Autobahn?

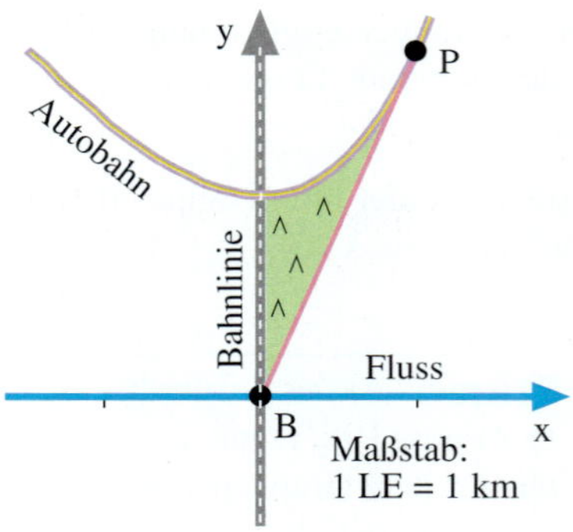

17. Kurvendiskussion

Gegeben ist die Funktion $f(x) = 4x \cdot e^{-0{,}5x}$.

a) Untersuchen Sie f auf Nullstellen. Wie verhält sich f für $x \to \pm\infty$?
b) Bestimmen Sie den Extremalpunkt und den Wendepunkt von f. Beschreiben Sie das Monotonieverhalten und das Krümmungsverhalten von f.
c) Bestimmen Sie die Gleichung der Wendetangente t von f. $\left(\text{Kontrolle: } t(x) = -\frac{4}{e^2}x + \frac{32}{e^2}\right)$
d) Zeichnen Sie die Graphen von f und t für $-1 \le x \le 8$.

18. Kurvenuntersuchung

Gegeben sind die Funktionen $f(x) = e^{0{,}5x}$ und $g(x) = e^{1{,}5 - 0{,}25x}$.

a) Skizzieren Sie die Graphen von f und g in einem Koordinatensystem für $-2 \le x \le 4$.
b) Bestimmen Sie die Ableitungen f' und g'.
c) Wo schneiden sich die Graphen von f und g? Wie groß ist ihr Schnittwinkel?
d) Eine Ursprungsgerade h berührt den Graphen von f als Tangente. Wo liegt der Berührpunkt von f und h? Wie lautet die Gleichung von h?

Übungen

19. Kurvendiskussionen

Führen Sie eine Kurvendiskussion durch. Überprüfen Sie hierzu f auf Nullstellen, Extrema und Wendepunkte. Untersuchen Sie, wie f sich für $x \to \pm\infty$ verhält. Skizzieren Sie den Graphen von f in einem sinnvollen Bereich. Überprüfen Sie Ihre Skizze mit dem TR/Computer.

a) $f(x) = (2x + 2) \cdot e^{-0,5x}$ b) $f(x) = (1 - x) \cdot e^{2-x}$ c) $f(x) = e^{x} - 2e^{-x}$

20. Graph und Funktionsterm

Ordnen Sie jedem Funktionsterm den passenden Graphen zu. Begründen Sie.

$f(x) = e^{-x} - 1$

$g(x) = x + e^{x+1}$

$h(x) = (1 - x^2)e^{-x}$

$k(x) = -(1 + x)e^{-x}$

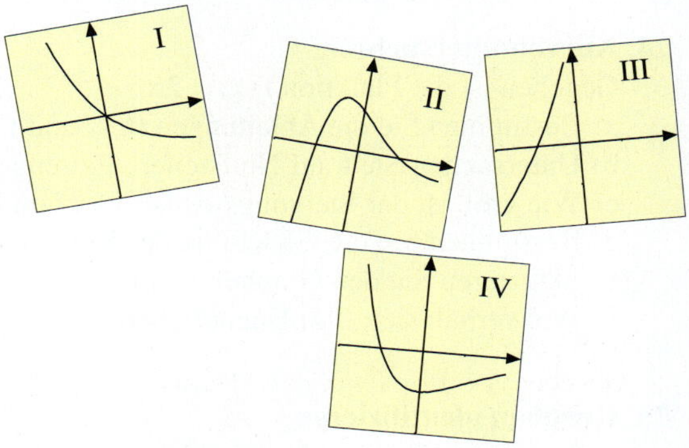

21. Funktion und Ableitung f′ zuordnen

Ordnen Sie jeder Funktion f die passende Ableitung f′ zu. Führen Sie den Nachweis.

A: $f'(x) = x - e^{2x}$

B: $f'(x) = x \cdot e^{2x}$

C: $f'(x) = (1 - 2x)e^{-2x}$

D: $f'(x) = 1 + 2e^{-2x}$

I: $f(x) = xe^{-2x}$

II: $f(x) = 0,5x^2 - 0,5e^{2x}$

III: $f(x) = (0,5x - 0,25)e^{2x}$

IV: $f(x) = x - e^{-2x}$

22. Kurvenuntersuchung

Gegeben ist die Funktion $f(x) = e^{x - x^2}$.

a) Bestimmen Sie f′ und f″.

b) Untersuchen Sie f auf Nullstellen und Extrema.

c) f hat zwei Wendepunkte. Bestimmen Sie deren Lage mit Hilfe der notwendigen Bedingung $f''(x_W) = 0$. Untersuchen Sie, ob es sich um Rechts-Links- oder Links-Rechts-Wendepunkte handelt.

d) Skizzieren Sie den Graphen von f für $-2 \le x \le 6$.

e) Ermitteln Sie die Gleichung der Kurvennormalen von f im Punkt $P(0|1)$.

23. Kurvenuntersuchung

Gegeben ist die Funktion $f(x) = e^{0,5x} - x$.

a) Bestimmen Sie die Ableitungen f′ und f″.

b) Untersuchen Sie f auf Extrema und Wendepunkte.

c) Untersuchen Sie das Verhalten der Funktion f für $x \to \infty$ und $x \to -\infty$.

d) Skizzieren Sie den Graphen von f für $-3 \le x \le 4$.

e) Begründen Sie anhand der Ergebnisse von b) und d), dass f keine Nullstellen besitzt.

f) Bestimmen Sie die Gleichung der Tangente an den Graphen von f an der Stelle $x = 0$. Berechnen Sie sowohl die Nullstelle als auch den Steigungswinkel dieser Tangente.

g) Ermitteln Sie, an welcher Stelle f die Steigung 1 hat.

24. Kurvenuntersuchung

Gegeben ist die Funktion $f(x) = 2x \cdot e^{-0,5x^2}$.

a) Bestimmen Sie die Ableitungen f′, f″ und f‴.

b) Untersuchen Sie f auf Nullstellen, Extrema und Wendepunkte.

c) Wie groß ist der Steigungswinkel von f im Ursprung?

d) Bestimmen Sie die Gleichung der Kurvennormalen im Ursprung.

e) Skizzieren Sie den Graphen von f.

f) Wie verhält sich f im Unendlichen?

25. Graphen identifizieren

Ordnen Sie jedem der drei Graphen I bis VI die passende Funktionsgleichung aus A–F zu. Begründen Sie Ihre Zuordnung.

A: $f(x) = 4x \cdot e^{-x}$
B: $f(x) = 2x \cdot e^{x}$
C: $f(x) = x - 2e^{-x}$
D: $f(x) = -2x \cdot e^{-x}$
E: $f(x) = x - e^{x} + 3$
F: $f(x) = e^{-x} + x$

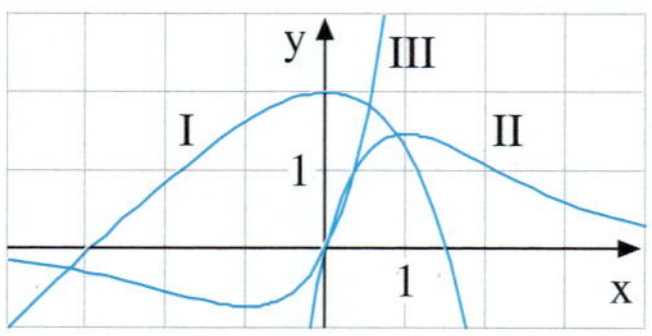

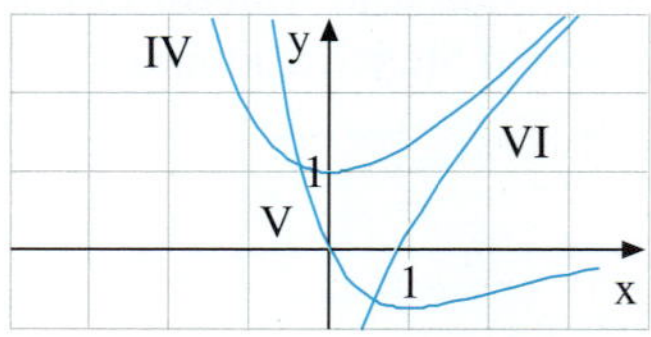

Knobelaufgabe II

Vor dir stehen drei Kartons. In einem Karton befinden sich nur Äpfel, in einem anderen nur Birnen und ihm dritten sowohl Äpfel als auch Birnen. Die Kartons haben die Aufschriften „Äpfel“, „Birnen“ und „Äpfel und Birnen“. Alle Aufschriften sind falsch. Du darfst aus einem Karton genau eine Frucht herausnehmen und ansehen. Kannst du danach alle Kartons richtig beschriften?

6. Anwendungen von Exponentialfunktionen

A. Die Kettenlinie

Eine an zwei Aufhängepunkten befestigte Kette nimmt unter der Last ihres eigenen Gewichts eine ganz bestimmte Form an.
Diese Kurvenform wird als ***Kettenlinie*** *bezeichnet. Kettenlinien können bei geeigneter Wahl eines Koordinatensystems durch eine Funktionsgleichung der Form*

$$f_a(x) = \frac{a}{2} \cdot \left(e^{\frac{x}{a}} + e^{-\frac{x}{a}}\right),\ a > 0,$$

dargestellt werden. Der Parameter a hängt nur von der Lage der Aufhängepunkte und von der Kettenlänge ab.

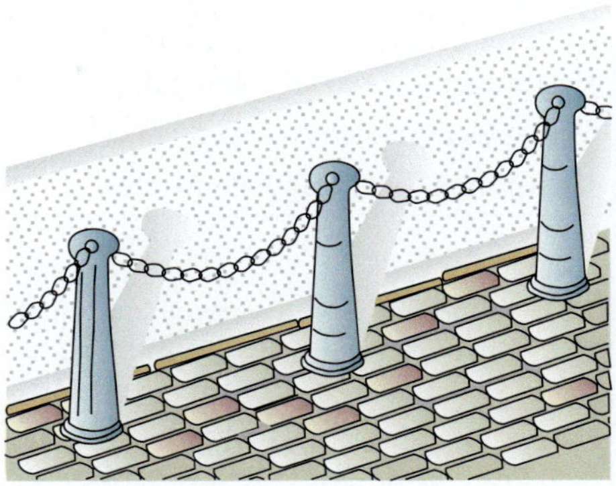

Beispiel: Eine Kettenlinie
Diskutieren Sie die Kettenlinienfunktion $f(x) = \frac{1}{2} \cdot (e^x + e^{-x})$. Zeichnen Sie den Graphen der Funktion für $-2 \le x \le 2$.

Lösung:
Die Funktion f ist achsensymmetrisch zur y-Achse. Sie hat keine Nullstellen, da die Teilterme e^x und e^{-x} beide positiv sind.
Die Ableitungen lauten:

$$f'(x) = \frac{1}{2} \cdot (e^x - e^{-x})$$
$$f''(x) = \frac{1}{2} \cdot (e^x + e^{-x})$$

f' hat eine Nullstelle bei $x = 0$. Dort liegt ein Extremum. Der Punkt $P(0\,|\,1)$ ist ein Tiefpunkt. f'' hat keine Nullstellen. Daher gibt es keine Wendepunkte.

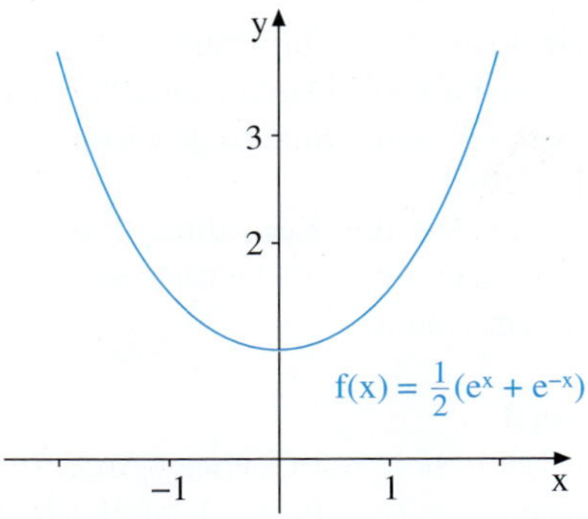

Übung 1 Kettenlinie
Gegeben sei die Funktion $f(x) = \frac{1}{4}e^x + 2e^{-x}$.

a) Diskutieren Sie die Funktion (Nullstellen, Extrema, Wendepunkte, Graph für $-0{,}5 \le x \le 2{,}5$).
b) Wie muss a gewählt werden, wenn das relative Extremum von $f_a(x) = \frac{1}{4}e^x + a\,e^{-x}$ an der Stelle $x = 0{,}5$ liegen soll?

Beispiel: Gleichung einer Kettenlinie

Eine Kette hat – bezogen auf ein bestimmtes Koordinatensystem – folgende Koordinatenpunkte.

x	−2	−1	0	1	2
y	3,04	1,85	1,5	1,85	3,04

Bestimmen Sie die Gleichung der Kettenlinie.
Verwenden Sie den Ansatz $f_a(x) = \frac{a}{2} \cdot \left(e^{\frac{x}{a}} + e^{-\frac{x}{a}}\right)$.
Überprüfen Sie die Tabellenwerte.

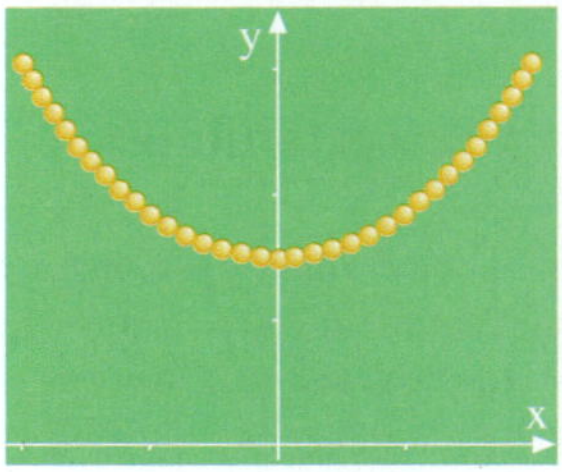

Lösung:
Zur Bestimmung von a verwenden wir den Messwert bei x = 0, der 1,5 beträgt. Also gilt $f_a(0) = 1{,}5$.
Daraus folgt a = 1,5, d. h. $f_{1,5}(x) = \frac{3}{4}\left(e^{\frac{x}{1,5}} + e^{-\frac{x}{1,5}}\right)$.

Dann gilt $f_{1,5}(0) = 1{,}5$, $f_{1,5}(\pm 1) \approx 1{,}85$, $f_{1,5}(\pm 2) \approx 3{,}04$

$f_a(0) = 1{,}5$
$\frac{a}{2} \cdot (e^0 + e^{-0}) = 1{,}5$
$a = 1{,}5$
$f_{1,5}(x) = \frac{3}{4} \cdot \left(e^{\frac{x}{1,5}} + e^{-\frac{x}{1,5}}\right)$

Übung 2

Die Einfahrt zu einer Autowaschstraße ist mit einer Spritzschutzschürze aus Kunststoff versehen, die wiederum an einer Kette befestigt ist. Die Kettenlinie sei gegeben durch $f(x) = e^{\frac{x}{2}} + e^{-\frac{x}{2}}$.

a) Wie hoch ist die Türöffnung?
b) Wie groß ist der Durchhang d der Kette?
c) Unter welchem Winkel α gegen die Horizontale hängt die Kette?
d) Nähern Sie die Kettenlinie f durch eine Parabel $g(x) = ax^2 + bx + c$, die für x = 0 sowie x = ±2 mit f übereinstimmt.

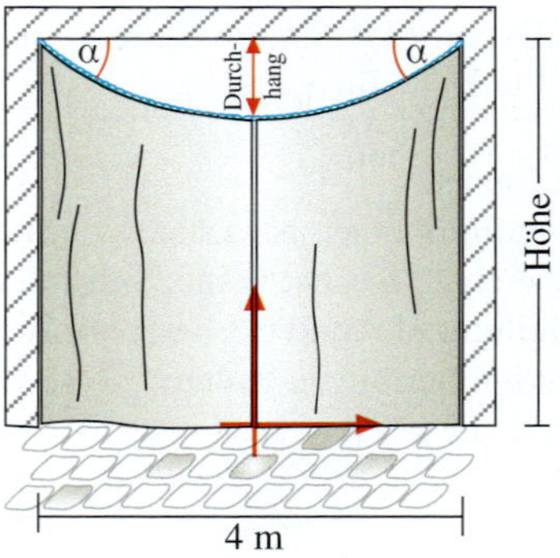

Übung 3

In St. Louis steht der Gateway-Arch. Er hat die Gestalt einer umgekehrten Kettenlinie, die den stabilsten aller Tragebögen darstellt. Die äußere Randkurve ist 180 m hoch und an der Basis 180 m breit. Die innere Randkurve ist 175 m hoch und an der Basis 150 m breit. Die Gleichungen der Randkurven können jeweils in der Form
$f(x) = b - \frac{a}{2} \cdot \left(e^{\frac{x}{a}} + e^{-\frac{x}{a}}\right)$ modelliert werden:
Äußere Kurve: a = 36,5 und b = 216,5
Innere Kurve: a = 28,14 und b = 203,14

a) In welcher Höhe beträgt der Abstand der beiden inneren Bogenseiten 100 m?
b) Unter welchem Winkel trifft der äußere Bogen auf den Boden?
c) Welchen Abstand haben die inneren Bögen in 100 m Höhe? Tipp: Substituition $e^{x/28,14} = u$, quadratische Gleichung, Resubst.

B. Modellierung mit exponentiellen Termen

Beispiel: Wachstum von Kletterbohnen

Das Höhenwachstum zweier Kletterbohnensorten I, II wird durch folgende Funktionen erfasst:
$h_1(t) = 180 - 150e^{-0,05t}$, $h_2(t) = 10e^{0,1t}$ (t in Tagen, h in cm)

a) Wann ist eine Bohne der Sorte I 1 m hoch? Bestimmen Sie einen Näherungswert für den Zeitpunkt, an dem beide Sorten gleich hoch gewachsen sind.

b) Sorte I wächst zur Zeit t = 0 mit einer Geschwindigkeit von 7,5 cm/Tag. Wann erreicht Sorte II diese Geschwindigkeit?

c) Zu welchem Zeitpunkt sind die Wachstumsgeschwindigkeiten beider Sorten gleich?

Lösung zu a):
Der Ansatz $h_1(t) = 100$ führt nach nebenstehender Rechnung auf eine Zeit von ca. 12,57 Tagen.

Zeit für 1 m Höhe bei Sorte I:

$$h_1(t) = 180 - 150e^{-0,05t} = 100$$
$$e^{-0,05t} \approx 0,5333$$
$$t \approx 12,57 \text{ Tage}$$

Die Lösungen der Gleichung $h_1(t) = h_2(t)$ können nicht durch Umformungen bestimmt werden. Man legt eine Wertetabelle mit dem TR/Computer an. Beide Sorten sind am 27. Tag gleich hoch. Genauer Wert: 26,38 Tage

Zeit für gleiche Höhe beider Sorten:

t	25	26	27
$h_1(t)$	137,02	139,12	141,11
$h_2(t)$	121,82	134,67	148,80

Lösung zu b):
Gesucht sind die Lösungen der Gleichung $h_2'(t) = 7,5$, d. h. $e^{0,1t} = 7,5$.
Nach ca. 20 Tagen wächst die Sorte II mit der Geschwindigkeit 7,5 cm/Tag.

Zeit für Geschwindigkeit 7,5 cm/Tag:

$$h_2'(t) = e^{0,1t} = 7,5$$
$$0,1t = \ln 7,5$$
$$t \approx 20,15 \text{ Tage}$$

Lösung zu c):
Die Ansatzgleichung $h_1'(t) = h_2'(t)$ hat die Lösung $t \approx 13,43$ Tage. Zu diesem Zeitpunkt wachsen beide Sorten gleich schnell.

Zeitpunkt gleicher Geschwindigkeit:

$$h_1'(t) = h_2'(t)$$
$$7,5e^{-0,05t} = e^{0,1t}$$
$$e^{0,15t} = 7,5$$
$$t \approx 13,43 \text{ Tage}$$

Übung 4

Die Masse einer Hefekultur wird erfasst durch $m(t) = 20 - 18e^{-0,12t}$ (t in Stunden, m in mg)

a) Nach welcher Zeit werden 15 mg Masse erreicht?

b) Wie groß ist die Wachstumsgeschwindigkeit zum Zeitpunkt t = 0 bzw. t = 24?

Beispiel: Aufstellen der Wachstumsfunktion

Die Höhe eines Kirschbaumes wird angenähert durch die Funktion $h(t) = 4 - a e^{-kt}$ modelliert, wobei t die Zeit in Jahren seit der Pflanzung und h(t) die Baumhöhe in Metern angibt.
5 Jahre nach der Pflanzung war der Baum 1,8 m hoch, nach weiteren 5 Jahren hatte er eine Höhe von 2,6 m.

a) Bestimmen Sie die Parameter a und k sowie die Gleichung der Funktion h.
b) Wie hoch war der Baum zum Zeitpunkt der Pflanzung? Wann erreicht er die Höhe 3 m?
c) Welches durchschnittliche Höhenwachstum hatte der Baum während der ersten 5 Jahre? Welches momentane Höhenwachstum hat er zu Beginn des 6. Jahres?

Lösung zu a):
Aus den beiden Bedingungen $h(5) = 1{,}8$ und $h(10) = 2{,}6$ erhalten wir ein Gleichungssystem mit den Variablen a und k.

Das Gleichungssystem wird, wie nebenstehend angegeben, gelöst. Die Lösungen sind $a \approx 3{,}46$ und $k \approx 0{,}0904$. Die Gleichung für die Funktion h lautet:
$h(t) = 4 - 3{,}46\,e^{-0{,}0904\,t}$.

Bestimmung der Parameter k und a

$h(5) = 1{,}8$: I: $4 - a e^{-5k} = 1{,}8$
$h(10) = 2{,}6$: II: $4 - a e^{-10k} = 2{,}6$
II nach a auflösen: III: $a = 1{,}4\,e^{10k}$
III in I einsetzen: $4 - 1{,}4\,e^{5k} = 1{,}8$
$e^{5k} = \frac{11}{7}$
$k \approx 0{,}0904$
Rückeinsetzen von $k = 0{,}0904$ in (I):
$4 - a e^{-0{,}452} = 1{,}8 \Rightarrow a \approx 3{,}46$

Lösung zu b):
Für $t = 0$ erhalten wir die Höhe $h(0) = 0{,}54$. Der Baum war zu Beginn 0,54 m hoch.

Aus dem Ansatz $h(t) = 3$ erhalten wir, dass der Baum nach ca. 13,73 Jahren eine Höhe von 3 m erreicht.

Baumhöhe zur Zeit t = 0

$t = 0$: $h(0) = 4 - 3{,}46 = 0{,}54$ m

Bestimmung von t mit h(t) = 3

$h(t) = 4 - 3{,}46\,e^{-0{,}0904\,t} = 3$
$e^{-0{,}0904\,t} \approx 0{,}289$
$t \approx 13{,}73$ Jahre

Lösung zu c):
Zu berechnen ist die mittlere Änderungsrate im Zeitintervall [0; 5] sowie die Ableitung von h zur Zeit $t = 5$, d. h. $h'(5)$.

Die mittlere Höhenwachstumsgeschwindigkeit beträgt etwa 0,25 m/Jahr.
Die momentane Wachstumsgeschwindigkeit zur Zeit $t = 5$ beträgt nur $0{,}20\,\frac{\text{m}}{\text{Jahr}}$.

Mittlere Wachstumsgeschwindigkeit

$\frac{\Delta h}{\Delta t} = \frac{h(5) - h(0)}{5 - 0} \approx \frac{1{,}80 - 0{,}54}{5 - 0} \approx 0{,}25$ m/Jahr

Momentane Wachstumsgeschwindigkeit

$h'(t) = 0{,}31\,e^{-0{,}0904\,t}$
$h'(5) \approx 0{,}20$ m/Jahr

Übung 5

Die Flughöhe eines Flugzeugs in einer Flugphase ist in der nebenstehenden Tabelle erfasst. Beschreiben Sie die Flughöhe durch eine Funktion $h(t) = 4 + a e^{-kt}$. Wie groß sind die durchschnittliche sowie die maximale Sinkgeschwindigkeit während der 10-minütigen Flugphase?

t (in min)	2	5
h (in km)	4,69	4,47

Übungen

6. Höhenwachstum einer Pfingstrose

Das Höhenwachstum einer Pfingstrose wurde in einer Messreihe erfasst.

t (in Tage)	0	4	8	12	16
h(t) (cm)	2,0	3,5	6,13	10,73	18,79

a) Zeichnen Sie den Graphen der Funktion h.

b) Zeigen Sie, dass eine Funktion der Form $h(x) = c \cdot e^{kx}$ das Höhenwachstum beschreibt. Berechnen Sie c und k.

c) Wie groß ist die mittlere Wachstumsgeschwindigkeit in den ersten 10 Tagen und die momentane zu Beginn des 10. Tages?

d) Wann erreicht die Pflanze eine Höhe von 40 cm?

7. Desinfektion

Durch Zugabe eines Desinfektionsmittels soll die Anzahl der Keime (in Mio. pro ml) in einem Erlebnisbad verringert werden. Die danach vorhandene Keimanzahl wird nach Ansicht eines Experten beschrieben durch $h_1(t) = 5 + 10e^{-0,02t}$ (t in Stunden). Ein zweiter Experte vertritt die Meinung, dass die Funktion $h_2(t) = 15 - 0,12t$ die Anzahl der Keime zutreffend angibt.

a) Welche Anzahl von Keimen enthält 1 ml Wasser in beiden Modellen 10 Stunden nach der Desinfektion?

b) Wann ist in beiden Modellen die Keimzahl auf die Hälfte des Anfangsstandes gefallen?

c) Für welchen Zeitpunkt ist der Unterschied beider Prognosen am größten?

8. Wachstum von Krokodilen

Ein Zoologe stellt fest, dass das Längenwachstum eines Krokodils durch $L(t) = 3 - ae^{-kt}$ ($0 < t < 12$, t in Monaten, L in Metern) erfasst wird. Zu Beginn ($t = 0$) war das Krokodil 1,8 m lang, ein Jahr später wurde seine Länge mit 2,48 m gemessen.

a) Berechnen Sie a und k.

b) Welche maximale Länge erreicht das Krokodil?

c) Wann hat es 75 % seiner maximalen Länge erreicht? Wie groß ist zu diesem Zeitpunkt seine momentane Wachstumsgeschwindigkeit?

d) Das Längenwachstum eines zweiten Krokodils wird modelliert durch die Funktion $L_2(t) = 2,5 - 2e^{-0,2t}$. Zeichnen Sie beide Graphen in ein gemeinsames Koordinatensystem. Wann ist die Größendifferenz beider Krokodile am geringsten?

9. Drosophila, das Haustier der Genforscher

Im Labor wurde eine kleine Population der Fruchtfliege Drosophila angelegt, deren Bestand angenähert durch $N(t) = 40t^2 \cdot e^{1-0,4t}$ beschrieben wird (t in Tagen, $t > 0$).

a) Bestimmen Sie für die Bestandsfunktion die Nullstellen, Extrema und Wendepunkte. Zeichnen Sie den Graphen für $0 < t < 20$.

b) Zu welchem Zeitpunkt ist die Population am stärksten? Wie groß ist sie dann?

c) Zu welchem Zeitpunkt wächst bzw. verringert sich der Bestand besonders stark?

C. Exkurs: Logarithmusfunktionen

Wir führten die natürliche Logarithmusfunktion in x als Umkehrfunktion der natürlichen Exponentialfunktion e^x ein (Seite 214) und entwickelten ihre Ableitungsregel (S. 216, s. rechts).
Hier wenden wir diese Ableitungsregeln an, um exemplarisch einfache Funktionsuntersuchungen an Logarithmusfunktionen durchführen zu können.

$$(\ln x)' = \frac{1}{x}$$

1. Ableitungsübungen

Wir üben zunächst das Differenzieren von Funktionen, die logarithmische Anteile ernthalten.

Beispiel: Differentiation logarithmischerTerme
Bestimmen Sie die Ableitungsfunktion f′ von f. Dabei gelte stets $x > 0$.
a) $f(x) = \ln(2x)$ b) $f(x) = \ln(x^3)$ c) $f(x) = x \cdot \ln(2x)$

Lösung zu a und b:
Wir verwenden die Kettenregel.

a: $f'(x) = [\ln(2x)]' = \frac{1}{2x} \cdot 2 = \frac{1}{x}$

b: $f'(x) = [\ln(x^3)]' = \frac{1}{x^3} \cdot 3x^2 = \frac{3}{x}$

Lösung zu c:
Wir verwenden Produkt- und Kettenregel.

$f'(x) = [x \cdot \ln(2x)]'$

$= 1 \cdot \ln(2x) + x \cdot \frac{1}{2x} \cdot 2 = \ln(2x) + 1$

Übung 10 Logarithmische Differentiation
Bestimmen Sie die Ableitungsfunktionen f' und f''. Nennen Sie jeweils die Definitionsmenge.
a) $f(x) = \ln(5x)$ b) $f(x) = \ln(x^2)$ c) $f(x) = x + \ln(2x)$
d) $f(x) = x^2 \cdot \ln(x)$ e) $f(x) = \ln(2e^{2x})$ f) $f(x)= (\ln x)^3$
g) $f(x) = \ln(\sqrt{x})$ h) $f(x) = \frac{\ln x}{x}$ i) $f(x) = \ln(e^x)$

2. Tangenten und Normalen

Beispiel: Tangenten und Normalen
Bestimmen Sie die Gleichung der Tangente t und der Normalen von $f(x) = \ln x$ im Punkt $P(1|0)$.

Lösung:
Wir verwenden die allgemeinen Formeln für Tangenten- und Normalengleichung.

Tangentengleichung bei $x_0 = 1$

$t(x) = f'(x_0) \cdot (x - x_0) + f(x_0)$
$= 1 \cdot (x - 1) + 0 = x - 1$

Normalengleichung bei $x_0 = 1$

$n(x) = -\frac{1}{f'(x_0)} \cdot (x - x_0) + f(x_0)$
$= -1 \cdot (x - 1) = -x + 1$

Übung 11 Logarithmische Differentiation
Tangente und Normale aus dem obigen Beispiel umschließen gemeinsam mit der y-Achse eine Dreiecksfläche A. Fertigen Sie eine Skizze an und berechnen Sie den Inhalt von A.

3. Elemente der Funktionsuntersuchung

Beispiel: Definitionsmenge und Graph

Gegeben ist die Funktion $f(x) = \ln(4 - 2x)$.

a) Bestimmen Sie die Definitionsmenge und die Nullstelle von f.

b) Skizzieren Sie den Graphen von f für $-3 \le x \le 3$.

Lösung zu a:

Definitionsmenge

$4 - 2x > 0$

$2x < 4$

$x < 2, D_f = \{x \in \mathbb{R} : x < 2\}$

Nullstelle

$f(x) = 0$

$\ln(4 - 2x) = 0$

$4 - 2x = 1, \quad x = 1{,}5$

Lösung zu b:

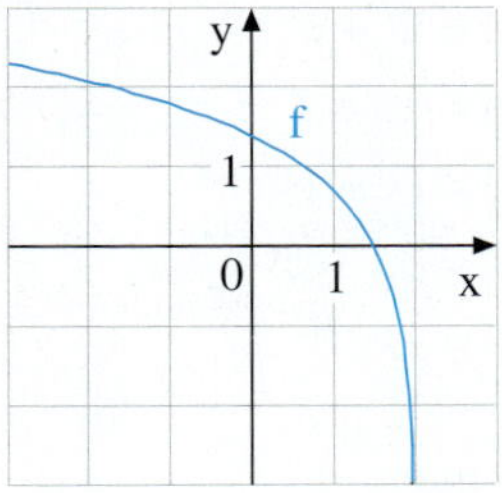

Beispiel: Extremum und Graph

Gegeben ist die Funktion $f(x) = (\ln x)^2$.

a) Bestimmen Sie die Lage des Extremums von f.

b) Skizzieren Sie den Graphen von f für $-1 \le x \le 4$.

Lösung zu a:

Extremum von f

$f'(x) = 2 \cdot \ln x \cdot \frac{1}{x} = 0$

$\ln x = 0$

$x = 1, \quad y = 0$

Tiefpunkt T(1|0)

Lösung zu b:

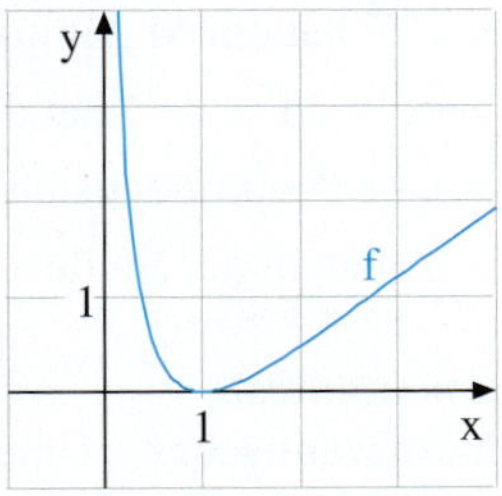

Übung 12 Funktionsuntersuchung

Gegeben ist die Funktion $f(x) = \ln(x^2)$.

a) Definitionsmenge von f bestimmen.

b) Nullstellen und Extrema bestimmen.

c) Krümmungsverhalten von f bestimmen.

d) Graph von f für $-3 \le x \le 3$ zeichnen.

Übung 13 Funktionsuntersuchung

Gegeben ist die Funktion $f(x) = x - \ln x$.

a) Definitionsmenge von f bestimmen.

b) Extrema und Wendepunkte bestimmen.

c) Wie verhält sich f für $x \to \infty$?

d) Skizzieren Sie den Graphen von f für $0 \le x \le 4$.

Übung 14 Funktionsuntersuchung

Gegeben ist die Funktion $f(x) = x \cdot \ln x$.

a) Bestimmen Sie die Definitionsmenge.

b) Bestimmen Sie die Wertemenge von f.

c) Berechnen Sie f′ und f″.

d) Untersuchen Sie f auf Extrema.

e) Zeigen Sie: f hat keine Wendepunkte. Wie verhält sich f für $x \to \infty$?

g) Wie verhält sich f für $x \to 0, x > 0$?

h) Skizzieren Sie den Graphen von f für $0 \le x \le 5$.

i) Bestimmen Sie Tangente und Normale von f an der Stelle x = 1.

Übungen

Die folgenden Aufgaben sollen ohne die Verwendung von Hilfsmitteln bearbeitet werden.

1. Zuordnung

Ordnen Sie jeder Funktion f den passenden Graphen zu. Begründen Sie Ihre Wahl.

I. $f(x) = e^{-x}$

II. $f(x) = e^{x} + e^{-x}$

III. $f(x) = x \cdot e^{-x}$

IV. $f(x) = (x+1) \cdot e^{x}$

V. $f(x) = 3x - e^{x}$

VI. $f(x) = -e^{-x^2}$

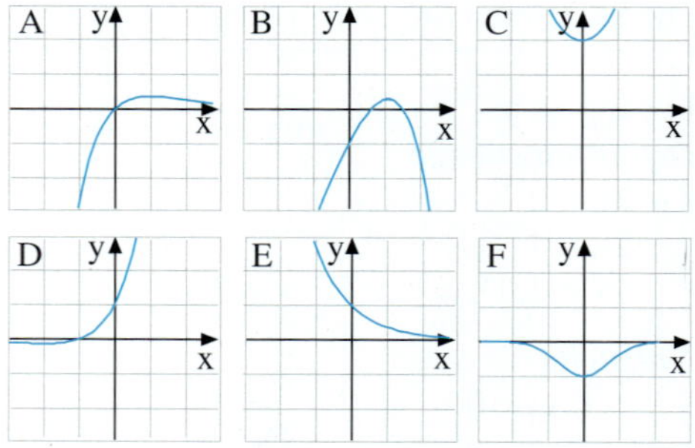

2. Ableitungen

Berechnen Sie die Ableitung f′.

a) $f(x) = e^{-0,5x}$ b) $f(x) = 2e^{-0,5x^2}$ c) $f(x) = x \cdot e^{-0,5x}$ d) $f(x) = e^{x} - e^{2x}$

e) $f(x) = \frac{e^{2x+1}}{e^{-x}}$ f) $f(x) = e^{-x^2}$ g) $f(x) = \frac{x^3}{e^{-x}}$ h) $f(x) = \sqrt{x} \cdot e^{-x}$

i) $f(x) = (e^{x})^2$ j) $f(x) = \sqrt{e^{x}}$ k) $f(x) = x \cdot e^{x}$ l) $f(x) = e^{x} \cdot e^{-x}$

3. Richtig oder falsch

a) $f(x) = e^{-x^2}$ ist streng monoton fallend.

b) $f(x) = e^{-x^2}$ hat ein Maximum.

c) $f(x) = (x^2 - 1) \cdot e^{-0,5x}$ hat die Ableitung $f'(x) = (-0,5x^2 + 2x - 0,5) \cdot e^{-x}$.

d) $f(x) = x \cdot e^{-x}$ schmiegt sich für $x \to \infty$ an die x-Achse an.

e) $f(x) = e^{x}$ hat an der Stelle $x = 0$ die Tangente $y = 1 + x$.

4. Medikamententest

Ein pharmazeutisches Unternehmen prüft ein neues Medikament, welches in Tablettenform eingenommen wird. Die Wirkstoffkonzentration im Blut kann durch die Funktion $f(t) = 6t \cdot e^{-0,5t}$ beschrieben werden, wobei t die Zeit in Stunden ist.

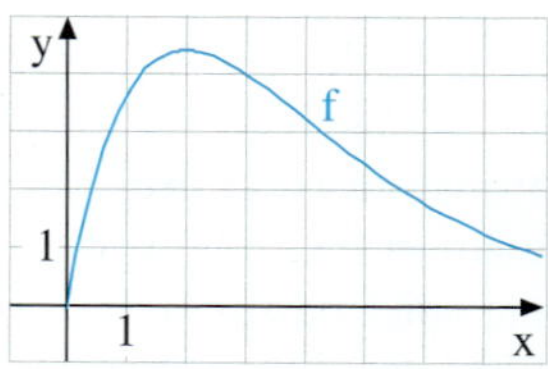

a) Zeigen Sie, dass f die Ableitung $f'(t) = (-3t + 6) \cdot e^{-0,5t}$ besitzt.

b) Berechnen Sie den Zeitpunkt t, zu dem die maximale Konzentration erreicht wird.

c) Untersuchen Sie f auf Wendestellen (notwendige und hinr. Bedingung anwenden).

d) Beschreiben Sie die praktische Bedeutung der Wendestelle bei diesem Prozess.

5. Tangente und Normale

Gegeben ist die Funktion $f(x) = x^2 + e^{-x}$.

Bestimmen Sie die Tangente t und die Normale n von f an der Stelle $x = 0$.

CAS-Anwendung

Der TI-Nspire kann mit zusätzlichen Sensoren auch zur automatischen Erfassung von Messwerten genutzt werden. Zur Analyse der Messwerte können diese auch in eine Tabelle eingetragen werden. Man kann einen Streuplot erzeugen und diesen mit Funktionsgraphen vergleichen, bei denen man die Parameter entsprechend wählt, oder einen Regressionsgraphen anzeigen lassen.

Beispiel: Modellierung eines Abkühlungsprozesses

Bei der Messung der Temperatur von frisch aufgebrühtem Kaffee ergibt sich ein Wert von 95°, die Raumtemperatur beträgt 20°. Die zu verschiedenen Zeitpunkten gemessenen Temperaturen sind in der Tabelle unten verzeichnet. Bestimmen Sie, nach welcher Zeit der Kaffee eine Temperatur von 30° angenommen hat.

Zeit (nach x Minuten)	0	0,5	2	5	10
Temperatur	95°	93,83°	89,97°	82,91°	72,88°

Lösung:

Notieren Sie die gegebenen Werte auf einer Tabellenkalkulationsseite.

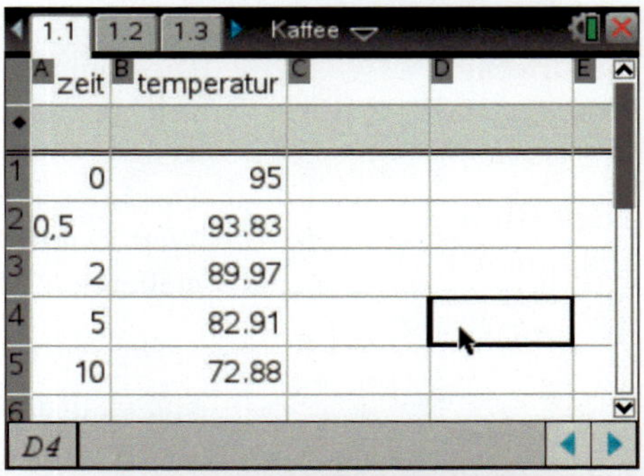

Fügen Sie einen Streuplot ein. Wählen Sie dabei als Parameter durch Anklicken unten die Zeit und links die Temperatur. Verwenden Sie dann „Datenpunkte verbinden“.

Fügen Sie anschließend drei Schieberegler für die Parameter a, b und c ein sowie die Funktion $f(x) := a \cdot e^{b \cdot x} + c$.

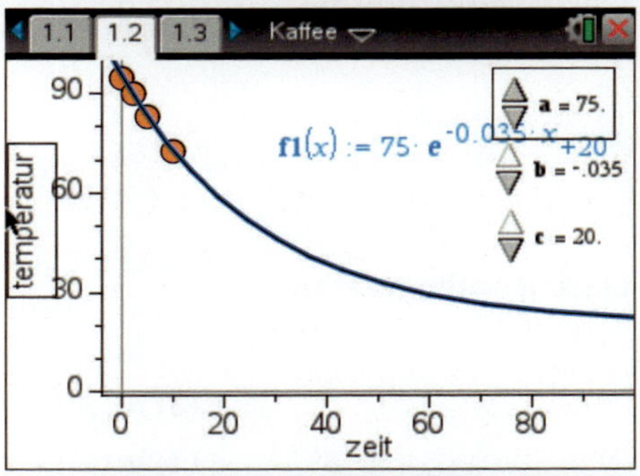

Wählen Sie nun mit den Schiebereglern die Parameter a, b und c so, dass die Punkte auf dem Graphen der Funktion liegen.

$a = 75$, $b = -0{,}035$ und $c = 20$ sind geeignete Werte.

Die Lösung der Gleichung $(f(x) = 30, x)$ liefert den gesuchten Wert: Nach knapp 58 Minuten hat der Kaffee eine Temperatur von 30° angenommen.

Übung 1 Wachstumsprozess

Bearbeiten Sie das Beispiel von Seite 202 in analoger Weise.

Überblick

Exponentialfunktion zur Basis a

a und c seien reelle Zahlen, $a > 0$. Dann bezeichnet man die Funktion $f(x) = c \cdot a^x$ als Exponentialfunktion zur Basis a.

Wachstum/Zerfall

$a > 1$: Der Graph von f ist streng monoton wachsend.
$0 < a < 1$: Der Graph von f ist streng monoton fallend.

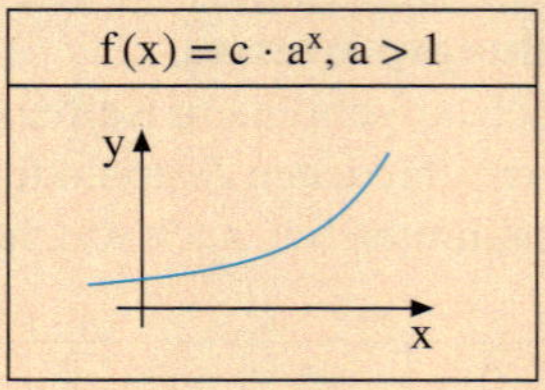

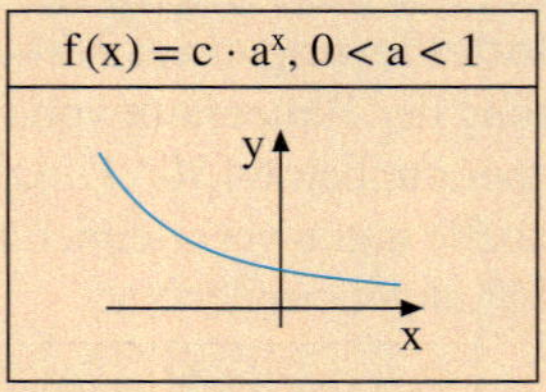

Quotiententest

Man erkennt einen exponentiellen Prozess f an der Konstanz des Quotienten $\frac{f(x+1)}{f(x)}$ (für alle $x \in \mathbb{R}$).

Natürliche Exponentialfunktion

Die Funktion $f(x) = e^x$ wird als natürliche Exponentialfunktion bezeichnet. Ihre Basis ist die Euler'sche Zahl $e \approx 2{,}72$.

Logarithmus (Exponent)

Der Logarithmus log r einer Zahl $r > 0$ zur Basis 10 ist derjenige Wert x, mit dem 10 potenziert werden muss, um die Zahl r darzustellen.

$$\mathbf{x = \log r \Leftrightarrow r = 10^x}$$

Natürliche Logarithmusfunktion

Die Umkehrfunktion zu $f(x) = e^x$ ist $g(x) = \ln x$. Sie heißt natürliche Logarithmusfunktion.

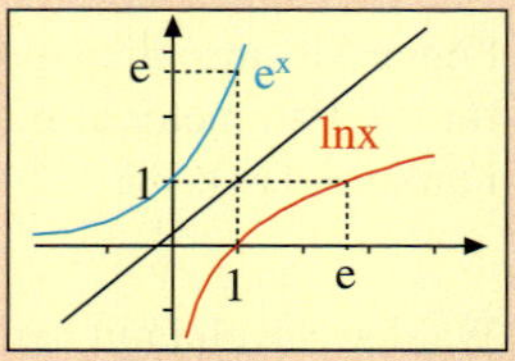

Logarithmengesetze

a und b seien positive reelle Zahlen. r sei eine beliebige reelle Zahl. Dann gelten die folgenden Gesetze. Weiterhin gilt:

(1) $\ln(a \cdot b) = \ln a + \ln b$	**(4)** $\ln(e^x) = x$
(2) $\ln\left(\frac{a}{b}\right) = \ln a - \ln b$	**(5)** $e^{\ln x} = x$
(3) $\ln(a^r) = r \cdot \ln a$	**(6)** $\ln e = 1, \ln 1 = 0$

Verdoppelungszeit

Der exponentielle Wachstumsprozess $f(t) = c \cdot a^t$ mit $a > 1$ hat die Verdoppelungszeit $T_2 = \frac{\log 2}{\log a}$.

Halbwertszeit

Der exponentielle Abnahme- bzw. Zerfallsprozess $f(t) = c \cdot a^t$ mit $0 < a < 1$ hat die Halbwertszeit $T_{\frac{1}{2}} = \frac{\log \frac{1}{2}}{\log a}$.

Verkettung

$h(x) = f(g(x))$
wird als *Verkettung* der äußeren Funktion f mit der inneren Funktion g bezeichnet.

Lineare Verkettung

$h(x) = f(ax + b)$
wird als *lineare Verkettung* der äußeren Funktion f mit der linearen inneren Funktion $g(x) = ax + b$ bezeichnet.

Allgemeine Ableitungsregeln

Allgemeine Ableitungsregeln

Konstantenregel:	$c' = 0$
Faktorregel:	$[a \cdot f(x)]' = a \cdot f'(x)$
Summenregel:	$[f(x) + g(x)]' = f'(x) + g'(x)$
Produktregel:	$[u(x) \cdot v(x)]' = u'(x) \cdot v(x) + u(x) \cdot v'(x)$
Quotientenregel*:	$\left[\frac{u(x)}{v(x)}\right]' = \frac{u'(x) \cdot v(x) - u(x) \cdot v'(x)}{(v(x))^2}$
Kettenregel:	$[f(g(x))]' = f'(g(x)) \cdot g'(x)$
lineare Kettenregel:	$[f(ax + b)]' = f'(ax + b) \cdot a$

Spezielle Ableitungsregeln

Spezielle Ableitungsregeln

Exponentialregel:	$(e^x)' = e^x$
Logarithmusregel:	$(\ln x)' = \frac{1}{x}$

Sonderfälle der Kettenregel

Sonderfälle der Kettenregel für spezielle Funktionsklassen

$$[e^{f(x)}]' = e^{f(x)} \cdot f'(x)$$
$$\left[\frac{1}{f(x)}\right]' = -\frac{f'(x)}{(f(x))^2}$$
$$\left[\sqrt{f(x)}\right]' = \frac{f'(x)}{2\sqrt{f(x)}}$$

Sonderfälle der linearen Kettenregel

Sonderfälle der linearen Kettenregel für spezielle Funktionsklassen

$$[e^{ax+b}]' = a \cdot e^{ax+b}$$
$$\left[\frac{1}{ax+b}\right]' = -\frac{a}{(ax+b)^2}$$
$$\left[\sqrt{ax+b}\right]' = \frac{a}{2\sqrt{ax+b}}$$

* Diese Regel wird hier der Vollständigkeit halber aufgenommen.
Sie wurde in diesem Buch jedoch nicht behandelt.

Test

1. Medikamententest

Die Konzentration K eines biologischen Schlafmittels im Blut (in µg/ml) erreicht kurz nach der Einnahme einen Höchststand und fällt dann kontinuierlich ab. Es ergibt sich folgende Messreihe:

Zeit t in Std.	0	1	2	3	4	5	6
Konz. K	16	13,6	11,6	9,8	8,4	7,1	6,0

a) Zeigen Sie, dass ein exponentieller Abnahmeprozess vorliegt (Quotiententest). Stellen Sie die Gleichung der Abnahmefunktion K auf.
b) Berechnen Sie die Konzentration nach 12 Stunden.
c) Untersuchen Sie, nach welcher Zeit die Konzentration auf 1 µg/ml abgesunken ist.

2. Exponentialgleichungen

Lösen Sie die Exponentialgleichung.

a) $3e^{2x} = 1{,}5$
b) $2e^{x} = 4e^{-x}$
c) $e^{2x} - e^{x} = 12$ (Substitution. $e^{x} = u$)

3. Differentiation

Bestimmen Sie die Ableitung $f'(x)$.

a) $f(x) = e^{2-x}$
b) $f(x) = (e^{2x} - 1)^2$
c) $f(x) = x^2 \cdot e^{-0{,}5x}$
d) $f(x) = a e^{bx^2}$
e) $f(x) = \sqrt{x} \cdot e^{-x}$
f) $f(x) = (e^{x} + 1) \cdot (e^{2x} - 1)$

4. Schnittpunkt

Gegeben sind die Funktionen $f(x) = 4e^{-x}$ und $g(x) = 0{,}5e^{x}$.

a) Skizzieren Sie die Graphen von f und g für $-1 \le x \le 3$
b) Bestimmen Sie den Schnittpunkt von f und g.
c) Bestimmen Sie den Schnittwinkel von f und g.
d) Bestimmen Sie die Gleichung der Tangente von f an der Stelle $x_0 = 0$.

5. Funktionsuntersuchung

Gegeben ist die Funktion $f(x) = x \cdot e^{-0{,}5x^2}$.

a) Untersuchen Sie f auf Nullstellen und Extrema.
b) Wie verhält sich der Graph von f für $x \to \infty$? Begründen Sie Ihre Antwort.
c) Skizzieren Sie den Graphen von f für $-2 \le x \le 2$ (Schrittweite: 0,5).
d) Bestimmen Sie die Gleichung Normalen von f im Ursprung.

Lösungen: S. 561

VI. Trigonometrische Funktionen

1. Grundlagen

A. Trigonometrische Definitionen und Formeln

Im Folgenden stellen wir die wichtigsten Grundlagen für den Umgang mit ***Sinus***, ***Kosinus*** und ***Tangens*** noch einmal in kompakter Wiederholungsform zusammen.

Darstellung von Sinus, Kosinus und Tangens im rechtwinkligen Dreieck

Sinus, Kosinus und Tangens eines Winkels α können besonders einfach im rechtwinkligen Dreieck definiert werden. Allerdings gelten diese Definitionen nur für spitze Winkel.

$$\sin\alpha = \frac{\text{Gegenkathete von } \alpha}{\text{Hypotenuse}}$$

$$\cos\alpha = \frac{\text{Ankathete von } \alpha}{\text{Hypotenuse}}$$

$$\tan\alpha = \frac{\text{Gegenkathete von } \alpha}{\text{Ankathete von } \alpha}$$

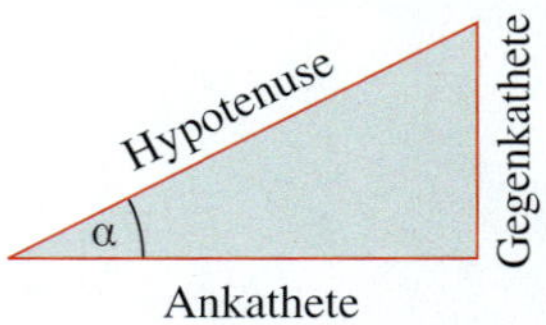

Darstellung am Einheitskreis

Eine Erweiterung dieser Definition auf beliebige Winkel ergibt sich, wenn α als ***Drehwinkel im Einheitskreis*** betrachtet wird. Orientiert man sich am mittleren Bild, so wird der Radius $\overline{OA}$ in den Radius $\overline{OP}$ gedreht, um den Winkel α zu erzeugen. $\cos\alpha$ und $\sin\alpha$ werden dann als Koordinaten des Punktes P definiert.

Auf diese Weise werden $\sin\alpha$ und $\cos\alpha$ auch für solche Winkel α definiert, deren Winkelmaß 360° überschreitet.

Ebenso ist – je nach mathematischer Drehrichtung – die Unterscheidung zwischen Winkeln mit positivem bzw. negativem Winkelmaß möglich.

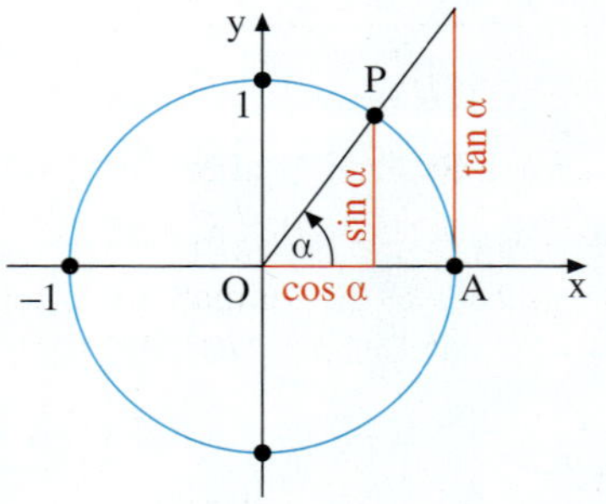

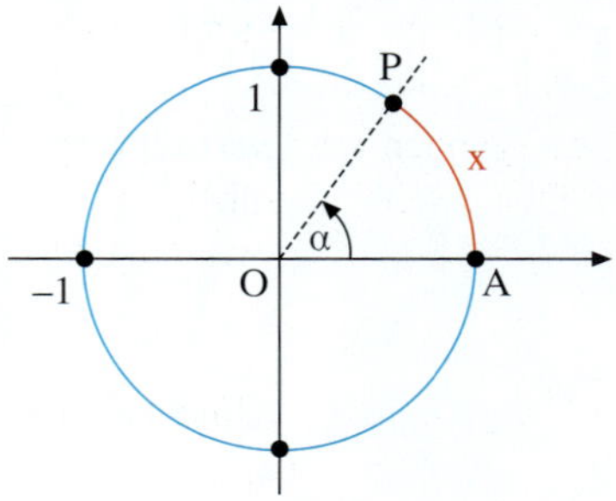

Gradmaß und Bogenmaß

Als Winkelmaß wird im Folgenden anstelle des Gradmaßes α meistens das sog. ***Bogenmaß*** x verwendet. Das ist die dem Winkel α zugeordnete Bogenlänge x auf dem Umfang des Einheitskreises.

Die Formel zur Umrechnung zwischen Grad- und Bogenmaß steht rechts.

Umrechnung: Gradmaß/Bogenmaß

$$\frac{x}{2\pi} = \frac{\alpha}{360°}$$

α = Gradmaß
x = Bogenmaß

Beispiel: Rechnen Sie das Gradmaß des Winkels α in das Bogenmaß x um bzw. umgekehrt.
a) $\alpha = 40°$ b) $\alpha = -30°$ c) $x = 1{,}12$

$x = 2\pi \cdot \frac{40°}{360°} \approx 0{,}6981$ $x = 2\pi \cdot \frac{-30°}{360°} \approx -0{,}5236$ $\alpha = 360° \cdot \frac{1{,}12}{2\pi} \approx 64{,}2°$

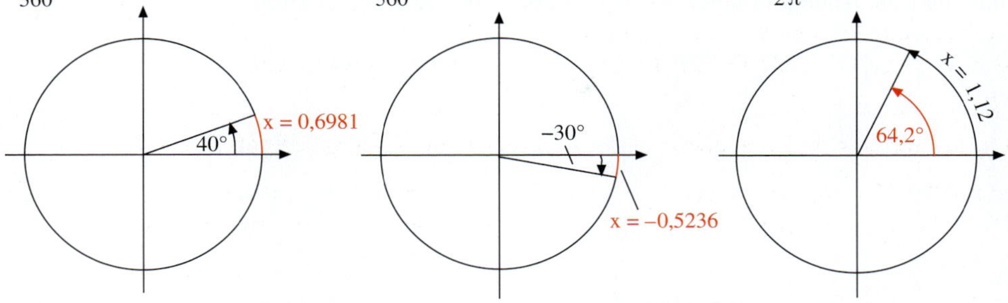

Übung 1

Übertragen Sie die Tabelle und ergänzen Sie die fehlenden Werte.

Gradmaß α	10°	15°		36°	45°		90°		180°	270°		360°
Bogenmaß x			$\frac{\pi}{6}$			$\frac{\pi}{3}$		$\frac{3}{4}\pi$			$\frac{5}{3}\pi$	

Übung 2

a) Rechnen Sie das gegebene Bogenmaß in das Gradmaß um.
$\frac{1}{8}\pi$, $\frac{4}{3}\pi$, $\frac{3}{8}\pi$, $\frac{5}{6}\pi$, $\frac{1}{12}\pi$, $\frac{7}{8}\pi$, 4,71, 0,2, 6,28, 1

b) Geben Sie das Bogenmaß als Anteil von π an.
60°, 15°, 45°, 135°, 270°, 320°, 120°, 240°, 100°, −45°, −300°, −72°

Übung 3

Ordnen Sie die Winkel der Größe nach an.
40°; 0,55; 30°; 0,7; 80°; 1,36; 0,92; 55°

Kreisbewegungen sind ***periodische*** Bewegungen. Nach einer Umdrehung wiederholt sich das Ganze. Der Drehwinkel übersteigt dann 360° (Bogenmaß 2π). Zwei Umdrehungen entsprechen 720° (Bogenmaß 4π) usw.

Übung 4

a) Ein Fahrrad legt $5\frac{1}{4}$ Umdrehungen zurück. Geben Sie den Drehwinkel im Gradmaß und im Bogenmaß an.

b) Ein Fahrrad mit einem Raddurchmesser von 64 cm fährt eine Strecke von exakt 500 m. Welchen Winkel zur Horizontalen nimmt nun die markierte Speiche ein?

c) Wie hoch steht die Markierungsmarke nach 500 m über der Straße?

B. Sinusfunktion und Kosinusfunktion

Tragen wir auf der x-Achse eines Koordinatensystems das Bogenmaß und auf der y-Achse den zugehörigen, am Einheitskreis gewonnenen Sinuswert ab, so erhalten wir den Graphen der Sinusfunktion. Analog erhalten wir den Graphen der Kosinusfunktion.

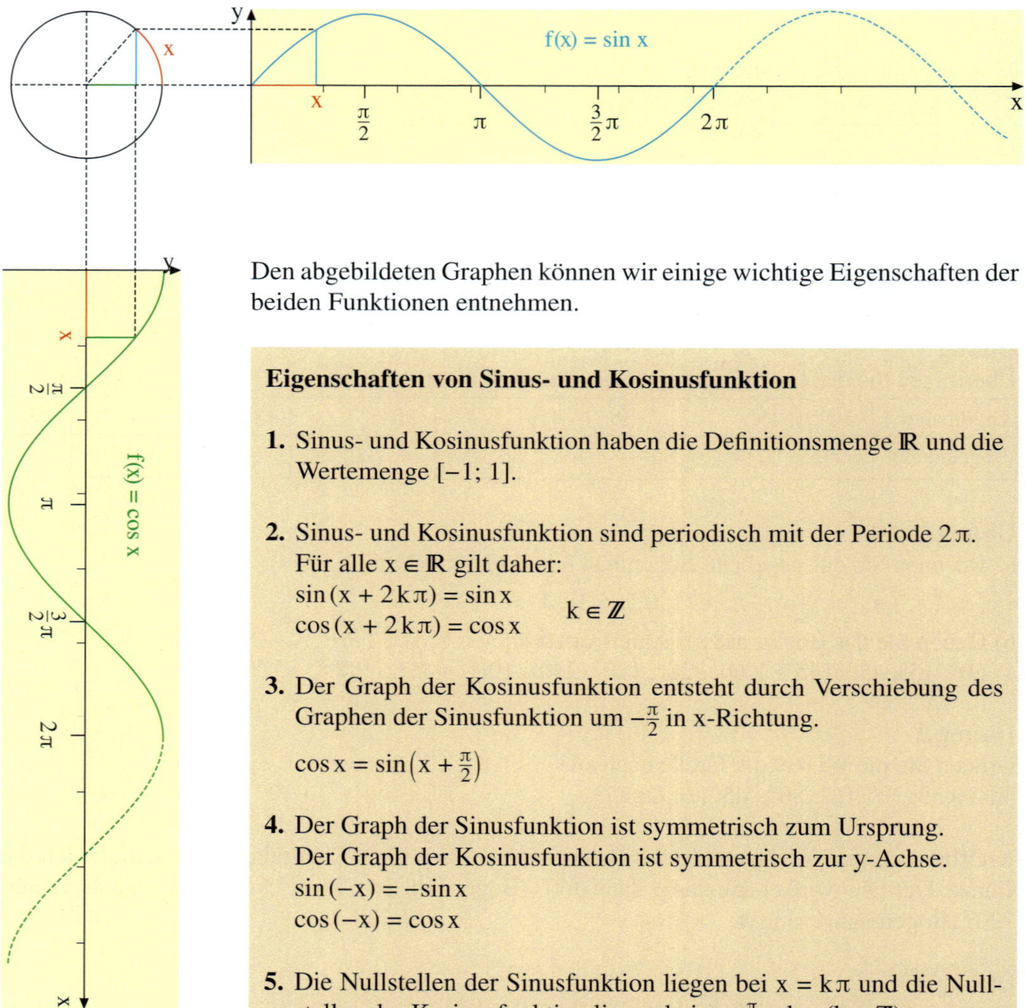

Den abgebildeten Graphen können wir einige wichtige Eigenschaften der beiden Funktionen entnehmen.

Eigenschaften von Sinus- und Kosinusfunktion

1. Sinus- und Kosinusfunktion haben die Definitionsmenge $\mathbb{R}$ und die Wertemenge $[-1;\,1]$.

2. Sinus- und Kosinusfunktion sind periodisch mit der Periode 2π.
   Für alle $x \in \mathbb{R}$ gilt daher:
   $\sin(x + 2k\pi) = \sin x$
   $\cos(x + 2k\pi) = \cos x$ $\quad k \in \mathbb{Z}$

3. Der Graph der Kosinusfunktion entsteht durch Verschiebung des Graphen der Sinusfunktion um $-\frac{\pi}{2}$ in x-Richtung.
   $\cos x = \sin\left(x + \frac{\pi}{2}\right)$

4. Der Graph der Sinusfunktion ist symmetrisch zum Ursprung.
   Der Graph der Kosinusfunktion ist symmetrisch zur y-Achse.
   $\sin(-x) = -\sin x$
   $\cos(-x) = \cos x$

5. Die Nullstellen der Sinusfunktion liegen bei $x = k\pi$ und die Nullstellen der Kosinusfunktion liegen bei $x = \frac{\pi}{2} + k\pi$ $(k \in \mathbb{Z})$.

6. Die Sinusfunktion ist achsensymmetrisch zur senkrechten Geraden $x = \frac{\pi}{2}$. Daher gilt: $\sin\left(\frac{\pi}{2} + x\right) = \sin\left(\frac{\pi}{2} - x\right)$

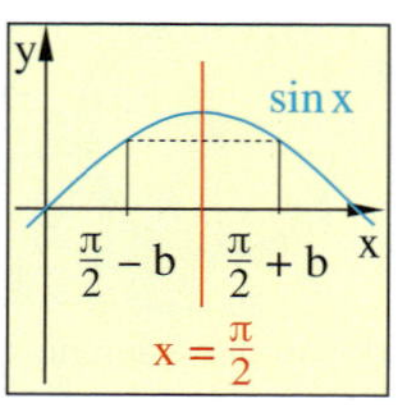

Übungen

5. Eigenschaften von sin x und cos x

a) Erläutern Sie die Eigenschaften 1–6 an den Graphen von sin x und cos x.

b) Begründen Sie die Eigenschaften 1–6 mit der Darstellung von sin x und cos x am Einheitskreis.

6. Berechnung von Sinus und Kosinus mit dem Taschenrechner.

In der Praxis berechnet man die Funktionswerte der Sinus- und der Kosinusfunktion mit dem Taschenrechner. Zu beachten ist, dass dieser in den korrekten Modus gestellt wird.
(Bogenmaß: RAD; Gradmaß: DEG)

a) $\sin(90°)$	b) $\sin\left(\frac{\pi}{3}\right)$	c) $\sin(2)$	d) $\sin(8{,}5\pi)$
e) $\sin(-45°)$	f) $\sin(810°)$	g) $\sin(70°)$	h) $\sin(110°)$
i) $\cos\left(\frac{\pi}{2}\right)$	j) $\cos(90°)$	k) $\cos\left(\frac{\pi}{4}\right)$	l) $\cos(-45°)$
m) $\cos(-3\pi)$	n) $\cos(55°)$	o) $\cos(4{,}5\pi)$	p) $\cos(-2)$

7. Zurückführung von Sinuswerten auf das Intervall $[-\frac{\pi}{2}; \frac{\pi}{2}]$.

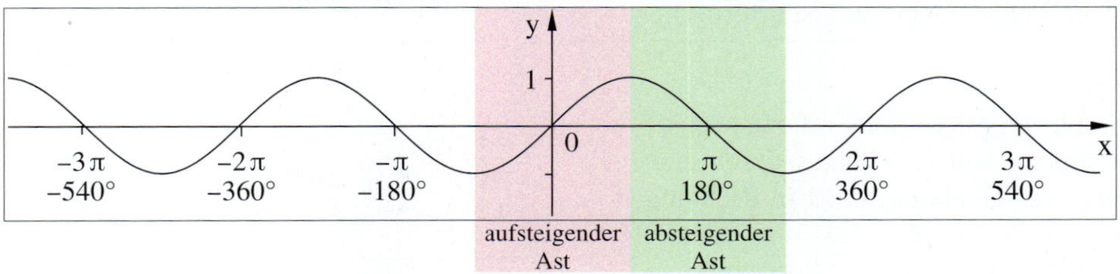

Die Sinusfunktion hat aufsteigende und absteigende Äste. Man kann alle Funktionswerte auf den aufsteigenden Ast über dem Intervall $\left[-\frac{\pi}{2}; \frac{\pi}{2}\right]$ zurückführen.

Beispiele:

$\sin(390°) = \sin(390° - 360°) = \sin(30°)$

$\sin(120°) = \sin(90° + 30°) = \sin(90° - 30°) = \sin(60°)$

$\sin(225°) = \sin(180° + 45°) = -\sin(180° - 45°) = -\sin(135°) = -\sin(90° + 45°) = -\sin(90° - 45°)$
$= -\sin 45°$

Führen Sie analog folgende Sinuswerte auf Werte im aufsteigenden Ast zurück.

a) $\sin(450°)$	b) $\sin(280°)$	c) $\sin(150°)$	d) $\sin(800°)$
e) $\sin(-3\pi)$	f) $\sin(-1{,}25\pi)$	g) $\sin(100)$	h) $\sin(900°)$

8. Riesenrad

Das Riesenrad hat einen Durchmesser von 120 m. Der Einstieg liegt in 4 m Höhe über dem Erdboden. Das Rad rotiert stets um 460°, dann stoppt es kurz zum Ein- und Aussteigen.

a) In welcher Höhe befindet sich ein Fahrgast bei seinem fünften Zwischenstopp?

b) Nach welcher Zahl von Zwischenstopps kann man erstmals aussteigen?

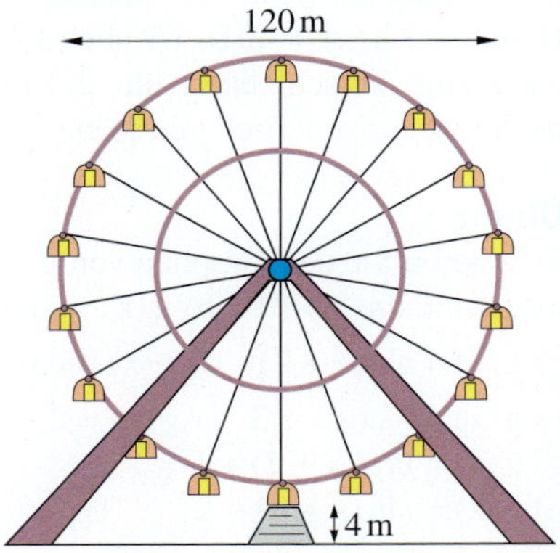

2. Modifikationen von sin x und cos x

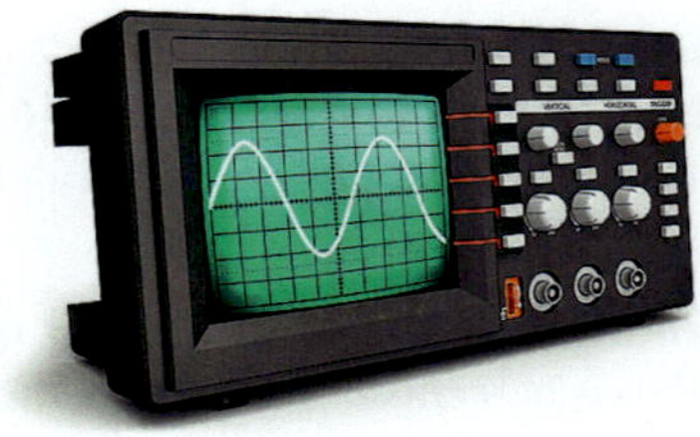

Mit einem Oszilloskop können elektrische und akustische Signale visualisiert werden. Oft handelt es sich um sinusartige Schwingungen, die durch Variationen von sin x und cos x modelliert werden können.

A. Verschiebungen

Viele dieser Funktionen besitzen Funktionsgleichungen der Gestalt $f(x) = a \cdot \sin(bx + c) + d$ bzw. $f(x) = a \cdot \cos(bx + c) + d$. Der Graph einer solchen Funktion kann durch Verschiebungen, Streckungen und Spiegelungen aus dem Graphen der Grundfunktionen sin x und cos x gewonnen werden.

Beispiel: y-Verschiebung

Der Graph von $g(x) = \sin x + 1$ soll aus dem Graphen der Funktion $f(x) = \sin x$ gewonnen werden. Welche Operation ist erforderlich?

Lösung:

Der Graph von $g(x) = \sin x + 1$ entsteht aus dem Graphen von $f(x) = \sin x$ durch eine ***Hebung*** (Verschiebung) um 1 in Richtung der positiven y-Achse.

Hätten wir $h(x) = \sin x - 1$ betrachtet, so wäre eine Senkung (Verschiebung) um -1 in Richtung der y-Achse erforderlich .

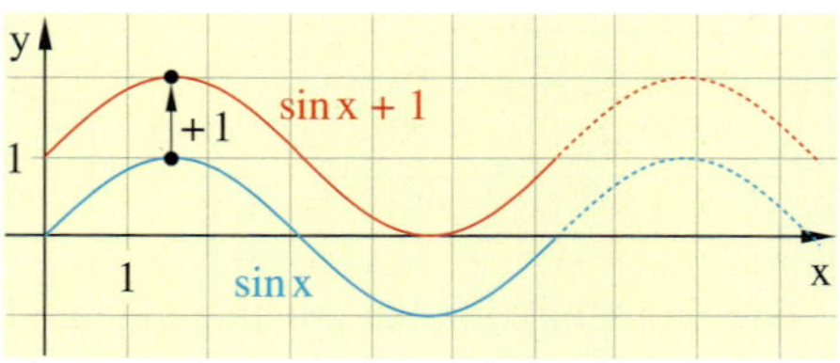

Beispiel: x-Verschiebung

Der Graph von $g(x) = \sin(x - 2)$ soll aus dem Graphen von $f(x) = \sin x$ erzeugt werden.

Lösung:

Hier ist eine Verschiebung des Graphen von $f(x) = \sin x$ um $+2$ nach rechts erforderlich in Richtung der positiven x-Achse.

Hätten wir $h(x) = \sin(x + 2)$ betrachtet, so wäre eine Verschiebung um 2 Einheiten nach links erforderlich gewesen.

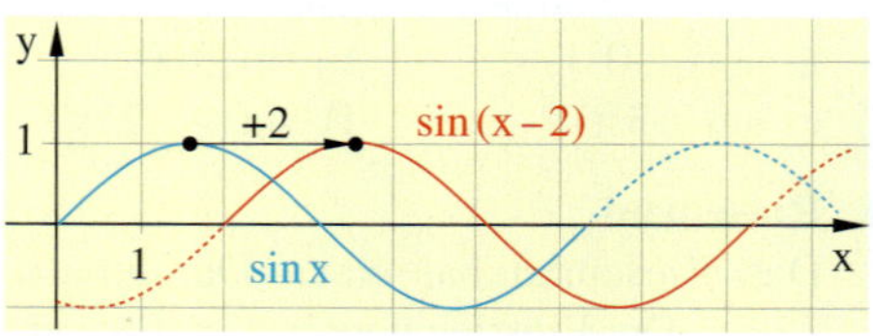

Übung 1

Skizzieren Sie den Graphen von g.

a) $g(x) = \sin(x + 3)$ b) $g(x) = \cos(x - \pi)$

c) $g(x) = \sin\left(x + \frac{\pi}{2}\right)$ d) $g(x) = \cos x + 2$

e) $g(x) = -\cos x + 3$ f) $g(x) = 2 - \sin x$

g) $g(x) = \cos(x + 2) + 1$

h) $g(x) = \sin(x + \pi) - 2$

Übung 2

Stellen Sie die Gleichungen der Graphen auf.

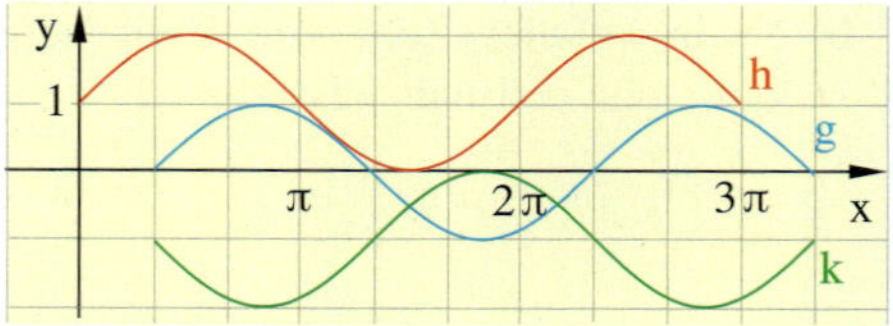

B. Streckungen/Stauchungen/Spiegelungen

Beispiel: Veränderung der Periodenlänge
Geben Sie an, wie der Graph von $g(x) = \sin(3x)$ aus dem Graphen von $f(x) = \sin x$ hervorgeht. Zeichnen Sie den Graphen von g.

Lösung:
Der Faktor 3 im Argument der Funktion $g(x) = \sin(3x)$ bewirkt gegenüber dem Graphen von $f(x) = \sin x$ eine Verdreifachung der ***Wiederholungsfrequenz*** bzw. eine ***Drittelung*** der ***Periodenlänge***.
$f(x) = \sin x$ hat die Periodenlänge 2π.
$g(x) = \sin(3x)$ hat die Periodenlänge $\frac{2}{3}\pi$.

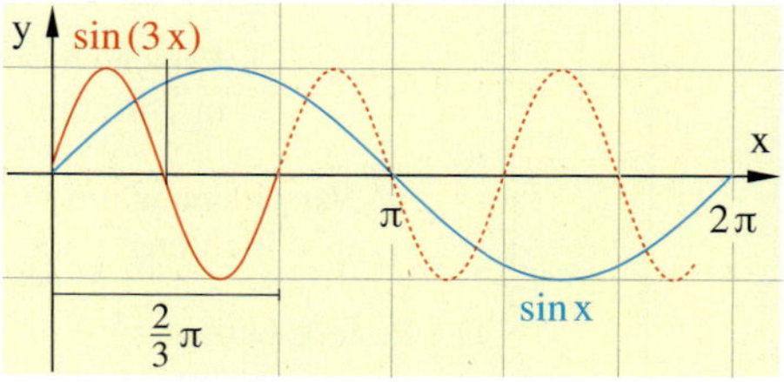

Beispiel: Veränderung der Amplitude
Gesucht ist der Graph von $g(x) = 2\sin x$. Wie geht er aus dem Graphen von $f(x) = \sin x$ hervor?

Lösung:
Der Graph von $g(x) = 2\sin x$ entsteht aus dem Graphen von $f(x) = \sin x$ durch Verdoppelung aller Funktionswerte.
Dabei verdoppelt sich insbesondere die ***Amplitude***, d. h. der Maximalausschlag.

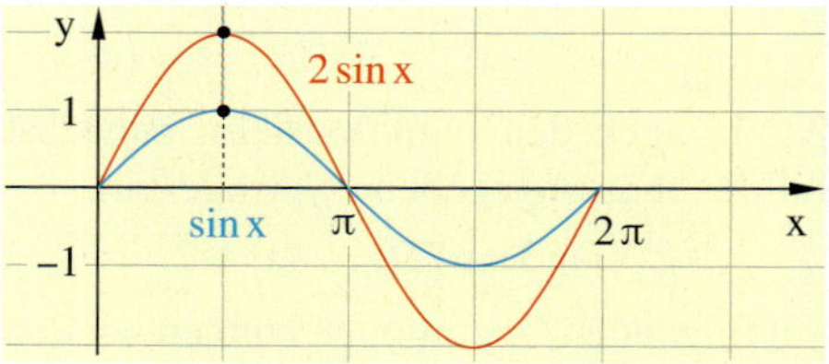

Beispiel: Spiegelung an der x-Achse
Zeichnen Sie den Graphen von $h(x) = -\sin(2x)$.

Lösung:
Der Graph von $g(x) = \sin(2x)$ geht aus dem Graphen von $\sin x$ durch Halbierung der Periode hervor.
Der Graph von $h(x) = -\sin(2x)$ geht aus dem Graphen von $\sin(2x)$ durch Spiegelung an der x-Achse hervor.

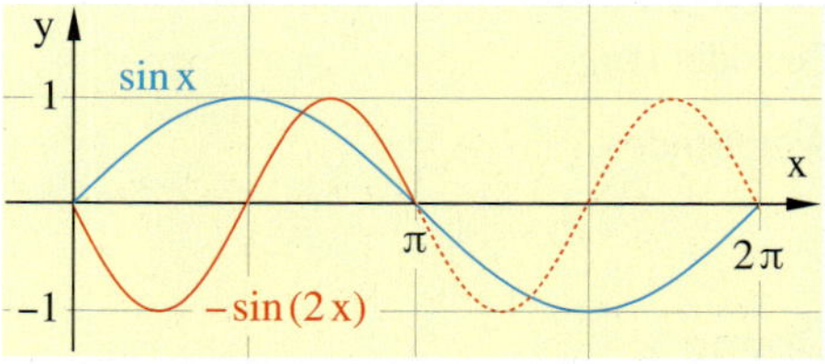

Übung 3 Strecken/Stauchen/Spiegeln
Skizzieren Sie den Graphen von g.

a) $g(x) = \sin\left(\frac{1}{2}x\right)$ b) $g(x) = \cos(2x)$
c) $g(x) = \sin(\pi x)$ d) $g(x) = \cos\left(\frac{\pi}{2}x\right)$
e) $g(x) = 2\sin\left(\frac{\pi}{2}x\right)$ f) $g(x) = 2\cos(2x)$
g) $g(x) = -4\cos\left(\frac{1}{2}x\right)$ h) $g(x) = -\sin(2x)$

Übung 4 Strecken/Stauchen/Spiegeln
Stellen Sie die Gleichungen der Graphen auf.

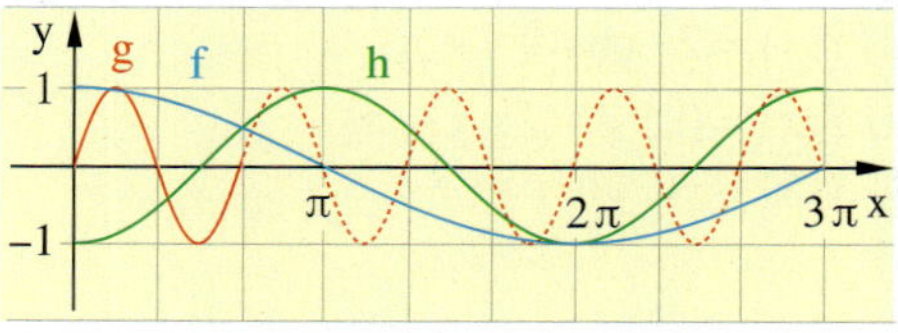

C. $f(x) = A \cdot \sin[B \cdot (x - C)] + D$ und $g(x) = A \cdot \cos[B \cdot (x - C)] + D$

Wir verallgemeinern nun unsere Betrachtungen auf beliebige sinusartige Funktionen. Jede sinusartige Funktion lässt sich sehr einfach zeichnen, wenn man ihre Funktionsgleichung in die *Normgestalt* $f(x) = A \sin[B(x - C)] + D$ bringt.

$$\mathbf{f(x) = A \cdot \sin[B \cdot (x - C)] + D}$$

1 Verschiebung um +D in y-Richtung

2 Verschiebung um +C in x-Richtung

3 Die Periode beträgt $\frac{2\pi}{B}$

4 Die Amplitude beträgt A

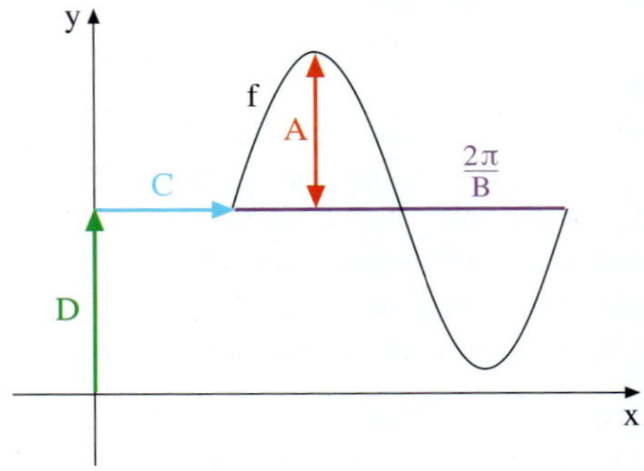

> **Beispiel:** Zeichnen Sie die Funktion $g(x) = 3\sin(2x - 2) + 2$.

Lösung:
Wir bringen den Funktionsterm zunächst auf die oben angegebene Normgestalt.

$$g(x) = 3\sin[2(x - 1)] + 2.$$

Mit folgenden Operationen können wir den Graphen von g aus dem Graphen der Standardfunktion sin x generieren.

y-Verschiebung: $D = 2$
x-Verschiebung: $C = 1$
Periodenlänge: $\frac{2\pi}{B} = \frac{2\pi}{2} = \pi$
Amplitude: $A = 3$

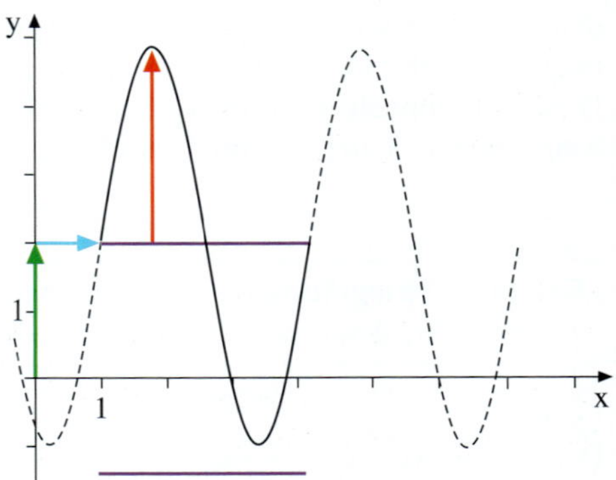

Übung 5

Skizzieren Sie den Graphen der Funktion f über eine Periodenlänge.

a) $f(x) = 3 \cdot \sin(2x - 6) - 1$
b) $f(x) = 2 \cdot \sin(0{,}5x - 2) - 2$
c) $f(x) = \sin(\pi x - \pi) + 1$
d) $f(x) = 2 \cdot \cos\left(\frac{\pi}{2}x + \pi\right)$
e) $f(x) = 0{,}5\sin(2\pi x - \pi)$
f) $f(x) = -2\sin(2x) + 1$

Übung 6

Wie lauten die Gleichungen der Funktionen?

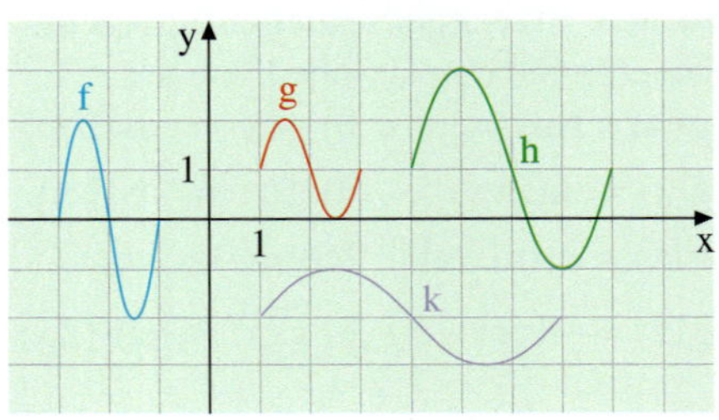

Abschließend betrachten wir eine Kosinusfunktion der Gestalt $f(x) = a\cos(bx + c) + d$. Das Prinzip zum Erstellen des Graphen ist das gleiche wie bei den Sinusfunktionen.

Beispiel: Skizzieren Sie den Graphen der Funktionen $f(x) = 1{,}5\cos(-\pi x + \pi)$.

Lösung:
In diesem Beispiel tritt ein negativer Periodenfaktor $-\pi$ auf, den wir zunächst nicht interpretieren können. Er kann jedoch leicht beseitigt werden, da wegen der Achsensymmetrie des Kosinus gilt: $\cos(-\pi x + \pi) = \cos(\pi x - \pi)$. Also erhalten wir die gleichwertige Funktionsgleichung $f(x) = 1{,}5 \cdot \cos(\pi x - \pi)$, die wir in die Normgestalt bringen:

$$f(x) = 1{,}5 \cdot \cos[\pi(x - 1)] + 0$$

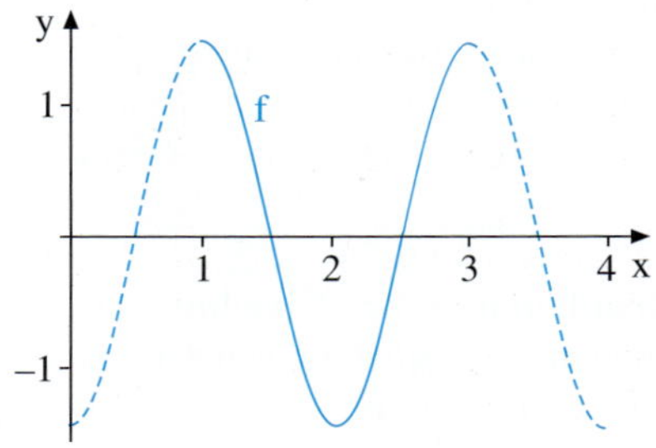

Der Graph von f entsteht aus dem Graphen der Kosinusfunktion durch folgende Operationen:
- Verschiebung um 1 nach rechts
- keine Verschiebung nach oben/unten
- Verkürzung der Periode auf $\frac{2\pi}{\pi} = 2$
- Vergrößerung der Amplitude auf 1,5

Gelegentlich steht man vor der Aufgabe, die Gleichung einer Funktion aus einigen ihrer Eigenschaften oder aus ihrem Graph entwickeln zu müssen.

Beispiel: Gesucht ist die Gleichung der Funktion f, die unten rechts abgebildet ist.

Lösung:
Der Graph ist symmetrisch zur y-Achse und nach unten verschoben um 1. Es ist eine kosinusartige Funktion mit dem Normansatz $f(x) = A\cos[B(x - C)] + D$. Es liegt keine x-Verschiebung vor, also $C = 0$ und $D = -1$.
Die Periode 2 erkennt man am Abstand zwischen zwei Hochpunkten. Die halbierte Differenz der y-Werte der Hoch- und der Tiefpunkte liefert die Amplitude 1. Somit ist $A = 1$ und $B = \pi$.
Resultat: $f(x) = \cos(\pi x) - 1$

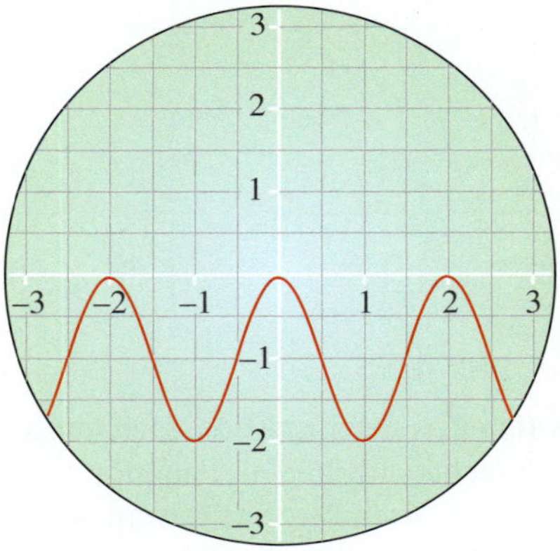

Übung 7

Skizzieren Sie die Graphen der folgenden Funktionen.

a) $g(x) = \cos(x + \pi)$ b) $g(x) = \cos(2x - 2)$ c) $g(x) = 3\cos(0{,}5x - 2)$
d) $g(x) = 3\cos(-x + \pi)$ e) $g(x) = -\cos(2x - 2)$ f) $g(x) = 2\cos(-\pi x - \pi)$

Übungen

8. Funktionsgraphen trigonometrischer Funktionen

Skizzieren Sie den Graphen von f über einem Periodenintervall.

a) $f(x) = 3 \cdot \sin(0{,}5\,x)$ b) $f(x) = \cos\left(x - \frac{\pi}{4}\right)$ c) $f(x) = \sin(2x - 1)$

d) $f(x) = -1{,}5 \cdot \cos\left(\frac{x}{2}\right)$ e) $f(x) = \cos\left(\frac{\pi}{2} \cdot x\right) + 1$ f) $f(x) = \cos(\pi x) - 2$

g) $f(x) = 2 \cdot \cos(x - 2)$ h) $f(x) = \sin(0{,}4\pi \cdot x) + 3$ i) $f(x) = -\sin\left(x - \frac{\pi}{2}\right) + 1{,}5$

j) $f(x) = -2 \cdot \cos(-x - 2)$ k) $f(x) = 2 \cdot \sin(1 - x)$ l) $f(x) = \sin x + \cos x$

9. Wirkung einer Modifikation des Funktionsterms

Die Funktion $f(x) = \sin x$ wird durch veränderte Koeffizienten zur Funktion g modifiziert. Beschreiben Sie verbal die graphischen Auswirkungen der Modifikation.

a) $g(x) = 2{,}5 \sin x$ b) $g(x) = \cos x - 1$ c) $g(x) = \sin(x + \pi)$

d) $g(x) = \cos(2x)$ e) $g(x) = -2 \sin x$ f) $g(x) = \sin(2x + 6)$

10. Graphen und ihre Gleichungen

Ordnen Sie jedem Graphen den zugehörigen Funktionsterm zu. Begründen Sie Ihre Ordnungswahl argumentativ.

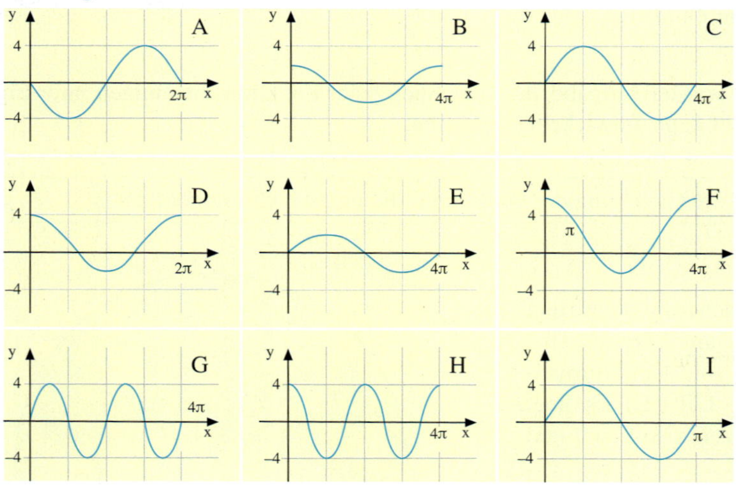

1. $-4\cos(x - \pi)$
2. $4\cos(x - 0{,}5\pi)$
3. $2\cos(0{,}5\,x)$
4. $3\cos(x + 2\pi) + 1$
5. $4\sin(x + \pi)$
6. $4\sin(0{,}5\,x)$
7. $2\sin(0{,}5\,x)$
8. $4\sin(2x)$
9. $4\cos(0{,}5\,x) + 2$

11. Aufstellen der Funktionsgleichung

Die rechts abgebildete Funktion f soll auf zwei Arten dargestellt werden.

a) $f(x) = A\cos[B(x - C)] + D$

b) $f(x) = A\sin[B(x - C)] + D$

Bestimmen Sie jeweils die Parameter A bis D.

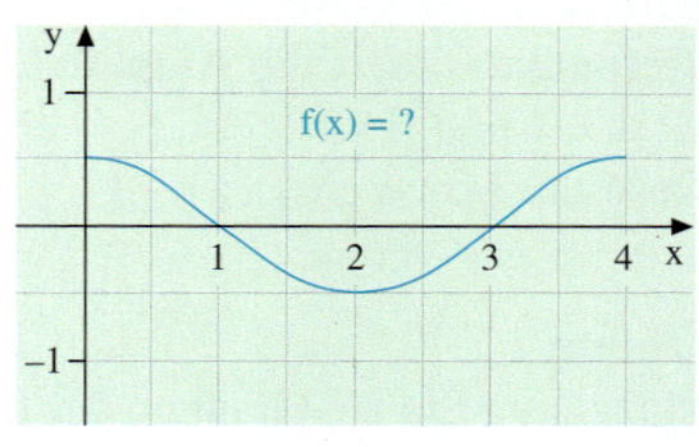

3. Das Lösen von trigonometrischen Gleichungen

In diesem Abschnitt behandeln wir das Auflösen einfacher trigonometrischer Gleichungen, weil diese Technik bei trigonometrischen Kurvenuntersuchungen benötigt wird.
In der Regel haben trigonometrische Gleichungen wegen der Periodizität der trigonometrischen Funktionen unendlich viele Lösungen. Meistens untersucht man jedoch nur ein Intervall, in dem dann nur eine Lösung oder nur wenige Lösungen liegen. Man kann trigonometrische Gleichungen rechnerisch lösen. Auch der Nachweis vorgegebener Lösungen durch Einsetzen oder das angenäherte Ablesen aus Zeichnungen ist möglich.

A. Gleichungen der Form sin x = a und cos x = a

Gleichungen der Form $\sin x = a$ besitzen zwei ***Basislösungen*** x_0 und x'_0, die sich mit der Periode 2π wiederholen (Für $a = \pm 1$ ist es sogar nur eine sich wiederholende Lösung). Das folgende Bild verdeutlicht das Prinzip.

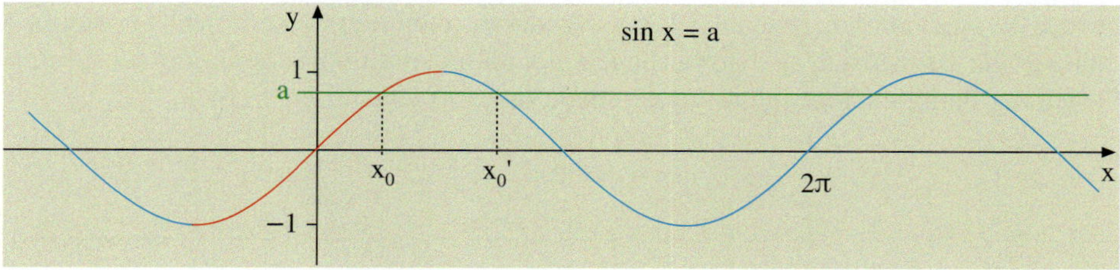

$\mathbf{x_0 = \arcsin a}$ $(+2k\pi)$
$\mathbf{x'_0 = \pi - x_0}$ $(+2k\pi)$

Beispiel: $\sin x = a,\ a > 0$
Gesucht sind die Lösungen der Gleichung $\sin x = 0{,}5$ im Intervall $0 \leq x \leq 2\pi$.

Lösung:
Wir stellen den Taschenrechner auf den Bogenmaßmodus RAD und bilden den Rechenausdruck ARCSIN 0,5 oder SIN^{-1} 0,5.

$\sin x = 0{,}5$
$x = \arcsin 0{,}5$
$x \approx 0{,}52$

Wir erhalten auf diese Weise als erste Basislösung $x \approx 0{,}52$. Die zweite Basislösung ist $x' = \pi - x$, d. h. $x' \approx 2{,}62$.
Alle weiteren Lösungen liegen nicht im gewünschten Intervall $[0, 2\pi]$.

$x' = \pi - x$
$x' \approx \pi - 0{,}52$
$x' \approx 2{,}62$

Übung 1
Lösen Sie die folgende Gleichung. Beachten sie das Lösungsintervall.

a) $\sin x = 0{,}8$, $0 \leq x \leq 2\pi$
b) $\sin x = 0{,}8$, $\pi \leq x \leq 3\pi$
c) $6\sin x + 1 = 3$, $0 \leq x \leq 2\pi$

Hinweis zur Zeichnung: Der *rot* gezeichnete Teil der Sinuskurve ist im Taschenrechner tabelliert.

Beispiel: $\sin x = a,\ a < 0$
Gesucht sind die Lösungen der Gleichung $\sin x = -0{,}5$ im Intervall $0 \le x \le 2\pi$

Lösung:
Die Berechnung von ARCSIN (−0,5) oder $SIN^{-1}(-0{,}5)$ ergibt $x \approx -0{,}52$. Die zweite Basislösung ist $x' = \pi - x$, d. h. $x \approx 3{,}66$.

Die erste Lösung $x \approx -0{,}52$ liegt nicht im gewünschten Intervall $[0;\ 2\pi]$.

Wir müssen sie durch Addition einer Periodenlänge 2π dorthin ***transferieren*** und erhalten $x \approx 5{,}76$.

$$\sin x = -0{,}5$$
$$x = \arcsin(-0{,}5)$$
$$x \approx -0{,}52$$
$$x \approx -0{,}52 + 2\pi \quad \text{(Transferum } 2\pi\text{)}$$
$$x \approx 5{,}76$$

$$x' = \pi - x$$
$$x' \approx \pi - (-0{,}52)$$
$$x' \approx 3{,}66$$

Gleichungen der Form $\cos x = a$ besitzen ebenfalls zwei Basislösungen x_0 und x'_0, die sich mit der Periode 2π wiederholen. (Für $a = \pm 1$ ist es wieder nur eine sich wiederholende Lösung.) Auch hier müssen die Basislösungen erforderlichenfalls durch Addition/Subtraktion von geeigneten Vielfachen der Periodenlänge in das vorgegebene Intervall transferiert werden.

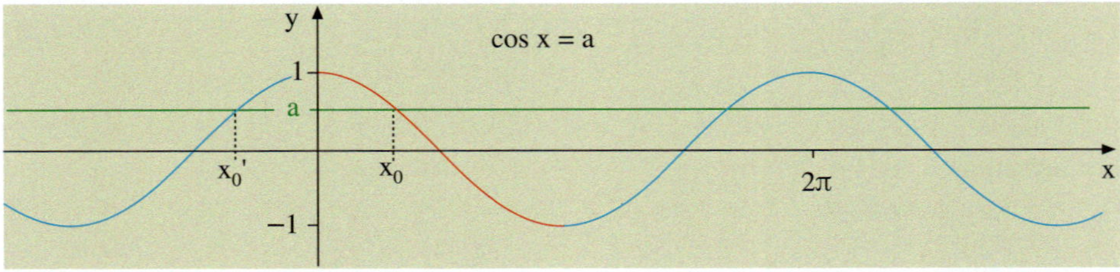

$\mathbf{x_0 = \arccos a} \quad (+2k\pi)$
$\mathbf{x'_0 = -x_0} \quad (+2k\pi)$

Beispiel: $\cos x = a$
Gesucht sind die Lösungen der Gleichung $\cos x = 0{,}5$ im Intervall $0 \le x \le 2\pi$.

Lösung:
Die Berechnung von ARCCOS (0,5) oder $\cos^{-1}(0{,}5)$ ergibt $x \approx 1{,}05$.

Die zweite Basislösung ist $x' \approx -x$, d. h. $x' \approx -1{,}05$. Sie liegt nicht im gewünschten Intervall $[0, 2\pi]$. Sie muss durch Addition einer Periodenlänge 2π dorthin transferiert werden. Wir erhalten $x' \approx 5{,}23$.

$$\cos x = 0{,}5$$
$$x = \arccos 0{,}5$$
$$x \approx 1{,}05$$

$$x' \approx -x$$
$$x' \approx -1{,}05$$
$$x' \approx -1{,}05 + 2\pi \quad \text{(Transfer um } 2\pi\text{)}$$
$$x' \approx 5{,}23$$

Hinweis zur Zeichnung: Der *rot* gezeichnete Teil der Sinuskurve ist im Taschenrechner tabelliert.

B. Zeichnerische Lösung von sin (b x + c) = a bzw. cos (b x + c) = a

Oft treten Gleichungen auf, in welchen Sinusterme der Gestalt $\sin(bx)$ oder $\sin(bx + c)$ bzw. entsprechende Kosinusterme auftreten. In einfachen Fällen sind die Lösungen vorgegeben und es ist nur noch nachzuweisen, dass es tatsächlich Lösungen sind. Ist dies nicht der Fall, so verwenden wir die rechnerische Methode aus dem vorigen Abschnitt, um die Lösungen zu bestimmen.

Beispiel: Zeichnerische Lösung/Nachweis von Lösungen einer Gleichung

Gelöst werden soll die Gleichung $2\cos\left(\frac{\pi}{4}x - \frac{\pi}{2}\right) = 1,\ 0 \le x \le 8$.

a) Skizzieren Sie die Graphen von $f(x) = 2\cos\left(\frac{\pi}{4}x - \frac{\pi}{2}\right)$ und $g(x) = 1$ in ein gemeinsames Koordinatensystem und lesen sie die gesuchten Lösungen als Schnittstellen von f und g angenähert ab.

b) Die Lösungen lauten $x = \frac{2}{3}$ und $x = \frac{10}{3} = 3\frac{1}{3}$. Weisen Sie nach, das dies korrekt ist.

Lösung zu a)

Wir betrachten zunächst den Funktionsterm von f. Er lässt sich darstellen in der Form $f(x) = 2\cos\left(\frac{\pi}{4}(x - 2)\right)$.

Hier können wir folgende Größen ablesen:

y-Verschiebung: 0

x-Verschiebung: 2 nach rechts

Periode: $\frac{2\pi}{b} = \frac{2\pi}{\pi/4} = 8$

Amplitude: 2

Damit können wir den Graphen von f zeichnen (s. Abb.).

Zeichnen wir nun den Graphen von $g(x) = 1$ ein, so können wir die Schnittstellen bei $x_1 \approx 0{,}65$ und $x_2 \approx 3{,}35$ ablesen. Dies sind die gesuchten Lösungen der Gleichung.

Die Graphen von f und g:

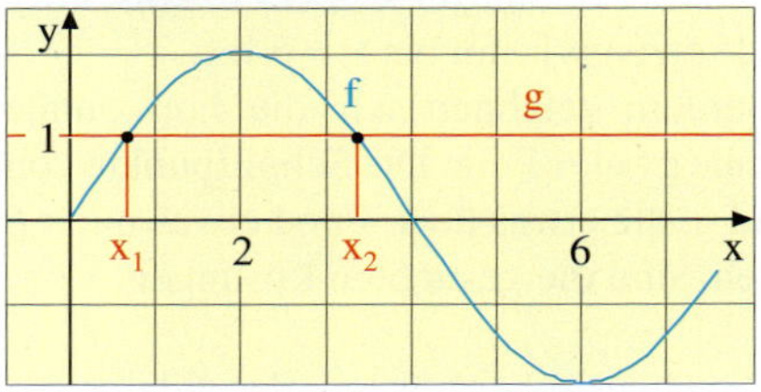

Ablesen der Schnittstellen von f und g:

Erste Schnittstelle: $x_1 \approx 0{,}65$

Zweite Schnittstelle: $x_2 \approx 3{,}35$

Lösung zu b:

Hier müssen wir nur die angegebenen Lösungen in die Gleichung einsetzen und ausrechnen, ob sich eine wahre Aussage ergibt. Das ist der Fall, was die Rechnung rechts zeigt.

Überprüfen der vorgegebenen Lösungen:

$x = \frac{2}{3}$: $2\cos\left(\frac{\pi}{4}\cdot\frac{2}{3} - \frac{\pi}{2}\right) = 2\cos\left(-\frac{\pi}{3}\right) = 2\cdot\frac{1}{2} = 1$

$x = \frac{10}{3}$: $2\cos\left(\frac{\pi}{4}\cdot\frac{10}{3} - \frac{\pi}{2}\right) = 2\cos\left(\frac{\pi}{3}\right) = 2\cdot\frac{1}{2} = 1$

Übung 2 Lösung von Gleichungen (Zeichnerisch oder durch Nachweis)

a) $f(x) = 2\sin\left(\frac{\pi}{2}(x - 1)\right) = 1$, $0 \le x \le 4$ Zeichnerische Lösung

b) $f(x) = 2\cos\left(\frac{1}{2}(x - 2)\right) = 2$, $0 \le x \le 4\pi$ Zeichnerische Lösung

c) $f(x) = 4\sin\left(\frac{\pi}{6}(x - 2)\right) - 2 = 2$, $0 \le x \le 12$ Nachweis der Lösung $x = 5$

d) $f(x) = \sqrt{2}\cdot\sin\left(\frac{\pi}{4}(x - 1)\right) = 1$, $0 \le x \le 8$ Zeichnerische Lösung

e) $f(x) = -2\cdot\cos\left(\frac{1}{3}(x - \pi)\right) - 1 = 0$, $0 \le x \le 6\pi$ Nachweis der Lösungen $x = 3\pi$ und $x = 5\pi$

C. Gleichungen der Form sin (b x + c) = a

Gleichungen der Form sin (b x + c) = a und cos (b x + c) = a wie aus dem letzten Beispiel kann man auch rechnerisch lösen, was allerdings technisch etwas schwieriger ist.*

Beispiel: Eine Sinusgleichung
Lösen Sie die Gleichung.
Fertigen Sie zunächst eine Skizze an.

$$2\sin\left(\tfrac{\pi}{2}x\right) = 1, \quad 2 \le x \le 6$$

Lösung:
Wir betrachten $f(x) = 2\sin\left(\frac{\pi}{2}x\right)$. Diese Funktion hat die Periodenlänge 4, die Amplitude 2, die x-Verschiebung 0 und die y-Verschiebung 0.
Wir zeichnen den Graphen von f zunächst über eine Periode für $0 \le x \le 4$. Anschließend setzen wir ihn bis x = 6 fort.
Außerdem zeichnen wir die horizontale Gerade g (x) = 1 ein. Die Schnittpunkte von f und g, die etwas über 4 und etwas unter 6 liegen, sind die gesuchten Lösungen.

Skizze:

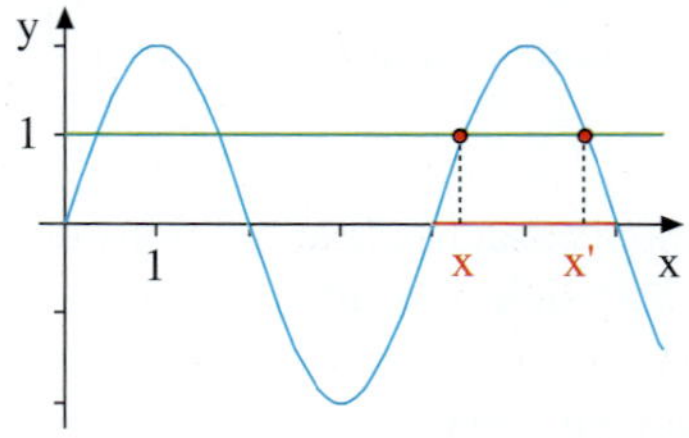

Die rechnerische Lösung der Gleichung beruht auf der Substitution $u = \frac{\pi}{2}x$. Diese führt auf die Gleichung sin u = 0,5, die wir mit der Methode aus dem vorhergehenden Abschnitt lösen können.

Rechnerische Lösung:

$$\begin{aligned} 2\sin\left(\tfrac{\pi}{2}x\right) &= 1 \\ \sin\left(\tfrac{\pi}{2}x\right) &= 0{,}5 \\ \sin u &= 0{,}5 \\ u &= \arcsin 0{,}5 \\ u &\approx 0{,}52 \\ u' &= \pi - u \approx 2{,}62 \end{aligned}$$

Die Lösungen sind $u \approx 0{,}52$ und $u' \approx 2{,}62$. Durch Resubstitution erhalten wir für die Ausgangsgleichung die Lösungen $x \approx 0{,}33$ und $x' \approx 1{,}67$.

$$\tfrac{\pi}{2}x = 0{,}52 \quad \Rightarrow \quad x \approx 0{,}33$$
$$\tfrac{\pi}{2}x = 2{,}62 \quad \Rightarrow \quad x' \approx 1{,}67$$

Leider liegen diese nicht im gewünschten Intervall $2 \le x \le 6$.
Durch Addition einer Periodenlänge π = 4 können sie jedoch dorthin transferiert werden. Resultat: $x \approx 4{,}33$, $x' \approx 5{,}67$

Transfer von x und x′ ins Zielintervall $2 \le x \le 6$ durch Addition einer Periodenlänge 4:

$x \approx 4{,}33$, $x' \approx 5{,}67$

Übung 3 Rechnerische Lösung
Lösen Sie die Gleichung auf rechnerischem Weg. Fertigen Sie wie im obigen Beispiel zunächst eine Skizze an, um einen Überblick zu gewinnen.

a) $4\cos\left(\frac{1}{4}(x - 4\pi)\right) = 2, \quad 0 \le x \le 8\pi$

b) $4\sin\left(\frac{\pi}{6}(x - 6)\right) = 2, \quad 0 \le x \le 12$

c) $\sin\left(\frac{\pi}{4}(x - 4)\right) = \frac{1}{\sqrt{2}}, \quad 0 \le x \le 8$

d) $2\cos\left(\frac{1}{2}\left(x - \frac{\pi}{2}\right)\right) = -2, \quad 0 \le x \le 4\pi$

e) $\sin\left(\frac{\pi}{2}(x + 1)\right) = -1, \quad 0 \le x \le 4$

f) $2\cos\left(\frac{\pi}{3}\left(x - \frac{\pi}{2}\right)\right) = -2, \quad 0 \le x \le 4\pi$

* Wenn vor dem Sinusterm ein Faktor steht oder zum Sinusterm eine Konstante addiert wird, lässt sich die Gleichung leicht in die Form aus der Überschrift umformen.

4. Die Differentiation von sin x und cos x

A. Die graphische Ableitung von f(x) = sin x und g(x) = cos x

Beispiel: Graphische Ableitung der Sinusfunktion

Zeichnen Sie auf Millimeterpapier den Graphen von $f(x) = \sin x\,(0 \le x \le 2\pi,\ 1\text{ LE} = 2\text{ cm})$. Zeichnen Sie an einigen wichtigen Stellen Tangenten an den Graphen von f. Lesen Sie deren Steigung mit Hilfe von Steigungsdreiecken ab. Konstruieren Sie damit den Graphen der Steigungsfunktion f′. Welche Vermutung ergibt sich damit für die Gleichung von f′?

Lösung:
Wir zeichnen den Graphen von f. Bei $x = \frac{\pi}{2}$ und $x = \frac{3\pi}{2}$ ist die Tangente waagerecht. Die Steigung f′ ist dort gleich null. Bei $x = 0$ und $x = 2\pi$ ist die Steigung 1. Bei $x = \pi$ ist die Steigung -1. Bei $x = \frac{\pi}{4}$ und $\frac{7\pi}{4}$ beträgt die Steigung ca. 0,7. Bei $x = \frac{3\pi}{4}$ und $x = \frac{5\pi}{4}$ beträgt die Steigung ca. $-0{,}7$. Tragen wir die so gewonnenen Werte von f′ in ein neues Koordinatensystem ein, so erkennen wir den Graphen der Kosinusfunktion. Also ist $f'(x) = \cos x$ die Ableitung von $f(x) = \sin x$.

Graph der Funktion $f(x) = \sin x$

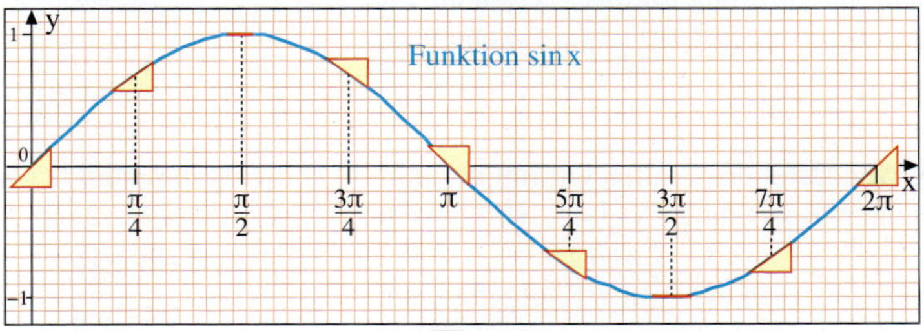

Graph der Ableitung $f'(x)$

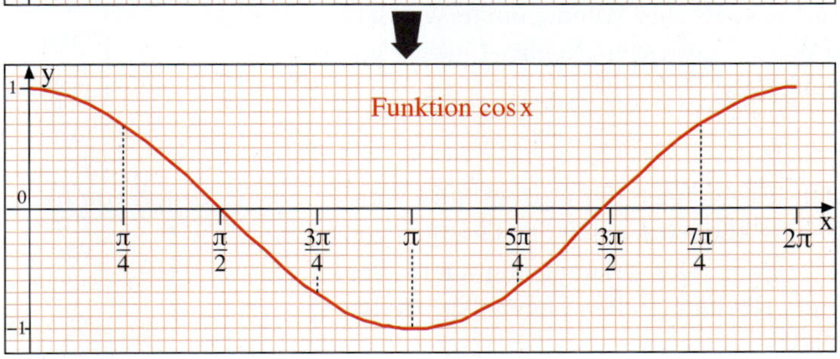

Analog können wir die Kosinusfunktion graphisch differenzieren und erhalten $(\cos x)' = -\sin x$. Wir fassen die Ergebnisse zusammen.

Satz V.1: Sinusregel und Kosinusregel

Die Ableitung der Sinusfunktion ist die Kosinusfunktion
$$(\sin x)' = \cos x.$$

Die Ableitung der Kosinusfunktion ist die negierte Sinusfunktion
$$(\cos x)' = -\sin x.$$

Übung 1 Ableitung der Kosinusfunktion

Bestimmen Sie graphisch die Ableitung der Kosinusfunktion.
Gehen Sie analog zum obigen Beispiel vor.

B. Extrempunkte und Wendepunkte trigonometrischer Funktionen

Beispiel: Extrem- und Wendepunkte einer Sinusfunktion
Bestimmen Sie die Hoch-, Tief- und Wendepunkte von $f(x) = \frac{1}{2}\sin(2x) + 1$ im Intervall $0 \le x \le \pi$. Skizzieren Sie anschließend den Graphen von f.

Lösung:
Wir bestimmen zunächst die benötigten Ableitungen f′, f″ und f‴. Dabei verwenden wir die lineare Kettenregel, die besagt, dass $(\sin(ax))' = a \cdot \cos(ax)$ und dass $(\cos(ax))' = -a \cdot \sin(ax)$ gilt.

Ableitungen von f:

$f'(x) = \frac{1}{2} \cdot \cos(2x) \cdot 2 + 0 = \cos(2x)$

$f''(x) = -\sin(2x) \cdot 2 = -2\sin(2x)$

$f'''(x) = -2\cos(2x) \cdot 2 = -4\cos(2x)$

Zur Bestimmung der Extrempunkte lösen wir die Gleichung $f'(x) = \cos(2x) = 0$.
Sie hat im Intervall $[0; \pi]$ zwei Lösungen: $x = \frac{\pi}{4}$ und $x = \frac{3}{4}\pi$.
Durch Überprüfung mittels f″ erhalten wir einen Hochpunkt $H\left(\frac{\pi}{4}\middle|\frac{3}{2}\right)$ und einen Tiefpunkt $T\left(\frac{3}{4}\pi\middle|\frac{1}{2}\right)$.

Extrempunkte von f:

$f'(x) = \cos(2x) = 0$ (notw. Bed.)

$2x = \frac{\pi}{2}$ bzw. $2x = \frac{3}{2}\pi$

$x = \frac{\pi}{4},\ y = \frac{3}{2},\ f''\left(\frac{\pi}{4}\right) = -2 < 0 \Rightarrow$ Max

$x = \frac{3}{4}\pi,\ y = \frac{1}{2},\ f''\left(\frac{3}{4}\pi\right) = 2 > 0 \Rightarrow$ Min

Hochpunkt $H\left(\frac{\pi}{4}\middle|\frac{3}{2}\right)$; Tiefpunkt $T\left(\frac{3}{4}\pi\middle|\frac{1}{2}\right)$

Als Wendestellen erhalten wir mit der notwendigen Bedingung $f''(x) = -2\sin(2x) = 0$ die Stellen $x = 0$, $x = \frac{\pi}{2}$ und $x = \pi$.
Durch Überprüfung mittels f‴ ergeben sich zwei Links-Rechts-Wendepunkte $W_1(0|1)$ und $W_3(\pi|1)$ sowie ein Rechts-Links-Wendepunkt $W_2\left(\frac{\pi}{2}\middle|1\right)$.

Wendepunkte von f:

$f''(x) = -2\sin(2x) = 0$ (notw. Bed.)

$2x = 0$ bzw. $2x = \pi$ bzw. $2x = 2\pi$

$x = 0$ bzw. $x = \frac{\pi}{2}$ bzw. $x = \pi$

$x = 0$: $f'''(0) = -4 < 0 \Rightarrow LRW_p\ W_1(0|1)$

$x = \frac{\pi}{2}$: $f'''\left(\frac{\pi}{2}\right) = 4 > 0 \Rightarrow RLW_p\ W_2\left(\frac{\pi}{2}\middle|1\right)$

$x = \pi$: $f'''(\pi) = -4 < 0 \Rightarrow LRW_p\ W_3(\pi|1)$

Durch Einzeichnen der Extrem- und Wendepunkte können wir nun den Graphen von f skizzieren. Man erkennt nun auch ohne weitere Rechnung, dass f keine Nullstellen besitzt.

Graph von f:

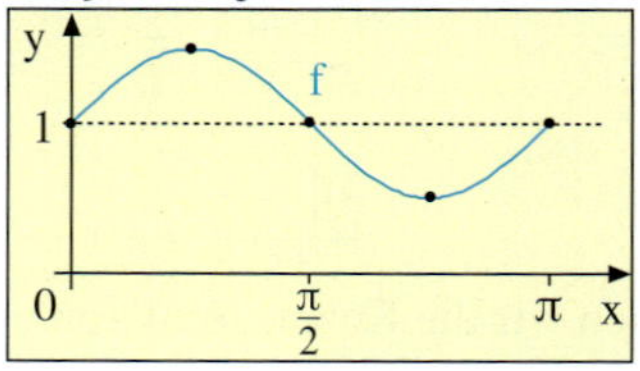

Übung 2 Extrem- und Wendepunkte
Untersuchen Sie f auf Extrem- und Wendepunkte und zeichnen Sie den Graphen von f.

a) $f(x) = \frac{1}{2}\sin x + 1, \quad 0 \le x \le 3\pi$

b) $f(x) = 2\cos x - 1, \quad -\frac{\pi}{2} \le x \le \frac{\pi}{2}$

c) $f(x) = 2\cos\left(\frac{1}{2}x\right) - 1, \quad 0 \le x \le 4\pi$

d) $f(x) = -\sin x + 2x, \quad 0 \le x \le 2\pi$

e) $f(x) = 2\cos x - x, \quad 0 \le x \le 2\pi$

f) $f(x) = 3\sin x - 2, \quad \frac{\pi}{2} \le x \le 3\pi$

C. Steigungs- und Schnittwinkel von trigonometrischen Funktionen

Beispiel: Steigungswinkel, Schnittwinkel

Gegeben sind die Funktionen $f(x) = \sin(2x)$ und $g(x) = \cos(2x)$ im Intervall $0 \leq x \leq \pi$, deren Graphen rechts abgebildet sind.

a) Zeigen Sie, dass f und g sich bei $x = \frac{\pi}{8}$ schneiden.

b) Berechnen Sie den Steigungswinkel von f an der Stelle $x = \frac{\pi}{8}$.

c) Berechnen Sie den Schnittwinkel von f und g bei $x = \frac{\pi}{8}$.

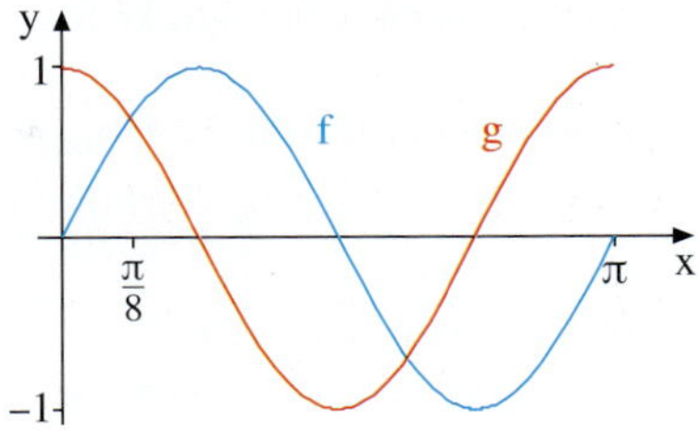

Lösung zu a:

Die Berechnung von $f\left(\frac{\pi}{8}\right)$ und $g\left(\frac{\pi}{8}\right)$ ergibt jeweils den Wert $y = \frac{1}{\sqrt{2}}$. Also schneiden sich f und g im Punkt $P\left(\frac{\pi}{8}\middle|\frac{1}{\sqrt{2}}\right)$.

Schnittpunkt von f und g (Nachweis):

$f\left(\frac{\pi}{8}\right) = \sin\left(2 \cdot \frac{\pi}{8}\right) = \sin\left(\frac{\pi}{4}\right) = \frac{1}{\sqrt{2}}$

$g\left(\frac{\pi}{8}\right) = \cos\left(2 \cdot \frac{\pi}{8}\right) = \cos\left(\frac{\pi}{4}\right) = \frac{1}{\sqrt{2}}$

$\Rightarrow$ Schnittpunkt $S\left(\frac{\pi}{8}\middle|\frac{1}{\sqrt{2}}\right)$

Lösung zu b:

Wir bestimmen zunächst die Ableitungsfunktion $f'(x) = 2\cos(2x)$, wobei wir Sinusregel und lineare Kettenregel anwenden. Dann berechnen wir $f'\left(\frac{\pi}{8}\right) = \sqrt{2}$.

Dieser Steigungswert entspricht dem Tangens des Steigungswinkels α.

Durch Anwendung des Arcus-Tangens erhalten wir das Resultat: $\alpha \approx 54{,}7°$.

Steigungswinkel von f bei $x = \frac{\pi}{8}$:

$f'(x) = 2\cos(2x)$

$f'\left(\frac{\pi}{8}\right) = 2\cos\left(\frac{\pi}{4}\right) = \sqrt{2}$

$\tan\alpha = \sqrt{2}$

$\alpha = \arctan\sqrt{2} \approx 54{,}7°$

Lösung zu c:

Analog zu b) bestimmen wir den Steigungswinkel β von g bei $x = \frac{\pi}{8}$. Er lautet $\beta = -54{,}7°$.

β ist hier negativ, so dass der Schnittwinkel von f und g eigentlich laut Skizze den Wert $\alpha + |\beta| = 109{,}4°$ hätte. Da dieser Wert aber über 90° liegt, ist der Schnittwinkel gleich dem Ergänzungswinkel hiervon zu 180°. Also gilt $\gamma = 70{,}6°$.

Steigungswinkel von g bei $x = \frac{\pi}{8}$:

$g'(x) = -2\sin(2x)$

$g'\left(\frac{\pi}{8}\right) = -2\sin\left(\frac{\pi}{4}\right) = -\sqrt{2}$

$\beta = \arctan(-\sqrt{2}) \approx -54{,}7°$ (bzw. $+125{,}3°$)

Schnittwinkel von f und g:

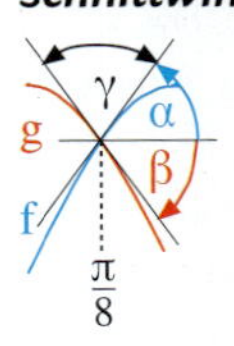

$\gamma = 180° - \alpha - |\beta|$, da $\beta < 0$

$\Rightarrow \quad \gamma = 180° - 54{,}7° - 54{,}7°$

$\Rightarrow \quad 70{,}6°$

Übung 3 Steigungswinkel

Gegeben ist die Funktion $f(x) = 2\sin\left(\frac{\pi}{4}x\right)$ im Intervall $0 \leq x \leq 8$.

a) Skizzieren Sie die Graphen von f.

b) Berechnen Sie den Steigungswinkel α an der Stelle $x = 2$.

c) Berechnen Sie, an welcher Stelle f den Steigungswinkel $\beta = 45°$ hat.

Übung 4 Schnittwinkel

Gegeben sind die Funktionen $f(x) = \sin(0{,}5x)$ und $g(x) = \cos(0{,}5x)$.

a) Skizzieren Sie die Graphen f und g.

b) Zeigen Sie, dass $f\left(\frac{\pi}{2}\right) = g\left(\frac{\pi}{2}\right)$ gilt.

c) Berechnen Sie den Schnittwinkel von f und g bei $x = \frac{\pi}{2}$.

D. Tangenten und Normalen trigonometrischer Funktionen

Eine Kurventangente besitzt im Berührpunkt mit der Kurve die gleiche Steigung wie die Kurve selbst. Eine Kurvennormale steht im Schnittpunkt mit der Kurve exakt senkrecht auf der Kurve. Sie hat dort die negative reziproke Steigung der Tangente.

Tangente von f im Punkt $P(x_0 \mid f(x_0))$	**Normale von f im $P(x_0 \mid f(x_0))$**
$t(x) = m \cdot (x - x_0) + f(x_0)$ mit $m = f'(x_0)$	$n(x) = m \cdot (x - x_0) + f(x_0)$ mit $m = -\frac{1}{f'(x_0)}$

Beispiel: Kurventangente

Gegeben ist die Funktion $f(x) = 2\sin x$. Bestimmen Sie die Gleichung der Tangente von f an der Stelle $x_0 = \frac{\pi}{4}$.

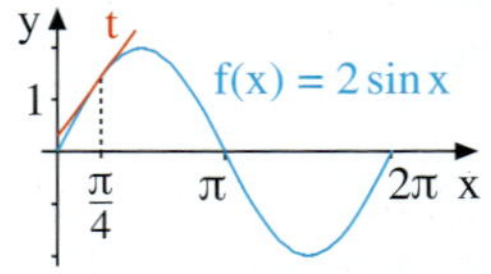

Lösung:

Der Berührpunkt P von Funktion f und Tangente ist der Punkt $P\left(\frac{\pi}{4} \middle| 2\sin\frac{\pi}{4}\right)$, d. h. der Punkt $P\left(\frac{\pi}{4} \middle| \sqrt{2}\right) \approx P\left(\frac{\pi}{4} \middle| 1{,}41\right)$.

Die Steigung von f im Berührpunkt wird mit der Ableitung $f'(x) = 2\cos x$ berechnet. Sie beträgt $m = f'\left(\frac{\pi}{4}\right) = 2\cos\frac{\pi}{4} = \sqrt{2} \approx 1{,}41$.

Setzen wir diese Daten in die allgemeine Tangentengleichung

$$t(x) = m \cdot (x - x_0) + f(x_0)$$

ein, so erhalten wir hier die spezielle Tangentengleichung $t(x) \approx 1{,}41\,x + 0{,}3$, welche auch optisch mit der Abbildung oben rechts gut übereinstimmt.

Bestimmung des Berührpunktes P:

$$x_0 = \left(\tfrac{\pi}{4}\right), \quad f(x_0) = f\left(\tfrac{\pi}{4}\right) = 2\sin\left(\tfrac{\pi}{4}\right)$$
$$= 2 \cdot \tfrac{1}{\sqrt{2}} = \sqrt{2} \approx 1{,}41$$
$$\Rightarrow P\left(\tfrac{\pi}{4} \middle| 1{,}41\right)$$

Bestimmung der Steigung in P:

$$m = f'\left(\tfrac{\pi}{4}\right) = 2\cos\tfrac{\pi}{4} = 2 \cdot \tfrac{1}{\sqrt{2}} = \sqrt{2} \approx 1{,}41$$

Gleichung der Tangente t:

$$t(x) = m \cdot (x - x_0) + f(x_0)$$
$$= f'\left(\tfrac{\pi}{4}\right) \cdot \left(x - \tfrac{\pi}{4}\right) + 2\sin\tfrac{\pi}{4}$$
$$\approx 1{,}41 \cdot \left(x - \tfrac{\pi}{4}\right) + 1{,}41$$
$$\approx 1{,}41\,x + 0{,}30$$

Übung 5 Normale und Tangente

Gegeben ist die Funktion $f(x) = 2\cos x$. Bestimmen Sie die Gleichung der Kurvennormalen n von f an der Stelle $x_0 = \frac{\pi}{2}$. Berechnen Sie, an welcher Stelle die Normale n die Tangente t von f an der Stelle $x_1 = \frac{\pi}{4}$ schneidet.

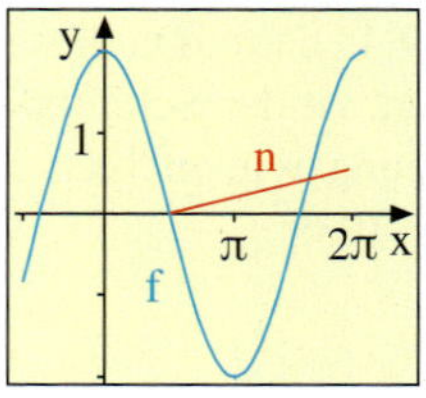

Übung 6 Normale und Tangente

Gegeben ist die Funktion $f(x) = 1 - \sin(2x)$.

a) Bestimmen Sie die Gleichung der Kurventangente von f bei $x_0 = \frac{\pi}{2}$.

b) Bestimmen Sie die Gleichung der Kurvennormalen von f bei $x_0 = \frac{\pi}{4}$.

Übungen

7. Ableitungen

Bestimmen Sie die Ableitung von f.

a) $f(x) = 2\sin x$ b) $f(x) = \frac{1}{2}\cos x + 1$ c) $f(x) = \sin(3x)$

d) $f(x) = 2\cos\left(\frac{1}{2}x\right)$ e) $f(x) = \cos(\pi x)$ f) $f(x) = \sin x + \cos x$

g) $f(x) = 3\sin(1 - x)$ h) $f(x) = x - \sin\left(1 - \frac{\pi}{2}x\right)$ i) $f(x) = \sin(2x) - \cos(\pi - x)$

8. Funktion und Ableitung

Ordnen Sie den Graphen der abgebildeten Sinusfunktion f(A, B, C) den Graphen der zugehörigen Ableitungsfunktionen f′(I, II, III) zu. Begründen Sie Ihre Zuordnung.

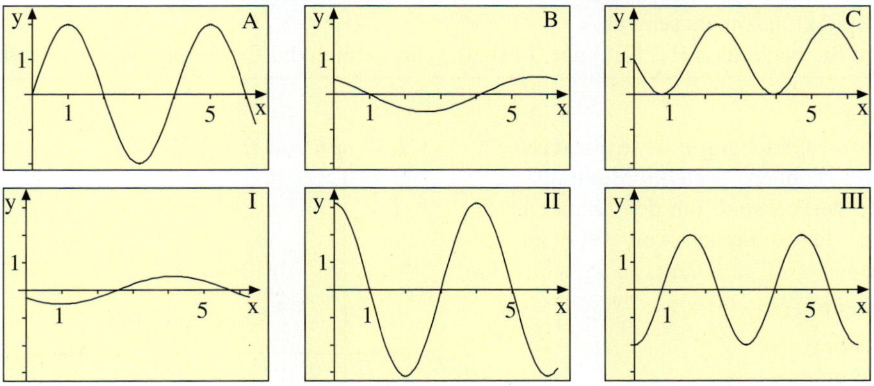

9. Steigung

Berechnen Sie die Steigung von f an der Stelle x_0.

a) $f(x) = \sin(2x),\ x_0 = 3$ b) $f(x) = 2\sin\left(\frac{1}{4}x\right),\ x_0 = \pi$ c) $f(x) = \frac{1}{2}\cos\left(\frac{\pi}{2}x\right),\ x_0 = \frac{1}{2}$

10. Steigung

Berechnen Sie, an welchen Stellen des Intervalls I f die Steigung m hat.

a) $f(x) = \sin\left(\frac{1}{2}x\right)$, $I = [0;\ 2\pi]$, $m = -0{,}21$

b) $f(x) = \frac{1}{2}\cos(2x)$, $I = [0;\ 2\pi]$, $m = 1$

c) $f(x) = \frac{1}{3}\sin\left(\frac{\pi}{2}x\right)$, $I = [0;\ 4]$, $m = 0{,}5$

11. Maximale Steigung

Bestimmen Sie die maximale Steigung der Funktion f.

a) $f(x) = \frac{1}{2}\sin(2x)$ b) $f(x) = 3\cos(2x - 1)$ c) $f(x) = a \cdot \sin(bx + c)$

d) $f(x) = 4\cos(1 - 2x)$ e) $f(x) = \frac{1}{3}\sin\left(\frac{\pi}{2} - x\right)$ f) $f(x) = -2\cos\left(2 - \frac{\pi}{4}x\right)$

12. Extrema und Wendepunkte

Gegeben ist die Funktion $f(x) = 2 \cdot \sin\left(\frac{1}{2}(x - \pi)\right) - 1$. Bestimmen Sie Nullstellen, Extrema und Wendepunkte. Zeichnen Sie den Graphen von f und f′ für $0 \le x \le 4\pi$.

5. Funktionsuntersuchungen und Modellierungen

Im Folgenden untersuchen wir trigonometrische Funktionen der Form $f(x) = a \cdot \sin(bx + c) + d$ bzw. $f(x) = a \cdot \cos(bx + c) + d$ sowohl abstrakt als auch im Anwendungszusammenhang.

A. Abstrakte Kurvenuntersuchungen

Beispiel: Sinuskurve

Gegeben ist die Funktion $f(x) = 1{,}5 \cdot \sin\left(\frac{\pi}{2}x - \frac{\pi}{2}\right) + 1$ für $1 \le x \le 5$.

a) Bestimmen Sie x- und y-Verschiebung, Periode und Amplitude. Zeichnen Sie den Graphen. Lesen Sie dann aus dem Graphen die Nullstellen, die Hoch- und Tiefpunkte sowie den Wendepunkt in Annäherung ab.

b) Weisen Sie nach, dass $H(2|2{,}5)$ und $T(4|-0{,}5)$ tatsächlich die Extrempunkte von f sind.

Lösung zu a:

Wir formen die Gleichung von f so um, dass wir ablesen können, welche Manipulationen erforderlich sind, um den Graphen von f aus dem Graphen von sin x zu gewinnen.

$f(x) = 1{,}5 \cdot \sin\left[\frac{\pi}{2}(x-1)\right] + 1$

x-Verschiebung: +1

y-Verschiebung: +1

Periode: $\frac{2\pi}{b} = \frac{2\pi}{\frac{\pi}{2}} = 4$

Amplitude: 1,5

Anhand dieser Daten skizzieren wir den Graphen von f und lesen die rechts dargestellten besonderen Punkte ab.

1. Graph von f:

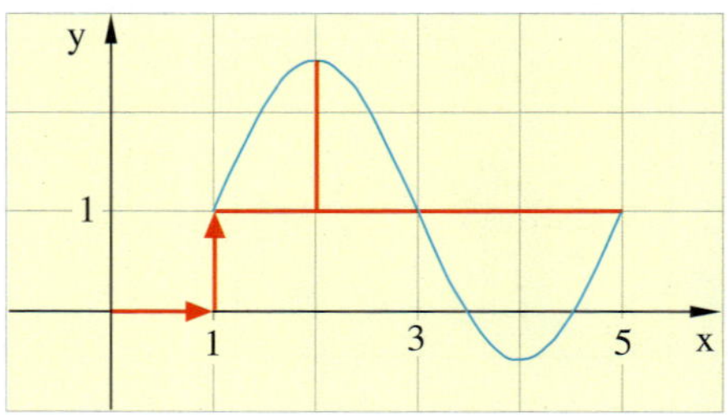

Nullstellen: $x_1 \approx 3{,}5$; $x_2 \approx 4{,}5$

Extrempunkte: $H(2|2{,}5)$; $T(4|-0{,}5)$

Wendepunkt: $W(3|1)$

Lösung zu b:

Wir führen den Nachweis für die beiden Extrempunkte mit Hilfe der beiden ersten Ableitungen von f, die wir mit der Sinusregel, der Kosinusregel und der linearen Kettenregel bestimmen können.

Dann zeigen wir, dass $f'(2) = 0$ und $f''(2) < 0$ gilt, womit der Nachweis für den Hochpunkt erbracht ist.

Analog führen wir mittels $f'(4) = 0$ und $f''(4) > 0$ den Nachweis für den Tiefpunkt.

2. Nachweise zu den Extrempunkten:

$f'(x) = 1{,}5 \cdot \frac{\pi}{2} \cdot \cos\left(\frac{\pi}{2}x - \frac{\pi}{2}\right)$

$f''(x) = -1{,}5 \cdot \frac{\pi^2}{4} \cdot \sin\left(\frac{\pi}{2}x - \frac{\pi}{2}\right)$

Hochpunkt: $f'(2) = 1{,}5 \cdot \frac{\pi}{2} \cdot \cos\left(\frac{\pi}{2}\right) = 0$

$f(2) = -1{,}5 \cdot \frac{\pi^2}{4} \cdot \sin\left(\frac{\pi}{2}\right) \approx -3{,}7 < 0 \Rightarrow \text{Max}$

Tiefpunkt: $f'(4) = 1{,}5 \cdot \frac{\pi}{2} \cdot \cos\left(\frac{3}{2}\pi\right) = 0$

$f''(4) = -1{,}5 \cdot \frac{\pi^2}{4} \cdot \sin\left(\frac{3}{2}\pi\right) \approx 3{,}7 > 0 \Rightarrow \text{Min}$

Übung 1

Skizzieren Sie den Graphen von f im angegebenen Intervall und bestimmen Sie die Lage der Extrem- und Wendepunkte sowie die Nullstellen von f.

a) $f(x) = 2 \cdot \sin(2x - 4) + 1,\ 2 \le x \le 2 + \pi$

b) $f(x) = \frac{1}{2} \cdot \sin\left(\frac{\pi}{2}x - \pi\right) - 1,\ 2 \le x \le 6$

c) $f(x) = 2 \cdot \cos\left(\frac{\pi}{2}x - 2\pi\right) + 2,\ 4 \le x \le 8$

d) $f(x) = -2 \cdot \sin(x - 2) + 1,\ 2 \le x \le 2 + 2\pi$

B. Anwendungen

Beispiel: Ebbe und Flut

An der nordfriesischen Küste gibt es eine ganz besondere Landschaft, das Watt.
Bei Flut kann man dort baden. Bei Ebbe läuft das Wasser völlig ab, gibt den Meeresboden, das Watt, frei. Man kann dann auf dem Boden des Watts tief ins Meer hinaus wandern.
Der Wasserspiegel kann an einem Sommertag durch $w(t) = 1{,}5 \cdot \cos[0{,}5236(t-1)] + 2{,}5$ erfasst werden. (t: Uhrzeit in Std.; w: Wasserstand über Seekartennull in Meter, $0 \le t \le 24$)

a) Skizzieren Sie den Graphen von w ($0 \le t \le 24$).
b) Bestimmen Sie die Hoch- und Niedrigwasserzeitpunkte.
c) Wann ist Badezeit (Gebadet werden kann bei Wasserständen ab 3 m und höher)?

Lösung zu a:
Bezogen auf die Form
$$w(t) = A \cdot \cos[B(t-C)] + D$$
liegen folgende Daten vor:
x-Verschiebung: $C = 1$
y-Verschiebung: $D = 2{,}5$
Periode: $\frac{2\pi}{B} = \frac{2\pi}{0{,}5236} \approx 12$*
Amplitude: $A = 1{,}5$
Damit ergibt sich manuell der Graph rechts.
Alternativ: Einsatz der Rechnergraphik

1. Der Graph von w:

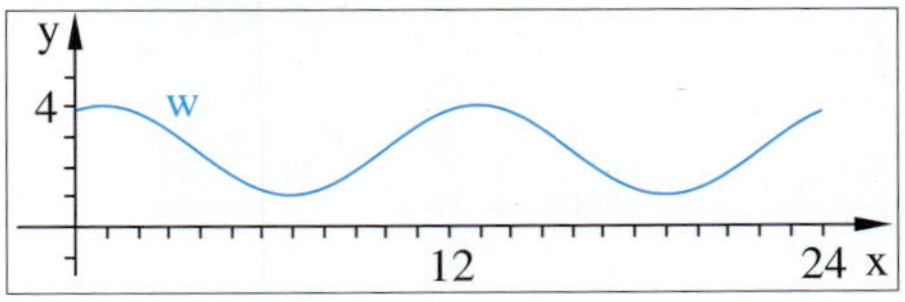

Lösung zu b:
Zur Bestimmung der Hochpunkte verwenden wir den Ansatz $w(t) = 1{,}5 + 2{,}5 = 4$.
Dieser führt auf die Gleichung $\cos[0{,}5236(t-1)] = 1$ mit der Lösung $t = 1$.
Durch Hinzufügen der Periodenlänge 12 erhalten wir als zweite Lösung $t = 13$.
Resultat: $H_1(1|4)$, $H_2(13|4)$
Analog können die Tiefpunkte errechnet werden. Resultat: $T_1(4|1)$, $T_2(16|1)$

2. Bestimmung der Hochpunkte (Hochwasser)

Ansatz: $w(t) = 4$

$$\begin{aligned} 1{,}5 \cdot \cos[0{,}5236(t-1)] + 2{,}5 &= 4 \\ \cos[0{,}5236(t-1)] &= 1 \\ 0{,}5236(t-1) &= 0 \\ t &= 1 \\ t &= 13 \text{ (Periode!)} \end{aligned}$$

Hochpunkte: $H_1(1|4)$, $H_2(13|4)$

Lösung zu c:
Der Ansatz $w(t) = 3$ kann rechnerisch oder zeichnerisch gelöst werden. Man zeichnet z. B den Graphen von w und den Graphen von $y(t) = 3$ und bestimmt graphisch die Schnittstellen der beiden Kurven w und y, wie rechts mit Rechnerhilfe geschehen.
Man erkennt, dass man tagsüber zwischen 10.39 und 15.21 Uhr baden kann.

3. Bestimmung der Badezeit:

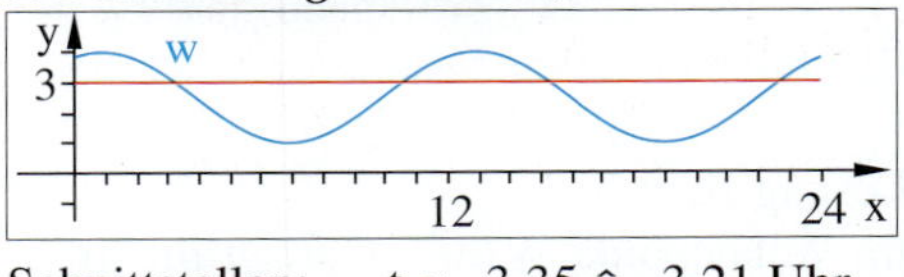

Schnittstellen: $t \approx 3{,}35 \mathrel{\hat{=}} 3.21$ Uhr
$t \approx 10{,}65 \mathrel{\hat{=}} 10.39$ Uhr
$t \approx 15{,}35 \mathrel{\hat{=}} 15.21$ Uhr
$t \approx 22{,}65 \mathrel{\hat{=}} 22.39$ Uhr

* In der Realität liegt die Periode bei ca. 12 h 20 min.

Beispiel: Temperaturen am Nordkap

Die Tagestemperatur zu Monatsbeginn am norwegischen Nordkap kann durch die Funktion $T(t) = 12 \cdot \sin\left(\frac{\pi}{6}(t-3)\right) - 6$ angenähert beschrieben werden.

a) Tabellieren Sie die Temperatur T für $0 \leq t \leq 12$ und skizzieren Sie den Graphen von T.
b) Stellen Sie anhand der Tabelle fest, wann die Temperatur maximal bzw. minimal ist.
c) Ermitteln Sie, wie lange die Temperatur mindestens 0 °C beträgt (frostfreie Periode).
d) Weisen Sie nach, dass $T(3|-6)$ einer der beiden Wendepunkte von T ist.
e) Wie groß ist die maximale Anstiegsrate der Temperatur T?

Lösung zu a:

Zeitpunkt t	0 1. Jan	1 1. Feb.	2 1. Mr.	3 1. Apr.	4 1. Mai	5 1. Jun.
Temperatur T	–18°	–16,4°	–12°	–6°	0°	4,4°

Zeitpunkt t	6 1. Jul.	7 1. Aug.	8 1. Sep.	9 1. Okt.	10 1. Nov.	11 1. Dez.
Temperatur T	6°	4,4°	0°	–6°	–12°	–16,4°

Graph von T:

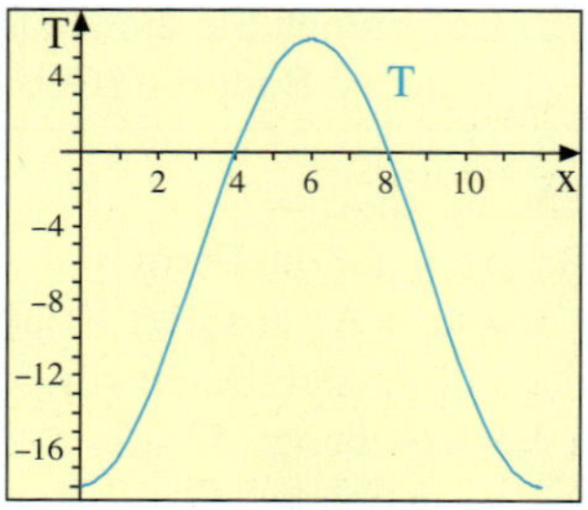

Lösung zu b:
Der Tabelle entnehmen wir, dass die minimale Temperatur am 1. Januar vorliegt und die maximale Temperatur am 1. Juli.

Maximale und minimale Temperatur:
$T_{max} = T(6) = 6°$
$T_{min} = T(0) = -18°$

Lösung zu c:
Die frostfreie Periode wird durch die Nullstellen von T bei t = 4 und t = 8 bestimmt. Diese Nullstellen kann man ablesen oder berechnen. Diese Periode dauert also 4 Monate, vom 1. Mai bis zum 1. September.

Frostfreie Periode:
$T(4) = 0;\ T(8) = 0 \Rightarrow 4 \leq t \leq 8$

Lösung zu d:
Wir berechnen die AbleitungenT′, T″ und T‴. Dann weisen wir mit Hilfe der hinreichenden Bedingung für Wendepunkte ($T'(x_W) = 0, T'''(x_W) \neq 0$) nach, dass $x_W = 3$ tatächlich eine Wendestelle ist.

Ableitungen:
$T'(t) = 2\pi \cdot \cos\left(\frac{\pi}{6}(t-3)\right)$
$T''(t) = -\frac{\pi^2}{3} \cdot \sin\left(\frac{\pi}{6}(t-3)\right)$
$T'''(t) = -\frac{\pi^3}{18} \cdot \cos\left(\frac{\pi}{6}(t-3)\right)$

Nachweis des linken Wendepunktes:
$T''(3) = 0$
$T'''(3) = -\frac{\pi^3}{18} < 0$
$\Rightarrow L - R - W_p \quad W(3|-6)$

Lösung zu e:
Im Wendepunkt $W(3|-6)$ steigt die Temperatur T am steilsten an. Die Anstiegsrate von T zu diesem Zeitpunkt beträgt $T'(3) = 6{,}28$ °C/Monat.

Anstiegsrate von T bei t = 3 (1. April):
$T'(3) = 2\pi \cdot \cos 0 = 2\pi \approx 6{,}28$ °C/Monat
Das sind ca. 1,57°/Woche oder 0,32°/Tag.

Ein Federpendel besteht aus einem Schwingkörper, der an einer fest aufgehängten Schraubenfeder angebracht ist. Schwingt die Feder nicht, so befindet sich der Schwingkörper in der Ruhelage $y = 0$. Beim Schwingen ändert er seine Position. Die Abweichung von der Ruhelage wird als Auslenkung bezeichnet.
Trägt man die Auslenkung y über die Zeit t auf, so ergibt sich eine Sinuskurve.

Beispiel: Federschwingung

Die Auslenkung y bei einer Federschwingung wird durch die Funktion $y(t) = 10 \cdot \sin\left(\frac{\pi}{10}(t+2{,}5)\right)$ beschrieben (t in Sekunden, y in cm).

a) Legen Sie eine Wertetabelle für $0 \le t \le 30$ an und skizzieren Sie den Graphen von y.
b) Geben Sie die Schwingungsdauer der Federschwingung an.
c) Weisen sie nach, dass nach ca. 0,45 s und nach ca. 4,55 s die gleiche Auslenkung vorliegt.
d) Weisen Sie nach, dass die maximale Auslenkung bei $t = 2{,}5$ erreicht wird.
e) Wie groß ist die maximale Geschwindigkeit des Schwingkörpers in der betrachteten Zeit?

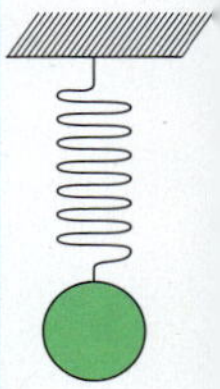

Lösung zu a:

Wertetabelle:

t in s	0	2,5	5	7,5	10	12,5	15
y in cm	7,1	10	7,1	0	−7,1	−10	−7,1

t in s	17,5	20	22,5	25	27,5	30
y in cm	0	7,1	10	7,1	0	−7,1

Graph:

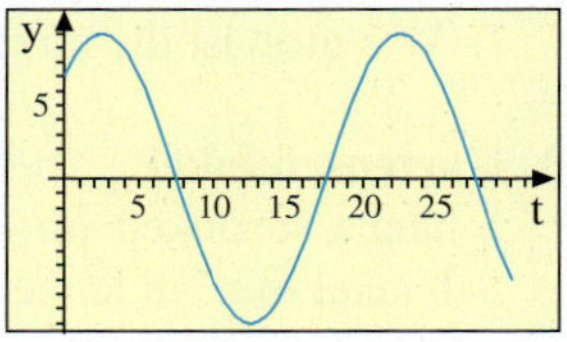

Lösung zu b:
Skizze und Tabelle zeigen 1,5 Schwingungen in 30 Sekunden. Also ist die Schwingungsdauer $T = \frac{30}{1{,}5} = 20\,s$. Man kann T auch als Periodenlänge errechnen (s. rechts)

Schwingungsdauer/Periodenlänge:

$$T = \frac{2\pi}{b} = \frac{2\pi}{\pi/10} = 20\,s$$

Lösung zu c:
Wir berechnen die Funktionswerte von y bei $t = 0{,}45$ und $t = 4{,}55$. Sie betragen beide ca. 8 cm. Die Auslenkung ist also gleich.

Auslenkung für t = 0,45 und t = 4,55:

$$y(0{,}45) = 10 \cdot \sin\left(\tfrac{\pi}{10}(t + 2{,}5)\right) \approx 7{,}997$$
$$y(4{,}55) = 10 \cdot \sin\left(\tfrac{\pi}{10}(t + 2{,}5)\right) \approx 7{,}997$$

Lösung zu d:
Wir zeigen mit Hilfe der hinreichenden Bedingung für ein Maximum ($y' = 0$, $y'' < 0$), dass bei $t = 2{,}5$ ein lokales Maximum liegt.

Maximale Auslenkung:

$$y'(t) = \pi \cdot \cos\left(\tfrac{\pi}{10}(t + 2{,}5)\right)$$
$$y''(t) = -\tfrac{\pi^2}{10} \cdot \sin\left(\tfrac{\pi}{10}(t + 2{,}5)\right)$$
$$y'(2{,}5) = \pi \cdot \cos\left(\tfrac{\pi}{2}\right) = 0$$
$$y''(2{,}5) = -\tfrac{\pi^2}{10} \cdot \sin\left(\tfrac{\pi}{2}\right) = -\tfrac{\pi^2}{10} < 0$$

Lösung zu e:
Die maximale Geschwindigkeit wird logischerweise beim Erreichen der Ruhelage erreicht, d. h. in den Nullstellen von y.
Laut Tabelle sind das die Stellen $t = 7{,}5$, $t = 17{,}5$ und $t = 27{,}5$. Die Geschwindigkeit an der Stelle $t = 7{,}5$ beträgt ca. $-3{,}14$ cm/s.

Nullstellen von y (s. Tabelle):

$t = 7{,}5$; $t = 17{,}5$ (27,5 entspricht 7,5)

Geschwindigkeit zur Zeit t = 7,5:

$$y'(t) = \pi \cdot \cos\left(\tfrac{\pi}{10}(t + 2{,}5)\right)$$
$$y'(7{,}5) = \pi \cdot \cos\pi = -\pi \approx -3{,}14\,\frac{cm}{s}$$

Übungen

2. Räuber-Beute-Modell

In einem Räuber-Beute-Prozess oszillieren die Räuber- und die Beutepopulation periodisch. Rechts ist die Entwicklung einer solchen Beutepopulation dargestellt.

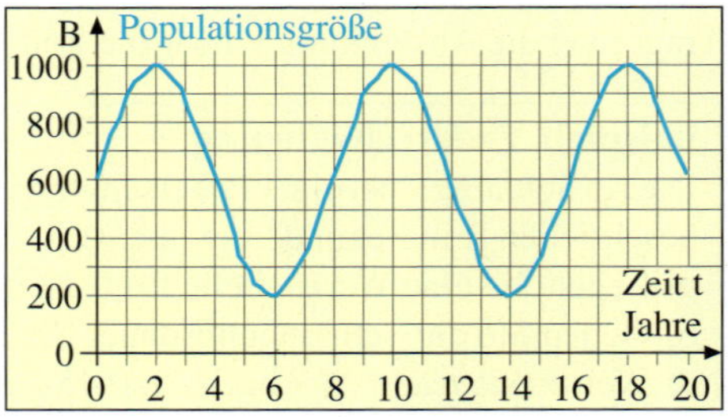

a) Lesen Sie aus der Graphik Hoch-, Tief- und Wendepunkte ab, gerundet auf volle Fünfziger.

b) Bestimmen Sie angenähert die Amplitude, die Periode sowie die t- und die y-Verschiebung.

c) Modellieren Sie die Populationsgröße B durch eine Sinusfunktion.

d) Modellieren Sie B nun durch eine Kosinusfunktion, indem Sie die x-Verschiebung ändern.

e) Wie groß ist die maximale Wachstumsrate der Population B (Hinweis: Wendepunkt)?

f) Wie groß ist die mittlere Wachstumsrate in den ersten beiden Jahren?

3. Gartenschaukel

Johanna schaukelt im Garten auf der neuen Schaukel mit 3 m langen Seilen. Ihr Vater hat eine Videoaufnahme in Zeitlupe gamacht, aus der sich die Höhe h des Sitzes in jedem Zeitpunkt feststellen lässt. So ergibt sich das rechts abgebildete Diagramm, das nun ausgewertet werden soll.

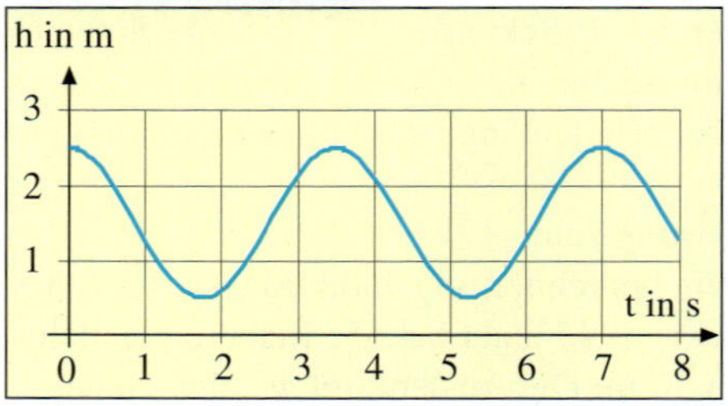

a) Modellieren Sie den Funktionsterm von h als Kosinusfunktion h. Stellen Sie dazu zunächst Verschiebungen, Periode und Amplitude fest.

b) Bestimmen Sie die Ableitungen h′ und h″.

c) Zu welchem Zeitpunkt in den ersten 3 Sekunden bewegt sich Johanna am schnellsten nach unten? Wie groß ist ihre Sinkgeschwindigkeit dann?

d) Berechnen Sie die mittlere Steigungsgeschwindigkeit von Johanna während der Aufwärtsbewegung.

4. Windrad

Die Höhe h (in m) der Spitze des Flügels eines Windrades wird durch $h(\varphi) = 20 \cdot \sin(\varphi - 90°) + 40$ angegeben. Dabei ist φ der Winkel, den die Flügelachse mit der Vertikalen bildet.

a) Skizzieren Sie den Graphen von h für $0 \leq \varphi \leq 540°$.

b) Bestimmen Sie die maximale und die minimale Höhe der Flügelspitze über dem Erdboden.

c) Beschreiben Sie die anschauliche Bedeutung der Werte 20 und 40 in der Funktionsgleichung.

d) Berechnen Sie die Geschwindigkeit, mit der sich die Spitze des Flügels bewegt, wenn eine Umdrehung 30 s dauert.

e) Stellen Sie die Höhe h der Flügelspitze als Funktion der Zeit t in Sekunden dar.
Hinweis: Welcher Zusammenhang besteht zwischen dem Winkel φ und der Zeit t?

5. Die Taglänge in Berlin $L(t) = 275{,}5 \sin[0{,}0172(t - 80)] + 734{,}5$

Die aufgeführte Formel modelliert die Taglänge – also die Zeit zwischen Sonnenaufgang und Sonnenuntergang. t steht für den Tag ($1 \le t \le 365$) und L für die Taglänge in Minuten.

a) Legen Sie eine Wertetabelle an, welche den ersten Tag jeden Monats erfasst (1. Januar: $t = 1$; 1. Februar: $t = 32$; 1. März: $t = 60$ usw.)
b) Zeichnen Sie den Graphen von L für $1 \le t \le 365$.
c) Bestimmen Sie die Periodenlänge der Funktion L.
d) Bestimmen Sie den längsten und den kürzesten Tag des Jahres. Lesen Sie aus dem Graphen eine grobe Näherungslösung ab. Verbessern Sie dann das Resultat durch Testeinsetzungen.
e) Bestimmen Sie mit der Formel die Taglänge am 15. Juli.
f) An welchem Tag beträgt die Taglänge 8 Stunden?

Hinweis: Mit dem Himmelskalender CALSKY (www.calsky.de) kann man Sonnenaufgang und Sonnenuntergang für jeden Ort der Erde errechnen.

6. Das Riesenrad als Sinuskurve
Ein Riesenrad dreht sich einmal in 20 Sekunden. Sein Durchmesser beträgt 60 m. Die Einstiegsplattform, d. h. der tiefste Punkt, liegt 3 m über Straßenniveau.

a) Stellen Sie die Funktion h(t) auf, welche die Höhe einer bestimmten Gondel über dem Straßenniveau angibt (h in m, t in s).
Zum Zeitpunkt $t = 0$ ist die Gondel unten.
Kontrollergebnis: $h(t) = 33 - 30 \cdot \cos\left(\frac{\pi}{10} t\right)$
b) Zeichnen Sie den Graphen von h für einen vollständigen Umlauf des Riesenrades.
c) Der Kirchturm der Stadt ist 45 m hoch. Wie lange befindet sich die Gondel während eines Umlaufs über Kirchturmhöhe?
d) Wie groß ist die mittlere Steiggeschwindigkeit der Gondel in der ersten Sekunde des Aufstiegs bzw. in der 5. Sekunde des Aufstiegs bzw. während der gesamten Aufstiegsphase?

7. Richtig oder falsch?
A: Die Kosinusfunktion hat die Periode 2π.
B: Die Funktion $f(x) = \sin(2x)$ hat die Periode 4π.
C: Jede periodische Funktion lässt sich als Sinusfunktion darstellen.
D: $f(x) = \cos(2\pi - x)$ verläuft zwischen 0 und π monoton fallend.
E: Die Funktionswerte von $f(x) = 1 + \cos x$ schwanken zwischen 1 und 3.

8. Die Temperatur in Arizona

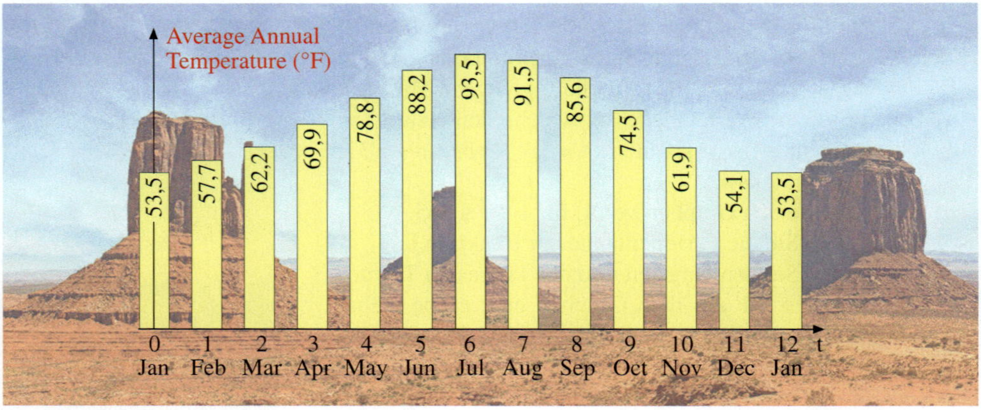

Stellen Sie eine Funktion $T(t) = A\sin(B(t - C)) + D$ auf für die Temperatur in Arizona (t in Monaten, $T(t)$ in °Fahrenheit).

a) Bestimmen Sie die Amplitude A aus Maximal- und Minimaltemperatur.
b) Die Periode beträgt 12 Monate. Bestimmen Sie daraus B.
c) Wie weit muss man den Graphen von T oben nach links und unten verschieben, um die übliche Sinuslage zu erhalten? Bestimmen Sie so C und D.
d) Stellen Sie nun die Funktionsgleichung auf und berechnen Sie $T(2)$ und $T(8)$. Vergleichen Sie mit den Daten aus der Graphik.
e) Versuchen Sie, durch Testeinsetzungen den heißesten Tag des Jahres zu bestimmen.
f) Um wie viele Grad/Tag steigt die Temperatur in der ersten Jahreshälfte im Mittel an?

9. Der Blutdruck

Der Blutdruck eines Menschen verläuft prinzipiell wie rechts dargestellt periodisch. Für eine bestimmte Person wurde eine grobe Näherung modelliert durch die Funktion $p(t) = 100 - 20 \cdot \cos(2\pi \cdot t)$, wobei t die Zeit in Sekunden und $p(t)$ der Druck ist, gemessen in mmWS (Millimeter Hg).

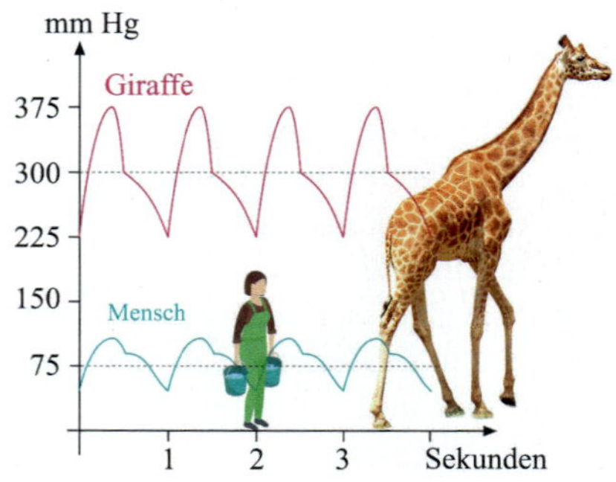

a) Welche Periodenlänge hat die Funktion p?
b) Wie groß ist der systolische Druck, d. h. der Maximalwert? Wie groß ist der diastolische Druck, der Minimalwert?
c) Skizzieren Sie den Verlauf des Graphen von p für $0 \le t \le 4$.
d) Wie groß ist die Pulsfrequenz der Person, d. h. die Anzahl der Druckspitzen pro Minute? Vergleichen Sie mit Ihrer Pulsfrequenz.
e) Wie lange dauert ein einzelner Pumpvorgang des Herzens? Wie lange ist dabei der Druck über 100 mmHg?

Übungen

Die folgenden Übungen sollen ohne die Verwendung von Hilfsmitteln gelöst werden.

1. Graphen
Skizzieren Sie die Graphen der folgenden Funktionen über ein Periodenintervall.

a) $f(x) = \sin(\pi x)$ b) $f(x) = 2 - \cos\left(\frac{1}{2}x\right)$ c) $f(x) = 2\cos(-\pi x - \pi)$
d) $f(x) = 2\sin(4 - x)$ e) $f(x) = 2\cos\left(\frac{\pi}{6}(x - 3)\right)$ f) $f(x) = 4 - 3\sin\left(\frac{\pi}{4}x\right)$

2. Ableiten trigonometrischer Funktionen
Berechnen Sie die ersten beiden Ableitungen f′ und f″.

a) $f(x) = -\sin(-x)$ b) $f(x) = \sin(2x) + x$ c) $f(x) = \frac{1}{2}\cos(4x)$
d) $f(x) = \sin(3x - 5)$ e) $f(x) = \cos x + \sin x$ f) $f(x) = x \cdot \sin x$

3. Extrema und Wendepunkte
Weisen Sie nach, dass der Punkt P ein Extrempunkt bzw. ein Wendepunkt ist. Klären Sie, ob es sich um einen Hoch- oder Tiefpunkt bzw. einen LR- oder RL-Wendepunkt handelt.

a) $f(x) = 4\cos(x - \pi)$, $P(1{,}5\pi|0)$ b) $f(x) = 2\cos\left(\frac{\pi}{2}x - \pi\right) + 1$, $P(2|3)$
c) $f(x) = \sin(0{,}25\pi x - 0{,}5\pi) + 1$, $P(4|2)$ d) $f(x) = 2\sin(-0{,}5x + 0{,}5\pi) + 1$, $P(3\pi|1)$

4. Extrema und Wendepunkte
Bestimmen Sie die Hoch- und Tiefpunkte sowie die Wendepunkte im angegebenen Intervall. Fertigen dazu eine Skizze an und entnehmen sie die gesuchten Punkte aus der Graphik.

a) $f(x) = \frac{1}{2} \cdot \cos x + 1, \quad 0 \le x \le 3\pi$ b) $f(x) = 2\cos x - 1, \quad 0 \le x \le 2\pi$

5. Tangente und Normale

a) Gesucht ist die Tangente von $f(x) = \frac{1}{2}\cos(2x - 1)$ im ersten Wendepunkt von f für $x > 0$.
b) Bestimmen Sie die Gleichung der Normalen von $f(x) = \cos(2x)$ an der Stelle $x_0 = \frac{\pi}{4}$.

6. Riesenrad
Ein Riesenrad hat einen Durchmesser von 80 m. Die Passagiere steigen ganz unten ein, auf einer Plattform in 2 m Höhe über dem Boden. Der Korb des Riesenrades dreht sich nach dem Einsteigen der Passagiere mit einer Geschwindigkeit von 2 m/s. In welcher Höhe befindet sich der Korb nach 5 Minuten Fahrt?

Knobelaufgabe

Auf ein Quadrat mit der Seitenlänge 100 cm werden fünf Dartpfeile geworfen.
Begründen Sie:
Zwei der Pfeile haben einen Abstand voneinander, der kleiner als 71 cm ist.

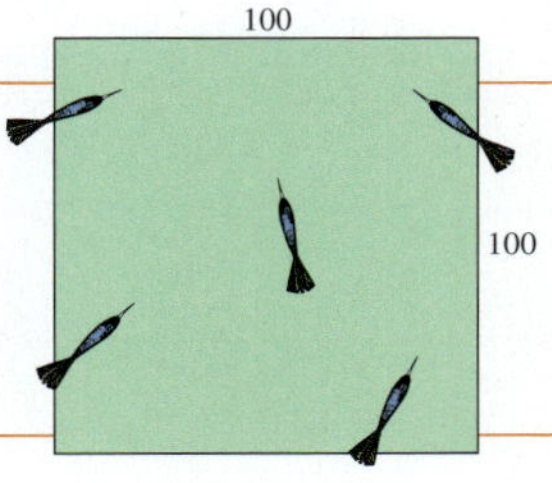

7. Graphen

Geben Sie eine mögliche Funktionsgleichung der abgebildeten Funktion f an.

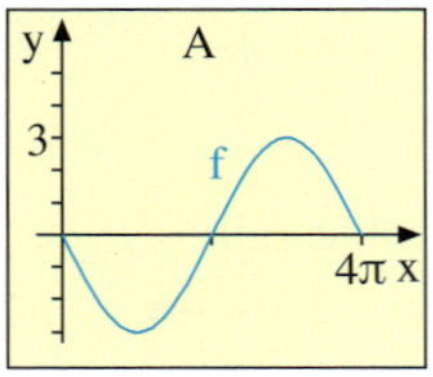

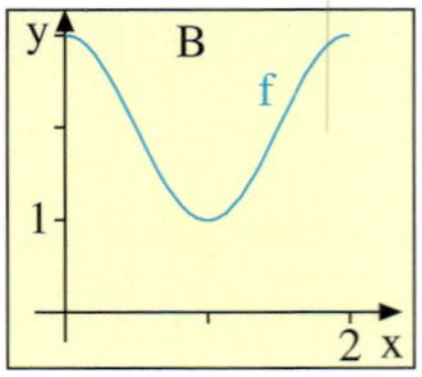

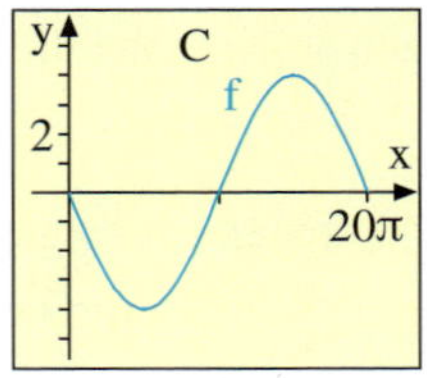

8. Parameterbestimmung

Die rechts abgebildete Funktion f soll auf zwei Arten dargestellt werden.

a) $f(x) = A\cos(Bx + C) + D$

b) $f(x) = A\sin(Bx + C) + D$

Bestimmen Sie jeweils die Parameter A bis D.

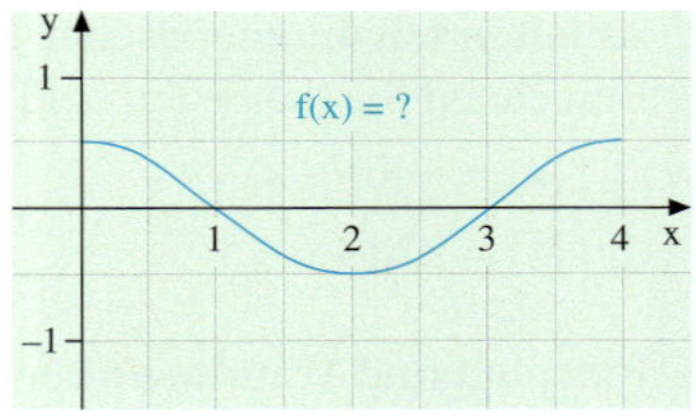

9. Modifikation von Funktionen

Die Funktion $f(x) = \sin x$ wird durch veränderte Koeffizienten zur Funktion g modifiziert. Beschreiben Sie verbal die graphischen Auswirkungen der Modifikation.

a) $g(x) = 2{,}5\sin x$ b) $g(x) = \cos x - 1$ c) $g(x) = \sin(x + \pi)$

d) $g(x) = \cos(2x)$ e) $g(x) = -2\sin x$ f) $g(x) = \sin(2x + 6)$

10. Atmungsrhythmus

Ein Patient atmet im Abstand von drei Sekunden tief ein und aus. Dabei schwankt sein Lungenvolumen f zwischen 2 und 4 Litern. Zu Beginn (t = 0) hat er gerade eingeatmet.
Prüfen Sie, welche der folgenden Formeln sein Lungenvolumen korrekt beschreiben könnte.

a) $f(t) = 3 + \cos\left(\frac{2\pi}{3}t\right)$ b) $f(t) = 4 - 2\sin\left(\frac{2\pi}{3}t\right)$ c) $f(t) = 3 - \cos\left(\frac{\pi}{3}(t + 3)\right)$

d) $f(t) = 3 - \sin\left(\frac{2\pi}{3}t\right)$ e) $f(t) = 3 + \cos\left(\frac{2\pi}{3}t\right)$ f) $f(t) = 3 - \sin\left(\frac{\pi}{3}(t - 1{,}5)\right)$

11. Death Valley

Die Temperatur T im kalifornischen Death Valley schwankt im Juli zwischen ca. minimal 30 °C um 4 Uhr nachts und maximal 50 °C um 16 Uhr nachmittags.

a) Geben Sie eine mögliche Funktionsgleichung für T in Abhängigkeit von der Zeit t in Stunden an.

b) Wann steigt die Temperatur am schnellsten an? Begründen Sie.

Überblick

Sinus und Kosinus am rechtwinkligen Dreieck:

$$\sin\alpha = \frac{\text{Gegenkathete von }\alpha}{\text{Hypotenuse}} = \frac{\text{GK}}{\text{HYP}}$$

$$\cos\alpha = \frac{\text{Ankathete von }\alpha}{\text{Hypotenuse}} = \frac{\text{AK}}{\text{HYP}}$$

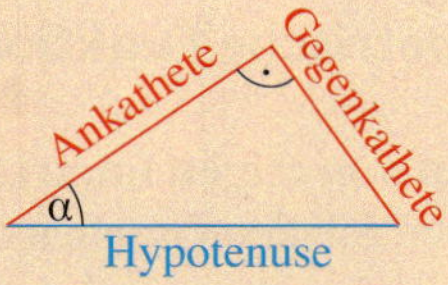

Sinus und Kosinus am Einheitskreis:

Ist P (x|y) ein beliebiger Punkt auf dem Einheitskreis, so gilt für den eingezeichneten Winkel α: sin α = y, cos α = x.

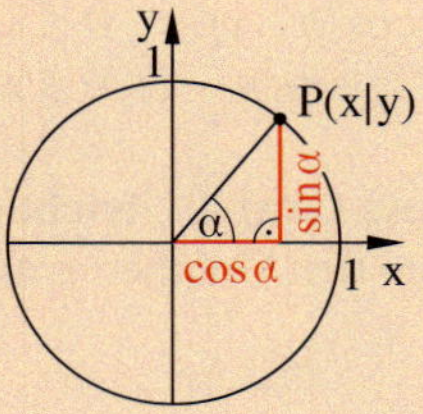

Gradmaß und Bogenmaß:

Winkel können im Gradmaß α ($0 \le \alpha \le 360°$) und im Bogenmaß x ($0 \le x \le 2\pi$) angegeben werden.
Die Umrechnungsformel lautet: $\frac{x}{2\pi} = \frac{\alpha}{360°}$.

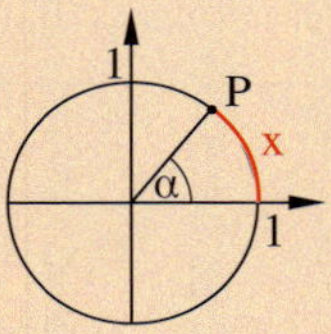

Trigonometrische Standardfunktionen:

Sinusfunktion
Definitionsmenge: $\mathbb{R}$
Wertemenge: $[-1; 1]$
Periodenlänge: 2π
Nullstellen:
$x = k \cdot \pi \quad (k \in \mathbb{Z})$

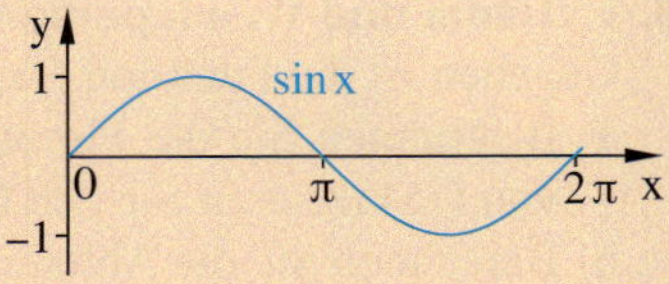

Kosinusfunktion
Definitionsmenge: $\mathbb{R}$
Wertemenge: $[-1; 1]$
Periodenlänge: 2π
Nullstellen:
$x = \frac{\pi}{2} + k \cdot \pi \quad (k \in \mathbb{Z})$

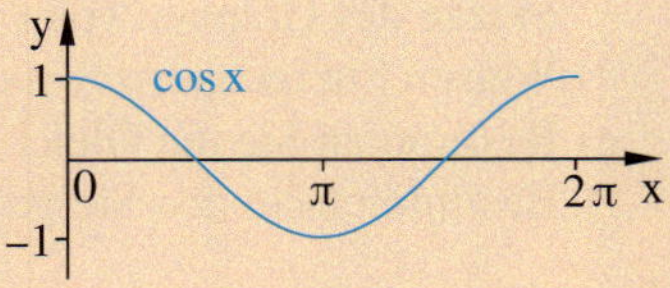

Modifikationen von Sinus und Kosinus:

$f(x) = A \cdot \sin[B(x - C)] + D$ $\qquad$ $f(x) = A \cdot \cos[B(x - C)] + D$

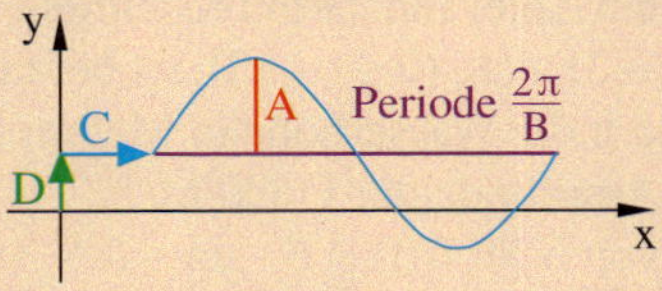

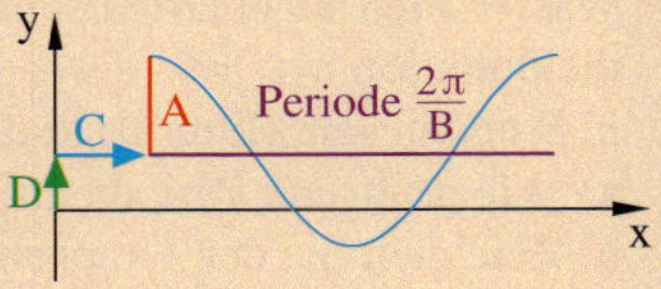

A: Amplitude ; B: Periodenlänge $\frac{2\pi}{B}$
C: Verschiebung in x-Richtung ; D: Verschiebung in y-Richtung

Ableitung von Sinus und Kosinus:

$(\sin x)' = \cos x; \quad (\cos x)' = -\sin x$
$[\sin(ax + b)]' = a \cdot \cos(ax + b); \; [\cos(ax + b)]' = -a \cdot \sin(ax + b)$

Test

Trigonometrische Funktionen

1. Graphen von trigonometrischen Funktionen

Skizzieren Sie den Graphen der Funktion f.

a) $f(x) = 1{,}5 \cdot \sin(x), \quad 0 \le x \le 4\pi$

b) $f(x) = \cos(\pi \cdot x), \quad 0 \le x \le 4$

c) $f(x) = 2 \cdot \sin(x - 2), 0 \le x \le 2\pi$

d) $f(x) = 2 \cdot \sin(\pi x - \pi), 0 \le x \le 4$

e) $f(x) = \sin(x - 2) + 1, \quad 0 \le x \le 2\pi$

2. Zuordnung Graph/Gleichung

Ordnen Sie den Graphen g und h je eine Gleichung zu. Begründen Sie Ihre Wahl.

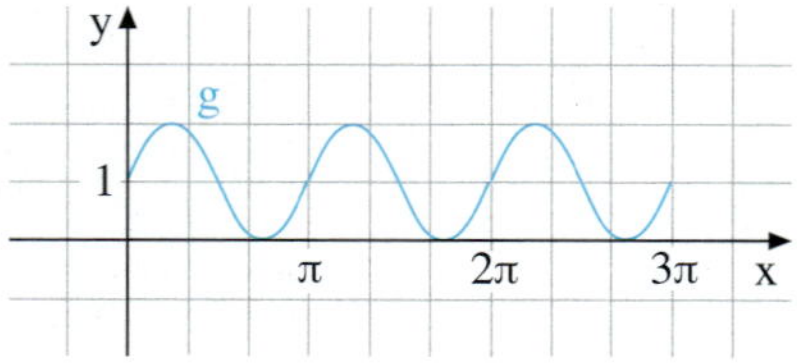

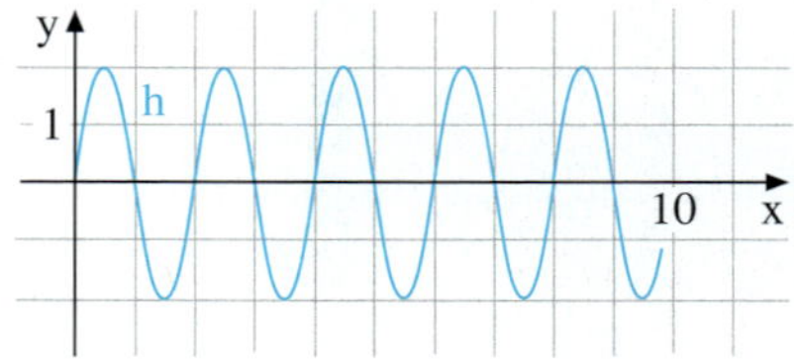

$f(x) = \sin(2x)$ $\quad$ $f(x) = 2\cos\left(x - \frac{\pi}{2}\right)$ $\quad$ $f(x) = -\sin(x - \pi)$ $\quad$ $f(x) = 2\sin(\pi x)$

$f(x) = \sin(x - 2\pi)$ $\quad$ $f(x) = 2\sin(x - \pi)$ $\quad$ $f(x) = \sin(2x) + 1$ $\quad$ $f(x) = 2\cos(\pi x)$

3. Extrema und Wendepunkte

Gegeben ist die Funktion $f(x) = 2\cos\left(\frac{\pi}{8}(x - 4)\right) + 1, \quad 0 \le x \le 16$.

a) Bestimmen Sie die Periode, die Amplitude, die x-Verschiebung und die y-Verschiebung von f. Skizzieren Sie den Graphen von f.

b) Berechnen Sie die Ableitungen f', f'' und f'''.

c) Bestimmen Sie die Nullstellen, Extrema, und Wendepunkte von f durch Ablesen aus der Skizze des Graphen von f aus a).

d) Weisen Sie rechnerisch nach, dass der Punkt $P(8|1)$ ein Wendepunkt von f ist.

e) Bestimmen Sie die Gleichung der Tangente von f an der Stelle $x = 8$.

f) Bestimmen sie den Steigungswinkel α von f an der Stelle $x = 8$.

4. Mont-Saint-Michel

Die Abtei Mont-Saint-Michel liegt vor der Küste der Normandie, umgeben von einem 10 m hohen Wattsockel. An einem Tag wird der Wasserstand auf der Meerseite der Abtei annähernd beschrieben durch die Funktion $h(t) = 6 \cdot \sin\left(\frac{\pi}{6}(t - 3)\right) + 8$, $(0 \le t \le 12)$, wobei t die Zeit in Stunden seit Mitternacht und h die Wasserhöhe in Metern angibt.

a) Wie groß sind Periode und Amplitude der Funktion h?

b) Zeichnen Sie den Graphen von h für $h(t) = 6 \cdot \sin\left(\frac{\pi}{6}(t - 3)\right) + 8$ für $0 \le t \le 12$.

c) Wann herrscht Hochwasser und wann Niedrigwasser? Wie hoch steht das Wasser dann?

d) h hat Extrema bei 0, 6 und 12 sowie Wendestellen bei 3 und 9. Weisen Sie mit Hilfe der Differentialrechnung die Extremstelle bei $x = 6$ und die Wendestelle bei $x = 9$ exakt nach.

e) Berechnen Sie die mittlere Zunahmerate des Wasserstands h zwischen 0 und 6 Uhr.

f) Zu welchem Zeitpunkt steigt der Wasserstand am schnellsten? Wie groß ist die momentane Zunahmerate zu diesem Zeitpunkt?

g) In welcher Zeit ist das Watt um die Abteiinsel (10 m Höhe) vom Wasser überflutet?

Lösungen: S. 562

VII. Einführung in die Integralrechnung

Die Möndchen des Hippokrates

Schon vor über 2000 Jahren versuchten die Mathematiker des Altertums, die Inhalte krummlinig begrenzter Flächen und Körper zu bestimmen.
Dem griechischen Gelehrten und Naturforscher Hippokrates von Chios gelang um 450 v. Chr. die exakte Berechnung der Inhalte verschiedener mondsichelförmiger Figuren.
Eine solche Berechnung werden wir nun nachvollziehen, um uns einen Eindruck vom Stand des damaligen Wissens zu verschaffen, als die Kreiszahl π noch unbekannt war.

Hippokrates lebte auf der griechischen Mittelmeerinsel Chios. Er betrieb seine Studien in Athen und auf zahlreichen Reisen. Er gilt als der bedeutendste Mathematiker seines Jahrhunderts.

Hippokrates' Problem war die Berechnung des Flächeninhalts der rechts abgebildeten Mondsichel. Diese Figur wird durch zwei Kreise mit den Mittelpunkten M_1 und M_2 und den Radien $r_1 = a$ und $r_2 = a\sqrt{2}$ begrenzt.
Hippokrates konnte beweisen, dass die gelbe Sichelfläche ebenso groß ist wie die Fläche des markierten Quadrats, d. h. a^2.

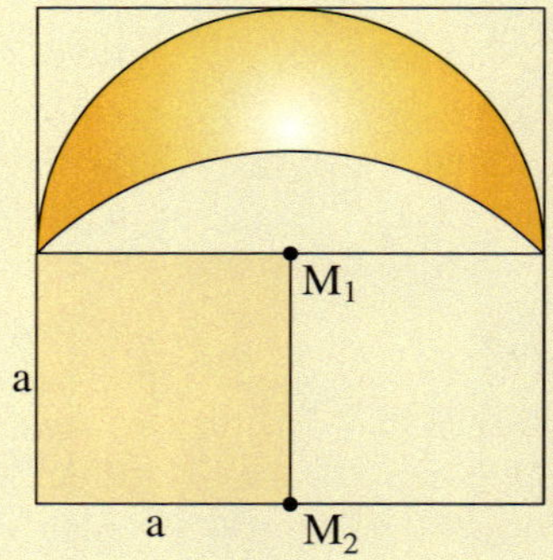

Sein Gedankengang geht aus der zweiten Abbildung hervor:

Die Viertelkreise AM_2B und AM_1C sind ähnliche Figuren. Da ihre Radien sich wie $\sqrt{2}$ zu 1 verhalten, stehen ihre Flächeninhalte im Verhältnis 2 zu 1.
Das gleiche Verhältnis gilt daher für die Flächeninhalte ihrer gelb markierten Segmente Y und X, d. h. $Y = 2X$.
Die Sichelfläche $Z + X + X$ lässt sich also auch durch $Z + Y$ ausdrücken.
Dies ist aber gerade der Inhalt des Dreiecks ABC, der a^2 beträgt (Grundlinienlänge 2 a, Höhe a).
Damit ist die überzeugende Beweisführung des Hippokrates abgeschlossen.

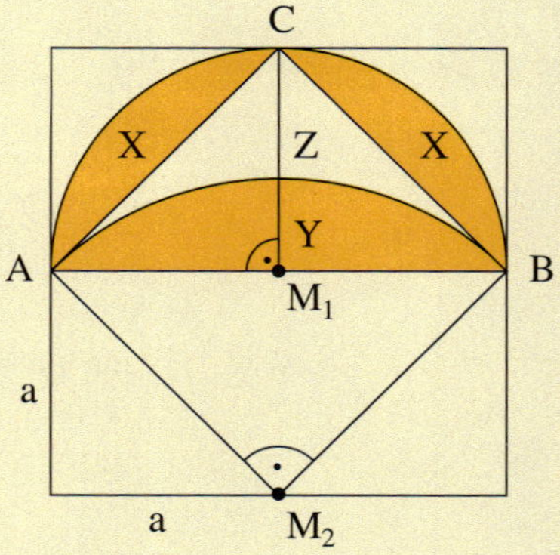

Übungen

Kreisflächen und Möndchenflächen

Übung 1

Berechnen Sie die Flächeninhalte der beiden Figuren innerhalb der Quadrate, die durch Halbkreise bzw. Viertelkreise begrenzt sind.

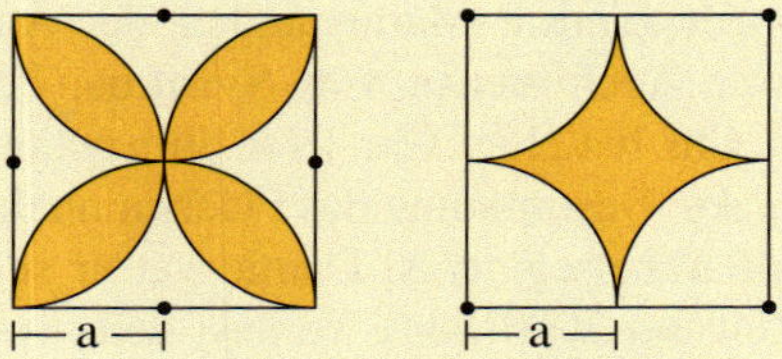

Übung 2

Ein Quadrat sei von einem blauen Kreis umschrieben. Über den Quadratseiten seien schwarze Halbkreise errichtet. Zeigen Sie: Die gelb markierten Sichelflächen besitzen insgesamt den gleichen Inhalt wie die Quadratfläche.

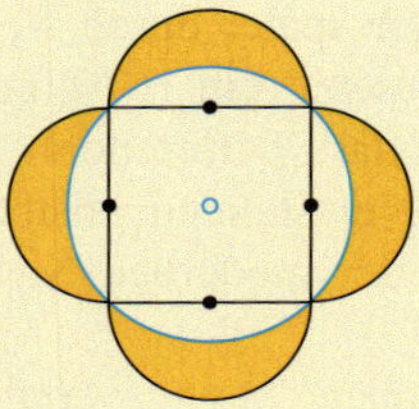

Übung 3

Über den Seiten eines gleichschenkligen und rechtwinkligen Dreiecks seien die Sicheln A_1, A_2 und A_3 gegeben.
Zeigen Sie, dass die große Sichel A_1 den gleichen Inhalt hat wie die beiden kleinen Sicheln A_2 und A_3 zusammen. Die Begrenzungsbögen der Sicheln seien auch hier jeweils Kreisbögen.

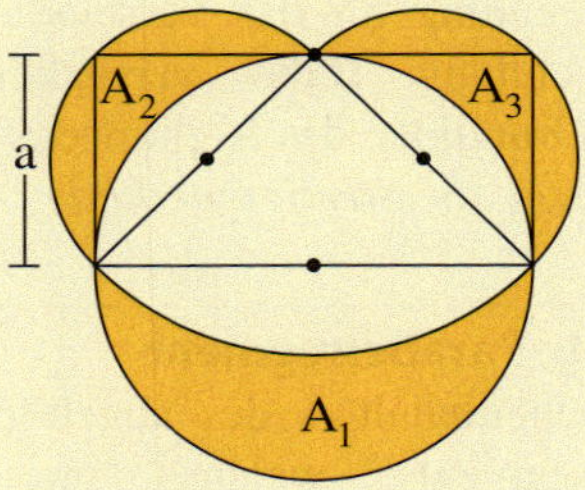

Übung 4

Durch den Thaleskreis zum rechtwinkligen Dreieck ABC und die beiden Halbkreise über den Seiten a und b werden zwei Möndchen begrenzt. Zeigen Sie, dass die beiden Möndchen zusammen den gleichen Inhalt besitzen wie das Dreieck.

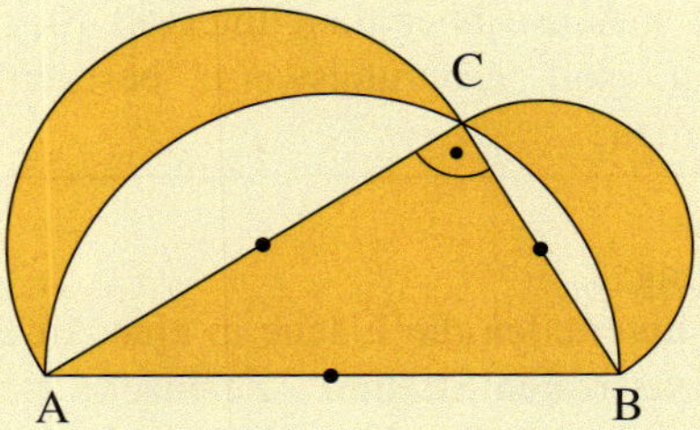

Übung 5

Der Punkt X liege irgendwo auf dem Durchmesser des blauen Halbkreises und teile diesen in a und b. Die blaue Fläche wurde von Archimedes als ***Arbelos*** bezeichnet. Zeigen Sie, dass sie den gleichen Inhalt wie ein Kreis mit dem Durchmesser c hat.

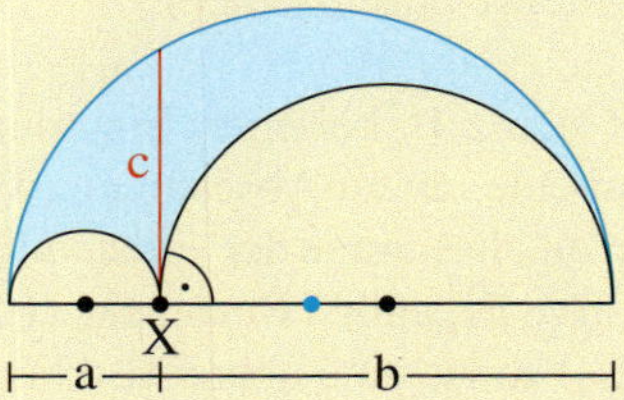

Hinweis: Die Formel $A = \pi \cdot r^2$ für die Kreisfläche darf verwendet werden. Bei der Aufgabe 5 können der Satz des Thales und der Höhensatz verwendet werden.

1. Die Streifenmethode des Archimedes

A. Die Grundidee

Der bedeutendste Mathematiker der Antike war **Archimedes von Syrakus**, der 287 v. Chr. bis 212 v. Chr. lebte. Ihm gelang die exakte Bestimmung des Flächeninhalts eines Parabelsegments. Damit war er seiner Zeit um 2000 Jahre voraus, denn erst um 1630 wurden seine Theorien durch Cavalieri sowie später durch Newton und Leibniz fortgesetzt (um 1670) und weiterentwickelt, sodass Differential- und ***Integralrechnung*** entstanden, mathematische Grundpfeiler der modernen Naturwissenschaften.
Das Flächenberechnungsverfahren des Archimedes ist auch heute noch von zentraler Bedeutung für das Verständnis der Integralrechnung. Daher versuchen wir nun, die Grundidee des Archimedes nachzuvollziehen, die ***Streifenmethode***.

Archimedes – Sohn des Astronomen Pheidias – lebte in Syrakus. Er bestimmte den Kreisumfang und die Kreiszahl Pi, berechnete Volumen und Oberfläche der Kugel, baute Brennspiegel, Wurfmaschinen und die archimedische Schraube und entdeckte die Gesetze des Hebels, des Schwerpunktes, des Auftriebes und der geneigten Ebene.
Im Zweiten Punischen Krieg wurde er von römischen Legionären getötet, die Syrakus eroberten. Seine letzten Worte sollen gelautet haben: „Noli turbare circulos meos!" (Störe meine Kreise nicht!)

Beispiel: Parabelsegment
Der Flächeninhalt A des abgebildeten Parabelsegments, welches zwischen dem Graphen der Funktion $f(x) = x^2$ und der x-Achse über dem Intervall [0; 1] liegt, soll näherungsweise bestimmt werden.

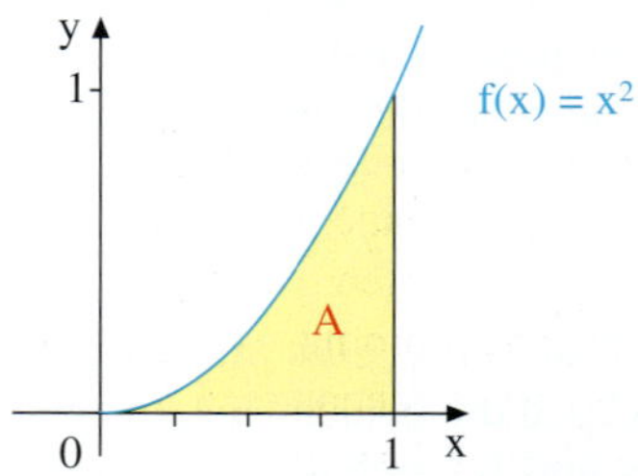

Lösung:
Wir unterteilen die Fläche in eine Anzahl von vertikalen Streifen. Die Fläche eines jeden solchen Streifens lässt sich durch zwei Rechtecke einschachteln.

So ergibt sich z. B. bei einer Einteilung in 4 Streifen eine untere Abschätzung von A durch die Inhaltssumme der vollständig unter der Kurve liegenden Rechtecke (***Untersumme*** U_4) sowie eine obere Abschätzung durch die Summe der Inhalte der über die Kurve hinausragenden Rechtecke (***Obersumme*** O_4).

Einschachtelung durch Rechteckstreifen:

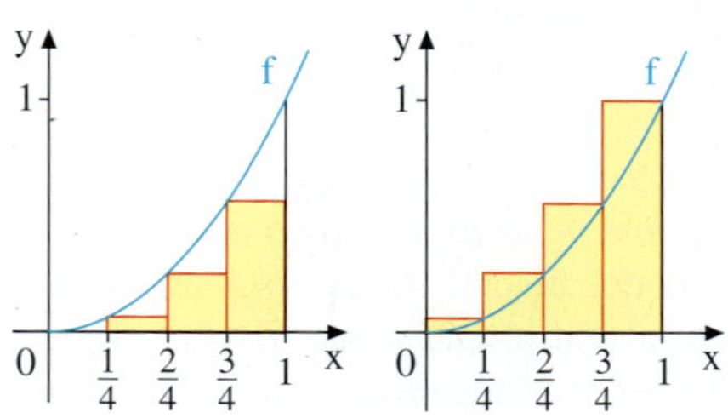

Untersumme $U_4 \leq A \leq$ Obersumme O_4

Alle Rechteckstreifen besitzen die Breite $\frac{1}{4}$, während ihre Höhen Funktionswerte der Funktion $f(x) = x^2$ an den Stellen $0, \frac{1}{4}, \frac{2}{4}, \frac{3}{4}, 1$ sind, also

$0^2, \left(\frac{1}{4}\right)^2, \left(\frac{2}{4}\right)^2, \left(\frac{3}{4}\right)^2$ und 1^2.

Damit kann man U_4 und O_4 wie rechts dargestellt berechnen und erhält eine Einschachtelung des gesuchten Flächeninhalts A, die noch nicht sehr genau ist:
$0{,}21 \le A \le 0{,}47$

$$U_4 = \frac{1}{4} \cdot \left[0^2 + \left(\tfrac{1}{4}\right)^2 + \left(\tfrac{2}{4}\right)^2 + \left(\tfrac{3}{4}\right)^2\right] = \frac{14}{64}$$

$$O_4 = \frac{1}{4} \cdot \left[\left(\tfrac{1}{4}\right)^2 + \left(\tfrac{2}{4}\right)^2 + \left(\tfrac{3}{4}\right)^2 + 1^2\right] = \frac{30}{64}$$

$$\frac{14}{64} \le A \le \frac{30}{64}$$

$$0{,}21 \le A \le 0{,}47$$

Um eine größere Genauigkeit zu erzielen, kann man die Anzahl der Streifen erhöhen. Geht man z. B. auf 8 Streifen, so erhält man die nebenstehende Figur (Untersumme U_8 kräftig gelb, Obersumme O_8 hellgelb).

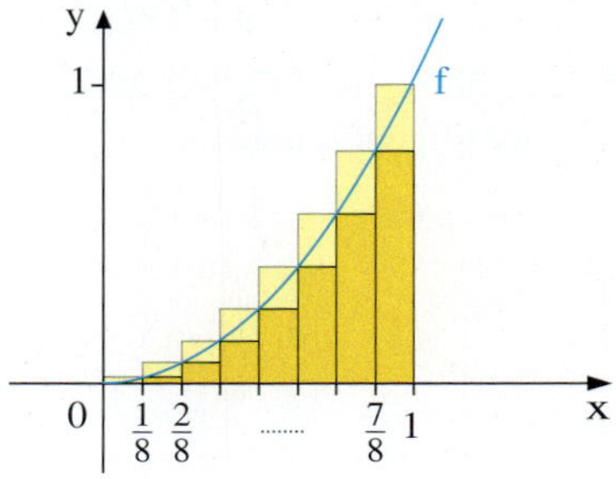

Die Berechnung der Rechtecksummen ergibt für den Flächeninhalt A die Abschätzung $0{,}27 \le A \le 0{,}40$, die genauer ist.

$$U_8 = \frac{1}{8} \cdot \left[0^2 + \left(\tfrac{1}{8}\right)^2 + \left(\tfrac{2}{8}\right)^2 + \ldots + \left(\tfrac{7}{8}\right)^2\right] = \frac{140}{512}$$

$$O_8 = \frac{1}{8} \cdot \left[\left(\tfrac{1}{8}\right)^2 + \left(\tfrac{2}{8}\right)^2 + \ldots + \left(\tfrac{7}{8}\right)^2 + 1^2\right] = \frac{204}{512}$$

$$\frac{140}{512} \le A \le \frac{204}{512}$$

$$0{,}27 \le A \le 0{,}40$$

Weitere Rechnungen mit noch kleineren Streifenbreiten führen auf die nebenstehende Tabelle, aus der auch ersichtlich ist, dass die Differenz aus Obersumme und Untersumme mit zunehmender Streifenzahl kleiner wird, sodass der gesuchte Inhalt A immer genauer approximiert wird. Bei 256 Streifen erhält man $A \approx 0{,}33$ auf 2 Nachkommastellen genau. Allerdings ist der Rechenaufwand dann schon extrem hoch, sodass ein Rechner eingesetzt werden muss.

n	U_n	O_n	$O_n - U_n$
4	0,218	0,468	0,25
8	0,273	0,398	0,125
16	0,303	0,365	0,063
32	0,318	0,349	0,031
64	0,326	0,341	0,016
128	0,329	0,337	0,008
256	0,331	0,335	0,004

$$\Rightarrow A \approx 0{,}33$$

Interessant: Das arithmetische Mittel von U_n und O_n liefert schon ab $n = 4$ einen ziemlich guten Schätzwert, nämlich 0,344.

Übung 1 Ober- und Untersumme

Zeichnen Sie, wie abgebildet, den Graphen von $f(x) = 2 - x^2$ über dem Intervall $0 \le x \le 1$ (Maßstab: 1 LE = 5 cm).

a) Zeichnen Sie die Untersumme U_5 ein.
b) Zeichnen Sie die Obersumme O_5 ein.
c) Berechnen Sie U_5 und O_5.
d) Berechnen Sie den Mittelwert von U_5 und O_5.

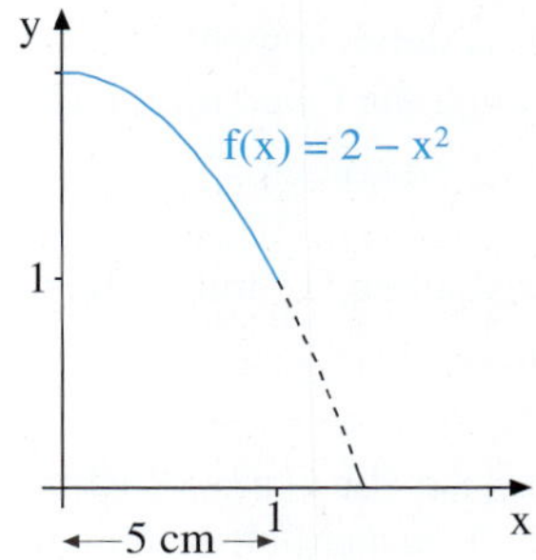

B. Die exakte Berechnung des Parabelsegmentes

Archimedes gab sich mit der näherungsweisen Berechnung des Inhalts des Parabelsegmentes nicht zufrieden. Ihm gelang die exakte Inhaltsbestimmung. Dazu teilte er das Intervall [0; 1] in n Streifen der Breite $\frac{1}{n}$.

Für diese allgemeine Unterteilung berechnete er die Untersumme U_n und die Obersumme O_n. Dies gelang ihm durch Anwendung der Formel für die Summe der ersten m Quadratzahlen: $1^2 + 2^2 + \ldots + m^2 = \frac{1}{6} \cdot m \cdot (m+1) \cdot (2m+1)$. Diese Formel war damals bereits bekannt.

Die Rechnung für U_n und O_n verläuft analog zur Berechnung von U_8 und O_8 auf der vorigen Seite und lautet folgendermaßen:

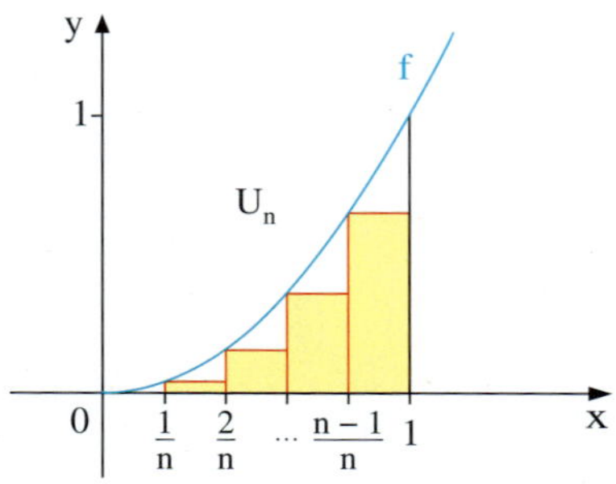

Berechnung von U_n und O_n:

$$U_n = \frac{1}{n} \cdot \left[0^2 + \left(\frac{1}{n}\right)^2 + \left(\frac{2}{n}\right)^2 + \ldots + \left(\frac{n-1}{n}\right)^2\right]$$
$$= \frac{1}{n} \cdot \left[0^2 + \frac{1^2}{n^2} + \frac{2^2}{n^2} + \ldots + \frac{(n-1)^2}{n^2}\right]$$
$$= \frac{1}{n^3} \cdot \left[0^2 + 1^2 + 2^2 + \ldots + (n-1)^2\right]$$
$$= \frac{1}{n^3} \cdot \frac{1}{6} \cdot (n-1) \cdot n \cdot (2n-1)$$
$$= \frac{1}{6} \cdot \frac{n-1}{n} \cdot \frac{n}{n} \cdot \frac{2n-1}{n}$$

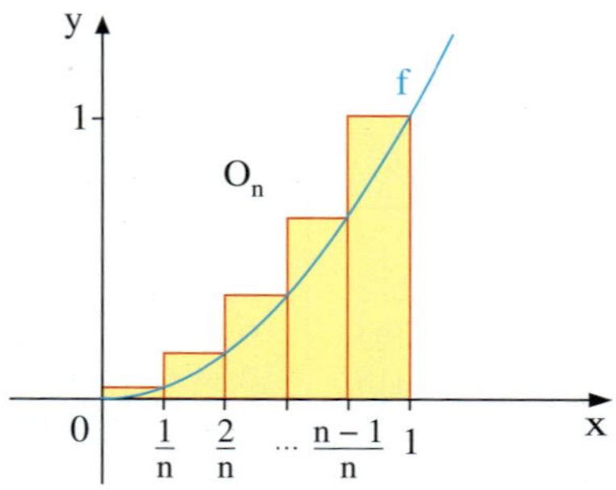

$$O_n = \frac{1}{n} \cdot \left[\left(\frac{1}{n}\right)^2 + \left(\frac{2}{n}\right)^2 + \ldots + \left(\frac{n-1}{n}\right)^2 + 1^2\right]$$
$$= \frac{1}{n^3} \cdot \left[1^2 + 2^2 + \ldots + (n-1)^2 + n^2\right]$$
$$= \frac{1}{n^3} \cdot \frac{1}{6} \cdot n \cdot (n+1) \cdot (2n+1)$$
$$= \frac{1}{6} \cdot \frac{n}{n} \cdot \frac{n+1}{n} \cdot \frac{2n+1}{n}$$

Nun ließ Archimedes in Gedanken die Anzahl der Streifen immer weiter anwachsen. Er bildete also den Grenzwert für $n \to \infty$ und stellte fest, dass dabei sowohl die Untersumme U_n als auch die Obersumme O_n auf den Grenzwert $\frac{1}{3}$ zustreben.

Da A für jedes n zwischen U_n und O_n liegt, muss $A = \frac{1}{3}$ gelten.

Damit war Archimedes die exakte Bestimmung des Inhaltes A tatsächlich gelungen.

Grenzwertbildung:

$$\lim_{n\to\infty} U_n = \lim_{n\to\infty} \left(\frac{1}{6} \cdot \frac{n-1}{n} \cdot \frac{n}{n} \cdot \frac{2n-1}{n}\right)$$
$$= \frac{1}{6} \cdot 1 \cdot 1 \cdot 2 = \frac{1}{3}$$

$$\lim_{n\to\infty} O_n = \lim_{n\to\infty} \left(\frac{1}{6} \cdot \frac{n}{n} \cdot \frac{n+1}{n} \cdot \frac{2n+1}{n}\right)$$
$$= \frac{1}{6} \cdot 1 \cdot 1 \cdot 2 = \frac{1}{3}$$

Wegen $U_n \le A \le O_n \quad (n \in \mathbb{N})$

gilt $\lim\limits_{n\to\infty} U_n \le A \le \lim\limits_{n\to\infty} O_n$.

Also: $\frac{1}{3} \le A \le \frac{1}{3}$

Ergebnis: $A = \frac{1}{3}$

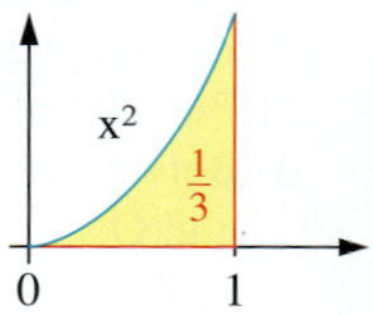

Übungen

Archimedische Streifenmethode

2. Zeichnen von Ober- und Untersummen
Gegeben ist die Funktion $f(x) = (x - 1)^3 + 1$.
a) Skizzieren Sie den Graphen von f für $0 \le x \le 2$ auf kariertem Papier (Maßstab 1 LE = 2 cm).
b) Zeichnen Sie U_4 und O_4 ein.
c) Berechnen Sie U_4 und O_4.
d) Berechnen Sie den Mittelwert von U_4 und O_4.

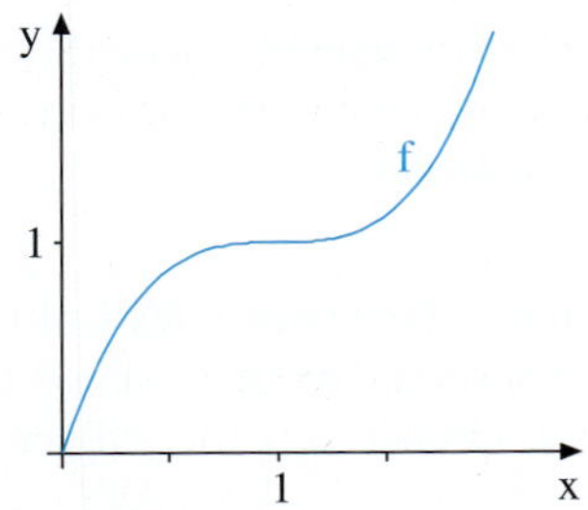

3. Unter- und Obersummen
Berechnen Sie U_4 und O_4 sowie U_8 und O_8 für die angegebene Funktion f über dem Intervall I.

a) $f(x) = x + 1$, $I = [0; 1]$
b) $f(x) = 2 - x$, $I = [0; 2]$
c) $f(x) = \frac{1}{2}x^2$, $I = [0; 1]$
d) $f(x) = x^2$, $I = [1; 2]$
e) $f(x) = 2x^2 + 1$, $I = [0; 2]$
f) $f(x) = x^4$, $I = [0; 2]$

4. Grenzwerte von Unter- und Obersummen
Berechnen Sie U_n und O_n für die Funktion f über dem Intervall I. Welcher Grenzwert ergibt sich jeweils für $n \to \infty$?

a) $f(x) = x + 1$, $I = [0; 1]$
b) $f(x) = 2 - x$, $I = [0; 2]$
c) $f(x) = x^2$, $I = [0; 10]$
d) $f(x) = 2x^2 + x$, $I = [0; 1]$

Benötigte Summenformeln: $1 + 2 + \ldots + n = \frac{n(n+1)}{2}$, $1^2 + 2^2 + \ldots + n^2 = \frac{n(n+1)(2n+1)}{6}$

5. Fläche unter $f(x) = x^3$
Gesucht ist der Inhalt A der Fläche zwischen dem Graphen von $f(x) = x^3$ und der x-Achse über dem Intervall [0; 1].
Gehen Sie analog zum archimedischen Beispiel $f(x) = x^2$ (S. 286) vor.

Benötigte Summenformel: $1^3 + 2^3 + \ldots + n^3 = \frac{n^2(n+1)^2}{4}$

6. Trapezstreifenmethode
Archimedes verwendete keine Rechteckstreifen, sondern Trapezstreifen.
a) Berechnen Sie die Trapezstreifensumme T_4 der Funktion $f(x) = x^2$ über dem Intervall [0; 1].
b) Wie groß ist die Differenz zwischen dem exakten Inhalt A and T_4?
c) Vergleichen Sie mit den Rechtecksummen U_4 und O_4.
d) Welchen Nachteil haben Trapezstreifen gegenüber Rechteckstreifen?

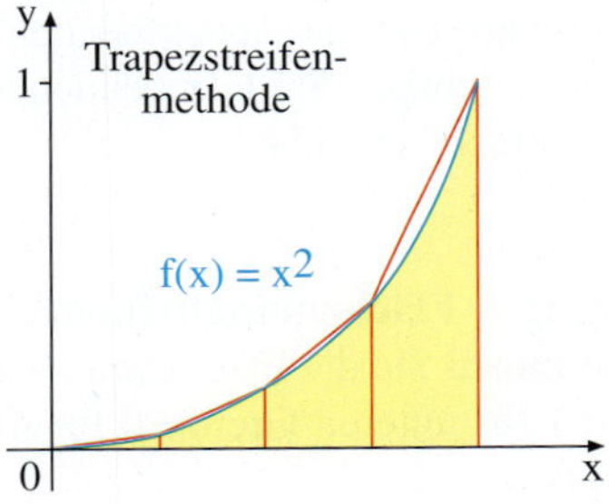

2. Die Flächeninhaltsfunktion

A. Die Flächeninhaltsfunktion einer linearen Funktion

Flächenbestimmungen mit der Streifenmethode des Archimedes sind sehr rechenaufwendig. Seit Newton und Leibniz steht uns ein einfacheres Verfahren zur Verfügung. Man verwendet ***Flächeninhaltsfunktionen***.

Beispiel: Flächeninhaltsfunktion einer linearen Funktion
Gegeben sei die reelle Funktion $f(x) = \frac{1}{3}x$. Gesucht ist eine passende Funktion A_0, die jedem $x \geq 0$ den Inhalt $A_0(x)$ derjenigen Fläche zuordnet, die über dem Intervall [0; x] zwischen dem Graphen von f und der x-Achse liegt.

Lösung:
Rechts ist der Graph der ***Randfunktion*** f als blaue Kurve dargestellt.
Die rote Fläche zwischen Graph und x-Achse, die bei 0 beginnt und an der Stelle x vertikal begrenzt endet, hat die Form eines Dreiecks $\left(\text{Grundlinie } x, \text{ Höhe } \frac{1}{3}x\right)$.
Für ihren Flächeninhalt $A_0(x)$ gilt demnach: $A_0(x) = \frac{1}{2} \cdot x \cdot \frac{1}{3}x = \frac{1}{6}x^2$.
Durch diesen Term wird also in eindeutiger Weise jeder Stelle $x \geq 0$ der Inhalt der Fläche zwischen dem Graphen von f und der x-Achse zugeordnet, wobei die Fläche an der Stelle 0 beginnt. Aus diesem Grund bezeichnet man die Funktion $A_0(x) = \frac{1}{6}x^2$ als Flächeninhaltsfunktion der Funktion $f(x) = \frac{1}{3}x$ zur unteren Grenze 0. Ihr Graph ist im unteren Bild dargestellt. Der roten Fläche aus dem oberen Bild entspricht der rot eingezeichnete Funktionswert im unteren Bild. Mit Hilfe der ***Flächeninhaltsfunktion zur unteren Grenze 0*** kann man den Inhalt der bei 0 „beginnenden“ und an einer beliebigen Stelle x „endenden“ Fläche einfach berechnen.

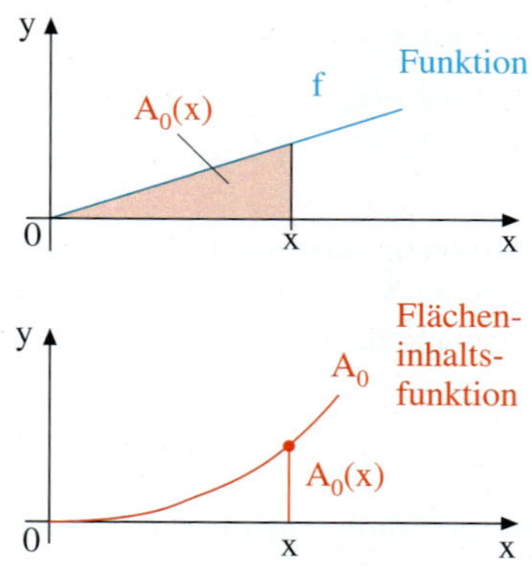

Flächeninhaltsfunktion der Funktion

$f(x) = \frac{1}{3}x$ *zur unteren Grenze 0:*

$$A_0(x) = \frac{1}{6}x^2$$

Anwendungsbeispiel:
Berechnung des Inhalts der Fläche unter $f(x) = \frac{1}{3}x$ über dem Intervall [0; 3]:

$$A_0(3) = \frac{1}{6} \cdot 3^2 = 1{,}5$$

Übung 1 Flächeninhaltsfunktionen
Bestimmen Sie die Flächeninhaltsfunktion $A_0(x)$ zur unteren Grenze 0 für die Funktion f.
a) $f(x) = x$ b) $f(x) = 2$ c) $f(x) = x + 2$

Übung 2 Flächeninhaltsfunktionen
Gegeben sei die Funktion $f(x) = 2x + 3$. Zeigen Sie, dass die folgende Funktion $A_0(x) = x^2 + 3x$ die Flächeninhaltsfunktion von f zur unteren Grenze 0 ist.

B. Die Flächeninhaltsfunktion der Normalparabel

Die Bestimmung der Flächeninhaltsfunktion zu einer gegebenen linearen Randfunktion war einfach, weil die auftretenden Flächen Rechtecks- oder Dreiecksform besaßen.
Bei krummlinig begrenzten Flächen, z. B. unter einer Parabel, ist es zunächst nicht ganz so einfach. Hier müssen wir die Streifenmethode des Archimedes anwenden.

Beispiel: Flächeninhaltsfunktion der Normalparabel
Gegeben sei die reelle Funktion $f(x) = x^2$. Gesucht ist A_0, die Flächeninhaltsfunktion von f zur unteren Grenze 0.

Lösung:
Wir teilen das Intervall [0; x] in n Streifen der Breite $\frac{x}{n}$ und berechnen die zugehörige Untersumme und Obersumme in Analogie zur Rechnung für das Intervall [0; 1] auf Seite 14. Für die Obersumme ergibt sich, wie rechts ausgeführt, der Term $O_n = \frac{x^3}{6} \cdot \frac{n}{n} \cdot \frac{n+1}{n} \cdot \frac{2n+1}{n}$.
Dabei musste die Formel für die Summe der ersten n Quadratzahlen angewendet werden. Diese lautet:
$1^2 + 2^2 + \ldots + n^2 = \frac{n(n+1)(2n+1)}{6}$.
Für $n \to \infty$ (beliebige Verfeinerung der Streifen) strebt die Obersumme (und die Untersumme) gegen den Inhalt der Fläche zwischen Kurve und x-Achse über dem Intervall [0; x], also gegen $A_0(x)$. Die Grenzwertrechnung ergibt hier $\lim\limits_{n \to \infty} O_n = \frac{1}{3}x^3$.
Daher ist $A_0(x) = \frac{1}{3}x^3$ die gesuchte Flächeninhaltsfunktion.

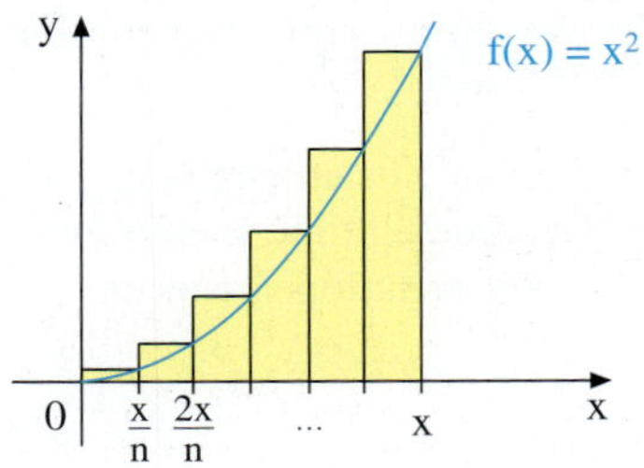

$$O_n = \frac{x}{n} \cdot \left[\left(\frac{x}{n}\right)^2 + \left(2\frac{x}{n}\right)^2 + \left(3\frac{x}{n}\right)^2 + \ldots + \left(n\frac{x}{n}\right)^2\right]$$
$$= \frac{x}{n} \cdot \frac{x^2}{n^2} \cdot (1^2 + 2^2 + \ldots + n^2)$$
$$= \frac{x^3}{n^3} \cdot \frac{n(n+1)(2n+1)}{6} = \frac{x^3}{6} \cdot \frac{n}{n} \cdot \frac{n+1}{n} \cdot \frac{2n+1}{n}$$

$$A_0(x) = \lim_{n \to \infty} O_n$$
$$= \lim_{n \to \infty} \left(\frac{x^3}{6} \cdot \frac{n}{n} \cdot \frac{n+1}{n} \cdot \frac{2n+1}{n}\right)$$
$$= \frac{x^3}{6} \cdot 1 \cdot 1 \cdot 2 = \frac{1}{3}x^3$$

Das Beispiel zeigt, wie günstig es ist, die Flächeninhaltsfunktion $A_0(x)$ zu kennen. Denn wir können nun durch Einsetzen eines einzigen Funktionswertes den Inhalt jeder Fläche zwischen der Kurve und der x-Achse unter der Parabel $f(x) = x^2$, die bei 0 beginnt, berechnen. Zum Beispiel ist der Inhalt der Fläche über dem Intervall [0; 1] gleich $A_0(1) = \frac{1}{3} \cdot 1^3 = \frac{1}{3}$, während die Fläche über dem Intervall [0; 3] den Inhalt $A_0(3) = \frac{1}{3} \cdot 3^3 = 9$ besitzt.

Übung 3 Bestimmung einer Flächeninhaltsfunktion

a) Gesucht ist die Flächeninhaltsfunktion $A_0(x)$ zur unteren Grenze 0 für die quadratische Randfunktion $f(x) = \frac{1}{3}x^2$.

b) Wie groß sind die Inhalte der Flächen zwischen dem Graphen von f aus a) und der x-Achse über den Intervallen [0; 1] und [0; 2]?

c) Wie groß ist der Inhalt der Fläche zwischen dem Graphen von f und der x-Achse über dem Intervall [1; 2]?

C. Vereinfachte Bestimmung von Flächeninhaltsfunktionen

Stellen wir einige der in den vorhergehenden Beispielen und Übungen betrachteten Funktionen f mit ihren Flächeninhaltsfunktionen A_0 in einer Tabelle zusammen, so ist ein sehr einfacher Zusammenhang zu erkennen:

Randfunktion f	Flächeninhaltsfunktion A_0
$f(x) = \frac{1}{3}x$	$A_0(x) = \frac{1}{6}x^2$
$f(x) = x$	$A_0(x) = \frac{1}{2}x^2$
$f(x) = 2$	$A_0(x) = 2x$
$f(x) = x + 2$	$A_0(x) = \frac{1}{2}x^2 + 2x$
$f(x) = x^2$	$A_0(x) = \frac{1}{3}x^3$

Differenziert man die Flächeninhaltsfunktion A_0 von f, so erhält man als Resultat die Randfunktion f.
Man kann beweisen, dass dies stets der Fall ist. Wir werden dies im Abschnitt D nachholen.

Der gefundene Zusammenhang zwischen A_0 und f vereinfacht die Bestimmung von Flächeninhaltsfunktionen enorm.

$$A_0'(x) = f(x)$$

Beispiel: Flächeninhaltsfunktion von $f(x) = x^3$

Bestimmen Sie die Flächeninhaltsfunktion zur unteren Grenze 0 von $f(x) = x^3$ und berechnen Sie anschließend den Inhalt der Fläche zwischen dem Graphen von f und der x-Achse über dem Intervall [0; 2].

Lösung:
Wegen des oben registrierten Zusammenhangs suchen wir also eine Funktion A_0, deren Ableitung die gegebene Funktion $f(x) = x^3$ ist.
Mit etwas Überlegung erkennt man, dass $A_0(x) = \frac{1}{4}x^4 + C$ gelten muss, wobei C eine Konstante ist. Da die Flächenzählung an der unteren Grenze 0 beginnen soll, muss $A_0(0) = 0$ gelten, woraus $C = 0$ folgt.
Resultat: $A_0(x) = \frac{1}{4}x^4$ ist die Gleichung der gesuchten Flächeninhaltsfunktion von $f(x) = x^3$ zur unteren Grenze 0.
Die Fläche über dem Intervall [0; 2] hat folglich den Inhalt $A_0(2) = 4$.

1. Flächeninhaltsfunktion

$f(x) = x^3$

$A_0'(x) = x^3$

$A_0(x) = \frac{1}{4}x^4 + C$

Bedingung: $A_0(0) = 0 \Rightarrow C = 0$

Resultat: $A_0(x) = \frac{1}{4}x^4$

2. Inhalt der Fläche über [0; 2]

$A_0(2) = \frac{1}{4}2^4 = 4$

Übung 4 Flächeninhaltsfunktion zur unteren Grenze 0

Bestimmen Sie die Flächeninhaltsfunktion von f zur unteren Grenze 0.

a) $f(x) = x + 1$ b) $f(x) = x^2 + 2x + 3$ c) $f(x) = 2x^3 + 4x + 1$ d) $f(x) = ax^2,\ a > 0$

D. Exkurs: Beweis des Hauptsatzes über Flächeninhaltsfunktionen

Wir werden nun den auf der vorhergehenden Seite gefundenen Zusammenhang zwischen einer Funktion f und ihrer Flächeninhaltsfunktion A_0 zur unteren Grenze 0 beweisen.

Satz VII.1: Hauptsatz über Flächeninhaltsfunktionen
f sei eine nicht negative, stetige (durchzeichenbare) Funktion. A_0 sei die Flächeninhaltsfunktion von f zur unteren Grenze 0. Dann gilt:

(I) $A_0'(x) = f(x)$ (II) $A_0(0) = 0$

Beweis:*
Wir berechnen $A_0'(x)$ mit Hilfe des Differentialquotienten:

$$A_0'(x) = \lim_{h \to 0} \frac{A_0(x+h) - A_0(x)}{h}$$

Der Term $A_0(x+h) - A_0(x)$ stellt anschaulich gesehen den Inhalt der gelben Fläche unter f über dem Intervall [x; x + h] dar.

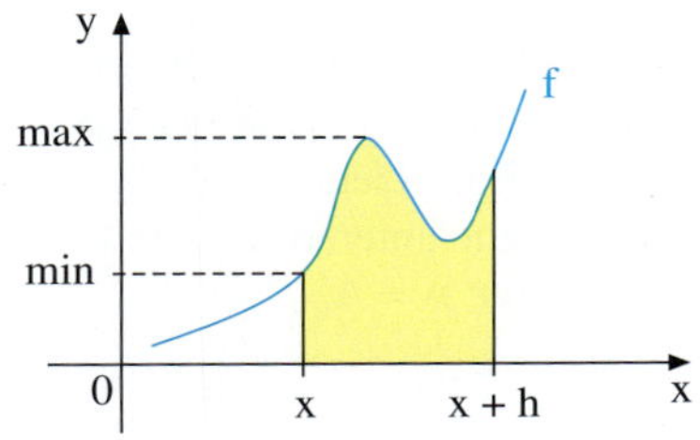

Eine stetige Funktion besitzt über einem abgeschlossenen Intervall, also auch über [x; x + h], stets ein absolutes Minimum *min* sowie ein absolutes Maximum *max*.

Die gelbe Fläche lässt sich daher durch zwei rechteckige archimedische Streifen der Breite h und der Höhe *min* bzw. *max* einschachteln, sodass sich für den Zählerterm $A_0(x+h) - A_0(x)$ die Einschachtelung (1) ergibt.

Division durch h liefert daraus eine entsprechende Einschachtelung (2) für den gesamten Differenzenquotienten.

Führen wir nun den Übergang $h \to 0$ durch, so strebt der in der Mitte stehende Differenzenquotient gegen $A_0'(x)$, während die beiden archimedischen Streifen immer dünner werden. Dabei nähern sich ihre Höhen *min* und *max* immer stärker an und fallen schließlich zu einem terminalen Strich der Höhe f(x) zusammen, sodass sich (3) ergibt, woraus dann sofort der Zusammenhang $A_0'(x) = f(x)$ folgt.

Einschachtelung durch Streifen:

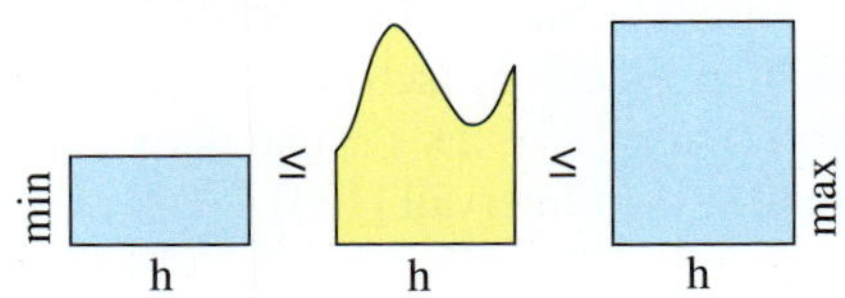

(1) $h \cdot min \le A_0(x+h) - A_0(x) \le h \cdot max$

Division durch h > 0:

(2) $min \le \frac{A_0(x+h) - A_0(x)}{h} \le max$

Grenzübergang h → 0:

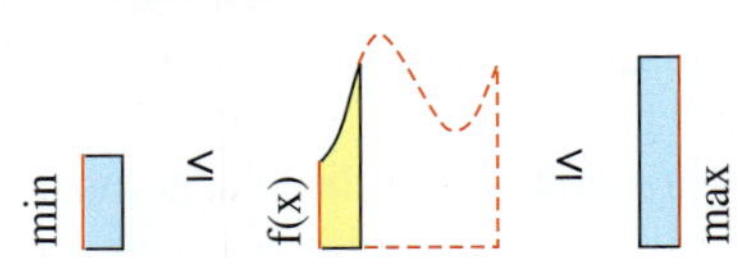

(2) $min \le \frac{A_0(x+h) - A_0(x)}{h} \le max$

$\downarrow \quad \downarrow \quad \downarrow$

(3) $f(x) \le \quad A_0'(x) \quad \le f(x)$

Folgerung: $A_0'(x) = f(x)$

* Die Betrachtung erfolgt für h > 0. Der Fall h < 0 verläuft analog.
Aussage (II) ist klar, da die Fläche $A_0(x)$ bei x = 0 beginnt, sodass $A_0(0) = 0$ gilt.

E. Einfache Flächenberechnungen

Die folgenden Beispiele sollen als erste Musteraufgaben für die Bestimmung von Flächeninhalten mit Hilfe der Flächeninhaltsfunktion dienen.

Beispiel: Fläche über [0; a]
Gesucht ist der Inhalt A der rechts abgebildeten Fläche unter dem Graphen von $f(x) = \frac{1}{2}x^2 + 1$ über dem Intervall [0; 2].

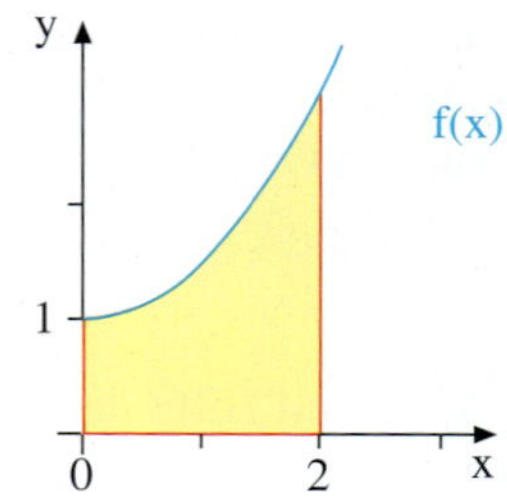

$A_0(x) = \frac{1}{6}x^3 + x$

$A = A_0(2) = 3\frac{1}{3}$

Lösung:
Es handelt sich hier um den Standardaufgabentyp, bei dem die Fläche bei x = 0 beginnt. Durch Einsetzen in die Flächeninhaltsfunktion zur unteren Grenze 0 ergibt sich als Resultat: $A = A_0(2) = 3\frac{1}{3}$.

Beispiel: Fläche über [a; b]
Bestimmen Sie den Inhalt A der dargestellten Fläche zwischen dem Graphen von $f(x) = \frac{1}{2}x^2 - 2x + 3$ und der x-Achse über dem Intervall [1; 3].

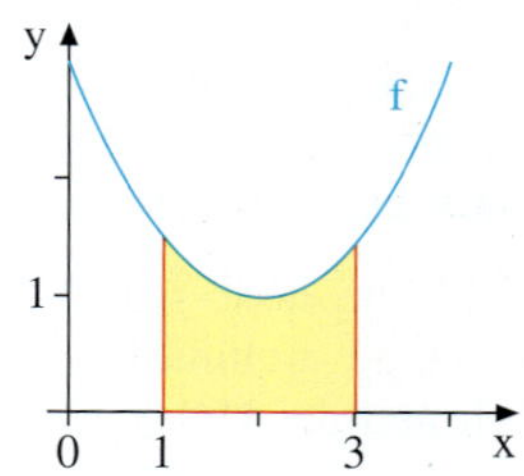

$f(x) = \frac{1}{2}x^2 - 2x + 3$

$A_0(x) = \frac{1}{6}x^3 - x^2 + 3x$

Lösung:
Die Gleichung der Flächeninhaltsfunktion lautet hier $A_0(x) = \frac{1}{6}x^3 - x^2 + 3x$.
Die Fläche beginnt leider nicht bei 0, sodass zunächst die Flächeninhaltsfunktion A_0 zur unteren Grenze 0 nicht verwendet werden kann.

Allerdings hilft uns hier ein kleiner Trick weiter:
Wir können nämlich die Fläche über dem Intervall [1; 3] als Differenz zweier Flächen auffassen, die beide bei der unteren Grenze 0 beginnen, und zwar als Differenz der Fläche über dem Intervall [0; 3] und der Fläche über dem Intervall [0; 1].

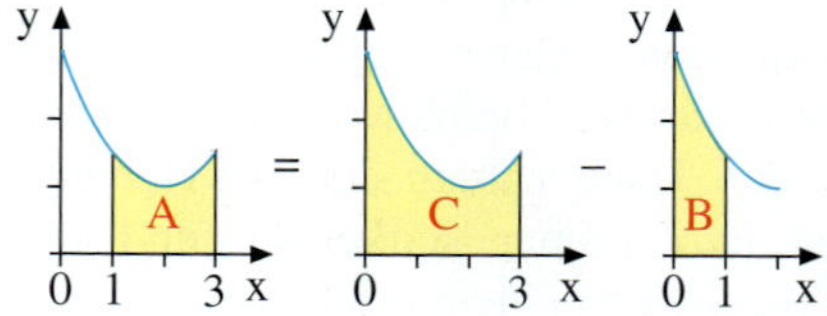

Deren Flächeninhalte C und B können mithilfe von A_0 bestimmt werden.

$C = A_0(3) = \frac{27}{6}$

$B = A_0(1) = \frac{13}{6}$

$A = C - B = \frac{14}{6} = 2\frac{1}{3}$

$A = C - B = A_0(3) - A_0(1) = 2\frac{1}{3}$

Übungen

5. Flächeninhaltsfunktion einer Geraden

a) Wie lautet die Gleichung der Geraden f?

b) Wie lautet die Gleichung der Flächeninhaltsfunktion A_0 der Funktion f zur unteren Grenze 0?

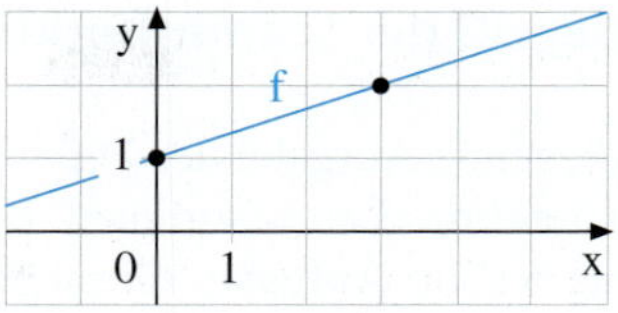

6. Nachweis für Flächeninhaltsfunktionen

Wenn $A_0'(x) = f(x)$ gilt sowie $A_0(0) = 0$, dann ist A_0 Flächeninhaltsfunktion von f zur unteren Grenze 0. Weisen Sie auf diese Weise für die folgenden Fälle nach, dass A_0 Flächeninhaltsfunktion von f ist.

a) $f(x) = 3$; $A_0(x) = 3x$

b) $f(x) = 3x$; $A_0(x) = \frac{3}{2}x^2$

c) $f(x) = 2x + 2$; $A_0(x) = x^2 + 2x$

d) $f(x) = 4x^3 + x$; $A_0(x) = x^4 + \frac{1}{2}x^2$

7. Bestimmung der Flächeninhaltsfunktion

Bestimmen Sie die Flächeninhaltsfunktion von f zur unteren Grenze 0.

a) $f(x) = 4$

b) $f(x) = x$

c) $f(x) = 3x + 1$

d) $f(x) = 3x^2$

e) $f(x) = \frac{1}{2}x^2$

f) $f(x) = x^3 + 2x$

8. Flächenberechnungen

Gesucht ist der Inhalt der markierten Fläche A. Bestimmen Sie zunächst eine Flächeninhaltsfunktion von f zur unteren Grenze 0.

a) 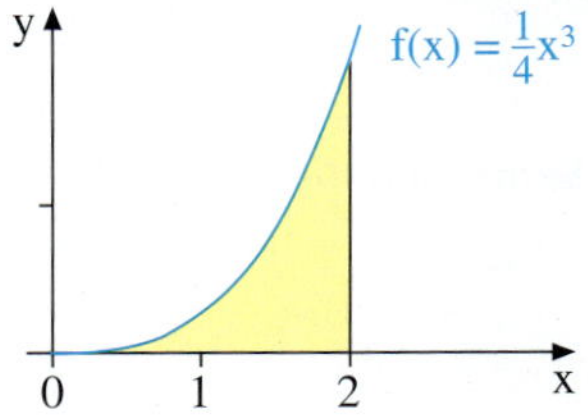

b) 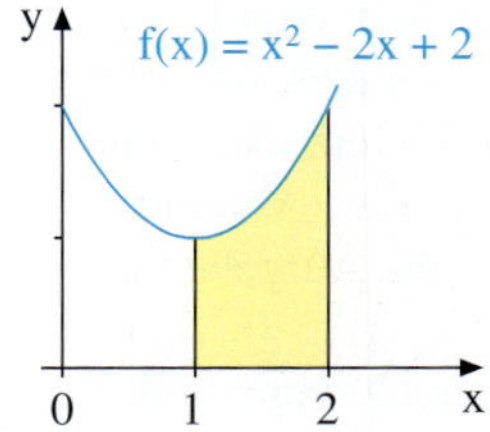

9. Fläche zwischen Kurve und x-Achse

Gesucht ist der Inhalt der Fläche zwischen dem Graphen von f und der x-Achse über dem Intervall I. Fertigen Sie eine Skizze an.

a) $f(x) = x + 3$, $I = [0; 4]$

b) $f(x) = 2x^2 + 1$, $I = [1; 2]$

c) $f(x) = (2 - x)^2$, $I = [1; 3]$

10. Bushaltestelle

Der Rand des Daches hat die Form einer quadratischen Parabel. Es gilt: $f(x) = ax^2 + bx + c$.

Ermitteln Sie zunächst die Koeffizienten des Dachprofils. Bestimmen Sie dann das Volumen des Häuschens.

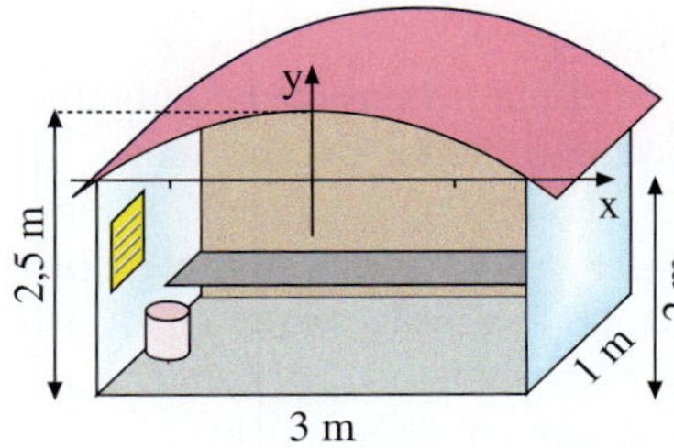

3. Stammfunktion und unbestimmtes Integral

A. Der Begriff der Stammfunktion und des unbestimmten Integrals

Eine grundlegende Aufgabe der Differentialrechnung ist es, zu einer gegebenen Funktion f die Ableitungsfunktion f′ zu bestimmen. Beim Aufsuchen von Flächeninhaltsfunktionen stellte sich uns die umgekehrte Aufgabe: Gegeben ist eine Funktion f. Gesucht ist diejenige Funktion F, deren Ableitung die gegebene Funktion f ist. Die ***Integralrechnung*** beschäftigt sich mit dieser Fragestellung.

Beispiel: Stammfunktion
An der Tafel steht das Ergebnis einer Differentiation. Leider ist die Ausgangsfunktion F, die differenziert wurde, schon abgewischt. Kann man sie rekonstruieren?

Lösung:
Die gegebene Funktion $f(x) = 2x^2 + 1$ ist hier das Ergebnis eines Differentiationsprozesses. Gesucht ist eine sogenannte ***Stammfunktion*** F von f, für die gilt:
$F'(x) = f(x)$.
Da beim Differenzieren einer Potenz der Grad um 1 sinkt, vermuten wir, dass F eine Polynomfunktion dritten Grades ist. Wir finden nach kurzem Probieren, dass die Funktion $F(x) = \frac{2}{3}x^3 + x$ die Ableitung $f(x) = 2x^2 + 1$ hat, womit die Aufgabe fast gelöst wäre.
Wir können allerdings noch eine beliebige reelle Konstante C hinzuaddieren, da eine solche beim Differenzieren wegfällt. Die Menge alle Stammfunktionen von $f(x) = 2x^2 + 1$ ist daher die Funktionenschar $F(x) = \frac{2}{3}x^3 + x + C, C \in \mathbb{R}$.
Diese Menge aller Stammfunktionen von f wird auch als ***unbestimmtes Integral von f*** bezeichnet.
Hierfür wird die nebenstehend aufgeführte symbolische Schreibweise unter Verwendung des Integralzeichens $\int$ eingeführt. Das Adjektiv „unbestimmt" drückt aus, dass das Ergebnis wegen des Auftretens einer Konstanten C, der sogenannten ***Integrationskonstanten***, nicht eindeutig bestimmt ist.

Gegebene Funktion f:

$f(x) = 2x^2 + 1$

Eine Stammfunktion F von f:

$F(x) = \frac{2}{3}x^3 + x$

Weitere Stammfunktionen von f:

$F(x) = \frac{2}{3}x^3 + x + 1$

$F(x) = \frac{2}{3}x^3 + x - 2{,}5$

⋮

Menge aller Stammfunktionen von f:

$F(x) = \frac{2}{3}x^3 + x + C, C \in \mathbb{R}$

Integralschreibweise:

$$\int (2x^2 + 1)\,dx = \frac{2}{3}x^3 + x + C$$

unbestimmtes Integral — Integrationskonstante (↑ C)

Definition VII.1: Stammfunktion
Jede differenzierbare Funktion F, für die $F'(x) = f(x)$ gilt, wird als ***Stammfunktion von f*** bezeichnet.

Definition VII.2: Unbestimmtes Integral
Die Menge aller Stammfunktionen einer Funktion f heißt ***unbestimmtes Integral*** von f.
Symbolische Schreibweise: $\int f(x)\,dx$

Stammfunktion F

↑ integrieren

Funktion f

↓ differenzieren

Ableitung f′

Den Vorgang des Bestimmens einer Stammfunktion bezeichnet man als Integrieren. Es handelt sich technisch um die Umkehrung des Differenzierens.

Im folgenden Beispiel werden Potenzregel, Summenregel und Faktorregel der Differentialrechnung in umgekehrter Richtung angewandt.

Beispiel: Unbestimmtes Integral
Bestimmen Sie die Menge aller Stammfunktionen von f.

a) $f(x) = x^5$ b) $f(x) = 2x^3$ c) $f(x) = 3x^4 - 6x + 8$ d) $f(x) = \frac{1}{x^3}$

Lösung:

a) Beim Differenzieren einer Potenz *verringert* sich der Exponent um 1. Außerdem muss man mit dem *alten* Exponenten *multiplizieren*.
Beim Integrieren einer Potenz ist es daher genau umgekehrt. Der Exponent *erhöht* sich um 1, und man muss durch den *neuen* Exponenten *dividieren*.

$f(x) = x^5$ hat also die Stammfunktion $F(x) = \frac{1}{6}x^6$. Dazu können wir noch eine Konstante C addieren: $F(x) = \frac{1}{6}x^6 + C$.

$$\int x^5\,dx = \frac{1}{6}x^6 + C$$

b) Analog zu a) erhalten wir für die Menge aller Stammfunktionen von f: $F(x) = \frac{1}{2}x^4 + C$.

$$\int 2x^3\,dx = \frac{1}{2}x^4 + C$$

c) Hier kehren wir die Summenregel der Differentiation um und erhalten dann $F(x) = \frac{3}{5}x^5 - 3x^2 + 8x + C$.

$$\int (3x^4 - 6x + 8)\,dx = \frac{3}{5}x^5 - 3x^2 + 8x + C$$

d) $f(x) = \frac{1}{x^3} = x^{-3}$ hat die Stammfunktion $F(x) = \frac{x^{-2}}{-2} + C = -\frac{1}{2x^2} + C$.

$$\int \frac{1}{x^3}\,dx = -\frac{1}{2x^2} + C$$

Integrationsregeln mit Beweisen

Im vorigen Beispiel gewannen wir Stammfunktionen von Potenzfunktionen, indem wir die ***Potenzregel der Differentialrechnung*** umgekehrt angewandt haben.

Diese Umkehrregel bezeichnet man dann als ***Potenzregel der Integralrechnung***.

Potenzregel der Differentialrechnung

$(x^r)' = r \cdot x^{r-1} \qquad (r \neq 0)$

$\Downarrow$

Potenzregel der Integralrechnung

$\int x^r\,dx = \frac{x^{r+1}}{r+1} + C \quad (r \neq -1)$

Auf analoge Weise kann man weitere Ableitungsregeln der Differentialrechnung umkehren. So führt z. B. die lineare Kettenregel der Differentialrechnung zur rechts aufgeführten ***linearen Kettenregel der Integralrechnung***.

Diese Regel beweist man, indem man zeigt, dass die Ableitung des Terms auf der rechten Seite mit dem Integranden identisch ist:

$\left[\frac{1}{a} \cdot F(ax+b)\right]' = \frac{1}{a} \cdot F'(ax+b) \cdot a = f(ax+b)$

Lineare Kettenregel der Differentialrechnung

$[f(ax+b)]' = a \cdot f'(ax+b)$

$\Downarrow$

Lineare Kettenregel der Integralrechnung

$\int f(ax+b)\,dx = \frac{1}{a} \cdot F(ax+b) + C$

Auf der folgenden Seite sind die wichtigsten Ableitungsregeln der Differentialrechnung und die zugehörigen Integrationsregeln tabellarisch aufgeführt. Hier folgen dazu weitere Beweise:

Summenregel der Integralrechnung mit Beweis:

Summenregel: $\int (f(x) + g(x))\,dx = \int f(x)\,dx + \int g(x)\,dx = F(x) + G(x) + C$

Beweis: $(F(x) + G(x) + C)' = F'(x) + G'(x) = f(x) + g(x)$

Sinusregel der Integralrechnung mit Beweis:

Sinusregel: $\int \sin x\,dx = -\cos x + C$

Beweis: $(-\cos x + C)' = -(-\sin x) + 0 = \sin x$

Übung 1 Beweis von Integrationsregeln

Formulieren und beweisen Sie wie oben die folgenden Integrationsregeln.

a) Faktorregel der Integralrechnung
b) Exponentialregel der Integralrechnung
c) Kosinusregel der Integralrechnung
d) Wurzelregel der Integralrechnung

B. Rechenregeln für unbestimmte Integrale

Aus einigen Differentiationsregeln kann man durch sinngemäße Umkehrung Integrationsregeln gewinnen. Wir führen im Folgenden einige Beispiele in einer Gegenüberstellung auf.

Regeln der Differentialrechnung	Regeln der Integralrechnung
Potenzregel $(x^r)' = r \cdot x^{r-1} \quad (r \in \mathbb{R}, r \neq 0)$	**Potenzregel** $\int x^r dx = \frac{x^{r+1}}{r+1} + C \quad (r \in \mathbb{R}, r \neq -1)$
Summenregel Summen werden gliedweise differenziert: $(f(x) + g(x))' = f'(x) + g'(x)$	**Summenregel** Summen werden gliedweise integriert: $\int (f(x) + g(x))dx = \int f(x)dx + \int g(x)dx$ $= F(x) + G(x) + C$
Faktorregel Ein konstanter Faktor bleibt erhalten: $(a \cdot f(x))' = a \cdot f'(x) \quad (a \in \mathbb{R})$	**Faktorregel** Ein konstanter Faktor bleibt erhalten: $\int a \cdot f(x)dx = a \cdot \int f(x)dx \quad (a \in \mathbb{R})$ $= a \cdot F(x) + C$
Lineare Kettenregel Für a, b $\in \mathbb{R}$ gilt: $(f(ax + b))' = f'(ax + b) \cdot a$	**Lineare Kettenregel*** Für a, b $\in \mathbb{R}$, $a \neq 0$ gilt: $\int f(ax + b)dx = \frac{1}{a} \cdot F(ax + b) + C$
Exponentialregel $(e^x)' = e^x$	**Exponentialregel** $\int e^x dx = e^x + C$
Sinusregel und Kosinusregel $(\sin x)' = \cos x; \quad (\cos x)' = -\sin x$	**Sinusregel und Kosinusregel** $\int \sin x\, dx = -\cos x + C; \quad \int \cos x\, dx = \sin x + C$
Logarithmusregel $(\ln x)' = \frac{1}{x}, \quad x > 0$	**Logarithmische Integration** $\int \frac{1}{x} dx = \ln\lvert x \rvert + C, \quad x \neq 0$

Oft werden diese Regeln auch in Kombination angewandt, vor allem mit der Kettenregel.

Beispiel: Kombination von Exponentialregel und linearer Kettenregel
Differentiationsregel: $(e^{ax+b})' = a \cdot e^{ax+b}$ ⇒ Integrationsregel: $\int e^{ax+b} dx = \frac{1}{a} e^{ax+b} + C$

* Die lineare Kettenregel der Integralrechnung wird auch als lineare Substitutionsregel der Integralrechnung bezeichnet.

Anwendung der Integrationsregeln

Wir wenden nun die Integrationsregeln an, um Stammfunktionen gegebener Funktionen zu berechnen.

Beispiel: Anwendung der Integrationsregeln

Berechnen Sie die folgenden unbestimmten Integrale.

a) $\int \left(4x + \frac{1}{x^2}\right) dx$ b) $\int (5x+1)^2\, dx$ c) $\int e^{-x}\, dx$

d) $\int 4e^{2x+1}\, dx$ e) $\int \sin(2x)\, dx$ f) $\int (1 - 2\cos x)\, dx$

Lösung:

a) $\int \left(4x + \frac{1}{x^2}\right) dx \underset{\text{Summenregel}}{=} \int 4x\, dx + \int x^{-2}\, dx \underset{\text{Faktorregel}}{=} 4 \cdot \int x\, dx + \int x^{-2}\, dx$

$\underset{\text{Potenzregel}}{=} 4 \cdot \frac{x^2}{2} + \frac{x^{-1}}{-1} + C = 2x^2 - \frac{1}{x} + C$

b) $\int (5x+1)^2\, dx \underset{\text{lin. Kettenregel}}{=} \frac{1}{5} \cdot \frac{(5x+1)^3}{3} + C = \frac{1}{15} \cdot (5x+1)^3 + C$

c) $\int e^{-x}\, dx \underset{\text{lin. Kettenregel}}{=} -e^{-x} + C$

d) $\int 4e^{2x+1}\, dx \underset{\text{Faktorregel}}{=} 4 \cdot \int e^{2x+1}\, dx \underset{\text{lin. Kettenregel}}{=} 4 \cdot \frac{1}{2} e^{2x+1} + C = 2e^{2x+1} + C$

e) $\int \sin(2x)\, dx \underset{\text{lin. Kettenregel}}{=} -\frac{1}{2}\cos(2x) + C$

f) $\int (1 - 2\cos x)\, dx \underset{\substack{\text{Summenregel}\\ \text{Faktorregel}}}{=} \int 1\, dx - 2 \cdot \int \cos x\, dx \underset{\substack{\text{Potenzregel}\\ \text{Kosinusregel}}}{=} x - 2\sin x + C$

Übung 2 Anwendung der Integrationsregeln

Berechnen Sie die unbestimmten Integrale unter Angabe der verwendeten Regeln.

a) $\int 2e^{3-2x}\, dx$ b) $\int 3 \cdot \sin(3x)\, dx$ c) $\int \left(2e^{2x} - \frac{4}{x^2}\right) dx$

d) $\int \frac{1}{(2x+1)^2}\, dx$ e) $\int (4x+5)^3\, dx$ f) $\int e^{ax+b}\, dx$

Knobelaufgabe II

In einer Familie hat jeder Junge genauso viele Schwestern wie Brüder, aber jedes Mädchen hat nur halb so viele Schwestern wie Brüder.
Wie viele Mädchen bzw. Jungen hat die Familie?

Übungen

2. Berechnung einer Stammfunktion

Berechnen Sie jeweils <u>eine</u> Stammfunktion F von f.

a) $f(x) = 3x^2 + 6$ b) $f(x) = \frac{6}{x^2}$ c) $f(x) = 4e^{-x}$ d) $f(x) = -2\cos x$

e) $f(x) = \sin(-x)$ f) $f(x) = e^{\frac{1}{2}x}$ g) $f(x) = 4x^{-3}$ h) $f(x) = e^{-kx}$

3. Berechnung unbestimmter Integrale

a) $\int x^6\,dx$ b) $\int 6x^2\,dx$ c) $\int n \cdot x^{2n-1}\,dx$ d) $\int (4x^2 + 2x)\,dx$

e) $\int (2x^3 - 4x + 1)\,dx$ f) $\int (ax^2 + 6x)\,dx$ g) $\int 3x^{-2}\,dx$ h) $\int \left(2x + \frac{1}{x}\right) \cdot x\,dx$

i) $\int \left(x + \frac{3}{x^2}\right)dx$ j) $\int e^x \cdot e^{x+2}\,dx$ k) $\int \frac{4}{e^x}\,dx$ l) $\int (\sin x + 2\cos x)\,dx$

4. Berechnung unbestimmter Integrale

Verwenden Sie die lineare Kettenregel (lineare Substitutionsregel) der Integralrechnung zur Bestimmung folgender Integrale.

a) $\int (2x + 1)^2\,dx$ b) $\int 6e^{2x+4}\,dx$ c) $\int \frac{1}{(3x+2)^2}\,dx$ d) $\int (2 - \cos(\pi x))\,dx$

5. Funktion und Stammfunktion

Ordnen Sie jeder Funktion f eine passende Stammfunktion F zu.

f:
- I $8x^3 - 3$
- II $2x - 4$
- III $(x+2)^2$
- IV $3(x^2 - 2x^3)$
- V $2x - \frac{1}{x^2}$
- VI $\frac{x^2 - 9}{x - 3}$

F:
- A $x^3 - \frac{3}{2}x^4 - 2$
- B $\frac{1}{2}x^2 + 3x$
- C $2x^4 - 3x + 2$
- D $(x-2)^2$
- E $2x^2 + 4x + \frac{1}{3}x^3 + C$
- F $x^2 + \frac{1}{x} + C$

6. Wo steckt der Fehler?

In den folgenden Rechnungen ist jeweils ein Fehler.

a) $\int \frac{6}{x^2}\,dx = \int 6 \cdot x^{-2}\,dx = 6 \cdot \int x^{-2}\,dx = 6 \cdot \frac{x^{-3}}{-3} + C = \frac{-2}{x^3} + C$

b) $\int (2x + 1)^2\,dx = \frac{(2x+1)^3}{3} + C$

c) $\int (2e^{2x+1} + 6x)\,dx = 4e^{2x+2} + 3x^2 + C$

d) $\int (3x^2 + 2a)\,dx = x^3 + 2a + C$

e) $\int (3x^2 + 2a)\,da = x^3 + 2ax + C$

4. Das bestimmte Integral

A. Der Begriff des bestimmten Integrals

Den Inhalt A des Flächenstücks zwischen dem Graphen einer stetigen (durchzeichenbaren) Funktion f und der x-Achse über einem Intervall [a; b] kann man folgendermaßen ermitteln:

Schritt 1: Streifensumme
Man zerlegt das Intervall [a; b] in n Streifen gleicher Breite $\Delta x = \frac{b-a}{n}$.

x_i sei die Streifenmitte des i-ten Streifens. Man bildet die Streifensumme
$f(x_1) \cdot \Delta x + f(x_2) \cdot \Delta x + \ldots + f(x_n) \cdot \Delta x$.

Für eine nichtnegative Funktion f kann man diese Streifensumme als Summe von Rechtecksinhalten ansehen, deren Wert den Inhalt der Fläche A unter f über [a; b] approximiert.

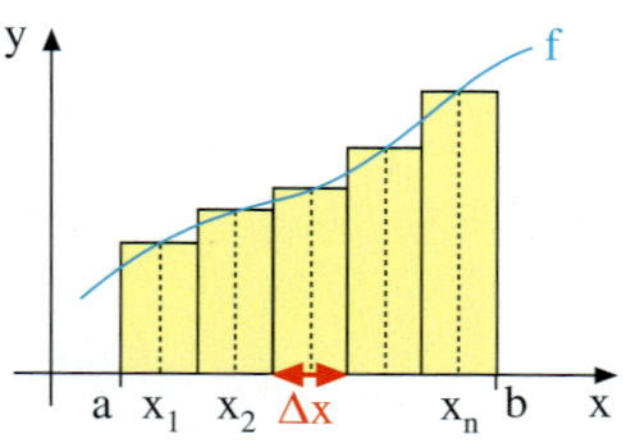

Schritt 2: Grenzwert
Man bildet den Grenzwert der Streifensumme für $n \to \infty$.

Dabei wächst die Streifenzahl n über alle Grenzen und die Streifendicke Δx strebt gegen 0.

Die Streifensumme strebt gegen eine feste Zahl, welche für eine nichtnegative Funktion f mit dem Inhalt der Fläche A unter f über [a; b] exakt übereinstimmt.

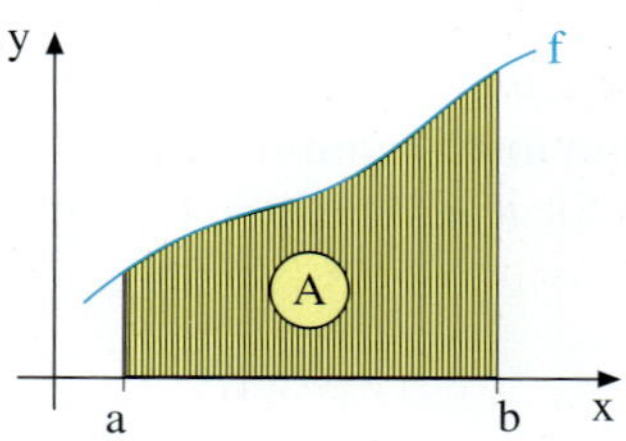

Es erweist sich als günstig, Streifensummen dieser Art nicht nur für positive, sondern auch für negative Funktionen und für solche mit wechselndem Vorzeichen zu bilden. Der Grenzwert einer solchen Streifensumme ist bei einer stetigen Funktion stets eine ganz bestimmte, feste Zahl und wird als ***bestimmtes Integral*** bezeichnet.

Definition VII.3: Das bestimmte Integral

Ist f stetig über [a; b], so bezeichnet man den Grenzwert einer Streifensumme über [a; b], d. h. den Ausdruck

$$\lim_{n \to \infty} (f(x_1) \cdot \Delta x + f(x_2) \cdot \Delta x + \ldots + f(x_n) \cdot \Delta x)$$

als bestimmtes Integral von f in den Grenzen von a bis b.

Man verwendet hierfür die rechts dargestellte symbolische Schreibweise.

$$\int_a^b f(x)\,dx$$

Integrationsgrenzen — Integrand — Differential

Das Integral ist eine abkürzende Schreibweise für den Grenzwert einer Streifensumme. Das Zeichen ∫ steht für das S von Summe, dx für die Streifenbreite Δx.

B. Das bestimmte Integral als Flächenbilanz

Ist f eine nichtnegative Funktion, so kann man sich das bestimmte Integral von f über [a, b] anschaulich als Summe der Flächeninhalte $f(x_i) \cdot \Delta x$ extrem schmaler Rechtecksstreifen vorstellen.
Es stellt also den Inhalt A der Fläche zwischen dem Graphen von f und der x-Achse über dem Intervall [a; b] dar.

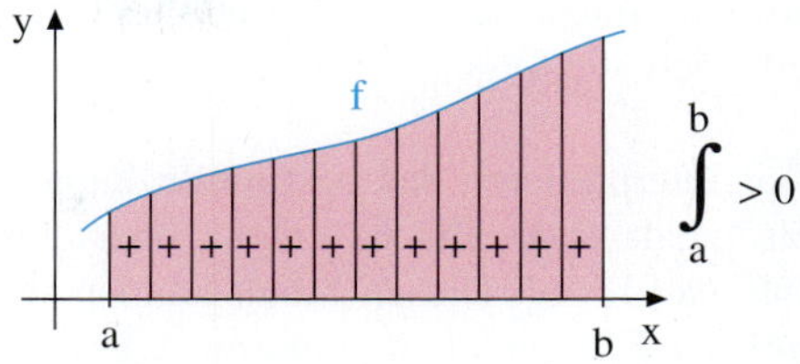

Ist f eine negative Funktion, so haben die Terme $f(x_i) \cdot \Delta x$ negative Werte. Es sind die negativen Gegenwerte der Streifeninhalte. Summiert man sie für alle Streifen, so erhält man den mit einem negativen Vorzeichen versehenen Flächeninhalt A der Fläche zwischen Graph und x-Achse.

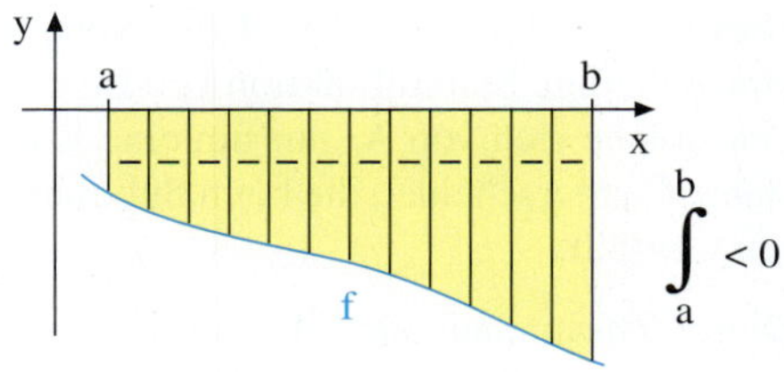

Besitzt f wechselnde Vorzeichen, so besitzen die Streifenterme $f(x_i) \cdot \Delta x$ sowohl negative als auch positive Werte. Summiert man sie, so erhält man eine Flächenbilanz. Unterhalb der x-Achse liegenden Flächenteile gehen negativ ein, die oberhalb der x-Achse liegenden werden positiv gezählt.

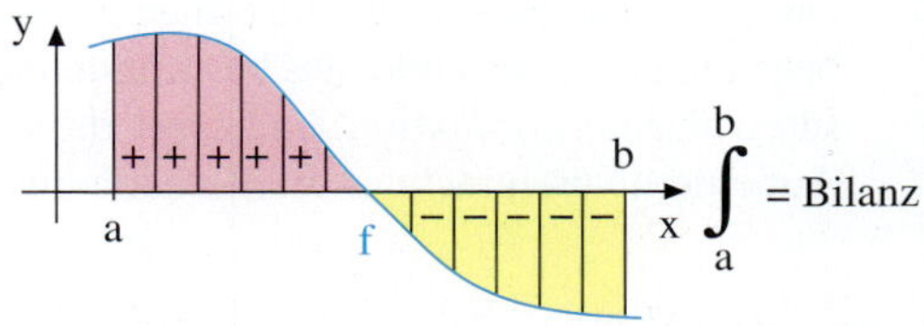

Satz VII.2: Das bestimmte Integral als Flächenbilanz
Das **bestimmte Integral** einer Funktion f über dem Intervall [a; b] hat anschaulich die Bedeutung einer **Flächeninhaltsbilanz**. Die oberhalb der x-Achse liegenden Flächenstücke gehen positiv ein, die unterhalb der x-Achse liegenden Stücke gehen negativ ein.

In der Abbildung rechts ist eine Funktion f mit wechselndem Vorzeichen zu sehen.

Das bestimmte Integral von f von a bis b kann durch die abgebildeten Flächen A_1, A_2 und A_3 wie folgt dargestellt werden:

$$\int_a^b f(x)\,dx = A_1 - A_2 + A_3$$

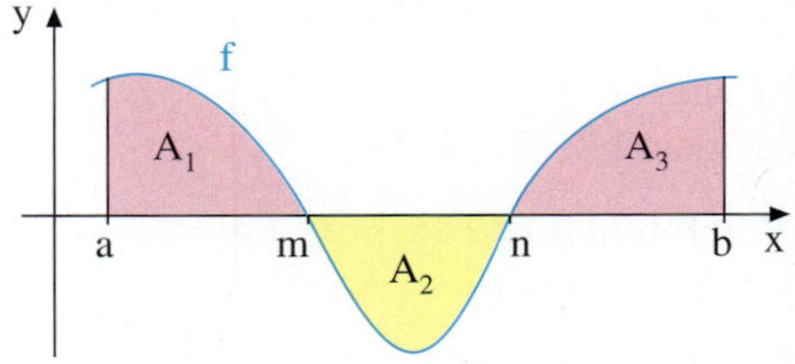

Umgekehrt können die Flächeninhalte durch bestimmte Integrale erfasst werden:

$$A_1 = \int_a^m f(x)\,dx,\ A_2 = -\int_m^n f(x)\,dx,\ A_3 = \int_n^b f(x)\,dx$$

C. Der Hauptsatz der Differential- und Integralrechnung

Eine einfache Berechnungsmethode für bestimmte Integrale positiver Funktionen ergibt sich wie folgt:

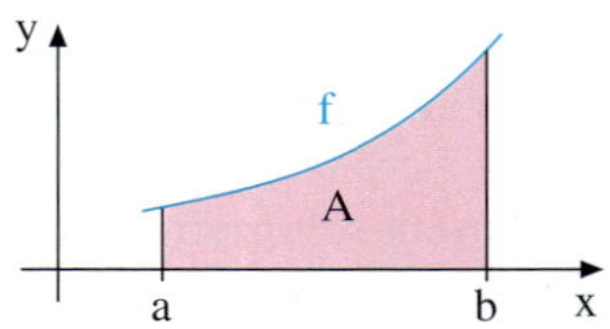

Wir interpretieren das bestimmte Integral als Inhalt A der Fläche unter f über dem Intervall [a; b]. Diesen Inhalt können wir mit der Flächeninhaltsfunktion $A_0(x)$ berechnen. Er beträgt $A_0(b) - A_0(a)$.
Dies ist dasselbe wie $F(b) - F(a)$, wobei F eine beliebige Stammfunktion von f ist, da eine solche sich von A_0 nur um eine Konstante C unterscheidet, die beim Subtrahieren wegfällt.

$$\begin{aligned}\int_a^b f(x)\,dx &= \text{Flächeninhalt A}\\ &= A_0(b) - A_0(a)\\ &= (F(b) + C) - (F(a) + C)\\ &= F(b) - F(a)\end{aligned}$$

Dieser Zusammenhang gilt auch für negative Funktionen und solche mit wechselndem Vorzeichen. Er ist so bedeutsam, dass man ihn als **Hauptsatz der Differential- und Integralrechnung** bezeichnet. Er verbindet das bestimmte Integral (Streifensumme, Fläche) mit dem unbestimmten Integral (Stammfunktion) und zeigt, dass das Integrieren die Umkehrung des Differenzierens ist. Außerdem vereinfacht er die Berechnung bestimmter Integrale enorm.

Satz VII.3: Der Hauptsatz der Differential- und Integralrechnung
Die Funktion f sei eine auf dem Intervall [a; b] stetige Funktion.
F sei eine Stammfunktion von f.
Dann lässt sich das bestimmte Integral von f in den Grenzen von a bis b als Differenz $F(b) - F(a)$ berechnen.

$$\int_a^b f(x)\,dx = F(b) - F(a)$$

Beispiel: Anwendung des Hauptsatzes
Berechnen Sie die folgenden bestimmten Integrale durch Anwendung des Hauptsatzes.

a) $\int_1^3 (3x^2 + 1)\,dx.$

b) $\int_0^1 e^{-2x}\,dx$

Lösung zu a:
Integrand: $f(x) = 3x^2 + 1$

Stammfunktion: $F(x) = x^3 + x$

$$\begin{aligned}\int_1^3 (3x^2 + 1)\,dx &= F(3) - F(1)\\ &= 30 - 2 = 28\end{aligned}$$

Lösung zu b:
Integrand: $f(x) = e^{-2x}$

Stammfunktion: $F(x) = -\frac{1}{2}e^{-2x}$

$$\begin{aligned}\int_0^1 e^{-2}\,dx &= F(1) - F(0)\\ &= -\tfrac{1}{2}e^{-2} + \tfrac{1}{2} \approx 0{,}43\end{aligned}$$

Übung 1 Anwendung des Hauptsatzes
Berechnen Sie die folgenden bestimmten Integrale durch Anwendung des Hauptsatzes.
Bestimmen Sie im ersten Schritt eine Stammfunktion F des Integranden f.

a) $\int_1^2 (4x^3 + 2x)\,dx$ b) $\int_0^1 2e^{2x}\,dx$ c) $\int_0^{\pi} 2\sin x\,dx$

d) $\int_0^{1/2} \cos(\pi x)\,dx$ e) $\int_0^1 (e^x + e^{-x})\,dx$ f) $\int_1^4 \sqrt{x}\,dx$

g) $\int_1^4 \frac{5}{2}x^{\frac{3}{2}}\,dx$ h) $\int_1^4 \frac{4}{x^2}\,dx$ i) $\int_1^2 \left(2x + \frac{1}{x^2}\right)dx$

D. Die Klammerschreibweise

Wir führen nun eine Klammerschreibweise ein, welche eine deutlich vereinfachte Darstellung bei der Berechnung bestimmter Integrale ermöglicht.

Die Klammerschreibweise $[F(x)]_a^b$
Die rechts aufgeführte Klammerschreibweise $[F(x)]_a^b$ für den Term $F(b) - F(a)$ bietet den Vorteil, dass man bei der Berechnung des bestimmten Integrals keine eigene Bezeichnung für die Stammfunktion benötigt (vgl. folgendes Beispiel).

$$\int_a^b f(x)\,dx = F(b) - F(a)$$

$$\int_a^b f(x)\,dx = [F(x)]_a^b$$

Beispiel: Klammerschreibweise

Berechnen Sie das bestimmte Integral $\int_1^3 (4x^3 - 2x + 1)\,dx$.

Lösung:

Normale Schreibweise:

$f(x) = 4x^3 - 2x + 1$
$F(x) = x^4 - x^2 + x$

$$\int_1^3 (4x^3 - 2x + 1)\,dx = F(3) - F(1) = 75 - 1 = 74$$

Klammerschreibweise:

$$\int_1^3 (4x^3 - 2x + 1)\,dx = [x^4 - x^2 + x]_1^3 = 75 - 1 = 74$$

Übung 2 Klammerschreibweise
Berechnen Sie die bestimmten Integrale unter Verwendung der Klammerschreibweise.

a) $\int_{-1}^4 (3x^2 - 4x + 1)\,dx$ b) $\int_2^5 \frac{1}{x^2}\,dx$ c) $\int_0^1 (x+1)^2\,dx$

E. Rechenregeln für bestimmte Integrale

Mit Hilfe des Hauptsatzes lassen sich problemlos einige Regeln für das Rechnen mit bestimmten Integralen ableiten, deren Anwendung oft die Arbeit erleichtern kann. Wir zählen diese Regeln auf und beweisen eine Regel exemplarisch.

Satz VII.4: Rechenregeln für bestimmte Integrale

f und g seien stetige Funktionen. Dann gilt:

(1) $\int_a^a f(x)\,dx = 0$	Stimmen obere und untere Grenze überein, so ist das Integral 0.
(2) $\int_a^b f(x)\,dx + \int_b^c f(x)\,dx = \int_a^c f(x)\,dx$	Intervalladditivität
(3) $\int_b^a f(x)\,dx = -\int_a^b f(x)\,dx$	Vertauschung der Grenzen ändert das Vorzeichen.
(4) $\int_a^b k \cdot f(x)\,dx = k \cdot \int_a^b f(x)\,dx$	Faktorregel
(5) $\int_a^b (f(x) + g(x))\,dx = \int_a^b f(x)\,dx + \int_a^b g(x)\,dx$	Summenregel

Beispiel: Beweis der Additivität

Beweisen Sie Regel 2 (Intervalladditivität) mit Hilfe des Hauptsatzes.
Begründen Sie die Regel außerdem anhand einer Skizze mit Streifensummen.

Rechnerischer Nachweis:

$$\int_a^b f(x)\,dx + \int_b^c f(x)\,dx = [F(x)]_a^b + [F(x)]_b^c$$
$$= F(b) - F(a) + F(c) - F(b)$$
$$= F(c) - F(a) = \int_a^c f(x)\,dx$$

Anschauliche Begründung:

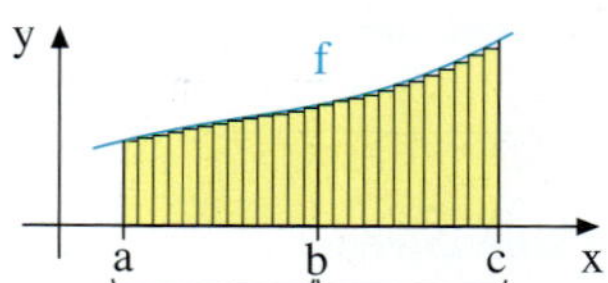

$\int_a^b + \int_b^c$

$\int_a^c$

Übung 5 Beweis von Rechenregeln

Beweisen Sie die Regeln (1) und (3) mit Hilfe des Hauptsatzes.

Übung 6 Anwendung der Rechenregeln

Berechnen Sie die Terme möglichst einfach durch Anwendung der Rechenregeln.

a) $\int_{-2}^{3} (4x^2 - 3x + 5)\,dx + \int_{-2}^{3} (3x - 5)\,dx$

b) $\int_{-2}^{2} x^2\,dx + \int_{3}^{5} x^2\,dx + \int_{2}^{3} x^2\,dx$

Übungen

Die folgenden Aufgaben sollen ohne die Verwendung von Hilfsmitteln gelöst werden.

1. Untersummen und Obersummen
Zeichnen Sie den Graphen von
$f(x) = -\frac{1}{2}x^2 + 2$ für $0 \le x \le 2$
(Maßstab: 1 LE = 4 cm).
Zeichnen Sie die Untersumme U_4 und die Obersumme O_4 ein.

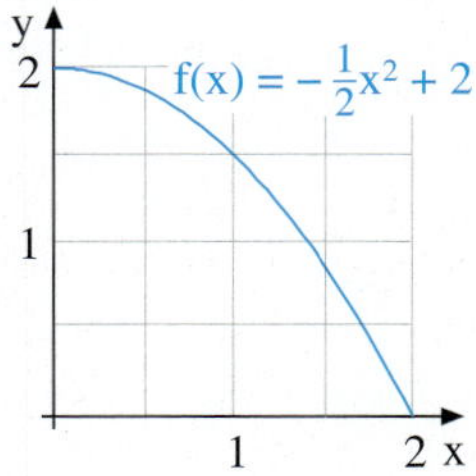

2. Stammfunktion
Geben Sie jeweils eine Stammfunktion von f an.

a) $f(x) = x^3$ b) $f(x) = 6x^2$ c) $f(x) = x^{-2}$ d) $f(x) = \frac{4}{x^3}$

e) $f(x) = e^x$ f) $f(x) = \sin x$ g) $f(x) = 4e^{2x}$ h) $f(x) = \cos(\pi x)$

3. Unbestimmte Integrale
Berechnen Sie das unbestimmte Integral.

a) $\int (x^2 + 2x)\,dx$ b) $\int e^{-x}\,dx$ c) $\int \sin(\pi x)\,dx$ d) $\int e^{0{,}5x}\,dx$

4. Bestimmte Integrale
Berechnen Sie das bestimmte Integral.

a) $\int_0^2 (x+2)\,dx$ b) $\int_1^3 x^2\,dx$ c) $\int_0^1 e^x\,dx$ d) $\int_1^4 x^{-0{,}5}\,dx$

e) $\int_1^4 \sqrt{x}\,dx$ f) $\int_1^2 e^{-x}\,dx$ g) $\int_0^{\pi} \sin x\,dx$ h) $\int_1^e \frac{1}{x}\,dx$

5. Flächenbilanz
Gegeben ist die Funktion $f(x) = 4 - x^2$. Der Graph von f schließt mit der x-Achse die Flächen A_1 und A_2 ein.

a) Stellen Sie die Flächeninhalte von A_1 und A_2 mit Hilfe bestimmter Integrale dar.

b) Berechnen Sie den Parameter $b > 0$ so, dass $\int_{-2}^{b} f(x)\,dx = 0$ ist.

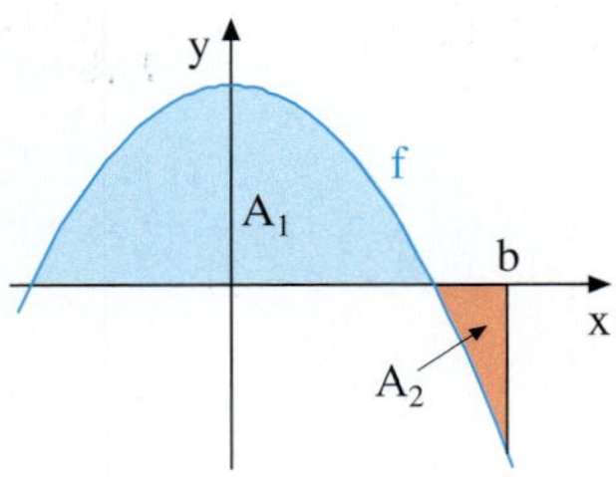

6. Wo steckt der Fehler?

a) $\int (3x-1)^2\,dx = \frac{(3x-1)^3}{3} + C$ b) $\int e^{x+2}\,dx = \frac{e^{x+3}}{3} + C$

c) $\int (3x^2 + 2a)\,dx = x^3 + a^2 + C$ d) $\int (2e^{2x} + 6x)\,dx = 4e^{2x} + 3x^2 + C$

Überblick

Untersumme Obersumme

f sei eine auf dem Intervall [a;b] positive und monoton fallende Funktion. Dann bezeichnet man die abgebildeten Streifensummen als Untersumme bzw. Obersumme von f.

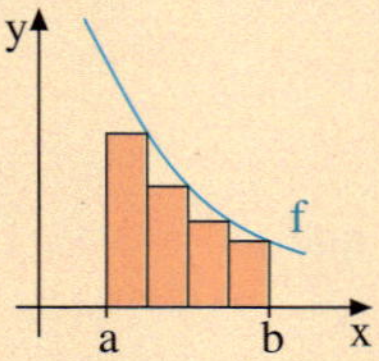

Untersumme U_n

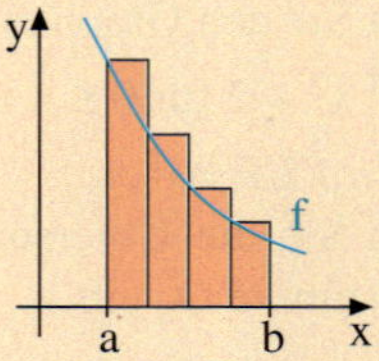

Obersumme O_n

Für den Inhalt der Fläche A unter dem Graphen von f über dem Intervall [a; b] gelten die rechts aufgeführten Beziehungen.

$U_n \le A \le O_n$

$\lim\limits_{n \to \infty} U_n = \lim\limits_{n \to \infty} O_n = A$

Stammfunktion

Eine Funktion F heißt Stammfunktion der Funktion f, wenn f die Ableitung von F ist.

$F'(x) = f(x)$

Unbestimmtes Integral

Das unbestimmte Integral $\int f(x)\,dx$ einer Funktion f ist die Menge aller Stammfunktionen $F(x) + C$ von f.
C heißt Integrationskonstante.

$\int f(x)\,dx = F(x) + C$

Integrationsregeln für unbestimmte Integrale

Summenregel $\int (f(x) + g(x))\,dx = \int f(x)\,dx + \int g(x)\,dx$

Faktorregel $\int a \cdot f(x)\,dx = a \cdot \int f(x)\,dx$

Lineare Kettenregel $\int f(ax + b)\,dx = \frac{1}{a} \cdot F(ax + b) + C,\ a \neq 0$

Potenzregel $\int x^r\,dx = \frac{x^{r+1}}{r+1} + C, \quad r \neq -1$

Exponentialregel $\int e^x\,dx = e^x + C, \quad \int e^{-x}\,dx = -e^{-x} + C$

$\int e^{ax+b}\,dx = \frac{1}{a} e^{ax+b} + C,\ a \neq 0$

Sinusregel $\int \sin dx = -\cos x + C$

$\int \sin(ax + b) = -\frac{1}{a} \cdot \cos(ax + b) + C,\ a \neq 0$

Kosinusregel $\int \cos x\,dx = \sin x + C$

$\int \cos(ax + b) = \frac{1}{a} \cdot \sin(ax + b) + C,\ a \neq 0$

Logarithmische Integration $\int \frac{1}{x}\,dx = \ln|x| + C,\ x \neq 0$

Das bestimmte Integral von f über [a; b]

$$\int_a^b f(x)\,dx = \text{Fläche oberhalb} - \text{Fläche unterhalb}$$

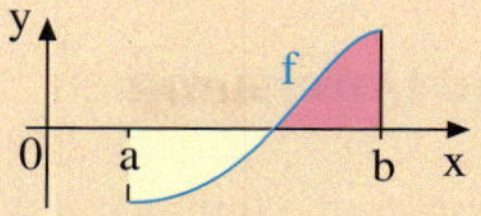

F sei eine Stammfunktion von f. Dann stellt das bestimmte Integral von f über dem Intervall [a; b] die Bilanz der Flächenstücke unter dem Graphen von f über dem Intervall [a; b] dar.

Hauptsatz der Differential- und Integralrechnung

Ist f eine differenzierbare oder stetige Funktion und F eine beliebige Stammfunktion von f, so gilt die nebenstehende Formel, die einen Zusammenhang zwischen dem bestimmten Integral von f über [a; b] und der Stammfunktion F herstellt.

$$\int_a^b f(x)\,dx = F(b) - F(a)$$

Klammerschreibweise für bestimmte Integrale

$$\int_a^b f(x)\,dx = [F(x)]_a^b = F(b) - F(a)$$

Rechenregeln für bestimmte Integrale

Die im Folgenden aufgeführten Rechenregeln für bestimmte Integrale ermöglichen bei geschickter Anwendung oft eine vereinfachte Berechnung von bestimmten Integralen.

(1) $\int_a^a f(x)\,dx = 0$

(2) $\int_a^b f(x)\,dx + \int_b^c f(x)\,dx = \int_a^c f(x)\,dx$

(3) $\int_b^a f(x)\,dx = -\int_a^b f(x)\,dx$

(4) $\int_a^b k \cdot f(x)\,dx = k \cdot \int_a^b f(x)\,dx$

(5) $\int_a^b (f(x) + g(x))\,dx = \int_a^b f(x)\,dx + \int_a^b g(x)\,dx$

CAS-Anwendung

Obersummen und Untersummen

Die Einführung der Integralrechnung mit der Streifenmethode erfolgt über die Untersuchung von Unter- und Obersummen. Die numerische Berechnung dieser Summen ist sehr aufwändig, solange man kein allgemeines Bildungsgesetz erkennen kann. Mit einem CAS können leicht allgemeine Summen gebildet und ihre Eigenschaften untersucht werden. Im folgenden Beispiel werden Unter- und Obersummen des einführenden Beispiels von Seite 284 mit dem CAS untersucht.

Beispiel: Unter- und Obersummen
Bestimmen Sie für $a = 0$, $b = 1$, $f(x) = x^2$ und zunächst $n = 4$ die Unter- und Obersumme und danach deren Grenzwerte für $n \to \infty$.

Lösung:
Sowohl die Berechnung einer Untersumme als auch der zugehörigen Obersumme erfordert im allgemeinen Fall die Bestimmung sowohl des kleinsten als auch des größten Funktionswertes auf jedem Teilintervall. Im vorliegenden Fall handelt es sich um eine streng monoton wachsende Funktion, bei der der kleinste Funktionswert stets am linken Intervallende und der größte immer am rechten Intervallende angenommen wird.

Um die Ober- und Untersummen für verschieden feine Zerlegungen des Intervalls immer wieder neu zu berechnen, ist eine Notes-Seite am besten geeignet. Auf Notes-Seiten muss man für jede Formel mit [menu] Einfügen ▸ Math Box ein Eingabefeld einrichten. Anschließend wird nach Betätigung der Taste [📖] der Katalog 2 und unter Analysis die Summe ausgewählt.

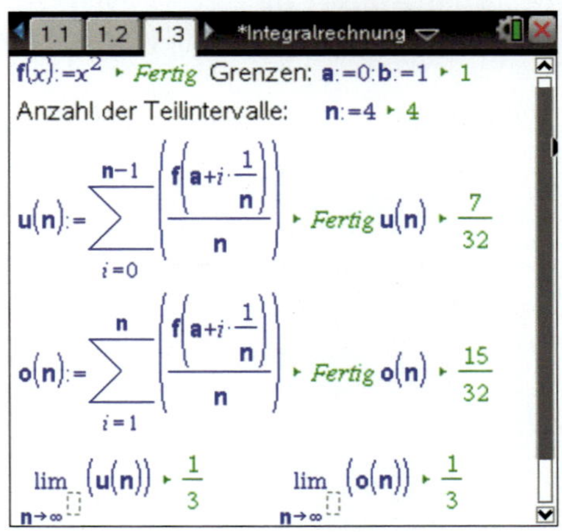

Nach Eingabe der Funktionsgleichung, der Intervallgrenzen und der Anzahl der Teilintervalle in die jeweilige Math Box werden für die Untersumme und die Obersumme die Formeln eingegeben und das Ergebnis erfragt.

Für $n = 4$ hat die Untersumme den Wert $\frac{7}{32}$ und die Obersumme den Wert $\frac{15}{32}$. Die Differenz ist also noch $\frac{1}{4}$.

Sowohl die Unter- als auch die Obersummen streben für $n \to \infty$ gegen den Grenzwert $\frac{1}{3}$. Die Grenzwerte stimmen im vorliegenden Fall also überein.
Der übereinstimmende Grenzwert berechtigt uns, ihn als Maßzahl für den Inhalt der Fläche zwischen dem Graphen von $f(x) = x^2$ und der x-Achse für $0 \le x \le 1$ zu definieren.

Übung 1
Untersuchen Sie für das obige Beispiel, ab welchem n die Differenz zwischen der Ober- und der Untersumme weniger also $\frac{1}{100}$ beträgt.

Übung 2

Berechnen Sie die Unter- und die Obersumme von $f(x) = x^4 - 10x^3 + 35x^2 - 49x + 24$ auf dem Intervall $[1; 4]$ mit $n = 3$ gleichlangen Teilintervallen.

Trapezsummen

Im Fall der bereinstimmung des Grenzwertes von Unter- und Obersummen ergibt sich die Festlegung des gemeinsamen Grenzwertes als Maßzahl für den Inhalt der Fläche zwischen Funktionsgraph und x-Achse bzw. als Integral von $f(x)$ über $[a; b]$. Gleichzeitig entsteht der Wunsch nach effektiven Berechnungsverfahren, denn die Berechnung von Unter- und Obersummen ist bei nicht monotonen Funktionen sehr aufwändig aufgrund der für jedes Teilintervall erforderlichen Berechnung der Minima und Maxima (vgl. obige Übung 2). Ein besseres Berechnungsverfahren fand bereits Archimedes mit der Verwendung von Trapezsummen.

Beispiel: Trapezsummen

Bestimmen Sie für $a = 0$, $b = 1$, $f(x) = x^2$ und zunächst $n = 4$ die Trapezsumme und anschließend deren Grenzwert für $n \to \infty$.

Lösung:
Anstelle der Rechtecke werden nun Trapeze über den Teilintervallen verwendet.
Über jedem Teilintervall gilt: Die Höhe des Trapezes ist die Länge des Teilintervalls, also $\frac{1}{n}$, die beiden parallelen Seiten haben als Länge jeweils den Funktionswert an den Zerlegungspunkten.
Der Wert der Trapezsumme für $n = 4$ liegt mit $\frac{11}{32}$ bereits sehr viel näher am Grenzwert $\frac{1}{3}$ der Rechtecksummen, also am Integralwert $\int_0^1 x^2\,dx$.
Hinweis: Wenn man die Werte als Dezimalzahlen anzeigen lassen möchte, kann man jeweils die Multiplikation mit 1,0 ergänzen.

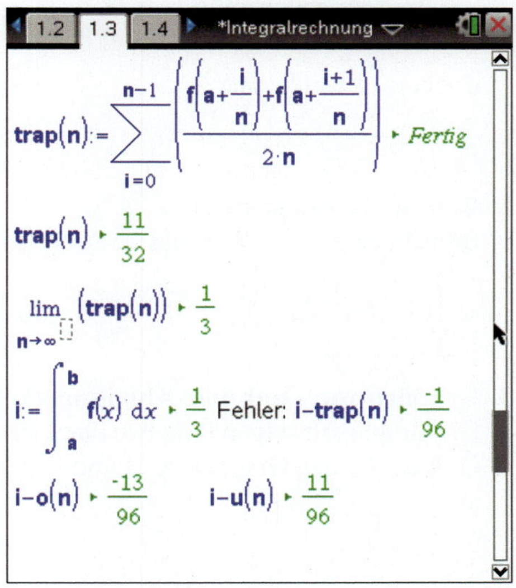

Übung 3

Gegeben ist die Funktion $f(x) = \frac{x^3 - 2x^2 + x + 1}{(x + 1)^2}$ auf dem Intervall $[0; 1]$. Berechnen Sie zu diesem Intervall und $n = 4$, $n = 40$ und $n = 400$ die Trapezsumme.

Übung 4

Informieren Sie sich über weitere Verfahren zur näherungsweisen Berechnung des Integrals und stellen Sie eines davon anhand einer Rechnung auf dem CAS vor.

Test

Einführung in die Integralrechnung

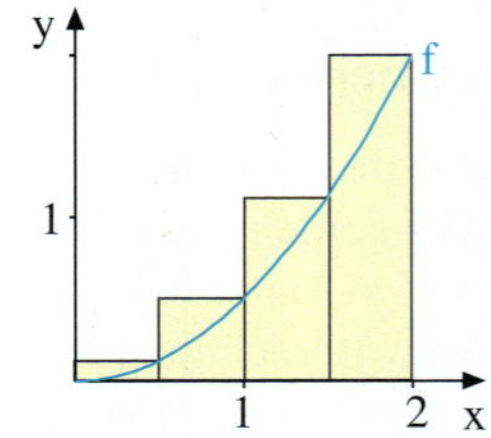

1. Obersumme
Gegeben ist die Funktion $f(x) = \frac{1}{2}x^2$. Berechnen Sie die Obersumme O_4 über dem Intervall [0; 2].

2. Stammfunktionen
Bestimmen Sie eine Stammfunktion von f.
a) $f(x) = 2x^2 + 4x$ b) $f(x) = 3e^{-2x}$ c) $f(x) = \frac{3}{x^2}$ d) $f(x) = 2\sin x + 1$

3. Stammfunktionsnachweis
Zeigen Sie, dass F eine Stammfunktion von f ist.

a) $f(x) = (x+1)^2$
$F(x) = \frac{1}{3}x^3 + x^2 + x + 1$

b) $f(x) = x \cdot e^x$
$F(x) = (x-1) \cdot e^x$

c) $f(x) = 2x - \frac{1}{x^2}$
$F(x) = x^2 + \frac{1}{x}$

d) $f(x) = 2\sin\left(\frac{\pi}{2}x\right)$
$F(x) = -\frac{4}{\pi} \cdot \cos\left(\frac{\pi}{2}x\right)$

e) $f(x) = x^{0,5}$
$F(x) = \frac{2}{3} \cdot x^{3/2}$

f) $f(x) = e^{2x}$
$F(x) = \frac{1}{2} \cdot e^{2x}$

4. Bestimmte Integrale
Berechnen Sie den Wert des bestimmten Integrals.

a) $\int_1^2 (3 - 6x^2)\,dx$ b) $\int_0^2 (2x - x^2)\,dx$ c) $\int_0^2 e^{-x}\,dx$

5. Graphen von Funktion, Ableitungsfunktion und Stammfunktion
Die Graphiken zeigen Graphen einer Funktion f, einer Stammfunktion F und der Ableitung f'. Ordnen Sie den Graphen A, B und C mit Begründung die Bezeichnungen f, F und f' zu.

a)
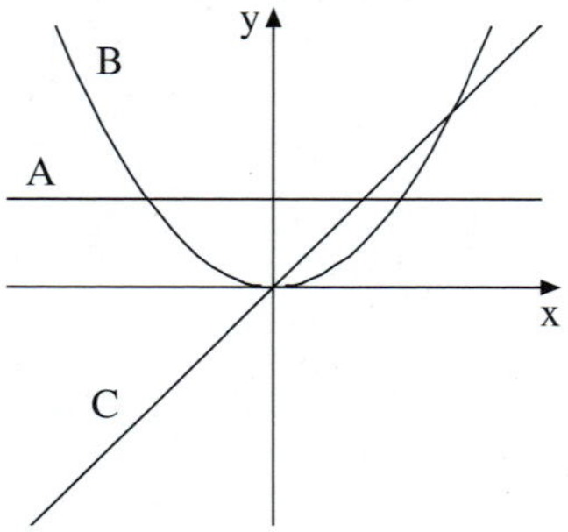

b)
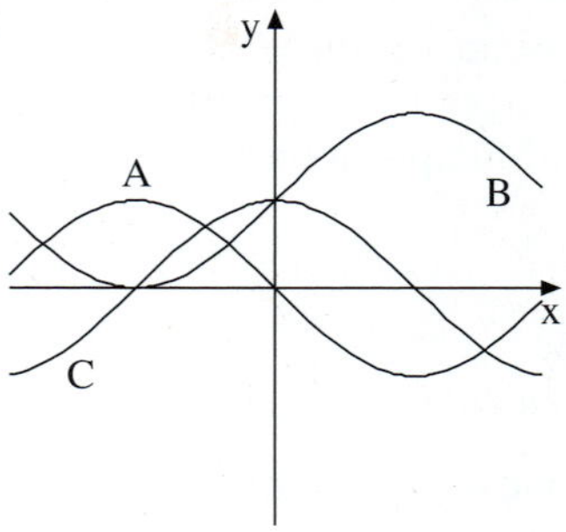

6. Parameterbestimung
Berechnen Sie, für welchen Wert von a das bestimmte Integral den angegebenen Wert hat.

$$\int_1^2 (3ax^2 + 6x)\,dx = 2$$

Lösungen: S. 563

VIII. Anwendungen der Integralrechnung

1. Bestimmte Integrale und Flächeninhalte

Wir zeigen nun an drei typischen Beispielen, dass und wie bestimmte Integrale als Flächenbilanz gedeutet werden können. Diese Deutung wird in den folgenden Abschnitten benötigt.

1. Das bestimmte Integral einer positiven Funktion

Beispiel: Positive Funktion
Berechnen Sie das bestimmte Integral $\int_1^2 \frac{1}{4}x^2\,dx$. Interpretieren Sie das Ergebnis anhand der Zeichnung.

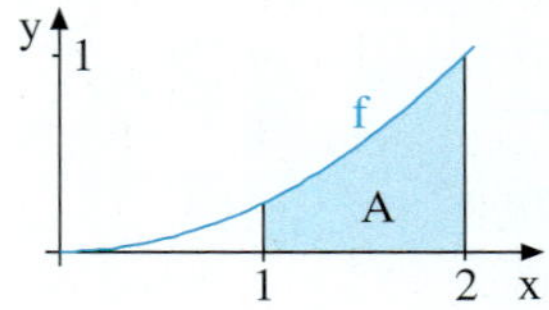

Lösung:
Wir berechnen zunächst eine Stammfunktion F des Integranden $f(x) = \frac{1}{4}x^2$.
Sie lautet: $F(x) = \frac{1}{12}x^3$.
Nun berechnen wir das bestimmte Integral durch Anwendung des Hauptsatzes, d.h. des Satzes $\int_a^b f(x)\,dx = F(b) - F(a)$.
Wir erhalten als Resultat den Wert $\frac{7}{12} \approx 0{,}58$.

Das bestimmte Integral entspricht hier exakt dem Inhalt der Fläche A unter dem Graphen von f.

Stammfunktion
$$f(x) = \frac{1}{4}x^2 \quad \Rightarrow \quad F(x) = \frac{1}{12}x^3$$

Bestimmtes Integral
$$\int_1^2 \frac{1}{4}x^2\,dx = F(2) - F(1) = \left(\frac{8}{12}\right) - \left(\frac{1}{12}\right) = \frac{7}{12}$$

Klammerschreibweise
$$\int_1^2 \frac{1}{4}x^2\,dx = \left[\frac{1}{12}x^3\right]_1^2 = \frac{8}{12} - \frac{1}{12} = \frac{7}{12} \approx 0{,}58$$

2. Das bestimmte Integral einer negativen Funktion

Beispiel: Negative Funktion
Berechnen Sie das bestimmte Integral $\int_1^2 \left(-\frac{1}{x^2}\right)dx$. Interpretieren Sie das Ergebnis anschaulich.

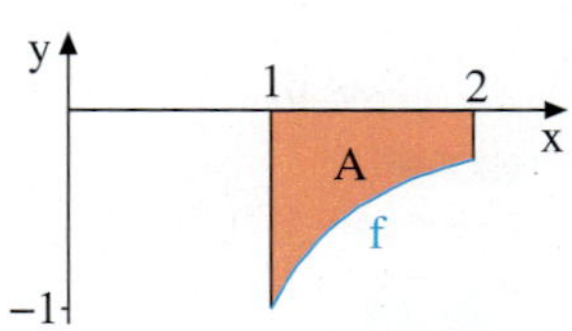

Lösung:
Wir bestimmen zunächst wieder eine Stammfunktion von f. Sie lautet $F(x) = \frac{1}{x}$.
Dann berechnen wir das bestimmte Integral durch Anwendung des Hauptsatzes.
Wir erhalten den Wert $-0{,}5$.
Das bestimmte Integral erscheint nun als negativer Wert des Inhaltes der Fläche A unter dem Graphen von f.

Stammfunktion
$$f(x) = -\frac{1}{x^2} = -x^{-2} \quad \Rightarrow \quad F(x) = \frac{-x^{-1}}{-1} = \frac{1}{x}$$

Bestimmtes Integral
$$\int_1^2 \left(-\frac{1}{x^2}\right)dx = \left[\frac{1}{x}\right]_1^2 = \frac{1}{2} - 1 = -\frac{1}{2}$$

3. Bestimmtes Integral bei einer Funktion mit wechselndem Vorzeichen

Beispiel: Wechselndes Vorzeichen

Berechnen Sie das bestimmte Integral $\int_0^4 \left(\frac{3}{2}x - \frac{1}{2}x^2\right)dx$. Interpretieren Sie das Resultat anschaulich.

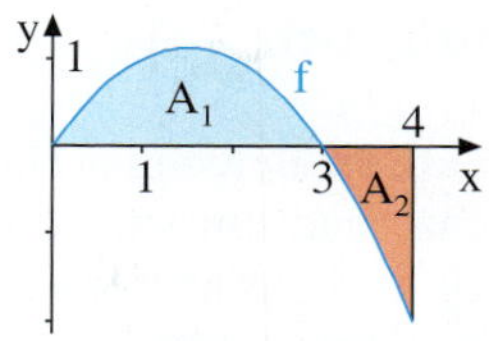

Lösung:

Wir bestimmen zunächst eine Stammfunktion von $f(x) = \frac{3}{2}x - \frac{1}{2}x^2$.
Sie lautet $F(x) = \frac{3}{4}x^2 - \frac{1}{6}x^3$.

Stammfunktion

$$f(x) = \frac{3}{2}x - \frac{1}{2}x^2 \quad \Rightarrow \quad F(x) = \frac{3}{4}x^2 - \frac{1}{6}x^3$$

Dann berechnen wir mit dem Hauptsatz das bestimmte Integral von f von 0 bis 4.
Es hat den Wert $\frac{4}{3}$.

Bestimmtes Integral

$$\int_0^4 \left(\frac{3}{2}x - \frac{1}{2}x^2\right)dx = \left[\frac{3}{4}x^2 - \frac{1}{6}x^3\right]_0^4 = \frac{4}{3} - 0 = \frac{4}{3}$$

Nun berechnen wir die Fläche A_1.
Sie hat den Inhalt $A_1 = \frac{27}{12}$.

Analog berechnen wir die Fläche A_2.
Sie hat den Inhalt $A_2 = \frac{11}{12}$.

Fläche A_1

$$\int_0^3 \left(\frac{3}{2}x - \frac{1}{2}x^2\right)dx = \left[\frac{3}{4}x^2 - \frac{1}{6}x^3\right]_0^3 = \frac{27}{12} - 0 = \frac{27}{12}$$

$$\Rightarrow \quad A_1 = \frac{9}{4}$$

Fläche A_2

$$\int_3^4 \left(\frac{3}{2}x - \frac{1}{2}x^2\right)dx = \left[\frac{3}{4}x^2 - \frac{1}{6}x^3\right]_3^4 = \frac{4}{3} - \frac{27}{12} = -\frac{11}{12}$$

$$\Rightarrow \quad A_2 = \frac{11}{12}$$

Wir erkennen, dass das bestimmte Integral von f über [0; 4] gleich der Flächenbilanz $A_2 - A_1 = \frac{4}{3}$ ist. Die oberhalb der x-Achse liegende Fläche geht positiv ein, die unterhalb der x-Achse liegende Fläche negativ.

Wir können nach diesen drei Beispielen das bestimmte Integral folgendermaßen anschaulich als Flächenbilanz interpretieren.

Das bestimmte Integral – Eine Flächenbilanz

Das bestimmte Integral einer Funktion f über dem Intervall [a; b] gibt die Flächenbilanz über dem Intervall [a; b] an.

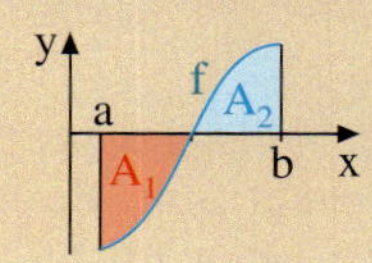

$$\Rightarrow \int_a^b f(x)\,dx = A_2 - A_1$$

Übung 1 Deutung bestimmter Integrale

Berechnen Sie das bestimmte Integral. Erstellen Sie eine Skizze. Interpretieren Sie das Ergebnis.

a) $\int_0^2 (x + 1)\,dx$
b) $\int_1^4 -e^{-x}\,dx$
c) $\int_0^4 (2 - x)\,dx$
d) $\int_0^3 (2 - x)\,dx$
e) $\int_0^{\pi} \sin x\,dx$
f) $\int_0^{2\pi} \sin x\,dx$
g) $\int_{-1}^2 x^3\,dx$
h) $\int_0^4 (\sqrt{x} - 1)\,dx$

2. Flächen unter Funktionsgraphen

A. Elementare Aufgaben

Im Folgenden geht es um die Berechnung des Inhalts von Flächenstücken, die durch den Graphen einer Funktion begrenzt sind. Im letzten Abschnitt sahen wir, dass solche Flächeninhalte mit Hilfe bestimmter Integrale berechnet werden können. Bei Funktionen mit wechselndem Vorzeichen muss man zur Bestimmung des Inhalts der Fläche zwischen dem Graphen und der x-Achse das Intervall so aufteilen, dass in den Teilintervallen das Vorzeichen nicht wechselt.

Beispiel: Fläche im Positiven
Gegeben ist $f(x) = -x^2 + 4x - 3$.
Gesucht ist der Inhalt A der Fläche zwischen dem Graphen von f und der x-Achse über dem Intervall [2; 3].
Skizzieren Sie den Graphen von f zunächst für $0 \le x \le 4$.

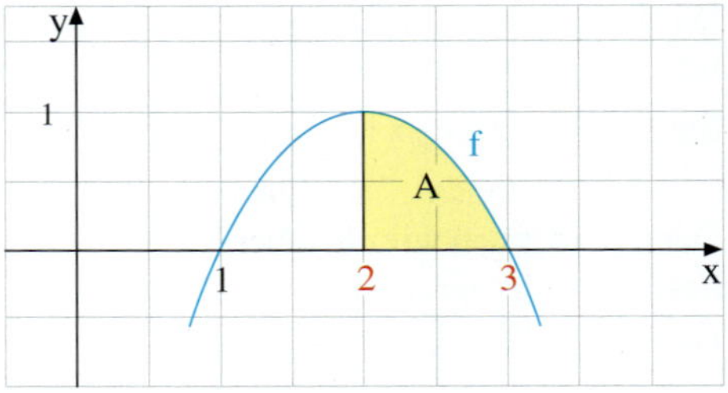

Lösung:
Die Skizze des Graphen von f zeigt, dass das Flächenstück A ganz oberhalb der x-Achse liegt. Also gibt das bestimmte Integral von f in den Grenzen von 2 bis 3 den Inhalt von A an.

$$\int_2^3 (-x^2 + 4x - 3)\,dx$$
$$= \left[-\tfrac{1}{3}x^3 + 2x^2 - 3x\right]_2^3 = 0 - \left(-\tfrac{2}{3}\right) = \tfrac{2}{3}$$
$$\Rightarrow A = \tfrac{2}{3}$$

Resultat: $A = \frac{2}{3}$

Beispiel: Fläche im Negativen
Gesucht ist der Inhalt A der Fläche zwischen dem Graphen der Funktion $f(x) = x^3 - 1$ und den beiden Koordinatenachsen, die im 4. Quadranten liegt. Fertigen Sie zunächst eine Skizze an.

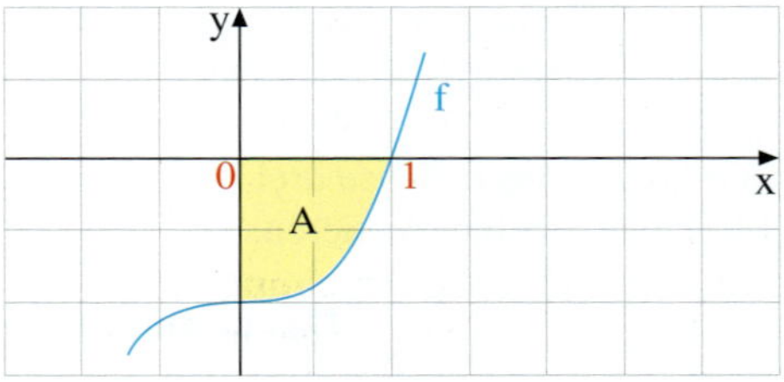

Lösung:
Die Funktion besitzt eine Nullstelle bei $x = 1$ und einen Schnittpunkt mit der y-Achse bei $y = -1$. Hierdurch wird die markierte Fläche begrenzt. Sie liegt ganz unterhalb der x-Achse. Das bestimmte Integral von 0 bis 1 gibt daher den Flächeninhalt an, nur mit negativem Vorzeichen versehen.

$$\int_0^1 (x^3 - 1)\,dx$$
$$= \left[\tfrac{1}{4}x^4 - x\right]_0^1 = \left(-\tfrac{3}{4}\right) - 0 = -\tfrac{3}{4}$$
$$\Rightarrow A = \tfrac{3}{4}$$

Resultat: $A = \frac{3}{4}$

Wir kommen nun zu Flächen, die teilweise oberhalb und teilweise unterhalb der x-Achse liegen. In diesen Fällen muss man beim Integrieren die im Flächenbereich liegenden Nullstellen als Unterteilungsstellen verwenden, ansonsten würde man nur Flächenbilanzen erhalten.

Beispiel: Wechselndes Vorzeichen
Gegeben ist $f(x) = \frac{1}{2}x^2 - \frac{5}{2}x + 2$. Gesucht ist der Gesamtinhalt der Fläche zwischen dem Graphen von f und der x-Achse über dem Intervall [0; 3].

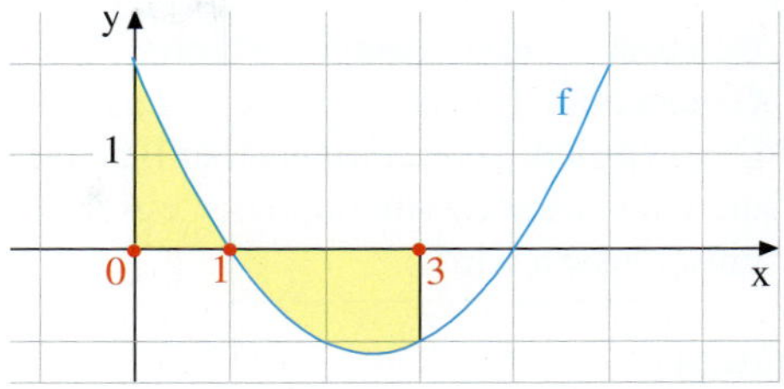

Lösung:
Wir errechnen zunächst die Nullstellen der Funktion, die bei x = 1 und x = 4 liegen, und skizzieren den Graphen.
Wir erkennen, dass die Fläche über [0; 3] aus zwei Teilstücken A_1 über [0; 1] und A_2 über [1; 3] besteht.

Die zugehörigen bestimmten Integrale haben die Werte $\frac{11}{12}$ (oberhalb der x-Achse) und $-\frac{5}{3}$ (unterhalb der x-Achse).

Der Gesamtinhalt von A ist somit gleich der Summe der Beträge dieser Werte:
$A = \frac{31}{12} \approx 2{,}58$.

Man darf nicht von 0 bis 3 „durchintegrieren", da man dann nur die Flächenbilanz $\frac{11}{12} - \frac{5}{3} = -\frac{3}{4}$ erhalten würde.

1. Nullstellen

$\frac{1}{2}x^2 - \frac{5}{2}x + 2 = 0$

$x^2 - 5x + 4 = 0$

$x = 2{,}5 \pm \sqrt{2{,}25} \quad \Rightarrow \quad x = 1, x = 4$

2. Bestimmte Integrale

$$\int_0^1 f(x)\,dx = \left[\frac{1}{6}x^3 - \frac{5}{4}x^2 + 2x\right]_0^1 = \frac{11}{12}$$

$$\int_1^3 f(x)\,dx = \left[\frac{1}{6}x^3 - \frac{5}{4}x^2 + 2x\right]_1^3 = -\frac{5}{3}$$

3. Flächeninhalt

$A = A_1 + A_2 = \frac{11}{12} + \frac{5}{3} = \frac{31}{12} \approx 2{,}58$

Übung 1 Flächenberechnungen
Gesucht sind die Inhalte der im Folgenden beschriebenen oder markierten Flächenstücke.

a) $f(x) = x^2 - x + 1$
Fläche über dem Intervall [0; 2]

b) $f(x) = \frac{1}{x^2}$
Fläche über dem Intervall [1; 3]

c) $f(x) = x^3 - x$
Fläche, die im 4. Quadranten von Kurve und x-Achse eingeschlossen wird

d) $f(x) = x^3 - x$
Fläche zwischen Kurve und x-Achse über dem Intervall [0; 2]

e) 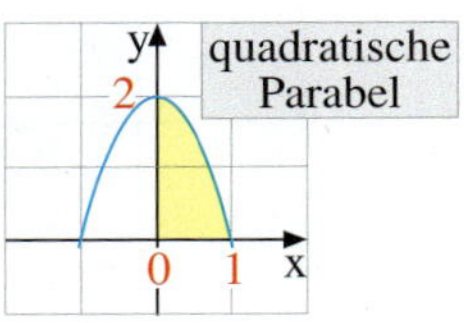

f) 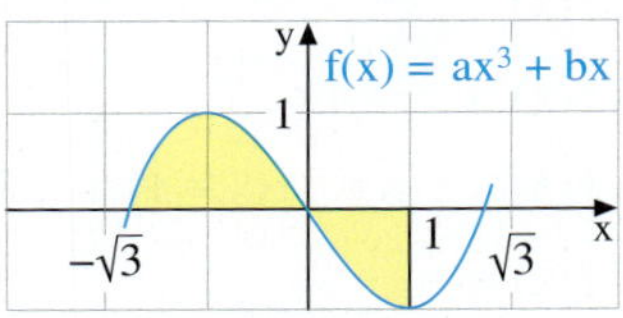

$-\sqrt{3}$, $\sqrt{3}$ sind Nullstellen

Die folgenden Beispiele betreffen Funktionen mit etwas komplizierteren Funktionstermen. Das Vorgehen bei Flächenbestimmungen ändert sich im Prinzip nicht, lediglich die nötige Bestimmung der Nullstellen der gegebenen Funktion ist aufwendiger.

Beispiel: Umschlossene Fläche
Gegeben ist $f(x) = \frac{1}{4}x^3 + \frac{1}{2}x^2 - 2x$.
Gesucht ist der Gesamtinhalt der Fläche, die vom Graphen von f und der x-Achse umschlossen wird.

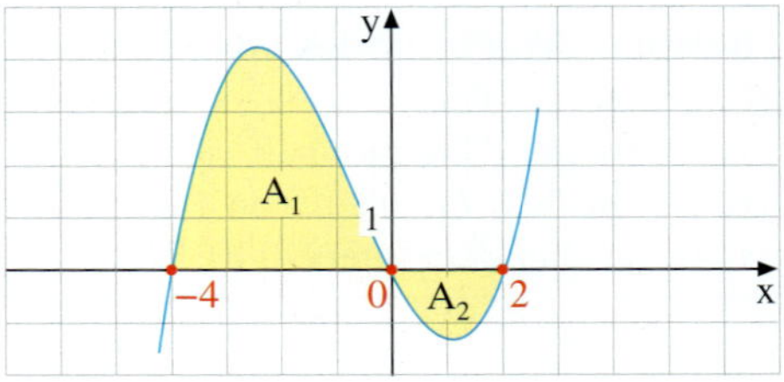

Lösung:
Wir bestimmen zunächst die Nullstellen von f durch Ausklammern von x und mit Hilfe der p-q-Formel. Diese liegen bei $x = 0$, $x = 2$ und $x = -4$.
Nun lässt sich der von unten links kommende und nach oben rechts gehende Graph von f gut skizzieren, evtl. benötigt man noch einige zusätzliche Funktionswerte.

1. Nullstellen

$$\frac{1}{4}x^3 + \frac{1}{2}x^2 - 2x = 0$$
$$x^3 + 2x^2 - 8x = 0$$
$$x(x^2 + 2x - 8) = 0$$
$$x = 0 \text{ oder } x^2 + 2x - 8 = 0$$
$$x = -1 \pm \sqrt{1+8}$$
$$x = 2, x = -4$$

Die Kurve und die x-Achse umschließen die gelb markierte Fläche. Sie besteht aus den Teilflächen A_1 und A_2. A_1 liegt oberhalb der x-Achse und ihr Inhalt lässt sich als bestimmtes Integral über $[-4; 0]$ darstellen.
Ergebnis: $A_1 = \frac{32}{3}$.
Für A_2 liefert das zugehörige bestimmte Integral über $[0; 2]$ den Inhalt $\frac{5}{3}$.

2. Bestimmte Integrale

$$\int_{-4}^{0} f(x)\,dx = \left[\frac{1}{16}x^4 + \frac{1}{6}x^3 - x^2\right]_{-4}^{0} = \frac{32}{3}$$

$$\int_{0}^{2} f(x)\,dx = \left[\frac{1}{16}x^4 + \frac{1}{6}x^3 - x^2\right]_{0}^{2} = -\frac{5}{3}$$

Insgesamt beträgt der Inhalt der gelben Fläche dann ca. 12,33 FE.

3. Flächeninhalt

$$A = A_1 + A_2 = \frac{32}{3} + \frac{5}{3} = \frac{37}{3} = 12\tfrac{1}{3} \approx 12{,}33$$

Übung 2 Flächeninhalt
Gesucht ist der Gesamtinhalt der Fläche zwischen dem Graphen von f und der x-Achse über dem gegebenen Intervall I. Skizzieren sie zunächst den Graphen von f.

a) $f(x) = \frac{1}{6}x^3 - \frac{1}{2}x^2$ $\quad I = [-1; 2]$

b) $f(x) = x^3 - 4x$ $\quad I = [-3; 2]$

c) $f(x) = \frac{1}{4}(x+3)(x-1)(x-2)$ $\quad I = [-3; 2]$

d) $f(x) = \frac{2}{x^2}$ $\quad I = [1; 3]$

Übung 3 Eingefärbte Fläche
Bestimmen Sie den Inhalt des abgebildeten eingefärbten Flächenstücks A.

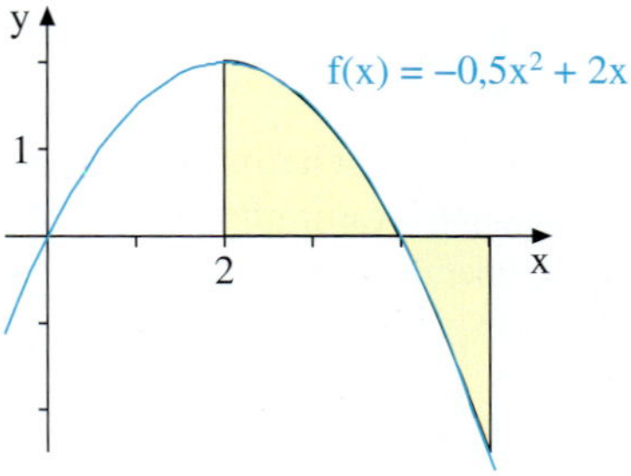

Übungen

4. Einfache Flächenberechnungen

Gesucht ist der Inhalt A der markierten Fläche.

a) 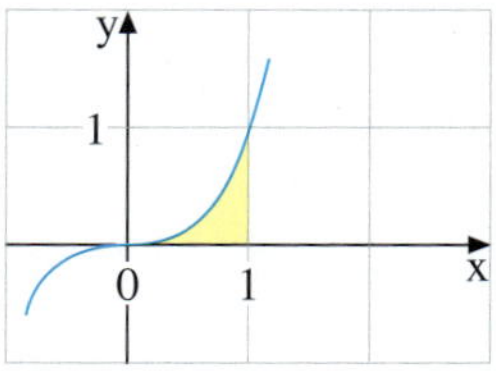

$f(x) = x^3$

b) 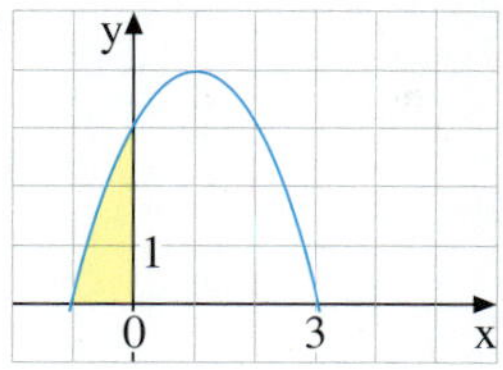

$f(x) = -x^2 + 2x + 3$

c) 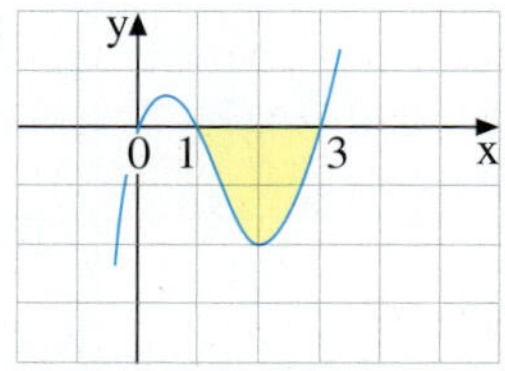

$f(x) = x^3 - 4x^2 + 3x$

5. Flächen unter Funktionsgraphen bei positiver Funktion

Bestimmen Sie den Inhalt der Fläche A unter dem Graphen von f über dem Intervall I. Für die Funktion f gilt im gesamten Intervall $f(x) \geq 0$.

a) $f(x) = x^2 + 1,\ I = [0; 2]$ b) $f(x) = 6 - 2x,\ I = [0; 3]$ c) $f(x) = 4 - x^2,\ I = [-2; 2]$
d) $f(x) = -x^4 + 4x^2,\ I = [0; 2]$ e) $f(x) = x^3 + 8,\ I = [-2; 0]$ f) $f(x) = \frac{1}{x^2},\ I = [1; 4]$

6. Flächen unter Funktionsgraphen bei negativer Funktion

Bestimmen Sie den Inhalt der Fläche A unter dem Graphen von f über dem Intervall I. Fertigen Sie zunächst eine Skizze des Graphen von f an.

a) $f(x) = x^2 - 4;\ I = [0; 2]$ b) $f(x) = 2x - 4,\ I = [-2; 2]$ c) $f(x) = \frac{1}{2}x^3 - 4,\ I = [0; 2]$
d) $f(x) = -(x-2)^2,\ I = [0; 1]$ e) $f(x) = x^2 - 4,\ I = [-2; 2]$ f) $f(x) = -x^{-3};\ I = [1; 3]$

7. Nullstellen- und Flächenberechnung

Gesucht ist der Gesamtinhalt der Flächen zwischen dem Graphen von f und der x-Achse über dem angegebenen Intervall. Berechnen Sie zunächst die Nullstellen von f.

a) $f(x) = x^2 - 4$
$-2 \leq x \leq 3$

b) $f(x) = x^3 - 4x$
$-1 \leq x \leq 2$

c) $f(x) = -x^3 - 2x^2 + 3x$
$-2 \leq x \leq 2$

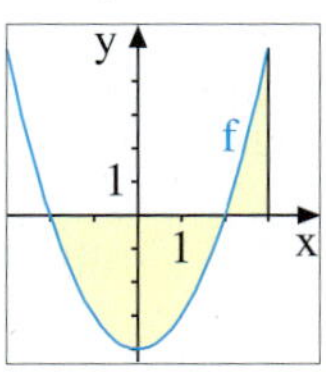

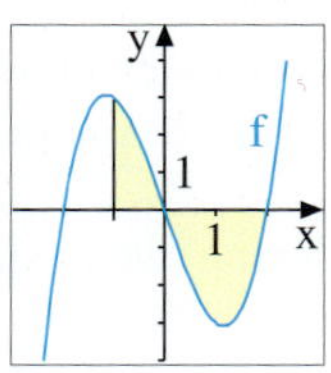

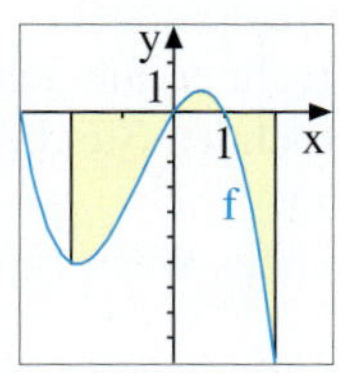

8. Nullstellen- und Flächenberechnung

Gesucht ist der Gesamtinhalt der Flächen, welche von dem Graphen von f und der x-Achse vollständig umschlossen werden.

Berechnen Sie zunächst die Nullstellen von f und fertigen Sie eine Skizze an.

a) $f(x) = x^2 - 2x - 3$ b) $f(x) = x^2 - 4x$ c) $f(x) = x^3 - 4x$
d) $f(x) = (x+2)(x-1)^2$ e) $f(x) = (x-1)(x^2 - x)$ f) $f(x) = x^4 + x^2 - 2$

9. Mehrere Randkurven

Die Fläche A wird durch mehrere Randkurven begrenzt.
Berechnen Sie ihren Flächeninhalt.

a) 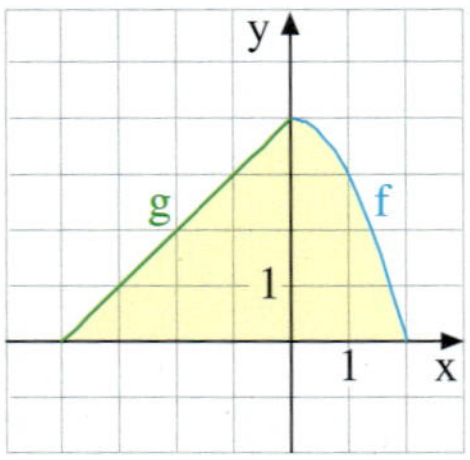

$f(x) = 4 - x^2$; $g(x) = x + 4$

b) 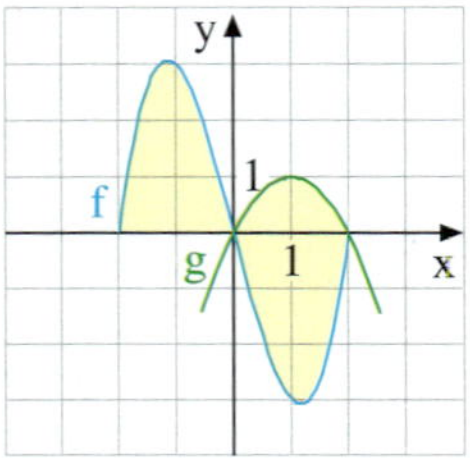

$f(x) = x^3 - 4x$; $g(x) = 2x - x^2$

c) 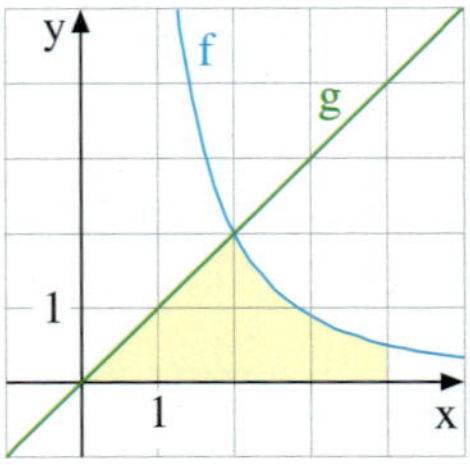

$f(x) = \frac{8}{x^2}$, $g(x) = x$

10. Logo

Das abgebildete Logo soll durch die folgenden Randfunktionen grob modelliert werden:

$f(x) = \frac{1}{4}(1 - x)(x + 3)$

$g(x) = \frac{1}{4}(x + 1)(3 - x)$

$h(x) = \frac{1}{4}(x - 3)(x + 3)$

Wie groß ist die gefärbte Fläche (1 LE = 1 m)?

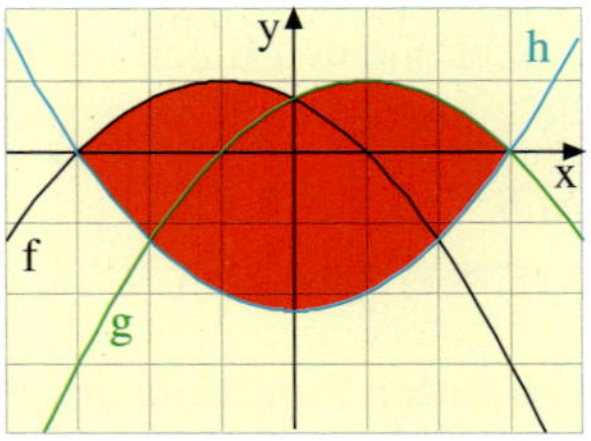

11. Aquädukt

Ein 100 m langes und an der Sohle 6 m breites Aquädukt ist rechts im Querschnitt abgebildet. Alle Maße können der Abbildung entnommen werden.

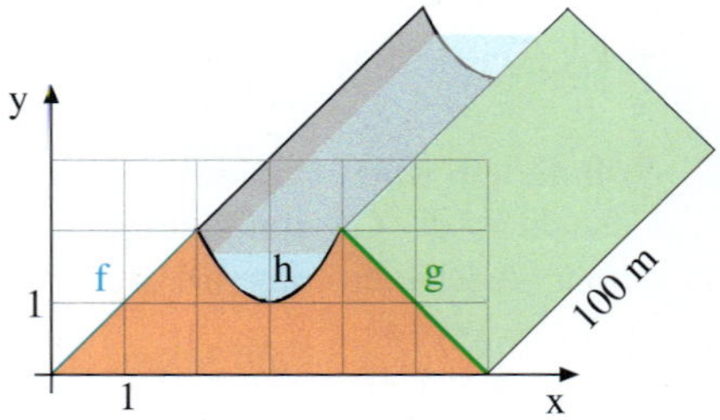

a) Stellen Sie die Gleichungen der Randkurven f, g und h auf.
f und g sind Geraden, h ist eine verschobene Normalparabel.

b) Berechnen Sie den Inhalt der vorderen Querschnittsfläche A des Unterbaus (rot).

c) Berechnen Sie das Wasservolumen, das das Aquädukt auf 100 m Länge maximal fassen kann.

d) Welches Wasservolumen fasst die Rinne, wenn sie nur bis auf halbe Höhe gefüllt ist?

Knobelaufgabe I

Wie viele Münzen von welcher Art (1 €, 50 c, 20 c, 10 c, 5 c, 2 c, 1 c) muss man mindesten dabei haben, um jeden Betrag von 0 € bis 2 € ohne Wechseln direkt bezahlen zu können?

B. Exkurs: Parameteraufgaben

Die folgenden Beispiele erfordern die Verwendung von Parametern, wodurch der Schwierigkeitsgrad erhöht ist. Außerdem dienen die Aufgaben der Wiederholung von Elementen der Kurvenuntersuchung.

Beispiel: Parameterbestimmung
Die Parabelschar $f_a(x) = ax^2 + 1$ sei gegeben. Wie muss $a > 0$ gewählt werden, damit die Fläche zwischen dem Graphen von f_a und der x-Achse über dem Intervall [0; 1] den Inhalt 2 hat?

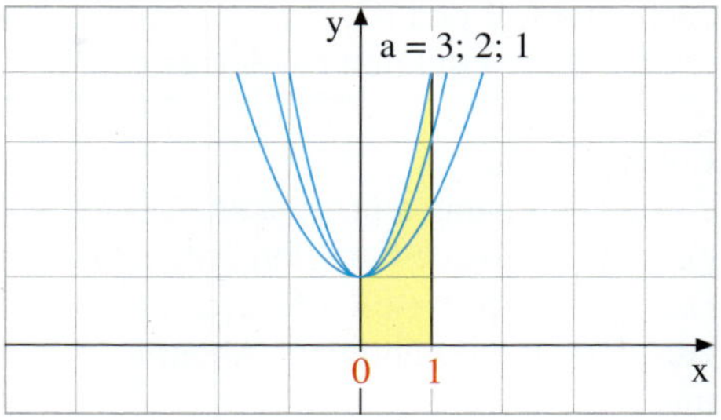

Lösung:
Wir berechnen das bestimmte Integral von f_a in den Grenzen von 0 bis 1. Den von a abhängigen Ergebnisterm setzen wir gleich 2. Das Auflösen der so entstandenen Bestimmungsgleichung für a liefert den gesuchten Parameterwert a = 3.

$$\int_0^1 (ax^2 + 1)\,dx = \left[\tfrac{a}{3}x^3 + x\right]_0^1 = \tfrac{a}{3} + 1 \overset{!}{=} 2$$
$$\Rightarrow a = 3$$

Beispiel: Flächenteilung
Gegeben ist die Parabel $f(x) = x^2$. Gesucht ist derjenige Wert des Parameters a, für den die senkrechte Gerade x = a die Fläche unter f über dem Intervall [0; 2] halbiert.

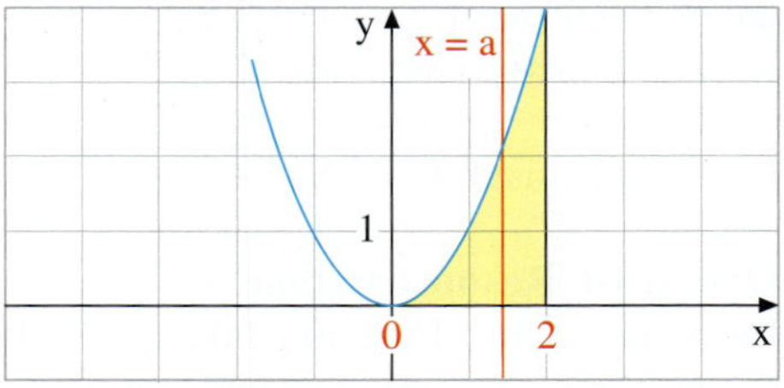

Lösung:
Wir errechnen den Inhalt A unter f über [0; 2]. Er beträgt $\frac{8}{3}$.
Der Inhalt A_1 unter f über dem Intervall [0; a] beträgt $\frac{a^3}{3}$.
Der Ansatz $A_1 = \frac{1}{2}A$ liefert daraus den Parameterwert $a = \sqrt[3]{4}$. $x = \sqrt[3]{4}$ ist die Gleichung der gesuchten senkrechten Geraden.

$$A = \int_0^2 x^2\,dx = \left[\tfrac{x^3}{3}\right]_0^2 = \tfrac{8}{3}$$
$$A_1 = \int_0^a x^2\,dx = \left[\tfrac{x^3}{3}\right]_0^a = \tfrac{a^3}{3}$$
$$A_1 = \tfrac{1}{2}A \Rightarrow \tfrac{a^3}{3} = \tfrac{4}{3} \Rightarrow a = \sqrt[3]{4} \approx 1{,}59$$

Übung 12 Parameterbestimmung
Gegeben ist $f_a(x) = x^3 - a^2x$, $a > 0$. Wie muss a gewählt werden, damit die beiden von f_a und der x-Achse eingeschlossenen Flächen jeweils den Inhalt 4 haben?

Übung 13 Flächenteilung
Die Fläche unter $f(x) = x^2$ über [0; 4] soll durch die senkrechte Gerade x = a im Verhältnis 1 : 7 geteilt werden.
Wie muss a gewählt werden?

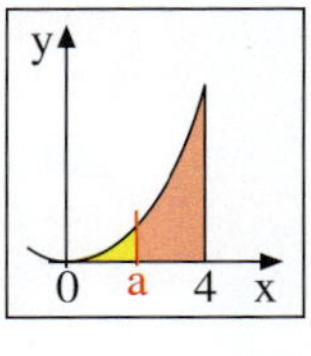

C. Rekonstruktionsaufgaben

Beispiel: Rekonstruktion

Eine ganzrationale Funktion f dritten Grades hat die aufgeführten Eigenschaften I, II und III.
Um welche Funktion handelt es sich?

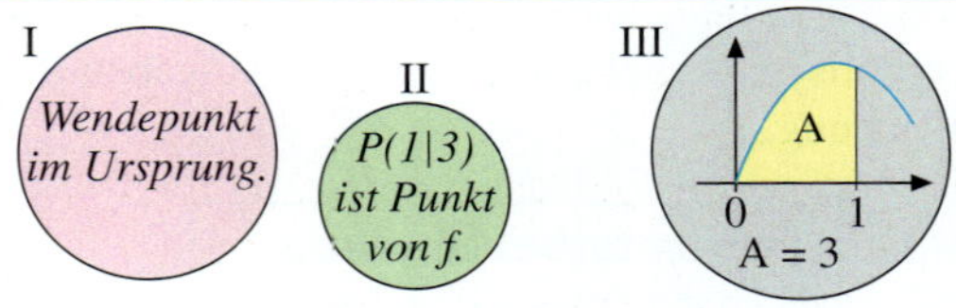

Lösung:
Ausgehend vom allgemeinen Ansatz für eine ganzrationale Funktion dritten Grades $f(x) = ax^3 + bx^2 + cx + d$ errechnen wir zunächst die benötigten Ableitungen f′ und f″.

Anschließend stellen wir die Bedingungen für f, f′ und f″ auf, die den geforderten Eigenschaften I bis III entsprechen.

Nachdem die Parameter $b = 0$ und $d = 0$ feststehen, ergibt sich ein Gleichungssystem mit den Variablen a und c, das wir mittels Additionsverfahren lösen.

Das Resultat ist $f(x) = -6x^3 + 9x$.

Ansatz:

$f(x) = ax^3 + bx^2 + cx + d$
$f'(x) = 3ax^2 + 2bx + c$
$f''(x) = 6ax + 2b$

Bedingungen:

I. $f''(0) = 0 \quad \Rightarrow b = 0$
$f(0) = 0 \quad \Rightarrow d = 0$

Neuer Ansatz: $f(x) = ax^3 + cx$

II. $f(1) = 3 \quad \Rightarrow a + c = 3$

III. $\int_0^1 f(x)\,dx = 3 \quad \Rightarrow \frac{1}{4}a + \frac{1}{2}c = 3$

$\Rightarrow a = -6,\ c = 9$

Resultat: $f(x) = -6x^3 + 9x$

Übung 14 Rekonstruktion

Eine quadratische Funktion mit einer Nullstelle bei $x = 1$ und einem Hochpunkt auf der y-Achse schließt mit den Koordinatenachsen im 1. Quadranten eine Fläche mit dem Inhalt 1 ein. Um welche Funktion handelt es sich?

Übung 15 Kurvengleichung

Eine quadratische Parabel f schneidet die y-Achse bei −1 und nimmt ihr Minimum bei $x = 4$ an.
Im 4. Quadranten liegt unterhalb der x-Achse über dem Intervall [0; 1] ein Flächenstück zwischen der Parabel und der x-Achse, dessen Inhalt 12 beträgt.
Wie lautet die Gleichung der Parabel f?

Übung 16 Parabelgleichung

Bestimmen Sie aus den Angaben in der Skizze die Gleichung der Parabel. Die Zeichnung ist nicht maßstäblich.

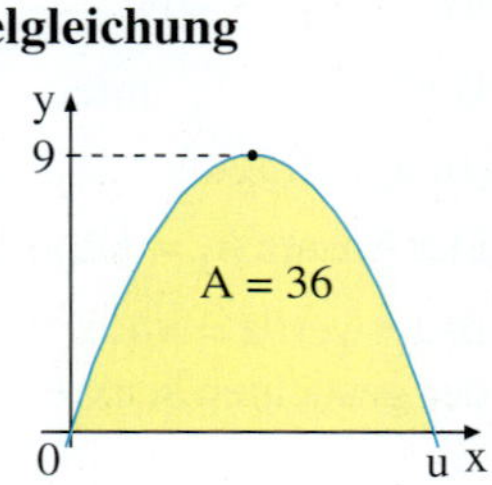

Knobelaufgabe II

Konrad läuft in 40 s einmal um eine kreisförmige Bahn. Bruni läuft in die entgegengesetzte Richtung. Sie trifft alle 15 s auf Konrad.

In wie vielen Sekunden umrundet Bruni die Bahn?

D. Modellierungsaufgaben mit Anwendungen

Wir schließen diesen Abschnitt mit zwei typischen Anwendungsbeispielen ab.

Beispiel: Luftvolumen einer Halle
Eine Bahnhofshalle wird über zwei Ventilatoren belüftet, deren Leistung jeweils ca. 80 Kubikmeter pro Minute beträgt.
Welche Zeit wird für einen kompletten Luftaustausch benötigt?
Das Dach der Halle ist eine parabelförmige Holzkonstruktion.

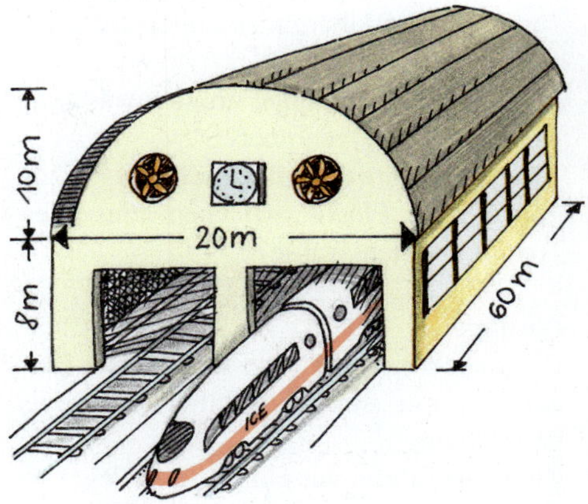

Lösung:
Wir errechnen zunächst die Parabelgleichung aus den gegebenen Bedingungen. In dem festgelegten Koordinatensystem lässt sich nach nebenstehender Rechnung das Dach der Halle durch die Gleichung $f(x) = -\frac{1}{10}x^2 + 10$ beschreiben.

Gleichung der Parabel:

$f(x) = ax^2 + c$
$f(0) = 10$
$f(10) = 0$
$\Rightarrow c = 10,\ a = -\frac{1}{10}$
$f(x) = -\frac{1}{10}x^2 + 10$

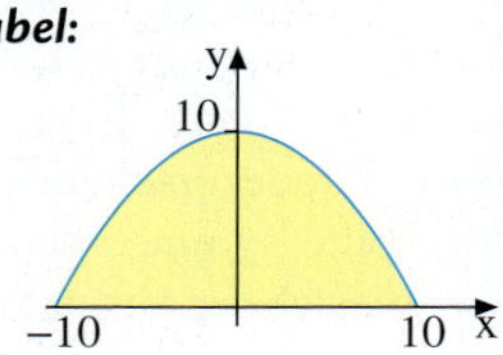

Das Luftvolumen der Halle erhalten wir als Produkt aus dem Inhalt der Hallenquerschnittsfläche und der gegebenen Hallenlänge. Die Querschnittsfläche der Halle setzt sich aus zwei Teilflächen zusammen, einer Rechteckfläche und einer Parabelfläche.

Fläche unter der Parabel:

$$A_1 = 2 \cdot \int_0^{10} f(x)\,dx = 2 \cdot \left[-\frac{1}{30}x^3 + 10x\right]_0^{10}$$
$$= 2 \cdot \left(-\frac{1000}{30} + 100\right) = 133{,}\overline{3}$$

Den Inhalt dieser Fläche zwischen der Parabel und der x-Achse errechnen wir nun durch Integration. Er beträgt $133{,}\overline{3}$ m². Die Vorderfront der Halle besitzt also einen Flächeninhalt von $293{,}\overline{3}$ m².

Gesamtfläche:

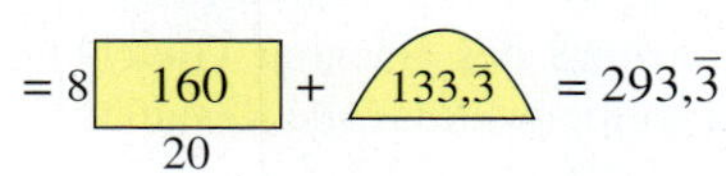

Multiplikation mit der Hallenlänge 60 m ergibt das Hallenvolumen von 17 600 m³.

Gesamtvolumen:
$V = 293{,}\overline{3} \cdot 60 = 17\,600$

Zum Luftaustausch der gesamten Halle benötigen die beiden Ventilatoren dann eine Stunde und 50 Minuten.

Zeit für Luftaustausch:
$t = \frac{V}{160} = \frac{17\,600}{160} = 110$
110 min = 1 h 50 min

Beispiel: Pflasterfläche

Am Ufer führt ein Radweg entlang. Dieser soll auf 20 m Länge durch eine neue Trasse ersetzt werden, die einen Brunnen umgeht. Die Übergänge sollen fließend sein.
Welche ganzrationale Funktion wäre zur Linienführung geeignet?
Wie groß wäre dann die markierte neu zu pflasternde Fläche zwischen dem Ufer und der neuen Trasse?

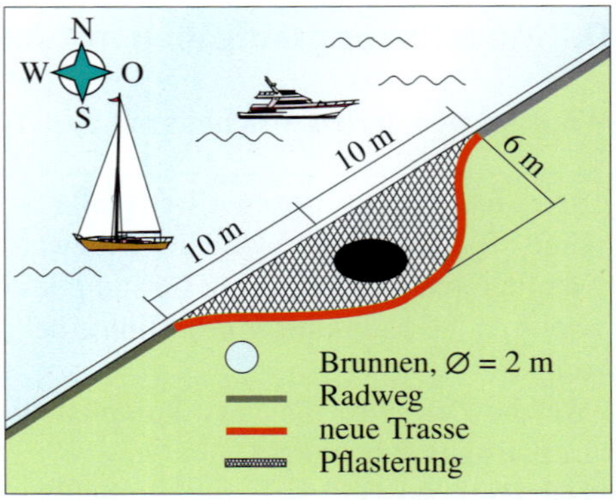

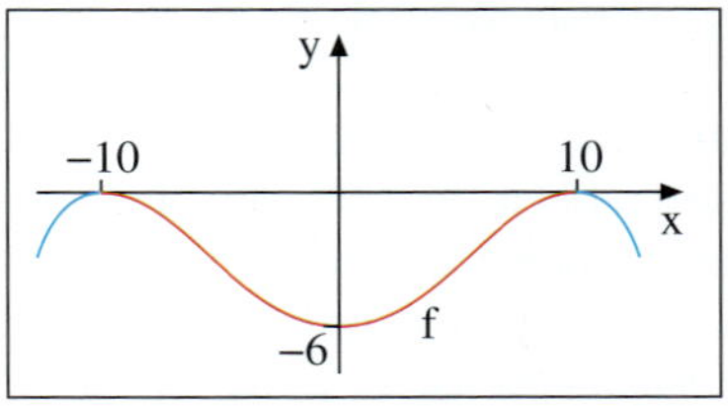

Lösung:
Es handelt sich um eine Rekonstruktionsaufgabe mit einer zusätzlichen Inhaltsbestimmung.
Zunächst führen wir ein passend liegendes Koordinatensystem ein und überlegen, welche Kurvenart die geforderten Eigenschaften haben könnte. Eine ganzrationale Funktion 4. Grades erscheint prinzipiell geeignet. Sie sollte symmetrisch zur y-Achse sein, woraus sich der Ansatz $f(x) = ax^4 + bx^2 + c$ mit geraden Exponenten ergibt.

Ansatz für f:
$f(x) = ax^4 + bx^2 + c$
$f'(x) = 4ax^3 + 2bx$

Der Tiefpunkt von f sollte $T(0|-6)$ sein und ihr rechter Hochpunkt wegen des fließenden Übergangs in die x-Achse bei $H(10|0)$ liegen. Der linke Hochpunkt liegt symmetrisch.

Eigenschaften von f:
Tiefpunkt $T(0|-6)$
Hochpunkt $H(10|0)$

I: $f(0) = -6$: $c = -6$
II: $f'(0) = 0$: durch Symmetrie erfüllt
III: $f(10) = 0$: $10\,000a + 100b - 6 = 0$
IV: $f'(10) = 0$: $4000a + 20b = 0$

Hieraus erhalten wir die Bedingungen I bis IV für f und f′, die auf drei Bestimmungsgleichungen für a, b und c führen.
Die Auflösung des linearen Gleichungssystems ergibt das folgende Resultat:
$f(x) = -0{,}0006x^4 + 0{,}12x^2 - 6$.

Auflösung des Gleichungssystems:
$c = -6$, $a = -0{,}0006$, $b = 0{,}12$
$f(x) = -0{,}0006x^4 + 0{,}12x^2 - 6$

Zur Inhaltsberechnung der Pflasterfläche verwenden wir das bestimmte Integral von f von 0 bis 10, das uns, abgesehen vom negativen Vorzeichen, den halben Flächeninhalt liefert.
Nach Verdopplung erhalten wir die Pflasterfläche, wovon evtl. noch $3{,}14\,m^2$ für den Brunnen abgezogen werden müssen, sodass $60{,}86\,m^2$ verbleiben.

Flächeninhalt:

$$\int_0^{10} f(x)\,dx = \int_0^{10} (-0{,}0006x^4 + 0{,}12x^2 - 6)\,dx$$
$$= \left[-0{,}00012x^5 + 0{,}04x^3 - 6x\right]_0^{10} = -32$$
$$\Rightarrow A = 2 \cdot 32 = 64$$

Übungen

17. Kanalquerschnitt
Bestimmen Sie die Breite und den Querschnitt des abgebildeten Kanals (Breite 20 m). Zwischen A und B verläuft die rechte Begrenzung des Kanalbettes gemäß

$f(x) = \frac{3}{100}\left(-\frac{1}{3}x^3 + 5x^2\right)$.

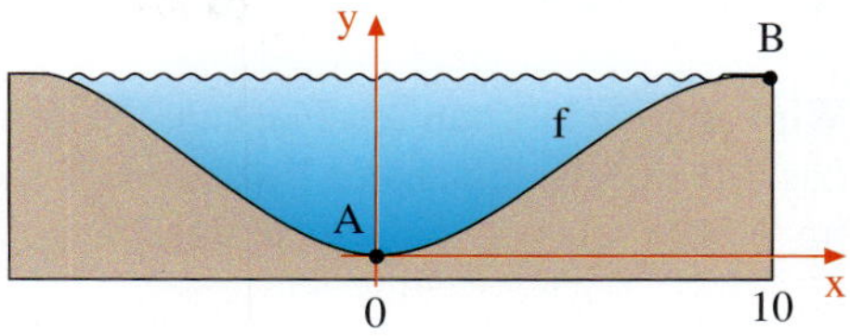

18. Fassadenanstrich
Der alte Stadtmauerturm soll einen neuen Fassadenanstrich erhalten. Für Angebote hat die Stadtverwaltung die nebenstehende Planskizze an die ortsansässigen Maler verteilt.
Malermeister Husch will 25 Euro pro m^2 kalkulieren. In welcher Höhe wird sein Angebot liegen?

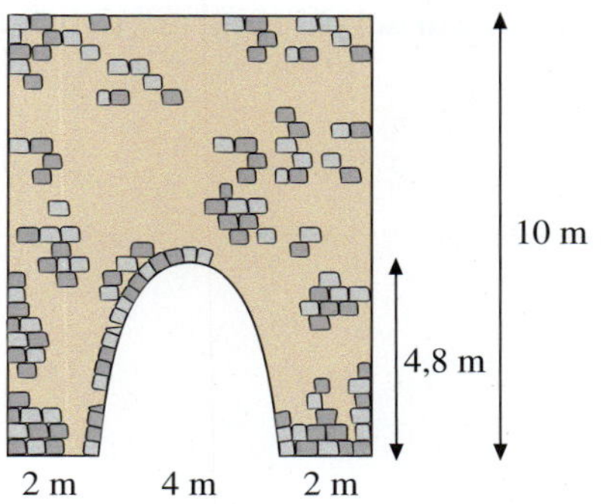

19. Grundstücksfläche
Ein Grundstück wird durch zwei Straßen und einen Fluss begrenzt.

a) Modellieren Sie den Fluss durch ein Polynom 3. Grades. Verwenden Sie die gesicherten Punkte aus der Planskizze. Im Punkt P(2|3) verläuft der Fluss exakt von Westen nach Osten.

b) Berechnen Sie die Grundstücksgröße. 1 LE = 1 km

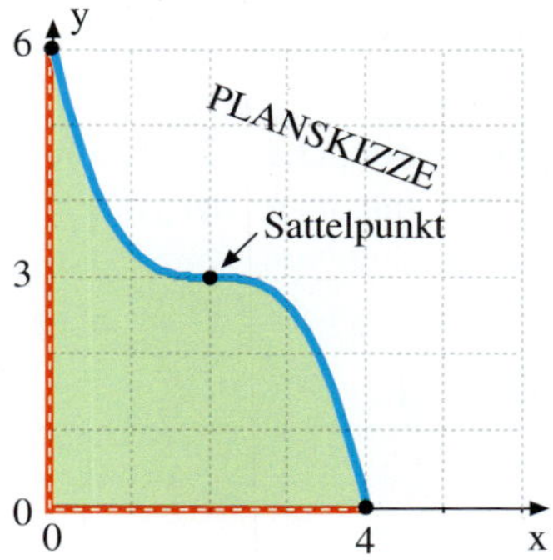

20. Hängebrücke
Eine Hängebrücke wird von zwei Stahlseilen getragen, die parabelförmig zwischen den Pylonen verlaufen. Acht Tragseile auf jeder Seite tragen die eigentliche Fahrbahn.

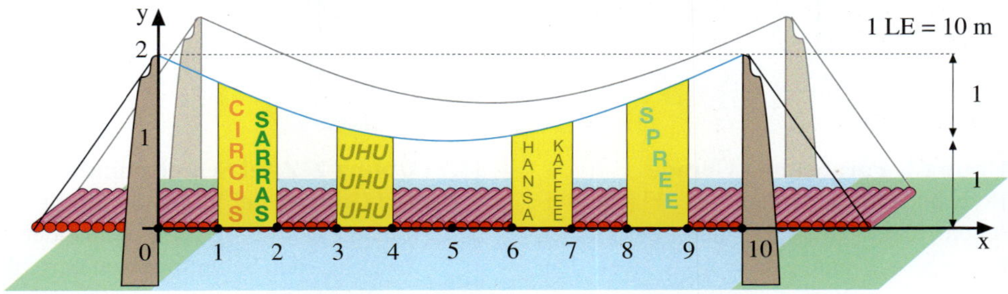

a) Stellen Sie das vordere Stahlseil durch eine quadratische Funktion dar.

b) Wie lang sind die acht Tragseile, die am vorderen Stahlseil hängen?

c) Welchen Flächeninhalt haben die vier Werbeverkleidungen zwischen den Tragseilen?

3. Flächen zwischen Funktionsgraphen

A. Grundlagen

Wir befassen uns nun mit Flächen, die von zwei oder mehr Kurven berandet sind. Wir erläutern das Prinzip am einfachsten Fall zweier Randkurven, die genau zwei Schnittpunkte haben. Es gibt im Wesentlichen zwei Berechnungsmethoden, die wir nun näher ausführen.

Methode 1: Zurückführung auf den Fall nur einer Randfunktion

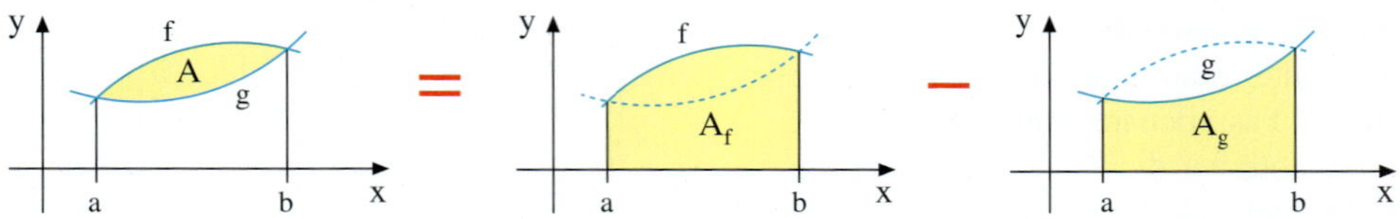

$$A = \int_a^b f(x)\,dx - \int_a^b g(x)\,dx$$ *

Inhalt A der Fläche **zwischen** f und g über dem Intervall [a; b] = Inhalt A_f der Fläche **unter** f über dem Intervall [a; b] − Inhalt A_g der Fläche **unter** g über dem Intervall [a; b]

Beispiel: Fläche zwischen Graphen

Gesucht ist der Inhalt A der Fläche zwischen den Graphen von $f(x) = \frac{1}{4}x^2 + 1$ und $g(x) = -\frac{1}{4}x^2 + x$ über dem Intervall [1; 2].

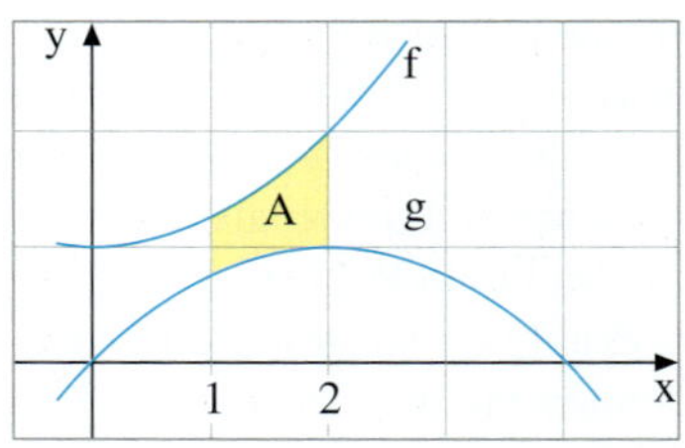

Lösung:

$$A_f = \int_1^2 f(x)\,dx = \int_1^2 \left(\tfrac{1}{4}x^2 + 1\right)dx = \left[\tfrac{1}{12}x^3 + x\right]_1^2 = \tfrac{32}{12} - \tfrac{13}{12} = \tfrac{19}{12}$$

$$A_g = \int_1^2 g(x)\,dx = \int_1^2 \left(-\tfrac{1}{4}x^2 + x\right)dx = \left[-\tfrac{1}{12}x^3 + \tfrac{1}{2}x^2\right]_1^2 = \tfrac{16}{12} - \tfrac{5}{12} = \tfrac{11}{12}$$

$$A = A_f - A_g = \tfrac{19}{12} - \tfrac{11}{12} = \tfrac{8}{12} = \tfrac{2}{3}$$

Übung 1 Parabel und Gerade

Berechnen Sie den Inhalt A der Fläche zwischen den Graphen der Funktionen $f(x) = x^2 + 2$ und $g(x) = x + 1$ über dem Intervall [−1; 2]. Fertigen Sie zunächst eine Skizze an.

Übung 2 Zwei Schnittpunkte

Die Graphen der Funktionen $f(x) = 1 - x^2$ und $g(x) = x^2 - 2x + 1$ schneiden sich. Zwischen den Schnittpunkten umschließen sie die Fläche A vollständig. Bestimmen Sie deren Inhalt.

* Wenn die Differenz der beiden Integrale negativ ist, geht man für A zum Betrag über.

Methode 2: Verwendung der Differenzfunktion

Man denkt sich die Fläche zwischen f und g aus unendlich vielen senkrechten Strecken zusammengesetzt. Die Länge der Strecke an der Stelle x ist die Differenz der Funktionswerte von f(x) und g(x). Senkt man alle Strecken auf die x-Achse ab, so entsteht dort eine neue Fläche mit dem gleichen Inhalt, deren obere Berandung die ***Differenzfunktion*** h(x) = f(x) − g(x) ist. Der Inhalt dieser Fläche kann mit dem bestimmten Integral von h berechnet werden.

$$A = \int_a^b (f(x) - g(x))\,dx \quad *$$

Inhalt der Fläche **zwischen f und g** über dem Intervall [a; b] = Inhalt der Fläche **unter der Differenzfunktion h = f − g** über dem Intervall [a; b]

Beispiel: Differenzfunktion

Berechnen Sie nun den Inhalt der Fläche A zwischen den Graphen von $f(x) = \frac{1}{4}x^2 + 1$ und $g(x) = -\frac{1}{4}x^2 + x$ über dem Intervall [1; 2] mit Hilfe der Differenzfunktion h = f − g.

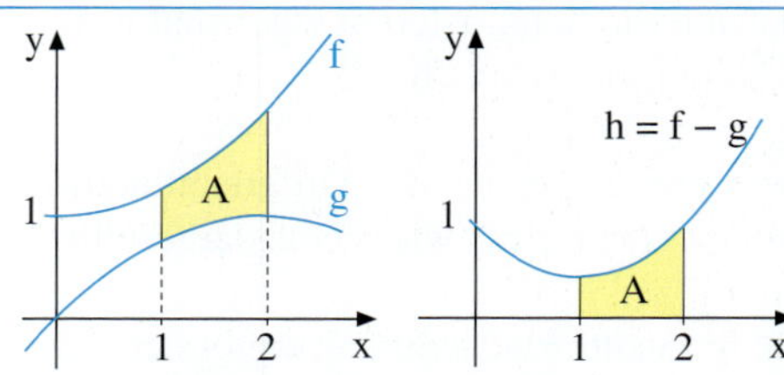

Lösung:

Die Differenzfunktion von f und g ist $h(x) = \frac{1}{2}x^2 - x + 1$. Das bestimmte Integral der Funktion h von 1 bis 2 hat den Wert $\frac{2}{3}$. Die Fläche unter h bzw. zwischen f und g über [1; 2] hat also den Inhalt $\frac{2}{3}$.

$$A = \int_1^2 h(x)\,dx = \int_1^2 \left(\tfrac{1}{2}x^2 - x + 1\right)dx$$
$$= \left[\tfrac{1}{6}x^3 - \tfrac{1}{2}x^2 + x\right]_1^2 = \tfrac{2}{3}$$

Übung 3 Differenzfunktion

Gesucht ist der Inhalt A der Fläche zwischen den Graphen von $f(x) = 4 - x^2$ und $g(x) = \frac{1}{2}x + 4$ über dem Intervall [1; 2]. Fertigen Sie zunächst eine Skizze an.

Übung 4 Schnittfläche

Die Graphen von $f(x) = -x^2 + 2x$ und $g(x) = x^3$ umschließen im 1. Quadranten eine Fläche vollständig.
Wie groß ist der Inhalt dieser Fläche?
Berechnen Sie zunächst die Schnittstellen von f und g.

* Wenn der Graph von g auf [a; b] oberhalb des Graphen von f liegt, geht man für A zum Betrag über.

B. Standardaufgaben

Im Folgenden werden verschiedene Standardaufgaben zur Berechnung des Inhalts der von zwei sich schneidenden Funktionsgraphen eingeschlossenen Flächenstücke behandelt. Gibt es mehrere Schnittpunkte und demzufolge auch mehrere Flächenstücke, so berechnet man die Inhalte der Teilflächen einzeln. Das erste Beispiel behandelt den einfachsten Fall.

Beispiel: Schnittfläche

Gesucht ist der Inhalt der Fläche A, die von den Graphen der Funktionen $f(x) = -x^2 + \frac{3}{2}x + 4$ und $g(x) = \frac{1}{2}x^2 + 1$ eingeschlossen wird.

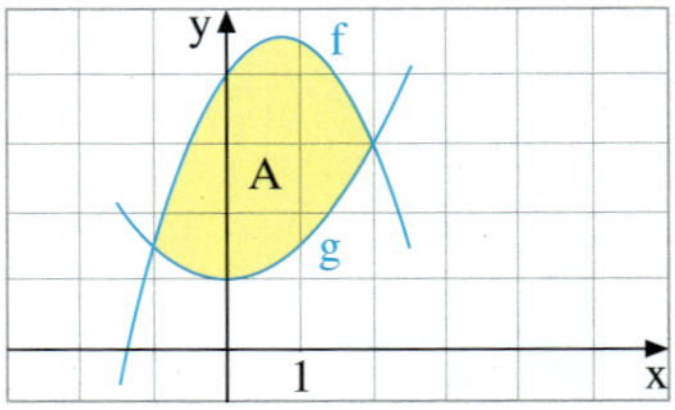

Lösung:

Zunächst fertigen wir eine Planungsskizze an. So können wir die Lage der betrachteten Fläche grob einschätzen.

Außerdem können wir sehen, dass f obere und g untere Randfunktion der Fläche ist. Die genaue Lage der Flächenbegrenzungen a und b müssen wir allerdings errechnen. Es sind die Schnittstellen von f und g. Wir erhalten a = −1 und b = 2.

Nun errechnen wir die Differenzfunktion h(x) = f(x) − g(x) wie rechts dargestellt.

Der gesuchte Flächeninhalt ergibt sich dann als Wert des bestimmten Integrals der Funktion h in den Grenzen von −1 bis 2.

Resultat: $A = \frac{27}{4} = 6{,}75$

1. Schnittstellen von f und g

$$f(x) = g(x)$$
$$-x^2 + \frac{3}{2}x + 4 = \frac{1}{2}x^2 + 1$$
$$-\frac{3}{2}x^2 + \frac{3}{2}x + 3 = 0$$
$$x^2 - x - 2 = 0 \Rightarrow x_1 = -1,\ x_2 = 2$$

2. Bestimmung der Differenzfunktion

$$h(x) = f(x) - g(x)$$
$$= \left(-x^2 + \frac{3}{2}x + 4\right) - \left(\frac{1}{2}x^2 + 1\right)$$
$$= -\frac{3}{2}x^2 + \frac{3}{2}x + 3$$

3. Flächeninhaltsbestimmung

$$A = \int_{-1}^{2} h(x)\,dx = \int_{-1}^{2} \left(-\frac{3}{2}x^2 + \frac{3}{2}x + 3\right)dx$$
$$= \left[-\frac{1}{2}x^3 + \frac{3}{4}x^2 + 3x\right]_{-1}^{2} = \frac{27}{4} = 6{,}75$$

Übung 5 Schnittfläche

Berechnen Sie den Inhalt der von den Graphen der Funktionen f und g begrenzten Fläche. Berechnen Sie zunächst die Schnittstellen von f und g.

a) $f(x) = 2x,\ g(x) = x^2$
b) $f(x) = -x^2 + 8,\ g(x) = x^2$
c) $f(x) = \frac{1}{4}x^2,\ g(x) = (x-1)^2$
d) $f(x) = \frac{1}{4}x^3 + 2,\ g(x) = \frac{3}{4}x + \frac{3}{2}$
e) $f(x) = \frac{4}{x^2},\ g(x) = -\frac{5}{4}x + \frac{21}{4}$
f) $f(x) = \frac{1}{6}x^3,\ g(x) = \frac{1}{6}x^3 - \frac{3}{2}x^2 + \frac{9}{2}x$

Übung 6 Parameteraufgabe

Bestimmen Sie a > 0 so, dass die von den Graphen der Funktionen f und g eingeschlossene Fläche den angegebenen Inhalt A hat.

a) $f(x) = -x^2 + 2a^2$, $g(x) = x^2$, $A = 72$

b) $f(x) = x^2$, $g(x) = ax$, $A = \frac{4}{3}$

c) $f(x) = x^2 + 1$, $g(x) = (a^2 + 1) \cdot x^2$, $A = \frac{4}{3}$

Die Methode „Differenzfunktion" funktioniert auch, wenn die Fläche A zwischen zwei Kurven von der x-Achse in zwei Teile zerschnitten wird, da die Differenz f(x) − g(x) davon unabhängig ist.

Beispiel: Schnittfläche

Gesucht ist der Flächeninhalt A, der von den Graphen der Funktionen $f(x) = x + 1$ und $g(x) = x^2 + 2x - 1$ umschlossen wird.

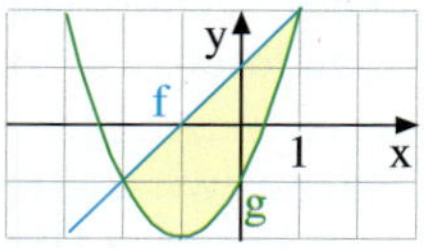

Lösung:
Wir berechnen zunächst die Schnittstellen von f und g.
Sie liegen nach nebenstehender Rechnung bei $x = -2$ und $x = 1$.

Nun bilden wir die Differenzfunktion $d(x) = f(x) - g(x) = -x^2 - x + 2$ und integrieren diese in den Grenzen von −2 bis 1.

Resultat: $A = \int_{-2}^{1} (f(x) - g(x))\,dx = 4{,}5$

Schnittpunkte von f und g

$$f(x) = g(x)$$
$$x + 1 = x^2 + 2x - 1$$
$$0 = x^2 + x - 2$$
$$x = -0{,}5 \pm \sqrt{(0{,}5)^2 + 2}$$
$$= -0{,}5 \pm 1{,}5$$
$$x_1 = -2, \quad x_2 = 1$$

Flächeninhalt

$$A = \int_{-2}^{1} (f(x) - g(x))\,dx = \int_{-2}^{1} (-x^2 - x + 2)\,dx$$
$$= \left[-\tfrac{1}{3}x^3 - \tfrac{1}{2}x^2 + 2x\right]_{-2}^{1} = \tfrac{9}{2} = 4{,}5$$

Übung 7 Schnittfläche

Wie groß ist der Inhalt der rechts abgebildeten Fläche A?
Die Schnittstellen von f und g liegen bei $x = -2$ und $x = 3$.

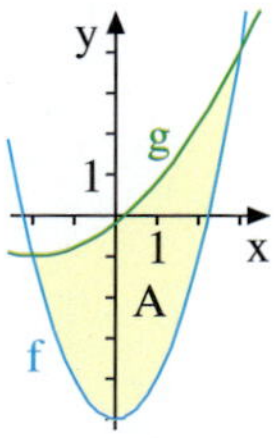

$f(x) = x^2 - 5, \quad g(x) = \frac{1}{5}(x^2 + 4x - 1)$

Übung 8 Flächeninhalt

Gesucht ist der Inhalt der rechts abgebildeten Fläche A.
Bestimmen Sie zunächst die einzige Schnittstelle von f und g.

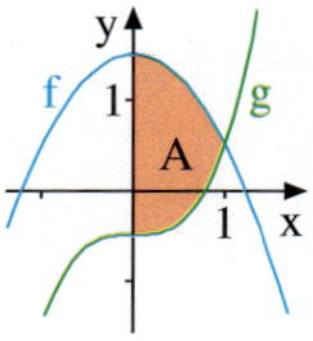

$f(x) = \frac{3}{2} - x^2, \quad g(x) = x^3 - \frac{1}{2}$

Übung 9 Schnittfläche

Gegeben sind die Funktionen $f(x) = x^2 - 6x + 5$ und $g(x) = 2x - 7$.

a) Bestimmen Sie die beiden Schnittstellen von f und g.

b) Berechnen Sie den Inhalt der Fläche A, die von f und g im ersten und vierten Quadranten umschlossen wird.

Knobelaufgabe III

x ist eine fünfstellige Zahl. Schreiben wir vor die Zahl x eine 1, so erhalten wir eine sechsstellige Zahl y.
Schreiben wir aber eine 1 hinter die Zahl x, so erhalten wir eine sechsstellige Zahl z, die dreimal so groß ist wie y. Wie heißt die Zahl x?

C. Flächen zwischen Geraden und Kurven

Gelegentlich sind die Inhalte von Flächen zwischen Geraden und Kurven zu bestimmen. Dann kann man in der Regel die Differenzfunktion einsetzen. Oft geht es aber auch mit elementaren Überlegungen zu lösen, wie hier aufgeführt.

Beispiel: Fläche zwischen Kurve und Geraden
Gegeben ist die Funktion $f(x) = 4 - x^2$.
Bestimmen Sie den Inhalt der in der Zeichnung rechts markierten Fläche A.

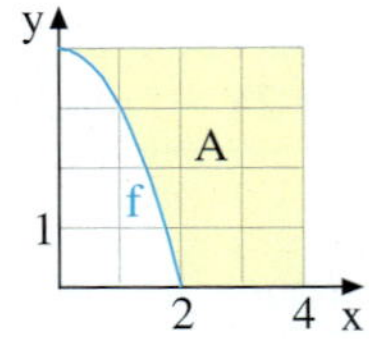

Lösung:
Das Flächenstück A stellt die Differenz zwischen der Fläche A_1 eines Quadrates mit der Seitenlänge 4 und der Fläche A_2 unter dem Graphen von $f(x) = 4 - x^2$ über dem Intervall [0; 2] dar.

Nach nebenstehender Rechnung ergibt sich so für den Inhalt der Fläche A der Wert $A \approx 10{,}67$.

Darstellung der Fläche A:

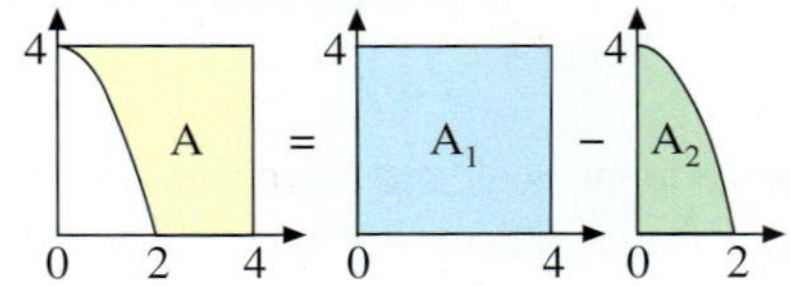

$$A = A_1 - A_2$$
$$A = 4 \cdot 4 - \int_0^2 (4 - x^2)\,dx$$
$$A = 16 - \left[4x - \tfrac{1}{3}x^3\right]_0^2$$
$$A = 16 - \left(8 - \tfrac{8}{3}\right) = 8 + \tfrac{8}{3} = \tfrac{32}{3} \approx 10{,}67$$

Übung 10 Flächen zwischen Kurven und Geraden
Bestimmen Sie den Inhalt der markierten Fläche A.

a) 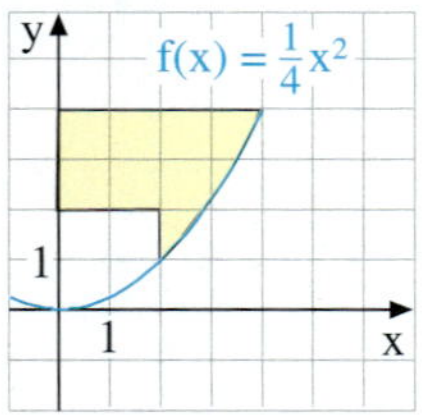

b) 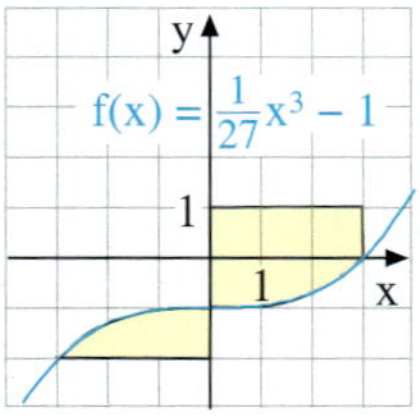

c) 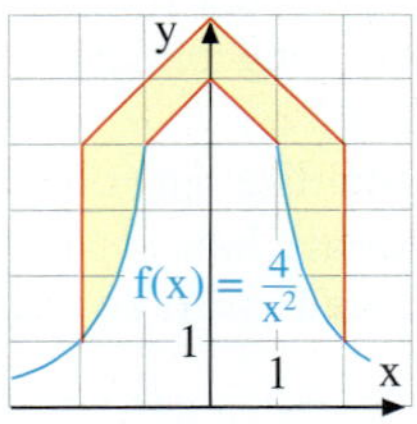

Übung 11 Normale
Gegeben ist die Funktion $f(x) = x^2$.
n sei die Normale von f an der Stelle $x_0 = 1$.
Berechnen Sie den Inhalt der Fläche A zwischen der Kurve f, der Normalen und der x-Achse im 1. Quadranten.

Übung 12 Tangente
Gegeben sei die Funktion $f(x) = x^2 + 2$.
t sei die Tangente von f an der Stelle $x_0 = 2$.
Wie groß ist der Inhalt der Fläche A, die vom Graphen von f, der Tangente t und der y-Achse eingeschlossen wird?

Knobelaufgabe II

Ein Löwe rennt von Potsdam nach Werder (Luftlinie: 9 km). Seine Schrittlänge beträgt 1 m. An seinen Schwanz hängt eine Büchse, die bei jedem Schritt aufschlägt. Der Löwe verdoppelt seine Geschwindigkeit, sobald er die Büchse aufschlagen hört. Beim 6. Aufschlag verliert er die Büchse. Seine Anfangsgeschwindigkeit ist 1 m/s. Nach welcher Zeit kommt er in Werder an?

D. Flächen, die aus mehreren Teilflächen bestehen

Wir betrachten nun den Fall, dass die von zwei Kurven f und g eingeschlossene Fläche in zwei oder mehr Teilflächen zerfällt. Dieser Fall tritt z. B. dann ein, wenn f und g mehr als zwei Schnittpunkte besitzen. Das Lösungsprinzip ist denkbar einfach: Man berechnet die Inhalte der Teilflächen einzeln, z. B. mittels Differenzfunktion.

Beispiel: Zusammengesetzte Fläche
Berechnen Sie den Inhalt der Fläche A, die von den Graphen von
$f(x) = \frac{1}{3}x^3 - \frac{4}{3}x$ und $g(x) = \frac{1}{3}x^2 + \frac{2}{3}x$
eingeschlossen wird.

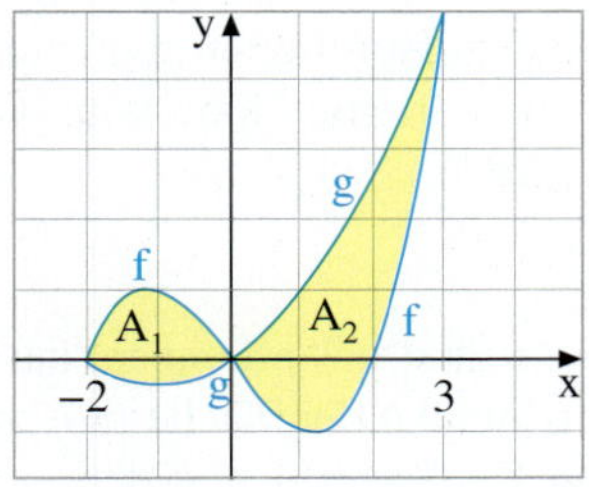

Lösung:
Wir skizzieren zunächst die Graphen von f und g. Diese haben drei Schnittpunkte, wodurch die Fläche in zwei Teilflächen A_1 und A_2 zerfällt, die von Schnittpunkt zu Schnittpunkt reichen.

Die Berechnung der Schnittstellen ergibt $x_1 = 0$, $x_2 = -2$ und $x_3 = 3$.

Des Weiteren errechnen wir die Differenzfunktion $h(x) = f(x) - g(x)$. Gleichwertig wäre $h(x) = g(x) - f(x)$.

Anschließend berechnen wir die bestimmten Integrale der Differenzfunktion von der ersten Schnittstelle −2 bis zur zweiten Schnittstelle 0 sowie von der zweiten Schnittstelle 0 bis zur dritten Schnittstelle 3.

Diese haben die Werte $\frac{16}{9}$ bzw. $-\frac{21}{4}$, woraus sich $A_1 = \frac{16}{9}$ und $A_2 = \frac{21}{4}$ ergeben. Addition von A_1 und A_2 ergibt den Inhalt A.

Resultat: $A = \frac{253}{36} \approx 7{,}03$.

1. Schnittstellen von f und g

$$f(x) = g(x)$$
$$\frac{1}{3}x^3 - \frac{4}{3}x = \frac{1}{3}x^2 + \frac{2}{3}x$$
$$\frac{1}{3}x^3 - \frac{1}{3}x^2 - 2x = 0$$
$$x \cdot (x^2 - x - 6) = 0$$
$$\Rightarrow x_1 = 0,\ x_2 = -2,\ x_3 = 3$$

2. Differenzfunktion

$$h(x) = f(x) - g(x) = \frac{1}{3}x^3 - \frac{1}{3}x^2 - 2x$$

3. Flächeninhaltsberechnung

$$\int_{-2}^{0} h(x)\,dx = \left[\frac{1}{12}x^4 - \frac{1}{9}x^3 - x^2\right]_{-2}^{0} = \frac{16}{9}$$
$$\int_{0}^{3} h(x)\,dx = \left[\frac{1}{12}x^4 - \frac{1}{9}x^3 - x^2\right]_{0}^{3} = -\frac{21}{4}$$
$$A_1 = \frac{16}{9},\ A_2 = \frac{21}{4}$$
$$A = A_1 + A_2 = \frac{16}{9} + \frac{21}{4} = \frac{253}{36} \approx 7{,}03$$

Übung 13 Flächen
Berechnen Sie den Inhalt der Fläche zwischen den Kurven f und g über dem Intervall I. Berechnen Sie zunächst die Schnittstellen.

a) $f(x) = x^3 + x^2$
$g(x) = x^2 + x$
$I = [-2; 1]$

b) $f(x) = 3x$
$g(x) = x^3 - x$
$I = [-1; 2]$

Übung 14 Komplexe Flächen

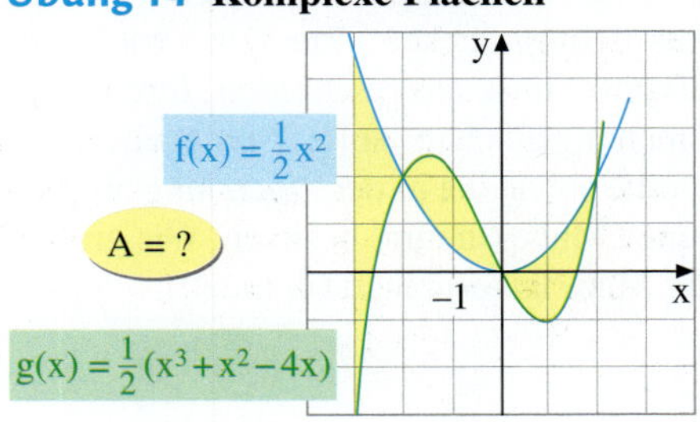

D. Modellierungsaufgaben

Beispiel: Parabelbogen

Das Dach einer 20 m breiten und 60 m langen Tennishalle wird durch einen Parabelbogen gespannt. Welchen Zuwachs erhält das Luftvolumen der Halle, wenn anstelle der ursprünglich geplanten Bauhöhe von 8 m eine Höhe von 10 m gewählt wird?

Lösung:
Die Skizze lässt uns erkennen, dass es genügt, den Inhalt A der Fläche zwischen dem aktuellen Dachprofil f und dem ursprünglich geplanten, niedrigeren Dachprofil g zu berechnen. Der Luftzuwachs ergibt sich durch Multiplikation von A mit der gegebenen Länge der Halle.

Wir modellieren nach Festlegung des Koordinatensystems f und g durch quadratische Parabeln der Form $a x^2 + b x + c$.
Aus den ablesbaren Informationen $f(0) = 0$, $f(10) = 10$, $f(20) = 0$ bzw. $g(0) = 0$, $g(10) = 8$, $g(20) = 0$ ergeben sich mittels linearer Gleichungssysteme die Funktionsgleichungen:
$f(x) = -\frac{1}{10}x^2 + 2x, \quad g(x) = -\frac{2}{25}x^2 + \frac{8}{5}x.$

Anschließend bestimmen wir A, indem wir die Differenzfunktion $f - g$ von 0 bis 20 integrieren. Wir erhalten so den Flächeninhalt $A = \frac{80}{3}\,\text{m}^2$.

Hieraus ergibt sich ein Volumenzuwachs von $1600\,\text{m}^3$ Luft.

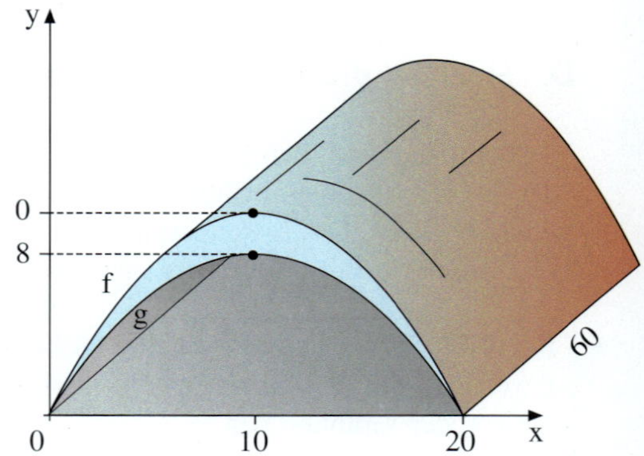

Bestimmung der Parabelgleichungen

Ansatz: $f(x) = a x^2 + b x + c$

$$\left.\begin{aligned} f(0) &= 0 \\ f(10) &= 10 \\ f(20) &= 0 \end{aligned}\right\} \Rightarrow \begin{aligned} c &= 0 \\ 100a + 10b + c &= 10 \\ 400a + 20b + c &= 0 \end{aligned}$$

$$\Rightarrow a = -\frac{1}{10},\ b = 2,\ c = 0$$

Also gilt: $f(x) = -\frac{1}{10}x^2 + 2x$

Analog: $g(x) = -\frac{2}{25}x^2 + \frac{8}{5}x$

Querschnittsfläche

$$A = \int_0^{20} (f(x) - g(x))\,dx = \int_0^{20} \left(-\frac{1}{50}x^2 + \frac{2}{5}x\right)dx$$

$$= \left[-\frac{1}{150}x^3 + \frac{1}{5}x^2\right]_0^{20} = \frac{80}{3}$$

Volumen

$$V = \frac{80}{3}\,\text{m}^2 \cdot 60\,\text{m} = 1600\,\text{m}^3$$

Übung 15 Materialverbrauch

Aus 16 mm dickem Plexiglas wird eine Bikonvexlinse ausgeschnitten. Ihre beiden Brechungsflächen sollen parabelförmige Profile sowie die in der Zeichnung angegebenen Maße (in mm) besitzen. Wie groß ist der Materialverbrauch (in mm^3)?

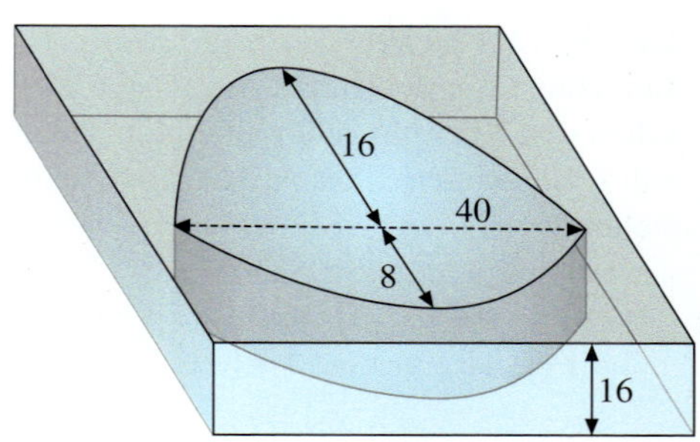

Übungen

16. Gebäudefront

Das Foto zeigt eine Gebäudefront, welche parabelförmig begrenzt ist. Die Front ist 12 m breit und 9 m hoch, wobei 5 m auf die untere und 4 m auf die obere Parabel entfallen.

a) Bestimmen Sie die Gleichungen der beiden Parabeln (Ursprung in der Mitte zwischen den Parabeln).

b) Welchen Querschnitt hat die Front?

17. Grundstücksgröße

Ein Grundstück wird wie abgebildet durch eine Straße f, einen Fluss g und die zwei Parallelen $x = -10$ und $x = 10$ begrenzt. Der Fluss wird durch $g(x) = 0{,}005\,x^3 - 1{,}5\,x$ erfasst.

a) Bestimmen Sie die Gleichung der Straßengerade.

b) Bestimmen Sie die Größe des Grundstücks.

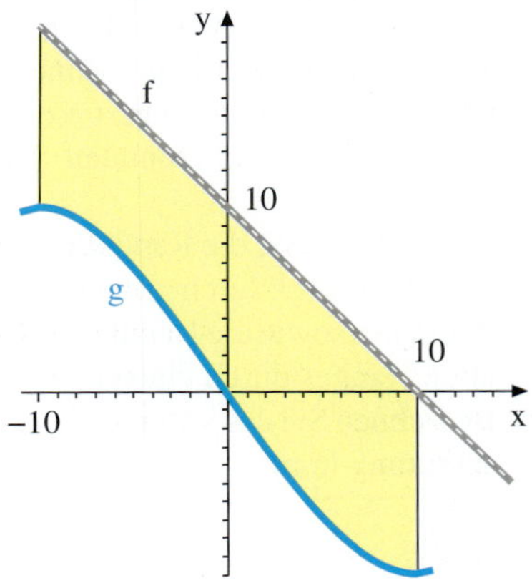

18. Fischlogo

Mac Fish plant als Firmenlogo für die Fenster ein transparentes Symbol. Ein Designer liefert den Entwurf rechts.

a) Bestimmen Sie die quadratischen Parabelgleichungen von f und g.

b) Welchen Inhalt A hat das Logo?

c) Das Logo lässt nur 50 % des Lichtes durch. Wie stark reduziert sich der Lichteinfall des gesamten Fensters?

d) In welchem Bereich ist das Logo mindestens 25 cm hoch?

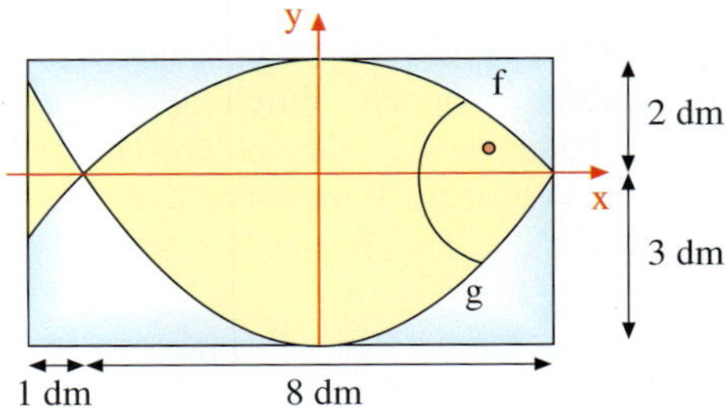

19. Campinganlage

Eine neue Campinganlage wird geplant. Sie soll von der Straße g, dem Küstenabschnitt $f(x) = -\frac{1}{4}x^4 + x^2$ sowie den Geraden h und k begrenzt werden (1 LE = 100 m).

a) Bestimmen Sie die Gleichungen der Parabel g sowie der Geraden h.

b) Welchen Flächeninhalt hat die geplante Anlage insgesamt?

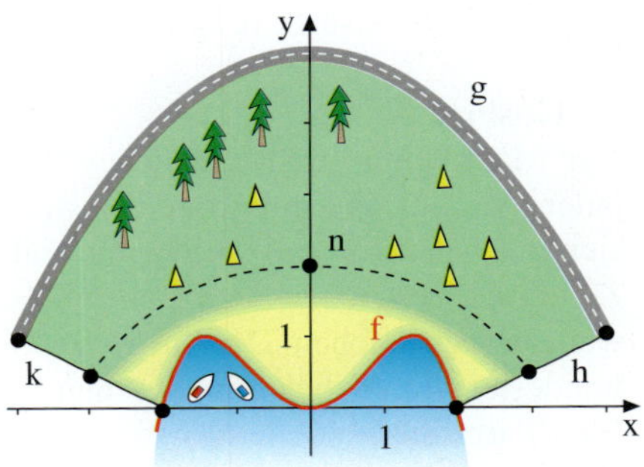

c) Der Bereich zwischen der Straße g und der Parabel n durch A(−3|0,5), B(0|2) und C(3|0,5) soll in je 100 m² große Parzellen geteilt werden. Wie viele Parzellen sind möglich?

20. Thermalbad

Ein Innenarchitekt plant für ein neues Thermalbad einen Whirlpool.

a) Wie lauten die Gleichungen der Randfunktionen f und g? g läuft bei P(4|2) horizontal aus.

b) Wie viele Liter Wasser fasst das 1,5 m tiefe Becken?

c) Wie groß ist der Winkel α, unter dem die Kurven f und g sich im Punkt P(4|2) treffen?

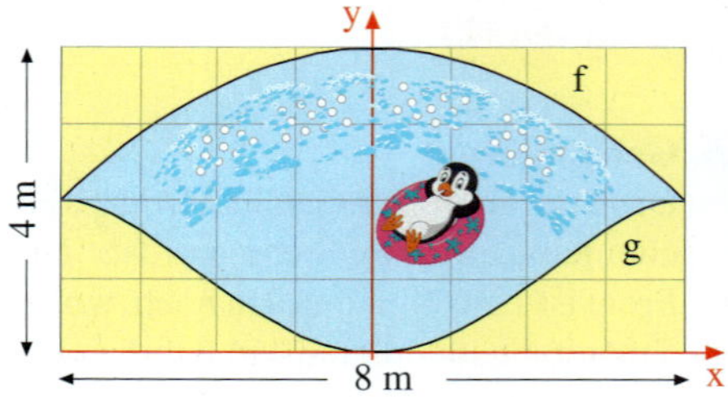

$f(x) = ax^2 + b$

$g(x) = ux^4 + vx^2$

21. Damm

Ein Hang, der 1000 m lang, 100 m breit und 40 m hoch ist, wird durch eine Aufschüttung neu gestaltet, um am oberen Hangende einen horizontalen Übergang zu schaffen.

a) Modellieren Sie die Randkurve f der Aufschüttung durch ein Polynom 2. Grades sowie die Randkurve g des alten Hanges durch eine Gerade.

b) Berechnen Sie das Volumen der Aufschüttung in m^3.

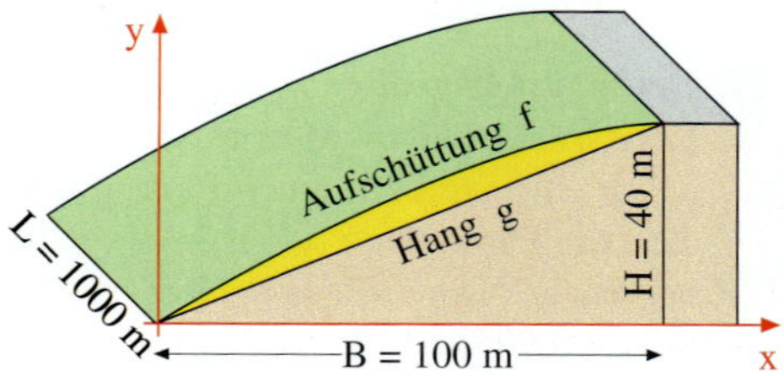

$f(x) = ax^2 + bx + c$

$g(x) = ux$

22. Wippe

Eine Wippe aus Kunststoff hat die abgebildete Form. Obere und untere Berandung können durch Polynome 4. Grades bzw. 2. Grades erfasst werden. Die obere Randkurve läuft horizontal aus. Die Breite der Sitzfläche beträgt 30 cm.

a) Wie lauten die Gleichungen der Randkurven f und g?

b) Wie groß ist die Masse der Wippe? (Dichte Kunststoff: 0,7 g/cm³)

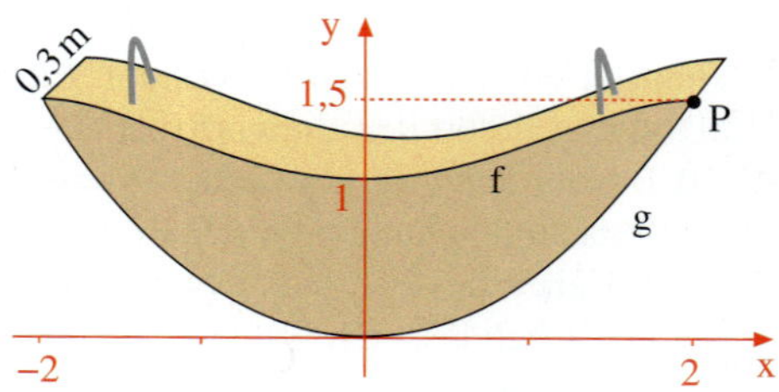

$f(x) = ax^4 + bx^2 + c$ 1 LE = 1 m

$g(x) = ux^2$ P(2|1,5)

23. Vereinslogo

Der Marineclub erhält ein neues 5 m langes Vereinslogo in Form eines stilisierten Wals. Es soll beidseitig mit Zinkfarbe gestrichen werden, um es wetterfest zu machen. Der Anstrich soll mindestens 1 mm dick sein. Reichen 10 Liter Farbe aus?

Hinweis: Zeigen Sie zunächst, dass die Schwanzflosse des Logos 1 m lang ist.

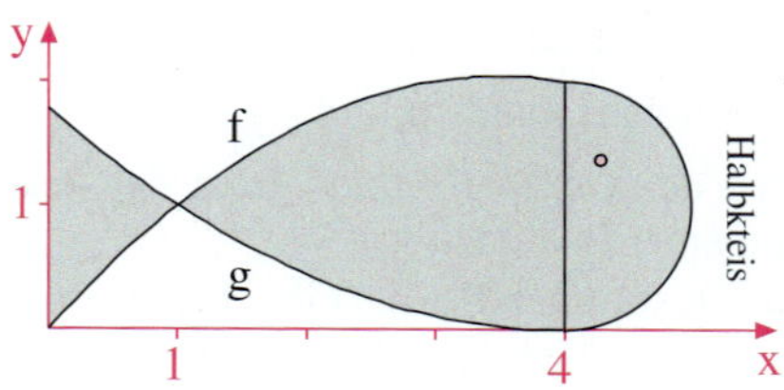

$f(x) = -\frac{1}{6}x^2 + \frac{7}{6}x\,,\ 0 \leq x \leq 4$

$g(x) = \frac{1}{9}(x^2 - 8x + 16)\,,\ 0 \leq x \leq 4$

4. Flächen unter nicht-ganzrationalen Funktionen

Die Berechnung von Flächeninhalten unter und zwischen Randkurven beschränkte sich bisher auf ganzrationale Funktionen. Wir erweitern diese Berechnungen nun auf Exponentialfunktionen, trigonometrische Funktionen sowie einfache gebrochen-rationale Funktionen.

A. Flächenberechnungen bei Exponentialfunktionen

Wir erinnern zunächst an die grundlegenden Integrationsregeln für Exponentialfunktionen, die sich aus den entsprechenden Ableitungsregeln ergeben.

Integrationsregeln für Exponentialfunktionen

(1) $\int e^x\,dx = e^x + C$ (2) $\int e^{-x}\,dx = -e^{-x} + C$ (3) $\int e^{ax+b}\,dx = \frac{1}{a}\cdot e^{ax+b} + C$

Beispiel: Skihalle

In einer neuen Skihalle wird ein Übungshang aufgeschüttet. Er hat eine horizontale Länge von 200 m und eine Breite von 50 m. Seine Profilkurve lautet $f(x) = 40\,e^{-\frac{1}{50}x}$ (1 LE = 1 m).

Berechnen Sie, wie viel Kubikmeter Material benötigt werden.

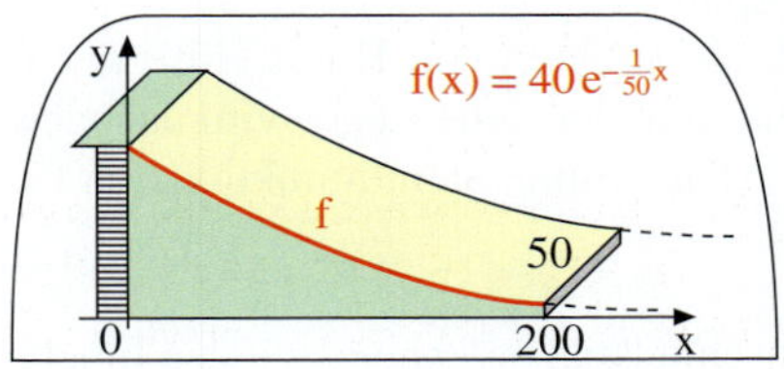

Lösung:

Wir berechnen zunächst die Längsschnittfläche A der Aufschüttung.
Dazu bestimmen wir mit der linearen Kettenregel (Regel 3) eine Stammfunktion F von f. Sie lautet $F(x) = -2000\,e^{-\frac{1}{50}x}$.

Stammfunktion von f

$$F(x) = \int 40\,e^{-\frac{1}{50}x}\,dx = -2000\,e^{-\frac{1}{50}x}$$

Nun berechnen wir A mit Hilfe des bestimmten Integrals von f über [0; 200].
Wir erhalten $A \approx 1963{,}37\,m^2$.

Flächenberechnung

$$A = \int_0^{200} 40\,e^{-\frac{1}{50}x}\,dx = \left[-2000\,e^{-\frac{1}{50}x}\right]_0^{200}$$
$$= (-2000\,e^{-4}) - (-2000\,e^{0})$$
$$\approx -36{,}63 + 2000 = 1963{,}37$$

Das Volumen V der Aufschüttung ergibt sich als Produkt der Querschnittsfläche A mit der Bahnbreite von 50 m.
Resultat: $V \approx 98\,170\,m^3$

Volumenberechnung

$$V = A\cdot 50 \approx 1963{,}37\,m^2 \cdot 50\,m \approx 98\,170\,m^3$$

Übung 1 Flächeninhalte

Berechnen Sie den Inhalt der abgebildeten Flächenstücke A_1 und A_2.

a)

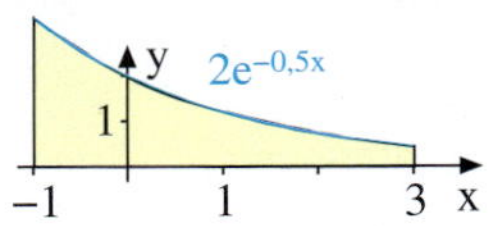

b)

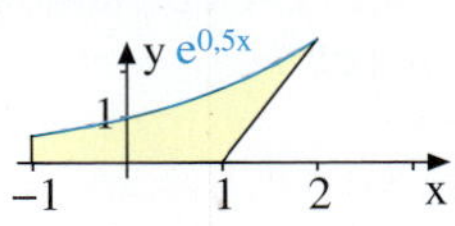

In der folgenden Aufgabe können wir die benötigte Stammfunktion F der Randkurve f mit unseren Mitteln nicht direkt berechnen, da f ein Produkt ist.
Daher ist hier die Stammfunktion F vorgegeben. Es muss lediglich der Nachweis geliefert werden, dass es sich wirklich um eine Stammfunktion handelt (**Stammfunktionsnachweis**). Dieser Nachweis wird erbracht, indem man durch Differentiation zeigt, dass $F' = f$ gilt.

Beispiel: Stammfunktionsnachweis

Die Straße $f(x) = x \cdot e^{1-x}$, der Fluss längs der x-Achse und der vertikale Verbindungsweg vom Punkt P zum Fluss begrenzen ein Grundstück, das mit Obstbäumen bepflanzt werden soll (1 LE = 100 m).
Ein Obstbaum benötigt 20 m². Wie viele Bäume können gepflanzt werden? Zeigen Sie zunächst, dass $F(x) = (-1 - x) \cdot e^{1-x}$ eine Stammfunktion von f ist.

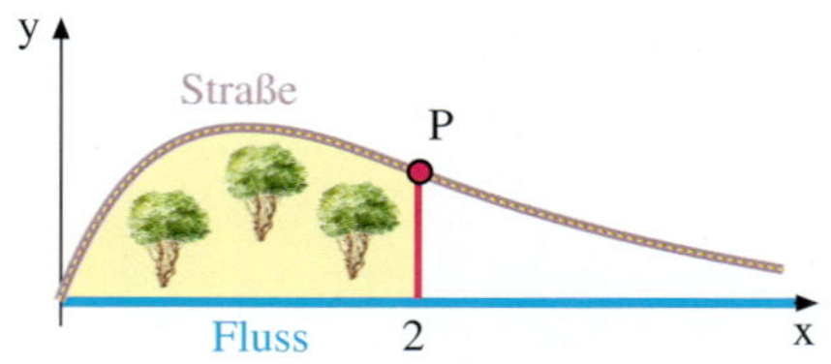

Lösung:
Durch Ableiten von F mit Hilfe der Produkt- und der Kettenregel wird nachgewiesen, dass F eine Stammfunktion von f ist.

Stammfunktionsnachweis

$F(x) = (-1 - x) \cdot e^{1-x}$

$F'(x) = (-1) \cdot e^{1-x} + (-1 - x) \cdot (-e^{1-x})$
$= x \cdot e^{1-x} = f(x)$

Anschließend berechnen wir den Inhalt der Fläche A unter f über [0; 2].
Resultat: $A \approx 1{,}61$
Das entspricht 16 100 m².

Flächeninhalt

$$A = \int_0^2 f(x)\,dx = \int_0^2 x \cdot e^{1-x}\,dx$$
$$= [(-1 - x) \cdot e^{1-x}]_0^2 = -\tfrac{3}{e} + e \approx 1{,}61$$

Diese Fläche reicht bei 20 m² pro Baum für ca. 805 Bäume.

Zahl der Bäume

$$B = \frac{16\,100}{20} = 805$$

Übung 2 Flächeninhalt

Gegeben ist die Funktion $f(x) = x^2 \cdot e^{-x}$, deren Graph rechts abgebildet ist.

a) Führen Sie den Nachweis, dass die Funktion $F(x) = (-x^2 - 2x - 2) \cdot e^{-x}$ eine Stammfunktion von f ist.

b) Berechnen Sie den Inhalt des eingezeichneten Flächenstückes A unter f über dem Intervall [–1; 4].

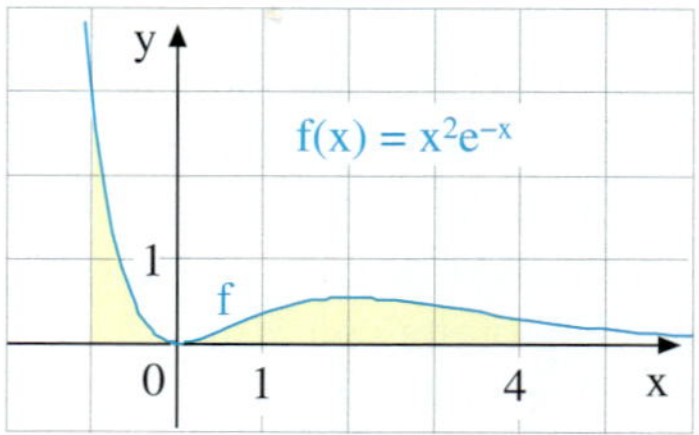

Übung 3 Stammfunktionsnachweis

Weisen Sie nach, dass F(x) eine Stammfunktion von f ist.

a) $f(x) = (x^2 + x - 1) \cdot e^x$
$F(x) = (x^2 - x) \cdot e^x$

b) $f(x) = (4x + 4) \cdot e^{-2x}$
$F(x) = (-2x - 3) \cdot e^{-2x}$

c) $f(x) = \left(-\frac{1}{x^2} - \frac{1}{x}\right) \cdot e^{-x}$
$F(x) = \frac{1}{x} \cdot e^{-x}$

d) $f(x) = -2x \cdot e^{-x^2}$
$F(x) = e^{-x^2}$

Übungen

4. Stammfunktionen bestimmen

Bestimmen Sie eine Stammfunktion F von f.

a) $f(x) = e^{2x}$ b) $f(x) = e^{-x} + e^{x}$ c) $f(x) = 4e^{2x+1}$
d) $f(x) = 2e^{-0,5x} + 1$ e) $f(x) = e^{x}(e^{-x} + e^{2x})$ f) $f(x) = a^2 \cdot e^{ax+b}$

5. Stammfunktionsnachweis

Weisen Sie nach, dass F eine Stammfunktion von f ist.

a) $f(x) = 2e^{-0,5x}$, $F(x) = -4e^{-0,5x} + 1$
b) $f(x) = e^{-x}(1 - e^{x})$, $F(x) = -(e^{-x} + x)$
c) $f(x) = x e^{1-x}$, $F(x) = -(1 + x)e^{1-x}$
d) $f(x) = (2x - x^2)e^{-x}$, $F(x) = x^2 \cdot e^{-x}$
e) $f(x) = e^{x} \cdot (\sin x + \cos x)$, $F(x) = e^{x} \cdot \sin x$
f) $f(x) = \left(\frac{1}{x} - \frac{1}{x^2}\right) \cdot e^{x}$, $F(x) = \frac{1}{x} \cdot e^{x}$

6. Fläche unter einer Kurve

Welche der beiden Flächen A_1 und A_2 hat den größeren Inhalt?

a) $f(x) = 3e^{x}$, $g(x) = 3 - 1{,}2x$ b) $f(x) = \frac{1}{2}(x + 2)^2$, $g(x) = 2e^{-x}$

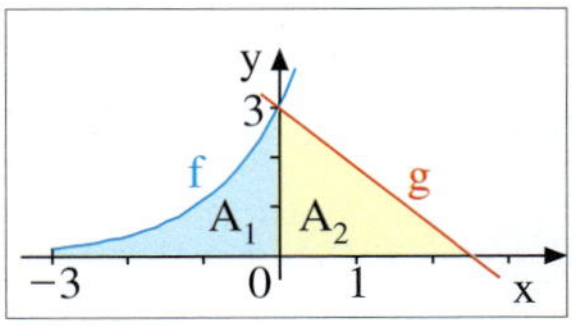

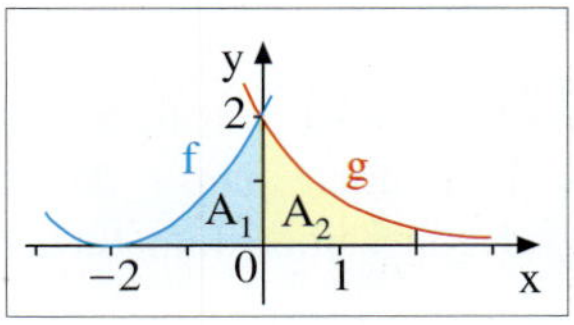

7. Schnittflächen

Berechnen Sie den Inhalt des abgebildeten Flächenstückes A.

a) $f(x) = \frac{1}{4}e^{x}$, $g(x) = 2e^{-x}$ b) $f(x) = e^{x} + e^{-x}$, $g(x) = \left(e + \frac{1}{e}\right) \cdot x^2$

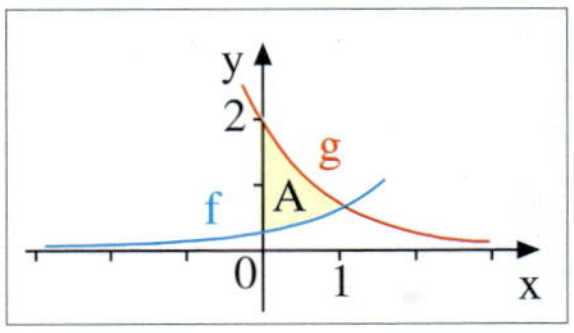

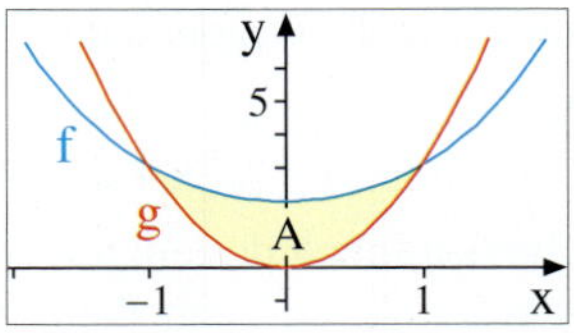

8. Inseln

In Dubai werden im Meer künstliche Inseln aufgeschüttet. Die Küsten einer Insel werden wie abgebildet durch die Funktionen f (Strand) und g (Wohnen) beschrieben.
(1 LE = 100 m)

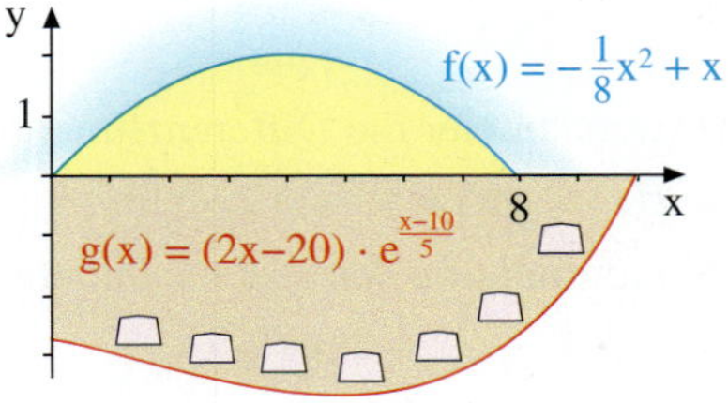

a) Zeigen Sie, dass $G(x) = (10x - 150) \cdot e^{\frac{x-10}{5}}$ eine Stammfunktion von g ist. Berechnen Sie den Flächeninhalt der Insel.
b) Welche maximale Nord-Süd-Ausdehnung hat der untere Teil der Insel, d. h. das Wohngebiet?

B. Flächenberechnungen bei trigonometrischen Funktionen

In diesem Abschnitt werden Flächenberechnungen bei trigonometrischen Funktionen behandelt. Wir stellen zunächst die benötigten Integrationsregeln zusammen.

Integrationsregeln für trigonometrische Funktionen

$$\int \sin x \, dx = -\cos x + C \qquad \int \sin(ax+b)\, dx = -\tfrac{1}{a}\cos(ax+b) + C$$

$$\int \cos x \, dx = \sin x + C \qquad \int \cos(ax+b)\, dx = \tfrac{1}{a}\sin(ax+b) + C$$

Beispiel: Fläche unter dem Sinusbogen

Rechts ist der Graph der elementaren Sinusfunktion $f(x) = \sin x$ abgebildet. Berechnen Sie den Inhalt des Flächenstücks A unter dem ersten Bogen der Sinusfunktion.

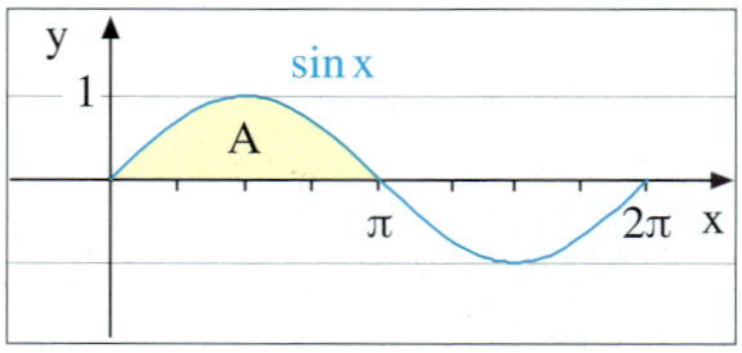

Lösung:
$f(x) = \sin x$ hat $F(x) = -\cos x$ als Stammfunktion. Wir berechnen damit das bestimmte Integral von f über dem Intervall $[0; \pi]$.
Resultat: Ein Sinusbogen hat den Inhalt $A = 2$.

Flächenberechnung

$$A = \int_0^{\pi} \sin x \, dx = [-\cos x]_0^{\pi}$$
$$= (-\cos \pi) - (-\cos 0) = 1 + 1 = 2$$

Beispiel: Fläche zwischen zwei Graphen

Die Abbildung zeigt die Graphen der Funktionen
$f(x) = \sin\left(\frac{1}{2}x\right)$ und $g(x) = -\frac{1}{\pi}x + 2$.
Bestimmen Sie den Inhalt des eingezeichneten Flächenstückes A, das von den beiden Kurven und der y-Achse umrandet wird.

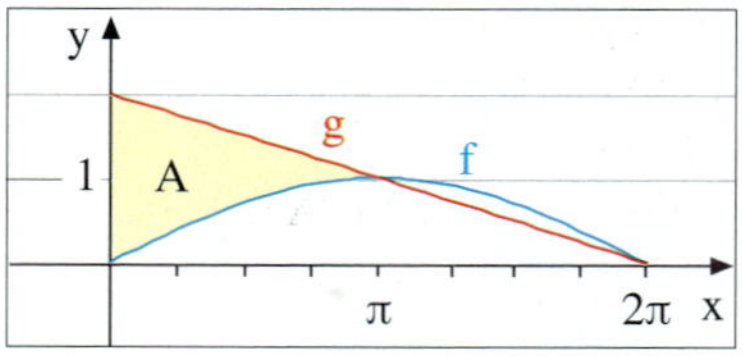

Lösung:
Wir verwenden hier die Differenzfunktion
$h(x) = g(x) - f(x) = -\frac{1}{\pi}x + 2 - \sin\left(\frac{1}{2}x\right)$.
Eine Stammfunktion von h ist die Funktion
$H(x) = -\frac{1}{2\pi}x^2 + 2x + 2\cos\left(\frac{1}{2}x\right)$.
Wir berechnen nun das bestimmte Integral von $h(x) = g(x) - f(x)$ in den Grenzen von 0 bis π.

Resultat: $A = \frac{3}{2}\pi - 2 \approx 2{,}71$

Differenzfunktion h = g − f

$$h(x) = g(x) - f(x) = -\tfrac{1}{\pi}x + 2 - \sin\left(\tfrac{1}{2}x\right)$$

Stammfunktion H von h

$$H(x) = -\tfrac{1}{2\pi}x^2 + 2x + 2\cos\left(\tfrac{1}{2}x\right).$$

Flächeninhalt von A

$$A = \int_0^{\pi} h(x)\, dx = \int_0^{\pi} \left(-\tfrac{1}{\pi}x + 2 - \sin\left(\tfrac{1}{2}x\right)\right) dx$$
$$= \left[-\tfrac{1}{2\pi}x^2 + 2x + 2\cos\left(\tfrac{1}{2}x\right)\right]_0^{\pi}$$
$$= \left(\tfrac{3}{2}\pi\right) - (2) \approx 2{,}71$$

Übung 9 Fläche unter f
Berechnen Sie den Inhalt der abgebildeten Fläche A. ($f(x) = \cos x + 1$)

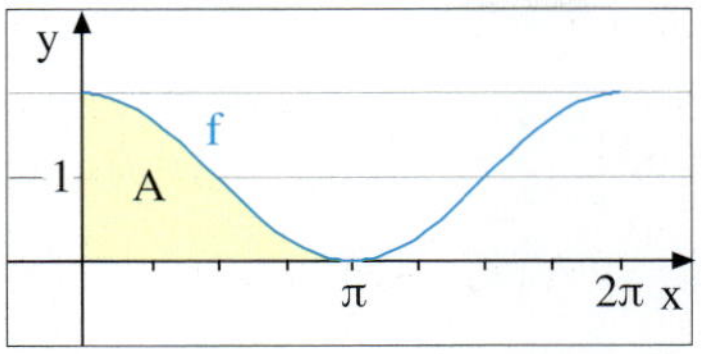

Übung 10 Fläche zwischen f und g
Berechnen Sie den Inhalt der abgebildeten Fläche A. ($f(x) = 2\sin\left(\frac{\pi}{4}x\right)$, $g(x) = \frac{1}{2}x^2$)

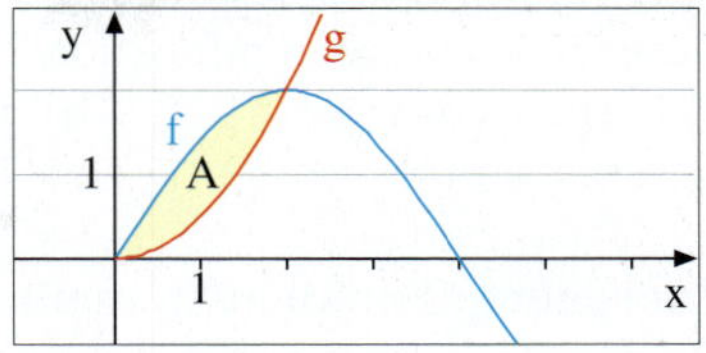

In dem obigen Beispiel waren die Integrationsgrenzen jeweils gegeben. Im folgenden Beispiel muss man sie zunächst berechnen.

Beispiel: Flächeninhalt
Gesucht ist der Inhalt der Fläche A, die vom ersten Bogen der Sinusfunktion $f(x) = \sin x$ und der horizontalen Geraden $g(x) = 0{,}5$ umschlossen wird ($0 \le x \le \pi$).

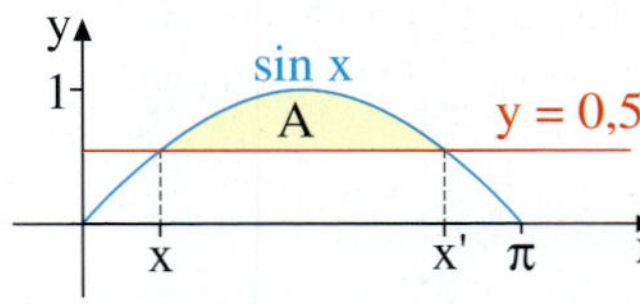

Lösung:
Wir errechnen zunächst die Schnittstellen von f und g, indem wir die Funktionsterme gleichsetzen.
Sie liegen bei $x \approx 0{,}5236$ und $x \approx 2{,}6180$.

Anschließend bilden wir die Differenzfunktion $h(x) = f(x) - g(x) = \sin x - 0{,}5$.
Eine Stammfunktion von h ist die Funktion $H(x) = -\cos x - 0{,}5x$.
h integrieren wir nun in den Grenzen 0,5236 und 2,6180.
Als Resultat erhalten wir $A \approx 0{,}68$.

Schnittstellen von f und g

$$f(x) = g(x)$$
$$\sin(x) = 0{,}5$$
$$x = \arcsin 0{,}5 \approx 0{,}5236$$
$$x' = \pi - x \approx \pi - 0{,}5236 \approx 2{,}6180$$

Flächeninhalt von A

$$A \approx \int_{0{,}5236}^{2{,}6180} (\sin x - 0{,}5)\,dx$$
$$= [-\cos x - 0{,}5x]_{0{,}5236}^{2{,}6180} \approx 0{,}68$$

Übung 11 Schnittfläche
Berechnen Sie den Inhalt des abgebildeten Flächenstückes A. Berechnen Sie zunächst die Schnittstellen von f und g.

a) $f(x) = 2\cos x;\ g(x) = -1$

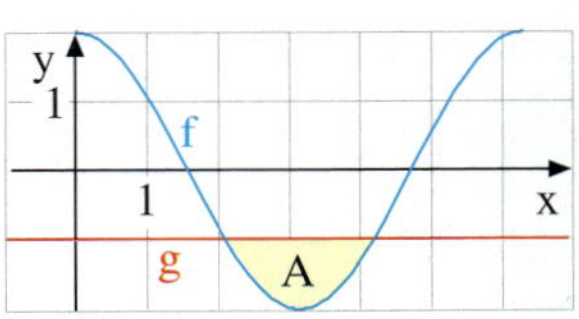

b) $f(x) = 2\sin\left(\frac{\pi}{2}x\right) + 1;\ g(x) = 2$

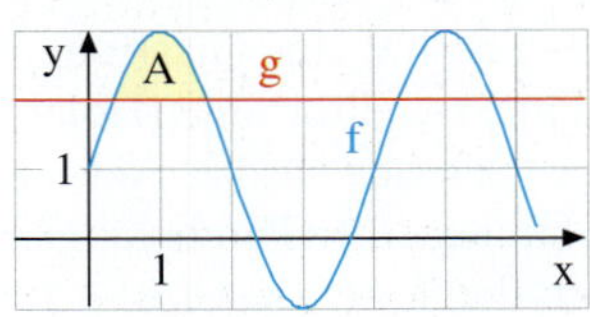

Übungen

12. Stammfunktionen bestimmen

Gesucht ist eine Stammfunktion F von f.

a) $f(x) = -\cos x$ b) $f(x) = \sin(\pi x)$ c) $f(x) = 3\sin(2x - 1)$

d) $f(x) = \sin\left(\frac{x}{2}\right) - \cos(2x)$ e) $f(x) = \pi \cdot \cos(2\pi x + 1)$ f) $f(x) = a \cdot \sin(bx + c) + d$

13. Zuordnung: Funktion/Stammfunktion

Ordnen Sie jeder Funktion f die passende Stammfunktion F zu.
Weisen Sie die Richtigkeit Ihrer Zuordnung nach.

(A) $f(x) = \frac{1}{2}\sin\left(\frac{1}{2}x\right)$ (I) $F(x) = x \cdot \sin(2x)$

(B) $f(x) = \sin(2x) + 2x \cdot \cos(2x)$ (II) $F(x) = -\cos\left(\frac{1}{2}x\right)$

(C) $f(x) = -\sin(2x)$ (III) $F(x) = \sin x \cdot \cos x$

(D) $f(x) = \cos^2 x - \sin^2 x$ (IV) $F(x) = \frac{1}{2}\cos(2x)$

14. Flächen unter Kurven

Berechnen Sie den Inhalt der Fläche A unter dem Graphen von f über dem abgebildeten bzw. angegebenen Intervall I.

a) $f(x) = \sin(2x) + 1$ b) $f(x) = \cos\left(\frac{\pi}{4}x\right)$ c) $f(x) = 2\sin(2x) + 1$

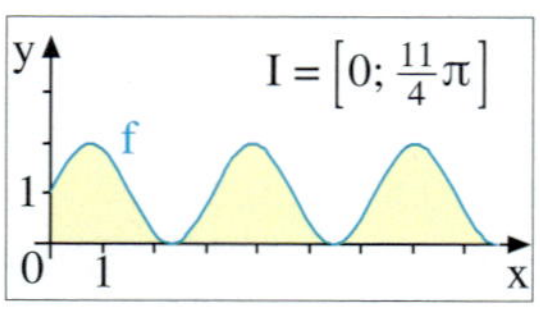

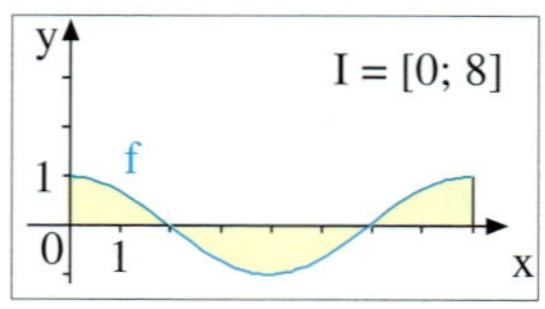

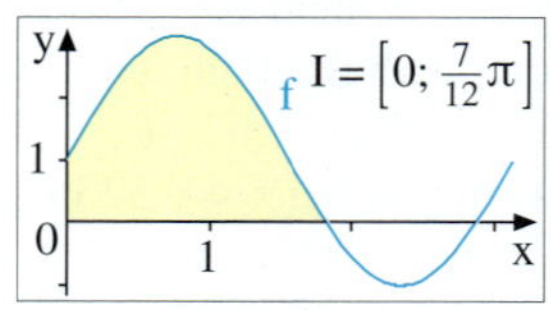

15. Flächen zwischen Kurven

Berechnen Sie den Inhalt der markierten Fläche.

a) $f(x) = \sin x + 1$
$g(x) = \frac{1}{10}(x^2 - 4\pi x) + 1$

b) $f(x) = 2\sin(2x)$
$g(x) = -\sin(4x)$

c) $f(x) = 2\sin\left(\frac{\pi}{4}x\right)$
$g(x) = \cos(\pi x) - 1$

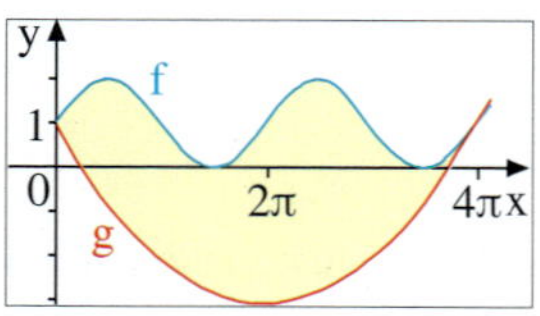

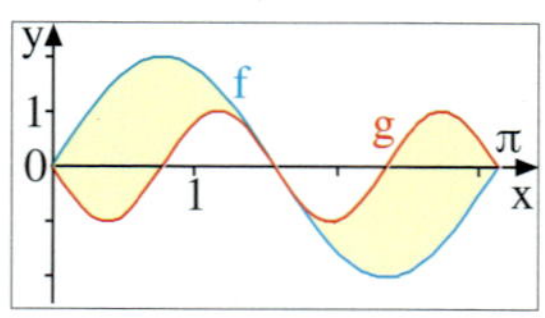

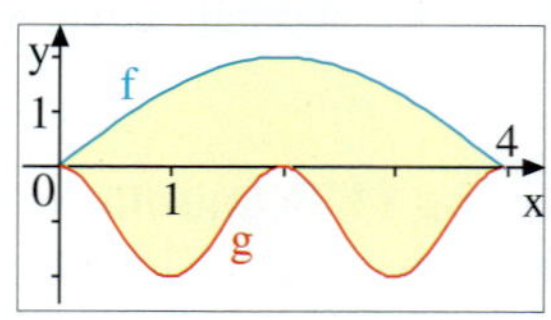

16. Pavillon

Ein Pavillon besitzt eine Glasfront, die oben von einer sichelförmigen Holzrahmung abgeschlossen wird (s. Abb). Die Funktion f bildet einen Parabelbogen, g ist gegeben durch $g(x) = 4\cos\left(\frac{\pi}{11}x\right)$. Das Holz ist 20 cm dick. Was wiegt die Rahmung? (Dichte von Holz: $0{,}7\ \text{g/cm}^3$)

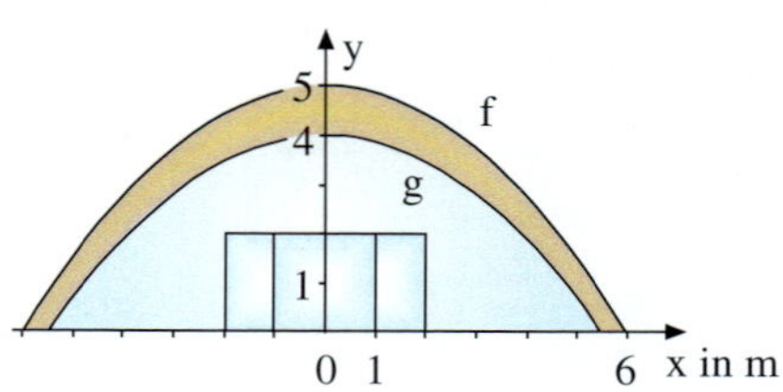

C. Flächenberechnungen bei gebrochen-rationalen Funktionen

Für gebrochen-rationale Funktionen einfacher Bauart gelten folgende Integrationsregeln.

Integration gebrochen-rationaler Funktionen

Allgemeine Potenzregel ($r \neq -1$)

$$\int \frac{1}{x^r}dx = \int x^{-r}dx = \frac{x^{-r+1}}{-r+1} + C$$

$$\int \frac{1}{(ax+b)^r}dx = \int (ax+b)^{-r}dx = \frac{(ax+b)^{-r+1}}{a\cdot(-r+1)} + C$$

Logarithmische Integration

$$\int \frac{1}{x}dx = \ln|x| + C$$

$$\int \frac{a}{ax+b}dx = \ln|ax+b| + C$$

Die Potenzregel der Integration ergibt sich durch Umkehrung der Potenzregel der Differentiation $(x^r)' = r \cdot x^{r-1}$ ($r \neq 0$).

Die logarithmische Integration ergibt sich durch Umkehrung der logarithmischen Differentiation $(\ln x)' = \frac{1}{x}$ ($x > 0$).

Wir behandeln zunächst ein Standardbeispiel zur Potenzregel.

Beispiel: Potenzregel der Integration
Berechnen Sie den Inhalt der Fläche A unter dem Graphen von $f(x) = \frac{4}{x^2}$ über dem Intervall [1; 4].

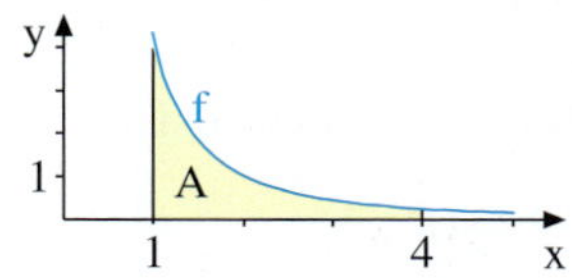

Lösung:
Wir bestimmen zunächst mit der Potenzregel eine Stammfunktion F von f.
Wir erhalten $F(x) = -\frac{4}{x}$.

Stammfunktion

$$F(x) = \int \frac{4}{x^2}dx = \int 4x^{-2}dx = \frac{4x^{-1}}{-1} + C = -\frac{4}{x} + C$$

Nun errechnen wir das bestimmte Integral von f in den Grenzen von 1 bis 4.
Wir erhalten als Resultat A = 3.

Flächeninhalt A

$$A = \int_1^4 \frac{4}{x^2}dx = \left[-\frac{4}{x}\right]_1^4 = (-1) - (-4) = 3$$

Übung 17 Potenzregel

Gegeben ist die Funktion $f(x) = 2 + \frac{1}{x^2}$.
Berechnen Sie den Inhalt von A.

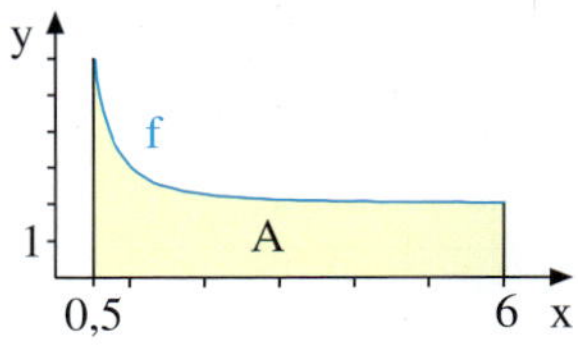

Übung 18 Potenzregel

Berechnen Sie den Inhalt der Fläche A zwischen dem Graphen von f und der x-Achse über dem Intervall I. Fertigen Sie zunächst eine Skizze an.

a) $f(x) = \frac{4}{x^3} + 2$, $\quad I = [1; 2]$

b) $f(x) = x^{-0,5}$, $\quad I = [1; 4]$

Im folgenden Beispiel liegt ein zusammengesetztes Flächenstück vor. Hier müssen zunächst die Schnittstellen der beteiligten Funktionen berechnet werden.

Beispiel: Zusammengesetzte Fläche

Gegeben sind die Funktionen $f(x) = \frac{1}{2}x^2$ und $g(x) = \frac{8}{x^2}$ sowie die vertikale Gerade mit der Gleichung $x = 4$.
Berechnen Sie den Inhalt der Fläche A, welche von den Randkurven f, g, h und der x-Achse umschlossen wird.

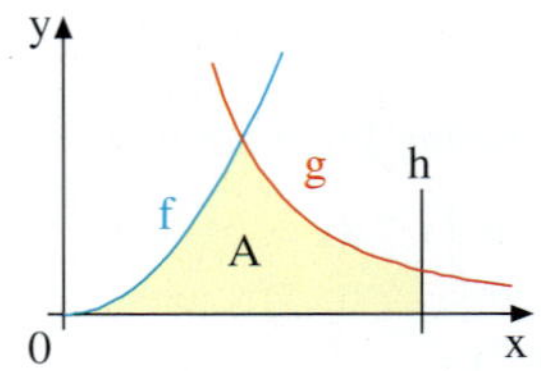

Lösung:
Anhand der Skizze erkennen wir, dass die Fläche A sich aus zwei Teilflächen A_1 und A_2 zusammensetzt (A_1 unter f, A_2 unter g).

Die Schnittstellen von f und g liegen bei $x = 2$ und $x = -2$. Im 1. Quadranten liegt nur die Schnittstelle $x = 2$.

Schnittstellen von f und g

$$f(x) = g(x)$$
$$\frac{1}{2}x^2 = \frac{8}{x^2}$$
$$x^4 = 16$$
$$x = 2 \ (x = -2)$$

Nun bestimmen wir Stammfunktionen:

$$f(x) = \frac{1}{2}x^2 \quad \Rightarrow \quad F(x) = \frac{1}{6}x^3$$
$$g(x) = \frac{8}{x^2} \quad \Rightarrow \quad G(x) = -\frac{8}{x}$$

Anschließend berechnen wir die Teilflächen $A_1 \ (0 \le x \le 2)$ und $A_2 \ (2 \le x \le 4)$.

Wir erhalten $A_1 = \frac{4}{3}$, $A_2 = 2$ und somit $A = 3\frac{1}{3}$.

Flächeninhalt

$$A_1 = \int_0^2 \frac{1}{2}x^2\,dx = \left[\frac{1}{6}x^3\right]_0^2 = \left(\frac{8}{6}\right) - (0) = \frac{4}{3}$$
$$A_2 = \int_2^4 \frac{8}{x^2}\,dx = \left[-\frac{8}{x}\right]_2^4 = (-2) - (-4) = 2$$
$$A = A_1 + A_2 = \frac{4}{3} + 2 = 3\frac{1}{3} \approx 3{,}33$$

Übung 19 Zusammengesetzte Fläche

Berechnen Sie den Inhalt des abgebildeten Flächenstückes A. Berechnen Sie zunächst die Schnittstellen von f und g durch Probieren.

$f(x) = 2x^3 + 2, \quad g(x) = \frac{4}{x^2}$

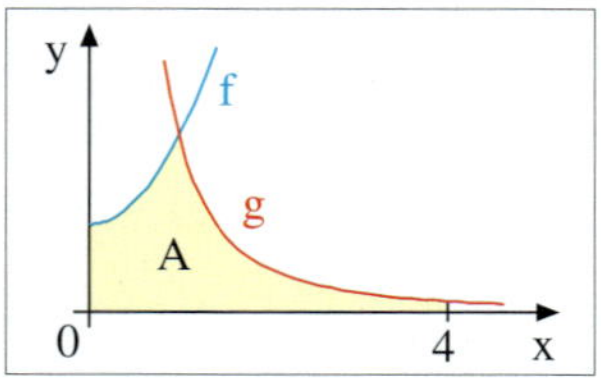

Übung 20 Schnittfläche

Berechnen Sie den Inhalt der abgebildeten Schnittfläche von f und g. Berechnen Sie zunächst die Schnittstellen von f und g durch Probieren.

$f(x) = 10{,}5 - 2{,}5x, \quad g(x) = \frac{8}{x^2}$

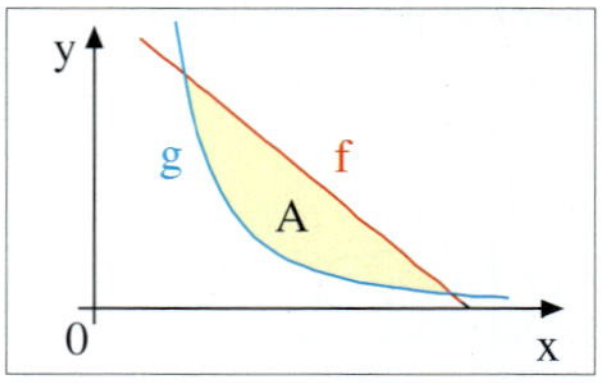

Im folgenden Beispiel wenden wir die logarithmische Integration an.

Beispiel: Logarithmische Integration
Gesucht ist der Inhalt des abgebildeten Flächenstückes A, welches teilweise unter dem Graphen von $f(x) = \frac{4}{x}$ liegt.

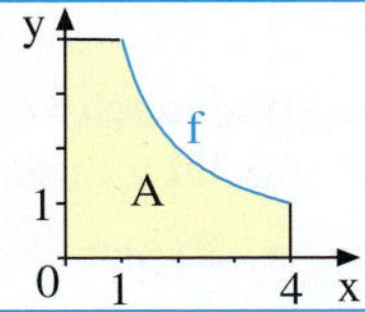

Lösung:
Wir bestimmen zunächst eine Stammfunktion F von $f(x) = \frac{4}{x}$.
Durch logarithmische Integration ergibt sich $F(x) = 4 \cdot \ln|x|$.

Stammfunktion von f

$$F(x) = \int \frac{4}{x}\,dx = 4 \cdot \int \frac{1}{x}\,dx = 4 \cdot \ln|x| + C$$

Nun können wir den Inhalt der Fläche A_2 unter dem Graphen von f über dem Intervall [1; 4] berechnen: $A_2 \approx 5{,}55$.
Anschließend berechnen wir den Inhalt des rechteckigen Flächenstückes A_1 über dem Intervall [0; 1]: $A_1 = 4$.
Die Gesamtfläche ergibt sich als Summe von A_1 und A_2. Resultat: $A \approx 9{,}55$

Flächeninhalt von A

$$A_2 = \int_1^4 \frac{4}{x}\,dx = [4\ln|x|]_1^4 = 4\ln 4 \approx 5{,}55$$

$$A_1 = \text{Länge} \cdot \text{Höhe} = 1 \cdot 4 = 4$$

$$A = A_1 + A_2 \approx 4 + 5{,}55 = 9{,}55$$

Im folgenden Beispiel wird die allgemeine Formel zur logarithmischen Integration verwendet.

Beispiel: Logarithmische Integration
Gesucht ist der Inhalt des abgebildeten Flächenstückes A unter dem Graphen der gebrochen-rationalen Funktion
$f(x) = \frac{3}{2x-2}$.

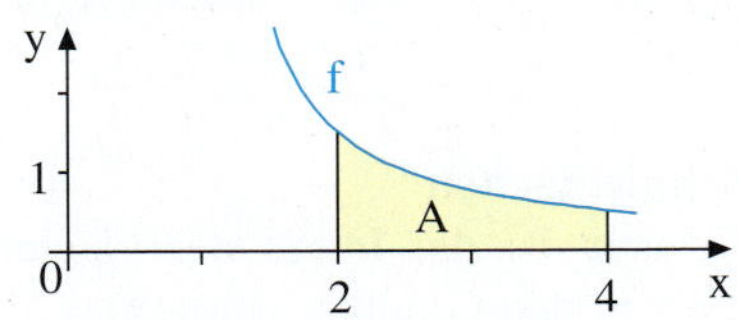

Lösung:
Wir bestimmen zunächst eine Stammfunktion F von f, indem wir die Formel
$\int \frac{a}{ax+b}\,dx = \ln|ax+b| + C$ anwenden.
Um diese Formel anwenden zu können, müssen wir den Integranden $\frac{3}{2x-2}$ geschickt umformen: $\frac{3}{2x-2} = \frac{3}{2} \cdot \frac{2}{2x-2}$.

Nun erhalten wir $F(x) = \frac{3}{2} \cdot \ln|2x-2|$ und können die Fläche A berechnen.
Resultat: $A \approx 1{,}65$

Stammfunktion von f

$$F(x) = \int \frac{3}{2x-2}\,dx = \frac{3}{2} \cdot \int \frac{2}{2x-2}\,dx = \frac{3}{2} \cdot \ln|2x-2| + C$$

Flächeninhalt von A

$$A = \int_2^4 \frac{3}{2x-2}\,dx = \left[\frac{3}{2} \cdot \ln|2x-2|\right]_2^4$$

$$= \frac{3}{2}\ln 6 - \frac{3}{2}\ln 2 \approx 2{,}69 - 1{,}04 = 1{,}65$$

Übung 21 Logarithmische Integration
Ermitteln Sie den Inhalt der Fläche A unter dem Graphen von f über dem Intervall I.

a) $f(x) = \frac{0{,}5}{x}$, $I = [1; 5]$

b) $f(x) = \frac{5}{4x+1}$, $I = [1; 6]$

Übungen

22. Stammfunktionsnachweis

Weisen Sie durch Differenzieren nach, dass F eine Stammfunktion von f ist.

a) $f(x) = -\frac{1}{2x^2}$, $F(x) = \frac{0{,}5}{x}$

b) $f(x) = 6x^{-3}$, $F(x) = -\frac{3}{x^2}$

c) $f(x) = \frac{2}{(4x+1)^2}$, $F(x) = -\frac{0{,}5}{4x+1}$

d) $f(x) = \frac{1}{x+2}$, $F(x) = \ln(3x+6)$ $(x > -2)$

23. Bestimmung einer Stammfunktion

Bestimmen Sie eine Stammfunktion F von f.

a) $f(x) = \frac{2}{x^3}$

b) $f(x) = \frac{6}{x}$

c) $f(x) = \frac{4}{(5x+1)^2}$

d) $f(x) = \frac{2}{6x+1}$

24. Flächen unter Kurven

Berechnen Sie den Inhalt des abgebildeten Flächenstückes.

a) $f(x) = 4 - x$, $g(x) = \frac{4}{x^2} - 1$

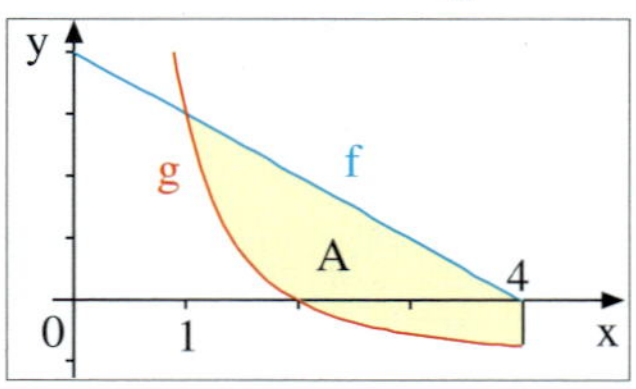

b) $f(x) = \frac{1}{x} - 2$

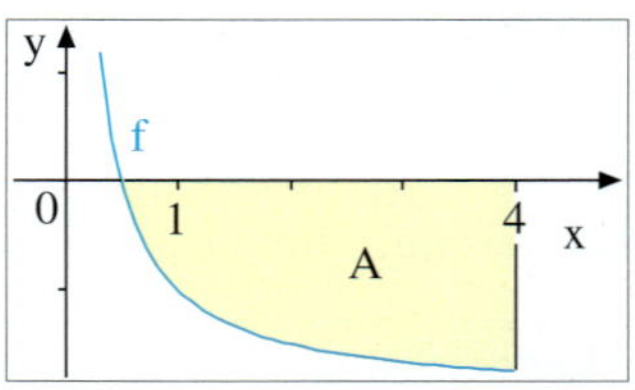

25. Schnittflächen

Gesucht ist der Inhalt der Fläche A, die von den Graphen von $f(x) = \frac{4}{x}$ und $g(x) = -x + 5$ eingeschlossen wird. Fertigen Sie zunächst eine Skizze an und zeigen Sie, dass sich f und g bei x = 1 und x = 4 schneiden.

26. Flächeninhalt

$f(x) = ax + b$

$g(x) = (x-5)^2 + 5$

$h(x) = \frac{5}{x^2}$

Frage: A = ?

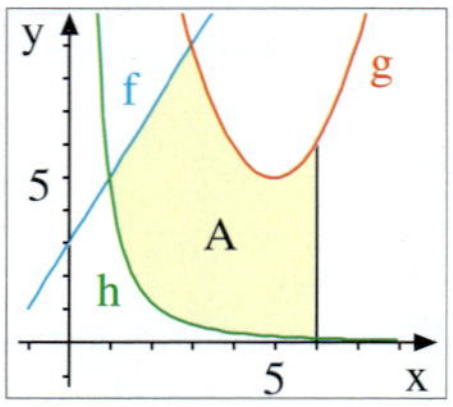

27. Dampfhammer

Der Kopf eines eisernen Dampfhammers hat die abgebildete Form mit der Randkurve $f(x) = \frac{10}{x^2}$.

Eine Längeneinheit entspricht 10 cm.

Die Dichte von Eisen beträgt 7,86 g/cm³.

a) Welche Längssschnittsfläche Q hat der Hammerkopf (in der Skizze grau).

b) Welche Masse m hat der Kopf?

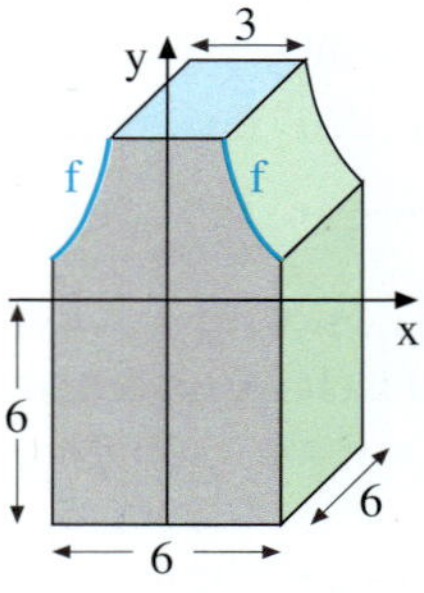

D. Flächenberechnungen bei Wurzelfunktionen

Wir stellen zunächst die Integrationsregeln für einfache Wurzelfunktionen zusammen.

Integrationsregeln für Wurzelfunktionen

$$\int \sqrt{x}\,dx = \int x^{\frac{1}{2}}\,dx = \tfrac{2}{3} \cdot x^{\frac{3}{2}} + C \qquad \int x^r\,dx = \frac{x^{r+1}}{r+1} + C \quad (r \in \mathbb{R}, r \neq -1)$$

$$\int \sqrt{a\,x + b}\,dx = \int (a\,x + b)^{\frac{1}{2}}\,dx = \tfrac{1}{a} \cdot \tfrac{2}{3}(a\,x + b)^{\frac{3}{2}} + C$$

Die Integrationsregeln für Wurzelfunktionen können mit der allgemeinen Potenzregel und der Kettenregel der Differentiarechnung leicht bewiesen werden.

Beispiel: Reicht die Farbe?

Herr Roth möchte seinen 10 m langen Zaun beidseitig streichen. Er hat noch Farbe für 19 m². Reicht die Farbmenge aus? Der obere Rand der beiden 1 m langen Endstücke seines Zauns kann durch die Funktion $f(x) = \sqrt{x}$ modelliert werden.

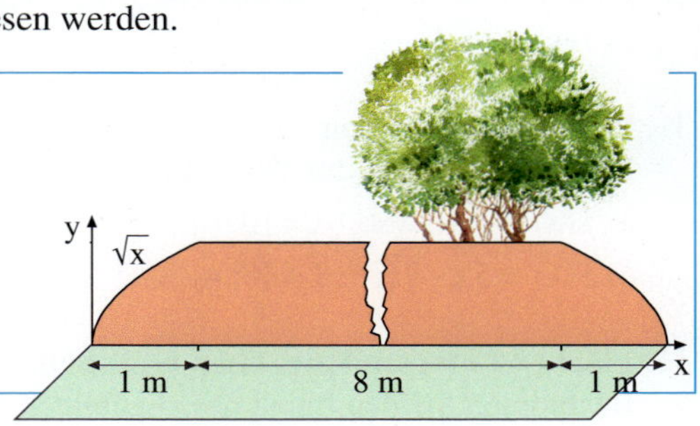

Lösung:
Wir bestimmen zunächst eine Stammfunktion F von $f(x) = \sqrt{x}$.
Sie lautet $F(x) = \frac{2}{3} \cdot x^{\frac{3}{2}}$.
Nun können wir den Flächeninhalt A eines Endstücks als bestimmtes Integral über dem Intervall [0; 1] berechnen.
Wir erhalten $A = \frac{2}{3}$.
Insgesamt hat der Zaun dann eine Fläche von $2 \cdot \frac{2}{3} + 8 \cdot 1 = 9\frac{1}{3}$ m². Da die Rückseite auch gestrichen werden soll, sind es $18\frac{2}{3}$ m². Die Farbe reicht knapp aus, Herr Roth sollte allerdings nicht zu sorglos streichen.

Stammfunktion F von f

$$\int \sqrt{x}\,dx = \int x^{\frac{1}{2}}\,dx = \tfrac{2}{3} \cdot x^{\frac{3}{2}} + C$$

Flächeninhalt eines Endstücks

$$A = \int_0^1 \sqrt{x}\,dx = \int_0^1 x^{\frac{1}{2}}\,dx = \left[\tfrac{2}{3} \cdot x^{\frac{3}{2}}\right]_0^1 = \tfrac{2}{3} - 0 = \tfrac{2}{3}$$

Fläche des gesamten Zauns

$$A_{Zaun} = 2 \cdot \left(\tfrac{2}{3} + 8 \cdot 1 + \tfrac{2}{3}\right) = 18\tfrac{2}{3}$$

Übung 28 Aquarium

Für das Aquarium des zoologischen Gartens wird eine große Werbetafel in Form eines Fisches konstruiert. Sie besteht aus d = 8 mm starkem Aluminiumblech und hat die abgebildete Form. Was wiegt die Tafel?

$f(x) = \sqrt[3]{x} = x^{\frac{1}{3}}, \quad g(x) = \frac{1}{16}x(x-8)$

$h(x) = \frac{1}{8}(x-12)^2$, 1 LE = 1 m, $\rho_{Alu} = 2{,}7\,\frac{g}{cm^3}$

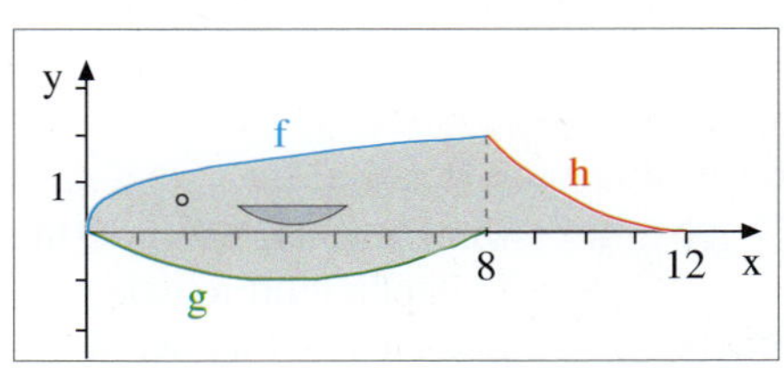

Übungen

29. Stammfunktionsnachweis

Zeigen Sie, dass F eine Stammfunktion von f ist.

a) $f(x) = 3\sqrt{x},\ F(x) = 2x^{\frac{3}{2}}$

b) $f(x) = \sqrt[3]{x},\ F(x) = \frac{3}{4}x^{\frac{4}{3}}$

c) $f(x) = x^{\frac{1}{4}},\ F(x) = \frac{4}{5}\sqrt[4]{x^5}$

d) $f(x) = 2\sqrt{2x-4},\ F(x) = \frac{2}{3}\cdot(2x-4)^{\frac{3}{2}}$

e) $f(x) = (x+1)\cdot\sqrt{x},\ F(x) = \frac{2}{5}x^{\frac{5}{2}} + \frac{2}{3}x^{\frac{3}{2}}$

f) $f(x) = \left(\frac{1}{2\sqrt{x}} + \sqrt{x}\right)\cdot e^x,\ F(x) = \sqrt{x}\cdot e^x$

30. Stammfunktion bestimmen

Bestimmen Sie eine Stammfunktion F von f.

a) $f(x) = 6\sqrt{x}$

b) $f(x) = \sqrt{2x-4}$

c) $f(x) = \frac{1}{2\sqrt{x}}$

d) $f(x) = 5x^{\frac{2}{3}}$

31. Flächenberechnung

Berechnen Sie den Inhalt der Fläche A unter dem Graphen von f über dem Intervall I.

a) $f(x) = 1 + 3\sqrt{x},\quad I = [0; 4]$

b) $f(x) = \frac{2}{\sqrt{x}},\quad I = [1; 4]$

c) $f(x) = 5x\cdot\sqrt{x},\quad I = [0; 4]$

d) $f(x) = 3\cdot\sqrt{2x-1},\quad I = [1;5]$

32. Flächen unter und zwischen Graphen

Bestimmen Sie den Inhalt des abgebildeten Flächenstückes A.

a) $f(x) = \sqrt[3]{x},\quad g(x) = (x-9)^2 + 1$

b) $f(x) = 2\sqrt{x},\quad g(x) = (x-2)^2$

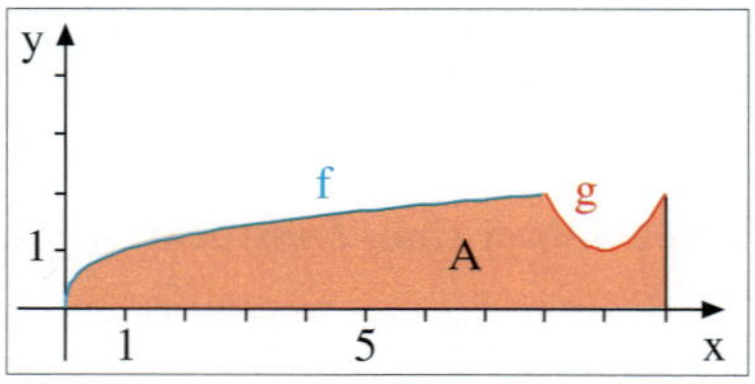

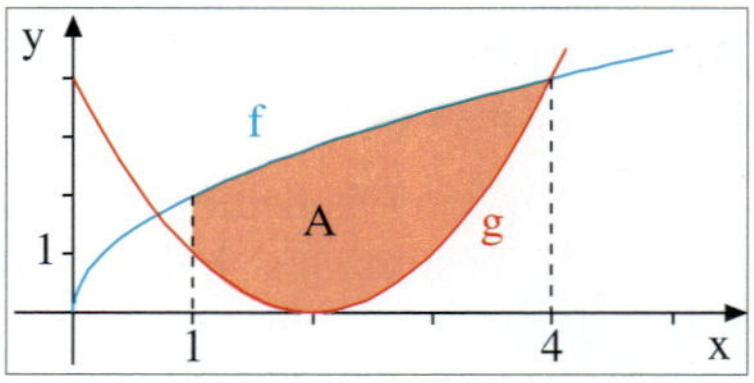

33. Fahrradschikane

Eine Radschikane soll gebaut werden. Deren Randkurven lauten (s. Abb):

$f(x) = 0{,}5x + 0{,}5 \qquad g(x) = \sqrt{x},$

$h(x) = 2 \qquad k(x) = \frac{1}{2}(x-7)^2$

Die Fahrbahn ist 3 m breit (1 LE = 1 m). Wie viel Baumaterial wird benötigt?

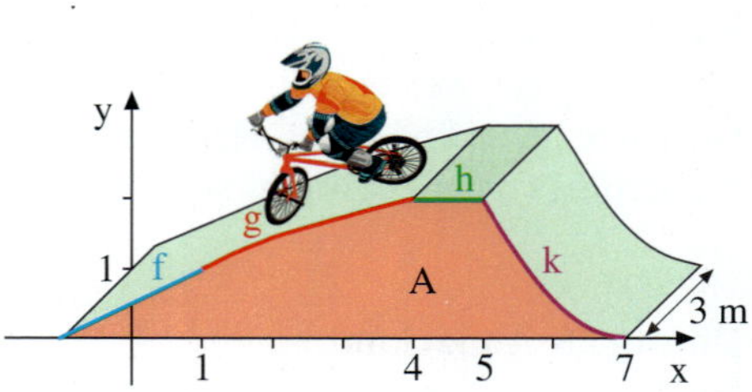

Knobelaufgabe I

Ein Unwetter hat die 9 m hohe Fahnenstange im Schlosspark abgeknickt. Die Spitze berührt nun den Boden in 3 m Entfernung vom Fuß der Fahnenstange. In welcher Höhe wurde die Fahnenstange abgeknickt?

5. Rekonstruktion von Beständen

Bei zahlreichen Prozessen kennt man die Bestandsfunktion, die den Prozess beschreibt, nicht unmittelbar, sondern nur deren Änderungsrate. Dann ist es möglich, von der Änderungsrate auf den Bestand zurückzuschließen. Man bezeichnet dies als ***Bestandsrekonstruktion***.
Dieses Verfahren soll nun an zwei typischen Beispielen verdeutlicht werden.

A. Rekonstruktion des Bestandes aus der Wachstumsrate

Beispiel: Insel des Todes

Auf der Insel des Todes Quaimada vor der Küste Brasiliens lebt eine giftige Schlangenart, die Lanzenotter. Bei einer Expedition vor 20 Jahren wurde die Schlangenpopulation erfasst. Es lebten damals ca. 2000 Schlangen auf der Insel und die Wachstumsgeschwindigkeit der Population betrug $N'(t) = \frac{1}{30}(23 - 2t)$ (t: Zeit in Jahren; N′(t): Wachstumsgeschwindigkeit zum Zeitpunkt t in Tausend Schlangen/Jahr).

a) Wie groß war der *Zuwachs* an Schlangen in den vergangenen 20 Jahren?
b) Wie lautet die *Bestandsfunktion* der Schlangen, wenn bei der ersten Expedition 2000 Schlangen gezählt wurden?
c) Wann existierten ca. 6000 Schlangen?

Lösung zu a:
Die Änderungsrate N′ ist gegeben. Den Zuwachs ΔN erhalten wir, indem wir die Änderungsrate über das Intervall [0; 20] integrieren, d. h. „aufsummieren“.

Der Zuwachs ΔN entspricht nämlich der „orientierten“ Fläche unter der Funktion der Änderungsrate N′ im Intervall [0; 20].

Wir erhalten ΔN = 2, d. h., es sind 2000 Schlangen hinzugekommen.

Gleichung der Änderungsrate N′:

$N'(t) = \frac{1}{30}(23 - 2t)$

Anschauliche Bedeutung des Zuwachses ΔN als Flächeninhalt:

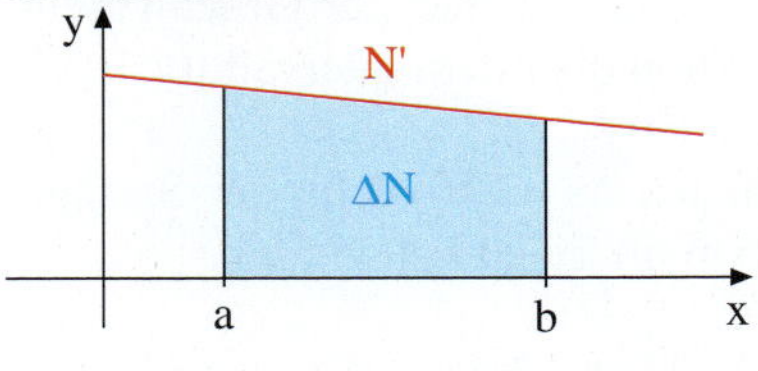

Bestimmung des Zuwachses ΔN:

$$\Delta N = \int_0^{20} N'(t)\,dt = \int_0^{20} \frac{1}{30}(23 - 2t)\,dt$$
$$= \left[\frac{1}{30}(23t - t^2)\right]_0^{20}$$
$$= (2) - (0) = 2$$

Lösung zu b:
Die Funktion der Änderungsrate N′ ist gegeben. Wir bestimmen N als Stammfunktion: $N(t) = \frac{1}{30}(23t - t^2) + C$.

Die Konstante C ergibt sich aus der ***Anfangsbedingung*** N(0) = 2, d. h. C = 2.

Damit lautet die endgültige Bestandsfunktion $N(t) = \frac{1}{30}(23t - t^2) + 2$.

Bestimmung der Bestandsfunktion N:

$$N(t) = \int \frac{1}{30}(23 - 2t)\,dt = \frac{1}{30}(23t - t^2) + C$$
$$N(0) = 2 \Rightarrow C = 2$$
$$\Rightarrow N(t) = \frac{1}{30}(23t - t^2) + 2$$

Lösung zu c:
Wenn die Bestandsfunktion rekonstruiert ist, kann man leicht weitere Fragestellungen beantworten. Hier führt der Lösungsansatz N (t) = 6 (6000 Schlangen) zum Ziel. Nach 8 Jahren und dann noch einmal nach 15 Jahren war dieser Bestand erreicht.

Zeitbestimmung

$N(t) = 6$

$\frac{1}{30}(23t - t^2) + 2 = 6$

$23t - t^2 = 120$

$t^2 - 23t + 120 = 0 \Rightarrow t = 8 \text{ oder } t = 15$

B. Rekonstruktion des Weges aus der Geschwindigkeit

Beispiel: Fallschirmspringer
Ein Fallschirmspringer springt ab und zählt im Sekundentakt bis 10. Dann zieht er die Reißleine und der Schirm öffnet sich. Seine Geschwindigkeit steigt dabei gemäß der Funktion v (t) = 5 t an.*
a) Welche Strecke hat er bis zum Ziehen der Leine zurückgelegt?
b) Wie lautet seine Weg-Zeit-Funktion s (t)?

Lösung zu a:
Die Geschwindigkeit v ist gegeben. Sie ist bekanntlich die Änderungsrate des Weges s nach der Zeit t. Also gilt $v = s'$.

Formel für die Änderungsrate:
$v(t) = 5t$
$s'(t) = 5t$

Den Wegzuwachs Δs erhalten wir, indem wir die Geschwindigkeit über das Intervall [0; 10] integrieren, d. h. „aufsummieren".

Der Zuwachs entspricht auch hier der „orientierten" Fläche unter der Geschwindigkeitsfunktion über dem Intervall [0; 10].

Anschauliche Bedeutung des Wegzuwachses Δs als Flächeninhalt:

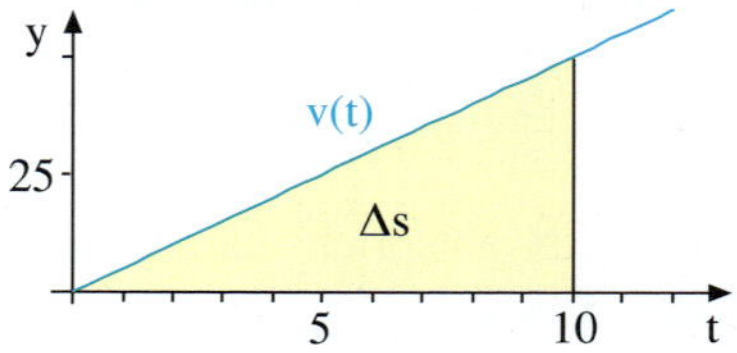

Wir erhalten Δs = 250, d. h., der Springer legt 250 m im freien Fall zurück.

Bestimmung des Wegzuwachses:

$$\Delta s = \int_0^{10} s'(t)\,dt = \int_0^{10} v(t)\,dt = \int_0^{10} 5t\,dt = [2{,}5t^2]_0^{10} = (250) - (0) = 250\,\text{m}$$

Lösung zu b:
Die Geschwindigkeitsfunktion v ist gegeben. Wir bestimmen s als Stammfunktion: $s(t) = 2{,}5t^2 + C$.

Die Konstante C ergibt sich aus der Anfangsbedingung $s(0) = 0$, d. h. $C = 0$.

Damit lautet die endgültige Weg-Zeit-Funktion $s(t) = 2{,}5t^2$.

Bestimmung der Weg-Zeit-Funktion s:

$$s(t) = \int v(t)\,dt = \int s'(t)\,dt = \int 5t\,dt = 2{,}5t^2 + C$$

$$s(0) = 0 \Rightarrow C = 0 \Rightarrow s(t) = 2{,}5t^2$$

* Aufgrund des Luftwiderstandes beträgt die Fallbeschleunigung im Mittel $5\,\frac{m}{s^2}$ anstelle der normalen $9{,}81\,\frac{m}{s^2}$.

Wir fahren mit einem weiteren Beispiel zu einer Bewegung fort, diesmal ist es ein Abnahmeprozess in Form eines Bremsvorgangs.

Beispiel: Bremsweg

Ein Schlitten wird gebremst. Während des Bremsens wird seine Geschwindigkeit durch die Funktion $v(t) = 40 - 8t$ beschrieben (t in s, v in m/s). Wie lautet die Funktion s für den Bremsweg? Wie lang ist der Bremsweg bis zum Stillstand des Schlittens?

Lösung:

Hier gilt wieder $s'(t) = v(t)$. Um den Weg s zu erhalten, bestimmen wir zunächst wieder das unbestimmte Integral von v.
Es lautet $s(t) = 40t - 4t^2 + C$.
Da $s(0) = 0$ gilt, folgt $C = 0$.
Also gilt $s(t) = 40t - 4t^2$.

Der Schlitten steht still, wenn $v(t) = 0$ ist, also zum Zeitpunkt $t = 5$.
Der Bremsweg bis zum Stillstand ist das bestimmte Integral von v über dem Intervall [0; 5]. Es hat den Wert 100 m.

Gleichung der Funktion s:

Ansatz: $s'(t) = v(t) = 40 - 8t$

$$\Rightarrow s(t) = \int v(t)\,dt = \int (40 - 8t)\,dt = 40t - 4t^2 + C$$

Anfangswert: $s(0) = 0 \Rightarrow C = 0$

$$\Rightarrow s(t) = 40t - 4t^2$$

Berechnung des Bremsweges:

$$\int_0^5 v(t)\,dt = [s(t)]_0^5 = s(5) - s(0) = 100 - 0 = 100\,\text{m}$$

Übung 1 Großstadt

Eine Stadt hat zu Beginn eines Planungszeitraumes 2 Millionen Einwohner. Ein Prognoseinstitut geht davon aus, dass die Änderungsrate der Einwohnerzahl N in den nächsten 20 Jahren durch die lineare Funktion $N'(t) = 0{,}002x + 0{,}05$ modelliert werden kann. Wie lautet die Gleichung von N? Wie viele Einwohner gewinnt die Stadt in dem 20-Jahres-Zeitraum hinzu?

Übung 2 Testfahrt

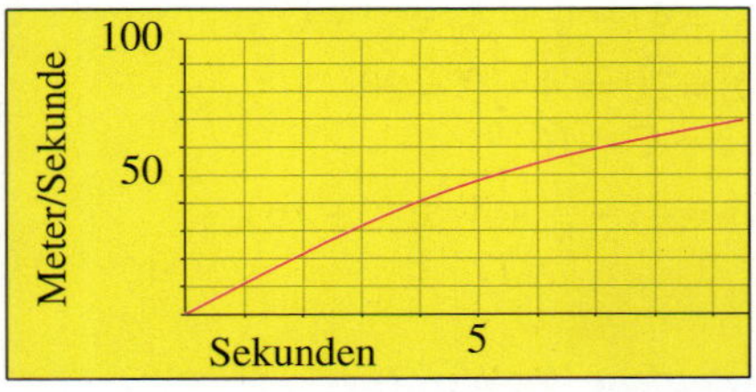

Der Fahrtenschreiber zeichnet bei der Testfahrt eines Sportwagens die Geschwindigkeit v auf. Sie kann durch die quadratische Funktion $v(t) = -\frac{1}{2}t^2 + 12t$ beschrieben werden.
(t in s, v in m/s)

a) Wie lautet die Weg-Zeit-Funktion s des Fahrvorgangs?

b) Nach welcher Zeit kommt das Fahrzeug zum Stehen ($v = 0\,\text{m/s}$)? Welche Strecke hat das Fahrzeug dann insgesamt zurückgelegt?

C. Überblick über Prozesse zu Bestandsrekonstruktionen

Wir stellen nun im Überblick einige Anwendungsprozesse dar, bei denen es um Bestandsrekonstruktionen geht und die in diesem Abschnitt angesprochen werden.

Prozess/Beispiel	Bestandsfunktion f	Änderungsrate f′
Bevölkerungswachstum	Bevölkerung in Personen	Zuwachsrate in Personen/Jahr
Bewegungsvorgang	Zurückgelegter Weg in m	Geschwindigkeit in m/s
Fassentleerung	Wasserhöhe im Fass in cm	Abnahmerate in cm/min
Lernprozess	Anzahl gelernter Vokabeln in Stück	Lernrate in Stück/min
Festbesuch	Besucheranzahl in Personen	Zustrom/Abstrom in Pers./h
Heizvorgang	Heizkosten eines Jahres in Euro	Kostenrate in Euro/Tag
Ballonflug	Höhe des Ballons in m	Steiggeschwindigkeit in m/s

Beispiel: Rekonstruktion der Bestandsfunktion aus deren Änderungsrate

Ein Sammelbehälter für Regenwasser enthält $20\,m^3$ Wasser. Während eines siebenstündigen Unwetters wird die Zuflussrate durch die Formel $z(t) = 4 - \frac{t}{2} - 4 \cdot e^{-t}$ beschrieben, wobei t die Zeit in Stunden seit Beginn des Unwetters ist und z(t) die Zuflussrate in m^3/h.

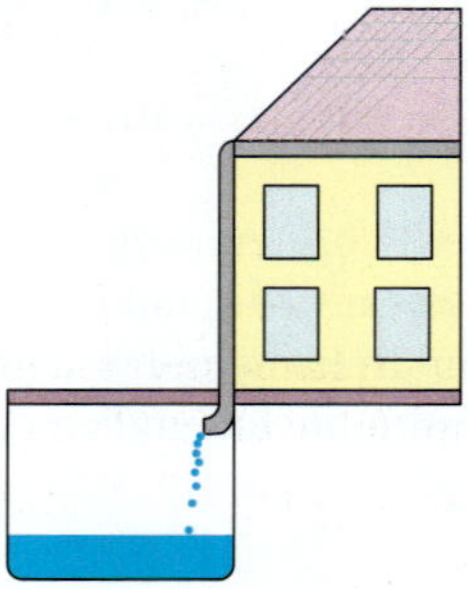

a) Wie lautet die Bestandsfunktion V(t) für das Wasservolumen?

b) Wie viel Wasser läuft insgesamt in den sieben Stunden in den Behälter ein?

Lösung zu a:
Die Zuflussrate z(t) ist die Änderungsrate des Volumens V(t). Es gilt also $V'(t) = z(t)$. Daher kann V(t) durch Integration von z(t) gewonnen werden.

Wir erhalten durch unbestimmte Integration $V(t) = 4t - \frac{t^2}{4} + 4 \cdot e^{-t} + C$.

C ist die Integrationskonstante. Aus der Anfangsbedingung $V(0) = 20$ folgt $C = 16$. Daher gilt $V(t) = 4t - \frac{t^2}{4} + 4 \cdot e^{-t} + 16$.

Bestandsfunktion

$$V(t) = \int z(t)\,dt = \int \left(4 - \frac{t}{2} - 4 \cdot e^{-t}\right) dt = 4t - \frac{t^2}{4} + 4 \cdot e^{-t} + C$$

$$V(0) = 20 \Rightarrow 4 + C = 20 \Rightarrow C = 16$$

$$V(t) = 4t - \frac{t^2}{4} + 4 \cdot e^{-t} + 16$$

Lösung zu b:
Die zugelaufene Wassermenge ergibt sich als Differenz aus Endbestand und Anfangsbestand. Das sind ca. $11{,}75\,m^3$.

Die Wassermenge kann man alternativ auch durch ein bestimmtes Integral berechnen.

Zugelaufene Wassermenge

$$\Delta V = V(7) - V(0) \approx 31{,}75 - 20 = 11{,}75$$

$$\Delta V = \int_0^7 \left(4 - \frac{t}{2} - 4 \cdot e^{-t}\right) dt = \left[4t - \frac{t^2}{4} - 4 \cdot e^{-t}\right]_0^7 \approx 31{,}75 - 20 = 11{,}75$$

D. Die Berechnung des Wasserstands aus der Abflussrate

Beispiel: Wasserstand

Ein zylindrischer Wasserspeicher ist 300 cm hoch und misst im Durchmesser 60 cm. Er ist bis oben mit Wasser gefüllt, als versehentlich der Abflusshahn geöffnet wird.

Der Wasserstand erniedrigt sich mit der Geschwindigkeit $h'(t) = \frac{1}{54}t - \frac{10}{3}$ (t in min, h' in cm/min).

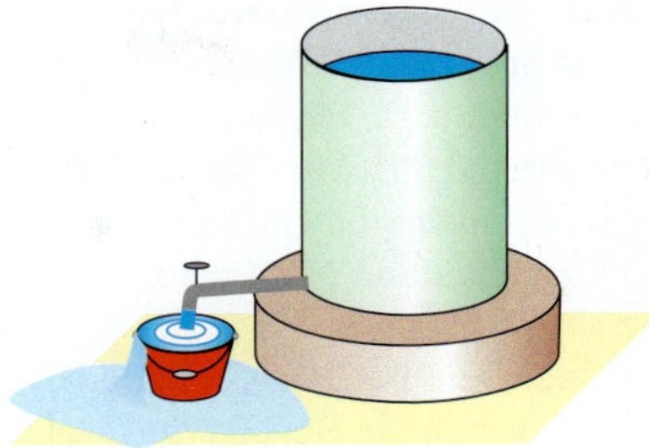

a) Wie lautet die Gleichung von h?

b) Nach 1,5 Stunden wird der Schaden entdeckt. Welche Wassermenge ging verloren?

Lösung zu a:

Die Funktion h für den Wasserstand kann durch Integration ihrer Änderungsrate h' gewonnen werden:

$h(t) = \frac{1}{108}t^2 - \frac{10}{3}t + C.$

Der Anfangsstand h(0) = 300 ist bekannt. Damit kann die Integrationskonstante C ermittelt werden. Wir erhalten C = 300.

$h(t) = \frac{1}{108}t^2 - \frac{10}{3}t + 300$

Lösung zu b:

Nach 1,5 Stunden, d.h. nach 90 Minuten hat sich die Wasserstandshöhe um −225 cm verändert und beträgt nur noch 75 cm.

Der Wasserverlust entspricht einem Zylinder mit dem Radius r = 30 cm und der Höhe h = 225 cm.

Das ergibt ca. 636 Liter.

Bestimmung der Gleichung von h:

$h'(t) = \frac{1}{54}t - \frac{10}{3}$

$h(t) = \int\left(\frac{1}{54}t - \frac{10}{3}\right)dt$

$h(t) = \frac{1}{108}t^2 - \frac{10}{3}t + C$

Aus h(0) = 300 folgt C = 300.

$h(t) = \frac{1}{108}t^2 - \frac{10}{3}t + 300$

Berechnung des Wasserverlustes:

Höhenabnahme:

$$\Delta h = \int_0^{90} h'(t)\,dt = [h(t)]_0^{90} = h(90) - h(0)$$
$$= 75 - 300 = -225$$

Wasserverlust:

$\Delta V = \pi \cdot r^2 h = \pi \cdot 30^2 \cdot (-225) = -636\,173$

$-636173\ \text{cm}^3 \approx -636$ Liter

Übung 3 Spiralblume

Die Wachstumsgeschwindigkeit v einer Spiralblume (flos helica) wurde in einer Graphik erfasst (t in Tage, v in cm/Tag).

a) Modellieren Sie v durch eine quadratische Funktion.

b) Zu Beginn der 3-tägigen Wachstumsperiode ist die Blume 1 m hoch. Wie hoch ist sie am Ende der Periode?

c) Wann ändert sich die Höhe nur noch um 1 cm/Tag? Wie hoch ist die Blume dann?

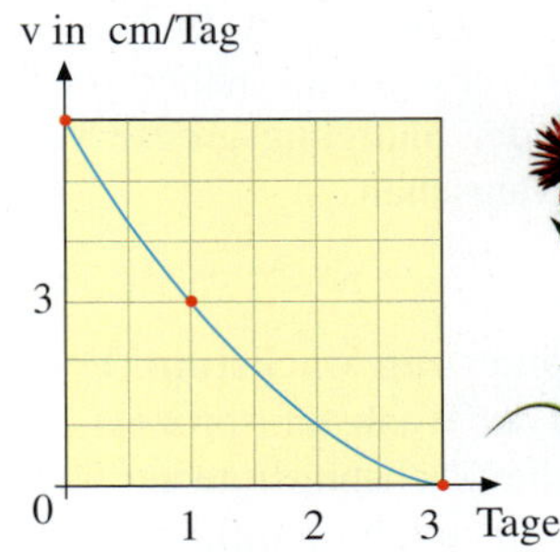

E. Berechnung der Bevölkerung N aus der Änderungsrate N′

Beispiel: Bevölkerungswachstum

Ein Land besitzt 60 Millionen Einwohner. Die Wachstumsrate beträgt zu Beginn 1 Mio. Personen/Jahr und nach 5 Jahren 0,951 Mio. Personen/Jahr.

a) Es wird angenommen, dass die Wachstumsrate gemäß der Funktion $N'(t) = a e^{-bt}$ verläuft. Bestimmen Sie a und b.
b) Wie lautet die Bestandsfunktion N(t)?
c) Wann hat sich die Bevölkerungszahl verdoppelt?
d) Welcher Sättigungsgrenze nähert sie sich langfristig?

Lösung zu a:
Aus $N'(0) = 1$ und $N'(5) = 0{,}951$ ergibt sich durch Einsetzen in den Ansatz $N'(t) = a e^{-bt}$ ein System mit zwei Gleichungen. Wir lösen es mit dem Einsetzungsverfahren und erhalten $a = 1$ sowie $b \approx 0{,}01$.
Resultat: $N'(t) = e^{-0{,}01t}$

Bestimmung von a und b

Ansatz: $N'(t) = a \cdot e^{-bt}$
$N'(0) = 1 \Rightarrow a = 1$
$N'(5) = 0{,}951 \Rightarrow a \cdot e^{-5b} = 0{,}951$
$\Rightarrow 1 \cdot e^{-5b} = 0{,}951$
$\Rightarrow -5b = \ln 0{,}951$
$\Rightarrow b \approx 0{,}01$

Lösung zu b:
Die Bestandsfunktion N(t) muss durch Integration der Änderungsrate N′(t) rekonstruiert werden.
Wie rechts vorgerechnet ergibt sich als Resultat $N(t) = 160 - 100 \cdot e^{-0{,}01t}$.

Bestimmung der Bestandsfunktion N(t)

$$N(t) = \int N'(t)\,dt = \int e^{-0{,}01t}\,dt = -100 \cdot e^{-0{,}01t} + C$$

$$N(0) = 60 \Rightarrow -100 + C = 60 \Rightarrow C = 160 \Rightarrow N(t) = 160 - 100 \cdot e^{-0{,}01t}$$

Lösung zu c:
Zur Berechnung der Verdopplungszeit verwenden wir den Ansatz $N(t) = 2N(0)$.
Auflösen der Gleichung nach t ergibt eine Verdopplungszeit von ca. 92 Jahren.

Bestimmung der Verdopplungszeit

$$N(t) = 2 \cdot N(0)$$
$$160 - 100 \cdot e^{-0{,}01t} = 120$$
$$-0{,}01t = \ln 0{,}4$$
$$t \approx 91{,}63 \text{ Jahre}$$

Lösung zu d:
Wir berechnen den Grenzwert der Bestandsfunktion N(t) für $t \to \infty$. Er beträgt 160. Die Bevölkerungszahl nähert sich also langfristig der Sättigungsgrenze von 160 Millionen Menschen.

Bestimmung der Grenzbevölkerung

$$\text{Grenzbestand} = \lim_{t\to\infty} N(t) = \lim_{t\to\infty} (160 - 100 \cdot e^{-0{,}01t}) = 160$$

Übung 4 Bevölkerungswachstum (Fortsetzung)

Betrachtet wird der Wachstumsprozess aus dem obigen Beispiel.

a) Wann sinkt die Wachstumsrate auf 500 000 Personen/Jahr?
b) Wie groß ist die durchschnittliche Wachstumsrate der ersten 50 Jahre?
c) Welcher Bevölkerungszuwachs wird im zweiten Jahrzehnt der Beobachtung erzielt?

Übungen

5. Gezeitenkraftwerk

Der Wasserstand im Staubecken eines Gezeitenkraftwerkes verändert sich im Laufe eines Tages durch ein- und ausströmendes Wasser. Die Änderungsrate kann durch die Funktion

$h'(t) = \frac{1}{216}(5t^2 - 120t + 480)$ erfasst

werden (t in Stunden, h in m/Std., $0 \leq t \leq 24$). Zur Zeit $t = 0$ beträgt der Wasserstand 5 m.

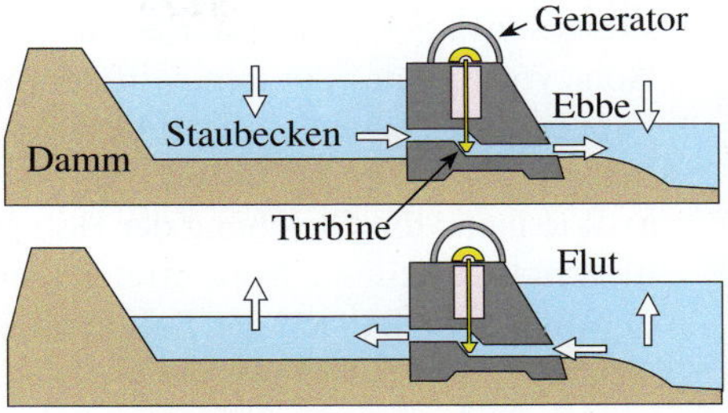

a) Wie lautet die Gleichung von h?
b) Wann war der Wasserstand am höchsten bzw. am niedrigsten?
c) Wann änderte sich der Wasserstand am schnellsten? Wie schnell änderte er sich?

6. Hubschrauberflug

Ein neues Hubschraubermodell wird auf einem Testflug erprobt, der eine Minute dauert. Durch außen angebrachte Staurohre kann die Fluggeschwindigkeit v permanent ermittelt werden.
Sie kann durch die Funktion $v(t) = -0{,}012t^2 + 7{,}2t$ erfasst werden (t in s, v in m/s). Welche Flugstrecke legt das Gerät zurück?

7. Besucherzahl

Auf einem Volksfest wird die Änderungsrate der Besucherzahl kontinuierlich festgestellt. Es zeigt sich, dass sie durch $B'(t) = 20t^3 - 300t^2 + 1000t$ erfasst wird.
(t in Std., B′(t) in Besucher/Std.)
Nach einer Stunde sind 405 Besucher anwesend.
a) Wie lautet die Gleichung der Funktion B(t), welche die Besucheranzahl zum Zeitpunkt t angibt?
b) Wie viele Besucher sind 3 Std. nach Eröffnung anwesend?
c) Wie groß ist die maximale Besucherzahl?
d) Wann steigt die Besucherzahl am schnellsten an?
e) In welchen Zeitgrenzen kann das Modell höchstens gelten?

8. Ballwurf

Ein Ball wird in 35 m Höhe senkrecht nach oben geworfen.
Die Abwurfgeschwindigkeit beträgt 30 m/s.
a) Wie lautet die Gleichung der Funktion h, welche die Höhe des Balles zur Zeit t beschreibt?
Hinweis: Die Geschwindigkeitsfunktion lautet: $v(t) = 30 - 10t$.
Dies ist eine zwangsläufige Folge des Gravitationsgesetzes.
b) Mit welcher Geschwindigkeit trifft der Ball auf dem Boden auf? Wie groß ist die Gipfelhöhe des Balles?

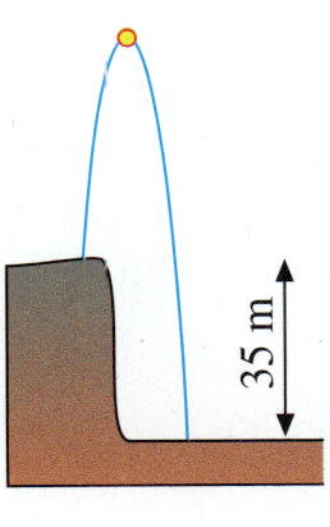

9. Ballonflug

Ein Heißluftballon ändert seine Flughöhe h (über Normalnull) mit der Geschwindigkeit $v(t) = -0{,}12\,t^2 + 1{,}2\,t$, er startet zur Zeit $t = 0$ in einer Höhe von 520 m. (t in min, v in m/min)

Fünf Minuten nach dem Start befindet sich der Ballon in einer Höhe von 530 m.

a) Wie lautet die Gleichung der Höhenfunktion?
b) Welche maximale Höhe erreicht der Ballon?
c) Wann befindet sich der Ballon wieder auf Starthöhe?

10. Tomatenpflanze

Ein Tomatensetzling besitzt beim Einpflanzen eine Höhe von 5 cm.

Seine Höhe nimmt mit der Geschwindigkeit $v(t) = -0{,}1\,t^3 + t^2$ zu.

(t in Wochen, v in cm/Woche)

Rekonstruieren Sie die Funktion h, die die Höhe der Pflanze erfasst.

Klären Sie folgende Fragen:

a) Wie lange dauert die Wachstumsphase?
b) Wie hoch wird die Pflanze maximal?
c) Wie hoch wird die Pflanze zum Zeitpunkt des schnellsten Wachstums sein?

11. Volksfest

Bei einem Volksfest wird die Zustromrate durch die Funktion $z(t) = -24\,t^2 + 190\,t + 500$ und die Abstromrate durch die Funktion $a(t) = -7{,}8\,t^3 + 78\,t^2$ bestimmt.

(t: Zeit in Std. seit 12.00 Uhr; z, a: Zu- bzw. Abstromrate in Besucher/Std.)

a) Stellen Sie die Graphen von z und a für $0 \le t \le 10$ dar.
b) Zu welchen Zeitpunkten sind die Raten maximal?
   Zeigen Sie, dass für $t \approx 4{,}5$ h und $t = 10$ h Zustromrate und Abstromrate gleich sind.
c) Wie viele Besucher hatte das Volksfest insgesamt?
d) Wie groß ist die maximale Zahl von Besuchern, die sich gleichzeitig auf dem Volksfest befanden?
e) Zeigen Sie, dass insgesamt alle Besucher das Fest wieder verließen.
   Hinweis: Zustromrate und Abstromrate integrieren.

Übungen

Die folgenden Aufgaben sollen ohne die Verwendung von Hilfsmitteln gelöst werden.

1. Fläche unter einer Kurve
Gegeben sind die Funktionen $f(x) = -x^3 + 4x$ und $g(x) = x \cdot e^{-x}$.
a) Berechnen Sie die Nullstellen von f sowie den Inhalt der Fläche A, die vom Graphen von f und der x-Achse eingeschlossen wird.
b) Zeigen Sie, dass $G(x) = (-x - 1) \cdot e^{-x}$ eine Stammfunktion von g ist. Berechnen Sie dann den Inhalt der Fläche A unter dem Graphen von g über dem Intervall [0; 2] angenähert. Sie können dabei verwenden, dass $\frac{1}{e^2} \approx 0{,}14$ gilt.

2. Fläche zwischen Funktion und Koordinatenachsen
Gegeben ist die Funktion $f(x) = \frac{1}{8}(x-4)^2 \cdot (x+1)$. Diese Funktion schließt zusammen mit den beiden Koordinatenachsen im 1. Quadranten ein Flächenstück A ein.
a) Bestimmen Sie die Nullstellen von f. Welche Nullstelle ist einen doppelte Nullstelle?
b) Skizzieren Sie den Graphen von f für $-2 \le x \le 5$.
c) Berechnen Sie den Inhalt von A.

3. Schnittflächen
Gegeben sind die Funktionen $f(x) = 4 - x^2$ und $g(x) = x + 2$.
a) Zeigen Sie, dass f und g sich bei $x = -2$ und $x = 1$ schneiden.
b) Skizzieren Sie die Graphen von f und g für $-3 \le x \le 2$.
c) Berechnen Sie den Inhalt der Fläche A, welche von f und g umschlossen wird.

4. Interpretation bestimmter Integrale
a) Berechnen Sie das bestimmte Integral $\int_0^3 (3x^2 - 6x)\,dx$.
b) Interpretieren Sie das Resultat aus a) anschaulich. Fertigen Sie dazu eine Skizze an.

5. Richtig oder falsch?
Geben Sie an, welche der folgenden Aussagen richtig sind.
(A) Das bestimmte Integral von f über dem Intervall [a; b] gibt den Inhalt der Fläche A unter dem Graphen von f über dem Intervall [a; b] an.
(B) Das bestimmte Integral kann als Flächenbilanz interpretiert werden.
(C) Eine Funktion f kann nur eine Stammfunktion haben.
(D) Schnittflächen zweier Funktionen können mit der Differenzfunktion bestimmt werden.
(E) Ein bestimmtes Integral kann nicht den Wert null annehmen.
(F) Leitet man eine Stammfunktion von f ab, so erhält man die Funktion f.

6. Wo steckt der Fehler?
a) $\int_3^4 (2x-4)^2\,dx = \left[\frac{1}{3}(2x-4)^3\right]_3^4 = \left(\frac{64}{3}\right) - \left(\frac{8}{3}\right) = \frac{61}{3} = 20\frac{1}{3}$
b) $\int_1^2 (x^3 - 2x^2)\,dx = [3x^2 - 4x]_1^2 = (4) - (-1) = 3$

Überblick

Flächeninhalt unter einem Graphen

Fall 1: $f(x) \geq 0$

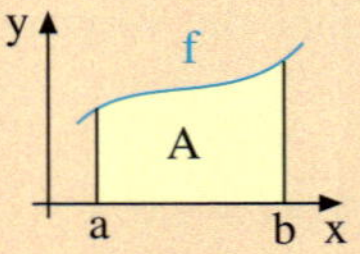

$$A = \int_a^b f(x)\,dx$$

Fall 2: $f(x) \leq 0$

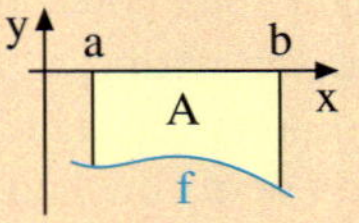

$$A = -\int_a^b f(x)\,dx$$

Fall 3: f wechselt das Vorzeichen

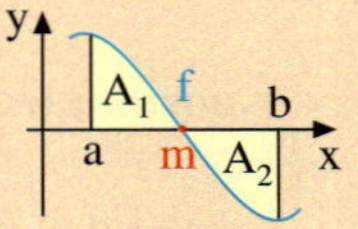

$$A = \int_a^m f(x)\,dx - \int_m^b f(x)\,dx$$

Flächeninhalt zwischen Graphen

Methode: Differenzfunktion

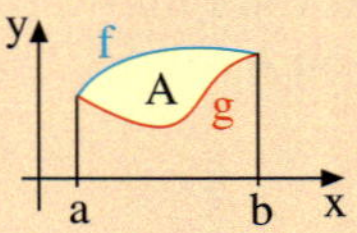

$$A = \int_a^b (f(x) - g(x))\,dx$$

$$= \int_a^b f(x)\,dx - \int_a^b g(x)\,dx$$

Flächeninhalt bei geteilten Flächen

$$A = A_1 + A_2$$

$$= \int_a^m (f(x) - g(x))\,dx$$

$$+ \int_m^b (g(x) - f(x))\,dx$$

Rekonstruktion der Bestandsfunktion f aus der Änderungsrate f′

Ist f′ gegeben sowie ein Funktionswert $f(x_0)$ von f, so kann man die Funktion f mit Hilfe des unbestimmten Integrals von f′ bestimmen. Der Funktionswert von f wird benötigt, um die Integrationskonstante C festzulegen.

$$f(x) = \int f'(x)\,dx + C$$

Rekonstruktion der Bestandsänderung Δf aus der Änderungsrate f′

Ist die Änderungsrate f′ gegeben über dem Intervall [a; b], so kann man die Änderung Δf der Funktion f über dem Intervall mit Hilfe des bestimmten Integrals von f′ über [a; b] berechnen.

$$\Delta f = \int_a^b f'(x)\,dx = f(b) - f(a)$$

CAS-Anwendungen

Liegt eine auf einem abgeschlossenen Intervall [a; b] definierte, nicht negative Funktion f vor, so stellt das Integral $\int_a^b f(x)\,dx$ nach Satz VII.2 eine Flächenbilanz dar. Dementsprechend ist $\int_a^b |f(x)|\,dx$ der Inhalt der Fläche zwischen dem Graphen von f und der x-Achse.

Beispiel: Fläche zwischen Funktionsgraph und x-Achse
Gegeben ist die Funktion $f(x) = x^2 - 4x + 3$. Berechnen Sie den Inhalt A der Fälche zwischen den Graphen von f und der x-Achse über dem Intervall [0; 5].

Lösung:
Nach den vorstehenden Überlegungen erhält man den gesuchten Flächeninhalt durch die Berechnung des Integrals $\int_a^b |f(x)|\,dx$. Dazu gibt man im Anschluss an die Festlegungen von f(x) sowie der Intervallgrenzen a und b am einfachsten ein:
integral(abs(f(x)),x,a,b)
und erhält unmittelbar die Maßzahl des gesuchten Flächeninhalts A.

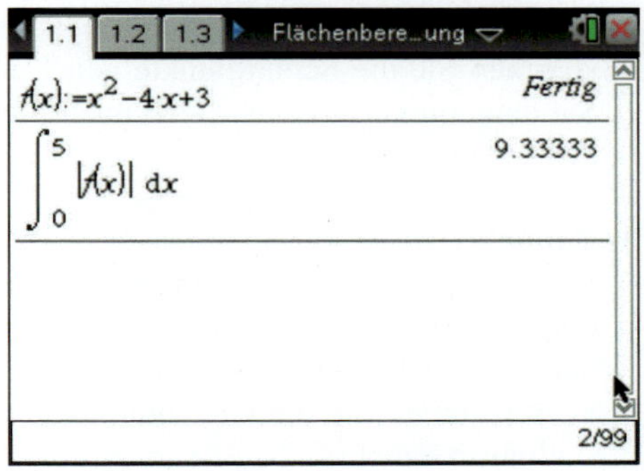

Beispiel: Fläche zwischen zwei Funktionsgraphen
Gegeben sind die Funktionen $g(x) = \frac{1}{3}x^3 - 2x^2 + 4x + \frac{7}{3}$ und $h(x) = x^2 - 4x + 6$. Berechnen Sie den Inhalt A der Fläche zwischen den Graphen von f und g über dem Intervall [0; 4].

Lösung:
Analog zu den vorstehenden Überlegungen und dem obigen Beispiel erhält man den gesuchten Flächeninhalt durch die Berechnung des Integrals $\int_a^b |g(x) - h(x)|\,dx$, also durch
integral(abs(g(x)-h(x)),x,a,b).

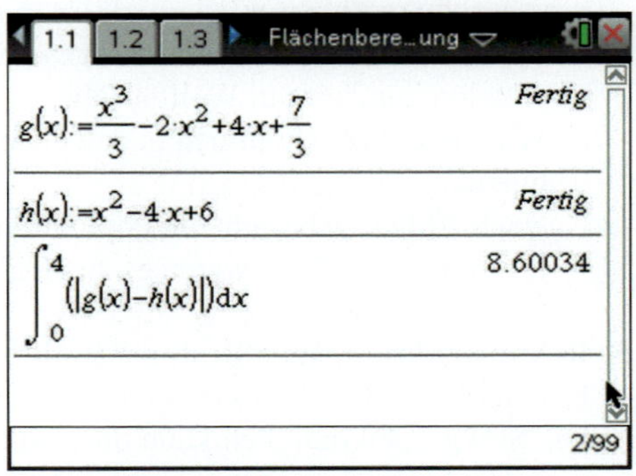

Übung 1
Gegeben sind die Funktionen $g(x) = x^3 - 6x^2 + 12x - 7$ und $h(x) = x^2 - 2x$.
a) Ermitteln Sie den Inhalt der Fläche zwischen den Graphen von g und h für $0 \leq x \leq 4$.
b) Die Graphen von g und h schließen zwei Flächenstücke ein. Berechnen Sie den Flächeninhalt.

Test

Anwendungen der Integralrechnung

1. Fläche unter Kurven

a) Gesucht ist der Inhalt des rechts abgebildeten markierten Flächenstücks A.

b) Wie groß ist der Inhalt der Fläche A, die vom Graphen der Funktion $f(x) = -x^2 + 4x - 3$ und der x-Achse umschlossen wird?

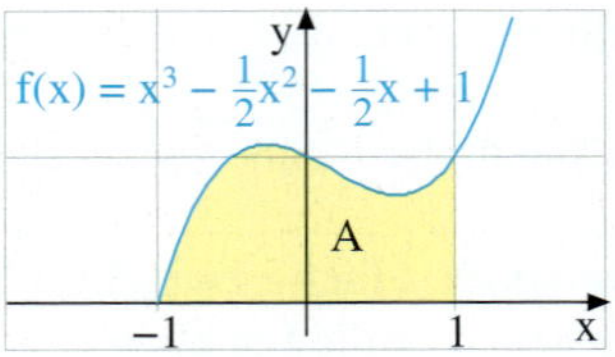

2. Flächen zwischen Kurven

Der Graph von $f(x) = x^2 - 6x + 10$ und die Gerade $g(x) = x$ beranden gemeinsam ein Flächenstück A. Bestimmen Sie die Schnittpunkte von f und g. Fertigen Sie dann eine Skizze an. Berechnen Sie anschließend den Inhalt von A.

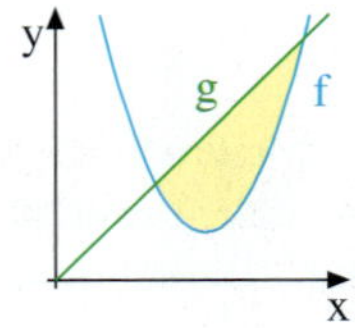

3. Tunnel

Ein 10 m langer Fußgängertunnel aus Beton hat die eingezeichneten Maße. Die innere Berandungsparabel hat die Gleichung $g(x) = -\frac{10}{9}x^2 + \frac{5}{2}$.

a) Bestimmen Sie die Gleichung der äußeren Berandungsparabel f.

b) Wie viel m^3 Beton werden für den Bau des Tunnels benötigt?

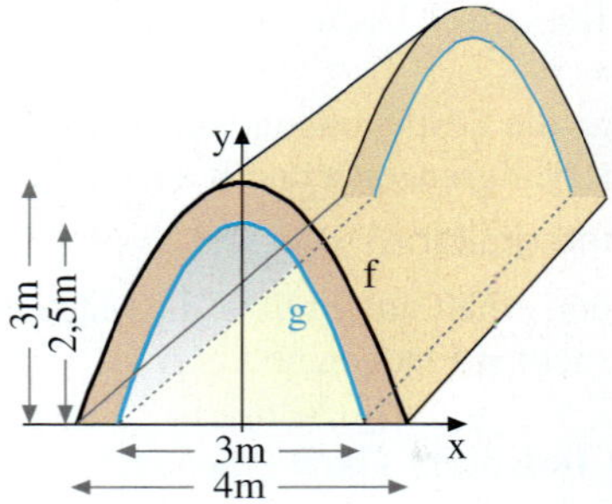

4. Wolfspopulation

Ein Rudel Wölfe hat sein Revier auf einer abgelegenen Halbinsel in Alaska gefunden. Die Wolfspopulation vermehrt sich nun mit der Wachstumsgeschwindigkeit $w'(t) = -0{,}024t^2 + 0{,}12t + 9{,}8$.
t: Zeit in Jahren; $w'(t)$: Wachstumsgeschwindigkeit der Population zur Zeit t in Wölfen/Jahr.

a) Wie viele Wölfe kommen in den ersten zehn Jahren hinzu?

b) Nach 20 Jahren besteht die Population aus 172 Wölfen. Wie viele Tiere waren es zu Beginn?

5. Rekonstruktion einer Bestandsfunktion

Ein Heißluftballon befindet sich in 2000 m Höhe, als der Pilot die Landung einleitet. Die Sinkgeschwindigkeit kann durch die Funktion $v(t) = 0{,}0015t^2 - 0{,}3t$ erfasst werden.
t: Zeit in Sekunden; $v(t)$: Geschwindigkeit in m/s.

a) Wie lautet die Gleichung der Funktion $h(t)$, welche die Höhe des Ballons beschreibt?

b) In welcher Höhe ist der Ballon nach zwei Minuten? Wie schnell sinkt er dann?

c) Die Landung erfolgt weich, d. h. die Sinkgeschwindigkeit ist dann gleich null. Nach welcher Zeit und in welcher Höhe erfolgt die Landung?

Lösungen: S. 564

IX. Vertiefung der Differential- und Integralrechnung

1. Kurvenuntersuchungen

Im folgenden Abschnitt werden die Inhalte der Differential- und Integralrechnung an komplexen Kurvenuntersuchungen von Polynomen, Exponentialfunktionen und trigonometrischen Funktionen vertieft.

A. Ganzrationale Funktionen

Beispiel: Abstrakte Kurvenuntersuchung

Gegeben sind die beiden Funktionen $f(x) = -2x^2 + 6x$ und $g(x) = \frac{1}{2}x^3 - 3x^2 + \frac{9}{2}x$, deren Graphen abgebildet sind.

a) Untersuchen Sie g auf Extrema.
b) Berechnen Sie die Schnittstellen von f und g.
c) Berechnen Sie den Inhalt der Fläche A, welche von f und g im ersten Quadranten umrandet wird.
d) Der Ursprung O(0|0), der Punkt Q(x|0) und der Punkt P(x|g(x)) (0 < x < 3) sind Ecken eines bei Q rechtwinkligen Dreiecks. Für welchen Wert von x ist der Dreiecksinhalt maximal?

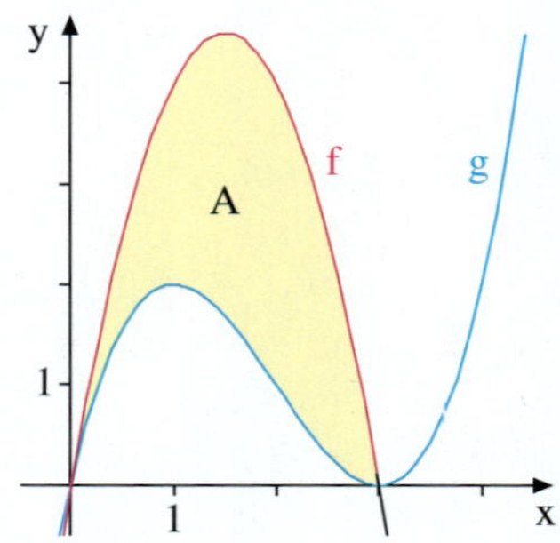

Lösung zu a:
Wir bestimmen zunächst g′, g″ und g‴.

$g'(x) = \frac{3}{2}x^2 - 6x + \frac{9}{2}$
$g''(x) = 3x - 6$
$g'''(x) = 3$

Mit der notwendigen Bedingung $g'(x) = 0$ errechnen wir die Extremstellen von g. Sie liegen bei x = 3 und x = 1.
Die Überprüfung dieser potentiellen Extremstellen mit dem g″-Kriterium liefert den Tiefpunkt T(3|0) und den Hochpunkt H(1|2).

Extrema von g:

$$g'(x) = \frac{3}{2}x^2 - 6x + \frac{9}{2} = 0$$
$$x^2 - 4x + 3 = 0$$
$$x = 2 \pm \sqrt{4-3} = 2 \pm 1$$
$$x = 3,\ y = 0;\ g''(3) = 3 > 0 \Rightarrow \text{Min}$$
$$x = 1,\ y = 2;\ g''(1) = -3 < 0 \Rightarrow \text{Max}$$

Lösung zu b:
Zur Berechnung der Schnittstellen von f und g muss die Ansatzgleichung f(x) = g(x) gelöst werden. Die rechts dargestellte Rechnung liefert als Lösung drei Schnittstellen bei x = −1, x = 0 und x = 3.

Schnittstellen von f und g

$$f(x) = g(x)$$
$$-2x^2 + 6x = \frac{1}{2}x^3 - 3x^2 + \frac{9}{2}x$$
$$\frac{1}{2}x^3 - x^2 - \frac{3}{2}x = 0$$
$$x^3 - 2x^2 - 3x = 0$$
$$x \cdot (x^2 - 2x - 3) = 0$$
$$x = 0 \text{ bzw. } x^2 - 2x - 3 = 0$$
$$x = 1 \pm \sqrt{1+3}$$
$$x = -1,\ x = 3$$

Lösung zu c:
Um den Inhalt von A zu berechnen, nutzen wir die Differenzfunktion von f und g. Sie lautet $d(x) = -\frac{1}{2}x^3 + x^2 + \frac{3}{2}x$. Durch Integration von d in den Grenzen von 0 bis 3 erhalten wir den Inhalt von A.
Resultat: A = 5,625 FE

Flächeninhalt von A

$$A = \int_0^3 (f(x) - g(x))\,dx = \int_0^3 \left(-\frac{1}{2}x^3 + x^2 + \frac{3}{2}x\right)dx$$
$$= \left[\left(-\frac{1}{8}x^4 + \frac{1}{3}x^3 + \frac{3}{4}x^2\right)\right]_0^3$$
$$= \left(-\frac{81}{8} + 9 + \frac{27}{4}\right) - (0) = \frac{45}{8} = 5{,}625$$

Lösung zu d:
Die Abbildung rechts verdeutlicht die Lage des eingesperrten Dreiecks.

Der Flächeninhalt A des Dreiecks wird nach der altbekannten Formel $A = \frac{1}{2} g \cdot h$ bestimmt (g: Grundlinie; h: Höhe). Mit der Grundlinie x und der Höhe g(x) folgt also:
$A = \frac{1}{2} x \cdot g(x) = \frac{1}{4} x^4 - \frac{3}{2} x^3 + \frac{9}{4} x^2$

Die notwendige Bedingung für ein Extremum von A lautet $A'(x) = 0$. Damit ergibt sich die rechts aufgeführte Rechnung.

Bei $x = 0$ und $x = 3$ liegen offensichtlich Minimalstellen von A. Auf die hinreichende Bedingung für Extrema kann verzichtet werden, da die Lage völlig klar ist.

Bei $x = 1{,}5$ liegt das Maximum von A.
Für die maximale Fläche gilt daher:
$A_{MAX} = A\left(\frac{3}{2}\right) = \frac{81}{64} \approx 1{,}27$

Skizze des eingesperrten Dreiecks

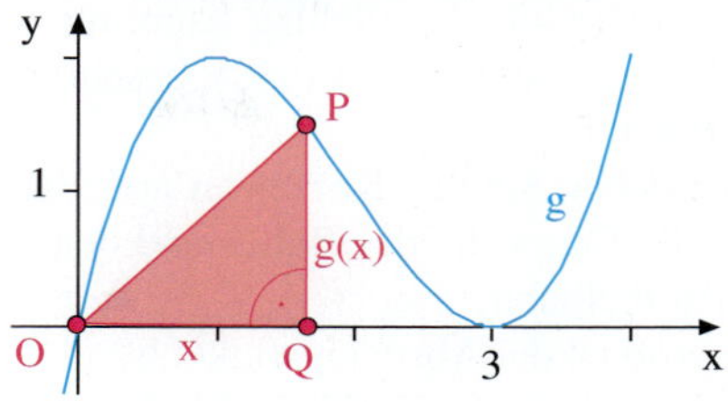

Extremalrechnung

$A'(x) = 0$

$x^3 - \frac{9}{2} x^2 + \frac{9}{2} x = 0$

$x \cdot \left(x^2 - \frac{9}{2} x + \frac{9}{2}\right) = 0$

$x = 0 \quad \text{bzw.} \quad x = \frac{9}{4} \pm \sqrt{\frac{81}{16} - \frac{9}{2}}$

$x = 0 \quad \text{bzw.} \quad x = 3 \quad \text{bzw.} \quad x = 1{,}5$

$\Rightarrow$ Maximum von A bei $x = 1{,}5$

$A_{MAX} = A\left(\frac{3}{2}\right) = \frac{81}{64} \approx 1{,}27$

Übung 1 Kurvenuntersuchung

Gegeben sind zwei Funktionen f und g:
$f(x) = \frac{1}{4} x^3 - x$, $g(x) = \frac{1}{4} x^2 + \frac{1}{2} x$.

a) Berechnen Sie die Extrema und den Wendepunkt der Funktion f.
b) Ermitteln Sie die Schnittpunkte der Funktionen f und g.
c) Wie groß ist der Inhalt der Gesamtfläche A, welche von den Graphen von f und g eingeschlossen wird?

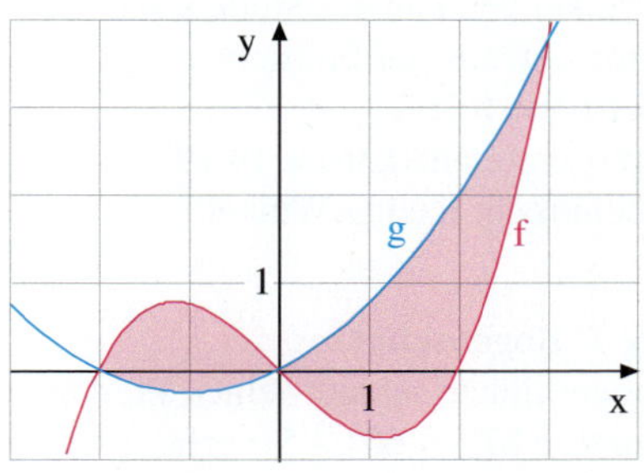

Übung 2 Polynomfunktion

Gegeben ist die Funktion $f(x) = \frac{1}{12} x^3 - \frac{1}{2} x^2$.

a) Erstellen Sie eine Wertetabelle und zeichnen Sie auf dieser Grundlage den Graphen von f.
b) Untersuchen Sie die Funktion f auf Nullstellen, Extrema und Wendepunkte.
c) Bestimmen Sie die Gleichung der Wendenormalen von f.
d) Wie groß ist der Inhalt der Fläche A, welche vom Graphen von f und der x-Achse im 4. Quadranten umschlossen wird?

Beispiel: Golf

Kurt spielt Golf. Ein Schlag kann durch die Bahnkurve $f(x) = -0{,}003\,x^2 + 0{,}36\,x$ beschrieben werden (1 LE = 1 m).
Untersuchen Sie den Kurvenverlauf. Berechnen Sie dazu die Flugweite des Balles und den Gipfelpunkt der Parabelbahn.
Wie groß ist der Abschlagwinkel α?

Lösung:
Wir berechnen durch Faktorisieren oder mit der p-q-Formel die Nullstellen von f. Sie liegen bei $x = 0$ und $x = 120$.
Der zweite Wert stellt die Flugweite dar. Diese beträgt 120 m.

Die Nullstellen von f

$f(x) = -0{,}003\,x^2 + 0{,}36\,x = 0$
$x \cdot (-0{,}003\,x + 0{,}36) = 0$
$x = 0$ bzw. $x = 120$

Das Maximum von f bestimmen wir mit Hilfe der notwendigen Bedingung für Extrema, indem wir $f'(x) = 0$ setzen. Die Parabel ist nach unten geöffnet. Also ist an der berechneten Stelle $x = 60$ m das Maximum von f. Der Gipfelpunkt der Flugbahn ist $H(60|10{,}8)$.

Der Hochpunkt von f

$f'(x) = -0{,}006\,x + 0{,}36 = 0$
$x = 60$
$y = f(60) = 10{,}8$
$\Rightarrow H(60|10{,}8)$

Der Abschlag erfolgt bei $x = 0$.
Der Abschlagswinkel ist also der Steigungswinkel von f an der Stelle $x = 0$. Dieser ergibt sich aus der Formel
$\tan\alpha = f'(0) = 0{,}36$.
Es folgt $\alpha = \arctan(0{,}36) = 19{,}79°$.
Das ist ein recht flacher Winkel*.

Der Abschlagswinkel

$\tan\alpha = f'(0)$
$\tan\alpha = 0{,}36$
$\alpha = \arctan(0{,}36)$
$\alpha \approx 19{,}8°$

Übung 3 Bogenschütze

Ein Bogenschütze schießt seinen Pfeil testweise senkrecht nach oben. Die Steighöhe kann durch die Funktion $h(t) = 60\,t - 5\,t^2$ erfasst werden. t: Zeit in Sekunden; h: Höhe in Metern.

a) Wie groß ist die Abschussgeschwindigkeit?
b) Welche Gipfelhöhe wird erreicht? Wie lange fliegt der Pfeil bis zum Gipfelpunkt?
c) Wann ist die Geschwindigkeit des Pfeils auf ca. 100 km/h gesunken?
d) In einem zweiten Versuch schießt der Schütze fast horizontal ab. Die Flugbahn lautet nun $f(x) = 1{,}70 + 0{,}035\,x - 0{,}0005\,x^2$.
Wie groß ist der Abschusswinkel α? Welche Maximalhöhe erreicht der Pfeil?
Trifft er das Ziel, eine Kreisscheibe mit 10 cm Durchmesser um den Mittelpunkt $M(80|1{,}34)$?

* Der Abschlagswinkel α beim Golf wird durch die *Abschrägung* des Golfschlägers bestimmt.

Beispiel: Hochwasser

Bei einem Unwetter kann die Strömungsrate in einer überfluteten Straße durch $s(t) = 600 \cdot (9t^2 - t^3)$ erfasst werden.
(t: Zeit in Std.; s: Strömungsrate in m^3/h)
Skizzieren Sie den Graphen von s für $0 \leq t \leq 9$.
Wann ist die Strömung am stärksten?
Wann erhöht sich die Strömungsrate am schnellsten?
Welche Wassermenge passiert die Straße insgesamt?

Lösung:
Wir zeichnen den Graphen mit Hilfe einer Wertetabelle:

x	0	1	3	6	8	9
y	0	4800	32400	64800	38400	0

Man erkennt, dass das Hochwasser von $t = 0$ bis $t = 9$ dauert, denn dort liegen die Nullstellen von s.

Der Graph von s

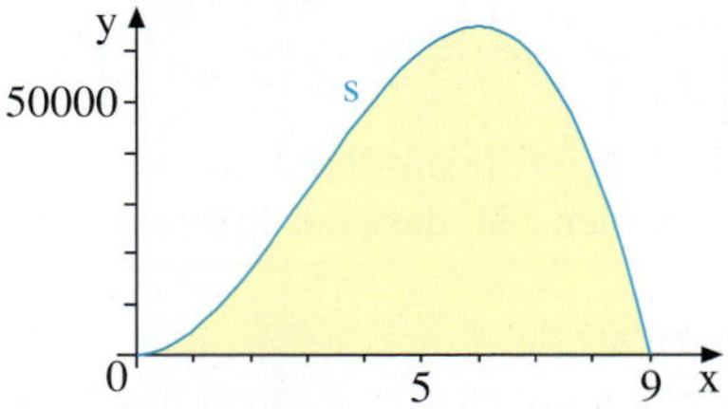

Das Maximum von s bestimmen wir mit Hilfe der notwendigen Bedingung für Extrema, indem wir $s'(t) = 0$ setzen.
Es liegt bei $t = 6$.
Die maximale Strömungsrate beträgt $64\,800\,m^3/h$. Das entspricht $18\,m^3/s$.

Die maximale Strömungsrate

$s(t) = 600 \cdot (9t^2 - t^3)$
$s'(t) = 600 \cdot (18t - 3t^2) = 0$
$t = 0$ (Min, da $s''(0) = 10\,800 > 0$)
$t = 6$ (Max, da $s''(6) = -10\,800 < 0$)
$\Rightarrow$ Hochpunkt $H(6|64\,800)$

Die Strömungsrate erhöht sich am schnellsten, wenn $s''(t) = 0$ gilt, d. h. im Wendepunkt der Funktion s. Dieser liegt bei $t = 3$.
Die Strömungsrate ändert sich dann pro Stunde um $16\,200\,m^3/h$. Pro Sekunde erhöht sie sich also um ca. $4{,}5\,m^3/h$.

Die größte Änderung der Strömungsrate

$s''(t) = 600 \cdot (18 - 6t) = 0$
$18 - 6t = 0$
$t = 3$
$s'(3) = 16\,200$

Die während des Unwetters durch die Straße geflossene Wassermenge S bestimmt man durch Integration von s in den Grenzen von 0 bis 9. Insgesamt sind $328\,050\,m^3$ durch die Straße geflossen.

Die geflossene Wassermenge

$$S = \int_0^9 s(t)\,dt = \int_0^9 (5\,400t^2 - 600t^3)\,dt$$
$$= [1\,800t^3 - 150t^4]_0^9 = (328\,050) - (0)$$
$$= 328\,050\,m^3$$

Übung 4 Schweinemast

Die Gewichtszunahme eines Mastschweins wird durch $f(t) = t^2 - \frac{1}{8}t^3$ beschrieben $(0 \leq t \leq 8)$
(t: Zeit in Monaten, f(t) Gewichtsänderung in kg/Monat).

a) Untersuchen Sie f auf Nullstellen, Extrema und Wendepunkte. Skizzieren Sie den Graphen von f. Wann steigt das Gewicht am schnellsten?
b) Am Beginn der Mast wiegt das Schwein 55 kg. Welches Endgewicht wird es erreichen?

Im folgenden Beispiel wird von der Änderungsrate (Geschwindigkeit) eines Bewegungsvorgangs auf die Bestandsfunktion (Weg) des Vorgangs geschlossen.

Beispiel: Heißluftballon

Die Steig- bzw. Sinkgeschwindigkeit eines Heißluftballons in den ersten 10 Minuten seines Fluges wird durch die Funktion $v(t) = -\frac{12}{5}t^2 + 24t$ beschrieben.

a) Skizzieren Sie den Graphen von v, und erläutern Sie am Graphen den Flugverlauf in den ersten 10 Minuten.
b) Leiten Sie die Funktionsgleichung der Flughöhe h(t) her, und berechnen Sie die Höhe des Ballons nach 10 Flugminuten.
c) Wie groß ist die mittlere Änderungsrate der Flughöhe (in m/s) in den ersten 10 Flugminuten?
d) Begründen Sie, dass der Ballon nach 10 min seine größte Höhe erreicht hat.

Lösung zu a:
Der Graph von v ist eine Parabel mit Nullstellen bei $t = 0$ und bei $t = 10$. Der Heißluftballon steigt während des gesamten Zeitraums, zuerst langsam, dann immer schneller mit einem Maximum bei $t = 5$. Danach steigt er immer langsamer bis zum Stillstand.

Graph von v:

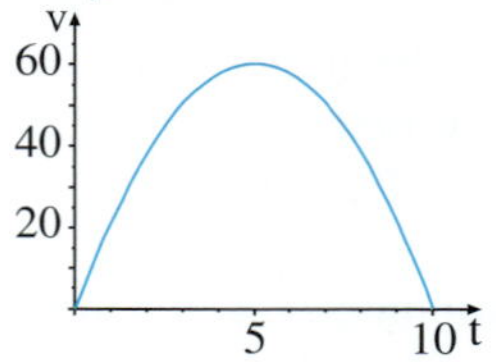

Lösung zu b:
Die Höhe h(t) des Ballons ist eine Stammfunktion von v(t), für die $h(0) = 0$ gilt. Durch Integration folgt $h(t) = -\frac{4}{5}t^3 + 12t^2$. Nach 10 Minuten hat der Heißluftballon die Höhe $h(10) = 400\,\text{m}$ erreicht.

Bestimmung von h(t):

$$h(t) = \int v(t)\,dt = -\frac{4}{5}t^3 + 12t^2 + C$$

$$h(0) = 0 \Rightarrow C = 0$$

Lösung zu c):
Die mittlere Änderungsrate der Höhe in den ersten 10 Minuten berechnet man mit dem Differenzenquotienten. Sie lautet 0,67 m/s.

Mittlere Änderungsrate:

$$\frac{\Delta h}{\Delta t} = \frac{400\,\text{m}}{10\,\text{min}} = \frac{40\,\text{m}}{\text{min}} \approx 0{,}67\,\frac{\text{m}}{\text{s}}$$

Lösung zu d:
Wegen $h'(10) = 0$ und $h''(10) < 0$ ist $t = 10$ der Zeitpunkt der maximalen Höhe.

Notwendige und hinreichende Bedingung:

$$h'(t) = v(t) = -\frac{12}{5}t^2 + 24t$$

$$h''(t) = -\frac{24}{5}t + 24$$

$$h'(10) = 0,\ h''(10) = -24 < 0 \Rightarrow \text{Max.}$$

Beispiel: Talsperre

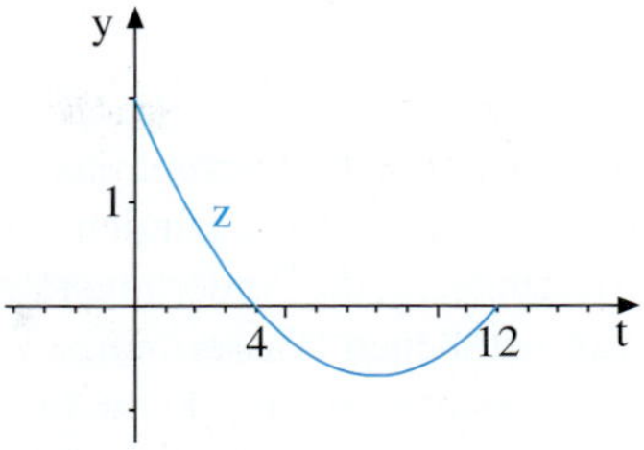

Eine Talsperre ist mit 80 Mio m^3 Wasser gefüllt. Ein plötzlicher Temperaturanstieg führt zur Schneeschmelze, sodass kurzzeitig die Zuflussrate zum See größer ist als die Abflussrate. Die obenstehende Grafik zeigt die Änderungsrate z der Wassermenge W in Mio m^3 pro Tag.

a) Die Änderungsrate z(t) kann durch eine Polynom zweiten Grades modelliert werden. Leiten Sie aus dem Diagramm die Funktionsgleichung für z(t) her.

b) Wie lautet die Funktionsgleichung der Wassermenge W(t)?

c) Berechnen Sie die maximale Wassermenge in der Talsperre in der Beobachtungszeit.

d) Welche Wassermenge verliert der See während des fünften Tages?

Lösung zu a:
Die Funktion z ist quadratisch mit Nullstellen bei t = 4 und t = 12 sodass der Ansatz $z(t) = a \cdot (t-4) \cdot (t-12)$ verwendet wird. Außerdem ist laut Graphik $z(0) = 2$, woraus $a = \frac{1}{24}$ folgt.
Also gilt $z(t) = \frac{1}{24}t^2 - \frac{2}{3}t + 2$.

Funktionsgleichung der Änderungsrate:
Ansatz: $z(t) = a \cdot (t-4) \cdot (t-12)$
$z(0) = 2 \Rightarrow 48a = 2 \Rightarrow a = \frac{1}{24}$
Resultat: $z(t) = \frac{1}{24}t^2 - \frac{2}{3}t + 2$

Lösung zu b:
Die Wassermenge W ist eine Stammfunktion der Änderungsrate z der Wassermenge. Da zu Beginn 80 Mio m^3 Wasser vorhanden sind, muss die Anfangsbedingung W(0) = 80 gelten. Hieraus folgt für die Integrationskonstante C = 80.
Also gilt $W(t) = \frac{1}{72}t^3 - \frac{1}{3}t^2 + 2t + 80$.

Funktionsgleichung der Wassermenge:
$W(t) = \int z(t)\,dt$ mit $W(0) = 80$

$$W(t) = \int\left(\frac{1}{24}t^2 - \frac{2}{3}t + 2\right)dt$$
$$= \frac{1}{72}t^3 - \frac{1}{3}t^2 + 2t + C$$
$$= \frac{1}{72}t^3 - \frac{1}{3}t^2 + 2t + 80$$

Lösung zu c:
Die Extremalrechnung ergibt ein Maximum bei t = 4. Nach 4 Tagen ist die maximale Füllung erreicht. Sie beträgt ca. 83,6 Mio m^3.

Maximale Wassermenge:
$W'(t) = z(t) = 0$
$\frac{1}{24}t^2 - \frac{2}{3}t + 2 = 0$
$t^2 - 16t + 48 = 0$
t = 4 (Maximum), t = 12 (Minimum)
$W(4) \approx 83{,}6$

Lösung zu d:
Die Wassermengenbilanz am fünften Tag beträgt $W(5) - W(4) \approx -0{,}15$ Mio m^3.

Übungen

5. Wasserpilz

In einem Erlebnisbad strömt das Wasser aus einem Wasserpilz mit variablem Druck aus. Ein Durchgang dauert 10 Sekunden.
Die Tabelle zeigt die Änderungsrate a (t) der ausgestoßenen Wassermenge W (t).

t in Sekunden	0	2	6
a(t) in m^3/s	0	0,8	1,2

a) Die Ausströmrate a (t) kann durch eine Polynom zweiten Grades modelliert werden. Leiten Sie aus der Tabelle die Funktionsgleichung für a (t) her.
b) Wie lautet die Gleichung der bis zur Zeit t ausgestoßenen Wassermenge W (t)?
c) Wie viel Wasser wurde während des 10-minütigen Prozesses insgesamt ausgestoßen?

6. E-Bike

Elektrofahrräder verleihen dem Fahrer sozusagen Siebenmeilenstiefel. Allerdings stellen die Akkus noch eine erhebliche Schwachstelle dar. Bei einem Belastungstest wird die Stromstärke gemessen. Sie kann durch $I(t) = 0{,}3\,t^2 - 0{,}02\,t^3$ erfasst werden, $0{,}5 \le t \le 15$ (t: min, I: Ampere).

a) Skizzieren Sie den Graphen von I mithilfe einer Wertetabelle.
b) Der Hersteller gibt nur dann Garantie, wenn die Belastung im Testzyklus 12 A nicht überschreitet. Ist dies erfüllt?
c) Wann steigt die Stromstärke am stärksten an? Wie groß ist ihre maximale Änderungsrate?
d) Der Akku des Rades hat eine Kapazitt von 9 Ah. Welcher Prozentsatz davon wird beim Testlauf verbraucht?

7. Gletscher

Die Änderungsrate der Masse eines Alpengletschers wird beschrieben durch die Funktion $f(t) = \frac{1}{100}(t^3 - 14t^2 + 40t)$ (t: Zeit in Monaten, f(t) in $1000\,m^3$).
Zum Zeitpunkt t = 0 hat der Gletscher eine Masse von 10 000 Tonnen.

a) Wann nimmt die Gletschermasse zu, wann nimmt sie ab?
b) Wann erreichen die Zunahme- bzw. Abnahmerate ihren höchsten Wert?
c) Skizzieren Sie den Graphen von f.
d) Wann ist die Gletschermasse am größten? Welchen Wert erreicht sie?
Wann ist die Gletschermasse am geringsten? Auf welchen Wert ist sie gesunken?
e) Weisen Sie nach, dass die Gletschermasse über die Jahre stabil ist.

B. Exponentialfunktionen

Nun befassen wir uns mit Problemen zu Kurvenuntersuchungen bei Exponentialfunktionen. Wir beginnen mit einer typischen Kurvendiskussion.

Beispiel: Kurvendiskussion

Gegeben ist $f(x) = (20x - 60) \cdot e^{-0{,}5x}$.

a) Führen Sie eine Kurvenuntersuchung durch mit den aufgeführten Punkten.

b) Zeigen Sie, dass die Funktion $F(x) = (40 - 40x) \cdot e^{-0{,}5x}$ eine Stammfunktion von f ist.

c) Der Graph von f, die Wendetangente von f sowie x- und y-Achse sind die Ufer eines 3 m tiefen Teiches (1 LE = 1 m). Wie viel m^3 Wasser enthält der Teich?

Lösung zu a:

Mit Hilfe der Produkt- und der Kettenregel bestimmen wir die Ableitungen von f.

Ableitungen:

$f(x) = (20x - 60) \cdot e^{-0{,}5x}$

$f'(x) = (50 - 10x) \cdot e^{-0{,}5x}$

$f''(x) = (5x - 35) \cdot e^{-0{,}5x}$

$f'''(x) = (22{,}5 - 2{,}5x) \cdot e^{-0{,}5x}$

Notwendige und hinreichende Bedingung für eine Nullstelle ist $f(x) = 0$. Dies führt auf eine Nullstelle bei $x = 3$.

Nullstellen:

$f(x) = (20x - 60) \cdot e^{-0{,}5x} = 0$

$20x - 60 = 0$

$x = 3$

Notwendig für einen Extremwert ist die Bedingung $f'(x) = 0$. Diese Gleichung hat eine Lösung bei $x = 5$.
Die hinreichende Bedingung für ein Extremum an der Stelle x lautet bekanntlich $f'(x) = 0$ und $f''(x) \neq 0$.
Sie zeigt, dass ein Hochpunkt $H(5|3{,}28)$ vorliegt.

Extrema:

$f'(x) = (50 - 10x) \cdot e^{-0{,}5x} = 0$

$50 - 10x = 0$

$x = 5,\ y \approx 3{,}28$

$f''(5) \approx 0{,}82 < 0 \Rightarrow$ Maximum

Notwendig für einen Wendepunkt ist die Bedingung $f''(x) = 0$. Diese Gleichung hat eine Lösung bei $x = 7$.
Wir überprüfen diese Stelle mit der hinreichenden Bedingung für Wendepunkte $f''(x) = 0$ und $f'''(x) \neq 0$.
Sie liefert einen Rechts-Links-Wendepunkt bei $W(7|2{,}42)$.

Wendepunkte:

$f''(x) = (5x - 35) \cdot e^{-0{,}5x} = 0$

$5x - 35 = 0$

$x = 7,\ y \approx 2{,}42$

$f'''(7) \approx 0{,}15 > 0 \Rightarrow$ R–L–Wp

Den Graphen von f zeichnen wir anhand der charakteristischen Punkte (N, H, W) und mittels folgender Wertetabelle.

x	2	3	4	5	7	9
y	−7,4	0	2,7	3,3	2,4	1,3

Graph:

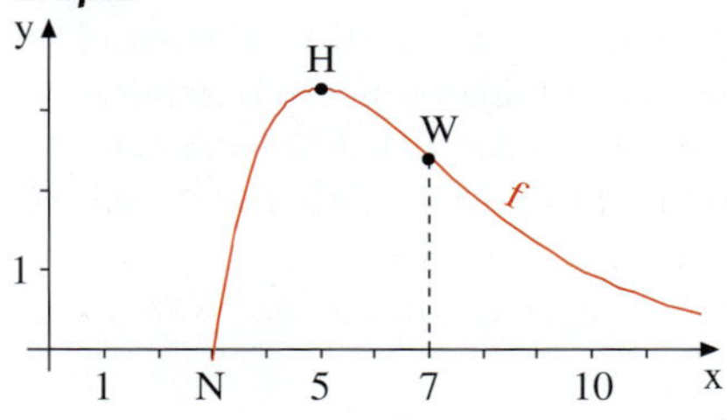

Lösung zu b:
Wir führen den Stammfunktionsnachweis durch Ableiten von F. Da $F'(x) = f(x)$ gilt, ist F tatsächlich eine Stammfunktion von f.

Stammfunktionsnachweis:

$F(x) = (40 - 40x) \cdot e^{-0{,}5x}$

$F'(x) = 40 \cdot e^{-0{,}5x} + (40 - 40x) \cdot (-0{,}5\,e^{-0{,}5x})$

$= (20x - 60) \cdot e^{-0{,}5x} = f(x)$

Lösung zu c:
Wir bestimmen zunächst die Gleichung der Wendetangente. Sie geht durch den Wendepunkt $W(7|2{,}42)$ und hat die Steigung $f'(7) = 0{,}60$. Ihre Gleichung lautet: $t(x) = -0{,}6x + 6{,}62$

Gleichung der Wendetangente:

$t(x) = f'(x) \cdot (x - x_0) + f(x_0)$

$t(x) = f'(7) \cdot (x - 7) + f(7)$

$t(x) = 0{,}60 \cdot (x - 7) + 2{,}42$

$t(x) = 0{,}60 \cdot x + 6{,}62$

Nun verschaffen wir uns ein Bild von der Lage des Teiches im Koordinatensystem, indem wir die Tangente t in die bereits vorliegende Graphik einzeichnen und die Teichfläche farbig markieren.
Es ergibt sich die rechts dargestellte Situation.

Lage des Teiches:

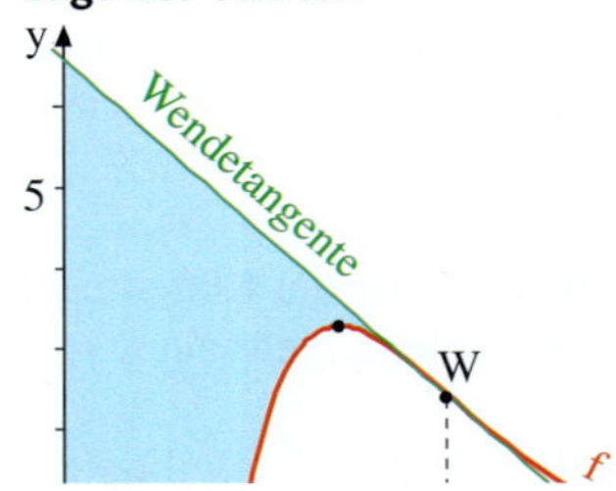

Der Teich dehnt sich von $x = 0$ bis $x = 7$ aus. Sein Flächeninhalt A ergibt sich als Differenz der Fläche A_1 unter dem Graphen der Wendetangente g über dem Intervall und der Fläche A_2 unter dem Graphen von f über dem Intervall [3; 7]. Die Teilflächen A_1 und A_2 bestimmen wir durch Integration.
Resultate:
$A_1 = 31{,}64$, $A_2 \approx 10{,}60$, $A \approx 21{,}04$

Fläche des Teiches:

$$A_1 = \int_0^7 t(x)\,dx = [-0{,}3x^2 + 6{,}62x]_0^7$$
$$= 31{,}64 - 0 = 31{,}64$$
$$A_2 = \int_3^7 f(x)\,dx = [(40 - 40x)e^{-0{,}5x}]_3^7$$
$$\approx (-7{,}25) - (-17{,}85) = 10{,}60$$
$$A = A_1 - A_2 \approx 31{,}64 - 10{,}60 = 21{,}04$$

Durch Multiplikation von A mit der Teichtiefe $h = 3\,m$ erhalten wir das Wasservolumen des Teiches. Es beträgt ca. $63{,}12\,m^3$.

Volumen des Teiches:

$V = A \cdot h \approx 21{,}04\,m^2 \cdot 3\,m = 63{,}12\,m^3$

Übung 8

Gegeben ist die Funktion $f(x) = (6 + 12x - 2x^2) \cdot e^{-0{,}5x}$.

a) Führen Sie eine Kurvendiskussion durch (Nullstellen, Extrema, Wendepunkte, Graph).

b) Der Graph von f, die Koordinatenachsen und die senkrechte Gerade $x = 4$ bilden den Rand eines Raubtiergeheges, 1 LE = 10 m. Bestimmen Sie den Flächeninhalt. Zeigen Sie zunächst, dass $F(x) = (4x^2 - 8x - 28) \cdot e^{-0{,}5x}$ eine Stammfunktion von f ist.

Übungen

9. Bahnübergänge

Die Funktion $f(x) = e^x - 4e^{\frac{x}{2}}$ sei gegeben.

a) Untersuchen Sie die Funktion f auf Nullstellen, Extrema und Wendepunkte. Geben Sie die Gleichung der Wendetangente an.

b) Eine Bahnstrecke verläuft längs der x-Achse. Eine Straße, die für $x < 0$ längs der Wendetangente und für $x > 0$ längs des Graphen von f verläuft, schneidet die Bahnstrecke zweimal (1 LE = 1 km).
Wie groß ist der Abstand zwischen den beiden Bahnübergängen?
Wie groß ist die von Bahn und Straße eingeschlossene Fläche A?

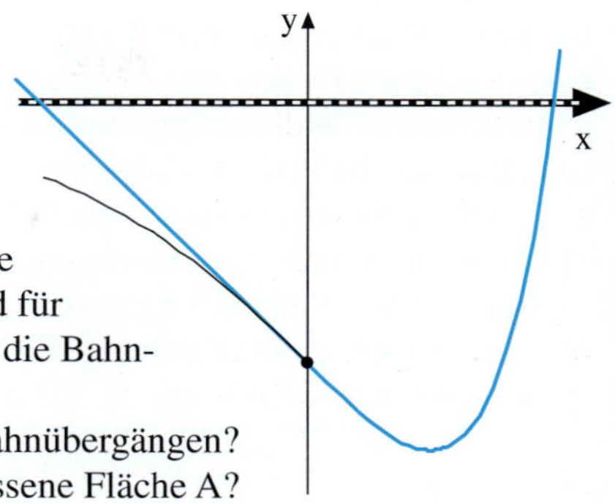

10. Kurvendiskussion

Gegeben ist die Funktion $f(x) = (x + 3) \cdot e^{-x}$.

a) Ermitteln Sie die Nullstellen, Extrema und Wendepunkte von f. Bestimmen Sie die Gleichung der Wendetangente. Zeichnen Sie den Graphen der Funktion.

b) Weisen Sie nach, dass $F(x) = (-x - 4) \cdot e^{-x}$ eine Stammfunktion von f ist.

c) Berechnen Sie den Inhalt der Fläche A, die von den Koordinatenachsen und dem Graphen von f vollständig umschlossen wird.

d) Berechnen Sie die mittlere Steigung von f zwischen dem Hochpunkt und dem Schnittpunkt mit der y-Achse.

11. Kurvendiskussion mit Extremalproblem

Gegeben ist die Funktion $f(x) = x^2 \cdot e^{2-x}$.

a) Untersuchen Sie das Verhalten von f für $x \to \pm\infty$. Bestimmen Sie die Nullstellen, Extrema und Wendepunkte von f. Zeichnen Sie den Graphen.

b) Weisen Sie nach, dass $F(x) = -(x^2 + 2x + 2) \cdot e^{2-x}$ eine Stammfunktion von f ist.
Wie groß ist der Inhalt der Fläche A unter f über dem Intervall [0; 2]?

c) Prüfen Sie mithilfe einer Wertetabelle, ob die Gesamtfläche unter f im 1. Quadranten einen endlichen Flcheninhalt besitzt.

d) Ein achsenparalleles Rechteck mit einem Eckpunkt O im Koordinatenursprung und dem diagonal gegenüberliegenden Eckpunkt P auf dem Graphen von f soll maximalen Inhalt haben. Bestimmen Sie die Koordinaten von P.

12. Kurvendiskussion mit Flächenproblem

Gegeben ist die Funktion $f(x) = e^{\frac{x}{2}} - 2x - 1$.

a) Besitzt die Funktion f Extrema und Wendepunkte?

b) Eine Nullstelle von f liegt bei $x_0 \approx 4{,}67$. Geben Sie die zweite Nullstelle von f an.

c) Ermitteln Sie den Inhalt der zwischen Graph und x-Achse liegenden Fläche A.

d) Wie lautet die Gleichung der Ursprungstangente von f?

B. Trigonometrische Funktionen

Beispiel: Kurvenuntersuchung

Gegeben ist die Funktion $f(x) = \sin\left(\frac{\pi}{2}x\right) + 1$ im Intervall $I = [0; 4]$.

a) Bestimmen Sie die einzige Nullstelle von f im Intervall I.
b) Geben Sie die Periodenlänge von f an.
c) Zeichnen Sie den Graphen von f für $0 \le x \le 4$.
d) Lesen Sie den einzigen Hochpunkt von f im Intervall I aus der Zeichnung ab. Weisen Sie rechnerisch nach, dass es sich tatsächlich um einen Hochpunkt handelt.
e) Bestimmen Sie die Gleichung der Tangente im Punkt $P(0|1)$.
f) Bestimmen Sie den Inhalt der Fläche A unter dem Graphen von f über dem Intervall [0; 4].

Lösung zu a:
Der Ansatz $f(x) = 0$ führt auf die Gleichung $\sin\left(\frac{\pi}{2}x\right) = -1$, die im Intervall $0 \le x \le 4$ genau eine Lösung bei $x = 3$ hat, was die nebenstehende Rechnung zeigt.

Nullstellen:

$$f(x) = \sin\left(\frac{\pi}{2}x\right) + 1 = 0$$
$$\sin\left(\frac{\pi}{2}x\right) + 1 = -1$$
$$\frac{\pi}{2}x = \arcsin(-1)$$
$$\frac{\pi}{2}x = \frac{3}{2}\pi$$
$$x = 3$$

Lösung zu b:
Die Periode hat die Länge $\frac{2\pi}{b}$. Wegen $b = \frac{\pi}{2}$ folgt: Die Periode ist 4.

Periodenlänge:
$$\text{Periodenlänge} = \frac{2\pi}{b} = \frac{2\pi}{\pi/2} = 4$$

Lösung zu c:
Die Amplitude beträgt $a = 1$, die Periode ist 4 und die y-Hebung beträgt 1.
Diese Operationen führen zu dem rechts abgebildeten Graphen.

Graph:

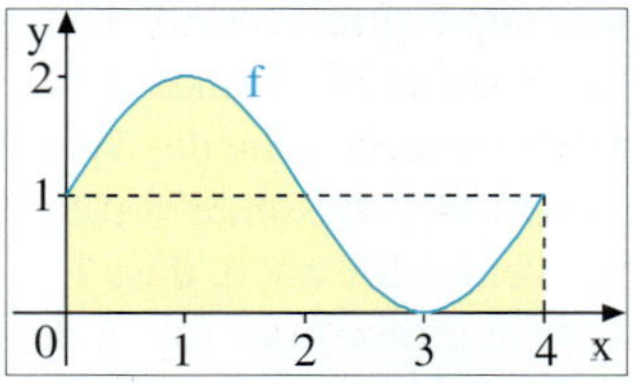

Lösung zu d:
Der einzige Hochpunkt von f im Intervall I liegt laut Skizze bei $H(1|2)$.
Wir berechnen zunächst mit Hilfe der linearen Kettenregel die Ableitungen f' und f''.
Wegen $f'(1) = 0$ und $f''(1) < 0$ liegt bei $x = 1$ tatsächlich ein Maximum von f.

Nachweis des Hochpunktes:
Ablesen: $H(1|2)$
$$f'(x) = \frac{\pi}{2} \cdot \cos\left(\frac{\pi}{2}x\right);\ f''(x) = -\frac{\pi^2}{4} \cdot \sin\left(\frac{\pi}{2}x\right)$$
$$f'(1) = \frac{\pi}{2} \cdot \cos\left(\frac{\pi}{2}\right) = 0$$
$$f''(1) = -\frac{\pi^2}{4} \cdot \sin\left(\frac{\pi}{2}\right) = -\frac{\pi^2}{4} < 0$$

Lösung zu e:
Wir verwenden die allgemeine Tangentengleichung $t(x) = f'(x_0) \cdot (x - x_0) + f(x_0)$.
Wir erhalten so $t(x) = \frac{\pi}{2}x + 1$.

Tangentengleichung:
$$t(x) = f'(0) \cdot (x - 0) + f(0)$$
$$= \frac{\pi}{2}(x - 0) + 1$$
$$= \frac{\pi}{2} \cdot x + 1 \approx 1{,}57\,x + 1$$

Lösung zu f:
Wir bestimmen eine Stammfunktion F von f, indem wir die lineare Kettenregel anwenden: $F(x) = -\frac{2}{\pi} \cdot \cos\left(\frac{\pi}{2}x\right) + x$.
Dann berechnen wir das bestimmte Integral von f in den Grenzen von 0 bis 4 und erhalten so den gesuchten Flächeninhalt.
▶ Resultat: A = 4

Flächeninhalt

$$A = \int_0^4 \left(\sin\left(\frac{\pi}{2}x\right) + 1\right)dx = \left[-\frac{2}{\pi} \cdot \cos\left(\frac{\pi}{2}x\right) + x\right]_0^4$$
$$= \left(-\frac{2}{\pi} \cdot \cos(2\pi) + 4\right) - \left(-\frac{2}{\pi} \cdot \cos(0) + 0\right)$$
$$= \left(-\frac{2}{\pi} + 4\right) - \left(-\frac{2}{\pi}\right) = 4$$

Übung 13 Kurvenuntersuchung

Gegeben ist die abgebildete trigonometrische Funktion von Typ
$f(x) = a \cdot \cos(bx) + c$.

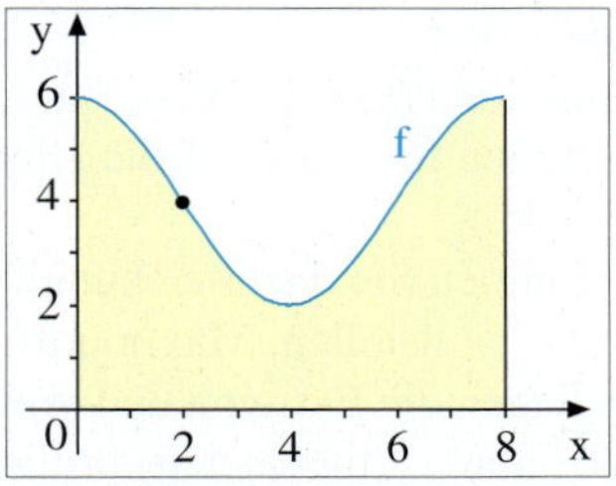

a) Bestimmen Sie aus der Zeichnung die Werte von a, b und c.
b) Stellen Sie die Gleichung der Kurvennormalen n im Punkt P(2|4) auf.
c) Berechnen Sie f′, f″ und f‴ und zeigen Sie, dass W(2|4) ein Wendepunkt von f ist.
d) Berechnen Sie den Inhalt der Fläche A unter dem Graphen von f über dem Intervall [0; 4].

Übung 14 Sinusfunktion und Parabel

Gegeben ist die Funktion $f(x) = 2 \cdot \sin\left(\frac{\pi}{2}x\right) + 4$.

a) Geben Sie folgenden Größen der Funktion f an: x-Verschiebung, y-Verschiebung, Periode, Amplitude.
b) Skizzieren Sie den Graphen von f für $0 \le x \le 4$.
c) Berechnen Sie die Steigung von f an der Stelle x = 0 sowie den Steigungswinkel.
d) Bestimmen Sie eine Stammfunktion F von f.
e) Fügen Sie den Graphen der Parabel $g(x) = (x - 2)^2$ in die Skizze aus b) ein.
f) Berechnen Sie den Inhalt der Fläche A zwischen dem Graphen von f und der Parabel g.

Übung 15 Barriere

Eine Betonbarriere hat die abgebildete Form.

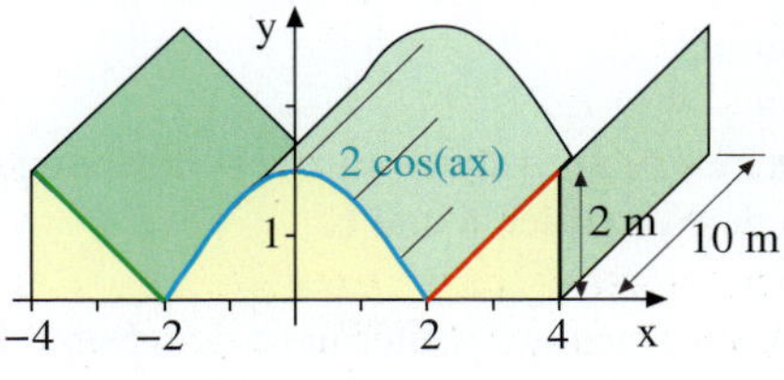

a) Bestimmen Sie den Parameter a.
b) Berechnen Sie die Querschnittsfläche Q der Barriere.
c) Welches Volumen hat die Barriere?
d) Wie groß ist die Masse der Barriere, wenn $\rho = 2{,}3\ \text{g/cm}^3$ die Dichte von Beton ist.

Übung 16 Trigonometrische Grundfunktionen

Gegeben sind die Funktionen $f(x) = \sin x$ und $g(x) = \cos x$ für $0 \le x \le \frac{5}{4}\pi$.

a) Zeigen Sie: f und g schneiden sich bei $x = \frac{\pi}{4}$ und $x = \frac{5}{4}\pi$.
b) Berechnen Sie den Inhalt der Fläche A, die f und g über dem Intervall $\left[\frac{\pi}{4}; \frac{5}{4}\pi\right]$ umschließen.
c) Berechnen Sie den Schnittwinkel von f und g bei $x = \frac{\pi}{4}$.
d) An welcher Stelle des Intervalls $\left[\frac{\pi}{4}; \frac{5}{4}\pi\right]$ ist die Differenz $d(x) = f(x) - g(x)$ maximal?

2. Randkurvenprobleme

Lässt sich der Verlauf einer Straße, eines Flusses oder einer Küstenlinie durch mathematische Funktionen angenähert erfassen, so können Streckenlängen, Flächengrößen und ähnliche praxisrelevante Größen rechnerisch bestimmt werden. Im Folgenden werden solche Probleme für verschiedene Funktionsklassen behandelt.

A. Ganzrationale Funktionen (Polynome)

Beispiel: See

Die Funktion $f(x) = \frac{1}{4} \cdot (x^3 - 6x^2 + 5x)$ und die quadratische Funktion g stellen für $1 \leq x \leq 5$ die Uferlinien eines Sees dar. Maßstab: 1 LE = 1 km

a) Bestimmen Sie die Gleichung der Parabel g aus den ablesbaren Daten (Nullstellen, Maximum).

b) Wo liegen die Extrema und Wendepunkte von f?

c) Eine Fähre verbindet den nördlichsten und den südlichsten Punkt des Sees. Wie lang ist die Fahrstrecke?

d) Wie groß ist die Fläche des Sees?

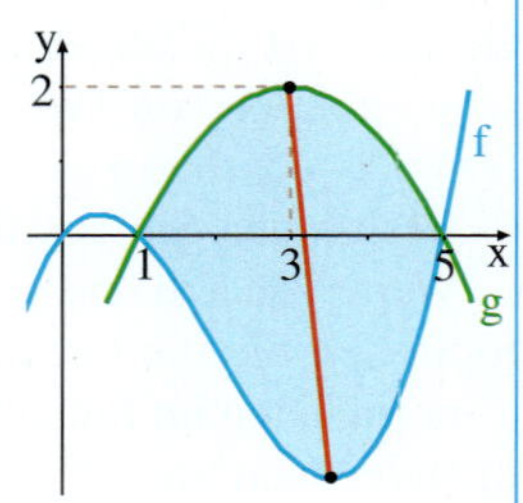

Lösung zu a:

Für die Parabel verwenden wir den allgemeinen Ansatz $g(x) = ax^2 + bx + c$.

Das Einsetzen der aus der Zeichnung ablesbaren Punkte A(1|0); B(3|2) und C(5|0) fhrt auf ein lineares Gleichungssystem mit drei Gleichungen in drei Unbekannten.

Wir lösen das Gleichungssystem mit dem Eliminationsverfahren. Durch die Subtraktionen II – I und III – I eliminieren wir die Variable c.

Es bleibt ein System mit zwei Gleichungen in den Variablen a und b.

Dieses lösen wir weiter nach dem Subtraktionsverfahren oder nach dem Einsetzungsverfahren.

Wir erhalten $a = -0{,}5$, $b = 3$ und $c = -2{,}5$.
Daher gilt $g(x) = -0{,}5x^2 + 3x - 2{,}5$.

Bestimmung der Gleichung von g:

Eigenschaften von g:

$g(1) = 0 \quad \Rightarrow$ I: $a + b + c = 0$
$g(3) = 2 \quad \Rightarrow$ II: $9a + 3b + c = 2$
$g(5) = 0 \quad \Rightarrow$ III: $25a + 5b + c = 0$

Lösung des Gleichungssystems:
II – I: $\Rightarrow$ IV: $8a + 2b = 2$
III – I: $\Rightarrow$ V: $24a + 4b = 0$

V – 2 · IV: $\Rightarrow$ VI: $8a = -4 \quad \Rightarrow a = -0{,}5$

In V: $\Rightarrow -12 + 4b = 0 \quad \Rightarrow b = 3$

In I: $\Rightarrow -0{,}5 + 3 + c = 0 \Rightarrow c = -2{,}5$

Funktionsgleichung von g:
$g(x) = -0{,}5x^2 + 3x - 2{,}5$.

Lösung zu b:
Die Lage der Extremstellen von f bestimmen wir mit der notwendigen Bedingung $f'(x) = 0$.
Sie liegen bei $x \approx 0{,}47$ und $x \approx 3{,}53$.

Die Überprüfung mit der hinreichenden Bedingung $f'(x) = 0$, $f''(x) \neq 0$ ergibt einen Hochpunkt $H(0{,}47|0{,}28)$ und einen Tiefpunkt $T(3{,}53|-3{,}28)$.

Die Wendestelle von f bestimmen wir mit der notwendigen Bedingung $f''(x) = 0$.
Sie liegt bei $x = 2$.

Die Überprüfung mit der hinreichenden Bedingung $f''(x) = 0$, $f'''(x) \neq 0$ ergibt einen Rechts-Links-Wendepunkt $W(2|-1{,}5)$.

Extrema von f:

$f'(x) = 0$

$\frac{1}{4} \cdot (3x^2 - 12x + 5) = 0$

$x^2 - 4x + \frac{5}{3} = 0$

$x = 2 \pm \sqrt{+\frac{7}{3}}$

$x \approx 0{,}47$, $y \approx 0{,}28$

$f''(0{,}47) \approx -2{,}30 < 0 \Rightarrow$ Max.

$x \approx 3{,}53$, $y \approx -3{,}28$,

$f''(3{,}53) \approx 2{,}30 > 0 \Rightarrow$ Min.

Wendepunkte von f:

$f''(x) = 0$

$\frac{1}{4} \cdot (6x - 12) = 0$

$x = 2$, $y = -1{,}5$

$f'''(2) = 1{,}5 > 0 \Rightarrow$ R–L–Wp

Lösung zu c:
Die Fähre verbindet den Hochpunkt P von g mit dem Tiefpunkt T von f, d.h. die Punkte $P(3|2)$ und $T(3{,}53|3{,}28)$.

Den Abstand zweier Punkte P_1 und P_2 berechnet man bekanntlich mit der Formel $d = \sqrt{(x_2 - x_1)^2 + (y_2 - y_1)^2}$.
Wir erhalten $d \approx 5{,}31$. Die Fahrstrecke ist 5,31 km lang.

Länge der Fahrstrecke:

$d = \sqrt{(x_2 - x_1)^2 + (y_2 - y_1)^2}$

$= W(3{,}52 - 3)^2 + (-3{,}28 - 2)^2$

$\approx 5{,}31$

Lösung zu d:
Den Flächeninhalt des Sees berechnen wir als bestimmtes Integral der Differenzfunktion $d = g - f$ über dem Intervall $[1; 5]$.
▶ Als Resultat erhalten wir $A \approx 13{,}33\,\text{km}^2$.

Flächeninhalt des Sees:

$$A = \int_1^5 (g(x) - f(x))\,dx$$

$$= \int_1^5 \left(-\frac{1}{4}x^3 + x^2 + \frac{7}{4}x - \frac{5}{2}\right)dx$$

$$= \left[-\frac{1}{16}x^4 + \frac{1}{3}x^3 + \frac{7}{8}x^2 - \frac{5}{2}x\right]_1^5$$

$$\approx (11{,}98) - (-1{,}35) = 13{,}33$$

Übung 1 See und Brücke

Gegeben sind die Funktionen $f(x) = -x^3 + 4x^2 - 3x$ und $g(x) = 0{,}5x^2 - 2x + 1{,}5$.

a) Bestimmen Sie die Nullstellen von f und g.
Wie groß ist der Schnittwinkel in $P(1|0)$?

b) Die Graphen von f und g beranden zwischen ihren beiden Nullstellen einen See (1 LE = 1 km).
Fertigen Sie eine Skizze an.
Der See ist 50 m tief. Enthält der See mehr als $0{,}1\,\text{km}^3$ Wasser?
Eine Brücke soll den See in Nord-Süd-Richtung an seiner breitesten Stelle überspannen.
Wie lang ist sie maximal?

Beispiel: Umgehungsstraße

Die alte Landstraße verläuft geradlinig durch die Punkte A(−4|−1) und B(2|2). Es wird eine neue Umgehungsstraße geplant, welche von der alten Landstraße im Punkt A abzweigt und sie im Punkt B wieder erreicht. Die y-Achse des Koordinatensystems verläuft in Nord-Süd-Richtung. (Alle Angaben in km)

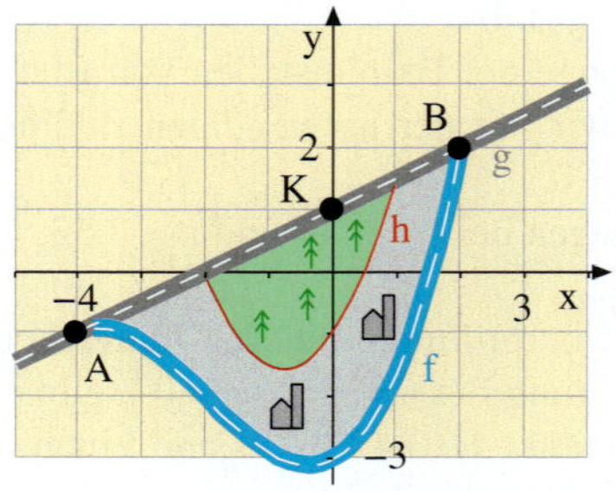

a) Stellen Sie die Gleichung der Funktion g auf, die den Verlauf der Landstraße beschreibt, und weisen Sie nach, dass diese Straße durch den Ortskern K(0|1) verläuft.

b) Die neue Umgehungsstraße kann durch eine Funktion $f(x) = ax^3 + bx^2 + \frac{1}{2}x - 3$ beschrieben werden. Berechnen Sie die Parameter a und b. Skizzieren Sie den Verlauf beider Straßen. Weisen Sie nach, dass die Abzweigung im Punkt A sanft, d.h. ohne Knick erfolgt.

c) Der Stadtwald wird begrenzt durch die alte Landstraße und eine Linie, die durch den Graphen der Funktion $h(x) = x^2 + \frac{3}{2}x - 1$ beschrieben wird. Die von der alten Landstraße, der Umgehungsstraße und dem Stadtwald begrenzte Fläche A soll als Gewerbepark erschlossen werden. Berechnen Sie den Flächeninhalt von A.

d) An welcher Stelle ist der vertikale Nord-Süd-Abstand zwischen der Landstraße und der Umgehungsstraße am größten?

Lösung zu a:
Die lineare Funktion $g(x) = mx + n$ geht durch die Punkte A(−4|−1) und B(2|2).

Hieraus ergibt sich ein lineares Gleichungssystem mit den Lösungen $m = \frac{1}{2}$ und $n = 1$.
Daher gilt $g(x) = \frac{1}{2}x + 1$.
Der Ortskern K(0|1) liegt auf g.

Bestimmung der Gleichung von g:
Ansatz: $g(x) = mx + n$

$g(-4) = 1 \quad \Rightarrow \quad \text{I: } -4m + n = -1$
$g(2) = 2 \quad \Rightarrow \quad \text{II: } 2m + n = 2$

Lösung des LGS: $m = \frac{1}{2}$, $n = 1$
Resultat: $g(x) = \frac{1}{2}x + 1$

Lösung zu b):
Wir setzen die Punkte A und B in die Ansatzgleichung von f ein und erhalten als Resultat $f(x) = \frac{1}{8}x^3 + \frac{3}{4}x^2 + \frac{1}{2}x - 3$.

Bestimmung der Gleichung von f:
Ansatz: $f(x) = ax^3 + bx^2 + \frac{1}{2}x - 3$

$f(-4) = -1 \quad \Rightarrow \quad \text{I: } -64a + 16b - 5 = -1$
$f(2) = 2 \quad \Rightarrow \quad \text{II: } 8a + 4b - 2 = 2$

Lösung des LGS: $a = \frac{1}{8}$, $b = \frac{3}{4}$
Resultat: $f(x) = \frac{1}{8}x^3 + \frac{3}{4}x^2 + \frac{1}{2}x - 3$

Die Graphen von f und g sind oben dargestellt. Für die Steigungen bei $x = -4$ gilt: $g'(-4) = 0{,}5$, $f'(-4) = 0{,}5$. Daher ist der Übergang in A sanft und ohne Knick.

Lösung zu c:
Zuerst wird die Größe des Flächenstücks A_1 berechnet, das zwischen der alten Landstraße und der Umgehungsstraße liegt. Sein Inhalt ist gleich dem bestimmten Integral der Differenzfunktion $g(x) - f(x)$ über dem Intervall $[-4; 2]$.
Resultat: $13{,}5\,\text{km}^2$

Fläche zwischen f und g:

$$A_1 = \int_{-4}^{2} \left(-\tfrac{1}{8}x^3 - \tfrac{3}{4}x^2 + 4\right) dx$$

$$= \left[-\tfrac{1}{32}x^4 - \tfrac{1}{4}x^3 + 4x\right]_{-4}^{2} = \tfrac{27}{2}$$

Davon zu subtrahieren ist der Inhalt des Flchenstücks A_2, das zwischen der alten Landstraße g und der parabelförmigen Begrenzung h liegt.
Dazu müssen zuerst die Schnittstellen der Funktionen g und h berechnet werden, da sie die Integrationsgrenzen angeben.
Wir erhalten als Resultat $A_2 = 4{,}5\,\text{km}^2$.

Schnittpunktbestimmung:

$g(x) = h(x) \Leftrightarrow x^2 + x - 2 = 0$
$x_1 = -2,\ x_2 = 1$

Fläche zwischen g und h:

$$A_2 = \int_{-2}^{1} (-x^2 - x + 2)\,dx$$

$$= \left[-\tfrac{1}{3}x^3 - \tfrac{1}{2}x^2 + 2x\right]_{-2}^{1} = \tfrac{9}{2}$$

Durch die Differenzbildung $A = A_1 - A_2$ erhalten wir nun die Fläche des Gewerbeparks. Sie beträgt $9\,\text{km}^2$.

Flächendifferenz:

$A = A_1 - A_2 = 9$

Lösung zu d):
Die Differenz $d(x) = f(x) - g(x)$ stellt den Abstand der Straßen in Nord-Süd-Richtung dar. Der größte Abstand wird für $x = 0$ angenommen. Er beträgt 3 km.

Abstandsrechnung (Extremalproblem):

$d(x) = g(x) - f(x) = -\tfrac{1}{8}x^3 - \tfrac{3}{4}x^2 + 4$
$d'(x) = -\tfrac{3}{8}x^2 - \tfrac{3}{2}x = -\tfrac{3}{8}x(x + 4)$
$d'(x) = 0 \Leftrightarrow x_1 = 0$ (Maximum)
$x_2 = -4$ (Minimum)

Übung 2 Wald und Fluss

Straße, Bahnlinie b und Fluss f begrenzen ein Waldstück W. Die wichtigsten Entfernungsdaten können der Skizze entnommen werden.

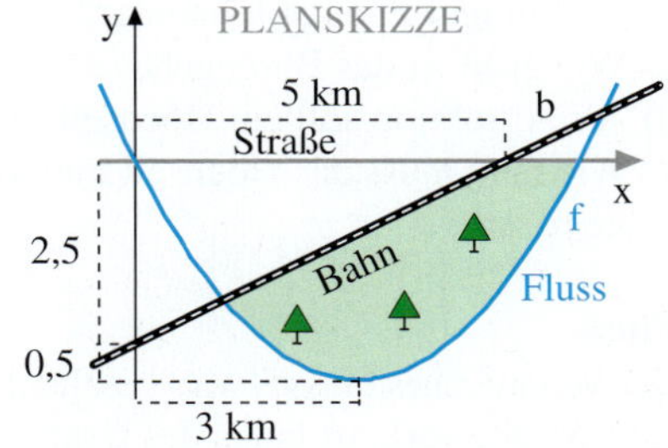

a) Wie lautet die quadratische Parabelgleichung der Flusskurve? Wie lautet die Geradengleichung der Bahnlinie?

b) Zeigen Sie, dass die Bahnlinie die Ursprungstangente des Flusses rechtwinklig kreuzt.

c) Wie groß ist das Waldstück?

d) Im Wald soll exakt in Nord-Süd-Richtung ein möglichst langer Lehrpfad angelegt werden. Wie lang wird er?

Übungen

3. Lichtobjekt

Ein Lichtkünstler plant für eine Ausstellung ein Objekt mit Lichtflügeln. Die obere Randkurve f des Flügels wird durch die Funktion $f(x) = \frac{1}{12}x^3 - \frac{1}{2}x^2 + \frac{3}{4}x$ für $0 \le x \le 5$ beschrieben, 1 LE = 10 cm.

Die untere Randkurve g ist eine quadratische Parabel, die Nullstellen bei 0 und 4 hat und f in x = 5 schneidet.

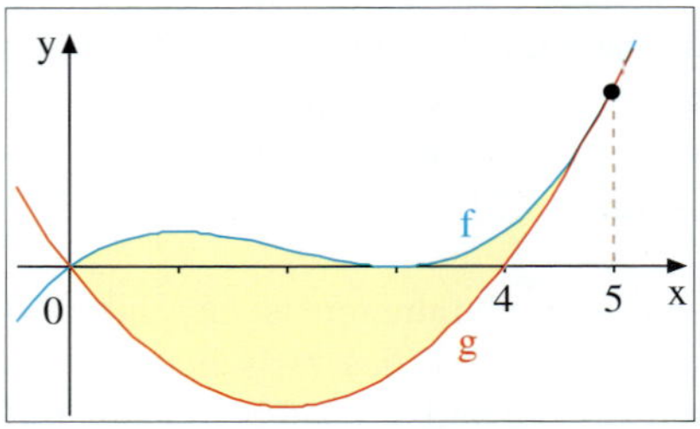

a) Bestimmen Sie die Funktionsgleichung der Parabel g.

b) Der Lichtflügel wird mit LED bestückt. Pro Quadratdezimeter können 9 LED montiert werden. Wie viele LED werden benötigt?

c) Wie groß ist die maximale vertikale Höhe des Flügels?

4. Bärengehege

Das Bärengehege im Zoo wird begrenzt durch einen Wassergraben w und einen Zaun z. Die wichtigen Daten können der Skizze entnommen werden (LE: 100 m).

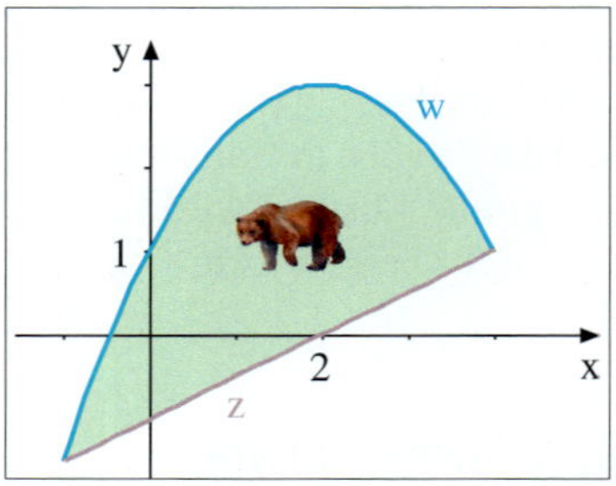

a) Wie lautet die quadratische Parabelgleichung des Wassergrabens?
Welche lineare Funktion beschreibt den Verlauf des Zaunes?

b) Unter welchem Winkel treffen Wassergraben und Zaun aufeinander?

c) Wie groß ist das Bärengehege?

d) Als Attraktion soll ein Hochseilartist das Bärengehege in Nord-Süd-Richtung überqueren. Wie lang muss das Hochseil mindestens sein, damit es an jeder Stelle über das Bärengehege passt?

5. Fluss

Der Verlauf eines Flusses wird beschrieben durch den Graph von f mit $f(x) = \frac{1}{2}(x^3 - 4x^2 + 6x + 2)$. Eine Straße verläuft längs des Graphen von $g(x) = \frac{1}{2}x + 4$.

a) Untersuchen Sie die Funktion f auf Extrema und Wendepunkte.

b) An welchen Stellen verläuft die Straße parallel zum Fluss?

c) Weisen Sie nach, dass Straße und Fluss sich bei x = 3 schneiden. Bestimmen Sie die Größe des Schnittwinkels γ.

d) Straße, Fluss und die y-Achse begrenzen ein Waldgebiet. Gesucht ist dessen Größe.

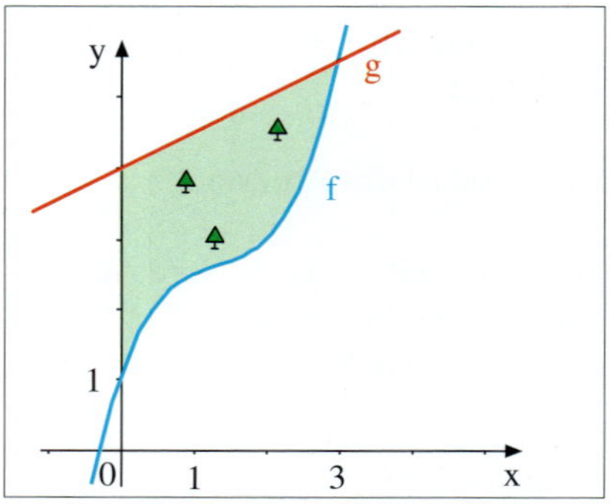

B. Exponentialfunktionen

Die Form eines Grundstücks, der Querschnitt eines Gegenstands, der Verlauf einer Straße und das Höhenprofil eines Berges haben eines gemeinsam: Sie können durch **Randkurven** beschrieben werden. Der Vorteil besteht darin, dass diverse Eigenschaften der so erfassten realen Objekte rechnerisch mit den Methoden der Differential- und Integralrechnung untersucht werden können. Exemplarisch verdeutlichen wir am Beispiel des folgenden Inselproblems, was gemeint ist.

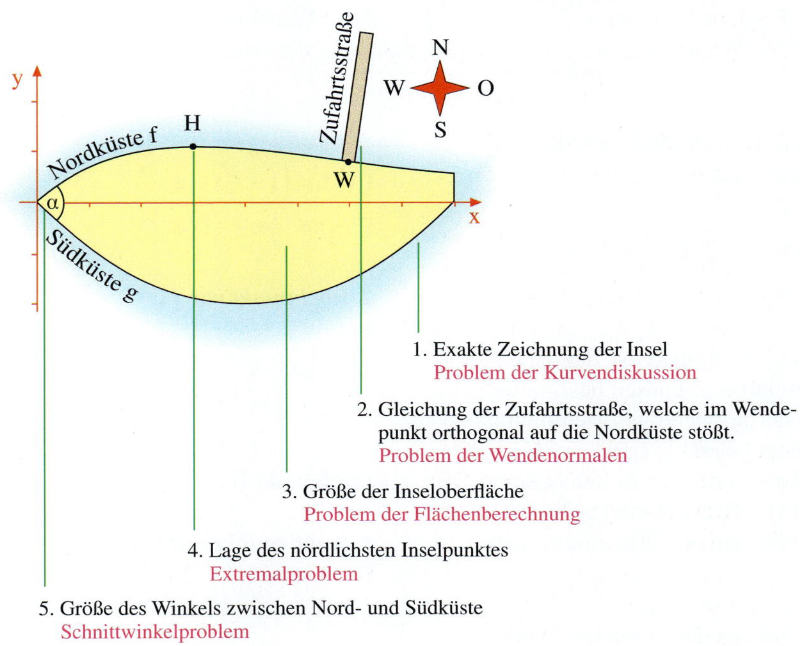

Beispiel: Inselproblem

Wie groß ist die abgebildete Insel, wenn die Nordküste durch die Randkurve $f(x) = x \cdot e^{-\frac{1}{3}x}$ und die Südküste durch die Randkurve $g(x) = \frac{1}{8}x^2 - x$ erfasst wird (1 LE = 1 km)?

Hinweis: Verwenden Sie, dass $F(x) = (-3x - 9) \cdot e^{-\frac{1}{3}x}$ eine Stammfunktion von f ist.

Lösung:

Die Stammfunktion F der Nordküste ist gegeben. Die Südküste $g(x) = \frac{1}{8}x^2 - x$ hat die Stammfunktion $G(x) = \frac{1}{24}x^3 - \frac{1}{2}x^2$.

Nun können wir durch Integration den Inhalt des nördlichen Inselteils und den Inhalt des südlichen Teils bestimmen (6,71 km² bzw. 10,67 km²).

Die Insel hat also eine Gesamtfläche von $A = 17{,}38\,\text{km}^2$.

$$\int_0^8 f(x)\,dx = [F(x)]_0^8 = F(8) - F(0)$$
$$= \left(-33\,e^{-\frac{8}{3}}\right) - (-9) \approx 6{,}71$$

$$\int_0^8 g(x)\,dx = [G(x)]_0^8 = G(8) - G(0)$$
$$= \left(-\frac{32}{3}\right) - (0) \approx -10{,}67$$

$$A = 6{,}71 + 10{,}67 = 17{,}38$$

Wir erweitern nun das Inselproblem um einige typische Untersuchungspunkte.

Beispiel: Inselproblem, Teil 2

Eine Insel wird nach Norden durch die Randkurve $f(x) = x \cdot e^{-\frac{1}{3}x}$ und nach Süden durch $g(x) = \frac{1}{8}x^2 - x$ begrenzt ($0 \le x \le 8$, 1 LE = 1 km).

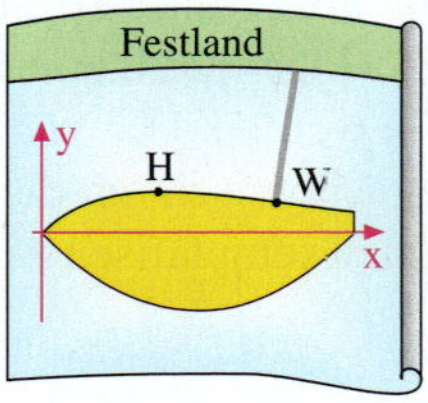

a) Bestimmen Sie f′ und f″.
b) Wo liegt der nördlichste Inselpunkt?
c) Eine vom Festland kommende Zufahrtsbrücke trifft im Wendepunkt W auf die Nordküste. Wie lautet die Geradengleichung der Brücke?

Lösung zu a:
Wir bestimmen f′ mit Produkt- und Kettenregel, ausgehend von
$f(x) = u \cdot v = x \cdot e^{-\frac{1}{3}x}$.
$f'(x) = u' \cdot v + u \cdot v' = 1 \cdot e^{-\frac{1}{3}x} + x \cdot \left(-\frac{1}{3}\, e^{-\frac{1}{3}x}\right)$
$f'(x) = \left(1 - \frac{1}{3}x\right) e^{-\frac{1}{3}x}$

Lösung zu b:
Der nördlichste Inselpunkt ist der Hochpunkt der Randkurve f. Diesen bestimmen wir mit Hilfe der notwendigen Bedingung $f'(x) = 0$. Er liegt bei H(3 | 1,10).
Die Überprüfung mit der hinreichenden Bedingung $f'(x) = 0$, $f''(x) < 0$ ergibt, dass es sich tatsächlich um ein Maximum handelt.

Lösung zu c:
Die Brücke schneidet die Kurve im Wendepunkt orthogonal. Also handelt es sich um die Wendenormale von f.
Wir berechnen zunächst den Wendepunkt von f. Er liegt bei W(6 | 0,81). Als nächstes wird die Steigung von f an der Wendestelle bestimmt: $f'(6) = -e^{-2} \approx -0{,}135$.
Nun werden diese Ergebnisse in die allgemeine Normalengleichung eingesetzt.
Resultat: $n(x) \approx 7{,}39x - 43{,}52$

1. Ableitungen

$f'(x) = \left(1 - \frac{1}{3}x\right) \cdot e^{-\frac{1}{3}x}$

$f''(x) = \left(\frac{1}{9}x - \frac{2}{3}\right) \cdot e^{-\frac{1}{3}x}$

2. Hochpunkt von f

$f'(x) = 0$

$\left(1 - \frac{1}{3}x\right) \cdot e^{-\frac{1}{3}x} = 0$

$1 - \frac{1}{3}x = 0$

$x = 3,\ y = 3 \cdot e^{-1} \approx 1{,}10$

Hochpunkt H(3 | 1,10)

3. Wendepunkt von f

$f''(x) = 0$

$\frac{1}{9}x - \frac{2}{3} = 0$

$x = 6,\ y = 6e^{-2} \approx 0{,}81$

Wendepunkt W(6 | 0,81)

4. Wendenormale

$n(x) = -\frac{1}{f'(x_0)}(x - x_0) + f(x_0)$

$n(x) = e^2(x - 6) + 6e^{-2}$

$n(x) \approx 7{,}39x - 43{,}52$

Übung 6 Zoo

Ein Tiergehege wird durch einen Zaun $f(x) = (4 - x) \cdot e^{\frac{x}{2}}$, einen Wassergraben und eine Mauer bei $x = -4$ wie abgebildet begrenzt (1 LE = 100 m).

a) Wie groß ist die maximale Nord-Süd-Ausdehnung des Geheges? Wie lang ist die Begrenzungsmauer?
b) Bestimmen Sie den Parameter a so, dass $F(x) = (a - 2x) \cdot e^{\frac{x}{2}}$ eine Stammfunktion von f ist. Welchen Flächeninhalt hat das Gehege?

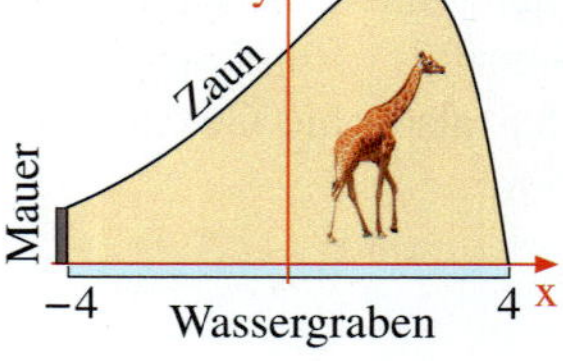

Beispiel: Pagode

Eine Pagode hat ein achsensymmetrisches Dach mit dem Profil $f(x) = 6 \cdot e^{-0{,}5x} + 1,\ 0 \le x \le 6$.
Das parabelförmige Tor ist 4 m breit und 3 m hoch.
Die Fenstermaße sind jeweils 1 m × 0,5 m.
Die Vorderfront auf der Giebelseite soll mit Blattgold 0,1 mm stark vergoldet werden. Wie viel cm^3 Blattgold werden benötigt?

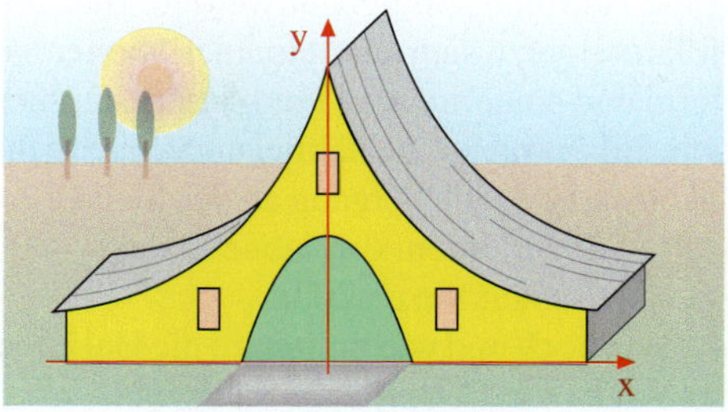

Lösung:
Zu bestimmen ist die Fläche der Giebelseite abzüglich der Flächen von Tor und Fenstern.
Der Inhalt der Giebelwand beträgt laut nebenstehender Integration $34{,}81\,m^2$.

Flächeninhalt der Giebelseite

$$A_1 = 2 \cdot \int_0^6 (6 \cdot e^{-0{,}5x} + 1)\,dx$$
$$= 2 \cdot [-12 \cdot e^{-0{,}5x} + x]_0^6 = 34{,}81\,m^2$$

Die Gleichung des Tores wird mit dem Parabelansatz $g(x) = ax^2 + b$ bestimmt.
Resultat: $g(x) = -\frac{3}{4}x^2 + 3$

Gleichung des Tores

Ansatz: $g(x) = ax^2 + b$
$g(0) = 3 \Rightarrow b = 3$
$g(2) = 0 \Rightarrow 4a + 3 = 0 \Rightarrow a = -\frac{3}{4}$
$g(x) = -\frac{3}{4}x^2 + 3$

Das Tor hat einen Flächeninhalt von $8\,m^2$, wie die Integration rechts zeigt.

Flächeninhalt des Tores

$$A_2 = 2 \cdot \int_0^2 \left(-\tfrac{3}{4}x^2 + 3\right)dx$$
$$= 2 \cdot \left[-\tfrac{1}{4}x^3 + 3x\right]_0^2 = 8$$

Da die drei Fenster jeweils einen Inhalt von $0{,}5\,m^2$ besitzen, ergibt sich für die zu vergoldende Fläche ein Inhalt von $25{,}31\,m^2$.

Multiplizieren wir diesen Wert mit der Dicke der Blattgoldschicht, wobei wir vorher alle Einheiten in cm umwandeln, so erhalten wir für das gesuchte Volumen $2531\,cm^3$, also etwas über 2,5 Liter.

Zu vergoldende Fläche und Goldvolumen

A = Giebel – Tor – drei Fenster
= 34,81 – 8 – 1,5 = 25,31

V = Fläche · Dicke = $25{,}31\,m^2 \cdot 0{,}1\,mm$
$= 253\,100\,cm^2 \cdot 0{,}01\,cm = 2531\,cm^3$

Übung 7 Straße

Ein Fluss verläuft längs der x-Achse. Der Verlauf einer Straße wird beschrieben durch die Funktion $f(x) = x \cdot e^{2-x}$ $(0 \le x \le 2)$ sowie eine quadratische Funktion g, die an f im Punkt $P(2|2)$ ohne Knick anschließt und auf den Fluss im Punkt $Q(6|0)$ trifft. Ermitteln Sie die Funktionsgleichung von g. Weisen Sie nach, dass $F(x) = -(x+1) \cdot e^{2-x}$ eine Stammfunktion von f ist. Wie groß ist die von Fluss und Straße eingeschlossene Fläche (LE: 1 km)?

Beispiel: Halfpipe

Eine Halfpipe soll gebaut werden. Ihre Profilkurve setzt sich aus einem Exponentialterm und einer linearen Funktion zusammen, wie auf der nichtmaßstäblichen Skizze rechts dargestellt. Der Übergang an der Stelle $x = 3$ soll glatt verlaufen, d. h. ohne Knick.

a) Bestimmen Sie a und k.

b) Wie hoch und wie breit wird die Halfpipe?

c) Wo ist die Halfpipe am steilsten? Wie groß ist dort der Steigungswinkel?

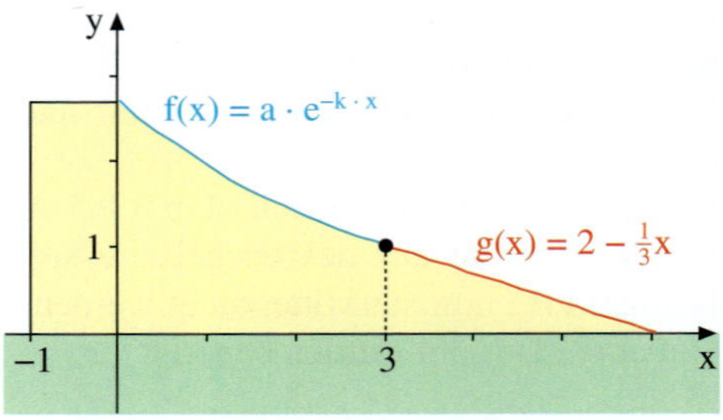

Lösung zu a:

Die beiden beteiligten Randfunktionen $f(x) = a \cdot e^{-kx}$ und $g(x) = 2 - \frac{1}{3}x$ müssen an der Stelle $x = 3$ übereinstimmende Funktionswerte und übereinstimmende Steigungen haben, damit weder ein Sprung noch ein Knick entsteht.

Dies führt auf die Gleichungen I und II.

Mit dem Einsetzungsverfahren können wir das so entstandene nichtlineare Gleichungssystem lösen. Wir erhalten $a = e$ und $k = \frac{1}{3}$.

Daher gilt: $f(x) = e \cdot e^{-\frac{1}{3}x} = e^{1-\frac{1}{3}x}$.

Bestimmung von a und k

$f(3) = g(3) \quad \Rightarrow \text{I}: a \cdot e^{-3k} = 1$

$f'(3) = g'(3) \quad \Rightarrow \text{II}: -k \cdot a \cdot e^{-3k} = -\frac{1}{3}$

Aus I: $a = e^{3k}$

In II: $-k = -\frac{1}{3} \quad \Rightarrow k = \frac{1}{3}$

In I: $a = e$

$\Rightarrow f(x) = e \cdot e^{-\frac{1}{3}x} = e^{1-\frac{1}{3}x}$

Lösung zu b:

Die Höhe der Halfpipe beträgt ca. 2,72 m. Zur Bestimmung ihrer Breite benötigen wir die Nullstelle der Funktion g. Sie liegt bei $x = 6$. Die gesuchte Breite beträgt 7 m.

Höhe der Halfpipe

Höhe $= f(0) = e \approx 2{,}72$ m

Breite der Halfpipe

$g(x) = 0 \Rightarrow 2 - \frac{1}{3}x = 0 \Rightarrow x = 6$

$\Rightarrow$ Breite $= 1 + 6 = 7$

Lösung zu c:

Die Halfpipe ist bei $x = 0$ am steilsten. Ihre Steigung dort beträgt $f'(0) \approx -0{,}9061$. Daraus ergibt sich mit Hilfe der Arcustangensfunktion des Taschenrechners ein Steigungswinkel von $-42{,}18°$.

Steigungswinkel

$f'(x) = -\frac{1}{3}e^{1-\frac{1}{3}x}$

$f'(0) = -\frac{1}{3}e \approx -0{,}9061$

$\alpha \approx \arctan(-0{,}9061) \approx -42{,}18°$

Übung 8 Lampenprofil

Die Abbildung zeigt das Querschnittsprofil einer Lampe.

Das Exponentialprofil des Schirmes ist unten 20 cm breit, oben dagegen nur 4 cm. Der Schirm ist 20 cm hoch. Berechnen Sie den Flächeninhalt des Schirmquerschnittes.

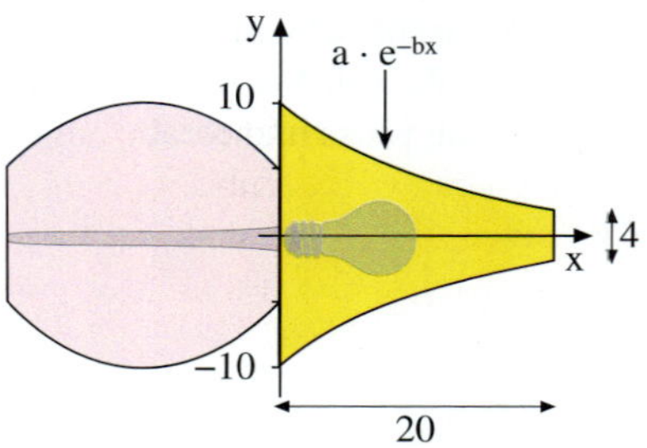

Übungen

9. Historisches Stadttor

Für eine Theateraufführung in der Schule wird ein historisches Stadttor aus Sperrholzplatten benötigt.
Der Regisseur hat den Wunsch, dass die Toröffnung in der Mitte ca. 2 m hoch und unten 2 m breit ist.
Die Randkurve des Torbogens soll modelliert werden durch die Funktion
$f(x) = 2{,}4 - 0{,}2\,(e^{2{,}5x} + e^{-2{,}5x})$.

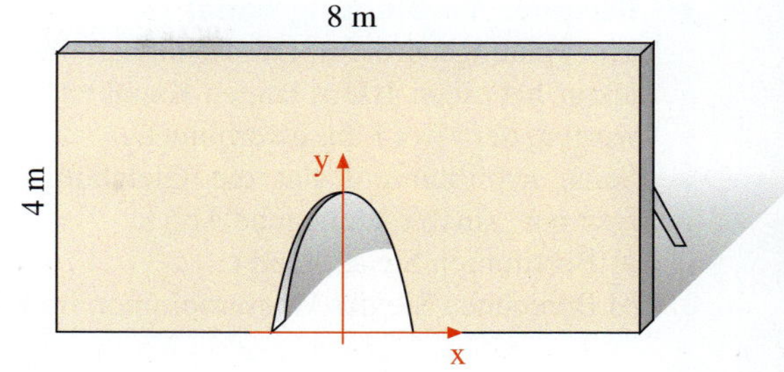

a) Werden die Vorgaben des Regisseurs in etwa eingehalten?
b) In welchem Winkel muss die Säge beim Ausschneiden des Torbogens angesetzt werden?
c) Der Aufbau wird nach dem Ausschneiden des Tors gestrichen. Wie groß ist die zu streichende Fläche?

10. Inseln

In Dubai werden im Meer künstliche Inseln aufgeschüttet. Die Küsten einer Insel werden wie abgebildet durch die Funktionen f (Strand) und g (Wohnen) beschrieben.
(1 LE = 100 m)

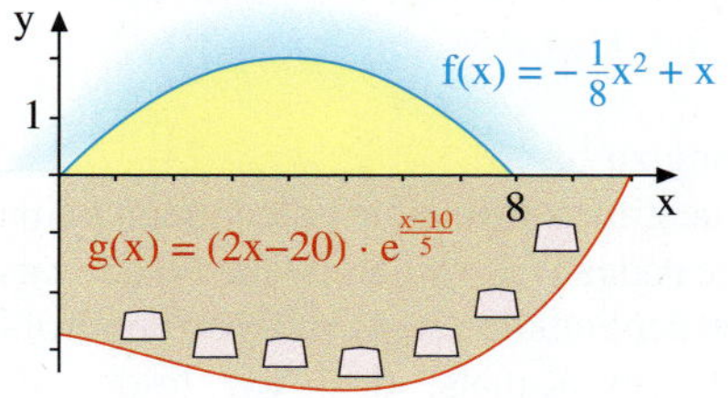

a) Zeigen Sie, dass $G(x) = (10x - 150)\cdot e^{\frac{x-10}{5}}$ eine Stammfunktion von g ist. Berechnen Sie den Flächeninhalt der Insel.
b) Welche maximale Nord-Süd-Ausdehnung hat der untere Teil der Insel, d. h. das Wohngebiet?

11. Schwimmbad

Ein Wasserbecken wird durch die beiden Geraden $x = 4$ und $y = 4$ sowie die Funktion $f(x) = -10x\cdot e^{-x-1}$ begrenzt (1 LE = 10 m).

a) Wie lang ist der rechte Beckenrand? Zeigen Sie, dass der obere Beckenrand ca. 46 m lang ist.
b) An welcher Stelle ist die vertikale Ausdehnung des Beckens am größten?
c) Wie viele Quadratmeter Fliesen werden für den Beckenboden benötigt? Zeigen Sie zunächst, dass die Funktion $F(x) = 10(x+1)e^{-x-1}$ Stammfunktion von f ist.

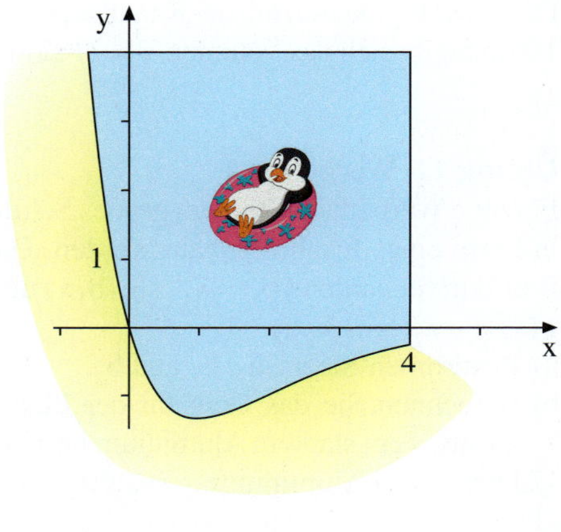

C. Trigonometrische Funktionen

Beispiel: Verbindungskanal

Ein Planungsbüro für Landschaftsarchitektur hat einen 100 m langen Kanal entworfen, der zwei Flüsse verbindet.
Seine Profilkurve f hat die Gleichung $f(x) = a \cdot \sin(bx + c)$ (siehe Abb.).

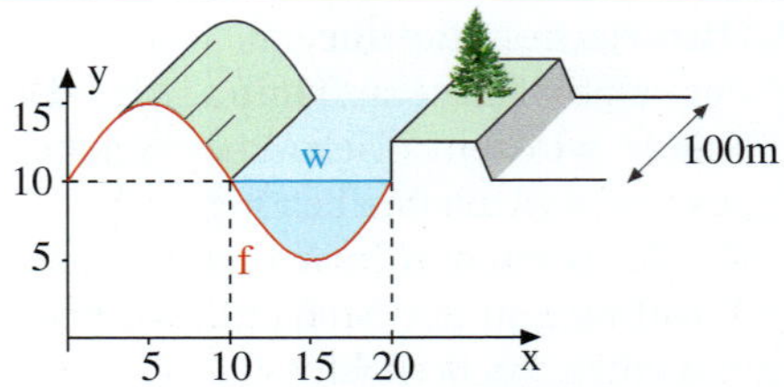

a) Bestimmen Sie a, b und c.
b) Berechnen Sie das Wasservolumen im Kanal, wenn das Wasser wie abgebildet 5 m tief ist.

Lösung zu a:
Die Amplitude beträgt laut Skizze 5 m.
Also gilt a = 5.
Die Periode beträgt 20 m. Daher gilt für den Periodenfaktor b die Bedingung: $\frac{2\pi}{b} = 20$.
Daraus folgt $b = \frac{\pi}{10}$.
Die y-Hebung beträgt 10 m, d. h. c = 10.
Resultat: $f(x) = 5 \cdot \sin\left(\frac{\pi}{10}x\right) + 10$

Lösung zu b:
Wir bestimmen zunächst die Querschnittsfläche A des Wassers. Es ist die Fläche zwischen der Funktion $w(x) = 10$ und der Profilkurve des Kanals, d. h. wir bilden die Differenzfunktion
$d(x) = w(x) - f(x) = -5 \cdot \sin\left(\frac{\pi}{10}x\right)$ und integrieren diese von 10 bis 20.
Dabei verwenden wir die Sinusregel und die lineare Kettenregel der Integration.
Wir erhalten als Resultat $A \approx 31{,}83\,\text{m}^2$.
Durch Multiplikation mit der Kanallänge von 100 m ergibt sich das Volumen $V \approx 3183\,\text{m}^3$.

Gleichung der Profilkurve f
Amplitude a: a = 5
Periodenfaktor b: $\frac{2\pi}{b} = 20 \Rightarrow b = \frac{\pi}{10}$
y-Hebung c: c = 10
$\Rightarrow f(x) = 5 \cdot \sin\left(\frac{\pi}{10}x\right) + 10$

Querschnittsfläche A
$w(x) = 10$ (Wasseroberfläche)
$f(x) = 5 \cdot \sin\left(\frac{\pi}{10}x\right) + 10$ (Kanalprofil)
$d(x) = w(x) - f(x) = -5 \cdot \sin\left(\frac{\pi}{10}x\right)$

$$A = \int_{10}^{20} \left(-5 \cdot \sin\left(\frac{\pi}{10}x\right)\right)dx = \left[\frac{50}{\pi}\cos\left(\frac{\pi}{10}x\right)\right]_{10}^{20}$$
$$= \left(\frac{50}{\pi}\cos(2\pi)\right) - \left(\frac{50}{\pi}\cos\pi\right)$$
$$= \left(\frac{50}{\pi}\right) - \left(-\frac{50}{\pi}\right) = \frac{100}{\pi} \approx 31{,}83\,\text{m}^2$$

Volumen V
Volumen = Kanalquerschnitt · Kanallänge
$\approx 31{,}83\,\text{m}^2 \cdot 100 = 3\,183\,\text{m}^3$

Übung 12 Werbefläche
Für eine Werbefläche soll ein großes Schild in Form eines Fisches gebaut werden. Die Profilkurven lauten $f(x) = a_1 \cdot \sin(b_1 x)$ und $g(x) = -a_2 \cdot \sin(b_2 x)$.

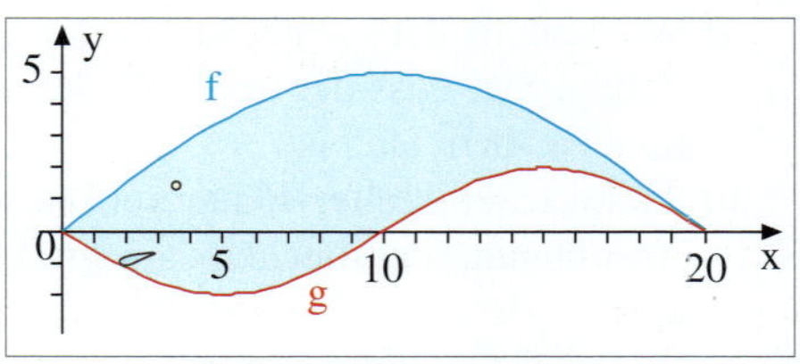

a) Bestimmen Sie a_1, a_2, b_1 und b_2.
b) Berechnen Sie das Gewicht der Platte, die aus 1 cm starkem Aluminium besteht. Dichte von Aluminium: $\rho \approx 2{,}70\,\text{g/cm}^3$

Übung 13 Tangente/Normale

Gegeben ist die Funktion $f(x) = \sin x$.

a) Bestimmen Sie die Gleichung der Tangente t an den Graphen von f an der Stelle $x = 0$ sowie die Gleichung der Normalen n von f an der Stelle $x = 2\pi$.

b) Berechnen Sie den Inhalt des Flächenstückes A, welches von f, t und n im ersten Quadranten umschlossen wird.

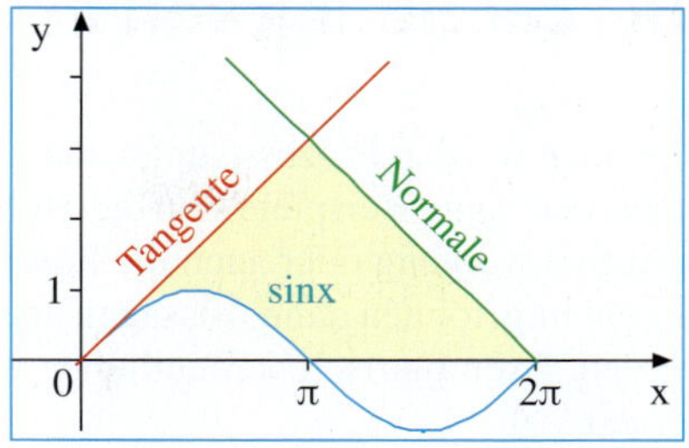

Übung 14 Pool

Ein Pool hat die abgebildete Form, wobei 1 LE = 6 m gilt. Die Profilkurven lauten:
$f(x) = 2\sin x, \quad g(x) = a \cdot \sin(bx)$.

a) Bestimmen Sie die Parameter a und b.

b) Berechnen Sie die Kosten für eine Füllung. Das Wasser ist 3 m tief und kostet pro Kubikmeter 5 €.

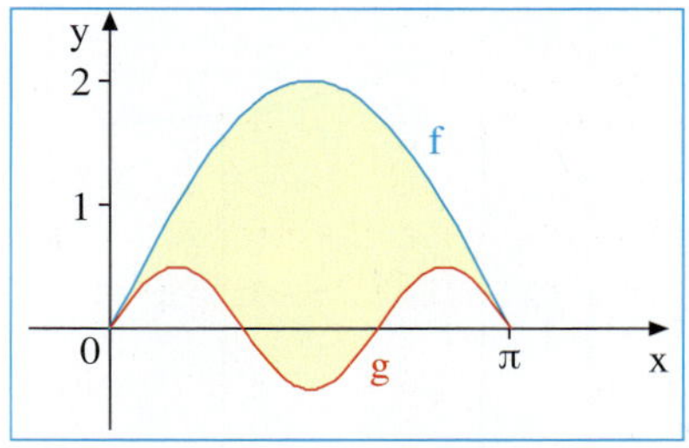

Übung 15 Parabel und Sinuskurve

Eine Parabel und eine Sinuskurve gehen durch die drei Punkte A(0|0), B(4|2) und C(8|0).

a) Bestimmen Sie die Parameter a, b, c sowie u und v.

b) Welche der beiden eingezeichneten Flächenstücke A_1, A_2 hat den größeren Inhalt?

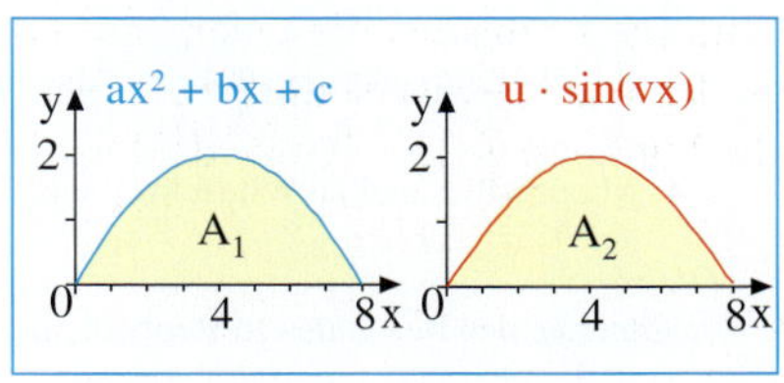

Übung 16 Flächenstück

Gegeben sind zwei Funktionen f und g (s. A.).

a) Stellen Sie die Funktionsgleichung von g auf.

b) Berechnen Sie den Schnittpunkt S von f und g (Hinweis: $\frac{\sin x}{\cos x} = \tan x$).

c) Berechnen Sie den Inhalt der Fläche A.

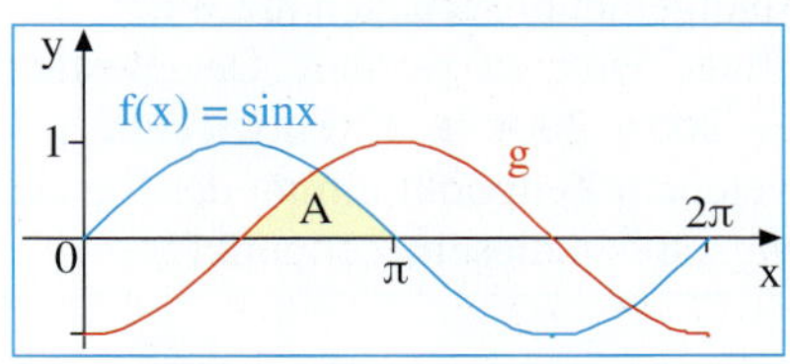

Übung 17 Vorgegebener Flächeninhalt

Gegeben sind die Funktionen $f(x) = 5\sin x$ und $g(x) = a \cdot \sin x$.

Wie muss der Parameter a gewählt werden, damit das abgebildete Flächenstück den Inhalt 1 besitzt?

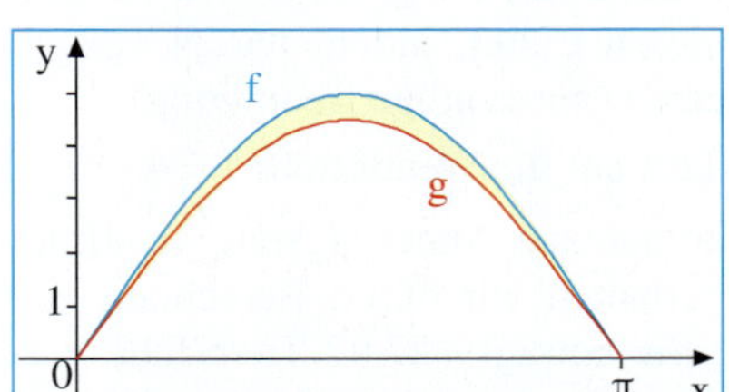

3. Beschreibung von Prozessen

Im Folgenden werden Prozesse untersucht, deren zeitlicher Ablauf durch Exponentialfunktionen erfasst werden kann. Beispiele sind das Höhenwachstum einer Pflanze, der Temperaturverlauf bei einem Aufheizvorgang oder auch die Populationsentwicklung einer Tierart. Mit Hilfe der Differentialrechnung können dann Aussagen über diverse Aspekte des beobachteten Prozesses gewonnen werden. Exemplarisch verdeutlichen wir am Beispiel des folgenden Wildschweinproblems, was gemeint ist.

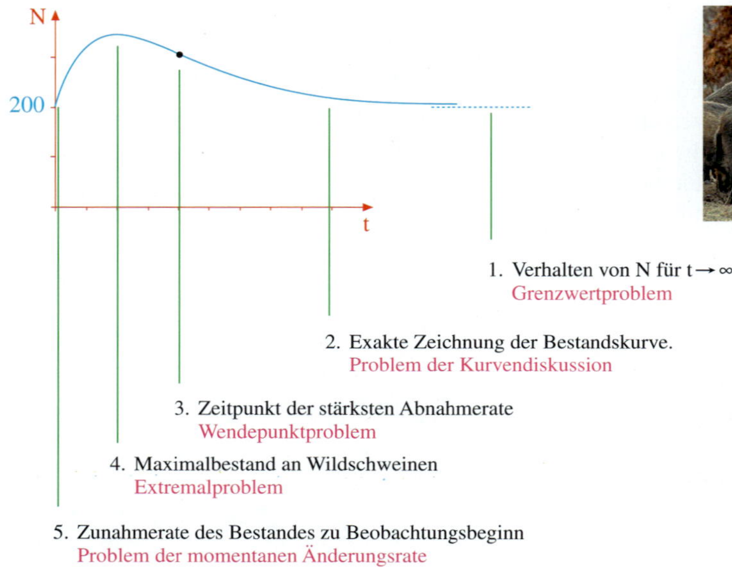

Beispiel: Wildschweinplage

Im Stadtgebiet breiten sich die Wildschweine aus. Durch ein Wildpflegeprogramm hofft man, der Plage Herr zu werden. Der Bestand soll sich damit kontrolliert gemäß der Funktion $N(t) = 200 + 200t \cdot e^{-0,5t}$ entwickeln (t: Jahre; N(t): Anzahl der Schweine).
Zu welchem Zeitpunkt nimmt der Bestand am stärksten ab? Wie groß ist die momentane Änderungsrate zu diesem Zeitpunkt?

Lösung:

Im Wendepunkt der Bestandsfunktion ist die Abnahmerate am größten. Wir bestimmen diesen Punkt, indem wir N'' gleich null setzen (notwendige Bedingung).

Dies führt auf die Wendestelle $t = 4$.

Die momentane Änderungsrate an dieser Stelle erhalten wir durch Berechnen von $N'(4)$: Sie beträgt $-27{,}07$ Tiere/Jahr, was gleichbedeutend ist mit $-2{,}26$ Tiere/Monat.

Ableitungen von N

$N'(t) = (200 - 100t) \cdot e^{-0,5t}$

$N''(t) = (50t - 200) \cdot e^{-0,5t}$

Wendepunkt von N

$N''(t) = 0$

$(50t - 200) \cdot e^{-0,5t} = 0$

$50t - 200 = 0$

$t = 4$

$N'(4) = -27{,}07\,\frac{\text{Tiere}}{\text{Jahr}} = -2{,}26\,\frac{\text{Tiere}}{\text{Monat}}$

Beispiel: Wildschweinplage (Teil 2)

Ein Wildschweinbestand entwickelt sich gemäß der Bestandsfunktion $N(t) = 200 + 200t \cdot e^{-0,5t}$.
t: Zeit in Jahren; N(t): Bestand in Schweinen

a) Mit welcher Geschwindigkeit wächst der Bestand zu Beobachtungsbeginn? Wie groß ist die mittlere Zuwachsrate in den ersten beiden Jahren?
b) Welcher Maximalbestand wird erreicht?
c) Welchem Grenzbestand nähert sich die Population langfristig?

Lösung zu a:
Die momentane Änderungsrate zur Zeit $t = 0$ errechnen wir mit der Ableitungsfunktion N'. Resultat: Zu Beginn wächst die Population um ca. 17 Tiere pro Monat.

Momentane Wachstumsrate zur Zeit t = 0

$N'(t) = (200 - 100t) \cdot e^{-0,5t}$

$N'(0) = 200 \frac{\text{Tiere}}{\text{Jahr}} \approx 16,67 \frac{\text{Tiere}}{\text{Monat}}$

Die mittlere Zuwachsrate in den ersten zwei Jahren errechnen wir mit dem Differenzenquotienten. Sie beträgt 6 Tiere pro Monat.

Mittlere Wachstumsrate in 2 Jahren

$\frac{N(2) - N(0)}{2 - 0} \approx \frac{347,15 - 200}{2} \approx 73,58 \frac{\text{Tiere}}{\text{Jahr}}$

$\approx 6,13 \frac{\text{Tiere}}{\text{Monat}}$

Lösung zu b:
Mithilfe der notwendigen Bedingung für Extrema ($N'(t) = 0$) bestimmen wir die Lage des Maximums von N. Es liegt bei $t = 2$. Die Anzahl der Schweine beträgt maximal 347.

Maximaler Bestand

$N'(t) = (200 - 100t) \cdot e^{-0,5t}$

$N'(t) = 0$

$200 - 100t = 0,\ t = 2$

$N(2) = 347,15$ Schweine

Lösung zu c:
Wir erkennen anhand einer Tabelle, dass die Bestandsfunktion N(t) sich mit wachsendem t dem Wert 200 nähert. Dies ist der langfristige Grenzbestand.

Grenzbestand t → ∞

t	0	1	10	20	→ ∞
N(t)	200	321,3	213,5	200,2	→ 200

$\lim\limits_{t \to \infty} N(t) = 200$

Übung 1

Ein Handwerker hat versehentlich aus einer Flasche mit einer giftigen Flüssigkeit getrunken. Eine erste Untersuchung ergibt eine Konzentration von 2 µg/dl im Blut. Bei einer Kontrolluntersuchung eine Stunde später sind es sogar 3 µg/dl.
Man weiß, dass es ab 6 µg/dl gefährlich wird. Außerdem ist bekannt, dass die Konzentration sich nach dem Gesetz $h(t) = (at + b) \cdot e^{-0,1t}$ entwickelt (t in Stunden, h in µg/dl).

a) Bestimmen Sie a und b.
b) Berechnen Sie die Maximalkonzentration. Kommt der Handwerker in die Gefahrenzone?
c) Wann fällt die Konzentration am stärksten ab?
d) Nach welcher Zeit ist die Ausgangskonzentration wieder erreicht? (Näherung)

Eine weitere Untersuchungsmöglichkeit besteht darin, zwei ähnliche Prozesse miteinander zu vergleichen, z. B. um herauszufinden, welcher Prozess sich günstiger verhält.

Beispiel: Labortemperatur

In einem Forschungsinstitut wird der Einfluss der Umgebungstemperatur auf das Wachstum von Pflanzen untersucht.

In Labor 1 ändert sich die Temperatur gemäß der Funktion $f(t) = 6t \cdot e^{\frac{1}{2}(2-t)}$, in Labor 2 gemäß $g(t) = 12 \cdot e^{\frac{1}{2}(2-t)}$.

(t: Zeit in Tagen; f(t), g(t): Temp. in °C)

a) Zeichnen Sie die Graphen von f und g mit dem TR/Computer für $0 \le t \le 10$.

b) Bestimmen Sie, wann die Labore die größte Temperaturdifferenz aufweisen.

Lösung zu a:

Wir zeichnen die Graphen für $0 \le t \le 10$. Man sieht, dass die Temperatur in Labor 1 von 0 °C ausgehend bis auf ein Maximum steigt, um dann zunächst schnell und später eher langsam abzusinken. In Labor 2 sinkt die Temperatur kontinuierlich und auch zunehmend langsamer ab.

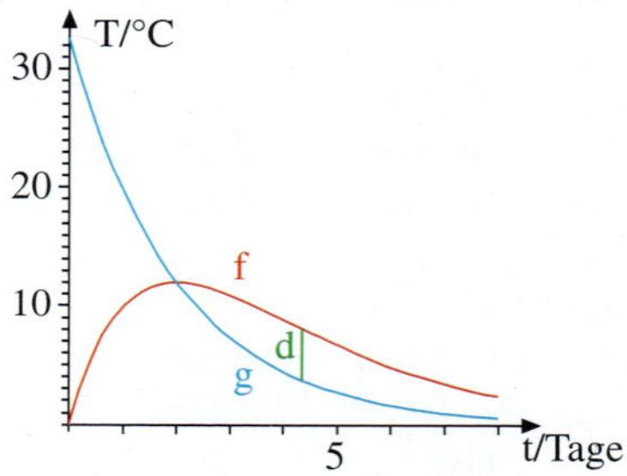

Lösung zu b:

Zu Beginn des Prozesses beträgt die Temperaturdifferenz maximal 32,62 °C zugunsten von Labor 2.

Für $t \ge 2$ ist es jedoch in Labor 1 wärmer. Die Differenz ist am größten, wenn die Differenzfunktion $d(t) = f(t) - g(t)$ ihr Maximum annimmt. Dies ist für $t = 4$ der Fall. Die Differenz beträgt dann 4,41 °C.

Maximale Temperaturdifferenz

Differenzfunktion:

$$d(t) = f(t) - g(t)$$
$$d(t) = (6t - 12) \cdot e^{\frac{1}{2}(2-t)}$$

Lokales Maximum:

$$d'(t) = (-3t + 12) \cdot e^{\frac{1}{2}(2-t)} = 0$$
$$-3t + 12 = 0,\ t = 4$$

Differenz: $d(4) \approx 4{,}41$ °C

Übung 2 Höhenwachstum

Eine Großgärtnerei vergleicht das Höhenwachstum zweier Kaiserkronensorten während der Blütezeit. Blume 1 wächst nach dem Gesetz $h_1(t) = 10 \cdot e^{0,1t}$, Blume 2 nach dem Gesetz $h_2(t) = 50 - 40 \cdot e^{-0,1t}$ (t in Tagen, h in cm, $0 \le t \le 20$).

a) Zeichnen Sie die Graphen von h_1 und h_2.

b) Wann erreichen die Blumen 20 cm Höhe?

c) Wann wächst Blume 2 mit der Rate 1 cm/Tag?

d) Wann ist die Höhendifferenz während der ersten 10 Tage maximal?

e) Wann sind die Blumen gleich hoch?

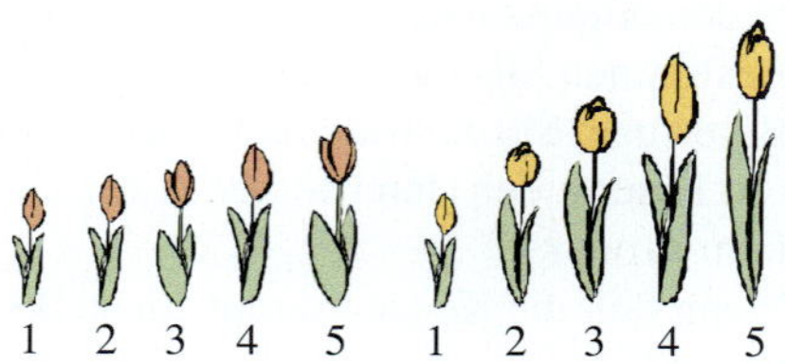

Übungen

3. Kapitalanlage

Franz hat sein gesamtes Sparguthaben bei der Sparkasse abgehoben und in einige Hasen investiert, die nun bei ihm zuhause leben. Die Hasen vermehren sich schnell, aber es kommt auch zunehmend zu Fluchtvorgängen. Insgesamt verändert sich die Population nach der Formel $h(t) = (240 + 20t) \cdot e^{-0{,}05\,t}$ (t: Monate; h(t): Anzahl der Hasen zur Zeit t).

a) Wie viele Hasen hat Franz gekauft? Wie viele sind es nach einem Jahr?
b) Mit welcher Rate wächst die Hasenpopulation zu Beginn (in Hasen/Monat)?
c) Wann erreicht die Population ihr Maximum?
d) Zu welchem Zeitpunkt verringert sich die Population am stärksten?

4. Grippeepidemie

Die jährliche Grippeepidemie hat gerade begonnen. Aus den ersten eingehenden Meldungen modellieren die Epidemiologen des Robert-Koch-Instituts eine Prognosefunktion für die Entwicklung der Erkranktenzahlen: $N(t) = (6t - t^2) \cdot e^{t-6}$ $(t \geq 0)$.
Ihr Graph ist rechts grob skizziert.

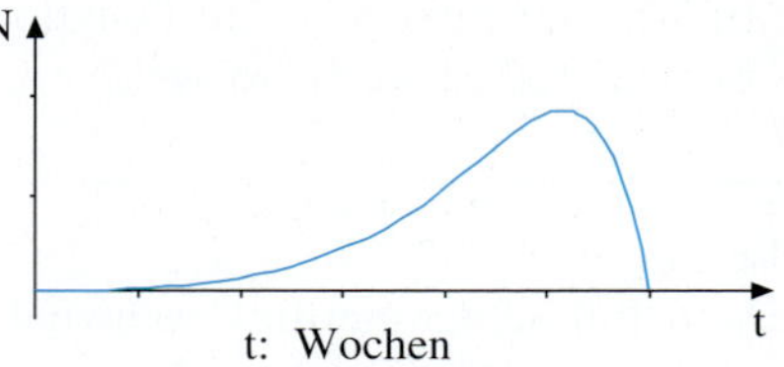

a) Wie lange wird die Epidemie dauern?
b) Wann ist das Maximum erreicht? Wie groß ist die maximale Erkranktenzahl?
c) Wann nimmt die Anzahl der Erkrankten am schnellsten zu? Wie groß ist sie zu diesem Zeitpunkt? Wie groß ist zu diesem Zeitpunkt die momentane Zunahmerate?

5. Segelflug

Ein Segelflugzeug wird in 100 m Höhe ausgeklinkt. Seine vertikale Steig- bzw. Sinkgeschwindigkeit in den ersten zehn Minuten nach dem Ausklinken wird durch die Funktion $v(t) = 100 - 100t \cdot e^{-0{,}5(t-1)}$ beschrieben (t: Zeit in Minuten, v(t): Steiggeschwindigkeit in Meter/min).

a) Begründen Sie, dass das Flugzeug in der ersten Minute steigt, in den anschließenden 2,51 Minuten sinkt und danach wieder steigt.
b) Wann ist die Sinkgeschwindigkeit am größten? Zeichnen Sie den Graphen von v.
c) Weisen Sie nach, dass $V(t) = (2t + 4)e^{-0{,}5(t-1)}$ eine Stammfunktion von $v(t) = -t e^{-0{,}5(t-1)}$ ist.
Leiten Sie hieraus die Funktion h(t) her, welche angibt, in welcher Höhe sich das Flugzeug zum Zeitpunkt t nach dem Ausklinken befindet $(0 \leq t \leq 10)$.
Welche Höhe erreicht es vor dem Absinken? Welches ist seine geringste Höhe nach der Sinkphase? In welcher Höhe fliegt es 10 Minuten nach dem Ausklinken?

Bei manchen Prozessen kennt man die Bestandsfunktion f des Prozesses nicht unmittelbar, wohl aber deren Änderungsrate bzw. Ableitung f'.
Beispielsweise ist bei einem fahrenden Schiff der zurückgelegte Weg s nicht so leicht zu ermitteln wie dessen Änderungsrate v, die Momentangeschwindigkeit.
In solchen Fällen kann man die Bestandsfunktion f jedoch durch Integration von f' rekonstruieren, wenn man einen Funktionswert von f kennt, den sogenannten Anfangswert.

Beispiel: Großtanker

Ein großes Öltankschiff führt eine Bremsung durch. Die Geschwindigkeit v wird dabei gemäß der Formel $v(t) = 8 \cdot e^{-0,005\,t} - 1$ bis zum Stillstand erniedrigt (t in s, v in m/s).

a) Wie lange dauert der Bremsvorgang?
b) Wie lautet die Weg-Zeit-Funktion des Schiffes?
c) Wie groß ist der Bremsweg?

Lösung zu a:
Das Schiff steht, wenn die Geschwindigkeit auf 0 gesunken ist. Der Ansatz $v(t) = 0$ führt auf die Bremszeit $t = 415{,}89$ s.
Der Bremsvorgang dauert ca. 7 Minuten.

1. Bremszeit

$$v(t) = 0$$
$$8 \cdot e^{-0,005t} - 1 = 0$$
$$e^{-0,005t} = 0{,}125$$
$$t \approx 415{,}89$$

Lösung zu b:
Durch Integration der Geschwindigkeit-Zeit-Funktion v erhalten wir die Weg-Zeit-Funktion s.
Sie lautet hier
$s(t) = -1600\,e^{-0,005\,t} - t + C$.
C ist zunächst unbekannt. Da aber $s(0) = 0$ gilt (Anfangswert), folgt $C = 1600$.

2. Weg-Zeit-Funktion

$$s(t) = \int v(t)\,dt = \int (8 \cdot e^{-0,005\,t} - 1)\,dt$$
$$= -1\,600\,e^{-0,005\,t} - t + C$$
$$s(0) = 0 \Rightarrow -1\,600 + C = 0 \Rightarrow C = 1\,600$$
$$s(t) = -1\,600\,e^{-0,005\,t} - t + 1\,600$$

Lösung zu c:
Die Länge des Bremsweges des Schiffes beträgt $s(415{,}89) = 984{,}11$, d. h. ca. 1 km.

3. Bremsweg

$$s(415{,}89) \approx 984{,}11 \text{ m} \approx 1 \text{ km}$$

Übung 6 Schnellstart

Ein Sportwagen erhöht seine Geschwindigkeit bei einem Test aus dem Stand nach der Formel $v(t) = 20t \cdot e^{-0,1\,t}$ ($0 \le t \le 30$, t in s, v in m/s).

a) Wie groß ist seine Maximalgeschwindigkeit?
b) Zeigen Sie: Die Weg-Zeit-Funktion lautet: $s(t) = (-200t - 2000) \cdot e^{-0,1t} + 2000$.
c) Welche Strecke legt das Auto in den ersten 30 Sekunden zurück?

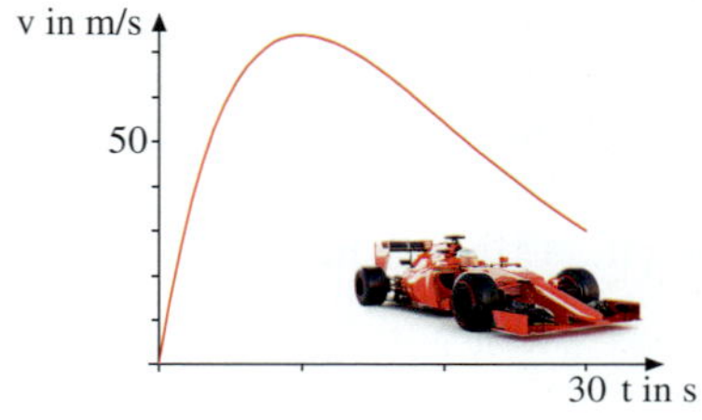

Übungen

7. Ölförderung

Ein Erdölproduzent besitzt eine Ölquelle, die langsam versiegt. Die Fördergeschwindigkeit lässt sich durch die Funktion $m'(t) = 1 + 10 \cdot e^{-0{,}01\,t}$ beschreiben (t: Tage, m'(t): Tonnen/ Tag). Gesucht ist die Funktion m(t), welche die Ölmenge beschreibt, die bis zum Zeitpunkt t gefördert wird, beginnend zur Zeit t = 0.

a) Bestimmen Sie m(t) als Stammfunktion von m'(t) mit m(0) = 0.

b) Die Ölquelle wird stillgelegt, wenn die Fördergeschwindigkeit auf 3 Tonnen/Tag absinkt. Wann ist dies der Fall? Wie viel Öl wird bis zu diesem Zeitpunkt gefördert?

8. Keine Geldsorgen

In Dagoberts Geldspeicher (30 m hoch) liegen die Taler 20 m hoch. Die Zuwachsrate der Höhenfunktion h beträgt $h'(t) = e^{-0{,}05\,t}$ (t: Tage, h'(t): m/Tag):

a) Wie lautet die Gleichung der Höhenfunktion?

b) Wann läuft Dagoberts Geldspeicher über?

9. Gletscherlänge

Ein Gletscher, der zur Zeit 30 km lang ist, verkürzt sich mit der Zeit. Die Änderungsrate seiner Länge L ist $L'(t) = -0{,}4 \cdot e^{-0{,}02\,t}$.
(t: Jahre, L'(t): km/Jahr)

a) Wie lautet die Funktion L(t), welche die Länge des Gletschers beschreibt?

b) Wann ist der Gletscher nur noch 15 km lang?

10. Kernbrennstab

Mit einem Messinstrument wird die Zerfallsrate z(t) eines Kernbrennstoffes gemessen. Die Messwerte sind in der Tabelle protokolliert. (t in Stunden, z(t) in mg pro Stunde)

t	0	1	2	3	4
z(t)	20,00	18,09	16,37	14,82	13,41

a) Stellen Sie eine Funktion auf, welche die Zerfallsrate beschreibt. Verwenden Sie den Ansatz $z(t) = c \cdot e^{-kt}$.

b) Wann hat sich die Zerfallsrate halbiert?

c) Zu Beginn sind es 1 000 mg. Bestimmen Sie die Bestandsfunktion M(t) für die Masse der seit Beobachtungsbeginn zerfallenen Substanz.

d) Wie viel Masse ist nach 24 Stunden insgesamt zerfallen?

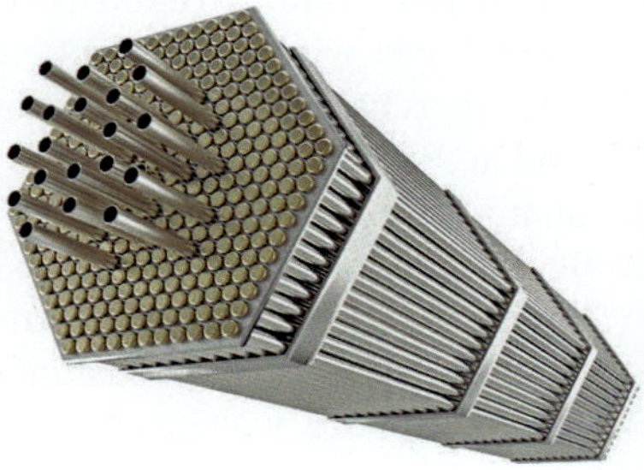

Test

1. Kurvenuntersuchung eines Polynoms

Gegeben ist die Funktion $f(x) = \frac{1}{2}x^3 - \frac{3}{2}x^2$.

a) Untersuchen Sie f auf Nullstellen, Extrema und Wendepunkte.

b) Skizzieren Sie den Graphen von f für $-1 \leq x \leq 4$.

c) Berechnen Sie den Inhalt der Fläche A, die im 4. Quadranten vom Graphen von f und der x-Achse umschlossen wird.

2. Kurvenuntersuchung einer Exponentialfunktion

Gegeben ist die Funktion $f(x) = x \cdot e^{2-x}$.

a) Bestimmen Sie das Extremum und den Wendepunkt von f.

b) Ermitteln Sie die Gleichungen von Wendetangente t und Wendenormale n.

c) Skizzieren Sie die Graphen von f und t für $0 \leq x \leq 5$.

d) Zeigen Sie, dass $F(x) = (-x-1) \cdot e^{2-x}$ eine Stammfunktion von f ist.

e) Berechnen Sie den Inhalt der Fläche A, die von den Graphen von f und t und der x-Achse umschlossen wird.

3. Trigonometrische Funktionen

Gegeben sind $f(x) = 5 \cdot \cos\left(\frac{\pi}{4}x\right)$ und $g(x) = x \cdot (x-2)$.

a) Bestimmen Sie die Gleichung der Tangente von f an der Stelle $x = 2$.

b) Die Graphen von f und g und die y-Achse begrenzen im ersten und vierten Quadranten die Fläche A. Berechnen Sie deren Inhalt.

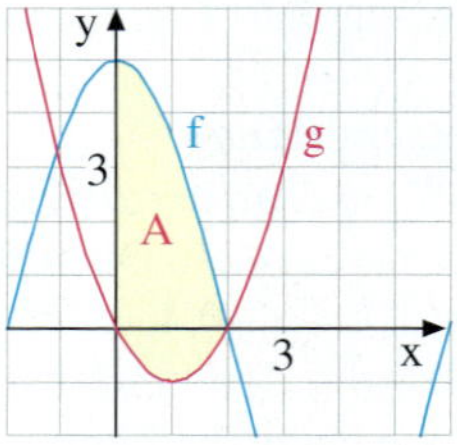

4. Exponentieller Wachstumsprozess

Die Höhe eines Baumes wird durch die Funktion $h(t) = 6 - 5{,}5 \cdot e^{-0{,}1t}$ erfasst, wobei t die Zeit in Jahren und h die Höhe in Metern ist.

a) Geben Sie die Höhe des Baumes zum Zeitpunkt der Pflanzung an.

b) Untersuchen Sie, wann der Baum eine Höhe von 3 m erreicht.

c) Bestimmen Sie die durchschnittliche Wachstumsgeschwindigkeit für die ersten 3 Jahre.

d) Bestimmen Sie die momentane Wachstumsrate des Baumes zu Beginn des 6. Jahres.

e) Untersuchen Sie, welche Endhöhe der Baum nicht überschreiten wird.

5. Modellierung/Bestandsrekonstruktion

In einem Revier wird die Wolfspopulation durch die Funktion N(t) beschrieben. t ist die Zeit in Jahren und N der Bestand an Wölfen.

Bekannt ist die Änderungsrate $N'(t) = (20 - 20t) \cdot e^{-t}$.

Zu Beobachtungsbeginn ($t = 0$) gab es 40 Wölfe.

a) Zeigen Sie, dass $20t\,e^{-t}$ eine Stammfunktion von $N'(t)$ ist.

b) Bestimmen Sie die Bestandsfunktion N(t) der Wolfspopulation.

c) Untersuchen Sie, welchen Maximalbestand die Wolfspopulation nicht überschreitet.

Lösungen: S. 565

X. Beschreibende Statistik

1. Darstellung von Daten

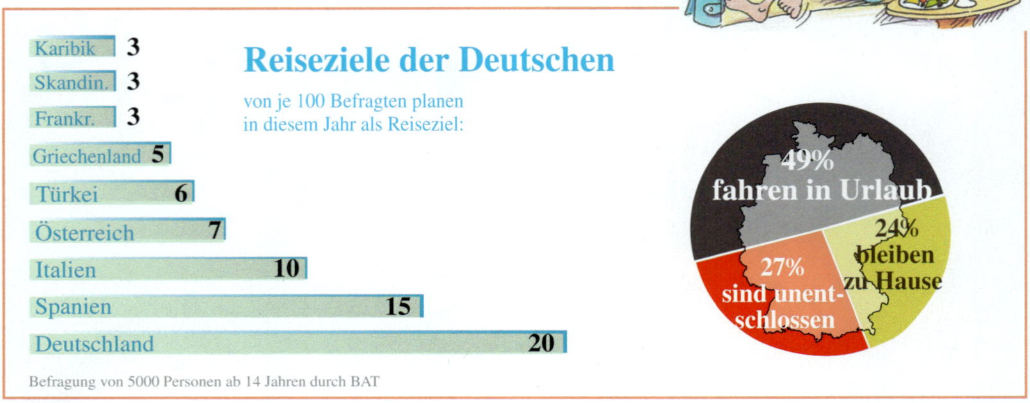

Statistische Erhebungen liefern Daten, die benötigt werden, um politische, gesellschaftliche und wirtschaftliche Vorgänge besser beurteilen und steuern zu können. Mit Statistiken lassen sich Entscheidungen begründen und Thesen untermauern oder erschüttern.

Die Statistik befasst sich mit drei Fragen: Wie wird Datenmaterial fachgerecht gesammelt, wie wird das Datenmaterial geordnet und repräsentiert, und welche Schlüsse können aus dem Material gezogen werden.
Die ***Beschreibende Statistik*** geht vor allem der zweiten Frage nach. Wie werden Daten geordnet, damit ihre entscheidenden Strukturen klar erkennbar werden, und wie kann man die geordneten Daten graphisch darstellen?
Im Folgenden beschäftigen wir uns mit den klassischen graphischen Darstellung in Form von Säulen- und Kreisdiagrammen, aber auch mit modernen Darstellungen mit Hilfe von Stamm-Blatt-Diagrammen und Boxplots. Diese Diagramme können durch zusätzliche Kenngrößen des Datensatzes, nämlich durch Mittelwerte und Streuungsmaße unterstützt werden. Wir werden das arithmetische Mittel, den Median und die Standardabweichung verwenden.

Übung 1 Planung und Durchführung einer statistischen Erhebung
Erstellen Sie in Ihrem Kurs eine Statistik, welche einige der folgenden Merkmale erfasst: Haarfarbe, Körpergröße, Geburtsmonat, Schuhgröße, Geschwisterzahl, Deutschnote, Augenfarbe, bevorzugte Musikrichtung. Teilen Sie sich die notwendigen Arbeiten innerhalb ihres Kurses auf.

a) **Datenerfassung:** Stellen Sie einen geeigneten Fragebogen zusammen. Legen Sie dabei für jedes untersuchte Merkmal fest, welche Ausprägungen es haben kann. Überlegen Sie dann die Fragen. Legen Sie fest, ob angekreuzt wird oder ob ein Wert angegeben werden muss.
b) **Ordnen der Daten:** Ordnen Sie die aufgenommenen Daten in Tabellen.
c) **Graphische Darstellung:** Stellen Sie die Daten anschaulich in Säulen- oder Kreisdiagrammen dar. Achten Sie hier auf eine ansprechende Optik.
d) **Auswertung:** Bestimmen Sie für jedes der untersuchten Merkmale den Durchschnittswert oder den häufigsten Wert.
e) **Zusammenfassung:** Erstellen Sie einen Gesamtbericht.

A. Merkmale

Statistische Erhebungen beziehen sich stets auf eine ***Grundgesamtheit*** von Personen oder Objekten. Jedes Element der Grundgesamtheit wird erfasst. Die einzelnen Elemente der Grundgesamtheit werden als ***Merkmalsträger*** bezeichnet.
Jeder Merkmalsträger kann quantitative oder qualitative ***Merkmale*** aufweisen. Jedes Merkmal kommt in ganz bestimmten ***Merkmalsausprägungen*** vor.

Quantitative Merkmale besitzen als Ausprägungen Zahlen auf einer metrischen Skala. Diese Zahlen kann man messen, und man kann mit ihnen rechnen. Beispiele sind die Körpergröße und die Kinderzahl. Die Körpergröße ist ein ***stetiges Merkmal***, weil sie innerhalb gewisser Grenzen jeden reellen Zahlenwert annehmen kann (50 cm–220 cm), während die Kinderzahl ein ***diskretes Merkmal*** ist, da sie nur ganz bestimmte Zahlen annehmen kann (0, 1, 2, 3, 4, 5 …).

Qualitative Merkmale besitzen als Ausprägungen Namen bzw. Ränge. Man spricht dann von einem ***nominalen Merkmal*** bzw. einem ***ordinalen Merkmal***.
Die Haarfarbe ist ein nominales Merkmal, da die Ausprägungen blond – rot – braun – schwarz durch ihre Namen festgelegt sind, nicht aber durch Zahlenmesswerte.
Die Deutschnote ist ein ordinales Merkmal, da ihre Ausprägungen sehr gut bis ungenügend bzw. 1 – 2 – 3 – 4 – 5 – 6 eine Rangordnung definieren. Mit diesen Ordnungszahlen kann man aber im Gegensatz zu den Messwerten eines quantitativen Merkmals nicht sinnvoll rechnen.

Übung 2

Entscheiden Sie: Liegt ein quantitatives (stetiges/diskretes) oder ein qualitatives (nominales/ordinales) Merkmal vor?

a) Körpergewicht einer Person
b) Schweregrad einer Erkrankung
c) Geschlecht einer Person
d) Durchmesser eines Rohres
e) Höhe des Jahresverdienstes
f) Tabellenplatz in der Bundesliga
g) Anzahl gekeimter Samen in einem Topf
h) Automarke einer Person
i) Bekleidungsgröße (XS, S, M, L, XL, XXL)
j) Testurteil (sehr gut, gut, …, mangelhaft)

B. Absolute und relative Häufigkeiten

Die Abbildung zeigt eine Ameise der Gattung Leptothorax Rugatulus[1]. Mit einem Saugrohr wurden einige Exemplare von einem Verhaltensbiologen eingesammelt, um später untersuchen zu können, ob spezifische Verhaltensweisen von der Körperlänge abhängen. Dabei entstand eine Tabelle mit Aufzeichnungen darüber, wie oft die Ausprägungen des Merkmals Körperlänge in zwei Kolonien vorkamen.

Körperlänge in mm	Kolonie A	Kolonie B
1,9–2,0	2	5
2,0–2,1	17	36
2,1–2,2	22	42
2,2–2,3	38	66
2,3–2,4	23	39
2,4–2,5	14	17
2,5–2,6	4	5
Σ	120	210

Für jede Längenklasse ist die ***absolute Häufigkeit*** angegeben, mit der sie in der jeweiligen Kolonie auftritt. Da die beiden Kolonien nicht gleich groß sind, lassen sich die Daten nur schwer vergleichen.

Hier ist es günstiger, ***relative Häufigkeiten*** zu verwenden, d. h. Anteile oder Prozentanteile.

Die Längenklasse 2,1 mm–2,2 mm besitzt in Kolonie A die absolute Häufigkeit 22.

Körperlänge in mm	Kolonie A	Kolonie B
1,9–2,0	1,7%	2,4%
2,0–2,1	14,2%	17,1%
2,1–2,2	18,3%	20,0%
2,2–2,3	31,7%	31,4%
2,3–2,4	19,2%	18,6%
2,4–2,5	11,7%	8,1%
2,5–2,6	3,3%	2,4%
Σ	100%	100%

Die ***relative Häufigkeit*** der Klasse ist der ***Quotient aus der absoluten Häufigkeit und der Gesamtzahl*** der Tiere, also $\frac{22}{120} \approx 0{,}183$.

In Prozent ausgedrückt sind dies 18,3%.

In Kolonie B hat diese Längenklasse einen Anteil von 20,0 Prozent, kommt also häufiger vor.

Nun funktioniert der direkte Vergleich problemlos, denn beide Kolonien sind auf 100% normiert.

Übung 3

Die Lieblingsfarbe gilt als ein Kennzeichen des Charakters des Menschen. Beispielsweise soll Rot den Powertyp kennzeichnen und Grün den Verlässlichen mit Hang zur Selbstdarstellung. Gelb steht für den Intellektuellen und Blau für den Vernunftmenschen. Violett deutet hin auf den sensiblen Künstler und Orange auf den Körperbewussten.

Bei einer Umfrage wird die Lieblingsfarbe der Schüler der Oberstufe erfragt. Resultat:

ROT: 32 ORANGE: 54 GELB: 28 GRÜN: 63 BLAU: 45 VIOLETT: 19

a) Stellen Sie eine Tabelle auf, welche die *prozentuale* Verteilung angibt.

b) Führen Sie die Erhebung in Ihrem Kurs durch. Errechnen Sie die prozentualen Anteile. Vergleichen Sie das Ergebnis mit den unter a) errechneten Zahlen. Ist Ihr Kurs vom Verstand (Blau, Grün, Gelb) oder vom Gefühl (Rot, Orange, Violett) geprägt?

---

[1] Rötliche Schmalbrustameise

C. Graphische Darstellung von Daten

Säulen-, Kreis- und Blockdiagramme

Beispiel: Wahlergebnisse
Die rechts abgebildete Tabelle enthält die Ergebnisse der Bundestagswahlen der Jahre 2013 und 2017.
Die Wahlergebnisse sollen graphisch dargestellt werden. Verwenden Sie hierzu ein Säulendiagramm. Welche Vorteile bietet es?

Bundestagswahlen Zahlen in Mio.		
	2013	**2017**
CDU/CSU	18,2	15,3
FDP	2,1	5,0
Grüne	3,7	4,2
SPD	11,3	9,5
Linke	3,8	4,3
AfD	2,1	5,9
Sonstige	2,7	2,3

Lösung:
Auf der horizontalen Achse des ***Säulendiagramms*** werden die sechs Ausprägungen des Merkmals *Partei* aufgetragen. Da es sich um ein qualitatives Merkmal handelt, besitzt die Achse keine metrische Einteilung, und man kann daher die Reihenfolge und den Ort der Anordnung der einzelnen Parteien frei wählen.
Ein besonderer Vorteil des Säulendiagramms ist folgender: Man kann beide Bundestagswahlen im gleichen Diagramm unterbringen, was den Vergleich der Ergebnisse erleichtert.

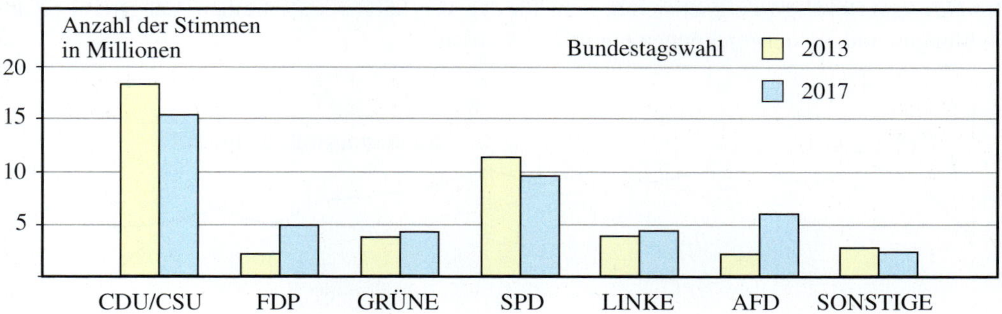

Übung 4

Rechts wurde die Bundestagswahl des Jahres 2013 in einem ***Kreisdiagramm*** erfasst, wobei die Stimmenanzahlen aus dem oben dargestellten Beispiel verwendet wurden.
Das Gleiche soll mit der Bundestagswahl 2017 geschehen.

a) Bestimmen Sie die Prozentanteile der einzelnen Parteien bei der Wahl 2017.
b) Zeichnen Sie ein Kreisdiagramm für die Wahl 2017.
c) Beschreiben Sie, welche Vorteile das Kreisdiagramm hierbei gegenüber dem Säulendiagramm hat.

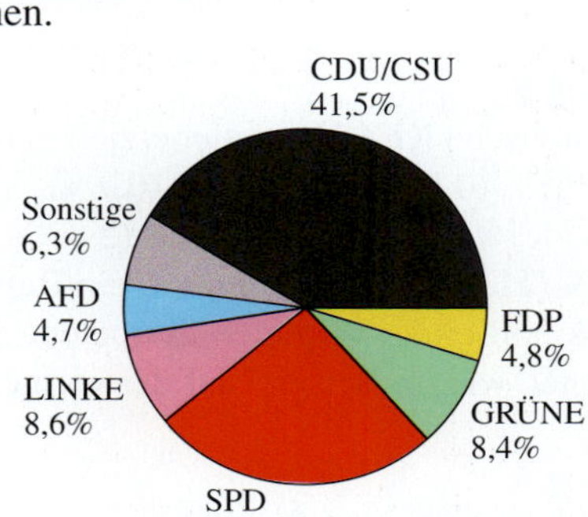

Bundestagswahl 2013

Die folgenden Diagrammarten erlauben kompakte Darstellungen von Daten und Tendenzen.

Das ***Balkendiagramm*** entspricht einem um 90° gedrehten Säulendiagramm. Es hat den Vorteil, dass die Merkmalsausprägungen besser platziert werden können, denn in horizontaler Richtung ist mehr Platz zum Schreiben.
Im rechts dargestellten Beispiel wurden außerdem die Balken für die großen Parteien unterbrochen, um die niedrigen Anteile der kleinen Parteien differenzierter darstellen zu können.

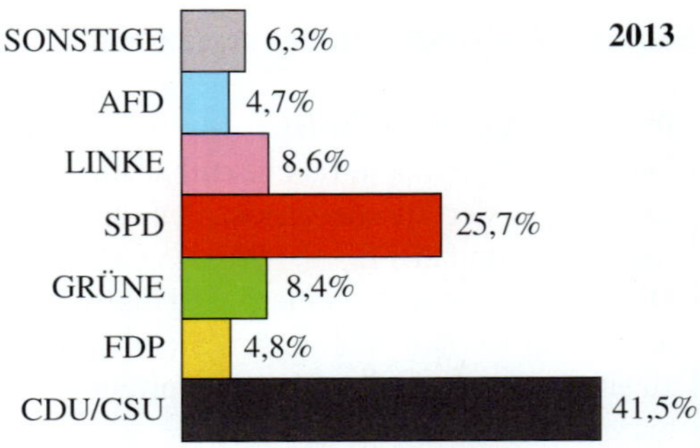

Blockdiagramme sind sehr platzsparend, da die Häufigkeiten aller Merkmale auf einem einzigen Balken dargestellt werden. Sie ähneln darin Kreisdiagrammen.
Sie eignen sich besonders für den parallelen Vergleich mehrerer Erhebungen.

Das ***Häufigkeitspolygon*** eignet sich bestens für den Vergleich von Zeitreihen. Langfristige Entwicklungen und Tendenzen können gut erfasst werden.

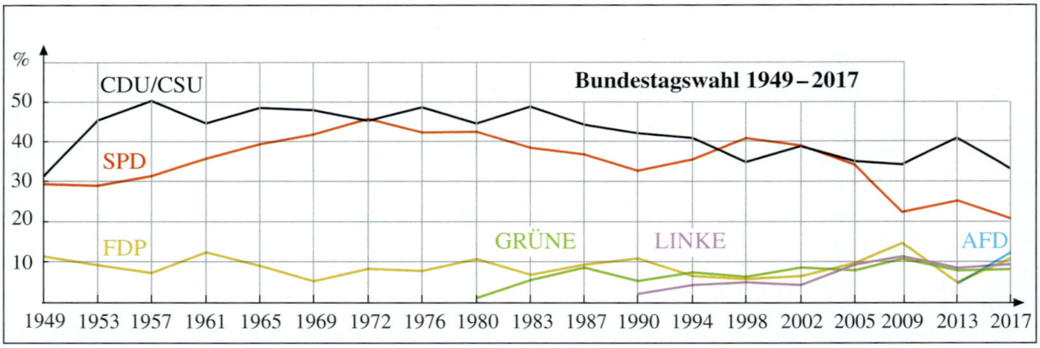

Übung 5

Ausländische KFZ-Hersteller erzielten in Deutschland 2003 (2002) folgende Marktanteile: England 0,5% (0,5%), USA 0,6% (0,7%), Schweden 1,1% (1,5%), Spanien 1,8% (1,6%), Südkorea 2,3% (1,7%), Tschechien 2,7% (2,4%), Italien 2,7% (3,2%), Japan 11,2% (10,6%), Frankreich 12,1% (11,7%). Verwenden Sie ein Balkendiagramm, um diesen Sachverhalt darzustellen. Die Grafik soll einen Vergleich der beiden Jahresergebnisse erleichtern: Daher sind Doppelbalken geeignet, wie im Beispiel auf der vorigen Seite.

Übung 6

Beschreiben Sie, welche Informationen, Tendenzen und Vergleiche man aus dem oben dargestellten Häufigkeitspolygon ablesen kann.

Klassierung von Daten mit Stamm-Blatt-Diagrammen

Die folgende Tabelle enthält die Körpergrößen von 50 Spielern des Tennisvereins. Eine solche Tabelle, welche die ursprünglichen Erhebungsdaten enthält, nennt man eine ***Urliste***.

Urliste

Mona	155	Fritz	167	Katharina	175	Nadine	181	Daniel	186
Lisa P.	158	Sarah	168	Julia	175	Stefan	181	Jana	187
Anna	158	Lena	168	Jasmin	176	Philipp	182	Jan	188
Antonia	160	Johannes	170	Victoria	177	Franziska	183	Lukas	189
Karl	162	Nora	172	Tim	177	Sebastian	184	David	190
Svanja	162	Dieter	173	Laura	178	Fabian	184	Alexander	192
Gesa	163	Dennis	174	Christina	179	Jakob	185	Martin	194
Lisa W.	163	Kristin	174	Johanna	179	Felix	185	Lars	194
Hans	164	Sandra	175	Max	180	Christian	185	Franz	196
Fabian	166	Annika	175	Eberhard	180	Dieter	186	Trajan	205

Aus der Urliste kann man wenig erkennen. Die Datenstrukturen werden nicht deutlich, da sehr viele verschiedene Körpergrößen vorkommen.
Auch ein Säulendiagramm oder ein ***Dotplot***[1] helfen nicht weiter, da die einzelnen Merkmalsausprägungen nur mit niedriger Häufigkeit auftreten und die Daten sich zu sehr verstreuen.

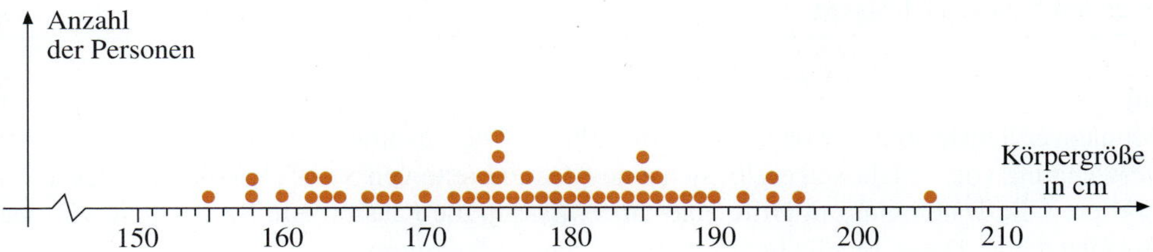

Um auf höhere Häufigkeiten zu kommen, muss man die Daten ***klassieren***, d. h. in Klassen einteilen. In unserem Beispiel bieten sich die folgenden sechs Klassen an:
150–159, 160–169, 170–179, 180–189, 190–199, 200–209 (jeweils cm)
Jeder dieser Klassen lässt sich eindeutig durch die Kombination aus Hunderterziffer und Zehnerziffer der zu ihr gehörigen Körpergrößen charakterisieren. Zur graphischen Darstellung ist in diesem Fall ein sog. ***Stamm-Blatt-Diagramm***[2] besonders geeignet. Hiefür werden die Daten der Urliste zunächst der Größe nach geordnet. Dies lag im Beispiel oben schon vor.

Auf dem Stamm (rot) ordnen wir die Kombination aus Hunderter- und Zehnerziffer eines Datums an, rechts davon auf den Blättern (grün) die Einerziffer. Das Stamm-Blatt-Diagramm lässt die Häufigkeitsverteilung des Merkmals Körpergröße klar sichtbar werden. Dennoch bleiben alle Einzeldaten erhalten.

Stamm	Blätter
15	5 8 8
16	0 2 2 3 3 4 6 7 8 8
17	0 2 3 4 4 5 5 5 5 6 7 7 8 9 9
18	0 0 1 1 2 3 4 4 5 5 5 6 6 7 8 9
19	0 2 4 4 6
20	5

Körpergröße Tennisverein
Skala: Stamm 10 cm, Blatt 1 cm

[1] Dotplot: Punkt-Diagramm: Jedes Datum wird als Punkt (Dot) dargestellt.
[2] Stamm-Blatt-Diagramm: engl. Stem-and-Leaf-Plot, von J.W. Tukey, 1977

Klassierung von Daten mit Säulendiagrammen

Bei einer kleinen Zahl von Erhebungsdaten kann mit einem Stamm-Blatt-Diagramm klassiert werden. Bei größerer Datenzahl würde das Stamm-Blatt-Diagramm zu groß werden. In einem solchen Fall verwendet man klassierte Säulendiagramme.

Beispiel: Monatsverdienste

Ein Betrieb hat 97 Beschäftigte. Ihre Monatsverdienste stehen in der folgenden Urliste.

1310	4860	3650	3680	4015	3720	5170	5530	1598	5780
4820	2310	2173	1546	3560	2679	2215	2096	2223	3245
2923	3610	2509	3590	2012	3088	2566	6120	2589	6190
4780	2506	1250	2512	2518	3356	2638	3140	2498	3215
2866	2834	3010	2112	3500	1420	3356	1533	3190	5530
3430	1573	3356	3035	2822	2634	1583	3720	5460	3267
4490	3410	1500	3950	3065	3340	3110	2085	1591	6980
2440	4560	2067	3480	2182	1512	2285	3990	4230	5120
4440	2365	4670	2988	2877	2981	2844	2981	4360	4150
5210	4670	3812	4420	4015	3720	5010			

Teilen Sie die Daten in Klassen sinnvoller Breite ein und zeichnen Sie ein Säulendiagramm. Verwenden Sie ca. 12 Klassen.

Lösung:
Die Monatsverdienste streuen von ca. 1000 bis 7000 €. Die Spannweite beträgt also ca. 6000 €. Bei Verwendung von 12 Klassen ergibt sich eine Klassenbreite von 500 €, wie unten dargestellt. Wir sortieren die Daten nun mit Hilfe einer ***Strichliste*** in die Klassen ein. So erhalten wir eine Häufigkeitstabelle. Diese Tabelle liefert dann das Säulendiagramm.

Monatsverdienst	Strichliste	Beschäftigte
1000 bis unter 1500	III	3
1500 bis unter 2000	IIIII III	8
2000 bis unter 2500	IIIII IIIII IIII	14
2500 bis unter 3000	IIIII IIIII IIIII III	18
3000 bis unter 3500	IIIII IIIII IIIII II	17
3500 bis unter 4000	IIIII IIIII II	12
4000 bis unter 4500	IIIII III	8
4500 bis unter 5000	IIIII I	6
5000 bis unter 5500	IIIII	5
5500 bis unter 6000	III	3
6000 bis unter 6500	II	2
6500 bis unter 7000	I	1

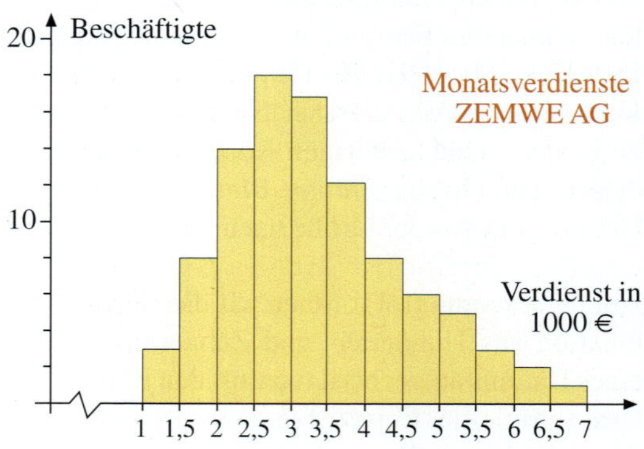

Die Häufigkeitsverteilung der Verdienste wird durch die Klassierung deutlich. Die Einkommen konzentrieren sich auf den Bereich von 2500 bis 3500 €. Nach oben streuen sie weiter als nach unten.

Regeln für die Anzahl von Klassen

Im vorigen Beispiel verwendeten wir 12 Klassen. Bei Verwendung einer zu niedrigen oder einer zu großen Klassenzahl verliert die Statistik ihre Aussagekraft, wie die Beispiele rechts zeigen. Bei zu grober Einteilung werden die Strukturen verschluckt, bei zu feiner Einteilung haben sich zum Teil noch keine klaren Strukturen herausgebildet.

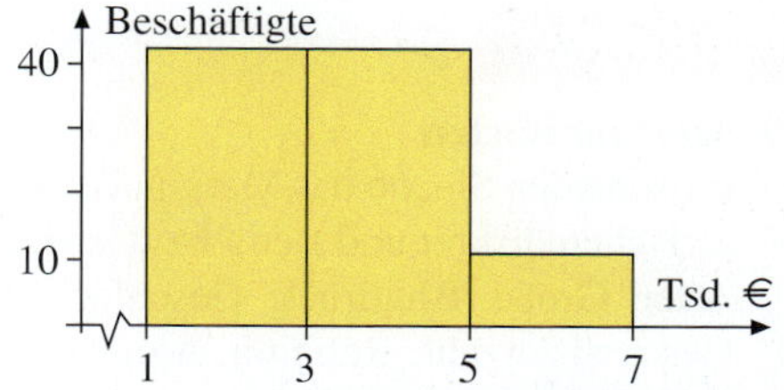

Zu geringe Zahl von Klassen

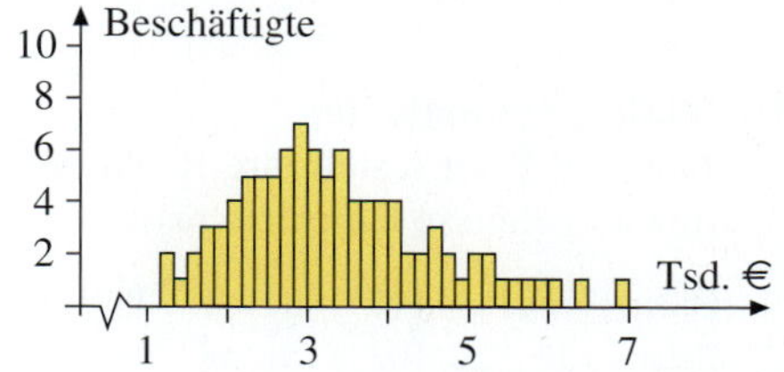

Zu große Zahl von Klassen

Richtlinien:
Anzahl der Klassen: ca. 5 bis 15
Breite der Klassen: mögl. gleiche Breite
Klassengrenzen: möglichst glatte Zahlen

Übung 7 Stamm-Blatt-Diagramm

Die Schüler der Klasse 11 b protokollieren ihre im letzten Monat mit dem Taschengeld bestrittenen Ausgaben. Die Ergebnisse der 28 Schüler lauten folgendermaßen (in Euro):
14, 23, 18, 35, 29, 40, 73, 22, 28, 36, 48, 25, 28, 20, 32, 52, 55, 19, 43, 38, 26, 25, 42, 60, 33, 21, 18, 91.

a) Ordnen Sie die Daten der Größe nach aufsteigend.
b) Zeichnen Sie ein Stamm-Blatt-Diagramm.
c) Welche Ausgabenklasse im Stamm-Blatt-Diagramm besitzt die größte Häufigkeit?
d) Berechnen Sie den Durchschnitt der Ausgaben aller Schüler und kennzeichnen Sie diesen Wert im Stamm-Blatt-Diagramm.
e) Wie viele Einzeldaten liegen über bzw. unter dem Durchschnittswert aus d)?

Übung 8 Säulendiagramm

Die unten abgebildete Urliste enthält die Herzfrequenzen von 48 Läufern, gemessen mit einem Pulsmesser eine Minute nach der Beendigung eines Dauerlaufes.

a) Teilen Sie die Daten in 8 Klassen ein. Beginnen Sie hierbei mit der Klasse „60 bis unter 70".
b) Fertigen Sie eine Strichliste an.
c) Stellen Sie eine Tabelle mit den relativen Häufigkeiten der Klassen auf (in Prozent).
d) Zeichnen Sie ein Säulendiagramm.
e) Berechnen Sie die durchschnittliche Pulsfrequenz der Läufer.

85	91	110	114
125	95	73	66
62	95	88	114
105	110	135	85
92	78	84	95
93	112	121	93
98	78	86	84
106	96	112	92
104	117	91	84
63	75	78	102
100	98	90	86
100	95	82	132

Übungen

9. Merkmalsarten

Entscheiden Sie, ob das Merkmal qualitativ oder quantitativ ist. Unterscheiden Sie zusätzlich zwischen diskret und stetig bzw. zwischen nominal und ordinal.
Alter, Größe, Blutdruck, Geschlecht, Blutgruppe, Zensur, Erkrankungsgrad, Steuerklasse, Geschwisterzahl, Religion, Atemvolumen, Monatseinkommen, Pulsfrequenz, Schuhgröße, Wohnfläche, Handelsklasse, Nationalität, Tabellenplatz, Erdbebenstärke, Studiendauer.

10. Relative Häufigkeiten

Hans und Peter testen ihre Reaktionszeiten mehrfach mit einem Computerprogramm. Ihre Einzelergebnisse lauten (in ms):

Hans: 125 117 112 133 141 128 153 122 106 88 135 138 150 116 129 133 144 100 140
Peter: 138 126 103 118 118 98 156 141 137 122 95 118 109 143 111

a) Teilen Sie die Daten in Klassen ein: 80 bis unter 90, 90 bis unter 100, usw. Verwenden Sie eine Strichliste, um die Tabelle mit den absoluten Häufigkeiten der einzelnen Klassen zu erstellen.
b) Stellen Sie eine Tabelle mit den relativen Häufigkeiten auf (in Prozent). Vergleichen Sie nun die Reaktionsfähigkeiten von Hans und Peter.
c) Wie groß ist jeweils die durchschnittliche Reaktionszeit?

11. Relative Häufigkeiten und Säulendiagramme

Die Wirksamkeit der Grippemedikamente A und B wird an zwei Patientengruppen getestet. Die Tabellen enthalten die Krankheitsdauer in Tagen.

Gruppe A (Tabelle)						
Dauer	3	4	5	6	7	8
Personen	4	15	16	8	5	2

Gruppe B (Urliste)
5 8 6 7 6 2 6 8 6 7 7 7 6 5 6
4 5 7 6 7 3 6 8 8 6 7 3 6 4 6

Berechnen Sie die relativen Häufigkeiten der Krankheitsdauern. Stellen Sie die Verteilungen vergleichend im Säulendiagramm dar. Interpretieren Sie die Ergebnisse.

12. Säulendiagramme mit klassierten Daten

Die Liste gibt die Zeiten in Minuten an, welche die Schüler einer Klasse an einem normalen Schultag für ihren Schulweg benötigten.

42 19 17 8 12 7 15 8 12 23 26 3 16 32 4 18 20 12 23 26 37 24 10 9 24 9 19 28 34 44

a) Ordnen Sie die Daten in geeignete Klassen ein (0 bis unter 5, etc.).
b) Legen Sie mit Hilfe einer Strichliste eine Tabelle der absoluten Klassenhäufigkeiten an.
c) Zeichnen Sie ein Säulendiagramm.
d) Beschreiben Sie die Verteilung des Merkmals Schulwegdauer anhand des Säulendiagramms. Gibt es ein Häufigkeitsmaximum?
e) Welche Zeit wird für den Schulweg im Durchschnitt benötigt?

13. Balken- und Blockdiagramme

Das Balkendiagramm zeigt die Weitsprungergebnisse 14-jähriger Mädchen und Jungen bei einem Sportfest. Entnehmen Sie der Graphik folgende Informationen:

a) Welcher Prozentsatz der Jungen bzw. der Mädchen sprang von 3,00 m bis unter 3,20 m weit?
b) Welcher Prozentsatz der Mädchen sprang mindestens 2,80 m weit?
c) Vervollständigen Sie: Mehr als 40% der Jungen sprangen ___ m oder weiter.
d) Berechnen Sie die durchschnittliche Sprungweite der Jungen angenähert.

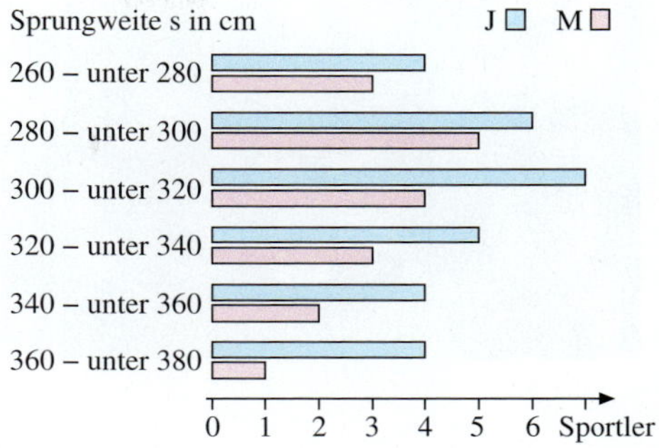

14. Stamm-Blatt-Diagramme

a) Zeichnen Sie ein Stamm-Blatt-Diagramm der Datensätze A und B.
A: 18, 37, 15, 29, 37, 26, 23, 10, 16, 26, 19, 33, 22, 23, 17, 37, 24, 23.
B: 343, 352, 335, 355, 346, 352, 332, 349, 351, 349, 354
b) Welche andere Diagrammart ähnelt dem Stamm-Blatt-Diagramm? Welchen besonderen Vorteil hat das Stamm-Blatt-Diagramm? Nennen Sie Fälle, in denen ein Stamm-Blatt-Diagramm zur Darstellung der Daten nicht geeignet ist.

15. Internetzeiten

Eine Bank kontrolliert die wöchentlichen Internetnutzungszeiten der Computerarbeitsplätze zweier Filialen. Folgende Zeitdauern werden gemessen (3:15 bedeutet 3 h 15 min).

Filiale A:	3:15	1:28	4:12	4:41	5:18	2:55	3:42	7:35	6:09	5:36	4:36	3:31	2:57	6:05
	10:11	2:14	3:01	4:05	4:09	5:50	8:12	7:17	4:25	5:45	6:24	0:25	5:12	
Filiale B:	2:58	4:21	5:30	9:28	0:35	2:17	3:37	9:12	8:10	3:12	1:23	8:25	1:18	2:53
	10:45	8:31	6:08	7:12	7:52	9:27	10:18	8:47	4:17	3:15	2:15	6:01	8:00	12:10

a) Stellen Sie beide Verteilungen als Stamm-Blatt-Diagramm dar.
b) Beschreiben Sie charakteristische Kennzeichen beider Verteilungen (Häufungen, extreme Werte etc.).
c) Welcher Prozentsatz der Arbeitsplätze weist besonders hohe Nutzungsdauern von sechs oder mehr Stunden auf? Welcher Prozentsatz der Arbeitsplätze nutzt das Internet nur in geringem Maße (weniger als 3 Stunden)?
d) In Filiale B arbeiten auch Außendienstmitarbeiter, in Filiale A nicht. Macht sich dieser Umstand in den beiden Verteilungen bemerkbar?

16. Dotplot und Stamm-Blatt-Diagramm

Zeichnen Sie an der Tafel eine horizontale Skale für Körpergrößen von 160 cm bis 200 cm. Jeder Schüler kann nun zur Tafel gehen und seine Körpergröße als Punkt eintragen (Dotplot). Erstellen Sie anschließend ein Stamm-Blatt-Diagramm. Vergleichen Sie die Diagramme.

2. Mittelwerte

Statistisches Datenmaterial kann durch Diagramme übersichtlich gestaltet werden. Diagramme enthalten aber immer noch viele Informationen, die überschaut werden müssen. Und sie benötigen viel Platz. Daher wird das Ergebnis einer Statistik oft nur durch eine einzige Kennzahl festgehalten, die typisch ist für die Gesamtheit der Daten.
Es handelt sich um einen Mittelwert, z. B. um den Durchschnittsverbrauch eines Autos.

A. Das arithmetische Mittel

Beispiel: Mittlerer Benzinverbrauch

Der Hersteller eines neuen Automodells möchte dessen Benzinverbrauch unter Alltagsbedingungen testen. 18 Testfahrer erhalten ein Fahrzeug, das sie 2000 km fahren. Der Benzinverbrauch wird protokolliert. Dabei entsteht folgende Urliste (Angaben in l/100 km).

5,6 5,7 5,5 5,8 5,7 5,9 6,0 5,7 5,9 5,6 5,7 6,0 5,6 5,7 6,1 5,8 5,5 5,9

a) Stellen Sie eine Häufigkeitstabelle auf.
b) Berechnen Sie den mittleren Benzinverbrauch.

Lösung zu a):
Der Spritverbrauch ist ein quantitatives Merkmal. Es kommen sieben Ausprägungen x_i von 5,5 bis 6,1 vor. Die Tabelle enthält die absoluten Häufigkeiten a_i und die relativen Häufigkeiten h_i der sieben Merkmalsausprägungen.

x_i	a_i	h_i
5,5	2	0,111
5,6	3	0,167
5,7	5	0,278
5,8	2	0,111
5,9	3	0,167
6,0	2	0,111
6,1	1	0,056

Lösung zu b):
Bei einem quantitativen Merkmal kann man das *arithmetische Mittel* $\overline{x}$ (gelesen: x – quer) bilden. Es ist die Summe aller Daten dividiert durch die Anzahl aller Daten.

$$\overline{x} = \frac{5{,}6+5{,}7+5{,}5+5{,}8+5{,}7+5{,}9+6{,}0+5{,}7+5{,}9+5{,}6+5{,}7+6{,}0+5{,}6+5{,}7+6{,}1+5{,}8+5{,}5+5{,}9}{18} \approx 5{,}76 \text{ l/100 km}$$

Man kann das arithmetische Mittel auch mit Hilfe der *absoluten Häufigkeiten* errechnen.

$$\overline{x} = \frac{5{,}5 \cdot 2+5{,}6 \cdot 3+5{,}7 \cdot 5+5{,}8 \cdot 2+5{,}9 \cdot 3+6{,}0 \cdot 2+6{,}1 \cdot 1}{18} \approx 5{,}76 \text{ l/100 km}$$

Mit *relativen Häufigkeiten* geht es ebenfalls, allerdings mit leichtem Rundungsfehler.

$$\overline{x} = 5{,}5 \cdot 0{,}111 + 5{,}6 \cdot 0{,}167 + 5{,}7 \cdot 0{,}278 + 5{,}8 \cdot 0{,}111 + 5{,}9 \cdot 0{,}167 + 6{,}0 \cdot 0{,}111 + 6{,}1 \cdot 0{,}056 \approx 5{,}77$$

Definition X.1: Das arithmetische Mittel einer Verteilung

Das arithmetische Mittel einer Verteilung ist der Quotient aus der Summe der Daten und der Anzahl der Daten. Es wird mit dem Symbol $\overline{x}$ bezeichnet (gelesen: x – quer).
Es gibt drei Berechnungsmöglichkeiten:

$$\overline{x} = \frac{\text{Summe aller Daten}}{\text{Anzahl aller Daten}}$$

$$\overline{x} = \frac{x_1 \cdot a_1 + x_2 \cdot a_2 + \ldots + x_k \cdot a_k}{n} \quad \text{d. h., } \overline{x} = \frac{1}{n} \cdot \sum_{i=1}^{k} x_i \cdot a_i \quad \left(\begin{array}{l}\text{Berechnung aus}\\ \text{absoluten Häufigkeiten}\end{array}\right)$$

$$\overline{x} = x_1 \cdot h_1 + x_2 \cdot h_2 + \ldots + x_k \cdot h_k \quad \text{d. h. } \overline{x} = \sum_{i=1}^{k} x_i \cdot h_i \quad \left(\begin{array}{l}\text{Berechnung aus}\\ \text{relativen Häufigkeiten}\end{array}\right)$$

Dabei sind $x_1, x_2, \ldots, x_k$ die verschiedenen Ausprägungen des beobachteten Merkmals. $a_1, a_2, \ldots, a_k$ sind die absoluten und $h_1, h_2, \ldots, h_k$ die relativen Häufigkeiten der Merkmalsausprägungen. n ist die Gesamtzahl der Daten.

Die anschauliche Bedeutung des arithmetischen Mittels

Man kann das arithmetische Mittel physikalisch deuten. Man stellt sich eine x-Achse als masselosen Stab vor, auf dem bei den jeweiligen Merkmalsausprägungen Massen sitzen, die den Häufigkeiten entsprechen. Lagert man nun den Stab genau an der Stelle des arithmetischen Mittels drehbar, so bleibt er exakt im Gleichgewicht.

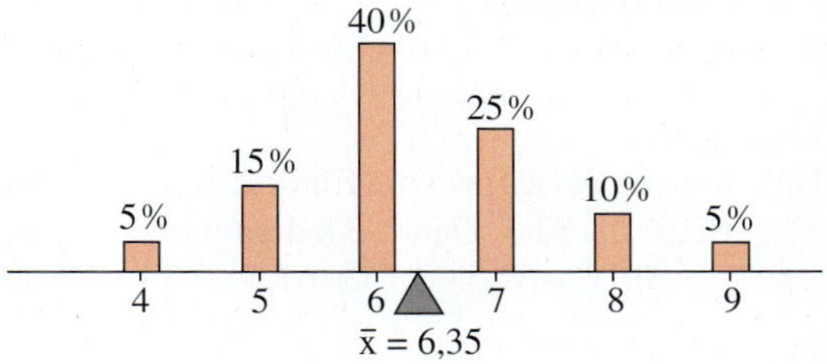

Übung 1 Deutschland-Quiz

Eine Klasse mit 21 Schülern erzielte im Deutschland-Quiz folgende Punktzahlen:

Punkte des Kurses

3 4 2 1 4 5 0 2 0 3 1
2 0 5 1 4 4 3 2 2 3

a) Berechnen Sie die relativen Häufigkeiten, und stellen Sie diese in einem Säulendiagramm dar.
b) Bestimmen Sie das arithmetische Mittel der Punktzahl, und markieren Sie seine Lage im Diagramm.
c) Führen Sie den Test in Ihrem Kurs durch und vergleichen Sie.

1. Wie heißt der wärmste Ort Deutschlands?
   - ☐ Ihringen (Kaiserstuhl)
   - ☐ Hitzacker (Elbe)
2. Wo liegt der kälteste Ort Deutschlands?
   - ☐ Berlin-Eiskeller
   - ☐ Funtensee (Bayern)
3. Wo befindet sich das beliebteste deutsche Weihnachtspostamt?
   - ☐ Himmelpfort
   - ☐ Ruprechtsberg (Bayern)
4. Welcher Ort ist für sein Open-Air-Festival bekannt?
   - ☐ Wacken
   - ☐ Flensburg
5. Welche Stadt haben deutsche Einwanderer in Texas gegründet?
   - ☐ Houston
   - ☐ Fredericksburg

Für jede richtige Antwort gibt es einen Punkt.

Bisher wurde das arithmetische Mittel anhand der Urliste bestimmt. Liegen jedoch bereits klassierte Daten vor, und stehen die Einzeldaten nicht mehr zur Verfügung, so kann man das arithmetische Mittel nur angenähert bestimmen. Man geht dann einfach davon aus, dass alle Daten einer Klasse den Wert der *Klassenmitte* annehmen.

Beispiel: Das arithmetische Mittel bei klassierten Daten

Ein Optiker benötigt zur Herstellung von Brillen den Augenmittenabstand seiner Kunden, um die optimalen Durchblickpunkte festzustellen.

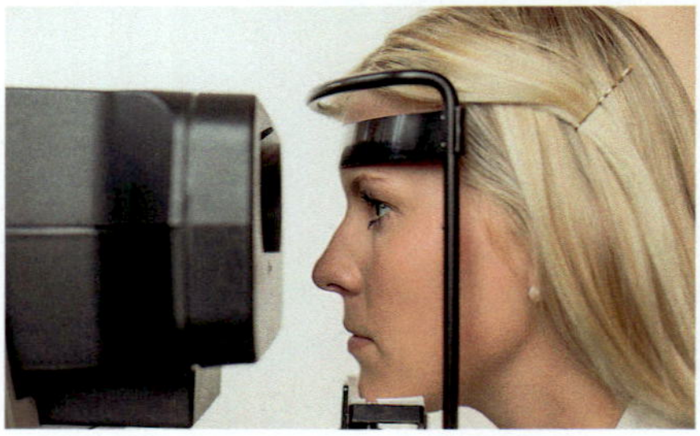

Mit dem Autorefraktometer kann der Augenabstand auf Zehntelmillimeter genau vermessen werden. Die Kundendaten eines Jahres liefern die aufgeführte klassierte Statistik.

a) Berechnen Sie näherungsweise das arithmetische Mittel.

b) Schätzen Sie den maximalen Fehler ab, der bei der Mittelwertbildung auftreten kann.

Augenabstand in mm:	55–60	60–65	65–70	70–75	75–80	80–85
Relative Häufigkeit:	12%	15%	33%	21%	15%	4%

Lösung zu a):

Da wir nicht wissen, wo die Einzeldaten liegen, nehmen wir an ihrer Stelle die *Klassenmitten* bei 57,5, 62,5, …, 82,5. Damit erhalten wir als Näherungswert für das arithmetische Mittel:

$\overline{x} \approx 57{,}5 \cdot 0{,}12 + 62{,}5 \cdot 0{,}15 + 67{,}5 \cdot 0{,}33 + 72{,}5 \cdot 0{,}21 + 77{,}5 \cdot 0{,}15 + 82{,}5 \cdot 0{,}04 \approx 68{,}7\,\text{mm}$

Lösung zu b):

Es könnte sein, dass in jeder Klasse die realen Messwerte genau am Rand lagen, also 2,5 mm von der Klassenmitte entfernt. Im ungünstigsten Fall tritt dies für jede Klasse am gleichen Rand ein, also beispielsweise stets am linken Rand. Der Maximalfehler beträgt also 2,5 mm.
Das mit Klassenmitten berechnete arithmetische Mittel würde hiervon um 2,5 mm abweichen, d. h. um etwa 4%. In der Praxis gleichen sich die Abweichungen aber weitgehend aus.

Übung 2

Ein Legebetrieb liefert Eier zur Hühneraufzucht. Das Grammgewicht der Eier wird regelmäßig durch Stichproben kontrolliert. Eine solche Stichprobe wird ausgewertet.

a) Berechnen Sie das arithmetische Mittel des Merkmals „Eigewicht".

b) Klassieren Sie die Messwerte in 8 Klassen, beginnend mit der Klasse 52– unter 53.
Welches arithmetische Mittel besitzen die klassierten Daten angenähert?

c) Welches Ergebnis erhält man bei nur 2 Klassen?

55,4	52,6
57,3	59,0
55,8	56,5
54,6	56,8
54,6	59,1
56,2	55,3
55,3	57,2
54,7	57,3
55,4	57,2
58,4	58,1
54,9	57,8

B. Median und Modus

Das arithmetische Mittel soll typisch sein für die beobachtete Gesamtheit. Das funktioniert aber nicht in jedem Fall, da so genannte ***Ausreißer*** es verfälschen können.

Beispiel: Ausreißer verfälschen das arithmetische Mittel

In einer Baustelle ist die Geschwindigkeit auf 60 km/h begrenzt. Bei einer Testmessung wurden 19 Motorradfahrer erfasst, welche die rechts aufgeführten Messwerte lieferten (in km/h).

a) Berechnen Sie das arithmetische Mittel, und beurteilen Sie seine Aussagekraft.

b) Berechnen Sie das bereinigte arithmetische Mittel, d. h.: Die Ausreißer werden nicht gezählt.

59	55	60
53	58	55
63	58	52
59	98	52
170	58	56
52	55	59
60		

Lösung zu a):
Das arithmetische Mittel beträgt $\overline{x} = \frac{1232}{19} \approx 64{,}8$ km/h. Seine alleinige Nennung würde den Eindruck erwecken, dass die Motorradfahrer notorische Geschwindigkeitsüberschreiter sind. Das trifft aber hier gar nicht zu, da nur drei der 19 Fahrer 60 km/h überschritten. Für diese Verfälschung sind die beiden Ausreißer 170 km/h und 98 km/h verantwortlich.

Lösung zu b):
Streicht man die beiden Ausreißer, und berechnet mit dem Rest der Daten ein so genanntes ***bereinigtes arithmetisches Mittel***, so gewinnt dieses seine Aussagekraft zurück.
Es beträgt $\overline{x} = \frac{964}{17} \approx 56{,}7$ km/h und beschreibt den Datensatz recht gut. Allerdings ist die Methode sehr subjektiv, da nicht klar definiert ist, was ein Ausreißer ist.

Es gibt einen Mittelwert, der von Ausreißern weniger beeinflusst wird als das arithmetische Mittel. Es handelt sich um den sog. ***Median*** $\tilde{x}$. Um diesen zu bestimmen, sortiert man die Daten nach der Größe und sucht im sortierten Datensatz den *in der Mitte* stehenden Wert.

52	52	52	53	55	55	55	56	58	58	58	59	59	59	60	60	63	98	170

Mindestens die Hälfte der Daten ist kleiner oder gleich $\tilde{x}$

Median

Mindestens die Hälfte der Daten ist größer oder gleich $\tilde{x}$

Im obigen Beispiel ergibt sich mit $\tilde{x} = 58$ km/h ein Wert, der die Geschwindigkeitsmessung recht gut charakterisiert. Die beiden Ausreißer haben praktisch keinen Einfluss.
Die Aussage des Median lautet: 50 % der Fahrer fuhren langsamer als 58 km/h oder fuhren genau 58 km/h, 50 % fuhren schneller als 58 km/h oder genau 58 km/h.

Im vorhergehenden Beispiel war die Anzahl der Daten ungerade. Dann ist der Median exakt das mittlere Element. Ist die Anzahl der Daten gerade, gibt es zwei mittlere Elemente. Als Median verwendet man dann das arithmetische Mittel dieser beiden Elemente.

Median bei gerader Datenzahl

Gegeben sind 8 Daten. Es gibt nun zwei mittlere Daten im sortierten Datensatz. Dies sind 17 und 23.
Der Median ist der Mittelwert dieser beiden Daten, also $\tilde{x} = 20$.

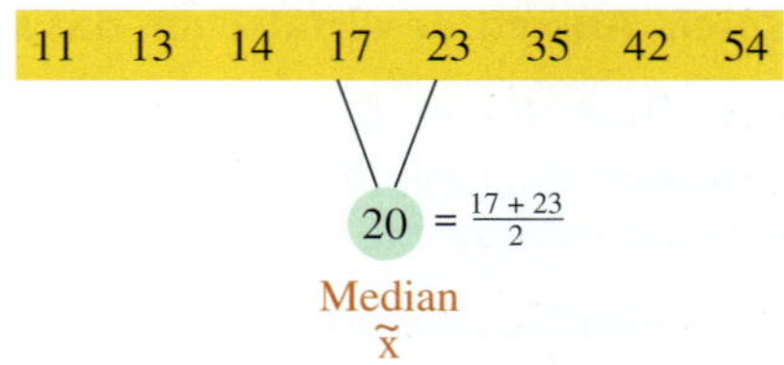

Bei klassierten Daten kann man das mittlere Datum nicht direkt auffinden. Es ist aber möglich, die Klasse zu nennen, in der das mittlere Datum liegt. Der Median kann dann grob durch die Klassenmitte angenähert werden oder – was schwieriger ist – interpoliert werden.

Median bei klassierten Daten

Gegeben sind 7 Klassen und ihre absoluten Häufigkeiten. Addiert man die absoluten Häufigkeiten, so erhält man die Anzahl der Daten, hier also 29.
Das mittlere Datum hat daher die Position 15 im sortierten Datenfeld. Da die dritte Klasse die Positionen 11 bis 18 enthält, muss der Median in dieser Klasse liegen. Es kann daher durch die Klassenmitte ganz grob angenähert werden: $\tilde{x} \approx 5{,}5$.

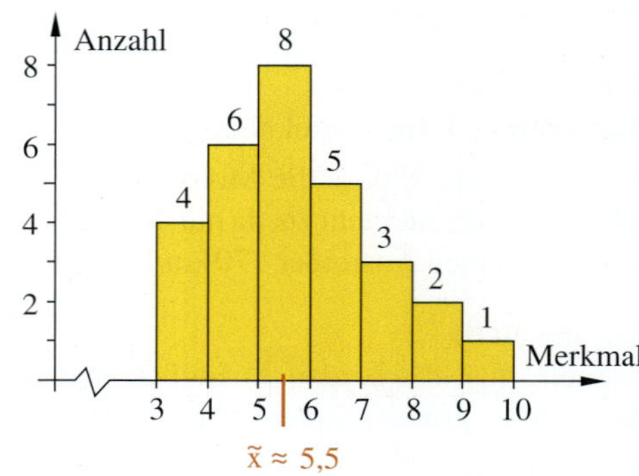

Bei quantitativen Daten kann man sowohl das arithmetische Mittel als auch den Median bilden. Bei ordinalen Daten (Zensuren: 1 – 2 – 3 – 4 – 5 – 6, Erkrankungsgrad: I – II – III – IV, Güteurteil: sehr gut, gut, zufriedenstellend, ausreichend, mangelhaft) kann man kein arithmetisches Mittel bilden, aber den Median. Bei rein nominalen Daten (Farbe: rot – orange – gelb – grün – blau – violett) ist auch dies nicht möglich. Hier verwendet man den sog. ***Modus*** $\hat{x}$. Dies ist die *Merkmalsausprägung mit der größten Häufigkeit.*

Modus bei nominalen Daten

In Klasse 11 c wurde eine Umfrage zur Lieblingsfarbe durchgeführt: Es ergab sich folgende Urliste:

ro	gr	or	bl	ge	ro	bl	gr
vi	ge	ro	or	bl	gr	gr	bl
bl	ro	bl	ge	bl	gr	bl	

Am häufigsten kommt blau vor. Also ist der Modus $\hat{x}$ = blau.

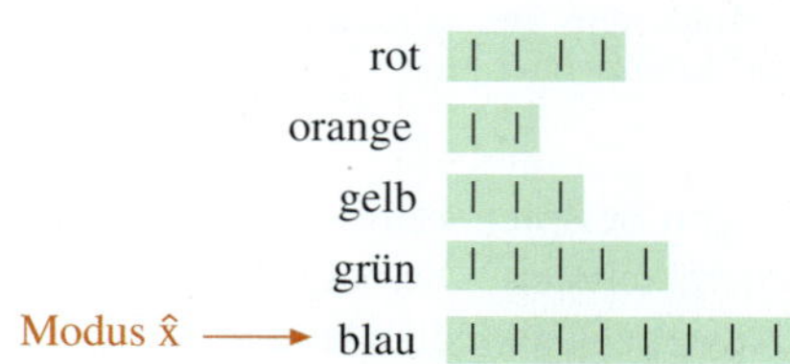

Übungen

3. Arithmetisches Mittel, Median und Modus

Bestimmen Sie das arithmetische Mittel, den Median und den Modus folgender Datensätze, soweit dies möglich ist.

a) Anzahl von Telefongesprächen: 12, 16, 16, 13, 15, 19, 12, 15, 15, 17

b) Wasserstand in cm: 143, 145, 151, 156, 157, 155, 156, 144, 156, 156, 154, 146, 148, 146, 152

c) Wahlentscheidung: SPD, CSU, FDP, CSU, GRÜNE, SPD, PDS, SPD, CSU, CSU, SPD, CSU, GRÜNE

4. Mittelwerte von Preisen

Ein Kauftest in mehreren Geschäften ergibt folgende Preise für hochwertige Digitalradios (in €).

Gerät A	125	126	120	118	119	123	125	118	121	118	123	126	119	118
Gerät B	288	189	193	190	189	195	220	192	188	288	288	185		
Gerät C	289	285	311	285	285	285	399	285	285	285	309	285		

a) Berechnen Sie für alle drei Fabrikate das arithmetische Mittel.

b) Weshalb ist es sinnlos, einen gemeinsamen Mittelwert aller Preise anzugeben?

5. Mittelwert aus einem Diagramm

Bestimmen Sie das arithmetische Mittel für jede der beiden Verteilungen.

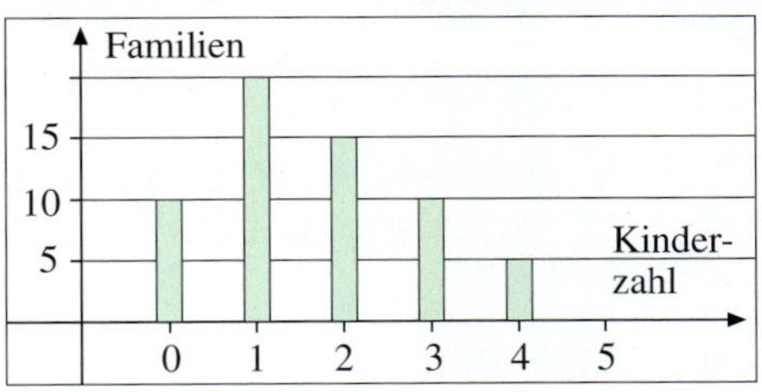

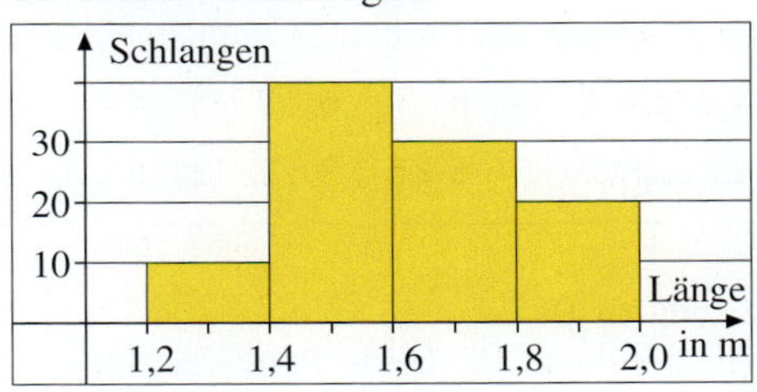

6. Ein Rückschluss

Der durchschnittliche monatliche Erdgasverbrauch einer Wohnanlage betrug 1380 m^3. Die monatlichen Verbrauchszahlen lauteten folgendermaßen:

Jan	3140	Feb	***	Mar	1510	Apr	980	Mai	790	Jun	190
Jul	170	Aug	180	Sep	660	Okt	1060	Nov	1750	Dez	3310

Die Angabe für Februar ist abhanden gekommen. Wie groß war der Februarverbrauch?

7. Knobelaufgabe

Donalds Lieblingspizzerias (B, C, D) bei seinen Berlinaufenthalten liegen alle am Kudamm. Außerdem besucht er gern das KaDeWe (A). Er ist vier Tage zu Gast und geht jeden Tag von seinem Hotel zu genau einer der Stätten A, B, C und D. Die Graphik enthält die Entfernungen zum KaDeWe. In welcher Entfernung vom KaDeWe muss Donalds Hotel liegen, damit sein Gesamtweg möglichst kurz wird?

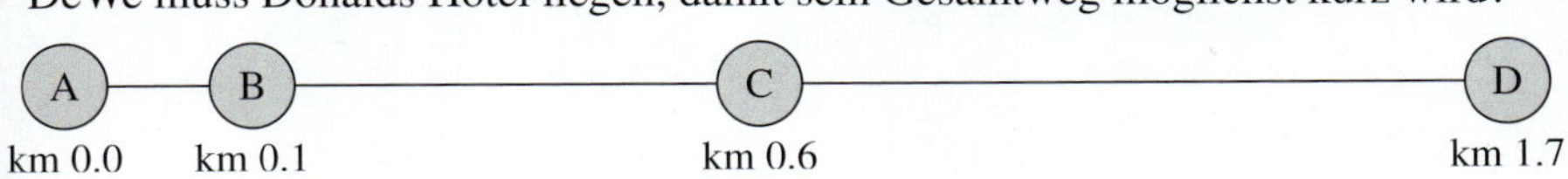

3. Streuungsmaße

Der Mittelwert ist eine wichtige Kennzahl einer Verteilung. Allerdings können zwei Verteilungen den gleichen Mittelwert besitzen und dennoch ganz anders strukturiert sein, weil die Daten in unterschiedlicher Weise um den Mittelwert streuen. Daher versucht man, die jeweils typische Streuung der Daten durch eine weitere Kennzahl zu erfassen.
Wir erläutern dies am Beispiel der Punktergebnisse bei einem Test.

A. Die empirische Standardabweichung

Beispiel: Streuung der Punkte bei einem Test

Die Punktzahlen zweier Gruppen sollen miteinander verglichen werden. Die maximal erreichbare Punktzahl ist 8. Vergleichen Sie die beiden Punktverteilungen.

a) Berechnen Sie für beide Gruppen das arithmetische Mittel.

b) Zeichnen Sie für beide Gruppen ein Säulendiagramm.

Gruppe 1:	4	8	4	6	7	5	4	6	5	7	5	2	1	4	6	5	4	3	5	2	3	3
Gruppe 2:	5	6	5	3	7	2	6	3	1	8	7	2	0	4	7	4	8	3				

Lösung zu a):

Wir errechnen für beide Punktverteilungen das arithmetische Mittel. Wir erhalten die Werte $\overline{x} = \frac{99}{22} = 4{,}5$ bzw. $\overline{x} = \frac{81}{18} = 4{,}5$, also keinen Unterschied.

Lösung zu b):

Zeichnen wir die Diagramme, so erleben wir eine Überraschung. In Gruppe 1 konzentrieren sich die Häufigkeiten auf Ausprägungen, die nahe am Mittelwert liegen, während die Häufigkeiten in Gruppe 2 sich über die ganze Breite des Spektrums mehr oder weniger gleichmäßig verteilen. Sie streuen viel stärker. Gruppe 2 ist leistungsinhomogener.

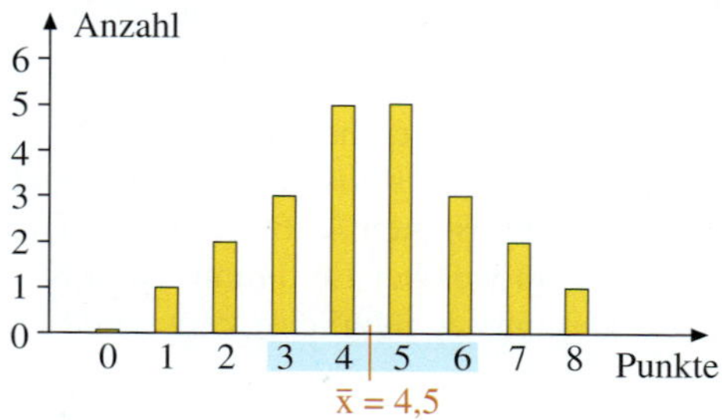

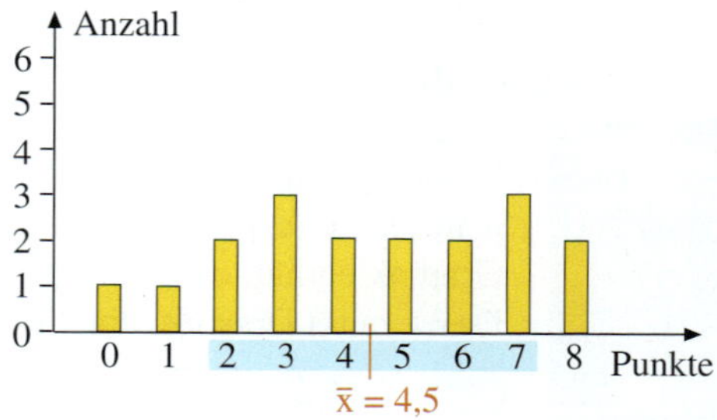

Der blaue Streifen zeigt die Umgebung des Mittelwertes an, in welcher ca. 75 % der Daten liegen. Dieser Bereich ist für Gruppe 1 viel schmaler als für Gruppe 2.

Das Streuverhalten einer Verteilung um ihren Mittelwert kann durch eine Kennzahl erfasst werden, die so genannte ***Standardabweichung*** s. Sie ist folgendermaßen definiert.

Definition X.2: Die empirische Standardabweichung einer Verteilung

Die empirische Standardabweichung s einer Verteilung ist die Wurzel aus der mittleren quadratischen Abweichung der Daten vom arithmetischen Mittel der Verteilung.
Es gibt zwei Berechnungsmöglichkeiten:

$$s = \sqrt{\frac{(x_1 - \overline{x})^2 \cdot a_1 + (x_2 - \overline{x})^2 \cdot a_2 + \ldots + (x_k - \overline{x})^2 \cdot a_k}{n}} \quad \text{d.h.,} \quad s = \sqrt{\frac{1}{n} \cdot \sum_{i=1}^{k} (x_i - \overline{x})^2 \cdot a_i} \quad \text{absolute Häufigkeiten}$$

$$s = \sqrt{(x_1 - \overline{x})^2 \cdot h_1 + (x_2 - \overline{x})^2 \cdot h_2 + \ldots + (x_k - \overline{x})^2 \cdot h_k} \quad \text{d.h.,} \quad s = \sqrt{\sum_{i=1}^{k} (x_i - \overline{x})^2 \cdot h_i} \quad \text{relative Häufigkeiten}$$

Dabei sind $x_1, x_2, \ldots, x_k$ die verschiedenen Ausprägungen des beobachteten Merkmals. $a_1, a_2, \ldots, a_k$ sind die absoluten und $h_1, h_2, \ldots, h_k$ die relativen Häufigkeiten der Merkmalsausprägungen. n ist die Gesamtzahl der Daten.

Beispiel: Standardabweichung der Punkteverteilung bei einer Klausur

Berechnen Sie die Standardabweichung der Punkteverteilung der beiden Klausurgruppen aus dem vorhergehenden Beispiel.

Lösung:
Wir berechnen s zunächst für Gruppe I.
Wir legen eine Häufigkeitstabelle an, die in der ersten Spalte die Merkmalsausprägung, in der zweiten Spalte die zugehörige Häufigkeit, in der dritten Spalte die Abweichung vom Mittelwert und in der vierten Spalte die mit der Häufigkeit ihres Auftretens multiplizierten Abweichungsquadrate enthält.
Durch Aufsummieren der vierten Spalte, anschließende Division durch n und abschließendes Wurzelziehen erhalten wir die Standardabweichung s = 1,73.
Für Gruppe II ergibt sich analog s = 2,36.
Die größere Streuung wird deutlich erfasst.

x_i	a_i	$x_i - \overline{x}$	$(x_i - \overline{x})^2 \cdot a_i$
0	0	0–4,5	$(0-4{,}5)^2 \cdot 0$
1	1	1–4,5	$(1-4{,}5)^2 \cdot 1$
2	2	2–4,5	$(2-4{,}5)^2 \cdot 2$
3	3	3–4,5	$(3-4{,}5)^2 \cdot 3$
4	5	4–4,5	$(4-4{,}5)^2 \cdot 5$
5	5	5–4,5	$(5-4{,}5)^2 \cdot 5$
6	3	6–4,5	$(6-4{,}5)^2 \cdot 3$
7	2	7–4,5	$(7-4{,}5)^2 \cdot 2$
8	1	8–4,5	$(8-4{,}5)^2 \cdot 1$
		Summe:	65,5
		Mittlere quadr. Abweichung:	2,98
		Standardabweichung:	1,73

Begründung zum Aufbau der Formel für die Standardabweichung s*:
Die direkten Abweichungen $x_i - \overline{x}$ können sowohl negativ als auch positiv sein und sich beim Aufsummieren teilweise gegenseitig aufheben. Um dies zu vermeiden, quadriert man diese Abweichungen. Dann summiert man die Quadrate auf und teilt durch die Datenanzahl n.
So erhält man die ***mittlere quadratische Abweichung***, die auch als *Varianz* bezeichnet wird. Anschließend wird die Wurzel aus der Varianz gezogen, um wieder in den Größenbereich des Merkmals zurückzukommen und auch wieder die richtige Einheit zu erhalten.

*Innerhalb eines Intervalls mit dem Radius s um den Mittelwert liegen oftmals ca. 70% der Werte.

Übungen

1. Bestimmung der Standardabweichung aus einem Datensatz

Bestimmen Sie das arithmetische Mittel und die Standardabweichung des Datensatzes.

a) Anzahl von E-Mails pro Tag: 8 12 5 6 10 6 7 5 4 4

b) Tankmengen in Litern: 52.5 51.3 55.4 49.4 50.0 53.4 46.9 20.0 52.8 54.2 48.9 53.2

c)

Punkte im Test	1	2	3	4	5	6
Relative Häufigkeit	0,11	0,25	0,35	0,18	0,08	0,03

2. Bestimmung der Standardabweichung aus einem Diagramm

Die Spieler der Jugendgruppen zweier Schachvereine erreichten bei einem Turnier folgende Punktergebnisse.

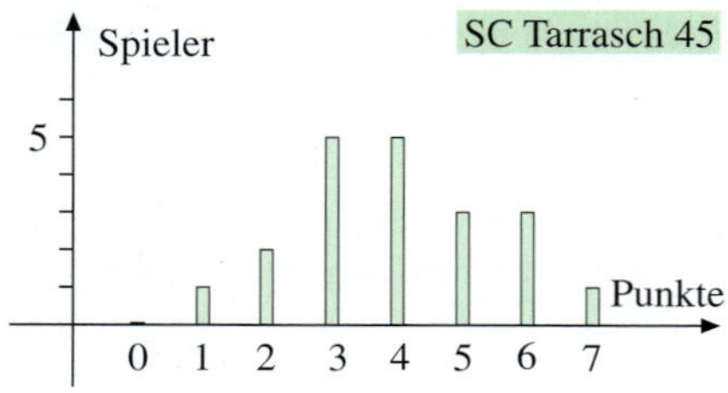

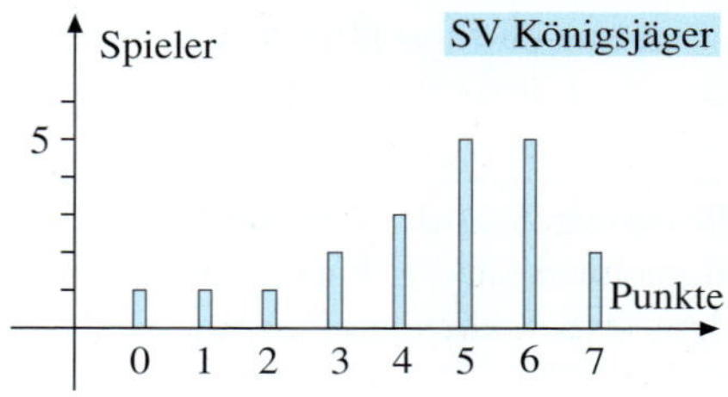

a) Bestimmen Sie jeweils arithmetisches Mittel, Median und Standardabweichung.

b) Diskutieren Sie Diagramme und Kennzahlen in Bezug auf die Spielstärke der Gruppen.

c) Berechnen Sie angenähert, welcher Prozentanteil der Daten in demjenigen Intervall liegt, welches vom Mittelwert jeweils eine Standardabweichung weit nach links und nach rechts reicht, also von $\bar{x} - s$ bis $\bar{x} + s$.

3. Vergleich zweier Weitsprungserien

Olympische Spiele 2008 in Peking: Maurren Higa Maggi gewinnt mit 7,04 m im Weitsprung die Goldmedaille vor Tatjana Lebedewa (7,03 m) und Blessing Okagbare (6,91 m). Werten Sie die Trainingsserien aus.

Maurren	6,82 m	6,79 m	6,85 m	6,83 m	6,88 m	6,75 m
Tatjana	6,32 m	6,74 m	6,97 m	–	6,88 m	6,54 m

a) Bestimmen Sie die durchschnittlichen Sprungweiten.

b) Berechnen Sie die Standardabweichungen.

c) Vergleichen Sie die beiden Sportlerinnen anhand der Daten.

4. Die Präzision von Maschinen

Beide Abfüllanlagen eines Fruchtsaftproduzenten sind auf einen Sollwert von 1000 ml eingestellt. Vergleichen Sie die Maschinen auf der Basis von zwei Stichproben.

Anlage A:	1003	992	990	988	1006	994	1005	999	990	994	1001	1023	1002	989
	1006	1005	993	1007	1001	997	1004	1001	1006	997	1007			

Anlage B:	997	998	1001	996	1002	997	1000	1001	995	996	998	996	992	1002
	998	995	1002	1001	997	996	998	995	999	997	1001			

B. Bestimmung von Mittelwert und Standardabweichung mit dem Rechner

Die rechenaufwendige Bestimmung von Mittelwert und Standardabweichung eines Datensatzes kann mit dem Tascherechner erleichtert werden. Wir besprechen zwei Rechnermodelle.

Beispiel: Punktverteilung

Ein Jahrgangstest im Fach Deutsch soll ausgewertet werden.
Die Häufigkeiten der möglichen Punktzahlen stehen in der Tabelle unten.
Bestimmen Sie den Mittelwert und die Standardabweichung mit dem Rechner.

Punktzahl:	0	1	2	3	4	5	6	7	8	9	10	11	12	13	14	15
Schülerzahl:	0	1	3	0	4	5	6	7	4	8	3	4	5	3	2	5

Lösung TI 30 X PRO:
Wir betätigen die Taste DATA und geben die mögliche Punktzahlen 0 bis 15 in Liste 1 ein. Anschließend geben wir die zugeordneten Häufigkeiten in Liste 2 ein.
Zur Auswertung betätigen wir die Tasten 2ND DATA (stat-reg). Wir wählen die Option 2 aus (1-Var Stats), welche die Auswertung eines Datensatzes mit einer einzigen Messvariablen ermöglicht.
Wir stellen mit Cursorhilfe die Zeile DATA (Daten) auf die Liste L1 ein und die Zeile FRQ (Häufigkeit) auf die Liste L2.
Dann starten wir die Berechnung mit CALC.
Wir erhalten die abgebildete Ergebnisanzeige, der wir entnehmen können:

1: $n = 60$ (Summe aller Häufigkeiten)
2: $\bar{x} = 8{,}55$ (Mittelwert)
4: $s = 3{,}67$ (Standardabweichung)

Die Schüler erreichten also als mittlere Punktzahl ca. 8,6 Punkte mit einer recht großen Streuung (Standardabweichung).

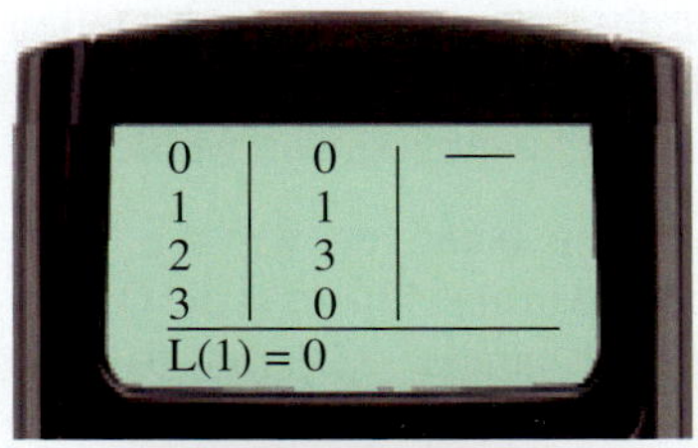

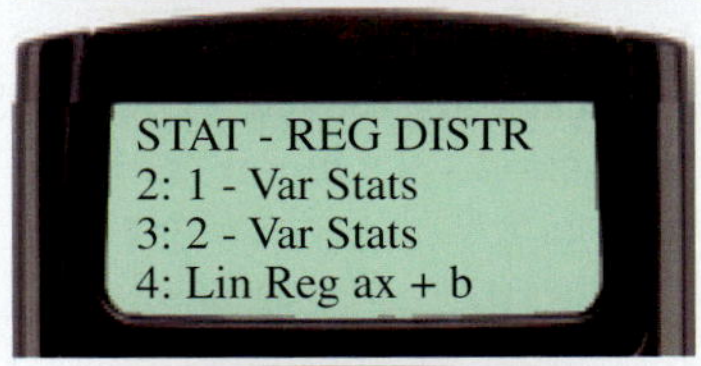

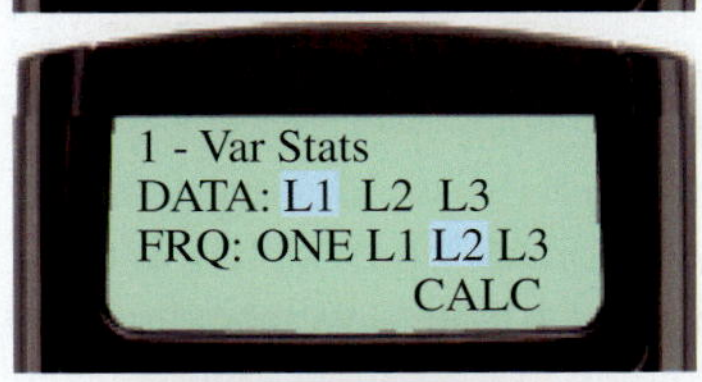

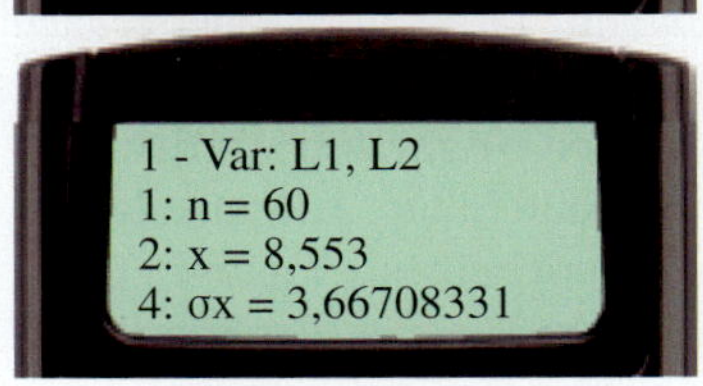

Übung 5 Benzinpreise

Preis	Tankstellen
1,35	5
1,32	5
1,34	2
1,30	5
1,41	3

Die Tabelle zeigt die Benzinpreise an den Tankstellen einer Stadt an einem Sonntagmorgen.
Bestimmen Sie den Mittelwert und die Standardabweichung.

* Die Ergebnispunkte 3 und 4 sind Standardabweichungen. Zu verwenden ist 4.

Beispiel: Weitsprung

Die Weitspringerin Alexandra Wester belegte am 10.2.2017 beim ISTAF Berlin Indoor in der Mercedes Benz Arena Berlin den dritten Platz.
Die Ergebnisse sind in der Tabelle erfasst. Bestimmen Sie den Mittelwert und die Standardabweichung der Sprungweiten.

Versuch:	1	2	3	4	5	6
Sprungweite:	6,64	6,48	6,71	6,64	6,53	6,40

Lösung Casio fx-991 DE X:
Wir betätigen die Taste *MENU* und wählen die Option Statistik (Option 6) und anschließend die Option 1 Variable (Option 1). Dann kann die Ergebnisliste in die bereitgestellte Spalte eingetragen werden.

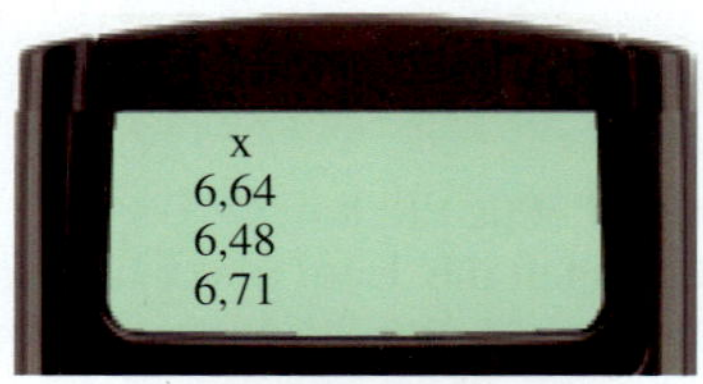

Zur Auswertung betätigen wir die Taste *OPTN* und wählen anschließend die Option 1 Variable-Berechnung (Option 3) aus, welche die Auswertung von Daten mit einer einzigen Messvariablen ermöglicht.
Danach werden der Mittelwert (1. Wert), sowie die Varianz (4. Wert) und die Standardabweichung (5. Wert) angezeigt:
$\overline{x} \approx 6{,}57$ (Mittelwert)
$s \approx 0{,}11$ (Standardabweichung)

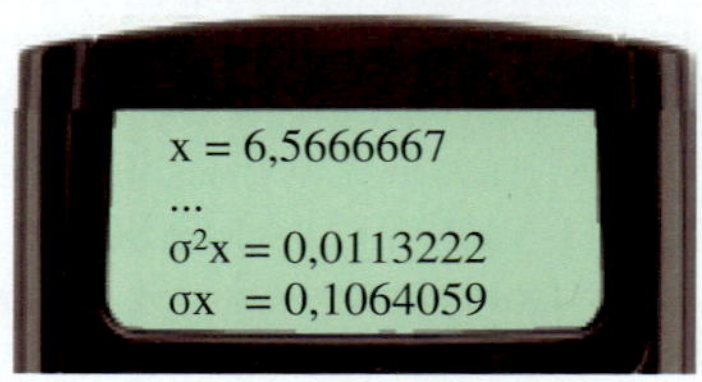

Bemerkung:
Falls in der Ergebnisliste Messwerte mehrfach auftreten, empfiehlt es sich, mit einer zweiten Liste zu arbeiten, welche die Häufigkeiten enthält. Dazu muss zuerst nach Betätigen der Taste *MENU* die Option Basis-N (Option 3) gewählt werden. Danach wird mit Shift Setup, 3 (Statistik) und der Option Häufigkeit ein (Option 1) eine zweite Spalte zur Eingabe der Häufigkeit (Frequenz) zur Verfügung gestellt.

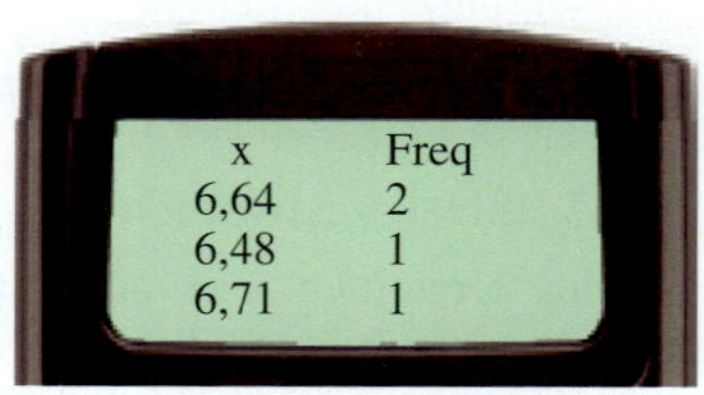

Übung 6 Klausur
Bei einer juristischen Prüfungsklausur konnten die Studenten maximal 8 Punkte erreichen. Bestimmen Sie den Mittelwert und die Standardabweichung.

Punktzahl:	0	1	2	3	4	5	6	7	8
Anzahl:	1	2	2	4	6	3	2	2	1

7. Neujustierung einer Maschine

Eine Maschine zum Abpacken von Schrauben wurde neu justiert. Vor der Justierung wurden 80 Packungen und nach der Justierung 150 Packungen überprüft. Dabei wurden die Differenzen −2, −1, 0, 1, 2 und 3 beobachtet. Die Häufigkeiten der aufgetretenen Differenzen zum Sollwert (1000 Stück pro Packung) wurden ausgezählt.

Differenz	Anzahl vorher	Anzahl nachher
−2	10	15
−1	0	30
0	10	62
1	30	30
2	20	9
3	10	4
Σ	80	150

a) Bestimmen Sie die prozentualen Häufigkeiten der aufgetretenen Differenzen vor und nach der Justierung.
b) Bestimmen Sie für die Schraubenanzahl pro Packung das arithmetische Mittel und die Standardabweichung vor und nach der Justierung.
c) Interpretieren Sie die Ergebnisse von b) aus Sicht des Produzenten. War die Neujustierung erfolgreich?

8. Gedächtnistest

Zwei Gruppen A und B sollen sich einem Gedächtnistest unterziehen. Gruppe A hat 200 Mitglieder, Gruppe B hat 140 Mitglieder. Jeder Testperson wird eine Liste mit 20 Wörtern für die Dauer einer Minute vorgelegt. Nach weiteren 30 Sekunden Wartezeit sollen möglichst viele Wörter wiederholt werden. Als Resultat ergeben sich folgende Messreihen.

Wörter:	0	1	2	3	4	5	6	7	8	9	10	11	12	13	14	15	16	17	18	19	20
Gruppe A:	0	0	2	4	3	6	7	8	11	12	15	26	33	24	19	12	11	5	0	1	1
Gruppe B:	1	1	1	3	3	3	3	4	5	10	12	12	14	18	12	9	10	6	5	4	4

a) Berechnen Sie jeweils das arithmetische Mittel für die Anzahl der gemerkten Wörter. Bestimmen Sie das Intervall um den Mittelwert, das ca. 70 % der Daten enthält.
b) Wie häufig sind in den beiden Gruppen Spitzenergebnisse (15 oder mehr Wörter) bzw. besonders schwache Ergebnisse (5 oder weniger Wörter).
c) Eine Person hat den Test bestanden, wenn sie mehr als die Hälfte der Wörter wiederholen kann. Dominiert hierbei eine der beiden Gruppen?
d) Schreiben Sie nun eine vergleichende verbale Einschätzung beider Gruppen.

9. Klimavergleich

Untersuchen Sie anhand der Messreihen, ob das Wetter sich merkbar verändert hat.

Niederschlagsmonatssummen Berlin-Dahlem

Monat:	Jan	Feb	Mar	Apr	Mai	Jun	Jul	Aug	Sep	Okt	Nov	Dez
1848:	8.0	57.0	40.0	82.0	29.0	141.0	30.0	44.0	54.0	53.0	55.0	14.0
1849:	18.0	43.0	32.0	61.0	29.0	36.0	37.0	37.0	21.0	33.0	23.0	61.0
1988:	47.0	92.0	76.0	3.0	11.0	102.0	101.0	22.0	25.0	15.0	42.0	61.0
1989:	12.0	42.0	24.0	57.0	10.0	38.0	34.0	60.0	10.0	38.0	74.0	53.0

Temperaturmonatsmittel Berlin-Tempelhof

Monat:	Jan	Feb	Mar	Apr	Mai	Jun	Jul	Aug	Sep	Okt	Nov	Dez
1702:	2.0	−0.5	0.6	2.6	10.9	16.0	16.0	15.8	10.1	7.5	0.2	0.6
1703:	−2.8	−0.9	0.6	7.7	14.1	16.1	15.4	16.3	11.4	6.1	2.2	2.5
1991:	2.4	−2.2	6.8	8.5	10.8	15.0	21.0	19.4	16.4	9.5	4.8	1.9
1992:	1.6	4.1	5.5	9.3	15.6	20.5	20.9	20.9	14.4	6.5	5.3	1.2

4. Boxplots

Sprinter reagieren beim Start auf ein akustisches Signal, den Startschuss. Die Reaktionszeit kann den Lauf entscheiden. Sie hängt ab von der Reizaufnahme im Ohr, der Übertragung in den Cortex, der Verarbeitung im Gehirn und der Übertragung zum Muskel sowie dessen Ansprechzeit. Sie kann durch entsprechendes Training verbessert werden. Sie liegt bei Weltklassesprintern bei ca. 100 ms gegenüber mehr als 200 ms bei Nichtsportlern. Das weiß man aus sportstatistischen Studien.

In wissenschaftlichen Veröffentlichungen wird zunehmend ein moderner Diagrammtyp verwendet, der wesentliche Eigenschaften einer Verteilung in sehr übersichtlicher Form darstellt. Es handelt sich um den so genannten ***Boxplot***.

Beispiel: Erstellung eines Boxplots

Bei einem Test mit 60 Sportlern wurden die folgenden Reaktionszeiten festgestellt (in ms) und in einem sortierten Feld festgehalten.

110	111	112	112	113	113	114	114	115	115	116	116	116	117	117	117	118	118
118	119	119	119	119	119	120	120	120	120	120	120	120	121	121	123	123	124
124	124	124	125	125	125	126	126	126	126	127	127	128	128	129	129	130	130
131	131	132	134	139	145												

Stellen Sie einen Boxplot der Verteilung auf.

Lösung:
Wir sortieren die Daten in sechs Zeilen ein. Die erste Zeile soll 5% aller Daten enthalten, die zweite 20%, die dritte 25%, die vierte 25%, die fünfte 20% und die sechste wieder 5%.

5%	110	111	112												
20%	112	113	113	114	114	115	115	116	116	116	117	117			
25%	117	118	118	118	119	119	119	119	119	120	120	120	120	120	120
25%	120	121	121	123	123	124	124	124	124	125	125	125	126	126	126
20%	126	127	127	128	128	129	129	130	130	131	131	132			
5%	134	139	145												

Der Boxplot besteht aus sechs Datenabschnitten, die durch sog. ***Perzentile*** getrennt werden. Bis zum Ende der ersten Reihe liegen 5% der Daten. Daher bezeichnet man ihre Grenze, also hier den Wert 112, als *5. Perzentil*. Das 5. Perzentil ist auch zugleich Anfang der nächsten Reihe, die weitere 20% der Daten enthält. Ihre Grenze zur dritten Reihe, d.h. der Wert 117, heißt *25. Perzentil*, denn 25% der geordneten Daten sind kleiner oder gleich diesem Wert. Den Abschluss der dritten Reihe bildet das *50. Perzentil*. Bis zu dieser Stelle, also 120, liegen 50% der geordneten Daten. Das 50. Perzentil ist offensichtlich identisch mit dem Median. Das Ende der vierten und der Anfang der fünften Reihe werden vom *75. Perzentil* gebildet, hier also 126. Das Ende der fünften Reihe (132) ist nicht identisch mit dem Anfang der sechsten Reihe (134). Daher nehmen wir den Mittelwert 133 als *95. Perzentil*. Bis zum 95. Perzentil liegen 95% aller Daten, darüber liegen nur 5%.

Anleitung zum Zeichnen eines Boxplots

1. Zeichnen Sie eine horizontale Achse für die Merkmalsausprägung.
2. Zeichnen Sie die fünf Perzentile als senkrechte Striche, die äußeren Perzentile etwas kürzer.
3. Schließen Sie das 25. Perzentil (auch unteres Quartil genannt) und das 75. Perzentil (auch oberes Quartil genannt) zu einer Box.
4. Verbinden Sie das 5. und das 25. sowie das 75. und das 95. Perzentil durch horizontale Striche.
5. Zeichnen Sie alle unter dem 5. bzw. über dem 95. Perzentil liegenden Daten als Punkte ein.

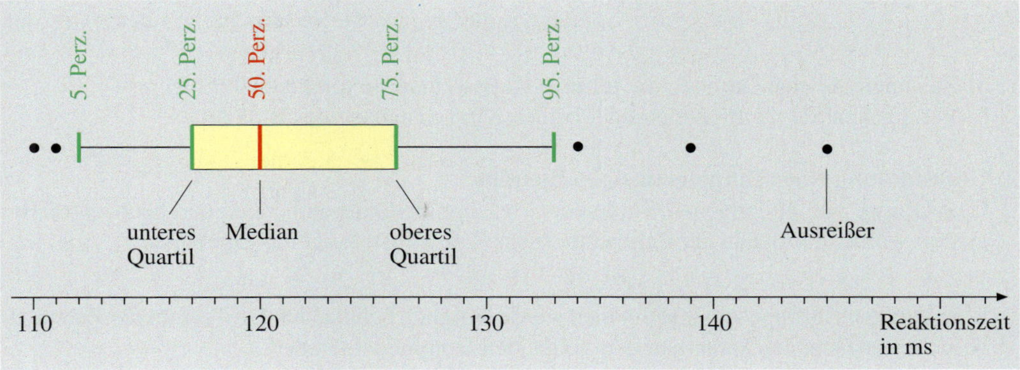

Vereinfachte Graphische Erstellung eines Boxplots

Oft wird aus der Liste der unsortierten Daten zunächst ein Dotplot gefertigt. Man spart dann das Sortieren. Aus dem Dotplot lässt sich der Boxplot mit spielerischer Leichtigkeit erstellen. Die folgende Zeichnung dient dem besseren Verständnis. Sie zeigt für das obige Beispiel Dotplot und Boxplot in einer Graphik.

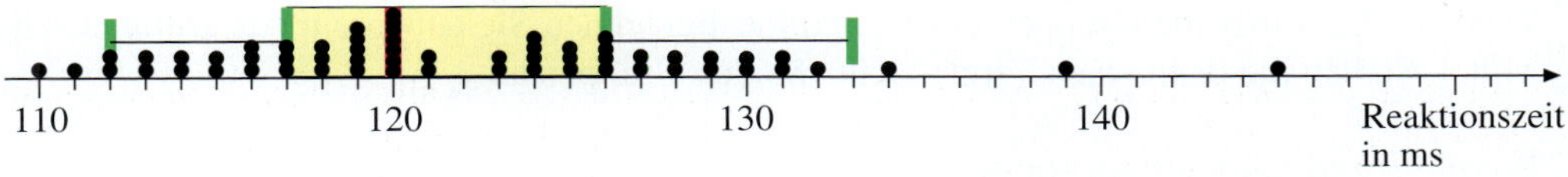

Vorteile des Boxplots

1. Man erkennt auf einen Blick die Mitte der Verteilung, denn der Median ist direkt eingezeichnet. Außerdem weiß man, dass in der Box 50% der Daten liegen.
2. Die Streuung der Daten ist anschaulich erkennbar an der Boxbreite und an dem Abstand der äußeren Perzentile voneinander.
3. Die Schiefe der Verteilung ist am Grad der Asymmetrie erkennbar.
4. Ausreißer fallen sofort ins Auge. Ihr Wert ist ablesbar. Ein Ausreißer ist dadurch definiert, dass sein Abstand von der Box mehr als die 1,5fache Boxbreite beträgt.
5. Boxplots eignen sich hervorragend für den Vergleich mehrerer Verteilungen.

Übungen

1. Vergleich von Klassenarbeiten

Die gleiche Klassenarbeit wurde in zwei Klassen geschrieben. Die folgende Tabelle enthält die erreichten Punktzahlen (max. erreichbar 60 Punkte)

Klasse 11a:	35	56	12	34	44	52	8	24	47	49	33	24	58	51	36	45	47	52	27	33
Klasse 11b:	46	44	43	35	39	44	52	48	55	39	41	44	23	2	7	29	37	35	43	38
	36	43	45	32	37	48	54	43	38	40	42	45	47	49	28	43	46	37	44	38

a) Zeichnen Sie eine Graphik, die für jede Klasse einen Boxplot enthält.

b) Vergleichen Sie die Ergebnisse der beiden Klassen anhand des Boxplots

2. Umwandlung eines Dotplots in einen Boxplot

Eine Gruppe von 20 Personen wurde über 10 Jahre medizinisch beraten und beobachtet. Registiert wurde die Anzahl der Zahnarztbesuche. Die Urliste zeigt die Ergebnisse.

11 8 9 4 10 8 9 7 10 6 11 8 7 10 9 6 11 8 7 10

Eine Vergleichsgruppe von 80 Personen wurde lediglich beobachtet. Die Anzahl der Zahnarztbesuche der Personen kann man dem folgenden Dotplot entnehmen.

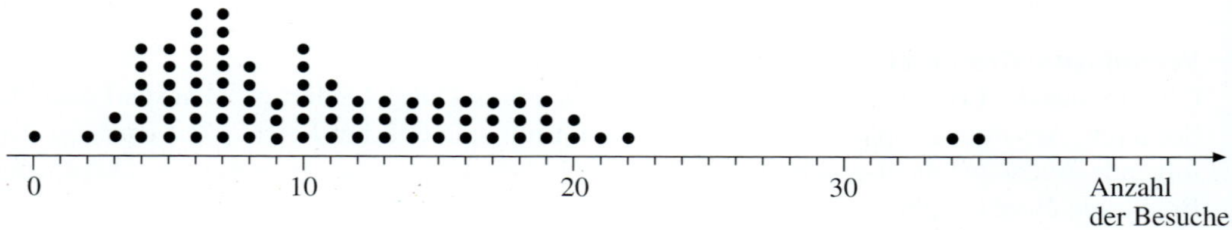

Zeichnen Sie für beide Gruppen einen Boxplot. Berechnen Sie außerdem das arithmetische Mittel. Stellen Sie dann einen Vergleich der beiden Gruppen an.

3. Boxplots und Säulendiagramme

Ordnen Sie jedem Säulendiagramm einen Boxplot zu (Datenzahl: N = 60).

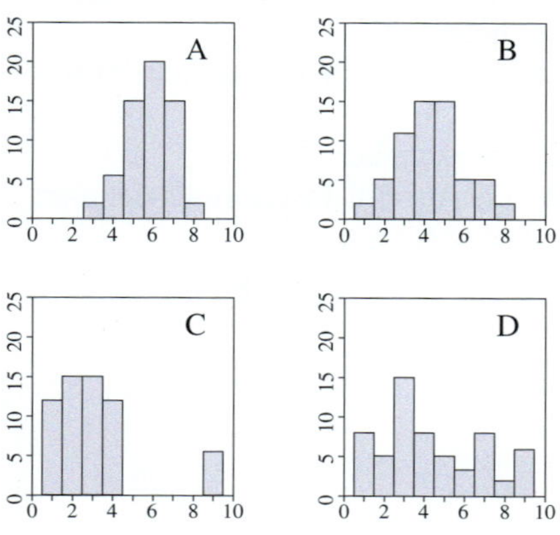

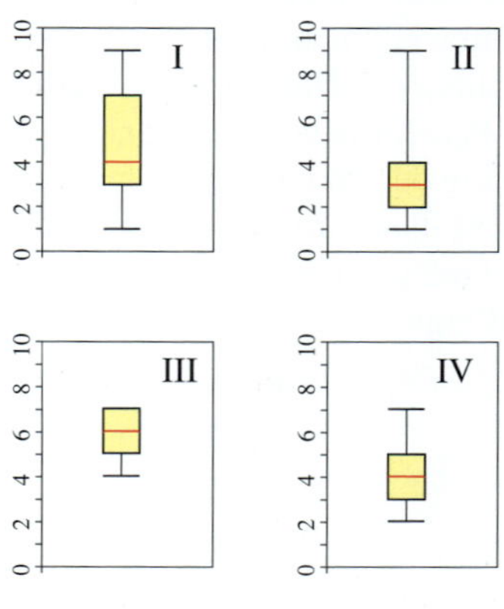

Übungen

Die folgenden Aufgaben sollen ohne die Verwendung von Hilfsmitteln gelöst werden.

1. Vergleich von Häufigkeitsverteilungen

Marienkäfer der Unterarten A und B werden in hermetisch abgeschlossenen Versuchsflächen unter Glas für den Einsatz auf Paprikapflanzen getestet. Das Forscherteam erfasst für jede Versuchsfläche, nach wieviel Tagen die eingesetzten Marienkäfer alle Paprikapflanzen von Blattläusen befreit haben.

Gruppe A (Tabelle)

Dauer	3	4	5	6	7
Anzahl	1	5	9	3	2

Unterart B (Urliste)

5 4 6 4 7 7 6 5 6 2 6 7 6 4 5
6 4 7 3 4 6 8 9 6 3 7 6 7 5 4

a) Geben Sie zu dem Versuch mit den Käfern der Unterart A die Grundgesamtheit, das Merkmal, die Merkmalsausprägungen und den Erhebungsumfang an.
b) Berechnen Sie die relativen Häufigkeiten der Ausprägungen des Merkmals für beide Unterarten.
c) Stellen Sie die Verteilungen vergleichend im Säulendiagramm dar.
d) Ermitteln Sie für beide Verteilungen das arithmetische Mittel, den Median, das untere Quartil und das obere Quartil.

2. Prüfung von Eigenschaften

Untersuchen Sie zu jedem Säulendiagramm, welche der Eigenschaften I. bis IV. durch die dargestellte Häufigkeitsverteilung erfüllt werden (Datenzahl: N = 60).

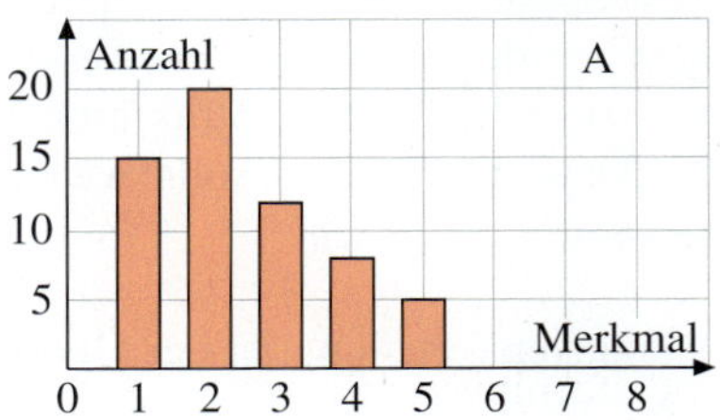

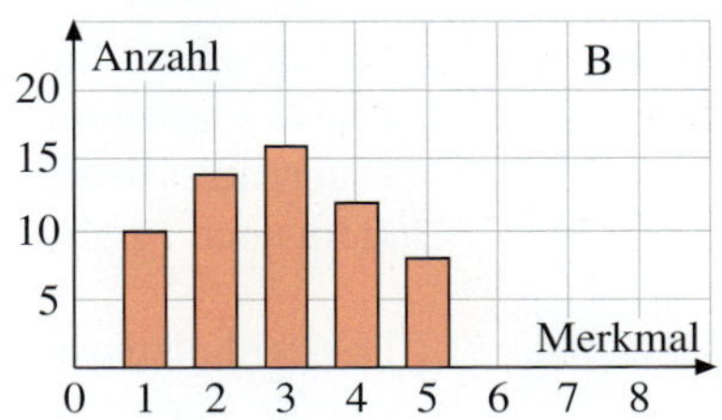

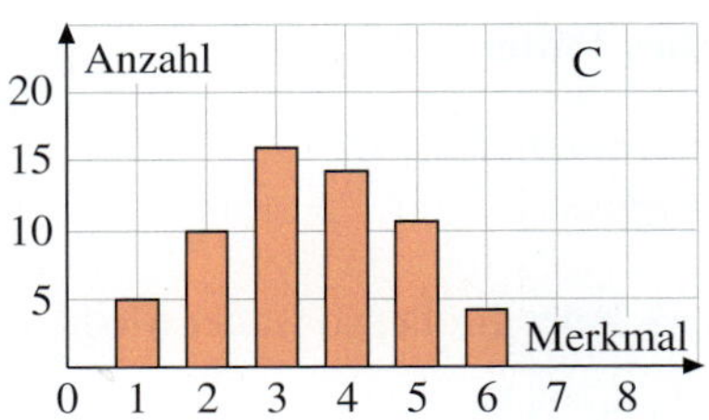

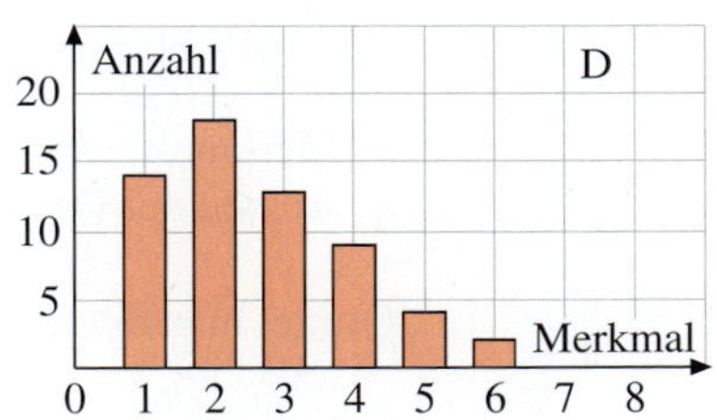

I. Der Anteil der erhobenen Werte x_i mit $x_i > 3$ beträgt 25 %.
II. Mindestens 75 % aller erhobenen Werte sind größer oder gleich 2.
III. Die Spannweite der Verteilung beträgt 4, der Median ist $\tilde{x} = 2$.
IV. Genau die Hälfte aller erhobenen Werte ist größer als 4 oder kleiner als 3.

Überblick

Merkmalsarten

Quantitative Merkmale: stetige Merkmale/diskrete Merkmale
Bei quantitativen Merkmalen gibt es ein Maximum und ein Minimum.
Qualitative Merkmale: nominale Merkmale/ordinale Merkmale

Absolute und relative Häufigkeit

Die absolute Häufigkeit a_i gibt an, wie oft die Merkmalsausprägung vorkommt. Die relative Häufigkeit h_i gibt an, welchen Anteil am gesamten Datensatz die Merkmalsausprägung x_i besitzt. Sie kann als Zahl zwischen 0 und 1 oder als Prozentsatz angegeben werden.

Es gilt $h_i = \frac{a_i}{n}$. Dabei ist n die Gesamtzahl der Daten.

Urlisten Strichlisten und Tabellen

Statistische Daten werden bei der Erhebung in eine Urliste aufgenommen. Mit Hilfe einer Strichliste wird aus der Urliste eine Häufigkeitstabelle erstellt.

Diagrammarten

Statistische Daten werden graphisch in Form von Säulendiagrammen, Kreisdiagrammen und Balkendiagrammen dargestellt.

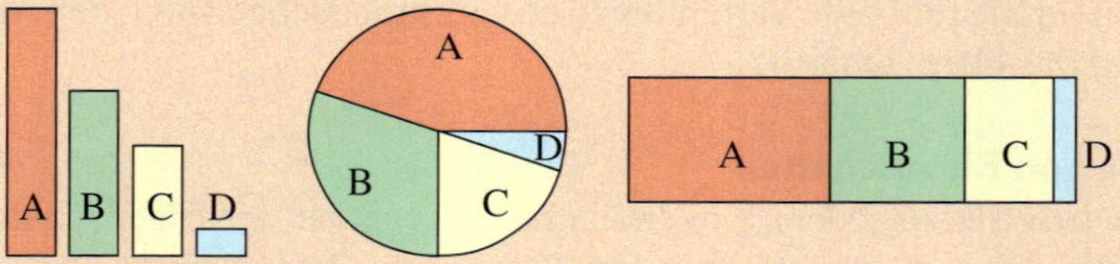

Klassierung der Daten

Verschiedene Merkmalsausprägungen werden in sinnvoller Weise zu Klassen zusammengefasst. Dadurch werden wichtige Strukturen des Datensatzes deutlicher erkennbar. Die Anzahl der Klassen sollte weder zu klein noch zu groß sein (ca. 5–15 Klassen, s. S. 396 f.).

Arithmetisches Mittel

Das arithmetische Mittel einer quantitativenVerteilung ist der Quotient aus der Summe der Daten und der Anzahl der Daten. Es wird mit dem Symbol $\bar{x}$ bezeichnet. **Arithmetisches Mittel:** $x = \frac{x_1 a_1 + \ldots + x_k a_k}{n}$

x_i: Merkmalsausprägung; a_i: Absolute Häufigkeit von x_i
n: Anzahl der Daten, $n = a_1 + \ldots + a_k$

Median

Ordnet man die Daten aufsteigend nach der Größe, so ist der Median $\tilde{x}$

bei ungerader Zahl von Daten: die in der Mitte stehende Merkmalsausprägung (s. S. 403):

xxx p xxx $\Rightarrow$ Median = p
↑
Median $\tilde{x}$

bei gerader Zahl von Daten: der Mittelwert der beiden in der Mitte stehenden Merkmalsausprägungen:

xxx pq xxx $\Rightarrow$ Median = $\frac{p+q}{2}$
↑

Modalwert

Bei rein nominalen Daten verwendet man als Mittelwert den Modalwert (Modus).
Er ist die Merkmalsausprägung mit der größten Häufigkeit (s. S. 404).

Streuungsmaße

Die empirische Standardabweichung s ist ein Maß dafür, wie stark die Daten eines Datensatzes um das arithmetische Mittel streuen. Sie ist die Wurzel aus der empirischen Varianz, der mittleren quadratischen Abweichung der Einzeldaten vom arithmetischen Mittel.

empirische Varianz:

$$v = s^2 = \frac{(x_1 - \bar{x})^2 \cdot a_1 + \ldots + (x_k - \bar{x})^2 \cdot a_k}{n}$$ absolute Häufigkeit a_i

$$v = s^2 = (x_1 - \bar{x})^2 \cdot h_1 + \ldots + (x_k - \bar{x})^2 \cdot h_k$$ relative Häufigkeit h_i

empirische Standardabweichung:

$$s = \sqrt{v}$$

$$s = \sqrt{\frac{(x_1 - \bar{x})^2 \cdot a_1 + \ldots + (x_k - \bar{x})^2 \cdot a_k}{n}}$$ absolute Häufigkeit a_i

$$s = \sqrt{(x_1 - \bar{x})^2 \cdot h_1 + \ldots + (x_k - \bar{x})^2 \cdot h_k}$$ relative Häufigkeit h_i

Boxplot

Anleitung zum Zeichnen eines Boxplots

1. Zeichnen Sie eine horizontale Achse für die Merkmalsausprägung.
2. Zeichnen Sie die fünf Perzentile als senkrechte Striche, die äußeren Perzentile etwas kürzer.
3. Schließen Sie das 25. Perzentil (auch unteres Quartil genannt) und das 75. Perzentil (auch oberes Quartil genannt) zu einer Box.
4. Verbinden Sie das 5. und das 25. sowie das 75. und das 95. Perzentil durch horizontale Striche.
5. Zeichnen Sie alle unter dem 5. bzw. über dem 95. Perzentil liegenden Daten als Punkte ein.

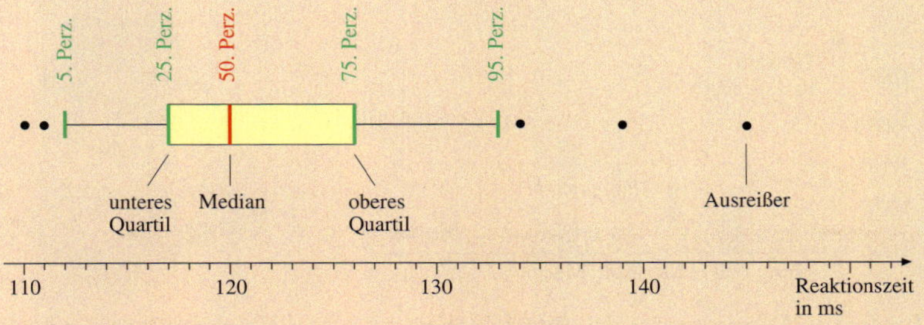

Die Manipulation von Statistiken

Statistiken sollen Sachverhalte verdeutlichen. Leider werden sie häufig in anderer Absicht eingesetzt. Sie werden manipuliert, um sachlich nicht gerechtfertigte Positionen von Interessengruppen zu untermauern.

Manipulationen bei der Erhebung von Daten

60 Prozent für Winterferien!
Die geplante Einführung von Winterferien hat bei den Eltern große Zustimmung gefunden. Bei einer Umfrage konnten sie sich für oder gegen Winterferien entscheiden. 60 % waren für Winterferien. Nur 40 % entschieden sich für die Beibehaltung der alten Regelung, die keine Winterferien vorsieht. Schon im nächsten Jahr können die Eltern einen Skiurlaub planen.

Elternbefragung Winterferien
Kreuzen Sie bitte Ihre Wahl an

Winterferien in der zweiten Januarwoche ☐
Winterferien in der ersten Februarwoche ☐
Winterferien in der zweiten Februarwoche ☐
Weiterhin keine Winterferien ☐
Winterferien nach den Weihnachtsferien ☐

Hier wird schon bei der Fragestellung bewusst oder unbewusst manipuliert. Man möchte den Eltern die Entscheidung für oder gegen Winterferien gar nicht überlassen. Sonst hätte der Fragebogen nur folgende beide Alternativen in gleichberechtigter Formulierung enthalten dürfen:

Ich bin für Winterferien ☐ Ich bin gegen Winterferien ☐

Aber genau das wird vermieden. Vielmehr wird ein alter, aber sehr wirksamer Trick verwendet. Es werden vier Alternativen für Winterferien formuliert, unter denen die eine Alternative gegen Winterferien gut versteckt werden kann. Dies führt dazu, dass diese Alternative zumindest von Unentschlossenen gar nicht mehr gleichberechtigt wahrgenommen wird. Außerdem wird sie nun subjektiv als Extremposition eingestuft, und viele Menschen versuchen bekanntlich, Extrempositionen zu vermeiden. In dem Zeitungsartikel ist von dieser psychologischen Manipulation natürlich nichts mehr zu erkennen.

Manipulationen und Fehler bei der Darstellung von Daten

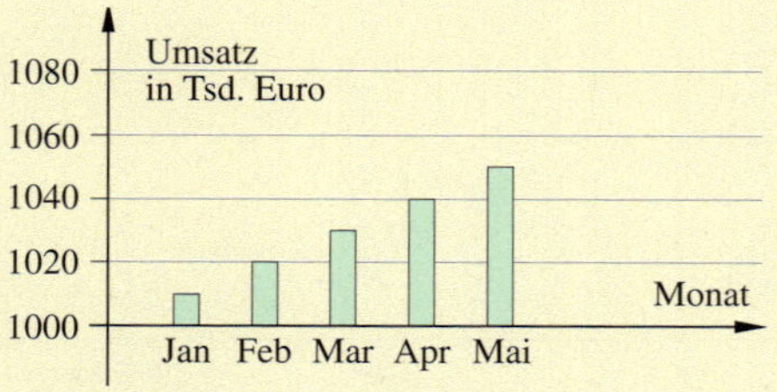

Im linken Diagramm wird dynamisches Wachstum vorgetäuscht. Der Maibalken ist fünfmal so hoch wie der Januarbalken. In Wirklichkeit stieg der Umsatz nur um 5%. Erreicht wurde diese Täuschung durch Verlagerung der Nulllinie auf die Zahl 1000.

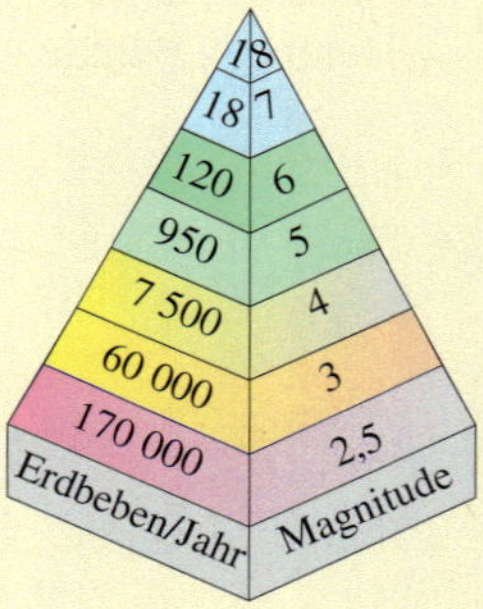

Im rechten Diagramm liegt keine Manipulation vor, sondern nur ein Verstoß gegen die Proportionalität. Die rote Schicht hat nur etwa das vierfache Volumen wie die hellgrüne Schicht, obwohl sie für fast die 200fache Anzahl von Erdbeben steht. Hier hat die Schönheit über die Vernunft gesiegt. Generell sollten dreidimensionale Graphiken vermieden werden, da sie selten genaue Ablesungen gestatten.

Manipulationen bei der Interpretation von Daten

Gesundheitssystem marode!

Bei einer Vergleichsstudie der Gesundheitssysteme von A-Land und B-Land schnitt unser Land alarmierend schlecht ab. Während bei uns nur 36 % aller Personen bei bester Gesundheit sind, sind in unserem Nachbarland B-Land 41,5 % aller Einwohner völlig gesund. Und das, obwohl unser Gesundheitssystem viel teurer ist. Nun ist geplant, unser Gesundheitssystem nach dem Vorbild von B-Land abzuändern. Davon erhofft man sich sowohl eine Verbesserung des Gesundheitszustandes der Bevölkerung als auch eine Kostenersparnis. Inzwischen wurden bereits erste Maßnahmen ergriffen.

So oder ähnlich könnte durchaus eine Schlagzeile lauten. Stellen wir uns einmal vor, dass in den beiden Ländern – also in A-Land und in B-Land – eine vergleichende Studie durchgeführt wurde, bei der zwei Gruppen getestet wurden, die Gruppe der Jüngeren (bis 45 Jahre) und die Gruppe der Älteren (über 45 Jahre). Dazu wurden 1000 Personen zufällig ausgewählt und überprüft. Die Resultate lauteten:

LAND A	Anzahl der Personen	Anzahl Gesunder	Anteil Gesunder
Ältere	400	60	15%
Jüngere	600	300	50%

LAND B	Anzahl der Personen	Anzahl Gesunder	Anteil Gesunder
Ältere	100	10	10%
Jüngere	900	405	45%

Man sieht ganz klar: In beiden Gruppen – sowohl bei den Jüngeren als auch bei den Älteren – hat zweifellos Land A die Nase vorn. Die Anteile der Gesunden sind in beiden Fällen höher.
Und nun kommt die Überraschung! Vereinigt man in jedem Land das Ergebnis der Jüngeren mit dem Ergebnis der Älteren, so ergibt sich folgendes Bild:

LAND A	Anzahl der Personen	Anzahl Gesunder	Anteil Gesunder
Alle	1000	360	36%

LAND B	Anzahl der Personen	Anzahl Gesunder	Anteil Gesunder
Alle	1000	415	41,5%

Thomas Simpson
1710 –1761

Nun hat auf einmal erstaunlicherweise Land B die Nase vorn. Dieser Effekt wird als das Simpson-Paradoxon bezeichnet nach dem englischen Mathematiker Thomas Simpson (1710–1761).
Der Effekt kann zur Manipulation verwendet werden. Ein Kritiker des Gesundheitssystems von Land B könnte die oberen Tabellen als Argument für die Umgestaltung des Gesundheitssystems nach dem Vorbild von Land A verwenden. Ein Kritiker des Gesundheitssystems von Land A könnte sich auf die unteren Tabellen berufen, um das Umgekehrte zu fordern.
Wer hat nun recht? Die unteren Tabellen, die durch Vereinigung entstanden, verfälschen die Daten. Land A ist in beiden Einzelgruppen besser. Es besitzt jedoch einen viel höheren Anteil alter Menschen, der bei der Vereinigung der Daten den Schnitt verdirbt. Die Ursache des schlechten Abschneidens ist also nicht ein schlechteres Gesundheitssystem, sondern nur die ungünstigere Altersstruktur des Landes.

Test

Beschreibende Statistik

1. Ist das Merkmal quantitativ oder qualitativ (ordinal/nominal)?

a) Kopfumfang b) Chemiezensur c) Augenfarbe
d) Taschengeldhöhe e) Geschlecht f) Geschwisterzahl

2. In einem Gedächtnistest konnten 6 Punkte erreicht werden. An dem Test nahmen zwei Gruppen teil. Berechnen Sie die relativen Häufigkeiten (in Prozent) für das Merkmal Punktzahl. Berechnen Sie auch die mittlere Punktzahl. Welche Gruppe schnitt besser ab?

Gruppe A

Punkte	0	1	2	3	4	5	6
Personen	2	3	5	6	2	1	1

Gruppe B

Punkte	0	1	2	3	4	5	6
Personen	3	7	9	13	9	5	4

3. In einem Stadtteil wurde eine Befragung zur Anzahl der Haustiere pro Haushalt durchgeführt. Die Ergebnisse wurden graphisch dargestellt.

a) Wie viele Haushalte waren beteiligt?
b) Wie viele Haushalte hielten mehr als 2 Tiere bzw. weniger als 4 Tiere?
c) Wie groß ist die durchschnittliche Anzahl von Tieren pro Haushalt?
d) Berechnen Sie die Standardabweichung.

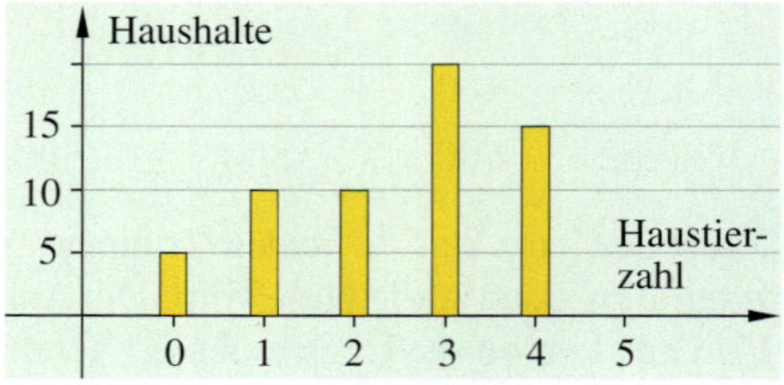

4. Die Anwohner der Parkstraße wurden zur Anzahl der Elektrogeräte pro Haushalt befragt.

Elektrogeräte pro Haushalt	9	15	12	16	8	14	12	50	17	16	82	14	19	12	16	19	21	8

a) Bestimmen Sie das arithmetische Mittel des Datensatzes.
b) Bestimmen Sie die Standardabweichung.
c) Ein Jahr später hat sich die durchschnittliche Gerätezahl pro Haushalt um 3 erhöht. Wie viele zusätzliche Geräte wurden in der Parkstraße inzwischen angeschafft?

5. Die Graphik zeigt den Wasserverbrauch im Monat Mai der 60 Mieter eines Wohnhauses. Die Daten sind klassiert mit Klassen von 0 bis unter 5, von 5 bis unter 10, etc.

a) Wie viele Mieter verbrauchten 10 oder mehr m^3?
b) Wie hoch ist der durchschnittliche Verbrauch pro Mieter angenähert?
c) Weshalb kann man den Gesamtverbrauch aller Mieter nicht exakt errechnen? Wie hoch war er maximal?

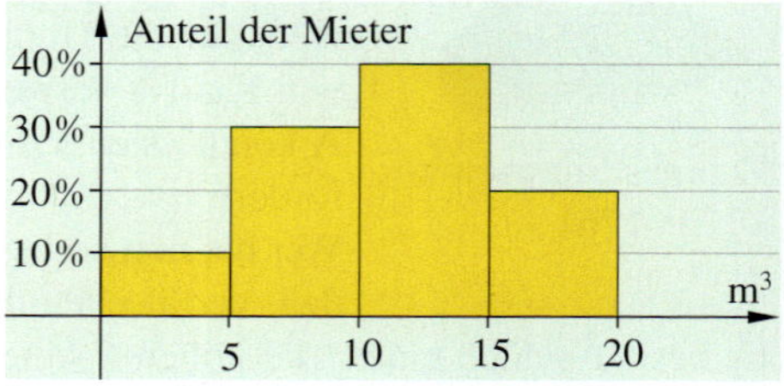

Lösungen: S. 566

XI. Grundlegende Begriffe der Stochastik

1. Zufallsversuche und Ereignisse

Glücksspiele haben die Menschen seit jeher fasziniert. Schon Richard de Fournival (1201–1260) beschäftigte sich in seinem Gedicht „De Vetula" mit der Häufigkeit der Augensummen beim Werfen von drei Würfeln. Doch erst Galileo Galilei (1564–1642) gelang die Lösung dieses Problems. Die systematische Mathematik des Zufalls – die Wahrscheinlichkeitsrechnung – entwickelte sich im 17. Jahrhundert. Antoine Gombaud (1607–1684) – auch Chevalier de Méré genannt – traktierte den berühmten Mathematiker Blaise Pascal (1623–1662) mit Würfelproblemen. Schließlich trat Pascal in einen Briefwechsel mit Pierre de Fermat (1601–1665) ein, in dem beide mehrere Probleme lösten und systematische Methoden zur Kalkulation des Zufalls fanden.

Das Grundgesetz der Wahrscheinlichkeitstheorie – das Gesetz der großen Zahl – entdeckte 1688 der Mathematiker Jakob Bernoulli (1654–1705). Seine legendäre Abhandlung, die „Ars conjectandi", wurde 1713 veröffentlicht, acht Jahre nach Bernoullis Tod. Ars conjectandi steht hier für die Kunst des vorausschauenden Vermutens. Heute ist diese Kunst ein Teilgebiet der Mathematik, das als ***Stochastik*** bezeichnet wird und in die ***Wahrscheinlichkeitsrechnung*** und die ***Statistik*** unterteilt ist. Die Stochastik befasst sich mit dem Beurteilen von zufälligen Prozessen und mit Prognosen für den Ausgang solcher Prozesse.
Zunächst muss man festlegen, was unter einem ***Zufallsprozess***, einem ***Zufallsversuch*** bzw. unter einem ***Zufallsexperiment*** zu verstehen ist.

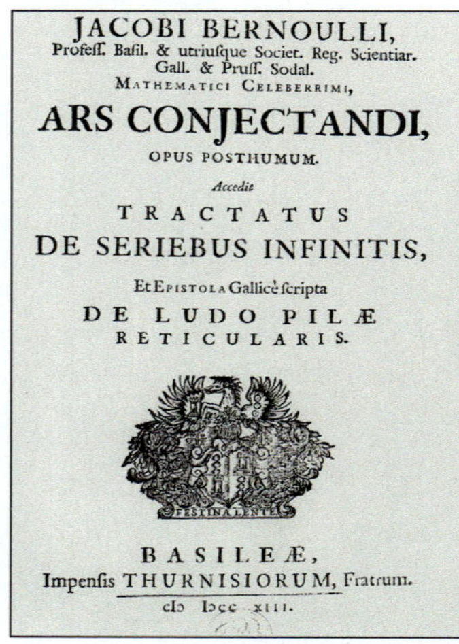
JACOBI BERNOULLI,
Profeff. Bafil. & utriufque Societ. Reg. Scientiar. Gall. & Pruff. Sodal.
MATHEMATICI CELEBERRIMI,
ARS CONJECTANDI,
OPUS POSTHUMUM.
Accedit
TRACTATUS
DE SERIEBUS INFINITIS,
Et EPISTOLA Gallicè fcripta
DE LUDO PILÆ
RETICULARIS.
FESTINA LENTE
BASILEÆ,
Impenfis THURNISIORUM, Fratrum.
clↄ Iↄcc xiii.

Es ist ein Vorgang, dessen Ausgang ungewiss ist, auch im Falle der Wiederholung. Dabei ist es völlig unerheblich, aus welchem Grund der Ausgang des Experiments nicht vorhersagbar ist. Es spielt keine Rolle, ob der Ausgang des Experiments prinzipiell nicht vorhersagbar ist oder nur deshalb nicht, weil es dem Experimentator an Wissen über den Zufallsprozess mangelt.
Typische Beispiele für Zufallsprozesse sind der Münzwurf, der Würfelwurf, das Werfen eines Reißnagels, aber auch die Abgabe eines Lottotipps, die Durchführung einer Wahl, das Testen eines neuen Medikaments.

Übung 1 Spiel
Hans und Peter werfen jeweils einen Würfel. Hans erhält einen Punkt, wenn er die höhere Augenzahl hat. Peter erhält einen Punkt, wenn seine Augenzahl Teiler der Augenzahl von Hans ist. Stellen Sie durch 50 Spiele mit Ihrem Nachbarn fest, wer von beiden die bessere Chance hat. Werten Sie die Ergebnisse der gesamten Klasse aus.

A. Ergebnisse und Ereignisse

Das Resultat eines Zufallsversuchs – d.h. sein Ausgang – wird als ***Ergebnis*** bezeichnet. Die Menge aller möglichen Ergebnisse bildet den ***Ergebnisraum*** Ω eines Zufallsexperiments. Nebenstehend werden diese Begriffe am Beispiel des Würfelns mit einem Würfel verdeutlicht. Hierbei sind die Ergebnisse so festzulegen, dass beim Durchführen des Experiments genau ein Ergebnis auftritt.

Erläuterungen am Beispiel „Würfeln"

Zufallsexperiment:	Würfelwurf
Beobachtetes Merkmal:	Augenzahl
Mögliche Ergebnisse:	Augenzahlen 1, 2, 3, 4, 5, 6
Ergebnisraum:	$\Omega = \{1, 2, 3, 4, 5, 6\}$

Ein wichtiger wahrscheinlichkeitstheoretischer Begriff ist der des Ereignisses. Ein ***Ereignis*** kann als Zusammenfassung einer Anzahl möglicher Ergebnisse zu einem Ganzen aufgefasst werden.

Beim Würfelwurf lässt sich das Ereignis E: „Es fällt eine gerade Zahl" durch die Ergebnismenge $E = \{2, 4, 6\} \subseteq \Omega$ darstellen.

E: „gerade Zahl" ⇔ $E = \{2, 4, 6\}$

Mathematisch gesehen ist ein ***Ereignis*** E also nichts anderes als eine Teilmenge des Ergebnisraumes Ω: $\mathbf{E \subseteq \Omega}$.

Bei der Durchführung eines Zufallsexperiments tritt ein Ereignis E genau dann ein, wenn eines seiner Ergebnisse eintritt.
Besondere Ereignisse sind das ***unmögliche Ereignis*** $\mathbf{E = \varnothing}$*, das nicht eintreten kann, da es keine Ergebnisse enthält, sowie das ***sichere Ereignis*** $\mathbf{E = \Omega}$, das stets eintritt, da es alle Ergebnisse enthält.
Außerdem werden die einelementigen Ereignisse als ***Elementarereignisse*** bezeichnet.

Das Ereignis „gerade Zahl" tritt genau dann ein, wenn eine der Zahlen 2, 4 oder 6 als Ergebnis kommt.

Die Elementarereignisse beim Würfeln mit einem Würfel sind die einelementigen Ereignisse {1}, {2}, {3}, {4}, {5} und {6}.

Sie entsprechen den Ergebnissen, sind allerdings im Gegensatz dazu Mengen.

Übung 2 Ereignisse am Glücksrad

Ein Glücksrad mit 10 gleich großen Sektoren 0, …, 9 wird einmal gedreht.

a) Aus welchen Gründen ist dies ein Zufallsexperiment?
b) Geben Sie einen geeigneten Ergebnisraum an.
c) Stellen Sie das Ereignis E: „Es kommt eine gerade Zahl" als Ergebnismenge dar.
d) Beschreiben Sie die Ereignisse $E_1 = \{1, 3, 5, 7, 9\}$, $E_2 = \{0, 3, 6, 9\}$ und $E_3 = \{2, 3, 5, 7\}$ verbal.

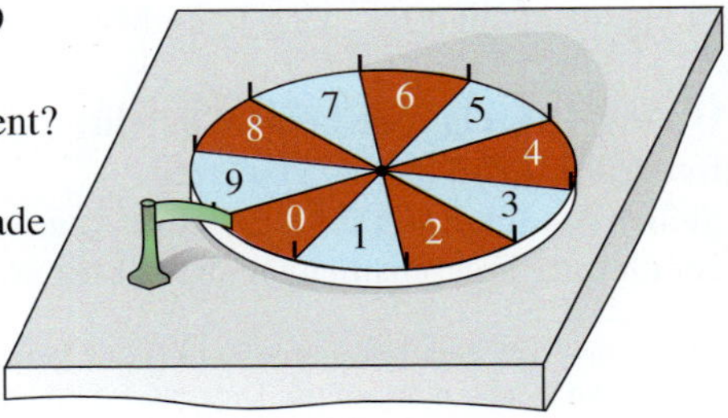

* ∅ ist die leere Menge.

B. Vereinigung und Schnitt von Ereignissen

Beispiel: Vereinigung

Max und Moritz bilden beim Roulette ein Team.
Max setzt auf die Zahl 23, Moritz setzt auf „douze premier" (das 1. Dutzend).[1]
Rechts ist das Spielbrett des Roulettes abgebildet.

a) Geben Sie einen geeigneten Ergebnisraum an.
b) Stellen Sie die Ereignisse E_1: „Max gewinnt", E_2: „Moritz gewinnt" und E_3: „Das Team Max & Moritz gewinnt" als Ergebnismengen dar.

Lösung zu a:
Beim Roulette fällt eine Kugel in eines der Fächer einer drehbaren Scheibe, die von 0 bis 36 nummeriert sind. Folglich enthält der Ergebnisraum Ω die Zahlen 0 bis 36.

$\Omega = \{0, 1, 2, 3, 4, 5, \ldots, 36\}$

Lösung zu b:
Das Ereignis E_1: „Max gewinnt" tritt ein, wenn die Kugel in das Fach mit der Nummer 23 fällt. Das Ereignis E_2: „Moritz gewinnt" tritt ein, wenn die Kugel in ein Fach mit den Nummern 1–12 fällt. Das Ereignis E_3 tritt ein, wenn wenigstens einer der beiden Spieler gewinnt, wenn also die Zahl 23 **oder** eine Zahl des 1. Dutzends kommt, wenn also E_1 **oder** E_2 eintritt. Es lässt sich als ***Vereinigungsmenge*** $E_1 \cup E_2$ von E_1 und E_2 auffassen.

$E_1 = \{23\}$

$E_2 = \{1, 2, 3, 4, 5, 6, 7, 8, 9, 10, 11, 12\}$

$$E_3 = E_1 \cup E_2 = \{23\} \cup \{1, 2, 3, \ldots, 12\}$$
$$= \{1, 2, 3, 4, \ldots, 12, 23\}$$

Übung 3 Ereignisse beim Roulette

Max und Moritz bilden beim Roulette ein Team. Max setzt auf „manque" (die 1. Hälfte), Moritz setzt auf „noir" (alle schwarzen Zahlen). Stellen Sie die Ereignisse E_1: „Max gewinnt", E_2: „Moritz gewinnt" und E_3: „Das Team Max & Moritz gewinnt" als Ergebnismengen dar.

Übung 4 Ereignisse beim Würfeln

Ein Würfel wird einmal geworfen.
Stellen Sie die Ereignisse E_1: „Die Augenzahl ist kleiner als 3" und E_2: „Die Augenzahl ist ungerade" als Ergebnismengen dar. Bestimmen Sie die Ergebnismenge des Ereignisses $E_1 \cup E_2$.

[1] Setzt man auf eine bestimmte Zahl (*plein* genannt), so erhält man im Gewinnfall das 36fache des Einsatzes ausgezahlt, setzt man auf ein Dutzend, so erhält man das 3fache des Einsatzes. Bei *pair* (gerade Zahlen außer 0), *impair* (ungerade Zahlen), *rouge* (rote Zahlen), *noir* (schwarze Zahlen), *manque* (die 1. Hälfte), *passe* (die 2. Hälfte) erhält man jeweils das Doppelte des Einsatzes. Es gibt noch weitere Setzmöglichkeiten beim Roulette.

Beispiel: Schnitt von Ereignissen

Aus einer Urne[1] mit 100 gleichartigen Kugeln, die die Nummern 1 bis 100 tragen, wird zufällig eine Kugel gezogen. Stellen Sie die Ereignisse E_1: „Die Nummer ist durch 8 teilbar" und E_2: „Die Nummer ist durch 20 teilbar" sowie $E_1 \cap E_2$ als Ergebnismengen dar.

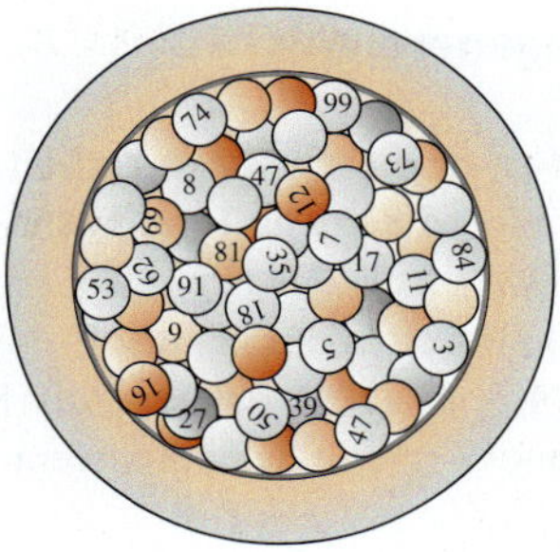

Lösung:

Mögliche Ergebnisse sind die Nummern 1 bis 100.

$\Omega = \{1,2, \ldots, 100\}$

Für die Ereignisse E_1 bzw. E_2 erhalten wir die nebenstehenden Ergebnismengen.

$E_1 = \{8, 16, 24, 32, 40, 48, 56, 64, 72, 80, 88, 96\}$

$E_2 = \{20, 40, 60, 80, 100\}$

Der Schnitt beider Ereignisse $E_1 \cap E_2$ tritt genau dann ein, wenn die Nummer der gezogenen Kugel sowohl durch 8 als auch durch 20 teilbar ist, d. h. wenn also E_1 **und** E_2 eintreten. Hierfür gibt es zwei Ergebnisse, die Nummern 40 und 80.

$E_1 \cap E_2 = \{40, 80\}$

Das dargestellte Mengenbild veranschaulicht die ***Schnittmenge***. Das Ereignis $E_1 \cap E_2$ tritt genau dann ein, wenn sowohl das Ereignis E_1 als auch das Ereignis E_2 eintritt, d. h. wenn beide Ereignisse eintreten.

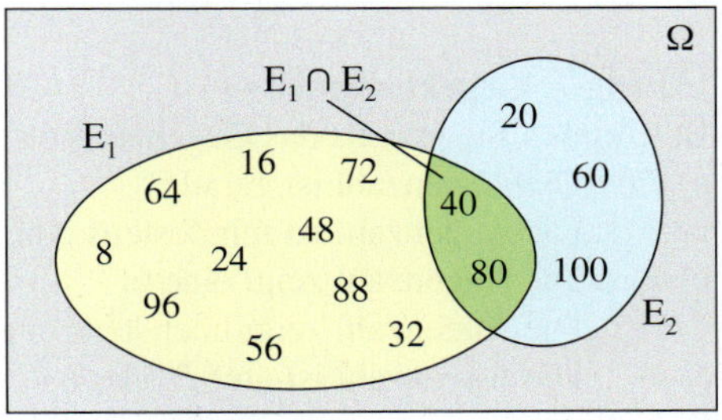

Übung 5 Ergebnismengen beim Ziehen einer Kugel

Aus einer Urne mit 50 gleichartigen Kugeln, die die Nummern 1 bis 50 tragen, wird zufällig eine Kugel gezogen. Stellen Sie die folgenden Ereignisse als Ergebnismengen dar:

E_1: „Die Nummer ist durch 9 teilbar."

E_2: „Die Nummer ist durch 12 teilbar."

E_3: „Die Nummer ist durch 23 teilbar."

Bestimmen Sie die Ergebnismengen der Ereignisse $E_1 \cap E_2$, $E_1 \cup E_2$, $E_2 \cap E_3$ und $E_1 \cup E_2 \cup E_3$. Stellen Sie $E_1 \cup E_2 \cup E_3$ in einem Mengenbild dar.

Übung 6 Ergebnismengen beim Roulette

Stellen Sie die folgenden Ereignisse beim Roulette als Ergebnismengen dar:

E_1: „rouge" (alle roten Zahlen),

E_2: „pair" (alle geraden Zahlen außer 0) und

E_3: „douze dernier" (das letzte Dutzend).

Bestimmen Sie die Ergebnismengen der $E_1 \cap E_2$, $E_1 \cup E_2$, $E_2 \cap E_3$, $E_2 \cup E_3$ sowie $E_1 \cap E_2 \cap E_3$ und $E_1 \cup E_2 \cup E_3$.

[1] In der Wahrscheinlichkeitsrechnung ist es üblich, ein Gefäß, in dem sich Kugeln o. Ä. befinden, als *Urne* zu bezeichnen. Diesen Begriff prägte *Jakob Bernoulli* (1654–1705).

C. Gegenereignis

Beim Werfen einer Münze enthält der Ergebnisraum die zwei Ergebnisse „Zahl“ und „Kopf“. Ist E das Ereignis „Es kommt Zahl“, so bezeichnet man das Ereignis „Es kommt Kopf“ als ***Gegenereignis*** $\overline{E}$ (gelesen: E quer). Es tritt dann ein, wenn E nicht eintritt.

Werfen einer Münze

$\Omega = \{K, Z\}$

$E = \{Z\}$

$\overline{E} = \{K\} = \Omega \setminus E$

Allgemein besteht zu einem beliebigen Ereignis E eines Zufallsexperiments mit dem Ergebnisraum Ω das Gegenereignis $\overline{E}$ aus den Ergebnissen, die nicht zum Ereignis E gehören. Man schreibt dafür $E = \Omega \setminus E$ (gelesen: Ω ohne E).

Beispiel: Gegenereignis
Bestimmen Sie das Gegenereignis $\overline{E}$ des Ereignisses E: „Primzahl“ beim Würfeln mit einem Würfel.

Lösung:
Der Ergebnisraum sei $\Omega = \{1, 2, 3, 4, 5, 6\}$.
Aus $E = \{2, 3, 5\}$ folgt $\overline{E} = \{1, 4, 6\}$.

Übung 7 Gegenereignisse

Bestimmen Sie jeweils das Gegenereignis zu dem Ereignis beim Würfeln mit einem Würfel.

a) E_1: „Die Augenzahl ist gerade.“
b) E_2: „Die Augenzahl ist mindestens eine 4.“
c) E_3: „Die Augenzahl zeigt eine 6.“
d) E_4: „Die Augenzahl zeigt höchstens eine 2.“
e) E_5: „Die Augenzahl ist eine 5 oder 6.“
f) $E_1 \cap E_2$
g) $E_1 \cup E_2$

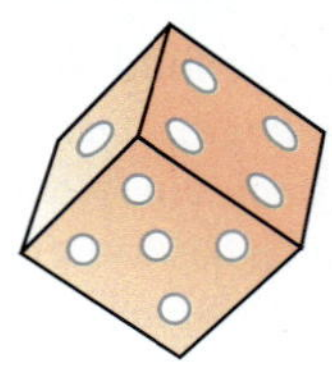

Übung 8 Ergebnismengen

Ein grüner und ein blauer Würfel werden gleichzeitig geworfen.

a) Geben Sie einen geeigneten Ergebnisraum an.
Schreiben Sie hierzu ein Ergebnis als Paar.
b) Geben Sie die Ergebnismenge folgender Ereignisse an:
E_1: „Die Augenzahlen der beiden Würfel sind gleich.“
E_2: „Die Augensumme beträgt 8.“
E_3: „Das Augenzahlenprodukt ist durch 5 teilbar.“
E_4: „Die Augenzahlen sind nicht beide gerade.“
E_5: „Das Produkt der Augenzahlen ist größer als 10, aber kleiner als 21.“
E_6: „Die Augenzahlen unterscheiden sich um maximal 3.“
$E_1 \cap E_2$; $E_1 \cup E_2$

Knobelaufgabe I

Wie viele dreistellige Zahlen gibt es, in denen mindestens eine der drei Ziffern eine 5 ist?

2. Relative Häufigkeit und Wahrscheinlichkeit

A. Absolute und relative Häufigkeiten

Das Werfen einer Münze stellt ein Zufallsexperiment dar, denn es ist nicht vorhersagbar, ob als Ergebnis eines Wurfes „Kopf" (K) oder „Zahl" (Z) kommt. Als Ergebnisraum legt man sinnvollerweise $\Omega = \{K, Z\}$ fest. Führt man mehrere Würfe hintereinander aus, so erhält man zunächst eine offenbar regellose Folge der Ergebnisse K und Z. Dennoch erwartet man, dass die beiden Ergebnisse langfristig im Durchschnitt etwa gleich häufig auftreten. Um solche Hypothesen überprüfen oder in komplizierteren Beispielen überhaupt erst gewinnen zu können, benötigt man die beiden folgenden Begriffe.

Absolute und relative Häufigkeiten

Ein Zufallsexperiment werde n-mal wiederholt. Tritt dabei das Ereignis E genau k-mal ein, so heißt

$a_n(E) = k$ *absolute Häufigkeit* des Ereignisses E nach n Versuchen,

$h_n(E) = \frac{k}{n}$ *relative Häufigkeit* des Ereignisses E nach n Versuchen.

Beispiel: Absolute und relative Häufigkeiten beim Münzwurf

a) Werfen Sie eine Münze 100-mal und protokollieren Sie die Ergebnisse.

b) Tabellieren Sie die absoluten und relativen Häufigkeiten für die Ereignisse K (Kopf) und Z (Zahl) nach jeweils fünf Versuchen.

Lösung:

Wir halten die Versuchsausgänge in einer sogenannten *Urliste* in Fünferpaketen fest und fügen eine Tabelle mit der Anzahl der Versuche n, der zugehörigen absoluten Häufigkeit $a_n(K)$ und der zugehörigen relativen Häufigkeit $h_n(K)$ an.

Urliste	n	$a_n(K)$	$h_n(K)$
KKKZK	5	4	0,80
KZZKK	10	7	0,70
KZKZK	15	10	0,67
KZKKK	20	14	0,70
ZKKZZ	25	16	0,64
ZKZKK	30	19	0,63
KKKZK	35	23	0,66
ZKKZK	40	26	0,65
KZKZZ	45	28	0,62
ZKZZK	50	30	0,60

Urliste	n	$a_n(K)$	$h_n(K)$
KZKKZ	55	33	0,60
ZZKKZ	60	35	0,58
ZKKKK	65	39	0,60
ZZKZZ	70	40	0,57
KZKZZ	75	42	0,56
KKZZZ	80	44	0,55
ZZKZK	85	46	0,54
KZZZK	90	48	0,53
ZKZZK	95	50	0,53
KKZKZ	100	53	0,53

Die relativen Häufigkeiten zeigen an, in welchem Prozentsatz der jeweils bereits absolvierten Versuche das Ergebnis K eingetreten ist: Beispielsweise ergibt sich nach 60 Versuchen der Zwischenstand $h_{60} \approx 0,58 = 58\,\%$.

Beispiel: Stabilisierung der relativen Häufigkeiten beim Münzwurf

Stellen Sie die relativen Häufigkeiten $h_n(K)$ aus dem vorigen Beispiel als Funktion der Versuchszahl n graphisch in Fünferschritten in einem Koordinatensystem dar. Interpretieren Sie das Ergebnis.

Lösung:

Auf der x-Achse wird die Anzahl n der Versuche ($0 \le n \le 100$) abgetragen. Auf der y-Achse stellen wir die zugeordneten relativen Häufigkeiten h_n ($0 \le h_n \le n$) dar.

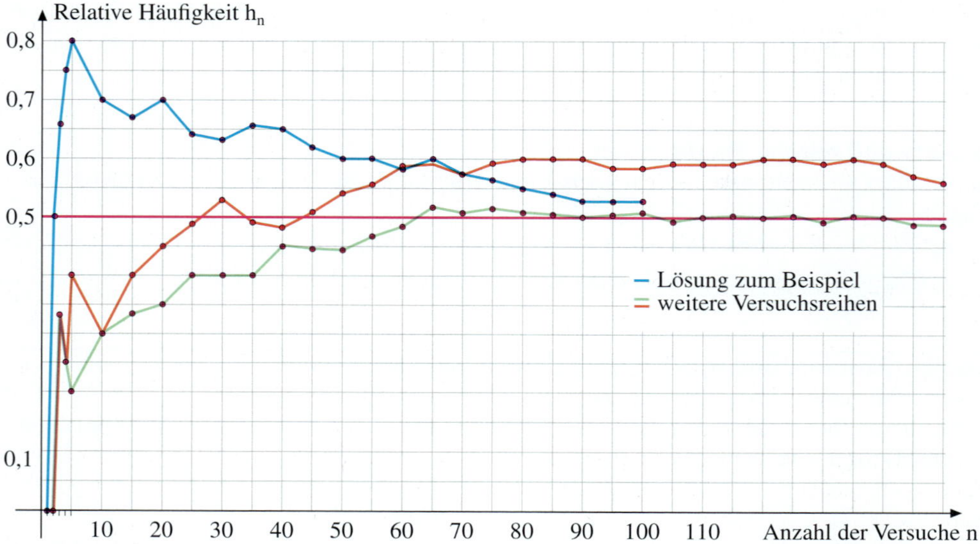

Beim Münzwurf wird mit wachsender Versuchszahl n eine ***Stabilisierung der relativen Häufigkeit*** für Kopf um den Wert 0,5 beobachtet. Dies bedeutet: Bei einer großen Anzahl von Münzwürfen fällt in etwa 50% der Fälle Kopf[1].

Diese empirisch (d. h. durch Erfahrung) gewonnene Einsicht stellt die Grundlage der Stochastik dar. Das berühmte ***Gesetz der großen Zahlen*** wurde von *Jakob Bernoulli* im 17. Jahrhundert entdeckt.

Das empirische Gesetz der großen Zahlen

Die relative Häufigkeit eines Ereignisses stabilisiert sich mit steigender Anzahl von Versuchen um einen festen Wert.

Experiment: *Werfen Sie gleichzeitig zwei Würfel 50-mal. Notieren Sie, wie oft dabei die Augensumme 6 auftritt? Wiederholen Sie diesen Versuch 20-mal, z. B. arbeitsteilig. Welcher Stabilisierungswert ergibt sich insgesamt für die relative Häufigkeit des Ereignisses „Augensumme 6"?*

[1] G.L. Buffon ermittelte bereits im 18. Jahrhundert $h_{4040}(K) = 0{,}5069$.
K. Pearson fand Anfang des letzten Jahrhunderts $h_{2400}(K) = 0{,}5005$.

B. Die Axiome von Kolmogorow

Unser Ziel ist es, ein mathematisches Modell für Zufallsexperimente zu schaffen. Man kann dann innerhalb dieses Modells theoretische Rechnungen durchführen, deren Ergebnisse danach als Aussagen über die Versuchswirklichkeit interpretiert werden. Auf diese Weise kommt man auf theoretischem Wege zu neuen Einsichten über den Ausgang von Zufallsexperimenten.

Wir ordnen hierzu jedem Elementarereignis eines Zufallsexperimentes eine reelle Zahl zu, die wir als seine ***Wahrscheinlichkeit*** bezeichnen. Um den Bezug zur Realität herzustellen, versehen wir die zugeordneten Zahlen, die Wahrscheinlichkeiten, mit Eigenschaften, die den Eigenschaften der relativen Häufigkeiten entsprechen. Nur so kann die oben geforderte Interpretationsfähigkeit des mathematischen Modells gewährleistet werden.

Die theoretische Grundlage dieses mathematischen Modells wurde im Jahr 1933 vom russischen Mathematiker Andrej Nikolajewitsch Kolmogorow (1903–1987) formuliert und veröffentlicht.

Axiome von Kolmogorow

Gegeben sei ein Zufallsexperiment mit dem Ergebnisraum Ω. Dann gilt:

(1) Nichtnegativität: Für jedes Ereignis $E \subseteq \Omega$ gilt $P(E) \geq 0$.

(2) Normiertheit: Für die Ergebnismenge Ω gilt $P(\Omega) = 1$.

(3) Additivität*: Für Ereignisse E_1 und E_2 gilt: $P(E_1 \cup E_2) = P(E_1) + P(E_2)$, falls $E_1 \cap E_2 = \varnothing$

Eine Zuordnung P, die jedem Ereignis $E \subseteq \Omega$ eine Wahrscheinlichkeit $P(E)$ zuordnet und dabei die Bedingungen (1) bis (3) erfüllt, nennt man eine ***Wahrscheinlichkeitsverteilung***.

Obgleich zwischen der relativen Häufigkeit und der Wahrscheinlichkeit eines Ereignisses ein gewisser Zusammenhang besteht, müssen beide Begriffe deutlich voneinander getrennt werden: Eine relative Häufigkeit ist eine empirisch ermittelte Größe, die erst durch experimentelle Durchführung eines Zufallsexperimentes bestimmt wird, während die Wahrscheinlichkeit eines Ereignisses eine Zahl ist, die bereits vor der Durchführung des Experiments z. B. aufgrund theoretischer Betrachtungen festgelegt werden kann.

Die relative Häufigkeit des Elementarereignisses „Kopf" beim Münzwurf im Beispiel auf der vorigen Seite stabilisierte sich mit wachsender Anzahl der Versuche um den Wert 0,5. Daher ist es sinnvoll, beim Münzwurf mit dem Ergebnisraum $\Omega = \{K, Z\}$ den Elementarereignissen „Kopf" und „Zahl" die Wahrscheinlichkeiten $P(K) = 0{,}5$ und $P(Z) = 0{,}5$ zuzuordnen. Diese Zuordnung P stellt eine Wahrscheinlichkeitsverteilung dar, da die Bedingungen I und II erfüllt sind.

---

* Das Axiomensystem von Kolmogorow ist in der angegebenen Form ausreichend, da wir im Folgenden nur Ergebnisräume mit endlich vielen Elementarereignissen betrachten. Hat der Ergebnisraum unendlich viele Ergebnisse, muss das Axiom (3) allgemeiner formuliert werden.

C. Rechenregeln für Wahrscheinlichkeiten

Aus dem Axiom (3) von Kolmogorow ergibt sich direkt die folgende Summenregel.

Satz: Summenregel
Gegeben sei ein Zufallsexperiment mit dem Ergebnisraum Ω. $E = \{e_1, e_2, \ldots, e_k\}$ sei ein beliebiges Ereignis. Dann gilt für die Wahrscheinlichkeit von E:

$$P(E) = P(e_1) + P(e_2) + \ldots + P(e_k).$$

Sonderfall: $P(E) = 0$, falls $E = \varnothing$ (das unmögliche Ereignis) ist.

Zu zwei beliebigen Ereignissen E_1 und E_2 sind oft auch die ***Vereinigung*** $E_1 \cup E_2$ bzw. der ***Schnitt*** $E_1 \cap E_2$ zu betrachten. Ebenfalls wird neben einem Ereignis E auch das ***Gegenereignis*** $\overline{E}$ untersucht, das genau dann eintritt, wenn E nicht eintritt. Weiterhin wird der Fall betrachtet, dass ein Ereignis E_1 eine Teilmenge eines anderen Ereignisses E_2 ist: $E_1 \subseteq E_2$.

Die Erläuterungen dieser Ereignisse sind in der folgenden Tabelle zusammenfassend dargestellt.

Symbol	Beschreibung	Mengenbild
$E_1 \cup E_2$	tritt ein, wenn wenigstens eines der beiden Ereignisse E_1 **oder** E_2 eintritt	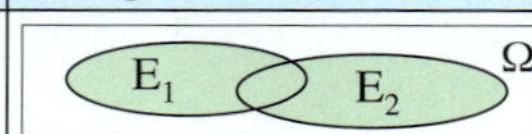
$E_1 \cap E_2$	tritt ein, wenn sowohl E_1 als auch E_2 eintritt (E_1 **und** E_2)	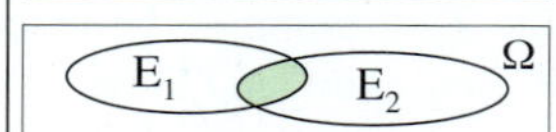
$\overline{E} = \Omega \setminus E$	tritt ein, wenn E **nicht** eintritt	
$E_1 \subseteq E_2$	tritt ein, wenn jedes Elementarereignis von E_1 auch zu E_2 gehört	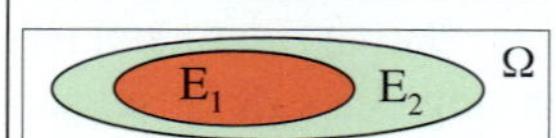

Zwischen der Wahrscheinlichkeit $P(E)$ des Ereignisses E und der Wahrscheinlichkeit $P(\overline{E})$ des Gegenereignisses $\overline{E}$ besteht ein wichtiger Zusammenhang.

Satz: Gegenwahrscheinlichkeit
Die Summe der Wahrscheinlichkeit eines Ereignisses E und der des Gegenereignisses $\overline{E}$ ist gleich 1.

$$P(E) + P(\overline{E}) = 1$$

Betrachtet man beispielsweise beim einfachen Würfelwurf mit $\Omega = \{1, 2, 3, 4, 5, 6\}$ das Ereignis E: „Es fällt eine Primzahl", also $E = \{2, 3, 5\}$, dann ist $\overline{E} = \Omega \setminus E = \{1, 4, 6\}$ das Gegenereignis „Es fällt keine Primzahl". Damit gilt:

$$P(E) = \tfrac{1}{2}, \quad P(\overline{E}) = \tfrac{1}{2}, \quad \text{also} \quad P(E) + P(\overline{E}) = 1.$$

Nun betrachten wir den Fall, dass zwei Ereignisse gemeinsame Elemente enthalten.

Satz: Der Additionssatz
Für zwei beliebige Ereignisse $E_1, E_2 \subseteq \Omega$ gilt:
$P(E_1 \cup E_2) = P(E_1) + P(E_2) - P(E_1 \cap E_2)$.
Sonderfall: Für $E_1 \cap E_2 = \emptyset$ gilt: $P(E_1 \cup E_2) = P(E_1) + P(E_2)$ (Kolmogorow)

Der Satz ist anschaulich klar. Man erkennt aus der Abbildung, dass in der Summe $P(E_1) + P(E_2)$ die Wahrscheinlichkeiten der Elementarereignisse aus der Schnittmenge $E_1 \cap E_2$ doppelt gezählt werden, weshalb sie einmal wieder abgezogen werden müssen. Mit dem Additionssatz kann die Wahrscheinlichkeit eines ODER-Ereignisses $E_1 \cup E_2$ errechnet werden.

Ist ein Ereignis E_1 eine ***Teilmenge*** eines Ereignisses E_2, so enthält E_2 gleich viele oder mehr Elementarereignisse als E_1. Damit folgt aus dem Additionssatz die Teilmengenregel.

Satz: Teilmengenregel
Ist E_1 eine Teilmenge von E_2, d. h. $E_1 \subseteq E_2$, so gilt $P(E_1) \leq P(E_2)$.

Übung 1 Ziehen aus zwei Urnen

Aus jeder der beiden Urnen wird eine Kugel gezogen. Als Gewinn zählt, wenn die Augensumme 7 ist (Ereignis E_1) *oder* wenn beide Kugeln Nummern unter 4 tragen (Ereignis E_2). Verwenden Sie als Ergebnisraum $\Omega = \{(1,1), \ldots, (8,6)\}$. Der Einsatz ist 1 €. Im Gewinnfall erhält man 2 €.

Urne 1 Urne 2

a) Stellen Sie E_1 und E_2 als Teilmengen von Ω dar.
b) Bestimmen Sie $E_1 \cap E_2$.
c) Wie groß ist die Gewinnwahrscheinlichkeit? Wenden Sie den Additionssatz an.
d) Beurteilen Sie, ob das Spiel für den Spieler günstig ist.

Übung 2 Würfeln mit zwei Würfeln

Bei einem Glücksspiel werden zwei Würfel zugleich geworfen. Man verliert, wenn die Augensumme ungerade ist (Ereignis E_1) *oder* wenn beide Würfel die gleiche Augenzahl zeigen (Ereignis E_2).

a) Geben Sie Ω an. Stellen Sie E_1 und E_2 als Teilmengen von Ω dar.
b) Begründen Sie: E_1 und E_2 sind unvereinbar.
c) Wie groß ist die Verlustwahrscheinlichkeit?
d) Der Betreiber des Glücksspiels zahlt im Falle des Gewinns 3 € an den Spieler aus. Welchen Einsatz muss er nehmen, um die durch die Auszahlung entstehenden Kosten zu decken?

Übungen

3. Teilbarkeit
Aus den ersten 200 natürlichen Zahlen wird eine Zahl gezogen. Mit welcher Wahrscheinlichkeit ist die gezogene Zahl durch 7 *oder* durch 9 teilbar?

4. Relative Häufigkeiten beim Würfeln
Würfeln Sie mit einem Würfel 100-mal. Zählen Sie nach jeweils 5 Würfen die Anzahl der Sechsen, die bis dahin gefallen sind. Stellen Sie die relativen Häufigkeiten für das Würfelergebnis „Sechs" in einer Tabelle zusammen. Fertigen Sie auch einen Graphen an. Interpretieren Sie Tabelle und Graph.

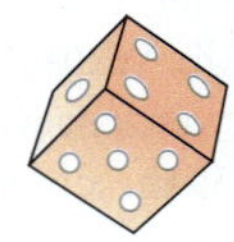

5. Ein Spiel für zwei:
Sie erhalten einen Vorrat von fünf gleichartigen Münzen und ihr Mitspieler erhält ebenfalls fünf Münzen. Zwei weitere Münzen werden gleichzeitig geworfen. Sie setzen stets auf zweimal Kopf. Ihr Mitspieler setzt auf einmal Kopf und einmal Zahl. Wer verliert, gibt eine Münze aus seinem Vorrat an den Gegenspieler. Dann wird das Ganze wiederholt. Verloren hat, wer schließlich keine Münzen mehr hat. Spielen Sie das Spiel mehrfach. Beurteilen Sie dann Ihre Chancen. Versuchen Sie, eine Erklärung zu finden.

6. Werfen von Reißnägeln
Wenn man einen Reißnagel in die Luft wirft, so kann dieser nach dem Auftreten auf dem Boden zwei Lagen einnehmen, die Kopflage (0) oder die Seitenlage (1). Franz behauptet: „Beide Lagen sind gleich wahrscheinlich und kommen daher jeweils auf 50 %." Johann meint, dass die Kopflage dreimal so wahrscheinlich wie die Seitenlage ist und daher auf 75 % kommt. Überprüfen Sie die Behauptungen experimentell.

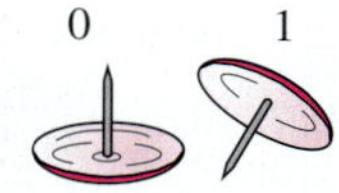

7. Wahrscheinlichkeiten beim Würfeln
Ist es beim vierfachen Werfen eines Würfels wahrscheinlicher, dass die Folge 6666 oder die Folge 4513 auftritt?

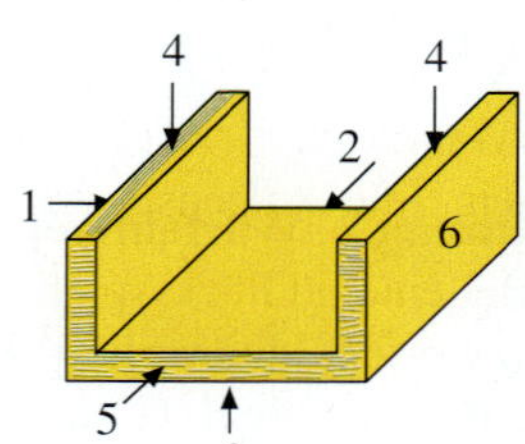

8. Häufigkeiten beim Riemer-U-Würfel
Der abgebildete Riemer-U-Würfel wurde 2000-mal geworfen. Dabei wurde für die absoluten Häufigkeiten der jeweils oben liegenden Ziffer folgende Tabelle aufgestellt:

oben liegende Ziffer	1	2	3	4	5	6
absolute Häufigkeit	142	74	510	1046	89	139

a) Bestimmen Sie die zugehörigen relativen Häufigkeiten.
b) Legen Sie für das Auftreten der Ziffern geeignete Wahrscheinlichkeiten fest.
c) Bestimmen Sie mit Hilfe der Wahrscheinlichkeiten aus b) die Wahrscheinlichkeit des Ereignisses „Es kommt eine der Ziffern 1 oder 6".

D. Laplace-Wahrscheinlichkeiten

Beispiel: Augensumme beim Würfeln
Bei einem Würfelspiel werden zwei Würfel gleichzeitig einmal geworfen.
Ist die Augensumme 6 oder die Augensumme 7 wahrscheinlicher?

Lösung:
Beide Würfel können die Augenzahlen 1 bis 6 zeigen.
Die Augensumme 6 ergibt sich aus den Augenzahlen als 1 + 5, 2 + 4 und 3 + 3. Die Augensumme 7 ergibt sich aus den Augenzahlen als 1 + 6, 2 + 5 und 3 + 4. Da es jeweils 3 Kombinationen gibt, könnte man vermuten, dass die Augensummen 6 und 7 beide mit der gleichen Wahrscheinlichkeit eintreten.
Aber die einzelnen Kombinationen sind nicht gleich wahrscheinlich. Wir denken uns die beiden Würfel farbig (z. B. rot und schwarz) und damit unterscheidbar und notieren die möglichen Augensummen tabellarisch, wie rechts dargestellt. Jeder der 36 möglichen Ausgänge in der Tabelle ist nun gleich wahrscheinlich. Anhand der Tabelle erkennen wir, dass sich die Augensumme 6 in 5 von 36 möglichen Ausgängen ergibt, die Augensumme 7 aber in 6 von 36 möglichen Ausgängen.
Somit tritt die Augensumme 6 mit der Wahrscheinlichkeit P(„Summe 6“) = $\frac{5}{36}$ ein, die Augensumme 7 mit der Wahrscheinlichkeit P(„Summe 7“) = $\frac{6}{36}$.
Die Augensumme 7 ist also wahrscheinlicher.

Summe 6: 1 + 5, 2 + 4, 3 + 3

Summe 7: 1 + 6, 2 + 5, 3 + 4

W_1 \ W_2	1	2	3	4	5	6
1	2	3	4	5	6	7
2	3	4	5	6	7	8
3	4	5	6	7	8	9
4	5	6	7	8	9	10
5	6	7	8	9	10	11
6	7	8	9	10	11	12

P(„Summe 6“) = $\frac{5}{36}$

P(„Summe 7“) = $\frac{6}{36}$

Resultat:
Die Augensumme 7 ist wahrscheinlicher.

Die Ergebnisse dieses Zufallsexperimentes sind Zahlenpaare. Eine „1“ auf dem ersten Würfel und eine „5“ auf dem zweiten Würfel können als (1 ; 5) dargestellt werden.
Dann besteht der Ergebnisraum Ω aus 36 gleich wahrscheinlichen Ergebnissen:
$\Omega = \{(1\,;1), (1\,;2), \ldots, (2\,;1), (2\,;2), \ldots, (6\,;6)\}$. Die für die Augensumme 6 in Frage kommenden, sog. günstigen Ergebnisse sind die Ausgänge (1 ; 5), (2 ; 4), (3 ; 3), (4 ; 2) und (5 ; 1), also 5 von 36 möglichen Ergebnissen. Hierbei tritt z. B. die Kombination 1 + 5 in zwei Fällen ein, nämlich bei (1 ; 5) und (5 ; 1), während 3 + 3 nur in einem Fall eintritt. Die für die Augensumme 7 günstigen Ergebnisse sind die Ausgänge (1 ; 6), (2 ; 5), (3 ; 4), (4 ; 3), (5 ; 2) und (6 ; 1), also 6 von 36 möglichen Ergebnissen. Diese Überlegungen bestätigen unsere obigen Wahrscheinlichkeiten.

Die Festlegung der möglichen Ergebnisse eines Zufallsexperiments bereitete den Mathematikern im 17. und 18. Jahrhundert manchmal erhebliche Schwierigkeiten. Beispielsweise unterschied man beim Wurf mit zwei Würfeln Ausgänge wie (1 ; 5) und (5 ; 1) nicht, was zu Problemen führte. Wie das obige Beispiel zeigt, lassen sich Zufallsexperimente leichter handhaben, wenn alle möglichen Ausgänge gleich wahrscheinlich sind.

Derartige Zufallsexperimente, bei denen alle Elementarereignisse gleich wahrscheinlich sind, werden zu Ehren des französischen Mathematikers *Pierre Simon de Laplace* (1749–1827) auch als sogenannte ***Laplace-Experimente*** bezeichnet.

Bei Laplace-Experimenten liegt als Wahrscheinlichkeitsverteilung eine sogenannte ***Gleichverteilung*** zugrunde, die jedem Elementarereignis exakt die gleiche Wahrscheinlichkeit zuordnet.

Besteht also bei einem Laplace-Experiment der Ergebnisraum $\Omega = \{e_1, \ldots, e_m\}$ aus m Ergebnissen, so besitzt jedes einzelne Elementarereignis die Wahrscheinlichkeit $P(e_i) = \frac{1}{m}$. Für ein zusammengesetztes Ereignis $E = \{e_{i_1}, \ldots, e_{i_k}\}$ gilt dann $P(E) = k \cdot \frac{1}{m}$.

Satz: Wahrscheinlichkeit bei Laplace-Experimenten

Bei einem Laplace-Experiment sei $\Omega = \{e_1, \ldots, e_m\}$ der Ergebnisraum und $E = \{e_{i_1}, \ldots, e_{i_k}\}$ ein beliebiges Ereignis. Dann gilt für die Wahrscheinlichkeit dieses Ereignisses:

$$P(E) = \frac{|E|}{|\Omega|} = \frac{k}{m} \qquad P(E) = \frac{\text{Anzahl der für E günstigen Ergebnisse}}{\text{Anzahl aller möglichen Ergebnisse}}$$

Beispiel: Zusammengesetztes Ereignis

Aus einer Urne mit elf Kugeln, die mit 1 bis 11 nummeriert sind, wird eine Kugel gezogen. Mit welcher Wahrscheinlichkeit hat sie eine Primzahlnummer?

Lösung:

Es liegt ein Laplace-Experiment vor, da jede Kugel die gleiche Chance hat, gezogen zu werden. Jedes Ergebnis, also jede der Nummern 1 bis 11, hat die gleiche Wahrscheinlichkeit $\frac{1}{11}$. Für das Ereignis E: „Primzahl“, d.h. $E = \{2, 3, 5, 7, 11\}$, sind fünf der elf möglichen Ergebnisse günstig. Daher gilt $P(E) = \frac{5}{11} \approx 0{,}45$. Also ist in ca. 45% aller Ziehungen mit einer Primzahlnummer zu rechnen.

Übung 9 Beste Wahl

Sie dürfen aus einer der drei abgebildeten Urnen eine Kugel zufällig (mit verbundenen Augen) ziehen. Ist die gezogene Kugel rot, so gewinnen Sie.
Entscheiden Sie, aus welcher Urne Sie ziehen würden.

Übung 10 Ziehen einer Spielkarte

Aus einem Skatblatt mit 32 Karten wird zufällig eine Karte gezogen.

a) Geben Sie die Wahrscheinlichkeit für das Ziehen des Pik-Buben an.
b) Berechnen Sie die Wahrscheinlichkeit für das Ziehen einer Pik-Karte.
c) Entscheiden Sie, ob eher mit einer Lusche (7, 8 oder 9) oder mit einer Herz-Karte zu rechnen ist.

Übung 11 Gewinnwahrscheinlichkeit beim Ziehen von Losen

In einem Eimer mit 500 Losen befinden sich 4 Hauptgewinne und zusätzlich 16 weitere Gewinne. Mit welcher Wahrscheinlichkeit zieht man bei einmaligem Ziehen

a) einen Hauptgewinn, b) irgendeinen Gewinn, c) keinen Gewinn?
d) Wie viele Lose muss man ziehen, um mit Sicherheit einen Hauptgewinn zu erhalten?

Übung 12 Drehen am Glücksrad

Ein Glücksrad enthält 9 gleich große Sektoren, die von 1 bis 9 nummeriert sind.

a) Das Glücksrad wird einmal gedreht. Geben Sie die Wahrscheinlickeit für eine gerade Zahl an.
b) Das Glücksrad wird zweimal gedreht.
Bestimmen Sie die Wahrscheinlichkeit für einen Pasch (zwei gleiche Zahlen).
Mit welcher Wahrscheinlichkeit ergibt sich aus den gedrehten Zahlen die Summe 16?

Übung 13 Ereignisse und Wahrscheinlichkeiten beim Münzwurf

Eine Münze wird dreimal geworfen. Die Einzelausgänge sind also jeweils Kopf (K) und Zahl (Z). Stellen Sie alle möglichen Ergebnisse in Form von Tripeln auf. Bestimmen Sie anschließend die Wahrscheinlichkeiten folgender Ereignisse:

E_1: „Es kommt das Ergebnis (K; Z; K).“
E_2: „Es kommt dreimal Kopf.“
E_3: „Es kommt mindestens einmal Zahl.“
E_4: „Es kommt mindestens zweimal Kopf.“

Knobelaufgabe II

Peter wird heute 36 Jahre alt. Er ist nun doppelt so alt, wie Paul war, als Peter so alt war, wie Paul heute ist.
Wie alt ist Paul heute?

Beispiel: Würfeln mit zwei Würfeln

Marcus und Lucius, die beiden römischen Knaben, werfen zwei Würfel. Ist die Augensumme kleiner als 7, so gewinnt Spieler Marcus, andernfalls gewinnt Lucius.

a) Welcher Knabe hat wohl die besseren Siegeschancen?

b) Gewinnt Marcus, so muss Lucius ihm 3 Sesterzen zahlen. Gewinnt Lucius, so erhält er 2 Sesterzen von Marcus. Wer ist im Vorteil?

Lösung zu a:

Wir denken uns einen Würfel schwarz und den anderen rot gefärbt. Jedes Ergebnis kann dann als Zahlenpaar (s; r) dargestellt werden. s sei die Augenzahl des schwarzen und r die des roten Würfels.

Die Ergebnismenge Ω besteht dann aus 36 solchen Zahlenpaaren. Jedes besitzt die Wahrscheinlichkeit $\frac{1}{36}$.

Ein Vergleich der Ereignisse

E_1: „Augensumme ≤ 6" und

E_2: „Augensumme ≥ 7" zeigt, dass E_1 weniger Elemente als E_2 enthält. Lucius hat die besseren Siegeschancen.

Genauer gilt: $P(E_1) = \frac{5}{12} < \frac{7}{12} = P(E_2)$.

$\Omega = \{(1,1), (1,2), \ldots, (6,5), (6,6)\}$

$E_1 = \{(1,1), (1,2), (1,3), (1,4), (1,5), (2,1), (2,2), (2,3), (2,4), (3,1), (3,2), (3,3), (4,1), (4,2), (5,1)\}$

$E_2 = \{(1,6), (2,5), (2,6), (3,4), (3,5), (3,6), (4,3), (4,4), (4,5), (4,6), (5,2), (5,3), (5,4), (5,5), (5,6), (6,1), (6,2), (6,3), (6,4), (6,5), (6,6)\}$

$|E_1| = 15, \qquad |E_2| = 21, \qquad |\Omega| = 36$

$P(E_1) = \frac{5}{36} = \frac{5}{12} < P(E_2) = \frac{21}{36} = \frac{7}{12}$

Lösung zu b:

Von zwölf Spielen gewinnt Marcus im Durchschnitt fünf Spiele und nimmt dabei fünfzehn Sesterzen ein. Lucius gewinnt sieben Spiele und nimmt vierzehn Sesterzen ein. Marcus hat trotz der geringeren Siegeschancen langfristig die größere Gewinnerwartung.

Übung 14 Zwei Glücksräder

Zwei Glücksräder mit jeweils vier gleich großen Sektoren, die mit 1 bis 4 gekennzeichnet sind, werden gedreht.

a) Mit welcher Wahrscheinlichkeit ist die Augensumme ≤ 4?

b) Mit welcher Wahrscheinlichkeit erscheint ein Pasch (zwei gleiche Zahlen)?

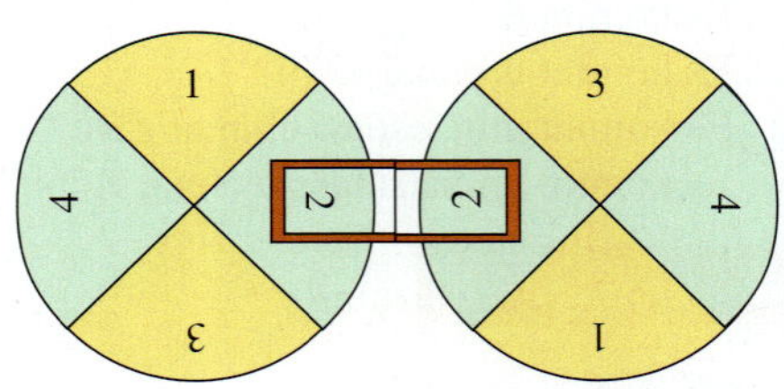

„Alea iacta est" – der Würfel ist gefallen. Dies soll Gaius Julius Caesar im Jahre 49 v. Chr. gesagt haben, als die Entscheidung gefallen war, den Fluss Rubikon zu überschreiten, um die Macht in Rom zu erlangen.

Übungen

15. Ein Wurf mit zwei Würfeln kostet 1 € Einsatz. Ist das Produkt der beiden Augenzahlen größer als 20, werden 3 € ausbezahlt. Ist das Spiel fair? Wie müsste der Einsatz geändert werden, wenn das Spiel fair sein soll?

16. Ein Holzwürfel mit roter Oberfläche wird durch 6 senkrechte Schnitte in 27 gleich große Würfel zerschnitten. Diese werden dann in eine Urne gelegt. Anschließend wird aus der Urne ein Würfel gezogen.
Berechnen Sie die Wahrscheinlichkeiten folgender Ereignisse:
E_1: „Der gezogene Würfel hat keine rote Seite.“
E_2: „Der gezogene Würfel hat zwei rote Seiten.“
E_3: „Der gezogene Würfel hat mindestens zwei rote Seiten.“
E_4: „Der gezogene Würfel hat höchstens zwei rote Seiten.“

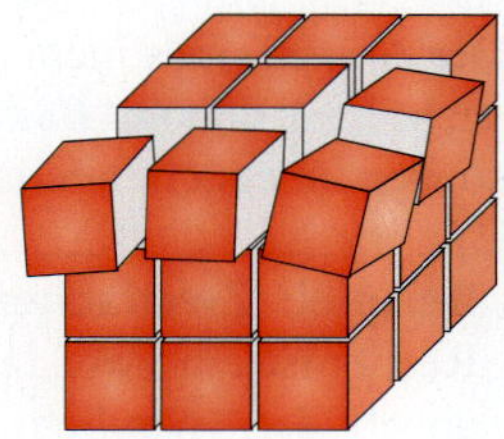

17. Mit welcher Wahrscheinlichkeit ist beim Wurf von zwei Würfeln das Produkt der beiden Augenzahlen größer als 18?

18. 

Auf einem Schachbrett stehen lediglich ein einsamer schwarzer König auf d7 und ein schwarzer Bauer auf d5. Nun wird zufällig eine weiße Dame auf eines der verbleibenden 62 Felder postiert. Mit welcher Wahrscheinlichkeit bietet sie dem schwarzen König Schach?

19. In einer Urne liegen zwei blaue (B1, B2) und drei rote Kugeln (R1, R2, R3). Mit einem Griff werden drei der Kugeln gezogen.
Stellen Sie mit Hilfe von Tripeln eine Ergebnismenge Ω auf.
Bestimmen Sie die Wahrscheinlichkeiten folgender Ereignisse:
E_1: „Es werden mindestens 2 blaue Kugeln gezogen.“
E_2: „Alle gezogenen Kugeln sind rot.“
E_3: „Es werden mehr rote als blaue Kugeln gezogen.“

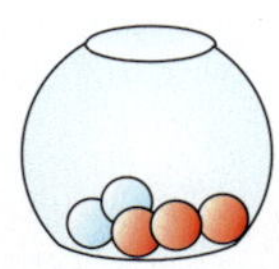

20. Zwei Würfel mit den abgebildeten Netzen werden gleichzeitig geworfen.

a) Welche Augensumme ist am wahrscheinlichsten?
b) Mit welcher Wahrscheinlichkeit ist die Augensumme kleiner als 5?
c) Wie wahrscheinlich ist ein Pasch?

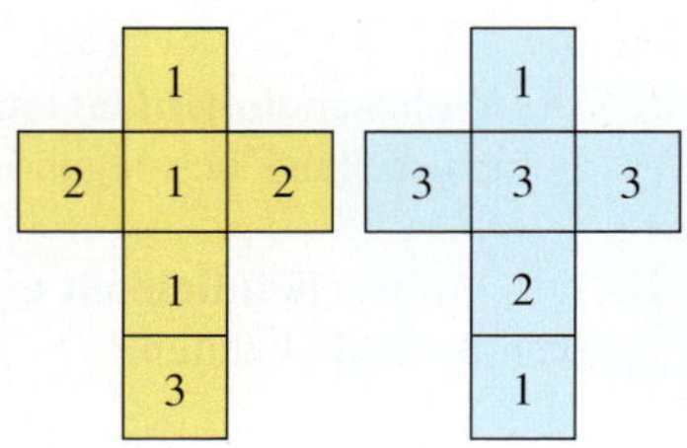

3. Mehrstufige Zufallsversuche/Baumdiagramme

A. Baumdiagramme und Pfadregeln

Im Folgenden betrachten wir ***mehrstufige Zufallsversuche***.
Ein solcher Versuch setzt sich aus mehreren hintereinander ausgeführten einstufigen Versuchen zusammen (mehrmaliges Werfen mit einem oder mehreren Würfeln, mehrmaliges Ziehen einer oder mehrerer Kugeln etc.).

Der Ablauf eines mehrstufigen Zufallsversuchs lässt sich mit ***Baumdiagrammen*** besonders übersichtlich darstellen.

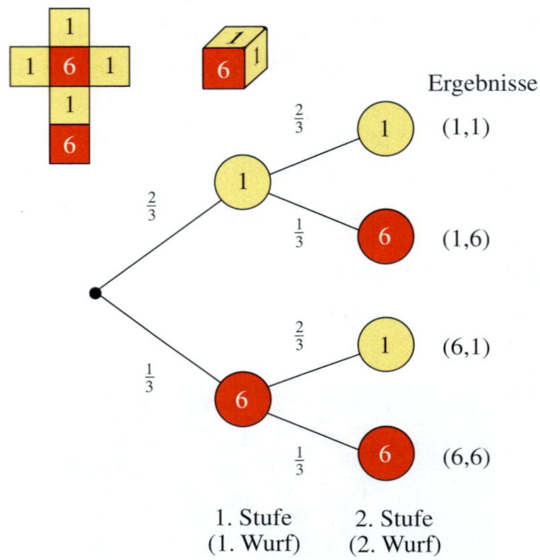

Beispiel: Zweifacher Würfelwurf
Rechts ist ein zweistufiges Experiment abgebildet, nämlich das zweimalige Werfen eines Würfels, der 4 Einsen und 2 Sechsen trägt. Gesucht ist die Wahrscheinlichkeit dafür, dass sich eine gerade Augensumme ergibt.

Lösung:
Der Baum besteht aus zwei Stufen. Er besitzt insgesamt vier ***Pfade*** der Länge 2. Jeder Pfad repräsentiert das an seinem Ende vermerkte Ergebnis des zweistufigen Experiments.
Für das Ereignis „Augensumme gerade“ sind zwei Pfade günstig, der Pfad (1,1), dessen Wahrscheinlichkeit $\frac{2}{3} \cdot \frac{2}{3} = \frac{4}{9}$ beträgt, und der Pfad (6,6) mit der Wahrscheinlichkeit $\frac{1}{3} \cdot \frac{1}{3} = \frac{1}{9}$. Insgesamt ergibt sich damit die Wahrscheinlichkeit P(„Augensumme gerade“) $= \frac{4}{9} + \frac{1}{9} = \frac{5}{9} \approx 0{,}56$.

Die Pfadregeln für Baumdiagramme

Mehrstufige Zufallsexperimente können durch Baumdiagramme dargestellt werden. Dabei stellt jeder Pfad ein Ergebnis des Zufallsexperiments dar.

I. Die **Wahrscheinlichkeit eines Ergebnisses** ist gleich dem Produkt aller Zweigwahrscheinlichkeiten längs des zugehörigen Pfades (Pfadwahrscheinlichkeit).

II. Die **Wahrscheinlichkeit eines Ereignisses** ist gleich der Summe der zugehörigen Pfadwahrscheinlichkeiten.

B. Mehrstufige Zufallsversuche

Beispiel: Ziehen von zwei Kugeln
In einer Urne liegen drei rote und zwei schwarze Kugeln. Es werden zwei Kugeln gezogen. Zeichnen Sie den zugehörigen Wahrscheinlichkeitsbaum und bestimmen Sie die Wahrscheinlichkeit für das Ereignis E: „Beide gezogenen Kugeln sind gleichfarbig" mit und ohne Zurücklegen der jeweils gezogenen Kugel.

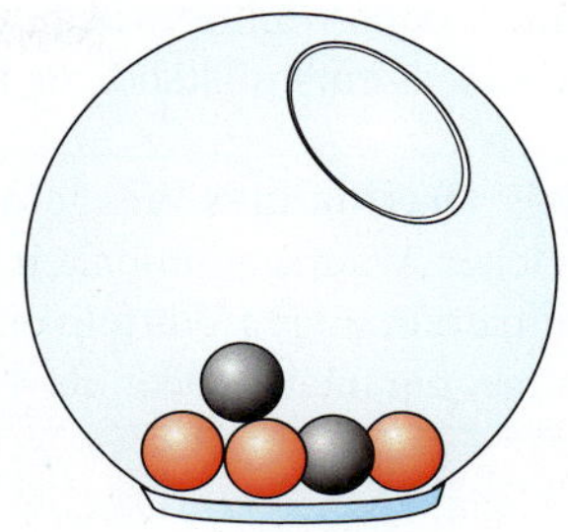

Lösung:

Ziehen mit Zurücklegen

Die erste Kugel wird gezogen und vor dem Ziehen der zweiten Kugel wieder in die Urne zurückgelegt.

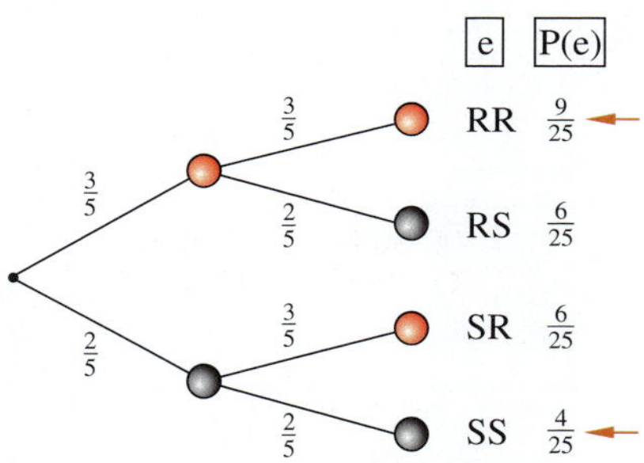

$$P(E) = P(RR) + P(SS) = \frac{9}{25} + \frac{4}{25} = \frac{13}{25} = 0{,}52$$

Ziehen ohne Zurücklegen

Die zweite Kugel wird gezogen, ohne dass die bereits gezogene erste Kugel zurückgelegt wird.

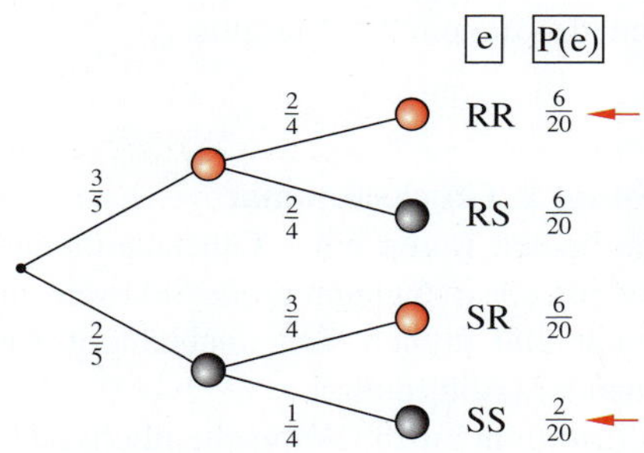

$$P(E) = P(RR) + P(SS) = \frac{6}{20} + \frac{2}{20} = \frac{8}{20} = 0{,}40$$

Übung 1 Dreistufiger Zufallsversuch
Ein Glücksrad hat zwei Sektoren. Der weiße Sektor ist dreimal so groß wie der rote Sektor. Das Rad wird dreimal gedreht.
Zeichnen Sie den zugehörigen Wahrscheinlichkeitsbaum und bestimmen Sie die Wahrscheinlichkeiten folgender Ereignisse:

E_1: „Es kommt dreimal Rot",
E_2: „Es kommt stets die gleiche Farbe",
E_3: „Es kommt die Folge Rot/Weiß/Rot",
E_4: „Es kommt insgesamt zweimal Weiß und einmal Rot",
E_5: „Es kommt mindestens zweimal Rot".

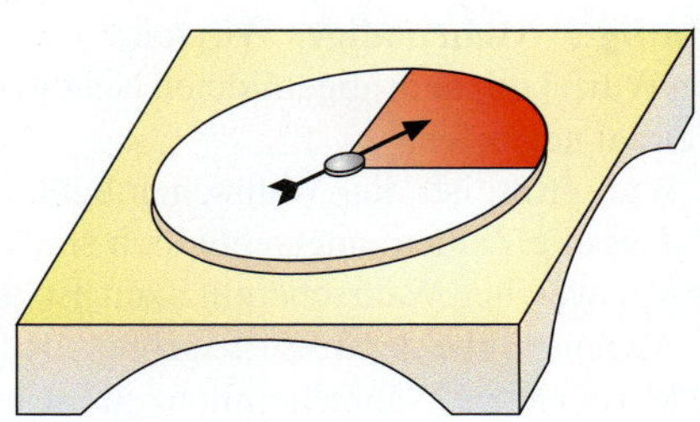

In vielen Fällen ist es nicht notwendig, den gesamten Wahrscheinlichkeitsbaum eines Zufallsexperiments darzustellen. Man kann sich in der Regel auf die zu dem betrachteten Ereignis gehörenden Pfade beschränken und spricht dann von einem ***reduzierten Baumdiagramm***. Dies ist insbesondere dann wichtig, wenn viele Stufen vorliegen oder die einzelnen Stufen viele Ausfälle zulassen, sodass ein vollständiges Baumdiagramm ausufernd groß wäre.

Beispiel: Dreimaliges Würfeln
Mit welcher Wahrscheinlichkeit erhält man beim dreimaligen Würfeln eine Augensumme, die nicht größer als 4 ist?

Lösung:
Bei dreimaligem Würfeln können nur die Augenzahlen 1 und 2 einen Beitrag zum betrachteten Ereignis E: „Die Augensumme ist höchstens 4“ liefern.
Von den insgesamt $6^3 = 216$ Pfaden des Baumes gehören nur 4 zum Ereignis E.
Jeder hat die Wahrscheinlichkeit $\left(\frac{1}{6}\right)^3$, sodass $P(E) = \frac{4}{216} \approx 0{,}0185$ gilt. Es handelt sich also um ein 2%-Ereignis.

Reduzierter Baum:

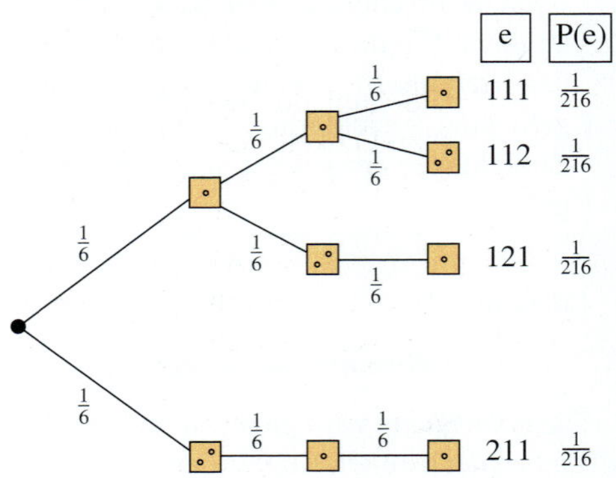

$P(E) = 4 \cdot \frac{1}{216} \approx 0{,}0185 \approx 2\%$

Übung 2 Glücksautomat
Die beiden Räder eines Glücksautomaten sind jeweils in 6 gleich große Sektoren eingeteilt und drehen sich unabhängig voneinander (Abbildung).

a) Ermitteln Sie die Wahrscheinlichkeit für eine Auszahlung von 5 € bzw. von 2 € (siehe Gewinnplan).
b) Der Einsatz beträgt 0,50 € pro Spiel. Entscheiden Sie, ob sich das Spiel auf lange Sicht lohnt.

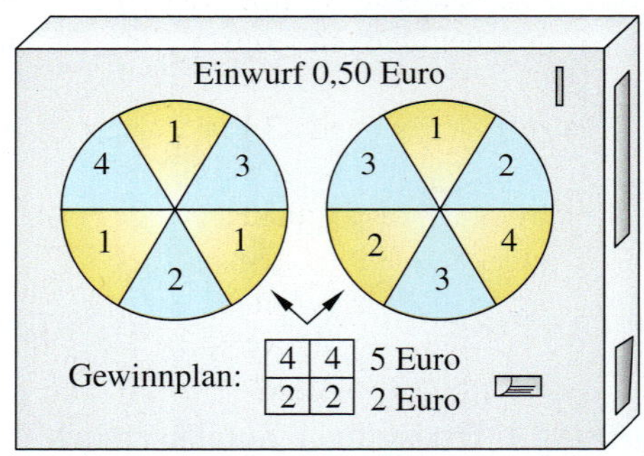

Übung 3 Mehrmaliges Würfeln
Ein Würfel mit dem abgebildeten Netz wird dreimal geworfen.

a) Wie groß ist die Wahrscheinlichkeit, dass alle Zahlen unterschiedlich sind?
b) Mit welcher Wahrscheinlichkeit ist die Augensumme der 3 Würfe größer als 6?
c) Mit welcher Wahrscheinlichkeit ist die Augensumme beim viermaligen Würfeln kleiner als 6?

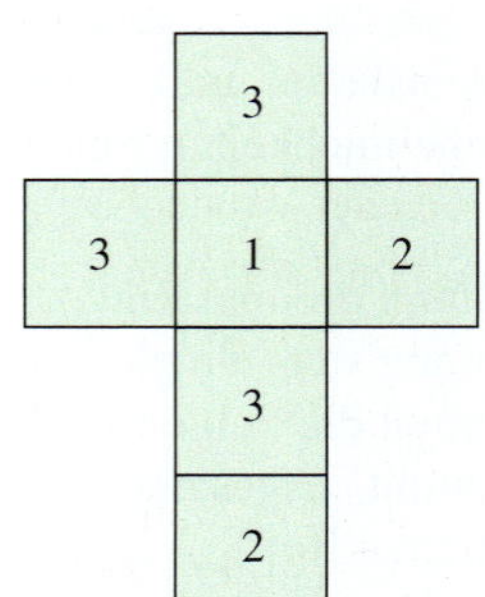

Übungen

4. In einer Urne liegen 12 Kugeln, 4 gelbe, 3 grüne und 5 blaue Kugeln. 3 Kugeln werden ohne Zurücklegen entnommen.
a) Mit welcher Wahrscheinlichkeit sind alle Kugeln grün?
b) Mit welcher Wahrscheinlichkeit sind alle Kugeln gleichfarbig?
c) Mit welcher Wahrscheinlichkeit kommen genau zwei Farben vor?

5. In einer Schublade liegen fünf Sicherungen, von denen zwei defekt sind. Wie groß ist die Wahrscheinlichkeit, dass bei zufälliger Entnahme von zwei Sicherungen aus der Schublade mindestens eine defekte Sicherung entnommen wird?

6. Aus dem Wort ANANAS werden zufällig mit einem Griff zwei Buchstaben herausgenommen.
a) Mit welcher Wahrscheinlichkeit sind beide Buchstaben Konsonanten?
b) Mit welcher Wahrscheinlichkeit sind beide Buchstaben gleich?

7. Das abgebildete Glücksrad (mit drei gleich großen Sektoren) wird zweimal gedreht.
Mit welcher Wahrscheinlichkeit
a) erscheint in beiden Fällen Rot,
b) erscheint mindestens einmal Rot?

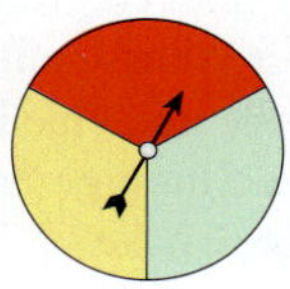

8. Sie werfen eine Münze wiederholt, bis zweimal hintereinander Kopf kommt. Mit welcher Wahrscheinlichkeit stoppen Sie exakt nach vier Würfen?

9. In einer Urne liegen 7 Buchstaben, viermal das O und dreimal das T. Es werden vier Buchstaben der Reihe nach mit Zurücklegen gezogen.
Mit welcher Wahrscheinlichkeit
a) entsteht so das Wort OTTO,
b) lässt sich mit den gezogenen Buchstaben das Wort OTTO bilden?

10. Alfred zieht aus einer Urne, die zwei Kugeln mit den Ziffern 1 und 2 enthält, eine Kugel. Er legt die gezogene Kugel wieder in die Urne zurück und legt zusätzlich eine Kugel mit der Ziffer 3 in die Urne. Nun zieht Billy eine Kugel aus der Urne. Auch er legt sie wieder zurück und fügt eine mit der Ziffer 4 gekennzeichnete Kugel hinzu. Schließlich zieht Cleo eine Kugel aus der Urne.
a) Mit welcher Wahrscheinlichkeit werden drei Kugeln mit der gleichen Nummer gezogen?
b) Mit welcher Wahrscheinlichkeit wird mindestens zweimal die 1 gezogen?
c) Wie groß ist die Wahrscheinlichkeit für genau zwei Kugeln mit der gleichen Nummer?

Knobelaufgabe I

Eine Zahlenreihe beginnt mit 3. Jede Zahl ist um 1 größer als die Hälfte der nächsten Zahl. Wie lautet die fünfte Zahl?

11. Robinson hat festgestellt, dass auf seiner Insel folgende Wetterregeln gelten:
(1) Ist es heute schön, ist es morgen mit 80 % Wahrscheinlichkeit ebenfalls schön.
(2) Ist heute schlechtes Wetter, so ist morgen mit 75 % Wahrscheinlichkeit ebenfalls schlechtes Wetter.

a) Heute (Montag) scheint die Sonne. Mit welcher Wahrscheinlichkeit kann Robinson am Mittwoch mit schönem Wetter rechnen?
b) Heute ist Dienstag und es ist schön. Mit welcher Wahrscheinlichkeit regnet es am Freitag?

12. In einer Lostrommel sind 7 Nieten und 1 Gewinnlos. Jede der 8 Personen auf der Silvester-Party darf einmal ziehen. Hat die Person, die als zweite (als dritte usw. als letzte) zieht, eine größere Gewinnchance als die Person, die als erste zieht?

13. In einer Schublade liegen 4 rote, 8 weiße, 2 blaue und 6 grüne Socken. Im Dunkeln nimmt Franz zwei Socken gleichzeitig aus der Schublade.
Mit welcher Wahrscheinlichkeit entnimmt er
a) eine weiße und eine blaue Socke,
b) zwei gleichfarbige Socken,
c) keine rote Socke?

14. Die drei Räder eines Glücksautomaten sind jeweils in 5 gleich große Sektoren eingeteilt und drehen sich unabhängig voneinander (Abbildung).
a) Mit welcher Wahrscheinlichkeit gewinnt man 7 € bzw. 2 €?
b) Lohnt sich das Spiel auf lange Sicht?

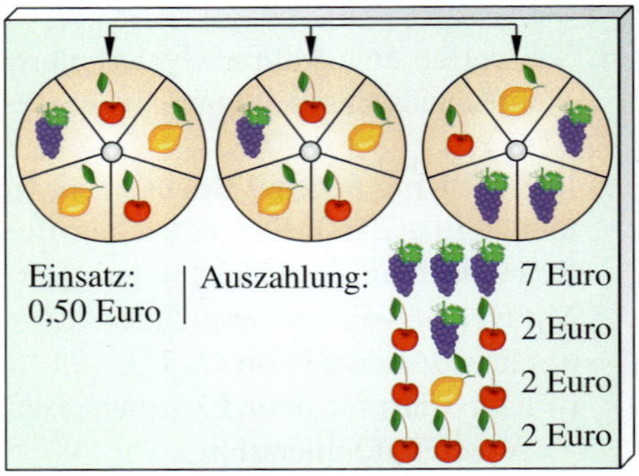

15. Eine Tontaube wird von fünf Jägern gleichzeitig ins Visier genommen. Zum Glück treffen diese nur mit den Wahrscheinlichkeiten 5 %, 5 %, 10 %, 10 % und 20 %.
a) Mit welcher Wahrscheinlichkeit überlebt die Tontaube?
b) Mit welcher Wahrscheinlichkeit wird die Tontaube mindestens zweimal getroffen?

16. Ein Würfel mit den Maßen $4 \times 4 \times 4$, dessen Oberfläche rot gefärbt ist, wird durch Schnitte parallel zu den Seitenflächen in 64 Würfel mit den Maßen $1 \times 1 \times 1$ zerlegt. Aus diesen 64 Würfeln wird ein Würfel zufällig ausgewählt und dann geworfen.
Mit welcher Wahrscheinlichkeit ist keine seiner 5 sichtbaren Seiten rot?

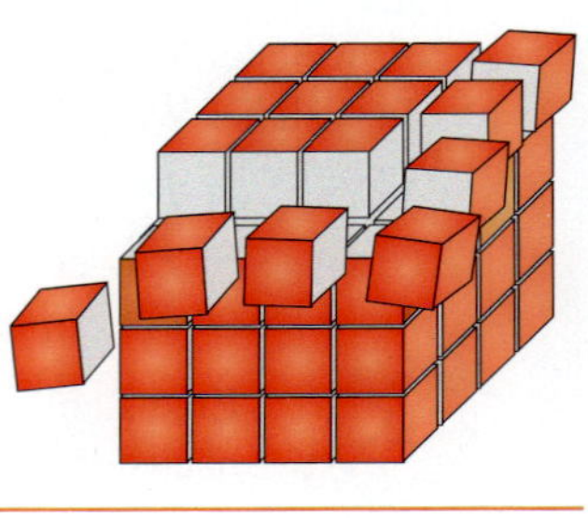

Zusammengesetzte Aufgaben

17. Bei dem abgebildeten Glücksrad tritt jedes der 10 Felder mit der gleichen Wahrscheinlichkeit ein. Das Glücksrad wird zweimal gedreht.

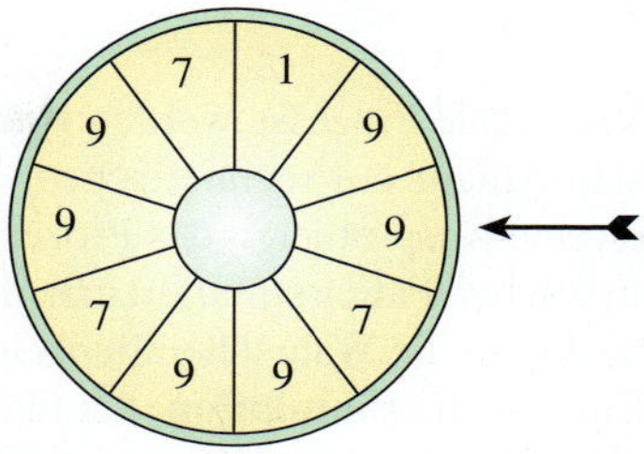

a) Stellen Sie eine geeignete Ergebnismenge für dieses Zufallsexperiment auf und geben Sie die Wahrscheinlichkeiten aller Elementarereignisse mit Hilfe eines Baumdiagramms an.

b) Berechnen Sie die Wahrscheinlichkeiten der folgenden Ereignisse:
A: „Es tritt höchstens einmal die 1 auf."
B: „Es tritt genau einmal die 7 auf."
C: „Es tritt keine 9 auf."
$D = B \cap C$

18. Im Folgenden wird mit einem Würfel geworfen, der das rechts abgebildete Netz mit den Ziffern 1, 2 und 6 besitzt.

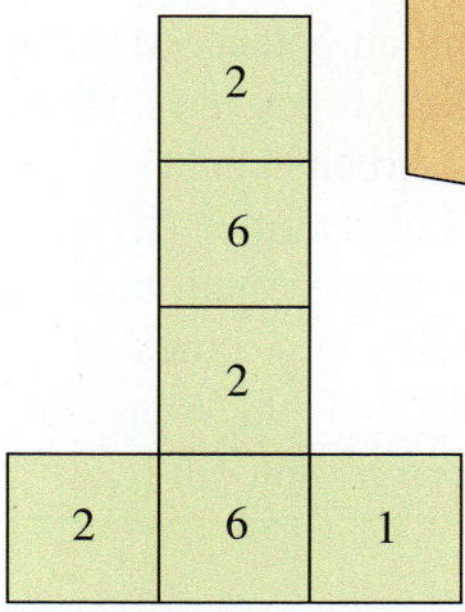

a) Der Würfel wird dreimal geworfen. Berechnen Sie die Wahrscheinlichkeiten der folgenden Ereignisse:
A: „Die Sechs fällt genau zweimal."
B: „Die Sechs fällt höchstens einmal."
C: „Die Sechs fällt mindestens einmal."
$D = \overline{A}$
$E = B \cap C$
$F = A \cup B$

b) Moritz darf den Würfel für einen Einsatz von 1 € zweimal werfen. Er hat gewonnen, wenn die Augensumme 3 beträgt oder wenn zwei Sechsen fallen. Er erhält dann 3 € Auszahlung. Entscheiden Sie, ob das Spiel für Moritz günstig ist.

c) Heino darf für einen Einsatz von 6 € dreimal würfeln. Bei jeder Zwei, die dabei fällt, erhält er eine Sofortauszahlung von a €. Ermitteln Sie, für welchen Wert von a dieses Spiel fair ist.

19. Ein Glücksrad hat drei gleich große 120°-Sektoren, von denen zwei Sektoren die Ziffer 1, ein Sektor die Ziffer 2 trägt.

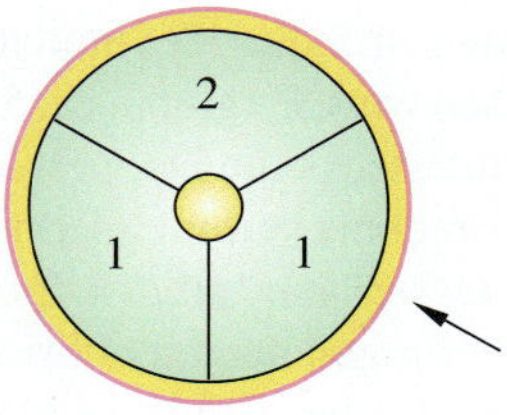

a) Das Glücksrad wird dreimal gedreht. Berechnen Sie die Wahrscheinlichkeiten der Ereignisse
A: „Die Ziffer 2 tritt mindestens zweimal auf",
B: „Die Summe der gedrehten Ziffern ist 4".

b) Nun drehen zwei Spieler A und B das Glücksrad je einmal. Sind die beiden gedrehten Ziffern gleich, so gewinnt Spieler A und erhält 2 € von Spieler B. Andernfalls gewinnt Spieler B und erhält die Ziffernsumme in € von Spieler A. Welcher Spieler ist im Vorteil?

4. Simulationen

Viele reale Prozesse werden vom Zufall beeinflusst. Oft ist ein solcher Prozess so komplex, dass sein Ablauf auf rechnerischem Weg mit einfachen Mitteln nicht erfasst werden kann und das direkte Ausprobieren des Prozesses zu zeitaufwendig und zu teuer wäre.
In solchen Fällen simuliert man den Prozess. Man spielt ihn mit Hilfe von Zufallsgeräten mehrfach nach, um die Wahrscheinlichkeit der möglichen Endergebnisse einschätzen zu können.
Eine solche **Simulation**, die man in Anlehnung an Glücksspiele als ***Monte-Carlo-Methode*** bezeichnet, kann mit Hilfe von Münzen, Würfeln, Urnen und Zufallszahlen erfolgen.

A. Simulation mit einfachen Zufallsgeräten

Viele reale Zufallsprozesse lassen sich mit einfachen Zufallsgeräten wie Münzen, Würfeln und Urnen experimentell simulieren.

Beispiel: Schlafmütze

Ein junger Mann tendiert zum späten Aufstehen am Morgen. Auf dem Weg zum Bus muss er also ordentlich hetzen. Manchmal versäumt er den Bus. Das passiert im Durchschnitt an 4 von 24 Arbeitstagen.
Mit seinem Chef bekommt er richtig Ärger, wenn er an zwei oder mehr aufeinanderfolgenden Arbeitstagen eines Monats zu spät kommt. Mit welcher Wahrscheinlichkeit tritt dies pro Monat ein?

Lösung:
Die Wahrscheinlichkeit für eine Verspätung beträgt $p = \frac{1}{6}$. Daher eignet sich ein Würfel gut für diese Simulation. Die Augenzahl 6 soll für die Verspätung stehen.
Ein Monat hat 24 Arbeitstage. Wir würfeln also 24-mal und wiederholen diese Simulation 10-mal. Die Ergebnisse stehen rechts.

Wir finden in 5 der 10 Simulationen Doppelsechsen (rot). Es gibt in ca. 50% der Monate mindestens eine Doppelverspätung.
Dieses Ergebnis stimmt aber nur ungefähr, da das *Gesetz der großen Zahlen* bei 10 Wiederholungen noch nicht richtig greift. Man bräuchte ca. 100 Wiederholungen.
Der reale Wert* für mindestens eine Doppelverspätung liegt übrigens bei ca. 43%.

Simulation:

Würfelergebnisse:	Doppel:
534111622642444454166 21	**ja**
651311244221626533646453	**nein**
351331632464365314515414	**nein**
166125241163645364234566	**ja**
364153451636236615153621	**ja**
456364534111466363156341	**ja**
252166352645434125151133	**ja**
261233226124224363446146	**nein**
462352533511635165312564	**nein**
465554325532254553643562	**nein**

Resultat:

P(Monat mit Doppelverspätung) ≈ 50%

*Gewonnen durch Simulation mit einem Computerprogramm, 1000 Wiederholungen

Beispiel: Junge und Mädchen
Eine Familie hat zwei Kinder. Es ist bekannt, dass eines der Kinder ein Mädchen ist. Mit welcher Wahrscheinlichkeit ist das zweite Kind ein Junge? Simulieren Sie den Zufallsprozess mit Münzen.

Lösung:
Man wird vermutlich unmittelbar auf eine Wahrscheinlichkeit von 50% für einen Jungen tippen, aber sicher erscheint das nicht.

Daher simulieren wir den Vorgang, indem wir zwei Münzen werfen, und zwar n = 50-mal. Kopf ist Junge, Zahl ist Mädchen. Das Ergebnis ZZ bedeutet zwei Mädchen und KZ bzw. ZK genau einen Jungen. Das Ergebnis KK verwerfen wir als ungültig und notieren es nicht, da zwei Jungen nicht auftreten können, da bekannt ist, das eines der Kinder ein Mädchen ist.

Die Auswertung der 50 Ergebnisse ergibt, dass das zweite Kind mit einer Wahrscheinlichkeit von ca. 66% ein Junge ist.

Man kann diese Aufgabe auch ohne Simulation theoretisch kösen, wie rechts dargestellt. Das Ergebnis zeigt gute Übereinstimmung mit dem Simulationsergebnis.

Münzwurfergebnisse:
ZZ KZ KZ KZ KZ ZZ ZK ZZ ZZ KZ
KZ KZ ZK ZZ ZZ ZK ZZ ZZ KZ ZK
ZK KZ KZ ZZ KZ ZK ZZ KZ KZ ZK
KZ ZZ KZ ZZ KZ ZZ KZ ZZ ZK ZK
ZK ZZ ZK ZZ ZK ZK KZ ZK ZZ ZK

Auswertung:
P(ein Junge) = P(KZ oder ZK) = $\frac{33}{50}$ = 66%
Das zweite Kind ist mit einer Wahrscheinlichkeit von ca. 66% ein Junge.

Theoretische Lösung:
Es gibt vier gleichwahrscheinliche Ereignisse:
(Junge, Junge), (Junge, Mädchen), (Mädchen, Junge), (Mädchen, Mädchen).
Da (Junge, Junge) nicht auftreten kann, verbleiben drei gleichwahrscheinliche Ereignisse.
In zwei dieser Ereignisse tritt ein Junge auf. Daher ist die gesuchte Wahrscheinlichkeit $\frac{2}{3}$.

Übung 1 Ein Spiel
Anton und Egon spielen ein Spiel. Eine Münze wird solange geworfen, bis eine der Folgen ZZZ bzw. ZKZ aufgetreten ist. Dann wird das Spiel beendet. Bei ZZZ hat Anton gewonnen, bei ZKZ hingegen Egon. Simulieren Sie das Spiel 20-mal, indem Sie es mit einer Münze nachspielen.
a) Ermitteln Sie, wie viele Spielzüge sich pro Spiel im Mittel ergeben.
b) Entscheiden Sie, welcher Spieler die höhere Gewinnchance hat.
c) Entwickeln Sie einen Ansatz, wie man das Spiel mit Hilfe eines Würfels simulieren könnte.

Übung 2 Wunschkinder
Ein Ehepaar möchte sowohl Jungen als auch Mädchen, insgesamt aber maximal sechs Kinder. Der Wunsch auf weitere Kinder erlischt, sobald beide Geschlechter vorhanden sind oder wenn die Kinderzahl 6 erreicht ist.
Mit welcher Zahl von Kindern ist bei diesem Vorgehen im Durchschnitt zu rechnen?
Die Wahrscheinlichkeiten für einen Jungen oder ein Mädchen sollen jeweils 0,5 betragen, Mehrlinge sollen nicht vorkommen. Simulieren Sie den Prozess 20-mal.

Das folgende Beispiel zeigt eine typische Anwendung einer Monte-Carlo-Simulation. Man erhält die gewünschte Information, die bei der mehrfachen realen Durchführung des Vorgangs zeitaufwendig und teuer wäre, durch Simulation mit Würfeln oder Zufallszahlen kostenlos und schnell.

Beispiel: Sammelbilder

Eine Lebensmittelkette verkauft Haferflockenpackungen, denen jeweils eines von sechs Sammelbildern der „Vögel des Jahres“ beiliegt. Johannes möchte alle sechs Sammelbilder haben. Wie oft müssen seine Eltern im Mittel Haferflocken kaufen, bis er sein Ziel erreicht hat? Simulieren Sie den Prozess.

Lösung:

Wir simulieren den Versuch mit einem Würfel, der uns Zufallszahlen von 1 bis 6 liefert. Natürlich könnten wir auch die Zufallszahlentabelle verwenden oder den Taschenrechner bzw. Tabellenkalkulation einsetzen. Wir brechen ab, sobald alle sechs Bilder erwürfelt sind, und zählen die Anzahl der erforderlichen Versuche.

Dieses Zufallsexperiment wiederholen wir zehnmal.

Dann wird der Mittelwert der zehn festgestellten Kettenlängen gebildet. Er beträgt 17,1.

Johannes Eltern müssen also im Mittel ca. 17-mal* Haferflocken kaufen, um seinen Wunsch zu erfüllen. Hoffentlich bekommen ihm so viele Haferflocken gut.

Simulation:

Würfelergebnisse:

	Anzahl
5-6-4-5-5-1-5-2-4-1-1-1-4-6-3	15
6-1-6-2-2-1-3-3-1-4-3-1-6-4-1-2-2-1-6-6-3-5	22
5-4-4-4-3-5-4-1-6-6-3-6-1-4-1-1-2	17
6-3-1-1-5-5-4-3-5-3-5-1-5-2	14
2-3-2-4-5-3-3-2-2-4-5-2-6-3-3-3-6-2-6-2-4-4-2-1	24
3-1-4-3-6-2-4-4-3-1-2-6-3-1-3-1-3-3-4-2-5	21
1-6-3-2-1-3-6-3-3-3-6-6-2-2-2-6-6-1-5-1-1-4	22
3-2-3-2-1-3-2-2-3-5-1-3-6-4	14
3-5-1-4-1-3-2-2-2-4-6	11
5-6-6-6-3-2-1-1-5-3-4	11
Summe:	171
Mittelwert:	171:10 = 17,1

Übung 3 Sammelbilder

Lösen Sie die Aufgabenstellung aus dem obigen Beispiel „Sammelbilder“ für eine Serie von 10 Bildern. Führen Sie 10 Simulationen durch. Als Zufallsgerät können sie einen Zehnerwürfel oder eine Urne mit 10 numerierten Zetteln verwenden, aus der mit Zurücklegen gezogen wird.

Übung 4 Taxi

Ein Chemiker fährt täglich mit dem Taxi zur Arbeit. An seinem Taxistand sind insgesamt fünf Taxis im Einsatz. Ermitteln Sie durch eine geeignete Simulation, wie viele Arbeitstage es im Mittel dauert, bis er alle fünf Taxis durch hat.

* Bei 1000 Simulationen mittels Computerprogramm ergibt sich als genauer Wert 14,3.

B. Erzeugung von Zufallszahlen

Reale Zufallsgeräte wie Würfel, Münzen und Urnen stehen nicht immer zur Verfügung. Daher greift man oft auf sog. ***Zufallszahlen*** zurück, die man recht gut mit Taschenrechnern, Computern und Computerprogrammen erzeugen kann oder in einer ***Zufallsziffertabelle*** entnehmen kann.

Taschenrechner TI:
Mit 2nd random ruft man die Zufallszahlen auf. Es gibt dann zwei Optionen:

1: rand Erzeugt reelle Zufallszahlen zwischen 0 und 1.
2: randint(a;b) Erzeugt ganze Zufallszahlen zwischen a und b.

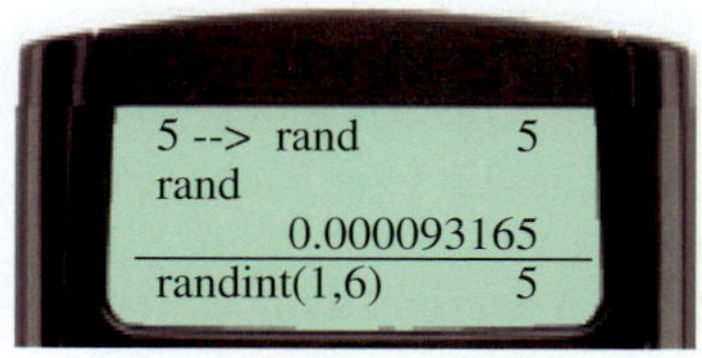

Taschenrechner CASIO:
Mit SHIFT[,] bzw. ALPHA [,] ruft man die Zufallszahlen-Optionen auf.

1: Ran# Erzeugt reelle Zufallszahlen zwischen 0 und 1.
2:RanInt#(a;b) Erzeugt ganze Zufallszahlen zwischen a und b.

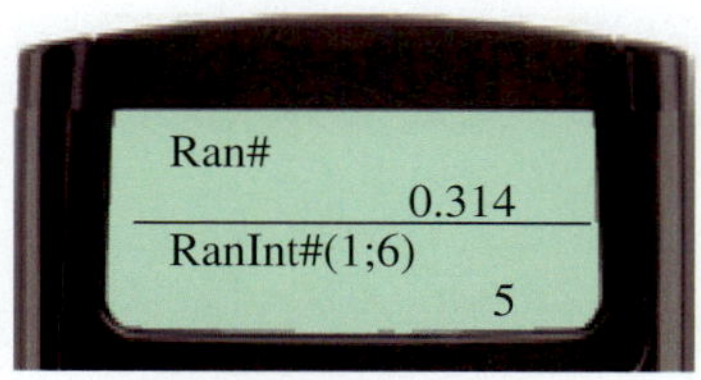

Nachteil: Mit den Befehlen kann man stets nur eine einzige Zufallszahl erzeugen.

Verwendung einer Tabellenkalkulation:
Eine Tabellenkalkulation kann sehr einfach beliebig viele Zufallszahlen erzeugen. Dazu dienen Befehle folgender Art:

=ZUFALLSBEREICH(a;b); Erzeugt ganzzahlige Zufallszahlen zwischen a und b.

=ZUFALLSZAHL(): Erzeugt reelle Zufallszahlen zwischen 0 und 1.

Man schreibt den Befehl in die erste Zelle und zieht mit der Maus die rechte untere Ecke der Zelle nach unten über die gewünschte Anzahl weiterer Zellen (s. rechts).

=ZUFALLSBEREICH(1;6)

C	D
ganzzahlig	reell
3	0,624092450
2	0,296305657
5	0,953288018
1	0,216484179
6	0,010073498
3	0,392411333
5	0,088914923
1	0,035378785
2	0,687492378
3	0,694370995

Übung 5 Tetraederwürfel
Bei einem Zufallsexperiment werden zwei Tetraederwürfel 40-mal (Ziffern 1 bis 4) gleichzeitig geworfen und die Augensumme notiert. Es gilt jeweils die Zahl auf der Standfläche. Fertigen Sie eine Häufigkeitstabelle für die möglichen Augensummen 2 bis 8 an. Simulieren Sie das Experiment mittels Rechner.

C. Simulation mit der Zufallszifferntabelle

Nachdem wir bisher mit realen Zufallsgeräten oder auch mit Zufallszahlen des Taschenrechners gearbeitet haben, kommen wir nun zur Anwendung einer ***Tabelle mit Zufallsziffern***, die mit dem Computer erzeugt wurde und im Buch auf Seite 545 dargestellt ist.
Damit lassen sich die meisten zufälligen Prozesse simulieren.

Beispiel: Entenjagd
10 absolut treffsichere Jäger schießen gleichzeitig auf 10 aufsteigende Enten. Jeder Jäger sucht sich seine Zielente rein zufällig aus.
Wie viele Enten überleben im Mittel?

Lösung:
Wir simulieren den Jagdprozess mit Hilfe der Zufallszifferntabelle (S. 545), deren Beginn rechts abgedruckt ist.
Wir entnehmen der Tabelle einen Zehnerblock von Ziffern, z. B. den Block 0764590952.
Für jede der zehn Enten steht eine der Ziffern 0 bis 9. Der Zehnerblock simuliert die Entenjagd. Er gibt an, welche Enten getroffen wurden. In unserem Fall wurden die Enten 0, 2, 4, 5, 6, 7 und 9 getroffen. Drei Enten 1, 3, 8 überlebten.

Diesen Simulationsvorgang wiederholen wir mehrfach, z. B. zehnmal, wie rechts dargestellt. Durchschnittlich überleben 3,4 Enten die simulierte Jagd.

Dies ist eine brauchbare Vorhersage, wenn man bedenkt, dass der exakte Mittelwert, der in diesem Fall auch durch eine theoretische Rechnung gewonnen werden kann, etwa bei 3,5 liegt.

Tabelle von Zufallsziffern (S. 545)						
07645	90952	42370	88003	79743	52097	…
31397	83936	42975	15245	04124	35881	…
64147	56091	45435	95510	23115	16170	…
48942	10345	96401	03479	05768	46222	…
⋮	⋮	⋮	⋮	⋮	⋮	

Simulations-ergebnisse	Anzahl der überlebenden Enten
0764590952	3
4237088003	4
7974352097	3
4645916055	4
0488581676	3
3139783986	4
4297515245	4
0412435881	3
1566453920	2
5577590464	4

Durchschnittliche Zahl der überlebenden Enten: 3,4

Übung 6 Antike Münzen
Ein Numismatiker hat 10 seiner wertvollsten Münzen einzeln bei einer Versteigerung angeboten. Er bekommt in verschlossenen Umschlägen 15 Angebote für jeweils eine Münze. Diese Angebote beziehen sich teilweise auf die gleiche Münze. Wie groß ist die Chance, dass der Münzsammler nun alle Münzen verkaufen kann?

Die Entenjagd steht modellhaft für Zuordnungsprobleme. Entsprechend kann das folgende Beispiel für Irrfahrtprobleme Modell stehen; mehrstufige Entscheidungsvorgänge und Molekularbewegungen sind reale Beispiele für solche Probleme.

Beispiel: Flucht aus dem Labyrinth
Ein einsamer Wanderer hat sich im Gängesystem des minoischen Palastes von Knossos verirrt.
Er weiß nur noch, dass er seit seinem Einstieg ins Labyrinth sieben Kreuzungen überquert hat und dass er sich stets nach Süden oder nach Westen bewegt hat.
Da der Minotaurus* schon im Anmarsch ist, hat er nur einen Fluchtversuch. Er geht genau sieben Schritte nach Norden bzw. Osten.
Wie stehen seine Chancen?

Lösung:
Wir könnten die Flucht durch jeweils siebenfachen Münzwurf (Kopf oder Zahl) oder Würfelwurf (gerade oder ungerade) simulieren. Die erforderlichen Wiederholungen könnten dadurch erreicht werden, dass jeder Schüler fünf derartige Fluchtsimulationen durchspielt.

Eine weitere Möglichkeit bietet wiederum die Zufallszifferntabelle. Wir entnehmen der Tabelle einen siebenstelligen Ziffernblock. Gerade Ziffer bedeutet Norden, ungerade Ziffer bedeutet Osten.
Die Flucht gelingt offenbar, wenn der siebenstellige Block genau 4 ungerade Ziffern enthält.
Auszählung der ersten 50 Siebenerblöcke der Tabelle – rechts andeutungsweise dargestellt – ergibt 13 gelungene Fluchten, d. h. eine Erfolgsquote von 26 %.

Simulationsergebnisse	Flucht gelungen?
0764590	nein
9254237	ja
0880037	nein
9743520	ja
9746459	ja
1605504	nein
8858167	nein
6313978	nein
…	…
2578845	nein
5963408	nein

Übung 7 Molekularbewegung
Ein Molekül bewege sich pro Sekunde einmal in eine der vier Richtungen oben, unten, rechts, links.
Wie groß ist die Wahrscheinlichkeit, dass es sich nach 10 Sekunden noch immer im rot umrandeten Bereich aufhält?

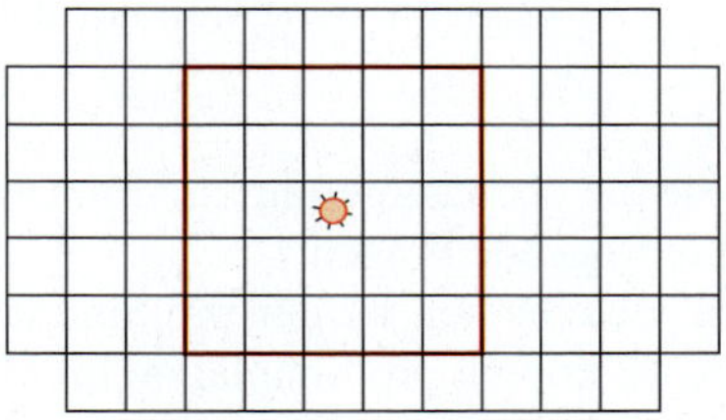

---

* Der ***Minotaurus*** war der griechischen Sage nach ein menschenfressendes Ungeheuer, ein Mensch mit Stierkopf, das im Labyrinth von Knossos lebte. Der Palast wurde von König Minos um 2600 v. Chr. auf Kreta erbaut. Sir Arthur Evans, ein englischer Archäologe, rekonstruierte ihn Anfang dieses Jahrhunderts teilweise.

D. Exkurs: Hinweise und Anregungen zum Gebrauch von Zufallsziffern

Der Einsatz der Tabelle mit den Zufallsziffern erfordert oft etwas Phantasie. Wie versuchen, diese durch einige Beispiele anzuregen. Alle Zufallszahlen stammen aus der Tabelle auf S. 545. In den Übungen der beiden folgenden Seiten kann ähnlich verfahren werden wie unten.

1. Simulation eines Würfels mit sechs Flächen (12-maliges Würfeln)
Wir verwenden nur die Ziffern 1 bis 6. Die Ziffern 0, 7, 8, 9 werden einfach ignoriert.
0 7 6 4 5 9 0 9 5 2 4 2 3 7 0 8 8 0 0 3 7 9 7 4 3 5 (12-maliges Würfeln, rote Ziffern gestrichen)
Ergebnis: 6 4 5 5 2 4 2 3 3 4 3 5

2. Simulation einer Münze (20-facher Münzwurf)
Wir könnten nur die Ziffern 0 für Kopf und 1 für Zahl verwenden und alle anderen Ziffern ignorieren. Gescheiter ist es aber, die geraden Ziffern 0, 2, 4, 6, 8 als Kopf und die ungeraden Ziffern 1, 3, 5, 7, 9 als Zahl zu interpretieren. Dann muss man keine Ziffern verwerfen und es geht schneller.
0 7 6 4 5 9 0 9 5 2 4 2 3 7 0 8 8 0 0 3 (20-maliger Münzwurf, rot: Kopf, blau: Zahl)
Ergebnis: K Z K K Z Z K Z Z K K K Z Z K K K K K Z

3. Urne mit 7 numerierten Kugeln (12-faches Ziehen mit Zurücklegen)
Die Ziffern 1 bis 7 werden verwendet, die Ziffern 0, 8 und 9 werden ignoriert.
0 7 6 4 5 9 0 9 5 2 4 2 3 7 0 8 8 0 0 3 7 (12-faches Ziehen, rote Ziffern gestrichen)
Ergebnis: 7 6 4 5 5 2 4 2 3 7 3 7

4. Urne mit 20 numerierten Kugeln (Ziehen von 7 Kugeln mit Zurücklegen)
Nun müssen wir erstmals die Zufallsziffern in zweistelligen Blöcken zusammenfassen, da einstellige Ziffern für 20 Zahlen nicht ausreichen. Daher werden die Blöcke 01, 02, 03, … 20 verwendet (grün), während die Blöcke 00, 21, 22, …, 99 verworfen werden müssen (rot).
07 64 59 09 52 42 37 08 80 03 79 74 35 20 97 46 45 91 60 55 04 88 58 16
(Ziehen von 7 Kugeln (grün), rote Zahlen werden verworfen)
Ergebnis: 7, 9, 8, 3, 20, 4, 16

5. Simulation der Lottozahlen von 1 bis 49 (Ziehen ohne Zurücklegen von 6 Lottozahlen)
Wir lesen die Tabelle der Zufallszahlen nun zweistellig.
Die zweistelligen Zahlen 00, 50, 51, …, 99 werden gestrichen. Kommt eine Zahl doppelt, muss sie auch gestrichen werden, da ohne Zurücklegen gezogen wird.
Sollen z. B. 6 der 49 Lottozahlen ausgewählt werden, so erhalten wir zum Beispiel:
07 64 59 09 52 42 37 08 80 03
Ergebnis: 7, 9, 42, 37, 8, 3, bzw. in normaler Lottosortierung 3, 7, 8, 9, 37, 42

Übung 8

Führen Sie die oben aufgeführten Simulationen jeweils 10-mal durch.
Klären Sie folgende Fragen:
zu 1. Wie viele Dreien werden pro Simulation im Mittel erzielt?
zu 2. Wie oft kommt pro Simulation im Mittel die Kombination KZK vor?
zu 3. Wie oft kommt pro Simulation im Mittel eine Zahl mehrfach hintereinander vor?
zu 4. Wie viele Primzahlen werden pro Simulation im Mittel gezogen?
zu 5. Wie oft kommen pro Simulation im Mittel aufeinanderfolgende Zahlen vor?

Übungen

9. Die Ziffern 1 bis 8 werden in zufälliger Reihenfolge aufgeschrieben. Mit welcher Wahrscheinlichkeit ist die entstehende achtstellige Zahl durch 11 teilbar?
Verwenden Sie zur Simulation die Zufallszifferntabelle, wobei die Ziffern 0 und 9 ignoriert werden. *Anzahl der Simulationen: n = 20*

10. Das Geburtstagsproblem
Der Mathekurs hat zwanzig Teilnehmer. Wie groß ist die Wahrscheinlichkeit dafür, dass mindestens zwei der Schüler am gleichen Tag des Jahres Geburtstag haben?
Simulieren Sie den Vorgang mit Hilfe von 20 dreiziffrigen Zufallszahlen. Die 365 Tage eines Jahres werden dabei durch dreistellige Ziffernblöcke 001 bis 365 dargestellt. Liegt ein der Tabelle entnommener Wert über 365, so wird dieser gestrichen oder ignoriert, ebenso der Ziffernblock 000.
Anzahl der Simulationen: n = 10

11. Beim **Mensch-ärgere-dich-nicht** darf man zu Spielbeginn erst dann einsetzen, wenn man eine Sechs würfelt, wobei man maximal drei Versuche hat. Ansonsten muss man eine Spielrunde warten, bevor man es erneut versuchen darf.
Wie viele Spielrunden muss man im Durchschnitt warten, bis man zum ersten Mal einsetzen kann?
Simulieren Sie den Vorgang auf zwei Arten:
a) durch wiederholtes Würfelwerfen,
b) mit Zufallsziffern durch eine Serie von Dreierblöcken der Ziffern 1 bis 6. *n = 10*

12. Ameisenbären: Eine Ameise bewegt sich auf den Kanten einer Pyramide. Sie startet ihren Spaziergang in der Ecke A. An jeder Ecke entscheidet sie sich zufällig für eine der drei bzw. vier möglichen Richtungen, wobei sie auch die Richtung wählen darf, aus der sie gerade gekommen ist. An den Ecken B und C lauern Ameisenbären. Welcher Ameisenbär hat die besseren Chancen, die Ameise im Laufe ihres Spaziergangs zu erwischen? Wie groß ist die Wahrscheinlichkeit, dass Ameisenbär B das Rennen macht?
Simulieren Sie die Richtungsauswahl durch Würfelwurf, wobei nur die Augenzahlen 1 bis 3 bzw. 1 bis 4 zählen. *n = 20*

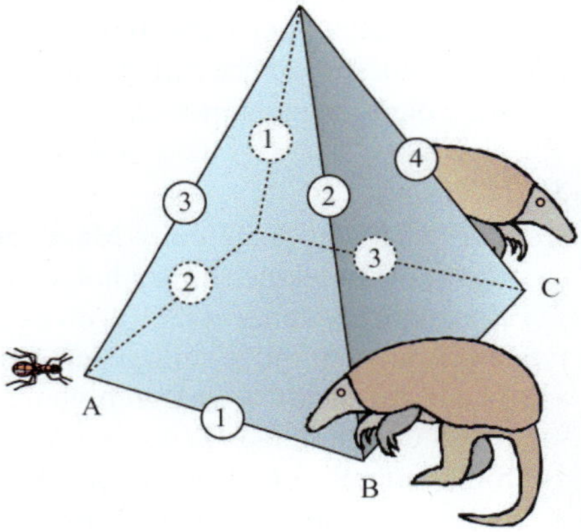

13. Würfelwurf
Ein ***Würfel*** wird dreimal geworfen. Wie groß ist die Wahrscheinlichkeit dafür, dass alle drei Augenzahlen verschieden voneinander sind?
Simulieren Sie den Vorgang mit drei Würfeln oder mit der Zufallszifferntabelle, von der nur die Ziffern 1 bis 6 gelten. *Anzahl der Simulationen:* $n = 10$ und alternativ $n = 20$.

14. Münzwurf
Eine ***Münze*** wird 5-mal geworfen. Wie groß ist die Wahrscheinlichkeit, dass mindestens 3-mal Kopf kommt?
Simulieren Sie den Prozess zunächst direkt mit einer Münze und anschließend indirekt mit Zufallsziffern (gerade Ziffer: Kopf, ungerade Ziffer: Zahl). $n = 10$

15. Tennis
Boris ist so spielstark, dass er im Mittel zwei von drei Tennissätzen gegen Helmut gewinnt. Wie groß ist die Wahrscheinlichkeit, dass dennoch Helmut das nächste Match, das über drei Sätze gespielt wird, gewinnt? Simulieren Sie den Vorgang, indem Sie
a) ein Match mit dreifachem Würfelwurf ausspielen,
b) ein Match durch eine dreistellige Zufallszahl darstellen, wobei die Ziffern 1 bis 9 gültig sind, während die Ziffer 0 ungültig ist. $n = 10$

16. Schnupfenvirus
Ein ***Schnupfenvirus*** befällt 40% der Bevölkerung. Der Profilkurs Mathe hat 8 Schüler. Wie groß ist die Wahrscheinlichkeit, dass sich mindestens die Hälfte der Schüler den Schnupfen einfängt? Simulieren Sie den Vorgang durch einen 8-stelligen Block aus Zufallsziffern.
Die Ziffern 0, 1, 2, 3 stehen für Erkrankung. $n = 20$

17. Urnenexperiment
In einer ***Urne*** sind 6 schwarze und 4 rote Kugeln. Drei der Kugeln werden gezogen. Wie groß ist die Wahrscheinlichkeit dafür, dass genau zwei davon rot sind? Bestimmen Sie diese Wahrscheinlichkeit für den Fall, dass
a) mit Zurücklegen gezogen wird,
b) ohne Zurücklegen gezogen wird.
Die zehn Kugeln werden durch die Ziffern 0 bis 9 simuliert. Die drei gezogenen Kugeln werden durch einen Dreierblock von Zufallsziffem simuliert. Im Aufgabenteil a sind innerhalb eines Blockes gleiche Ziffern zugelassen, weil mit Zurücklegen gezogen wird, im Aufgabenteil b dagegen nicht. $n = 20$

18. Diffusion
Auf der linken Seite einer Membran befinden sich zu Versuchsbeginn 4 Moleküle. In der Folge entscheidet sich jedes Molekül einmal pro Sekunde zufällig, ob es auf seiner Seite der Membran bleibt oder auf die jeweils gegenüber liegende Seite wechselt.
Wie lange dauert es im Durchschnitt, bis sich erstmals gleich viele Moleküle auf beiden Seiten der Membran befinden?
Simulieren Sie den Vorgang mit Hilfe vierstelliger Blöcke von Zufallsziffern. Eine ungerade Ziffer steht für einen Seitenwechsel des zugehörigen Moleküls, eine gerade Ziffer für einen Seitenverbleib. $n = 10$
Wiederholen Sie den Versuch für 10 Moleküle.

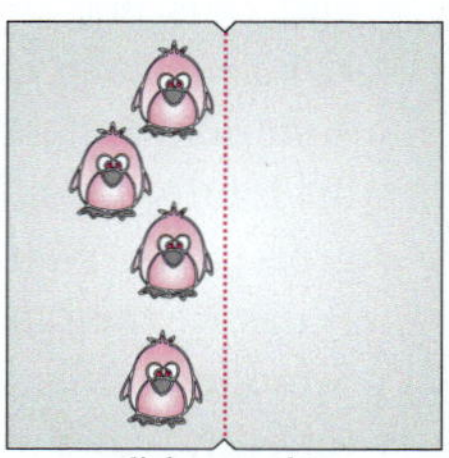

Übungen

Die folgenden Übungen können ohne die Verwendung von Hilfsmitteln bearbeitet werden.

1. Ereignisse darstellen
Stellen Sie das Ereignis E als Ergebnismenge dar.
a) Beim einmaligen Würfeln beträgt die Augenzahl höchstens 4.
b) Beim dreimaligen Münzwurf erscheint höchstens zweimal Kopf.

2. Ergebnismengen darstellen
Aus 100 mit 1 bis 100 numerierten Kugeln wird eine Kugel gezogen.
Betrachtet werden folgende Ereignisse.
A: Die Nummer der Kugel ist durch 11 teilbar.
B: Die Nummer der Kugel ist durch 9 teilbar.
a) Stellen Sie die Ereignisse A und B als Ergebnismenge dar.
b) Stellen Sie folgende Ereignisse als Ergebnismenge dar: $A \cap B$, $A \cup B$ $\overline{A}$, $\overline{B}$

3. Würfelspiel
Zwei Würfel mit den abgebildeten Netzen werden gleichzeitig geworfen.
a) Welche Augensumme ist am wahrscheinlichsten?
b) Wie wahrscheinlich ist ein Pasch?
c) Mit welcher Wahrscheinlichkeit ist die Augensumme größer als 5?

4. Urnenaufgabe
In Urne 1 liegen fünf Kugeln 1, 2, 3, 4 und 5. In einer zweiten Urne die Kugeln 1, 2 und 3.
Aus jeder Urne wird zufällig je eine Kugel gezogen.
a) Beschreiben Sie folgende Ereignisse als Ergebnismenge:
A: Das Produkt der gezogenen Zahlen ist 6.
B: Die Augenzahl beträgt jeweils höchstens 2.
b) Stellen Sie folgende Ereignisse als Ergebnismengen dar: $A \cup B$, $\overline{B}$.
c) Bestimmen Sie die Wahrscheinlichkeiten $P(A)$, $P(B)$, $P(A \cup B)$ sowie $P(\overline{B})$.

5. Wahrscheinlichkeiten
Bestimmen Sie folgende Wahrscheinlichkeiten (Bruchangabe genügt).
a) Beim einmaligen Würfeln fällt eine Primzahl.
b) Beim Wurf zweier Würfel fallen zwei Sechser.
c) Beim Wurf zweier Würfel fällt keine Sechs und keine Eins.

6. Glücksrad
Ein Glücksrad besteht aus fünf gleich großen Sektoren mit den Nummern 1 bis 5.
Bestimmen Sie folgende Wahrscheinlichkeiten. Bei b) und c) Baumdiagramm zeichnen.
a) Beim einmaligen Drehen erscheint eine gerade Zahl.
b) Beim zweimaligen Drehen erscheint ein Pasch (zwei gleiche Zahlen).
c) Beim zweimaligen Drehen beträgt die Summe 8.

Überblick

Zufallsversuch

Der Ausgang eines Zufallsversuchs lässt sich nicht vorhersagen, auch nicht im Wiederholungsfall.

Ergebnisraum

Die Menge aller möglichen Ergebnisse bildet den Ergebnisraum $\Omega = \{e_1, e_2, \dots, e_n\}$. eines Zufallsversuchs.

Ereignis

Ein Ereignis E ist eine Teilmenge des Ergebnisraums eines Zufallsversuchs: $E \subseteq \Omega$

Besondere Ereignisse sind das **unmögliche Ereignis**: $E = \varnothing$
und das **sichere Ereignis**: $E = \Omega$

Elementarereignisse

Die einelementigen Ereignisse eines Zufallsversuchs heißen auch Elementarereignisse.

$\Omega = \{e_1, e_2, \dots, e_n\} \Rightarrow$ Elementarereignisse: $\{e_1\}, \{e_2\}, \dots, \{e_n\}$

Das empirische Gesetz der großen Zahlen

Die relative Häufigkeit eines Ereignisses stabilisiert sich mit steigender Anzahl an Versuchen um einen festen Wert.

Wahrscheinlichkeit (Axiome von Kolmogorow)

(1) Nichtnegativität: Für jedes Ereignis $E \subseteq \Omega$ gilt $P(E) \geq 0$.
(2) Normiertheit: Für die Ergebnismenge Ω gilt $P(\Omega) = 1$.
(3) Additivität: Für Ereignisse E_1 und E_2 gilt:
$P(E_1 \cup E_2) = P(E_1) + P(E_2)$, falls $E_1 \cap E_2 = \varnothing$

Eine Zuordnung P, die jedem Ereignis $E \subseteq \Omega$ eine Wahrscheinlichkeit P(E) zuordnet und dabei die Bedingungen (1) bis (3) erfüllt, nennt man eine **Wahrscheinlichkeitsverteilung**.

Summenregel

Gegeben sei ein Zufallsversuch mit dem Ergebnisraum Ω.
$E = \{e_{i_1}, \dots, e_{i_k}\}$ sei ein beliebiges Ereignis. Dann gilt für die Wahrscheinlichkeit von E: $P(E) = P(e_{i_1}) + \dots + P(e_{i_k})$.

Sonderfälle: $P(E) = 0$, falls $E = \varnothing$ (das unmögliche Ereignis) ist.
$P(E) = 1$, falls $E = \Omega$ (das sichere Ereignis) ist.

Gegenereignis

Zu einem Ereignis E eines Zufallsversuchs mit dem Ergebnisraum Ω ist $\overline{E} = \Omega / E$ (gelesen: Ω ohne E) das Gegenereignis von E.

Gegenwahrscheinlichkeit

Die Summe der Wahrscheinlichkeit eines Ereignisses E und der des Gegenereignisses $\overline{E}$ ist gleich 1: $P(E) + P(\overline{E}) = 1$.

Additionssatz

Für zwei beliebige Ereignisse E_1 und $E_2 \subset \Omega$ gilt:
$P(E_1 \cup E_2) = P(E_1) + P(E_2) - P(E_1 \cap E_2)$

Sind die Ereignisse unvereinbar, d. h. gilt $E_1 \cap E_2 = \varnothing$, dann gilt sogar:
$P(E_1 \cup E_2) = P(E_1) + P(E_2)$.

Teilmengenregel

Ist E_1 eine Teilmenge von E_2, d. h. $E_1 \subseteq E_2$, so gilt $P(E_1) \leq P(E_2)$.

Laplace-Versuch

Ein Zufallsversuch, bei dem alle Elementarereignisse gleich wahrscheinlich sind, heißt auch **Laplace-Versuch**.

Laplace-Regel

Bei einem Laplace-Versuch sei $\Omega = \{e_1, \ldots, e_m\}$ der Ergebnisraum und $E = \{e_{i_1}, \ldots, e_{i_k}\}$ ein beliebiges Ereignis.
Dann gilt für die Wahrscheinlichkeit dieses Ereignisses:

$$P(E) = \frac{|E|}{|\Omega|} = \frac{k}{m}, \quad P(E) = \frac{\text{Anzahl der für E günstigen Ergebnisse}}{\text{Anzahl aller möglichen Ergebnisse}}$$

Mehrstufiger Zufallsversuch

Ein mehrstufiger Zufallsversuch setzt sich aus mehreren, hintereinander ausgeführten einstufigen Versuchen zusammen.

Pfadregeln für Baumdiagramme

I. Die Wahrscheinlichkeit eines Ergebnisses ist gleich dem Produkt aller Zweigwahrscheinlichkeiten längs des zugehörigen Pfades.
II. Die Wahrscheinlichkeit eines Ereignisses ist gleich der Summe der zugehörigen Pfadwahrscheinlichkeiten.

Simulationen

Da die Beobachtung realer Zufallsprozesse schwierig und kostspielig sein kann, nutzt man stattdessen verschiedene Hilfsmittel zur Simulation dieser Zufallsprozesse.

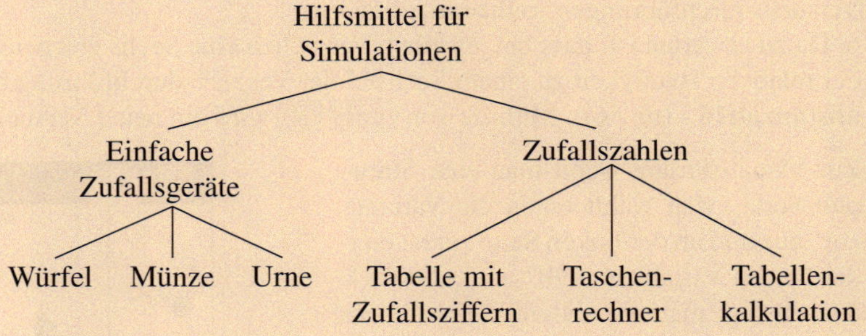

CAS-Anwendung

Zufallsexperimente

Mit dem CAS kann man nicht nur auf Calculator- und Notes-Seiten die Berechnungen zu diesem Kapitel durchführen, sondern auch Experimente mit einer großen Anzahl von Versuchsdurchführungen beliebig oft simulieren.

Beispiel: Relative Häufigkeit bei einer großen Anzahl der Versuchsdurchführungen
Simulieren Sie n Würfe mit einem Laplace-Würfel. Bestimmen Sie jeweils die relative Häufigkeit des Ereignisses „6“ sowie die Differenz zwischen der relativen Häufigkeit und dem erwarteten Anteil an Versuchsdurchführungen. Veranschaulichen Sie dies durch eine Grafik.

Lösung:
In einer Zelle der ersten Spalte der Tabellenkalkulation wird die Anzahl der Versuchsdurchführungen definiert: nn:=200. Dieser Wert kann immer wieder geändert werden. In den folgenden Spalten folgen Berechnungen.

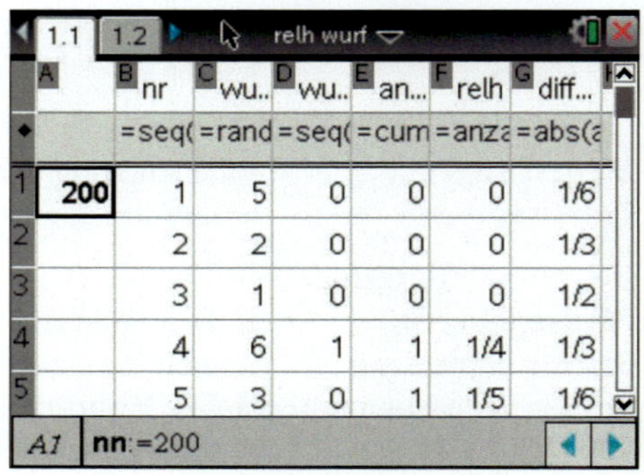

	A	B nr	C wu..	D wu..	E an...	F relh	G diff...
◆		=seq(	=rand	=seq(	=cum	=anzɛ	=abs(ɛ
1	200	1	5	0	0	0	1/6
2		2	2	0	0	0	1/3
3		3	1	0	0	0	1/2
4		4	6	1	1	1/4	1/3
5		5	3	0	1	1/5	1/6

A1 nn:=200

1. Die Versuchsdurchführungen werden gezählt mithilfe der Folge von 1 bis nn: **nr:=seq(k,k,1,nn)**.
2. Das Werfen wird als Auswahl einer zufälligen ganzen Zahl zwischen 1 und 6 simuliert: **wurf:=randint(l,6,nn)**.
3. Es wird jeweils geprüft, ob das Ereignis 6 eingetreten ist. **wurf6:=seq(when(wurf[k]=6,1,0),k,1,nn)**
4. Die Anzahl des Ereignisses 6 wird aufsummiert. **anzah16:=cumulativesum(wurf6)**
5. Die relative Häufigkeit des Ereignisses wird bestimmt als die Anzahl geteilt durch die Zahl der Versuchsdurchführungen. **relh:=anzah16 / nr**.
6. Da zu erwarten ist, dass bei jeweils 6 Versuchen eine Sechs erscheint, wird der Absolutbetrag der relativen Häufigkeit zu einem Sechstel der Versuchsdurchführung betrachtet. **diffabs:= abs(anzah16 - (nr / 6))**. Mithilfe von ctrl R wird ein neuer Versuch simuliert.

Zur Visualisierung wählt man eine Streuplot-Seite. Man wählt unten die Variable „nr“ aus und an der linken Seite zuerst eine der beiden Variablen „relh“ und „diffabs“, danach fügt man die andere Y-Koordinate hinzu.

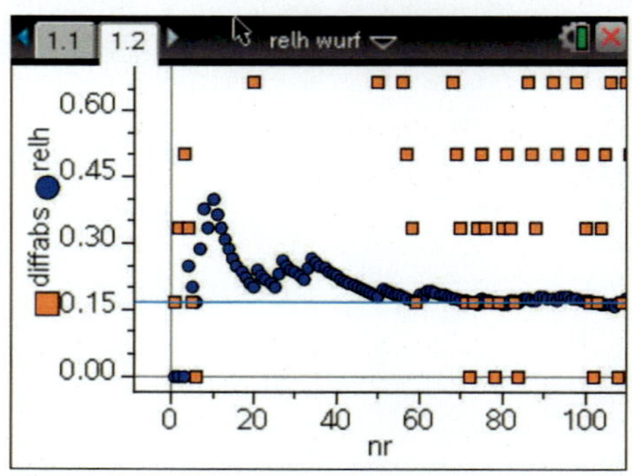

Übung 1

Simulieren Sie ebenso 100, 1000, 1 000 000 Münzwürfe und stellen Sie die relative Häufigkeit und die Differenz zur erwarteten Erfolgsanzahl dar.

Beispiel: Würfelexperiment
Bestimmen Sie experimentell für das gleichzeitige Werfen dreier Laplace-Würfel die relative Häufigkeit der Augensumme 12 bei z. B. 100 Versuchen.

Lösung:
Prinzipiell ist es sinnvoll, Variablennamen mit mehr als einem Buchstaben zu wählen, um die Verwechslung mit den Spalten zu vermeiden. In Spalte F Zeile 1 wird nn geschrieben, in Zeile 2 **nn:=100** definiert, damit die Anzahl der Versuche verändert werden kann. Dann kann in Spalte A die Augensumme definiert werden als Folge der Summe dreier Zufallszahlen zwischen 1 und 6 für k von 1 bis nn: **augsum:=seq(randInt(1,6)+randint(1,6)+randint(1,6),k,1,nn)**.

In Spalte B wird jeweils durch den Wert 1 erfasst, dass die Augensumme den gewünschten Wert 12 hat, bzw. 0, falls die Augensumme einen anderen Wert hat: **zz:=seq(when(augensum[k]=12,1,0),k,1, nn)**.
In Spalte C werden die Werte aus B jeweils kumuliert: **czz:=cumulativesum(zz)**. In Spalte D werden mit einer Folge natürlicher Zahlen k, wobei k von 1 bis nn läuft, die Versuchsdurchführungen nummeriert: **tt:=seq(k,k,1,nn)**.
Damit kann in Spalte E die relative Häufigkeit der Augensumme 12 bestimmt werden: **relh:=czz/tt**. In Spalte F kann unter nn noch anz augs12 für die Anzahl der Augensumme 12 geschrieben und darunter deren Wert berechnet werden: =countif(augensum,12). Anschließend lässt man ein Ergebnisdiagramm erstellen mit der X-Liste tt (Versuchszahl), und Ergebnisliste relh (relative Häufigkeit) mit der Anzeigeoption: Seite teilen und kann diese Grafik interpretieren. Mithilfe von ctrl R kann man immer wieder neue Versuchsdurchführungen simulieren.

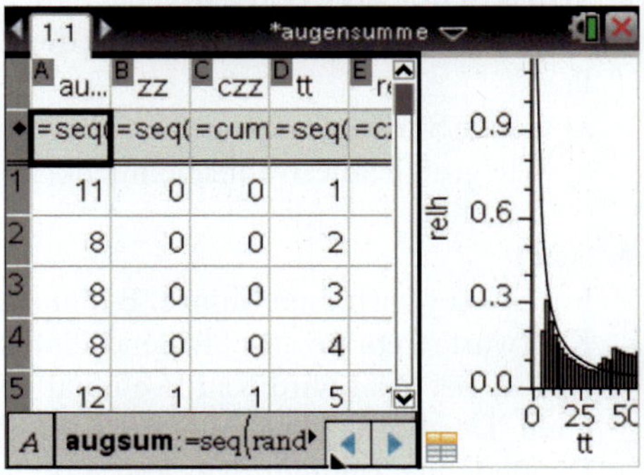

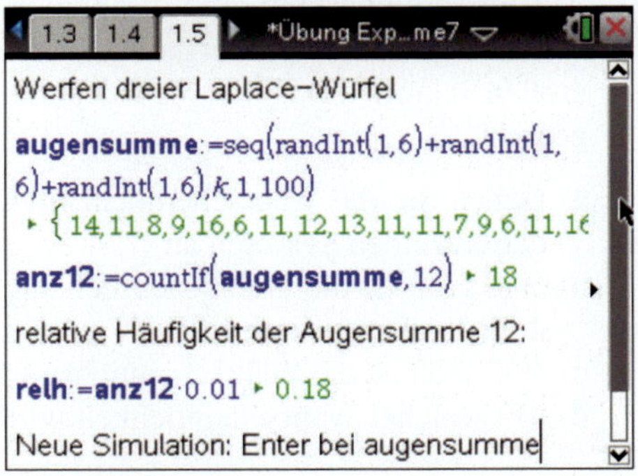

Dieselben Funktionen kann man auf Calculator- oder Notes-Seiten verwenden.

Übung 2

Simulieren Sie das Werfen zweier Laplace-Würfel und bestimmen Sie die relative Häufigkeit der Augensumme 7. Beurteilen Sie, inwieweit dieses Ergebnis Einfluss auf das Verhalten in einem Spiel nehmen könnte, wenn dort bei der Augensumme 7 ein Räuber jedem Mitspieler, der mehr als 7 Karten besitzt, die Hälfte wegnimmt.

Test

Grundlegende Begriffe der Stochastik

1. Würfeln mit zwei Würfeln

Mit welcher Wahrscheinlichkeit wird beim gleichzeitigen Werfen von zwei Würfeln
a) die Summe vier,
b) eine Primzahlsumme,
c) eine Summe kleiner als 10 gewürfelt?

2. Würfeln mit drei Würfeln

Drei Würfel werden geworfen. Beträgt die Augensumme 17 oder 18, so gewinnt man einen Preis.
a) Geben Sie den Ergebnisraum sowie das Gewinnereignis mittels der Elementarereignisse an.
b) Wie groß ist die Wahrscheinlichkeit, dass man bei dem Spiel nicht gewinnt?

3. Spiel

Ein Spieler wirft eine Münze. Bei einem Kopfwurf dreht er anschließend einmal Rad A, bei Zahl wird Rad B einmal gedreht. Der Einsatz pro Spiel beträgt 2 €. Die gedrehte Zahl auf dem Rad gibt die Auszahlung an.

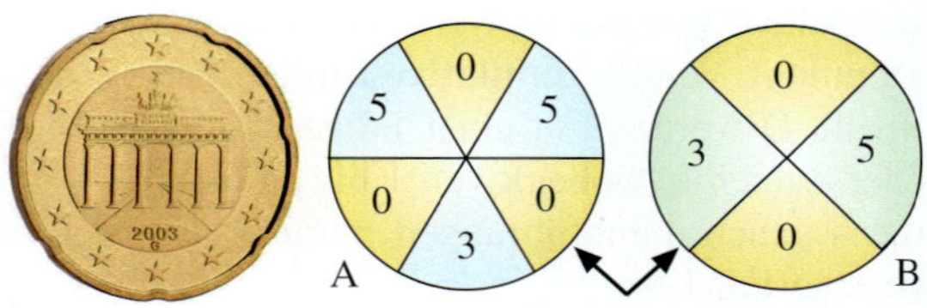

a) Wie groß ist die Wahrscheinlichkeit, 5 € als Auszahlung zu erhalten?
b) Mit welchem durchschnittlichen Gewinn/Verlust pro Spiel hat der Spieler zu rechnen?

4. Glücksrad

Auf einem Glücksrad sind die kleinen Sektoren jeweils halb so groß wie die großen Sektoren. Das Rad wird zweimal gedreht.

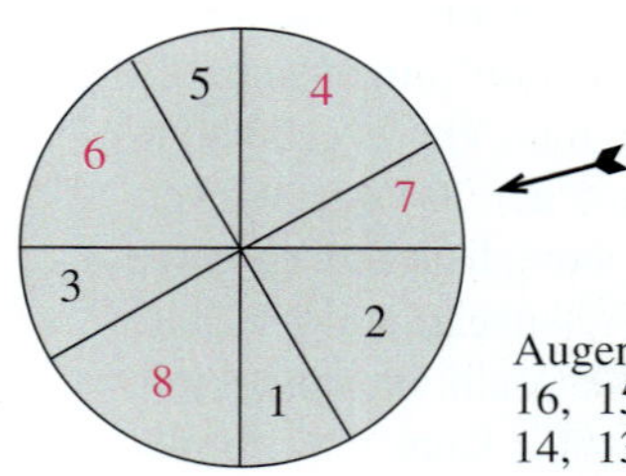

Augensumme:
16, 15: großer Gewinn
14, 13: kleiner Gewinn

a) Geben Sie die Wahrscheinlichkeiten der einzelnen Sektoren an
b) Wie groß ist die Wahrscheinlichkeit, dass die Augensumme 2 ist?
c) Wie groß ist die Wahrscheinlichkeit für einen großen Gewinn?
d) Mit welcher Wahrscheinlichkeit wird ein Gewinn erzielt?

5. Simulation

Clever und Smart würfeln jeweils einmal mit einem Würfel. Clever beginnt. Mit welcher Wahrscheinlichkeit übertrifft Smart in seinem Wurf Clevers Augenzahl?
Simulieren Sie diesen Versuch mittels einer Tabelle mit Zufallsziffern für $n = 50$.

Lösungen: S. 566

XII. Berechnung von Wahrscheinlichkeiten

1. Kombinatorische Abzählverfahren

Schon bei einfachen Zufallsversuchen kann es vorkommen, dass die Ergebnismenge so umfangreich wird, dass es nicht mehr sinnvoll ist, sie als Menge oder in Form eines Baumdiagramms darzustellen. Dann verwendet man kombinatorische Abzählverfahren, die in solchen Fällen die Berechnung von Laplace-Wahrscheinlichkeiten ermöglichen.

A. Die Produktregel

Beispiel: Ein Autohersteller bietet für ein Modell 5 unterschiedliche Motorstärken (60 kW, 65 kW, 70 kW, 90 kW, 120 kW), 6 verschiedene Farben (Rot, Blau, Weiß, Gelb, Schwarz, Orange) und 4 verschiedene Innenausstattungen (einfach, normal, luxus, super) an.
Unter wie vielen Modellvarianten kann ein Käufer auswählen?

Lösung:
Durch Kombination der 5 möglichen Motorleistungen mit den 6 möglichen Farben ergeben sich schon $5 \cdot 6 = 30$ Variationsmöglichkeiten.

Jede dieser 30 Zusammenstellungen kann mit jeweils 4 Innenausstattungen kombiniert werden.
Insgesamt erhält man so $5 \cdot 6 \cdot 4 = 120$ verschiedene Modellvarianten.

Das zugehörige – nebenstehend angedeutete – Baumdiagramm (Anzahlbaum) würde mit 120 Pfaden ausufern.

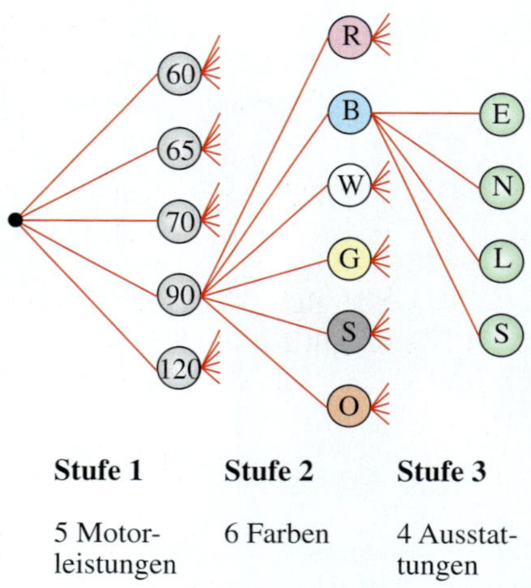

In gleicher Weise wie im obigen Beispiel können wir bei mehrstufigen Zufallsversuchen die Anzahl der Ergebnisse immer dann als Produkt der Anzahl der Möglichkeiten pro Stufe bestimmen, wenn die Anzahl der in einer Stufe bestehenden Möglichkeiten nicht vom Ausgang anderer Stufen abhängt.

Die Produktregel

Ein Zufallsversuch werde in k Stufen durchgeführt. Die Anzahl der in einer beliebigen Stufe möglichen Ergebnisse sei unabhängig von den Ergebnissen vorhergehender Stufen.
In der ersten Stufe gebe es n_1, in der zweiten Stufe gebe es n_2, … und in der k-ten Stufe gebe es n_k mögliche Ergebnisse.
Dann hat der Zufallsversuch insgesamt $\mathbf{n_1 \cdot n_2 \cdot \ldots \cdot n_k}$ mögliche Ergebnisse.

Übung 1 Autokennzeichen
In einer Großstadt besteht das Kfz-Kennzeichen aus zwei Buchstaben, gefolgt von zwei Ziffern, gefolgt von einem weiteren Buchstaben. Wie viele Kennzeichen sind in der Stadt möglich?

B. Geordnete Stichproben beim Ziehen aus einer Urne

Mehrstufige Zufallsexperimente, die in jeder Stufe in gleicher Weise ablaufen, lassen sich gut durch sogenannte ***Urnenmodelle*** erfassen. In einer solchen Urne liegen n unterscheidbare Kugeln. Nacheinander werden k Kugeln ***mit oder ohne Zurücklegen*** gezogen. Je nachdem, ob man sich für die Reihenfolge des Auftretens der Ergebnisse interessiert oder ob die Reihenfolge keine Rolle spielt, spricht man von einer ***geordneten Stichprobe*** oder von einer ***ungeordneten Stichprobe***. Die Anzahl der möglichen Reihenfolgen lässt sich stets durch eine Formel erfassen.

Ziehen mit Zurücklegen unter Beachtung der Reihenfolge (geordnete Stichprobe)

Aus einer Urne mit n unterscheidbaren Kugeln werden nacheinander k Kugeln ***mit Zurücklegen*** gezogen. Die Ergebnisse werden in der Reihenfolge des Ziehens notiert. Dann gilt für die Anzahl N der möglichen Anordnungen (k-Tupel) die Formel

$$\mathbf{N = n^k}.$$

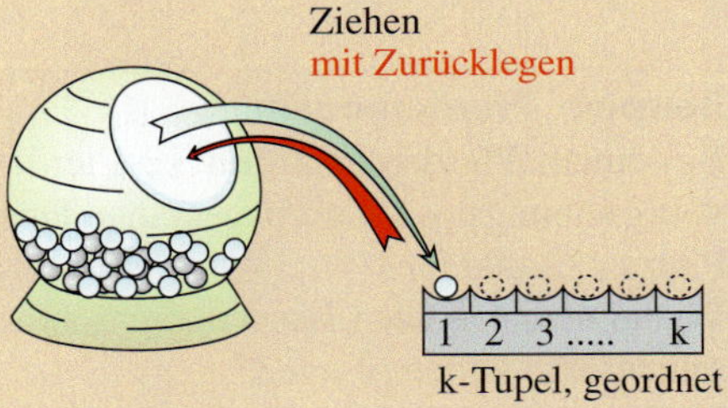

Beispiel: 13-Wette (Fußballtoto)
Beim Fußballtoto muss man den Ausgang von 13 festgelegten Spielen vorhersagen. Dabei bedeutet 1 einen Sieg der Heimmannschaft, 0 ein Unentschieden und 2 einen Sieg der Gastmannschaft. Wie viele verschiedene Tippreihen sind möglich?

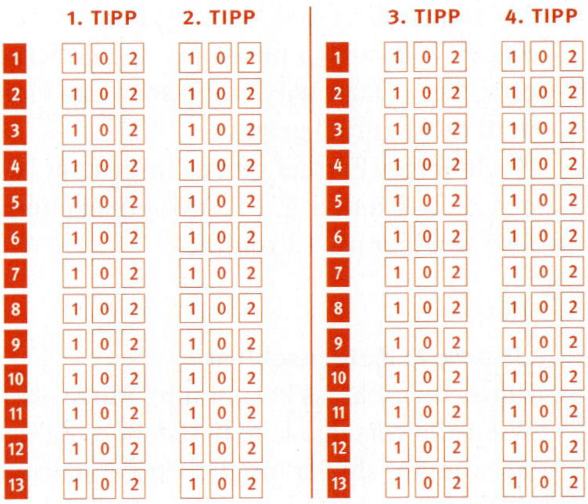

Lösung:
Man modelliert die Wette durch eine Urne, welche drei Kugeln mit den Nummern 0, 1 und 2 enthält. Man zieht eine Kugel, notiert das Ergebnis und legt die Kugel zurück. Das ganze wiederholt man 13-mal. Die Reihenfolge der Ergebnisse ist dabei wichtig.
Nach obiger Formel gibt es $N = 3^{13}$ verschiedene Anordnungen (13-Tupel), d.h. 1 594 323 Tippreihen.

Der Beweis der vorhergehenden Regel ergibt sich aus dem Produktsatz: Bei jeder Ziehung gibt es wegen des Zurücklegens stets wieder n mögliche Ergebnisse, insgesamt also n^k Anordnungen. Zieht man allerdings ohne Zurücklegen, so gibt es bei der ersten Ziehung n Ergebnisse, bei der zweiten Ziehung nur noch $n - 1$ Ergebnisse usw. In diesem Fall gibt es daher nach der Produktregel insgesamt $n \cdot (n-1) \cdot \ldots \cdot (n-k+1)$ Anordnungen.

Ziehen ohne Zurücklegen unter Beachtung der Reihenfolge (geordnete Stichprobe)

Aus einer Urne mit n unterscheidbaren Kugeln werden nacheinander k Kugeln ***ohne Zurücklegen*** gezogen. Die Ergebnisse werden in der Reihenfolge des Ziehens notiert. Dann gilt für die Anzahl N der möglichen Anordnungen (k-Tupel) die Formel

$$\mathbf{N = n \cdot (n-1) \cdot \ldots \cdot (n-k+1)}.$$

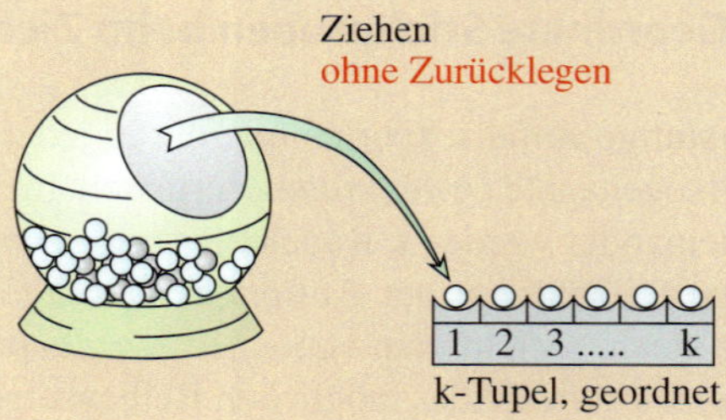

Wichtiger Sonderfall: $k = n$. Aus der Urne wird so lange gezogen, bis sie leer ist. Es gibt dann $N = n \cdot (n-1) \cdot \ldots \cdot 3 \cdot 2 \cdot 1 = n!$ (n-Fakultät) mögliche Anordnungen.

Beispiel: Pferderennen

Bei einem Pferderennen mit 12 Pferden gibt ein völlig ahnungsloser Zuschauer einen Tipp ab für die Plätze 1, 2 und 3.
Wie groß sind seine Chancen, die richtige Einlaufreihenfolge vorherzusagen?

Lösung:
Man modelliert den Vorgang durch eine Urne, welche 12 Kugeln enthält, für jedes Pferd eine Kugel. Man zieht eine Kugel und notiert das Ergebnis. Das entsprechende Pferd soll also Platz 1 erreichen. Dann wiederholt man das Ganze zweimal, um die Plätze 2 und 3 zu belegen. Dabei wird nicht zurückgelegt.
Nach obiger Formel gibt es insgesamt $N = 12 \cdot 11 \cdot 10$ verschiedene Anordnungen (3-Tupel) für den Zieleinlauf, d. h. 1320 Möglichkeiten. Die Chance für den sachunkundigen Zuschauer beträgt also weniger als 1 Promille.

Übung 2 Zahlenschloss

Ein Zahlenschloss besitzt fünf Ringe, die jeweils die Ziffer 0, …, 9 tragen. Wie viele verschiedene fünfstellige Zahlencodes sind möglich? Wie ändert sich die Anzahl der möglichen Zahlencodes, wenn in dem Zahlencode jede Ziffer nur einmal vorkommen darf, d. h. der Zahlencode aus fünf verschiedenen Ziffern bestehen soll? Wie ändert sich die Anzahl, wenn der Zahlencode nur aus gleichen Ziffern bestehen soll?

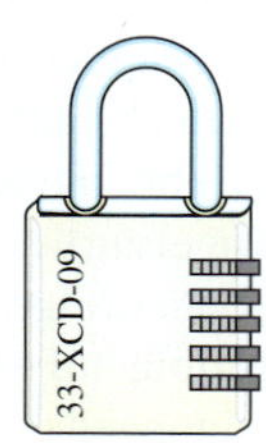

C. Ungeordnete Stichproben beim Ziehen aus einer Urne

Beispiel: Minilotto „3 aus 7"
In einer Lottotrommel befinden sich 7 Kugeln. Bei einer Ziehung werden 3 Kugeln gezogen. Mit welcher Wahrscheinlichkeit wird man mit einem Tipp Lottokönig?

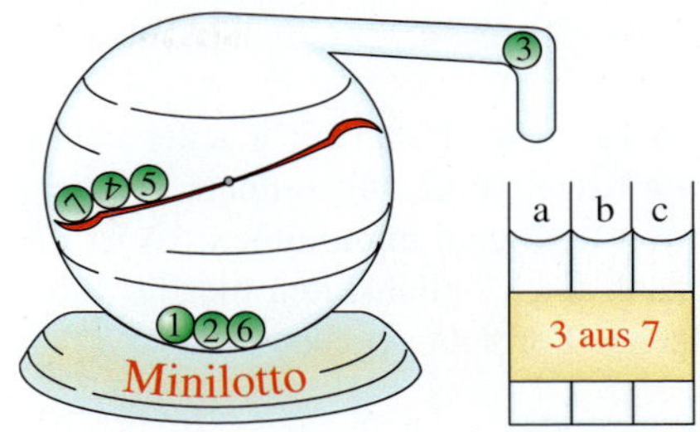

Lösung:
Das Ankreuzen der 3 Minilottozahlen ist ein Ziehen ohne Zurücklegen. Würde es dabei auf die Reihenfolge der Zahlen ankommen, so gäbe es $7 \cdot 6 \cdot 5$ unterschiedliche 3-Tupel als mögliche geordnete Tipps.

Aus einer Menge von 7 Zahlen lassen sich $7 \cdot 6 \cdot 5$ verschiedene 3-Tupel bilden.

Da es beim Lotto jedoch nicht auf die Reihenfolge der Zahlen ankommt, fallen all diejenigen 3-Tupel zu einem ungeordneten Tipp zusammen, die sich nur in der Anordnung ihrer Elemente unterscheiden.

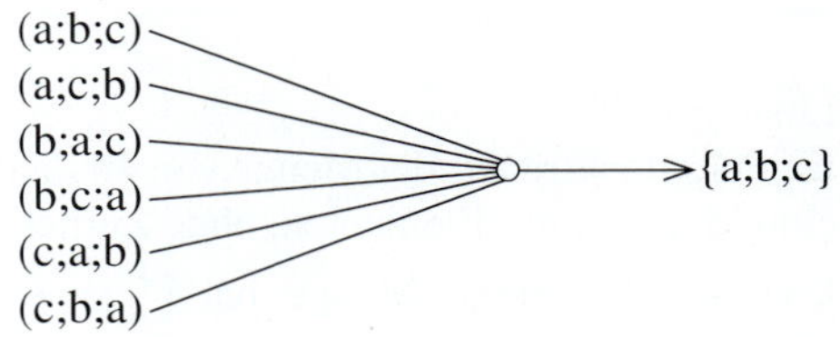

Da man aus 3 Zahlen insgesamt 3! 3-Tupel bilden kann, fallen jeweils 3! dieser geordneten 3-Tupel zu einem Lottotipp, d. h. zu einer 3-elementigen Menge zusammen.

Es gibt also $\frac{7 \cdot 6 \cdot 5}{3!} = 35$ Lottotipps.

Die Chancen, mit einem Tipp Lottokönig zu werden, stehen daher 1 zu 35.

Einer 3-elementigen Menge entsprechen jeweils 3! verschiedene 3-Tupel.

Eine Menge von 7 Zahlen besitzt genau $\frac{7 \cdot 6 \cdot 5}{3!}$ 3-elementige Teilmengen.

Beim Minilotto werden aus einer 7-elementigen Menge ungeordnete Stichproben vom Umfang 3 ohne Zurücklegen entnommen. Eine solche Stichprobe stellt eine 3-elementige Teilmenge der 7-elementigen Menge dar.

Es gibt insgesamt genau $\frac{7 \cdot 6 \cdot 5}{3!} = \frac{7 \cdot 6 \cdot 5 \cdot 4 \cdot 3 \cdot 2 \cdot 1}{3! \cdot 4 \cdot 3 \cdot 2 \cdot 1} = \frac{7!}{3! \cdot 4!} = \binom{7}{3}$ solche Teilmengen.

Verallgemeinerung:
Aus einer n-elementigen Menge kann man $\binom{n}{k} = \frac{n!}{k! \cdot (n-k)!}$ k-elementige Teilmengen (ungeordnete Stichproben vom Umfang k) bilden.

Der Term $\binom{n}{k}$, gelesen „n über k", heißt ***Binomialkoeffizient***. Auf Taschenrechnern existiert eine spezielle Berechnungstaste, die nCr-Taste (engl.: n choose r; dt.: n über r), das CAS verfügt über eine entsprechende Funktion.

Unsere Überlegungen lassen sich folgendermaßen als Abzählprinzip zusammenfassen:

Ziehen ohne Zurücklegen ohne Beachtung der Reihenfolge (ungeordnete Stichprobe)

Wird aus einer Urne mit n unterscheidbaren Kugeln eine ungeordnete Teilmenge von k Kugeln entnommen, so ist die Anzahl der Möglichkeiten hierfür durch folgende Formeln gegeben:*

$$\binom{n}{k} = \frac{n!}{k! \cdot (n-k)!} = \frac{n \cdot (n-1) \cdot \ldots \cdot (n-k+1)}{k!}$$

Beispiel: 6 Richtige!

Wie viele verschiedene Tipps müsste man abgeben, um im Zahlenlotto „6 aus 49“ mit Sicherheit „6 Richtige“ zu erzielen?

Lösung:

Beim Lotto wird aus der Menge von 49 Zahlen eine ungeordnete Stichprobe vom Umfang 6, d. h. eine Menge mit 6 Elementen, ohne Zurücklegen entnommen.

Eine 49-elementige Menge hat $\binom{49}{6} = \frac{49!}{6! \cdot 43!} = \frac{49 \cdot 48 \cdot 47 \cdot 46 \cdot 45 \cdot 44}{6 \cdot 5 \cdot 4 \cdot 3 \cdot 2 \cdot 1} = 13\,983\,816$ verschiedene 6-elementige Teilmengen. So viele Tipps sind möglich und nur einer trifft ins Schwarze.

Übung 3 Binomialkoeffizenten

a) Berechnen Sie die Binomialkoeffizienten $\binom{5}{3}, \binom{7}{6}, \binom{4}{4}, \binom{5}{0}, \binom{8}{3}, \binom{9}{2}, \binom{22}{11}, \binom{100}{20}$.

b) Wie viele 5-elementige Teilmengen hat eine 12-elementige Menge?

c) Wie viele Teilmengen mit mehr als 4 Elementen hat eine 9-elementige Menge?

d) Wie viele Teilmengen hat eine 10-elementige Menge insgesamt?

Übung 4 Fußballturnier

a) An einem Fußballturnier nehmen 8 Mannschaften teil. Wie viele Endspielkombinationen sind möglich?

b) In einer Stadt gibt es 5000 Telefonanschlüsse. Wie viele Gesprächspaarungen gibt es?

c) Aus einer Klasse mit 25 Schülern sollen drei Schüler abgeordnet werden. Wie viele Gruppenzusammenstellungen sind möglich?

Übung 5 Ungeordnete Stichprobe

a) Aus einem Skatspiel werden vier Karten gezogen. Mit welcher Wahrscheinlichkeit handelt es sich um vier Asse?

b) Aus den 26 Buchstaben des Alphabets werden 5 zufällig ausgewählt. Wie groß ist die Wahrscheinlichkeit, dass kein Konsonant dabei ist?

* Hinweise: $\binom{n}{k}$ ist nur für $0 \leq k \leq n$ definiert. Wegen $0! = 1$ gilt $\binom{n}{0} = 1$ und $\binom{n}{n} = 1$.

D. Das Lottomodell

Die Bestimmung von Tippwahrscheinlichkeiten beim Lottospiel kann als Modell für zahlreiche weitere Zufallsprozesse verwendet werden. Allgemein spricht man bei der Anzahl der Richtigen beim Ziehen ohne Zurücklegen von n Kugeln aus einer Menge von N Kugeln, unter denen sich M Richtige befinden, von einer ***hypergeometrischen Verteilung***.

Beispiel: Vier Richtige im Lotto
Berechnen Sie die Wahrscheinlichkeit, dass man beim Lotto „6 aus 49" mit einem abgegebenen Tipp genau vier Richtige erzielt.

Lösung:
Insgesamt sind $\binom{49}{6} = 13\,983\,816$ Tipps möglich. Um festzustellen, wie viele dieser Tipps günstig für das Ereignis E: „Vier Richtige" sind, verwenden wir folgende Grundidee:
Wir denken uns den Inhalt der Lottourne in zwei Gruppen von Zahlen unterteilt: in eine Gruppe von 6 roten Gewinnkugeln und ein Gruppe von 43 weißen Nieten.

Ein für E günstiger Tipp besteht aus vier roten und zwei weißen Kugeln.

Es gibt $\binom{6}{4} = 15$ Möglichkeiten, aus der Gruppe der 6 roten Kugeln 4 Kugeln auszuwählen.

Analog gibt es $\binom{43}{2} = 903$ Möglichkeiten, aus der Gruppe der 43 weißen Kugeln 2 Kugeln auszuwählen.

Folglich gibt es $\binom{6}{4} \cdot \binom{43}{2}$ Möglichkeiten, vier rote Kugeln mit zwei weißen Kugeln zu einem für E günstigen Tipp zu kombinieren.

Dividieren wir diese Zahl durch die Anzahl aller Tipps, d. h. durch $\binom{49}{6}$, so erhalten wir die gesuchte Wahrscheinlichkeit.
Sie beträgt ca. 0,001.

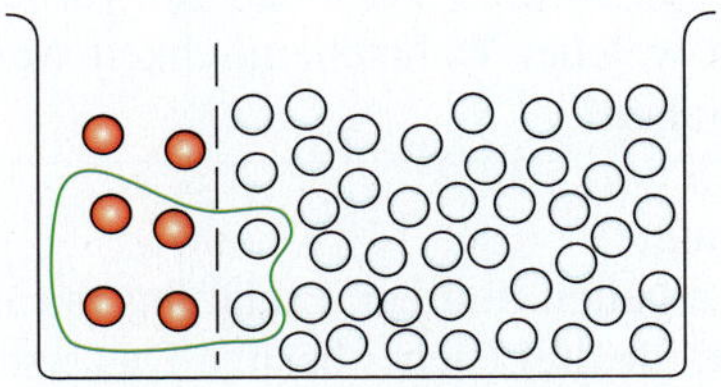

4 aus 6 $\binom{6}{4}$ Möglichkeiten — 2 aus 43 $\binom{43}{2}$ Möglichkeiten

⇓

$$P(\text{„4 Richtige"}) = \frac{\binom{6}{4} \cdot \binom{43}{2}}{\binom{49}{6}} = \frac{15 \cdot 903}{13\,983\,816} \approx 0{,}001$$

Übung 6 Lotto
a) Berechnen Sie die Wahrscheinlichkeit für genau drei Richtige im Lotto 6 aus 49.
b) Berechnen Sie, mit welcher Wahrscheinlichkeit man mindestens fünf Richtige erzielt.

Übung 7 Glühlampen
Eine Zehnerpackung Glühlampen enthält vier Lampen mit verminderter Leistung. Jemand kauft fünf Lampen. Berechnen Sie die Wahrscheinlichkeiten folgender Ereignisse:
a) genau zwei defekte Lampen,
b) mindestens zwei defekte Lampen,
c) höchstens zwei defekte Lampen.

E. Exkurs: Das Fächermodell

Beim Lottomodell wurde die Urne für die theoretische Erklärung in zwei Fächer aufgeteilt, mit den sechs Gewinnkugeln im ersten Fach und den 43 Nieten im zweiten Fach.
Vier Richtige kommen zustande, wenn aus dem ersten Fach vier Gewinnkugeln und aus dem zweiten Fach zwei Nieten gezogen werden.

Das Lottomodell

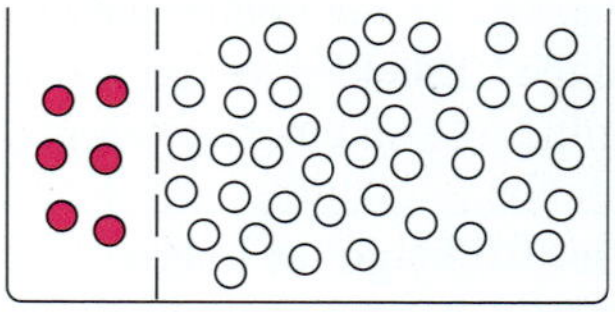

$$P(\text{„4 Richtige"}) = \frac{\binom{6}{4} \cdot \binom{43}{2}}{\binom{49}{6}}$$

Oft kommen bei einem solchen Zufallsversuch mehr als zwei Ausprägungen vor. Dann benötigt man auch mehr Fächer.

Beispiel: Fächermodell
Eine Grundschulklasse besteht aus 8 Jungen und 16 Mädchen sowie 4 Lehrern. Aus dieser Menge sollen 7 Personen zur Vorbereitung eines Jahrgangsfestes zufällig gezogen werden. Mit welcher Wahrscheinlichkeit werden genau ein Lehrer, zwei Jungen und vier Mädchen gezogen?

Lösung:
Wir arbeiten nun zur Erklärung mit einer Urne, die drei Fächer besitzt. Das erste für die 4 Lehrer, das zweite für die 8 Jungen und das dritte für die 16 Mädchen.
Nun sollen 7 der insgesamt 28 Personen gezogen werden, davon einer aus der Vierergruppe der Lehrer, 2 aus der Achtergruppe der Jungen und 4 aus der Sechzehnergruppe der Mädchen, wofür es $\binom{4}{1} \cdot \binom{8}{2} \cdot \binom{16}{4}$ Möglichkeiten gibt, die der Gesamtzahl von $\binom{28}{7}$ Möglichkeiten, 7 aus 28 zu ziehen, gegenüberstehen.
Wir erhalten als Resultat eine Wahrscheinlichkeit von ca. 17,22 %.

Das Fächermodell*

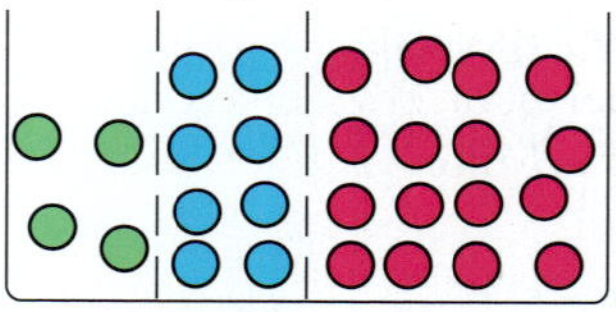

$$P(1 \text{ Lehrer, } 2 \text{ Jungen, } 4 \text{ Mädchen}) = \frac{\binom{4}{1} \cdot \binom{8}{2} \cdot \binom{16}{4}}{\binom{28}{7}} = \frac{4 \cdot 28 \cdot 1820}{1\,184\,040} \approx 0{,}1722 \approx 17{,}22\,\%$$

Übung 8
Wie groß ist beim Lotto die Wahrscheinlichkeit für fünf Richtige mit Zusatzzahl?
Hierfür werden 6 Zahlen angekreuzt. Es gibt 6 Gewinnkugeln, 42 Nieten und 1 Zusatzzahl.

Übung 9
In der Gerätekammer des Fußballvereins liegen 50 Bälle, von denen 30 richtig, 15 zu fest und 5 zu locker aufgepumpt sind. Für das Training werden 10 Bälle zufällig entnommen.
Wie groß ist die Wahrscheinlichkeit, dass A: genau 6 den richtigen, 3 einen zu hohen Druck haben, einer aber zu schlaff ist? B: genau 5 richtig und 5 zu schwach gefüllt sind?

* Dieses Urnenfächermodell stimmt nicht mit dem sogenannten Kugelfächermodell überein.

Übungen

10. In einer Halle gibt es acht Leuchten, die einzeln ein- und ausgeschaltet werden können. Wie viele unterschiedliche Beleuchtungsmöglichkeiten gibt es?

11. Ein Zahlenschloss hat drei Einstellringe für die Ziffern 0 bis 9.
    a) Wie viele Zahlenkombinationen gibt es insgesamt?
    b) Wie viele Kombinationen gibt es, die höchstens eine ungerade Ziffer enthalten?

12. Ein Passwort soll mit zwei Buchstaben beginnen, gefolgt von einer Zahl mit drei oder vier Ziffern. Wie viele verschiedene Passwörter dieser Art gibt es?

13. Tim besitzt vier Kriminalromane, fünf Abenteuerbücher und drei Mathematikbücher.
    a) Wie viele Möglichkeiten der Anordnung in seinem Buchregal hat Tim insgesamt?
    b) Wie viele Anordnungsmöglichkeiten gibt es, wenn die Bücher thematisch nicht vermischt werden dürfen?

14. Trapper Fuzzi ist auf dem Weg nach Alaska. Er muss drei Flüsse überqueren. Am ersten Fluss gibt es sieben Furten, wovon sechs passierbar sind. Am zweiten Fluss sind es fünf Furten, wovon vier passierbar sind. Am dritten Fluss sind zwei der drei Furten passierbar. Fuzzi entscheidet sich stets zufällig für eine der Furten. Sollte man darauf wetten, dass er durchkommt?

15. Ein Computer soll alle unterschiedlichen Anordnungen der 26 Buchstaben des Alphabets in einer Liste abspeichern. Wie lange würde dieser Vorgang dauern, wenn die Maschine in einer Millisekunde eine Million Anordnungen erzeugen könnte?

16. Wie viele Möglichkeiten gibt es, die elf Spieler einer Fußballmannschaft für ein Foto in einer Reihe aufzustellen?

17. An einem Fußballturnier nehmen 12 Mannschaften teil. Wie viele Endspielpaarungen sind theoretisch möglich und wie viele Halbfinalpaarungen sind theoretisch möglich?

18. Acht Schachspieler sollen zwei Mannschaften zu je vier Spielern bilden. Wie viele Möglichkeiten gibt es?

19. Eine Klasse besteht aus 24 Schülern, 16 Mädchen und 8 Jungen. Es soll eine Abordnung von 5 Schülern gebildet werden. Wie viele Möglichkeiten gibt es, wenn die Abordnung
    a) aus 3 Mädchen und 2 Jungen bestehen soll,
    b) nicht nur aus Mädchen bestehen soll?

20. Am Ende eines Fußballspiels kommt es zum Elfmeterschießen. Dazu werden vom Trainer fünf der elf Spieler ausgewählt.
    a) Wie viele Auswahlmöglichkeiten hat der Trainer?
    b) Wie viele Auswahlmöglichkeiten gibt es, wenn der Trainer auch noch festlegt, in welcher Reihenfolge die fünf Spieler schießen sollen?

21. Aus einem Kartenspiel mit den üblichen 32 Karten werden vier Karten entnommen.
a) Wie viele Möglichkeiten der Entnahme gibt es insgesamt?
b) Wie viele Möglichkeiten gibt es, wenn zusätzlich gefordert wird, dass unter den vier Karten genau zwei Asse sein sollen?

22. Aus einer Urne mit 15 weißen und 5 roten Kugeln werden 8 Kugeln ohne Zurücklegen gezogen. Mit welcher Wahrscheinlichkeit sind unter den gezogenen Kugeln genau 3 rote Kugeln? Mit welcher Wahrscheinlichkeit sind mindestens 4 rote Kugeln dabei?

23. In einer Lieferung von 100 Transistoren sind 10 defekt. Mit welcher Wahrscheinlichkeit werden bei Entnahme einer Stichprobe von 5 Transistoren genau 2 (mindestens 3) defekte Transistoren entdeckt?

24. In einer Sendung von 80 Batterien befinden sich 10 defekte. Mit welcher Wahrscheinlichkeit enthält eine Stichprobe von 5 Batterien genau eine (genau 3, höchstens 4, mindestens eine) defekte Batterie?

25. Auf einem Rummelplatz wird ein Minilotto „4 aus 16“ angeboten. Der Spieleinsatz beträgt pro Tipp 1 €. Die Auszahlungsquoten lauten 10 € bei 3 Richtigen und 1000 € bei 4 Richtigen. Mit welchem mittleren Gewinn kann der Veranstalter pro Tipp rechnen?

26. In einer Urne befinden sich 5 rote, 3 weiße und 6 schwarze Kugeln. 3 Kugeln werden ohne Zurücklegen gezogen. Mit welcher Wahrscheinlichkeit sind sie alle verschiedenfarbig (alle rot, alle gleichfarbig)?

27. Ein Hobbygärtner kauft eine Packung mit 50 Tulpenzwiebeln. Laut Aufschrift handelt es sich um 10 rote und 40 weiße Tulpen. Er pflanzt 5 zufällig entnommene Zwiebeln. Wie groß ist die Wahrscheinlichkeit, dass hiervon
a) genau 2 Tulpen rot sind?
b) mindestens 3 Tulpen weiß sind?

28. In einer Lostrommel liegen 10 Lose, von denen 4 Gewinnlose sind. Drei Lose werden gezogen. Mit welcher Wahrscheinlichkeit sind darunter mindestens zwei Gewinnlose?

Knobelaufgabe III

Eine 10-stellige Zahl ist so beschaffen, dass die erste Ziffer die Anzahl der Nullen angibt, die zweite Ziffer die Anzahl der Einsen, usw. und die zehnte Ziffer die Anzahl der Neunen. Wie heißt die Zahl?

↑ Anzahl der Nullen — ↑ Anzahl der Vieren — ↑ Anzahl der Neunen

2. Bedingte Wahrscheinlichkeiten und Unabhängigkeit

A. Der Begriff der bedingten Wahrscheinlichkeit

Die Wahrscheinlichkeit eines Ereignisses ist eine relative Größe. Sie kann durch *Informationen* beeinflusst werden. Wir betrachten als Beispiel einen Würfelwurf.

Beispiel: Würfelwurf

Ein Würfel mit dem abgebildeten Netz wurde verdeckt geworfen. Betrachtet wird die Wahrscheinlichkeit für die Augenzahl 5. Geben Sie diese Wahrscheinlichkeit an. Ermitteln Sie auch die Wahrscheinlichkeit, wenn man zusätzlich die Information erhält, dass eine grüne Fläche oben liegt.

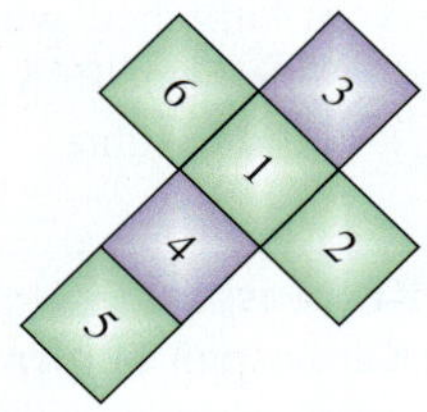

Lösung:

Die Wahrscheinlichkeit für die Augenzahl 5 beträgt $\frac{1}{6}$, da es sechs gleichwahrscheinliche Ergebnisse 1, 2, 3, 4, 5, 6 gibt. Hat man jedoch die Vorinformation, dass eine grüne Fläche gefallen ist, so kommen nur noch die Ergebnisse 1, 2, 5 und 6 in Frage, und man wird unter dieser Bedingung die Wahrscheinlichkeit für die Augenzahl 5 auf $\frac{1}{4}$ taxieren.

Man spricht in diesem Zusammenhang von einer ***bedingten Wahrscheinlichkeit***.

Man verwendet hierfür die symbolische Schreibweise $P_B(A)$.
(Gelesen: Die Wahrscheinlichkeit von A unter der Bedingung B.)

Bedingte Wahrscheinlichkeiten können durch zweistufige Baumdiagramme veranschaulicht werden. Rechts ist der Zusammenhang dargestellt. In der zweiten Stufe des Baumdiagramms treten vier bedingte Wahrscheinlichkeiten auf.

Bedingte Wahrscheinlichkeiten beim Würfelwurf

A: „Es fällt eine Fünf"
B: „Es fällt eine grüne Fläche"

$P(A) = \frac{1}{6}$	$P_B(A) = \frac{1}{4}$
totale Wahrscheinlichkeit	bedingte Wahrscheinlichkeit

Bedingte Wahrscheinlichkeiten im Baumdiagramm

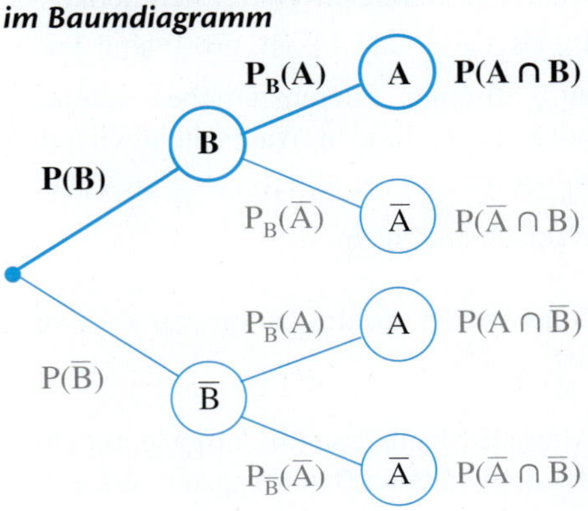

Beispielsweise gibt es für das Eintreten von A zwei bedingte Wahrscheinlichkeiten:
$P_B(A)$: Wahrscheinlichkeit, dass A eintritt, unter der Bedingung, dass B eingetreten ist.
$P_{\overline{B}}(A)$: Wahrscheinlichkeit, dass A eintritt, unter der Bedingung, dass $\overline{B}$ eingetreten ist.

Der Begriff der bedingten Wahrscheinlichkeit kann durch eine Formel definiert werden:

Definition XII.1:
Bedingte Wahrscheinlichkeit

$$P_B(A) = \frac{P(A \cap B)}{P(B)},\ P(B) > 0$$

Satz XII.1: Multiplikationssatz
Für zwei Ereignisse A und B mit $P(B) > 0$ gilt die Formel

$$P(A \cap B) = P(B) \cdot P_B(A).$$

Zur Lösung von Aufgaben wird meistens der Multiplikationssatz herangezogen, weil er die Schnittwahrscheinlichkeit $P(A \cap B)$ auf die einfacher zu bestimmenden Wahrscheinlichkeiten $P(B)$ und $P_B(A)$ zurückführt.

Beispiel: Kartenspiel
Aus einem Kartenspiel werden ohne Zurücklegen zwei Karten nacheinander gezogen. Berechnen Sie die Wahrscheinlichkeit dafür, dass
a) beide Karten Buben sind,
b) beide Karten keine Buben sind.

Lösung:
Gesucht sind die Schnittwahrscheinlichkeiten $P(B_1 \cap B_2)$ und $P(\overline{B}_1 \cap \overline{B}_2)$, wobei B_1 und B_2 rechts aufgeführt sind.

B_1: „Die 1. Karte ist ein Bube"
B_2: „Die 2. Karte ist ein Bube"

4 der 32 Karten sind Buben. Daher gilt $P(B_1) = \frac{4}{32}$ und $P(\overline{B}_1) = \frac{28}{32}$.
Auch die bedingten Wahrscheinlichkeiten $P_{B_1}(B_2) = \frac{3}{31}$ und $P_{\overline{B}_1}(B_2) = \frac{4}{31}$ sind leicht zu bestimmen. Hieraus ergeben sich auch noch die bedingten Wahrscheinlichkeiten $P_{B_1}(\overline{B}_2) = \frac{28}{31}$ und $P_{\overline{B}_1}(\overline{B}_2) = \frac{27}{31}$ als Gegenwahrscheinlichkeit.

Nun wird der Multiplikationssatz angewendet.

Anwendung des Multiplikationssatzes:

$$P(B_1 \cap B_2) = P(B_1) \cdot P_{B_1}(B_2) = \frac{4}{32} \cdot \frac{3}{31} \approx 0{,}012 = 1{,}2\,\%$$

$$P(\overline{B}_1 \cap \overline{B}_2) = P(\overline{B}_1) \cdot P_{\overline{B}_1}(\overline{B}_2) = \frac{28}{32} \cdot \frac{27}{31} \approx 0{,}762 = 76{,}2\,\%$$

Alternativ kann man die Aufgabe mit Hilfe des abgebildeten Baumdiagramms lösen.

Alternativ: Lösung mit Baumdiagramm:

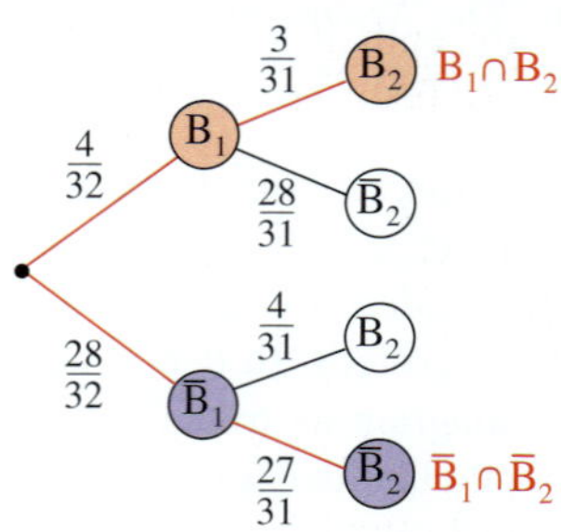

Übung 1 Wohnungsschlüssel

Otto hat fünf Schlüssel in seiner Hosentasche. Er zieht blindlings einen nach dem anderen, um in seine Wohnung zu gelangen. Berechnen Sie die Wahrscheinlichkeit dafür, dass er den richtigen Schlüssel beim zweiten Griff (beim dritten Griff) zieht.

Übungen

2. 40 % der Mitarbeiter einer Firma sind Raucher, 30 % der Raucher treiben Sport. Unter den Nichtrauchern beträgt der Anteil der Sportler 45 %.
Wie groß ist die Wahrscheinlichkeit dafür, dass ein beliebiger Mitarbeiter
a) besonders gesund lebt, d. h. Sport treibt und Nichtraucher ist,
b) sich besonders unvernünftig verhält, d. h. keinen Sport treibt und Raucher ist?

3. Eine Urne enthält 5 rote und 4 schwarze Kugeln. Es werden zwei Kugeln nacheinander ohne Zurücklegen gezogen. Wie groß ist die Wahrscheinlichkeit dafür,
a) dass die zweite gezogene Kugel rot ist, wenn die erste Kugel bereits rot war,
b) dass die zweite gezogene Kugel rot ist, wenn die erste Kugel schwarz war,
c) dass beide gezogenen Kugeln rot sind?

4. Die sensible Fußballmannschaft Kickers 04 muss in 4 von 10 Fällen zuerst ein Gegentor hinnehmen. Tritt dieser Fall ein, wird das Spiel mit 80 % Wahrscheinlichkeit verloren. Im anderen Fall werden 7 von 10 Spielen gewonnen. Es fällt mindestens ein Tor.
a) Max setzt vor dem Spiel 40 € darauf, dass Kickers 04 das erste Tor schießt und das Spiel gewinnt. Moritz setzt 50 € dagegen.
b) Max setzt vor dem Spiel 10 € darauf, dass Kickers 04 weder das erste Tor schießt noch gewinnt. Moritz setzt 30 € dagegen.
Untersuchen Sie, wer die bessere Gewinnerwartung hat.

5. Bei einem Skatspiel erhält jeder der drei Spieler 10 Karten, während die restlichen beiden Karten in den Skat gelegt werden.
a) Felix hat genau 2 Buben und 8 weitere Karten auf der Hand und hofft, dass genau ein weiterer Bube im Skat liegt. Welche Wahrscheinlichkeit besteht hierfür?
b) Felix' Buben sind Herz- und Karo-Bube. Mit welcher Wahrscheinlichkeit liegt
b_1) genau 1 Bube, b_2) nur der Kreuz-Bube im Skat?

6. Eine Urne enthält schwarze und rote Kugeln. Nachdem eine Kugel aus der Urne gezogen und ihre Farbe festgestellt wurde, wird sie in die Urne zurückgelegt. Danach werden die Kugeln der anderen Farbe verdoppelt und es wird erneut eine Kugel gezogen.
a) Stellen Sie einen Term für die Wahrscheinlichkeit des Ereignisses „1. Kugel rot, 2. Kugel schwarz“ auf. Leiten Sie eine Bedingung her, für die diese Wahrscheinlichkeit $\frac{1}{3}$ beträgt.
b) Stellen Sie einen Term für die Wahrscheinlichkeit des Ereignisses „1. Kugel rot, 2. Kugel rot“ auf. Leiten Sie eine Bedingung her, für die diese Wahrscheinlichkeit 0,1 beträgt.

7. Bei einer Lottoziehung aus 49 Kugeln trägt die erste gezogene Kugel eine gerade Zahl.
a) Berechnen Sie, mit welcher Wahrscheinlichkeit sie durch 5 teilbar ist.
b) Berechnen Sie, mit welcher Wahrscheinlichkeit sie keine 1 als Ziffer enthält.

8. Auf einem Straßenfest wird folgendes Kartenspiel angeboten: Der Spielleiter präsentiert 3 Karten, beidseitig gefärbt, die erste Karte auf beiden Seiten schwarz, die zweite Karte auf beiden Seiten rot, die dritte Karte auf der einen Seite rot und auf der anderen Seite schwarz. Diese Karten werden in eine leere Kiste gelegt und man darf blindlings eine Karte daraus ziehen, von der alle jedoch nur die Oberseite sehen. Sie zeigt Rot.

Der Spielleiter wettet nun 10 € darauf, dass die unsichtbare Unterseite dieselbe Farbe wie die Oberseite hat. Entscheiden Sie, ob man bei dieser Wette 10 € dagegen halten sollte.

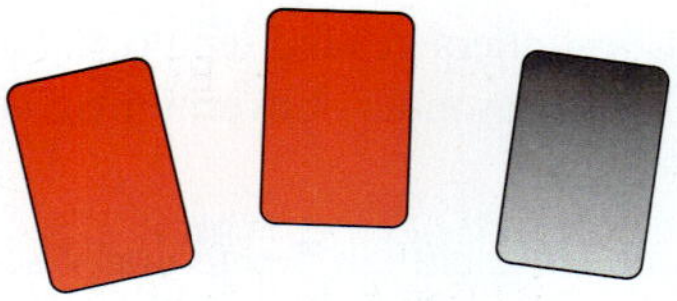

9. Eine Schachtel enthält 15 Pralinen, davon 3 mit Marzipanfüllung. Peter nimmt zwei Pralinen. Mit welcher Wahrscheinlichkeit erwischt er zwei Marzipanpralinen?

10. Eine Packung mit 50 elektrischen Sicherungen wird vom Käufer einem Test unterzogen. Er entnimmt der Packung zufällig nacheinander ohne Zurücklegen zwei Sicherungen und prüft sie auf ihre Funktionsfähigkeit. Sind beide einwandfrei, so wird die Packung angenommen, ansonsten wird sie zurückgewiesen.
Mit welcher Wahrscheinlichkeit wird eine Packung angenommen, obwohl sie 10 defekte Sicherungen enthält?

11. Eine Urne enthält 3 rote und 3 schwarze Kugeln. Eine Kugel wird aus der Urne genommen und die Farbe festgestellt. Die Kugel wird zurückgelegt und die Anzahl der Kugeln der gezogenen Farbe ver-n-facht. Anschließend wird wieder eine Kugel gezogen.
Ermitteln Sie, für welches n die Wahrscheinlichkeit für
a) 2 verschiedenfarbige Kugeln größer als 25 %,
b) 2 gleichfarbige Kugeln größer als 90 % ist.

Knobelaufgabe II

Bei einem Würfelspiel erhält der Spieler 5 identische sechsflächige Würfel. Beim ersten Wurf würfelt er mit allen fünf Würfeln, beim zweiten mit vier, beim dritten mit drei und beim vierten mit zwei Würfeln.
Zeigen bei einem Wurf zwei der Würfel die gleiche Augenzahl, hat der Spieler verloren. Sind alle Augenzahlen jedoch verschieden, wird daraus die Summe gebildet. Der Spieler gewinnt, wenn er jeweils die gleiche Summe würfelt.

Über die Würfel ist Folgendes bekannt:
1. Alle sechs Augenzahlen sind positive ganze Zahlen.
2. Alle sechs Augenzahlen sind verschieden.
3. Die höchste Augenzahl ist 10.
4. Die Augenzahlsumme eines Würfels ist gerade.
5. Es ist möglich zu gewinnen.
Wie lauten die 6 Augenzahlen der identischen Würfel?

B. Unabhängige Ereignisse

Durch das Eintreten eines bestimmten Ereignisses B kann sich die Wahrscheinlichkeit für das Eintreten eines weiteren Ereignisses A ändern. Ist das der Fall, so werden A und B als ***abhängige Ereignisse*** bezeichnet. Ändert sich die Wahrscheinlichkeit von A durch das Eintreten von B jedoch nicht, so heißen A und B ***unabhängige Ereignisse***.
Die exakte Definition des Begriffs lautet folgendermaßen:

Definition XII.2: Unabhängigkeit von Ereignissen
Zwei Ereignisse A und B mit positiven Wahrscheinlichkeiten werden als ***stochastisch unabhängig*** voneinander bezeichnet, wenn $P_B(A) = P(A)$ bzw. $P_A(B) = P(B)$ gilt.

Beispiel: Doppelter Würfelwurf
Ein Würfel wird zweimal geworfen. A_n sei das Ereignis, dass die Augensumme n erzielt wird. B sei das Ereignis, dass im ersten Wurf eine Primzahl fällt. Zeigen Sie, dass A_5 und B unabhängig sind, während A_8 und B abhängig sind.

Lösung:
Der Ergebnisraum $\Omega = \{(1;1), \ldots, (6;6)\}$ hat 36 Elemente, von welchen 4 für A_5 und 5 für A_8 günstig sind.
Also gilt: $P(A_5) = \frac{4}{36}$ und $P(A_8) = \frac{5}{36}$.
Setzen wir voraus, dass B eingetreten ist, so schrumpft der Ergebnisraum auf den gelb markierten Bereich, also auf 18 Zahlenpaare, von denen zwei für A_5 bzw. drei für A_8 günstig sind.
Also gilt: $P_B(A_5) = \frac{2}{18}$ und $P_B(A_8) = \frac{3}{18}$.
Die Wahrscheinlichkeit von A_5 wird also durch das Eintreten von B nicht beeinflusst. A_5 und B sind unabhängige Ereignisse.
Die Wahrscheinlichkeit von A_8 dagegen hängt vom Eintreten des Ereignisses B ab. A_8 und B sind abhängige Ereignisse.

$\Omega = \{(1;1), (1;2), \ldots, (6;5), (6;6)\}$
$A_5 = \{(1;4), (2;3), (3;2), (4;1)\}$
$A_8 = \{(2;6), (3;5), (4;4), (5;3), (6;2)\}$

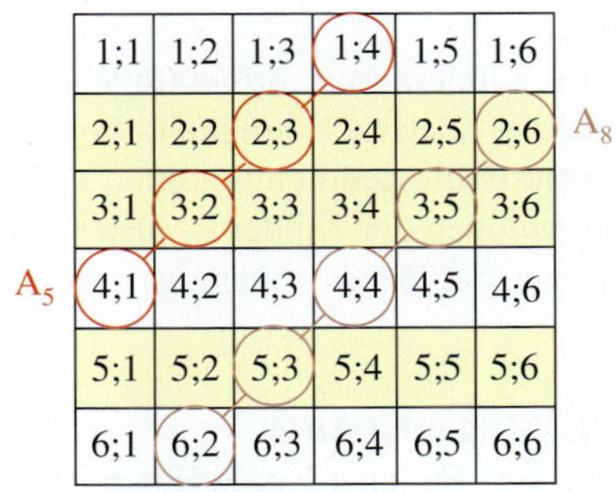

$P(A_5) = \frac{4}{36}$; $P_B(A_5) = \frac{2}{18} = \frac{4}{36}$

$P(A_8) = \frac{5}{36}$; $P_B(A_8) = \frac{3}{18} = \frac{6}{36}$

In manchen Fällen ist intuitiv klar, ob zwei Ereignisse stochastisch unabhängig oder abhängig sind. Zieht man z. B. aus einer Urne mit 6 roten und 4 weißen Kugeln zwei Kugeln und betrachtet die Ereignisse A: „Weiße Kugel im 1. Zug" und B: „Weiße Kugel im 2. Zug", so ist klar, dass A und B unabhängig sind, wenn mit Zurücklegen gezogen wurde, und dass A und B abhängig sind, wenn ohne Zurücklegen gezogen wurde.
Im obigen Beispiel allerdings half die Intuition nicht weiter. Hier mussten wir rechnerisch überprüfen, ob die Beziehung $P_B(A) = P(A)$ oder die gleichwertige Beziehung $P_A(B) = P(B)$ galt.

Für die Praxis besonders interessant ist die Auswertung empirisch gewonnenen statistischen Datenmaterials unter dem Gesichtspunkt der Unabhängigkeit von Ereignissen.

Beispiel: Sehvermögen und Geschlecht

Eine Schule wird von 1036 Schülern besucht, 560 Jungen und 476 Mädchen 125 Jungen und 105 Mädchen tragen eine Brille. Entscheiden Sie, ob das Sehvermögen der Kinder vom Geschlecht abhängt.

Lösung:

Wir können P(B) und $P_M(B)$ näherungsweise bestimmen, indem wir aus den gegebenen statistischen Daten die entsprechenden relativen Häufigkeiten errechnen.

Wir stellen fest, dass die Wahrscheinlichkeit für das Tragen einer Brille nicht vom Geschlecht abhängt.

B: „Kind trägt eine Brille"
M: „Kind ist ein Mädchen"

$$P(B) = \frac{230}{1036} \approx 0{,}222 = 22{,}2\,\%$$

$$P_M(B) = \frac{105}{476} \approx 0{,}221 = 22{,}1\,\%$$

Beispiel: Sehvermögen von Eltern und Kindern

Eine Umfrage unter den Eltern der Schüler aus dem letzten Beispiel ergibt, dass bei 213 Kindern beide Elternteile Brillenträger sind. In 70 dieser Fälle trägt das Kind ebenfalls eine Brille. Entscheiden Sie, ob das Sehvermögen der Kinder von dem der Eltern abhängig ist.

Lösung:

Unter den Kindern mit brillentragenden Eltern ist die relative Häufigkeit für das Tragen einer Brille deutlich erhöht.

Das Sehvermögen der Kinder ist also vom Sehvermögen der Eltern abhängig.

B: „Kind trägt eine Brille"
E: „Beide Elternteile tragen eine Brille"

$$P(B) = \frac{230}{1036} \approx 0{,}222 = 22{,}2\,\%$$

$$P_E(B) = \frac{70}{213} \approx 0{,}329 = 32{,}9\,\%$$

Übung 12 Zug oder Auto

In einer großen Ferienanlage wohnen 738 Familien. 462 Familien sind mit dem PKW angereist, die restlichen mit dem Zug. Von den 396 Familien mit zwei oder mehr Kindern reisten 121 mit dem Zug. Ist das zur Anreise benutzte Verkehrsmittel von der Kinderzahl abhängig?

Übung 13 Würfel und Urne

Prüfen Sie die Ereignisse A und B auf stochastische Unabhängigkeit.

a) Ein Würfel wird zweimal geworfen. A sei das Ereignis, dass im zweiten Wurf eine 1 fällt. B sei das Ereignis, dass die Augensumme 5 beträgt.

b) Ein Würfel wird zweimal geworfen. A: „Augensumme 6", B: „Gleiche Augenzahl in beiden Würfen".

c) Aus einer Urne mit 4 weißen und 6 schwarzen Kugeln werden 2 Kugeln mit Zurücklegen gezogen. A: „Im zweiten Zug wird eine weiße Kugel gezogen", B: „Im ersten Zug wird eine weiße Kugel gezogen".

d) Das Experiment aus Aufgabenteil c wird wiederholt, wobei jedoch ohne Zurücklegen gezogen wird.

Exkurs: Der Multiplikationssatz für unabhängige Ereignisse

Einige Regeln für das Rechnen mit Wahrscheinlichkeiten nehmen für unabhängige Ereignisse eine besonders einfache Gestalt an. Beispiele sind Multiplikationssatz und Additionssatz.

Multiplikationssatz für unabhängige Ereignisse

Für unabhängige Ereignisse A und B gilt:

$$P(A \cap B) = P(A) \cdot P(B).$$

Beweis:

$P(A \cap B) = P(B) \cdot P_B(A) = P(A) \cdot P(B)$

Additionssatz für unabhängige Ereignisse

Für unabhängige Ereignisse A und B gilt:

$$P(A \cup B) = P(A) + P(B) - P(A) \cdot P(B).$$

Beweis:

$P(A \cup B) = P(A) + P(B) - P(A \cap B)$
$= P(A) + P(B) - P(A) \cdot P(B)$

Beispiel: Zweifacher Würfelwurf

Ein Würfel wird zweimal geworfen. Mit welcher Wahrscheinlichkeit fällt im ersten Wurf eine Primzahl (B) oder kommt die Augensumme 5 (A_5)?

Lösung:

Bereits im ersten Beispiel dieses Abschnitts (S. 78) stellten wir fest, dass B und A_5 unabhängig sind und dass gilt:

$$P(A_5) = \frac{1}{9},\ P(B) = \frac{1}{2}.$$

Der Additionssatz für unabhängige Ereignisse liefert das nebenstehend aufgeführte Resultat. Ein geschickt angelegtes reduziertes Baumdiagramm allerdings leistet das Gleiche! $P(A_5 \cup B) = \frac{5}{9}$

$$P(A_5 \cup B) = P(A_5) + P(B) - P(A_5) \cdot P(B) = \frac{1}{9} + \frac{1}{2} - \frac{1}{9} \cdot \frac{1}{2} = \frac{5}{9}$$

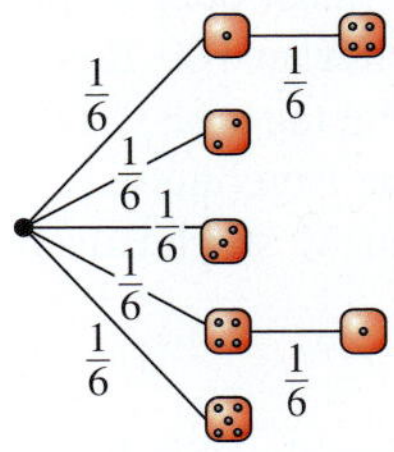

Für das Ereignis $A_5 \cup B$ günstige Pfade

Beispiel: Stochastische Unabhängigkeit

A und B seien stochastisch unabhängige Ereignisse. Zeigen Sie, dass dann auch die Ereignisse A und $\overline{B}$ stochastisch unabhängig sind.

Lösung:

Wir gehen beim Beweis vom abgebildeten Mengendiagramm aus und verwenden den Multiplikationssatz für unabhängige Ereignisse. (Bemerkung: Auch hier ist eine von Baumdiagrammen ausgehende Lösung möglich!)

$P(A \cap \overline{B}) = P(A) - P(A \cap B)$
$= P(A) - P(A) \cdot P(B)$
$= P(A) \cdot [1 - P(B)] = P(A) \cdot P(\overline{B})$

Hieraus folgt schon die Unabhängigkeit:

$P_{\overline{B}}(A) = \frac{P(A \cap \overline{B})}{P(\overline{B})} = \frac{P(A) \cdot P(\overline{B})}{P(\overline{B})} = P(A).$

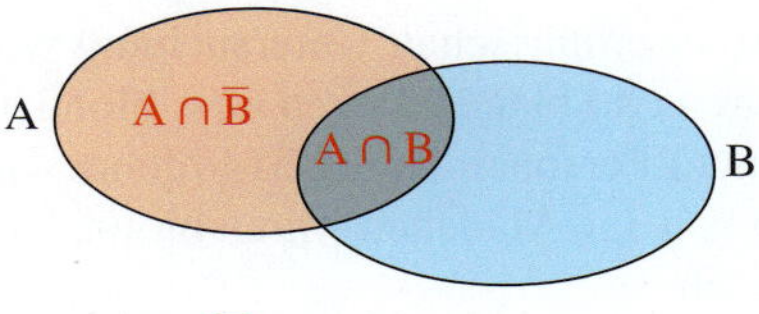

$A \cap \overline{B} = A \setminus (A \cap B)$

Übungen

14. Prüfen Sie beim zweimaligen Würfelwurf die Ereignisse A und B auf stochastische Unabhängigkeit.

a) A: Im ersten Wurf kommt eine Sechs. B: Im zweiten Wurf kommt keine 6.
b) A: Im ersten Wurf kommt Eins. B: Die Augensumme der Würfe ist gerade.
c) A: Gerade Augenzahl im ersten Wurf. B: In beiden Würfen gleiche Augenzahl.

15. Ein Würfel wird einmal geworfen. Betrachtet werden die beiden folgenden Ereignisse:
A: Die Augenzahl ist gerade. B: Die Augenzahl ist durch 3 teilbar.
Prüfen Sie, ob die beiden Ereignisse stochastisch unabhängig sind.

16. Die 10 Kugeln in einer Urne sind mit den Nummern 1, ..., 10 versehen. Es werden nacheinander zwei Kugeln mit Zurücklegen gezogen. Untersuchen Sie jeweils zwei der Ereignisse auf stochastische Unabhängigkeit:
A: „Es kommen zwei gleiche Nummern“, B: „Im ersten Zug kommt die Nummer 10“,
C: „Die Nummernsumme ist kleiner als 8“.

17. Es soll geklärt werden, ob die Regenwahrscheinlichkeit für morgen davon abhängt, ob es heute regnet oder nicht. Dazu werden das Wetter an 100 Tagen und am jeweiligen Folgetag erfasst. Die Tafel rechts enthält die Ergebnisse. Prüfen Sie, ob H und M stochastisch unabhängig sind.

H: Es regnet heute
M: Es regnet morgen

	M	$\overline{M}$
H	30	20
$\overline{H}$	20	30

18. Der englische Naturforscher Sir Francis Galton (1822–1911) untersuchte den Zusammenhang zwischen der Augenfarbe von 1000 Vätern und je einem ihrer Söhne. Die Ergebnisse sind in einer Tafel dargestellt. Dabei sei V das Ereignis „Vater ist helläugig“, S das Ereignis „Sohn ist helläugig“. Untersuchen Sie V und S auf Unabhängigkeit.

V: Vater blauäugig
S: Sohn blauäugig

	S	$\overline{S}$
V	471	151
$\overline{V}$	148	230

19. In einer empirischen Untersuchung wird geprüft, ob ein Zusammenhang zwischen blonden Haaren und blauen Augen bzw. blonden Haaren und dem Geschlecht besteht. Von 842 untersuchten Personen hatten 314 blonde Haare. Unter den 268 Blauäugigen waren 121 Blonde. 116 von 310 Mädchen waren blond. Überprüfen Sie die untersuchten Zusammenhänge rechnerisch.

C. Die totale Wahrscheinlichkeit

Die erste Pfadregel für Baumdiagramme ist äquivalent zum Multiplikationssatz für Schnittereignisse. In entsprechender Weise gibt es ein Äquivalent zur zweiten Pfadregel für Baumdiagramme, nämlich die folgende Formel von der totalen Wahrscheinlichkeit:

Satz von der totalen Wahrscheinlichkeit

A und B seien beliebige Ereignisse mit $P(B) \neq 0$, $P(\overline{B}) \neq 0$. Dann gilt:

$$P(A) = P(B) \cdot P_B(A) + P(\overline{B}) \cdot P_{\overline{B}}(A).$$

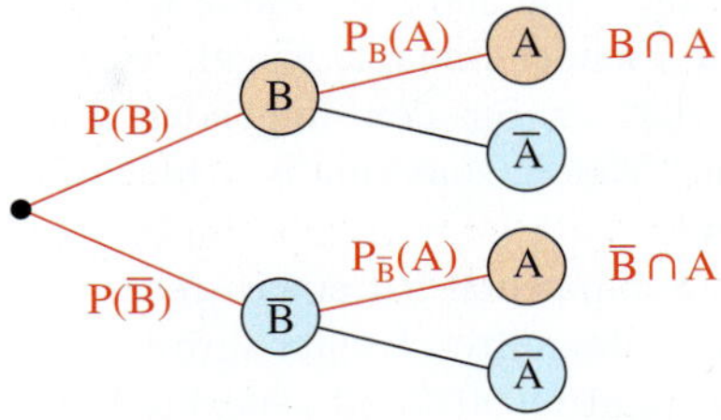

Der Satz führt die „totale Wahrscheinlichkeit" $P(A)$ des Ereignisses A auf die „bedingten Wahrscheinlichkeiten" $P_B(A)$ und $P_{\overline{B}}(A)$ des Ereignisses A zurück.

Beispiel: Abstimmung

Die Belegschaft eines großen Betriebes besteht zu 41 % aus Angestellten und zu 59 % aus Arbeitern. Die gesamte Belegschaft soll per Abstimmung entscheiden, ob für einige Abteilungen die gleitende Arbeitszeit eingeführt werden soll. Interne Umfragen ergaben, dass 80 % der Angestellten, aber nur 25 % der Arbeiter für die gleitende Arbeitszeit sind. Wie wird die Abstimmung wohl ausgehen?

Lösung:
Gesucht ist die Wahrscheinlichkeit, dass sich ein zufällig ausgewähltes Belegschaftsmitglied für die gleitende Arbeitszeit entscheidet. Diese Wahrscheinlichkeit lässt sich mit Hilfe der Formel für die totale Wahrscheinlichkeit nach nebenstehender Rechnung bestimmen. Da sie weniger als 50 % beträgt, wird die Abstimmung vermutlich zuungunsten der gleitenden Arbeitszeit ausgehen.

Bezeichnungen:

G: „Entscheidung für gleitende Arbeitszeit"
R: „Die abstimmende Person ist Arbeiter"
$\overline{R}$: „Die abstimmende Person ist Angestellter"

Rechnung:

$$\begin{aligned} P(G) &= P(R) \cdot P_R(G) + P(\overline{R}) \cdot P_{\overline{R}}(G) \\ &= 0{,}59 \cdot 0{,}25 + 0{,}41 \cdot 0{,}80 \\ &= 0{,}4755 \end{aligned}$$

Übung 20 Infektion

In einem Entwicklungsland leiden ca. 0,1 % der Menschen an einer bestimmten Infektionskrankheit. Ein Test zeigt die Krankheit bei 98 % der Kranken korrekt an, während er bei 5 % der Gesunden irrtümlich die Krankheit anzeigt. Mit welcher Wahrscheinlichkeit zeigt der Test bei einer zufällig ausgewählten Person ein positives Resultat? (Lösen Sie die Aufgabe mit Hilfe eines Baumdiagramms *und* des Satzes von der totalen Wahrscheinlichkeit.)

Übung 21 Wahl des Schulsprechers

Ein Kandidat für den Posten des Schulsprechers wird von 63 % der 528 weiblichen Schüler favorisiert. Von den Jungen wollen 41 % für ihn stimmen. Insgesamt sind 1200 Schüler auf der Schule. Mit welchem Stimmanteil kann er rechnen?

Beispiel: Wetterprognose

Im Schlippental ist das Wetter an 70 von 100 Tagen schön und an 30 von 100 Tagen schlecht.

Der königliche Hofmeteorologe simuliert das Wetter daher mit Hilfe einer Urne, die 7 rote und 3 schwarze Kugeln enthält. Zieht er eine rote Kugel, so prognostiziert er für den folgenden Tag schönes Wetter, andernfalls schlechtes Wetter.

Radio Schlippental hat einen einheimischen Breitmaulfrosch unter Vertrag, der schöne Tage mit 90 % und schlechte Tage mit 60 % Sicherheit vorhersagen kann.

Wessen Prognosen sind treffsicherer?

Lösung:

Wir verwenden folgende Bezeichnungen:

S: „Es tritt schönes Wetter ein"

M: „Die Prognose des Meteorologen ist richtig"

F: „Die Froschprognose ist richtig"

Nun bestimmen wir die totale Wahrscheinlichkeit der Ereignisse M und F, deren bedingte Wahrscheinlichkeiten $P_S(M) = 0{,}7$, $P_{\overline{S}}(M) = 0{,}3$, $P_S(F) = 0{,}9$ und $P_{\overline{S}}(F) = 0{,}6$ wir der Aufgabenstellung entnehmen können.

Mit Hilfe der abgebildeten Baumdiagramme bzw. mit der Formel von der totalen Wahrscheinlichkeit erhalten wir

$$P(M) = 58\,\% \text{ und } P(F) = 81\,\%.$$

Der Frosch ist also besser.

Treffsicherheit des Meteorologen:

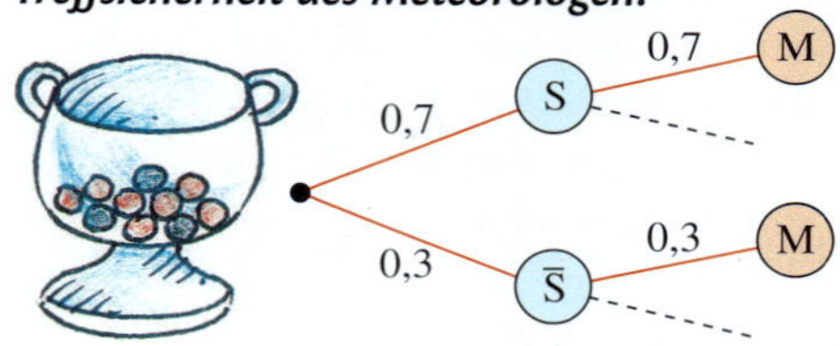

$P(M) = 0{,}7 \cdot 0{,}7 + 0{,}3 \cdot 0{,}3 = 0{,}58 = 58\,\%$

Treffsicherheit des Frosches:

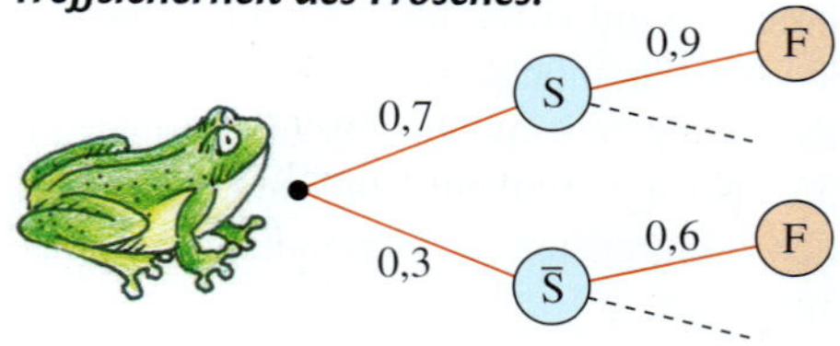

$P(F) = 0{,}7 \cdot 0{,}9 + 0{,}3 \cdot 0{,}6 = 0{,}81 = 81\,\%$

Übung 22 Wetterprognose

In unserem obigen Beispiel tritt nun ein Optimist hinzu, der stets schönes Wetter prognostiziert. Wie groß ist die Treffersicherheit des Optimisten?

Übung 23 Einschaltquoten

Die vom beliebten Showmaster moderierte Fernsehsendung wird von sogenannten Vielsehern (Fernsehzuschauer, die täglich mehr als 3 Stunden fernsehen, 18 % der Zuschauer) zu 75 % gesehen. In der Gruppe der restlichen Fernsehteilnehmer beträgt die Einschaltquote 40 %. Wie groß ist die Einschaltquote?

Übungen

24. Die Urne U_1 enthält 10 rote und 5 grüne Kugeln, die Urne U_2 enthält 3 rote und 7 grüne Kugeln. Jemand wählt blindlings (d.h. mit verbundenen Augen) eine der beiden Urnen aus und zieht eine Kugel.
a) Mit welcher Wahrscheinlichkeit ist diese rot?
b) Mit welcher Wahrscheinlichkeit ist diese grün?

25. 3% der Bevölkerung sind zuckerkrank. Ein Test zeigt bei 96% der Kranken die Krankheit an. Bei den Gesunden ergibt der Test bei 6% irrtümlich ein positives Ergebnis.
Welcher Prozentsatz der Durchschnittsbevölkerung wird bei einem Massenscreening ein positives Testergebnis erhalten?

26. Auf zwei Urnen werden 5 weiße und 5 rote Kugeln beliebig verteilt. Anschließend wird eine Urne ausgewählt und aus ihr eine Kugel gezogen. Untersuchen Sie, bei welcher Verteilung die Wahrscheinlichkeit für das Ziehen einer roten Kugel besonders groß (klein) ist.

27. Ein Hersteller von elektrischen Widerständen produziert diese auf drei Maschinen M_1, M_2, und M_3. 20% der Widerstände werden auf M_1, 30% auf M_2 und 50% auf M_3 produziert. Die Ausschussraten betragen 4% für M_1, 3% für M_2 und 2% für M_3.
Welche Ausschussrate ergibt sich für die Gesamtproduktion?

28. Formulieren Sie den Satz von der totalen Wahrscheinlichkeit für den Fall einer Zerlegung des Ergebnisraumes Ω in 3 paarweise disjunkte (d.h. je zwei Mengen haben eine leere Schnittmenge) Teilmengen B_1, B_2, B_3.

29. Der Physiklehrer heißt bei allen Schülern Katastrophen-Willi, denn in der Mechanik misslingen 15%, in der Optik 26% und in der Elektrostatik 85% seiner Versuche. Wie groß ist der Anteil der misslungenen Experimente, wenn Katastrophen-Willi in Mechanik eine Klasse, in Optik 2 und in Elektrostatik 3 Klassen unterrichtet und pro Unterrichtsstunde genau ein Experiment durchführt?

30. In drei Urnen sind jeweils 50 Kugeln. In Urne i $(1 \leq i \leq 3)$ befinden sich $10i + 5$ rote Kugeln. Es wird eine Urne gewählt und aus dieser werden zwei Kugeln mit einem Griff gezogen. Mit welcher Wahrscheinlichkeit sind beide Kugeln rot?

31. Vier Kontrolleure führen zu gleichen Teilen die Endkontrolle durch. Dabei werden von ihnen 90%, 85%, 95%, 50% des Ausschusses entdeckt.
Mit welcher Wahrscheinlichkeit wird ein defektes Teil erkannt und aussortiert?

32. Doc Holliday und Billy The Cid tragen ein Pistolenduell aus. Doc Holliday trifft mit der Wahrscheinlichkeit 0,9, sein Gegner mit der Wahrscheinlichkeit 0,95. Es wird abwechselnd geschossen, wobei Doc Holiday den ersten Schuss hat.
Berechnen Sie die Wahrscheinlichkeit folgender Ereignisse:
a) Doc Holliday siegt mit seinem zweiten Schuss.
b) Billy The Cid siegt mit seinem zweiten Schuss.
c) Doc Holliday siegt spätestens nach insgesamt fünf Schüssen.
d) Billy The Cid siegt irgendwann im Laufe des Duells.

D. Der Satz von Bayes

Wir entwickeln im Folgenden eine Formel, die einen Gleichungszusammenhang zwischen den bedingten Wahrscheinlichkeiten $P_B(A)$ und $P_A(B)$ herstellt. Man spricht daher auch vom sogenannten Umkehrproblem für bedingte Wahrscheinlichkeiten. Die Formel lässt sich leicht gewinnen, wenn man den zu den Ereignissen B und A gehörigen zweistufigen Wahrscheinlichkeitsbaum mit dem dazu „inversen" Baumdiagramm vergleicht.

Baumdiagramm:

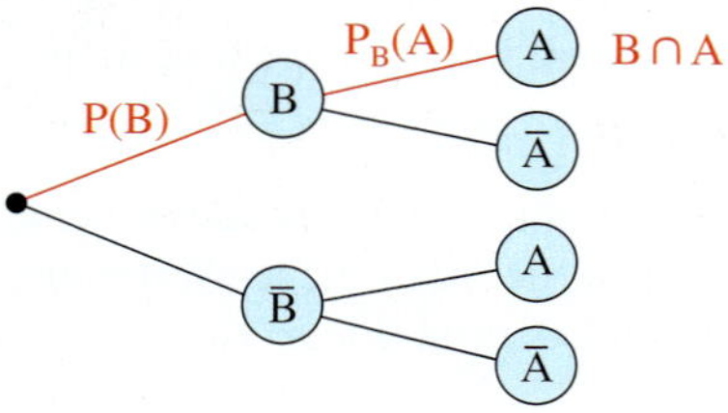

$P(B \cap A) = P(B) \cdot P_B(A)$

Inverses Baumdiagramm:

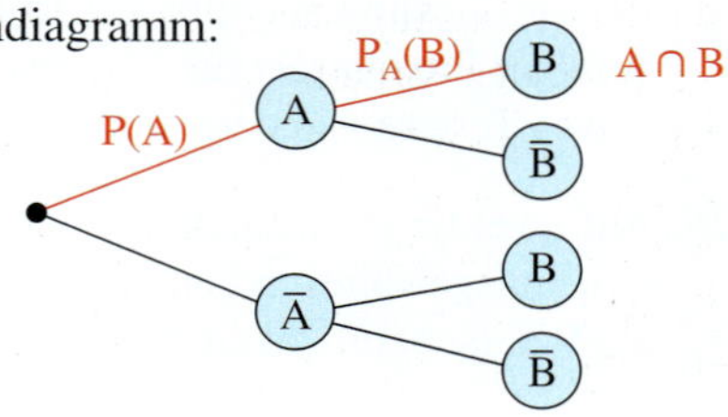

$P(A \cap B) = P(A) \cdot P_A(B)$

Die Ereignisse $B \cap A$ und $A \cap B$ sind identisch, also sind dies auch ihre Wahrscheinlichkeiten: $P(B) \cdot P_B(A) = P(A) \cdot P_A(B)$. Lösen wir diese Gleichung nach $P_B(A)$ auf, so ergibt sich die sogenannte Formel von Bayes*:

Der Satz von Bayes

Sind A und B Ereignisse mit $P(A) \neq 0$ und $P(B) \neq 0$, so gelten folgende Formeln:

$$P_B(A) = \frac{P(A) \cdot P_A(B)}{P(B)} \qquad P_B(A) = \frac{P(A) \cdot P_A(B)}{P(A) \cdot P_A(B) + P(\overline{A}) \cdot P_{\overline{A}}(B)}$$

Die zweite Formel folgt aus der ersten durch Anwendung des Satzes von der totalen Wahrscheinlichkeit auf den Nennerterm $P(B)$.

Beispiel: Die Aussagekraft medizinisch-diagnostischer Tests

Eine von zehntausend Personen leidet an einer bestimmten Stoffwechselerkrankung. Für diese Erkrankung gibt es einen einfachen diagnostischen Test, der bei Kranken mit einer Wahrscheinlichkeit von 90 % und bei Gesunden mit einer Wahrscheinlichkeit von 98 % die korrekte Diagnose liefert. Eine Person, die sich dem Test unterzieht, erhält ein positives, d. h. für das Vorliegen der Erkrankung sprechendes Testergebnis. Wie wahrscheinlich ist es, dass dieser Patient tatsächlich erkrankt ist?

Lösung:

Gesucht ist die bedingte Wahrscheinlichkeit $P_T(K)$, dass jemand tatsächlich erkrankt ist, wenn der Test ein positives Resultat ergibt.

Bezeichnungen:
K: „Die getestete Person ist krank"
T: „Der Test zeigt ein positives Resultat"

* Thomas Bayes (1702–1761), engl. Geistlicher und Mathematiker

Gegeben sind die Wahrscheinlichkeiten: $P(K) = 0{,}0001$, $P_K(T) = 0{,}9$, $P_{\overline{K}}(\overline{T}) = 0{,}98$. Als Gegenwahrscheinlichkeiten ergeben sich hieraus die Wahrscheinlichkeiten: $P(\overline{K}) = 0{,}9999$, $P_K(\overline{T}) = 0{,}1$, $P_{\overline{K}}(T) = 0{,}02$.

Baumdiagramm:

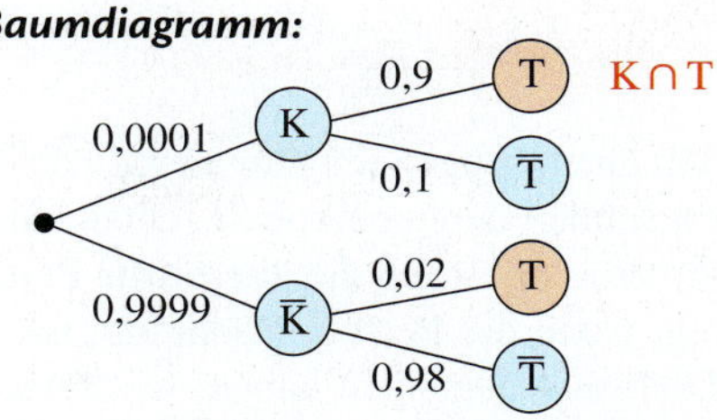

1. Möglichkeit:
Wir lösen die Aufgabe zunächst ohne Verwendung der Formeln nur mit Hilfe des zu den Ereignissen K und T gehörigen zweistufigen Baumdiagramms sowie des dazu inversen Baumdiagramms.*
Nach nebenstehend aufgeführter Rechnung erhalten wir dann $P_T(K) \approx 0{,}45\,\%$.

$$P(T) = 0{,}0001 \cdot 0{,}9 + 0{,}9999 \cdot 0{,}02 = 0{,}020088$$

Inverses Baumdiagramm:

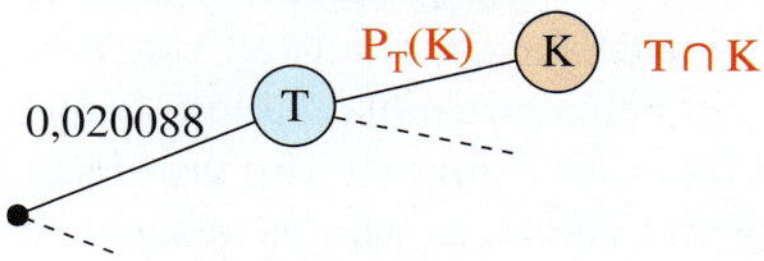

$$P(T) \cdot P_T(K) = P(T \cap K) = P(K \cap T)$$
$$0{,}020088 \cdot P_T(K) = 0{,}0001 \cdot 0{,}9$$
$$P_T(K) = 0{,}00448 \approx 0{,}45\,\%$$

2. Möglichkeit:
Die Anwendung der Formeln liefert ebenfalls das gesuchte Ergebnis. Hierzu berechnen wir zunächst die Wahrscheinlichkeit P(T) mit Hilfe der Formel von der totalen Wahrscheinlichkeit.

Totale Wahrscheinlichkeit:

$$P(T) = P(K) \cdot P_K(T) + P(\overline{K}) \cdot P_{\overline{K}}(T) = 0{,}0001 \cdot 0{,}9 + 0{,}9999 \cdot 0{,}02 = 0{,}020088$$

Nun können wir die gesuchte Wahrscheinlichkeit $P_T(K)$ mit Hilfe des Satzes von Bayes bestimmen.
Wir erhalten als Resultat $P_T(K) \approx 0{,}45\,\%$.

Anwendung der Formel von Bayes:

$$P_T(K) = \frac{P(K) \cdot P_K(T)}{P(T)} = \frac{0{,}0001 \cdot 0{,}90}{0{,}020088} = 0{,}00448 \approx 0{,}45\,\%$$

Die getestete Person muss sich also trotz des positiven Testergebnisses keine übertriebenen Sorgen machen. Die aus Sicherheitsgründen folgenden Nachuntersuchungen werden mit großer Wahrscheinlichkeit zum Ergebnis haben, dass die Testperson nicht an der Stoffwechselkrankheit leidet. Bei einer seltenen Krankheit ist die Wahrscheinlichkeit einer Fehldiagnose oft hoch.

Übung 33 Diagnostischer Test

a) Der im obigen Beispiel beschriebene diagnostische Test fällt bei einem bestimmten Patienten negativ aus. Mit welcher Wahrscheinlichkeit liegt die Krankheit dennoch vor?

b) Im obigen Beispiel wurde die Diagnostik einer relativ seltenen Erkrankung untersucht. Betrachten Sie nun den Fall, dass eine relativ häufig auftretende Krankheit vorliegt, die bei einer von zwanzig Personen auftritt. Mit welchen Wahrscheinlichkeiten liefert der Test bei sonst gleichen Daten falsche Ergebnisse? Bestimmen Sie $P_{\overline{T}}(K)$ und $P_T(\overline{K})$.

---

* Bemerkung: Die Bestimmung von totalen Wahrscheinlichkeiten und die Lösung von Bayes-Aufgaben erfordern in der Regel keine Formeln. Man kommt mit Baumdiagrammen und inversen Baumdiagrammen aus.

Übungen

34. Mit einem Lügendetektor werden des Diebstahls verdächtige Personen überprüft. Der Detektor schlägt durch ein rotes Lichtsignal an oder entwarnt durch ein grünes Signal. Er ist zu 90% zuverlässig, wenn die überprüfte Person tatsächlich schuldig ist, und er ist zu 99% zuverlässig, wenn die Person unschuldig ist. Aus einer Gruppe von Personen, von denen 5% einen Diebstahl begangen haben, wird eine Person überprüft. Der Detektor gibt ein rotes Signal. Mit welcher Wahrscheinlichkeit ist die Person dennoch unschuldig?
a) Lösen Sie die Aufgabe mit Hilfe von Baumdiagrammen.
b) Lösen Sie die Aufgabe durch Anwendung der Formeln.

35. Eine noble Villa ist durch eine Alarmanlage gesichert. Diese gibt im Falle eines Einbruchs mit einer Wahrscheinlichkeit von 99% Alarm. Jedoch muss mit einer Wahrscheinlichkeit von 1% ein Fehlalarm einkalkuliert werden, wenn kein Einbruch stattfindet. Die Wahrscheinlichkeit für einen Einbruch liegt pro Nacht bei etwa 1 : 1000. Wie groß ist die Wahrscheinlichkeit, dass im Falle eines Alarms tatsächlich ein Einbruch begangen wird?

36. Der abgebildete Glücksspielautomat schüttet einen Gewinn aus, wenn die Augensumme größer als 11 ist.
a) Wie groß ist die Gewinnchance eines Spielers?
b) Ein Spieler hat gewonnen. Mit welcher Wahrscheinlichkeit zeigte das erste Rad „6"?

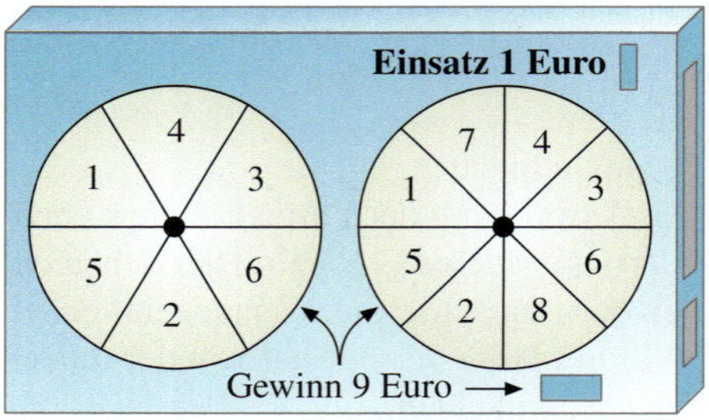

37. Urne U_1 enthält 3 weiße und 5 schwarze Kugeln. Urne U_2 enthält 7 weiße und 4 schwarze Kugeln. Jemand wählt blindlings eine Urne und zieht gleichzeitig drei Kugeln. Alle Kugeln sind schwarz (weiß). Mit welcher Wahrscheinlichkeit stammen sie aus U_2?

38. Über eine bestimmte Stoffwechselkrankheit ist bekannt, dass sie ca. eine von 150 Personen befällt. Ein recht zuverlässiger Test fällt bei tatsächlich erkrankten Personen mit einer Wahrscheinlichkeit von 97% positiv aus. Bei Personen, die nicht krank sind, fällt er mit 95% Wahrscheinlichkeit negativ aus.
a) Jemand lässt sich testen und erhält ein positives Resultat. Mit welcher Wahrscheinlichkeit ist er tatsächlich erkrankt?
b) Wie groß ist die Wahrscheinlichkeit, dass man bei einem negativen Ergebnis tatsächlich nicht erkrankt ist?
c) Welche Ergebnisse würde man bei a) erhalten, wenn die Krankheit nur eine von 1500 Personen befällt?

39. In Egons Hosentasche befinden sich 10 Münzen, 9 echte mit Kopf (K) und Zahl (Z) und eine falsche, die beidseitig Zahl aufweist. Egon zieht zufällig eine dieser Münzen und wirft sie mehrfach. Es erscheint die Folge ZZZK. Bestimmen Sie für jede der Teilfolgen, also für Z, ZZ, ZZZ und ZZZK die Wahrscheinlichkeit, dass es sich um eine echte Münze handelt.

3. Vierfeldertafeln

In der statistischen Praxis werden häufig sog. Vierfeldertafeln anstelle von Baumdiagrammen eingesetzt. Sie sind übersichtlicher in der Darstellung und einfach in der Handhabung.

Eine Vierfeldertafel ist eine zusammenfassende Darstellung zweier Merkmale mit jeweils zwei Ausprägungen (A, $\overline{A}$, B, $\overline{B}$).

In die Tafel werden in der Regel die absoluten Häufigkeiten oder die Wahrscheinlichkeiten der vier möglichen Kombinationsereignisse $A \cap B$, $A \cap \overline{B}$, $\overline{A} \cap B$ und $\overline{A} \cap \overline{B}$ eingetragen.

In die fünf Randfelder werden die Zeilen- und Spaltensummen eingetragen, d. h. $|A|$, $|\overline{A}|$, $|B|$, $|\overline{B}|$ und die Gesamtsumme.
Mit Hilfe dieser Eintragungen können gesuchte Wahrscheinlichkeiten bestimmt werden, z. B. die Randwahrscheinlichkeit $P(A)$ oder $P_B(A)$, d. h. die Wahrscheinlichkeit für A, wenn B bereits eingetreten ist.

	B	$\overline{B}$	
A	$\lvert A \cap B\rvert$	$\lvert A \cap \overline{B}\rvert$	$\lvert A\rvert$
$\overline{A}$	$\lvert \overline{A} \cap B\rvert$	$\lvert \overline{A} \cap \overline{B}\rvert$	$\lvert \overline{A}\rvert$
	$\lvert B\rvert$	$\lvert \overline{B}\rvert$	Summe

Berechnung einer Randwahrscheinlichkeit:

$P(A) = \frac{|A|}{\text{Summe}}$

Berechnung einer bedingten Wahrscheinlichkeit:

$P_B(A) = \frac{|A \cap B|}{|B|}$

Beispiel: Oktoberfest

Im Festzelt feiern 140 Touristen, die eine Lederhose tragen, sowie 60 Touristen in normaler Kleidung. Hinzu kommen 10 Münchner mit Lederhose und 40 Münchner in Alltagskleidung.
Durch die Hitze wird eine Person ohnmächtig. Sie trägt eine Lederhose. Mit welcher Wahrscheinlichkeit ist es ein Tourist?

Lösung:
Wir tragen die vier bekannten absoluten Häufigkeiten in die Vierfeldertafel ein (rote Felder).
Dann bilden wir die Zeilensummen, die Spaltensummen und schließlich die Gesamtsumme (gelbe Felder).

Gesucht ist die bedingte Wahrscheinlichkeit $P_L(T)$. Diese erhalten wir, indem wir die Anzahl der Personen im Schnittereignis $T \cap L$ durch die Anzahl aller Lederhosenträger teilen.
Resultat: Die ohnmächtige Person ist zu 93,33 % ein Tourist.

Bezeichnungen:

T: Tourist $\quad$ $\overline{T}$: Münchner
L: Lederhose $\quad$ $\overline{L}$: keine Lederhose

Vierfeldertafel:

	L	$\overline{L}$	
T	140	60	200
$\overline{T}$	10	40	50
	150	100	250

Berechnung der Wahrscheinlichkeit $P_L(T)$:

$P_L(T) = \frac{|T \cap L|}{|L|} = \frac{140}{150} \approx 93{,}33\,\%$

Beispiel: Alarmanlage

In einer gefährlichen Stadt werden 500 Häuser mit dem neuen Modell einer Alarmanlage ausgerüstet. In der ersten Nacht ergibt sich die rechts dargestellte Statistik.

A: Alarm, $\overline{A}$: kein Alarm

E: Einbruch, $\overline{E}$: kein Einbruch

	E	$\overline{E}$	
A	3	9	12
$\overline{A}$	1	487	488
	4	496	500

a) Mit welcher Wahrscheinlichkeit gibt die Anlage bei einem Einbruch Alarm?

b) Mit welcher Wahrscheinlichkeit wird ein Fehlalarm ausgelöst?

c) Mit welcher Zahl von Einbruchsversuchen muss ein Hausbesitzer im Jahr rechnen?

Lösung zu a):

Gesucht ist die bedingte Wahrscheinlichkeit $P_E(A)$.

Da es bei 4 Einbrüchen 3-mal Alarm gab, beträgt diese Wahrscheinlichkeit 75 %.

Korrekter Alarm:

$P_E(A) = \frac{|A \cap E|}{|E|} = \frac{3}{4} \approx 75\,\%$

Lösung zu b):

Nun ist die bedingte Wahrscheinlichkeit $P_{\overline{E}}(A)$ gesucht.

Da in 496 Häusern kein Einbruch stattfand, aber dennoch 9-mal Alarm geschlagen wurde, beträgt das Risiko für einen Fehlalarm knapp 2 %.

Fehlalarm:

$P_{\overline{E}}(A) = \frac{|A \cap \overline{E}|}{|\overline{E}|} = \frac{9}{496} \approx 1{,}81\,\%$

Lösung zu c):

Die Wahrscheinlichkeit eines Einbruchs liegt für ein einzelnes Haus bei 0,8 % pro Nacht. Im Jahr muss also mit ca. 3 Einbruchsversuchen gerechnet werden, eine wahrlich gefährliche Gegend.

Einbruchswahrscheinlichkeit pro Nacht:

$P(E) = \frac{4}{500} = 0{,}8\,\%$

Erwartete Einbrüche pro Jahr und Haus:

$n = 365 \cdot 0{,}008 = 2{,}92$ Einbrüche

Übung 1 Lügendetektor

Ein neuer Lügendetektor wird einer gründlichen Testserie unterzogen.

Die Vierfeldertafel zeigt die Ergebnisse von 1200 Testläufen.

A: Detektor schlägt an

L: Person hat gelogen

	L	$\overline{L}$	
A	300	400	700
$\overline{A}$	150	350	500
	450	750	1200

a) Mit welcher Wahrscheinlichkeit bewertet der Detektor eine Lüge richtig?

b) Mit welcher Wahrscheinlichkeit wird eine wahre Antwort korrekt eingestuft?

c) Berechnen Sie die Wahrscheinlichkeiten der folgenden Ereignisse:
„falsch positiv“ (Detektor schlägt an, obwohl die Person nicht gelogen hat.)
„falsch negativ“ (Detektor schlägt nicht an, obwohl die Person gelogen hat.)

d) Wie viele Fehler sind bei einer Person zu erwarten, der 50 Fragen gestellt werden, von denen sie 20 wahrheitsgemäß und 30 falsch beantwortet?

Wir befassen uns nun mit Vierfeldertafeln, die statt wie bisher absolute Häufigkeiten nun Wahrscheinlichkeiten enthalten.
Auf den Innenfeldern stehen die Wahrscheinlichkeiten der Schnittereignisse, auf den Außenfeldern die totalen Wahrscheinlichkeiten der Ereignisse A, $\overline{A}$, B und $\overline{B}$.

Vierfeldertafel mit Wahrscheinlichkeiten:

	B	$\overline{B}$	
A	$P(A \cap B)$	$P(A \cap \overline{B})$	$P(A)$
$\overline{A}$	$P(\overline{A} \cap B)$	$P(\overline{A} \cap \overline{B})$	$P(\overline{A})$
	$P(B)$	$P(\overline{B})$	1

Beispiel: Umfrage
Eine Umfrage hat ergeben, dass 40% der deutschen Haushalte einen Computer (C) besitzen, 90% einen Fernseher (F) und 5% keinen Computer und keinen Fernseher.
a) Legen Sie eine Vierfeldertafel an und füllen Sie diese vollständig aus.
b) Mit welcher Wahrscheinlichkeit besitzt ein Haushalt mit Computer keinen Fernseher?

Lösung zu a):
Wir entnehmen dem Text die folgenden gegebenen Wahrscheinlichkeiten.
(1) $P(C) = 0{,}40$
(2) $P(F) = 0{,}90$
(3) $P(\overline{C} \cap \overline{F}) = 0{,}05$
Diese Wahrscheinlichkeiten tragen wir ein.

Vierfeldertafel:
Gegeben:

	F	$\overline{F}$	
C			① 0,40
$\overline{C}$		③ 0,05	
	② 0,90		1

Nun können wir der Reihe nach die folgenden Wahrscheinlichkeiten ableiten und in die Tabelle eintragen.
aus (2) → (4) $P(\overline{F}) = 0{,}10$
aus (1) → (5) $P(\overline{C}) = 0{,}60$
aus (3), (5) → (6) $P(\overline{C} \cap F) = 0{,}55$
aus (2), (6) → (7) $P(C \cap F) = 0{,}35$
aus (3), (4) → (8) $P(C \cap \overline{F}) = 0{,}05$

Vollständig ausgefüllt:

	F	$\overline{F}$	
C	⑦ 0,35	⑧ 0,05	① 0,40
$\overline{C}$	⑥ 0,55	③ 0,05	⑤ 0,60
	② 0,90	④ 0,10	1

Lösung zu b):
Gesucht ist hier die bedingte Wahrscheinlichkeit $P_C(\overline{F})$. Bedingte Wahrscheinlichkeiten stehen nicht in der Vierfeldertafel. Daher berechnen wir diese mit der Formel
$P_C(\overline{F}) = \frac{P(\overline{F} \cap C)}{F(C)}$.
Resultat: $P_C(\overline{F}) = 12{,}5\,\%$.

Bedingte Wahrscheinlichkeit $P_C(\overline{F})$:

$$P_C(\overline{F}) = \frac{P(\overline{F} \cap C)}{F(C)} = \frac{0{,}05}{0{,}40} = \frac{1}{8} = 0{,}125 = 12{,}5\,\%$$

Übung 2 Go-Cart-Bahn
Eine Go-Cart-Bahn ist gut besucht. 20% der Besucher sind Erwachsene (E), der Rest sind Jugendliche (J). 40% kannten (K) die Bahn schon. 10% der Besucher sind Erwachsene und kannten die Bahn.
a) Fertigen Sie eine vollständige Vierfeldertafel an.
b) Mit welcher Wahrscheinlichkeit kennt ein jugendlicher Besucher die Bahn schon?

Übungen

4. Interventionsstudie

Ein neues Medikament gegen Akne wird an einer Gruppe von 200 Personen ausprobiert. Eine Vergleichsgruppe von 80 Personen erhält ein Placebo.
Bei 50 Personen der Interventionsgruppe wirkt das Medikament. In der Placebogruppe heilt die Krankheit bei 10 Personen ab.
(M: Medikament, P: Placebo, H: Heilung, $\overline{H}$: keine Heilung)

	H	$\overline{H}$	
M	50		200
P	10		80

a) Vervollständigen Sie die Vierfeldertafel.
b) Vergleichen Sie die Erfolgswahrscheinlichkeit der Interventionsgruppe mit der Erfolgswahrscheinlichkeit der Placebogruppe.
c) Bei Jakob heilt die Krankheit ab. Mit welcher Wahrscheinlichkeit hat er dennoch nur das Scheinmedikament erhalten?

5. Französisch

In einer Reisegruppe mit 30 Personen sprechen 16 Französisch. 60 % der Teilnehmer sind weiblich. 6 Mädchen sprechen Französisch.
a) Stellen Sie eine Vierfeldertafel auf.
b) Wie viele Jungen sprechen Französisch?
c) Eines der Mädchen wird zur Sprecherin der Gruppe gewählt. Mit welcher Wahrscheinlichkeit spricht sie Französisch?

6. Safari

An einer Safari nehmen 200 Personen teil. 60 % der Teilnehmer sind Touristen, der Rest besteht aus Einheimischen. 10 Einheimische haben keine Wasservorräte, 30 Touristen haben einen Wasservorrat.
a) Stellen Sie eine Vierfeldertafel auf.
b) Einer der Touristen verirrt sich in der Wüste. Mit welcher Wahrscheinlichkeit hat er keinen Wasservorrat und muss verdursten?
c) Eine Person bekommt kurz nach dem Aufbruch Angst. In einem Dorf kauft sie sich doch noch Wasser. Mit welcher Wahrscheinlichkeit handelt es sich um einen Einheimischen?

7. Großfamilie

Eine Großfamilie besteht aus Erwachsenen und Kindern. 200 Erwachsene und 100 Kinder spielen ein Instrument. Insgesamt 80 Kinder spielen kein Instrument. Die Wahrscheinlichkeit, dass ein zufällig ausgewählter Erwachsener ein Instrument spielt, beträgt 20 %.
a) Aus wie vielen Personen besteht die Familie? Wie viele Kinder und wie viele Erwachsene gehören zur Familie?
b) Auf dem Fest spielt ein zufällig ausgewähltes Familienmitglied die Eröffnungsmelodie. Mit welcher Wahrscheinlichkeit handelt es sich um ein Kind?

8. Laboruntersuchung

In einem Hygienelabor werden 100 Wischproben auf die Krankheitserreger A und B untersucht.

	B	$\overline{B}$	
A	56		80
$\overline{A}$			
	70		100

a) Vervollständigen Sie die Vierfeldertafel.
b) Beurteilen Sie anhand der Vierfeldertafel, ob die Erreger A und B unabhängig voneinander auftreten.

Übungen

Die folgenden Übungen können ohne die Verwendung von Hilfsmitteln bearbeitet und gelöst werden.

1. Passwort
Ein Passwort besteht aus zwei Buchstaben, gefolgt von drei Ziffern. Geben Sie die Anzahl der Möglichkeiten als Produktterm an.

2. Elfmeterschießen
Der Trainer einer Fußballmanschaft wählt sechs Spieler der 11-köpfigen Mannschaft für das Elfmeterschießen aus. Geben Sie die Anzahl der Möglichkeiten für die Zusammenstellung als gekürzten Bruchterm an.

3. Minilotto
In einem Behälter befinden sich 7 Kugeln, drei davon sind als Gewinnkugeln gekennzeichnet. Nacheinander werden ohne Zurücklegen drei Kugeln aus dem Behälter gezogen. Ermitteln Sie, mit welcher Wahrscheinlichkeit mindestens zwei Gewinnkugeln gezogen werden.

4. Raucher oder Nichtraucher
20% der Lehrer der Schule sind Raucher (R), 40% der Raucher treiben Sport (S), 60% der Nichtraucher treiben Sport.
a) Notieren Sie die gegebenen Wahrscheinlichkeiten.
b) Welcher Prozentsatz der Lehrer treibt Sport und gehört zur Gruppe der Nichtraucher?
c) Welcher Prozentsatz der Lehrer gehört zu den Rauchern und treibt keinen Sport?

5. Doppelter Würfelwurf
Untersucht wird ein doppelter Würfelwurf mit einem roten und einem schwarzen Würfel. Betrachtet werden folgende Ereignisse.
A: Der rote Würfel zeigt eine 4.
B: Die Augensumme beträgt 5.
C: Die Augensumme beträgt 6.
a) Geben Sie für jedes der drei Ereignisse die Ergebnismenge an.
b) Untersuchen Sie, ob die Ereignisse A und B stochastisch unabhängig sind.

6. Zwei Urnen
Eine Urne U_1 enthält 4 rote und 2 schwarze Kugeln. Urne U_2 enthält 3 rote und 3 schwarze Kugeln. Ein Mann wählt blind eine der beiden Urnen und zieht aus dieser eine Kugel. Berechnen Sie die Wahrscheinlichkeit für das Ziehen einer roten Kugel.

7. Umfrage
Aus einer Umfrage ist bekannt, dass 80% der Haushalte einer Stadt eine Waschmaschine (W) besitzen und 20% einen Wäschetrockner (T). 10% besitzen beide Geräte.
a) Legen Sie eine Vierfeldertafel an und füllen Sie diese vollständig aus.
b) Berechnen Sie die Wahrscheinlichkeit, dass ein Haushalt mit Waschmaschine auch einen Wäschetrockner besitzt.
c) Berechnen Sie die Wahrscheinlichkeit, dass ein Haushalt ohne Wäschetrockner eine Waschmaschine besitzt.

Das Ziegenproblem

Dass schon einfache Wahrscheinlichkeitsprobleme zu großen Diskussionen führen können, zeigt das berühmte Ziegenproblem.

Bei der Quizshow „Let's make a deal“

In der amerikanischen Quizshow „Let's make a deal“ wurde u. a. folgendes Gewinnspiel gespielt: Hinter drei geschlossenen Türen stehen ein Luxusauto und zwei Ziegen. Der Kandidat wählt eine der Türen aus. Der Quizmaster Monty Hall öffnet eine der beiden anderen Türen, und zwar stets eine, hinter der eine Ziege steht. Nun wird der Kandidat gefragt, ob er bei seiner ursprünglichen Türwahl bleibt oder ob er zu der zweiten verbleibenden Tür wechseln möchte. Kann er seine Gewinnchancen erhöhen, wenn er die Tür wechselt?

Im Sommer 1991 beschäftigte alle Welt dieses Problem, nachdem Marilyn vos Savant, die angeblich klügste Frau der Welt (mit einem IQ von 228 nach dem Guinness-Buch der Rekorde), in ihrer Kolumne „Ask Marilyn“ in der amerikanischen Illustrierten „Parade“ auf eine Anfrage von Craig Whitaker geantwortet hatte.
Sie schrieb dort, dass man wechseln sollte. Die Gewinnchance an der zuerst gewählten Tür liegt bei $\frac{1}{3}$. An der zweiten Tür hat man hingegen die Chance von $\frac{2}{3}$.

Marilyn vos Savant

Marilyn erhielt daraufhin ca. 10000 Leserbriefe, die ihrer Antwort zum Teil vehement widersprachen.

> *„Das ist doch ganz einfach. Nachdem der Moderator eine Tür mit der Ziege geöffnet hat, bleiben noch zwei Türen, hinter denen das Auto stehen kann. Wenn von drei gleichwahrscheinlichen Ausgängen einer ausgeschlossen wird, bleiben noch zwei gleichwahrscheinliche Ausgänge übrig. Das macht also 50 % für das Auto und 50 % für die zweite Ziege."*

Wer hat recht?

Das Magazin **DER SPIEGEL** widmete sich im Heft Nr. 34 (45. Jg.) vom 19. August 1991 in dem Artikel „Schönheit des Denkens" (Untertitel: Eine Knacknuß aus der Wahrscheinlichkeitsrechnung entzweit die US-Nation: Wer hat recht im Streit um das „Drei-Türen-Problem"?) der Auseinandersetzung um das Ziegenproblem. Auch in der Wochenzeitung **DIE ZEIT** erschienen damals zwei Artikel des Wissenschaftsjournalisten Gero von Randow, der 2004 zu dem Thema sogar ein Buch veröffentlichte (Das Ziegenproblem: Denken in Wahrscheinlichkeiten. Rowohlt). Im gleichen Jahr brachte **DIE ZEIT** in Nr. 48 einen weiteren Artikel zum „Rätsel der drei Türen".

Spiel

Spielen Sie dieses Gewinnspiel mit Ihrem Tischnachbarn 60-mal, indem Ihr Partner (der Quizmaster) sich jeweils willkürlich das Auto hinter einer der drei Türen versteckt denkt. Nach Ihrer Türwahl öffnet er eine Tür, hinter der eine Ziege steht.

a) Gehen Sie nach der Strategie 1 vor: Bleiben Sie immer bei der ursprünglichen Wahl der Tür. Notieren Sie, wie oft Sie bei den 60 Spielen das Auto gewonnen hätten.

b) Gehen Sie nun in einem 2. Durchgang nach der Strategie 2 vor: Wechseln Sie immer die Tür. Welche Strategie ist günstiger? Versuchen Sie eine Begründung zu finden.

Spielvariation:
Das Spiel wird verändert. Sie haben jetzt 100 Türen zur Auswahl. Hinter einer Tür steht ein Auto, hinter den 99 anderen Türen jeweils eine Ziege. Nach Ihrer Türwahl öffnet der Quizmaster 98 Türen, hinter denen jeweils eine Ziege steht. Überlegen Sie, ob Ihre Gewinnchance steigt, wenn Sie nun die Tür wechseln.

Überblick

Produktregel:

Ein Zufallsversuch werde in k Stufen durchgeführt. In der ersten Stufe gebe es n_1, in der zweiten Stufe n_2, … und in der k-ten Stufe n_k mögliche Ergebnisse. Dann gibt es insgesamt $\mathbf{n_1 \cdot n_2 \cdot \ldots \cdot n_k}$ mögliche Ergebnisse.

Ziehen mit Zurücklegen unter Beachtung der Reihenfolge (geordnete Stichprobe):

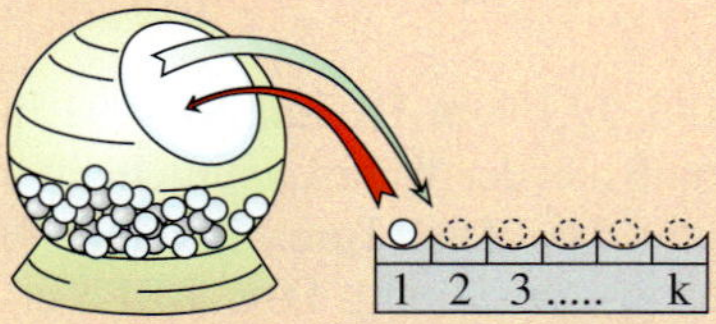

k-Tupel, geordnet

Aus einer Urne mit n unterscheidbaren Kugeln werden nacheinander k Kugeln mit Zurücklegen gezogen. Dann gilt für die Anzahl N der möglichen Anordnungen (k-Tupel) die Formel

$$\mathbf{N = n^k}.$$

Ziehen ohne Zurücklegen unter Beachtung der Reihenfolge (geordnete Stichprobe):

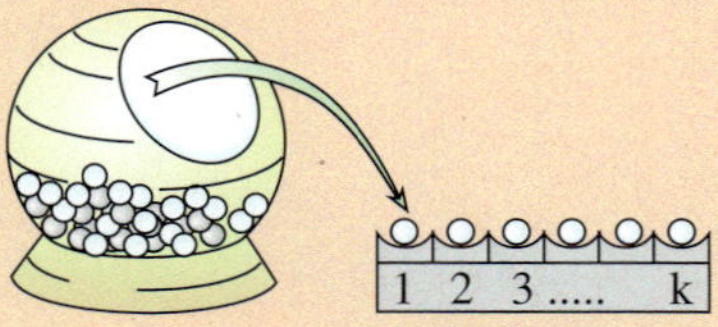

k-Tupel, geordnet

Aus einer Urne mit n unterscheidbaren Kugeln werden nacheinander k Kugeln ohne Zurücklegen gezogen. Dann gilt für die Anzahl N der möglichen Anordnungen (k-Tupel) die Formel

$$\mathbf{N = n \cdot (n-1) \cdot \ldots \cdot (n-k+1)}.$$

Wichtiger Sonderfall: k = n. Aus der Urne wird so lange gezogen, bis sie leer ist. Es gibt dann $N = n\,(n-1) \cdot \ldots \cdot 3 \cdot 2 \cdot 1 = n!$ (n-Fakultät) mögliche Anordnungen.

Ziehen ohne Zurücklegen ohne Beachtung der Reihenfolge (ungeordnete Stichprobe):

Wird aus einer Urne mit n unterscheidbaren Kugeln eine ungeordnete Teilmenge von k Kugeln entnommen, so ist die Anzahl der Möglichkeiten hierfür durch folgende Formeln gegeben:

$$\binom{n}{k} = \frac{n!}{k! \cdot (n-k)!} = \frac{n \cdot (n-1) \cdot \ldots \cdot (n-k+1)}{k! \cdot (n-k)!}$$

Binomialkoeffizient:

Der Term $\binom{n}{k} = \frac{n!}{k! \cdot (n-k)!}$ heißt Binomialkoeffizient („n über k“). $\binom{n}{k}$ ist nur für $0 \le k \le n$ definiert. Wegen $0! = 1$ gilt $\binom{n}{n} = 1$ und $\binom{n}{0} = 1$.

Das Lottomodell:

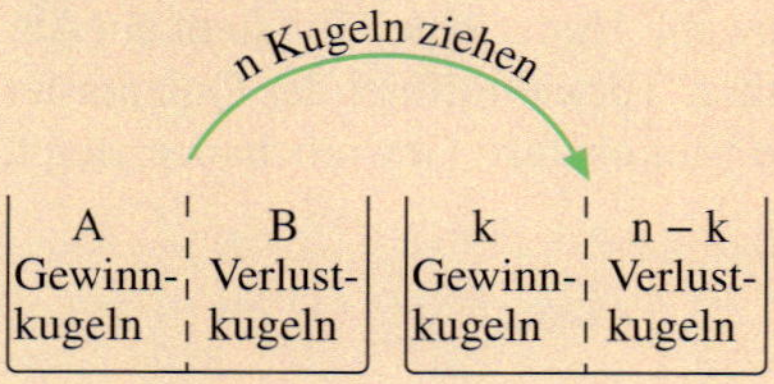

Man hat eine Urne mit insgesamt N Kugeln, davon A Gewinnkugeln und B Verlustkugeln (N = A + B). Man zieht ohne Zurücklegen n Kugeln und sucht die Wahrscheinlichkeit dafür, dass sich darunter genau k Gewinnkugeln befinden.

$$P(X = k) = \frac{\binom{A}{k} \cdot \binom{B}{n-k}}{\binom{N}{n}}$$

Bedingte Wahrscheinlichkeit:

Für die Wahrscheinlichkeit, dass das Ereignis A eintritt unter der Bedingung, dass das Ereignis B bereits eingetreten ist, gilt: $P_B(A) = \frac{P(A \cap B)}{P(B)}$, $P(B) > 0$

Multiplikationssatz:

$P(A \cap B) = P(B) \cdot P_B(A)$, $P(B) > 0$

Stochastische Unabhängigkeit von Ereignissen:

Ereignisse A und B mit positiven Wahrscheinlichkeiten werden als **stochastisch unabhängig** voneinander bezeichnet, wenn $P_B(A) = P(A)$ bzw. $P_A(B) = P(B)$ gilt.
Für stochastische unabhängige Ereignisse gilt:
$P(A \cap B) = P(A) \cdot P(B)$

Satz von der totalen Wahrscheinlichkeit:

A und B seien beliebige Ereignisse mit $P(B) \neq 0$, $P(\overline{B}) \neq 0$.
Dann gilt: $P(A) = P(B) \cdot P_B(A) + P(\overline{B}) \cdot P_{\overline{B}}(A)$
Diese Formel gewinnt man direkt aus den Pfadregeln für das zu B und A gehörige Baumdiagramm.

Satz von Bayes:

Sind A und B Ereignisse mit $P(A) \neq 0$ und $P(B) \neq 0$, so gilt folgende Formel:

$$P_B(A) = \frac{P(A) \cdot P_A(B)}{P(B)} = \frac{P(A) \cdot P_A(B)}{P(A) \cdot P_A(B) + P(\overline{A}) \cdot P_{\overline{A}}(B)}$$

Diese Formel ergibt sich, wenn man das zu den Ereignissen B und A zugehörige inverse Baumdiagramm zeichnet.

Vierfeldertafel:

	B	$\overline{B}$	
A	$\lvert A \cap B\rvert$	$\lvert A \cap \overline{B}\rvert$	$\lvert A\rvert$
$\overline{A}$	$\lvert \overline{A} \cap B\rvert$	$\lvert \overline{A} \cap \overline{B}\rvert$	$\lvert \overline{A}\rvert$
	$\lvert B\rvert$	$\lvert \overline{B}\rvert$	Summe

Zunächst werden die gegebenen Daten eingetragen.
Alle anderen können durch summative Ergänzungen der Zeilen und Spalten errechnet werden.
Berechnung einer Randwahrscheinlichkeit:
$P(A) = \frac{|A|}{\text{Summe}}$
Berechnung einer bedingten Wahrscheinlichkeit:
$P_B(A) = \frac{|A \cap B|}{|B|}$

Vierfeldertafel mit Wahrscheinlichkeiten:

	B	B	
A	$P(A \cap B)$	$P(A \cap \overline{B})$	$P(A)$
$\overline{A}$	$P(\overline{A} \cap B)$	$P(\overline{A} \cap \overline{B})$	$P(\overline{A})$
	$P(B)$	$P(\overline{B})$	1

Zunächst werden die gegebenen Daten eingetragen.
Alle anderen können durch summative Ergänzungen der Zeilen und Spalten errechnet werden.
Berechnung einer bedingten Wahrscheinlichkeit:
$P_B(A) = \frac{P(A \cap B)}{P(B)}$

Test

Berechnung von Wahrscheinlichkeiten

1. Mannschaftsaufstellung

Bei einem Schulfest soll ein Fußballspiel Schüler gegen Lehrer veranstaltet werden. Für die Schülermannschaft stehen 4 Schüler aus Klasse 10, 6 Schüler aus Klasse 11 und 5 Schüler aus Klasse 12 zur Verfügung.

a) Wie viele Möglichkeiten gibt es, aus diesen Schülern 11 Spieler auszuwählen?

b) Unter den aufgestellten Schülern sind 2 Torhüter, 8 Spieler für Mittelfeld und Verteidigung sowie 5 Stürmer. Die Schülerelf will das Spiel mit 3 Stürmern beginnen. Wie viele Möglichkeiten für die Auswahl der Startelf gibt es nun?

c) Zum Einlaufen stellen sich die Schüler der ausgewählten Startmannschaft in einer Reihe auf. Wie üblich steht an der Spitze der Mannschaftskapitän und an zweiter Stelle der Torwart. Wie viele Möglichkeiten zur Aufstellung haben die restlichen Spieler?

2. Stochastische Abhängigkeit und Unabhängigkeit

Die Vierfeldertafel beschreibt die Komplikationsrate bei Hüftoperationen in den Krankenhäusern A und B im Verlauf eines Jahres.

a) Vervollständigen Sie die Tabelle (K: Komplikation).

b) Untersuchen Sie, ob die Komplikationsrate vom Krankenhaus abhängt.

	A	B	
K	32		80
$\overline{K}$			
	400		1000

Die Ereignisse U und V seien hier stochastisch unabhängig.

c) Vervollständigen Sie die Vierfeldertafel.

d) Bestimmen Sie die bedingte Wahrscheinlichkeit $P_{\overline{U}}(\overline{V})$.

	U	$\overline{U}$	
V			0,4
$\overline{V}$			
	0,2		1

3. Diagnostischer Test

Zwei von hundert Personen leiden an einer Stoffwechselstörung. Ein Test fällt bei Personen, die tatsächlich erkrankt sind, mit einer Wahrscheinlichkeit von 80 % positiv aus. Bei gesunden Personen fällt er mit 90 % Wahrscheinlichkeit negativ aus.

a) Hans wird getestet. Er hat ein positives Testergebnis. Mit welcher Wahrscheinlichkeit ist er tatsächlich krank?

b) Ludwig hat ein negatives Testergebnis. Wie groß ist die Wahrscheinlichkeit, dass er tatsächlich nicht erkrankt ist?

c) Welche Ergebnisse würde man bei a) und b) erhalten, wenn die Krankheit nur bei zwei von 1000 Personen vorliegt?

4. Blutgruppe

In einer empirischen Untersuchung wird geprüft, ob ein Zusammenhang zwischen der Häufigkeit der Blutgruppe und der Häufigkeit des Geschlechts besteht. Von 1850 (900 w, 950 m) untersuchten Personen hatten 738 die Blutgruppe A. Von diesen Personen waren 359 weiblich. Untersuchen Sie, ob die Merkmale Geschlecht und Blutgruppe stochastisch unabhängig sind.

5. Urnenexperiment

Urne U_1 enthält 7 rote und 3 weiße Kugeln. Urne U_2 enthält 1 rote und 4 weiße Kugeln.

a) Jemand wählt blind eine Urne aus und zieht eine Kugel. Mit welcher Wahrscheinlichkeit zieht er eine rote Kugel?

b) Mit welcher Wahrscheinlichkeit stammt diese dann aus U_1?

Lösungen: S. 567

XIII. Die Binomialverteilung

1. Zufallsgrößen und Wahrscheinlichkeitsverteilung

A. Wahrscheinlichkeitsverteilung

Beim Würfelwurf hängt die Augenzahl vom Zufall ab. Man bezeichnet die Augenzahl daher auch als ***Zufallsgröße*** (Zufallsvariable). Um solche Zufallsgrößen geht es im folgenden Beispiel.

Beispiel: Augensumme beim doppelten Würfelwurf
Beim doppelten Würfelwurf sei X die erzielte Augensumme.
X ist eine Zufallsgröße, welche die Werte 2 bis 12 annehmen kann.
Berechnen Sie die Wahrscheinlichkeit, mit der X jeden dieser Werte annimmt. Stellen Sie dies anschließend graphisch dar.

Lösung:
X sei die Augenzahl beim doppelten Würfelwurf. X hängt vom Zufall ab und wird daher als ***Zufallsgröße*** bzw. ***Zufallsvariable*** bezeichnet.

Rechts ist die Augensumme in einem Rechteckschema dargestellt, aus dem man die benötigten Wahrscheinlichkeiten leicht gewinnen kann. Beispielsweise gibt es fünf Möglichkeiten für die Augensumme X = 8, weshalb $P(X) = \frac{5}{36}$ gilt, da es insgesamt $6 \times 6 = 36$ Ergebnisse gibt.

So kann man die Wahrscheinlichkeit $P(X = k)$ für $k = 2$ bis $k = 12$ ermitteln und erhält auf diese Weise die rechts dargestellte Verteilungstabelle, welche als ***Wahrscheinlichkeitsverteilung*** von X bezeicnet wird.
Diese Tabelle kann auch als Graphik dargestellt werden und stellt dann das Verteilungsdiagramm von X dar.

Augensumme beim doppelten Würfelwurf

	1	2	3	4	5	6
1	2	3	4	5	6	7
2	3	4	5	6	7	8
3	4	5	6	7	8	9
4	5	6	7	8	9	10
5	6	7	8	9	10	11
6	7	8	9	10	11	12

Wahrscheinlichkeitsverteilung von X (Tabelle)

k	2	3	4	5	6	7	8	9	10	11	12
P(X=k)	$\frac{1}{36}$	$\frac{1}{36}$	$\frac{1}{36}$	$\frac{1}{36}$	$\frac{1}{36}$	$\frac{1}{36}$	$\frac{1}{36}$	$\frac{1}{36}$	$\frac{1}{36}$	$\frac{1}{36}$	$\frac{1}{36}$

Wahrscheinlichkeitsverteilung von X (Diagramm)

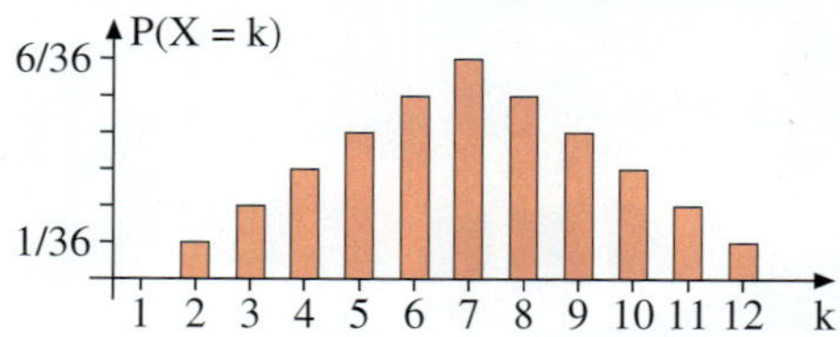

Übung 1 Glücksrad

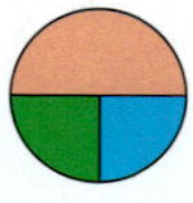

Bei einem Spiel wird das abgebildete Glücksrad gedreht.

a) Geben Sie zu jeder Farbe die Wahrscheinlichkeit an.
b) Der Einsatz bei diesem Spiel beträgt 2 €. Die Auszahlung beträgt 5 € bei Rot und 3 € bei Grün. X sei der Gewinn in diesem Spiel. Stellen Sie die Wahrscheinlichkeitsverteilung der Zufallsgröße X auf.

Übung 2 Würfelwurf

Die beiden Würfel mit den abgebildeten Netzen werden gleichzeitig geworfen.
Stellen Sie die Wahrscheinlichkeitsverteilung der Zufallsgröße X = Augensumme tabellarisch und graphisch dar.

B. Der Erwartungswert einer Zufallsgröße

Führt man ein Zufallsexperiment oft durch, so interessiert der „Mittelwert" einer beim Experiment beobachteten Zufallsgröße X. Man bezeichnet ihn als Erwartungswert.

Beispiel: Das Spiel Augensumme

Auf einem Jahrmarkt wird ein Spiel angeboten, bei dem zwei identische Würfel geworfen werden, welche beide das abgebildete Netz haben.
Der Einsatz kostet 2 €, die Auszahlung richtet sich nach der erzielten Augensumme.
Lohnt sich das Spiel für den Spieler?
Mit welcher langfristigen Gewinnerwartung kann er rechnen?

AUGENSUMME

EINSATZ: 2 €

AUSZAHLUNG:
Augensumme 2 und 6: 7 €
Augensumme 4: 1 €
Augensumme 3 und 5: 0 €

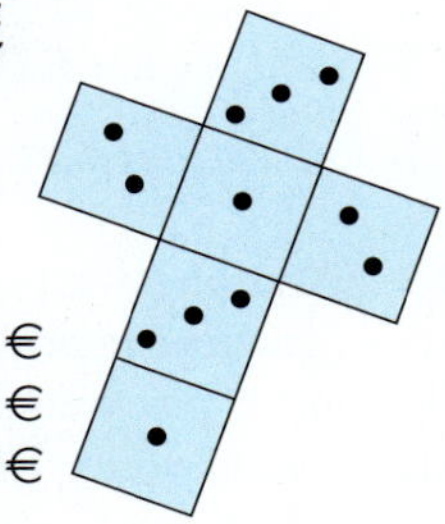

Lösung:
Die Zufallsgröße X soll den Gewinn pro Spiel beschreiben.
Es gilt: Gewinn X = Auszahlung − Einsatz.
Daher kann X drei Werte annehmen, nämlich −2, −1 und 5.

Zum Ereignis $X = -2$ gehören vier Ergebnisse: die Zahlenpaare (1; 2), (2; 1), (2; 3), (3; 2).
Daher gilt $P(X = -2) = \frac{4}{9}$.
Zum Ereignis $X = -1$ gehören drei Ergebnisse: (1; 3), (2; 2), (3; 1).
Also gilt $P(X = -1) = \frac{3}{9}$.
Zum Ereignis $X = 5$ gehören zwei Ergebnisse: (1; 1), (3; 3).
Daraus folgt: $P(X = 5) = \frac{2}{9}$.

Spielt man neunmal, so wird man im Mittel in vier Fällen 2 € Verlust machen, in drei Fällen 1 € Verlust, in zwei Fällen 5 € Gewinn.
Die Rechnung für neun Spiele lautet also:
$(-2€) \cdot 4 + (-1€) \cdot 3 + (+5€) \cdot 2 = -1€$

Pro Spiel bedeutet das $\frac{1}{9}€ \approx 11$ Cent Verlust.

Zum gleichen Ergebnis kommt man, wenn man jeden möglichen Gewinnwert mit der Wahrscheinlichkeit seines Eintretens multipliziert und dann aufsummiert (alternative Rechnung).
$(-2€) \cdot \frac{4}{9} + (-1€) \cdot \frac{3}{9} + (+5€) \cdot \frac{2}{9} = -\frac{1}{9}€$

Die Zufallsgröße Gewinn:
X: Gewinn/Verlust pro Spiel

Mögliche Werte von X:
Augensumme 3 und 5: −2 €
Augensumme 4: −1 €
Augensumme 2 und 6: 5 €

Die Wahrscheinlichkeitsverteilung von X:

Augensumme A

Würfel 2 \ Würfel 1	1	2	3
1	2	3	4
2	3	4	5
3	4	5	6

Gewinn X

Würfel 2 \ Würfel 1	1	2	3
1	5	−2	−1
2	−2	−1	−2
3	−1	−2	5

$P(X = -2) = \frac{4}{9}$, $P(X = -1) = \frac{3}{9}$, $P(X = 5) = \frac{2}{9}$

Erwarteter Gewinn pro Spiel:

$$E(X) = \frac{(-2) \cdot 4 + (-1) \cdot 3 + (+5) \cdot 2}{9} = -\frac{1}{9}$$

Alternative Rechnung:

$$E(X) = (-2) \cdot \frac{4}{9} + (-1) \cdot \frac{3}{9} + (+5) \cdot \frac{2}{9} = -\frac{1}{9}$$

Das vorhergehende Beispiel veranlasst uns zur Definition des Erwartungswertes einer Zufallsgröße X. Der Erwartungswert stellt eine gewichtete Mittelwertbildung dar. Die Gewichtung ist erforderlich, da die möglichen Werte x_i, die X annnehmen kann, nicht gleichwahrscheinlich sind.

Definition XIII.1 Der Erwartungswert einer Zufallsgröße

X sei eine Zufallsgröße mit der Wertemenge $\{x_1, x_2, \ldots, x_m\}$. Dann wird die Zahl

$$\boldsymbol{\mu = E(X) = x_1 \cdot P(X = x_1) + x_2 \cdot P(X = x_2) + \ldots + x_m \cdot P(X = x_m)}$$

als ***Erwartungswert*** der Zufallsgröße X bezeichnet.

Der Erwartungswert einer Zufallsgröße X ist das gewichtete arithmetische Mittel der Elemente x_i der Wertemenge von X. Als Gewicht von x_i dient die Wahrscheinlichkeit $P(X = x_i)$, mit der x_i eintritt.

$$\mu = E(X) = x_1 \cdot P(X = x_1) + \ldots + x_m \cdot P(X = x_m)$$

Wert · Wahrscheinlichkeit

3. Eine Urne enthält zwanzig 1-Rubel-Münzen, zehn 2-Rubel-Münzen und fünf 5-Rubel-Münzen. Zwei Münzen werden zufällig entnommen. X sei der entnommene Betrag. Welche Werte kann X annehmen? Wie lautet die Wahrscheinlichkeitsverteilung von X? Wie groß ist der entnommene Betrag im langfristigen Mittel?

4. Gegeben ist die tabellarische Wahrscheinlichkeitsverteilung einer Zufallsgröße X. Bestimmen Sie den Erwartungswert von X.

x_i	−5	0	11	50	100
$P(X = x_i)$	$\frac{1}{8}$	$\frac{3}{8}$	$\frac{5}{16}$	$\frac{1}{6}$	$\frac{1}{48}$

5. a) Berechnen Sie den Erwartungswert für die Augenzahl beim Werfen eines Würfels.
b) Es werden zwei Würfel geworfen. Berechnen Sie den Erwartungswert für die Zufallsgröße X = „Anzahl der geworfenen Sechsen".

6. Eine Münze wird fünfmal geworfen. Die Zufallsgröße X ist die Anzahl der Kopfwürfe.
a) Stellen Sie die Wahrscheinlichkeitsverteilung von X auf.
b) Bestimmen Sie den Erwartungswert von X.

7. Ein Spiel geht folgendermaßen. Man wirft einen Würfel. Wirft man eine Primzahl, erhält man die doppelte Augenzahl ausgezahlt. Andernfalls muss man einen Betrag in Höhe der Augenzahl an die Bank zahlen.
a) Ist das Spiel für die Bank profitabel?
b) Welchen Einsatz pro Spiel müsste die Bank verlangen, um das Spiel fair zu gestalten?

8. Für einen Einsatz von 8 € darf man an folgendem Spiel teilnehmen.
Eine Urne enthält 6 rote und 4 schwarze Kugeln. Es werden drei Kugeln mit einem Griff gezogen. Sind unter den gezogenen Kugeln mindestens zwei rote Kugeln, so erhält man 10 € ausgezahlt. Es soll geprüft werden, ob das Spiel fair ist.
a) X sei die Anzahl der gezogenen roten Kugeln. Stellen Sie die Wahrscheinlichkeitsverteilung der Zufallsgröße X auf.
b) Y sei der Gewinn pro Spiel (Auszahlung – Einsatz). Stellen Sie die Wahrscheinlichkeitsverteilung von Y auf und berechnen Sie den Erwartungswert von Y.
c) Wie muss der Einsatz verändert werden, damit ein faires Spiel entsteht?

C. Varianz und Standardabweichung

Die Graphiken zeigen die Wahrscheinlichkeitsverteilungen zweier Zufallsgrößen X und Y. Beide Verteilungen haben den gleichen Erwartungswert $\mu = 5$. Während die Werte x_i alle nahe am Erwartungswert liegen, weichen die Werte y_i stark davon ab. Sie streuen stärker.

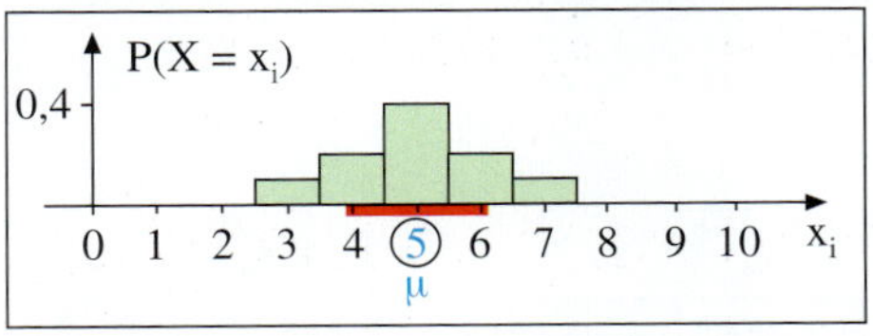

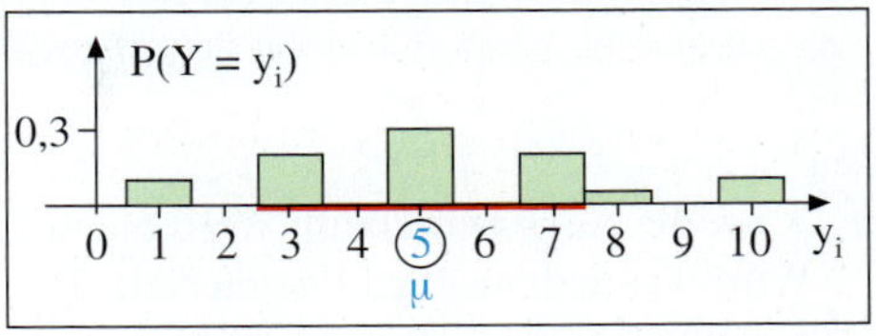

Um ein exaktes Maß für die Streuung von X zu bekommen, stellt man folgende Überlegungen an.

1. Man berechnet alle Abweichungen der Werte x_i vom Erwartungswert μ. Dieses sind:
   $(x_1 - \mu), (x_2 - \mu), \ldots, (x_m - \mu)$

2. Jede Abweichung $(x_i - \mu)$ wird mit der Wahrscheinlichkeit ihres Auftretens $P(X = x_i)$ gewichtet:
   $(x_1 - \mu) \cdot P(X = x_1), (x_2 - \mu) \cdot P(X = x_2), \ldots, (x_m - \mu) \cdot P(X = x_m)$

3. Damit positive und negative Abweichungen sich beim nun folgenden Aufsummieren nicht gegeneinander aufheben, werden die Abweichungen gleichzeitig noch quadriert.
   $(x_1 - \mu)^2 \cdot P(X = x_1), (x_2 - \mu)^2 \cdot P(X = x_2), \ldots, (x_m - \mu)^2 \cdot P(X = x_m)$
   Summiert man diese Terme auf, so erhält man die sog. Varianz:
   $V(X) = (x_1 - \mu)^2 \cdot P(X = x_1) + (x_2 - \mu)^2 \cdot P(X = x_2) \ldots + (x_m - \mu)^2 \cdot P(X = x_m)$

4. Beim Quadrieren wird leider auch die physikalische Einheit der Größe X quadriert. Um diesen Effekt rückgängig zu machen, wird aus der Summe abschließend die Quadratwurzel gezogen. Das so entwickelte Streuungsmaß heißt ***Standardabweichung*** von X. Das Symbol ist σ.
   $$\sigma(X) = \sqrt{(x_1 - \mu)^2 \cdot P(X = x_1) + (x_2 - \mu)^2 \cdot P(X = x_2) + \ldots + (x_m - \mu)^2 \cdot P(X = x_m)}$$

Wir berechnen nun als Anwendungsbeispiel die Standardabweichungen der beiden Zufallsgrößen X und Y, deren Verteilungen oben graphisch dargestellt sind.

$$\sigma(X) = \sqrt{(x_1 - \mu)^2 \cdot P(X = x_1) + (x_2 - \mu)^2 \cdot P(X = x_2) + \ldots + (x_5 - \mu)^2 \cdot P(X = x_5)}$$
$$= \sqrt{(3-5)^2 \cdot 0{,}1 + (4-5)^2 \cdot 0{,}2 + (5-5)^2 \cdot 0{,}4 + (6-5)^2 \cdot 0{,}2 + (7-5)^2 \cdot 0{,}1} = \sqrt{1{,}2} \approx 1{,}1$$

$$\sigma(Y) = \sqrt{(y_1 - \mu)^2 \cdot P(Y = y_1) + (y_2 - \mu)^2 \cdot P(Y = y_2) + \ldots + (y_6 - \mu)^2 \cdot P(Y = y_6)}$$
$$= \sqrt{(1-5)^2 \cdot 0{,}1 + (3-5)^2 \cdot 0{,}2 + (5-5)^2 \cdot 0{,}3 + (7-5)^2 \cdot 0{,}2 + (8-5)^2 \cdot 0{,}05 + (10-5)^2 \cdot 0{,}1}$$
$$= \sqrt{6{,}15} \approx 2{,}48$$

Die größere Streuung von Y wird durch die Standardabweichung σ gut erfasst. In den beiden Diagrammen oben ist ein sog. $1\,\sigma$-Intervall um μ bereits als roter Balken eingezeichnet.

Definition XIII.2 Die Standardabweichung einer Zufallsgröße
X sei eine Zufallsgröße mit der Wertemenge $x_1, x_2, \ldots, x_m$ und dem Erwartungswert $\mu = E(X)$. Dann wird die folgende Größe σ als Standardabweichung von X bezeichnet.

$$\sigma(X) = \sqrt{(x_1 - \mu)^2 \cdot P(X = x_1) + (x_2 - \mu)^2 \cdot P(X = x_2) + \ldots + (x_m - \mu)^2 \cdot P(X = x_m)}$$

Die Standardabweichung ist ein Maß für die Streuung der Zufallsgröße X. Sie hat die gleiche physikalische Einheit wie die Zufallsgröße selbst.

1. X sei die Augenzahl beim Werfen eines Würfels mit dem abgebildeten Netz. Berechnen Sie Erwartungswert und Standardabweichung von X. Zeichnen Sie das Verteilungsdiagramm.

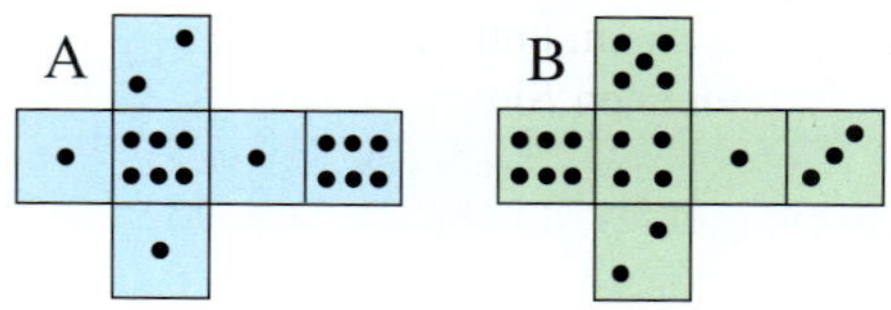

2. Bei den Olympischen Spielen in Sydney im Jahr 2000 gewann Heike Drechsler (links im Bild) im Weitsprung mit 6,99 m die Goldmedaille vor Fiona May und Marion Jones (6,93 m, rechts im Bild). Werten Sie die Trainingsserien aus.

Heike D. :	6,82 m	6,79 m	6,85 m	6,83 m	6,88 m	6,75 m
Marion J. :	6,32 m	6,74 m	6,97 m	–	6,88 m	6,54 m

a) Bestimmen Sie die mittleren Sprungweiten.
b) Berechnen Sie die empirischen Standardabweichungen (vgl. S. 407).
c) Vergleichen Sie die beiden Sportlerinnen anhand der Daten.

3. Ein Pharmabetrieb besitzt zwei Abfüllautomaten, die Infusionsflaschen mit 1000 ml physiologischer Kochsalzlösung möglichst präzise füllen sollen. Monatlich werden die Automaten durch Stichproben überprüft, indem die Füllmengen von jeweils 1000 Flaschen exakt nachgemessen werden. Je nach Ergebnis müssen die Maschinen nachjustiert werden. Die Tabelle enthält das Prüfergebnis. Beurteilen Sie, welche Maschine präziser arbeitet.

Füllmenge in ml	996	997	998	999	1000	1001	1002	1003	1004
Automat A	10	20	80	180	450	160	40	40	20
Automat B	20	40	40	160	490	140	60	20	30

4. Zwei gleich starke Mannschaften A und B tragen ein Volleyballspiel aus, das drei Sätze hat. X sei die Anzahl der Satzgewinne von Mannschaft A.
Welche Werte kann X annehmen? Wie lautet die Wahrscheinlichkeitsverteilung von X? Wie viele Satzgewinne von Mannschaft A sind im Mittel zu erwarten? Wie groß ist die Standardabweichung von X?

Test

Zufallsgrößen

1. Urne

Aus der abgebildeten Urne werden zwei Kugeln ohne Zurücklegen gezogen. X ist die Augensumme der beiden Kugeln.

a) Stellen Sie den Vorgang mit Hilfe eines Baumdiagramms dar.

b) Geben Sie die Wahrscheinlichkeitsverteilung von X in Tabellenform an und zeichnen Sie ein Histogramm.

c) Berechnen Sie den Erwartungswert und die Standardabweichung von X und tragen Sie diese in das Histogramm ein.

2. Spielstrategie

Aus der Urne von Aufgabe 1 werden mit einem Griff eine oder mehrere Kugeln gezogen, wobei nur die Farbe der Kugeln eine Rolle spielt. Für eine gelbe Kugel erhält der Spieler 2 €, für eine rote Kugel muss er 5 € zahlen. Vor Beginn der Ziehung muss der Spieler festlegen, wie viele Kugeln er ziehen möchte. X beschreibt den Gewinn/Verlust des Spielers pro Spiel.

a) Stefan ist vorsichtig. Er will nur eine Kugel ziehen. Berechnen Sie den Erwartungswert und die Standardabweichung des Gewinns X.

b) Vera ist der Meinung, dass ihre Chancen besser sind, wenn sie drei Kugeln zieht. Berechnen Sie ebenfalls Erwartungswert und Standardabweichung des Gewinns X.
Beurteilen Sie die Strategien von Stefan und Vera im Vergleich.

3. Würfelstrategie

Peter würfelt gegen die Bank. Bei einem beliebigen Einsatz bekommt er den 2-fachen Einsatz ausbezahlt, wenn die gewürfelte Zahl gerade ist, und er geht leer aus, wenn die gewürfelte Zahl ungerade ist. Peter möchte sein Glück erzwingen und spielt nach folgender Verdoppelungsstrategie:

Er setzt 1 € und will im Gewinnfall aufhören. Gewinnt er beim ersten Spiel noch nicht, so will er im zweiten Spiel den Einsatz auf 2 € verdoppeln, dann wieder im Gewinnfall aufhören und im Verlustfall bei erneut verdoppeltem Einsatz (4 €) abermals sein Glück versuchen. Da irgendwann eine gerade Zahl gewürfelt wird, glaubt Peter, so einen Gewinn erzwingen zu können.

a) Peter hat 63 €. Wie oft kann er maximal spielen?

b) Bestimmen Sie seinen Gewinn bzw. Verlust, wenn er im ersten, erst im zweiten, erst im dritten, …, in keinem Spiel gewinnt.

c) Bestimmen Sie den Erwartungswert für Peters Gewinn/Verlust.

4. Münzspiel

Felix besitzt 4 €. Er nimmt an folgendem Spiel teil: Der Spieler wirft zweimal eine faire Münze. Jedesmal, wenn Kopf fällt, wird sein Guthaben halbiert. Fällt Zahl, wird sein Guthaben verdoppelt. X sei das Guthaben des Spielers am Ende des Spiels.

a) Bestimmen Sie Erwartungswert und Standardabweichung von X. Ist das Spiel fair?

b) Das Spiel soll fair gemacht werden. Dazu wird, wenn Zahl fällt, das Guthaben nicht verdoppelt, sondern mit dem Faktor $a > 0$ vervielfacht. Wenn Kopf fällt, bleibt es bei der Halbierung des Guthabens. Wie muss a gewählt werden?

Lösungen: S. 568

Erwartungswert und Spielstrategien

Mit Hilfe des Erwartungswertes lässt sich die langfristige Gewinnerwartung in Glücksspielen bestimmen. Darüber hinaus ist es sogar möglich, Strategien bei Spielen zu beurteilen, die Elemente des Zufalls enthalten.

Die blauen Kugeln

In einer Urne befinden sich zwei blaue und drei weiße Kugeln. Ein Spieler zieht aus dieser Urne der Reihe nach Kugeln, und zwar ohne Zurücklegen. Nach jedem Zug hat er die Wahl, weiterzuziehen oder das Spiel abzubrechen.
Für jede im Verlauf des Spiels gezogene blaue Kugel erhält er 1 €. Für jede weiße Kugel muss er 1 € zahlen.
Gibt es eine Strategie, die für den Spieler günstig ist?

Lösung:
Es gibt eine solche Strategie, auch wenn der Inhalt der Urne mit drei ungünstigen weißen Kugeln und nur zwei günstigen blauen Kugeln dies zunächst auszuschließen scheint.

Kommt im ersten Zug eine blaue Gewinnkugel, so wird das Spiel mit Gewinn abgebrochen. Kommt im ersten Zug eine weiße Verlustkugel, so wird weitergespielt.

Kommt anschließend im zweiten Zug eine blaue Kugel, so kann ohne Verlust abgebrochen werden.
Kommt auch im zweiten Zug Weiß, so lohnt sich das Weiterspielen.

Bei Blau im dritten Zug kann man weiterspielen, da dann jede weitere Verschlechterung vermeidbar ist (siehe Baumdiagramm).
Bei Weiß auch im dritten Zug sind nur noch Verbesserungen möglich. Der vierte und der fünfte Zug werden dann ausgeführt und liefern Blau.

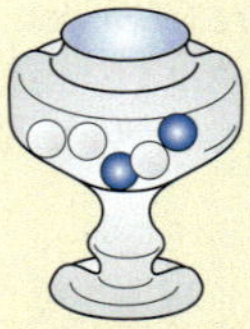

● = 1 € Gewinn
○ = 1 € Verlust

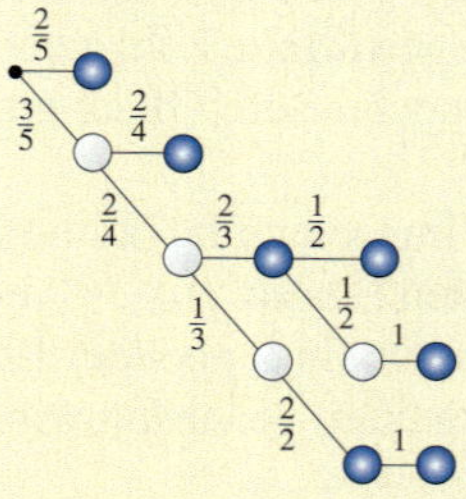

Pfadgewinn	Pfadwahrsch.
1 €	$\frac{2}{5}$
0 €	$\frac{6}{20}$
0 €	$\frac{12}{120}$
−1 €	$\frac{12}{120}$
−1 €	$\frac{12}{120}$

Erwartungswert für den Gewinn X pro Spiel:

$$E(X) = 1 \cdot \frac{2}{5} + 0 \cdot \left(\frac{6}{20} + \frac{12}{120}\right) + (-1) \cdot \left(\frac{12}{120} + \frac{12}{120}\right) = 0{,}20\,€$$

Das abgebildete Baumdiagramm zeigt die Strategie als Wahrscheinlichkeitsbaum. Pfad 1 $\left(\text{Wahrscheinlichkeit } \frac{2}{5}\right)$ liefert 1 € Gewinn. Die Pfade 2 und 3 liefern weder Gewinn noch Verlust, die Pfade 4 und 5 $\left(\text{Wahrscheinlichkeit } \frac{1}{10}\right)$ liefern jeweils 1 € Verlust.

Insgesamt ergibt sich so pro Spiel ein durchschnittlich zu erwartender Gewinn von 20 Cent, ein überraschendes Ergebnis.

Nicht so einfach ist das Auffinden und Beurteilen einer Spielstrategie für das folgende Spiel.

Die verhexte Sechs

Ein Spieler würfelt mit einem Würfel. Er darf das Spiel nach jedem Wurf abbrechen. Die geworfenen Augenzahlen werden addiert und die Summe als Punktergebnis gewertet, solange keine 6 auftritt. Fällt unglücklicherweise die 6, so wird das Punktergebnis auf 0 gesetzt und behält diesen Wert bis zum Abbruch durch den Spieler bei.
Der Spieler entschließt sich, nach genau n Würfen abzubrechen.
Berechnen Sie für n = 1 bis 7 den zu erwartenden Punktestand. Legen Sie eine Tabelle an. Wie muss n gewählt werden, damit diese Strategie ein optimales Ergebnis liefert?

Lösung:
Bricht der Spieler das Spiel nach dem 1. Wurf ab, so wird er auf null Punkte gesetzt, sofern es eine 6 $\left(p_1 = \frac{1}{6}\right)$ ist.
Wirft er eine andere Zahl $\left(p_2 = \frac{5}{6}\right)$, so erhält er im Mittel $\frac{1+2+3+4+5}{5} = 3$ Punkte.
Für den durchschnittlich zu erwartenden Punktestand nach dem 1. Wurf ergibt sich also
$E(X_1) = 3 \cdot \frac{5}{6} + 0 \cdot \frac{1}{6} = \frac{15}{6} = 2{,}5.$

Der abgebildete Baum zeigt den Spielverlauf bis zum fünften Wurf. Wir erhalten für den durchschnittlich zu erwartenden Punktestand nach dem 5. Wurf dann
$E(X_1) = 5 \cdot 3 \cdot \left(\frac{5}{6}\right)^5 \approx 6{,}03.$

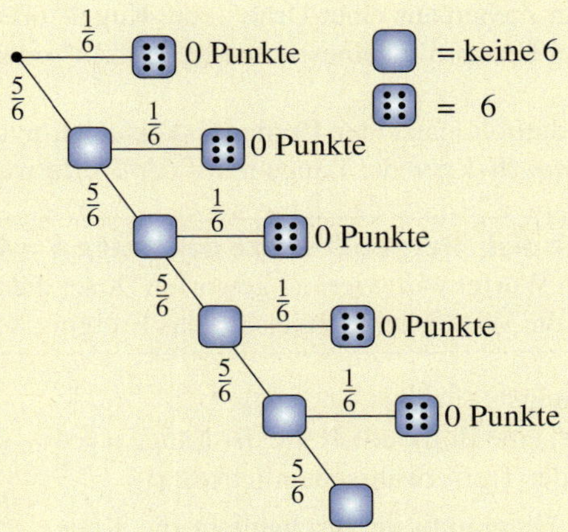

im Mittel 5 · 3 Punkte

$E(X_5) = 5 \cdot 3 \cdot \left(\frac{5}{6}\right)^5$

Wir wollen unsere Überlegungen nun verallgemeinern.
Mit der Pfadwahrscheinlichkeit $\left(\frac{5}{6}\right)^n$ schafft es der Spieler, n Würfe ohne 6 zu liefern. Er sammelt bei jedem dieser Würfe im Mittel 3 Punkte, sodass auf seinem Punktekonto nach diesen n Würfen im Mittel $n \cdot 3$ Punkte sind.
Der zu erwartende Punktestand am Spielende beträgt dann $n \cdot 3 \cdot \left(\frac{5}{6}\right)^n$.

Die nebenstehende Tabelle zeigt, dass der Erwartungswert für den Punktestand für n = 5 und n = 6 maximal wird.
Der Spieler sollte also nach 5 oder 6 Würfen abbrechen. Er kann dann im Mittel mit ca. 6,03 Punkten rechnen.

allgemein:
X_n = Punktezahl nach n Würfen
$E(X_n) = n \cdot 3 \cdot \left(\frac{5}{6}\right)^n$

n	$E(X_n)$
1	2,5
2	4,17
3	5,21
4	5,79
5	6,03
6	6,03
7	5,86

$E_{opt} = E(X_5) \approx 6{,}03$

2. Bernoulli-Ketten

A. Die Formel von Bernoulli

Ein Zufallsversuch wird als ***Bernoulli-Versuch*** bezeichnet, wenn es nur zwei Ausgänge E und $\overline{E}$ gibt. E wird als Treffer (Erfolg) und $\overline{E}$ als Niete (Misserfolg) bezeichnet. Die Wahrscheinlichkeit p für das Eintreten von E wird als Trefferwahrscheinlichkeit bezeichnet.

Beispiele:
Beim Werfen einer Münze: „Kopf“ oder „Zahl“
Beim Werfen eines Würfels: „Sechs“ oder „keine Sechs“
Beim Werfen eines Reißnagels: „Kopflage“ oder „Schräglage“
Beim Ziehen aus einer Urne: „rote Kugel“ oder „keine rote Kugel“
Beim Überprüfen eines Bauteils: „defekt“ oder „nicht defekt“

Wiederholt man einen Bernoulli-Versuch n-mal in exakt gleicher Weise, so spricht man von einer ***Bernoulli-Kette*** der Länge n mit der Trefferwahrscheinlichkeit p.

Beispiel: Bernoulli-Kette der Länge n = 4
Ein Würfel wird viermal geworfen. X sei die Anzahl der dabei geworfenen Sechsen. Wie groß ist die Wahrscheinlichkeit für das Ereignis X = 2, d. h. für genau zwei Sechsen.

Lösung:
Es ist eine Bernoulli-Kette der Länge n = 4 mit der Trefferwahrscheinlichkeit $p = \frac{1}{6}$.
Das Diagramm veranschaulicht die Kette als mehrstufigen Zufallsversuch.

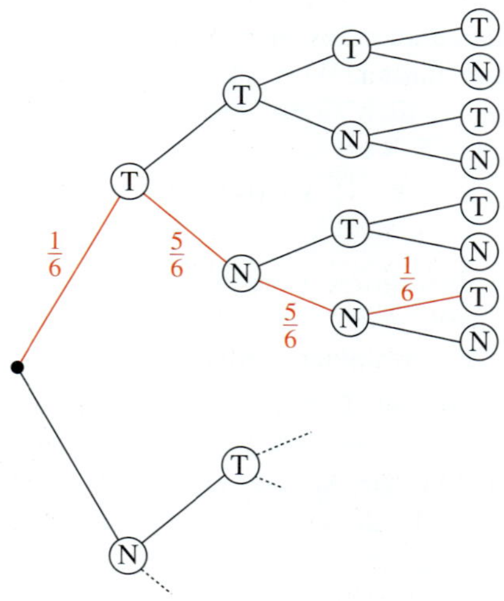

Die Wahrscheinlichkeit eines Weges mit genau zwei Treffern und zwei Nieten beträgt nach der Produktregel $\left(\frac{1}{6}\right)^2 \cdot \left(\frac{5}{6}\right)^2$.

Es gibt $\binom{4}{2}$ solcher Pfade, da man $\binom{4}{2}$ Möglichkeiten hat, die beiden Treffer auf die vier Plätze eines Pfades zu verteilen.
Die gesuchte Wahrscheinlichkeit lautet:
$P(X = 2) = \binom{4}{2} \cdot \left(\frac{1}{6}\right)^2 \cdot \left(\frac{5}{6}\right)^2 \approx 0{,}1157$

Übung 1 Ziehen aus einer Urne
In einer Urne befinden sich zwei rote und eine weiße Kugel. Aus der Urne wird sechsmal eine Kugel mit Zurücklegen gezogen. Mit welcher Wahrscheinlichkeit kommt genau viermal eine rote Kugel?

Verallgemeinert man die Rechnung aus dem vorhergehenden Beispiel, so erhält man die folgende Formel zur Bestimmung von Wahrscheinlichkeiten bei Bernoulli-Ketten.

Satz XIII.1: Die Formel von Bernoulli

Ist für eine Bernoulli-Kette der Länge n mit der Trefferwahrscheinlichkeit p X die Anzahl der Treffer, so wird die Wahrscheinlichkeit für genau k Treffer mit B (n; p; k) bezeichnet. Sie kann mit der rechts dargestellten Formel berechnet werden.

$$P(X = k) = B(n; p; k) = \binom{n}{k} \cdot p^k \cdot (1-p)^{n-k}$$

Begründung:
$p^k \cdot (1-p)^{n-k}$ ist die Wahrscheinlichkeit eines Pfades der Länge n mit k Treffern und n − k Nieten. $\binom{n}{k}$ ist die Anzahl der Pfade dieser Art.

Beispiel: Multiple-Choice-Test

Ein Test enthält vier Fragen mit jeweils drei Antwortmöglichkeiten. Er gilt als bestanden, wenn mindestens zwei Fragen richtig beantwortet werden.
Ein ganz und gar ahnungsloser Zeitgenosse versucht den Test durch zufälliges Ankreuzen zu bestehen. Wie groß sind seine Chancen?

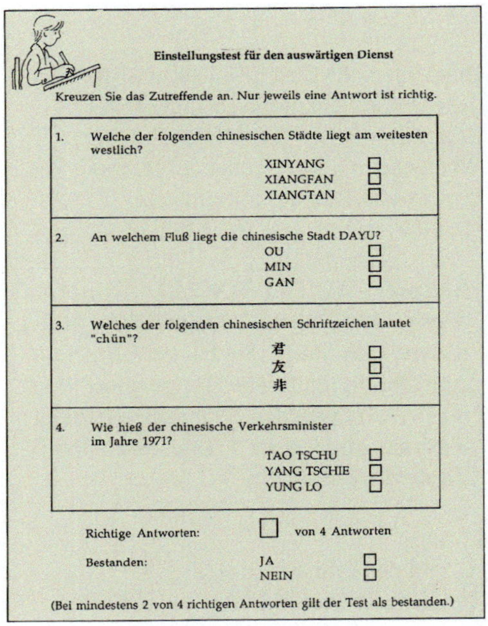

Einstellungstest für den auswärtigen Dienst

Kreuzen Sie das Zutreffende an. Nur jeweils eine Antwort ist richtig.

1. Welche der folgenden chinesischen Städte liegt am weitesten westlich?
   XINYANG ☐
   XIANGFAN ☐
   XIANGTAN ☐
2. An welchem Fluß liegt die chinesische Stadt DAYU?
   OU ☐
   MIN ☐
   GAN ☐
3. Welches der folgenden chinesischen Schriftzeichen lautet "chün"?
   君 ☐
   友 ☐
   非 ☐
4. Wie hieß der chinesische Verkehrsminister im Jahre 1971?
   TAO TSCHU ☐
   YANG TSCHIE ☐
   YUNG LO ☐

Richtige Antworten: ☐ von 4 Antworten

Bestanden: JA ☐ NEIN ☐

(Bei mindestens 2 von 4 richtigen Antworten gilt der Test als bestanden.)

Lösung:
Der Test kann als Bernoulli-Kette der Länge n = 4 betrachtet werden. Das korrekte Beantworten einer Frage zählt als Treffer.
Die Trefferwahrscheinlichkeit ist $p = \frac{1}{3}$.
X sei die Anzahl der Treffer. Dann gilt:

$$P(X = 2) = \binom{4}{2} \cdot \left(\frac{1}{3}\right)^2 \cdot \left(\frac{2}{3}\right)^2 = \frac{24}{81} \approx 0{,}2963$$

$$P(X = 3) = \binom{4}{3} \cdot \left(\frac{1}{3}\right)^3 \cdot \left(\frac{2}{3}\right)^1 = \frac{8}{81} \approx 0{,}0988$$

$$P(X = 4) = \binom{4}{4} \cdot \left(\frac{1}{3}\right)^4 \cdot \left(\frac{2}{3}\right)^0 = \frac{1}{81} \approx 0{,}0123$$

Addiert man diese Einzelwahrscheinlichkeiten, so erhält man die gesuchte Ratewahrscheinlichkeit für das Bestehen des Tests. Sie beträgt $P(X \geq 2) = 0{,}4074 \approx 41\,\%$.

Übung 2 13er-Wette (Fußballtoto)

Ein Spieler kreuzt einen Totoschein der 13er-Wette (vgl. S. 461) rein zufällig an. Wie groß ist seine Chance, mindestens 10 Richtige zu erzielen?

B. Typische Problemstellungen

Typische Probemstellungen im Zusammenhang mit Bernoulli-Ketten sind die Bestimmung von Punktwahrscheinlichkeiten der Form $P(X = k)$ sowie von Intervallwahrscheinlichkeiten der Form $P(X \leq k)$ bzw. $P(X \geq k)$ bzw. $P(a \leq X \leq b)$, die wir im Folgenden ansprechen.

Beispiel: Der Fall $P(X \leq k)$

Aus der abgebildeten Urne wird 10-mal mit Zurücklegen eine Kugel gezogen. Mit welcher Wahrscheinlichkeit kommen höchstens 2 grüne Kugeln?

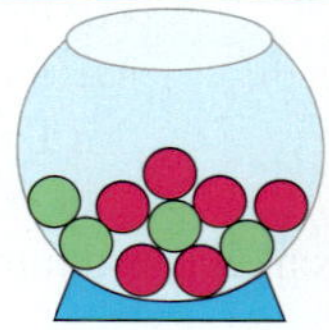

Lösung:
Anzahl der Ziehungen: $n = 10$
Wahrscheinlichkeit für GRÜN: $p = 0{,}4$
Die vorgegebenen Trefferzahlen lauten: $k = 0$, $k = 1$ und $k = 2$. Gesucht ist $P(X \leq 2)$.

Diese Intervallwahrscheinlichkeit ist die Summe von drei Punktwahrscheinlichkeiten*:
$P(X \leq 2) = P(X = 0) + P(X = 1) + P(X = 2)$
Wir wenden – wie rechts aufgeführt – die Formel von Bernoulli dreimal an.
Resultat: $P(X \leq 2) \approx 16{,}72\,\%$

Berechnung von $P(X \leq 2)$:

$$\begin{aligned}
&P(X \leq 2)\\
&= P(X = 0) + P(X = 1) + P(X = 2)\\
&= B(10; 0{,}4; 0) + B(10; 0{,}4; 1) + B(10; 0{,}4; 2)\\
&= \binom{10}{0} 0{,}4^0\, 0{,}6^{10} + \binom{10}{1} 0{,}4^1\, 0{,}6^9 + \binom{10}{2} 0{,}4^2\, 0{,}6^8\\
&\approx 0{,}006 + 0{,}0403 + 0{,}1209 = 0{,}1672
\end{aligned}$$

Resultat:
$P(X \leq 2) \approx 16{,}72\,\%$

Beispiel: Der Fall $P(X \geq k)$

Alexa spielt beim Fußballclub Rot-Schwarz im Sturm. Sie hat bei Elfmetern eine durchschnittliche Trefferquote von 80 %. Mit welcher Wahrscheinlichkeit wird sie mindestens 4 ihrer nächsten 5 Elfmeter verwandeln?

Lösung:
Anzahl der Elfmeter: $n = 5$
Trefferwahrscheinlichkeit: $p = 0{,}80$
Die vorgegebenen Trefferzahlen lauten: $k = 4$ und $k = 5$. Gesucht ist also $P(X \geq 4)$.

Diese Intervallwahrscheinlichkeit ist die Summe von zwei Punktwahrscheinlichkeiten*, die wir mit der Formel von Bernoulli errechnen.
$P(X \geq 4) = P(X = 4) + P(X = 5)$
Resultat: $P(X \geq 4) \approx 73{,}73\,\%$

Berechnung von $P(X \geq 4)$:

$$\begin{aligned}
P(X \geq 4) &= P(X = 4) + P(X = 5)\\
&= B(5; 0{,}8; 4) + B(5; 0{,}8; 5)\\
&= \binom{5}{4} 0{,}8^4 \cdot 0{,}2 + \binom{5}{5} 0{,}8^5\\
&\approx 0{,}4096 + 0{,}3277 = 0{,}7373\\
&= 73{,}73\,\%
\end{aligned}$$

* Je größer k ist, umso umfangreicher wird die Rechnung. Dann verwendet man die Methoden, die im nächsten Abschnitt Praxis der Binomialverteilung behandelt werden (Taschenrechner und Tabellen).

Bei einer Bernoulli-Kette muss eigentlich aus einer Urne mit Zurücklegen gezogen werden, damit sich die Trefferwahrscheinlichkeit p nicht ändert.
Wird jedoch aus einer sehr großen Grundgesamtheit ohne Zurücklegen gezogen, so ändert sich die Trefferwahrscheinlichkeit so geringfügig, dass man das Zufallsexperiment trotzdem noch als Bernoulli-Kette behandeln kann.

Beispiel: Angenäherte Bernoulli-Kette bei großer Grundgesamtheit

Blumenzwiebeln werden in Großpackungen von 1000 Stück an Gärtnereien geliefert. Im Durchschnitt treiben 20% der Zwiebeln nicht aus. Ein Gärtner verkauft zehn Zwiebeln. Mit welcher Wahrscheinlichkeit wird hiervon höchstens eine Zwiebel nicht austreiben?

Lösung:
Hier wird ohne Zurücklegen eine Stichprobe vom Umfang n = 10 entnommen.
Die Trefferwahrscheinlichkeit ändert sich daher mit jedem Zug ein wenig, aber wegen der großen Zahl von 1000 Zwiebeln nur so geringfügig, dass man von einer ***angenäherten Bernoulli-Kette*** mit der Trefferwahrscheinlichkeit $p \approx 0{,}2$ sprechen kann.

Die Rechnung rechts liefert daher das folgende Näherungsresultat:
$P(X \leq 1) \approx 0{,}3758 = 37{,}58\,\%$

Berechnung von P (X ≤ 1):
X = Anzahl der unbrauchbaren Zwiebeln in der Stichprobe

$$\begin{aligned} P(X \leq 1) &= P(X=0) + P(X=1) \\ &\approx B(10; 0{,}2; 0) + B(10; 0{,}2; 1) \\ &= \binom{10}{0} 0{,}2^0\, 0{,}8^{10} + \binom{10}{1} 0{,}2^1\, 0{,}8^9 \\ &\approx 0{,}1074 + 0{,}2684 = 0{,}3758 \end{aligned}$$

Resultat:
$P(X \leq 1) \approx 37{,}58\,\%$

Beispiel: Bestimmung der Länge einer Bernoulli-Kette

Ein Glücksrad hat vier gleich große Sektoren, drei weiße und einen roten. Berechnen Sie, wie oft man das Rad *mindestens* drehen muss, wenn mit einer Wahrscheinlichkeit von *mindestens* 95% *mindestens* einmal ROT auftreten soll.

Lösung:
Es handelt sich hier um die recht beliebte ***Mindestens-mindestens-mindestens-Aufgabe***, auf die man häufiger trifft.

Da die Wahrscheinlichkeit für mindestens einen Treffer mindestens 0,95 betragen soll, verwenden wir den Ansatz $P(X \geq 1) \geq 0{,}95$. Von dieser Ungleichung ausgehend, erhalten wir nach nebenstehender Umformungsrechnung die Ungleichung $n \geq 10{,}41$, woraus sich für die Kettenlänge $n \geq 11$ ergibt.

Resultat: Das Glücksrad muss mindestens 11-mal gedreht werden, um mit mindestens 95% Wahrscheinlichkeit 1 oder mehr Treffer (ROT) zu erzielen.

Bestimmung der Kettenlänge n:
n: Anzahl der Drehungen des Rades
p = 0,25: Trefferwahrscheinlichkeit für ROT

$$\begin{aligned} P(X \geq 1) &\geq 0{,}95 \qquad \text{(Ansatz)} \\ 1 - P(X=0) &\geq 0{,}95 \\ P(X=0) &\leq 0{,}05 \\ B(n; 0{,}25; 0) &\leq 0{,}05 \\ \binom{n}{0} 0{,}25^0\, 0{,}75^n &\leq 0{,}05 \\ 0{,}75^n &\leq 0{,}05 \\ \log 0{,}75^n &\leq \log 0{,}05 \\ n \cdot \log 0{,}75 &\leq \log 0{,}05 \quad \mid : \log 0{,}75 < 0 \\ n &\geq 10{,}41 \end{aligned}$$

Übungen

3. Bestimmung einer Punktwahrscheinlichkeit $P(X = k)$
51,4% aller Neugeborenen sind Knaben. Berechnen Sie die Wahrscheinlichkeit dafür, dass eine Familie genauso viele Mädchen wie Jungen hat, für eine Familie mit 2 Kindern, eine Familie mit 4 Kindern und eine Familie mit 6 Kindern.

4. Bestimmung einer linksseitigen Intervallwahrscheinlichkeit $P(X \leq k)$
Der Marktanteil von Smartphones lag im Jahr 2011 bei 23%. Wie groß war die Wahrscheinlichkeit, dass unter 6 zufällig ausgewählten Personen höchstens 2 ein Smartphone besaßen?

5. Bestimmung einer rechtsseitigen Intervallwahrscheinlichkeit $P(X \geq k)$
Der Anteil der Haushalte mit Internet-Anschluss ist auf 73% angewachsen. Wie groß ist die Wahrscheinlichkeit, dass von 10 zufällig ausgewählten Haushalten mindestens 8 einen Internet-Anschluss haben?

6. Bestimmung einer Intervallwahrscheinlichkeit: $P(k \leq X \leq m)$
70% aller Schäferhunde werden 10 Jahre oder älter. Wie groß ist die Wahrscheinlichkeit, dass von den 12 Hunden eines Züchters mindestens 7 und höchstens 10 Schäferhunde dieses Alter erreichen?

7. Anwendung der Formel für das Gegenereignis: $P(X > k) = 1 - P(X \leq k)$
30% der Deutschen sind in einem Verein. Wie groß ist die Wahrscheinlichkeit, dass unter 12 Personen mehr als 3 in einem Verein sind?

8. Bestimmung einer Mindestanzahl von Versuchen
Wie oft muss ein Würfel mindestens geworfen werden, damit mit einer Wahrscheinlichkeit von mindestens 98% mindestens einmal die Sechs fällt?

9. Briefsendung
Nach Angaben der Post erreichen 90% aller Inlandsbriefe den Empfänger am nächsten Tag. Johanna verschickt acht Einladungen zu ihrem Geburtstag. Mit welcher Wahrscheinlichkeit
a) sind alle Briefe am nächsten Tag zugestellt?
b) sind mindestens sechs Briefe am nächsten Tag zugestellt?

10. Tischtennis
Die Mitglieder der deutschen Tischtennis-Nationalmannschaft gewinnen gegen chinesische Spitzenspieler 15% der Spiele.
a) Mit welcher Wahrscheinlichkeit gewinnt von 6 Nationalspielern genau einer sein Spiel?
b) Mit welcher Wahrscheinlichkeit gewinnen die Deutschen von 10 Einzelspielen mehr als 2?

3. Eigenschaften von Binomialverteilungen

Im Folgenden sei X die Trefferzahl in einer Bernoullikette der Länge n mit der Trefferwahrscheinlichkeit p. Die Wahrscheinlichkeitsverteilung von X bezeichnet man als ***Binomialverteilung mit den Parametern n und p.*** Die wesentlichen Eigenschaften von Binomialverteilungen (Symmetrieeigenschaften, Lage des Maximums, Erwartungswert, Streuungsmaße) lassen sich gut in der graphischen Darstellung der Verteilung als Säulendiagramm veranschaulichen.

A. Tabellarische und graphische Darstellung einer Binomialverteilung

n sei die Länge einer Bernoullikette mit der Trefferwahrscheinlichkeit p.
X sei die Anzahl der Treffer.
P (X = k) sei die Wahrscheinlichkeit für genau k Treffer.

Es gilt die Bernoulliformel
$P(X = k) = B(n; p; k) = \binom{n}{k} \cdot p^k \cdot (1-p)^{n-k}$.
Mit dieser Formel* errechnet man die Verteilungstabelle (s. rechts für n = 4, p = 0,3), die als Verteilungsdiagramm veranschaulicht werden kann.
Im Diagramm wird die Trefferzahl auf der x-Achse abgetragen.
Sie kann die Werte 0, 1, …, n annehmen.

Die Wahrscheinlichkeit P (X = k) = B (n; p; k) wird auf der y-Achse abgetragen und in Abhängigkeit von k durch eine Säule der Breite 1 und der Höhe P (X = k) dargestellt. Daher ist das Flächenmaß dieser Säule gleich der Wahrscheinlichkeit P (X = k). Die Summe der Flächenmaße aller Säulen beträgt 1, da die Summe aller Wahrscheinlichkeiten 1 beträgt.

Die Binomialverteilung mit den Parametern n = 4 und p = 0,3:

Tabellarische Darstellung:

k	P(X = k)
0	0,2401
1	0,4116
2	0,2646
3	0,0756
4	0,0081

Graphische Darstellung:

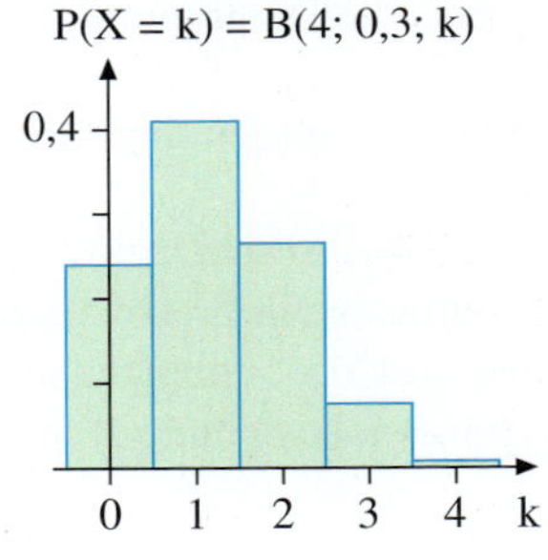

Übung 1 **Verteilungstabellen und Verteilungsdiagramme**

a) Stellen Sie eine Verteilungstabelle für die Binomialverteilung P (X = k) = B (6; 0,5; k) auf.
b) Skizzieren Sie das Verteilungsdiagramm zur Binomialverteilung aus a).
c) Stellen Sie eine Verteilungstabelle für die Binomialverteilung P (X = k) = B (6; 0,2; k) auf.
d) Zeichnen Sie das Verteilungsdiagramm zur Binomialverteilung aus c).
e) Vergleichen Sie die Diagramme aus b) und d).
Nennen Sie Gemeinsamkeiten und Unterschiede.

---

* Man kann die Werte von B (n; p; k) auch der ***Tabelle*** auf den Seiten 546 f. entnehmen oder mit dem ***Taschenrechner*** bestimmen (siehe Seite 516 f.).

B. Eigenschaften einer Binomialverteilung in Abhängigkeit von p

Wir untersuchen nun, wie sich das Aussehen des Verteilungsdiagramms einer Binomialverteilung in Abhängigkeit von p verändert. Die Länge n der Bernoullikette wird dabei festgehalten.

Beispiel: P (X = k) = B (n; p; k) in Abhängigkeit von p

Zeichnen Sie das Verteilungsdiagramm für die Binomialverteilung $P(X = k) = B(n; p; k)$ für die folgenden Parameterwerte. Beschreiben Sie Gemeinsamkeiten und Unterschiede.

a) $n = 5,\ p = 0{,}2$ b) $n = 5,\ p = 0{,}4$ c) $n = 5,\ p = 0{,}5$ d) $n = 5,\ p = 0{,}8$

Lösung:
Wie erstellen mit Hilfe der Bernoulliformel* wie oben jeweils eine Verteilungstabelle. Anschließend zeichnen wir die zugehörigen Verteilungsdiagramme. Wir erhalten Folgendes:

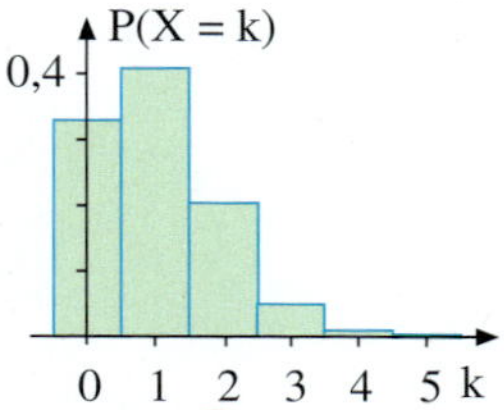

B(5; 0,2 ; k)
p

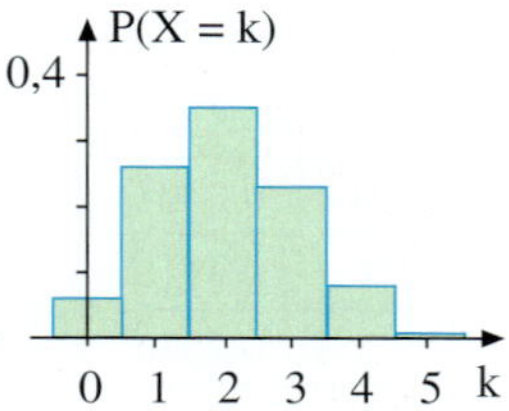

B(5; 0,4 ; k)

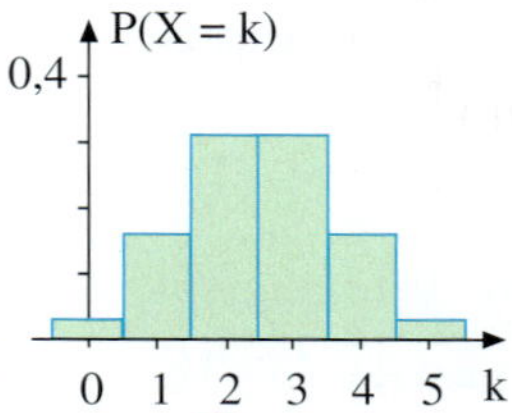

B(5; 0,5 ; k)

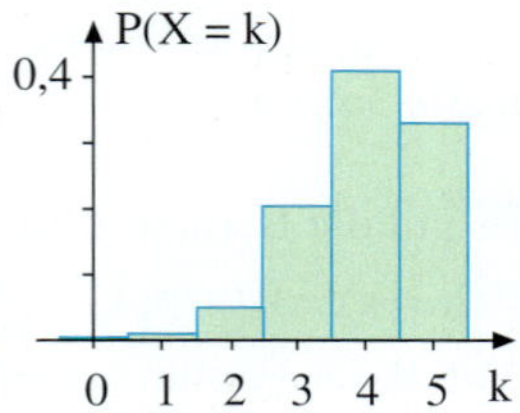

B(5; 0,8 ; k)

Wir erkennen, dass die Diagramme für $p < 0{,}5$ linkslastig sind, für $p = 0{,}5$ exakt symmetrisch und für $p > 0{,}5$ rechtslastig.
Das Maximum der Verteilung ist für $p < 0{,}5$ nach links verschoben, für $p = 0{,}5$ mittig (hier: Doppelmaximum, weil n ungerade) und für $p > 0{,}5$ nach rechts verschoben.
Man erkennt auch, dass die Diagramme für $p = 0{,}2$ und $p = 0{,}8$ spiegelsymmetrisch sind.

Im folgenden Merkkasten werden diese Eigenschaften verallgemeinert zusammengestellt.

Eigenschaften der Binomialverteilung P (X = k) = B (n; p; k)

(1) Je größer p ist, umso weiter rechts liegt das Maximum der Verteilung.
(2) Für $p = 0{,}5$ liegt das Verteilungsmaximum mittig. Es gilt $B(n; 0{,}5; k) = B(n; 0{,}5; n - k)$.
(3) Es gilt die Symmetriebeziehung $B(n; p; k) = B(n; 1 - p; n - k)$.

Übung 2 Eigenschaften von Binomialverteilungen

Stellen Sie die Binomialverteilung $P(X = k) = B(n; p; k)$ tabellarisch und graphisch dar. Überprüfen Sie die Eigenschaften (1) bis (3) aus dem obigen Merksatz.

a) $P(X = k) = B(6; 0{,}1; k)$ b) $P(X = k) = B(6; 0{,}5; k)$ c) $P(X = k) = B(6; 0{,}9; k)$

Übung 3 Eigenschaften von Binomialverteilungen

a) Beweisen Sie die Beziehung $B(n; 0{,}5; k) = B(n; 0{,}5; n - k)$ mit der Bernoulliformel.
b) Beweisen Sie die Beziehung $B(n; p; k) = B(n; 1 - p; n - k)$ mit Hilfe der Bernoulliformel.

---

* Alternativ mit dem Taschenrechner (vgl. S. 516 f.) oder einer Tabelle (vgl. S. 546)

C. Eigenschaften einer Binomialverteilung in Abhängigkeit von n

Das Aussehen des Verteilungsdiagramms einer Binomialverteilung ändert sich auch in Abhängigkeit von der Kettenlänge n. Die Trefferwahrscheinlichkeit p wird dabei festgehalten.

Beispiel: P(X = k) = B(n; p; k) in Abhängigkeit von n

Zeichnen Sie das Verteilungsdiagramm für die Binomialverteilung P(X = k) = B(n; p; k) für die folgenden Parameterwerte. Beschreiben Sie Gemeinsamkeiten und Unterschiede.

a) n = 3, p = 0,4 b) n = 5, p = 0,4 c) n = 8, p = 0,4

Lösung:

Wir erstellen mit Hilfe der Bernoulliformel* wie oben jeweils eine Verteilungstabelle. Anschließend zeichnen wir die zugehörigen Verteilungsdiagramme. Wir erhalten Folgendes:

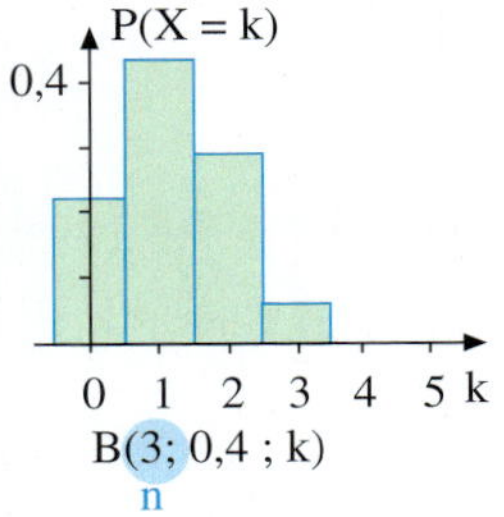

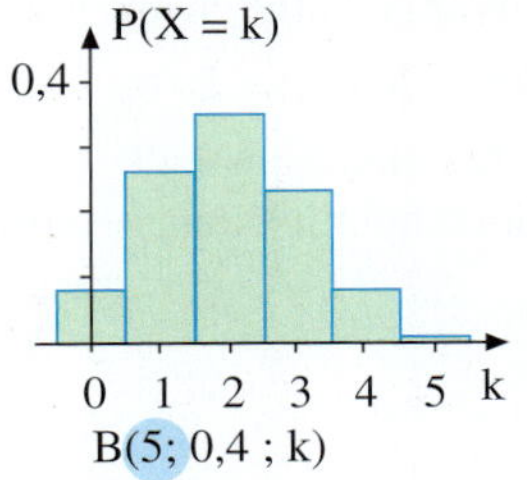

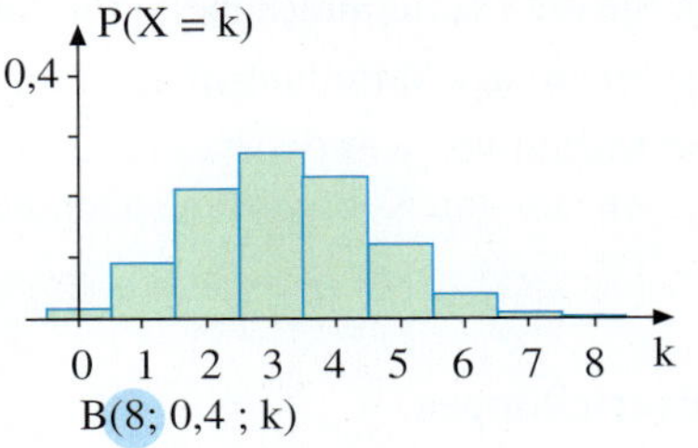

Wir erkennen, dass die Diagramme mit anwachsendem n breiter und flacher werden. Außerdem wandert ihr Maximum nach rechts. Schließlich erscheinen sie zunehmend symmetrischer.

Eigenschaften der Binomialverteilung P(X = k) = B(n; p; k)

(1) Je größer n ist, umso breiter und flacher ist das Diagramm der Verteilung.
(2) Je größer n ist, umso weiter rechts liegt das Maximum der Verteilung.
(3) Je größer n ist, umso symmetrischer wirkt das Verteilungsbild.

Übung 4 Eigenschaften von Binomialverteilungen

Stellen Sie die Binomialverteilung P(X = k) = B(n; p; k) tabellarisch und graphisch dar. Überprüfen Sie die Eigenschaften (1) bis (3) aus dem obigen Merksatz.

a) P(X = k) = B(3; 0,8; k) b) P(X = k) = B(6; 0,8; k) c) P(X = k) = B(10; 0,8; k)

Übung 5 Das Maximum einer Binomialverteilung

Bestimmen Sie die Lage (k) und den Wert (P(X = k)) des Maximums der Binomialverteilung.

a) n = 5, p = 0,1 b) n = 9, p = 0,1 c) n = 4, p = 0,5 d) n = 8, p = 0,5

* Alternativ mit dem Taschenrechner (vgl. S. 516 f.) oder einer Tabelle (vgl. S. 546)

Übungen

6. Würfelwurf

Ein Würfel wird 6-mal geworfen. Als Treffer zählt eine Sechs. X sei die Anzahl der Treffer.

a) Stellen Sie eine Verteilungstabelle für die Wahrscheinlichkeit $P(X = k)$ auf.

b) Skizzieren Sie das Verteilungsdiagramm zu $P(X = k) = B\left(6; \frac{1}{6}, k\right)$

c) Geben Sie das Maximum der Verteilungstabelle an.

d) Welche anschauliche Bedeutung hat das Maximum der Verteilungstabelle?

e) Welche Anzahl von geworfenen Sechsen ist am seltensten?

7. Münzwurf

Eine faire Münze wird 6-mal geworfen. Als Treffer zählt Kopf. X sei die Anzahl der Treffer.

a) Stellen Sie eine Verteilungstabelle für die Wahrscheinlichkeit $P(X = k)$ auf.

b) Skizzieren Sie das Verteilungsdiagramm zu $P(X = k) = B\left(6; \frac{1}{2}, k\right)$

c) Welche Anzahl von Kopfwürfen ist am wahrscheinlichsten?

d) Welche Anzahl von Kopfwürfen ist am wahrscheinlichsten, wenn wir die Münze nur 5-mal werfen?

8. Binomialverteilungen

Im Folgenden sind mehrere Verteilungsdiagramme abgebildet. Entscheiden Sie, bei welchen Diagrammen es sich nicht um Binomialverteilungen handeln kann.

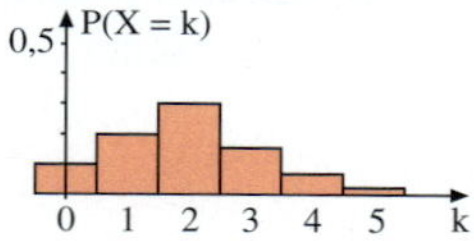

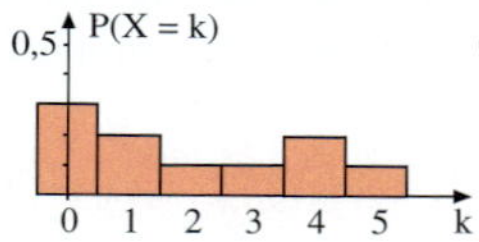

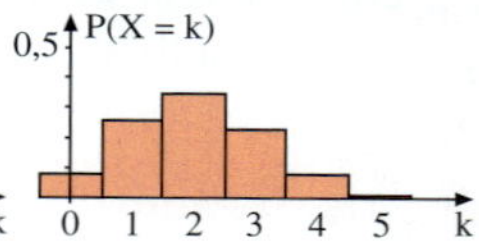

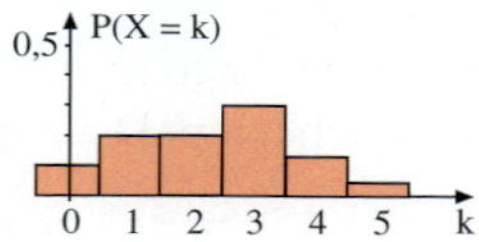

9. Binomialverteilte Zufallsvariable

Die Zufallsvariable X ist binomialverteilt mit den Parametern $n = 6$ und $p = 0{,}3$.

a) Geben Sie an, welche der drei Abbildungen die Verteilung von X korrekt darstellt. Begründen Sie ihre Antwort stichhaltig.

b) Bestimmen Sie mit Hilfe des korrekten Diagramms die Wahrscheinlichkeiten für die folgenden Ereignisse angenähert im Rahmen der Ablesegenauigkeit:

A: Die Zufallsvariable X nimmt den Wert $k = 4$ an.

B: Die Zufallsvariable X nimmt einen Wert zwischen $k = 3$ und $k = 5$ an.

C: Die Zufallsvariable X nimmt keinen der Werte 0, 1, 5 und 6 an.

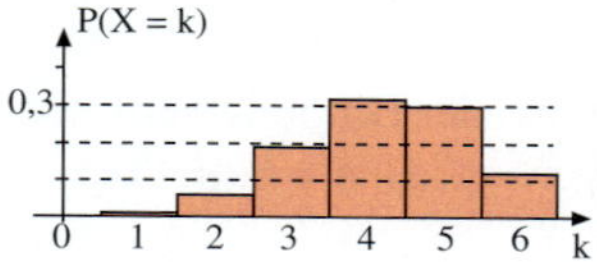

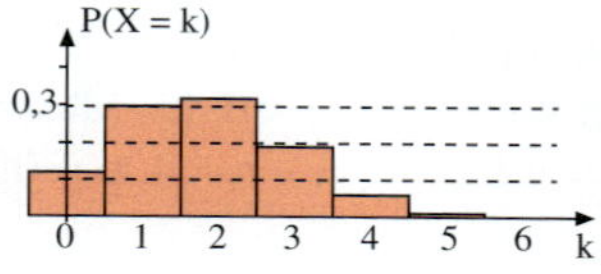

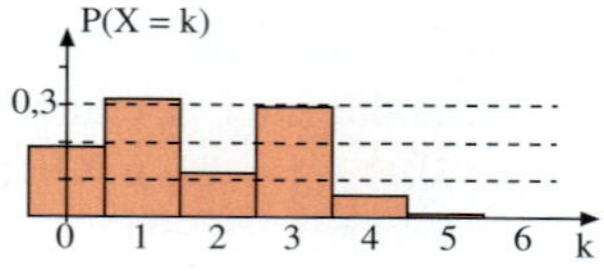

D. Erwartungswert und Standardabweichung bei Bernoulli-Ketten

Das Diagramm auf der rechten Seite zeigt die ***Wahrscheinlichkeitsverteilung*** der Trefferzahl X in einer Bernoulli-Kette mit der Länge $n = 10$ und der Trefferwahrscheinlichkeit $p = 0{,}4$.
Die Breite der einzelnen Säulen ist 1, die Höhe der Säule k ist die Wahrscheinlichkeit $P(X = k)$. Die Gesamtfläche aller Säulen ist 1.

In natürlicher Weise stellen sich nun die beiden folgenden Fragen.

Frage 1: Mit welcher Trefferzahl kann man im Mittel rechnen?

Da man 10 Versuche macht und die Trefferwahrscheinlichkeit jeweils 0,4 beträgt, wird man im Mittel mit 4 Treffern rechnen können. Der ***Erwartungswert*** für die Trefferzahl X beträgt 4, d. h. $\mu = E(X) = 4$.

Satz XIII.2 Erwartungswert von X
X sei die Trefferzahl in einer Bernoulli-Kette der Länge n mit der Trefferwahrscheinlichkeit p. Dann gilt:

$$\mu = E(X) = n \cdot p.$$

Frage 2: Wie stark streuen die Trefferzahlen um den Erwartungswert?

Als Streuungsmaß verwendet man in der Regel die ***Varianz*** V(X) und die ***Standardabweichung*** σ(X). Sie wird nach Satz XIII.3 berechnet, den wir hier nicht beweisen können. Für unser Beispiel ist
$V(X) = 10 \cdot 0{,}4 \cdot 0{,}6 = 2{,}4$ und
$\sigma(X) = \sqrt{10 \cdot 0{,}4 \cdot 0{,}6} \approx 1{,}55$.

Satz XIII.3 Varianz und Standardabweichung von X
X sei die Trefferzahl in einer Bernoulli-Kette der Länge n mit der Trefferwahrscheinlichkeit p. Dann gilt:

$$\sigma^2 = V(X) = n \cdot p \cdot (1 - p),$$
$$\sigma = \sigma(X) = \sqrt{V(X)}.$$

Drehen eines Glücksrades:

Versuchsanzahl: $n = 10$
Treffer: Es kommt ROT
Trefferwahrsch.: $p = 0{,}4$

Beobachtete Zufallsgröße X:
X = Anzahl der Treffer

Wahrscheinlichkeitsverteilung von X:

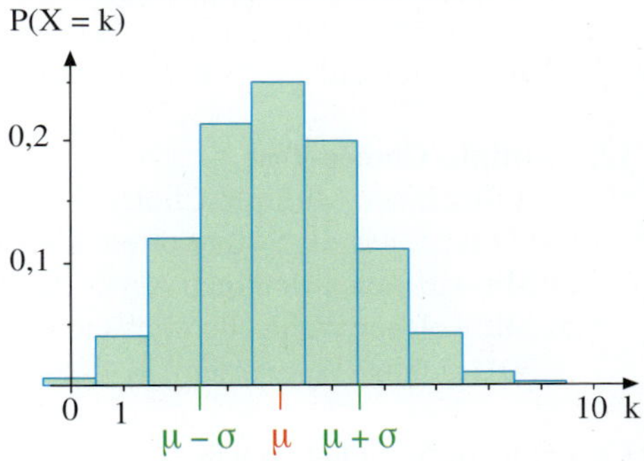

Erwartungswert von X:
$E(X) = n \cdot p = 10 \cdot 0{,}4 = 4$

Varianz und Standardabweichung von X:
$V(X) = n \cdot p \cdot (1 - p)$
$= 10 \cdot 0{,}4 \cdot 0{,}6 = 2{,}4$
$\sigma(X) = \sqrt{V(X)} \approx 1{,}55$

Bedeutung der Parameter μ und σ:
Die Anzahl der Treffer bei $n = 10$ Versuchen beträgt im Mittel $\mu = 4$.

Die Standardabweichung 1,55 beschreibt die Streuung um den Mittelwert. Sie ist relativ groß bezogen auf den Versuchsumfang von $n = 10$. Ihre anschauliche Bedeutung wird im folgenden Abschnitt präzisiert.

Übungen

10. Würfelwurf

Der Würfel mit dem abgebildeten Netz wird 6-mal geworfen.
X sei die Anzahl der geworfenen Zweier (Treffer).

a) Tabellieren Sie $P(X = k)$ für $k = 0, \ldots, 6$ und stellen Sie die Wahrscheinlichkeitsverteilung der Zufallsgröße X grafisch dar.

b) Wie groß ist der Erwartungswert von X?

c) Bestimmen Sie die Varianz und die Standardabweichung von X.

11. Münzwurf

Eine Münze wird 6-mal geworfen. X sei die Anzahl der Kopfwürfe.

a) Stellen Sie die Wahrscheinlichkeitsverteilung von X in Tabellenform auf.

b) Berechnen Sie den Erwartungswert und die Standardabweichung von X.

c) Mit welcher Wahrscheinlichkeit wird bei einer korrekten Durchführung des Experimentes die Trefferzahl gleich dem Erwartungswert sein?

12. Multiple-Choice-Test

Carl füllt einen Multiple-Choice-Test auf gut Glück aus.
(10 Fragen, jeweils 5 Antworten, jeweils eine richtig)

a) Mit wie vielen richtigen Antworten kann Carl rechnen?

b) Mit welcher Wahrscheinlichkeit erreicht Carl höchstens 30 % richtige Antworten?

Frage 8:
Wer war Kanzler?

Rummenigge ☐
Beckenbauer ☐
Schwarzenegger ☐
Adenauer ☐
Honecker ☐

13. Fehlerhafte Scheinwerfer

Ein Autohersteller bestellt Scheinwerferlampen. Erfahrungsgemäß sind 4 % der Lampen fehlerhaft.

a) Wie viele fehlerhafte Lampen sind in einer Lieferung von 5000 Lampen zu erwarten?

b) Der Autohersteller benötigt im Mittel mindestens 6000 fehlerfreie Lampen.
Wie viele Lampen soll er bestellen, um 6000 fehlerfreie Lampen zu erwarten?

14. Wirksamkeit eines Nasensprays

Pollen können Heuschnupfen auslösen. Ein Nasenspray wirkt in 70 % aller Anwendungsfälle lindernd.

a) 20 Patienten nehmen das Mittel gegen ihre Beschwerden ein. Bei wie vielen Patienten ist eine Linderung zu erwarten?

b) Wie groß ist die Wahrscheinlichkeit, dass das Mittel exakt bei der erwarteten Anzahl von Patienten wirkt?

15. Urnenexperiment

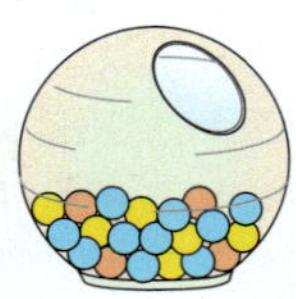

Aus der abgebildeten Urne werden n Kugeln mit Zurücklegen gezogen. X sei die Anzahl der gezogenen roten Kugeln, Y die Anzahl der gezogenen gelben Kugeln.

a) Es sei $n = 5$. Skizzieren Sie das Verteilungsdiagramm von X. Berechnen Sie $E(X)$.

b) Wieder sei $n = 5$. Mit welcher Wahrscheinlichkeit werden genau 3 rote Kugeln gezogen?

c) Ermitteln Sie, wie viele Kugeln mindestens gezogen werden müssen, damit der Erwartungswert von Y größer als 5 ist.

16. Trefferquote

Ein Sportschütze trifft die Wurfscheiben mit einer Wahrscheinlichkeit von 90%. Eine Serie besteht aus 10 Schüssen.

a) Mit welcher Wahrscheinlichkeit treten die folgenden Ereignisse ein?
A: Alle Schüsse der Serie sind Treffer.
B: Nur der dritte Schuss ist kein Treffer.
C: Die Serie wird mit genau 8 Treffern beendet.
D: Mindestens 9 Treffer werden erreicht.

b) Der Sportschütze schießt nun 100-mal. Berechnen Sie die zu erwartende Trefferzahl und die Standardabweichung.

17. Glücksspiel

Die Gewinnwahrscheinlichkeit bei einem Glücksspiel liegt bei 20%.

a) Mit welcher Wahrscheinlichkeit gewinnt man bei 10 Spielen genau einmal?

b) Mit welcher Wahrscheinlichkeit gewinnt man mindestens zweimal bei 10 Spielen?

18. Taxistand

An einem Taxistand sind 10 Taxen stationiert. Ein Fahrzeug steht pro Stunde durchschnittlich 12 Minuten auf dem Stand.

a) Mit welcher Wahrscheinlichkeit ist zu einem bestimmten Zeitpunkt mindestens ein Taxi anzutreffen?

b) Welche Zahl von Taxen ist am häufigsten anzutreffen?

c) Mit welcher Wahrscheinlichkeit sind gleich mehrere Taxen am Stand anzutreffen?

19. Hotel

80% aller Gäste eines Hotels mit 30 Betten buchen den Aufenthalt mit Halbpension.

a) Wie viele Gäste mit Halbpension sind zu erwarten, wenn das Hotel ausgebucht ist?

b) Wie groß ist die Wahrscheinlichkeit, dass höchstens 2 Gäste ohne Halbpension gebucht haben?

20. Treffsicherheit vom Punkt

Sven übt Elfmeter. Seine Treffsicherheit beim Schießen von Elfmetern ist p.

a) Wie groß muss p mindestens sein, damit er sich bei 10 Elfmetern mit 60% Wahrscheinlichkeit keinen Fehlschuss leistet?

b) Nun sei $p = 0{,}5$. Liegt die Wahrscheinlichkeit, dass der Spieler höchstens 3 der 10 Freischüsse verschießt, über 20%?

Knobelaufgabe I

Vater (80 kg), Mutter (65 kg), Sohn (55 kg) und Tochter (40 kg) möchten mit einem Boot den Fluss überqueren. Das Boot trägt aber maximal 100 kg.

Wie kann die Familie den Fluss dennoch mit dem Boot überqueren?

4. Praxis der Binomialverteilung

Im Folgenden werden Anwendungen der Binomialverteilung in rechenaufwendigeren Zusammenhängen behandelt. Dabei werden anstelle der Bernoulliformel geeignete Taschenrechner (S. 516 ff.) bzw. als *Alternative* gedruckte Tabellen zur Binomialverteilung (S. 546 ff.) verwendet. Wir zeigen aber zunächst noch einmal, um welche Grundprobleme es geht.

A. Manuelle Berechnung von Punktwahrscheinlichkeiten

Betrachtet wird eine Bernoulli-Kette der Länge n mit der Trefferwahrscheinlichkeit p. $P(X = k)$ sei die Wahrscheinlichkeit, dass die Zufallsvariable X = Anzahl der Treffer den Einzelwert k annimmt.

X ist binomialverteilt, somit gilt für die ***Punktwahrscheinlichkeit*** $P(X = k)$ die bereits bekannte Formel von Bernoulli:

$$P(X = k) = B(n; p; k) = \binom{n}{k} \cdot p^k \cdot (1 - p)^{n-k}$$

Für $n = 5$ und $p = \frac{1}{6}$ sieht der Graph der Verteilung von B so aus wie rechts dargestellt.

Die einfache Binomialverteilung B (n; p; k)

Bei einer Binomialverteilung lautet die Wahrscheinlichkeit für genau k Treffer:

$$\mathbf{P(X = k) = B(n; p; k) = \binom{n}{k} \cdot p^k \cdot (1 - p)^{n-k}}$$

Beispiel: $B\left(5; \frac{1}{6}; k\right)$

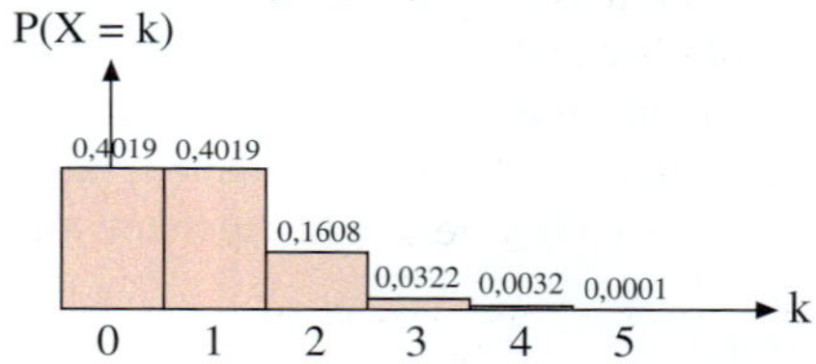

Wir rechnen nun manuell ein Beispiel durch, um den relativ geringen Rechenaufwand zu demonstrieren, der unabhängig von den Parametern n, p und k stets etwa gleich groß ist.

Beispiel: Die Binomialverteilung B (n; p; k)

Mit welcher Wahrscheinlichkeit fallen beim 5-fachen Würfelwurf genau 2 Sechsen?

Lösung:

Gesucht ist $P(X = 2) = B\left(5; \frac{1}{6}; 2\right)$.

Wir wenden – wie rechts aufgeführt – die Formel von Bernoulli an.

Wir erhalten als Resultat $P(X = 2) \approx 16{,}08\,\%$.

Der Rechenaufwand betrug zwar mehrere Taschenrechneroperationen*, war aber dennoch recht gering.

Berechnung von $B\left(5; \frac{1}{6}; 2\right)$:

$$P(X = 2) = B\left(5; \tfrac{1}{6}; 2\right) = \binom{5}{2} \cdot \left(\tfrac{1}{6}\right)^2 \cdot \left(\tfrac{5}{6}\right)^3$$

$$\approx 10 \cdot 0{,}0278 \cdot 0{,}5787$$

$$\approx 0{,}1608 = 16{,}08\,\%$$

Übung 1 Die Binomialverteilung B (n; p; k)

a) Bestimmen Sie die Wahrscheinlichkeit für dreimal Kopf beim 10-fachen Münzwurf.

b) Bestimmen Sie die Wahrscheinlichkeit für dreimal Sechs beim 3-fachen Würfelwurf.

c) Bestimmen Sie die Wahrscheinlichkeit für genau fünfmal Kopf beim 10-fachen Münzwurf.

---

* Für die Berechnung der Binomialkoeffizienten wurde dabei die Taste nCr des Taschenrechners benutzt.
CASIO: 5 SHIFT ÷ 2; **TI**: 5 nCr nCr 2

B. Manuelle Berechnung von Intervallwahrscheinlichkeiten

Betrachtet wird eine Bernoulli-Kette der Länge n mit der Trefferwahrscheinlichkeit p. $P(X \le k)$ sei die Wahrscheinlichkeit, dass höchstens k Treffer erzielt werden. Das bedeutet, dass also die Zufallsvariable X einen der Werte 0, 1, …, k annimmt.
Man bezeichnet $P(X \le k)$ daher auch als eine Intervallwahrscheinlichkeit.

Die kumulierte Binomialverteilung F (n; p; k)

Bei einer Binomialverteilung lautet die Wahrscheinlichkeit für höchstens k Treffer:

$$\begin{aligned} P(X \le k) &= F(n; p; k) \\ &= P(X = 0) + \ldots + P(X = k) \\ &= B(n; p; 0) + \ldots + B(n; p; k) \\ &= \binom{n}{0} p^0 (1-p)^n + \ldots + \binom{n}{k} p^k (1-p)^{n-k} \end{aligned}$$

Ist X binomialverteilt, so gilt für die ***Intervallwahrscheinlichkeit*** $P(X \le k)$:

$$\begin{aligned} P(X \le k) &= P(X = 0) + P(X = 1) + \ldots + P(X = k) \\ &= B(n; p; 0) + B(n; p; 1) + \ldots + B(n; p; k) \end{aligned}$$

$P(X \le k)$ wird also durch Aufsummieren berechnet. Die zugehörige Verteilung erhält die symbolische Bezeichnung ***F (n; p; k)*** und wird als ***kumulierte Binomialverteilung*** bezeichnet.
Für $n = 5$ und $p = \frac{1}{6}$ sieht der Graph der Verteilung von F so aus wie rechts dargestellt. Er entsteht durch Übereinanderstapeln (Kumulieren) der Säulen von $B\left(5; \frac{1}{6}, k\right)$.

Graph der kumulierten Binomialverteilung

Beispiel: $F\left(5; \frac{1}{6}; k\right)$

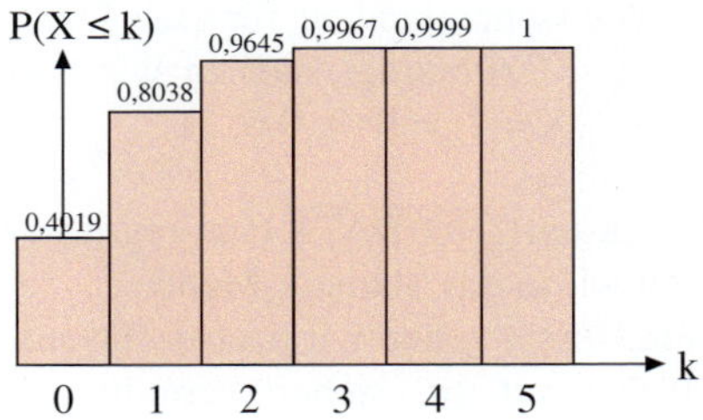

Wir rechnen nun wieder manuell ein Beispiel durch, um den erhöhten Rechenaufwand zu demonstrieren, der stark von dem Parameter k abhängt. Mit der Größe von k wächst der Aufwand.

Beispiel: Die Binomialverteilung F (n; p; k)
Mit welcher Wahrscheinlichkeit fallen beim 5-fachen Würfelwurf höchstens 2 Sechsen?

Lösung:
Gesucht ist $P(X \le 2) = F\left(5; \frac{1}{6}; 2\right)$.

Nun muss die Formel von Bernoulli bereits dreimal angewendet werden.
Das Resultat lautet: $P(X \le 2) \approx 96{,}46\,\%$
Der Rechenaufwand war nun schon deutlich höher, denn die Formel von Bernoulli musste nun dreimal angewandt werden.

Berechnung von $F\left(5; \frac{1}{6}; 2\right)$:

$$\begin{aligned} P(X \le 2) &= B\left(5; \tfrac{1}{6}; 0\right) + B\left(5; \tfrac{1}{6}; 1\right) + B\left(5; \tfrac{1}{6}; 2\right) \\ &= \binom{5}{0} \cdot \left(\tfrac{1}{6}\right)^0 \cdot \left(\tfrac{5}{6}\right)^5 + \ldots + \binom{5}{2} \cdot \left(\tfrac{1}{6}\right)^2 \cdot \left(\tfrac{5}{6}\right)^3 \\ &\approx 0{,}4019 + 0{,}4019 + 0{,}1608 \\ &\approx 0{,}9646 = 96{,}46\,\% \end{aligned}$$

Übung 2 Die kumulierte Binomialverteilung F (n; p; k)

a) Bestimmen Sie die Wahrscheinlichkeit für maximal dreimal Kopf beim 10-fachen Münzwurf.
b) Bestimmen Sie die Wahrscheinlichkeit für maximal zweimal Sechs beim 3-fachen Würfelwurf.
c) Bestimmen Sie die Wahrscheinlichkeit für maximal achtmal Kopf beim 10-fachen Münzwurf.

C. Berechnung von B (n; p; k) mit dem Taschenrechner

Wahrscheinlichkeiten bei einer Bernoulli-Kette können mit der Formel von Bernoulli berechnet werden. Das kann aber rechenaufwendig werden, wenn es sich um ein Ereignis handelt, zu dem viele Pfade der Kette gehören. Hier hilft der Taschenrechner, da er die Möglichkeit bietet, die Wahrscheinlichkeiten B (n; p; k) und F (n; p; k) mit wenigen Tastendrucken zu bestimmen.

Beispiel: Glücksrad: Binomialverteilung B (n; p; k)

Das dargestellte Glücksrad wird neunmal gedreht.
Mit welcher Wahrscheinlichkeit fällt dabei genau siebenmal eine Primzahl (2, 3, 5)?

Lösung mit dem TI-Taschenrechner:

X sei die Anzahl der beim neunmaligen Drehen erhaltenen Primzahlen.
Da die Wahrscheinlichkeit für eine Primzahl $p = \frac{3}{5} = 0{,}6$ beträgt, suchen wir also den Wert $P(X = 7) = B(9; 0{,}6; 7)$.

Das Verteilungsmenü:

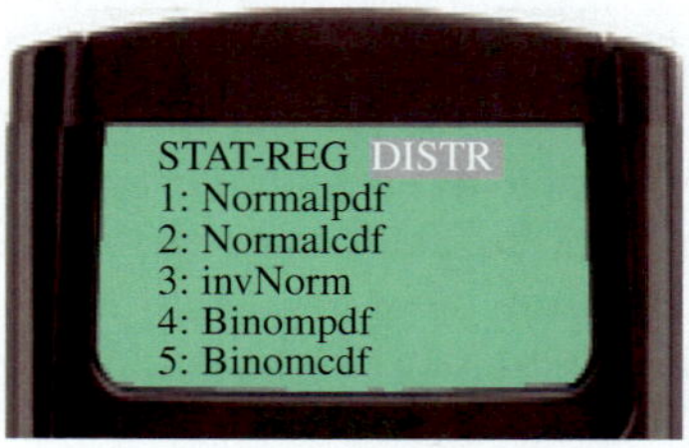

Mit den Tasten 2ND DATA (stat-reg/distr) kommen wir in das Statistik-Menü.
Mit dem Cursor gehen wir nach rechts auf DISTR, worauf uns sieben Verteilungen angezeigt werden.
Wir wählen Option 4: BinomialPdf (die einfache Binomialverteilung).
Nun werden uns die Optionen SINGLE, LIST und ALL* angezeigt. Wir wählen SINGLE.
Dann können wir unter TRIALS die Anzahl n = 9 der Versuche eingeben.
Unter p(SUCCESS) geben wir die Erfolgswahrscheinlichkeit p = 0,6 ein.
Unter χ geben wir die gewünschte Anzahl von Erfolgen ein: k = 7.
Mit CALC starten wir die Berechnung.
Das Ergebnis lautet: Value = 0,161243136.
Resultat: Die gesuchte Wahrscheinlichkeit beträgt $P(X = 7) = B(9; 0{,}6; 7) \approx 16{,}12\,\%$.

Berechnung von B (9; 0,6; 7):

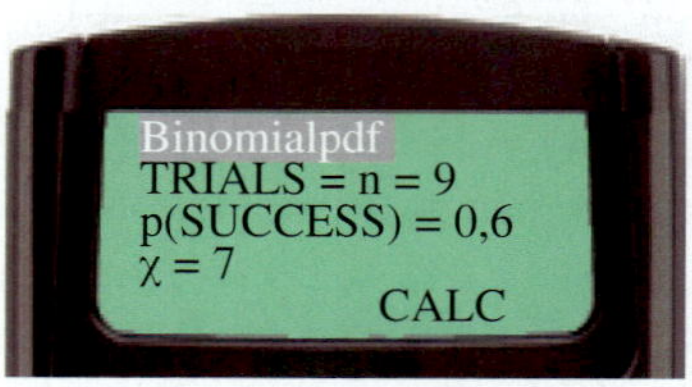

Resultat:

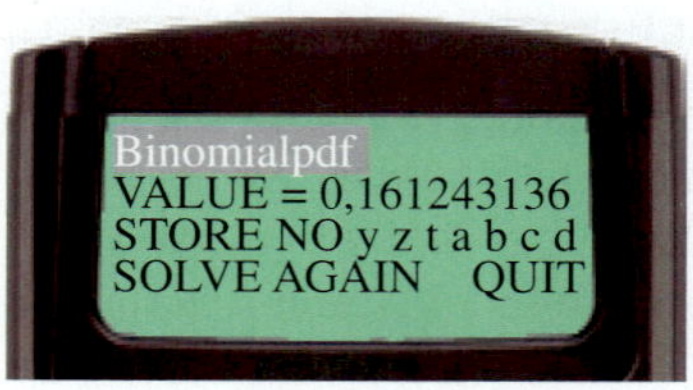

Übung 3 Taschenrechner

Ermitteln Sie, welche der Punktwahrscheinlichkeiten exakt gleich sind. Nutzen Sie zunächst den Taschenrechner und rechnen Sie anschließend manuell mit Brüchen.

A: B (2; 1/3; 0) B: B (2; 1/4; 2) C: B (3; 1/3; 1) D: B (3; 1/3; 3) E: B (4; 1/2; 0)

* SINGLE berechnet einen Wert, LIST eine Liste von Werten und ALL alle Werte der Verteilung.

▶ **Lösung mit dem CASIO-Taschenrechner:**
X sei die Anzahl der beim neunmaligen Drehen erhaltenen Primzahlen.
Da die Wahrscheinlichkeit für eine Primzahl $p = \frac{3}{5} = 0{,}6$ beträgt, suchen wir den Wert $P(X = 7) = B(9; 0{,}6; 7)$.

Wir wechseln zunächst ins [Menu] und wählen dort die Anwendung 7: Verteilungsfunktionen.

Dort werden mehrere Verteilungsfunktionen angeboten. Wir wählen die Option 4: Binomial-Dichte.

Nun wird die Möglichkeit angeboten, mehrere Werte (1: Liste) oder einen Einzelwert (2: Variable) berechnen zu lassen.
Wir wählen die Eingabe 2: Variable.

Anschließend können die Werte für die Parameter k, n und p eingegeben werden.
Wir geben $k = 7$, $n = 9$ und $p = 0{,}6$ ein.

Nun kann die Berechnung mit der =-Taste gestartet werden.

Als Ergebnis wird $P = 0{,}161243136$ angezeigt.

Resultat: Die gesuchte Wahrscheinlichkeit
▶ beträgt $P(X = 7) = B(9; 7; 0{,}6) \approx 16{,}12\,\%$.

Auswahl der Verteilung:

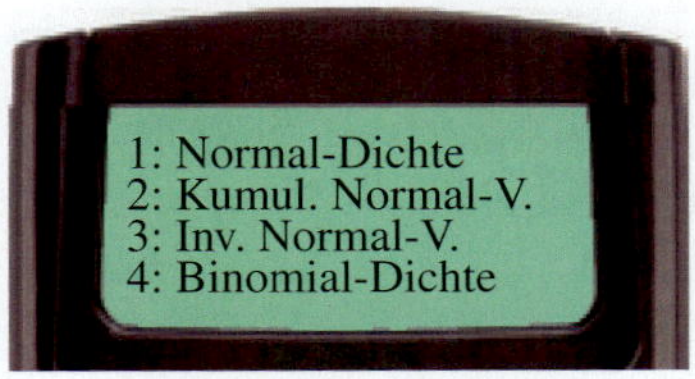

Berechnung eines Einzelwertes:

Eingabe der Parameter n, p und k:

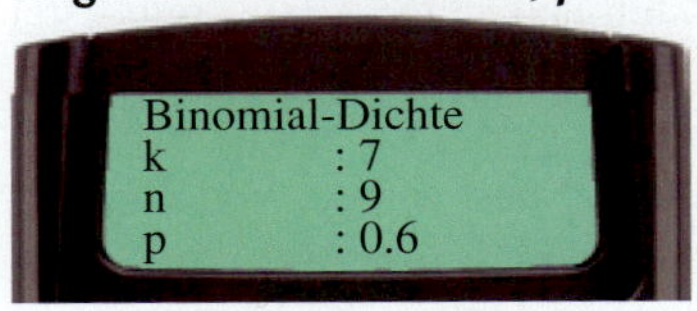

Resultat:

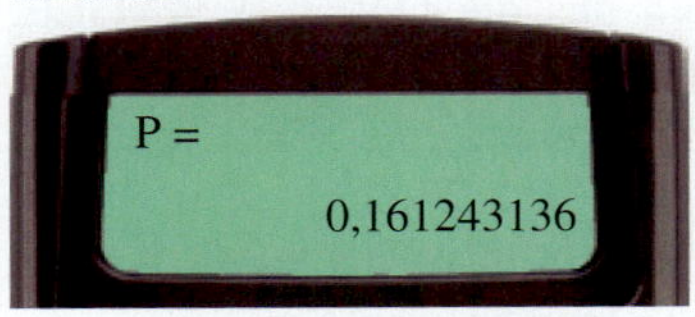

Übung 4 Taschenrechner
Berechnen Sie folgende Werte der einfachen Binomialverteilung $B(n; p; k)$.
a) $B(10; 0{,}5; 6)$ b) $B(10; 0{,}75; 3)$
c) $B(20; 0{,}25; 7)$ d) $B(8; 0{,}1; 2)$

Übung 6 Wahrscheinlichkeitsverteilung
Bestimmen Sie mit dem Taschenrechner, alle Werte der Binomialverteilung mit $n = 10$ und $p = 0{,}6$. Wählen Sie dazu die aus dem Angebot SINGLE LIST ALL die Option ALL aus.

Übung 5 Punktwahrscheinlichkeit
Es wird achtmal gewürfelt. Bestimmen Sie die Wahrscheinlichkeit, dass dabei genau drei Sechsen fallen.

Übung 7 Fester Faktor
Die Werte $B(5; 0{,}2; 4)$, $B(3; 0{,}4; 3)$ und $B(2; 0{,}2; 0)$ unterscheiden sich nur durch einen festen Faktor. Bestimmen Sie diesen Faktor. Nutzen Sie zunächst den Taschenrechner. Rechnen Sie dann manuell.

D. Die kumulierte Binomialverteilung F (n; p; k) mit dem Taschenrechner

Die kumulierte Binomialverteilung F (n; p; k) kann mit dem Taschenrechner in völliger Analogie zur einfachen Binomialverteilung B (n; p; k) berechnet werden. Man muss lediglich an einer Stelle in der sonst gleichen Berechnung statt der einfachen Verteilung die kumulierte Verteilung wählen.

Beispiel: Münzwurf – Kumulierte Binomialverteilung F (n; p; k)
100 Münzen werden geworfen.
Bestimmen Sie die Wahrscheinlichkeit für das Ereignis „maximal 45-mal Kopf".

Lösung mit dem TI-Taschenrechner

Es ist n = 100, p = 0,5 und k = 45. Gesucht ist der Wert $P(X \leq 45) = F(100; 0{,}5; 45)$.

Mit den Tasten [2ND] [DATA] (stat-reg/distr) gehen wir wieder in das Statistik-Menü. Mit dem Cursor gehen wir nach rechts auf DISTR, worauf uns sieben Verteilungen angezeigt werden.
Wir wählen nun Option 5: BinomialCdf (die kumulierte Binomialverteilung).

Nun werden uns die Optionen SINGLE, LIST und ALL angezeigt. Wir wählen SINGLE zur Berechnung eines Einzelwertes.

Dann können wir unter TRIAL die Anzahl n = 100 der Versuche eingeben.
Unter p(SUCCESS) geben wir die Erfolgswahrscheinlichkeit p = 0,5 ein.
Unter χ geben wir die gewünschte maximale Anzahl von Erfolgen ein: k = 45.

Mit CALC starten wir die Berechnung.
Das Ergebnis lautet: Value = 0,18410080

Resultat: Die gesuchte Wahrscheinlichkeit lautet
$P(X \leq 45) = F(100; 0{,}5; 45) \approx 18{,}41\,\%$.

Lösung mit dem CASIO-Taschenrechner

Es ist n = 100, p = 0,5 und k = 45. Gesucht ist der Wert $P(X \leq 45) = F(100; 0{,}5; 45)$.

Wir wechseln zunächst ins Menü und wählen dort wieder die Anwendung 7: Verteilungsfunktionen.
Dort werden mehrere Verteilungsfunktionen angeboten. Wir wählen die fünfte Option: Kumul. Binom.-V. (die kumulierte Binomialverteilung).

Nun wird die Möglichkeit angeboten, mehrere Werte (1: Liste) oder einen Einzelwert (2: Variable) berechnen zu lassen.
Wir wählen die Eingabe 2: Variable.

Anschließend können die Werte für die Parameter k, n und p eingegeben werden.
Wir geben k = 45, n = 100 und p = 0,5 ein.

Nun kann die Berechnung mit der =-Taste gestartet werden. Als Ergebnis wird der Wert P = 0,18410080 angezeigt.

Resultat: Die gesuchte Wahrscheinlichkeit lautet
$P(X \leq 45) = F(100; 0{,}5; 45) \approx 18{,}41\,\%$.

Übung 8 Berechnung von F (n; p; k) mit dem Taschenrechner
Berechnen Sie folgende Werte der kumulierten Binomialverteilung F (n; p; k).
a) F (10; 0,5; 6) b) F (20; 0,25; 7) c) F (8; 0,1; 2) d) F (10; 0,75; 3)

E. Die Tabelle zur Binomialverteilung B (n; p; k)

Als **Alternative** zur Berechnung mit dem Tascherechner können die klassischen *Tabellen zur Binomialverteilung* verwendet werden, die im Anhang auf den Seiten 546 ff. abgedruckt sind. Es gibt eine Tabelle zur einfachen Binomialverteilung B (n; p; k) und eine Tabelle zur kumulierten Binomialverteilung F(n; p; k). Der Tabellengebrauch erhöht das Verständnis für die Binomialverteilung deutlich. Ein Nachteil: Es können nur wichtige Werte von n und p tabelliert werden.

I. Gebrauch der Tabelle B (n; p; k) für p ≤ 0,5

Beispiel: Tabelle zur Binomialverteilung B (n; p; k), p ≤ 0,5
Bestimmen Sie die Wahrscheinlichkeit, beim 10-maligen Werfen eines fairen Würfels genau viermal eine Sechs zu erzielen.

Lösung:
Wir verwenden nun die sogenannte *B-Tabelle für die einfache Binomialverteilung* (S. 546 f.), um $P(X = 4) = B(n; p; k) = B\left(10; \frac{1}{6}; 4\right)$ abzulesen.

Wir führen dazu der Reihe nach die folgenden Schritte (1)–(3) durch:

(1) Wir suchen zunächst in der am linken Tabellenrand dargestellten Eingangsspalte für den Parameter n (Kettenlänge) den Tabellenblock für n = 10. Es ist der erste Block auf der Seite. Unten ist dieser Block zwecks direkter Veranschaulichung als Tabellenauszug abgebildet.

(2) Nun suchen wir innerhalb des Blocks diejenige Zelle auf, die zur Spalte $p = \frac{1}{6}$ und zur Zeile k = 4 gehört. In dieser Zelle steht der Eintrag 0543, der die ersten vier Nachkommastellen der gesuchten Wahrscheilichkeit angibt und daher als 0,0543 zu interpretieren ist.

(3) Die gesuchte Wahrscheinlichkeit lautet also: $P(X = 4) = B\left(10; \frac{1}{6}; 4\right) \approx 0{,}0543 = 5{,}43\,\%$

Tabellenauszug B (n; p; k) für n = 10

n	k	0,02	0,03	0,04	0,05	0,10	p: 1/6	0,20	0,25	0,30	1/3	0,40	0,50		n
10	0	0,8171	7374	6648	5987	3487	1615	1074	0563	0282	0173	0060	0010	10	10
	1	1667	2281	2770	3151	3874	3230	2684	1877	1211	0867	0403	0098	9	
	2	0153	0317	0519	0746	1937	2907	3020	2816	2335	1951	1209	0439	8	
	3	0008	0026	0058	0105	0574	1550	2013	2503	2668	2601	2150	1172	7	
	4		0001	0004	0010	0112	0543	0881	1460	2001	2276	2508	2051	6	
	5				0001	0015	0130	0264	0584	1029	1366	2007	2461	5	
	6					0001	0022	0055	0162	0368	0569	1115	2051	4	
	7						0002	0008	0031	0090	0163	0425	1172	3	
	8							0001	0004	0014	0030	0106	0439	2	
	9									0001	0003	0016	0098	1	
	10											0001	0110	0	

II. Gebrauch der Tabelle B(n; p; k) für p > 0,5

Soll die Tabelle zur Binomialverteilung zum Ablesen der Wahrscheinlichkeit $P(X = k) = B(n; p; k)$ in Bernoulli-Ketten mit der Trefferwahrscheinlichkeit ***p > 0,5*** verwendet werden, so muss man an Stelle der am oberen und linken Tabellenrand positionierten Eingänge für die Parameter n, p und k die am unteren und rechten Rand angeordneten und zusätzlich ***blau unterlegten Eingänge*** für diese drei Parameter benutzen.
Das funktioniert übrigens deshalb, weil die Beziehung $B(n; p; k) = B(n; 1 - p; n - k)$ gilt.

Beispiel: Tabelle B(n; p; k), p > 0,5
10 Würfel werden geworfen. Mit welcher Wahrscheinlichkeit wird genau 7-mal eine Augenzahl größer als 2 erzielt?

Lösung:
In dieser Bernoulli-Kette der Länge n = 10 beträgt die Trefferwahrscheinlichkeit $p = \frac{2}{3}$. (Treffer: 3, 4, 5, 6; Nieten: 1, 2)
Gesucht ist die Wahrscheinlichkeit für k = 7 Treffer, also $P(X = 7) = B\left(10; \frac{2}{3}; 7\right)$.
Wir suchen in der Tabelle den Block n = 10 auf und innerhalb dieses Blocks diejenige Zelle, die zu den Parametern $p = \frac{2}{3}$, k = 7 gehört, wobei wir wegen p > 0,5 die blau unterlegten Eingänge rechts und unten verwenden. In der betreffenden Zeile steht der Eintrag 2601, der 0,2601 bedeutet.
Daher ist die gesuchte Wahrscheinlichkeit $P(X = 7) \approx 0{,}2601 = 26{,}01\,\%$.

Tabelle zu B(n; p; k) p > 0,5:
Blaue Tabelleneingänge verwenden

n	k	0,30	1/3	0,40	0,50		n
10	0	0282	0173	0060	0010	10	10
	1	1211	0867	0403	0098	9	
	2	2335	1951	1209	0439	8	
	3	2668	2601	2150	1172	7	
	4	2001	2276	2508	2051	6	
	5	1029	1366	2007	2461	5	
	6	0368	0569	1115	2051	4	
	7	0090	0163	0425	1172	3	
	8	0014	0030	0106	0439	2	
n		0,70	2/3	0,60	0,50	k	n

Für p ≥ 0,5 verwendet man den blau unterlegten Eingang.

$$P(X = 7) = B\left(10; \tfrac{2}{3}; 7\right) \approx 0{,}2601 = 26{,}01\,\%.$$

Übung 9 Bushaltestelle
15 Personen warten auf den Bus. Wie groß ist die Wahrscheinlichkeit dafür, dass unter den Wartenden genau doppelt so viele Männer wie Frauen sind, wenn man annimmt, dass im statistischen Durchschnitt der Frauenanteil an Haltestellen 50 % (40 %) beträgt?

Übung 10 Bauteile
Ein Betrieb produziert elektronische Bauelemente. Erfahrungsgemäß sind 10 % der produzierten Bauteile defekt. Der laufenden Produktion werden 9 Bauteile entnommen.
a) Wie groß ist die Wahrscheinlichkeit dafür, dass genau zwei der 9 Bauteile defekt sind?
b) Mit welcher Wahrscheinlichkeit ist höchstens eines der 9 Bauteile defekt?

Übung 11 Therapie
Eine medizinische Therapie schlägt im Mittel in 70 % aller Anwendungsfälle an. Eine Klinik behandelt 20 Patienten. Es ist also statistisch zu erwarten, dass die Therapie in genau 14 Fällen wirkt. Wie wahrscheinlich ist es, dass dieser Ausgang tatsächlich eintritt?

F. Die Tabelle zur kumulierten Binomialverteilung F (n; p; k)

In den obigen Beispielen wurde nach der Wahrscheinlichkeit dafür gefragt, dass die Trefferzahl in der Bernoulli-Kette *einen fest vorgegebenen Einzelwert k annimmt*: P (X = k).
Besonders umfangreiche Rechnungen fallen an, wenn man die Wahrscheinlichkeit dafür sucht, dass die Trefferzahl *einen fest vorgegebenen Wert k nicht übersteigt*: P (X ≤ k).
Bei dieser Aufgabenstellung lässt sich mit Hilfe einer Tabelle besonders viel Arbeit sparen. Man verwendet die Tabellen für die sog. ***kumulierte Binomialverteilung*** F (n; p; k), die man auf den Seiten 548 ff. findet.

I. Gebrauch der Tabelle F (n; p; k) für p ≤ 0,5:

Beispiel: Tabelle zur kumulierten Binomialverteilung F (n; p; k), p ≤ 0,5
Ein Hersteller produziert Autoreifen. Im Mittel weisen ca. 10 % der Reifen eine leichte Unwucht auf, die bei der Montage ausgeglichen wird. Ein Montagebetrieb erhält eine Lieferung von 20 Reifen. Mit welcher Wahrscheinlichkeit enthält die Lieferung maximal drei unwuchtige Reifen?

Lösung:
X sei die Anzahl der unwuchtigen Reifen in der Lieferung. Es ist n = 20 und p = 0,10. Gesucht ist die Wahrscheinlichkeit dafür, dass X einen der Werte 0, 1, 2, oder 3 annimmt, d. h. die Wahrscheinlichkeit P (X ≤ 3) = F (20; 0,10; 3).
Wir entnehmen diese Wahrscheinlichkeit der Tabelle zur kumulierten Binomialverteilung auf Seite 552. Unten ist ein Tabellenauszug abgebildet. Resultat: P (X ≤ 3) ≈ 86,70 %

Berechnung der Wahrscheinlichkeit:
Gegeben: n = 20, p = 0,10 und k = 3.
Gesucht: P (X ≤ 3) = F (20; 0,10; 3)
Tabelle: F (20; 0,10; 3) ≈ 0,8670

Resultat: P (X ≤ 3) ≈ 0,8670 = 86,70 %

Die Wahrscheinlichkeit, dass maximal drei Reifen unwuchtig sind, beträgt 86,70 %.

							p								
n	k	0,02	0,03	0,04	0,05	0,10	1/6	0,20	0,25	0,30	1/3	0,40	0,50		n
	0	0,6676	5438	4420	3585	1216	0261	0115	0032	0008	0003	0000	0000	19	
	1	9401	8802	8103	7358	3917	1304	0692	0243	0076	0033	0005	0000	18	
	2	9929	9790	9561	9245	6769	3287	2061	0913	0355	0176	0036	0002	17	
	3	9994	9973	9926	9841	8670	5665	4114	2252	1071	0604	0160	0013	16	
	4		9997	9990	9974	9568	7687	6296	4148	2375	1515	0510	0059	15	
	5			9999	9997	9887	8982	8042	6172	4164	2972	1256	0207	14	
	15											9997	9941	4	
	16												9987	3	
	17	Nicht aufgeführte Werte sind (auf 4 Dez.) 1,0000.											9998	2	
n		0,98	0,97	0,96	0,95	0,90	5/6	0,80	0,75	0,70	2/3	0,60	0,50	k	n
							p								

Übung 12 Reißnagel
100 Reißnägel werden geworfen. Aus der Erfahrung ist bekannt, dass ein Reißnagel mit einer Wahrscheinlichkeit von 40 % in Schräglage landet, d. h. nicht in Kopflage. Mit welcher Wahrscheinlichkeit landen
a) genau 40 Reißnägel in Schräglage?
b) höchstens 40 Reißnägel in Schräglage?
c) mindestens 60 Reißnägel in Schräglage?
d) 30 bis 50 Reißnägel in Schräglage?

II. Gebrauch der Tabelle F(n; p; k) für den Fall p > 0,5:

Im Folgenden wird behandelt, wie die Tabelle zur kumulierten Binomialverteilung (F-Tabelle) anzuwenden ist, wenn für die Trefferwahrscheinlichkeit $p > 0{,}5$ gilt. Dann sind nämlich wie bei der einfachen Binomialverteilung (B-Tabelle) wieder die blauen Eingänge rechts und unten zu verwenden. Zusätzlich muss aber noch berücksichtigt werden, dass die so aufgefundenen Tabellenwerte nun die Gegenwahrscheinlichkeiten der gesuchten Wahrscheinlichkeiten darstellen.

Beispiel: Operationserfolge

Eine Hüftoperation bei Menschen im Alter von 70 Jahren bis 80 Jahren hat in einer spezialisierten Klinik eine Erfolgsrate von 90%. In einem Jahr sind 20 Operationen vorgesehen. Wie groß ist die Wahrscheinlichkeit, dass nur maximal 15 Operationen gelingen?

Lösung:
X sei die Anzahl der erfolgreichen Operationen. Es ist $n = 20$ und $p = 0{,}90$.
Gesucht ist $P(X \leq 15) = F(20; 0{,}90; 15)$.
Wir entnehmen diese Wahrscheinlichkeit der F-Tabelle. Wegen $p > 0{,}5$ müssen wir jedoch die blauen Eingänge verwenden. Wir lesen den Wert 0,9568 ab.
Allerdings stellt dieser Wert nur die Gegenwahrscheinlichkeit der gesuchten Wahrscheinlichkeit dar. Diese beträgt also
$P(X \leq 15) \approx 1 - 0{,}9568 = 0{,}0432 = 4{,}32\%$.

Das Risiko, das nur maximal 15 Operationen gelingen, ist also zum Glück recht klein.

Berechnung der Wahrscheinlichkeit:
Gegeben: $n = 20$, $p = 0{,}90$, $k = 15$
Gesucht: $P(X \leq 15) = F(20; 0{,}90; 15)$
Tabelle: $F(20; 0{,}90; 15) \approx 1 - 0{,}9568 = 0{,}0432$

Rechnung:
$$P(X \leq 15) = 1 - \text{abgelesener Tabellenwert} \approx 1 - 0{,}9568 = 0{,}0432 = 4{,}32\%$$

Die Wahrscheinlichkeit, dass maximal 15 Operationen gelingen, beträgt 4,32%.

n	k	0,02	0,03	0,04	0,05	0,10	1/6	0,20	0,25	0,30	1/3	0,40	0,50		n
	0	0,6676	5438	4420	3585	1216	0261	0115	0032	0008	0003	0000	0000	19	
	1	9401	8802	8103	7358	3917	1304	0692	0243	0076	0033	0005	0000	18	
	2	9929	9790	9561	9245	6769	3287	2061	0913	0355	0176	0036	0002	17	
	3	9994	9973	9926	9841	8670	5665	4114	2252	1071	0604	0160	0013	16	
	4		9997	9990	9974	9568	7687	6296	4148	2375	1515	0510	0059	15	
	5			9999	9997	9887	8982	8042	6172	4164	2972	1256	0207	14	
	15											9997	9941	4	
	16												9987	3	
	17	Nicht aufgeführte Werte sind (auf 4 Dez.) 1,0000.											9998	2	
n		0,98	0,97	0,96	0,95	0,90	5/6	0,80	0,75	0,70	2/3	0,60	0,50	k	n

Bei blau unterlegtem Eingang, d. h. $p \geq 0{,}5$ gilt: $F(n; p; k) = 1 -$ abgelesener Wert.

Übung 13 Gefälschte Münze

Eine Münze ist derart gefälscht, dass die Wahrscheinlichkeit für Kopf auf 70% erhöht ist.

a) Bestimmen Sie die Wahrscheinlichkeit, dass bei 20 Würfen höchstens 10-mal Kopf kommt.

b) Der Einsatz für das 50-malige Werfen der Münze beträgt 2 € und die Auszahlung 20 €, wenn höchstens 30-mal Kopf kommt. Untersuchen Sie, ob dieses Spiel günstig ist für den Spieler.

G. Intervallwahrscheinlichkeiten

Bisher haben wir Punktwahrscheinlichkeiten vom Typ $P(X = k) = B(n;\, p;\, k)$ und Intervallwahrscheinlichkeiten vom Typ $P(X \le k) = F(n;\, p;\, k)$ bestimmt. Es fehlen noch Intervallwahrscheinlichkeiten der Typen $P(X \ge k)$ und $P(a \le X \le b)$. Diese Fälle behandeln wir nun.

Beispiel: Die Intervallwahrscheinlichkeit $P(X \ge k)$

Bei einem Spiel wird 10-mal eine faire Münze geworfen. Man hat gewonnen, wenn es gelingt, mindestens 6-mal Kopf zu werfen.

a) Wie groß ist die Gewinnwahrscheinlichkeit?

b) Der Einsatz beträgt 2 €. Im Gewinnfall erhält man 6 € ausgezahlt. Lohnt sich das Spiel?

Die Intervallwahrscheinlichkeit $P(X \ge k)$

$$P(X \ge k) = 1 - P(X \le k-1) = 1 - F(n;\, p;\, k-1)$$

Lösung zu a:

X sei die Anzahl, wie oft bei $n = 10$ Würfen Kopf geworfen wurde. Die Trefferwahrscheinlichkeit beträgt $p = 0{,}5$.

Die Gewinnwahrscheinlichkeit ist $P(X \ge 6)$. Diese müssen wir auf eine Wahrscheinlichkeit vom Typ $P(X \le k)$ zurückführen.
Dazu verwenden wir die allgemeine Beziehung $P(X \ge k) = 1 - P(X \le k-1)$*.
Sie führt in unserem konkreten Fall auf:
$P(X \ge 6) = 1 - P(X \le 5) = 1 - F(10;\, 0{,}5;\, 5)$.
$F(10;\, 0{,}5;\, 5)$ bestimmen wir mit dem Taschenrechner oder der F-Tabelle.
Resultat: $P(X \ge 6) \approx 37{,}70\,\%$.

Berechnung von $P(X \ge 6)$:

$$\begin{aligned} P(X \ge 6) &= 1 - P(X \le 5) \\ &= 1 - F(10;\, 0{,}5;\, 5) \\ &= 1 - 0{,}6230 \\ &= 0{,}3770 = 37{,}70\,\% \end{aligned}$$

Lösung zu b:

Von 100 Spielen werden im Mittel 37,7 Spiele gewonnen. 200 € Einsatz steht also eine Auszahlung von $37{,}7 \cdot 6\,€ = 226{,}2\,€$ gegenüber. Der Gewinn beträgt also 26,6 €. Das sind pro Spiel 0,266 € Gewinn. Das Spiel lohnt sich also für den Spieler.

Gewinn-Verlust-Rechnung:

Einsatz in 100 Spielen:	$100 \cdot 2\,€ = 200\,€$
Auszahlung in 100 Spielen:	$37{,}7 \cdot 6\,€ = 226{,}2\,€$
Gewinn in 100 Spielen:	22,6 €
Gewinn pro Spiel:	0,226 €

Übung 14 Schrauben

Eine Gipskarton-Schraube wird in Packungen zu 50 Stück und zu 100 Stück verkauft. Im Mittel haben 2 % der Schrauben kleine Fehler, wie ein unregelmäßiges Gewinde oder einen defekten Kopf. Bestimmen Sie die Wahrscheinlichkeit dafür, dass

a) in einer 50er-Packung keine defekte Schraube ist.

b) in einer 100er Packung mehr als 3 defekte Schrauben sind.

c) in einer 100er-Packung weniger als 5 defekte Schrauben sind.

d) alle drei 50er-Packungen, die ein Kunde kauft, jeweils mindestens eine defekte Schraube enthalten.

* Diese Beziehung ergibt sich aus dem Satz über die Gegenwahrscheinlichkeit.

Beispiel: Die Intervallwahrscheinlichkeit $P(a \leq X \leq b)$

Eine Gärtnerei in Alaska vertreibt Ananassamen. Die Keimfähigkeit der Samen wird mit 80% beziffert. Ein Hobbygärtner hat eine Packung mit 50 Samen bestellt. Die Gärtnerei versichert, dass mit einer Wahrscheinlichkeit von mindestens 50% zwischen 38 und 42 keimfähige Samen in der Packung sind. Überprüfen Sie diese Aussage.

Die Intervallwahrscheinlichkeit $P(a \leq X \leq b)$

$$P(a \leq X \leq b) = P(X \leq b) - P(X \leq a-1) = F(n;p;b) - F(n;p;a-1)$$

Lösung:
X sei die Anzahl der keimfähigen Samen in der Packung mit $n = 50$ Samen. Die Wahrscheinlichkeit für Keimfähigkeit ist $p = 0{,}80$.
Gesucht ist $P(38 \leq X \leq 42)$.
$P(38 \leq X \leq 42)$ muss auf Wahrscheinlichkeiten vom Typ $P(X \leq k)$ zurückgeführt werden.

Dazu verwenden wir folgende Beziehung:
$P(a \leq X \leq b) = P(X \leq b) - P(X \leq a-1)$
Diese führt in unserem konkreten Fall auf
$$P(38 \leq X \leq 42) = P(X \leq 42) - P(X \leq 37) = F(50;0{,}8;42) - F(50;0{,}8;37)$$

Die beiden F-Werte bestimmen wir mit dem Taschenrechner oder der F-Tabelle.
Resultat: $P(38 \leq X \leq 42) \approx 62{,}35\,\%$.
Die Versicherung der Gärnerei ist korrekt.

Berechnung von $P(38 \leq X \leq 42)$:

$$\begin{aligned} P(38 \leq X \leq 42) &= P(X \leq 42) - P(X \leq 37) \\ &= F(50;0{,}8;42) - F(50;0{,}8;37) \\ &\approx 0{,}8096 - 0{,}1861 \\ &= 0{,}6235 = 62{,}35\,\% \end{aligned}$$

Übung 15 Multiple-Choice-Test

Bei einem Multiple-Choice-Test mit 12 Fragen gibt es zu jeder Frage genau 2 Antwortmöglichkeiten, von denen jeweils genau eine richtig ist. Ein Kandidat kreuzt die Fragen zufällig an. Berechnen Sie die Wahrscheinlichkeiten folgender Ereignisse.

a) Test bestanden: Mindestens 6 Fragen wurden richtig angekreuzt.
b) Test mit „Gut“ bestanden: Zwischen 9 und 11 Fragen wurden richtig angekreuzt.

Übung 16 Hunde

Eine Wohnungsbaugesellschaft plant ein neues Projekt mit 100 Wohnungen. Davon können 15 bis 20 Wohnungen hundegerecht eingerichtet werden. Es ist bekannt, dass ca. 20% aller Mieter einen Hund halten. Die 100 Wohnungen werden nach dem Zufallsprinzip unter 1000 akzeptablen Bewerbern ausgelost. 15 bis 20 Wohnungen können hundegerecht eingerichtet werden. Bestimmen Sie die Wahrscheinlichkeit, mit der die Zufallsauswahl exakt in diesen Bereich führt.

Übung 17 Torwandschießen

Beim Torwandschießen trifft Karl im Durchschnitt bei jedem dritten Schuss.
Er schießt 10-mal. Mit welcher Wahrscheinlichkeit

a) trifft er weniger als 2-mal? b) mehr als 6-mal? c) zwischen 2-mal und 4-mal?

Wir fassen die diversen Grundaufgaben zu Punkt- und Intervallwahrscheinlichkeiten nun noch einmal in einer tabellarische Übersicht zum jederzeitigen Nachlesen zusammen. Dabei orientieren wir uns an einem konkreten Beispiel zum Multiple-Choice-Test.

Beispiel: Multiple-Choice-Test

Ein Multiple-Choice-Test besteht aus n = 20 Fragen mit jeweils 5 Antwortmöglichkeiten, von denen stets genau eine richtig ist. Ein Kandidat absolviert den Test, indem er jede Frage auf gut Glück ankreuzt. Mit welcher Wahrscheinlichkeit erzielt er

1. genau 4 richtige Antworten
2. höchstens 5 richtige Antworten
3. mindestens 7 richtige Antworten
4. 3 bis 8 richtige Antworten

Lösung:
n = 20 ist die Anzahl der Ankreuzvorgänge. p = 0.2 ist die Trefferwahrscheinlichkeit.
X ist die Anzahl der Treffer, also der Fragen, die der Kandidat richtig beantwortet.

1. Die **Punktwahrscheinlichkeit** $P(X=4)$ I: mit der Bernoulli-Formel berechnen II: mit dem Taschenrechner bestimmen III: aus der B-Tabelle ablesen	$P(X=4)=\binom{20}{4}\cdot 0{,}2^4\cdot 0{,}8^{16}\approx 0{,}2182$ $P(X=4)=B(20;0{,}2;4)\approx 0{,}2182$
2. Die **linksseitige Intervallwahrscheinlichkeit** $P(X\leq 5)$ I: mit dem Taschenrechner bestimmen II: aus der F-Tabelle ablesen	$P(X\leq 5)=F(20;0{,}2;5)\approx 0{,}8042$
3. Die **rechtsseitige Intervallwahrscheinlichkeit** $P(X\geq 7)$ Wir können diese Wahrscheinlichkeit als Gegenwahrscheinlichkeit bestimmen: $P(X\geq 7)=1-P(X\leq 6)$ $P(X\leq 6)$ bestimmen wir mittels Taschenrechner oder Tabelle wie unter 2.	$P(X\geq 7)=1-P(X\leq 6)$ $=1-F(20;0{,}2;6)$ $\approx 1-0{,}9133$ $=0{,}0867$
4. Die **zweiseitige Intervallwahrscheinlichkeit** $P(3\leq X\leq 8)$ Wir können diese Wahrscheinlichkeit auf zwei linksseitige Intervallwahrscheinlichkeiten zurückführen: $P(3\leq X\leq 8)=P(X\leq 8)-P(X\leq 2)$ $P(X\leq 8)$ und $P(X\leq 2)$ bestimmen wir mittels Taschenrechner oder Tabelle wie unter 2.	$P(3\leq X\leq 8)=P(X\leq 8)-P(X\leq 2)$ $=F(20;0{,}2;8)-F(20;0{,}2;2)$ $\approx 0{,}9900-0{,}2061$ $=0{,}7839$

Übungen

18. Bestimmung von Wahrscheinlichkeiten für die Trefferzahl X einer Bernoulli-Kette
Bestimmen Sie die Wahrscheinlichkeit mit dem Taschenrechner oder einer Tabelle.

a) $P(X = 3);\ n = 5;\ p = 0{,}5$
b) $P(X = 10);\ n = 20;\ p = \frac{2}{3}$
c) $P(X = 5);\ n = 20;\ p = 0{,}25$
d) $P(X \le 10);\ n = 50;\ p = 0{,}3$
e) $P(X \le 7);\ n = 15;\ p = \frac{2}{3}$
f) $P(X \ge 7);\ n = 15;\ p = \frac{1}{3}$
g) $P(4 \le X \le 6);\ n = 10;\ p = \frac{1}{4}$
h) $P(5 \le X \le 8);\ n = 50;\ p = 0{,}1$
i) $P(30 \le X \le 35);\ n = 100;\ p = 0{,}4$
j) $P(X \ge 60);\ n = 100;\ p = 0{,}6$

19. Anwendung der Bernoulliformel
Betrachtet wird $P(X = 5) = B(10;\ 0{,}6;\ 5)$.

a) Berechnen Sie die Wahrscheinlichkeit mit Hilfe der Bernoulliformel.
b) Bestimmen Sie die Wahrscheinlichkeit mit Hilfe des Taschenrechners oder mit der Tabelle für die Binomialverteilung.

20. Strategie zur Bestimmung von Wahrscheinlichkeiten
Erläutern Sie, wie man bei einer Bernoulli-Kette der Länge n mit der Trefferwahrscheinlichkeit p die gesuchte Wahrscheinlichkeit bestimmen kann. X sei eine binomialverteilte Zufallsgröße.

a) $P(X = 2)$
b) $P(X \le 4)$
c) $P(X \ge 3)$
d) $P(2 \le X \le 5)$
e) $P(2 < X \le 5)$
f) $P(X < 3 \text{ oder } X \ge 6)$

21. Angabe eines passenden Experimentes
Der angegebene Wert beschreibt eine Wahrscheinlichkeit bei einer Bernoulli-Kette. Geben Sie ein dazu passendes reales Experiment an.

a) $B(50;\ 0{,}5;\ 20)$
b) $F\left(6;\ \frac{1}{6};\ 2\right)$
c) $F\left(10;\ \frac{1}{7};\ 2\right)$
d) $F\left(20;\ \frac{1}{10};\ 2\right)$
e) $P(X \ge 40);\ n = 100;\ p = \frac{1}{3}$
f) $P(5 \le X \le 10);\ n = 20;\ p = \frac{1}{4}$

22. Reißnagelwurf
Ein Reißnagel wird 20-mal geworfen. Er bleibt im Mittel mit einer Wahrscheinlichkeit von 70 % auf dem Kopf liegen.
Bestimmen Sie die Wahrscheinlichkeit dafür, dass

a) der Reißnagel genau 14-mal in Kopflage kommt.
b) mehr als 10-mal die Kopflage einnimmt.
c) höchstens 10-mal in Seitenlage kommt.
d) zwischen 5- und 10-mal die Kopflage erreicht wird.
e) weniger als 5-mal oder mehr als 15-mal die Kopflage erreicht wird.

23. Defekte Widerstände
Ein Elektronikmarkt verkauft Widerstände in Packungen mit n = 20 Stück.
Im Mittel sind 50 von 1000 Widerständen fehlerhaft.

a) Mit welcher Wahrscheinlichkeit enthält eine Packung keinen defekten Widerstand?
b) Mit welcher Wahrscheinlichkeit enthält eine Packung mindestens ein defektes Teil?
c) Ein Kunde kauft 5 Packungen. Mit welcher Wahrscheinlichkeit sind alle fehlerfrei?

24. Verspätung

Ein Flugzeug ist mit 100 Plätzen ausgebucht. Im Durchschnitt verpassen zwei Passagiere den Flug, weil sie verhindert sind oder zu spät erscheinen.

a) Mit welcher Wahrscheinlichkeit kommen bei einem Flug alle 100 Passagiere?
b) Mit welcher Wahrscheinlichkeit verpassen 3 oder mehr Passagiere einen Flug?
c) Mit welcher Wahrscheinlichkeit verpasst kein einziger Passagier drei aufeinander folgende Flüge?

25. Blutgruppen

Von den vier Blutgruppen A, B, 0 und AB tritt AB am seltensten auf. Nur 5 % der Bevölkerung besitzen diese Blutgruppe. Bei einer Blutspendeaktion nehmen 80 Personen teil.

a) Mit welcher Wahrscheinlichkeit besitzen genau 4 die Blutgruppe AB?
b) Mit welcher Wahrscheinlichkeit besitzen mehr als 5 Personen Blutgruppe AB?
c) Mit welcher Wahrscheinlichkeit besitzen zwischen 3 und 5 Personen Blutgruppe AB?

26. Sonnenblumensamen

Ein Samenhandel vertreibt Sonnenblumensamen in Tütchen mit je 50 Stück.
Ein Katalog wirbt mit dem Hinweis: Im Mittel keimen 45 Samen.
Wir nehmen an, dass diese Aussage richtig ist.

a) Mit welcher Wahrscheinlichkeit keimen mindestens 45 der Samen?
b) Mit welcher Wahrscheinlichkeit keimen 40 bis 45 der Samen?
c) Mit welcher Wahrscheinlichkeit keimen mehr als 48 der Samen?

27. Würfelwurf

Ein Würfel wird 12-mal geworfen.
Bestimmen Sie die Wahrscheinlichkeit, dass

a) mehr als 4-mal die Eins kommt,
b) höchstens 3-mal die Eins kommt,
c) zwei oder 3-mal die Eins kommt,
d) zwischen 5- und 7-mal eine gerade Augenzahl kommt,
e) mehr als 4-mal und weniger als 8-mal eine Zahl größer als 2 kommt.

28. Mittagstisch

In einer Betriebskantine nehmen im Durchschnitt 80 von 120 Mitarbeitern am Mittagstisch teil.
Mit welcher Wahrscheinlichkeit nehmen an einem Tag

a) mehr als 80 Mitarbeiter am Essen teil,
b) weniger als 80 Mitarbeiter am Essen teil,
c) 80 bis 85 Mitarbeiter am Essen teil,
d) mehr als 80 aber weniger als 90 Mitarbeiter am Essen teil?

29. Meinungsumfrage

Bei einer telefonischen Meinungsumfrage nehmen erfahrungsgemäß lediglich 10 % der Befragten teil. Mit welcher Wahrscheinlichkeit nehmen von 100 angerufenen Personen

a) weniger als 9 teil, b) mehr als 11 teil, c) zwischen 12 und 15 teil?

30. Gleichungen bei Binomialkoeffizienten

Begründen Sie die Richtigkeit folgender Gleichungen.

a) $\binom{n}{k} = \binom{n}{n-k}$. b) $\binom{n}{k} = \binom{n-1}{k-1} + \binom{n-1}{k}$.

31. Robinsons Insel

Auf Robinsons Insel ist täglich entweder schönes oder schlechtes Wetter. Mit einer Wahrscheinlichkeit von 80% scheint die Sonne. Die Regenwahrscheinlichkeit beträgt 20%. Donald besucht Robinson für eine Woche. Mit welcher Wahrscheinlichkeit ist

a) der erste Tag verregnet?
b) die ganze Woche schönes Wetter?
c) genau ein Tag verregnet?
d) an genau zwei Tagen Regenwetter?
e) an mindestens zwei Tagen Regenwetter?
f) an höchstens zwei Tagen Regenwetter?
g) Donald hat auf 20 Tage Urlaub verlängert. Mit welcher Wahrscheinlichkeit erlebt er mehr Sonnen- als Regentage?
h) Für wie viele Tage müsste er mindestens buchen, um die Wahrscheinlichkeit für mindestens einen schönen Tag auf mindestens 99,99% zu sichern?

32. Elfmeterschießen

Der Torwart von FC Sieglos kann von 10 Elfmetern durchschnittlich 3 abwehren.
Bei einem Elfmeterschießen werden 8 Elfmeter auf das Tor der Siegloser Mannschaft geschossen. Berechnen Sie die Wahrscheinlichkeit dafür, dass mehr Schüsse treffen als abgewehrt werden können.

33. Feuerwehr

Die Einsatzbereitschaft jeder der 10 Feuerwehrwachen einer Stadt beträgt 60%. Berechnen Sie die Wahrscheinlichkeit, dass beim Ausbruch eines Großbrandes

a) genau drei Wachen einsatzbereit sind,
b) mindestens acht Wachen einsatzbereit sind,
c) weniger als drei Wachen einsatzbereit sind,
d) nur die drei Wachen am Südtor, am Bahnhof und am Hühnerberg einsatzbereit sind.

34. Diät

Die neue Diät FDH soll mit einer Wahrscheinlichkeit von 80% zu einer Gewichtsabnahme von mindestens 10 kg innerhalb eines Monats führen.
Die 20 übergewichtigen Mitglieder des Schützenvereins wenden die Diät an.
Bestimmen Sie die Wahrscheinlichkeit dafür, dass

a) mindestens ein Mitglied das Ziel nicht schafft,
b) höchstens 10 Mitglieder Erfolg haben,
c) mindestens 13, aber weniger als 18 das Ziel erreichen.
d) Johannes, Thomas und eines der beiden Mitglieder namens Günther es nicht schaffen.

35. Achtung Zahnarzt!

30 % aller Schüler haben schadhafte Zähne. Der Schulzahnarzt untersucht an einem Tag die 20 Schüler der dritten Klasse.

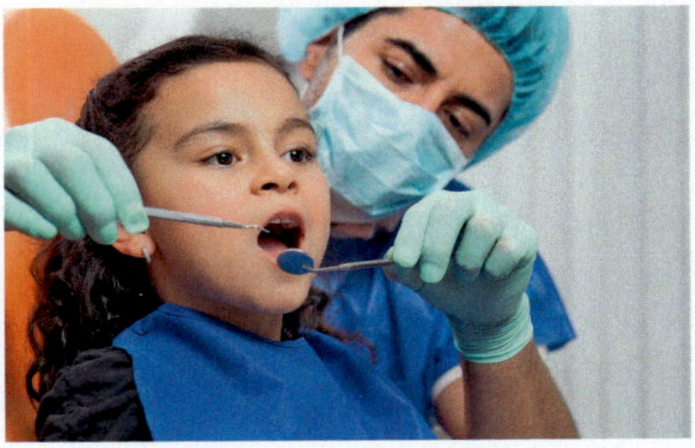

a) Berechnen Sie die Wahrscheinlichkeiten der folgenden Ereignisse:
   A: Keiner der Schüler hat Zahnschäden.
   B: Nur die ersten vier untersuchten Schüler haben Zahnschäden.
   C: Mindestens einer, aber höchstens fünf Schüler haben Zahnschäden.

b) Welche Zahl von Schülern mit schadhaften Zähnen wird bei der Untersuchung der 20 Schüler am wahrscheinlichsten aufgefunden?

c) Ermitteln Sie, wie viele Schüler der Arzt mindestens untersuchen muss, um mit der Wahrscheinlichkeit von mindestens 90 % wenigstens einen Schüler mit Zahnschäden zu finden?

36. Stadtrat

Im Stadtrat wird über ein wichtiges Projekt abgestimmt. Der Rat hat 20 Mitglieder. Das Projekt wird durchgeführt, wenn mehr als die Hälfte der Mitglieder dafür stimmen.

a) Alle Mitglieder des Stadtrates sind unentschieden. Mit welcher Wahrscheinlichkeit wird das Projekt angenommen?

b) Drei Mitglieder des Stadtrates haben sich abgesprochen. Sie wollen das Projekt unbedingt durchsetzen. Alle anderen sind unentschieden. Mit welcher Wahrscheinlichkeit kommt das Projekt nun zur Durchführung?

37. Mensch ärgere dich nicht

Beim „Mensch ärgere dich nicht“ darf derjenige, der an der Reihe ist, zu Beginn dreimal würfeln. Wenn dabei eine Sechs fällt, darf der Spieler seine Figur auf das Spielbrett setzen. Wie oft muss man mindestens an der Reihe sein, damit die Wahrscheinlichkeit für das Aufsetzen auf mindestens 95 % steigt.

5. Zusammengesetzte Aufgaben

Eine komplexe abiturartige Aufgabe

In abiturnahen Fragestellungen zur Stochastik sind die Teilaufgaben so unterschiedlich, dass verschiedene Lösungsmethoden verwendet werden müssen. Oft werden Teilaufgaben mit kombinatorischen Methoden oder Baumdiagrammen gelöst, während andere Fragestellungen mit der Binomialverteilung oder Vierfeldertafeln bearbeitet werden.

Beispiel: Mobiltelefon

96 % aller Jugendlichen besitzen ein Handy. Eine Umfrage zu den Nutzungsarten ergab die Tabelle rechts.

Art der Nutzung	Anteil in %	
	tägl.	**geleg.**
SMS versenden	95	98
Telefonieren	99	100
Internet	25	40
Foto/Film	30	35

a) Wie groß ist die Wahrscheinlichkeit, dass ein Jugendlicher ein Handy hat und damit täglich mindestens eine SMS verschickt? (Ereignis A)

b) Wie groß ist die Wahrscheinlichkeit der folgenden Ereignisse:
B: Von 10 Befragten surfen genau 4 gelegentlich im Internet.
C: Von 100 Befragten verschicken mindestens 99 täglich eine SMS.

c) Wie viele Handybesitzer müssen mindestens befragt werden, um mit 98 % Sicherheit mindestens einen zu finden, der nicht täglich telefoniert?

d) In einem Mathekurs mit 16 Schülern haben 14 ein Handy. Wie groß ist die Wahrscheinlichkeit, dass in einer zufälliger Auswahl von 3 Schülern mindestens 2 Handybesitzer sind?

Lösungen zu a:
96 % der Jugendlichen besitzen ein Handy. Von ihnen versenden 95 % täglich eine SMS. Also gilt $P(A) = 0{,}96 \cdot 0{,}95 = 91{,}2\,\%$

Wahrscheinlichkeit von A:
H: Handybesitzer
SMS: täglich SMS versenden

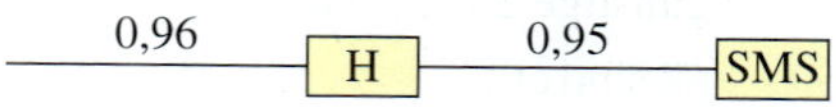

Lösungen zu b:
X sei die Anzahl der Handybesitzer in der Stichprobe vom Umfang n = 10, die gelegentlich im Internet surfen. X ist angenähert binomialverteilt (n = 10, p = 0,4).
Mit der Formel von Bernoulli erhalten wir:
$P(B) = P(X = 4) = 25{,}08\,\%$.

Wahrscheinlichkeit von B:
Binomialverteilung: n = 10; p = 0,4; k = 4
$P(B) = \binom{10}{4} \cdot 0{,}4^4 \cdot 0{,}6^6 = 0{,}2508$

Y sei die Anzahl derjenigen in der Stichprobe, die gelegentlich eine SMS versenden. Wir erhalten:

Wahrscheinlichkeit von C:
n = 100; p = 0,95; k = 99 sowie 100

$$P(C) = P(Y = 99) + P(Y = 100) = \binom{100}{99} \cdot 0{,}95^{99} \cdot 0{,}05^1 + \binom{100}{100} \cdot 0{,}95^{100} \cdot 0{,}05^0 = 0{,}037 = 3{,}7\,\%$$

Lösung zu c:
Hier muss die Mindestgröße n der Stichprobe bestimmt werden. Z sei die Anzahl der Handybenutzer in einer Bernoullikette der Länge n, welche nicht täglich mit dem Handy telefonieren.
Es soll $P(Z \geq 1) \geq 0{,}98$ gelten.
Die nebenstehende Rechnung zeigt:
Man muss mindestens 390 Handybesitzer fragen, damit mit 98% Sicherheit mindestens einer dabei ist, der nicht täglich telefoniert.

Wir ziehen aus einer Gruppe von 16 Schülern ohne Zurücklegen drei Schüler. Bei einer so kleinen Gruppe verändert sich die Wahrscheinlichkeit für ein Handy mit jedem Zug deutlich. Es liegt also kein Bernoulli-Experiment vor, sondern das Lottomodell.

Kombinatorische Lösung:
Wir teilen wie beim Lottomodell in zwei Gruppen ein, einmal die 14 Schüler mit Handy (rot) und einmal die 2 Schüler ohne Handy (blau).
Das Ereignis D = „Unter den drei gezogenen Schülern sind mindestens zwei Schüler mit Handy" tritt genau dann ein, wenn man aus Gruppe 1 zwei Schüler und aus Gruppe 2 einen Schüler zieht oder aus Gruppe 1 drei Schüler und aus Gruppe 2 keinen Schüler. Für den ersten Fall gibt es $\binom{14}{2} \cdot \binom{2}{1}$ günstige Möglichkeiten, für den zweiten Fall sind es $\binom{14}{3} \cdot \binom{2}{0}$ günstige Möglichkeiten.
Insgesamt gibt es $\binom{16}{3}$ Möglichkeiten, drei Schüler aus 16 Schülern auszuwählen. Dies führt auf $P(D) = 97{,}5\%$ (vgl. rechts).

Lösung mit einem Baumdiagramm:
Man kann die Aufgabe auch mit einem dreistufigen Baum lösen, bei welchem die Schüler nacheinander gezogen werden.
Es gibt vier für D günstige Pfade.
Die Summe von deren Wahrscheinlichkeiten beträgt $P(D) = 97{,}5\%$.
c

Mindestanzahl von Befragten:

$$P(Z \geq 1) \geq 0{,}98$$
$$1 - P(Z = 0) \geq 0{,}98$$
$$P(Z = 0) \leq 0{,}02$$
$$\binom{n}{0} \cdot 0{,}01^0 \cdot 0{,}99^n \leq 0{,}02$$
$$0{,}99^n \leq 0{,}02$$
$$n \geq \frac{\log 0{,}02}{\log 0{,}99} = 389{,}2$$
$$n \geq 390$$

Kombinatorische Lösung von d:

14 mit Handy	2 ohne Handy

D: Unter den drei gezogenen Schülern sind mindestens zwei Schüler mit Handy

$$P(D) = \frac{\binom{14}{2} \cdot \binom{2}{1} + \binom{14}{3} \cdot \binom{2}{0}}{\binom{16}{3}}$$
$$= \frac{91 \cdot 2 + 364 \cdot 1}{560} = 0{,}975$$

Lösung von d mit einem Baumdiagramm:

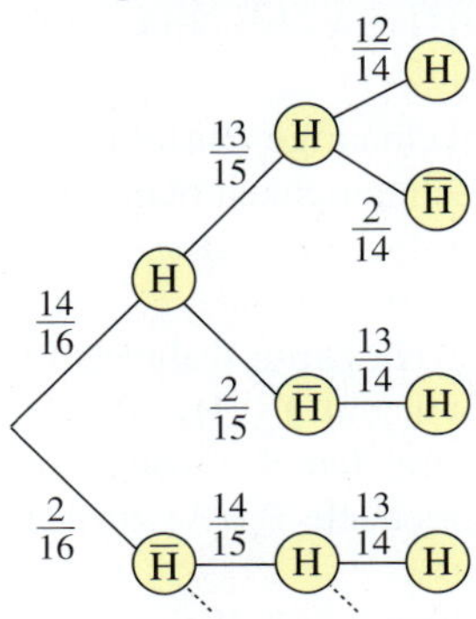

$$P(D) = \frac{2184}{3360} + \frac{364}{3360} + \frac{364}{3360} + \frac{364}{3360} = 0{,}975$$

Beispiel: Komplexe abiturartige Aufgabe

Laut einer Online-Umfrage in Norddeutschland haben 25 % der Bevölkerung blonde Haare (H) und 30 % blaue Augen (A). Die Blonden mit blauen Augen haben einen Anteil von 15 % an der Bevölkerung.

Lösen Sie die Aufgaben a) bis c) zunächst mit Formeln für bedingte Wahrscheinlichkeiten und anschließend im Rahmen von d) mithilfe einer Vierfeldertafel.

a) Der Bürgermeister einer norddeutschen Stadt ist blond. Berechnen Sie die Wahrscheinlichkeit, dass er blaue Augen hat.
b) Der Busfahrer ist erkennbar nicht blond. Berechnen Sie, mit welcher Wahrscheinlichkeit er dennoch blaue Augen hat.
c) Jennifer erzählt, daß Viktoria blaue Augen hat. Berechnen Sie, mit welcher Wahrscheinlichkeit sie auch noch blond ist.
d) Erstellen Sie auf der Grundlage von 100 Schülern des Abiturjahrgangs eine Vierfeldertafel.
e) Der Mathekurs hat zehn Schüler, drei mit blauen Augen. Drei Schüler werden ausgelost. Berechnen Sie die Wahrscheinlichkeit, dass mindestens zwei davon blaue Augen haben.

Lösung zu a):
Wir bezeichnen zunächst die Ereignisse Blond (H) und Blau (A). Dann notieren wir die dem Text entnommenen gegebenen Wahrscheinlichkeiten.

Zur Lösung des Bürgermeisterproblems verwenden wir die Definitionsformel für die bedingte Wahrscheinlichkeit $P_H(A)$. Wir erhalten eine Wahrscheinlichkeit von 60 % dafür, dass der blonde Bürgermeister auch noch blaue Augen hat.

Ereignisse:
H: Person hat blonde Haare
A: Person hat blaue Augen

Gegebene Wahrscheinlichkeiten:
$P(H) = 0{,}25$ (blonde Haare)
$P(A) = 0{,}30$ (blaue Augen)
$P(H \cap A) = 0{,}15$ (blond und blau)

Bürgermeister:
$$P_H(A) = \frac{H \cap A}{P(H)} = \frac{0{,}15}{0{,}25} = 0{,}60$$

Lösung zu b):
Zur Lösung des Busfahrerproblems müssen wir $P_{\overline{H}}(A)$ berechnen. Dazu werden $P(\overline{A})$ und auch $P(\overline{H} \cap A)$ benötigt (siehe rechts).
Resultat: Der dunkelhaarige Busfahrer ist mit ca. 20 % Wahrscheinlichkeit blauäugig.

Busfahrer:
$$P(\overline{H}) = 1 - P(H) = 1 - 0{,}25 = 0{,}75$$
$$P(\overline{H} \cap A) = P(A) - P(H \cap A) = 0{,}30 - 0{,}15 = 0{,}15$$
$$P_{\overline{H}}(A) = \frac{P(\overline{H} \cap A)}{P(\overline{H})} = \frac{0{,}15}{0{,}75} = 0{,}20$$

Lösung zu c):
Gesucht ist nun $P_A(H)$. Diese Wahrscheinlichkeit können wir mit $P_A(H) \cdot P(A) = P_H(A) \cdot P(H)$ bzw. mit dem Satz von Bayes auf das bereits berechnete $P_{\overline{H}}(A)$ zurückführen (siehe rechts).
Resultat: Viktoria ist mit 50 % Wahrscheinlichkeit blond.

Viktoria:
$$P_A(H) = \frac{P_H(A) \cdot P(H)}{P(A)} = \frac{0{,}60 \cdot 0{,}25}{0{,}30} = 0{,}50$$

Lösung zu d):
Mit einer Vierfeldertafel hätten wir alle Aufgabenstellungen ebenfalls lösen können. Sie ist rechts abgebildet auf der Basis von 100 Personen.

Die drei rot eingezeichneten Daten waren gegeben. Alle anderen können durch summative Ergänzung der Zeilen und Spalten errechnet werden.

Vierfeldertafel:

Haar \ Auge	A	$\overline{A}$	
H	15	10	25
$\overline{H}$	15	60	75
	30	70	100

Die in a) bis c) gesuchten bedingten Wahrscheinlichkeiten können nun sehr leicht als Quotienten jeweils einer Schnittwahrscheinlichkeit aus dem Innern der Tafel und einer totalen Wahrscheinlichkeit vom Rand der Tafel berechnet werden.

Sie betragen 60 %, 20 % und 50 %.

Bürgermeister:

$$P_H(A) = \frac{P(H \cap A)}{P(H)} = \frac{15}{25} = 0{,}60$$

Busfahrer:

$$P_{\overline{H}}(A) = \frac{P(\overline{H} \cap A)}{P(\overline{H})} = \frac{15}{75} = 0{,}20$$

Viktoria:

$$P_A(H) = \frac{P(H \cap A)}{P(A)} = \frac{15}{30} = 0{,}50$$

Das Beispiel demonstriert recht eindrucksvoll, wie effizient die Verwendung von Vierfeldertafeln bei Berechnungen im Zusammenhang mit bedingten Wahrscheinlichkeiten sein kann.

Lösung zu e):
Hier werden im Prinzip drei Schüler aus einer Gruppe von zehn Schülern zufällig ohne Zurücklegen gezogen.
Mit jedem Zug ändert sich je nach Ausgang die Wahrscheinlichkeit für blaue Augen in der Restgruppe deutlich.
Wir verwenden zur Lösung ein dreistufiges Baumdiagramm.
Resultat: Die Wahrscheinlichkeit für mindestens zwei Schülern mit blauen Augen in der Abordnung beträgt nur ca. 18 %.

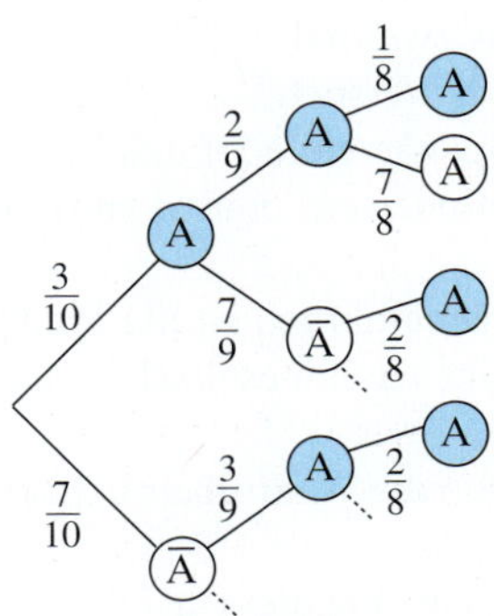

$$P(D) = \frac{6}{720} + 3 \cdot \frac{42}{720} = \frac{132}{720} = 0{,}1833$$

1. Farbenblindheit
Von 1000 zufällig ausgewählten Personen einer Bevölkerung sind 420 männlich und 580 weiblich. 60 der ausgesuchten Personen sind farbenblind, darunter 40 männliche.
a) Mit welcher Wahrscheinlichkeit ist eine weibliche Person farbenblind?
b) Eine Person ist nicht farbenblind. Mit welcher Wahrscheinlichkeit ist sie männlich?

2. Knut Bolz schießt auf eine Torwand. Man weiß, dass er im Mittel bei den zwei Schüssen eines Durchgangs zunächst mit 25% oben und dann zu 40% unten trifft.

a) Mit welcher Wahrscheinlichkeit trifft er bei einem Durchgang
A: oben und unten,
B: genau einmal,
C: gar nicht?

b) Nun macht Knut 10 Durchgänge. Mit welcher Wahrscheinlichkeit
D: trifft er genau zweimal sowohl das obere als auch das untere Loch,
E: trifft er bei genau 5 Durchgängen weder oben noch unten,
F: trifft er bei höchstens 2 Durchgängen beide Öffnungen,
G: trifft er das obere Loch 4-mal bis 6-mal?

c) Ermitteln Sie, wie viele Durchgänge Knut mindestens machen müsste, um mit einer Wahrscheinlichkeit von mindestens 99,99% mindestens einmal beide Löcher zu treffen.

3. Der Basketballspieler Dirk Nowitzki trifft von der Freiwurflinie mit einer Wahrscheinlichkeit von 95%. Seine Treffsicherheit bei 3-Punkt-Würfen liegt bei 30%.

a) In einem Spiel bekommt Nowitzki nach Fouls 15 Freiwürfe. Mit welcher Wahrscheinlichkeit punktet er
A: bei allen Freiwürfen,
B: bei weniger als 13 Würfen?

b) Mit welcher Wahrscheinlichkeit trifft Dirk bei zehn 3-Punkt-Würfen
C: mindestens viermal,
D: höchstens zweimal,
E: nur beim 8. Versuch?

c) Ermitteln Sie, wie viele 3-Punkt-Würfe Dirk mindestens benötigt, um mit mindestens 99% Sicherheit mindestens einmal zu treffen.

4. Nach einem Kälteeinbruch ist die Pünktlichkeit der Züge einer Bahngesellschaft auf 80% gesunken.

a) Berechnen Sie die Wahrscheinlichkeit, dass
A: der Zug eines Pendlers an allen 5 Arbeitstagen einer Woche pünktlich ist,
B: von 20 Zügen mindestens 14 und höchstens 17 pünktlich sind.

b) Ermitteln Sie, wie viele Züge mindestens geprüft werden müssen, damit mit mindestens 99% Wahrscheinlichkeit mindestens einer davon verspätet ist.

5. Geschwindigkeitskontrollen

An einem Unfallschwerpunkt werden Geschwindigkeitskontrollen durchgeführt. Es wurde festgestellt, dass 6 % der PKW-Fahrer als sogenannte Raser eingestuft werden. Die Kontrollwahrscheinlichkeit beträgt unabhängig von der Fahrzeugart 5 %.

a) Bestimmen Sie die Wahrscheinlichkeit folgender Ereignisse:
   A: „Unter 55 kontrollierten PKW-Fahrern befindet sich kein Raser."
   B: „Unter 60 kontrollierten PKW-Fahrern befindet sich mindestens ein Raser."

b) Bestimmen Sie die Wahrscheinlichkeit folgender Ereignisse. Fertigen Sie eventuell auch ein Baumdiagramm an.
   C: „Von vier aufeinander folgenden Fahrzeugen wird nur das erste kontrolliert."
   D: „Von fünf aufeinander folgenden Fahrzeugen werden genau drei Fahrzeuge kontrolliert, die direkt hintereinander fahren."

c) Berechnen Sie, wie viele PKW mindestens kontrolliert werden müssen, um mit einer Wahrscheinlichkeit von mindestens 50 % mindestens einen Raser zu erwischen.

d) Der Anteil der Motorradfahrer, die mit korrekter Geschwindigkeit fahren, sei p mit $0 < p < 1$. Berechnen Sie p so, dass die Wahrscheinlichkeit dafür, unter 10 zufällig ausgewählten Motorradfahrern genau 2 mit nichtkorrekter Geschwindigkeit zu finden, maximal ist. Auf den Nachweis des Maximums wird verzichtet.

6. Glücksspiel

Der einarmige Bandit kann in jedem der vier Fenster eine der Ziffern 1, 2 und 3 ausgeben.

a) Geben Sie die Anzahl der möglichen Ergebnisse an.

b) Bestimmen Sie die Wahrscheinlichkeit des Ereignisses:
   A: Es erscheint die Ziffernfolge 1 2 3 3.
   B: Es erscheint genau zweimal die Ziffer 1.
   C: Es erscheinen nur Einsen.
   D: Es erscheinen nur gleiche Ziffern.

c) Das Gerät wird 10-mal bedient. Berechnen Sie, mit welcher Wahrscheinlichkeit das Ereignis B nicht ein einziges Mal bzw. genau zweimal eintritt.

d) Untersuchen Sie, wie oft man das Gerät mindestens in Gang setzen muss, damit mit einer Wahrscheinlichkeit von wenigstens 95 % mindestens einmal das Ereignis B eintritt.

e) Bei einem Einsatz von 1 € pro Spiel gewinnt man 30 €, wenn die Ziffernfolge 3333 kommt und 5 €, wenn die Ziffernfolge 2xx2 kommt, wobei x eine beliebige aber feste Ziffer ist. Untersuchen Sie, ob sich das Spiel für den Spieler lohnt. Berechnen Sie, wie viel Gewinn/Verlust an einem Tag mit acht Stunden zu erwarten sind, wenn pro Stunde ca. 20 Spiele stattfinden.

f) Johannes berichtet, dass er gerade fünfmal hintereinander gewonnen hat (Ziffernfolge 3333 oder 2xx2). Beurteilen Sie diese Aussage bezüglich ihrer Glaubwürdigkeit.
   Jana sagt, dass sie bei 100 Spielen ca. 20 bis 30-mal das Ereignis B beobachtet hat. Beurteilen Sie die Glaubwürdigkeit ihrer Aussage. (Verwenden Sie bei der Lösung dieser Aufgabe für die Wahrscheinlichkeit des Ereignisses B den Näherungswert
   $P(B) = \binom{4}{2}\frac{1}{3}^2 \cdot \left(\frac{2}{3}\right)^2 = \frac{24}{81} = 0{,}296 \approx 0{,}3$).

7. Urnenaufgabe

In einer Urne befinden sich 3 rote und 7 grüne Kugeln.

a) Es werden 3 Kugeln ***ohne Zurücklegen*** gezogen.
Dabei werden folgende Ereignisse betrachtet:
A: „Alle Kugeln sind grün."
B: „Genau zwei der Kugeln sind rot."
Skizzieren Sie ein vollständiges Baumdiagramm.
Berechnen Sie die Wahrscheinlichkeiten von A und von B.

b) Nun werden alle 10 Kugeln nacheinander ***ohne Zurücklegen*** gezogen.
Ermitteln Sie, mit welcher Wahrscheinlichkeit zuerst alle Kugeln der einen Farbe und dann die der anderen Farbe gezogen werden.

c) Nun wird zehnmal eine Kugel ***mit Zurücklegen*** gezogen.
Dabei werden folgende Ereignisse betrachtet:
C: „Man zieht genau fünfmal eine rote Kugel."
D: „Man zieht mindestens siebenmal eine grüne Kugel".
Berechnen Sie die Wahrscheinlichkeiten von C und von D.
Berechnen Sie außerdem, mit welcher Wahrscheinlichkeit das Ereignis D bei viermaliger Wiederholung der 10 Ziehungen genau zweimal eintritt.

d) In einem neuen Experiment werden 3 Kugeln mit einem Griff gezogen. Ermitteln Sie für die Ereignisse A_k: „Es werden k grüne Kugeln gezogen" ($k = 0, 1, 2, 3$) die Wahrscheinlichkeiten.

e) Für folgendes Glücksspiel verlangt der Veranstalter zwei Euro Einsatz.
Aus der Urne wird eine Kugel gezogen. Ist die gezogene Kugel rot, erhält der Spieler 6 Euro ausgezahlt. Untersuchen Sie, ob auf lange Sicht der Spieler oder der Veranstalter gewinnt. Berechnen Sie den durchschnittlichen Gewinn/Verlust des Spielers pro Spiel.

8. Blumenzwiebeln

Es ist bekannt, dass lediglich 10% der von einem holländischen Händler angebotenen Blumenzwiebeln nicht angehen.

a) Bestimmen Sie die Wahrscheinlichkeit für die folgenden Ereignisse:
A: Von 20 gekauften Zwiebeln gehen alle an.
B: Genau 2 von 20 Zwiebeln gehen nicht an.
C: Von 20 Zwiebeln sind mindestens 2, die nicht angehen.

b) Sein Konkurrent behauptet, dass unter 30 Zwiebeln mit 99% Sicherheit mindestens eine nicht angeht. Zeigen Sie, dass es nicht stimmt.
Berechnen Sie, bei wie vielen gekauften Zwiebeln dies aber zutrifft.

c) Frau Klamm kauft 10 Zwiebeln von denen genau zwei nicht angehen werden.
Sie pflanzt zunächst zwei Zwiebeln ein. Ermitteln Sie, mit welcher Wahrscheinlichkeit davon genau eine angehen wird.

d) Der Händler hat rote, blaue und gelbe Tulpenzwiebeln in seinem Angebot.
Geben Sie an, wie viele Möglichkeiten Frau Klamm hat, darunter zwei verschiedenfarbige Tulpenzwiebeln auszuwählen.
Nun entnimmt sie zufällig aus einem Korb mit sechs roten, neun blauen und fünf gelben Tulpenzwiebeln zwei der 20 Zwiebeln. Berechnen Sie, mit welcher Wahrscheinlichkeit sie dabei zwei verschiedenfarbige Tulpenzwiebeln erhält.

e) Frau Klamm kauft nun 6 Zwiebeln von denen 3 nicht angehen werden. Drei der 6 Zwiebeln pflanzt sie sofort ein. Berechnen Sie die Wahrscheinlichkeit, dass genau k (0, 1, 2 oder 3) der gepflanzten Zwiebeln angehen.

9. Würfelspiel

Für ein Würfelspiel stehen zwei Tetraeder (T_1 und T_2) sowie ein Würfel (W) zur Verfügung. Die Beschriftungen sind den rechts angegebenen Netzen zu entnehmen.

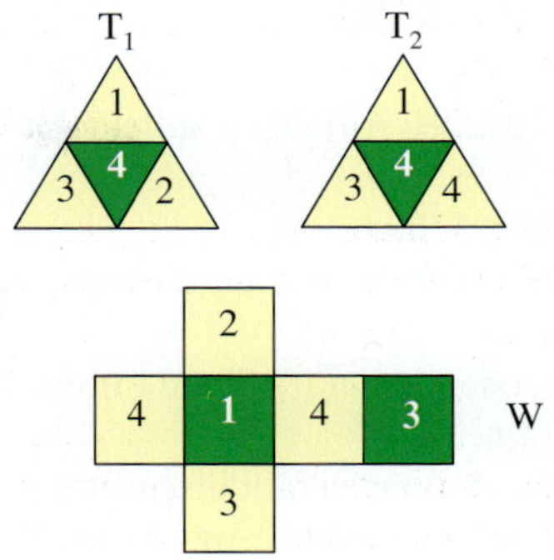

a) Die beiden Tetraeder werden gleichzeitig geworfen. Berechnen Sie mit Hilfe eines geeigneten Baumdiagramms die Wahrscheinlichkeiten der folgenden Ereignisse.
A: Beide Zahlen sind gerade.
B: Mindestens eine Zahl ist gerade.

b) Die drei Körper werden gleichzeitig geworfen. Bestimmen Sie die Wahrscheinlichkeiten der folgenden Ereignisse.
C: Die Augensumme ist 5.
D: Die Augensumme ist 12.

c) Der Würfel wird sechsmal geworfen. Berechnen Sie die Wahrscheinlichkeiten der folgenden Ereignisse.
E: Die Zahl 3 erscheint genau zweimal.
F: Die Zahl 3 erscheint genau dreimal nacheinander.

d) Die drei Körper werden zehnmal gleichzeitig geworfen. Bestimmen Sie die Wahrscheinlichkeit dafür, dass genau einmal die Summe 3 kommt.

e) Folgendes Spiel wird angeboten. Der Spieler zahlt einen Einsatz e und wirft die drei Körper einmal. Ist die Augensumme gerade, erhält er seinen Einsatz zurück. Ist die Augensumme 3, erhält der Spieler 20 € ausgezahlt. Bestimmen Sie den Einsatz e so, dass der Anbieter des Spiels durchschnittlich mit 1 Euro Gewinn pro Spiel rechnen kann.

10. Würfeln mit dem Dodekaeder

Im Folgenden wird mit einem regeläßigen Dodekaeder (12-Flächner) gewürfelt.
Die Wahrscheinlichkeit für jede seiner 12 Flächen 1, 2, ... , 12 sei $\frac{1}{12}$.

a) Es werden fünf Würfe durchgeführt. Berechnen Sie die Wahrscheinlichkeiten von:
A: In jedem Wurf fällt eine gerade Zahl.
B: In keinem Wurf fällt eine 9,10 oder 11.
C: Im ersten Wurf fällt eine 1, danach aber nicht mehr.

b) Es werden nun 20 Würfe durchgeführt. Berechnen Sie die Wahrscheinlichkeiten von:
D: Die Neun fällt genau viermal.
E: Mindestens 10-mal fällt eine Zahl, die größer als 6 ist.

c) Bestimmen Sie bei einem Doppelwurf die Wahrscheinlichkeit, dass zunächst eine Zahl kleiner als 4 und dann eine Zahl größer als 4 gewürfelt wird.

d) Nun wird zweimal ein Doppelwurf durchgeführt. Ermitteln Sie, mit welcher Wahrscheinlichkeit jeweils genau einmal eine Zahl größer als 4 vorkommt.

e) Der Dodekaeder ist nun nur mit Einsen und Zweien beschriftet. Wie oft, ist unbekannt. Durch Würfelversuche ist bekannt, dass die Wahrscheinlichkeit, bei 10 Würfen mindestens sechsmal eine Eins zu würfeln, 8 % beträgt.
Berechnen Sie, wie viele Seiten eine Eins enthalten.

Übungen

Die folgenden Aufgaben sollen ohne die Verwendung von Hilfsmitteln gelöst werden.

1. Uralte Münze

Eine uralte Münze wird einige Male geworfen. p sei die unbekannte Wahrscheinlichkeit für Kopf.

a) Geben Sie einen Term für die Wahrscheinlichkeit an, dass bei 6 Würfen genau 3-mal Kopf fällt.

b) Bei 6 Würfen fällt insgesamt genau 3-mal Kopf. Bei den ersten beiden Würfen fällt bereits 2-mal Kopf. Wie groß ist die Wahrscheinlichkeit für dieses Ereignis?
Es reicht, das Ergebnis als Term anzugeben ohne weitere Ausrechnung.

c) Die Wahrscheinlichkeit, beim 3-fachen Werfen der Münze 3-mal Kopf zu erzielen, beträgt $\frac{64}{1000} = 0{,}064$. Untersuchen Sie, ob unter dieser Voraussetzung beim einfachen Münzwurf das Ergebnis Kopf oder das Ergebnis Zahl wahrscheinlicher ist.

2. Bernoulli-Kette

Eine Zufallsgröße X ist binomialverteilt mit den Parametern n = 48 (Kettenlänge) und $p = \frac{1}{4}$.

a) Bestimmen Sie den Erwartungswert und die Standardabweichung von X.

b) Entscheiden Sie, ob die Laplace-Bedingung klar erfüllt ist, noch knapp erfüllt ist oder weit verfehlt wird.

c) Geben Sie einen Term für die Wahrscheinlichkeit an, dass die Trefferzahl den Wert 12 annimmt.

3. Glücksrad

Mit dem abgebildeten Glücksrad können Zufallsexperimente durchgeführt werden.

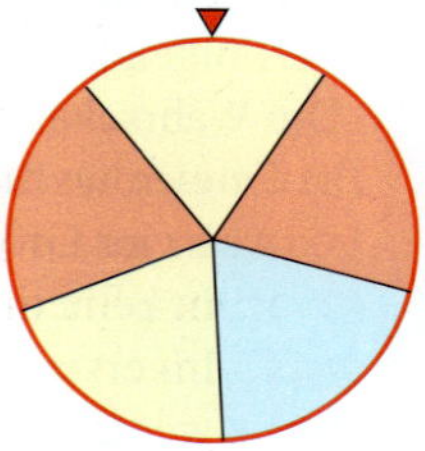

a) Beschreiben Sie ein Zufallsexperiment mit dem Glücksrad, bei dem sich die Wahrscheinlichkeit eines Ereignisses A durch den Term $P(A) = \binom{5}{3} \cdot \left(\frac{2}{5}\right)^3 \cdot \left(\frac{3}{5}\right)^2$ bestimmen lässt.
Um welches Ereignis A kann es sich hierbei handeln?

b) Berechnen Sie den Binomialkoeffizienten $\binom{5}{3}$ manuell.

c) Zeigen Sie, dass für die Wahrscheinlichkeit von A gilt: $P(A) < \frac{1}{4}$.

4. Erwartungswert und Standardabweichung

Untersucht werden soll eine Bernoulli-Kette der Länge n = 192 mit der Trefferwahrscheinlichkeit $p = \frac{1}{4}$. X sei die Anzahl der Treffer.

a) Bestimmen Sie den Erwartungswert μ und die Standardabweichung σ von X.

b) Geben Sie an, welche Trefferzahl am wahrscheinlichsten ist.

5. Erwartungswert und Standardabweichung

Die Zufallsgrößen X und Y haben die folgenden Wahrscheinlichkeitsverteilungen.

k	1	2	6
P(X = k)	$\frac{2}{5}$	$\frac{1}{2}$	$\frac{1}{10}$

k	1	2	16
P(Y = k)	$\frac{2}{5}$	$\frac{1}{2}$	$\frac{1}{10}$

a) Skizzieren Sie die Wahrscheinlichkeitsverteilungen von X und Y (Säulendiagramme).
b) Bestimmen Sie die Erwartungswerte von X und Y.
c) Berechnen Sie die Standardabweichung von X.
d) Klären Sie ohne weitere Rechnungen, ob die Standardabweichung von Y größer oder kleiner als die Standardabweichung von X ist.

6. Eigenschaften einer Binomialverteilung

a) Ordnen Sie die Binomialverteilungen I. B (5; 0,5; k), II. B (5; 0,7; k) und III. B (5; 0,25; k) den Diagrammen zu. Begründen Sie Ihr Vorgehen.

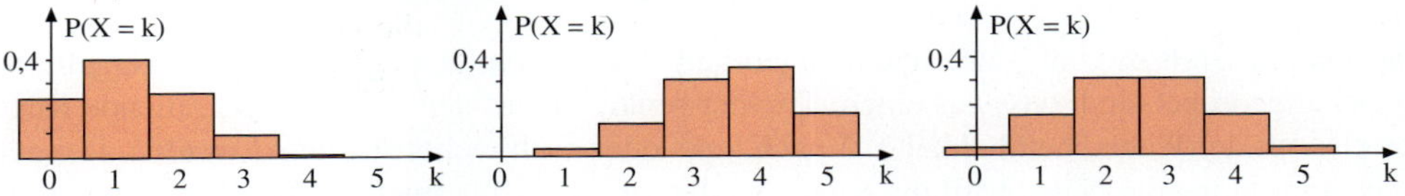

b) Rekonstruieren Sie aus dem Diagramm A die zugehörigen Parameter μ, n und p.
c) Zeigen Sie, dass die Wahrscheinlichkeitsverteilung B nicht binomialverteilt ist.

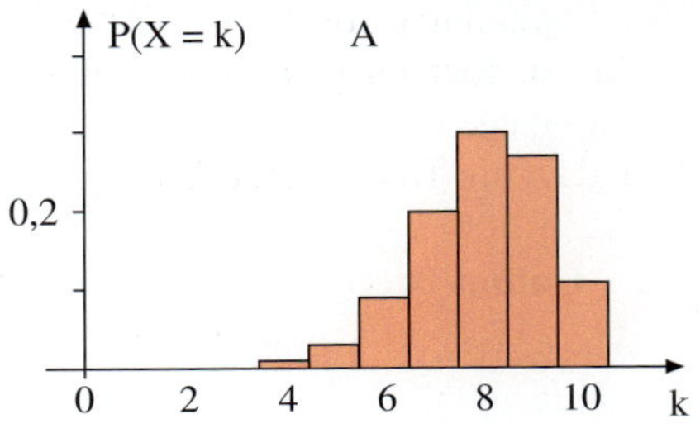

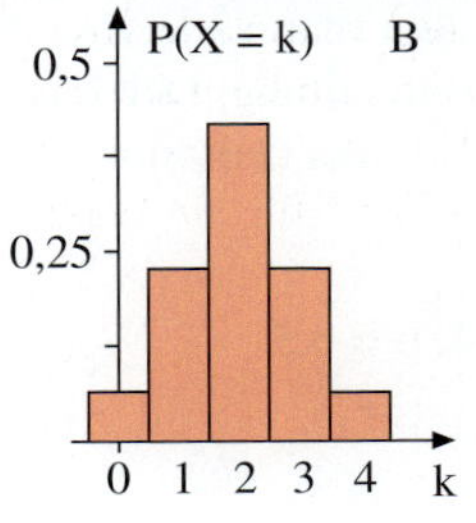

7. Parameterbestimmung einer Binomialverteilung

Von den vier Größen n, p, σ und μ einer Binomialverteilung sind zwei Größen bekannt. Berechnen Sie die jeweils fehlenden Größen.

a) $\mu = 144$, $\sigma = 6$ b) $\sigma = 4$, $n = 72$ c) $\sigma = 6$, $p = 0{,}5$

8. Binomialterme

P (X = k) = B (n; p; k) sei die einfache und P (X = k) = F (n; p; k) die kumulierte Binomialverteilung.

a) Begründen Sie, dass B (n; p; k) ≤ F (n; p; k) gilt. Wann gilt = , wann gilt <?
b) Stellen Sie B (20; 0,2; 0) + B (20; 0,2; 1) + … + B (20; 0,2; 5) als F-Term dar.
c) Stellen Sie B (20; 0,2; 10) + B (20; 0,2; 11) + … + B (20; 0,2; 15) durch F-Terme dar.
d) Stellen Sie P (|X − 4| < 3) für die Binomialverteilung B (20; 0,2; k) durch mehrere B-Terme bzw. durch zwei F-Terme dar.

Das Galton-Brett

Sir Francis Galton wurde am 16. Februar 1822 in Birmingham geboren. Er war ein Cousin des berühmten Vererbungsforschers Charles Darwin (1809 bis 1882). Er unternahm Forschungsreisen auf den Balkan, nach Ägypten und Afrika. 1857 ließ Galton sich in London nieder. 1883 gründete er dort das Galton-Laboratorium, das mit Mathematik, Biologie, Physik und Chemie befasst war. Hier entwickelte Galton für die Auswertung von Statistiken das ***Galton-Brett***, mit dem man Binomialverteilungen mechanisch erzeugen kann.

From a Photo. by] AGE 42. *[Moira & Haigh.*

Das Galton-Brett besteht – wie unten abgebildet – aus einem geneigten Brett mit Nagelreihen, die so angeordnet sind, dass aus einem Trichter senkrecht auf den ersten Nagel fallende Kugeln jeweils mit der Wahrscheinlichkeit 0,5 nach links oder nach rechts abgelenkt werden. Bei günstiger Anordnung der Nägel trifft die Kugel wieder senkrecht auf einen Nagel der nächsten Reihe. Die Kugeln fallen schließlich in Fächer. Nummeriert man die Fächer mit 0 bis n, wobei n die Anzahl der Nagelreihen ist, so gibt die Nummer die Anzahl der Rechtsablenkungen der Kugeln an, die hier landen. Lässt man viele Kugeln durch das Brett laufen, entsteht in den Fächern angenähert die Binomialverteilung. Der Zusammenhang zwischen den Pfaden der Bernoulli-Kette im Baumdiagramm und dem Galtonbrett ergibt sich durch folgende Gegenüberstellung.

Bernoullikette: n = 4, p = 0,5

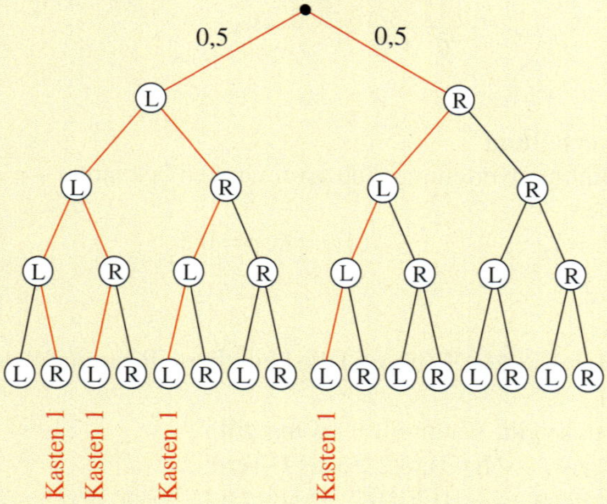

Der Baum besteht aus insgesamt 16 Pfaden. Die vier rot gezeichneten Pfade enthalten jeweils genau einen Treffer (hier: R). Sie führen auf dem Galton-Brett alle in den Kasten Nr. 1.

Galton-Brett: n = 4, p = 0,5

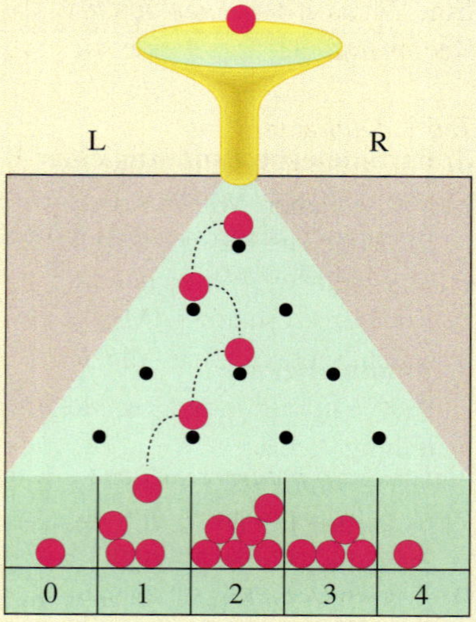

Alle Pfade mit genau einem Treffer (Rechtsablenkung R) werden in Kasten Nr. 1 gelenkt.

Übung 1 Galton-Brett mit drei Stufen, Lauf einer Kugel

Das abgebildete Galton-Brett hat $n = 3$ Stufen. Die Wahrscheinlichkeit für eine Rechtsablenkung betrage $p = 0{,}5$. Eine einzelne Kugel durchläuft das Brett.

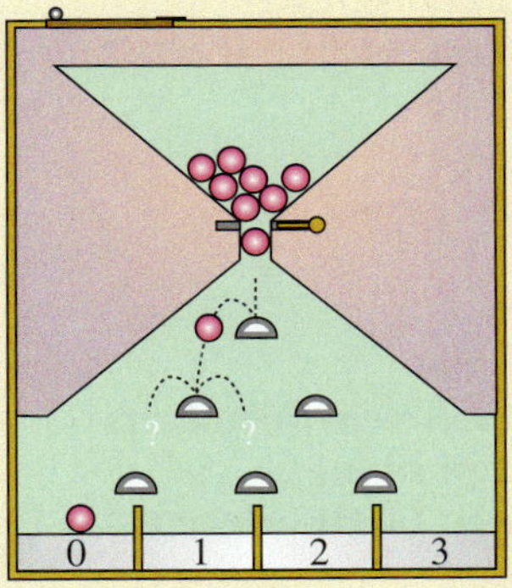

a) Wie viele Pfade gibt es insgesamt?
b) Wie viele Pfade führen zum Kasten Nr. 2?
c) Bestimmen Sie die Wahrscheinlichkeiten, mit welchen die Kugel im Kasten Nr. 0 bzw. Nr. 1 bzw. Nr. 2 bzw. Nr. 3 landet.
d) Mit welcher Wahrscheinlichkeit landet eine Kugel nicht in den beiden mittleren Kästen?
e) Durch Neigung des Brettes nach rechts wird die Wahrscheinlichkeit für eine Rechtsablenkung auf $p = 0{,}6$ gesteigert. Lösen Sie c) und d) für diesen Fall.

Übung 2 Galton-Brett mit drei Stufen, Lauf mehrerer Kugeln

Betrachtet wird wieder das oben abgebildete Galton-Brett mit $n = 3$ und $p = \frac{1}{2}$. Allerdings werden nun der Reihe nach $m = 10$ Kugeln über das Brett geschickt.

a) Mit welcher Wahrscheinlichkeit landet eine einzelne Kugel im Kasten Nr. 2?
b) Mit welcher Wahrscheinlichkeit landen genau 4 der 10 Kugeln im Kasten Nr. 2?
c) Mit welcher Wahrscheinlichkeit landen höchstens drei Kugeln im Kasten Nr. 2?
d) Wie wahrscheinlich sind die folgenden Ereignisse?
A: „Genau 2 Kugeln landen im Kasten Nr. 0"
B: „Alle Kugeln landen in den Kästen 1, 2 oder 3"

Übung 3 Arme Maus

Eine Maus irrt zu Versuchszwecken durch das abgebildete Labyrinth. Sie hat einen leichten Rechtsdrall und entscheidet sich an Abzweigungen mit einer Wahrscheinlichkeit von $\frac{2}{3}$ für rechts.

Teil I: Lauf einer Maus

a) Wie viele mögliche Wege existieren?
b) Mit welcher Wahrscheinlichkeit erreicht die Maus die Karotte bzw. die Walnuss?
c) Mit welcher Wahrscheinlichkeit wird die Erdbeere erreicht? Mit welcher Wahrscheinlichkeit findet die Maus überhaupt Futter?

Teil II: Lauf mehrerer Mäuse

a) 10 Mäuse passieren nun das Labyrinth.
Mit welcher Wahrscheinlichkeit finden mindestens 5 Mäuse die Erdbeere?
b) Wie viele Mäuse muss man mindestens durch das Labyrinth schicken, wenn mit mindestens 99 % Wahrscheinlichkeit sichergestellt werden soll, dass mindestens eine Maus die Erdbeere erreicht?

Überblick

Zufallsgröße Zufallsvariable

Eine Größe X, welche jedem Ergebnis e_i eines Zufallsversuchs eine reelle Zahl x_i zuordnet, wird als **Zufallsgröße** oder als **Zufallsvariable** bezeichnet.

Ereignis $X = x_i$

Mit $\mathbf{X = x_i}$ wird das Ereignis bezeichnet, das aus allen Ergebnissen des Zufallsversuchs besteht, deren Eintritt dazu führt, dass die Zufallsgröße X den Wert x_i annimmt.

Wahrscheinlichkeitsverteilung der Zufallsgröße X

Ordnet man jedem Wert x_i, den die Zufallsgröße X annehmen kann, die Wahrscheinlichkeit $P(X = x_i)$ zu, mit der sie diesen Wert annimmt, so erhält man die **Wahrscheinlichkeitsverteilung** der Zufallsgröße X.

Verteilungstabelle Verteilungsdiagramm

Man kann eine Wahrscheinlichkeitsverteilung als **Tabelle** oder als **Diagramm** darstellen.

Beispiel zur tabellerischen Darstellung einer Wahrscheinlichkeitsverteilung

x_i	1	2	4
$P(X = x_i)$	$\frac{1}{2}$	$\frac{1}{6}$	$\frac{1}{3}$

Beispiel zur graphischen Darstellung einer Wahrscheinlichkeitsverteilung

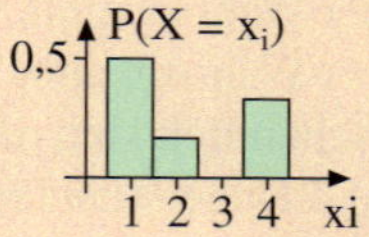

Erwartungswert der Zufallsgröße X

X sei eine Zufallsgröße mit der Wertemenge $x_1, x_2, \ldots, x_m$.
Dann versteht man unter dem **Erwartungswert** von X die Größe
$\boldsymbol{\mu = E(X) = x_1 \cdot P(X = x_1) + \ldots + x_m \cdot P(X = x_m)}$.

Streuungsmaße: Varianz und Standardabweichung der Zufallsgröße X

X sei eine Zufallsgröße mit der Wertemenge $x_1, x_2, \ldots, x_m$, die den Erwartungswert $\mu = E(X)$ besitzt.
Dann versteht man unter der **Varianz** von X die Größe
$\boldsymbol{V(X) = (x_1 - \mu)^2 \cdot P(X = x_1) + \ldots + (x_m - \mu)^2 \cdot P(X = x_m)}$.

Als **Standardabweichung** von X bezeichnet man die Größe
$\sigma(X) = \sqrt{(x_1 - \mu)^2 \cdot P(X = x_1) + \ldots + (x_m - \mu)^2 \cdot P(X = x_m)}$.
Die Standardabweichung ist die Wurzel aus der Varianz: $\boldsymbol{\sigma = \sqrt{V}}$

Fakultät

Der Produktterm $n! = 1 \cdot 2 \cdot \ldots \cdot n$ wird als **n-Fakultät** bezeichnet.
Die symbolische Kurzschreibweise lautet n!.
Sonderfälle: $0! = 1$, $1! = 1$

Binomialkoeffizient

Der Quotiententerm $\binom{n}{k} = \frac{n!}{k! \cdot (n-k)!}$ ($n; k \in \mathbb{N}$; $k \leq n$) wird als **Binomialkoeffizient** bezeichnet (gelesen: n über k).
Sonderfälle: $\binom{n}{0} = 1$, $\binom{n}{n} = 1$, $\binom{n}{1} = n$, $\binom{n}{n-1} = n$

Bernoulli-Versuch Bernoulli-Experiment

Ein **Bernoulli-Versuch** (Bernoulli-Experiment) ist ein Zufallsversuch mit genau zwei Ausgängen E und $\overline{E}$.
E wird als Erfolg oder Treffer bezeichnet, $\overline{E}$ als Misserfolg oder Niete.

Bernoulli-Kette der Länge n

Als **Bernoulli-Kette** der Länge n bezeichnet man die n-fache Wiederholung eines Bernoulli-Versuchs.

Formel von Bernoulli

Die **Formel von Bernoulli** dient zur Berechnung der Wahrscheinlichkeit, in einer Bernoulli-Kette der Länge n mit der Trefferwahrscheinlichkeit p genau k Treffer zu erzielen. Sie lautet:

$$\mathbf{P(X = k) = B(n; p; k) = \binom{n}{k} \cdot p^k \cdot (1 - p)^{n-k}}$$

Binomialverteilung $P(X = k) = B(n; p; k)$ Tabelle S. 546 f.

Als **Binomialverteilung** $P(X = k) = B(n; p; k)$ bezeichnet man die Wahrscheinlichkeitsverteilung einer Zufallsgröße X, welche die Trefferzahl k in einer Bernoulli-Kette der Länge n mit der Trefferwahrscheinlichkeit p darstellt.

$$\mathbf{P(X = k) = B(n; p; k) = \binom{n}{k} \cdot p^k \cdot (1 - p)^{n-k}}$$

Kumulierte Binomialverteilung $P(X \le k) = F(n; p; k)$ Tabelle S. 548 ff.

Als **kumulierte Binomialverteilung** $P(X \le k) = F(n; p; k)$ bezeichnet man die Summe der Wahrscheinlichkeiten der Trefferzahlen von 0 bis k in einer Bernoulli-Kette der Länge n mit der Trefferwahrscheinlichkeit p.

$$\mathbf{P(X \le k) = F(n; p; k) = B(n; p; 0) + \ldots + B(n; p; k)}$$

Berechnung von Bernoulli-Wahrscheinlichkeiten

$$\mathbf{P(X = k) = B(n; p; k) = \binom{n}{k} \cdot p^k \cdot (1 - p)^{n-k}}$$

$$\mathbf{P(X \le k) = F(n; p; k) = B(n; p; 0) + \ldots + B(n; p; k)}$$

$$\mathbf{P(X \ge k) = 1 - P(X \le k - 1) = 1 - F(n; p; k - 1)}$$

$$\mathbf{P(a \le X \le b) = P(X \le b) - P(X \le a - 1) = F(n; p; b) - F(n; p; a - 1)}$$

Erwartungswert, Varianz, Standardabweichung binomialverteilter Zufallsgrößen

Für den **Erwartungswert** μ, die **Varianz** V und die **Standardabweichung** σ einer binomialverteilten Zufallsgröße X gelten folgende Formeln:

Erwartungswert: $\mu = n \cdot p$
Varianz V: $V = n \cdot p \cdot (1 - p)$
Standardabweichung: $\sigma = \sqrt{n \cdot p \cdot (1 - p)}$

Eigenschaften einer Binomialverteilung

Für $p = 0{,}5$ gilt die Symmetriebeziehung $B(n; 0{,}5; k) = B(n; 0{,}5; n - k)$.
Die allgemeine Symmetriebeziehung für $0 < p < 1$ lautet:
$B(n; p; k) = B(n; 1 - p; n - k)$.

Test

Binomialverteilung

1. Glücksrad

Beim abgebildeten Glücksrad mit fünf gleich großen Sektoren wird nach dem Drehen im Stillstand durch einen Pfeil angezeigt, ob man einen Treffer (1) oder eine Niete (0) erzielt hat. Das Glücksrad wird zehnmal gedreht. Berechnen Sie die Wahrscheinlichkeiten folgender Ereignisse:

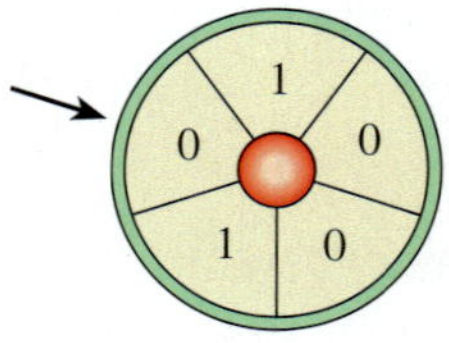

A: genau fünf Treffer
B: höchstens zwei Treffer
C: mehr Treffer als Nieten
D: erster Treffer im zehnten Versuch

2. Führerscheintest

Ein Führerschein-Test besteht aus 6 Fragen mit je 3 Antwortmöglichkeiten, von denen jeweils genau eine richtig ist. Eine Testperson beantwortet jede Frage auf gut Glück.
X sei die Zufallsgröße, die die Anzahl der richtig beantworteten Fragen beschreibt.

a) Stellen Sie die Wahrscheinlichkeitsverteilung tabellarisch und graphisch dar.
b) Berechnen Sie den Erwartungswert, die Standardabweichung und die Varianz der Verteilung.
c) Berechnen Sie, mit welcher Wahrscheinlichkeit ein Kandidat den Test besteht, wenn er auf gut Glück jeweils eine Antwort ankreuzt. Der Test gilt als bestanden, wenn mindestens 4 Fragen richtig beantwortet sind.

3. Münzwurfspiel

Ein Spieler rückt auf dem abgebildeten Spielfeld vom Startpunkt ausgehend nach rechts vor, wenn er mit einer Münze Kopf wirft. Wirft er Zahl, rückt er nach links vor. Nach vier Münzwürfen kommt er in einer der Positionen A bis E an, womit das Spiel endet.

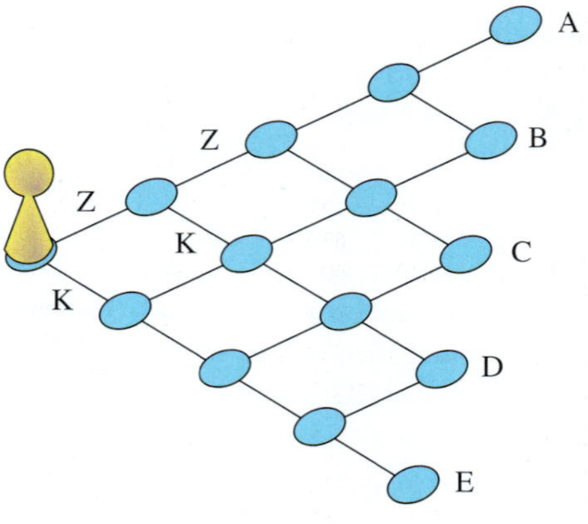

a) Geben Sie alle Wurfserien an, die zu Position A bzw. zu Position C führen.
b) Berechnen Sie die Wahrscheinlichkeiten der folgenden Ereignisse:
E_1: „Der Spieler erreicht A."
E_2: „Der Spieler erreicht C."
E_3: „Der Spieler erreicht C oder D."
c) Ein Spieler führt 10 Spiele durch. Mit welcher Wahrscheinlichkeit erreicht er genau dreimal Position C?
d) Untersuchen Sie, wie viele Spiele der Spieler mindestens machen muss, wenn mit einer Wahrscheinlichkeit von mindestens 90 % mindestens einmal Position A erreicht werden soll.

Lösungen: S. 569

Tabellen zur Stochastik

Zufallsziffern

	1 5	10	15	20	25	30	35	40	45	50
1	07645	90952	42370	88003	79743	52097	46459	16055	04885	81676
	31397	83986	42975	15245	04124	35881	15664	53920	55775	90464
	64147	56091	45435	95510	23115	16170	06393	46850	10425	89259
	53754	33122	33071	12513	01889	59215	99336	20176	76979	04594
5	48942	10345	96401	03479	05768	46222	85046	69522	54005	32464
	37474	31894	64689	88424	73861	20001	55705	09604	26055	42507
	99179	74452	25506	81901	25391	62004	64264	22578	84559	63408
	62234	17971	39047	09212	46055	80731	38530	37253	56453	08246
	47263	39592	00595	36217	59826	17513	84959	39495	97870	84070
10	50343	07552	09245	02997	14549	18742	17202	99723	47587	16011
	04180	26606	13123	97241	44903	96204	29707	66586	70883	92893
	65523	38575	57359	89671	53833	04842	08522	39690	32481	65011
	14921	03745	66451	19460	24294	97924	27028	29229	04655	24922
	47666	54402	36600	40281	99698	24368	95406	69001	45723	32642
15	53389	90663	23654	18440	41198	50491	33288	89833	07561	34458
	29883	73423	92295	41999	63830	25723	70657	62113	32100	28627
	58328	04834	99037	87550	97430	80874	36852	76025	64062	63196
	68386	86595	16926	34726	57020	57919	29875	91566	59456	76490
	17464	56909	39716	70909	86319	08319	78268	08966	26344	06330
20	64647	05554	43990	16039	10538	79943	23034	75152	85281	44003
	42700	57566	06605	46843	42676	84957	73055	92008	21956	01070
	71945	22187	85606	49873	03167	44657	68081	28139	40882	24180
	34804	54003	20917	75562	63046	54262	83141	76543	04833	53219
	38092	86678	75331	63901	25998	42271	60142	25392	67835	50109
25	66038	58229	62401	83415	09164	66738	37200	60635	59995	42039
	04574	98571	24169	35956	54385	56046	98130	96214	79993	87923
	56953	17277	58442	09497	63787	82874	99406	55418	49956	30942
	08930	19934	31919	39146	28469	63330	88164	66251	41828	77422
	31985	18177	13605	48137	39121	76912	53359	31322	63719	18854
30	77173	90099	00361	28432	47697	10270	54598	33976	16252	22205
	23071	86680	45779	68009	80926	47663	42983	00410	26957	50733
	02260	64086	56653	06361	04266	01858	03479	44435	61505	03793
	66147	29316	57742	76431	53085	21801	15059	10971	79748	06138
	12048	67702	89264	26059	15657	97893	57191	69083	31888	41524
35	55201	60907	23787	13962	59556	34239	32550	91181	03666	67288
	65297	50989	89774	95925	16367	91984	83907	45804	05238	11927
	78724	94742	16276	84764	36733	26139	74702	92004	86534	69631
	69265	91109	33203	20980	01432	19777	83142	70847	54813	03173
	29185	97004	57993	74264	26531	55522	12875	76865	68140	97891
40	47622	20458	78937	88383	69829	63251	42173	28946	76039	98510
	92695	25285	16398	45868	71608	23131	46428	34930	76094	46840
	15534	67464	25228	35098	35653	86335	59430	10052	74102	02999
	02628	34863	75458	64466	31349	52055	04460	44614	86245	47550
	55002	28861	44961	41436	65292	24242	37353	48324	62207	84665
45	29842	01077	04272	20804	57334	38200	17248	79856	36795	35928
	43728	35457	96474	75955	44498	56476	69832	44668	54767	84996
	51571	31289	90355	73338	94469	38415	34530	99878	58325	78485
	03701	48562	76472	40512	87784	57639	35528	73661	63629	46272
	07062	58925	65311	88857	73077	07846	32309	94390	12268	46819
50	25179	03789	81247	22234	17250	54858	09303	78844	44162	69696

Binomialverteilung

$B(n; p; k) = \binom{n}{k} p^k (1-p)^{n-k}$

n	k	0,02	0,03	0,04	0,05	0,10	1/6	0,20	0,25	0,30	1/3	0,40	0,50	k	n
2	0	0,9604	9409	9216	9025	8100	6944	6400	5625	4900	4444	3600	2500	2	2
	1	0392	0582	0768	0950	1800	2778	3200	3750	4200	4444	4800	5000	1	
	2	0004	0009	0016	0025	0100	0278	0400	0625	0900	1111	1600	2500	0	
3	0	0,9412	9127	8847	8574	7290	5787	5120	4219	3430	2963	2160	1250	3	3
	1	0576	0847	1106	1354	2430	3472	3840	4219	4410	4444	4320	3750	2	
	2	0012	0026	0046	0071	0270	0694	0960	1406	1890	2222	2880	3750	1	
	3			0001	0001	0010	0046	0080	0156	0270	0370	0640	1250	0	
4	0	0,9224	8853	8493	8145	6561	4823	4096	3164	2401	1975	1296	0625	4	4
	1	0753	1095	1416	1715	2916	3858	4096	4219	4116	3951	3456	2500	3	
	2	0023	0051	0088	0135	0486	1157	1536	2109	2646	2963	3456	3750	2	
	3		0001	0002	0005	0036	0154	0256	0469	0756	0988	1536	2500	1	
	4					0001	0008	0016	0039	0081	0123	0256	0625	0	
5	0	0,9039	8587	8154	7738	5905	4019	3277	2373	1681	1317	0778	0313	5	5
	1	0922	1328	1699	2036	3281	4019	4096	3955	3602	3292	2592	1563	4	
	2	0038	0082	0142	0214	0729	1608	2048	2637	3087	3292	3456	3125	3	
	3	0001	0003	0006	0011	0081	0322	0512	0879	1323	1646	2304	3125	2	
	4					0005	0032	0064	0146	0284	0412	0768	1563	1	
	5						0001	0003	0010	0024	0041	0102	0313	0	
6	0	0,8858	8330	7828	7351	5314	3349	2621	1780	1176	0878	0467	0156	6	6
	1	1085	1546	1957	2321	3543	4019	3932	3560	3025	2634	1866	0938	5	
	2	0055	0120	0204	0305	0984	2009	2458	2966	3241	3292	3110	2344	4	
	3	0002	0005	0011	0021	0146	0536	0819	1318	1852	2195	2765	3125	3	
	4				0001	0012	0080	0154	0330	0595	0823	1382	2344	2	
	5					0001	0006	0015	0044	0102	0165	0369	0938	1	
	6							0001	0002	0007	0014	0041	0156	0	
7	0	0,8681	8080	7514	6983	4783	2791	2097	1335	0824	0585	0280	0078	7	7
	1	1240	1749	2192	2573	3720	3907	3670	3115	2471	2048	1306	0547	6	
	2	0076	0162	0274	0406	1240	2344	2753	3115	3177	3073	2613	1641	5	
	3	0003	0008	0019	0036	0230	0781	1147	1730	2269	2561	2903	2734	4	
	4			0001	0002	0026	0156	0287	0577	0972	1280	1935	2734	3	
	5					0002	0019	0043	0115	0250	0384	0774	1641	2	
	6						0001	0004	0001	0036	0064	0172	0547	1	
	7								0001	0002	0005	0016	0078	0	
8	0	0,8508	7837	7214	6634	4305	2326	1678	1001	0576	0390	0168	0039	8	8
	1	1389	1939	2405	2793	3826	3721	3355	2670	1977	1561	0896	0313	7	
	2	0099	0210	0351	0515	1488	2605	2936	3115	2965	2731	2090	1094	6	
	3	0004	0013	0029	0054	0331	1042	1468	2076	2541	2731	2787	2188	5	
	4		0001	0002	0004	0046	0260	0459	0865	1361	1707	2322	2734	4	
	5					0004	0042	0092	0231	0467	0683	1239	2188	3	
	6						0004	0011	0038	0100	0171	0413	1094	2	
	7							0001	0004	0012	0024	0079	0313	1	
	8									0001	0002	0007	0039	0	
9	0	0,8337	7602	6925	6302	3874	1938	1342	0751	0404	0260	0101	0020	9	9
	1	1531	2116	2597	2985	3874	3489	3020	2253	1556	1171	0605	0176	8	
	2	0125	0262	0433	0629	1722	2791	3020	3003	2668	2341	1612	0703	7	
	3	0006	0019	0042	0077	0446	1302	1762	2336	2668	2731	2508	1641	6	
	4		0001	0003	0006	0074	0391	0661	1168	1715	2048	2508	2461	5	
	5					0008	0078	0165	0389	0735	1024	1672	2461	4	
	6					0001	0010	0028	0087	0210	0341	0743	1641	3	
	7						0001	0003	0012	0039	0073	0212	0703	2	
	8								0001	0004	0009	0035	0176	1	
	9										0001	0003	0020	0	
n		0,98	0,97	0,96	0,95	0,90	5/6	0,80	0,75	0,70	2/3	0,60	0,50	k	n

p (oben: p; unten: p)

Für p ≥ 0,5 verwendet man den blau unterlegten Eingang.

Binomialverteilung

$B(n;\, p;\, k) = \binom{n}{k} p^k (1-p)^{n-k}$

n	k	p: 0,02	0,03	0,04	0,05	0,10	1/6	0,20	0,25	0,30	1/3	0,40	0,50		n
10	0	0,8171	7374	6648	5987	3487	1615	1074	0563	0282	0173	0060	0010	10	10
	1	1667	2281	2770	3151	3874	3230	2684	1877	1211	0867	0403	0098	9	
	2	0153	0317	0519	0746	1937	2907	3020	2816	2335	1951	1209	0439	8	
	3	0008	0026	0058	0105	0574	1550	2013	2503	2668	2601	2150	1172	7	
	4		0001	0004	0010	0112	0543	0881	1460	2001	2276	2508	2051	6	
	5				0001	0015	0130	0264	0584	1029	1366	2007	2461	5	
	6					0001	0022	0055	0162	0368	0569	1115	2051	4	
	7						0002	0008	0031	0090	0163	0425	1172	3	
	8							0001	0004	0014	0030	0106	0439	2	
	9									0001	0003	0016	0098	1	
	10											0001	0010	0	
15	0	0,7386	6333	5421	4633	2059	0649	0352	0134	0047	0023	0005	0000	15	15
	1	2261	2938	3388	3658	3432	1947	1319	0668	0305	0171	0047	0005	14	
	2	0323	0636	0988	1348	2669	2726	2309	1559	0916	0599	0219	0032	13	
	3	0029	0085	0178	0307	1285	2363	2501	2252	1700	1299	0634	0139	12	
	4	0002	0008	0022	0049	0428	1418	1876	2252	2186	1948	1268	0417	11	
	5		0001	0002	0006	0105	0624	1032	1651	2061	2143	1859	0916	10	
	6					0019	0208	0430	0917	1472	1786	2066	1527	9	
	7					0003	0053	0138	0393	0811	1148	1771	1964	8	
	8						0011	0035	0131	0348	0574	1181	1964	7	
	9						0002	0007	0034	0116	0223	0612	1527	6	
	10							0001	0007	0030	0067	0245	0916	5	
	11								0001	0006	0015	0074	0417	4	
	12									0001	0003	0016	0139	3	
	13											0003	0032	2	
	14												0005	1	
	15													0	
20	0	0,6676	5438	4420	3585	1216	0261	0115	0032	0008	0003	0000	0000	20	20
	1	2725	3364	3683	3774	2702	1043	0576	0211	0068	0030	0005	0000	19	
	2	0528	0988	1458	1887	2852	1982	1369	0669	0278	0143	0031	0002	18	
	3	0065	0183	0364	0596	1901	2379	2054	1339	0716	0429	0123	0011	17	
	4	0006	0024	0065	0133	0898	2022	2182	1897	1304	0911	0350	0046	16	
	5		0002	0009	0022	0319	1294	1746	2023	1789	1457	0746	0148	15	
	6			0001	0003	0089	0647	1091	1686	1916	1821	1244	0370	14	
	7					0020	0259	0545	1124	1643	1821	1659	0739	13	
	8					0004	0084	0222	0609	1144	1480	1797	1201	12	
	9					0001	0022	0074	0270	0654	0987	1597	1602	11	
	10						0005	0020	0099	0308	0543	1171	1762	10	
	11						0001	0005	0030	0120	0247	0710	1602	9	
	12							0001	0008	0039	0092	0355	1201	8	
	13								0002	0010	0028	0146	0739	7	
	14									0002	0007	0049	0370	6	
	15										0001	0013	0148	5	
	16											0003	0046	4	
	17												0011	3	
	18												0002	2	
	19													1	
	20													0	
n		p: 0,98	0,97	0,96	0,95	0,90	5/6	0,80	0,75	0,70	2/3	0,60	0,50	k	n

Für p ≥ 0,5 verwendet man den blau unterlegten Eingang.

Kumulierte Binomialverteilung

$$F(n;p;k) = B(n;p;0) + \ldots + B(n;p;k) = \binom{n}{0}p^0(1-p)^{n-0} + \ldots + \binom{n}{k}p^k(1-p)^{n-k}$$

n	k	p = 0,02	0,03	0,04	0,05	0,10	1/6	0,20	0,25	0,30	1/3	0,40	0,50	k	n
2	0	0,9604	9409	9216	9025	8100	6944	6400	5625	4900	4444	3600	2500	1	2
	1	9996	9991	9984	9975	9900	9722	9600	9375	9100	8889	8400	7500	0	
3	0	0,9412	9127	8847	8574	7290	5787	5120	4219	3430	2963	2160	1250	2	3
	1	9988	9974	9953	9928	9720	9259	8960	8438	7840	7407	6480	5000	1	
	2			9999	9999	9990	9954	9920	9844	9730	9630	9360	8750	0	
4	0	0,9224	8853	8493	8145	6561	4823	4096	3164	2401	1975	1296	0625	3	4
	1	9977	9948	9909	9860	9477	8681	8192	7383	6517	5926	4752	3125	2	
	2		9999	9998	9995	9963	9838	9728	9492	9163	8889	8208	6875	1	
	3					9999	9992	9984	9961	9919	9877	9744	9375	0	
5	0	0,9039	8587	8154	7738	5905	4019	3277	2373	1681	1317	0778	0313	4	5
	1	9962	9915	9852	9774	9185	8038	7373	6328	5282	4609	3370	1875	3	
	2	9999	9997	9994	9988	9914	9645	9421	8965	8369	7901	6826	5000	2	
	3					9995	9967	9933	9844	9692	9547	9130	8125	1	
	4						9999	9997	9990	9976	9959	9898	9688	0	
6	0	0,8858	8330	7828	7351	5314	3349	2621	1780	1176	0878	0467	0156	5	6
	1	9943	9875	9784	9672	8857	7368	6554	5339	4202	3512	2333	1094	4	
	2	9998	9995	9988	9978	9842	9377	9011	8306	7443	6804	5443	3438	3	
	3				9999	9987	9913	9830	9624	9295	8999	8208	6563	2	
	4					9999	9993	9984	9954	9891	9822	9590	8906	1	
	5							9999	9998	9993	9986	9959	9844	0	
7	0	0,8681	8080	7514	6983	4783	2791	2097	1335	0824	0585	0280	0078	6	7
	1	9921	9829	9706	9556	8503	6698	5767	4450	3294	2634	1586	0625	5	
	2	9997	9991	9980	9962	9743	9042	8520	7564	6471	5706	4199	2266	4	
	3			9999	9998	9973	9824	9667	9294	8740	8267	7102	5000	3	
	4					9998	9980	9953	9871	9712	9547	9037	7734	2	
	5						9999	9996	9987	9962	9931	9812	9375	1	
	6								9999	9998	9995	9984	9922	0	
8	0	0,8508	7837	7214	6634	4305	2326	1678	1001	0576	0390	0168	0039	7	8
	1	9897	9777	9619	9428	8131	6047	5033	3670	2553	1951	1064	0352	6	
	2	9996	9987	9969	9942	9619	8652	7969	6786	5518	4682	3154	1445	5	
	3		9999	9998	9996	9950	9693	9457	8862	8059	7414	5941	3633	4	
	4					9996	9954	9896	9727	9420	9121	8263	6367	3	
	5						9996	9988	9958	9887	9803	9502	8555	2	
	6							9999	9996	9987	9974	9915	9648	1	
	7									9999	9998	9993	9961	0	
9	0	0,8337	7602	6925	6302	3874	1938	1342	0751	0404	0260	0101	0020	8	9
	1	9869	9718	9222	9288	7748	5427	4362	3003	1960	1431	0705	0195	7	
	2	9994	9980	9955	9916	9470	8217	7382	6007	4628	3772	2318	0898	6	
	3		9999	9997	9994	9917	9520	9144	8343	7297	6503	4826	2539	5	
	4					9991	9911	9804	9511	9012	8552	7334	5000	4	
	5					9999	9989	9969	9900	9747	9576	9006	7461	3	
	6						9999	9997	9987	9957	9917	9750	9102	2	
	7								9999	9996	9990	9962	9805	1	
	8										9999	9997	9980	0	
n		p = 0,98	0,97	0,96	0,95	0,90	5/6	0,80	0,75	0,70	2/3	0,60	0,50	k	n

Nicht aufgeführte Werte sind (auf 4 Dez.) 1,0000.

Bei blau unterlegtem Eingang, d. h. $p \geq 0{,}5$ gilt: $F(n; p; k) = 1 -$ abgelesener Wert.

Kumulierte Binomialverteilung

$F(n; p; k) = B(n; p; 0) + \ldots + B(n; p; k) = \binom{n}{0} p^0 (1-p)^{n-0} + \ldots + \binom{n}{k} p^k (1-p)^{n-k}$

n	k	0,02	0,03	0,04	0,05	0,10	1/6	0,20	0,25	0,30	1/3	0,40	0,50	k	n
10	0	0,8171	7374	6648	5987	3487	1615	1074	0563	0282	0173	0060	0010	9	10
	1	9838	9655	9418	9139	7361	4845	3758	2440	1493	1040	0464	0107	8	
	2	9991	9972	9938	9885	9298	7752	6778	5256	3828	2991	1673	0547	7	
	3		9999	9996	9990	9872	9303	8791	7759	6496	5593	3823	1719	6	
	4				9999	9984	9845	9672	9219	8497	7869	6331	3770	5	
	5					9999	9976	9936	9803	9527	9234	8338	6230	4	
	6						9997	9991	9965	9894	9803	9452	8281	3	
	7							9999	9996	9984	9966	9877	9453	2	
	8									9999	9996	9983	9893	1	
	9											9999	9990	0	
11	0	0,8007	7153	6382	5688	3138	1346	0859	0422	0198	0116	0036	0005	10	11
	1	9805	9587	9308	8981	6974	4307	3221	1971	1130	0751	0302	0059	9	
	2	9988	9963	9917	9848	9104	7268	6174	4552	3127	2341	1189	0327	8	
	3		9998	9993	9984	9815	9044	8389	7133	5696	4726	2963	1133	7	
	4				9999	9972	9755	9496	8854	7897	7110	5328	2744	6	
	5					9997	9954	9883	9657	9218	8779	7535	5000	5	
	6						9994	9980	9925	9784	9614	9006	7256	4	
	7						9999	9998	9989	9957	9912	9707	8867	3	
	8									9994	9986	9941	9673	2	
	9										9999	9993	9941	1	
	10												9995	0	
12	0	0,7847	6938	6127	5404	2824	1122	0687	0317	0138	0077	0022	0002	11	12
	1	9769	9514	9191	8816	6590	3813	2749	1584	0850	0540	0196	0032	10	
	2	9985	9952	9893	9804	8891	6774	5583	3907	2528	1811	0834	0193	9	
	3	9999	9997	9990	9978	9744	8748	7946	6488	4925	3931	2253	0730	8	
	4			9999	9998	9957	9637	9274	8424	7237	6315	4382	1938	7	
	5					9995	9921	9806	9456	8822	8223	6652	3872	6	
	6						9987	9961	9857	9614	9336	8418	6128	5	
	7						9998	9994	9972	9905	9812	9427	8062	4	
	8							9999	9996	9983	9961	9847	9270	3	
	9									9998	9995	9972	9807	2	
	10											9997	9968	1	
	11												9998	0	
13	0	0,7690	6730	5882	5133	2542	0935	0550	0238	0097	0051	0013	0001	12	13
	1	9730	9436	9068	8646	6213	3365	2336	1267	0637	0385	0126	0017	11	
	2	9980	9938	9865	9755	8661	6281	5017	3326	2025	1387	0579	0112	10	
	3	9999	9995	9986	9969	9658	8419	7473	5843	4206	3224	1686	0461	9	
	4			9999	9997	9935	9488	9009	7940	6543	5520	3520	1334	8	
	5					9991	9873	9700	9198	8346	7587	5744	2905	7	
	6					9999	9976	9930	9757	9376	8965	7712	5000	6	
	7						9997	9988	9943	9818	9653	9023	7095	5	
	8							9998	9990	9960	9912	9679	8666	4	
	9								9999	9993	9984	9922	9539	3	
	10									9999	9998	9987	9888	2	
	11											9999	9983	1	
	12												9999	0	
n		0,98	0,97	0,96	0,95	0,90	5/6	0,80	0,75	0,70	2/3	0,60	0,50	k	n

Nicht aufgeführte Werte sind (auf 4 Dez.) 1,0000.

Bei blau unterlegtem Eingang, d. h. $p \geq 0{,}5$ gilt: $F(n; p; k) = 1 -$ abgelesener Wert.

Kumulierte Binomialverteilung

$$F(n;p;k) = B(n;p;0) + \ldots + B(n;p;k) = \binom{n}{0}p^0(1-p)^{n-0} + \ldots + \binom{n}{k}p^k(1-p)^{n-k}$$

n	k	p: 0,02	0,03	0,04	0,05	0,10	1/6	0,20	0,25	0,30	1/3	0,40	0,50	k	n
14	0	0,7536	6528	5647	4877	2288	0779	0440	0178	0068	0034	0008	0001	13	14
	1	9690	9355	8941	8470	5846	2960	1979	1010	0475	0274	0081	0009	12	
	2	9975	9923	9823	9699	8416	5795	4481	2812	1608	1053	0398	0065	11	
	3	9999	9994	9981	9958	9559	8063	6982	5214	3552	2612	1243	0287	10	
	4			9998	9996	9908	9310	8702	7416	5842	4755	2793	0898	9	
	5					9985	9809	9561	8884	7805	6898	4859	2120	8	
	6					9998	9959	9884	9618	9067	8505	6925	3953	7	
	7						9993	9976	9898	9685	9424	8499	6047	6	
	8						9999	9996	9980	9917	9826	9417	7880	5	
	9								9998	9983	9960	9825	9102	4	
	10									9998	9993	9961	9713	3	
	11										9999	9994	9935	2	
	12											9999	9991	1	
	13												9999	0	
15	0	0,7386	6333	5421	4633	2059	0649	0352	0134	0047	0023	0005	0000	14	15
	1	9647	9270	8809	8290	5490	2596	1671	0802	0353	0194	0052	0005	13	
	2	9970	9906	9797	9638	8159	5322	3980	2361	1268	0794	0271	0037	12	
	3	9998	9992	9976	9945	9444	7685	6482	4613	2969	2092	0905	0176	11	
	4		9999	9998	9994	9873	9102	8358	6865	5155	4041	2173	0592	10	
	5				9999	9978	9726	9389	8516	7216	6184	4032	1509	9	
	6					9997	9934	9819	9434	8689	7970	6098	3036	8	
	7						9987	9958	9827	9500	9118	7869	5000	7	
	8						9998	9992	9958	9848	9692	9050	6964	6	
	9							9999	9992	9963	9915	9662	8491	5	
	10								9999	9993	9982	9907	9408	4	
	11									9999	9997	9981	9824	3	
	12											9997	9963	2	
	13												9995	1	
	14													0	
16	0	0,7238	6143	5204	4401	1853	0541	0281	0100	0033	0015	0003	0000	15	16
	1	9601	9182	8673	8108	5147	2272	1407	0635	0261	0137	0033	0003	14	
	2	9963	9887	9758	9571	7892	4868	3518	1971	0994	0594	0183	0021	13	
	3	9998	9989	9968	9930	9316	7291	5981	4050	2459	1659	0651	0106	12	
	4		9999	9997	9991	9830	8866	7982	6302	4499	3391	1666	0384	11	
	5				9999	9967	9622	9183	8103	6598	5469	3288	1051	10	
	6					9995	9899	9733	9204	8247	7374	5272	2272	9	
	7					9999	9979	9930	9729	9256	8735	7161	4018	8	
	8						9996	9985	9925	9743	9500	8577	5982	7	
	9							9998	9984	9929	9841	9417	7728	6	
	10								9997	9984	9960	9809	8949	5	
	11									9997	9992	9951	9616	4	
	12										9999	9991	9894	3	
	13											9999	9979	2	
	14												9997	1	
	15													0	
n		p: 0,98	0,97	0,96	0,95	0,90	5/6	0,80	0,75	0,70	2/3	0,60	0,50	k	n

Nicht aufgeführte Werte sind (auf 4 Dez.) 1,0000.

Bei blau unterlegtem Eingang, d. h. $p \geq 0{,}5$ gilt: $F(n;p;k) = 1 -$ abgelesener Wert.

Kumulierte Binomialverteilung

$$F(n; p; k) = B(n; p; 0) + \ldots + B(n; p; k) = \binom{n}{0} p^0 (1-p)^{n-0} + \ldots + \binom{n}{k} p^k (1-p)^{n-k}$$

n	k	p = 0,02	0,03	0,04	0,05	0,10	1/6	0,20	0,25	0,30	1/3	0,40	0,50	k	n
17	0	0,7093	5958	4996	4181	1668	0451	0225	0075	0023	0010	0002	0000	16	17
	1	9554	9091	8535	7922	4818	1983	1182	0501	0193	0096	0021	0001	15	
	2	9956	9866	9714	9497	7618	4435	3096	1637	0774	0442	0123	0012	14	
	3	9997	9986	9960	9912	9174	6887	5489	3530	2019	1304	0464	0064	13	
	4		9999	9996	9988	9779	8604	7582	5739	3887	2814	1260	0245	12	
	5				9999	9953	9496	8943	7653	5968	4777	2639	0717	11	
	6					9992	9853	9623	8929	7752	6739	4478	1662	10	
	7					9999	9965	9891	9598	8954	8281	6405	3145	9	
	8						9993	9974	9876	9597	9245	8011	5000	8	
	9						9999	9995	9969	9873	9727	9081	6855	7	
	10							9999	9994	9968	9920	9652	8338	6	
	11								9999	9993	9981	9894	9283	5	
	12									9999	9997	9975	9755	4	
	13											9995	9936	3	
	14											9999	9988	2	
	15												9999	1	
18	0	0,6951	5780	4796	3972	1501	0376	0180	0056	0016	0007	0001	0000	17	18
	1	9505	8997	8393	7735	4503	1728	0991	0395	0142	0068	0013	0001	16	
	2	9948	9843	9667	9419	7338	4027	2713	1353	0600	0326	0082	0007	15	
	3	9996	9982	9950	9891	9018	6479	5010	3057	1646	1017	0328	0038	14	
	4		9999	9994	9985	9718	8318	7164	5187	3327	2311	0942	0154	13	
	5				9998	9936	9347	8671	7175	5344	4122	2088	0481	12	
	6					9988	9794	9487	8610	7217	6085	3743	1189	11	
	7					9998	9947	9837	9431	8593	7767	5634	2403	10	
	8						9989	9957	9807	9404	8924	7368	4073	9	
	9						9998	9991	9946	9790	9567	8653	5927	8	
	10							9998	9988	9939	9856	9424	7597	7	
	11								9998	9986	9961	9797	8811	6	
	12									9997	9991	9943	9519	5	
	13										9999	9987	9846	4	
	14											9998	9962	3	
	15												9993	2	
	16												9999	1	
19	0	0,6812	5606	4604	3774	1351	0313	0144	0042	0011	0005	0001	0000	18	19
	1	9454	8900	8249	7547	4203	1502	0829	0310	0104	0047	0008	0000	17	
	2	9939	9817	9616	9335	7054	3643	2369	1113	0462	0240	0055	0004	16	
	3	9995	9978	9939	9868	8850	6070	4551	2631	1332	0787	0230	0022	15	
	4		9998	9993	9980	9648	8011	6733	4654	2822	1879	0696	0096	14	
	5			9999	9998	9914	9176	8369	6678	4739	3519	1629	0318	13	
	6					9983	9719	9324	8251	6655	5431	3081	0835	12	
	7					9997	9921	9767	9225	8180	7207	4878	1796	11	
	8						9982	9933	9713	9161	8538	6675	3238	10	
	9						9996	9984	9911	9674	9352	8139	5000	9	
	10						9999	9997	9977	9895	9759	9115	6762	8	
	11								9995	9972	9926	9648	8204	7	
	12								9999	9994	9981	9884	9165	6	
	13									9999	9996	9969	9682	5	
	14										9999	9994	9904	4	
	15											9999	9978	3	
	16												9996	2	
	17													1	
n		0,98	0,97	0,96	0,95	0,90	5/6	0,80	0,75	0,70	2/3	0,60	0,50 = p	k	n

Nicht aufgeführte Werte sind (auf 4 Dez.) 1,0000.

Bei blau unterlegtem Eingang, d. h. $p \geq 0{,}5$ gilt: $F(n; p; k) = 1 -$ abgelesener Wert.

Kumulierte Binomialverteilung

$$F(n;\,p;\,k) = B(n;\,p;\,0) + \ldots + B(n;\,p;\,k) = \binom{n}{0}p^0(1-p)^{n-0} + \ldots + \binom{n}{k}p^k(1-p)^{n-k}$$

n	k	p = 0,02	0,03	0,04	0,05	0,10	1/6	0,20	0,25	0,30	1/3	0,40	0,50	k	n
20	0	0,6676	5438	4420	3585	1216	0261	0115	0032	0008	0003	0000	0000	19	20
20	1	9401	8802	8103	7358	3917	1304	0692	0243	0076	0033	0005	0000	18	20
20	2	9929	9790	9561	9245	6769	3287	2061	0913	0355	0176	0036	0002	17	20
20	3	9994	9973	9926	9841	8670	5665	4114	2252	1071	0604	0160	0013	16	20
20	4		9997	9990	9974	9568	7687	6296	4148	2375	1515	0510	0059	15	20
20	5			9999	9997	9887	8982	8042	6172	4164	2972	1256	0207	14	20
20	6					9976	9629	9133	7858	6080	4793	2500	0577	13	20
20	7					9996	9887	9679	8982	7723	6615	4159	1316	12	20
20	8					9999	9972	9900	9591	8867	8095	5956	2517	11	20
20	9						9994	9974	9861	9520	9081	7553	4119	10	20
20	10						9999	9994	9960	9829	9624	8725	5881	9	20
20	11							9999	9990	9949	9870	9435	7483	8	20
20	12								9998	9987	9963	9790	8684	7	20
20	13									9997	9991	9935	9423	6	20
20	14										9998	9984	9793	5	20
20	15											9997	9941	4	20
20	16												9987	3	20
20	17												9998	2	20
50	0	0,3642	2181	1299	0769	0052	0001	0000	0000	0000	0000	0000	0000	49	50
50	1	7358	5553	4005	2794	0338	0012	0002	0000	0000	0000	0000	0000	48	50
50	2	9216	8108	6767	5405	1117	0066	0013	0001	0000	0000	0000	0000	47	50
50	3	9822	9372	8609	7604	2503	0238	0057	0005	0000	0000	0000	0000	46	50
50	4	9968	9832	9510	8964	4312	0643	0185	0021	0002	0000	0000	0000	45	50
50	5	9995	9963	9856	9622	6161	1388	0480	0070	0007	0001	0000	0000	44	50
50	6	9999	9993	9964	9882	7702	2506	1034	0194	0025	0005	0000	0000	43	50
50	7		9999	9992	9968	8779	3911	1904	0453	0073	0017	0000	0000	42	50
50	8			9999	9992	9421	5421	3073	0916	0183	0050	0002	0000	41	50
50	9				9998	9755	6830	4437	1637	0402	0127	0008	0000	40	50
50	10					9906	7986	5836	2622	0789	0284	0022	0000	39	50
50	11					9968	8827	7107	3816	1390	0570	0057	0000	38	50
50	12					9990	9373	8139	5110	2229	1035	0133	0002	37	50
50	13					9997	9693	8894	6370	3279	1715	0280	0005	36	50
50	14					9999	9862	9393	7481	4468	2612	0540	0013	35	50
50	15						9943	9692	8369	5692	3690	0955	0033	34	50
50	16						9978	9856	9017	6839	4868	1561	0077	33	50
50	17						9992	9937	9449	7822	6046	2369	0164	32	50
50	18						9998	9975	9713	8594	7126	3356	0325	31	50
50	19						9999	9991	9861	9152	8036	4465	0595	30	50
50	20							9997	9937	9522	8741	5610	1013	29	50
50	21							9999	9974	9749	9244	6701	1611	28	50
50	22								9990	9877	9576	7660	2399	27	50
50	23								9997	9944	9778	8438	3359	26	50
50	24								9999	9976	9892	9022	4439	25	50
50	25									9991	9951	9427	5561	24	50
50	26									9997	9979	9686	6641	23	50
50	27									9999	9992	9840	7601	22	50
50	28										9997	9924	8389	21	50
50	29										9999	9966	8987	20	50
50	30											9986	9405	19	50
50	31											9995	9675	18	50
50	32											9998	9836	17	50
50	33											9999	9923	16	50
50	34												9967	15	50
50	35												9987	14	50
50	36												9995	13	50
50	37												9998	12	50
n		0,98	0,97	0,96	0,95	0,90	5/6	0,80	0,75	0,70	2/3	0,60	0,50 = p	k	n

Nicht aufgeführte Werte sind (auf 4 Dez.) 1,0000.

Bei blau unterlegtem Eingang, d. h. $p \geq 0,5$ gilt: $F(n;\,p;\,k) = 1 -$ abgelesener Wert.

Kumulierte Binomialverteilung

$$F(n;\,p;\,k) = B(n;\,p;\,0) + \ldots + B(n;\,p;\,k) = \binom{n}{0} p^0 (1-p)^{n-0} + \ldots + \binom{n}{k} p^k (1-p)^{n-k}$$

n	k	0,02	0,03	0,04	0,05	0,10	1/6	0,20	0,25	0,30	1/3	0,40	0,50		n
	0	0,1986	0874	0382	0165	0002	0000	0000	0000	0000	0000	0000	0000	79	
	1	5230	3038	1654	0861	0022	0000	0000	0000	0000	0000	0000	0000	78	
	2	7844	5681	3748	2306	0107	0001	0000	0000	0000	0000	0000	0000	77	
	3	9231	7807	6016	4284	0353	0004	0000	0000	0000	0000	0000	0000	76	
	4	9776	9072	7836	6289	0880	0015	0001	0000	0000	0000	0000	0000	75	
	5	9946	9667	8988	7892	1769	0051	0005	0000	0000	0000	0000	0000	74	
	6	9989	9897	9588	8947	3005	0140	0018	0001	0000	0000	0000	0000	73	
	7	9998	9972	9853	9534	4456	0328	0053	0002	0000	0000	0000	0000	72	
	8		9993	9953	9816	5927	0672	0131	0006	0000	0000	0000	0000	71	
	9		9999	9987	9935	7234	1221	0287	0018	0001	0000	0000	0000	70	
	10			9997	9979	8266	2002	0565	0047	0002	0000	0000	0000	69	
	11			9999	9994	8996	2995	1006	0106	0006	0001	0000	0000	68	
	12				9998	9462	4137	1640	0221	0015	0002	0000	0000	67	
	13					9732	5333	2470	0421	0036	0005	0000	0000	66	
	14					9877	6476	3463	0740	0079	0012	0000	0000	65	
	15					9947	7483	4555	1208	0161	0029	0000	0000	64	
	16					9979	8301	5664	1841	0302	0063	0001	0000	63	
	17					9992	8917	6707	2636	0531	0126	0003	0000	62	
	18					9997	9348	7621	3563	0873	0237	0007	0000	61	
	19					9999	9629	8366	4572	1352	0418	0016	0000	60	
	20						9801	8934	5597	1978	0693	0035	0000	59	
	21						9899	9340	6574	2745	1087	0072	0000	58	
	22						9951	9612	7447	3627	1616	0136	0000	57	
	23						9978	9783	8180	4579	2282	0245	0001	56	
	24						9990	9885	8761	5549	3073	0417	0002	55	
	25						9996	9942	9195	6479	3959	0675	0005	54	
	26						9998	9972	9501	7323	4896	1037	0011	53	
	27						9999	9987	9705	8046	5832	1521	0024	52	
80	28							9995	9834	8633	6719	2131	0048	51	80
	29							9998	9911	9084	7514	2860	0091	50	
	30							9999	9954	9412	8190	3687	0165	49	
	31								9978	9640	8735	4576	0283	48	
	32								9990	9789	9152	5484	0464	47	
	33								9995	9881	9455	6363	0728	46	
	34								9998	9936	9665	7174	1092	45	
	35								9999	9967	9803	7885	1571	44	
	36									9984	9889	8477	2170	43	
	37									9993	9940	8947	2882	42	
	38									9997	9969	9301	3688	41	
	39									9999	9985	9555	4555	40	
	40									9999	9993	9729	5445	39	
	41										9997	9842	6312	38	
	42										9999	9912	7118	37	
	43										9999	9953	7830	36	
	44											9976	8428	35	
	45											9988	8907	34	
	46											9994	9272	33	
	47											9997	9535	32	
	48											9999	9717	31	
	49											9999	9835	30	
	50												9908	29	
	51												9951	28	
	52												9976	27	
	53												9988	26	
	54												9995	25	
	55												9998	24	
	56												9999	23	
n		0,98	0,97	0,96	0,95	0,90	5/6	0,80	0,75	0,70	2/3	0,60	0,50	k	n

Nicht aufgeführte Werte sind (auf 4 Dez.) 1,0000.

Bei blau unterlegtem Eingang, d. h. $p \geq 0{,}5$ gilt: $F(n;\,p;\,k) = 1 -$ abgelesener Wert.

Kumulierte Binomialverteilung

$$F(n;\,p;\,k) = B(n;\,p;\,0) + \ldots + B(n;\,p;\,k) = \binom{n}{0} p^0 (1-p)^{n-0} + \ldots + \binom{n}{k} p^k (1-p)^{n-k}$$

n	k	p: 0,02	0,03	0,04	0,05	0,10	1/6	0,20	0,25	0,30	1/3	0,40	0,50		n
100	0	0,1326	0476	0169	0059	0000	0000	0000	0000	0000	0000	0000	0000	99	100
	1	4033	1946	0872	0371	0003	0000	0000	0000	0000	0000	0000	0000	98	
	2	6767	4198	2321	1183	0019	0000	0000	0000	0000	0000	0000	0000	97	
	3	8590	6472	4295	2578	0078	0000	0000	0000	0000	0000	0000	0000	96	
	4	9492	8179	6289	4360	0237	0001	0000	0000	0000	0000	0000	0000	95	
	5	9845	9192	7884	6160	0576	0004	0000	0000	0000	0000	0000	0000	94	
	6	9959	9688	8936	7660	1172	0013	0001	0000	0000	0000	0000	0000	93	
	7	9991	9894	9525	8720	2061	0038	0003	0000	0000	0000	0000	0000	92	
	8	9998	9968	9810	9369	3209	0095	0009	0000	0000	0000	0000	0000	91	
	9		9991	9932	9718	4513	0213	0023	0000	0000	0000	0000	0000	90	
	10		9998	9978	9885	5832	0427	0057	0001	0000	0000	0000	0000	89	
	11			9993	9957	7030	0777	0126	0004	0000	0000	0000	0000	88	
	12			9998	9985	8018	1297	0253	0010	0000	0000	0000	0000	87	
	13				9995	8761	2000	0469	0025	0001	0000	0000	0000	86	
	14				9999	9274	2874	0804	0054	0002	0000	0000	0000	85	
	15					9601	3877	1285	0111	0004	0000	0000	0000	84	
	16					9794	4942	1923	0211	0010	0001	0000	0000	83	
	17					9900	5994	2712	0376	0022	0002	0000	0000	82	
	18					9954	6965	3621	0630	0045	0005	0000	0000	81	
	19					9980	7803	4602	0995	0089	0011	0000	0000	80	
	20					9992	8481	5595	1488	0165	0024	0000	0000	79	
	21					9997	8998	6540	2114	0288	0048	0000	0000	78	
	22					9999	9370	7389	2864	0479	0091	0001	0000	77	
	23						9621	8109	3711	0755	0164	0003	0000	76	
	24						9783	8686	4617	1136	0281	0006	0000	75	
	25						9881	9125	5535	1631	0458	0012	0000	74	
	26						9938	9442	6417	2244	0715	0024	0000	73	
	27						9969	9658	7224	2964	1066	0046	0000	72	
	28						9985	9800	7925	3768	1524	0084	0000	71	
	29						9993	9888	8505	4623	2093	0148	0000	70	
	30						9997	9939	8962	5491	2766	0248	0000	69	
	31						9999	9969	9307	6331	3525	0398	0001	68	
	32							9985	9554	7107	4344	0615	0002	67	
	33							9993	9724	7793	5188	0913	0004	66	
	34							9997	9836	8371	6019	1303	0009	65	
	35							9999	9906	8839	6803	1795	0018	64	
	36							9999	9948	9201	7511	2386	0033	63	
	37								9973	9470	8123	3068	0060	62	
	38								9986	9660	8630	3822	0105	61	
	39								9993	9790	9034	4621	0176	60	
	40								9997	9875	9341	5433	0284	59	
	41								9999	9928	9566	6225	0443	58	
	42									9960	9724	6967	0666	57	
	43									9979	9831	7635	0967	56	
	44									9989	9900	8211	1356	55	
	45									9995	9943	8689	1841	54	
	46									9997	9969	9070	2421	53	
	47									9999	9983	9362	3087	52	
	48									9999	9991	9577	3822	51	
	49										9996	9729	4602	50	
	50										9998	9832	5398	49	
	51										9999	9900	6178	48	
	52											9942	6914	47	
	53											9968	7579	46	
	54											9983	8159	45	
	55											9991	8644	44	
	56											9996	9033	43	
	57											9998	9334	42	
	58											9999	9557	41	
	59												9716	40	
	60												9824	39	
	61												9895	38	
	62												9940	37	
	63												9967	36	
	64												9982	35	
	65												9991	34	
	66												9996	33	
	67												9998	32	
	68												9999	31	
n		0,98	0,97	0,96	0,95	0,90	5/6	0,80	0,75	0,70	2/3	0,60	0,50 (p)	k	n

Nicht aufgeführte Werte sind (auf 4 Dez.) 1,0000.

Bei blau unterlegtem Eingang, d. h. $p \geq 0{,}5$ gilt: $F(n;\,p;\,k) = 1 -$ abgelesener Wert.

Testlösungen

Testlösungen zum Kapitel I (Seite 42)

1. a) $x = 4,\ y = 4$ b) $x = \frac{9}{8},\ y = -\frac{11}{8},\ z = \frac{21}{8}$

2. a) keine Lösung b) $x = 8c - 6,\ y = 5 - 6c,\ z = c$

3. Ansatz: $f(x) = ax^2 + bx + c$
$f(0) = 0 \Rightarrow c = 0$
$f(5) = 0{,}06$: $25a + 5b = 0{,}06$
$f(10) = 0$: $100a + 10b = 0 \Rightarrow a = -0{,}0024,\quad b = 0{,}024$
$f(x) = -0{,}0024x^2 + 0{,}024x$

4. $x + y + z = 30$
$x - 4 = 2(y - 4 + z - 4)$
$z - 4 = 2(y - 4)$ Lösung: $x = 16$ (Maria), $y = 6$ (Emma), $z = 8$ (Julia)

5. a) x: Anlagesumme in Aktien, y: Anlagesumme in Fonds, z: Anlagesumme in Gold
$x + y + z = 30000$
$7x + 6y + 5z = 200000$ Lösung: $x = 20000 + c,\ y = 10000 - 2c,\ z = c$
b) $z = 5000,\ x = 25000,\ y = 0$

Testlösungen zum Kapitel II (Seite 74)

1. a) Symmetrie zum Ursprung
   b) Symmetrie zur y-Achse
   c) keine der Symmetrien

2. a) $f \to -\infty$ für $x \to -\infty$, $f \to \infty$ für $x \to \infty$
   b) $f \to -\infty$ für $x \to -\infty$, $f \to -\infty$ für $x \to \infty$
   c) $f \to -\infty$ für $x \to -\infty$, $f \to \infty$ für $x \to \infty$

3. a) $x = -5$; $x = 3$ b) $x = 0$; $x = -2$; $x = 0{,}5$ c) $x = 0$; $x = 1$

4. a) $x = 1$ b) $x = -1$, $x = 1$; $x = -3$

5. a) $f(x) = (x-1)(x+2)(x-5)$; $f(x) = x^3 - 4x^2 - 7x + 10$
   b) $f(x) = x^3 - 8$
   c) geht nicht

6. a) $f(x) = (x^2 - 1)(x - 5) = x^3 - 5x^2 - x + 5$
   b) $g(0) = 5a = 6$; $a = 1{,}2$

7. a) $x = 0$; $x = 3$
   b) keine der Symmetrien
   c)

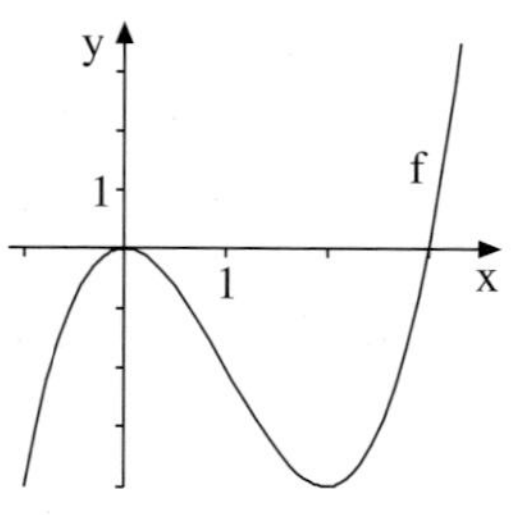

   d) $f \to -\infty$ für $x \to -\infty$
   $f \to \infty$ für $x \to \infty$

8. a) $x = -2$; $x = 2$; $x = -1$; $x = 1$
   b) $x = 2$; $x = \pm\sqrt{2}$

Testlösungen zum Kapitel III (Seite 97)

1. a) $\lim\limits_{x\to\infty} \frac{1-2x}{x+2} = -2, \quad \lim\limits_{x\to-\infty} \frac{1-2x}{x+2} = -2$

   b) $\lim\limits_{x\to4} \frac{2x^2-32}{x-4} = \lim\limits_{x\to4} \frac{2(x-4)(x+4)}{x-4} = \lim\limits_{x\to4} 2(x+4) = 16$

   $\lim\limits_{x\to4} \frac{2x^2-32}{x-4} = \lim\limits_{h\to0} \frac{2(4+h)^2-32}{h} = \lim\limits_{h\to0} \frac{16h+2h^2}{h} = \lim\limits_{h\to0} (16+2h) = 16$

2. $\lim\limits_{x\to\infty} \frac{1+x-x^2}{1-x+x^2} = -1, \quad \lim\limits_{x\to\infty} \frac{2x+1}{x^2} = 0, \quad \lim\limits_{x\to\infty} \frac{2x+1}{2+4x} = \frac{1}{2}, \quad \lim\limits_{x\to\infty} \frac{x^2+1}{x+2} = \infty$

3. a) 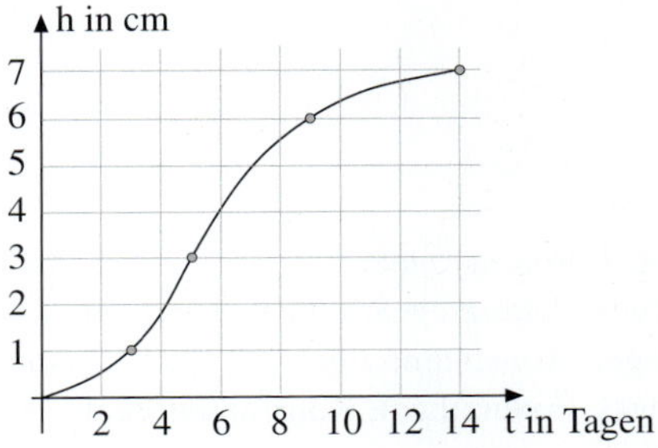

   b) mittlere Änderungsrate
   $\bar{h} = \frac{7-0}{14-0} = \frac{1}{2}$ cm/Tag

   c) I_1: $\bar{h} = \frac{1-0}{3-0} = \frac{1}{3}$ cm/Tag

   I_2: $\bar{h} = \frac{3-1}{5-3} = 1$ cm/Tag

   I_3: $\bar{h} = \frac{6-3}{9-5} = \frac{3}{4}$ cm/Tag

   I_4: $\bar{h} = \frac{7-6}{14-9} = \frac{1}{5}$ cm/Tag

   Im zweiten Intervall vom 3. bis zum 5. Tag wächst die Blume am schnellsten.

4. a) $\frac{f(2)-f(0)}{2-0} = \frac{2-0}{2-0} = 1$

   b) 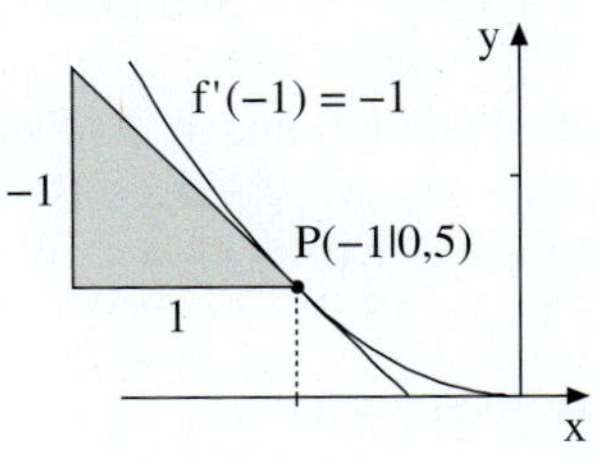

   c)

u	Mittlere Steigung von f in [1; u]
3	2,5
2,5	2,25
2,1	2,05
2,01	2,005
2,001	2,0005
↓	↓
2	2

   Bei Annäherung an $x_0 = 2$ von unten ergibt sich analog die lokale Steigung $f'(2) = 2$.

5. a) 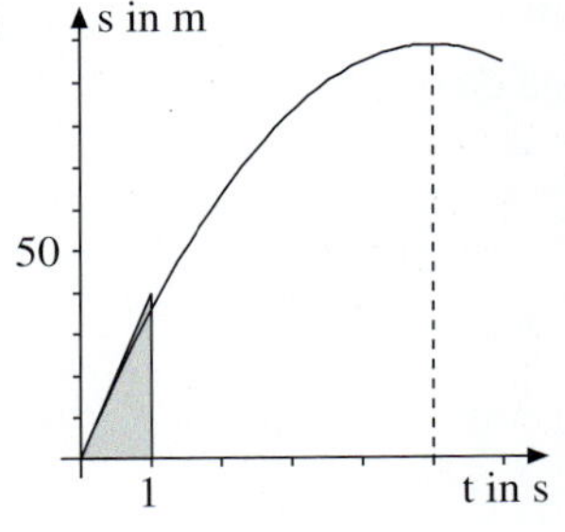

   b) Der Zeichnung kann man entnehmen, dass bei t = 5 eine waagerechte Tangente von s vorliegt, d. h. $s'(5) = v(5) = 0$. Das Auto steht nach 5 Sekunden.

   c) $\bar{v} = \frac{s(5)-s(0)}{5-0} = \frac{100-0}{5} = 20$ m/s

   = 72 km/h

   d) Steigungsdreieck bei x = 0 anlegen:
   v = 40 m/s

Testlösungen zum Kapitel III (Seite 126)

1.

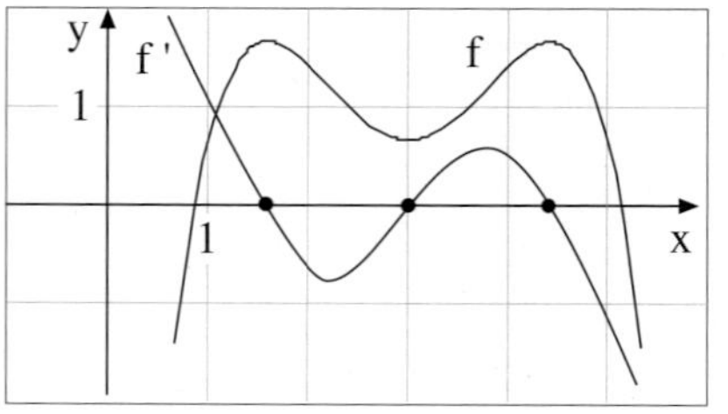

2. a) $\lim\limits_{h \to 0} \frac{\frac{3}{2}(1+h) - \frac{1}{2}(1+h)^2 - \frac{3}{2} + \frac{1}{2}}{h} = \lim\limits_{h \to 0} \frac{\frac{3}{2}h - h - \frac{1}{2}h^2}{h} = \lim\limits_{h \to 0} \left(\frac{3}{2} - 1 - \frac{1}{2}h\right) = \frac{1}{2}$
   b) $t(x) = \frac{1}{2}x + \frac{1}{2}$
   c) $f'(0) = 1{,}5$; $\gamma = 33{,}7°$
   d) $\tan 60° \approx 1{,}73$, $f'(x_1) = 1{,}73 \Rightarrow x_1 \approx -0{,}23$

3. a) $f'(x) = 6x^2 + 6x$ Summenregel, Faktorregel, Potenzregel
   b) $f'(x) = 12x^3$ Summenregel, Faktorregel, Potenzregel, Konstantenregel
   c) $f'(x) = -2nx^{2n-1}$ Summenregel, Potenzregel, Konstantenregel
   d) $f'(x) = 8x - 4$ Summenregel, Faktorregel, Potenzregel, Konstantenregel
   e) $f'(x) = 2x - \frac{2}{x^2}$ Summenregel, Faktorregel, Potenzregel, Reziprokenregel
   f) $f(x) = 1 + x^{-0{,}5}$ Summenregel, Faktorregel, Potenzregel, Wurzelregel

4. a) Nullstellen von f: 0 und 4; Nullstelle von g: 0
   $f = g$: $4x - x^2 = x$, $x^2 - 3x = 0$ gilt für $x = 0$ und $x = 3$; S(0|0) und T(3|3)
   b) $f'(x) = 4 - 2x$, $f'(0) = 4$, $\alpha \approx 76°$
   $g'(x) = 1$, $\beta = 45°$

   Schnittwinkel $\gamma \approx 31°$

   c) $2x + 1 = 4x - x^2$
   $2 = 4 - 2x$, $x = 1$
   Berührpunkt: B(1|3)
   $f'(1) = 2$

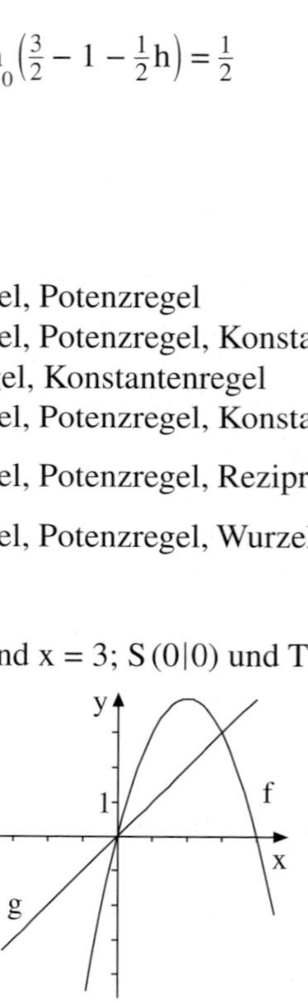

5. a) Aus einer Höhe von etwa 44,4 m.
   b) ca. 6 Sekunden
   c) $v = h'(0) = -5\,\text{m/s}$
   d) Fallzeit: 6 s; $v = h'(6) = -9{,}8\,\text{m/s} = -35{,}28\,\text{km/h}$, d. h. keine Gefahr
   e) $h'(t) = 14{,}28\,\text{m/s}$, $t = 11{,}60\,\text{s}$
   Es muss $-0{,}4t^2 - 5t + h = 0$ gelten, d. h. $h = 111{,}8\,\text{m}$

Testlösungen zum Kapitel IV (Seite 168)

1. a) Nullstellen: $x = 0$; $x = 3$
   Extrema:

   $f'(x) = -3x^2 + 6x$, $f''(x) = -6x + 6$, $f'''(x) = -6$
   $f'(x) = 0$: $x = 0$, $f''(0) = 6 > 0 \Rightarrow T(0|0)$
   $x = 2$, $f''(2) = -6 < 0 \Rightarrow H(2|6)$

   Wendepunkte:
   $f''(x) = 0$: $x = 1$, $f'''(1) = -6 < 0 \Rightarrow$ RL – $W(1|2)$

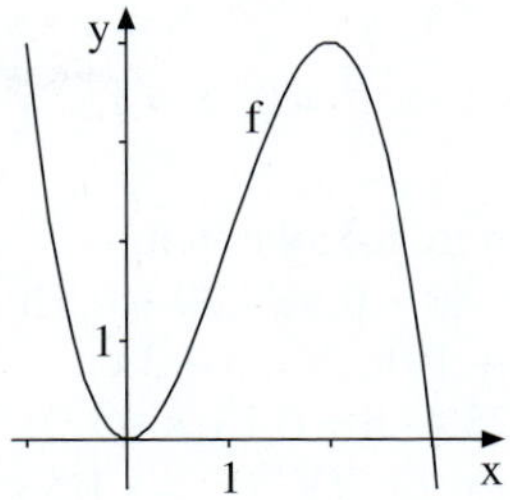

   b) f ist streng monoton steigend für $0 < x < 2$.
   f ist streng monoton fallend für $x < 0$ und $x > 2$.
   c) f ist für $x < 1$ linksgekrümmt.

2. a) Der Term von f enthält gerade und ungerade Exponenten, d.h. keine Standardsymmetrie.
   Nullstellen: $x = 0$ und $x = 3$
   Extrema: $f'(x) = \frac{3}{2}x^2 - 6x + \frac{9}{2} = 0$, $x = 1$, $x = 3$
   $f''(x) = 3x - 6$, $f''(1) = -3 < 0 \Rightarrow H(1|2)$
   $f''(3) = 3 > 0 \Rightarrow T(3|0)$
   Wendepunkt: $f''(x) = 0$ gilt für $x = 2$, $f'''(x) = 3 > 0$, $W(2|1)$

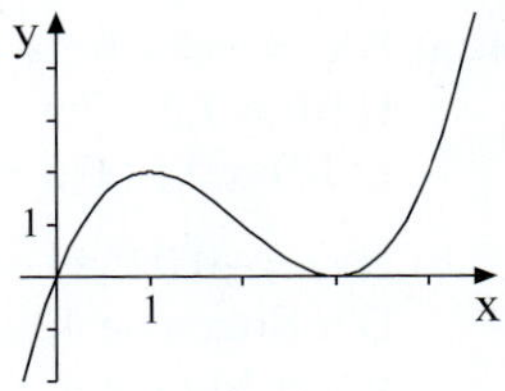

   b) $f'(0) = 4{,}5$, $\alpha \approx 77{,}5°$
   c) $f \to -\infty$ für $x \to -\infty$, $f \to \infty$ für $x \to \infty$
   d) f ist monoton steigend für $x < 1$ und $x > 3$, monoton fallend für $1 < x < 3$.
   f ist rechtsgekrümmt für $x < 2$, linksgekrümmt für $x > 2$.

3. a)

t	0	2	4	6	8	10	12	14	16
d(t)	200	220,8	270,4	329,6	379,2	400	372,8	278,4	97,6

   b) $d'(t) = -\frac{6}{5}t^2 + 12t = 0$, $t = 0$, $t = 10$, $d''(t) = -\frac{12}{5}t + 12$
   $d''(0) = 12 > 0$, $d''(10) = -12 < 0 \Rightarrow H(10|400)$

   c) im Wendepunkt:
   $d''(t) = 0$ gilt für $t = 5$
   Für $t = 5$ ändert sich die Durchflussmenge am stärksten.

   d) $d(t) = 250$: $t^3 - 15t^2 + 125 = 0$ hat die Näherungslösungen 3,26 und 14,40.
   Der Alarm dauert ca. 11,14 min und beginnt ca. 3,26 min nach Beginn der Zeitrechnung.

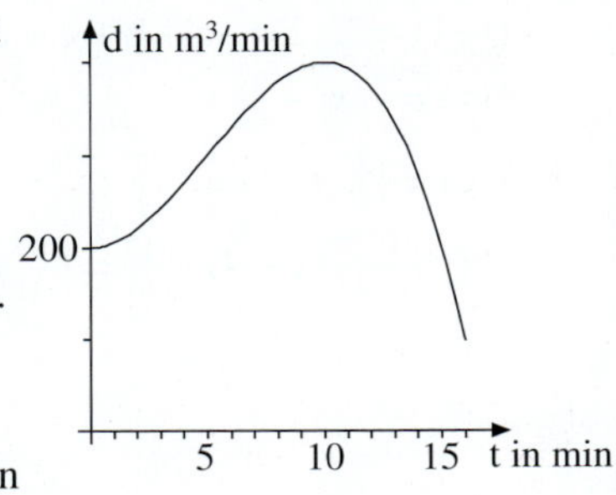

4. a) $H(-2|-2)$, $T(2|2)$
   b) $f'(x) = 0{,}5 - \frac{2}{x^2}$, $f'(1) = -1{,}5$
   $t(x) = -1{,}5x + 4$
   Schnittpunkte mit den Achsen:
   $X\left(\frac{8}{3}\middle|0\right)$, $Y(0|4)$

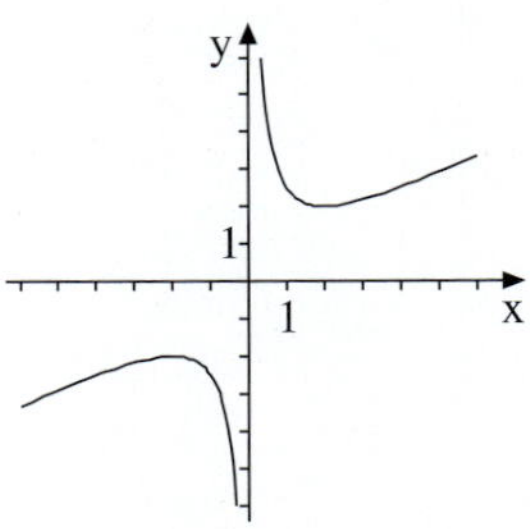

Testlösungen zum Kapitel IV (Seite 200)

1. a) $x \cdot y = 225,\ y = \frac{225}{x},\ S = x + y,\ S(x) = x + \frac{225}{x}$
   $S'(x) = 1 - \frac{225}{x^2} = 0,\ x = 15,\ y = 15\ \ (S''(x) = \frac{450}{x^3},\ S''(15) = \frac{4}{30} > 0)$

2. x-Breite in m; h-Höhe in m
   $K = 0{,}5\,x \cdot 40 + 0{,}5\,x \cdot 20 + 0{,}5\,h \cdot 20 = 30$
   $30 = 30\,x + 10\,h,\ h = 3 - 3\,x$
   $V(x) = 0{,}25\,x \cdot h = 0{,}75\,(x - x^2),\ V'(x) = 0{,}75\,(1 - 2\,x) = 0$
   $x = 0{,}5,\ h = 1{,}5\ \ (V''(x) = -1{,}5 < 0)$

3. $A(x) = 2\,x \cdot f(x) = 8\,x - \frac{8}{3}x^3$
   $A'(x) = 8 - 8\,x^2 = 0,\ x = 1\ \ (A''(x) = -16\,x,\ A''(1) = -16 < 0)$
   Resultat: $P\left(1\middle|\frac{8}{3}\right)$

4. a) $f(x) = a\,x^2 + b\,x + c,\ f'(x) = 2\,a\,x + b$
   $f(10) = 7{,}5{:}\ \ 7{,}5 = 100\,a + 10\,b + c,\ f(0) = 0,\ c = 0$
   $f'(10) = 0{,}5{:}\ \ 0{,}5 = 20\,a + b,\ 5 = 5\,b,\ b = 1,\ a = -0{,}025$

   b) $f(x) = -0{,}025\,x^2 + x,\ f(x) = 0{:}\ x = 0$ und $x = 40$
   Der Bogen ist 40 m breit.
   In der Mitte gilt: $f(20) = 10$, also ist er 10 m hoch.

   c) $f'(x) = -0{,}05\,x + 1,\ f'(0) = 1$, also $\alpha = 45°$.

5. a) $f(x) = a\,x^3 + b\,x^2 + c\,x + d,\ f'(x) = 3\,a\,x^2 + 2\,b\,x + c,\ f''(x) = 6\,a\,x + 2\,b$
   $f(1) = 6{:}\ \ 6 = a + b + c + d$
   $f'(1) = 0{:}\ \ 0 = 3\,a + 2\,b + c$
   $f''(4) = 0{:}\ \ 0 = 24\,a + 2\,b$
   $f(-1) = 2{:}\ \ 2 = -a + b - c + d,\ 4 = 2\,a + 2\,c,\ 4 = -4\,a - 4\,b,\ a = \frac{1}{11}$
   $f(x) = \frac{1}{11}x^3 - \frac{12}{11}x^2 + \frac{21}{11}x + \frac{56}{11}$

   b) $f(4) = \frac{12}{11},\ f'(4) = -\frac{27}{11}$
   $t(x) = -\frac{27}{11}(x - 4) + \frac{12}{11} = -\frac{27}{11}x + \frac{120}{11}$

Testlösungen zum Kapitel V (Seite 250)

1. a) Es gilt $\frac{K(t+1)}{K(t)} \approx 0{,}85$, also Quotientengleichheit, d. h. exponentielle Abnahme.
   Abnahmefunktion: $K(t) = 16 \cdot 0{,}85^t$
   b) $K(12) \approx 2{,}28$
   c) $K(t) = 1 \Rightarrow t \approx 17$

2. a) $x \approx -0{,}35$ b) $x \approx 0{,}35$ c) $u = 4,\ x \approx 1{,}39$

3. a) $f'(x) = -e^{2-x}$ b) $f'(x) = 4(e^{2x} - 1)e^{2x}$ c) $f'(x) = (2x - 0{,}5x^2)e^{-0{,}5x}$
   d) $f'(x) = 2abxe^{bx^2}$ e) $f'(x) = \left(\frac{1}{2\sqrt{x}} - \sqrt{x}\right)e^{-x}$ d) $f'(x) = 3e^{3x} + 2e^{2x} - e^x$

4. a)

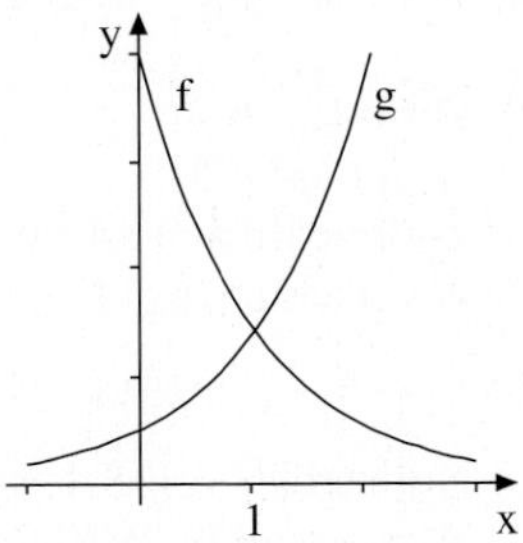

   b) $f = g$ gilt für $x \approx 1{,}04$, $S(1{,}04 | 1{,}414)$
   c) $f'(x) = -4e^x$, $f'(1{,}04) \approx -1{,}41 \Rightarrow \alpha \Rightarrow 125{,}3°$
   $g'(x) = 0{,}5e^x$, $g'(1{,}04) \approx 1{,}41 \Rightarrow \beta \approx 54{,}7°$
   $\Rightarrow y \approx 70{,}6°$
   d) $t(x) = -4x + 4$

5. a) Nullstellen: $x = 0$
   Extrema: $f'(x) = (1 - x^2)e^{-0{,}5x^2}$, $f''(x) = (x^3 - 3x)e^{-0{,}5x^2}$
   $f'(x) = 0$: $x = \pm 1$
   $f''(-1) = 2e^{-0{,}5} > 0 \Rightarrow T\left(-1 \middle| -\frac{1}{\sqrt{e}}\right) \approx (-1|-0{,}61)$
   $f''(1) = -2e^{-0{,}5} < 0 \Rightarrow H\left(1 \middle| \frac{1}{\sqrt{e}}\right) \approx (1|0{,}61)$
   b) $f \to 0$ für $x \to \infty$
   Begründung: Bei dem Produkt $x \cdot e^{-0{,}5x^2}$, also $\infty \cdot 0$ überwiegt die 0 des e-Terms.
   c)

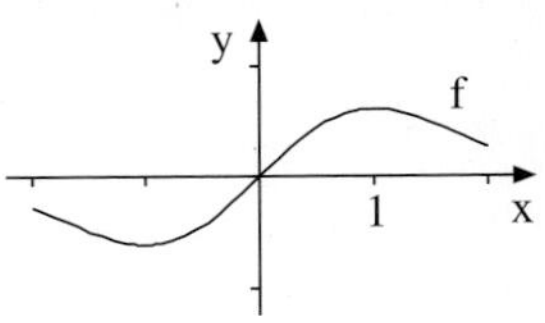

   d) $n(x) = -x$

Testlösungen zum Kapitel VI (Seite 280)

1.

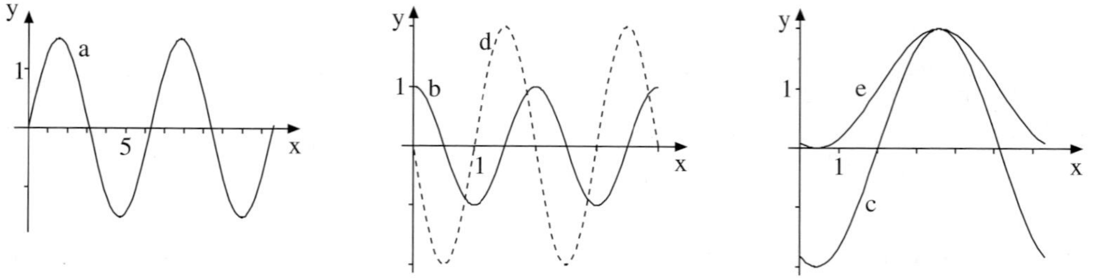

2. $g(x) = \sin(2x) + 1$ einziger Term mit y-Verschiebung 1
   $h(x) = 2\sin(\pi x)$ einziger Term mit Streckfaktor 2 und Periode 2

3. a) Periode: 16
   Amplitude: 2
   x-Verschiebung: 4 in x-Richtung
   y-Verschiebung: 1 in y-Richtung

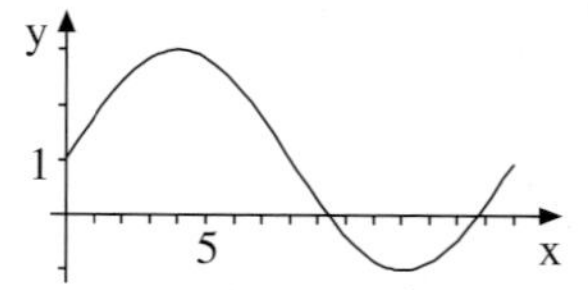

   b) $f'(x) = -\frac{\pi}{4}\sin\left(\frac{\pi}{8}(x-4)\right)$, $f''(x) = -\frac{\pi^2}{32}\cos\left(\frac{\pi}{8}(x-4)\right)$, $f'''(x) = \frac{\pi^3}{256}\sin\left(\frac{\pi}{8}(x-4)\right)$

   c) Nullstellen: $x = 8{,}4$; $x = 13{,}9$; Extrema: $H(4|3)$; $T(12|-1)$
   Wendepunkte: $W(0|1)$; $W(8|1)$

   d) $f''(8) = 0$, $f'''(8) \neq 0 \Rightarrow W(8|1)$

   e) $t(x) = -\frac{\pi}{4}(x-8) + 1 = -\frac{\pi}{4}x + 2\pi + 1 \approx -0{,}79x + 7{,}28$

   f) $\alpha = \arctan\left(-\frac{\pi}{4}\right) = -38{,}15°$ bzw. $141{,}85°$

4. a) Periode: 12; Amplitude: 6

   b)

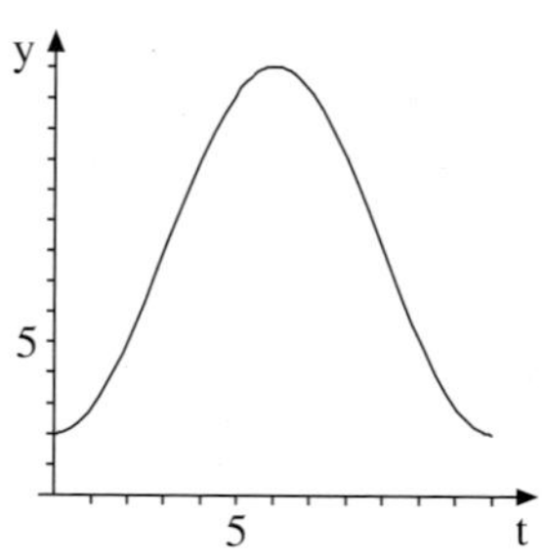

   c) Hochwasser bei $t = 6$: 14 m.
   Niedrigwasser bei $t = 0$ und $t = 12$: 2 m.

   d) Extremstelle:
   $h'(t) = \pi \cdot \cos\left(\frac{\pi}{6}(t-3)\right)$, $h'(6) = 0$
   $h''(t) = -\frac{\pi^2}{6} \cdot \sin\left(\frac{\pi}{6}(t-3)\right)$, $h''(6) < 0 \Rightarrow H(6|4)$
   Wendestelle:
   $h''(t) = -\frac{\pi^2}{6}\sin\left(\frac{\pi}{6}(t-3)\right)$, $h''(9) = 0$
   $h''(t) = -\frac{\pi^3}{36} \cdot \cos\left(\frac{\pi}{6}(t-3)\right)$, $h''(9) \neq 0 \Rightarrow W(9|8)$

   e) $m = \frac{h(6) - h(0)}{6} = 2$

   f) Am schnellsten im Wendepunkt mit $h'(3) = \pi$ m/h.

   g) $h(t) = 10 \Rightarrow \sin\left(\frac{\pi}{6}(t-3)\right) = \frac{1}{3} \Rightarrow t \approx 3{,}65$, Überflutung beginnt ca. 3:39 Uhr
   $12 - 3{,}65 = 8{,}35$, Überflutung endet ca. 8:21 Uhr

Testlösungen zum Kapitel VII (Seite 310)

1. $O_4 = \frac{1}{2} \cdot \frac{1}{2} \cdot \left(\frac{1}{2}\right)^2 + \frac{1}{2} \cdot \frac{1}{2} \cdot \left(\frac{2}{2}\right)^2 + \frac{1}{2} \cdot \frac{1}{2} \cdot \left(\frac{3}{2}\right)^2 + \frac{1}{2} \cdot \frac{1}{2} \cdot \left(\frac{4}{2}\right)^2$
$= \frac{1}{16} + \frac{4}{16} + \frac{9}{16} + \frac{16}{16} = \frac{30}{16}$

2. a) $F(x) = \frac{2}{3}x^3 + 2x^2$ b) $F(x) = -\frac{3}{2}e^{-2x}$ c) $F(x) = -\frac{3}{x}$
d) $F(x) = -2\cos x + x$

3. a) $F'(x) = x^2 + 2x + 1 = f(x)$ b) $F'(x) = x \cdot e^x = f(x)$ c) $F'(x) = 2x - \frac{1}{x^2} = f(x)$
d) $F'(x) = 2\sin\left(\frac{\pi}{2x}\right) = f(x)$ e) $F'(x) = x^{\frac{1}{2}} = f(x)$ f) $F'(x) = e^{2x} = f(x)$

4. a) $\int_1^2 (3 - 6x^2)\,dx = [3x - 2x^3]_1^2 = -11$

b) $\int_0^2 (2x - x^2)\,dx = [x^2 - \frac{1}{3}x^3]_0^2 = \frac{4}{3}$

c) $\int_0^2 e^{-x}\,dx = [-e^{-x}]_0^2 = 1 - e^{-2} \approx 0{,}86$

5. a) C → f
B → F
A → f′

b) B → F
C → f
A → f′

6. $\int_1^2 (3ax^2 + 6x)\,dx = [ax^3 + 3x^2]_1^2 = 8a + 12 - a - 3 = 2$
$7a = -7 \Rightarrow a = -1$

Testlösungen zum Kapitel VIII (Seite 356)

1. a) $A = \int_{-1}^{1} f(x)\,dx = \left[\frac{1}{4}x^4 - \frac{1}{6}x^3 - \frac{1}{4}x^2 + x\right]_{-1}^{1} = \frac{5}{3}$

   b) Nullstellen: x = 1 und x = 3, $A = \int_{1}^{3} f(x)\,dx = \left[-\frac{1}{3}x^3 + 2x^2 - 3x\right]_1^3 = \frac{4}{3}$

2. Schnittstellen: $f(x) - g(x) = x^2 - 7x + 10 = 0$, $x = 2$, $x = 5$
   Schnittpunkte: (2|2), (5|5)
   $A = \int_{2}^{5} (g(x) - f(x))\,dx = \left[-\frac{1}{3}x^3 + \frac{7}{2}x^2 - 10x\right]_2^5 = -\frac{25}{6} - \left(-\frac{26}{3}\right) = 4{,}5$

3. a) Ansatz: $f(x) = ax^2 + 3$, $f(2) = 0 \Rightarrow A = -\frac{3}{4}$
   Resultat: $f(x) = -\frac{3}{4}x^2 + 3$

   b) $A_f = \int_{-2}^{2} f(x)\,dx = \left[-\frac{1}{4}x^3 + 3x\right]_{-2}^{2} = 8$, $A_g = \int_{-1}^{1} g(x)\,dx = \left[-\frac{10}{27}x^3 + 2{,}5x\right]_{-1}^{1} = 5$
   Querschnittsfläche: $G = 3\,m^2$, Betonmenge: $V = 30\,m^3$

4. a) $\int_{0}^{10} w'(t)\,dt = [-0{,}008t^3 + 0{,}06t^2 + 9{,}8t]_0^{10} = 96$ Wölfe

   b) $w(t) = -0{,}008t^3 + 0{,}06t^2 + 9{,}8t + C$
   $w(20) = 156 + C = 172$
   Zu Beginn waren es 16 Wölfe.

5. a) $\int v(t)\,dt = 0{,}0005t^3 - 0{,}15t^2 + C$, $h(t) = 0{,}0005t^3 - 0{,}15t^2 + 2000$

   b) $h(120) = 704\,m$ Höhe nach 2 Minuten, $v(120) = -14{,}4\,m/s$

   c) $v(t) = 0$: $t^2 - 200t = 0$: $t = 0$ und $t = 200$
   Nach 200 Sekunden erfolgt die Landung in $h(200) = 0\,m$ Höhe.

Testlösungen zum Kapitel IX (Seite 388)

1. a) Nullstellen: $x = 0$ und $x = 3$
   $f'(x) = \frac{3}{2}x^2 - 3x, \quad f''(x) = 3x - 3, \quad f'''(x) = 3$
   Extrema: $f'(x) = 0$: $x = 0$ und $x = 2$
   $f''(0) = -3 < 0 \Rightarrow H(0|0), \quad f''(2) = 3 > 0 \Rightarrow T(2|-2)$
   Wendepunkt: $f''(x) = 0$, $x = 1$, $f'''(1) = 3$ also R-L-W$(1|-1)$

   b) 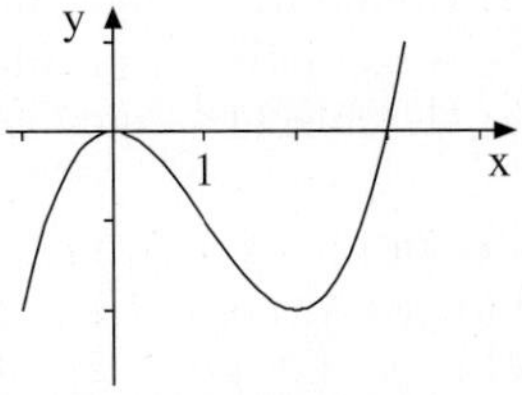

   c) Fläche A: $\int_0^3 f(x)\,dx = \left[\frac{1}{8}x^4 - \frac{1}{2}x^3\right]_0^3 = -3{,}375$; Der Flächeninhalt beträgt 3,375 FE.

2. a) $f'(x) = (1 - x) \cdot e^{2-x}, \quad f''(x) = (x - 2) \cdot e^{2-x}$
   Extrema: $f'(x) = 0$: $x = 1, \quad f''(1) < 0 \Rightarrow H(1|e)$
   Wendepunkt: $f''(x) = 0$: $x = 2, \quad W(2|2)$
   b) Wendetangente: $t(x) = -(x - 2) + 2 = -x + 4$
   Wendenormale: $n(x) = (x - 2) + 2 = x$

   c) 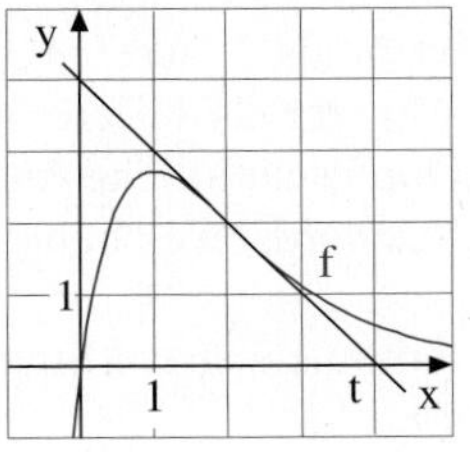

   d) $F'(x) = -(1 - x - 1) \cdot e^{2-x} = x \cdot e^{2-x} = f(x)$
   e) $A = F(2) - F(0) + 2 = -3 + e^2 + 2 \approx 6{,}39$

3. a) $f'(x) = -\frac{5}{4}\pi \cdot \sin\left(\frac{\pi}{4}x\right), \quad f'(2) = -\frac{5}{4}\pi, \quad f(2) = 0$
   $t(x) = -\frac{5}{4}\pi(x - 2) = -\frac{5}{4}\pi x + \frac{5}{2}\pi$
   b) $A = \int_0^2 (f(x) - g(x))\,dx = \left[\frac{20}{\pi}\sin\left(\frac{\pi}{4}x\right) - \frac{1}{3}x^3 + x^2\right]_0^2 = \frac{20}{\pi} - \frac{8}{3} + 4 \approx 7{,}70$

4. a) $h(0) = 0{,}5\,m$
   b) $h(t) = 3, \quad 6 - 5{,}5\,e^{-0{,}1t} = 3, \quad e^{-0{,}1t} \Rightarrow t \approx 6{,}06$
   Zu Beginn des 7. Jahres werden 3 m Höhe erreicht.
   c) $m = \frac{h(3) - h(0)}{3} \approx 0{,}475$
   d) $h'(t) = 0{,}55\,e^{-0{,}1t}, \quad h'(5) \approx 0{,}334$
   e) $h(t) \to 6$ für $t \to \infty$
   Die Endhöhe beträgt höchstens 6 m.

5. a) $(20t\,e^{-t})' = (20 - 20t)\,e^{-t} = N'(t)$
   b) $N(t) = 20t\,e^{-t} + C, \quad N(0) = 40 \Rightarrow C = 40$
   $N(t) = 20t\,e^{-t} + 40$
   c) $N'(t) = 0$: $t = 1, \quad N(1) = 20 \cdot e^{-1} + 40 \approx 47$

Testlösungen zum Kapitel X (Seite 420)

1. a) Kopfumfang: quantitativ, stetig
   b) Chemiezensur: qualitativ, ordinal
   c) Augenfarbe: qualitativ, nominal
   d) Taschengeldhöhe: quantitativ, diskret
   e) Geschlecht: qualitativ, nominal
   f) Geschwisterzahl: quantitativ, diskret

2.

Punkte	0	1	2	3	4	5	6	
Gruppe A (%)	10	15	25	30	10	5	5	$\overline{x} = 2{,}5$
Gruppe B (%)	6	14	18	26	18	10	8	$\overline{x} \approx 2{,}98$

   Gruppe B schnitt besser ab.

3. a) 60 Haushalte waren beteiligt.
   b) Mehr als 2 Tiere: in 35 Haushalten
      Weniger als 4 Tiere: in 45 Haushalten
   c) Durchschnittliche Anzahl von Tieren: 2,5
   d) Standardabweichung: 1,26

4. a) Arithmetisches Mittel: 20
   b) $s \approx 17{,}5$
   c) 54 Geräte wurden zusätzlich angeschafft.

5. a) 36 Mieter verbrauchen 10 oder mehr m^3.
   b) Angenäherter durchschnittlicher Verbrauch: $11\,m^3$.
   c) Da nur klassierte Daten bekannt sind, kann der Gesamtverbrauch nicht exakt berechnet werden.
      Maximaler Verbrauch: $810\,m^3$ (von jeder Klasse den Maximalwert verwenden)

Testlösungen zum Kapitel XI (Seite 458)

1. a) $P(\text{„Summe 4“}) = \frac{3}{36} = \frac{1}{12} \approx 0{,}083 = 8{,}3\,\%$
   b) $P(\text{„Primzahlsumme“}) = \frac{15}{36} = \frac{5}{12} \approx 0{,}417 = 41{,}7\,\%$
   c) $P(\text{„Summe} < 10\text{“}) = 1 - P(\text{„Summe} \geq 10\text{“}) = 1 - \frac{6}{36} = \frac{5}{6} \approx 0{,}833 = 83{,}3\,\%$

2. a) $E = \{(5;\,6;\,6),\,(6;\,5;\,6),\,(6;\,6;\,5),\,(6;\,6;\,6)\}$
   b) $P(\text{nicht gewonnen}) = 1 - P(\text{gewonnen}) = 1 - \frac{4}{6^3} = \frac{53}{54} \approx 98{,}15\,\%$

3. a) $P(5) = \frac{1}{2} \cdot \frac{1}{3} + \frac{1}{2} \cdot \frac{1}{4} = \frac{7}{24} \approx 29{,}17\,\%$

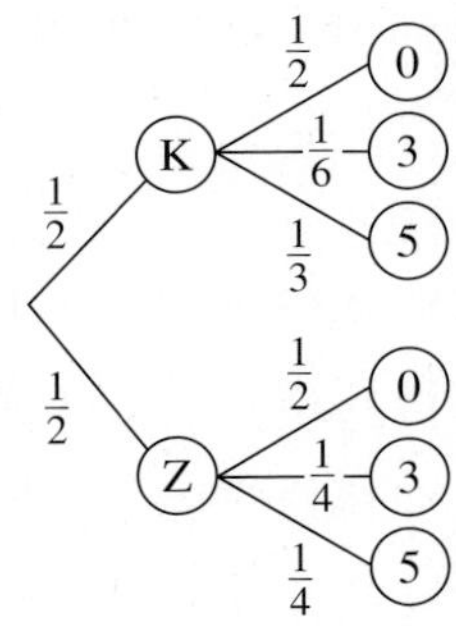

b) $P(3) = \frac{1}{2} \cdot \frac{1}{6} + \frac{1}{2} \cdot \frac{1}{4} = \frac{5}{24} \approx 20{,}83\,\%$

$P(0) = \frac{1}{2} \cdot \frac{1}{2} \cdot 2 = \frac{1}{2} = 50\,\%$

Auszahlung: $3 \cdot 0{,}2083 + 5 \cdot 0{,}2917 \approx 2{,}083$ bei 2 Euro Einsatz.
Es wird ein durchschnittlicher Gewinn von ca. 8 Cent erwartet.

4. a) P(„gerade Zahl“) $= \frac{1}{6}$, P(„ungerade Zahl“) $= \frac{1}{12}$

b) P(„Summe ist 2“) $= \left(\frac{1}{12}\right)^2 \approx 0{,}69\,\%$

c) P(„gr. Gewinn“) $= P(16) + P(15) = \left(\frac{1}{6}\right)^2 + 2 \cdot \frac{1}{2} \cdot \frac{1}{12} \approx 5{,}56\,\%$

d) P(„Gewinn“) $= P(16) + P(15) + P(14) + P(13)$

$= \left(\frac{1}{6}\right)^2 + 2 \cdot \frac{1}{2} \cdot \frac{1}{12} + \left(\frac{1}{12}\right)^2 + 2 \cdot \left(\frac{1}{6}\right)^2 + 2 \cdot \frac{1}{6} \cdot \frac{1}{12} + 2 \cdot \frac{1}{6} \cdot \frac{1}{12} \approx 17{,}36\,\%$

5. Clever legt die Augenzahl 1, 2, 3, 4, 5 oder 6 jeweils mit der Wahrscheinlichkeit $\frac{1}{6}$ vor. Hierbei übertrifft Smart die Augenzahl 1 mit der Wahrscheinlichkeit von $\frac{5}{6}$, die 2 mit $\frac{4}{6}$, die 3 mit $\frac{3}{6}$, die 4 mit $\frac{2}{6}$, die 5 mit $\frac{1}{6}$, die 6 kann er nicht übertreffen.
Insgesamt übertrifft Smart also die von Clever vorgelegte Augenzahl mit:
$P(\text{übertreffen}) = \frac{1}{6} \cdot \frac{5}{6} + \frac{1}{6} \cdot \frac{4}{6} + \frac{1}{6} \cdot \frac{3}{6} + \frac{1}{6} \cdot \frac{2}{6} + \frac{1}{6} \cdot \frac{1}{6} + \frac{1}{6} \cdot 0 = \frac{1}{36} \cdot (5 + 4 + 3 + 2 + 1) = \frac{15}{36} = \frac{5}{12}$

Testlösungen zum Kapitel XII (Seite 492)

1. a) $N = \binom{15}{11} = \frac{15!}{11! \cdot 4!} = 1365$ Möglichkeiten für eine 11er Auswahl aus 15 Schülern.

b) $N = \binom{2}{1} \cdot \binom{5}{3} \cdot \binom{8}{7} = 160$ Möglichkeiten

c) Es gibt noch $9! = 362\,880$ Möglichkeiten.

2. a) Vierfeldertafel:

	A	B	
K	32	48	80
$\overline{K}$	368	552	920
	400	600	1000

b) $P(K) = \frac{80}{100} = 0{,}08 = 8\,\%$, $P_A(K) = \frac{32}{400} = 0{,}08 = 8\,\%$
Die Komplikationsrate ist unabhängig vom Krankenhaus.

c) Vierfeldertafel:

	U	$\overline{U}$	
V	0,08	0,32	0,4
$\overline{V}$	0,12	0,48	0,6
	0,2	0,8	1

d) $P_{\overline{U}}(\overline{V}) = \frac{0{,}48}{0{,}8} = 0{,}6$

3. Vierfeldertafel:

	S	$\overline{S}$	
p	1,6	9,8	11,4
$\overline{p}$	0,4	88,2	88,6
	2	98	100

a) $P_p(S) = \frac{1,6}{11,4} \approx 0,14 = 14\%$

b) $P_{\overline{p}}(\overline{S}) = \frac{88,2}{88,6} \approx 0,995 = 99,5\%$

c) $P_p(S) = \frac{1,6}{101,4} \approx 0,016 = 1,6\%$, $\quad P_{\overline{p}}(\overline{S}) = \frac{898,2}{898,6} \approx 0,999 = 99,9\%$

4. Wir erstellen durch Differenzbildung eine Vierfeldertafel.
Dann bestimmen wir $P_A(W) = \frac{|A \cap W|}{|A|} = \frac{359}{738} \approx 0,486$
sowie $P(W) = \frac{900}{1850} \approx 0,486$.
Die Blutgruppe ist nicht vom Geschlecht abhängig.

	W	$\overline{W}$	
A	359	379	738
$\overline{A}$	541	571	1112
	90	950	1850

5. $P(R) = 0,5 \cdot 0,7 + 0,5 \cdot 0,2 = 0,45$
$P(U_1 \cap R) = 0,5 \cdot 0,7 = 0,35$

$P_R(U_1) = \frac{0,35}{0,45} \approx 0,78 = 78\%$

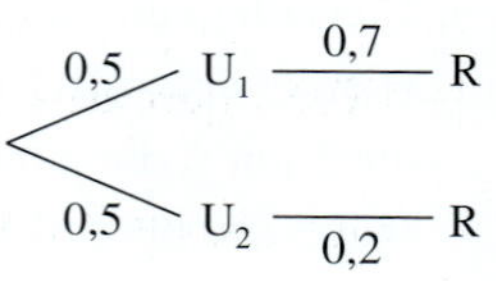

Testlösungen zum Kapitel XIII (Seite 499)

1. b)

x_i	2	3	6	7
$P(X = x_i)$	$\frac{12}{30}$	$\frac{8}{30}$	$\frac{8}{30}$	$\frac{2}{30}$

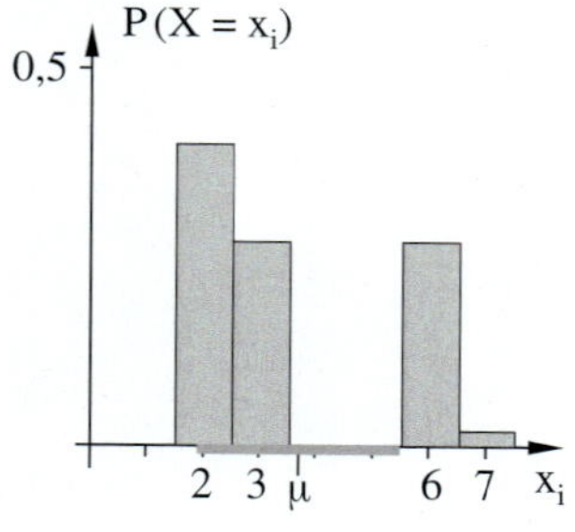

a)

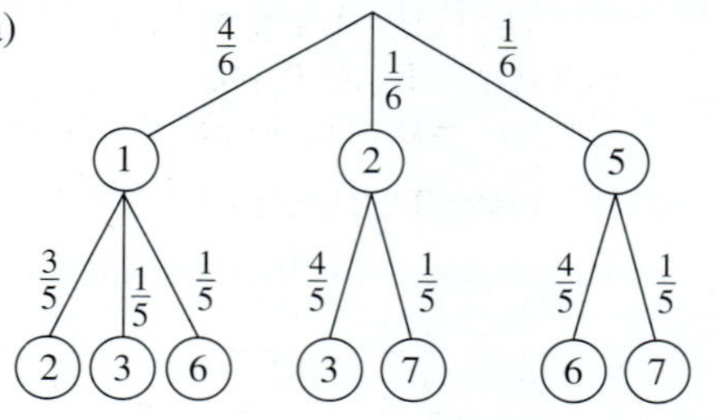

c) $E(X) = \frac{11}{3} \approx 3,67$, $\sigma(X) \approx 1,85$

2. a) 1 Kugel:

x_i	−5	2
$P(X = x_i)$	$\frac{1}{3}$	$\frac{2}{3}$

$E(X) = -\frac{1}{3}$, $\sigma(X) \approx 3,30$

b) 3 Kugeln:

x_i	−8	−1	6
$P(X = x_i)$	$\frac{1}{5}$	$\frac{3}{5}$	$\frac{1}{5}$

$E(X) = -1$, $\sigma(X) \approx 4,43$

Die Strategie von Vera ist schlechter als die Strategie von Stefan.

3. a) Da $1 + 2 + 4 + 8 + 16 + 32 = 63$ ist, kann er maximal 6-mal spielen.
   b) Wenn im n-ten Spiel gewonnen wird, $(n \leq 6)$, so beträgt der Einsatz
   $2^0 + 2^1 + \ldots + 2^{n-1} = 2^n - 1$ €, so dass in jedem Fall 1 € Gewinn erzielt wird.
   Wird bei keinem Spiel gewonnen, entstehen 63 € Verlust.
   G: Gewinn/Verlust

g_i	-63	1
$P(G = g_i)$	$\left(\frac{1}{2}\right)^6$	$1 - \left(\frac{1}{2}\right)^6$

   c) $E(G) = (-63) \cdot \frac{1}{64} + 1 \cdot \frac{63}{64} = 0$

4. a) G: Guthaben/Verlust
   $E(G) = \frac{1}{4} + 2 + 4 = \frac{25}{4}$, $\sigma(X) \approx 5{,}76$

g_i	1	4	16
$P(G = g_i)$	$\frac{1}{4}$	$\frac{1}{2}$	$\frac{1}{4}$

   b) Das Spiel ist fair, wenn $E(G) = 4$ gilt.
   $E(G) = \frac{1}{4} + a + a^2 = 4$. Wegen $a > 0$ muss $a = 1{,}5$ sein.

g_i	1	$2a$	$4a^2$
$P(G = g_i)$	$\frac{1}{4}$	$\frac{1}{2}$	$\frac{1}{4}$

Testlösungen zum Kapitel XIII (S. 544)

1. a) $n = 10$; $p = 0{,}4$; $k = 5$; $P(X = 5) = B(10; 0{,}4; 5) = 0{,}2007$
   b) $n = 10$; $p = 0{,}4$; $k \leq 2$; $P(X \leq 2) \approx 0{,}1673$
   c) Mehr Treffer als Nieten werden nur erzielt, wenn mindestens 6 Treffer erreicht werden:
   $n = 10$; $p = 0{,}4$; $k = 6, 7, \ldots, 10$
   $P(X \geq 6) = B(10; 0{,}4; 6) + \ldots + B(10; 0{,}4; 10)$
   $= 0{,}1115 + 0{,}0425 + 0{,}0106 + 0{,}0016 + 0{,}0001 = 0{,}1663$
   d) E_1: „erster Treffer im 10. Versuch", $P(E_1) = 0{,}6^9 \cdot 0{,}4 = 0{,}0040$

2. $n = 6$; $p = \frac{1}{3}$
   a)

x_i	0	1	2	3	4	5	6
$P(X = x_i)$	0,0878	0,2634	0,3292	0,2195	0,0823	0,0165	0,0014

   b) $E(X) = 2$; $V(X) = \frac{4}{3}$; $\sigma(X) = \sqrt{\frac{4}{3}} \approx 1{,}15$
   c) $P(X \geq 4) = 1 - P(X \leq 3) \approx 0{,}1001$

3. a) Wurfserie zu A: ZZZZ
   Wurfserien zu C: ZZKK ZKZK ZKKZ KZZK KZKZ KKZZ
   b) $P(E_1) = \frac{1}{16}$; $P(E_2) = \frac{6}{16}$; $P(E_3) = \frac{10}{16}$
   c) $n = 10$; $k = 3$; $p = \frac{3}{8}$; $P(X = 3) = \binom{10}{3} \cdot \left(\frac{3}{8}\right)^3 \cdot \left(\frac{5}{8}\right)^7 = \frac{253\,125\,000}{2^{30}} \approx 0{,}2357$
   d) P(Spieler erreicht nie A bei n Spielen) $= \left(\frac{15}{16}\right)^n$
   P(Spieler erreicht mindestens einmal A bei n Spielen) $= 1 - \left(\frac{15}{16}\right)^n$
   $1 - \left(\frac{15}{16}\right)^n \geq 0{,}9 \Leftrightarrow \left(\frac{15}{16}\right)^n \leq 0{,}1$, $n \geq \frac{\ln 0{,}1}{\ln \frac{15}{16}} \approx 35{,}68$
   Der Spieler muss mindestens 36-mal spielen.

Stichwortverzeichnis

Bildnachweis

Technische Zeichnungen
Anton Bigalke; Norbert Köhler

Illustrationen
Cornelsen/Gudrun Lenz; Cornelsen/Karin Mall; Cornelsen/Detlev Schüler

Screenshots
Cornelsen/Felix Arndt/© Texas Instruments. Nutzung mit Genehmigung von Texas Instruments
Cornelsen/Ulf Rothkirch/© Microsoft® Office. Nutzung mit Genehmigung von Microsoft

Bildquellen
Cover: Bildagentur Schapowalow/Reinhard Schmid; **S. 13:** Imago Stock & People GmbH/Joko; **S. 14:** stock.adobe.com/Tyler Olson; **S. 19:** akg-images; **S. 28:** stock.adobe.com/Tanja Hohnwald; **S. 29/o.:** stock.adobe.com/Dirk Schumann; **S. 29/m.:** stock.adobe.com/ARochau; **S. 29/u.:** stock.adobe.com/baibaz; **S. 30/o.:** Shutterstock.com/Eugene Onischenko; **S. 30/u.:** stock.adobe.com/eyeQ; **S. 31/o.:** stock.adobe.com/exclusive-design; **S. 31/u.:** stock.adobe.com/razihusin; **S. 32:** stock.adobe.com/Dreaming Andy; **S. 33:** stock.adobe.com/V&P Photo Studio; **S. 34/o.:** stock.adobe.com/Kzenon; **S. 34/m. 1:** stock.adobe.com/doris oberfrank-list; **S. 34/m. 2:** stock.adobe.com/rdnzl; **S. 34/u.:** stock.adobe.com/Thaut Images; **S. 36:** akg-images; **S. 37:** stock.adobe.com/U. Gernhoefer; **S. 40:** stock.adobe.com/BeTa-Artworks; **S. 41:** Shutterstock.com/Sinuswelle; **S. 50:** Shutterstock.com/photoart985; **S. 53/o.:** Shutterstock.com/2xSamara.com; **S. 53/m.:** Shutterstock.com/suronin; **S. 53/u.:** Shutterstock.com/Kjuuurs; **S. 75:** bpk/Stiftung Preussische Schlösser und Gärten Berlin-Brandenburg/Hagen Immel; **S. 77:** stock.adobe.com/Scanrail; **S. 81:** imago/Imagebroker/Stefan Klein; **S. 84:** Shutterstock.com/Suzanne Tucker; **S. 86/o.:** Shutterstock.com/T_Luyten; **S. 86/u.:** Shutterstock.com/Anatoliy Berislavskiy; **S. 87/o.:** Shutterstock.com/SAPhotog; **S. 87/m.:** Shutterstock.com/Vahe 3D; **S. 87/u.:** www.colourbox.de/ssuaphoto; **S. 94:** Shutterstock.com/Michael Wiggenhauser; **S. 95/o.:** Shutterstock.com/Josemaria Toscano; **S. 95/u.:** stock.adobe.com/alestraza; **S. 96/o.:** Stutterstock/Esteban De Armas; **S. 96/m.:** dpa picture-alliance; **S. 96/u.:** Shutterstock.com/Luna Vandoorne; **S. 110:** stock.adobe.com/MTG; **S. 112/Schild:** Shutterstock.com/Morgar; **S. 112/Rennauto:** Shutterstock.com/Digital Storm; **S. 112/Hund:** Shutterstock.com/Dora Zett; **S. 113:** Shutterstock.com/risteski goce; **S. 115:** Shutterstock.com/Panda Vector; **S. 116/Auto:** Shutterstock.com/Yuri Schmidt; **S. 116/Snowboardfahrer:** Shutterstock.com/tale; **S. 123:** Cornelsen/Dieter Ruhmke; **S. 126:** mauritius images/Phototake/Michael Carroll; **S. 127:** Imago Stock & People GmbH/Rainer Weisflog; **S. 129:** Shutterstock.com/FeelGoodLuck; **S. 146:** stock.adobe.com/Frank-Peter Funke; **S. 147:** stock.adobe.com/goodluz; **S. 149/o.:** Shutterstock.com/bikeriderlondon; **S. 149/u.:** Shutterstock.com/ajt; **S. 151/o.:** Shutterstock.com/Ammit Jack; **S. 151/u.:** Shutterstock.com/Sergey Uryadnikov; **S. 152:** stock.adobe.com/lucadp; **S. 153:** Shutterstock.com/Samot; **S. 154:** Shutterstock.com/Cat_arch_angel; **S. 160:** stock.adobe.com/javier brosch; **S. 163:** stock.adobe.com/wellphoto; **S. 164/o.:** Shutterstock.com/Klara Viskova (Schiff); Shutterstock.com/robuart (Fabrik); Shutterstock.com/Mechanik (Auto); **S. 164/m.:** stock.adobe.com/Gina Sanders; **S. 164/u.:** stock.adobe.com/studiostoks; **S. 166:** Shutterstock.com/Elenarts; **S. 167/m.:** Shutterstock.com/mezzotint; **S. 167/u.:** stock.adobe.com/Matze; **S. 168:** stock.adobe.com/hawk_style; **S. 173/o.:** Shutterstock.com/Artisticco; **S. 173/u.:** stock.adobe.com/PRUSSIA ART; **S. 175:** Shutterstock.com/Richard Peterson; **S. 178:** stock.adobe.com/foto_tech; **S. 179:** Shutterstock.com/Taigi; **S. 181:** stock.adobe.com/RGtimeline; **S. 182/o.:** Shutterstock.com/Victor Jiang ; **S. 182/m.:** Shutterstock.com/MicroOne (Schachtel); Shutterstock.com/KsanaGraphica (Aufdruck); **S. 182/u.:** Shutterstock.com/Mike Elliott (Hai); Shutterstock.com/Mile Atanasov (Zahnpasta); **S. 184:** Shutterstock.com/Tancha; **S. 189/li.:** stock.adobe.com/Riko Best; **S. 189/re.:** Shutterstock.com/Rvector; **S. 190/o. li.:** Shutterstock.com/Dekdew4; **S. 190/o. re.:** Shutterstock.com/wavebreakmedia; **S. 190/m.:** Shutterstock.com/Rainer

Lesniewski; **S. 191:** stock.adobe.com/Romolo Tavani; **S. 194:** dpa picture-alliance; **S. 195:** Shutterstock.com/FocusStocker; **S. 201:** yourphototoday/Frank_Ihlow/Frank Ihlow; **S. 203:** stock.adobe.com/Torbz; **S. 204:** Shutterstock.com/Yuri Samsonov; **S. 206:** Shutterstock.com/Alexander Raths; **S. 208/o.:** Shutterstock.com/Ralwel; **S. 208/m. 1:** Shutterstock.com/Andrew Buckin; **S. 208/m. 2:** Shutterstock.com/Iakov Filimonov; **S. 208/u.:** stock.adobe.com/stockphoto-graf; **S. 212:** bpk/Staatsbibliothek zu Berlin - PK/Abteilung Historische Drucke/Signatur: Od 4435-1<b> : R.; **S. 213:** akg-images; **S. 225:** Shutterstock.com/Maridav; **S. 228:** Shutterstock.com/yuakimov; **S. 240:** Shutterstock.com/Joseph Sohm; **S. 241:** Shutterstock.com/holwichaikawee; **S. 242:** Shutterstock.com/yuris; **S. 243/o.:** Shutterstock.com/Teri Virbickis; **S. 243/u.:** Shutterstock.com/nattanan726; **S. 250:** Shutterstock.com/robuart; **S. 251:** dpa Picture-Alliance/ZB/dpa-Zentralbild/Patrick Pleul; **S. 256:** stock.adobe.com/dny3d; **S. 271:** stock.adobe.com/Tom-Hanisch; **S. 272:** stock.adobe.com/MyWorld; **S. 274/o.:** Shutterstock.com/MNStudio; **S. 274/u.:** stock.adobe.com/jjmillan; **S. 275/o.:** Shutterstock.com/elxeneize; **S. 275/u.:** Shutterstock.com/Bildagentur Zoonar GmbH; **S. 276/Tafelberge:** stock.adobe.com/FotoMak; **S. 276/Giraffe:** Shutterstock.com/supervovanik; **S. 276/Männchen:** Shutterstock.com/BigMouse; **S. 277:** Shutterstock.com/Subodh Agnihotri; **S. 278:** stock.adobe.com/benemale; **S. 280:** stock.adobe.com/Kevin Puget; **S. 281:** Shutterstock.com/Nightqueen; **S. 282:** akg-images; **S. 284:** akg-images; **S. 311:** Shutterstock.com/Bildagentur Zoonar GmbH; **S. 331:** imago/Hans Blossey; **S. 332:** stock.adobe.com/tigatelu; **S. 334:** Shutterstock.com/Cat_arch_angel; **S. 343:** Shutterstock.com/Cat_arch_angel; **S. 344:** Shutterstock.com/Yelena Panyukova; **S. 345:** VISUM/Photoshot; **S. 346:** stock.adobe.com/Kaspars Grinvalds; **S. 347/o.:** stock.adobe.com/Visions-AD; **S. 347/u.:** stock.adobe.com/lassedesignen; **S. 349:** stock.adobe.com/Archmotion.net; **S. 350:** stock.adobe.com/seregalsv; **S. 351:** stock.adobe.com/Kovalenko Inna; **S. 352/o.:** Shutterstock.com/Serjio74; **S. 352/m.:** Shutterstock.com/sciencepics; **S. 352/u.:** stock.adobe.com/Digitalpress; **S. 356:** stock.adobe.com/Wolfgang Kruck; **S. 357:** Shutterstock.com/andrekoehn; **S. 360/u.:** Shutterstock.com/zeljkodan; **S. 360/o.:** stock.adobe.com/jokatoons; **S. 361:** stock.adobe.com/kasto; **S. 362:** Shutterstock.com/Serjio74; **S. 363:** Shutterstock.com/IndustryAndTravel; **S. 364:** Shutterstock.com/Flystock; **S. 364:** Shutterstock.com/Alexandra Lande; **S. 366:** Shutterstock.com/NuConcept Dezine; **S. 374:** Shutterstock.com/Kovaleva Galina; **S. 376:** Shutterstock.com/supervovanik; **S. 379:** stock.adobe.com/tigatelu; **S. 380:** Shutterstock.com/Cat_arch_angel; **S. 382:** Shutterstock.com/Vetapi; **S. 383/o.:** Shutterstock.com/Zorandim; **S. 383/u.:** Shutterstock.com/Janis Abolins; **S. 384:** Shutterstock.com/wavebreakmedia; **S. 385:** Shutterstock.com/Mikael Damkier; **S. 386/o.:** Shutterstock.com/Cat with tail; **S. 386/u.:** Shutterstock.com/Digital Storm; **S. 387/o.:** Shutterstock.com/iurii; **S. 387/m. 1:** Shutterstock.com/ikayaki; **S. 387/m. 2:** Shutterstock.com/Bildagentur Zoonar GmbH; **S. 387/u.:** Shutterstock.com/Peter Sobolev; **S. 388:** Shutterstock.com/Iakov Filimonov; **S. 389:** Shutterstock.com/ebenart; **S. 391:** Shutterstock.com/Syda Productions; **S. 392:** stock.adobe.com/Lukas Gojda; **S. 397:** Shutterstock.com/Rawpixel.com; **S. 400:** Shutterstock.com/KENG MERRY Paper Art; **S. 402/o.:** stock.adobe.com/ikonoklast_hh; **S. 402/u.:** Shutterstock.com/Tsekhmister; **S. 403:** Shutterstock.com/Bernhard Richter; **S. 405:** blickwinkel/McPHOTO/Martin Plöb/INSADCO/Bernd Kröger; **S. 406:** Shutterstock.com/Dmytro Zinkevych; **S. 408:** Imago Sportfotodienst GmbH/Chernykh; **S. 409:** stock.adobe.com/Moritz Wussow; **S. 410:** Imago Sportfotodienst GmbH/Chai v.d. Laage; **S. 412:** Shutterstock.com/MinDof; **S. 415/li.:** Shutterstock.com/irin-k; **S. 415/re.:** Shutterstock.com/Konjushenko Vladimir; **S. 419:** Cornelsen/Gerlinde Keller; **S. 421:** mauritius images/Hans P. Szyszka/Novarc/Novarc/Hans P. Szyszka; **S. 422/o.:** Shutterstock.com/Maridav; **S. 422/m.:** dpa Picture-Alliance/Leemage; **S. 424/o.:** Shutterstock.com/dipego; **S. 424/m. li.:** stock.adobe.com/LIGHTFIELD STUDIOS; **S. 424/m. re.:** stock.adobe.com/ktsdesign; **S. 432:** stock.adobe.com/seen0001; **S. 433:** Shutterstock.com/Marynchenko Oleksandr; **S. 434:** stock.adobe.com/Georgios Kollidas; **S. 435:** stock.adobe.com/seen0001; **S. 435:** Cornelsen/Stephanie Benner, Berlin; **S. 437:** Cornelsen/Stephanie Benner, Berlin; **S. 442:** Shutterstock.com/Aynur Huseynzade; **S. 444:** Shutterstock.com/Monkey Business Images; **S. 445:** Shutterstock.com/CokaPoka; **S. 446/Stieglitz:** Shutterstock.com/Eric Isselee; **S. 446/Grünspecht:** Shutterstock.com/Ihor Hvozdetskyi; **S. 446/Rotkelchen:** stock.adobe.com/YK; **S. 446/Eisvogel:** Shutterstock.com/Super Prin; **S. 446/Rotmilan:** stock.